2021 年国际中文教育研究课题重点项目资助，批

INDONESIAN

国际汉语学习词典

汉语 - 印尼语 初等

杨遗旗　唐元华——主编

中国出版集团 東方出版中心

图书在版编目(CIP)数据

国际汉语学习词典：汉语-印尼语：初等 / 杨遗旗，唐元华主编. -- 上海：东方出版中心，2024. 9.

ISBN 978-7-5473-2527-8

Ⅰ. H195-61

中国国家版本馆 CIP 数据核字第 2024P6J578 号

国际汉语学习词典：汉语-印尼语（初等）

主　　编　杨遗旗、唐元华
策划编辑　潘灵剑
责任编辑　刘玉伟
封扉设计　余佳佳

出 版 人　陈义望
出版发行　东方出版中心
地　　址　上海市仙霞路 345 号
邮政编码　200336
电　　话　021-62417400
印 刷 者　上海万卷印刷股份有限公司

开　　本　890mm×1240mm　1/32
印　　张　33.75
字　　数　1180 千字
版　　次　2024 年 11 月第 1 版
印　　次　2024 年 11 月第 1 次印刷
定　　价　198.00 元（初等+中等）

编 写 说 明

1. 词典依据《国际中文教育中文水平等级标准》收录的词语分册编写，包括初等、中等两部分。

2. 词典供母语为印尼语的汉语学习者使用。初等部分词条、词语的释义和例句全部翻译成印尼语。中等部分仅把词条翻译成印尼语。

3. 词义和例句使用的词语尽量不超过同等级汉语水平词汇大纲范围，初等部分控制在初等词汇大纲以内，中等部分控制在初等和中等词汇大纲以内。

4. 词条按照音序法排序，左上角注明该词语的等级，比如：“^{1}**爱**”是1级词语，“^{3}**爱心**”是3级词语。初等汉语词汇包括1级、2级、3级词汇。中等汉语词汇包括4级、5级、6级词汇。

5. 所有词条后面均标注了汉语拼音。离合词在汉语拼音音节之间用“//”隔开。

6. 词语释义先标注词性，是短语的标注为短语，标注符号为【】。词性名称包括：名词、动词、形容词、数词、量词、代词、副词、介词、叹词、连词、助词、拟声词。同一词性有多个义项的，分项释义，用①②③……表示。给词语释义，能直接释义的就直接释义，不方便直接释义的就给出一个含有这个词语的句子，再对句子进行浅显的解释。释义与例句之间用“‖”分开，几个例句之间用“|”分开。

7. 词语释义和例句尽量做到浅显易懂。此外，例句是帮助学习者理解词义和练习如何使用这个词语的，因此尽量体现口语的交际性。

8. 词典后面附录了大纲要求掌握的手写汉字表的笔画笔顺。

9. 参编人员有：唐元华、王日青、成婕、郭彤彤、伊宁、范海花、梁莹、黄雪倩、陈晴晴、谭雯雯、张家琪、孙方玉。

10. 印尼语翻译者是印尼籍留学生 Ronald Margaeeth（王顺权），印尼语校对者是印尼人 Tjong Jan Cin（罗燕珍）。

目　　录

C

D

E

F

G

H

J

K

L

M

P

Q

T

W

Y

Z

A

2 啊 a **ah**

【助词】［Partikel（kata tugas）］① 用在句子前面或者后面，表示强调。Digunakan di depan atau di belakang kalimat untuk penekanan. ‖ 啊！我忘记带课本了！Ah！Aku lupa membawa buku pelajaran！｜啊！这里山真高啊！Ah！Gunung di sini benar-benar tinggi！② 用在句子中间，表示一边想一边说。Digunakan di tengah kalimat untuk mengungkapkan pemikiran sambil berbicara. ‖ 我记得图书馆在左边，啊，又好像在右边。Aku ingat perpustakaan ada di sebelah kiri, ah, atau sepertinya ada di sebelah kanan.｜一斤苹果三块钱，买了五斤，啊，一共是十五块钱。Satu kati（jin）apel tiga kuai（Yuan）, beli lima kati（jin）, ah, totalnya lima belas kuai（Yuan）.

1 爱 ài **cinta；sayang；suka**

【动词】［Verba（kata kerja）］① 对人或物有美好的感情。Merasakan perasaan indah terhadap seseorang atau sesuatu. ‖ 我爱我的爸爸妈妈。Aku sayang ayah dan ibuku.｜我爱我的学校。Aku suka sekolahku. ② 喜欢做。Menyukai atau gemar melakukan sesuatu. ‖ 我爱唱歌。Aku suka menyanyi.｜我爱吃面条。Aku suka makan mie. ③ 经常做。Melakukan sesuatu dengan sering. ‖ 她又哭，真是一个爱哭的人。Dia menangis lagi, dia memang seseorang yang suka（sering）menangis.｜他们的关系不好，总爱吵架。Hubungan mereka tidak baik, sangat sering bertengkar.

1 爱好 àihào **hobi**

【名词】［Nomina（kata benda）］喜欢做的事情。Kegiatan yang disukai atau diminati. ‖ 我的爱好是画画。Hobi saya adalah menggambar.｜你的爱好是什么？Hobi kamu apa？｜每个人的爱好都不同。Setiap orang memiliki hobi yang berbeda.

【动词】［Verba（kata kerja）］喜欢做。Suka atau gemar melakukan sesuatu. ‖ 我爱好旅游，我去过很多国家。Aku suka berkeliling, aku sudah pergi ke banyak negara. | 李明一直爱好唱歌。Li Ming selalu suka bernyanyi.

2 **爱情** àiqíng **cinta; asmara; percintaan**

【名词】[Nomina (kata benda)] 人与人之间美好的感情。Hubungan perasaan indah antar manusia. ‖ 他讲了一个爱情故事,大家都很感动。Dia menceritakan sebuah kisah asmara, semua orang sangat terharu. | "爱情"是很多人讨论的话题。"Asmara" adalah topik yang banyak dibahas oleh orang-orang. | 他还是个小孩,他不知道什么是爱情。Dia masih seorang anak, dia tidak tahu apa itu asmara.

2 **爱人** àirén **pasangan (suami; istri)**

【名词】[Nomina (kata benda)] 结婚以后两个人中的另一个。Pasangan dalam pernikahan. ‖ 你好,我是李明,这位是我爱人。Halo, saya Li Ming, ini adalah istri saya. | 不好意思,我爱人不在家,你下次再来吧。Maaf, suami saya sedang tidak ada di rumah, silakan datang lain kali.

3 **爱心** àixīn **cinta; kasih sayang; hati**

【名词】[Nomina (kata benda)] ① 一种关心别人的感情。Perasaan peduli terhadap orang lain. ‖ 他是一个很有爱心的人,他经常帮助别人。Dia adalah orang yang penuh kasih sayang, dia sering membantu orang lain. | 送给孩子们一些书和笔记本可以表示我们的爱心。Memberikan beberapa buku dan buku catatan kepada anak-anak dapat menunjukkan kasih sayang kita. ② 一种图片形状。Bentuk gambar. ‖ 王丽画了很多爱心。Wang Li menggambar banyak hati. | 老师教我们用纸做爱心。Guru mengajari kami membuat hati dari kertas.

2 **安静** ānjìng **hening; sunyi; senyap**

【形容词】[Adjektiva (kata sifat)] 没有声音的。Tidak ada suara. ‖ 图书馆很安静,大家都在看书,没有人说话。Perpustakaan sangat hening, semua orang sedang membaca, tidak ada yang berbicara. | 公共场所要保持安静。Wajib menjaga ketenangan di tempat umum. | 安静! 他正在开会。Diam! Dia sedang rapat.

3 **安排** ānpái **atur**

【动词】[Verba (kata kerja)] ① 作合适的计划。Membuat rencana yang sesuai. ‖ 老师正在安排下星期考试的事情。Guru sedang mengatur persiapan ujian minggu depan. | 这个周末你怎么安排? Bagaimana kamu mengatur akhir pekan ini?

② 让某人去某地。Mengutus seseorang ke suatu tempat. ‖ 老师安排我们去别的教室上课。Guru mengatur kami untuk pergi ke ruang kelas lain. | 公司安排他到外地工作。Perusahaan mengatur dia untuk bekerja di luar kota. | 你安排安排这位新同学的座位。Tolong atur tempat duduk siswa baru ini.

【名词】［Nomina（kata benda）］计划好的事情。Rencana yang telah diatur. ‖ 请问你同意这次活动的安排吗？Tolong tanya, apakah kamu setuju dengan pengaturan acara ini？| 我这周末没有什么安排，我想在家休息。Aku tidak punya rencana apa-apa akhir pekan ini, aku ingin beristirahat di rumah.

2 **安全** ānquán **aman**

【形容词】［Adjektiva（kata sifat）］没有让人害怕或受伤的东西的。Hal yang bersifat tidak menakutkan atau melukai. ‖ 这个地方很安全，没有坏人。Tempat ini aman, tidak ada orang jahat. | 晚上不要走太黑的路，这样不安全。Jangan berjalan di jalan yang sangat gelap di malam hari, itu tidak aman.

【名词】［Nomina（kata benda）］没有危险的状态。Keadaan yang tidak berbahaya. ‖ 出门要注意安全！Harap berhati-hati untuk tetap aman saat pergi keluar！| 现在很多人都关注食品安全问题。Banyak orang sekarang memperhatikan masalah keamanan makanan. | 我们要保护好个人安全。Kita perlu menjaga keamanan pribadi dengan baik.

3 **安装** ānzhuāng **pasang；rakit**

【动词】［Verba（kata kerja）］① 把很多东西组合成一个东西。Menggabungkan banyak hal menjadi satu. ‖ 电风扇拆洗之后还没有安装好。Kipas listrik belum dipasang setelah dicuci. | 儿子把玩具车拆散了，又把它安装好。Putranya memecahkan mobil mainan dan memasangnya. ② 把机器放在需要它的地方。Menempatkan perangkat di tempat yang dibutuhkan. ‖ 新空调买回来了，但是还没有安装好。AC baru dibeli kembali, tetapi belum dipasang. | 你可以在手机里安装想玩的游戏。Kamu dapat memasang permainan daring yang ingin kamu mainkan di ponselmu.

3 **按** àn **tekan；sesuai**

【动词】［Verba（kata kerja）］向下压。Menekan ke bawah. ‖ 我只是轻轻按了按桌子，没想到桌子坏了。Aku hanya menekan-nekan meja dengan ringan, tidak kusangka meja itu rusak. | 人工服务请按零。Untuk layanan manual, silakan tekan nol. | 我按了按门铃，可是没有人开门。Aku menekan-nekan bel, tapi tidak ada orang yang membukakan pintu.

【介词】[Preposisi（kata depan）] 跟着某个计划或某个人说的话做。Melakukan sesuatu sesuai rencana atau perkataan seseorang. ‖ 按计划做完这份工作,每个人就可以得到一百块钱。Selesaikan pekerjaan ini sesuai rencana, setiap orang akan mendapatkan 100 kuai（Yuan）. | 按理说,学生不能迟到,但是他生病了,所以晚来了。Menurut logika, siswa tidak boleh terlambat, tapi dia sakit, jadi dia datang terlambat.

3 **按照** ànzhào **menurut; sesuai**

【介词】[Preposisi（kata depan）] 跟着某个计划或某个人说的话做。Melakukan sesuatu sesuai rencana atau perkataan seseorang. ‖ 我们还是按照以前的办法举办运动会吧。Kita mengadakan acara olahraga dengan mengacu pada cara yang sebelumnya. | 按照老师的安排,我的座位应该在他的前面。Sesuai dengan pengaturan guru, tempat dudukku seharusnya berada di depannya.

B

1 **八** bā **delapan**

【数词】［Numeralia（kata bilangan）］8。‖ 桌子上有八个苹果。Di atas meja ada delapan buah apel.｜中国人喜欢数字"八",因为"八"表示有很多钱。Orang Tiongkok menyukai angka " delapan " karena melambangkan memiliki banyak uang.

3 **把** bǎ **melakukan（mengalami perubahan）**

【介词】［Preposisi（kata depan）］放在表示名称的词之前,引出动作的对象,表示对某人或某物进行改变。Ditempatkan sebelum kata yang menunjukkan nama, mengenalkan objek dari tindakan, menunjukkan perubahan pada seseorang atau sesuatu. ‖ 他把门关了。Dia menutup pintu.｜这个消息把我们高兴坏了。Kabar ini membuat kami sangat gembira.｜我把衣服弄脏了。Aku mengotori bajuku.

3 **把** bǎ **genggam**

【量词】［Kuantifier（kata pengukur）］数量单位,表示一只手就能抓住的数量。Satuan jumlah yang bisa digenggam dengan satu tangan. ‖ 他手里拿着一把钢笔,他想送给同学们。Dia memegang segenggam pena di tangannya, dia ingin memberikannya kepada teman-teman sekolahnya.｜教室里一共有三十把椅子。Di dalam kelas ada tiga puluh kursi.

3 **把握** bǎwò **menggenggam；menguasai**

【动词】［Verba（kata kerja）］抓住。Menggenggam erat. ‖ 你一定要把握好这次工作机会。Kamu harus memegang kesempatan kerja kali ini dengan baik.｜开车要把握好方向。Berkendara harus memegang arah dengan baik.

【名词】［Nomina（kata benda）］做事情的信心。Keyakinan dalam melakukan sesuatu. ‖ 我有把握解决好这次的问题。Aku yakin bisa menyelesaikan masalah kali ini dengan baik.｜他对这次考试成绩很有把握。Dia sangat yakin dengan hasil ujian kali ini.

B

1 **爸(爸爸)** bà(bàba) **ayah; bapak**

【名词】[Nomina (kata benda)] 父亲。Ayah. ‖ 我爸爸买了新钱包。Ayahku membeli dompet baru. | 爸爸,那是什么? Ayah, itu apa?

1 **吧** ba **ayo; saja; kan**

【助词】[Partikel (kata tugas)] ① 放在句子最后,表示提出建议。Digunakan di akhir kalimat untuk memberikan saran. ‖ 我们走吧! Ayo pergi! | 帮帮他吧! Bantu dia! ② 放在句子最后,表示说话人愿意让一步。Digunakan di akhir kalimat untuk menunjukkan bahwa pembicara bersedia untuk mengalah. ‖ 好吧,只好这样了。Baiklah, hanya bisa demikian. | 行吧,就这样办。Baiklah, lakukan seperti itu saja. ③ 放在句子后面,表示提问或者不确定。Digunakan setelah kalimat untuk pertanyaan atau ketidakpastian. ‖ 他是上海人吧? Dia orang Shanghai, kan? | 我没有这样说吧? Aku tidak berbicara seperti itu, kan?

1 **白** bái **putih**

【形容词】[Adjektiva (kata sifat)] 像雪的颜色一样的。Sama seperti warna salju. ‖ 他老了,头发白了。Dia sudah tua, rambutnya sudah putih. | 他买了一件白衬衫。Dia membeli sebuah kemeja putih.

3 **白** bái **sia-sia**

【副词】[Adverbia (kata keterangan)] 做的事情没有用。Melakukan suatu hal yang tidak berguna. ‖ 我白买这个苹果了。Saya membeli apel ini dengan sia-sia. | 我说了这么多你一句都没听进去,我全都白说了。Aku sudah bicara banyak tapi kamu tidak mengerti, semuanya sia-sia.

3 **白菜** báicài **sawi putih**

【名词】[Nomina (kata benda)] 一种可以吃的菜。Sejenis sayuran yang dapat dimakan. ‖ 北方人冬天爱吃白菜。Orang-orang di Tiongkok utara suka makan sawi putih saat musim dingin. | 白菜五毛钱一斤,真便宜! Sawi putih harganya lima mao sekati (satu jin), sangat murah! | 今年地里的白菜长得不错。Sawi putih di ladang tumbuh dengan baik tahun ini.

2 **白色** báisè **warna putih**

【名词】[Nomina (kata benda)] 白颜色。Warna putih. ‖ 天上的云是白色的。Awan di langit berwarna putih. | 他穿着白色的衣服。Dia mengenakan baju berwarna putih.

1 **白天** báitiān **siang (dari pagi hingga sore)**

【名词】[Nomina (kata benda)] 天亮着的时候。Waktu ketika langit (hari) masih terang. ‖ 我白天去图书馆。Aku pergi ke perpustakaan di siang hari. | 明天白天天气多云。Cuaca siang hari besok berawan.

1 **百** bǎi **ratus**

【数词】[Numeralia (kata bilangan)] ① 100。‖ 裤子一百块钱一条。Satu celana itu harganya seratus kuai (Yuan). | 学校有一百个留学生。Di sekolah ada seratus siswa internasional. | 这次参加比赛的有三百个人。Ada tiga ratus orang yang ikut dalam kompetisi kali ini. ② 表示数量多。Jumlah yang besar. ‖ 来看表演的人非常多,有百十来个人。Banyak orang datang untuk menonton pertunjukan, ada ratusan orang. | 他的衣服都很贵,随便一件就要好几百。Semua bajunya mahal-mahal, satu baju paling tidak sekitar ratusan (Yuan).

1 **班** bān **kelas**

【名词】[Nomina (kata benda)] ① 几个人组成的共同学习工作的单位。Unit belajar atau bekerja yang terdiri dari beberapa orang. ‖ 我们班有十个留学生。Kelas kami memiliki 10 siswa internasional. | 我们是同一个班的。Kami satu kelas. ② 工作时间。Waktu kerja. ‖ 我明天上早班,我今天晚上要早点睡。Saya akan bekerja shift pagi besok, jadi saya harus tidur lebih awal malam ini. | 他刚下晚班,看起来非常累。Dia baru pulang dari shift malam, terlihat sangat lelah.

【量词】[Kuantifier (kata pengukur)] 火车、汽车或者飞机的出行次数。Frekuensi perjalanan kereta, mobil, atau pesawat. ‖ 我要坐明天那班飞机。Saya akan naik pesawat dengan jadwal penerbangan besok. | 下一班火车八点出发。Kereta berikutnya berangkat pukul delapan. | 到北京的火车一天有六班。Ada enam jadwal perjalanan kereta ke Beijing dalam sehari.

3 **班级** bānjí **kelas**

【名词】[Nomina (kata benda)] 学校里年级和班的总称。Istilah umum untuk kelas dan tingkat dalam sekolah. ‖ 我们在不同的班级学习汉语。Kita belajar bahasa Mandarin di kelas yang berbeda. | 每个学校都有很多班级。Setiap sekolah memiliki banyak tingkatan kelas.

B

2 班长 bānzhǎng **ketua kelas**

【名词】[Nomina (kata benda)] 班里负责多项工作的人。Seseorang di kelas yang bertanggung jawab atas beberapa pekerjaan. ‖ 我们班班长是男同学。Ketua kelas kami adalah seorang siswa laki-laki. | 班长平常要负责收作业、发通知的工作,有时也需要帮助老师安排班里的工作。Ketua kelas biasanya bertanggung jawab untuk mengumpulkan tugas dan menyampaikan pengumuman, terkadang juga membantu guru dalam mengatur tugas-tugas di kelas.

3 搬 bān **pindah**

【动词】[Verba (kata kerja)] ① 把比较大或比较重的物品从一个地方放到另一个地方。Memindahkan barang yang besar atau berat dari satu tempat ke tempat lain. ‖ 这些箱子太重了,我搬不动。Kotak-kotak ini terlalu berat, aku tidak bisa memindahkannya. | 工人把家具都搬走了,现在房间里什么都没有。Pekerja sudah selesai memindahkan semua perabotan rumah, sekarang di dalam ruangan sudah tidak ada barang apapun. ② 从长时间生活或工作的地方离开到另一个地方。Meninggalkan tempat tinggal atau tempat kerja yang sudah lama ke tempat lain. ‖ 我们以前是邻居,后来他搬到了别的地方。Kita dulu tetangga, lalu dia pindah ke tempat lain. | 这家人下个月就要搬走了。Keluarga ini akan pindah bulan depan.

3 搬家 bān//jiā **pindah rumah**

【动词】[Verba (kata kerja)] 把家从一个地方搬到另一个地方,到新的地方生活。Memindahkan rumah dari satu tempat ke tempat lain, dan tinggal di tempat baru. ‖ 下周我要搬家,你能来帮我的忙吗? Saya akan pindah rumah minggu depan, bisakah kamu membantu saya? | 搬一次家太累,我需要搬很多东西。Pindah rumah sekali itu terlalu melelahkan, saya harus memindahkan banyak barang.

3 板 bǎn **papan**

【名词】[Nomina (kata benda)] 像桌子表面一样的东西。Benda yang mirip dengan permukaan meja. ‖ 门板是用木头做的。Papan pintu terbuat dari kayu. | 我想找一些铁板。Saya ingin mencari beberapa papan besi.

2 办 bàn **urus**

【动词】[Verba (kata kerja)] 做事情,处理。Melakukan sesuatu, menangani. ‖

办手续。Mengurus prosedur. | 外国人来中国需要办护照。Orang asing yang datang ke Tiongkok perlu mengurus paspor. | 这件事交给我去办吧。Biarkan aku saja yang menangani urusan ini. | 你说的事我办不了,你找别人吧。Aku tidak bisa menangani masalah yang kamu katakan, carilah orang lain saja.

B

2 办法 bànfǎ **cara**

【名词】[Nomina (kata benda)] 做事情的方法。Cara untuk melakukan sesuatu. ‖ 你别哭,这件事我有办法了。Jangan menangis, aku punya cara untuk masalah ini. | 办法总比问题多。Cara selalu lebih banyak daripada masalah. | 这是个好办法,就按你说的做吧。Itu adalah cara yang baik, lakukan sesuai dengan yang kamu katakan.

2 办公室 bàngōngshì **kantor**

【名词】[Nomina (kata benda)] 用来工作的房间。Ruangan untuk bekerja. ‖ 教室的左边是老师们的办公室。Di sebelah kiri ruang kelas adalah ruang guru. | 校长办公室在三楼。Kantor kepala sekolah ada di lantai tiga.

3 办理 bànlǐ **urus**

【动词】[Verba (kata kerja)] 按规定做。Melakukan sesuatu sesuai dengan aturan. ‖ 我马上为你办理护照,请给我你的身份证。Aku akan segera mengurus paspor untukmu, tolong berikan aku kartu identitasmu. | 请问银行卡怎么办理? Tolong tanya, bagaimana cara mengurus kartu bank? | 他六十岁了,可以办理退休手续了。Usianya sudah 60 tahun, dia sudah bisa mengurus pensiun sekarang.

1 半 bàn **setengah**

【数词】[Numeralia (kata bilangan)] 二分之一。‖ Setengah 我给你一半苹果。Aku akan memberikan setengah buah apel untukmu. | 他给了我半张白纸,让我写下电话号码。Dia memberiku setengah lembar kertas putih untuk menulis nomor telepon.

1 半年 bànnián **setengah tahun**

【名词】[Nomina (kata benda)] 六个月。Enam bulan. ‖ 我学了半年汉语。Aku belajar bahasa Mandarin selama setengah tahun. | 他在中国生活了半年。Dia tinggal di Tiongkok selama setengah tahun. | 半年后,他回到了中国。

Setengah tahun kemudian, dia kembali ke Tiongkok.

B

1 **半天** bàntiān **setengah hari**

【名词】[Nomina (kata benda)] ① 一天中一半的时间。Setengah hari. ‖ 今天只上半天课。Hari ini hanya ada kelas setengah hari. | 开会花了半天的时间。Rapat itu berlangsung selama setengah hari. ② 表示很长时间。Menunjukkan waktu yang lama. ‖ 你迟到了,我等了你半天。Kamu terlambat, aku menunggumu sangat lama. | 说了半天,他还是不听我的话。Sudah bicara sangat lama, tapi dia masih tidak mendengarkan perkataanku.

3 **半夜** bànyè **tengah malam**

【名词】[Nomina (kata benda)] 晚上很晚的时候。Waktu sangat larut malam. ‖ 他到后半夜才出发。Dia baru berangkat tengah malam. | 我一直等到半夜他才来。Aku terus menunggu sampai tengah malam dia baru datang.

1 **帮** bāng **bantu**

【动词】[Verba (kata kerja)] 通过做一些事情让有需要的人解决困难。Membantu seseorang yang membutuhkan dalam mengatasi kesulitan. ‖ 他帮我搬家。Dia membantuku pindah rumah. | 我记得他,他帮我找到了现在的工作,我一直很感谢他。Aku ingat dia, dia membantu saya menemukan pekerjaan sekarang, aku selalu berterima kasih padanya.

1 **帮忙** bāng//máng **bantu**

【动词】[Verba (kata kerja)] 帮别人做事情。Membantu orang lain dalam melakukan sesuatu. ‖ 你需要帮忙吗?Apakah kamu membutuhkan bantuan? | 他周末在他爸爸的饭馆里帮忙。Dia membantu di restoran ayahnya pada akhir pekan. | 你真是帮了我一个大忙,太谢谢你了。Kamu benar-benar sangat membantu saya, terima kasih banyak.

2 **帮助** bāngzhù **bantu**

【动词】[Verba (kata kerja)] 帮忙。Membantu. ‖ 我们要帮助有困难的同学。Kita harus membantu teman-teman yang sedang kesulitan. | 老师告诉我们同学之间要互相帮助。Guru mengatakan kepada kami untuk saling membantu antar teman sekolah. | 帮助别人自己也会觉得快乐。Membantu orang lain juga membuat kita merasa bahagia.

1 **包** bāo　**tas；bungkus**

【名词】［Nomina（kata benda）］可以用来装物品的东西。Benda yang digunakan untuk mengemas barang. ‖ 我有一个白色的包。Aku punya satu tas berwarna putih. | 包里装着两个苹果。Di dalam tas ada dua buah apel.

【动词】［Verba（kata kerja）］把一个东西合起来。Menggabungkan sesuatu. ‖ 中国人过年包饺子。Orang Tiongkok membuat jiaozi（pangsit）saat merayakan tahun baru imlek. | 他头上包着一块白布。Dia membungkus kepala dengan sehelai kain putih.

【量词】［Kuantifier（kata pengukur）］表示包起来的东西的数量。Jumlah bungkusan suatu benda. ‖ 我买了一包糖。Aku membeli sebungkus gula. | 爸爸拿出一包烟。Ayah mengeluarkan sebungkus rokok.

1 **包子** bāozi　**pao（bakpao）**

【名词】［Nomina（kata benda）］一种食物，用面把菜或者肉包进去。Makanan yang berisi adonan dengan sayuran atau daging di dalamnya. ‖ 我爱吃包子。Aku suka makan bakpao. | 妈妈正在包包子。Ibu sedang membuat bakpao.

2 **饱** bǎo　**kenyang**

【形容词】［Adjektiva（kata sifat）］不饿。Tidak lapar. ‖ 我吃了很多，我已经吃饱了。Aku sudah makan banyak, aku sudah kenyang. | 吃得太饱容易长胖。Makan terlalu kenyang mudah menjadi gemuk.

3 **保** bǎo　**jaga（menjamin）**

【动词】［Verba（kata kerja）］通过行动让现在的状态不改变、不受影响或者不出问题。Menghasilkan tindakan agar keadaan sekarang tetap tidak berubah, tidak terpengaruh, atau tidak terjadi masalah. ‖ 只要你好好干，我保你这次生意能成功。Selama kamu bekerja dengan baik, aku menjamin bisnismu akan berhasil. | 他的伤很严重，不知道他的手还能不能保得住。Luka dia parah, tidak tahu apakah tangannya bisa dipertahankan.

3 **保安** bǎo'ān　**petugas penjaga keamanan（satpam；hansip）**

【名词】［Nomina（kata benda）］在单位门口从事安全工作的人。Orang yang bertugas menjaga keamanan di pintu masuk suatu unit. ‖ 我进来的时候没看见门口的保安。Aku tidak melihat petugas keamanan di gerbang saat aku masuk. | 保

安让他写下自己的信息，因为他不是这个公司的人。Petugas keamanan meminta dia menulis informasinya karena dia bukan karyawan perusahaan tersebut.

3 **保持** bǎochí **jaga (mempertahankan)**

【动词】［Verba (kata kerja)］状态长时间不变。Keadaan tetap tidak berubah dalam jangka waktu yang lama. ‖ 保持好心情对身体好。Menjaga suasana hati yang positif baik untuk kesehatan. | 你有事再找我吧，我们保持联系。Jika kamu memiliki masalah, kita harus tetap berkomunikasi. | 跑步纪录已经保持很久了，没有人再打破。Rekor lari telah bertahan lama, tidak ada yang berhasil mengalahkannya.

3 **保存** bǎocún **simpan**

【动词】［Verba (kata kerja)］把信息或图片等留下了，不消失。Menyimpan informasi atau gambar agar tidak hilang. ‖ 你把上次开会的记录保存一下。Simpan catatan rapat terakhir. | 上次你保存的图片放在哪里了？Gambar yang kamu simpan kemarin ada di mana?

3 **保护** bǎohù **jaga (melindungi)**

【动词】［Verba (kata kerja)］让某人或某物保持安全状态。Jaga seseorang atau sesuatu yang aman. ‖ 请大家保护好自己孩子的安全。Tolong jaga keamanan anak-anak masing-masing. | 他的老房子保护得不错。Rumah lamanya dilindungi dengan baik.

3 **保留** bǎoliú **jaga (disimpan)**

【动词】［Verba (kata kerja)］保存原来的东西不变。Menjaga agar sesuatu tetap sama seperti semula. ‖ 这台电脑上的信息最多能保留三十天。Informasi di komputer ini dapat disimpan selama maksimal 30 hari. | 那个老车站还是被保留了下来。Stasiun tua itu tetap dipertahankan.

3 **保险** bǎoxiǎn **aman; asuransi**

【形容词】［Adjektiva (kata sifat)］安全的，没有风险的。Aman, bebas risiko. ‖ 这个方法是我们一起讨论出来的，比较保险。Metode ini adalah hasil diskusi kita bersama dan lebih aman. | 这个地方没有人来，东西放这儿很保险。Tempat ini tidak ada orang, barang akan aman ditaruh (disimpan) di sini. | 你都不认识他，把东西交给他不保险。Kamu tidak mengenalnya, memberikan barang kepadanya tidak aman.

【名词】［Nomina（kata benda）］一种商业服务。Sejenis layanan komersial. ‖ 他是保险公司的保安。Dia adalah petugas asuransi. | 我想买两份保险。Aku ingin membeli dua polis asuransi. | 很多人都会买健康保险。Banyak orang yang membeli asuransi kesehatan.

3 **保证** bǎozhèng **jamin；janji**

【动词】［Verba（kata kerja）］答应别人一定能做，认为某个情况一定会出现。Menyatakan kesanggupan kepada orang lain untuk melakukan sesuatu, yakin sesuatu akan terjadi. ‖ 他向老师保证再也不迟到。Dia berjanji tidak akan terlambat lagi kepada guru. | 他向妈妈保证晚上一定早点回家。Dia berjanji kepada ibunya untuk pulang lebih awal malam ini. | 他保证过很多次，但是一次都没有做到。Dia berjanji banyak kali, tetapi tidak pernah menepatinya sekalipun.

【名词】［Nomina（kata benda）］必要的条件。Persyaratan wajib. ‖ 食品安全是身体健康的保证。Keamanan pangan adalah jaminan kesehatan. | 学习成绩好的根本保证是努力学习。Jaminan hasil penilaian yang baik adalah belajar dengan tekun.

3 **报** bào **koran**

【名词】［Nomina（kata benda）］报纸。Surat kabar. ‖ 卖报了，卖报了，报纸一块钱一份。Jual koran, jual koran, satu kuai（Yuan）satu eksemplar. | 城市晚报上有很多广告。Koran malam kota berisi banyak iklan.

3 **报到** bào//dào **lapor**

【动词】［Verba（kata kerja）］按要求到一个地方报告信息。Melaporkan informasi sesuai dengan permintaan ke suatu tempat. ‖ 明天开学，学校要求学生今天报到。Besok semester baru dimulai, hari ini sekolah meminta siswa untuk melaporkan diri. | 我刚从北京回来就去办公室报到了。Saya baru pulang dari Beijing dan langsung melapor di kantor. | 本次比赛报名选手有五百人，现在报了到的有四百多人。Jumlah peserta yang mendaftar untuk kompetisi kali ini adalah lima ratus orang, dan sekarang lebih dari empat ratus orang yang telah melaporkan diri.

3 **报道** bàodào **lapor；liput**

【动词】［Verba（kata kerja）］在电视台、报纸、广播等上传播新闻或消

息。Menyebarkan berita atau informasi melalui stasiun televisi, surat kabar, radio, dll. ‖ 电视台今天早上报道了这次事故的相关情况。Menyebarkan berita atau informasi melalui stasiun televisi, surat kabar, radio, dll. | 广播正在报道今天的天气信息。Siaran radio sedang melaporkan informasi cuaca hari ini. | 不仅要报道好的新闻,也要报道不好的新闻。Tidak hanya melaporkan berita baik, tetapi juga berita buruk.

【名词】[Nomina (kata benda)] 电视台、报纸、广播等上传播的新闻或消息。Berita atau informasi yang disiarkan melalui stasiun televisi, surat kabar, radio, dll. ‖ 他是写这篇报道的记者。Dia adalah jurnalis yang menulis laporan ini. | 根据最新的报道,明天大雨就会停了。Menurut laporan terbaru, hujan deras akan berhenti besok. | 有些人说这篇报道是假的。Beberapa orang mengatakan bahwa laporan ini palsu.

3 报告 bàogào **lapor**

【动词】[Verba (kata kerja)] 向别人正式地说明情况或说出想法。Menyampaikan secara resmi kepada orang lain tentang situasi atau mengungkapkan gagasan. ‖ 他正在向老板报告最新的工作情况。Dia sedang melaporkan situasi kerja terbaru kepada bos. | 如果有新的情况,要向我报告。Jika ada perkembangan baru, laporkan kepada saya.

【名词】[Nomina (kata benda)] 对工作或事情情况的说明。Penjelasan tentang pekerjaan atau situasi suatu peristiwa. ‖ 你这份报告有些地方写得不对,你再去改一下。Laporanmu ini ada beberapa bagian yang salah, kamu perbaiki dulu. | 这次作报告的时间是下午三点。Waktu presentasi laporan kali ini adalah jam 3 sore. | 根据报告,我们今年的工作成绩非常好。Berdasarkan laporan, performa kinerja kita tahun ini sangat baik.

2 报名 bào//míng **daftar**

【动词】[Verba (kata kerja)] 为参加活动提交自己的信息的手续。Prosedur mengirimkan informasi pribadi untuk mengikuti kegiatan. ‖ 他想报名参加这次活动。Dia ingin mendaftar untuk acara kali ini. | 这次比赛你报名了吗? Apakah kamu sudah mendaftar untuk kompetisi kali ini? | 我错过了报名时间,没有报上名。Aku melewatkan periode pendaftaran, jadi aku tidak terdaftar.

2 报纸 bàozhǐ **koran**

【名词】[Nomina (kata benda)] 有新闻、照片、广告等的,按一定时间生产的

纸,可以用来读的东西。Kertas yang diproduksi pada waktu tertentu yang berisi berita, foto, iklan, dll. yang dapat dibaca. ‖ 他喜欢读报纸。Dia suka membaca koran. | 给我来份报纸,多少钱? Berikan saya satu eksemplar koran, berapa harganya?

1 **杯** bēi **gelas; cangkir; sloki**

【量词】[Kuantifier (kata pengukur)] 表示杯子的数量。Menunjukkan jumlah gelas. ‖ 他喝了两杯水。Dia minum dua gelas air. | 请给我一杯果汁。Tolong berikan saya segelas jus.

1 **杯子** bēizi **gelas; cangkir; sloki**

【名词】[Nomina (kata benda)] 用来喝水、喝茶、喝酒的东西。Benda yang digunakan untuk minum air, teh, arak, atau minuman lainnya. ‖ 杯子里装满了酒。Gelas diisi dengan minuman keras. | 桌子上有一个杯子。Ada sebuah gelas di atas meja. | 他过生日的时候,我送了他一个杯子。Ketika dia berulang tahun, saya memberinya sebuah gelas.

3 **背** bēi **gendong**

【动词】[Verba (kata kerja)] 把人或物放在背上。Membawa seseorang atau sesuatu di punggung. ‖ 他背着书包去上学了。Dia pergi ke sekolah dengan menggendong tas di punggungnya. | 他背着生病的爸爸去医院。Dia membawa ayah yang sedang sakit di punggungnya pergi ke rumah sakit. | 你包里背着什么? Apa yang kamu bawa di dalam tas di punggungmu?

1 **北** běi **utara**

【名词】[Nomina (kata benda)] 四个方向中位于上面的那个。Salah satu arah dari empat arah yang berada di atas. ‖ 你往北走就能找到超市了。Jalan ke arah utara dan kamu akan menemukan supermarket. | 那个窗户是朝北的。Jendela itu utara.

1 **北边** běibian **sebelah utara**

【名词】[Nomina (kata benda)] 靠北的那边。Sisi sebelah utara. ‖ 体育馆在教学楼的北边。Gedung olahraga berada di sebelah utara gedung sekolah. | 他从北边走来。Dia berjalan dari arah utara.

3 **北部** běibù **bagian utara**

【名词】[Nomina (kata benda)] 某个地方靠北的部分。Bagian dari suatu

tempat yang berada di sebelah utara. ‖ 我省北部明天下雨。Di bagian utara provinsi kami, besok akan hujan.

2 **北方** běifāng **daerah utara**

【名词】［Nomina（kata benda）］靠北的地方。Daerah yang terletak di utara. ‖ 中国的北方冬天会下雪。Musim dingin di utara Tiongkok akan turun salju. | 他搬到北方去了。Dia pindah ke daerah utara.

1 **北京** Běijīng **Beijing**

【名词】［Nomina（kata benda）］中国的首都。Ibu kota Tiongkok. ‖ 北京在中国北部。Beijing terletak di bagian utara Tiongkok. | 北京人都很热情。Orang-orang di Beijing sangat ramah. | 他去过很多次北京，他认识很多北京的朋友。Dia telah pergi ke Beijing beberapa kali dan mengenal banyak teman di Beijing.

2 **背** bèi **hafal**

【动词】［Verba（kata kerja）］记住而且能说出来。Menghafal dan dapat mengucapkannya. ‖ 他没记住课文，他背不下来。Dia tidak hafal teks pelajaran, dia tidak bisa menghafalnya. | 我昨天晚上背了很久，还是没记住这些句子。Kemarin aku menghafalnya semalaman, tapi masih tidak bisa hafal kalimat-kalimat ini. | 他能背得出这本书上的句子。Dia hafal kalimat-kalimat dalam buku ini.

3 **背** bèi **punggung**

【名词】［Nomina（kata benda）］身体的一个部分。Bagian tubuh di belakang. ‖ 我们两个背靠背在树下坐着。Kami berdua duduk di bawah pohon dengan punggung saling bersandar. | 你的背上有一只虫子，我帮你拿掉它。Ada seekor serangga di punggungmu, kuambilkan.

3 **背后** bèihòu **belakang**

【名词】［Nomina（kata benda）］① 身体后面。Bagian belakang tubuh. ‖ 你背后的那个人是谁？Siapa orang di belakangmu? | 他背后的书包看起来非常重。Ransel di punggungnya terlihat sangat berat. | 他把手放在背后，生气地看着我。Dia menempatkan tangannya di belakang, menatapku dengan marah. ② 事情深处的原因；别人看不到的地方。Alasan terdalam suatu masalah, yang tidak terlihat oleh orang lain. ‖ 这件事背后的原因很少有人知道。Tidak banyak orang yang tahu alasan di balik masalah ini. | 不要在别人背后说坏话。Jangan berbicara buruk tentang orang di belakangnya. | 他背后的真正目的是得到这份工作。Tujuan sebenarnya di baliknya adalah untuk mendapatkan pekerjaan ini.

3 **被** bèi **di-; ter-**

【介词】[Preposisi (kata depan)] 放在动作的对象后面,表示受到影响,有时动作的对象可以不出现。Ditempatkan setelah objek tindakan untuk menunjukkan pengaruh yang diterima, terkadang objek tindakan dapat tidak muncul. ‖ 她被同学们选为班长。Dia dipilih sebagai ketua kelas oleh teman-temannya. | 纸被风吹走了。Kertas diterbangkan oleh angin. | 词典已经被别人借走了。Kamus sudah dipinjam oleh orang lain.

3 **被子** bèizi **selimut**

【名词】[Nomina (kata benda)] 睡觉时为了暖和放在身上的东西。Benda yang digunakan saat tidur untuk menjaga agar tetap hangat. ‖ 晚上冷,要多加一条被子。Malam hari dingin, tambahkan selapis selimut. | 妈妈新做了一床被子。Ibuku membuat sebuah selimut baru.

1 **本** běn **jilid**

【量词】[Nomina (kata benda)] 表示书、笔记本等的数量单位。Satuan jumlah untuk buku, buku catatan, dll. ‖ 我有一本汉语书。Saya memiliki satu jilid buku bahasa Mandarin. | 这本词典是他的,不是我的。Kamus ini adalah miliknya, bukan milikku.

3 **本来** běnlái **awalnya; sebelumnya**

【形容词】[Adjektiva (kata sifat)] 最开始的时候的样子。Keadaan pada awalnya. ‖ 我本来的工作是一名老师。Pekerjaan aslinya adalah sebagai seorang guru. | 这件衣服本来的颜色是白色。Warna asli baju ini adalah putih. | 我已经不记得他本来的样子了。Saya sudah tidak ingat seperti apa penampilannya pada awalnya.

【副词】[Adverbia (kata keterangan)] 之前是这样,现在变成别的样子了。Sebelumnya begitu, sekarang berubah menjadi sesuatu yang lain. ‖ 他本来是一名老师,现在是一名记者。Dia aslinya seorang guru, sekarang menjadi seorang jurnalis. | 本来就是他的错,为什么要我说对不起? Pada dasarnya, ini adalah kesalahan dia, mengapa saya yang harus minta maaf?

B

3 **本领** běnlǐng **kemampuan; keahlian**

【名词】[Nomina (kata benda)] 别人没有的能力或优点。Kemampuan atau keunggulan yang tidak dimiliki oleh orang lain. ‖ 我们学好本领,才能找到好工作。Kita harus menguasai kemampuan yang baik agar bisa mendapatkan pekerjaan yang baik. | 每个人都有自己的本领。Setiap orang memiliki keahliannya sendiri.

3 **本事** běnshi **kemampuan; keahlian**

【名词】[Nomina (kata benda)] 本领,别人没有的能力。Kemampuan atau keahlian yang tidak dimiliki oleh orang lain. ‖ 你有本事把门打开呀! Kamu memiliki kemampuan untuk membuka pintu, kan! | 他可真有本事,一次就成功了。Dia benar-benar memiliki keahlian, berhasil dalam sekali percobaan. | 他的本事可大着呢,很多人都找他帮忙。Kemampuannya sangat hebat, banyak orang meminta bantuannya.

1 **本子** běnzi **buku catatan**

【名词】[Nomina (kata benda)] 用来记笔记、写作业或写其他东西的物品。Benda untuk mencatat, menulis tugas, atau menulis hal lainnya. ‖ 我买了新的本子。Saya membeli buku catatan baru. | 本子上写满了学习笔记。Buku ini penuh dengan catatan pelajaran. | 桌子上放着几个本子。Ada beberapa buku terletak di atas meja.

1 **比** bǐ **banding**

【动词】[Verba (kata kerja)] 把人或者事放在一起,看某一个的某一方面更…… Membandingkan orang atau peristiwa, melihat aspek tertentu yang lebih ... ‖ 我们比一比谁跑得快。Mari kita bandingkan siapa yang berlari lebih cepat. | 他和我比成绩。Dia dan saya berbanding nilai.

【介词】[Preposisi (kata depan)] 表示比较的对象。Menunjukkan objek perbandingan. ‖ 我比你跑得快。Saya berlari lebih cepat darimu. | 哥哥比弟弟高。Kakak laki-laki lebih tinggi daripada adik laki-laki.

3 **比较** bǐjiào **banding; lebih ... (agak; lumayan)**

【动词】[Verba (kata kerja)] 比;把人或物放在一起,看他们不同的地方。Membandingkan; memposisikan orang atau benda menjadi satu, melihat perbedaan mereka. ‖ 买东西要多比较,才能知道哪个好。Ketika membeli sesuatu, perlu membandingkan lebih banyak untuk mengetahui mana yang lebih baik. | 我们两个比较一下,看看谁更高。Mari kita bandingkan, lihat siapa yang lebih tinggi.

【副词】[Adverbia (kata keterangan)] 表示程度还可以。Menunjukkan tingkat yang lumayan. ‖ 他的汉语比较好。Kemampuan bahasa Mandarinnya cukup baik. | 这件衣服比较便宜。Pakaian ini cukup murah. | 这道题比较难,你能教教我吗? Soal ini cukup sulit, bisakah kamu mengajari saya?

3 比例 bǐlì **skala; rasio**

【名词】[Nomina (kata benda)] 各部分的数量占整体的多少。Proporsi jumlah bagian-bagian yang berbeda dalam kaitannya dengan keseluruhan. ‖ 我们班男生和女生比例是四比六。Rasio jumlah anak laki-laki dan anak perempuan di kelas kami adalah 4 : 6. | 这种地图的比例是一比一百。Skala peta ini adalah 1 : 100.

2 比如 bǐrú **contohnya; misalnya; seperti**

【动词】[Verba (kata kerja)] 举个例子,用多个例子说明。Memberikan contoh, menggambarkan dengan beberapa contoh. ‖ 我有很多爱好,比如唱歌。Saya memiliki banyak hobi, seperti menyanyi. | 我们一起去散步吧,比如去公园。Mari kita pergi berjalan-jalan bersama, misalnya ke taman.

2 比如说 bǐrúshuō **contohnya; misalnya; seperti**

【动词】[Verba (kata kerja)] 比如。Misalnya. ‖ 我们学校有很多国家的留学生,比如说英国留学生。Sekolah kami memiliki banyak siswa internasional, misalnya siswa asal Inggris. | 她有很多优点,比如说有爱心。Dia memiliki banyak kelebihan, misalnya memiliki rasa cinta kasih.

3 比赛 bǐsài **lomba; kompetisi**

【动词】[Verba (kata kerja)] 在活动中比一比谁的水平高。Bertanding dalam suatu kegiatan untuk membandingkan tingkat keahlian. ‖ 下午我们比赛说汉语。Sore ini kita akan lomba berbicara bahasa Mandarin. | 老师让我们比赛跑步。Guru meminta kami untuk lomba lari.

【名词】[Nomina (kata benda)] 用来比较谁的水平高的活动。Kegiatan untuk membandingkan tingkat keahlian. ‖ 这次比赛我得了第一名。Saya meraih peringkat pertama dalam kompetisi ini. | 这场比赛真精彩。Kompetisi ini sangat menarik.

B

2 笔 bǐ **pena；guratan**

【名词】［Nomina（kata benda）］写字的工具。Alat tulis. ‖ 我买了一支笔，它很好用。Saya membeli satu buah pena, pena itu sangat enak dipakai. | 他的笔找不到了。penanya tidak ditemukan. | 笔是写字的工具。Pena adalah alat tulis.

【量词】［Kuantifier（kata pengukur）］① 组成汉字的单位。Satuan yang membentuk karakter Tionghoa. ‖ 他一笔一笔地写下自己的名字。Dia menulis namanya satu per satu. | 你这一笔写错了。Tulisanmu salah satu. | "二"这个字一共有两笔。Karakter "er" terdiri dari dua guratan. ② 表示钱或和钱有关的东西的数量单位。Satuan jumlah uang atau hal-hal yang berhubungan dengan uang. ‖ 我今天收到了一大笔钱。Saya menerima sejumlah besar uang. | 他一共借给我两笔钱，昨天一笔，今天一笔。Dia meminjamkan saya dua jumlah uang, satu kemarin, satu hari ini. | 他这个月做了一笔大生意，赚到了很多钱。Dia melakukan bisnis besar bulan ini dan mendapatkan banyak uang.

2 笔记 bǐjì **catatan**

【名词】［Nomina（kata benda）］用笔写下的信息。Informasi yang dicatat dengan pena. ‖ 上课要认真记笔记。Harus serius membuat catatan saat pelajaran. | 他的笔记非常乱，他自己也不知道写了什么。Catatan dia sangat berantakan, dia sendiri tidak tahu apa yang dia tulis. | 我看书的时候喜欢写读书笔记。Saya suka membuat catatan bacaan saat membaca buku.

2 笔记本 bǐjìběn **buku catatan**

【名词】［Nomina（kata benda）］写笔记的本子。Buku untuk mencatat dengan pena. ‖ 他送给我一个笔记本，我很喜欢。Dia memberi saya sebuah buku catatan, saya sangat suka. | 她有很多笔记本，有的用来写课堂笔记，有的用来写读书笔记。Dia memiliki banyak buku catatan, ada yang digunakan untuk mencatat pelajaran, ada yang digunakan untuk mencatat bacaan.

3 必然 bìrán **pasti**

【形容词】［Adjektiva（kata sifat）］一定会…… Pasti akan... ‖ 你都帮他这么多次了，他必然会记得你的好。Kamu sudah membantunya berkali-kali, dia pasti akan mengingat kebaikanmu. | 他没学过汉语，必然听不懂我们在说什么。Dia tidak pernah belajar bahasa Mandarin, pasti tidak mengerti apa yang kita bicarakan.

2 **必须** bìxū **harus; perlu**

【副词】[Adverbia (kata keterangan)] 一定要做某件事。Suatu hal yang perlu / harus dilakukan. ‖ 学好汉语必须多练习。Ingin belajar bahasa Mandarin dengan baik harus lebih banyak berlatih. | 你必须在完成作业以后,才能出去玩。Kamu harus menyelesaikan tugas sebelum bisa pergi bermain.

3 **必要** bìyào **perlu; diperlukan (bersifat wajib)**

【形容词】[Adjektiva (kata sifat)] 一定需要,非常需要。Sangat diperlukan, sangat dibutuhkan. ‖ 我们应该给有需要的人一些必要的帮助。Kita harus memberikan bantuan yang diperlukan kepada orang yang membutuhkannya. | 必要的时候请给我打电话。Harap hubungi saya saat diperlukan.

【名词】[Nomina (kata benda)] 一定要满足的需要。Kebutuhan yang harus dipenuhi. ‖ 他都道歉了,你没必要一直生气。Dia sudah meminta maaf, kamu tidak perlu marah terus-menerus. | 学校里就有超市,你完全没必要去那么远的地方买水果。Di sekolah ada supermarket, kamu sama sekali tidak perlu pergi jauh untuk membeli buah.

2 **边** biān **sisi; tepi**

【名词】[Nomina (kata benda)] ① 事物的周围或最外边的地方。Bagian sekitar atau tepi suatu objek. ‖ 把杯子放在桌子边上很不安全。Meletakkan gelas di tepi meja sangat tidak aman. | 他边上站着的人是他的爱人。Orang yang berdiri di sisinya adalah pasangannya. | 床边放着她最喜欢的玩具。Di sebelah tempat tidur ada mainan kesukaannya. | ② 细细的一条。Garis tipis. ‖ 她的裙子有白色的裙边。Roknya memiliki pinggiran berwarna putih. | 桌面有四条边。Bidang meja memiliki empat sisi.

2 **变** biàn **berubah**

【动词】[Verba (kata kerja)] 和以前不一样了。Berubah dari keadaan sebelumnya. ‖ 夏天到了,天气变热了。Musim panas datang, cuaca menjadi lebih panas. | 他变了,以前他很爱说话,现在很少说话了。Dia berubah, dulu dia suka bicara, sekarang dia jarang bicara. | 计划变了,明天不能去公园了。Rencana berubah, tidak bisa pergi ke taman besok.

2 **变成** biànchéng **berubah menjadi**

【动词】[Verba (kata kerja)] 成为和以前不一样的样子了。Menjadi sesuatu

yang berbeda dari sebelumnya. ‖ 几年以后他从一名学生变成了一名老师。Setelah beberapa tahun, dia berubah dari seorang siswa menjadi seorang guru. | 你怎么变成这个样子了? 我一点儿都没认出来。Bagaimana kamu bisa berubah menjadi seperti ini? Saya sama sekali tidak mengenalimu. | 事情变成这个样子还不都是你的错,你快想想办法怎么解决吧。Keadaan menjadi seperti ini semua adalah kesalahanmu, cepat cari cara untuk menyelesaikannya.

B

3 **变化** biànhuà **perubahan**

【动词】[Verba (kata kerja)] 事情出现了和以前不同的情况。Terjadi situasi yang berbeda dari sebelumnya. ‖ 事情总是不断在变化,我们的计划也要跟着变化。Keadaan selalu tidak berhenti berubah, rencana kita juga harus mengikuti perubahan tersebut. | 世界变化得很快,所以我们要不断学习新知识。Dunia berubah dengan cepat, jadi kita harus terus belajar pengetahuan baru.

【名词】[Nomina (kata benda)] 出现的新情况。Munculnya situasi baru. ‖ 她的变化太大了,我都认不出来她。Perubahannya terlalu besar, saya tidak bisa mengenalinya. | 这么多年过去了,可他看起来没什么变化。| Setelah sekian tahun berlalu, tetapi dia tidak ada perubahan yang signifikan. | 老师说的话让她学习的态度产生了变化。Ucapan guru merubah sikap belajarnya.

3 **变为** biànwéi **berubah menjadi**

【动词】[Verba (kata kerja)] 变成。Berubah menjadi. ‖ 把想法变为行动,梦想才能变为现实。Mengubah gagasan menjadi tindakan, impian bisa menjadi kenyataan. | 开会时间从下午三点变为下午五点了。Waktu pertemuan berubah dari pukul 15:00 menjadi pukul 17:00.

2 **遍** biàn **kali**

【量词】[Kuantifier (kata pengukur)] 动作完整地完成一次叫作一遍。Satuan tindakan yang diselesaikan secara utuh disebut satu kali. ‖ 我很喜欢这本书,我读了好几遍。Saya sangat suka buku ini, saya membacanya beberapa kali. | 老师,我没听清你说什么,可以再说一遍吗? Guru, saya tidak bisa mendengar apa yang Anda katakan, bisakah Anda mengatakannya lagi?

3 **标题** biāotí **judul; topik**

【名词】[Nomina (kata benda)] 表现主要内容的词语或句子,一般很短。Kata-kata atau kalimat yang mencerminkan konten utama. ‖ 你的作文标题太长了,标

题不能超过十个字。Judul esaimu terlalu panjang, judul tidak boleh lebih dari 10 kata. | 今天是国庆节,报纸的新闻标题写着庆祝国庆。Hari ini adalah Hari Nasional, judul berita di surat kabar adalah "Merayakan Hari Nasional".

3 **标准** biāozhǔn **standar; acuan**

【名词】[Nomina (kata benda)] 进行比较的一种规范。Standar yang digunakan untuk perbandingan. ‖ 这家公司生产的电话达到了国家标准。Telepon yang diproduksi oleh perusahaan ini memenuhi standar nasional. | 病人的身体现在还不满足健康标准。Kondisi tubuh pasien saat ini belum memenuhi standar kesehatan. | 大家以这个表格为标准,每个人做一个表。Kami semua membuat satu lembaran berdasarkan formulir ini.

【形容词】[Adjektiva (kata sifat)] 满足要求或条件的,合适的,对的。Memenuhi persyaratan atau kondisi, tepat, benar. ‖ 他的动作很标准。Gerakannya sangat standar. | 这道题没有标准答案。Tidak ada jawaban yang standar untuk soal ini.

2 **表** biǎo **jam tangan; daftar**

【名词】[Nomina (kata benda)] ① 用来看时间的工具。Alat untuk melihat waktu. ‖ 我的表坏了,得找人修修。Jamku rusak, harus mencari seseorang untuk memperbaikinya. | 他看了看表,发现已经晚上九点了。Dia melihat jam dan menyadari bahwa sudah pukul 21:00. ② 记录信息的文件。Dokumen untuk mencatat informasi. ‖ 表上的信息有问题,你改一下再发给我。Informasi pada lembaran itu bermasalah, tolong perbaiki dan kirimkan kepada saya. | 参加比赛需要先填报名表。Untuk mengikuti kompetisi, peserta harus mengisi formulir pendaftaran. | 调查表上的问题我都看不懂,你能帮我吗? Saya tidak mengerti pertanyaan di formulir survei ini, bisakah Anda membantu saya?

3 **表达** biǎodá **menyampaikan; menyatakan**

【动词】[Verba (kata kerja)] 把想法、感情表现出来。Menyampaikan pikiran, perasaan, sikap, atau gagasan. ‖ 这首歌表达了他对家乡的热爱。Lagu ini mengekspresikan cintanya pada tanah air. | 他认真地向我表达了他学汉语的想法。Dia dengan serius mengungkapkan keinginannya untuk belajar bahasa Tionghoa.

3 **表格** biǎogé **formulir; tabel**

【名词】[Nomina (kata benda)] 用很多线画成的一种记录信息的形式。Bentuk yang digambar dengan banyak garis untuk mencatat informasi. ‖ 报名的

同学需要在这张表格上写下自己的信息。Peserta pendaftaran perlu menuliskan informasi mereka di formulir ini.｜我电脑上的表格信息都不见了。Informasi di lembaran excel di komputerku hilang.｜我不会做表格，你可以教我吗？Saya tidak tahu cara membuat tabel，bisakah Anda mengajariku？

3 表面 biǎomiàn **permukaan**

【名词】［Nomina（kata benda）］① 最外面的一层。Lapisan terluar. ‖ 地球表面有大海和森林。Permukaan bumi memiliki laut dan hutan.｜水的表面有一层油。Permukaan air memiliki lapisan minyak. ② 从里面表现到外面的，可以直接看到的现象。Fenomena yang dapat terlihat，yang tercermin dari dalam. ‖ 中午的菜他不喜欢吃，他表面上看着没什么，可心里一点儿都高兴不起来。Dia tidak suka makan siang，dia tampak biasa-biasa saja，tapi dia tidak senang di dalam hatinya.｜我们想问题不能只看问题的表面，也要想想问题的原因。Kita tidak bisa hanya melihat permukaan masalah，kita juga perlu memikirkan penyebab masalah.｜下雨下得少了只是表面现象，真正的原因是地球变暖。Hujan yang sedikit hanya fenomena permukaan，sebenarnya penyebabnya adalah pemanasan global.

3 表明 biǎomíng **menjelaskan**

【动词】［Verba（kata kerja）］把自己的想法、态度或情感清楚地表达出来。Menyatakan pikiran，sikap，atau emosi dengan jelas. ‖ 我向父母表明了我想出国旅游的想法。Saya menyatakan kepada orang tua saya keinginan saya untuk bepergian ke luar negeri.｜这项调查结果表明休息不好会影响身体健康。Hasil survei ini menunjukkan bahwa tidur yang buruk dapat mempengaruhi kesehatan.｜在如何处理这次风险的问题上，每个人都表明了自己的观点。Setiap orang telah menyatakan pandangannya tentang bagaimana menangani risiko ini.

2 表示 biǎoshì **menyatakan；menyampaikan**

【动词】［Verba（kata kerja）］显示某个意思、感情、态度、想法等。Menunjukkan arti，perasaan，sikap，atau gagasan tertentu. ‖ 他在电话里表示他很高兴和我们合作。Dia mengungkapkan kebahagiaannya untuk bekerja sama dengan kami dalam telepon.｜他点了点头表示同意我的想法。Dia menganggukkan kepalanya menunjukkan persetujuan terhadap gagasan saya.｜一千表示十个一百。1 000 berarti ada 10 yang berarti 100.

【名词】[Nomina (kata benda)] 显示某个意思、感情、态度、想法等的方式。Cara menunjukkan arti, perasaan, sikap, atau gagasan tertentu. ‖ 送花是感谢别人的表示。Mengirim bunga adalah cara untuk mengungkapkan terima kasih kepada orang lain. | 他的表情感到快乐时的表示。Penampilan dia menunjukkan dia sedang bahagia.

3 **表现** biǎoxiàn **menunjukkan; performa**

【动词】[Verba (kata kerja)] 通过行动或现象表达某个观点、态度。Menyampaikan pandangan atau sikap melalui tindakan atau fenomena. ‖ 这本书主要表现了很久以前人们的生活情况。Buku ini intinya menyampaikan kondisi kehidupan orang-orang di masa lalu yang lama. | 科技带来的好处表现在人们可以在任何时候联系到远方的人。Manfaat yang ditimbulkan oleh teknologi terlihat pada kemampuan orang untuk terhubung dengan orang jauh kapan saja.

【名词】[Nomina (kata benda)] 为了表达某个观点、态度作出的行动。Tindakan yang dilakukan untuk menyampaikan pandangan atau sikap. ‖ 他在工作方面的表现不太好，上班总是迟到。Kinerja kerjanya tidak begitu baik, selalu terlambat datang ke kantor. | 看一个人是不是真的关心你，不能只听他说什么，还要看他的表现。Untuk mengetahui apakah seseorang benar-benar peduli denganmu, tidak cukup hanya mendengar apa yang dia katakan, tetapi juga melihat tindakannya.

3 **表演** biǎoyǎn **menampilkan; pertunjukan**

【动词】[Verba (kata kerja)] 演节目，比如唱歌、跳舞。Tampil dalam pertunjukan, seperti bernyanyi, menari. ‖ 这个小孩会表演很多节目，一会儿唱歌，一会儿跳舞。Anak ini bisa menampilkan banyak pertunjukan, sebentar dia menyanyi, sebentar dia menari. | 他今晚表演的节目是中国武术。Pertunjukan yang dia tampilkan malam ini adalah seni bela diri Tiongkok. | 她在学校晚会上表演过中国舞。Dia pernah menampilkan tarian Tiongkok dalam acara malam di sekolah.

【名词】[Nomina (kata benda)] 给观众看的节目。Pertunjukan yang ditujukan untuk ditonton oleh penonton. ‖ 今晚的表演非常让人感动，观众们都说好。Pertunjukan malam ini sangat mengharukan, semua penonton memuji. | 这次表演他准备了很久。| Dia telah mempersiapkan pertunjukan ini dalam waktu yang lama.

B

1 **别** bié **jangan**

【副词】[Adverbia（kata keterangan）] 不要，让别人停止做某件事。Jangan, menghentikan seseorang dari melakukan sesuatu. ‖ 这里很危险，别过来！Tempat ini berbahaya, jangan mendekat！| 这儿是教室，请别在这里吵架。Ini adalah ruang kelas, jangan bertengkar di sini.

1 **别的** biéde **yang lain**

【代词】[Pronomina（kata ganti）] 除了一个部分的其他部分。Selain satu bagian, bagian lainnya. ‖ 这件我不喜欢，还有别的吗？Saya tidak suka yang ini, apakah ada yang lain yang bisa saya lihat？| 这些足够了，不要别的了。Ini sudah cukup, tidak perlu yang lain. | 别的同学知道答案吗？Apakah teman-teman yang lain tahu jawabannya？| 请安静，这里还有别的人。Tolong tenang, ada orang lain di sini.

1 **别人** biérén **orang lain**

【代词】[Pronomina（kata ganti）] 自己以外的人，其他人。Orang selain diri sendiri, orang lain. ‖ 他经常帮助别人，大家都很喜欢他。Dia sering membantu orang lain, semua orang menyukainya. | 这是别人的书，不是我的书。Ini adalah buku milik orang lain, bukan bukuku.

3 **并** bìng **sama sekali；juga / pula / pun / serta**

【副词】[Adverbia（kata keterangan）] 用在"不""没有"前面，强调实际情况。Digunakan sebelum "不"（bù）atau "没有"（méiyǒu）, menekankan situasi aktual. ‖ 不是我不告诉你，我并不知道图书馆在哪里。Bukan karena saya tidak memberitahumu, tetapi saya sama sekali tidak tahu di mana perpustakaan itu. | 他告诉我他在家，可我回去以后并没有看到他。Dia mengatakan kepada saya bahwa dia ada di rumah, tetapi setelah saya kembali, sama sekali tidak melihatnya. | 他的想法我并不同意，这样做的风险太大了。Pendapatnya saya sama sekali tidak setuju, melakukan seperti ini risikonya terlalu besar.

【连词】[Konjungsi（kata penghubung）] 还。Juga. ‖ 他打电话给我并表示他下个月会来中国。Dia menelepon saya dan mengatakan dia akan datang ke Tiongkok bulan depan. | 各国领导人参加了本次会议并发表讲话。Para pemimpin dari berbagai negara hadir dalam pertemuan ini serta memberikan pidato. | 同学们一起观看电影，并对电影里表现的问题进行了讨论。Bersama-sama, kita menonton film serta mendiskusikan masalah yang ditampilkan dalam film.

3 **并且** bìngqiě **dan juga; serta**

【连词】[Konjungsi (kata penghubung)] 用在词或句子中间,表示“不仅……还……”。Digunakan di tengah kata atau kalimat, menunjukkan “tidak hanya ... tetapi juga ...”. ‖ 他学习成绩好,并且还经常参加比赛获得第一名。Dia memiliki nilai akademik yang bagus, dan juga sering mengikuti kompetisi dan meraih peringkat pertama. | 这家店的衣服很好看,并且很便宜。Pakaian di toko ini tidak hanya bagus, tetapi juga murah. | 领导表示同意并且支持我们本次工作。Pimpinan menyatakan setuju dan juga mendukung pekerjaan kami kali ini.

1 **病** bìng **sakit**

【名词】[Nomina (kata benda)] 不健康的状态。Keadaan yang tidak sehat. ‖ 我的病快好了。Penyakitku hampir sembuh. | 医生说他的病没什么。Dokter mengatakan penyakitnya tidak parah.

【动词】[Verba (kata kerja)] 身体变得不健康。Menjadi tidak sehat. ‖ 她病了,今天没来上课。Dia sakit, tidak datang ke sekolah hari ini. | 他病了,需要好好休息。Dia sakit, perlu beristirahat dengan baik.

1 **病人** bìngrén **pasien**

【名词】[Nomina (kata benda)] 有病的人,身体觉得不舒服的人:医生在给病人看病。Seseorang yang sakit, merasa tidak enak badan: Dokter sedang memeriksa pasien. | 病人在休息,请安静。Pasien sedang beristirahat, tolong jaga ketenangan. | 这位病人今天可以出院了。Pasien ini bisa keluar dari rumah sakit hari ini.

3 **播出** bōchū **menyiarkan; menayangkan**

【动词】[Verba (kata kerja)] 在电视、电台上放。Menyiarkan di televisi atau radio. ‖ 昨晚电视上播出了他最喜欢的节目。Acara favoritnya ditayangkan di televisi malam tadi. | 新电影将在下个月六号播出。Film baru akan ditayangkan pada tanggal 6 bulan depan. | 电台今天播出了一条关于天气的新闻。Radio menyiarkan berita cuaca hari ini.

3 **播放** bōfàng **memutar**

【动词】[Verba (kata kerja)] 让别人听到或看到。Membiarkan orang lain

mendengar atau melihat. ‖ 学校里播放了一首我最喜欢的歌。Lagu favoritku diputar di sekolah. | 广场上正在播放音乐。| Musik sedang diputar di taman. | 这周电影院播放了很多新电影。Bioskop minggu ini memutar banyak film baru.

3 **不必** búbì **tidak perlu; tidak harus**

【副词】[Adverbia (kata keterangan)] 不需要,不用。Tidak perlu. ‖ 我坐坐就走,不必麻烦了。Aku hanya singgah sebentar, tidak perlu repot. | 你不必去办公室了,他已经下班了。Tidak perlu pergi ke kantor, dia sudah pulang.

2 **不错** búcuò **bagus; benar**

【形容词】[Adjektiva (kata sifat)] ① 好。Baik. ‖ 这件衣服不错,我要了。Baju ini bagus, saya akan mengambilnya. | 你的汉语很不错。Kemampuan Bahasa Mandarinmu bagus. | 他这个人不错,经常帮助同学。Dia orang yang baik, sering membantu teman-teman. ② 表示满意,认可,正确。Menunjukkan persetujuan, pengakuan, atau kebenaran. ‖ 他说得不错,我同意他的话。Ucapannya benar, saya setuju dengannya. | 不错,你做得对,我们应该互相帮助。Bagus, kamu benar, kita harus saling membantu.

1 **不大** búdà **tidak besar; kecil; jarang; tidak terlalu**

【形容词】[Adjektiva (kata sifat)] ① 表示人的年龄小,或者物体小。Menunjukkan usia yang muda pada seseorang atau ukuran kecil pada objek. ‖ 他年龄不大,长得很高。Usianya masih muda, tapi badannya tinggi. | 这个盒子不大,但是装得下很多东西。Kotak ini tidak besar, tapi bisa memuat banyak barang. | 这件衣服不大,他穿着很合适。Pakaian ini kecil, sangat pas dipakainya. ② 很少做某事。Jarang melakukan sesuatu. ‖ 他不大爱说话,平常总是一个人上学。Dia tidak terlalu suka berbicara, biasanya pergi ke sekolah sendirian. | 他有事的时候来,平常不大来我这里。Dia datang ketika dia punya urusan, biasanya jarang datang kemari mencariku. ③ 表示程度不深,有点儿。Menunjukkan tingkat yang tidak mendalam, sedikit. ‖ 病人的情况现在不大好。Kondisi pasien sekarang kurang baik. | 你的话不大好懂,你能再说一次吗? Kata-katamu tidak begitu mudah dimengerti, bisakah kamu mengatakannya lagi?

2 **不但** búdàn **tidak hanya**

【连词】[Konjungsi (kata penghubung)] 和"而且""还"一起用,表示事情的不同方面或程度有变化。Digunakan bersama dengan "而且" (érqiě) atau "还"

(hái), menunjukkan perubahan dalam aspek atau tingkat suatu hal. ‖ 他不但会唱歌,还会跳舞。Dia tidak hanya bisa menyanyi, tapi juga bisa menari. | 我不但参加了比赛,还得了第一名。Aku tidak hanya mengikuti kompetisi, tapi juga mendapatkan peringkat pertama.

3 **不断** búduàn **terus-menerus; tak henti-henti**

【动词】[Verba (kata kerja)] 连续做某件事或保持某个状态。Melakukan sesuatu secara terus-menerus atau mempertahankan suatu keadaan. ‖ 教室里读书声不断。Suara membaca di dalam kelas tidak pernah berhenti. | 来参观的人一直不断。Jumlah pengunjung yang datang terus-menerus.

【副词】[Adverbia (kata keterangan)] 连续地,一直地。Secara berkelanjutan, terus-menerus. ‖ 他不断练习,他的汉语进步了。Dia terus-menerus berlatih, kemampuan Bahasa Mandarinnya sudah meningkat. | 我不断地给她打电话,但是她都没接。Aku terus-menerus meneleponnya, tapi dia tidak pernah mengangkat. | 她的汉语水平不断提高。Kemampuan Bahasa Mandarinnya terus meningkat.

1 **不对** búduì **tidak benar; salah**

【形容词】[Adjektiva (kata sifat)] 错的。Salah. ‖ 你这样做是不对的。Perbuatanmu ini tidak benar. | 不对,我们好像迷路了。Salah, kita sepertinya tersesat.

2 **不够** búgòu **tidak cukup; kurang**

【动词】[Verba (kata kerja)] 在数量或条件上比所要求的差些。Jumlah atau kondisinya lebih buruk dari yang dibutuhkan. ‖ 人数不够。Jumlah orang yang tidak mencukupi. | 不够资格。tidak memenuhi syarat.

【副词】[Adverbia (kata keterangan)] 不到标准。Tidak mencukupi standar. ‖ 这件衣服不够大,请给我换一件。Baju ini kurang besar, tolong tukar dengan yang satunya. | 这杯水不够热,请再倒一杯。Air ini kurang panas, tolong tuangkan lagi. | 你真不够意思,都不来帮我。Kamu tidak cukup pantas, bahkan tidak datang membantuku.

2 **不过** búguò **tetapi**

【连词】[Konjungsi (kata penghubung)] 用来连接两个句子,表示结果或条件出现变化,情况有变化。Digunakan untuk menghubungkan dua kalimat, menunjukkan perubahan hasil atau kondisi. ‖ 这件衣服很不错,不过太贵了。

Baju ini bagus, tetapi terlalu mahal. | 我可以带你去图书馆,不过你要给我一笔钱。Aku bisa mengajakmu pergi ke perpustakaan, tetapi kamu harus memberiku uang.

1 **不客气** búkèqi **tidak sungkan; sama-sama**

【形容词】[Adjektiva (kata sifat)] ① 回答别人感谢时说的话。Pernyataan saat menjawab terima kasih seseorang. ‖ 不客气,这是我应该做的。Tidak masalah, itu adalah hal yang seharusnya saya lakukan. | 不客气,你喜欢就好。Sama-sama, asalkan kamu suka. ② 对别人不友好,不考虑别人的感受。Tidak bersikap ramah terhadap orang lain, tidak memperhatikan perasaan orang lain. ‖ 你再这样我就要对你不客气了。Jika kamu terus begini, aku akan bersikap tidak ramah padamu. | 他和我说话很不客气。Dia berbicara dengan tidak ramah padaku.

3 **不论** búlùn **tidak peduli; bagaimanapun**

【连词】[Konjungsi (kata penghubung)] 和"都"和"也"一起用,表示任何条件或情况下,结果都不变。Digunakan bersama dengan "都" (dōu) dan "也" (yě), menunjukkan bahwa hasilnya tidak berubah dalam kondisi atau situasi apa pun. ‖ 不论你怎么说,我都要参加这次比赛。Tidak peduli apa yang kamu katakan, aku tetap akan mengikuti kompetisi ini. | 不论是什么天气,他都会去图书馆。Tidak peduli apa pun cuacanya, dia tetap akan pergi ke perpustakaan. | 不论他是谁,犯错了就要道歉。Tidak peduli siapa dia, ketika dia melakukan kesalahan tetap harus minta maaf.

2 **不太** bútài **tidak terlalu**

【副词】[Adverbia (kata keterangan)] 程度比较低。Tingkatnya agak rendah. ‖ 我不太喜欢喝牛奶。Aku tidak terlalu suka minum susu. | 我多穿了件衣服,感觉不太冷了。Aku mengenakan pakaian tambahan, rasanya sudah tidak terlalu dingin. | 他刚到中国,还不太习惯这里的生活。Dia baru tiba di Tiongkok, masih belum terlalu terbiasa dengan kehidupan di sini.

2 **不要** búyào **tidak mau; jangan**

【副词】[Adverbia (kata keterangan)] 别,不让某人做某件事。Jangan, melarang seseorang melakukan sesuatu. ‖ 图书馆要保持安静,不要大声说话。Di perpustakaan harus menjaga keheningan, jangan berbicara dengan suara keras. | 不要说别人的坏话。Jangan berbicara tentang keburukan orang lain. | 不要在开车的时候玩手机。Jangan bermain ponsel saat mengemudi.

1 **不用** búyòng **tidak perlu；tidak usah**

【**副词**】［Adverbia（kata keterangan）］不需要。Tidak perlu. ‖ 都是朋友，不用谢。Kita adalah teman, tidak usah berterima kasih. | 谢谢，我已经吃饱了，不用再来一碗了。Terima kasih, aku sudah kenyang, tidak perlu tambah semangkuk lagi. | 不用麻烦了，我自己一个人可以做完这份工作。Tidak usah repot, aku bisa menyelesaikan pekerjaan ini sendiri.

3 **补** bǔ **tambal；tambah**

【**动词**】［Verba（kata kerja）］把少的东西加上，把不完整的东西变完整。Menambahkan sesuatu yang kurang, membuat sesuatu yang tidak lengkap menjadi lengkap. ‖ 他昨天忘记写作业了，他现在才开始补。Dia lupa mengerjakan tugas kemarin, sekarang dia baru mulai mengerjakannya. | 他的衣服破了，他妈妈用布把衣服补好了。Baju dia rusak, ibunya menambal bajunya dengan kain. | 这个字少写了一笔，你得补上。Aksara ini kurang satu guratan, kamu harus menambahkannya.

3 **补充** bǔchōng **melengkapi；menambahkan**

【**动词**】［Verba（kata kerja）］为了使某事达到标准或更让人满意，加上需要的东西或者新的东西。Menambahkan sesuatu yang diperlukan atau sesuatu yang baru untuk mencapai standar atau kepuasan yang lebih tinggi. ‖ 他在我的观点上又补充了自己的想法。Pemikirannya melengkapi pandangan saya. | 孩子需要补充各种各样的营养。Anak-anak perlu melengkapi berbagai nutrisi. | 老师为了让我们学好今天的知识，又补充了很多练习。Guru menambahkan banyak latihan supaya kami memahami pengetahuan hari ini dengan baik.

【**名词**】［Nomina（kata benda）］新加的东西。Penambahan yang baru. ‖ 他把情况都说清楚了，我没有任何补充。Dia menyatakan kondisinya dengan jelas, saya tidak punya tambahan apa pun. | 我说完我的观点后，他又作了新的补充。Setelah saya menyampaikan pandangan saya, dia memberikan tambahan baru.

1 **不** bù **tidak；bukan**

【**副词**】［Adverbia（kata keterangan）］① 表示否定的回答。Menunjukkan jawaban negatif. ‖ 不，这是他的书。Bukan, itu buku miliknya. | 不，我说得没错，是你听错了。Tidak, saya tidak salah, kamu yang salah dengar. ② 表示否定。Menunjukkan negasi. ‖ 他病了，他不想吃饭。Dia sakit, dia tidak ingin makan. | 大家都在笑，只有他不笑。Semua orang sedang tertawa, hanya dia yang tidak tertawa. | 这件衣服不好看，我不喜欢。Baju ini jelek, aku tidak suka.

B

3 不安 bù'ān **tidank tenang; khawatir**

【形容词】[Adjektiva (kata sifat)] 不放心，感觉害怕。Tidak tenang, merasa takut. ‖ 晚上家里只有我一个人，我感觉不安。Malam hari hanya ada saya sendiri di rumah, saya merasa tidak tenang. | 他很久没来上课了，老师也找不到他，同学们都感觉不安。Dia tidak masuk sekolah sudah lama, guru juga tidak bisa menemukannya, teman-teman merasa tidak tenang. | 我的钱包找不到了，我很不安。Dompetku hilang, saya merasa tidak tenang.

3 不得不 bùdébù **terpaksa; mau tidak mau**

【副词】[Adverbia (kata keterangan)] 必须做某件事情；只能做某些事情。Harus melakukan sesuatu; hanya bisa melakukan sesuatu. ‖ 因为我病了，我不得不休息。Karena aku sakit, aku terpaksa harus istirahat. | 她总是和我生气，我不得不离开她。Dia selalu marah padaku, aku terpaksa meninggalkannya. | 这件事没别的办法了，我不得不答应他的条件。Tidak ada cara lain dalam hal ini, aku mau tidak mau menerima kondisinya.

3 不光 bùguāng **tidak hanya**

【副词】[Adverbia (kata keterangan)] 表示超出范围、数量或种类。Menunjukkan melampaui batas, jumlah, atau jenis. ‖ 来比赛的人不光有学生，还有老师。Orang yang datang untuk berkompetisi tidak hanya murid, tapi juga guru. | 桌子上不光有苹果，还有牛奶、鸡蛋。Di atas meja tidak hanya ada apel, tapi juga susu, telur. | 书包里不光有一本书，还有四本杂志。Dalam tas tidak hanya ada satu buku, tapi empat majalah.

【连词】[Konjungsi (kata penghubung)] 不仅。Tidak hanya. ‖ 他不光是我的老师，也是我的朋友。Dia bukan hanya guru saya, tapi juga teman saya. | 这不光是他一个人的成功，也是大家共同努力的结果。Ini bukan hanya keberhasilannya sendiri, tapi juga hasil usaha bersama. | 如果你不写作业，不光是老师生气，你的爸爸妈妈也会生气。Jika kamu tidak mengerjakan tugas, bukan hanya guru yang akan marah, orang tua mu juga akan marah.

2 不好意思 bùhǎoyìsi **maaf**

【形容词】[Adjektiva (kata sifat)] ① 向别人道歉。Meminta maaf kepada orang lain. ‖ 不好意思，我不知道办公室有人。Maaf, aku tidak tahu ada orang di kantor. | 不好意思，我不应该大声说话。Maaf, aku seharusnya tidak berbicara dengan suara keras. | 真不好意思，让您等我这么久。Maaf, sudah membuat anda menunggu selama ini. ② 向别人表示感谢。Mengucapkan terima kasih kepada orang lain. ‖ 不好意思，您这么忙，还来帮我。Maaf, anda begitu sibuk, tetapi masih datang membantuku. | 不好意思，请给我一杯茶。Maaf, tolong berikan aku segelas teh. | 不好意思了，这次多亏了您的帮助。Maaf, kali ini terima kasih banyak atas bantuan anda.

3 不仅 bùjǐn **tidak hanya**

【连词】［Konjungsi (kata penghubung)］和"还"连用，表示同一件事或同一个人的不同方面，也可以表示程度变化。Digunakan bersama dengan "还" (hái), menunjukkan berbagai aspek yang berbeda dari hal yang sama atau orang yang sama, juga dapat menunjukkan perubahan tingkat. ‖ 他不仅买了汉语书，还买了汉语词典。Dia tidak hanya membeli buku Bahasa Mandarin, tapi juga kamus Bahasa Mandarin. | 他不仅学习好，还经常帮助同学。Dia tidak hanya belajar dengan baik, tapi juga sering membantu teman-teman. | 这辆车不仅便宜，还跑得快。Mobil ini tidak hanya murah, tapi juga cepat. | 她不仅会唱歌，还会画画。Dia tidak hanya bisa menyanyi, tapi juga bisa menggambar.

2 不久 bùjiǔ **tidak lama; belum lama**

【形容词】［Adjektiva (kata sifat)］时间不长的。Waktu yang tidak lama. ‖ 他刚离开办公室不久，现在应该还在学校。Dia baru saja meninggalkan kantor belum lama, seharusnya masih di sekolah. | 不久前他认识了一个新朋友。Belum lama ini dia berkenalan dengan seorang teman baru. | 来中国不久后，他就开始想家了。Tidak lama setelah tiba di Tiongkok, dia mulai merindukan rumah.

2 不满 bùmǎn **tidak puas**

【形容词】［Adjektiva (kata sifat)］不高兴，不满意。Tidak senang, tidak puas. ‖ 他对我说的话感到不满。Dia merasa tidak puas dengan apa yang saya katakan. | 他对这样的考试成绩很不满。Dia sangat tidak puas dengan hasil ujian seperti ini. | 作业太多，学生们对这件事情非常不满。Terlalu banyak tugas, para murid merasa sangat tidak puas dengan hal ini.

B

[2] 不如 bùrú **tidak sebanding**

【动词】[Verba（kata kerja）] 不能和……比。Tidak bisa dibandingkan dengan... ‖ 我的汉语不如他说得好。Bahasa Mandarin saya tidak sebaik yang dia katakan. | 哥哥一米八，弟弟不如哥哥高。Kakak tingginya satu meter delapan puluh（centimeter），adik tidak setinggi kakaknya. | 他看的书不如我看的多。Jumlah buku yang dia baca tidak sebanyak yang saya baca.

[2] 不少 bùshǎo **tidak sedikit；banyak**

【形容词】[Adjektiva（kata sifat）] 数量多。Banyak jumlahnya. ‖ 我今天中午吃了不少，到下午了也不饿。Siang hari ini saya makan banyak，sampai sore saya tidak merasa lapar. | 他今年去了不少城市，认识了很多新朋友。Dia mengunjungi banyak kota tahun ini dan mengenal banyak teman baru. | 他认识的汉字不少，因为他经常看汉语书。Dia mengenal banyak aksara Mandarin karena dia sering membaca buku Bahasa Mandarin.

[2] 不同 bùtóng **tidak sama；beda**

【形容词】[Adjektiva（kata sifat）] 不一样的，有区别的。Berbeda，memiliki perbedaan. ‖ 每个人的爱好是不同的，他喜欢唱歌，我喜欢画画。Setiap orang memiliki hobi yang berbeda，dia suka bernyanyi，saya suka menggambar. | 这是两个不同的字，只不过读音一样。Ini adalah dua aksara yang berbeda，tetapi pelafalannya sama. | 不同的问题要用不同的办法解决。Masalah yang berbeda harus diselesaikan dengan cara yang berbeda.

[2] 不行 bùxíng **tidak boleh；tidak bisa；buruk**

【动词】[Verba（kata kerja）] 不可以，不被认可。Tidak bisa，tidak diterima. ‖ 不行，太晚了，你不能出门。Tidak bisa，sudah terlambat，kamu tidak boleh pergi. | 那个公园太远了，不开车去不行。Taman itu terlalu jauh，tidak bisa pergi ke sana tanpa mobil. | 你这样做不行，我试过了，门还是打不开。Cara kamu tidak bisa，saya sudah mencobanya，pintunya tetap tidak bisa dibuka.

【形容词】[Adjektiva（kata sifat）] 没有达到标准或要求的；水平不高的。Tidak mencapai standar atau persyaratan；tingkat yang rendah. ‖ 他刚学汉语一个月，汉语水平不行。Dia baru belajar Bahasa Mandarin selama satu bulan，tingkat Bahasa Mandarinnya buruk. | 我唱歌水平高，但学习方面不行。Saya memiliki tingkat bernyanyi yang tinggi，tapi dalam hal belajar saya buruk. | 你的

办法不行，我还是打不开门。Cara kamu tidak bisa, saya tetap tidak bisa membuka pintunya.

2 **不一定** bùyídìng **tidak pasti; belum tentu**

【副词】［Adverbia（kata keterangan）］不能确定。Tidak bisa dipastikan. ‖ 他明天不一定来，因为他明天要开会。Dia besok belum tentu datang karena dia ada rapat. | 这件事老师不一定同意，我们得去确定一下。Guru belum tentu setuju dengan hal ini, kita perlu memastikannya. | 谁是第一名还不一定，现在说这些太早了。Belum tentu siapa yang menjadi juara, terlalu dini untuk mengatakannya.

2 **不一会儿** bùyīhuìr **sebentar; singkat**

【形容词】［Adjektiva（kata sifat）］时间短。Waktu yang singkat. ‖ 他不一会儿就把工作做完了。Dalam waktu singkat dia menyelesaikan pekerjaannya. | 这家店的菜非常好吃，不一会儿的工夫就卖完了。Masakan di restoran ini sangat enak, dalam waktu singkat sudah habis terjual. | 不一会儿，他就从外面回来了。Dalam waktu singkat, dia kembali dari luar.

3 **布** bù **kain; tekstil**

【名词】［Nomina（kata benda）］用来做衣服、鞋子的东西。Bahan yang digunakan untuk membuat pakaian, sepatu, dll. ‖ 妈妈买了几块布，她准备自己做件裙子。Ibu membeli beberapa potong kain, dia berencana membuat rok sendiri. | 这件衣服是用白色的布和蓝色的布一起做成的。Pakaian ini terbuat dari kombinasi kain putih dan biru. | 中国的老北京布鞋很有名。Sepatu kain Beijing kuno di Tiongkok sangat terkenal.

3 **步** bù **langkah**

【名词】［Nomina（kata benda）］走路时前脚和后脚中间为一步。Satu langkah antara kaki depan dan kaki belakang saat berjalan. ‖ 他大步向教室走去。Dia berjalan cepat menuju kelas. | 科技让我们大步走进新生活。Teknologi membuat kita melangkah maju ke dalam kehidupan baru.

【量词】［Kuantifier（kata pengukur）］表示步的数量单位。Satuan jumlah langkah. ‖ 他才走了没几步就累得走不动了。Dia baru berjalan beberapa langkah tetapi sudah merasa kelelahan untuk lanjut berjalan. | 中国人常说"饭后百步走，活到九十九"。Orang Tiongkok sering mengatakan "berjalan seratus langkah setelah makan, hidup hingga sembilan puluh sembilan tahun". | 他一步一

步慢慢走到山顶。Dia perlahan-lahan berjalan selangkah demi selangkah ke puncak gunung.

3 **部** bù **divisi; bagian**

【名词】［Nomina（kata benda）］① 一个公司中按不同工作分成的单位。Unit-unit yang dibagi berdasarkan pekerjaan dalam sebuah perusahaan. ‖ 我是学校教学部的一名老师。Saya adalah seorang guru di departemen pengajaran di sekolah. | 我们公司刚成立了商业部。Perusahaan kami baru saja membentuk departemen bisnis. | 他加入了学校的学习部，所以他经常去参加讲座活动。Dia bergabung dengan departemen belajar di sekolah, jadi dia sering menghadiri acara seminar. ② 部分。Sebagian. ‖ 病人头部受伤了。Pasien mengalami cedera pada bagian kepala. | 他的脸部有些发红。Beberapa bagian wajahnya memerah. | 他的新车后部贴着有趣的图片。Bagian belakang mobilnya ditempel dengan gambar yang menarik.

【量词】［Kuantifier（kata pengukur）］表示书、电影等的数量单位。Satuan jumlah buku, film, dll. ‖ 他看过很多部中国电影。Dia telah menonton banyak film Tiongkok. | 这部词典里有很多汉语知识。Kamus ini berisi banyak pengetahuan Bahasa Mandarin. | 他发表过三部小说。Dia telah menerbitkan tiga novel.

2 **部分** bùfen **bagian**

【名词】［Nomina（kata benda）］组成整体的各个单位。Unit-unit yang membentuk keseluruhan. ‖ 这部分内容你写错了。Materi bagian ini kamu salah tulis. | 有一部分同学上课不认真。Ada sebagian murid yang tidak serius saat pelajaran. | 我今天完成了口语部分的练习。Hari ini saya menyelesaikan latihan bagian percakapan.

3 **部门** bùmén **divisi; bagian; departemen**

【名词】［Nomina（kata benda）］一个公司中按不同工作分成的单位。Unit-unit yang dibagi berdasarkan pekerjaan dalam sebuah perusahaan. ‖ 你们部门的主要工作是管理电子信息。Tugas utama departemen kalian adalah mengelola informasi digital. | 各部门都要重视这次合作中产生的问题。Setiap departemen harus memperhatikan masalah yang timbul dalam kerja sama ini. | 他是我们部门的经理。Dia adalah manajer departemen kami.

3 **部长** bùzhǎng **kepala divisi；kepala bagian**

【名词】［Nomina（kata benda）］一个部门的主要领导。Pemimpin utama departemen. ‖ 他才来上班没多久就当上了部长。Dia menjadi kepala departemen setelah bekerja hanya beberapa saat.｜她被选为宣传部部长。Dia terpilih sebagai kepala departemen promosi.｜部长的工资一个月有六千元。Gaji seorang kepala divisi adalah 6 000（Yuan）per bulan.

C

2 **才** cái **menunjukkan kurang / rendah; baru saja**

【副词】［Adverbia（kata keterangan）］① 表示情况比标准要低。Menunjukkan bahwa situasinya lebih rendah dari standar. ‖ 他一个月工资才三千块，怎么租得起两千块钱的房子。Dia hanya mendapatkan gaji 3000 kuai（Yuan）per bulan, bagaimana mungkin dia mampu menyewa rumah seharga 2000 kuai（Yuan）.｜她才五岁，就已经会认识很多字了。Dia baru berusia 5 tahun, tapi dia sudah bisa mengenal banyak aksara.｜我走了三个小时才走到他家。Saya butuh waktu 3 jam untuk sampai di rumahnya. ② 刚刚。Baru saja. ‖ 我才出家门，妈妈就打电话叫我回去。Saya baru saja keluar rumah, ibu langsung menelepon saya untuk kembali.｜他才下班，应该还没到家。Dia baru saja pulang kerja, mungkin dia belum sampai di rumah.｜他才说了他不来，你就又问他。Dia baru saja mengatakan bahwa dia tidak datang, kamu malah bertanya kepadanya lagi.

3 **才能** cáinéng **kemampuan; bakat; talenta**

【名词】［Nomina（kata benda）］本领，本事，人的知识和能力。Kemampuan, bakat, pengetahuan dan kemampuan seseorang. ‖ 领导认为他是一个很有才能的人。Pimpinan menganggapnya sebagai orang yang berbakat.｜每个人都有不同的才能，我们要看到自己的长处。Setiap orang memiliki bakat yang berbeda, kita harus melihat kelebihan kita sendiri.｜大学生要重视自己的专业才能。Mahasiswa harus memperhatikan kemampuan profesional mereka.

3 **采取** cǎiqǔ **menggunakan**

【动词】［Verba（kata kerja）］决定用某个方法、行动。Memutuskan menggunakan metode atau tindakan tertentu. ‖ 处理问题要采取正确的方式。Penanganan masalah harus mengadopsi cara yang benar.｜答应别人的事不要只说不做，要马上采取行动。Jangan hanya berbicara tanpa tindakan ketika menyanggupi orang lain, harus segera dilaksanakan.｜我们要采取正确的态度去面对这次事件。Kita harus mengambil sikap yang benar dalam menghadapi peristiwa ini.

[3] 采用 cǎiyòng **menggunakan**

【动词】[Verba (kata kerja)] 决定用某个工具、方法、经验。Memutuskan menggunakan alat, metode, atau pengalaman tertentu. ‖ 这部手机采用了最新的科学技术。Ponsel ini menggunakan teknologi sains terbaru. | 领导决定采用他的活动方案。Pimpinan memutuskan menggunakan rencana kegiatannya. | 他采用的活动教学法在课堂上取得了很好的效果。Metode pengajaran yang dia gunakan memberikan hasil yang sangat baik di kelas.

[3] 彩色 cǎisè **warna-warni**

【名词】[Nomina (kata benda)] 很多不同的颜色。Banyak warna yang berbeda. ‖ 几十年前,很少有人有彩色电视机。Beberapa puluh tahun yang lalu, sedikit orang yang memiliki televisi berwarna. | 她有一条彩色的裙子。Dia memiliki sebuah rok berwarna-warni. | 小孩用彩色笔画了一幅画。Anak-anak menggambar gambar dengan pensil warna.

[1] 菜 cài **sayur; masakan**

【名词】[Nomina (kata benda)] ① 从地里长出来的、可以吃的东西。Tanaman yang tumbuh di tanah dan dapat dimakan. ‖ 一斤菜多少钱? Berapa harga sayur per kati (jin)? | 我家院子里种了很多菜。Di halaman rumah saya, saya menanam banyak sayuran. ② 和饭一起吃的,做好的吃的。Makanan yang telah diproses dan dimakan bersama nasi. ‖ 这家饭店的菜很好吃。Masakan di restoran ini sangat enak. | 妈妈做了四个菜,还有一碗汤。Ibu memasak empat macam masakan dan semangkuk sup.

[2] 菜单 càidān **menu**

【名词】[Nomina (kata benda)] 这家饭店的菜单上有我喜欢吃的菜。Menu di restoran ini terdapat hidangan yang saya sukai. | 您好,请给我菜单,我想点菜。Permisi, tolong berikan saya menu, saya ingin memesan makanan.

[2] 参观 cānguān **mengunjungi**

【动词】[Verba (kata kerja)] 到一个地方观察并且访问。Mengunjungi dan mengamati tempat tertentu. ‖ 我们下周一起去参观他的新家。Minggu depan kita akan pergi bersama mengunjungi rumah barunya. | 欢迎大家来我们学校参观。Selamat datang untuk mengunjungi sekolah kami. | 很多人去牛奶工厂参观。

Banyak orang pergi mengunjungi pabrik susu.

[2] **参加** cānjiā **berpartisipasi; ikut serta**

【动词】[Verba (kata kerja)] 进入某个组织或活动中。Bergabung dalam sebuah organisasi atau kegiatan. ‖ 他参加了这次比赛并且得了第一名。Dia mengikuti kompetisi ini dan mendapatkan peringkat pertama. | 她参加了学校的生活部。Dia bergabung dengan departemen kehidupan di sekolah. | 这次活动有五百人参加。Ada lima ratus orang yang ikut serta dalam kegiatan ini.

[2] **草** cǎo **rumput**

【名词】[Nomina (kata benda)] 长在地上的东西，和树、花、菜都不一样。Tumbuhan yang tumbuh di tanah, berbeda dari pohon, bunga, atau sayuran. ‖ 春天到了，小草变绿了。Musim semi telah tiba, rumput menjadi hijau. | 牛爱吃草。Sapi suka makan rumput. | 地上长满了小草。Tanah ditumbuhi oleh rumput.

[2] **草地** cǎodì **padang rumput; rerumputan**

【名词】[Nomina (kata benda)] 长满草的很大的地方。Area yang luas yang ditumbuhi rumput. ‖ 公园里有树林有草地。Di taman ada hutan dan padang rumput. | 小河边的草地上开满了花。Bunga-bunga mekar di rerumputan di tepi sungai kecil. | 小孩在草地上玩。Anak-anak bermain di rerumputan.

[2] **层** céng **lapis; tingkat**

【量词】[Kuantifier (kata pengukur)] ① 表面的东西的数量单位，有时可以去掉。Satuan jumlah hal yang berada di permukaan, kadang-kadang dapat dihilangkan. ‖ 盒子被他用纸包了好几层。Kotak itu dibungkusnya dengan beberapa lapisan kertas. | 房子好久没有人住了，桌子上都一层土。Rumah itu sudah tidak ditempati orang selama bertahun-tahun, di atas mejanya tertutup oleh lapisan tanah. | 包子外面有一层面。Pao memiliki lapisan tepung di luar. ② 表示一个整体分成几个部分的数量单位。Menunjukkan jumlah bagian yang membentuk keseluruhan. ‖ 你家住在哪层楼？Di lantai berapa rumahmu？| 学校教学楼一共有三层，我们在二楼上课。Gedung kelas di sekolah terdiri dari 3 lantai, kami belajar di lantai 2. | 房子分为上下两层。Rumah ini memiliki dua tingkat, lantai atas dan bawah.

[3] **曾经** céngjīng **pernah**

【副词】[Adverbia (kata keterangan)] 以前做过的事情或有过的经历。Hal

atau pengalaman yang pernah terjadi atau dilakukan di masa lalu. ‖ 他曾经是一位有名的医生。Dia pernah menjadi dokter terkenal. | 我曾经和他是同学，后来他离开了学校。Saya pernah satu sekolah dengannya, kemudian dia meninggalkan sekolah. | 这话你曾经说过，你怎么忘了？Kamu pernah mengatakan ini, mengapa kamu lupa?

1 **茶** chá **teh**

【名词】［Nomina（kata benda）］① 一种叶子，可以用水泡做成喝的。Daun yang dapat direndam dalam air untuk diminum. ‖ 这是新到的茶，很好喝。Ini adalah teh yang baru tiba, sangat enak. | 我送了他一盒茶。Saya memberinya sekotak teh. | 中国有很多种茶，有红茶、绿茶、白茶、花茶等。Ada banyak jenis teh di Tiongkok, seperti teh hitam, teh hijau, teh putih, teh bunga, dll. ② 可以喝的东西。Minuman yang dapat diminum. ‖ 请给我一杯茶。Tolong berikan saya secangkir teh. | 这杯茶有点苦，但是我很喜欢。Teh ini agak pahit, tapi saya sangat menyukainya. | 中国人喜欢喝茶。Orang Tiongkok suka minum teh.

2 **查** chá **periksa; cek**

【动词】［Verba（kata kerja）］① 比较信息；弄清楚。Memeriksa informasi; mencari tahu. ‖ 老师要查大家的作业情况。Guru hendak memeriksa tugas semua murid. | 上车前有人会查票，如果你没有票就不能坐车。Sebelum naik bus, ada orang yang memeriksa tiket, jika kamu tidak memiliki tiket, kamu tidak boleh naik bus. | 我好像病了，我想去医院查一查身体。Sepertinya saya sakit, saya ingin periksa ke rumah sakit. | ② 找自己需要的信息。Mencari informasi yang dibutuhkan sendiri. ‖ 你帮我查查这个字怎么读。Bantu saya cek aksara ini bagaimana cara membacanya. | 他不知道这个词是什么意思，所以他想查词典。Dia tidak tahu apa arti kata ini, jadi dia ingin mencari di kamus. | 现在网上已经查不到那件事的信息了。Informasi tentang hal itu tidak dapat lagi ditemukan di internet.

1 **差** chà **kurang; selisih**

【动词】［Verba（kata kerja）］数量离要求或标准还少。Jumlahnya kurang dari yang diminta atau standar. ‖ 差五分钟就八点了，我们快要上课了。Sudah pukul delapan kurang lima menit, kita harus segera masuk kelas. | 我还差一本汉语词典。Saya masih kurang sebuah kamus bahasa Mandarin.

【形容词】［Adjektiva（kata sifat）］不好，水平低。Tidak baik, rendah tingkatnya. ‖

我的英语有点差,你可以说汉语吗? Bahasa Inggris saya agak kurang, bisakah kamu berbicara bahasa Mandarin? | 这个衣服太差了,请给我换一件。Pakaian ini terlalu jelek, tolong tukarkan dengan yang lain. | 和他比,我的汉语还差得远呢。Dibandingkan dengannya, kemampuan bahasa Mandarinku masih jauh tertinggal.

2 **差不多** chàbuduō **kurang lebih; kurang sedikit / selisih sedikit**

【形容词】[Adjektiva (kata sifat)] 大多数方面都一样。Sebagian besar aspeknya sama. ‖ 这两件衣服颜色差不多。Warna kedua baju ini kurang lebih. | 差不多了,老板,请问多少钱? Sudah hampir semua, Bos, berapa harganya?

【副词】[Adverbia (kata keterangan)] 情况很像,离目标很近。Dalam situasi yang mirip, dekat dengan tujuan. ‖ 我们两个差不多高。Kita berdua hampir sama tinggi. | 班里的同学差不多都来了。Sebagian besar teman sekelas sudah datang.

3 **产生** chǎnshēng **menghasilkan**

【动词】[Verba (kata kerja)] 出现结果或影响。Menghasilkan hasil atau pengaruh. ‖ 老师的话对他产生了积极的作用,他变得爱学习了。Kata-kata guru berdampak positif padanya, dia menjadi suka belajar. | 这次比赛产生了两个第一名。Kompetisi kali ini menghasilkan dua juara pertama. | 他们每天在一起生活,他对这个女孩已经产生了感情。Mereka hidup bersama setiap hari, dia sudah menumbuhkan perasaan terhadap gadis itu.

2 **长** cháng **panjang; jauh; lama**

【形容词】[Adjektiva (kata sifat)] ① 两个地方离得远,时间长。Jarak yang jauh antara dua tempat, waktu yang lama. ‖ 我在国外住了很长时间,大概住了十年。Saya telah tinggal di luar negeri untuk waktu yang lama, sekitar 10 tahun. | 你离开这么长时间,你干什么去了? Kamu pergi begitu lama, kenapa kamu pergi? | 走过一段长长的小路就来到了公园。Setelah melewati jalan kecil yang panjang, kita sampai di taman. | 我的头发比她的头发长。Rambut saya lebih panjang daripada rambutnya. ② 数量等超过标准。Lebih dari standar dalam jumlah atau ukuran. ‖ 我的头发太长了,我觉得不好看。Rambutku sudah terlalu panjang, menurutku jelek. | 这条裙子太长了,我想要短一点的。Rok ini terlalu panjang, saya ingin yang lebih pendek. | 他写了很长的文章,有十万多字。Dia menulis artikel yang sangat panjang, lebih dari 100 000 aksara.

3 **长城** chángchéng **Tembok Besar Tiongkok**

【名词】[Nomina (kata benda)] 中国有名的旅游景点,是古代人们建在山上的很长的墙。Situs wisata terkenal di Tiongkok, yaitu dinding panjang yang dibangun oleh orang-orang kuno di atas gunung. ‖ 来中国旅游一定要去爬长城。Saat bertamasya ke Tiongkok wajib pergi ke Tembok Besar. | 他拍了很多长城的照片。Dia mengambil banyak foto Tembok Besar. | 古代中国人修长城是为了保护国家安全。Orang Tiongkok kuno membangun Tembok Besar demi melindungi keamanan negara.

3 **长处** chángchù **keunggulan; kelebihan**

【名词】[Nomina (kata benda)] 比别人好的地方。Kelebihan seseorang dibandingkan orang lain. ‖ 每个人都有自己的长处,所以我们应该保持自信。Setiap orang memiliki keunggulan sendiri, jadi kita harus tetap percaya diri. | 跑得快是他的长处。Keunggulannya adalah berlari cepat. | 你不能只看这个人不好的地方,也要看到他的长处。Kamu tidak boleh hanya melihat kekurangan orang ini, tetapi juga melihat keunggulannya.

3 **长期** chángqī **jangka panjang**

【名词】[Nomina (kata benda)] 很长时间。Waktu yang lama. ‖ 他长期在中国生活,所以他汉语说得很好。Dia tinggal di Tiongkok jangka panjang, jadi bahasa Mandarinnya bagus. | 他向我表示希望和我们公司长期合作。Dia menyatakan harapannya untuk bekerja sama dengan perusahaan kami dalam jangka panjang. | 他病得很重,医生让他长期吃药。Dia sakit parah, dokter menyuruhnya mengkonsumsi obat dalam jangka panjang.

1 **常** cháng **sering**

【副词】[Adverbia (kata keterangan)] 动作或事情发生很多次。Tindakan atau kejadian yang terjadi berulang kali. ‖ 如果你喜欢,以后请常来我这里。Kalau kamu suka, silakan sering-sering datang kemari. | 常听她说起你,今天很高兴认识你。Saya sering mendengar dia bercerita tentangmu, senang berkenalan denganmu hari ini. | 我常去这家超市买菜。Saya sering pergi ke supermarket ini untuk membeli sayuran.

1 **常常** chángcháng **sering; seringkali**

【副词】[Adverbia (kata keterangan)] 同一个动作或事情发生很多次。

Tindakan atau kejadian yang sama terjadi berulang kali. ‖ 他常常一个人去上学。Dia sering pergi ke sekolah sendirian. | 他常常帮助别人。Dia sering membantu orang lain. | 这里的路不好走，我常常在这里迷路。Jalan di sini sulit dilalui, saya sering tersesat di sini. | 我常常听别人说门口有一家很不错的饭店。Saya sering mendengar dari orang lain bahwa di area gerbang ada restoran yang enak.

2 **常见** chángjiàn **umum; familiar; sering dilihat**

【形容词】［Adjektiva (kata sifat)］经常见到的。Sering ditemui. ‖ 这是一种很常见的菜，许多人都爱吃。Ini adalah hidangan yang sangat umum, banyak orang menyukainya. | 这个词很常见，请记住它。Kata ini sangat umum, harap diingat. | 这个地方经常下大雨，下雨是很常见的事情了。Tempat ini sering hujan lebat, hujan adalah hal yang biasa terjadi di sini.

2 **常用** chángyòng **umum; sering digunakan / sering dipakai**

【形容词】［Adjektiva (kata sifat)］经常用的。Digunakan secara teratur. ‖ 这个句子很常用，大家都会说。Kalimat ini sering digunakan, semua orang bisa mengucapkannya. | 这本书不是我们常用的，那本才是。Bukan buku ini yang sering kami gunakan, tapi yang itu.

3 **厂** chǎng **pabrik**

【名词】［Nomina (kata benda)］进行工业活动的地方。Tempat di mana kegiatan industri dilakukan. ‖ 这个厂里有一千名工人。Pabrik ini memiliki 1 000 orang pekerja. | 这个厂生产的手机非常好。Ponsel yang diproduksi oleh pabrik ini sangat bagus. | 今天有领导到厂里检查。Hari ini ada pimpinan yang melakukan pemeriksaan di pabrik.

2 **场** chǎng **satuan kegiatan / pertunjukan**

【量词】［Kuantifier (kata pengukur)］表示活动数量的单位。Satuan jumlah kegiatan. ‖ 广场今天晚上有三场表演，有京剧表演、唱歌表演、话剧表演。Taman memiliki tiga pertunjukan malam ini, ada pertunjukan opera Beijing, pertunjukan bernyanyi, dan pertunjukan drama. | 学校组织了一场汉语口语比赛。Sekolah mengadakan sebuah kompetisi berbicara bahasa Mandarin. | 来看这场电影的人并不多。Tidak banyak orang yang datang untuk menonton film ini.

3 **场合** chǎnghé **lingkungan (tempat)**

【名词】[Nomina (kata benda)] 进行活动的环境。Lingkungan di mana kegiatan dilakukan. ‖ 说话要注意场合。Berbicara harus memperhatikan sekitar. | 在正式场合要穿正式的衣服。Di lingkungan resmi harus mengenakan pakaian resmi. | 今天这个场合你们不能吵架。Hari ini kalian tidak boleh bertengkar di lingkungan ini.

3 **场所** chǎngsuǒ **tempat; lokasi**

【名词】[Nomina (kata benda)] 进行某个活动的地方。Tempat di mana kegiatan tertentu dilakukan. ‖ 公共场所要保持安静。Tempat umum harus tetap tenang. | 这里是我们的工作场所,您不能进来。Ini adalah tempat kerja kami, Anda tidak boleh masuk. | 着火了,请大家到安全场所,保护好个人安全。Ada kebakaran, semua orang silakan menuju tempat aman, jaga keamanan pribadi.

1 **唱** chàng **menyanyi; bernyanyi**

【动词】[Verba (kata kerja)] 发出好听的声音,发出歌声。Mengeluarkan suara yang merdu, menyanyikan lagu. ‖ 大家又唱又跳,非常开心。Semua orang bernyanyi dan menari, sangat senang. | 他会唱这首歌,让他唱吧。Dia bisa menyanyikan lagu ini, mintalah dia untuk menyanyikan. | 你在唱什么? Apa yang sedang kamu nyanyikan?

2 **唱歌** chàng//gē **menyanyi; bernyanyi (menyanyikan lagu)**

【动词】[Verba (kata kerja)] 唱出歌声,发出歌声。Bernyanyi, mengeluarkan suara yang merdu. ‖ 他很会唱歌,大家都喜欢他的歌。Dia sangat pandai bernyanyi, semua orang menyukai lagunya. | 我可以去这次的唱歌比赛吗? Bolehkah saya ikut kompetisi bernyanyi ini? | 我唱歌给大家听吧。Saya akan menyanyikan lagu untuk kalian semua. | 他唱歌唱得很不错,我很喜欢。Dia menyanyikan lagu ini dengan sangat baik, saya sangat menyukainya. | 我给大家唱首歌吧。Saya menyanyikan satu lagu untuk kalian semua, ya. | 他唱过这首歌。Dia pernah menyanyikan lagu ini.

2 **超过** chāoguò **melebihi; melampaui**

【动词】[Verba (kata kerja)] ① 在某个方面更……,比标准更……。Lebih... dalam suatu aspek, melebihi standar. ‖ 他考试得了一百分,超过了我的成绩。

Dia mendapatkan 100 dalam ujian, melebihi nilai saya. | 说好等他三十分钟,他现在还没有来,已经超过时间了。Kami sepakat menunggu dia selama 30 menit, sekarang sudah melebihi waktunya tetapi dia belum datang. ② 从后面赶到前面。Mendahului dari belakang. ‖ 他跑得比我快,很快就超过了我。Dia berlari lebih cepat daripada saya, dengan cepat melampauiku. | 他一直是我们班考试第一名,别人很难超过他。Dia selalu menjadi peringkat pertama dalam kelas kami, sulit bagi orang lain untuk melampauinya.

3 超级 chāojí **sangat**

【形容词】[Adjektiva (kata sifat)] 非常,超过高级的。Sangat, melebihi tingkat tinggi. ‖ 为了这次考试,他超级努力地学习。Dia belajar dengan sangat giat demi ujian kali ini. | 这个箱子超级重,我一点儿也搬不动。Kotak ini sangat berat, saya tidak bisa mengangkatnya sedikit pun. | 他经常来这家买东西,他是这家的超级会员。Dia sering datang ke toko ini, dia adalah anggota super.

2 超市 chāoshì **pasar swalayan**

【名词】[Nomina (kata benda)] 超级市场;可以用钱得到自己需要的各种东西的地方。Supermarket; tempat di mana kita dapat memperoleh berbagai barang yang kita butuhkan dengan uang. ‖ 我跟着妈妈去超市买菜。Saya pergi ke supermarket bersama ibu untuk membeli sayuran. | 超市今天做活动,白菜很便宜。Hari ini supermarket ada promo, sawi putih sangat murah. | 我家门口有一家超市,邻居们都去那里买东西。Di depan rumah saya ada sebuah supermarket, para tetangga pergi ke sana untuk berbelanja.

3 朝 cháo **menghadap; menuju; mengarah**

【介词】[Preposisi (kata depan)] 向,表示动作的方向和目标。Menuju, mengindikasikan arah dan tujuan suatu tindakan. ‖ 他朝着门口走去。Dia berjalan menuju pintu. | 我们朝着更好的生活努力工作。Kita bekerja keras menuju kehidupan yang lebih baik. | 窗户朝外开着。Jendela terbuka ke luar.

【动词】[Verba (kata kerja)] 面对着某个方向。Menghadap ke arah tertentu. ‖ 中国喜欢朝南的房子,因为朝南的房子阳光好。Orang Tiongkok suka rumah yang menghadap ke selatan karena rumah yang menghadap ke selatan mendapatkan cahaya matahari yang baik. | 你的背朝着北边,脸就朝着南边。Punggungmu menghadap ke utara, wajahmu menghadap ke selatan.

3 **吵** chǎo **bertengkar (adu mulut); berisik; bising; ribut**

【动词】[Verba (kata kerja)] 对别人不满意而希望用语言压住对方。Tidak puas dengan seseorang dan ingin menindasnya dengan kata-kata. ‖ 我们因为工作的事情吵了几句。Kita bertengkar beberapa kalimat karena urusan pekerjaan. | 这点小事有什么好吵的。Tidak perlu bertengkar tentang hal kecil seperti ini. | 别吵了,老师来了。Berhenti bertengkar, guru datang.

【形容词】[Adjektiva (kata sifat)] 声音又多又大。Banyak suara dan keras. ‖ 这个地方人太多,太吵了,我们找个别的地方说话吧。Tempat ini terlalu banyak orang, terlalu bising, mari kita mencari tempat lain untuk berbicara. | 请你声音小一点儿,你吵得我睡不着。Tolong berbicara dengan suara lebih pelan, kamu berisik membuatku tidak bisa tidur. | 太吵了,我听不到你说什么。Terlalu bising, aku tidak bisa mendengar perkataanmu.

3 **吵架** chǎo//jià **bertengkar (adu mulut)**

【动词】[Verba (kata kerja)] 因为不高兴的事情,和别人吵。Bertengkar dengan seseorang karena sesuatu yang tidak menyenangkan. ‖ 他们两个又吵架了。Mereka berdua bertengkar lagi. | 吵架不能解决我们的问题。Bertengkar tidak akan menyelesaikan masalah kita. | 你们是好朋友,不要吵架。Kalian adalah teman baik, jangan bertengkar.

1 **车** chē **kendaraan; mobil**

【名词】[Nomina (kata benda)] 在地上跑的交通工具。Alat transportasi yang berjalan di darat. ‖ 这辆车多少钱? Berapa harga mobil ini? | 路上有许多车。Banyak mobil di jalan. | 小心有车! Hati-hati ada mobil! | 车上有三个人。Ada tiga orang di dalam mobil.

2 **车辆** chēliàng **kendaraan; mobil**

【名词】[Nomina (kata benda)] 车,各种车一起的名称。Mobil, istilah umum untuk berbagai jenis mobil. ‖ 车辆的种类很多,有一些连我都说不上来名字。Ada banyak jenis mobil, ada beberapa yang bahkan saya tidak tahu namanya. | 警察正在调查这些车辆是不是合格的。Polisi sedang menyelidiki apakah mobil-mobil ini layak.

1 **车票** chēpiào **tiket kendaraan (bus)**

【名词】[Nomina (kata benda)] 用来坐车的票。Tiket untuk naik kendaraan. ‖

从北京来的车票真便宜！Tiket bus dari Beijing sangat murah！｜那边可以买车票。Di sana bisa membeli tiket bus. ｜你可以到八号口买车票。Anda dapat membeli tiket di loket nomor delapan.

1 **车上** chēshang **dalam mobil / bus**

【短语】［frasa］车的里面。Di dalam mobil. ‖ 我把书丢在车上了。Saya meninggalkan buku saya di dalam mobil. ｜车上有很多人，小心点。Ada banyak orang di dalam mobil, hati-hati. ｜车上的人太多了，找不到座位。Terlalu banyak orang di dalam mobil, tidak ada tempat duduk.

1 **车站** chēzhàn **halte；stasiun**

【名词】［Nomina（kata benda）］火车或汽车停车的地方，人们可以在这里上车或下车。Tempat di mana kereta atau bus berhenti, orang-orang bisa naik atau turun kendaraan di sini. ‖ 我在车站等你。Saya menunggu kamu di stasiun. ｜车站在超市的北边。Halte berada di sebelah utara supermarket. ｜他每天下午三点到车站。Dia tiba di halte setiap hari pukul tiga sore.

3 **衬衫** chènshān **kemeja**

【名词】［Nomina（kata benda）］穿在大衣里面的衣服。Baju yang dikenakan di dalam mantel. ‖ 他有很多颜色的衬衫。Dia memiliki kemeja dengan banyak warna. ｜我想买一件新衬衫。Saya ingin membeli satu kemeja baru. ｜天气热了，他只穿了一件衬衫。Cuaca sudah panas, dia hanya mengenakan satu kemeja.

3 **衬衣** chènyī **kemeja**

【名词】［Nomina（kata benda）］穿在大衣里面的衣服。Baju yang dikenakan di dalam jaket. ‖ 她的衬衣破了，妈妈帮她补好了。Kemejanya rusak, ibu membantu menambalnya. ｜ 店里新到了一些衬衣。Toko baru kedatangan beberapa kemeja. ｜外面冷了，已经穿不了衬衣了。Di luar dingin, tidak bisa mengenakan kemeja.

2 **称** chēng **timbang**

【动词】［Verba（kata kerja）］用工具确定东西有多重。Menimbang sesuatu dengan menggunakan alat. ‖ 老板，麻烦给我称三斤鱼。Bos, tolong timbang tiga kati（jin）ikan untukku. ｜称一称苹果有几公斤。Tolong timbang berapa kilogram apel ini. ｜我称了一下，发现自己又胖了。Saya menimbang diri sendiri dan menyadari bahwa saya semakin gemuk.

3 **称为** chēngwéi **disebut**

【动词】[Verba (kata kerja)] 用什么名字叫某个人或物。Memberi nama seseorang atau sesuatu. ‖ 中国人过年给孩子的钱称为“压岁钱”。Uang yang diberikan pada anak-anak selama Tahun Baru (imlek) di Tiongkok disebut “yā suì qián”. | 在网上很有名的人被称为“网红”。Orang yang terkenal di internet disebut “wǎng hóng”. | 这座城市被称为“山城”。Kota ini disebut “shān chéng”.

2 **成** chéng **berhasil**

【动词】[Verba (kata kerja)] ① 达到目标。Mencapai tujuan. ‖ 他这周做成了一单大生意。Dia berhasil melakukan bisnis besar minggu ini. | 明天要下雨，我们去不成公园了。Besok akan hujan, kita tidak jadi pergi ke taman. | 这事成不成我说了不算。Apakah hal ini akan berhasil atau tidak, bukan saya yang menentukan. ② 变成。Menjadi. ‖ 他长大后成了一名医生。Setelah dia dewasa, dia menjadi seorang dokter. | 他成了我们学习的目标。Dia menjadi tujuan belajar kita. | 你以前不是这样的，你怎么成现在这个样子了？Kamu tidak seperti ini sebelumnya, bagaimana kamu menjadi seperti ini sekarang?

3 **成功** chénggōng **sukses; berhasil**

【动词】[Verba (kata kerja)] 达到目标。Mencapai tujuan. ‖ 经过努力，我们终于成功了。Setelah berusaha keras, kita akhirnya berhasil. | 这次工作一定要成功。Pekerjaan ini harus berhasil. | 只要努力，有一天一定会成功。Asalkan berusaha, suatu hari pasti akan berhasil.

【形容词】[Adjektiva (kata sifat)] 有满意的结果。Mencapai hasil yang memuaskan. ‖ 这次比赛办得很成功。Kompetisi ini diadakan dengan sukses. | 他在工作方面比较成功，领导们都很喜欢他。Dia cukup berhasil dalam pekerjaannya, para pimpinan sangat menyukainya.

3 **成果** chéngguǒ **hasil**

【名词】[Nomina (kata benda)] 得到的好的结果。Hasil yang diperoleh. ‖ 我们的工作现在已经有了一定成果。Pekerjaan kita sekarang telah mencapai hasil tertentu. | 比赛第一名是我们共同努力的成果。Juara pertama dalam kompetisi ini adalah hasil kerja keras kita bersama. | 他的教学方法没有得到他想要的教学成

果。Metode pengajaran mereka tidak mencapai hasil pengajaran yang mereka harapkan.

2 **成绩** chéngjì **nilai**

【名词】［Nomina（kata benda）］考试或比赛得到的分数或结果。Skor atau hasil dari ujian atau kompetisi. ‖ 我这次考试得到了一百分的好成绩。Saya mendapatkan nilai 100 dalam ujian kali ini. | 成绩不重要，主要的是过程中的努力。Nilai tidak penting, yang penting adalah usaha selama prosesnya. | 他的学习成绩很差，他需要老师在学习上帮助他。Nilai pelajarannya sangat jelek, dia membutuhkan bantuan guru dalam belajar.

3 **成就** chéngjiù **prestasi**

【名词】［Nomina（kata benda）］在工作方面得到的成绩。Prestasi yang diperoleh dalam pekerjaan. ‖ 中国在科学方面有很多重要成就。Tiongkok memiliki banyak prestasi penting dalam bidang teknologi. | 他在工作上有很多成就，他的工作能力很强。Dia memiliki banyak prestasi dalam pekerjaannya, kemampuan kerjanya sangat baik. | 他现在的成就离不开朋友的帮助。Prestasi saat ini tidak lepas dari bantuan teman.

3 **成立** chénglì **berdiri**

【动词】［Verba（kata kerja）］建立起一个团体或单位。Mendirikan sebuah organisasi atau unit. ‖ 我们公司成立了商业部。Perusahaan kami mendirikan departemen bisnis. | 国家成立了一所新学校。Negara telah mendirikan sebuah sekolah baru. | 这家高级饭店已经成立二十年了。Restoran mewah ini telah berdiri selama 20 tahun.

3 **成熟** chéngshú **matang**

【形容词】［Adjektiva（kata sifat）］发展到比较好的程度。Mencapai tingkat yang baik dalam perkembangan. ‖ 他现在还不够成熟，有时表现得像个小孩子。Dia masih belum cukup matang, terkadang dia berperilaku seperti anak kecil. | 这个教学方法目前还不太成熟。Metode pengajaran ini belum terlalu matang saat ini. | 他当了很多年老师，有很多成熟的教学经验。Setelah bertahun-tahun menjadi guru, dia memiliki banyak pengalaman mengajar yang matang.

2 **成为** chéngwéi **menjadi**

【动词】［Verba（kata kerja）］变成和以前不一样的状态。Menjadi keadaan

yang berbeda dari sebelumnya. ‖ 我们已经成为好朋友了,我们经常一起去学习。Kita sudah menjadi teman baik, kita sering belajar bersama. | 这个工厂已经成为这座城市重要的经济动力。Pabrik ini telah menjadi penggerak penting ekonomi di kota ini. | 手机已经成为人们得到信息的重要工具。Ponsel telah menjadi alat penting bagi orang-orang untuk mendapatkan informasi.

【动词】[Verba (kata kerja)] 完成工作。Menyelesaikan pekerjaan. ‖ 他用自己的努力成就了自己的事业。Dia mencapai kesuksesan dalam karirnya dengan usahanya sendiri. | 知识成就事业。Pengetahuan menentukan kesuksesan dalam karir.

C

3 **成员** chéngyuán **anggota**

【名词】[Nomina (kata benda)] 组成一个单位或团体里面的人。Orang yang menjadi bagian dari sebuah unit atau kelompok. ‖ 商业部一共有三十名成员。Departemen bisnis memiliki total 30 anggota. | 我想成为学习部的成员。Saya ingin menjadi anggota departemen belajar. | 小狗也是我们重要的家庭成员。Anjing juga merupakan anggota keluarga penting bagi kita.

3 **成长** chéngzhǎng **bertumbuh; berkembang**

【动词】[Verba (kata kerja)] 生命的发展;经验变多。Pertumbuhan hidup; pengalaman bertambah. ‖ 妈妈希望孩子能够健康成长。Ibu berharap anak dapat tumbuh dengan sehat. | 我们家门口的树成长得很快。Pohon di depan rumah kita tumbuh dengan cepat. | 他现在已经成长为一名成熟的汉语老师了。Dia telah berkembang menjadi seorang guru bahasa Mandarin yang matang.

3 **城** chéng **kota**

【名词】[Nomina (kata benda)] 是周围其他地方的中心,人口多,商业比较发达的地方。Pusat yang lebih banyak penduduknya dan memiliki perkembangan komersial yang baik dibandingkan daerah sekitarnya. ‖ 城里的车越来越多,人们的生活越来越好。Mobil di kota semakin banyak, kehidupan masyarakat semakin baik. | 城南边有一大片草地。Di sebelah selatan kota terdapat padang rumput yang luas. | 他从村里出来,想进城去买东西。Dia keluar dari desa dan ingin pergi ke kota untuk berbelanja.

3 **城市** chéngshì **kota**

【名词】[Nomina (kata benda)] 城。Kota. ‖ 北京是中国的一座大城市。

Beijing adalah salah satu kota besar di Tiongkok. | 城市的楼很高，车也很多。Bangunan di kota tinggi dan banyaknya mobil. | 城市发展需要每个人的努力。Pembangunan kota membutuhkan upaya setiap individu.

3 **程度** chéngdù **tingkatan**

【名词】[Nomina (kata benda)] ① 水平。Tingkat atau taraf. ‖ 我现在的程度还不能参加比赛，我需要学习的还有很多。Tingkat saya saat ini belum memenuhi syarat untuk berpartisipasi dalam kompetisi, masih banyak hal yang perlu saya pelajari. | 他没上过学，文化程度比较低。Dia tidak pernah bersekolah, tingkat pendidikannya relatif rendah. | 每个人的受教育程度不一样。Setiap orang memiliki tingkat pendidikan yang berbeda. ② 事情发展的情况。Perkembangan suatu hal. ‖ 他还不知道这件事对班级的危害程度。Dia belum mengetahui sejauh mana bahaya dari hal ini terhadap kelas. | 这部小说一定程度上表现了当代年轻人的生活情况。Novel ini dalam beberapa tingkat mencerminkan kehidupan kaum muda masa kini.

1 **吃** chī **makan**

【动词】[Verba (kata kerja)] 用口处理食物的动作。Tindakan memasukkan makanan ke dalam mulut. ‖ 今天我请客，你想吃什么？Hari ini saya traktir, kamu ingin makan apa? | 我今天吃太多了，有点不舒服。Saya makan terlalu banyak hari ini, agak tidak enak badan. | 他想吃水果，我想吃面包。Dia ingin makan buah, saya ingin makan roti.

1 **吃饭** chī//fàn **makan**

吃东西。Makan. ‖ 明天下午你有空吗？我想请你吃个饭。Apakah kamu memiliki waktu luang besok sore? Saya ingin mengajakmu makan. | 我饿了，我们一起去吃饭吧。Saya lapar, kita pergi makan bersama, yuk. | 吃饭时不能用筷子指人。Saat makan, jangan tunjuk orang dengan sumpit. | 我已经吃过饭了。Saya sudah makan.

3 **持续** chíxù **berkelanjutan**

【动词】[Verba (kata kerja)] 动作一直进行或状态一直存在。Tindakan yang berlangsung terus-menerus atau keadaan yang terus ada. ‖ 这场雨持续下了三个小时。Hujan ini telah berlangsung selama 3 jam. | 最后一场比赛持续了两个小时才结束。Pertandingan terakhir berlangsung selama 2 jam sebelum berakhir. | 中国的

经济正在持续高速发展。Ekonomi Tiongkok terus berkembang dengan cepat.

3 **充满** chōngmǎn **penuh**

【动词】[Verba (kata kerja)] 非常多,在某个地方放满,到处都是。Sangat banyak, diisi penuh dengan sesuatu di suatu tempat, ada dimana-mana. ‖ 快乐的笑声充满了教室。Suara tawa bahagia memenuhi ruang kelas. | 老师的话让我们对这次考试充满信心。Kata-kata guru memberi kami keyakinan penuh untuk ujian ini. | 她的房间非常干净,阳光充满了整个房间。Kamarnya sangat bersih, cahaya matahari memenuhi seluruh ruangan.

3 **重** chóng **ulang**

【副词】[Adverbia (kata keterangan)] 表示再做一次同样的动作。Mengindikasikan melakukan tindakan yang sama sekali lagi. ‖ 他的作业写得不好,老师让他重写。Tugasnya ditulis dengan buruk, guru memintanya untuk menulis ulang. | 我没听清你说什么,你可以重说一遍吗? Saya tidak mendengar apa yang kamu katakan dengan jelas, bisakah kamu mengulanginya lagi? | 这道菜我没做好,我重做一道吧。Saya tidak berhasil membuat hidangan ini, saya akan membuatnya sekali lagi.

2 **重复** chóngfù **ulang**

【动词】[Verba (kata kerja)] 做同样的事情。Melakukan hal yang sama sekali lagi. ‖ 这句话我重复过很多次了,请你认真听。Saya sudah mengulang kalimat ini banyak kali, tolong dengarkan dengan serius. | 新闻只报道一次,不会重复。Berita hanya dilaporkan sekali, tidak akan diulang. | 老师读一次,每位同学再重复一次。Guru membacakan satu kali, setiap murid mengulanginya sekali lagi.

2 **重新** chóngxīn **ulang dari awal**

【副词】[Adverbia (kata keterangan)] 从开始的地方再做一次。Mulai dari awal lagi. ‖ 他把写错的字又重新写了一次。Dia menulis ulang aksara-aksara yang salah sekali lagi. | 我们再重新做一次吧,这次一定会成功。Mari kita coba lagi, kali ini pasti berhasil. | 他今天表现得非常好,我都重新认识他了。Dia berperilaku sangat baik hari ini, saya seperti berkenalan ulang dengannya.

1 **出** chū **keluar**

【动词】[Verba (kata kerja)] ① 从里面到外面。Dari dalam ke luar. ‖ 这个门

只能进不能出。Pintu ini hanya boleh masuk, tidak boleh keluar. ② 向外拿,向外说。Mengeluarkan, mengatakan ke luar. ‖ 老师给我们出了一道题。Guru memberi kita satu soal. ③ 用在动词后面,表示动作的方向或结果。Digunakan setelah kata kerja untuk menunjukkan arah atau hasil dari tindakan. ‖ 他说出他的想法,可我们都不能接受。Dia mengutarakan pikirannya, tetapi kami semua tidak menerimanya. | 着火了,大家跑出教室。Kebakaran, semua orang lari keluar dari kelas.

2 出发 chūfā **berangkat**

【动词】[Verba (kata kerja)] 离开现在的地方到目标的地方去。Meninggalkan tempat sekarang menuju tempat tujuan. ‖ 请大家坐好,汽车现在出发了。Silakan duduk, mobil akan berangkat sekarang. | 我们从北京出发。Kami berangkat dari Beijing. | 他已经出发了,一会儿就到你家了。Dia telah berangkat, sebentar lagi akan sampai di rumahmu.

2 出国 chū//guó **keluar negeri**

【动词】[Verba (kata kerja)] 到国外去。Pergi ke luar negeri. ‖ 我们下个月要出国。Kami akan pergi ke luar negeri bulan depan. | 他现在不在中国,他昨天出国了。Dia tidak berada di Tiongkok sekarang, dia pergi ke luar negeri kemarin. | 这次出国是我们一起决定的。Adalah keputusan kami untuk pergi ke luar negeri kali ini. | 那时候,出国是每个人的梦想。Pada saat itu, pergi ke luar negeri adalah impian setiap orang. | 我还没出过国呢,你都去过哪些国家? Saya belum pernah pergi ke luar negeri, kamu pernah pergi ke negara mana saja?

2 出口 chūkǒu **pintu keluar; ekspor**

【名词】[Nomina (kata benda)] 从里面到外面的门或路口。Pintu atau persimpangan dari dalam ke luar. ‖ 车站出口在南边,请往那边走。Pintu keluar stasiun ada di sebelah selatan, silakan menuju ke arah sana. | 我在出口等你,你几点到? Saya menunggu di pintu keluar, jam berapa kamu akan tiba?

1 出来 chū//lái **keluar**

【动词】[Verba (kata kerja)] ① 从里面到外面。Dari dalam ke luar. ‖ 他从厨房走出来。Dia keluar dari dapur. | 你明天有时间出来玩吗? Apakah kamu punya waktu besok untuk keluar bermain? | 他把书拿出来。Dia mengeluarkan bukunya. | 我明天家里有事,我出不来。Saya tidak bisa keluar besok karena ada urusan di rumah. ② 出结果。Menghasilkan hasil. ‖ 谁能把这实现出来? Siapa yang bisa membuat hal ini menjadi kenyataan? | 请把你的想法说出来。Silakan sampaikan ide kamu. | 我看出来他想去公园玩。Saya dapat melihat bahwa dia ingin pergi ke taman. | 警察认出来那个小偷了。Polisi sudah mengenali pencuri itu.

2 出门 chū//mén **keluar rumah**

【动词】[Verba (kata kerja)] 走到家外面去,走出门外面去。Pergi ke luar rumah, keluar dari pintu. ‖ 我明天不在家,我早上七点出门。Saya tidak ada di rumah besok, saya akan pergi keluar pada pukul tujuh pagi. | 你应该多出门走走,这样对身体好。Kamu seharusnya sering keluar rumah, itu baik untuk kesehatanmu.

1 出去 chū//qù **keluar**

【动词】[Verba (kata kerja)] ① 从里面到外面去。Dari dalam pergi ke luar. ‖ 这件事不能说出去。Hal ini tidak boleh dikatakan kepada orang lain. | 请你出去! Tolong kamu keluar! | 我昨天一直在家,没有出去过。Saya tinggal di rumah sepanjang hari kemarin, tidak pernah pergi ke luar. ② 用在表示动作的词后面,表示动作的结果。Digunakan setelah kata kerja untuk menunjukkan hasil dari tindakan. ‖ 他把这件事说出去了,现在大家都知道明天要考试了。Dia mengungkapkan hal ini, sekarang semua orang tahu bahwa besok akan ada ujian. | 他忽然跑出去,站在门外大叫。Dia tiba-tiba berlari keluar dan berdiri di luar pintu sambil berteriak.

2 出生 chūshēng **lahir**

【动词】[Verba (kata kerja)] 孩子从妈妈的身体里出来。Anak keluar dari tubuh ibu. ‖ 他出生在 1994 年。Dia lahir pada tahun 1994. | 他的出生时间是早上八点。Waktu lahirnya adalah pukul delapan pagi.

2 出现 chūxiàn **muncul; hadir**

【动词】[Verba (kata kerja)] 有了以前没有的人或物。Kehadiran orang atau benda yang sebelumnya tidak ada. ‖ 这种现象最早出现在四川省的北部和南部。Fenomena ini pertama kali muncul di bagian utara dan selatan provinsi Sichuan. | 他的出现让所有人都觉得意外。Kehadirannya membuat semua orang terkejut.

2 出院 chū//yuàn **keluar rumah sakit**

【动词】[Verba (kata kerja)] 住院的人离开医院。Seseorang yang dirawat di

rumah sakit keluar dari rumah sakit. ‖ 他的病好了，下周就可以出院了。Penyakitnya sudah sembuh, dia sudah boleh keluar dari rumah sakit minggu depan. | 他出院的那天，朋友们都去接他了。Saat dia keluar dari rumah sakit, teman-temannya pergi menjemputnya.

C

2 出租 chūzū **sewa**

【动词】［Verba（kata kerja）］按一定条件，把自己的东西给别人用。Memberikan sesuatu dengan syarat tertentu kepada orang lain untuk digunakan. ‖ 这家商店出租汽车。Toko ini menyewakan mobil. | 您好，请问这里出租表演服装吗？Permisi, apakah di sini ada persewaan kostum pertunjukan?

2 出租车 chūzūchē **taksi**

【名词】［Nomina（kata benda）］开车把客人送到目标的地方，客人需要给钱，这样做出租生意的汽车。Mobil yang digunakan untuk mengangkut penumpang ke tempat tujuan dengan membayar, yang beroperasi sebagai bisnis persewaan. ‖ 他们坐出租车去公园。Mereka pergi ke taman dengan taksi. | 出租车司机的工作很累，经常要工作到半夜。Pekerjaan sopir taksi sangat melelahkan, mereka sering bekerja hingga tengah malam. | 请问在哪儿能打到出租车？Di mana saya bisa menemukan taksi?

3 初 chū **awal; pertama kali**

【副词】［Adverbia（kata keterangan）］第一次发生；刚刚开始。Yang pertama kali terjadi; baru dimulai. ‖ 初到中国，他还不习惯这里的生活。Ketika pertama kali tiba di Tiongkok, dia belum terbiasa dengan kehidupan di sini. | 初进大学，我知道我们要学习的还有很多。Ketika baru memasuki universitas, saya tahu masih banyak hal yang perlu kami pelajari. | 他初学汉语，不认识的词还有很多。Dia baru mulai belajar bahasa Mandarin, masih banyak kata yang belum dia kenal.

3 初 chū **tanggal**

【前缀】［Awalan］放在数字一到十前面，中国用这种方法表示时间。Digunakan sebelum angka 1—10, digunakan dalam cara penulisan waktu di Tiongkok. ‖ 今天是初一，我们全家在一起吃饺子。Hari ini tanggal 1, kami sekeluarga akan makan jiaozi bersama. | 他的生日是二月初三。Ulang tahunnya jatuh pada tanggal tiga bulan kedua.

C

[3] 初步 chūbù **langkah pertama; langkah awal**

【形容词】［Adjektiva (kata sifat)］第一步，刚开始。Langkah pertama; baru dimulai. ‖ 计划已经有了初步成果。Rencananya sudah mencapai hasil awal. | 医生初步认为他可能是腿有问题。Dokter secara awal berpendapat bahwa mungkin ada masalah dengan kakinya. | 领导初步决定要成立新的部门。Pimpinan secara awal memutuskan untuk membentuk departemen baru.

[3] 初级 chūjí **kelas dasar; tingkat dasar**

【形容词】［Adjektiva (kata sifat)］最低的一级。Tingkat terendah. ‖ 他刚开始学汉语，现在还是初级水平。Dia baru mulai belajar bahasa Mandarin, sekarang berada pada tingkat pemula. | 学校的汉语课分为初级班、中级班和高级班。Kelas bahasa Mandarin di sekolah dibagi menjadi tingkat dasar, menengah, dan tinggi. | 初级汉语比高级汉语简单。Bahasa Mandarin tingkat pemula lebih mudah daripada tingkat lanjutan.

[3] 初中 chūzhōng **sekolah menengah pertama**

【名词】［Nomina (kata benda)］初级中学，上完小学之后学生继续接受教育的学校。Sekolah menengah pertama, sekolah di mana siswa melanjutkan pendidikan setelah menyelesaikan sekolah dasar. ‖ 今天是他进入初中校园的第一天。Hari ini adalah hari pertama dia memasuki lingkungan sekolah menengah pertama. | 他是一名初中语文老师。Dia adalah seorang guru bahasa Mandarin di sekolah menengah pertama. | 中国的学生需要读三年初中才能上高中。Di Tiongkok, siswa perlu belajar tiga tahun di sekolah menengah pertama sebelum dapat masuk ke sekolah menengah atas.

[3] 除了 chúle **kecuali; selain**

【介词】［Preposisi (kata depan)］① 不仅有这些，还有别的。Tidak hanya itu, masih ada yang lain. ‖ 他的书包里除了有书，还有笔记本、钢笔等。Di dalam tasnya selain ada buku, tapi juga buku catatan, pulpen, dan sebagainya. | 家里除了他还有他的哥哥和姐姐。Selain dia, di rumah ada dia, kakak laki-laki, dan kakak perempuannya. | 我除了喜欢唱歌，还喜欢旅游和画虎。Selain suka bernyanyi, saya juga suka bepergian dan melukis harimau. ② 表示在一定范围之外。Menunjukkan di luar rentang tertentu. ‖ 这道题除了他以外，别人都不会做。Untuk soal ini, tidak ada yang bisa melakukannya kecuali dia. | 家里除了他

没有别人在了。Di rumah tidak ada orang lain selain dirinya. | 他每天除了玩游戏就是睡觉。Dia selain bermain game, setiap hari hanya tidur saja.

C

3 **处理** chǔlǐ **menangani**

【动词】[Verba (kata kerja)] 采用一定方法或工具解决问题。Mengatasi masalah dengan metode atau alat tertentu. ‖ 这个问题我们一定处理。Kita harus menangani masalah ini. | 你的伤需要处理一下。Luka kamu perlu ditangani dulu. | 卖鱼的老板帮妈妈用刀处理鱼。Penjual ikan membantu ibu menangani ikan dengan pisau. | 这件事你想怎么处理? Bagaimana kamu ingin menangani masalah ini?

1 **穿** chuān **mengenakan; memakai; menembus; menerobos**

【动词】[Verba (kata kerja)] ① 把衣服或者鞋加到身上。Memasang pakaian atau sepatu di badan. ‖ 天冷了,要多穿几件衣服。Udara menjadi dingin, harus mengenakan beberapa lapisan pakaian. | 小明正在穿鞋,马上就出门了。Xiao Ming sedang memakai sepatu, dia akan segera keluar. ② 通过。Melalui. ‖ 穿过这条街就到超市了。Setelah melewati jalan ini, kita akan sampai di supermarket. | 红灯的时候,不能穿过马路。Saat lampu merah, tidak boleh menerobos jalan. ③ 用在表示动作的词后面,表示明白或动作的结果。Digunakan setelah kata kerja untuk menunjukkan pemahaman atau hasil tindakan. ‖ 我看穿了他的想法,他现在想出去玩。Saya dapat melihat maksudnya, dia ingin pergi keluar bermain. | 大家都知道他的做法是什么意思,只是没有人想把事情说穿。Semua orang tahu apa yang dimaksudnya, hanya saja tidak ada yang mengungkapkannya.

3 **传** chuán **bagi; beri**

【动词】[Verba (kata kerja)] ① 把拿到的东西交给别人。Memberikan sesuatu yang diterima kepada orang lain. ‖ 考试的时候,不要互相传东西。Saat ujian, jangan saling berbagi barang. | 他把球传给了我。Dia memberikan bola itu kepadaku. | 把这份文件给大家传一下。Tolong sampaikan dokumen ini ke semua orang. ② 把消息告诉别人或把知识、技术教给别人。Mengabarkan berita kepada orang lain atau mengajarkan pengetahuan dan keterampilan kepada orang lain. ‖ 我刚收到他用手机传的短信。Saya baru saja menerima pesan singkat yang dia kirimkan melalui ponsel. | 这条消息不知道从哪传出来的。Berita ini tidak diketahui dari mana asalnya tersebar. | 爷爷传给她唱京剧的本领。Kakek mengajarkan padanya kemampuan bernyanyi opera. | 中国文化已经传到了很多

国家。Budaya Tiongkok telah tersebar ke banyak negara.

3 **传播** chuánbō **menyebarluaskan**

【动词】[Verba (kata kerja)] 把消息让更多的人知道。Menginformasikan berita kepada lebih banyak orang. ‖ 我们要把最新的科学知识传播出去。Kita harus menyebarkan pengetahuan sains terbaru. | 他向年轻老师传播自己的教学经验。Dia menyebarkan pengalaman mengajarnya kepada guru-guru muda. | 不确定的事情不要传播。Tidak perlu menyebarluaskan berita yang tidak pasti.

3 **传来** chuánlái **menyebarluaskan**

【短语】[frasa] 收到,送过来,传播。Menerima, mengirimkan, menyebarluaskan. ‖ 空气传来包子的味道。Aroma pao menyebar ke udara. | 远处传来她的歌声。Dari kejauhan terdengar suara nyanyiannya. | 从国外传来了他最新的消息。Tersebar kabar terbaru tentangnya di luar negeri.

3 **传说** chuánshuō **legenda; dongeng**

【动词】[Verba (kata kerja)] 有人说。Dikatakan oleh orang. ‖ 传说很久以前这里有一条美丽的小河。Dikisahkan bahwa dulu ada sebuah sungai kecil yang indah di sini. | 这件事不一定是真的,很可能是别人传说的。Hal ini belum tentu benar, mungkin hanya cerita dongeng.

【名词】[Nomina (kata benda)] 长时间被很多人传播的事情。Cerita yang telah menyebar luas dalam waktu yang lama. ‖ 村里有很多动人的传说。Di desa ini banyak cerita yang menarik. | 她和传说中长得一样好看。Kecantikannya seperti yang dikisahkan dalam cerita. | 最近有个传说,好像要发布新规定。Ada sebuah cerita yang sedang beredar bahwa akan ada peraturan baru.

2 **船** chuán **kapal**

【名词】[Nomina (kata benda)] 在水上跑的交通工具。Alat transportasi yang berjalan di atas air. ‖ 小河上有一条小船。Di sungai kecil ada sebuah perahu. | 船上有很多人。Ada banyak orang di atas kapal. | 他家靠海,我们可以坐船去。Dia tinggal di dekat laut, kita bisa naik kapal ke sana. | 坐船需要买船票。Untuk naik kapal perlu membeli tiket.

1 **床** chuáng **ranjang**

【名词】[Nomina (kata benda)] 用来睡觉或休息的家具。Perabot yang

digunakan untuk tidur atau istirahat. ‖ 他买了一张新床。Dia membeli sebuah tempat tidur baru. | 床上放着一些衣服。Ada beberapa pakaian di atas tempat tidur. | 已经晚上了,快上床睡觉吧。Sudah malam, ayo cepat tidur di tempat tidur.

3 创新 chuàngxīn **inovasi**

【动词】[Verba (kata kerja)] 做出新的。Membuat yang baru. ‖ 科学需要不断创新。Ilmu pengetahuan membutuhkan inovasi yang terus-menerus. | 国家发展离不开创新。Pengembangan negara tidak dapat lepas dari inovasi. | 他创新出一种新的药。Dia menciptakan obat baru.

【名词】[Nomina (kata benda)] 新的创造。Ciptaan yang baru. ‖ 这是在经济发展上的一个重要创新。Ini adalah inovasi penting dalam pengembangan ekonomi. | 他的观点有很多创新点。Pandangan mereka memiliki banyak elemen inovasi.

3 创业 chuàngyè **merintis**

【动词】[Verba (kata kerja)] 自己开始做自己的事业。Memulai usaha sendiri. ‖ 他决定开始创业,他想开一家饭馆。Dia memutuskan untuk memulai usaha, dia ingin membuka sebuah restoran. | 国家支持年轻人自己创业。Negara mendukung generasi muda untuk memulai usaha sendiri. | 创业需要准备很多东西,不是说做就做的。Memulai usaha membutuhkan persiapan yang banyak, tidak semudah hanya berkata ingin melakukannya.

3 创造 chuàngzào **menciptakan**

【动词】[Verba (kata kerja)] 做出新成果。Membuat pencapaian baru. ‖ 父母为他上学创造了好条件。Orang tua menciptakan kondisi yang baik bagi anak mereka dalam pendidikan. | 他为公司创造了很多价值。Dia menciptakan banyak nilai bagi perusahaan.

【名词】[Nomina (kata benda)] 做出的成果。Hasil karya. ‖ 这不仅是他个人的创造,也是世界共同关注的重要成果。Ini adalah penciptaan yang tidak hanya miliknya sendiri, tetapi juga menjadi perhatian dunia. | 很多创造都是大家共同努力的成果。Banyak pencapaian merupakan hasil kerja sama semua orang.

3 创作 chuàngzuò **menciptakan**

【动词】[Verba (kata kerja)] 创造出作品。Menciptakan karya. ‖ 这位歌手最近又创作出很多新歌。Penyanyi ini baru-baru ini menciptakan banyak lagu baru. |

他有很不错的创作能力。Dia memiliki kemampuan menciptakan yang sangat bagus. | 他创作出很多有名的小说。Dia menciptakan banyak novel terkenal.
【名词】[Nomina (kata benda)] 作品。Karya. ‖ 这张画是他最有名的创作。Lukisan ini adalah ciptaannya yang paling terkenal. | 他在音乐创作上有很多成就。| Dia memiliki banyak prestasi dalam menciptakan musik. | 他的创作感动了很多人。Ciptaannya menyentuh hati banyak orang.

2 吹 chuī **tiup; hembus**

【动词】[Verba (kata kerja)] ① 让空气从嘴里出来。Mengeluarkan udara dari mulut. ‖ 他吹了吹桌子上的土。Dia menghembuskan debu di atas meja. | 我用力吹了一口气。Saya menghembuskan nafas dengan keras. | 他吹了一首好听的歌。Dia menyanyikan lagu dengan indah. ② 空气把东西移动了。Udara memindahkan sesuatu. ‖ 风把门吹开了。Hembusan angin membuka pintu. | 大树被风吹倒了。Pohon besar diterjang angin dan roboh. | 一阵大风吹了过来。Sehembus angin kencang tertiup kemari.

2 春节 Chūnjié **Tahun Baru Imlek**

【名词】[Nomina (kata benda)] 中国的新年,是中国人非常重要的节日。Tahun Baru Tiongkok, merupakan festival penting bagi orang Tiongkok. ‖ 我们一家人一起过春节。Kami merayakan Tahun Baru Imlek bersama keluarga. | 春节人们要包饺子,还要一起看表演。Pada Tahun Baru Imlek, orang-orang membuat jiaozi dan menonton pertunjukan bersama. | 春节放假,很多人都回家看自己的父母。Libur Tahun Baru Imlek adalah waktu liburan di mana banyak orang pulang ke rumah untuk bertemu orang tua mereka.

2 春天 chūntiān **musim semi**

【名词】[Nomina (kata benda)] 冬天和夏天中间的时间。Musim semi, waktu di antara musim dingin dan musim panas. ‖ 春天到了,小草变绿了,花也开了。Musim semi tiba, rumput menjadi hijau dan bunga bermekaran. | 每年春天,学校都会组织学生去外面玩。Setiap tahun di musim semi, sekolah mengadakan perjalanan tamasya untuk murid. | 我们上次见面还是在去年的春天。Kali terakhir kita bertemu adalah di musim semi tahun lalu.

2 词 cí **kata**

【名词】[Nomina (kata benda)] 组成句子的单位。Satuan bahasa yang

membentuk kalimat. ‖ 在课上我们学会了不少新词。Saat pelajaran, kita belajar banyak kata baru. | 老师让他用"春天"这个词造句。Guru meminta dia untuk membuat kalimat dengan kata "musim semi". | 一句话可以有一个词,也可以有很多个词。Satu kalimat dapat memiliki satu kata atau banyak kata.

2 词典 cídiǎn **kamus**

【名词】［Nomina（kata benda）］用来查词的信息的书。Buku yang digunakan untuk mencari informasi kata. ‖ 我买了一本新词典,这本词典中的词更多。Saya membeli kamus baru, kamus ini memiliki lebih banyak kata di dalamnya. | 我们可以用词典查不认识的词。Kita dapat menggunakan kamus untuk mencari kata-kata yang tidak dikenal. | 词典是学习汉语的重要工具。Kamus adalah alat penting dalam belajar bahasa Mandarin.

2 词语 cíyǔ **kosakata**

【名词】［Nomina（kata benda）］作用和词差不多的语言单位。Unit bahasa yang memiliki fungsi yang mirip dengan kata. ‖ "不好意思"和"不错"都是词语。"Permisi" dan "bagus" keduanya adalah kosakata. | 看中国电影可以学到很多新的词语。Menonton film Tiongkok dapat membantu belajar banyak kosakata baru. | 老师让我们把今天学的词语写一遍。Guru meminta kita untuk menulis kembali kosakata yang kita pelajari hari ini.

1 次 cì **kali**

【量词】［Kuantifier（kata pengukur）］表示动作发生的数量单位。Satuan jumlah yang menunjukkan frekuensi suatu tindakan. ‖ 他来过几次,但是你都不在。Dia datang beberapa kali, tapi kamu tidak ada. | 这件事我说了很多次了,你怎么还记不住? Saya telah mengatakan hal ini berkali-kali, kenapa kamu masih tidak ingat?

1 从 cóng **dari**

【介词】［Preposisi（kata depan）］表示动作开始的地方、时间。Menunjukkan tempat atau waktu dimulainya suatu tindakan. ‖ 从这儿往南有一家商场。Dari sini ke selatan ada sebuah mal. | 从今天早上八点起,天气就开始变了。Mulai dari pukul delapan pagi hari ini, cuaca sudah mulai berubah. | 船从水面漂过。Kapal berlayar dari permukaan air. | 他是从山的那边过来的。Dia datang dari seberang gunung.

3 **从来** cónglái **sejak awal**

【副词】[Adverbia（kata keterangan）] 从以前开始到现在。Dari waktu lampau sampai sekarang. ‖ 从来没听说过还有这样的事。Saya belum pernah mendengar tentang hal seperti itu sebelumnya. | 我从来不迟到。Saya sejak awal tidak pernah terlambat. | 我从来没有出过国，不知道国外是什么样子。Saya tidak pernah pergi ke luar negeri, jadi saya tidak tahu seperti apa negara lain.

3 **从前** cóngqián **dahulu**

【名词】[Nomina（kata benda）] 以前的时候，过去的时候。Dahulu, masa lalu. ‖ 从前这个村庄里有一个动人的故事。Di desa ini dulu ada sebuah cerita yang menarik. | 我从前和她不熟。Dulu saya tidak dekat dengannya. | 我从前有一只小狗，后来它不在了。Dulu saya memiliki seekor anjing, tetapi sekarang dia tidak ada lagi.

3 **从事** cóngshì **bekerja**

【动词】[Verba（kata kerja）] 长期做某个工作。melakukan pekerjaan tertentu untuk jangka waktu yang lama. ‖ 我从事商品出口已经十年了。Saya sudah bekerja di bidang ekspor barang selama 10 tahun. | 请问您从事哪种工作？Tolong tanya, bidang apa yang Anda kerjakan?

2 **从小** cóngxiǎo **sejak dini; sejak kecil**

【副词】[Adverbia（kata keterangan）] 从某人是小孩开始。Dimulai sejak seseorang masih anak-anak. ‖ 我们从小就是好朋友。Kami berteman baik sejak kecil. | 从小妈妈就经常教我要帮助别人。Sejak kecil, ibu sering mengajari saya untuk membantu orang lain. | 他从小就在爷爷奶奶家长大，他的父母工作太忙，不能照顾他。Dia dibesarkan di rumah kakek neneknya sejak kecil karena orang tuanya sibuk bekerja dan tidak bisa merawatnya.

3 **村** cūn **desa**

【名词】[Nomina（kata benda）] 在城市边，有很多人生活的地方。Tempat di pinggiran kota di mana banyak orang tinggal. ‖ 我们都是在一个村里长大的。Kami semua dibesarkan di satu desa. | 村里的空气好。Udara di desa ini bagus. | 这个村的苹果特别好吃。Apel di desa ini sangat enak.

3 **存** cún **simpan**

【动词】[Verba（kata kerja）] ① 把东西放在安全的地方，保留。Menyimpan

sesuatu di tempat yang aman, mempertahankan. ‖ 我把行李存在酒店里了。Koper saya simpan di dalam hotel. | 爸爸存了不少好酒。Ayah menyimpan banyak anggur berkualitas. | 请你帮我存一下这些文件。Tolong simpan dokumen-dokumen ini untuk saya. ② 把钱交给银行保留。Menyimpan uang di bank. ‖ 我下午去银行存钱。Saya pergi ke bank untuk menyimpan uang sore ini. | 把钱存在银行更加安全。Menyimpan uang di bank lebih aman. | 他在银行存了不少钱。Dia menyimpan banyak uang di bank.

3 **存在** cúnzài **ada**

【**动词**】[Verba (kata kerja)] 有现象或地方。Ada, tersedia. ‖ 世界上存在着很多种动物。Di dunia ini ada banyak jenis hewan. | 他的作业存在一些错误。Tugasnya memiliki beberapa kesalahan. | 当前工作还存在很多没有解决的困难。Masih banyak kesulitan yang belum terpecahkan dalam pekerjaan saat ini.

1 **错** cuò **salah**

【**形容词**】[Adjektiva (kata sifat)] 不对的。Salah. ‖ 这道题的答案写错了。Jawaban dari soal ini salah. | 对不起,我说错话了。Maaf, saya salah bicara. | 他不小心穿错了鞋子。Dia tidak sengaja memakai sepatu yang salah.

【**名词**】[Nomina (kata benda)] 不对的行为或不对的事情。Perilaku atau tindakan yang salah. ‖ 这不是他的错,他是不小心的。Ini bukan kesalahannya, dia hanya tidak sengaja. | 对不起,都是我的错。Maaf, semuanya salahku.

3 **错误** cuòwù **salah**

【**形容词**】[Adjektiva (kata sifat)] 不对的。salah. ‖ 在这个问题上,他的想法是错误的。Dalam hal ini, pendapatnya adalah salah. | 我们不能走错误的路线。Kita tidak boleh mengikuti jalur yang salah.

【**名词**】[Nomina (kata benda)] 不对的行为或不对的事情。Perilaku atau tindakan yang salah. ‖ 这个错误以后不能再犯了。Kesalahan ini tidak boleh diulangi lagi. | 你要记住这次错误。Kamu harus mengingat kesalahan kali ini.

D

2 **答应** dāying **menyanggupi; setuju**

【动词】[Verba (kata kerja)] ① 同意做。Setuju untuk melakukan sesuatu. ‖ 我答应下周和他一起去图书馆学习。Saya setuju untuk pergi ke perpustakaan bersama dia minggu depan. | 你还记得上次答应我的事情吗? Apakah kamu masih ingat hal yang saya minta kamu sanggupi sebelumnya? | 这个孩子想一个人出去玩,他妈妈说什么也不答应。Anak ini ingin pergi bermain sendirian, tapi ibunya tidak setuju. ② 当听到别人叫自己时,作出回答。Menjawab ketika seseorang memanggil. ‖ 老师叫了你半天,你怎么不答应? Guru memanggilmu berulang kali, mengapa kamu tidak menjawab? | 他可能不在家,我叫了他半天也没人答应。Mungkin dia tidak ada di rumah, saya memanggilnya tetapi tidak ada yang menjawab. | 你一叫我,我就答应了。Ketika kamu memanggil saya, saya langsung menjawab.

3 **达到** dá//dào **mencapai**

【动词】[Verba (kata kerja)] 实现目标,到某个程度。Mencapai tujuan, mencapai tingkat tertentu. ‖ 他的汉语水平达到了高级。Kemampuan bahasa Mandarinnya mencapai tingkat tinggi. | 这次考试,他的成绩达到了六十分的标准。Pada ujian kali ini, nilai yang dia dapat mencapai standar 60. | 现在的结果还达不到我们的目标。Hasilnya saat ini belum mencapai tujuan kita.

1 **打** dǎ **pukul; ambil; buat**

【动词】[Verba (kata kerja)] ① 用手或工具等向人或物发出力量。Menggunakan tangan atau alat lain serta memakai kekuatan pada seseorang atau sesuatu. ‖ 我下课后经常和朋友打篮球。Setelah pelajaran, saya sering bermain basket dengan teman-teman. | 大家常常在一起打扑克。Kita sering bermain poker bersama-sama. | 打人是不对的。Memukul seseorang adalah tindakan yang salah. | 他很生气,一拳打在了桌子上。Dia marah, dan ia memukul meja dengan tinju. ② 得到。Mendapatkan. ‖ 我们下课以后一起去打水吧。Setelah pelajaran, mari kita pergi mengambil air bersama. | 他每天早上去打鱼。Setiap hari dia pergi memancing. ③ 制作。Membuat. ‖ 我们家的家具都是我爸爸自己打的。Perabotan di rumah kami semuanya dibuat oleh ayahku sendiri. | 我想找人帮我打一张新床。Saya ingin mencari seseorang untuk membuatkan tempat tidur baru.

D

1 **打车** dǎchē **memanggil taksi; naik taksi**

【动词】[Verba (kata kerja)] 坐出租车,找出租车。Mengambil taksi, mencari taksi. ‖ 我们打车去公园吧。Mari kita naik taksi ke taman. | 他家不远,打车去很快就到了。Rumahnya tidak jauh, kami bisa naik taksi dan sampai dengan cepat.

1 **打电话** dǎdiànhuà **menelepon**

【动词】[Verba (kata kerja)] 用电话和别人说话。Berbicara dengan seseorang melalui telepon. ‖ 我下午三点给你打电话。Saya akan meneleponmu pukul tiga sore. | 他现在不在家,你过一会儿再打电话来吧。Dia tidak berada di rumah sekarang, tolong telepon lagi nanti.

2 **打工** dǎ//gōng **kerja paruh waktu**

【动词】[Verba (kata kerja)] 短时间从事某个工作,得到一些钱。Bekerja jangka pendek untuk mendapatkan sejumlah uang. ‖ 我经常周末去商场打工。Saya sering bekerja paruh waktu di mal pada akhir pekan. | 他的钱都是打工得来的。Uangnya semuanya didapatkan dari bekerja paruh waktu. | 打工是个不错的主意,这样我们就能有更多钱了。Kerja sambilan adalah ide yang bagus, kita jadi bisa mendapatkan lebih banyak uang.

1 **打开** dǎ//kāi **buka**

【动词】[Verba (kata kerja)] 把合上的东西分开。Membuka sesuatu yang tertutup. ‖ 房间里太热了,李明打开了窗户。Kamar ini terlalu panas, Li Ming membuka jendela. | 我打开盒子,发现盒子里有一张纸条。Saya membuka kotak dan menemukan secarik kertas di dalamnya. | 你能帮我打开这个瓶子吗? Bisakah kamu membantu saya membuka botol ini? | 我打不开房间的门。Saya tidak bisa membuka pintu kamar.

3 **打破** dǎ//pò **memecah**

【动词】[Verba (kata kerja)] ① 破坏某个东西。Merusak sesuatu. ‖ 忽然一只小鸟飞进教室,打破了教室的安静。Tiba-tiba seekor burung masuk ke dalam kelas dan memecah keheningan kelas. | 他打破了房间的窗户。Dia memecahkan jendela kamar. | 战争打破了村庄的和平。Perang merusak perdamaian desa. ② 改变了原先的纪录。Mengubah catatan yang ada sebelumnya. ‖ 他赢了比赛,打破了世界纪录。Dia memenangkan perlombaan dan memecahkan rekor dunia. | 我们不能打破老一辈留下的习惯。Kita tidak boleh melanggar kebiasaan yang ditinggalkan oleh generasi sebelumnya.

1 **打球** dǎqiú **bermain bola**

【动词】[Verba (kata kerja)] 参加玩球类的活动。Berpartisipasi dalam aktivitas bermain bola. ‖ 你一会儿有空吗? 我们一起去打球吧? Apakah kamu punya waktu sebentar? Mari kita bermain bola bersama. | 操场上人很多,有的人在跑步,有的人在打球。Di lapangan ada banyak orang, ada yang berlari dan ada yang bermain bola.

2 **打算** dǎsuàn **rencana**

【动词】[Verba (kata kerja)] 想要做某事。Berencana untuk melakukan sesuatu. ‖ 他打算坐明天早上的飞机出国。Dia berencana untuk pergi ke luar negeri dengan pesawat besok pagi. | 我们打算去找老师。Kami berencana untuk menemui guru. | 你打算什么时候告诉他这个消息? Kapan rencanamu memberi tahu dia kabar ini?

【名词】[Nomina (kata benda)] 安排,做事的想法。Rencana, pikiran tentang melakukan sesuatu. ‖ 他有他的想法,我有我的打算。Dia punya pendapatnya sendiri, saya punya rencana saya sendiri. | 这件事你有什么打算吗? Apa rencanamu tentang masalah ini?

3 **打听** dǎting **mencari tahu**

【动词】[Verba (kata kerja)] 用一些办法问(消息、情况)。Mencari tahu (informasi, situasi) melalui beberapa cara. ‖ 你也不去打听打听我是谁? Mengapa kamu tidak mencari tahu siapa saya? | 您好,和您打听一下,商场在什么地方? Permisi, saya ingin bertanya, di mana pusat perbelanjaan berada? | 我们打听到老师明天不能来上课。Kami mendengar bahwa guru tidak bisa datang mengajar besok.

2 **打印** dǎyìn **mencetak**

【动词】[Verba (kata kerja)] 用电子设备把文字或图片打出来。Mencetak teks atau gambar menggunakan perangkat elektronik. ‖ 请你打印一下这份文件。

Tolong cetak dokumen ini. | 老师说作业需要打印出来。Guru mengatakan tugas harus dicetak. | 请问打印需要多长时间？Berapa lama waktu yang dibutuhkan untuk mencetak？

1 **大** dà **besar**

【形容词】［Adjektiva（kata sifat）］超过一般水平。Melampaui tingkatan pada umumnya. ‖ 我做了一个很大的蛋糕！Saya membuat kue yang sangat besar！| 这件衣服太大了，我穿不上。Pakaian ini terlalu besar, saya tidak bisa memakainya. | 我比他大两岁。Saya lebih tua dua tahun daripadanya.

2 **大部分** dàbùfēn **sebagian besar**

【名词】［Nomina（kata benda）］比一半还多的部分。Lebih dari separuh keseluruhan. ‖ 大部分的学生都要参加这次活动。Kebanyakan murid akan mengikuti kegiatan ini. | 他们大部分都到了，只有几个人还没来。Sebagian besar dari mereka sudah tiba, hanya beberapa orang yang belum datang.

2 **大大** dàdà **signifikan**

【副词】［Adverbia（kata keterangan）］很，非常。Sangat, sangat. ‖ 这次活动大大提高了大家的学习动力。Kegiatan ini secara signifikan meningkatkan motivasi belajar semua orang. | 通过我们的努力，学校里浪费食物的现象大大变少了。Melalui upaya kita, pemborosan makanan di sekolah secara signifikan berkurang.

2 **大多数** dàduōshù **sebagian besar；kebanyakan**

【名词】［Nomina（kata benda）］超过整体数量的一半。Lebih dari separuh keseluruhan. ‖ 大多数同学都没有迟到。Sebagian besar murid tidak terlambat. | 大多数人认为环保问题很重要。Sebagian besar orang berpikir masalah lingkungan sangat penting. | 他们大多数是留学生。Mereka sebagian besar adalah murid asing.

3 **大概** dàgài **kira-kira；mungkin**

【形容词】［Adjektiva（kata sifat）］不太完整的。Tidak sepenuhnya lengkap. ‖ 我听懂了你大概的意思。Kira-kira aku mengerti apa maksudmu. | 他把事情的大概情况都讲了一遍。Dia menceritakan kembali gambaran umum tentang situasi.

【副词】［Adverbia（kata keerangan）］① 有可能。Mungkin. ‖ 他大概出国了，今天不会来了。Dia mungkin pergi ke luar negeri, jadi dia tidak akan datang hari ini. | 我们很多年没见，他大概已经忘记我了。Kita sudah tidak bertemu selama bertahun-tahun, dia mungkin sudah melupakan saya. ② 表示时间、数量不确定。Menunjukkan ketidakpastian tentang waktu, jumlah. ‖ 大概还要十分钟才下课。Kira-kira butuh waktu 10 menit lagi sebelum berakhir. | 班里大概有六十张桌子。Di kelas ini kira-kira ada sekitar 60 meja.

2 大海 dàhǎi **samudera**

【名词】[Nomina (kata benda)] 我从小生活在北方,没见过大海。Saya tinggal di utara sejak kecil, belum pernah melihat lautan. | 所有的河流最后都会流入大海。Semua sungai akhirnya mengalir ke laut. | 我想带父母去南方看看大海。Saya ingin membawa orang tua saya ke selatan untuk melihat laut.

2 大家 dàjiā **semua orang**

【代词】[Pronomina (kata ganti)] 指一个范围内的所有人。Mengacu pada semua orang dalam suatu lingkup. ‖ 大家等等,我有事要说。Tunggu sebentar, saya punya sesuatu yang ingin saya katakan kepada kalian semua. | 我们大家一起去看看他吧。Mari kita semua pergi melihat dia bersama-sama. | 大家上课都很认真。Semua orang di kelas ini belajar dengan sungguh-sungguh.

2 大量 dàliàng **jumlah besar; masif**

【形容词】[Adjektiva (kata sifat)] 数量非常多。Jumlah yang sangat banyak. ‖ 大量的留学生来到中国学习汉语。Banyak murid asing datang ke Tiongkok untuk belajar bahasa Mandarin. | 我们出口了大量的食品。Kami mengekspor sejumlah besar makanan.

2 大门 dàmén **gerbang**

【名词】[Nomina (kata benda)] 通往外面的门。Pintu keluar. ‖ 大门外有一辆新车,不知道是谁的。Di luar pintu gerbang ada sebuah mobil baru, tidak tahu milik siapa. | 我推开了新生活的大门。Saya membuka pintu baru ke kehidupan yang lebih baik. | 警察敲了敲他家的大门,发现没有人在家。Polisi mengetuk pintu rumahnya dan menyadari tidak ada orang di dalamnya.

2 大人 dàrén **dewasa**

【名词】[Nomina (kata benda)] 十八岁以上的人。Orang dewasa yang berusia 18 tahun atau lebih. ‖ 大人们忙着干活,小孩们在院子里玩。Orang dewasa sibuk bekerja, sedangkan anak-anak bermain di halaman. | 他们家大人不在家,你

一会儿再来吧。Orang tuanya tidak ada di rumah, jadi tolong datang lagi nanti.

2 **大声** dàshēng **suara keras**

【副词】[Adverbia (kata keterangan)] 声音大。Dengan keras. ‖ 他大声地说:"请让一下。" Dia berbicara dengan keras:"Permisi, izinkan saya lewat." | 图书馆里不能大声说话。Tidak boleh berbicara dengan keras di perpustakaan. | 我听不清楚,请大声点。Saya tidak bisa mendengar dengan jelas, tolong berbicara lebih keras.

3 **大使馆** dàshǐguǎn **kedutaan besar**

【名词】[Nomina (kata benda)] 一个国家在另一个国家中最高级的外交部门。Kantor diplomatik tertinggi suatu negara di negara lain. ‖ 出国需要先去大使馆办手续。Untuk pergi ke luar negeri, perlu melalui prosedur di kedutaan besar. | 这里是中国大使馆。Ini adalah kedutaan besar Tiongkok.

2 **大小** dàxiǎo **ukuran**

【名词】[Nomina (kata benda)] 年纪、面积、身高等方面达到标准。Memenuhi standar dalam hal usia, ukuran, tinggi, dll. ‖ 这件衣服大小正合适,我就买它了。Pakaian ini sesuai ukurannya, jadi saya akan membelinya. | 我们量量家具大小,看看合不合适。Mari kita ukur ukuran furnitur untuk melihat apakah cocok.

1 **大学** dàxué **perguruan tinggi; universitas**

【名词】[Nomina (kata benda)] 上完高中后,更高级的教育学校。Lembaga pendidikan yang lebih tinggi setelah menyelesaikan sekolah menengah. ‖ 我们能在大学里学到很多知识。Kita dapat belajar banyak pengetahuan di perguruan tinggi. | 他明年夏天就要去上大学了。Dia akan pergi kuliah musim panas depan.

1 **大学生** dàxuéshēng **mahasiswa**

【名词】[Nomina (kata benda)] 上大学的学生。Mahasiswa di perguruan tinggi. ‖ 大学生有很多自由的时间,可以去打工。Mahasiswa memiliki banyak waktu luang, mereka dapat bekerja paruh waktu. | 大学生交流会下周开始。Acara pertukaran mahasiswa akan dimulai minggu depan.

2 **大衣** dàyī **mantel**

【名词】[Nomina (kata benda)] 穿在最外面的衣服,一般比较长。Pakaian luar

yang biasanya lebih panjang. ‖ 外面冷，再多穿一件大衣吧。Dingin di luar, tambahkan lagi satu mantel. | 我喜欢这件红色的大衣，很适合我。Saya suka mantel merah ini, cocok untuk saya. | 天气热了，可他还穿着那件旧大衣。Cuaca sudah panas, tapi dia masih mengenakan mantel lama itu.

3 大约 dàyuē **kira-kira**

【副词】[Adverbia (kata keterangan)] ① 对数量和时间不确定。Secara kasar, kira-kira. ‖ 从家里到学校大约要十五分钟。Butuh sekitar 15 menit dari rumah ke sekolah. | 我大约有五十多本汉语书。Saya punya sekitar lima puluh lebih buku bahasa Mandarin. ② 有可能。Mungkin. ‖ 我猜他大约不会来了。Saya kira dia mungkin tidak akan datang. | 他昨天就到家了，今天大约不会迟到。Dia tiba di rumah kemarin, jadi mungkin dia tidak akan terlambat hari ini.

2 大自然 dàzìrán **alam**

【名词】[Nomina (kata benda)] 除了人和人创造的世界之外的。Segala sesuatu di alam selain manusia dan ciptaan manusia. ‖ 我们应该和大自然友好相处。Kita harus hidup berdampingan dengan alam. | 大自然里有各种各样的小动物，有蓝色的天空和大海。Alam penuh dengan berbagai jenis binatang kecil, langit biru, dan laut. | 保护大自然是每个人应该做的事。Melindungi alam adalah kewajiban setiap orang.

3 大夫 dàifu **dokter**

【名词】[Nomina (kata benda)] 医生，给别人看病的人。Dokter, seseorang yang merawat penyakit orang lain. ‖ 大夫，他的病怎么样了？Dokter, bagaimana perkembangan penyakitnya? | 大夫，我头疼。Dokter, saya sakit kepala.

3 代 dài **mewakili**

【动词】[Verba (kata kerja)] 把原来的换成另一个的。Menggantikan sesuatu dengan yang lain. ‖ 王老师病了，今天是李老师代他上课。Guru Wang sakit, hari ini Guru Li menggantikannya mengajar. | 我代他向你表示感谢。Saya mewakilinya mengucapkan terima kasih kepadamu. | 现在很多超市可以代收电费。Saat ini banyak supermarket yang dapat menerima pembayaran tagihan listrik atas nama orang lain.

【名词】[Nomina (kata benda)] ① 社会发展中一段比较长的时间。Sebuah periode yang relatif lama dalam perkembangan sosial. ‖ 新一代的年轻人要更加

努力。Generasi muda harus bekerja lebih keras. | 老一代的工人都快要退休了。Generasi tua pekerja hampir pensiun. ② 从上到下排着的家庭关系。Hubungan keluarga dari atas ke bawah. ‖ 我们家一共有三代人，爷爷、爸爸和我。Keluarga kami terdiri dari tiga generasi, kakek, ayah, dan saya. | 他们家两代人都是医生。Dua generasi keluarga mereka adalah dokter.

3 **代表** dàibiǎo **mewakili; perwakilan**

【动词】[Verba (kata kerja)] 代一个团体或一部分人发表意见。Mewakili sekelompok orang atau sebagian orang untuk menyampaikan pendapat mereka. ‖ 我代表班里的同学上台讲话。Saya mewakili teman sekelas dalam berpidato di atas panggung. | 他代表公司参加会议。Dia mewakili perusahaan dalam konferensi. | 我代表我们全家向你表示感谢。Saya mewakili seluruh keluarga kami menyampaikan rasa terima kasih kepada Anda.

【名词】[Nomina (kata benda)] 被选出来代大多数人办事或说话的人。Seseorang yang dipilih untuk bertindak atau berbicara atas nama mayoritas orang. ‖ 他作为中国代表参加了这次比赛。Dia mengikuti kompetisi sebagai perwakilan Tiongkok. | 双方代表在今天见面。Perwakilan dari kedua belah pihak akan bertemu hari ini. | 学生代表上台发言。Perwakilan mahasiswa akan berpidato di atas panggung.

3 **代表团** dàibiǎotuán **delegasi**

【名词】[Nomina (kata benda)] 多个代表组成的团体。Kelompok yang terdiri dari beberapa perwakilan. ‖ 代表团今天下午到达。Delegasi akan tiba sore ini. | 他是代表团中的一名成员。Dia adalah anggota delegasi.

2 **带** dài **bawa**

【动词】[Verba (kata kerja)] ① 拿着东西。Memegang atau membawa sesuatu. ‖ 老师带着书走进教室。Guru memasuki ruang kelas sambil membawa buku. | 我想带一些面包，等我饿了就可以吃。Saya ingin membawa beberapa roti, jadi saya bisa makan saat lapar. | 你去图书馆带不带手机? Apakah kamu membawa ponsel saat pergi ke perpustakaan? ② 领着某人一起去某个地方或一起做某件事情。Mengantarkan seseorang ke suatu tempat atau melakukan sesuatu bersama. ‖ 我带弟弟去公园玩。Saya akan membawa adik laki-laki saya pergi ke taman bermain. | 他不知道办公室在哪，你带他去吧。Dia tidak tahu di mana kantor, jadi antarkan dia ke sana. | 你能带我去看看新房子吗? Bisakah kamu mengantarkan saya untuk melihat rumah baru?

3 **带动** dàidòng **mendorong**

【动词】[Verba (kata kerja)] 让更多的人或物一起做。Mendorong atau menggerakkan orang lain untuk melakukan sesuatu bersama. ‖ 他带动更多的工人加入这次工作中。Dia mendorong lebih banyak pekerja bergabung dalam proyek kali ini. | 科学技术带动经济发展。Sains dan teknologi mendorong perkembangan ekonomi. | 他的故事带动了更多人想要努力学习。Kisahnya menginspirasi lebih banyak orang untuk belajar dengan keras.

2 **带来** dàilái **membawa; menyebabkan**

【短语】[frasa] ① 拿着东西或带着人一起来,给某人或某地送来。Membawa sesuatu atau seseorang bersama dan mengantarkannya kepada seseorang atau ke suatu tempat. ‖ 他来我家做客,还给我带来一些花,我很喜欢。Dia datang ke rumah saya sebagai tamu dan membawa beberapa bunga, saya sangat menyukainya. | 记者带来这次事故的最新消息。Reporter membawa berita terbaru tentang kecelakaan tersebut. | 她很喜欢我带来的中国菜,她觉得很好吃。Dia sangat menyukai masakan Tiongkok yang saya bawa, menurutnya sangat enak. | 她把她弟弟也带来了。Dia juga membawa adik laki-lakinya. ② 因为某人或某事而出现的结果。Menyebabkan suatu hasil karena seseorang atau sesuatu. ‖ 他的错误给我们的工作带来了很大的坏影响。Kesalahan dia menyebabkan dampak buruk yang besar pada pekerjaan kami. | 工作时间太长会给人带来工作压力。Jam kerja yang terlalu lama memberikan tekanan kerja pada orang-orang. | 新科技带来新生活。Teknologi baru membawa kehidupan baru.

3 **带领** dàilǐng **mempelopori; memimpin**

【动词】[Verba (kata kerja)] 走在前面带动别人一起做。Memimpin atau membimbing orang lain dengan berjalan di depan. ‖ 在他的带领下,我们很快到达了目的地。Dengan kepemimpinannya, kami dengan cepat mencapai tujuan kami. | 他带领更多年轻人走出大山。Dia memimpin lebih banyak orang muda untuk meninggalkan pegunungan. | 每个班都有老师带领。Setiap kelas memiliki guru yang memimpin.

2 **单位** dānwèi **unit kerja; perusahaan; unit / satuan**

【名词】[Nomina (kata benda)] ① 指上班的地方或者组成它们的部门。

Tempat kerja atau departemen yang membentuknya. ‖ 他们单位今天下午放假。Tempat kerja mereka libur hari ini. | 各单位的领导要来学校视察。Pemimpin dari berbagai unit akan datang untuk meninjau sekolah. | 各单位注意,公司今天下午六点开会。Perhatian semua unit, akan ada rapat jam 6 sore ini. ② 表示计算数量的名称。Satuan yang digunakan untuk mengukur kuantitas. ‖ “分钟”“小时”都是时间单位。“Menit” dan “jam” adalah satuan waktu. | “百”是数量单位。“Ratus” adalah satuan kuantitas.

3 单元 dānyuán **unit**

【名词】［Nomina（kata benda）］书或者房屋中的一部分。Bagian dari buku atau bangunan. ‖ 我家住在三号楼二单元。Kami tinggal di blok 3, unit 2. | 请大家打开书的第三单元。Tolong buka unit ketiga buku tersebut. | 这个单元一共住了十户人。Unit ini dihuni oleh 10 rumah tangga. | 这个单元可以分成四个部分学习。Unit ini dapat dibagi menjadi empat bagian belajar.

2 但 dàn **tetapi**

【连词】［Konjungsi（kata penghubung）］但是。Tetapi. ‖ 他汉语说得不好,但他汉字写得好看。Dia tidak pandai berbicara bahasa Mandarin, tetapi tulisan aksara Mandarinnya bagus. | 他有不对的地方,但你也不应该那样和他吵架。Dia memiliki beberapa kesalahan, tetapi kamu juga tidak seharusnya bertengkar dengannya seperti itu. | 这家超市东西很多,但东西都贵。Supermarket ini memiliki banyak barang, tetapi semuanya mahal.

2 但是 dànshì **tetapi**

【连词】［Konjungsi（kata penghubung）］用在两个句子中间,表示发生变化。Digunakan antara dua kalimat untuk menunjukkan perubahan. ‖ 他作业写完了,但是上面有很多错误。Dia menyelesaikan pekerjaannya, tetapi ada banyak kesalahan di atasnya. | 我也想出国旅游,但是我没有时间。Saya juga ingin pergi berlibur ke luar negeri, tetapi saya tidak punya waktu. | 他说他今天会来看表演,但是他没有来。Dia mengatakan dia akan datang menonton pertunjukan hari ini, tetapi dia tidak datang.

2 蛋 dàn **telur**

【名词】［Nomina（kata benda）］一部分动物生下的东西。Bagian dari sesuatu yang dihasilkan oleh hewan. ‖ 他买了三斤蛋。Dia membeli tiga kati（jin）telur. |

每天吃一个鸡蛋对身体好。Mengkonsumsi satu telur ayam setiap hari baik untuk kesehatan. | 他把蛋打破了。Dia memecahkan telur itu.

2 **当** dāng **menjadi; ketika**

【动词】［Verba（kata kerja）］成为。Menjadi. ‖ 大家都希望他能当班长。Semua orang berharap dia bisa menjadi ketua kelas. | 他当了三年兵。Dia menjadi tentara selama tiga tahun. | 我想当老师，她想当歌手。Saya ingin menjadi guru, dia ingin menjadi penyanyi. | 他在公司里当保安。Dia bekerja sebagai penjaga keamanan di perusahaan.

【介词】［Preposisi（kata depan）］在；正在。Di; sedang. ‖ 当老师在上课时，门被风吹开了。Ketika guru sedang mengajar, pintu terbuka tertiup oleh angin. | 当他来到中国，他一个人都不认识。Ketika dia datang ke Tiongkok, dia tidak mengenal siapapun. | 当我们走进教室，我们看到她在打扫卫生。Ketika kami masuk ke dalam kelas, kami melihat dia membersihkan ruangan.

3 **当初** dāngchū **saat itu**

【名词】［Nomina（kata benda）］在过去发生某件事情的时候。Saat sesuatu terjadi di masa lalu. ‖ 当初我们说好了一起去国外学习，现在我去不了了。Pada saat itu, kita sepakat untuk belajar di luar negeri bersama-sama, sekarang saya tidak bisa pergi. | 当初公司只有四五个人。Pada awalnya, perusahaan ini hanya memiliki empat atau lima orang. | 当初没人想到事情变成现在这样。Pada awalnya, tidak ada yang mengira situasi akan menjadi seperti sekarang.

3 **当地** dāngdì **lokal; setempat**

【名词】［Nomina（kata benda）］事情发生的地方，人生活的地方。Tempat kejadian atau tempat tinggal orang. ‖ 当地人都喜欢去河边散步。Penduduk setempat suka berjalan-jalan di sepanjang sungai. | 他一直在南方生活，后来在当地结婚了。Dia tinggal di selatan dan kemudian menikah di tempat tersebut. | 当地有很多动人的传说。Ada banyak legenda menarik di daerah setempat.

3 **当然** dāngrán **tentu saja**

【形容词】［Adjektiva（kata sifat）］事情的结果就应该是这样的。Hasil yang seharusnya terjadi. ‖ 他一直努力学习，当然会考第一名。Dia telah belajar dengan tekun, jadi tentu saja dia akan mendapatkan peringkat pertama. | 你起床起

得太晚了，迟到是当然的事。Kamu bangun terlambat, terlambat adalah hasil yang seharusnya. | 当然了，这件事我们两个都有错。Tentu saja, kita berdua salah dalam hal ini.

2 **当时** dāngshí **saat itu**

D

【名词】[Nomina (kata benda)] 在过去的事情发生的时候。Saat sesuatu terjadi di masa lalu. ‖ 当时我们还不认识对方，现在我们已经是好朋友了。Pada saat itu, kami belum saling mengenal, sekarang kami sudah menjadi teman baik. | 他忘记了他当时说过的话。Dia lupa apa yang dia katakan pada saat itu. | 当时没有人相信他的话。Pada saat itu, tidak ada yang percaya pada kata-katanya.

3 **当中** dāngzhōng **di dalam; di antara; di tengah**

【名词】[Nomina (kata benda)] ① 在范围里面。Di dalam suatu jangkauan. ‖ 他是我们当中学习最好的。Dia adalah yang terbaik di antara kita. | 这些苹果当中有几个已经坏了。Beberapa di antara apel-apel ini ada yang sudah busuk. | 我买了很多书，在这当中有一本我最喜欢的书。Saya membeli banyak buku, di antaranya ada buku favorit saya. ② 在中心的地方。Di tengah-tengah. ‖ 在广场当中有一个花园。Di tengah lapangan ada taman. | 在桌子当中的是一杯中国茶。Di tengah meja ada segelas teh Tiongkok.

3 **刀** dāo **pisau**

【名词】[Nomina (kata benda)] 一个可以把东西断开的工具。Alat untuk memotong sesuatu. ‖ 小孩不能玩刀，太危险了。Anak-anak tidak boleh bermain dengan pisau, itu terlalu berbahaya. | 这把刀是新买的。Pisau ini baru dibeli. | 刀是中国古代的武器。Pisau adalah senjata kuno di Tiongkok.

3 **导演** dǎoyǎn **sutradara**

【名词】[Nomina (kata benda)] 指导拍电影的人或工作。Orang atau pekerjaan yang mengarahkan pembuatan film. ‖ 他是这部电影的导演。Dia adalah sutradara film ini. | 我从事导演工作很多年了。Saya telah menjadi sutradara selama bertahun-tahun.

【动词】[Verba (kata kerja)] 指导拍电影。Mengarahkan produksi film. ‖ 他导演了很多部有名的电影。Dia telah menyutradarai banyak film terkenal. | 他导演的影片很受欢迎。Film-film yang dia arahkan sangat populer.

2 **倒** dǎo **jatuh；tumbang；roboh；ganti / tukar**

【动词】［Verba（kata kerja）］① 身体或物体向下放平。Menjatuhkan atau membalikkan tubuh atau objek ke bawah. ‖ 有人把她推倒了。Seseorang menyeretnya hingga jatuh. | 他很累，一回家就倒在了床上。Dia sangat lelah, begitu sampai di rumah, dia langsung jatuh di tempat tidur. | 杯子倒了，水流了一地。Gelas terbalik dan airnya tumpah ke lantai. ② 换车、换上班时间等。Tukar kendaraan, tukar jadwal kerja, dll. ‖ 我想过几天休息，所以我今天和别人倒班了。Saya ingin beristirahat beberapa hari, jadi hari ini saya menukar jadwal kerja dengan orang lain. | 我去上班得倒两班车。Saya perlu ganti naik bus dua kali untuk pergi bekerja.

2 **倒** dào **tuang**

【动词】［Verba（kata kerja）］让里面的东西出来。Menuangkan sesuatu dari dalam. ‖ 我给客人倒水。Saya menuangkan air untuk tamu. | 他每次吃不完就会把饭倒了。Setiap kali dia tidak bisa menghabiskan semua makanannya, dia akan membuang nasinya. | 小孩把包里的东西都倒了出来。Anak itu menuangkan semua isi tasnya.

1 **到** dào **ke-；tiba / sampai**

【动词】［Verba（kata kerja）］① 达到某个时间、地点、目标。Mencapai waktu, tempat, atau tujuan tertentu. ‖ 我到图书馆去借书。Saya ke perpustakaan untuk meminjam buku. | 我到家了。Saya sudah sampai di rumah. | 从早上八点到下午两点，我都要上课。Dari jam 8 pagi hingga jam 2 siang, saya harus kuliah. | 他从里到外都变得不一样了。Dia telah berubah dari dalam hingga luar. | 到点了，我该回家了。Sudah waktunya, aku sudah harus pulang. ② 放在动词后面，表示动作的结果。Ditempatkan setelah kata kerja untuk menunjukkan hasil tindakan. ‖ 他看到老师来了。Dia melihat guru datang. | 温度已经到一百度了，水应该开了。Suhu sudah mencapai 100 derajat, air seharusnya sudah mendidih. | 我走到他的面前他才看出我是谁。Saya berjalan ke hadapannya, baru dia mengenaliku.

2 **到处** dàochù **di mana-mana；di semua tempat**

【副词】［Adverbia（kata keterangan）］每个地方，各个地方，一定范围内的所有地方。Di setiap tempat, di berbagai tempat, di semua tempat dalam suatu lingkup. ‖ 山上到处都开着花。Di gunung, bunga mekar di mana-mana. | 屋子里到处都是

他的衣服。Di dalam rumah, pakaian dia berserakan di mana-mana.

3 **到达** dàodá **tiba**

【动词】[Verba (kata kerja)] 从原来的地方离开,出现在目标的地点。Meninggalkan tempat asal dan tiba di tujuan. ‖ 我们快要到达目的地了。Kami hampir tiba di tujuan. | 我们到达北京之后,先要去旅馆。Setelah kami tiba di Beijing, kami harus pergi ke hotel terlebih dahulu.

3 **到底** dàodǐ **sebenarnya; pada akhirnya**

【副词】[Aderbia (kata keterangan)] 表示强调,想要一个答案。Digunakan untuk menekankan dan meminta jawaban. ‖ 你到底要怎么样? Kamu sebenarnya ingin bagaimana? | 你到底去不去? Kamu sebenarnya pergi atau tidak?

2 **道** dào **satuan**

【量词】[Kuantifier (kata pengukur)] 表示手续、门、题等的数量单位。Digunakan untuk satuan jumlah prosedur, pintu, soal, dll. ‖ 这道题我不会写,你可以教我吗? Saya tidak tahu cara menulis soal ini, bisakah Anda mengajari saya? | 穿过这道门就来到了公园的中心。Lewati pintu ini dan kamu akan sampai di pusat taman. | 出国需要办很多道手续。Untuk pergi ke luar negeri, banyak prosedur yang harus diselesaikan.

2 **道理** dàolǐ **prinsip; asas**

【名词】[Nomina (kata benda)] 事情或行为发生的原因或规律。Alasan atau prinsip di balik sesuatu. ‖ 你有你的道理,我有我的道理,我们别吵了。Kamu punya pendapatmu sendiri, aku punya pendapatku sendiri, kita jangan bertengkar. | 他这个人很不讲道理。Orang ini tidak masuk akal. | 道理我都知道,可是我还是做不到。Aku tahu semua prinsipnya, tapi aku masih belum bisa melakukannya.

2 **道路** dàolù **jalan**

【名词】[Nomina (kata benda)] ① 人或车走的地方。Tempat di mana orang atau kendaraan berjalan. ‖ 城市的道路非常多。Kota ini memiliki banyak jalan. | 村里又新修了一条道路。Sebuah jalan baru telah dibangun di desa ini. | 道路两旁有很多大树。Di kedua sisi jalan terdapat banyak pohon besar. ② 工作的方向。Arah atau jalur pekerjaan. ‖ 中国经济发展正走在正确的道路上。Pembangunan ekonomi Tiongkok sedang berjalan di jalur yang benar. | 在学习的道

路上,我们要认真努力。Dalam perjalanan belajar, kita harus serius dan berusaha.

2 **得** dé **mendapat; memperoleh**

【动词】[Verba (kata kerja)] 得到。Mendapatkan. ‖ 她在比赛中得了第一名。Dia mendapat peringkat pertama dalam kompetisi. | 我考试得了第二名。Saya mendapat peringkat kedua dalam ujian. | 他的成就是靠自己的努力得来的。Prestasinya diperoleh melalui usaha dan waktu yang dia keluarkan.

2 **得出** déchū **menghasilkan; mandapatkan**

【动词】[Verba (kata kerja)] 有了结果。Mencapai hasil atau kesimpulan. ‖ 经过调查,事情已经得出结果了。Setelah ditinjau, masalah tersebut telah menghasilkan kesimpulan. | 这件事让我们得出了要互相帮助的结论。Peristiwa ini membuat kita menyimpulkan bahwa kita harus saling membantu. | 这道题你得出的数字和我的不一样。Angka yang kamu dapatkan dari soal ini berbeda dengan yang saya dapatkan.

1 **得到** dé//dào **mendapatkan; memperoleh**

【动词】[Verba (kata kerja)] 经过努力和时间有了结果。Mendapatkan hasil melalui usaha dan waktu. ‖ 我得到了两张门票,你明天要和我一起去看比赛。Saya mendapatkan dua tiket, apakah kamu ingin pergi menonton pertandingan bersamaku besok? | 他经常帮助同学,得到了老师的认可。Dia sering membantu teman sekelasnya dan mendapatkan pengakuan dari guru.

3 **得分** défēn **mendapatkan poin**

【动词】[Verba (kata kerja)] 得到分数。Mendapatkan nilai. ‖ 他考试得分一百。Dia mendapat nilai 100 dalam ujian. | 红队又得分了,他们应该是第一名。Tim merah mencetak gol lagi, mereka seharusnya menjadi juara pertama. | 这次考试很难,得分不容易。Ujian kali ini sangat susah, tidak mudah mendapat poin.

【名词】[Nomina (kata benda)] 得到的分数。Nilai yang diperoleh. ‖ 比一比两队的得分,看看谁的更多。Bandingkan poin dari kedua tim dan lihat siapa yang lebih banyak. | 我们两个这次考试的得分差不多。Nilai ujian kami berdua hampir sama.

2 **得** de **partikel**

【助词】[Partikel (kata tugas)] ① 表示结果。Mengindikasikan hasil atau akibat. ‖

他字写得有问题。Tulisannya ada yang salah. | 她把衣服洗得很干净。Dia mencuci pakaian dengan sangat bersih. ② 表示程度。Mengindikasikan tingkat atau cara. ‖ 跑得快。Berlari dengan cepat. | 她汉语说得好 Dia berbicara bahasa Mandarin dengan baik. | 他长得高。Dia memiliki postur yang tinggi. ③ 表示可能。Mengindikasikan kemungkinan. ‖ 你喝得了茶吗? Apakah kamu bisa minum teh? | 这么多饭你吃得完吗? Bisakah kamu makan nasi sebanyak ini? | 你能赶得上下班公共汽车吗? Bisakah kamu mengejar bus ke tempat kerja?

D

1 地 de **partikel**

【助词】[Partikel (kata tugas)] 说明动作进行的方式或状态。Menunjukkan cara atau keadaan di mana suatu tindakan dilakukan. ‖ 他大声地喊着李明的名字。Dia berteriak dengan keras nama Li Ming. | 我认真地回答问题。Saya menjawab pertanyaan dengan serius.

1 的 de **partikel**

【助词】[Partikel (kata tugas)] ①"A 的 B",B 属于 A。"A 的 B", B milik A. ‖ 她是我的老师。Dia adalah guruku. | 这是我的汉语词典。Ini adalah kamus bahasa Mandarinku. ②"A 的 B",A 说明 B。"A 的 B", A menjelaskan B. ‖ 这件红色的大衣真漂亮。Jas merah ini sangat cantik. | 这是学习汉语的书。Ini adalah buku belajar bahasa Mandarin. ③ 用在句子最后,表示肯定。Digunakan di akhir kalimat untuk menekankan kepastian. ‖ 这件事我肯定不会说出去的。Saya pasti tidak akan mengatakan hal ini kepada siapa pun. | 他那么努力,肯定会得第一名的。Dia sangat rajin, dia pasti akan mendapatkan peringkat pertama.

2 的话 dehuà **jika**

【助词】[Partikel (kata tugas)] 放在一个句子最后的地方,表示在某种情况下,可以做什么事。Digunakan di akhir kalimat untuk menunjukkan tindakan yang akan diambil jika dalam situasi tertentu. ‖ 我下次考试要是没得到六十分的话,我的妈妈会很生气。Jika saya tidak mendapatkan nilai 60 dalam ujian berikutnya, ibuku akan marah. | 明天他不来的话,你就给我打电话。Jika dia tidak datang besok, telepon saya. | 要是电视还是没有修好的话,就换一台新的吧。Jika televisinya masih belum diperbaiki, ganti dengan yang baru saja.

2 灯 dēng **lampu**

【名词】[Nomina (kata benda)] 可以发出光的工具。Alat yang mengeluarkan

cahaya. ‖ 天黑了,把灯打开吧。Sudah gelap, nyalakan lampunya. | 我出门的时候忘记把灯关了。Saya lupa mematikan lampu ketika keluar rumah. | 家里的灯坏了,需要找人修一修。Lampu di rumah rusak, perlu memanggil seseorang untuk memperbaikinya.

D

1 **等** děng **tunggu**

【动词】[Verba (kata kerja)] 等待。Menunggu. ‖ 请等一会儿。Tolong tunggu sebentar. | 等一下,他很快就到。Tunggu sebentar, dia akan segera tiba. | 等他来了我们就出发。Tunggu dia datang kita langsung berangkat.

2 **等** děng **lain-lain; tingkatan**

【助词】[Partikel (kata tugas)] 用在词语后,表示还没说完,还有很多。Digunakan setelah kata untuk menunjukkan bahwa masih ada banyak hal yang belum diungkapkan. ‖ 超市里有苹果、梨、葡萄等水果。Di supermarket ada buah-buahan seperti apel, pir, anggur, dan buah lainnya. | 班里有英国人、日本人、美国人等留学生。Kelas ini memiliki murid asing dari Inggris, Jepang, Amerika Serikat, dan lain-lain.

【名词】[Nomina (kata benda)] 不同的级。Tingkat yang berbeda. ‖ 把蛋糕分成三等份。Potong kue menjadi tiga porsi yang berbeda. | 我拿到了一等奖。Saya memenangkan hadiah tingkat pertama.

3 **等待** děngdài **tunggu; penantian**

【介词】[Preposisi (kata depan)] 一段时间里什么也不做,直到某人出现或者某事发生。Tidak melakukan apa pun selama periode waktu sampai seseorang muncul atau sesuatu terjadi. ‖ 我一直在等待他回国的消息。Saya selalu menanti kabarnya kembali dari luar negeri. | 老师正在等待学生们的回答。Guru sedang menunggu jawaban dari para murid. | 他现在在等待一个工作的好机会。Dia sedang menantikan peluang pekerjaan yang baik.

2 **等到** děngdào **tunggu sampai ...**

【介词】[Preposisi (kata depan)] 一段时间里什么也不做,直到某人出现或者某事发生。Tidak melakukan apa pun selama periode waktu sampai seseorang muncul atau sesuatu terjadi. ‖ 我等他等到晚上,他才来。Saya menunggunya sampai malam, baru dia datang. | 他等到六点才走。Dia menunggu sampai pukul 6 baru pergi. | 等到春天的时候,我们一起去国外玩吧。Mari kita pergi

D

bertamasya ke luar negeri bersama saat musim semi tiba.

2 等于 děngyú **sama dengan**

【动词】［Verba（kata kerja）］没有不同的地方；算出的结果是；情况一样。Tidak ada perbedaan；hasilnya hitungannya adalah；situasinya sama. ‖ 一加二等于三。Satu ditambah dua sama dengan tiga. | 这个加这个等于多少？Berapa hasil dari ini ditambah itu？| 你这样说了等于没说，我一句都没听懂。Apa yang kamu katakan sama sekali tidak berguna，aku sama sekali tidak mengerti. | 你做了等于没做，什么用都没有。Tindakanmu tidak berguna，tidak ada manfaatnya sama sekali.

2 低 dī **rendah**

【形容词】［Adjektiva（kata sifat）］① 不高的。Tidak tinggi. ‖ 她的个子比较低。Posturnya agak pendek. | 今天要下雨，鸟儿都飞得很低。Burung terbang rendah karena hari ini akan hujan. ② 没有达到标准的。Tidak mencapai standar. ‖ 我每个月的工资很低，不够租好房子。Pendapatan saya setiap bulan sangat rendah，tidak cukup untuk menyewa rumah yang baik. | 这个城市的经济水平比较低，还需要更多发展动力。Tingkat ekonomi kota ini cukup rendah，masih perlu pengembangan lebih lanjut.

【动词】［Verba（kata kerja）］向下动一点儿。Bergerak turun sedikit. ‖ 你再低下来一点儿。Kamu turun sedikit lagi. | 请把头低下。Tolong menunduk. | 他不高兴地低着头从房间里走出来。Dia pergi menundukkan kepalanya dengan tidak senang.

2 底下 dǐxia **bawah；dasar**

【名词】［Nomina（kata benda）］某个东西的下面。Bagian bawah sesuatu. ‖ 桌子底下放着他的书包。Tas sekolahnya diletakkan di bawah meja. | 孩子们在树底下玩。Anak-anak bermain di bawah pohon. | 地底下的水叫作“地下水”。Air di bawah tanah disebut “air tanah”.

1 地 dì **tanah；darat**

【名词】［Nomina（kata benda）］① 地球上除了海以外的地方。Lokasi di Bumi selain lautan. ‖ 这座大楼的地底下是停车场。Bagian bawah tanah gedung ini adalah tempat parkir. | 地里的胡萝卜都熟了。Wortel di dalam tanah sudah matang. | 他的房间真乱，满地都是他的衣服。Kamarnya benar-benar berantakan， di atas lantai penuh dengan pakaian. ② 某个地方。Tempat tertentu. ‖ 来自世界各地的人们都在一起。Orang-orang dari berbagai belahan dunia berkumpul bersama. | 那地儿,一个人也没有。Di tempat itu, tidak ada seorang pun.

1 地点 dìdiǎn **lokasi**

【名词】[Nomina (kata benda)] 事情发生的地方。Lokasi di mana sesuatu terjadi. ‖ 我们上课的地点在第二教学楼。Tempat kami menghadiri kelas adalah gedung pengajaran kedua. | 上午才告诉我们开会地点。Baru pagi ini mereka memberitahu kami lokasi rapat. | 我们见面的地点是图书馆。Lokasi kita bertemu adalah di perpustakaan.

1 地方 dìfang **tempat**

【名词】[Nomina (kata benda)] ① 存在的地点。Tempat atau lokasi yang ada. ‖ 这是什么地方? Tempat apa ini? | 这个地方在哪? Di mana tempat ini? | 这个地方太小了,什么也放不下。Tempat ini terlalu kecil, tidak ada tempat untuk menaruh apa pun. ② 事物的一部分。Bagian atau aspek dari sesuatu. ‖ 我有什么不对的地方,还请您说出来。Jika saya ada kesalahan, tolong anda sampaikan. | 你这个地方写错了。Kamu salah tulis di bagian ini. | 他说的有些地方是对的,但有些地方我不同意。Beberapa dari apa yang dia katakan adalah benar, tetapi saya tidak setuju dengan beberapa bagian lainnya.

2 地球 dìqiú **bumi**

【名词】[Nomina (kata benda)] 人、动物、花、草一起生活的地方。Tempat di mana manusia, hewan, bunga, dan rumput hidup bersama. ‖ 地球上有很多种动物。Bumi memiliki banyak jenis hewan. | 我们生活在同一个地球。Kita hidup di bumi yang sama. | 我们要保护地球。Kita perlu melindungi bumi.

3 地区 dìqū **area**

【名词】[Nomina (kata benda)] 范围比较大的地方。Lingkup dengan cakupan yang lebih besar. ‖ 西部地区今晚有雨。Area barat akan hujan malam ini. | 这个地区的经济发展较好。Area ini memiliki perkembangan ekonomi yang baik.

1 地上 dìshang **permukaan tanah; darat**

【名词】[Nomina (kata benda)] 地面的上面;地的表面。Di atas permukaan tanah; permukaan bumi. ‖ 地上有两个袋子。Ada dua kantung di atas tanah. |

我光着脚站在地上。Saya berdiri di atas tanah dengan telanjang kaki. | 地上全是水，我们打扫一下吧。Lantai ini basah, kita harus membersihkannya.

2 **地铁** dìtiě **kereta bawah tanah**

【名词】[Nomina (kata benda)] 在地底下跑的火车。Kereta api yang berjalan di bawah tanah. ‖ 是坐地铁好，还是坐汽车好？Apakah lebih baik naik kereta bawah tanah atau bus? | 到学校坐地铁需要十分钟。Butuh waktu 10 menit untuk pergi ke sekolah dengan kereta bawah tanah.

2 **地铁站** dìtiězhàn **stasiun kereta bawah tanah**

【名词】[Nomina (kata benda)] 坐地铁的地方。Tempat untuk naik kereta bawah tanah. ‖ 我下午三点在地铁站等你。Saya akan menunggumu di stasiun kereta bawah tanah jam tiga sore. | 地铁站在商场前边。Stasiun kereta bawah tanah berada di depan pusat perbelanjaan.

1 **地图** dìtú **peta**

【名词】[Nomina (kata benda)] 说明各个地方情况的图。Peta yang menunjukkan situasi di berbagai tempat. ‖ 这是一张世界地图，上面可以看到很多国家。Ini adalah peta dunia, kita bisa melihat banyak negara di atasnya. | 我们找不到路了，需要一张地图。Kita tidak tahu arahnya, kita perlu peta.

1 **弟弟/弟** dìdi/dì **adik laki-laki**

【名词】[Nomina (kata benda)] 比自己年纪小一些的男子。Pria yang lebih muda dari diri sendiri. ‖ 我弟弟今年十八岁了，马上要上高中了。Adik laki-laki saya tahun ini berusia 18 tahun, dia akan segera masuk sekolah menengah atas. | 她和弟弟在家一起看电视。Dia dan adik laki-lakinya menonton televisi bersama di rumah. | 她弟弟一哭，她就马上跑过去照顾。Ketika adik laki-lakinya menangis, dia langsung berlari ke sana untuk merawatnya.

1 **第** dì **ke-; urutan**

【前缀】[Awalan] 用在数字前面，表示排在什么地方或者表示前后。Digunakan sebelum angka untuk menunjukkan urutan atau menunjukkan yang pertama atau yang kedua. ‖ 他是这次比赛的第一名。Dia adalah peringkat pertama dalam kompetisi ini. | 我现在排在第几个？Sekarang saya berada di peringkat berapa? | 我还是喜欢第二件，我就买它吧。Saya masih lebih suka yang kedua, saya akan membelinya.

1 **点** diǎn **sedikit; jam (pukul); pesan; hitung; titik**

【量词】[Kuantifier (kata pengukur)] ① 表示数量少。Menunjukkan jumlah yang sedikit. ‖ 这点小事就别谢我了。Tidak perlu berterima kasih padaku atas hal kecil ini. | 要来点面包吗？Mau makan roti？② 表示时间的单位。Satuan waktu. ‖ 你看看现在都几点了，你怎么才来。Lihat sekarang sudah jam berapa, mengapa kamu baru datang. | 现在是下午两点，还有三十分钟就要上课了。Sekarang jam dua sore, masih ada tiga puluh menit sebelum kelas dimulai. | 我们开会开了两个点，我真累。Kita sudah mengadakan rapat selama dua jam, saya sangat lelah.

【动词】[Verba (kata kerja)] ① 确定某个东西。Menentukan sesuatu. ‖ 人都来了，我们点菜吧。Semua orang sudah datang, mari kita memesan makanan. | 先生，请问您想点什么？Pak, Anda ingin pesan apa？| 我来点首歌吧。Biar aku saja yang memilih lagunya. ② 确定是不是正确。Memastikan kebenaran. ‖ 一共应该是一千二百元，你点点对不对。Totalnya harusnya 1 200 Yuan, tolong pastikan. | 老师上课要点名，看谁没来上课。Guru akan melakukan absensi saat pelajaran, melihat siapa yang tidak hadir.

【名词】[Nomina (kata benda)] ① 很小的形状。Bentuk kecil. ‖ 他在地上画了一个点。Dia menggambar titik di atas tanah. | 白纸上有一个黑色的点。Ada titik hitam di atas kertas putih. ② 事情的一个方面。Salah satu aspek dari sesuatu. ‖ 你是客人不是主人，你要明白这一点。Anda adalah tamu atau master, Anda harus memahami ini. ③ 写汉字的一种笔画。Salah satu nama guratan dalam menulis aksara Mandarin. ‖ "大"字下面加上一点就是"太"字。Di bawah kata "besar" adalah kata "juga".

2 **点头** diǎn//tóu **mengangguk**

【动词】[Verba (kata kerja)] 头上下动的动作，在中国，点头表示同意。Gerakan kepala naik dan turun, di Tiongkok, mengangguk berarti setuju. ‖ 如果你同意，那就点点头。Jika Anda setuju, anggukkan kepala Anda. | 她点了点头表示她同意这个想法。Dia mengangguk-angguk untuk menunjukkan persetujuannya terhadap ide ini.

1 **电** diàn **listrik**

【名词】[Nomina (kata benda)] 一种让机器工作的动力。Sumber daya yang

membuat mesin bekerja. ‖ 家里的灯不亮，可能是没电了。Lampu di rumah tidak menyala, mungkin mati listrik. | 来电了，灯又亮了起来。Sudah ada aliran listrik, lampunya kembali menyala. | 用电要注意安全。Perhatikan keselamatan saat menggunakan listrik.

D

1 电话 diànhuà **telepon**

【名词】[Nomina (kata benda)] ① 可以让人们互相交流信息的机器。Mesin yang memungkinkan orang berkomunikasi satu sama lain. ‖ 我想买一部新的电话。Saya ingin membeli telepon baru. | 家里放着两个电话。Ada dua telepon di rumah. ② 用电话设备传来的话。Pesan yang diterima melalui perangkat telepon. ‖ 这是我的电话，有事可以打给我。Ini (nomor) telepon saya, hubungi saya jika ada keperluan. | 昨天你怎么没接我的电话？Mengapa kamu tidak menjawab teleponku kemarin?

1 电脑 diànnǎo **komputer**

【名词】[Nomina (kata benda)] 处理信息的高级工具。Alat canggih untuk memproses informasi. ‖ 我买了一台新电脑。Saya membeli seperangkat komputer baru. | 你能教我这台电脑怎么用吗？Bisakah kamu mengajariku cara menggunakan komputer ini? | 我喜欢用电脑玩游戏。Saya suka bermain permainan di komputer.

1 电视 diànshì **televisi**

【名词】[Nomina (kata benda)] ① 播放节目、新闻等的机器。Mesin yang memutar program, berita, dan sejenisnya. ‖ 旧电视坏了，我们去商场买一台新的吧。Televisi yang lama sudah rusak, kita pergi ke mal membeli yang baru, yuk. | 很多年轻人都不想买电视，觉得有电脑就可以了。Banyak orang muda tidak ingin membeli televisi, mereka merasa cukup dengan komputer. ② 播放新闻、节目等的媒体；电视节目。Media yang memutar berita, program, dan sejenisnya; program televisi. ‖ 我平常喜欢看电视。Biasanya saya suka menonton televisi. | 周末一家人坐在一起看电视。Di akhir pekan, kami sekeluarga duduk bersama menonton televisi.

1 电视机 diànshìjī **televisi**

【名词】[Nomina (kata benda)] 可以看电视节目的机器。Mesin yang digunakan untuk menonton program televisi. ‖ 家里新买了一台电视机。

Keluarga baru saja membeli televisi baru. | 这两台电视机是同一个工厂生产的。Kedua televisi ini diproduksi di pabrik yang sama. | 我家电视机坏了,我想买一台新的电视机。Televisi di rumah saya rusak, saya ingin membeli televisi baru.

3 电视剧 diànshìjù **serial drama televisi**

【名词】[Nomina (kata benda)] 在电视台播放的讲故事的节目。Program cerita yang ditayangkan di stasiun televisi. ‖ 我非常喜欢这部电视剧,这部电视剧讲的故事很感人。Saya sangat suka serial drama ini, cerita dalam drama ini sangat menyentuh. | 你最喜欢看哪种电视剧? Jenis drama televisi seperti apa yang paling Anda sukai?

3 电视台 diànshìtái **stasiun televisi**

【名词】[Nomina (kata benda)] 制作、播放电视节目的单位。Unit yang memproduksi dan menyiarkan program televisi. ‖ 我在电视台工作,我是一名记者。Saya bekerja di stasiun televisi sebagai seorang jurnalis. | 这个电视台每天晚上七点有新闻节目。Stasiun televisi ini memiliki program berita setiap pukul 7 malam.

3 电台 diàntái **radio**

【名词】[Nomina (kata benda)] 播放新闻、音乐等的媒体。Media yang memutar berita, musik, dan sejenisnya. ‖ 我喜欢开车的时候听电台。Saya suka mendengarkan radio saat mengemudi. | 电台里的音乐很好听。Musik di radio sangat enak didengar. | 电视台、报纸、电台都报道了这个消息。Berita ini dilaporkan di televisi, surat kabar, dan radio.

1 电影 diànyǐng **film (layer lebar)**

【名词】[Nomina (kata benda)] 演员表演,公司制作的可以用来观看的作品。Pertunjukan di mana aktor berakting, produksi perusahaan yang dapat ditonton. ‖ 你周末有空吗? 我想和你一起看电影。Apakah kamu sibuk akhir pekan ini? Saya ingin menonton film bersamamu. | 听说最近有一部电影很好看。Saya dengar ada film yang sangat bagus akhir-akhir ini. | 这部电影很感人。Film ini sangat mengharukan.

1 电影院 diànyǐngyuàn **bioskop**

【名词】[Nomina (kata benda)] 可以看电影的地方。Tempat untuk menonton film. ‖ 过年的时候,电影院有很多人。Pada saat Tahun Baru, bioskop sangat ramai. | 我们在电影院见面吧。Kita bertemu di bioskop saja. | 电影院在很远的地方,我们开车去吧。Bioskop berada di tempat yang jauh, kita pergi dengan mobil saja. | 电影院现在放的这部电影是他最喜欢的。Film yang sedang diputar di bioskop sekarang adalah favoritnya.

3 电子邮件 diànzǐyóujiàn **surat elektronik (surel)**

【名词】[Nomina (kata benda)] 在网上发送的信或者信息。Surat atau pesan yang dikirim melalui internet. ‖ 如果你有事,可以发电子邮件给我。Jika ada sesuatu yang ingin disampaikan, boleh kirimkan surel kepada saya. | 你可以教我写电子邮件吗? Bisakah kamu mengajari saya cara menulis surel?

2 店 diàn **toko**

【名词】[Nomina (kata benda)] 卖东西的地方。Tempat menjual barang. ‖ 这家店的衣服又好看又便宜。Pakaian di toko ini bagus dan murah. | 店里现在没有人。Tidak ada orang di toko sekarang. | 家门口的几家店东西都不错。Barang-barang di beberapa toko di depan rumah bagus-bagus.

3 调 diào **pindah; mutasi**

【动词】[Verba (kata kerja)] 按照要求改变自己的工作地点或座位。Mengubah lokasi kerja atau tempat duduk sesuai permintaan. ‖ 老师把我的座位调到了第一排。Guru memindahkan tempat dudukku ke baris pertama. | 他被调到北京工作。Dia dimutasi kerja ke Beijing. | 他前段时间刚被调走,现在已经不在这里上班了。Dia baru saja dimutasi beberapa waktu lalu, sekarang dia tidak bekerja di sini lagi.

3 调查 diàochá **penelitian; penyelidikan**

【动词】[Verba (kata kerja)] 通过有目的地查相关信息,弄明白事情情况。Mengumpulkan informasi yang relevan dengan tujuan memahami situasi. ‖ 我们调查了他很久,发现他是最近才到中国的。Kami melakukan penelitian tentangnya selama beberapa waktu dan menemukan bahwa dia baru saja datang ke Tiongkok. | 这件事情还需要多调查几次才能确定。Perlu dilakukan beberapa kali penelitian lagi sebelum dapat dipastikan hal ini. | 他正在调查学生们的汉语水平。Dia sedang meneliti tingkat kemampuan berbahasa Tiongkok para murid.

【名词】[Nomina (kata benda)] 弄明白情况的方法或报告。Metode atau laporan untuk memahami situasi. ‖ 根据调查,人们的生活水平越来越高了。

Berdasarkan penelitian, taraf kehidupan masyarakat semakin meningkat. | 这份调查写得不错。Laporan penelitian ini ditulis dengan baik. | 调查是一种常见的得到信息的方法。Penelitian adalah metode umum untuk mendapatkan informasi.

2 **掉** diào **jatuh; hilang; putar balik**

【动词】[Verba (kata kerja)] ① 失去支持从原来的地方下来。Kehilangan dukungan dan jatuh dari tempat semula. ‖ 他不小心从床上掉了下来。Dia tidak sengaja jatuh dari ranjang. | 杯子从桌子上掉了下来。Gelas jatuh dari atas meja. ② 找不到了。Tidak dapat ditemukan. ‖ 我的钱包掉了,我找了很久也没找到。Dompetku hilang, aku sudah mencarinya lama tetapi tetap tidak menemukannya. | 我手机不知道掉哪儿了。Saya tidak tahu ponselku jatuh di mana. ③ 放在表示动作的词后面表示不存在了。Digunakan setelah kata kerja tindakan untuk menunjukkan bahwa sesuatu tidak ada lagi. ‖ 衣服上的黑点怎么也洗不掉。Titik hitam di baju bagaimanapun dicuci tetap tidak bisa hilang. | 他把饭倒掉了。Dia membuang makanan itu. | 他怎么也改不掉自己的坏习惯。Dia bagaimanapun tetap tidak bisa mengubah kebiasaan buruknya sama sekali. ④ 改变方向。Mengubah arah. ‖ 司机把车掉了个方向。Supir memutar arah mobil. | 他掉过头来看了看我。Dia berbalik arah melihat saya.

3 **订** dìng **pesan**

【动词】[Verba (kata kerja)] ① 提前约好。Memesan atau membuat janji terlebih dahulu. ‖ 您好,我已经在网上订过房间了。Halo, saya sudah memesan kamar melalui daring. | 很多年轻人都会在网上订票。Banyak anak muda memesan tiket secara daring. | 明天吃饭的地方我已经订好了。Saya sudah membuat pemesanan untuk tempat makan besok. ② 经过讨论确定。Diputuskan setelah diskusi. ‖ 双方在多次讨论后订了合作计划。Setelah beberapa kali diskusi, kedua belah pihak menetapkan rencana kerjasama. | 我们要一起商量一下,订一个班级管理办法。Kita harus berdiskusi bersama, menetapkan metode manajemen kelas.

3 **定期** dìngqī **periode tertentu; tanggal tertentu**

【形容词】[Adjektiva (kata sifat)] 有确定的日期的。Dengan tanggal yang ditentukan. ‖ 电脑会定期保存文件。Komputer secara berkala menyimpan file. | 他定期在银行存钱。Dia secara teratur menyetor uang di bank. | 报纸都是定期送到家的。Koran dikirimkan secara berkala ke rumah.

【动词】[Verba (kata kerja)] 确定日期。Menentukan tanggal. ‖ 我们见面的时

间还没有定期。Waktu pertemuan kita belum ditentukan. | 关于比赛的事儿，老师还没有定期。Guru belum menentukan jadwal untuk kompetisi.

1 **东** dōng **timur**

【名词】[Nomina (kata benda)] 四个方向中右边的那一个方向；太阳升起的方向。Arah sebelah kanan dari empat arah; arah matahari terbit. ‖ 他说往东走就能看到学校。Dia mengatakan untuk pergi ke arah timur agar terlihat sekolah. | 向东两百米的地方发现有一处水井。Ada sumur air di arah timur sejauh 200 meter.

2 **东北** dōngběi **timur laut**

【名词】[Nomina (kata benda)] 东北。timur laut. ‖ 他是东北人。Dia adalah orang dari wilayah dongbei. | 东北方向发现有敌人。Musuh ditemukan di arah timur laut. | 东北地区有小雪。Ada salju di daerah dongbei.

1 **东边** dōngbiān **sebelah timur**

【名词】[Nomina (kata benda)] 向东的地方，靠东的地方。Arah ke timur, di sebelah timur. ‖ 太阳从东边升起。Matahari terbit dari timur. | 从东边来了一辆汽车。Mobil datang dari arah timur. | 图书馆在体育馆的东边。Perpustakaan berada di sebelah timur gedung olahraga.

3 **东部** dōngbù **bagian timur**

【名词】[Nomina (kata benda)] 某个地方东边的部分。Bagian di timur suatu tempat. ‖ 中国东部地区经济发展较好。Wilayah timur Tiongkok perkembangan ekonominya cenderung lebih baik. | 上海在中国东部。Shanghai terletak di bagian timur Tiongkok. | 他家在东部靠海的城市。Dia tinggal di kota pesisir di bagian timur.

2 **东方** dōngfāng **arah timur**

【名词】[Nomina (kata benda)] 向东的方向。Arah ke timur. ‖ 中国是一个东方国家。Tiongkok adalah negara di timur. | 中国在世界的东方。Tiongkok berada di timur dunia. | 太阳从东方升起，从西方落下。Matahari terbit di timur dan terbenam di barat.

2 **东南** dōngnán **tenggara**

【名词】[Nomina (kata benda)] 东边和南边中间的方向。Arah di antara timur

dan selatan. ‖ 最近总吹东南风。Angin bertiup dari tenggara akhir-akhir ini. | 福建在中国的东南部。Fujian terletak di bagian tenggara Tiongkok. | 图书馆在学校的东南角。Perpustakaan berada di sudut tenggara sekolah.

1 **东西** dōngxi **benda; barang**

【名词】[Nomina (kata benda)] 除了人以外的物品或事情。Segala sesuatu kecuali manusia. ‖ 我周末想去买东西。Saya ingin pergi berbelanja akhir pekan ini. | 家里的东西太多了,我需要打扫一下。Ada terlalu banyak barang di rumah, saya perlu membersihkannya. | 前面黑色的是什么东西? Apa itu benda hitam di depan?

2 **冬天** dōngtiān **musim dingin**

【名词】[Nomina (kata benda)] 在中国的一年中最冷的那几个月,有的地方会下雪。Bulan-bulan terdingin dalam setahun di Tiongkok, beberapa tempat akan mengalami salju. ‖ 我最喜欢北方的冬天,因为会下雪。Saya suka musim dingin di utara karena salju turun. | 很多小动物会在冬天躲起来休息。Banyak hewan kecil bersembunyi dan beristirahat di musim dingin. | 冬天太冷了,我真希望春天早点来。Musim dingin terlalu dingin, saya harap musim semi datang lebih cepat.

2 **懂** dǒng **tahu; paham; mengerti**

【动词】[Verba (kata kerja)] 明白,知道。Memahami, tahu. ‖ 老师问我们这个知识听懂了吗? Guru bertanya apakah kami sudah paham tentang pengetahuan ini? | 我不懂他说的话。Saya tidak mengerti apa yang dia katakan. | 我懂你的感受,这件事是他不对。Saya mengerti perasaanmu, dia yang salah.

2 **懂得** dǒngde **paham; mengerti**

【动词】[Verba (kata kerja)] 理解,知道。Memahami, tahu. ‖ 这个故事让我们懂得了要保护大自然的道理。Cerita ini membuat kita memahami pentingnya melindungi alam. | 在老师的教育下,她懂得了很多道理。Dibawah bimbingan guru, dia mengerti banyak hal.

1 **动** dòng **pakai; gerak**

【动词】[Verba (kata kerja)] ① 使用。Menggunakan. ‖ 这笔钱你不能动,这是孩子上学的钱。Kamu tidak boleh menyentuh uang ini, itu uang untuk biaya sekolah anak-anak. | 别站着说话了,赶紧动手干活儿吧。Jangan hanya berbicara, cepatlah bertindak dan bekerja. | 小孩不能在大人不在的时候动刀。Anak-anak tidak boleh memegang pisau tanpa pengawasan orang dewasa. ② 改变原来的地方或状态。Mengubah dari tempat atau keadaan aslinya. ‖ 别动！我是警察！Jangan bergerak！Saya polisi！| 我不小心动了他的书，他就生气了。Saya tanpa sengaja memindahkan bukunya, dia menjadi marah. | 东西太重了，我搬不动。Barangnya terlalu berat, saya tidak bisa memindahkannya. | 我太累了，我已经走不动了。Saya terlalu lelah, saya tidak bisa berjalan lagi. ③ 开始做。Memulai melakukan sesuatu. ‖ 时间不多了，大家快动起来。Waktu kita tidak banyak lagi, kita harus cepat bergerak. | 老师没说要怎么做，我们先别动。Guru belum menjelaskan cara melakukannya, jadi kita jangan bergerak dulu.

3 动力 dònglì **dorongan**

【名词】［Nomina（kata benda）］使人或物工作起来的力。Kekuatan yang membuat orang atau benda bekerja. ‖ 我想去中国旅游，这是我学习汉语的动力。Saya ingin bepergian ke Tiongkok, itulah dorongan saya dalam belajar bahasa Mandarin. | 这台机器是把光作为动力来工作的。Mesin ini menggunakan cahaya sebagai tenaga penggeraknya. | 他最近没有学习动力，总不想去上课。Dia kehilangan dorongan belajar baru-baru ini dan tidak ingin pergi kuliah.

3 动人 dòngrén **menyentuh; mengharukan**

【形容词】［Adjektiva（kata sifat）］能让人产生好的感情的。Membuat orang memiliki perasaan yang baik. ‖ 他们的爱情故事十分动人。Kisah cinta mereka sangat mengharukan. | 那动人的景色是我从来没有见过的。Belum pernah aku melihat pemandangan indah yang sangat mengharukan seperti itu. | 她穿裙子的样子美丽动人。Dia terlihat cantik dan mengharukan ketika mengenakan gaun.

2 动物 dòngwù **hewan; binatang**

【名词】［Nomina（kata benda）］有生命，能运动的东西。Benda hidup yang dapat bergerak. ‖ 你最喜欢哪种动物？Hewan jenis apa yang paling kamu sukai？| 冬天到了，很多动物都藏起来过冬。Musim dingin telah tiba, banyak binatang bersembunyi untuk hibernasi. | 动物和人生活在同一个大自然。Manusia dan hewan hidup bersama di alam yang sama.

2 动物园 dòngwùyuán **kebun binatang**

【名词】［Nomina（kata benda）］有很多动物的地方，可以让人们来参观。

Tempat yang berisi banyak hewan dan dapat dikunjungi oleh orang-orang. ‖ 动物园里有很多种动物，狮子、大象、老虎。Kebun binatang memiliki banyak jenis hewan, seperti singa, gajah, harimau. | 动物园里游客很多，非常热闹。Ada banyak pengunjung di taman hewan, sangat ramai. | 星期日我们一起去动物园玩吧。Akhir pekan ini kita pergi bertamasya ke kebun binatang, yuk.

1 动作 dòngzuò **gerakan**

【名词】［Nomina（kata benda）］身体进行的活动。Gerakan yang dilakukan tubuh. ‖ 这个舞蹈很难，有很多动作。Tarian ini sulit, ada banyak gerakan. | 他一直做点头的动作。Dia terus-menerus menganggukkan kepala. | 下一个动作是把手举高。Gerakan selanjutnya adalah mengangkat tangan.

1 都 dōu **semua**

【副词】［Adverbia（kata keterangan）］① 两个或两个以上的每一个。Setiap dari dua atau lebih. ‖ 明天我们都去天安门参观。Kita semua akan pergi berkunjung ke Tian'anmen besok. | 大家都来了。Semua orang sudah datang. | 同学们上课都没有迟到。Tidak ada murid yang datang terlambat ke kelas. ② 表示对别人行为感到不高兴。Menunjukkan ketidakpuasan terhadap tindakan orang lain. ‖ 你昨天都吃了什么？Apa yang kamu makan semalam? | 你和他都说了些什么？Apa yang kamu bicarakan dengannya? | 你看看你都干了些什么？Lihat apa yang telah kamu lakukan? ③ 也。Juga. ‖ 我觉得这道菜一点儿都不辣。Menurutku hidangan ini sama sekali tidak pedas. | 这件衣服一点儿都不好看。Pakaian ini sama sekali tidak bagus. ④ 已经。Sudah. ‖ 都八点了，你还不起床！Sudah pukul delapan, mengapa kamu belum bangun? | 这都什么时候了，你还说这些！Sudah selarut ini, mengapa kamu masih mengatakan hal-hal ini?

1 读 dú **baca**

【动词】［Verba（kata kerja）］① 发出声音念。Membaca dengan suara. ‖ 多读汉语课文是学习汉语的一种方法。Membaca teks bahasa Mandarin adalah salah satu cara belajar bahasa Mandarin. | 他大声地读着报纸上的那条新闻。Dia membaca berita itu dengan suara keras. | 这个词怎么读？Bagaimana cara membaca kata ini? | 我读得对吗？Saya membacanya dengan benar, kah? ② 看。Membaca. ‖ 我读过这本书，我觉得很好。Saya sudah membaca buku ini, menurutku bagus. | 爸爸早上喜欢读报纸。Ayah suka membaca koran di pagi hari.

1 读书 dú//shū **belajar; sekolah**

① 看书学习。Membaca buku; mempelajari. ‖ 读书是重要的事。Belajar adalah hal yang penting. | 教室里传来一阵阵读书声。Terdengar suara membaca di dalam kelas. | 他很喜欢读书,所以经常买很多书。Dia sangat suka membaca buku, jadi sering membeli banyak buku. ② 上学。Menempuh pendidikan. ‖ 我们要认真读书。Kita harus sekolah yang serius. | 我在第二中学读书。Saya sekolah di Sekolah Menengah Kedua. | 我在中国读过几年书。Saya belajar beberapa tahun di Tiongkok.

2 读音 dúyīn **pelafalan**

【名词】[Nomina (kata benda)] 字或词的发音。Pengucapan suatu aksara atau kata. ‖ 请教教我这个字的读音。Tolong ajari saya cara mengucapkan karakter ini. | 这个单词的读音很难。Pelafalan kata ini sangat sulit.

3 读者 dúzhě **pembaca**

【名词】[Nomina (kata benda)] 读某本书或报纸等的人。Seseorang yang membaca buku, surat kabar, dll. ‖ 我很喜欢您的书,是您的忠实读者。Saya sangat menyukai buku Anda, saya adalah pembaca setia Anda. | 我们写这个故事是想让读者们明白事情的真相。Kami menulis cerita ini agar para pembaca memahami kebenaran peristiwa tersebut. | 许多读者都认为这本书很好。Banyak pembaca menganggap buku ini bagus.

2 度 dù **batas; derajat**

【量词】[Kuantifier (kata pengukur)] 不能超过的范围。Rentang yang tidak boleh melampaui. ‖ 做什么事情都要有度。Setiap tindakan harus dilakukan dengan adanya batasan. | 开玩笑也要有个度,不能什么都说。Bercanda juga harus ada batasnya, jangan membahas semua hal.

【名词】[Nomina (kata benda)] 表示温度或角度的单位。Satuan untuk mengukur suhu atau sudut. ‖ 今天天气三十度。Cuaca hari ini 30 derajat. | 老师让我们画一个九十度的角。Guru meminta kita menggambar sudut 90 derajat. | 他身体的温度已经达到三十九度了,要马上吃药。Suhu tubuhnya sudah mencapai 39 derajat, dia harus segera minum obat.

2 短 duǎn **pendek; singkat**

【形容词】[Adjektiva (kata sifat)] 不长。Tidak panjang. ‖ 我的裙子变短了,

可能是因为我长高了。Rok saya menjadi lebih pendek, mungkin karena saya sudah tumbuh tinggi. | 他的铅笔长,我的铅笔比他的短。Pensilnya panjang, pensil saya lebih pendek dari miliknya. | 他不会离开很长时间,短时间里他就回来了。Dia tidak akan pergi lama, dia segera kembali dalam waktu singkat. | 电台里面经常播放一些短新闻。Radio sering memutar berita pendek.

3 **短处** duǎnchù **kekurangan; kelemahan**

【名词】[Nomina (kata benda)] 不好的地方。Kekurangan atau kelemahan. ‖ 每个人都有自己的长处,也有自己的短处。Setiap orang memiliki kelebihan dan kekurangannya sendiri. | 我的长处是画画,我的短处是我不会唱歌。Kelebihan saya adalah melukis, kekurangan saya adalah tidak bisa menyanyi. | 我们不能只看别人的短处。Kita tidak boleh hanya melihat kekurangan orang lain saja.

3 **短裤** duǎnkù **celana pendek**

【名词】[Nomina (kata benda)] 比较短的裤子。Celana pendek. ‖ 天气热了,人们开始穿短裤了。Ketika cuaca panas, orang mulai mengenakan celana pendek. | 他买了一条新短裤。Dia membeli celana pendek baru.

3 **短期** duǎnqī **jangka pendek**

【名词】[Nomina (kata benda)] 不长的一段时间。Jangka waktu yang singkat. ‖ 他要参加学校组织的短期学习活动。Dia akan mengikuti kegiatan belajar jangka pendek yang diselenggarakan oleh sekolah. | 短期的努力不一定能成功。Upaya jangka pendek tidak selalu berhasil. | 有的菜只能短期保存,时间长了就不好吃了。Beberapa hidangan hanya dapat disimpan dalam waktu singkat, jika terlalu lama, rasanya tidak enak lagi.

2 **短信** duǎnxìn **pesan singkat**

【名词】[Nomina (kata benda)] 用手机发给别人的信息。Pesan yang dikirim melalui ponsel. ‖ 你昨天看到我发给你的短信了吗? Apakah kamu melihat pesan singkat yang saya kirimkan kepadamu kemarin? | 我手机上收到他传来的短信。Saya menerima pesan singkat darinya di ponsel saya. | 如果打电话不方便,我们可以先发短信联系别人。Jika tidak memungkinkan untuk menelepon, kita dapat saling berkomunikasi dengan orang lain melalui pesan singkat.

2 **段** duàn **bagian; potongan**

【量词】[Kuantifier (kata pengukur)] ① 表示长的东西中的几个部分的数量单

位。Satuan jumlah bagian dalam benda panjang. ‖ 老师把线分成了三段。Guru membagi benang menjadi tiga bagian. | 妈妈把菜分成三段，她不要最后一段。Ibu membagi sayuran menjadi tiga bagian, dia tidak mau bagian terakhirnya. ② 表示时间、比较长的文字、经验等的数量单位。Satuan jumlah waktu, teks yang agak panjang, atau pengalaman. ‖ 这么长一段时间，你都去哪玩了？Lama sekali, kemana saja kamu pergi bermain? | 这部小说只有短短几段文字。Novel ini hanya terdiri dari beberapa bagian teks yang pendek. | 我有一段国外工作的经历。Saya memiliki pengalaman kerja di luar negeri selama beberapa waktu.

3 **断** duàn **putus; patah**

【动词】［Verba (kata kerja)］① 停止做。Berhenti melakukannya. ‖ 我们两个断了联系。Kita berdua putus hubungan. | 这个村已经断了三天电了。Desa ini telah mengalami pemadaman listrik selama tiga hari. | 他们的关系很早就断干净了。Hubungan mereka telah terputus total sejak lama. ② 用工具把长的东西分成几个部分。Memotong sesuatu menjadi beberapa bagian dengan menggunakan alat. ‖ 大风把树吹断了。Angin kencang mematahkan pohon. | 我的铅笔断了。Pensilku patah. | 我的腿断了。Kakiku patah.

3 **队** duì **tim; regu; barisan**

【名词】［Nomina (kata benda)］① 按照一个标准组成的团体。Kelompok yang terbentuk berdasarkan standar tertentu. ‖ 他参加了学校的足球队。Dia bergabung dengan tim sepak bola sekolah. | 正在向我们走来的是中国队。Itu adalah tim Tiongkok yang sedang datang ke arah kami. ② 很多人或东西在一起一个一个排起来的团体。Sekelompok orang atau benda yang berdiri berjejer satu per satu. ‖ 很多老人在银行门口排队。Banyak orang tua mengantri di depan bank. | 小孩们一队一队地站好了，老师带领他们参观公园。Anak-anak berdiri satu per satu dengan rapi, guru memimpin mereka mengunjungi taman. | 车站前人们都在排着队等车。Orang-orang mengantri di depan halte untuk menunggu bus.

3 **队员** duìyuán **anggota tim**

【名词】［Nomina (kata benda)］队里的成员。Anggota dalam tim. ‖ 篮球队里又来了几名新队员。Beberapa anggota baru bergabung dengan tim basket kami. | 几场比赛后，队员们都很累。Para pemain merasa lelah setelah beberapa pertandingan. | 有一名队员今天不能来参加活动了。Ada satu anggota tim yang tidak bisa datang ke acara hari ini.

3 **队长** duìzhǎng **ketua tim；kapten**

【名词】［Nomina（kata benda）］在队里当领导的人。Seseorang yang menjadi pemimpin dalam tim. ‖ 我们队的队长是我们当中成绩最好的人。Kapten tim kami adalah orang yang memiliki prestasi terbaik di antara kami. ｜队长带领队员参加比赛。Kapten memimpin anggota tim dalam pertandingan.

1 **对** duì **benar；betul**

【形容词】［Adjektiva（kata sifat）］满足要求的，正确的，没有错的。Memenuhi persyaratan, benar, tanpa kesalahan. ‖ 你说得对，我们现在就去找老师吧！Benar katamu, mari kita temui guru sekarang! ｜你写的答案是对的。Jawabanmu itu benar. ｜ 你的想法不对，钱不是最重要的。Pendapatmu tidak benar, uang bukanlah yang terpenting.

2 **对** duì **terhadap**

【动词】［Verba（kata kerja）］① 朝着，向。Menghadap, mengarah ke. ‖ 我对着镜子看了又看。Saya melihat ke cermin. ｜ 他对着鹿开了一枪。Dia menembak ke arah rusa. ② 比较。Membandingkan. ‖ 考试结束后，同学们都在对答案。Setelah ujian, teman-teman saling membandingkan jawaban. ｜警察对了对两张纸上的字，发现是同一个人写的。Polisi memeriksa dengan membandingkan dua lembar kertas, dan menemukan bahwa itu ditulis oleh orang yang sama.

【介词】［Preposisi（kata depan）］表示动作、行为的对象。Objek dari tindakan atau perilaku. ‖ 汉语对我很重要。Bahasa Mandarin penting bagi saya. ｜我对这件事知道得不多。Saya tahu sedikit tentang masalah ini. ｜他笑着对大家说他得了第一名。Dia tersenyum kepada kita dan mengatakan bahwa dia meraih peringkat pertama.

1 **对不起** duìbuqǐ **maaf**

【动词】［Verba（kata kerja）］当自己不能满足对方要求或者让对方不高兴时说的话。Kata yang diucapkan ketika tidak dapat memenuhi permintaan seseorang atau membuat orang lain tidak senang. ‖ 对不起，我没认出是你。Maaf, aku tidak mengenalimu. ｜对不起大家，我迟到了。Maaf semuanya, saya terlambat. ｜我没有做过对不起朋友的事情。Saya tidak pernah melakukan hal yang menyebabkan teman tidak senang.

D

3 **对待** duìdài **memperlakukan**

【动词】[Verba (kata kerja)] 用某种方式或态度处理事情。Memperlakukan sesuatu dengan cara atau sikap tertentu. ‖ 他们对待我就像家人一样。Mereka memperlakukan saya seperti keluarga. | 我们要正确对待这个问题。Kita harus memperlakukan masalah ini dengan benar. | 学习上的问题必须认真对待。Masalah pembelajaran harus diperlakukan dengan serius.

3 **对方** duìfāng **pihak kedua**

【名词】[Nomina (kata benda)] 两个人中的另一个。Seseorang dalam pasangan atau kelompok. ‖ 有人打电话给我,可我不知道对方是谁。Ada seseorang yang menelepon saya, tapi saya tidak tahu siapa yang menelepon. | 他摔碎了同学的杯子,可对方没有生气。Dia memecahkan gelas temannya, tapi temannya tidak marah. | 对方表示想和我们合作。Pihak lain menyatakan ingin bekerja sama dengan kami.

2 **对话** duìhuà **percakapan**

【动词】[Verba (kata kerja)] 和某人进行谈话。Berbicara dengan seseorang. ‖ 我们要求和经理对话。Kami meminta berbicara dengan manajer. | 人和人之间要多对话,才能了解对方。Manusia perlu berbicara satu sama lain untuk saling mengenal. | 关于工资的问题他要求和经理直接对话。Dia ingin berbincang langsung dengan manajer terkait masalah gaji.

【名词】[Nomina (kata benda)] 人与人之间的谈话。Percakapan antara dua orang atau lebih. ‖ 这次对话非常成功,两家公司决定合作。Percakapan ini sangat sukses, kedua perusahaan memutuskan untuk bekerja sama. | 听对话,完成下面的题目。Dengarkan percakapan ini dan selesaikan soal di bawah ini. | 对话是解决问题的方法。Dialog adalah solusi untuk mengatasi masalah.

2 **对面** duìmiàn **seberang**

【名词】[Nomina (kata benda)] 事物或人对着的一边。Sisi yang berhadapan dengan sesuatu atau seseorang. ‖ 我家对面就是超市。Di seberang rumah saya ada supermarket. | 从对面走来一位老师。Seorang guru sedang berjalan mendekati kita dari seberang. | 对面那家饭馆的菜很好吃。Makanan di restoran di seberang sana sangat enak.

3 **对手** duìshǒu **lawan; pesaing**

【名词】[Nomina (kata benda)] 和自己比赛的人。Seseorang yang bersaing

dengan dirinya sendiri. ‖ 这次比赛,他的对手是他的同学。Dalam kompetisi ini, lawannya adalah teman sekelasnya. | 两家公司是对手,所以他们都来参加这次会议了。Dua perusahaan adalah pesaing, jadi keduanya datang untuk menghadiri pertemuan ini. | 他们两个是学习上的对手,生活中的朋友。Mereka adalah pesaing dalam belajar, tetapi teman dalam kehidupan sehari-hari.

3 **对象** duìxiàng **pihak kedua; target; pasangan**

【名词】[Nomina (kata benda)] ① 工作或学习的目标。Tujuan kerja atau belajar. ‖ 我们这次调查的对象是外国留学生。Sasaran penelitian kami adalah mahasiswa internasional. | 这家餐厅的服务对象是年轻女性。Pelanggan restoran ini adalah wanita muda. ② 指未来可能成为夫妻的人。Orang yang mungkin menjadi pasangan masa depan (sepasang suami istri). ‖ 她的对象是一名医生。Dia punya pasangan seorang dokter. | 她现在还没找对象。Dia belum menemukan pasangan.

3 **顿** dùn **satuan**

【量词】[Kuantifier (kata pengukur)] 表示吃饭、打人等动作发生次数的数量单位。Satuan jumlah kali melakukan makan, memukul, dll. ‖ 我想请你吃顿饭。Aku ingin mengajakmu makan. | 我们家每天要吃三顿饭。Keluarga kami makan tiga kali sehari. | 他很生气地把别人打了一顿。Dia sangat marah dan memukul orang lain.

1 **多** duō **banyak; berapa**

【形容词】[Adjektiva (kata sifat)] ① 人或东西的数量大。Jumlah orang atau benda yang banyak. ‖ 今天来看表演的人很多。Banyak orang datang untuk menonton pertunjukan hari ini. | 他在国外生活多年,已经习惯国外的生活。Dia telah tinggal di luar negeri selama bertahun-tahun dan sudah terbiasa dengan kehidupan di luar negeri. | 他还有很多工作没有做完。Dia masih memiliki banyak pekerjaan yang belum selesai. ② 数量超过一定的范围或标准。Jumlah melebihi batas atau standar tertentu. ‖ 这件衣服只要一百块钱,你多给了我一百。Baju ini hanya berharga 100 kuai (Yuan), kamu kelebihan bayar 100 (Yuan). | 我以为有十个人,就买了十块蛋糕,结果今天只来了九个人,我多买了一块。Saya mengira ada 10 orang, jadi saya membeli 10 potong kue, tetapi hari ini hanya ada 9 orang yang datang, jadi saya kebanyakan membeli sepotong.

【代词】[Pronomina (kata ganti)] 指长、短、范围等的问题。Merujuk pada

masalah panjang, pendek, rentang, dll. ‖ 你今年多大了? Berapa usiamu sekarang? | 他现在有多重? Berapa berat badannya sekarang? | 你们家房子有多大? Seberapa besar rumahmu?

2 **多** duō **banyak**

【副词】[Adverbia (kata keterangan)] 表示程度深,数量多。Menunjukkan tingkat atau jumlah yang dalam. ‖ 这风景多美呀! Pemandangan ini sangat indah! | 天冷了,你多穿点。Cuaca menjadi dingin, kenakan lebih banyak pakaian. | 多吃点,别客气。Makanlah lebih banyak, jangan segan-segan. | 不管汉语多难,他都努力学习。Tidak peduli betapa sulitnya bahasa Mandarin, dia tetap belajar dengan giat.

2 **多久** duōjiǔ **berapa lama**

【代词】[Pronomina (kata ganti)] 表示有多长时间。Menunjukkan jangka waktu yang berapa lama. ‖ 我们还要多久才能出发? Berapa lama lagi sebelum kita berangkat? | 我们多久没见面了? Berapa lama kita tidak bertemu? | 不管过了多久,她还是原来的样子。Tidak peduli berapa lama berlalu, dia tetap sama seperti dulu. | 不知道他多久才能到,我们谁都找不到他。Tidak tahu berapa lama dia akan tiba, kami semua tidak bisa menemukannya.

2 **多么** duōme **sangat; betapa**

【副词】[Adverbia (kata keterangan)] 很,表示程度深。Sangat, menunjukkan tingkat yang dalam. ‖ 他是多么好的人啊,他总是帮助别人。Dia adalah orang yang sangat baik, dia selalu membantu orang lain. | 她一个人把孩子养大,多不容易啊! Dia membesarkan anaknya sendirian, betapa tidak mudahnya! | 你知道这样做的后果有多么严重吗! Apakah kamu tahu seberapa seriusnya konsekuensi dari tindakan ini?

1 **多少** duōshǎo **berapa**

【代词】[Pronomina (kata ganti)] ① 问数量。Mengajukan pertanyaan tentang jumlah. ‖ 桌子上有多少本书? Ada berapa buku di atas meja? | 一斤苹果多少钱? Berapa harga satu kati (jin) apel? ② 表示数量。Menunjukkan jumlah. ‖ 来都来了,你多少得吃点。Sekarang kita semua sudah hadir, kamu mungkin harus makan sedikit. | 有多少人就准备多少椅子。Siapkan jumlah kursi yang sesuai dengan jumlah orang yang datang. | 他都找你了,多少帮他一下吧。Dia mencarimu, mungkin kamu bisa membantunya sedikit.

2 **多数** duōshù **banyak**

【名词】[Nomina (kata benda)] 数量多,数量超过一半。Jumlah yang banyak, melebihi setengah. ‖ 多数人都不同意这次行动。Mayoritas orang tidak setuju dengan tindakan ini. | 今天超市多数商品都很便宜。Kebanyakan barang di supermarket hari ini sangat murah. | 多数地区的经济都在高速发展。Ekonomi di sebagian besar wilayah sedang berkembang pesat.

2 **多云** duōyún **berawan**

【名词】[Nomina (kata benda)] 指云很多的天气。Cuaca dengan banyak awan. ‖ 今天看不到太阳,应该是多云天气吧。Hari ini tidak dapat melihat matahari, mungkin cuacanya berawan. | 今天多云,可能还会下小雨。Hari ini berawan, mungkin akan turun hujan. | 我不喜欢多云天气,因为这种天气让人想睡觉。Saya tidak suka cuaca berawan, karena membuat saya ingin tidur.

E

1 **饿** è **lapar**

【**形容词**】[Adjektiva (kata sifat)] 感觉没吃饱。Merasa tidak kenyang. ‖ 我中午没吃饭,现在觉得很饿。Saya tidak makan siang, sekarang saya merasa lapar. | 我肚子饿了。Perut saya lapar. | 我不是很饿,我们可以晚点吃饭。Saya tidak terlalu lapar, kita bisa makan nanti.

【**动词**】[Verba (kata kerja)] 使……饿。Menyebabkan seseorang menjadi lapar. ‖ 那时候穷,经常要饿肚子。Saat itu saya miskin, sering kali kelaparan. | 他饿了好几天,眼看着瘦了不少。Dia telah lapar selama beberapa hari, terlihat kurus banyak. | 我太饿了,什么时候能吃饭? Saya terlalu lapar, kapan kita bisa makan?

1 **儿子** érzi **anak laki-laki; putra**

【**名词**】[Nomina (kata benda)] 指爸爸妈妈生的男孩子。Merujuk pada anak laki-laki yang lahir dari ayah dan ibu. ‖ 他儿子今年六岁了。Anak laki-laki itu berusia 6 tahun tahun ini. | 这位老人家里有三个儿子。Orang tua itu memiliki 3 anak laki-laki. | 儿子有儿子的好,女儿有女儿的好。Anak laki-laki ada baiknya, begitu juga dengan anak perempuan.

2 **而且** érqiě **lagipula; dan juga**

【**连词**】[Konjungsi (kata penghubung)] 表示更进一步,更多方面,更深程度。Menunjukkan lebih lanjut, lebih banyak aspek, tingkat yang lebih dalam. ‖ 他不但不写作业,而且还经常上课迟到,老师非常生气。Dia tidak hanya tidak mengerjakan pekerjaan rumah, tetapi juga sering terlambat ke kelas, membuat guru sangat marah. | 她不但学习好,而且经常帮助同学。Dia tidak hanya pintar dalam belajar, tetapi juga sering membantu teman sekelas. | 她说你是为了你好,而且这件事你本来就做得不对。Dia mengatakan itu untuk kebaikanmu, dan selain itu, kamu sudah melakukan hal yang salah.

1 二 èr **dua**

【数词】［Numeralia（kata bilangan）］① 数字二。Angka 2. ‖ 三、二、一，开始！Tiga，dua，satu，mulai！｜我今年二十岁了。Saya berusia dua puluh tahun tahun ini.｜我花二十二块钱买了一本书。Saya membayar sebuah buku seharga dua puluh dua yuan. ② 第二。Yang kedua. ‖ 我今年已经大学二年级了。Saya sekarang sudah di tahun kedua di perguruan tinggi.｜班里一共有五个学习小组，他是第二组的。Di kelas，ada lima kelompok belajar，dia berada di kelompok kedua.｜星期二我要上汉语课。Pada hari Selasa，saya akan pergi ke kelas bahasa Mandarin.

F

2 **发** fā **kirim；meng-（muncul）**

【动词】［Verba（kata kerja）］① 把东西送出去。Mengirimkan sesuatu. ‖ 我发了很多短信给他，他都没有看。Saya mengirimkan banyak pesan singkat kepadanya, tapi dia tidak membacanya. | 老师把作业给同学们发下去了。Guru membagikan tugas kepada para murid. | 在中国，有的银行会给存钱的人发鸡蛋。Di Tiongkok, ada beberapa bank yang memberikan telur kepada orang yang menabung. ② 产生，出现。Menghasilkan, muncul. ‖ 我的白衬衣都有点发黄了。Kemejaku yang putih mulai menguning sedikit. | 他最近吃得太多了，都开始发胖了。Dia telah makan terlalu banyak akhir-akhir ini, sehingga menggemuk. ③ 钱变多。Meningkatkan jumlah uang. ‖ 他去城里打工，这两年他发了。Dia pergi bekerja di kota, dan selama dua tahun terakhir, dia telah menghasilkan uang. | 他靠自己的努力发家了。Dia berhasil membangun kekayaan melalui usahanya sendiri.

3 **发表** fābiǎo **menyatakan**

【动词】［Verba（kata kerja）］① 表达自己对某件事的看法、观点。Menyatakan pendapat atau pandangan seseorang tentang sesuatu. ‖ 请大家对这次比赛安排发表一下自己的观点。Mohon berikan pandangan kalian tentang pengaturan kompetisi ini. | 一些专家在电视上发表了对社会发展的看法。Beberapa ahli telah menyampaikan pandangan mereka tentang perkembangan sosial di televisi. ② 在报纸等媒体上发文章。Mempublikasikan artikel di surat kabar atau media lainnya. ‖ 他在报纸上发表了经济发展的文章。Dia telah mempublikasikan artikel tentang perkembangan ekonomi di surat kabar. | 她的文章写得很好，曾经被多次发表在杂志上。Tulisannya sangat bagus dan telah diterbitkan beberapa kali di majalah.

3 **发出** fāchū **mengeluarkan**

【动词】［Verba（kata kerja）］传到外面，让别人听到或看到。Mengirimkan atau

membuat sesuatu terdengar atau terlihat oleh orang lain. ‖ 电视发出奇怪的声音，可能是哪里出问题了。Televisi mengeluarkan suara aneh, mungkin ada masalah di sana. | 我发出的文件他还没看。Dia belum membaca file yang saya kirimkan. | 他向我们发出信号，我们才知道他在哪。Dia memberikan isyarat kepada kami, dan kami tahu di mana dia berada.

3 **发达** fādá **maju**

【形容词】［Adjektiva（kata sifat）］发展水平很高的，情况很好的。Tingkat perkembangan yang tinggi, situasi yang baik. ‖ 这个城市交通发达。Kota ini memiliki sistem transportasi yang maju. | 有的国家是发达国家，有的国家是发展中国家。Beberapa negara adalah negara maju, sementara yang lain adalah negara berkembang. | 他的运动能力很发达。Kemampuan atletiknya sangat baik.

F

3 **发动** fādòng **menggerakkan**

【动词】［Verba（kata kerja）］① 让机器开始工作。Memulai mesin. ‖ 汽车发动了，我们出发了。Mobil telah dinyalakan, kita bisa berangkat sekarang. | 工厂开始上班了，从工厂里传来机器发动的声音。Pabrik telah memulai hari kerja, dan suara mesin terdengar dari pabrik. ② 带动更多人一起做。Mendorong orang lain untuk melakukan sesuatu bersama. ‖ 他发动同学们积极参加运动会。Dia mendorong teman-teman sekelasnya untuk berpartisipasi aktif dalam acara olahraga. | 我们要发动更多的人一起保护大自然。Kita harus mendorong lebih banyak orang untuk melindungi alam.

3 **发明** fāmíng **menciptakan**

【动词】［Verba（kata kerja）］某人创造出以前世界上没有的东西。Menciptakan sesuatu yang sebelumnya tidak ada di dunia. ‖ 你知道灯是谁发明的吗？Apakah kamu tahu siapa yang menciptakan lampu? | 他发明过很多工具。Dia telah menciptakan banyak alat. | 纸是中国人发明的。Kertas diciptakan oleh orang Tiongkok.

【名词】［Nomina（kata benda）］创造出来的东西。Hal yang diciptakan. ‖ 很多发明给人们的生活带来了方便。Banyak penemuan membawa kemudahan dalam kehidupan kita. | 中国有四大发明。Tiongkok memiliki empat penemuan besar. | 手机是现在人们使用最多的发明。Ponsel adalah penemuan yang paling banyak digunakan saat ini.

3 发生 fāshēng **terjadi**

【动词】[Verba (kata kerja)] 出现新的情况或事情。Munculnya situasi atau peristiwa baru. ‖ 我们的生活发生了很多新的变化。Kehidupan kita telah mengalami banyak perubahan baru. | 不知道他们两个发生了什么,现在他们都不和对方说话了。Tidak tahu apa yang terjadi pada mereka berdua, sekarang mereka tidak berbicara satu sama lain. | 这里昨天发生了交通事故。Kemarin terjadi kecelakaan lalu lintas di sini.

3 发送 fāsòng **mengirim**

【动词】[Verba (kata kerja)] 发出某物送到某地。Mengirimkan sesuatu ke tempat tujuan. ‖ 我给他发送了一封电子邮件。Saya mengirimkan email kepadanya. | 这条短信没有成功发送。Pesan singkat ini tidak berhasil dikirimkan. | 发送信号的机器坏了。Mesin pengirim sinyal ini rusak.

2 发现 fāxiàn **menyadari**

【动词】[Verba (kata kerja)] 找到,看出来。Menemukan, menyadari. ‖ 我发现她不高兴了。Saya menemukan bahwa dia sedang tidak senang. | 大家发现他今天没来上课。Semua orang menemukan bahwa dia tidak hadir di kelas hari ini. | 工程师发现图上有问题。Insinyur menemukan masalah dalam gambar.

【名词】[Nomina (kata benda)] 找到原先人们不知道的自然现象。Penemuan fenomena alam yang sebelumnya tidak diketahui oleh manusia. ‖ 这是科学上的一个重要发现。Ini adalah penemuan penting dalam bidang ilmu pengetahuan. | 这个发现对人们的生活有很大影响。Penemuan ini memiliki pengaruh besar pada kehidupan manusia.

3 发言 fāyán **pidato**

【动词】[Verba (kata kerja)] 发表自己的意见。Menyampaikan pendapat sendiri. ‖ 同学在课堂上都积极发言,老师很高兴。Para siswa berbicara aktif dalam kelas, guru senang. | 请每位代表上台发言。Silakan setiap perwakilan berbicara di depan. | 他不爱说话,所以上课也很少发言。Dia tidak suka berbicara, jadi dia jarang berbicara dalam kelas.

【名词】[Nomina (kata benda)] 发表的意见,关于某个问题说的话。Pendapat yang disampaikan, kata-kata yang dikatakan tentang suatu masalah. ‖ 他正在准备明天的发言。Dia sedang mempersiapkan pidatonya untuk besok. | 他的发言感

动了很多人。Pidatonya membuat banyak orang terharu. | 领导的发言很重要。Pidato dari pemimpin sangat penting.

3 **发展** fāzhǎn **berkembang**

【动词】[Verba (kata kerja)] 事情或情况按照一定方向变化。Perubahan suatu hal atau situasi sesuai dengan arah tertentu. ‖ 事情发展成今天这样，我有很大的责任。Situasi ini telah berkembang menjadi seperti ini, saya memiliki tanggung jawab yang besar. | 我们国家的经济正在高速发展。Ekonomi negara kita sedang berkembang pesat. | 你们两个人的关系发展得怎么样了? Bagaimana perkembangan hubunganmu berdua?

【名词】[Nomina (kata benda)] 事情或情况的变化过程。Proses perubahan suatu hal atau situasi. ‖ 国家的发展离不开每个人的努力。Pengembangan negara tidak dapat lepas dari upaya setiap individu. | 这个城市发展主要靠工业。Kota ini berkembang terutama melalui industri. | 学习对个人发展有很多好处。Belajar memiliki banyak manfaat bagi perkembangan pribadi.

3 **反对** fǎnduì **menolak; tidak setuju**

【动词】[Verba (kata kerja)] 不同意。Tidak setuju. ‖ 我反对你的观点。Saya tidak setuju dengan pendapatmu. | 我没什么想法，我不反对。Saya tidak punya pendapat, saya tidak menentang. | 工人反对长时间加班。Para pekerja menentang lembur yang berkepanjangan.

3 **反复** fǎnfù **berulang**

【副词】[Adverbia (kata keterangan)] 一次又一次地；多次地。Berulang kali; berulang kali. ‖ 老师反复强调上课不能吃东西。Guru secara berulang-ulang menekankan bahwa makan tidak boleh dilakukan selama pelajaran. | 他反复修改小说。Dia terus-menerus mengubah novelnya. | 我们反复讨论过这个问题，可一直都没有得出结果。Kami telah membahas masalah ini berulang kali, tetapi tidak ada hasil yang diperoleh.

【名词】[Nomina (kata benda)] 多次出现的情况。Keadaan yang berulang kali terjadi. ‖ 他的病总是反复。Penyakitnya terus berulang. | 这样的事情以后不要反复。Jangan mengulangi hal seperti itu di masa depan.

3 **反应** fǎnyìng **respon; reaksi**

【动词】[Verba (kata kerja)] 受到影响做出动作。Merasakan pengaruh dan

melakukan tindakan. ‖ 我还没反应过来，他就从我旁边跑过去了。Saya belum merespon, dia sudah berlari melewati saya. | 他反应很快，一把抓住了快要掉下去的杯子。Dia bereaksi dengan cepat, menangkap cangkir yang hampir jatuh.
【名词】［Nomina (kata benda)］受到印象产生的动作或感觉。Tindakan atau perasaan yang muncul sebagai tanggapan. ‖ 他听了你说的话之后有什么反应？Apa reaksi Anda setelah mendengarkan kata-kata yang dikatakannya? | 观众们都笑出了声，只有他没什么反应。Para penonton tertawa, hanya dia yang tidak bereaksi. | 你吃了药后有没有反应？Apakah Anda merasakan efek setelah mengonsumsi obat?

F

3 **反正** fǎnzhèng **bagaimanapun**
【副词】［Adverbia (kata keterangan)］不管什么情况，结果都不会改变。Tidak peduli dengan situasi apa pun, hasilnya tidak akan berubah. ‖ 反正他已经做了决定，你说什么他都不会同意的。Bagaimanapun, dia sudah membuat keputusan, dia tidak akan setuju dengan apa yang Anda katakan. | 谁想去谁就去，反正我不想去。Siapa pun yang ingin pergi, pergilah, saya tidak ingin pergi. | 不管你怎么说，反正我觉得自己没有错。Tidak peduli apa yang Anda katakan, bagaimanapun, saya merasa tidak salah.

1 **饭** fàn **nasi; makanan**
【名词】［Nomina (kata benda)］吃的食物。Makanan. ‖ 妈妈正在做饭。Ibu sedang memasak makanan. | 今天的饭我觉得很不错。Saya merasa makanan hari ini sangat enak. | 他今天只吃了一顿饭，他现在要饿坏了。Dia hanya makan satu porsi makanan hari ini, sekarang dia akan sangat lapar.

1 **饭店** fàndiàn **restoran**
【名词】［Nomina (kata benda)］可以点菜吃饭的地方。Tempat di mana Anda dapat memesan dan makan makanan. ‖ 我们家小区附近有很多饭店。Di dekat kompleks perumahan kami ada banyak restoran. | 我知道有一家饭店很不错。Saya tahu satu restoran yang sangat bagus. | 这家高级饭店很少有人去，因为太贵了。Restoran mewah ini jarang dikunjungi karena harganya terlalu mahal.

2 **饭馆** fànguǎn **depot**
【名词】［Nomina (kata benda)］比较小的饭店。Restoran yang lebih kecil. ‖ 我是开饭馆的。Saya memiliki restoran. | 门口那家饭馆很热闹。Restoran di

depan sangat ramai. | 这家饭馆的菜好吃又便宜。Makanan di restoran ini enak dan murah.

3 范围 fànwéi **lingkup**

【名词】[Nomina (kata benda)] 指在某个方面的度。Rentang dalam aspek tertentu. ‖ 考试内容要在学生学过的知识范围内。Materi ujian harus dalam lingkup pengetahuan yang diajarkan kepada siswa. | 小孩只能在这个草地范围内活动。Anak-anak hanya dapat beraktivitas di area rumput ini. | 我们调查的范围是二十岁到三十岁的人。Lingkup penelitian kami adalah orang-orang berusia 20—30 tahun.

2 方便 fāngbiàn **mudah; sederhana; nyaman; leluasa**

【形容词】[Adjektiva (kata sifat)] 容易做的,没有麻烦的。Mudah dilakukan, tidak merepotkan. ‖ 用手机发短信比写信方便。Mengirim pesan singkat dengan ponsel lebih nyaman daripada menulis surat. | 我们家门口就有超市,买东西很方便。Di depan rumah kami ada supermarket, sangat nyaman untuk berbelanja. | 这个城市交通发达,去很多地方都很方便。Kota ini memiliki sistem transportasi yang maju, sehingga mudah pergi ke banyak tempat.

2 方便面 fāngbiànmiàn **mie instan**

【名词】[Nomina (kata benda)] 一种加入热水就可以吃的面。Mie instan yang bisa dimakan dengan menambahkan air panas. ‖ 他晚上太饿了,就吃了一碗方便面。Dia sangat lapar malam ini, jadi dia makan satu mangkuk mie instan. | 少吃点方便面,它对身体不好。Kurangi konsumsi mie instan, itu tidak baik untuk kesehatan. | 有的人喜欢在方便面里加一个鸡蛋。Beberapa orang suka menambahkan telur ke dalam mie instan.

2 方法 fāngfǎ **cara; metode**

【名词】[Nomina (kata benda)] 处理事情的办法。Metode dalam menangani sesuatu. ‖ 处理问题有很多方法。Ada banyak metode dalam menangani masalah. | 方法用对了,问题就很容易解决了。Dengan menggunakan metode yang tepat, masalah dapat dengan mudah dipecahkan.

2 方面 fāngmiàn **aspek**

【名词】[Nomina (kata benda)] 事情的某一部分。Salah satu aspek dari

sesuatu. ‖ 他各方面条件都很好。Dia memiliki kondisi yang baik dalam banyak hal. | 这次的工作一方面需要大家一起努力,另一方面我们也需要做出一个正确的工作计划。Pekerjaan kali ini membutuhkan upaya bersama dari semua orang, dan kami juga perlu membuat rencana kerja yang tepat. | 他有些方面还需要继续努力。Dia perlu terus meningkatkan dalam beberapa aspek.

3 **方式** fāngshì **cara；metode**

【名词】[Nomina (kata benda)] 处理事情的形式和方法。Bentuk dan metode dalam menangani sesuatu. ‖ 不同国家的人有不同的生活方式。Orang dari negara yang berbeda memiliki gaya hidup yang berbeda. | 我们说话要注意场合和方式。Kita harus memperhatikan kesopanan dan cara berbicara.

2 **方向** fāngxiàng **arah**

【名词】[Nomina (kata benda)] ① 指东、西、南、北等。Timur, barat, selatan, utara, dll. ‖ 我们应该朝哪个方向走才能到公园呢? Ke arah mana kita harus berjalan untuk mencapai taman? | 我们好像走错方向了。Sepertinya kita tersesat arah. ② 指做事的目标。Tujuan dalam melakukan sesuatu. ‖ 我们朝着正确的发展方向努力。Kita bekerja menuju perkembangan yang benar. | 现在的工作方向有点问题。Arah pekerjaan saat ini ada masalah sedikit. | 只要方向没问题,我们就一定会成功的。Selama arahnya benar, kita pasti akan berhasil.

3 **防** fáng **mencegah；menghalangi；melindungi**

【动词】[Verba (kata kerja)] 不让不好的事情发生或不让别的东西进来。Mencegah agar sesuatu yang buruk tidak terjadi atau menghalangi sesuatu masuk. ‖ 他的衣服能防水,下雨也没事。Pakaian ini tahan air, tidak apa-apa saat hujan. | 不知道为什么,他总是防着我,什么也不和我说。Entah mengapa, dia selalu curiga terhadapku, tidak mengatakan apa pun padaku. | 在家要注意防火。Waspadai kebakaran ketika berada di rumah.

3 **防止** fángzhǐ **antisipasi**

【动词】[Verba (kata kerja)] 做好准备,不让不好的事情发生。Mempersiapkan diri agar sesuatu yang buruk tidak terjadi. ‖ 为了防止有人破坏草地,公园安排了保安看着。Untuk mencegah orang merusak lapangan, taman telah mengatur petugas keamanan. | 在外面吃饭要注意防止浪费。Saat makan di luar perlu memperhatikan untuk mencegah pemborosan. | 他经常运动,这样可以防止自己

F

容易生病。Dia sering berolahraga untuk mencegah dirinya mudah sakit.

3 **房东** fángdōng **tuan tanah**

【名词】［Nomina（kata benda）］出租房屋的人；出租的房屋的主人。Orang yang menyewakan rumah; pemilik rumah yang disewakan. ‖ 这间房子的房东是个有爱心的人。Pemilik rumah ini adalah orang yang penyayang. | 他是这间房子的房东。Dia adalah pemilik rumah ini. | 房东说下个月的房租可以晚点给他。Pemilik rumah mengatakan bahwa sewa bulan depan dapat dibayarkan nanti.

1 **房间** fángjiān **ruangan; kamar**

【名词】［Nomina（kata benda）］一套房子里的一部分。Sebuah bagian dalam satu set rumah. ‖ 这栋楼里一共有四百个房间。Gedung ini memiliki total 400 kamar. | 中间这个是我的房间。Kamar di tengah adalah milikku. | 她的房间又干净又漂亮。Kamarnya bersih dan indah. | 我忘记关房间的窗户了。Saya lupa menutup jendela di kamar.

3 **房屋** fángwū **rumah**

【名词】［Nomina（kata benda）］房子。Rumah. ‖ 这间房屋已经很旧了。Rumah ini sudah sangat tua. | 我想要买一套房子，房屋面积要大一点的。Saya ingin membeli rumah yang ukurannya agak besar.

1 **房子** fángzi **rumah**

【名词】［Nomina（kata benda）］人用来住的地方。Tempat tinggal bagi manusia. ‖ 这里很热闹，很多人在这里买房子。Tempat ini sangat ramai, banyak orang membeli rumah di sini. | 他想租房子。Dia ingin menyewa rumah. | 他是个有钱人，光房子他就有三套。Dia adalah orang kaya, dia memiliki tiga rumah. | 现在买一套房子太贵了，很多年轻人买不起。Membeli rumah sekarang terlalu mahal, banyak orang muda tidak mampu.

3 **房租** fángzū **biaya sewa rumah**

【名词】［Nomina（kata benda）］租房子要付的钱。Uang yang harus dibayarkan saat menyewa rumah. ‖ 请问这个房子一年房租多少钱？Berapa biaya sewa rumah ini per tahun? | 我想去打工，我的房租太贵了，我需要更多的钱。Saya ingin bekerja paruh waktu, sewa rumah saya terlalu mahal, saya butuh lebih banyak uang. | 他靠收房租生活。Dia hidup dari uang sewa.

[3] **访问** fǎngwèn **kunjung; mengunjungi**

【动词】[Verba (kata kerja)] 有目的地去一个地方进行交流。Mengunjungi suatu tempat dengan tujuan berinteraksi. ‖ 代表团已经访问了很多个国家。Delegasi telah mengunjungi banyak negara. | 我们昨天去访问了一位老教师,他给我们讲了很多经验。Kemarin kami pergi mengunjungi seorang guru tua, dia berbagi banyak pengalamannya.

F

[1] **放** fàng **taruh; letak; lepas**

【动词】[Verba (kata kerja)] ① 让某物出现在某地。Meletakkan sesuatu di suatu tempat. ‖ 请把书放在桌子上。Tolong letakkan buku itu di atas meja. | 我放在房间里的衣服不见了。Pakaianku yang aku letakkan di kamar hilang. | 我记得我在书包里放了一包面包。Saya ingat saya meletakkan sebungkus roti di dalam tas. ② 加进去。Menambahkan sesuatu. ‖ 这道菜有点淡,再放一些盐吧。Masakan ini agak hambar, tambahkan sedikit garam. | 我喜欢在咖啡里放一些糖。Saya suka menambahkan sedikit gula ke dalam kopi saya. | 麻烦您帮我加点汤,我还想再吃点别的东西。Tolong tambahkan sedikit sup, saya ingin makan sesuatu yang lain. ③ 不把某人某物关起来。Tidak menahan seseorang atau sesuatu. ‖ 放了那条鱼吧,它太小了。Biarkan ikan itu pergi, dia terlalu kecil. | 他抓到一只兔子,可最后还是放了兔子。Dia menangkap seekor kelinci, tapi akhirnya dia melepaskannya. | 警察放了他,因为根据调查他不是坏人。Polisi membebaskannya karena hasil penyelidikan menunjukkan bahwa dia bukan orang jahat. ④ 播放。Memutar. ‖ 放一首歌听听吧。Putar lagu. | 电影院现在放的是她最喜欢的电影。Saat ini bioskop memutar film favoritnya. | 老师又放了一遍录音。Guru memutar rekaman lagi. | 现在放的歌叫什么名字? Apa judul lagu yang sedang diputar sekarang?

[3] **放到** fàngdào **taruh di … / letak di …**

【短语】[frasa] 把某物放在某处。Meletakkan sesuatu di suatu tempat. ‖ 我把书放到了桌子上。Saya meletakkan buku itu di atas meja. | 你把东西放到房间里吧。Letakkan barang-barangmu di dalam kamar. | 你把笔记本放到哪里去了? Kamu meletakkan buku catatanmu di mana?

[1] **放假** fàng//jià **libur**

【动词】[Verba (kata kerja)] 在规定时间里不用去上学或上班。Tidak perlu

pergi ke sekolah atau bekerja pada waktu yang ditentukan. ‖ 我们下周就要放假了,这次我可以好好休息一周了。Kami akan libur minggu depan, kali ini saya bisa beristirahat dengan baik selama seminggu. | 这次放七天假,你准备去哪里玩? Kali ini libur selama 7 hari, apa rencanamu berlibur ke mana? | 听说这周不放假,大家都非常不高兴。Katanya tidak libur minggu ini, semua orang sangat tidak senang.

2 **放下** fàngxia **meletakkan; menaruh; melepaskan; melupakan**

【动词】[Verba (kata kerja)] ① 把东西放在合适的地方。Meletakkan sesuatu di tempat yang sesuai. ‖ 快把东西放下,进来吃饭吧。Segera letakkan barang-barangmu, mari makan. | 请大家放下手中的笔,考试结束了。Tolong letakkan pena di tanganmu, ujian sudah selesai. | 他一放下书包就跑去玩了。Begitu meletakkan tas bukunya, dia langsung pergi bermain. | 放下你手里的刀,这样很不安全。Letakkan pisau yang ada di tanganmu, itu tidak aman. ② 忘记。Melupakan. ‖ 放下过去的事吧,别不开心了。Lupakan masa lalu, jangan sedih lagi. | 他已经放下这段爱情了。Dia sudah melupakan cinta ini. ③ 短时间内不去做某事。Tidak melakukan sesuatu dalam jangka waktu yang singkat. ‖ 你应该放下工作,休息几天。Kamu harus meletakkan pekerjaanmu, beristirahat beberapa hari. | 虽然他病了,但是他也没有放下工作。Meskipun dia sakit, dia tidak melepaskan pekerjaannya.

2 **放心** fàng//xīn **tenang**

【动词】[Verba (kata kerja)] 不因为某些原因感到不安或想得很多。Tidak khawatir atau tidak memikirkan sesuatu karena alasan tertentu. ‖ 放心吧,他的病快好了。Jangan khawatir, penyakitnya hampir sembuh. | 他明天出国,他的父母很不放心。Orang tuanya sangat khawatir karena dia akan berangkat ke luar negeri besok. | 这事交给我你就放一百个心吧。Berikan padaku, jangan khawatir, aku akan menjaga anak-anakmu. | 他的电话没人接,真让人放心不下。Tidak ada yang menjawab panggilannya, dia benar-benar khawatir. | 你放心去吧,我会照顾好你的孩子们的。Jangan khawatir, pergilah, aku akan menjaga anak-anakmu.

1 **放学** fàng//xué **pulang sekolah**

【动词】[Verba (kata kerja)] 上完课离开学校。Meninggalkan sekolah setelah selesai pelajaran. ‖ 放学以后,我们一起去公园玩吧。Setelah pulang sekolah, mari kita pergi bermain ke taman. | 我早上八点上学,中午十一点放学。Saya masuk sekolah pukul delapan pagi, pulang sekolah pukul sebelas siang. | 他放了学以后还要去学画画。Setelah pulang sekolah, dia pergi belajar menggambar. | 每次都是她爸爸去接她放学。Setiap kali dia pulang sekolah, ayahnya selalu menjemputnya.

1 **飞** fēi **terbang**

【动词】[Verba (kata kerja)] 在天空中运动。Bergerak di udara. ‖ 两只鸟从树上飞走了。Dua burung terbang pergi dari pohon. | 教室里飞进一只小虫子。Ada serangga kecil terbang masuk ke dalam kelas. | 飞机已经飞了两个小时了。Pesawat terbang sudah beroperasi selama 2 jam.

1 **飞机** fēijī **pesawat terbang**

【名词】[Nomina (kata benda)] 在天空中飞的机器。Mesin yang terbang di udara. ‖ 我明天坐飞机去北京。Saya akan naik pesawat ke Beijing besok. | 飞机飞得真高呀。Pesawat terbang sangat tinggi. | 飞机票真贵呀,一张就要三千元。Tiket pesawat sangat mahal, satu tiketnya seharga 3 000 Yuan. | 飞机上装满了送去国外的食物。Pesawat terbang diisi dengan makanan yang dikirim ke luar negeri.

3 **飞行** fēixíng **terbang**

【动词】[Verba (kata kerja)] 飞。Terbang. ‖ 本次飞行需要三小时。Penerbangan ini membutuhkan waktu 3 jam. | 飞机正在飞行,请注意安全。Pesawat sedang terbang, harap perhatikan keselamatan. | 他从小就想开飞机。Dia selalu bermimpi untuk terbang sejak kecil.

1 **非常** fēicháng **sangat**

【副词】[Adverbia (kata keterangan)] 十分,很,表示程度深。Sangat, sangat menunjukkan tingkat yang mendalam. ‖ 他的汉语说得非常好。Kemampuan Bahasa Mandarin-nya sangat bagus. | 他非常努力地学汉语。Dia belajar Bahasa Mandarin dengan sangat rajin. | 书里的故事让读者非常感动。Cerita dalam buku itu sangat mengharukan bagi para pembaca. | 他妈妈生病了,他非常着急。Ibunya sakit, dia sangat khawatir.

3 **费** fèi **biaya**

【动词】[Verba (kata kerja)] 用。Menggunakan. ‖ 路那么远,走着去太费时

间了。Jarak yang jauh akan memakan banyak waktu. | 他费了很多工夫才做出这个发明。Dia bekerja keras untuk melakukan penemuan ini. | 我费了这么大力气帮他，他都不感动。Saya telah mengeluarkan banyak usaha untuk membantunya, dia tidak merasa terharu.

【名词】［Nomina（kata benda）］在某一方面花的钱。Uang yang dihabiskan dalam hal tertentu. ‖ 他应该交这个月的电费和水费了。Setiap bulan, kami memiliki banyak biaya yang harus dikeluarkan, seperti tagihan listrik dan air. | 有的高级饭店需要客人给小费。Biaya layanan mereka terlalu tinggi. | 这里的热水不收费。Perusahaan akan menanggung biaya perjalanannya ke luar kota kali ini.

3 费用 fèiyòng **biaya**

【名词】［Nomina（kata benda）］在某一方面花的钱。Uang yang dihabiskan dalam hal tertentu. ‖ 我们家每个月都有很多必须花的费用，比如电费、水费。Setiap bulan, kami memiliki banyak biaya yang harus dikeluarkan, seperti tagihan listrik dan air. | 他们的服务费用太高了。Biaya layanan mereka terlalu tinggi. | 公司会给他这次去外地工作的费用。Perusahaan akan menanggung biaya perjalanannya ke luar kota kali ini.

1 分 fēn **poin**

【名词】［Nomina（kata benda）］用数字表示的成绩。Nilai yang diwakili oleh angka. ‖ 我的答案是对的，但是这道题老师没给我分。Jawabanku benar, tapi guru tidak memberikan nilai padaku. | 他的分不高，上不了好大学。Nilainya rendah, dia tidak bisa masuk ke universitas yang bagus. | 这次比赛最高分是九十九分。Skor tertinggi dalam kompetisi ini adalah 99.

【量词】［Kuantifier（kata pengukur）］① 人民币的单位。Satuan mata uang RMB. ‖ 我们要节约每一分钱。Kita harus menghemat setiap fen. | 中国的钱有元、角、分。Mata uang di Tiongkok ada dalam yuan, jiao, dan fen. | 老板才给我便宜两分钱，下次不来买这家的水果了。Bos hanya memberiku diskon 2 fen, lain kali aku tidak akan membeli buah di tempat ini. ② 成绩的单位。Satuan nilai. ‖ 一百分。Seratus fen. | 你考了多少分？Berapa nilai yang kamu dapatkan? | 这道题我少得了五分。Saya kekurangan 5 poin dalam soal ini. ③ 时间单位。Satuan waktu. ‖ 一分就是六十秒。Satu menit sama dengan 60 detik. | 现在是下午两点三十分。Sekarang pukul 2：30 siang. | 时间一分一秒地过去了。Waktu terus berlalu per menit dan per detik.

2 **分** fēn **bagian**

【动词】[Verba (kata kerja)] ① 把一个变成多个。Membagi satu menjadi beberapa. ‖ 把这块蛋糕给大家分一分。Bagikan sepotong kue ini kepada semua orang. | 每两个人分为一组。Setiap dua orang membentuk satu kelompok. | 这次工作,我们分三步完成。Kami akan menyelesaikan pekerjaan ini dalam tiga langkah. | 他饿了,我分了一块面包给他。Dia lapar, saya berikan sepotong roti kepadanya. ② 安排。Mengatur. ‖ 学校把她分到了一班。Sekolah membaginya ke dalam satu kelas. | 他被分到大学当老师。Dia ditempatkan di universitas sebagai pengajar. | 我们被分到教室外去打扫卫生。Kami ditempatkan di luar kelas untuk membersihkan.

3 **分别** fēnbié **terdiri dari; terbagi menjadi**

【动词】[Verba (kata kerja)] 人和人不在一起。Terpisah antara satu orang dengan orang lain. ‖ 他下个月就不在中国了,我们马上要分别了。Dia akan pergi dari Tiongkok bulan depan, kita akan berpisah segera. | 今天是分别的日子,我们都不高兴。Hari ini adalah hari perpisahan, kita semua tidak senang. | 上次分别以后,我就没有再见过他。Setelah perpisahan terakhir, aku tidak pernah bertemu dengannya lagi.

【动词】[Verba (kata kerja)] 认出事物的不同。Mengenali perbedaan antara sesuatu. ‖ 他们长得太像了,很难分别。Mereka terlihat sangat mirip, sulit untuk membedakan. | 他分别不出红色和绿色,他一直很难过。Dia tidak bisa membedakan warna merah dan hijau, dia selalu merasa sedih. | 我们要分别对错和好坏,不能做不好的事情。Kita harus membedakan antara benar dan salah, dan tidak boleh melakukan hal yang buruk.

【副词】[Adverbia (kata keterangan)] 各自地,用不同的方式对待地。Masing-masing, dengan cara yang berbeda. ‖ 老师分别给了他们不同的礼物。Guru memberikan hadiah yang berbeda kepada mereka. | 上课了,同学们分别走进自己的教室。Sudah waktunya untuk masuk kelas, teman-teman pergi ke kelas mereka masing-masing.

2 **分开** fēn//kāi **pisah**

【动词】[Verba (kata kerja)] 不在一起。Tidak berada bersama-sama. ‖ 他们是多年的好朋友,谁也不能把他们分开。Mereka adalah teman baik selama bertahun-tahun, tidak ada yang bisa memisahkan mereka. | 请把这些书按名单分

开放好。Tolong pisahkan buku-buku ini dan simpan sesuai dengan daftar. | 他和女朋友的感情很好，他们已经分不开了。Hubungan dia dan pacarnya sangat baik, mereka tidak bisa dipisahkan lagi. | 我在两年前就和父母分开了。Saya telah berpisah dengan orang tua saya dua tahun yang lalu.

3 **分配** fēnpèi **bagi; distribusi**

【动词】[Verba (kata kerja)] 按照要求或标准把东西或人分好。Mengatur sesuatu atau orang dengan baik sesuai dengan persyaratan atau standar. ‖ 她被分配到大学当老师。Dia ditugaskan untuk menjadi guru di universitas. | 老师分配给每个人三本书。Guru membagikan tiga buku kepada setiap orang. | 班长会给每个人分配不同的工作。Ketua kelas akan membagikan tugas yang berbeda kepada setiap orang.

2 **分数** fēnshù **nilai**

【名词】[Nomina (kata benda)] ① 用数字表示的成绩。Nilai yang diwakili oleh angka. ‖ 网上可以看到考试的分数。Nilai ujian dapat dilihat secara daring. | 老师在每个人的试卷上写了分数。Guru menulis nilai pada setiap lembar jawaban. | 老师写错了他这次考试的分数。Guru salah menulis nilai ujian kali ini. ② 表示比例的数字。Angka yang mencerminkan proporsi. ‖ 数学老师今天教学生学分数的计算方法。Guru matematika mengajarkan cara menghitung pecahan kepada siswa. | 分数就是把一个整体分为几份，表示其中的一份或几份。Pecahan membagi keseluruhan menjadi beberapa bagian, dan mewakili salah satu atau beberapa bagian.

2 **分钟** fēnzhōng **menit**

【名词】[Nomina (kata benda)] 时间，一小时有六十分钟。Satuan waktu, satu jam terdiri dari 60 menit. ‖ 还有五分钟上课。Ada lima menit lagi sebelum masuk kelas. | 每一分钟对于病人来说都很重要。Setiap menit penting bagi pasien. | 他已经迟到很久了，我一分钟都不想等他了。Dia sudah terlambat cukup lama, aku tidak akan menunggunya lagi satu menit pun.

3 **分组** fēnzǔ **dibagi kelompok**

【动词】[Verba (kata kerja)] 把很多事物分成不同的组。Memisahkan banyak hal menjadi kelompok-kelompok yang berbeda. ‖ 请同学们分组讨论这个问题。Silakan siswa membagi kelompok untuk mendiskusikan masalah ini. | 这个

工作需要我们分组完成。Pekerjaan ini harus diselesaikan dengan bekerja dalam kelompok. | 请大家分组后，选出一个组长来。Setelah membagi kelompok, pilih satu ketua kelompok. | 现在很多老师喜欢让学生用分组合作的形式学习。Banyak guru sekarang suka membiarkan siswa belajar dalam bentuk kerja kelompok.

2 **份** fèn **porsi; bagian; set / paket**

【量词】［Kuantifier（kata pengukur）］① 表示整体中几个部分的数量单位。Menunjukkan jumlah bagian dalam keseluruhan. ‖ 他把饭分成了六份。Dia membagi makanan menjadi enam bagian. | 这好事怎么没有我的份儿？Mengapa saya tidak mendapatkan bagian dari hal baik ini? ② 报纸、文件、工作等的数量单位。Satuan untuk surat, dokumen, pekerjaan, dll. ‖ 他每天都要读一份报纸。Dia membaca surat harian. | 我手里还有几份文件没有发。Saya masih memiliki beberapa dokumen yang belum dikirim. | 我买了一份菜和一份饭。Saya membeli sayur dan satu porsi nasi.

1 **风** fēng **angin**

【名词】［Nomina（kata benda）］空气运动的现象。Pergerakan udara. ‖ 风把云吹走了。Angin mendorong awan pergi. | 今天的风很大，天气有点冷。Angin sangat kencang hari ini, cuaca sedikit dingin. | 一阵风 Sehembus angin.

3 **风险** fēngxiǎn **risiko**

【名词】［Nomina（kata benda）］有危险的事。Hal yang berbahaya. ‖ 今天天气不好，飞机起飞的风险太大了。Cuaca tidak baik hari ini, ada risiko terbangnya pesawat. | 我们还没做好计划就去行动，这样会有风险。Kita tidak boleh bertindak tanpa perencanaan yang baik, ini akan berisiko.

2 **封** fēng **satuan**

【量词】［Kuantifier（kata pengukur）］表示信等的数量单位。Menunjukkan jumlah surat, dll. ‖ 这里有几封你的信。Ini ada beberapa surat darimu. | 我给他写了封信。Saya menulis surat untuknya. | 他送了封信过来。Dia mengirimkan surat kepadaku.

3 **丰富** fēngfù **beragam; berlimpah; kaya**

【形容词】［Adjektiva（kata sifat）］种类和数量都很多。Beragam dan

melimpah. ‖ 他是一名老教师了，有丰富的教学经验。Dia adalah seorang guru tua dengan pengalaman mengajar yang beragam. | 今天桌子上的菜很丰富。Makanan di meja hari ini sangat beragam. | 网上有丰富的信息，可以看新闻，还可以听歌。Ada banyak informasi berlimpah di internet, bisa membaca berita dan mendengarkan musik.

3 **否定** fǒudìng **negasi; menolak; melawan**

【动词】[Verba (kata kerja)] 不认可。Tidak mengakui. ‖ 他否定了我的想法。Dia menolak pendapatku. | 他们的努力是不能被否定的。Upaya mereka tidak dapat ditolak.

【形容词】[Adjektiva (kata sifat)] 反对的，不对的。Melawan, tidak benar. ‖ 这是不能否定的事实。Ini adalah fakta yang tidak bisa ditolak. | 有人对这件事提出了否定意见。Seseorang menyampaikan pendapat negatif tentang masalah ini. | 他保留自己的否定态度。Dia mempertahankan sikap negatifnya sendiri.

3 **否认** fǒurèn **menyangkal**

【动词】[Verba (kata kerja)] 不认可某件事情。Tidak mengakui sesuatu. ‖ 他否认这件事是他做的。Dia menyangkal bahwa dia melakukan hal itu. | 我不否认你这样做是有道理的，但是这样做也会让别人难过。Saya tidak menyangkal bahwa apa yang kamu lakukan adalah masuk akal, tapi itu juga bisa membuat orang lain sedih. | 不能否认，他的想法很有道理。Tidak bisa disangkal, pendapatnya sangat masuk akal.

2 **服务** fúwù **melayani; pelayanan**

【动词】[Verba (kata kerja)] 为别人或国家做好的事情。Melakukan tindakan baik untuk orang lain atau negara. ‖ 他经常说要为人民服务。Dia sering mengatakan bahwa dia melayani rakyat. | 这家店的服务态度很不错。Sikap pelayanan toko ini sangat bagus. | 年轻人要用自己的力量为社会服务。Pemuda harus melayani masyarakat dengan usahanya sendiri.

3 **服装** fúzhuāng **pakaian**

【名词】[Nomina (kata benda)] 穿的东西。Pakaian. ‖ 我想开一家服装店。Saya ingin membuka toko pakaian. | 参加会议要穿正式服装。Saat menghadiri pertemuan, kita harus mengenakan pakaian resmi. | 她从事服装设计工作。Dia bekerja dalam desain pakaian.

F

[3] **福** fú **rejeki；untung**

【名词】［Nomina（kata benda）］一切让人感觉好的事情。Segala sesuatu yang membuat seseorang merasa baik. ‖ 父母健康是我最大的福。Kesehatan orang tua adalah keberuntungan terbesar bagi saya. ｜过年的时候，中国人会在门上贴"福"字。Ketika Tahun Baru Imlek, orang Tiongkok akan menempelkan aksara "fu" di pintu rumah. ｜你可真有福，两个孩子都长得这么好。Kamu sangat beruntung, kedua anakmu tumbuh dengan sangat baik.

[3] **父母** fùmǔ **ayah ibu；orang tua**

【名词】［Nomina（kata benda）］父亲和母亲。Ayah dan ibu. ‖ 他的父母去年去了国外生活。Orang tuanya pindah ke luar negeri tahun lalu. ｜父母都希望自己的孩子过得好。Orang tua semua ingin anak-anak mereka hidup dengan baik. ｜你父母身体怎么样？Bagaimana kondisi kesehatan orang tuamu？

[3] **父亲** fùqīn **ayah；ayahanda**

【名词】［Nomina（kata benda）］爸爸，比较正式的表达。Ayah, ekspresi yang lebih formal. ‖ 我父亲是一名老师，我也是一名老师。Ayahku adalah seorang guru, aku juga seorang guru. ｜父亲曾经送给我一台电脑。Ayah pernah memberiku sebuah komputer. ｜他是一位非常负责的父亲，他经常照顾孩子们。Dia adalah seorang ayah yang sangat bertanggung jawab, dia selalu menjaga anak-anaknya.

[3] **付** fù **bayar**

【动词】［Nomina（kata benda）］把钱交给对方。Memberikan uang kepada pihak lain. ‖ 公司每个月十五日付给工人工资。Perusahaan membayar gaji karyawan setiap tanggal 15. ｜他一次性付了三个月的房租。Dia membayar tiga bulan sewa sekaligus. ｜您好，我已经把钱付过去了。Halo, saya sudah mentransfer uang.

[3] **负责** fùzé **tanggung jawab**

【动词】［Verba（kata kerja）］做某方面的工作。Melakukan pekerjaan dalam bidang tertentu. ‖ 我负责公司的安全工作。Saya bertanggung jawab atas keamanan perusahaan. ｜班长负责这次比赛的组织工作。Ketua kelas bertanggung jawab atas organisasi kegiatan ini. ｜出了问题我来负责。Saya akan bertanggung jawab jika ada masalah.

【形容词】[Adjektiva (kata sifat)] 认真的;坚持自己责任的。Serius; bertanggung jawab terhadap tugasnya sendiri. ‖ 我们班班长是一个很负责的人。Ketua kelas kita adalah orang yang sangat bertanggung jawab. | 王老师对待学生认真负责。Guru Wang serius dan bertanggung jawab terhadap siswa. | 你这种行为太不负责了。Perilaku seperti itu sangat tidak bertanggung jawab.

2 复习 fùxí **mengulang materi pembelajaran**

【动词】[Verba (kata kerja)] 再学一次学过的知识。Mengulang kembali pengetahuan yang telah dipelajari. ‖ 快考试了,我得复习复习。Ujian sudah dekat, aku harus mengulang kembali. | 这个知识我们复习了很多次。Kita telah mengulang kembali materi ini beberapa kali. | 这节课我们要复习一下。Kita perlu mengulang pelajaran ini.

3 复印 fùyìn **fotokopi**

【动词】[Verba (kata kerja)] 用机器把原来的文件再打出来一次。Menggandakan salinan dokumen asli menggunakan mesin. ‖ 麻烦你把这个文件复印一下。Tolong fotokopi dokumen ini. | 办手续需要交身份证复印件。Untuk prosedur ini, diperlukan salinan fotokopi kartu identitas.

3 复杂 fùzá **rumit**

【形容词】[Adjektiva (kata sifat)] 多而乱的;不简单的。Banyak dan rumit; tidak sederhana. ‖ 现在的情况很复杂。Situasi saat ini sangat rumit. | 这个问题太复杂了,我不明白。Masalah ini terlalu rumit, saya tidak mengerti. | 这个句子不长,不太复杂。Kalimat ini tidak terlalu panjang, tidak terlalu rumit.

3 富 fù **kaya**

【形容词】[Adjektiva (kata sifat)] 钱很多的,生活得好的。Memiliki banyak uang; hidup dengan baik. ‖ 中国让越来越多村里的人富起来了。Tiongkok telah membuat lebih banyak orang di desa menjadi kaya. | 他没以前富了,生活也过得不好了。Dia tidak lagi kaya seperti sebelumnya, hidupnya juga tidak baik.

F

G

G

[2] 该 gāi **seharusnya**

【动词】[Verba（kata kerja）] ① 应该,按道理是这样的。Seharusnya, menurut prinsipnya. ‖ 这个时候,他该到了。Anda adalah tamu atau master, Anda harus memahami ini. | 该你做的事情,不能让别人来做。Apa yang harus Anda lakukan seharusnya tidak membiarkan orang lain melakukannya. ② 按照排队等方式应该到。Harus sampai sesuai dengan urutan antrian. ‖ 排了这么久该到我了吧。Setelah menunggu begitu lama, seharusnya giliran saya sekarang. | 该你发表意见了。Sudah saatnya kamu memberikan pendapatmu. | 昨天是他上夜班,今天该我了。Kemarin dia bekerja malam, hari ini giliran saya.

[2] 改 gǎi **ubah**

【动词】[Verba（kata kerja）] 以前的样子或状态发生变化,把错的变成对的。Mengubah kondisi atau keadaan sebelumnya, mengoreksi yang salah menjadi benar. ‖ 他的坏习惯已经都改了。Kebiasaan buruknya sudah berubah. | 老师让他把错题改了。Guru meminta dia mengubah jawaban yang salah. | 我的名字写错了,我改了一下。Namaku ditulis salah, aku mengubahnya.

[2] 改变 gǎibiàn **berubah; perubahan**

【动词】[Verba（kata kerja）] 原来的事情发生了变化。Terjadi perubahan dalam sesuatu yang sebelumnya. ‖ 这座城市的样子一直在不断改变。Tampilan kota ini terus berubah. | 听了我的话,他的态度改变了一点儿。Setelah mendengarkan perkataanku, sikapnya berubah sedikit. | 在他的带领下,工厂的生产方式发生了很大的变化。Di bawah bimbingannya, cara produksi pabrik mengalami perubahan yang besar.

【名词】[Nomina（kata benda）] 发生的变化。Perubahan yang terjadi. ‖ 他的改变太大了,我差点没有认出来他。Perubahannya sangat besar, hampir tidak bisa mengenalinya. | 最近村子里发生了一些改变。Ada beberapa perubahan yang terjadi di desa belakangan ini. | 公交车路线将会发生一些改变。Rute bus akan mengalami beberapa perubahan.

3 **改进** gǎijìn **revisi; improvisasi**

【动词】[Verba (kata kerja)] 把不好的变成好的。Mengubah yang buruk menjadi yang baik. ‖ 希望你改进自己的短处。Harap perbaiki kelemahanmu. | 工作计划上的内容需要改进。Konten dalam rencana kerja perlu diperbaiki. | 这家店的服务态度改进了不少,客人也越来越多了。Pelayanan di toko ini telah mengalami perbaikan yang cukup signifikan, jumlah pelanggan pun semakin banyak.

3 **改造** gǎizào **renovasi**

【动词】[Verba (kata kerja)] 把原来的东西改成适合现在需要的东西。Mengubah sesuatu yang ada menjadi sesuatu yang sesuai dengan kebutuhan saat ini. ‖ 他把房间改造成了工作室。Dia mengubah ruangan menjadi studio kerja. | 这台机器改造后变得更加好用了。Setelah dimodifikasi, mesin ini menjadi lebih baik dalam penggunaannya. | 学校要把这座旧楼改造成图书馆。Sekolah akan mengubah gedung tua ini menjadi perpustakaan.

3 **概念** gàiniàn **pemahaman**

【名词】[Nomina (kata benda)] 对事物的认识。Pemahaman tentang sesuatu. ‖ 他太小了,对爱情还没有什么概念。Dia terlalu kecil untuk memahami konsep cinta. | 这个概念太复杂了,我不懂。Konsep ini terlalu kompleks, saya tidak mengerti. | 我们对自己的工作要有一个基本的概念。Kita perlu memiliki pemahaman dasar tentang pekerjaan kita sendiri.

1 **干** gān **kering**

【形容词】[Adjektiva (kata sifat)] 没有水的,水很少的。Tidak ada air, sedikit air. ‖ 太阳把衣服晒干了。Pakaian dijemur sampai kering. | 北方的空气太干了,我要多喝点水。Udara di daerah utara sangat kering, aku harus minum lebih banyak air. | 他干吃了一些面条,没有喝汤。Dia hanya makan mie kering tanpa kuah.

2 **干杯** gān//bēi **bersulang**

【动词】[Verba (kata kerja)] 举起杯子,一起把酒喝完。Mengangkat gelas, minum sampai habis bersama-sama. ‖ 为我们的成功干杯! Untuk keberhasilan kita, mari kita bersulang! | 他只和我干了一杯酒。Dia hanya minum satu gelas bersamaku. | 我们一起干个杯吧。Mari kita angkat gelas bersama-sama. | 他一下干了好几杯。Dia langsung menenggak beberapa gelas.

1 **干净** gānjìng **bersih**

【形容词】[Adjektiva (kata sifat)] 没有脏东西的,卫生的。Tidak ada kotoran, bersih. ‖ 衣服洗干净了。Pakaian sudah dicuci bersih. | 你的房间太乱了,快把它弄干净。Kamarmu sangat berantakan, segerakan bersihkan. | 我把这件事都忘干净了。Aku lupa semuanya tentang masalah ini. | 请给我一双干净的鞋。Tolong berikan sepatu yang bersih. | 别在外面吃了,外面的菜都不干净。Jangan makan di luar, makanan di luar tidak bersih.

G

3 **赶** gǎn **mengejar; buru-buru; mengusir**

【动词】[Verba (kata kerja)] ① 加快速度做某事。Mempercepat melakukan sesuatu. ‖ 他明天早上七点要赶火车,他今天睡得很早。Dia harus mengejar kereta pagi besok, jadi dia tidur lebih awal hari ini. | 我们必须赶在老师之前到达教室。Kita harus tiba di kelas sebelum guru. | 他忘记写作业了,现在他在赶作业。Dia lupa mengerjakan tugas, sekarang dia sedang terburu-buru menyelesaikannya. ② 为了不落后,努力做。Untuk tidak tertinggal, berusaha keras melakukan sesuatu. ‖ 大家都赶着去外面玩。Semua orang sibuk pergi bermain. | 他跑得很快,眼看就要赶上前面那个人了。Dia berlari dengan cepat, hampir mengejar orang di depan. ③ 让……离开。Mengusir atau menjauhkan seseorang. ‖ 她生气地把我赶了出来。Dia marah dan mengusirku dari rumah. | 农民伯伯把鸡赶进院子里。Petani menggiring ayam masuk ke halaman. | 爸爸把坏人赶跑了。Ayah mengusir orang jahat.

3 **赶到** gǎndào **mengejar**

【动词】[Verba (kata kerja)] 在一定时间内努力到达。Berusaha untuk tiba dalam batas waktu tertentu. ‖ 他在上课之前赶到了教室。Dia tiba di kelas sebelum pelajaran dimulai. | 他们赶到车站的时候,车已经开走了。Mereka tiba di stasiun ketika kereta sudah pergi. | 你下午三点前能赶到吗? Apakah kamu bisa tiba sebelum jam tiga sore?

3 **赶紧** gǎnjǐn **cepat-cepat; buru-buru**

【副词】[Adverbia (kata keterangan)] 用最快的速度做。Melakukan sesuatu dengan kecepatan tercepat. ‖ 快要下雨了,你赶紧回家吧。Akan hujan sebentar lagi, segera pulang ke rumah. | 我得赶紧走了,我快赶不上下一班车了。Aku harus segera pergi, aku hampir tidak akan bisa mengejar bus berikutnya. | 老师一来,他就赶紧把手机收了起来。Ketika guru datang, dia segera menyembunyikan ponselnya.

3 **赶快** gǎnkuài **cepat-cepat; buru-buru**

【副词】[Adverbia (kata keterangan)] 加快速度做。Melakukan sesuatu dengan kecepatan tinggi. ‖ 下雨了,我们赶快跑回了教室。Hujan, kita segera berlari kembali ke kelas. | 赶快叫他过来,时间马上就要到了。Panggil dia segera, waktu sudah hampir habis. | 叫他赶快过来,老师找他。Panggil dia segera, guru mencarinya.

3 **敢** gǎn **berani**

【动词】[Verba (kata kerja)] 有把握做;不害怕做某事。Yakin untuk melakukan sesuatu; tidak takut melakukannya. ‖ 他这么小就敢一个人在家。Dia berani tinggal sendirian di rumah pada usia yang begitu muda. | 我不敢告诉他这件事。Aku tidak berani memberitahunya tentang hal ini. | 你敢保证他一定会来吗? Apakah kamu berani menjamin dia akan datang?

2 **感到** gǎndào **merasa**

【动词】[Verba (kata kerja)] 认识到;产生认识。Menyadari; merasakan. ‖ 你能来我家做客,我感到非常高兴。| 他总是在课上吃东西,老师对他这样的行为感到生气。Dia selalu makan selama pelajaran, itu membuat guru marah. | 她一个人走在没有光的路上,她感到非常不安。Dia berjalan sendirian di jalan yang gelap, dia merasa sangat tidak nyaman.

2 **感动** gǎndòng **terharu**

【形容词】[Adjektiva (kata sifat)] 动人的,心里产生不平常的好的变化的。Mengesankan; mengubah hati dengan perubahan yang baik. ‖ 他给了我很多帮助,我很感动。Dia telah memberiku banyak bantuan, aku sangat terharu. | 他这样的行为我不喜欢,一点都不觉得感动。Perilakunya tidak menyenangkan bagiku, sama sekali tidak membuatku terharu.

【动词】[Verba (kata kerja)] 让人觉得感动。Membuat seseorang merasa terharu. ‖ 这次的表演真让人感动。Pertunjukan ini benar-benar mengesankan. | 我们都被他的故事感动了。Kami semua terharu oleh ceritanya.

[2] **感觉** gǎnjué **merasa; perasaan**

【动词】[Verba (kata kerja)] 觉得,感到。Merasa; merasakan. ‖ 我感觉这次的考试有点难。Aku merasa ujian kali ini agak sulit. | 我感觉到他好像很高兴。Aku merasakan dia bahagia. | 他来到中国,感觉到中国人都很热情。Dia datang ke China dan merasakan kehangatan orang-orang China.

【名词】[Nomina (kata benda)] 在心里产生的反应。Reaksi yang terjadi di dalam hati. ‖ 你对这件事情有什么感觉? Apa perasaanmu tentang hal ini? | 我对她的感觉很难说明白。Perasaanku terhadapnya sulit untuk dijelaskan. | 每个人对中国菜都有不一样的感觉。Setiap orang memiliki perasaan yang berbeda terhadap masakan China.

G

[3] **感冒** gǎnmào **influenza; flu**

【名词】[Nomina (kata benda)] 一种常见的病。Sebuah penyakit umum. ‖ 他的感冒很快就好了。Pileknya sembuh dengan cepat. | 他只是得了普通的感冒,别担心。Dia hanya flu biasa, jangan khawatir.

【动词】[Verba (kata kerja)] 得了叫作感冒的病。Terkena penyakit yang disebut flu. ‖ 他昨天吹了冷风,今天就感冒了。Dia terkena angin dingin kemarin, hari ini dia flu. | 她身体不好,经常感冒。Karena tubuhnya lemah, dia sering flu. | 天气冷了很容易感冒,要多穿件衣服。Mudah terkena flu saat cuaca dingin, jadi harus memakai pakaian hangat.

[3] **感情** gǎnqíng **perasaan**

【名词】[Nomina (kata benda)] 受到影响后在心里产生的反应,对某人或某物的感觉。Respon yang timbul setelah terpengaruh, perasaan terhadap seseorang atau sesuatu. ‖ 他们认识了很多年,他们对对方已经有很深的感情了。Mereka telah saling mengenal selama bertahun-tahun, mereka memiliki perasaan yang sangat dalam satu sama lain. | 他有一段忘不掉的感情。Dia memiliki perasaan yang tak terlupakan tentang sesuatu. | 我对中国有很深的感情。Aku memiliki perasaan yang mendalam terhadap China.

[3] **感受** gǎnshòu **perasaan**

【名词】[Nomina (kata benda)] 产生的感觉。Perasaan yang muncul. ‖ 你读完这本书后都有哪些感受? Apa perasaanmu setelah membaca buku ini? | 再次见到他,我的心里有很多感受。Bertemu dengannya lagi, aku memiliki banyak perasaan. | 如果你一句话都不说,别人很难理解你的感受。Jika kamu tidak mengatakan sepatah kata pun, sulit bagi orang lain untuk memahami perasaanmu. 【动词】[Verba (kata kerja)] 受到影响而产生感觉。Merasakan pengaruh dan memiliki perasaan. ‖ 我在他的作品里感受到了他对生活的热爱。Aku merasakan semangatnya dalam karyanya. | 我想去感受一下村里的生活。Aku ingin merasakan kehidupan di desa. | 阳光充满了整个房间,让人感受到温暖。Ruangan ini dipenuhi cahaya matahari, memberikan perasaan hangat.

2 **感谢** gǎnxiè **bersyukur; berterimakasih**

【动词】[Verba (kata kerja)] 用语言或行动表示谢谢。Mengungkapkan rasa terima kasih dengan kata-kata atau tindakan. ‖ 非常感谢你对我的帮助。Terima kasih banyak atas bantuanmu. | 他打来电话向我表示感谢。Dia meneleponku untuk mengungkapkan rasa terima kasih. | 感谢老师在学习上对我们的帮助。Mengucapkan terima kasih kepada guru atas bantuannya dalam belajar.

1 **干** gàn **melakukan**

【动词】[Verba (kata kerja)] 做事情,做工作。Melakukan sesuatu, melakukan pekerjaan. ‖ 我还有一些工作没有干完。Masih ada beberapa pekerjaan yang belum selesai. | 我们还有很多事情要干,还不能休息。Kita masih memiliki banyak pekerjaan yang harus dikerjakan, tidak bisa istirahat. | 他说工资太低,他不想干了。Dia mengatakan gajinya terlalu rendah, dia tidak ingin bekerja lagi.

2 **干活儿** gàn//huór **bekerja**

【动词】[Verba (kata kerja)] 工作,做事情。Bekerja, melakukan pekerjaan. ‖ 秋天到了,他忙着在田地干活儿。Musim gugur tiba, dia sibuk bekerja di ladang. | 不干活儿就没有饭吃。Tidak akan mendapatkan makanan jika tidak bekerja. | 干了一天活儿,他感觉很累。Setelah seharian bekerja, dia merasa sangat lelah.

3 **干吗** gànmá **melakukan apa**

【代词】[Pronomina (kata ganti)] ① 做什么。Melakukan apa. ‖ 你昨天下午在家干吗? Kemarin sore kamu ada di rumah melakukan apa? | 他去图书馆干吗? Mengapa dia pergi ke perpustakaan? | 你找我干吗? Mengapa kamu mencari aku? | 你是干吗的? Kamu melakukan apa? ② 问原因或者目的。Menanyakan alasan atau tujuan. ‖ 你干吗不早点告诉我,我现在都不在家了。Mengapa kamu tidak memberitahuku sejak dulu, sekarang aku sudah tidak di rumah. | 这么好的

事情，你干吗不答应？Ini adalah peluang bagus，mengapa kamu menolaknya？| 你干吗要惹老师生气呢？Mengapa kamu membuat guru marah？

1 **干什么** gànshénme **melakukan apa**

【动词】［Verba（kata kerja）］① 做什么。Melakukan apa. ‖ 你在干什么？我想和你去图书馆。Kamu sedang melakukan apa？Aku ingin pergi ke perpustakaan denganmu. | 不管他干什么，都有人帮助他。Apapun yang dia lakukan，ada orang yang membantunya. | 你下个月放假想去干什么？Apa yang ingin kamu lakukan saat liburan bulan depan？② 问原因和目的。Menanyakan alasan atau tujuan. ‖ 你干什么要告诉他，这件事不能让他知道。Kenapa kamu memberitahunya，hal ini tidak boleh dia tahu. | 他干什么不来上课？Mengapa kamu menolak kesempatan bagus ini？

G

2 **刚** gāng **baru saja；barusan**

【副词】［Adverbia（kata keterangan）］① 表示动作发生的时间短。Menunjukkan waktu tindakan yang singkat. ‖ 我刚下班，我可能要晚一点儿到。Aku baru pulang dari kerja，mungkin aku akan terlambat. | 我刚买了一件新的白衬衫。Aku baru saja membeli baju putih ini. | 我刚吃饭，你可以等我一会儿吗？Aku baru saja makan，bisakah kamu menunggu sebentar？② 表示正好达到标准或要求。Menunjukkan mencapai standar atau persyaratan. ‖ 他今年刚满十八岁。Dia baru berusia 18 tahun. | 这里刚好有十把椅子。Meja ini tingginya pas，meja itu rendah. | 他这次成绩刚到六十分。Nilai dia baru mencapai 60 kali ini.

2 **刚才** gāngcái **baru saja；barusan**

【名词】［Nomina（kata benda）］动作发生前很多的时间。Banyak waktu sebelum tindakan terjadi. ‖ 他刚才从教室去了图书馆。Dia baru saja pergi dari kelas ke perpustakaan. | 刚才你在和谁说话？Sedang berbicara dengan siapa saja tadi？| 领导让他把刚才的话重复一次。Pimpinan memintanya mengulangi apa yang dikatakannya tadi.

2 **刚刚** gānggāng **baru saja；barusan**

【副词】［Adverbia（kata keterangan）］① 动作刚发生。Tindakan baru saja terjadi. ‖ 他刚刚去办公室了。Dia baru saja pergi ke kantor. | 刚刚他给你打过电话。Dia baru saja meneleponmu. | 刚刚有个人从我们家门口走过去了。Barusan ada orang yang lewat di depan rumah kita. ② 表示正好达到标准或要求。Menunjukkan mencapai standar atau persyaratan. ‖ 他刚刚才到，课很快就开

始了。Dia baru saja datang, pelajaran akan segera dimulai. | 他刚刚满十六岁，在中国。Dia baru saja berusia 16 tahun, di China.

1 **高** gāo **tinggi**

【形容词】[Adjektiva (kata sifat)] ① 从下到上离得远的。Jauh dari bawah ke atas. ‖ 他有一米八那么高。Dia tingginya 180 cm. | 这棵树高三米。Pohon ini tingginya 3 meter. | 飞机飞得很高。Pesawat terbang tinggi. ② 超出某个标准的。Melebihi standar tertentu. ‖ 我比他长得高。Aku lebih tinggi darinya. | 这张桌子高，那张桌子低。Meja ini tinggi, meja itu rendah. | 他的汉语水平很高。Kemampuan bahasa Mandarinnya sangat baik. | 我每个月的工资很高。Gajiku tinggi setiap bulannya.

G

2 **高级** gāojí **tingkat tinggi**

【形容词】[Adjektiva (kata sifat)] ① 最上面的一级。Tingkat tertinggi. ‖ 我现在学的是高级汉语。Aku belajar bahasa Mandarin yang tingkat tinggi sekarang. | 他最近通过考试取得了高级教师的职位。Dia baru saja lulus ujian dan mendapatkan posisi guru tingkat tinggi. | 他是第二高级中学的学生。Dia adalah siswa SMA teratas. ② 非常好的。Sangat baik. ‖ 明星穿的衣服都很高级。Pakaian yang dipakai selebriti biasanya sangat baik. | 我们明天去高级饭店吃饭，那里的菜很好吃。Kita akan makan di restoran mewah besok, makanannya sangat enak. | 他很有钱，用的东西都是非常高级的。Dia sangat kaya dan menggunakan barang-barang yang sangat mewah.

3 **高速** gāosù **kecepatan tinggi**

【形容词】[Adjektiva (kata sifat)] 非常快的速度。Kecepatan yang sangat tinggi. ‖ 中国的经济正在高速增长。Pertumbuhan ekonomi China sedang berlangsung dengan kecepatan tinggi. | 我们的社会正在高速发展。Masyarakat kita sedang berkembang dengan cepat.

3 **高速公路** gāosùgōnglù **jalan tol**

【名词】[Nomina (kata benda)] 汽车可以高速行驶的公路。Jalan raya di mana mobil dapat bergerak dengan kecepatan tinggi. ‖ 这是一条新修的高速公路。Ini adalah jalan raya baru yang dibangun. | 中国有很多高速公路，所以交通方便。China memiliki banyak jalan raya, sehingga transportasinya nyaman. | 从河北走高速公路能很快到北京。Menggunakan jalan raya cepat dari Hebei bisa tiba di Beijing dengan cepat.

1 **高兴** gāoxìng **senang; gembira; bahagia**

【形容词】[Adjektiva (kata sifat)] 让人感觉到开心的。Membuat seseorang merasa bahagia. ‖ 很高兴。Sangat senang. | 高兴的事。Hal yang menyenangkan. | 他不高兴,因为他丢了钱包。Dia tidak senang karena dompetnya hilang. | 告诉我发生什么事了? 让我也高兴高兴。Beritahu aku apa yang terjadi? Biar aku juga senang.

2 **高中** gāozhōng **sekolah menengah atas**

【名词】[Nomina (kata benda)] 高级中学,读完初中后要进入的学校。Sekolah menengah atas, sekolah setelah menyelesaikan sekolah menengah pertama. ‖ 他现在上高中,过几年就要上大学了。Dia sekarang bersekolah di SMA, beberapa tahun lagi dia akan masuk universitas. | 中国的高中要上三年。SMA di Tiongkok berlangsung selama tiga tahun. | 高中要学很难的知识,所以需要努力学习。SMA melibatkan belajar materi yang sulit, jadi perlu belajar dengan giat.

G

3 **告别** gàobié **berpisah; meninggalkan**

【动词】[Verba (kata kerja)] 分开,离开。Berpisah, meninggalkan. ‖ 他明天要去中国,所以他今天和朋友们告别。Dia mengucapkan selamat tinggal kepada teman-temannya hari ini karena dia akan pergi ke China. | 告别过去,明天又是新的一天。Tinggalkan masa lalu, besok adalah hari yang baru. | 告别家乡。Mengucapkan selamat tinggal kepada tanah air.

1 **告诉** gàosù **memberitahu**

【动词】[Verba (kata kerja)] 让别人知道某件事,把某个消息说给别人听。Memberitahu seseorang tentang sesuatu, mengatakan pesan kepada orang lain. ‖ 他告诉我他明天要去北京。Dia memberitahuku dia akan pergi ke Beijing besok. | 我很早就告诉你这个办法不行。Aku sudah memberitahumu bahwa metode ini tidak berhasil. | 这件事没有人告诉我,我不知道明天放假。Tidak ada yang memberitahuku tentang ini, aku tidak tahu kalau besok libur.

1 **哥哥/哥** gēge/gē **kakak laki-laki**

【名词】[Nomina (kata bend)] 比自己年纪大一点的男子。Pria yang lebih tua sedikit dari seseorang. ‖ 他比小明大一岁,所以他是小明的哥哥。Dia satu tahun lebih tua dari Xiaoming, jadi dia adalah kakak Xiaoming. | 这是我的哥哥。Ini adalah kakakku. | 这是我哥。Ini kakakku. | 哥,你快来。Kakak, cepatlah datang.

1 **歌** gē **lagu**

【名词】[Nomina (kata benda)] 用来唱的作品，音乐和文字组合成的作品。Karya yang digunakan untuk dinyanyikan, merupakan gabungan musik dan lirik. ‖ 一首歌。Satu lagu. | 让我为大家唱一首歌吧。Biarkan aku menyanyikan lagu untuk kalian semua. | 这首歌是他写的。Lagu ini ditulis olehnya.

3 **歌迷** gēmí **penggemar penyanyi**

【名词】[Nomina (kata benda)] 很喜欢某个歌手的人。Seseorang yang sangat menyukai seorang penyanyi. ‖ 他很喜欢这位歌手的歌，他是这位歌手的歌迷。Dia sangat menyukai lagu-lagu penyanyi ini, dia adalah seorang penggemar penyanyi tersebut. | 他的歌迷都来参加他的演唱会。Para penggemarnya hadir dalam konsernya.

3 **歌声** gēshēng **suara nyanyian**

【名词】[Nomina (kata benda)] 唱歌的声音。Suara bernyanyi. ‖ 他的歌声非常好听，所以他有很多歌迷。Suara nyanyiannya sangat merdu, sehingga dia memiliki banyak penggemar. | 我听到一阵歌声，不知道是谁在唱歌。Saya mendengar suara bernyanyi, tidak tahu siapa yang sedang menyanyi.

3 **歌手** gēshǒu **penyanyi**

【名词】[Nomina (kata benda)] 把唱歌当做工作的人。Seseorang yang menjadikan menyanyi sebagai pekerjaan. ‖ 他想成为一名歌手，所以他努力学习唱歌。Dia ingin menjadi seorang penyanyi, jadi dia belajar dengan giat menyanyi. | 这位歌手有很多有名的歌。Penyanyi ini memiliki lagu-lagu yang terkenal.

1 **个** gè **satuan**

【量词】[Kuantifier (kata pegukur)] 表示人或东西的数量单位。Menunjukkan jumlah orang atau benda. ‖ 一个苹果。Satu buah apel. | 一个人。Satu orang. | 一个月有四个星期。Satu bulan terdiri dari empat minggu. | 树上有几个果子？Ada berapa buah buah di pohon ini？

3 **个人** gèrén **individu; pribadi**

【名词】[Nomina (kata benda)] 一个人，自己。Satu orang, diri sendiri. ‖ 我个人对他表示感谢。Secara pribadi, saya mengucapkan terima kasih kepadanya. | 他学习好，还爱帮助别人，所以被选为优秀个人。Dia adalah siswa yang baik dan suka membantu orang lain, jadi dia terpilih sebagai individu yang unggul. | 大家都有个人的爱好，我喜欢唱歌，她喜欢爬山。Setiap orang memiliki hobi pribadi, saya suka bernyanyi, dia suka mendaki.

3 **个性** gèxìng **karakter; kepribadian**

【名词】[Nomina (kata benda)] 个人的性格或特点。Kepribadian atau karakteristik pribadi. ‖ 他是一个很有个性的人，从来不听别人的想法。Dia adalah orang yang sangat berkepribadian, tidak pernah mendengarkan pendapat orang lain. | 小明的个性很好，经常帮助同学。Xiaoming memiliki kepribadian yang baik, sering membantu teman sekelasnya. | 每个人的个性不同，有的人爱笑，有的人爱哭。Setiap orang memiliki kepribadian yang berbeda, ada yang suka tertawa, ada yang suka menangis.

2 **个子** gèzi **postur**

【名词】[Nomina (kata benda)] 人或动物的身高。Tinggi badan seseorang atau hewan. ‖ 她是个高个子的女生。Dia adalah gadis yang tinggi. | 我的个子比他高。Tinggi badanku lebih tinggi dari dia. | 前面那个大个子的男生是新来的学生。Laki-laki berpostur tinggi besar di depan adalah siswa baru.

3 **各** gè **setiap; masing-masing**

【代词】[Pronomina (kata ganti)] 多个中的每一个。Setiap orang dalam beberapa. ‖ 各部门请派代表发言。Setiap departemen harap mengirimkan perwakilan untuk berbicara. | 学校安排各班同学去电影院看电影。Sekolah mengatur siswa dari setiap kelas pergi menonton film di bioskop. | 过春节的时候，各家各户都要包饺子。Ketika merayakan Tahun Baru Imlek, setiap keluarga harus membuat jiaozi.

【副词】[Adverbia (kata keterangan)] 多个里面有不同地；要求每一个地。Adalah memiliki cara yang berbeda; meminta setiap orang dengan cara yang berbeda. ‖ 他们各有各的道理，谁都不想退一步。Mereka masing-masing memiliki argumen mereka sendiri dan tidak ingin mengalah. | 队员们都各有长处。Setiap anggota tim memiliki keunggulan masing-masing.

3 **各地** gèdì **setiap tempat**

【名词】[Nomina (kata benda)] 在范围当中的每个地方。Setiap tempat dalam jangkauan tertentu. ‖ 世界各地的人们都来中国旅游。Orang-orang dari berbagai belahan dunia datang ke Tiongkok untuk berwisata. | 全国各地的人们都一起看春节晚会。Orang-orang dari seluruh negeri menyaksikan acara malam Tahun Baru bersama-sama. | 各地都报道了这个新闻。Berita ini dilaporkan di seluruh negeri.

3 **各位** gèwèi **setiap orang**

【代词】［Pronomina（kata ganti）］在范围当中的每一位。Setiap orang dalam jangkauan tertentu. ‖ 各位同学，请大家保持安静。Para siswa, harap tetap tenang. | 欢迎各位参加本次比赛。Selamat datang semua untuk berpartisipasi dalam kompetisi ini. | 我代表所有同学向各位老师表示感谢。Saya mewakili semua siswa mengucapkan terima kasih kepada semua guru.

G

3 **各种** gèzhǒng **setiap jenis**

【代词】［Pronomina（kata ganti）］每个不同的种类。Setiap jenis yang berbeda. ‖ 因为各种原因，比赛不能按时进行了。Karena berbagai alasan, kompetisi tidak dapat dilakukan tepat waktu. | 老师采用各种教学方法来进行课堂教学。Guru menggunakan berbagai metode pengajaran dalam pengajaran kelas. 他很爱读书，他家里有各种我没有读过的书。Dia sangat suka membaca, dia memiliki berbagai macam buku yang belum pernah saya baca.

3 **各自** gèzì **setiap pribadi**

【代词】［Pronomina（kata ganti）］每个人自己。Setiap orang sendiri. ‖ 代表团成员各自发表了意见。Anggota delegasi masing-masing menyampaikan pendapat mereka. | 他们各自去想各自的办法了。Mereka masing-masing mencari cara mereka sendiri. | 大家把各自的工作做好。Semuanya menyelesaikan tugas mereka masing-masing.

1 **给** gěi **beri; kasih**

【介词】［Preposisi（kata depan）］放在表示名称的词前面，表示动作的对象。Ditempatkan sebelum kata yang menunjukkan nama untuk menunjukkan objek dari tindakan. ‖ 我给他打电话，他没有接。Aku memberinya telepon, tapi dia tidak mengangkatnya. | 我不知道发生什么事，他给我说了半天。Aku tidak tahu apa yang terjadi, dia memberitahuku selama setengah hari. | 今天是我的生日，他送给我一个礼物。Hari ini adalah ulang tahunku, dia memberiku hadiah.

【动词】［Verba（kata kerja）］让某人得到。Memberikan sesuatu kepada

seseorang. ‖ 我给了他一本书,他很高兴。Aku memberinya sebuah buku, dia sangat senang. | 请给我那件衣服。Tolong berikan aku baju itu. | 你没给我你的书包,我不知道你的书包在哪里。Kamu tidak memberiku tas sekolahmu, aku tidak tahu tas sekolahmu ada di mana.

1 跟 gēn **dengan**

【介词】[Preposisi (kata depan)] 表示动作或比较的对象。Menunjukkan objek dari tindakan atau perbandingan. ‖ 快跟我说说,你星期日去哪玩了? Cepat beritahu aku, kamu pergi ke mana pada hari Minggu? | 他汉语说得跟中国人一样好。Dia berbicara bahasa Mandarin dengan baik seperti orang Tiongkok. | 我跟他比个子,他比我高。Aku mengikuti ibuku ke supermarket untuk membeli bahan makanan.

【连词】[Konjungsi (kata penghubung)] 和。Dengan. ‖ 我跟朋友一起去北京玩。Aku pergi ke Beijing berlibur bersama teman-temanku. | 我收到书跟笔记本。Aku menerima buku dan pulpen. | 谁跟谁是一家人? Siapa dengan siapa adalah keluarga?

【动词】[Verba (kata kerja)] 一起行动。Bergerak bersama. ‖ 我跟着妈妈一起去超市买菜。Aku mengikuti ibuku ke supermarket untuk membeli makanan. | 只要你跟着我干,肯定能得到很多钱。Asalkan kamu mengikuti aku, kamu pasti bisa mendapatkan banyak uang. | 你跟我走,我带你去老师办公室。Kamu ikut denganku, aku akan membawamu ke kantor guru.

3 根本 gēnběn **sama sekali; krusial**

【副词】[Adverbia (kata keterangan)] 用在表示否定的句子里,表示完全。Digunakan dalam kalimat yang mengekspresikan penolakan, menunjukkan keadaan yang lengkap. ‖ 这根本就是态度不认真的表现。Ini benar-benar merupakan perilaku yang tidak serius. | 他根本不认为自己错了。Dia sama sekali tidak merasa salah. | 这事根本就和她没关系。Masalah ini tidak ada hubungannya sama sekali dengan dia.

【形容词】[Adjektiva (kata sifat)] 最重要的,影响最大的。Yang paling penting, yang paling berpengaruh. ‖ 他成绩不好的根本原因是他上课不认真听。Alasan utama dari kegagalannya adalah dia tidak mendengarkan dengan serius di kelas. | 这两个文件没有根本区别。Dua dokumen ini tidak ada perbedaan yang mendasar. | 和平相处是各国交往的根本方式。Hidup damai adalah cara

dasar dalam hubungan antarnegara.
【名词】[Nomina (kata benda)] 最基础的部分。Bagian yang paling dasar. ‖ 多练习是学好汉语的根本。Latihan yang lebih banyak adalah dasar untuk belajar bahasa Tionghoa dengan baik. | 创新是社会发展的根本。Inovasi adalah dasar dari perkembangan sosial. | 我们要从根本上解决学生找工作困难的问题。Kita harus memecahkan masalah kesulitan dalam mencari pekerjaan siswa dari dasar.

2 **更** gèng **lebih**
【副词】[Adverbia (kata keterangan)] 程度变深。Mendalamkan tingkat. ‖ 他跑得比以前更快了。Dia berlari lebih cepat dari sebelumnya. | 这家店的服务态度改进后有了更多的顾客。Pelayanan di toko ini meningkat setelah perbaikan. | 夏天到了,天气变得更热了。Saat musim panas tiba, cuaca menjadi lebih panas.

3 **更加** gèngjiā **lebih**
【副词】[Adverbia (kata keterangan)] 程度变深。Mendalamkan tingkat. ‖ 他更加努力地学习。Dia belajar dengan lebih giat. | 这座城市变得更加发达了。Kota ini menjadi lebih maju setelah perbaikan. | 喝牛奶可以让身体更加健康。Minum susu bisa membuat tubuh lebih sehat.

3 **工厂** gōngchǎng **pabrik**
【名词】[Nomina (kata benda)] 进行生产、加工的单位。Unit produksi dan pengolahan. ‖ 他开了一家工厂。Dia membuka sebuah pabrik. | 这座城市有很多个工厂。Kota ini memiliki banyak pabrik. | 他在一家工厂里面工作。Dia bekerja di sebuah pabrik.

3 **工程师** gōngchéngshī **insinyur**
【名词】[Nomina (kata benda)] 把专业设计当作工作的人。Seseorang yang menjadikan desain profesional sebagai pekerjaan. ‖ 他努力学习,他想成为一名高级工程师。Dia belajar dengan giat, dia ingin menjadi seorang insinyur senior. | 工程师正在画图。Insinyur sedang menggambar. | 路边那座大楼是一位很有名的工程师设计的。Gedung besar di pinggir jalan itu dirancang oleh seorang insinyur terkenal.

3 **工夫** gōngfu **waktu**
【名词】[Nomina (kata benda)] 做事情用的时间。Waktu yang digunakan untuk

melakukan sesuatu. ‖ 我很忙，没工夫和你玩。Aku sibuk, aku tidak punya waktu untuk bermain denganmu. | 就一杯茶的工夫，他就不知道跑到哪里去了。Dalam waktu secangkir teh, dia tidak tahu ke mana pergi. | 这个工作花了我好多工夫。Pekerjaan ini memakan banyak waktu dan usaha.

3 工具 gōngjù **alat**

【名词】[Nomina (kata benda)] 在生活或学习中帮助我们完成任务的东西。Benda yang membantu kita menyelesaikan tugas dalam kehidupan atau belajar. ‖ 做一把好看的椅子需要很多工具。Membuat kursi yang bagus membutuhkan banyak alat. | 字典是学习语言的工具。Kamus adalah alat dalam belajar bahasa. | 有些工具已经坏了，我们需要买一些新的工具。Beberapa alat sudah rusak, kita perlu membeli alat baru.

1 工人 gōngrén **pekerja**

【名词】[Nomina (kata benda)] 在工厂工作的人。Seseorang yang bekerja di pabrik. ‖ 他是一名工人，我是一名老师。Dia adalah seorang pekerja, aku adalah seorang guru. | 工人们正在盖房子。Para pekerja sedang membangun rumah. | 他在这个工厂工作了三十年，是一名老工人了。Dia telah bekerja di pabrik ini selama 30 tahun, dia adalah seorang pekerja berpengalaman.

3 工业 gōngyè **industri**

【名词】[Nomina (kata benda)] 工厂进行生产、加工等活动的事业。Kegiatan produksi dan pengolahan di pabrik. ‖ 经济发展需要工业生产。Pengembangan ekonomi membutuhkan produksi industri. | 这座城市主要靠工业发展。Kota ini mengandalkan pengembangan industri. | 工业给国家经济发展带来很多好处。Industri memberikan banyak manfaat bagi perkembangan ekonomi negara.

3 工资 gōngzī **upah; gaji**

【名词】[Nomina (kata benda)] 用工作得到的钱，按一定时间给上班的人发的钱。Uang yang diperoleh dari pekerjaan, dibayarkan kepada pekerja sesuai dengan waktu tertentu. ‖ 他在这个工厂当工人，每个月有五千块的工资。Dia bekerja sebagai pekerja di pabrik ini, dan mendapatkan gaji lima ribu per bulan. | 公司每个月十五号发工资。Perusahaan membayar gaji pada tanggal lima belas setiap bulan. | 这家公司的工资太低了，没人想来上班。Gaji di perusahaan ini terlalu rendah, tidak ada yang ingin bekerja. | 大家都想找工资高的工作。Semua orang ingin mencari pekerjaan dengan upah yang tinggi.

1 工作 gōngzuò **kerja**

【名词】[Nomina (kata benda)] 主要做的任务的名字。Nama tugas utama yang dilakukan. ‖ 你是做什么工作的? Apa pekerjaanmu? | 今天的工作我都做完了,我想下班了。Aku telah menyelesaikan semua pekerjaan hari ini, aku ingin pulang. | 上完大学以后我想找工作。Setelah lulus kuliah, aku ingin mencari pekerjaan.

【动词】[Verba (kata kerja)] 干活儿。Melakukan pekerjaan. ‖ 他正在工作,保持安静。Dia sedang bekerja, tetaplah tenang. | 电脑正在高速工作。Komputer sedang bekerja dengan cepat. | 我在大学工作,我是一名大学老师。Aku bekerja di universitas, aku seorang dosen.

G

3 公布 gōngbù **mengumumkan**

【动词】[Verba (kata kerja)] 把情况或信息公开告诉所有人。Mengumumkan situasi atau informasi kepada semua orang. ‖ 下周公布考试结果。Hasil ujian akan diumumkan minggu depan. | 公司领导刚才公布了这个月的工资信息。Pimpinan perusahaan baru saja mengumumkan informasi gaji bulan ini. | 他刚刚公布了调查结果,这是一个关于年轻人使用手机的调查。Dia baru saja mengumumkan hasil survei ini, ini adalah survei tentang penggunaan ponsel oleh orang muda.

3 公共 gōnggòng **umum**

【形容词】[Adjektiva (kata sifat)] 属于所有人的,属于社会的。Milik semua orang, milik masyarakat. ‖ 这片地是公共的,不是他一个人的。Tanah ini adalah milik bersama, bukan hanya miliknya sendiri. | 在公共场所要保持安静。Di tempat umum, kita harus menjaga ketenangan. | 我们要注意公共安全问题。Kita harus memperhatikan masalah keamanan umum.

2 公共汽车 gōnggòngqìchē **kendaraan umum; bus dalam kota**

【名词】[Nomina (kata benda)] 公交车,城市里大家都可以坐的大汽车。Bus, mobil besar yang dapat digunakan oleh semua orang di kota. ‖ 这座城市有很多公共汽车,人们坐车很方便。Kota ini memiliki banyak bus, orang-orang dapat dengan mudah naik bus. | 公共汽车开进了车站。Bus umum tiba di halte. | 坐公共汽车很便宜,有的只需要花一块钱。Naik bus sangat murah, beberapa hanya perlu membayar 1 yuan.

[2] **公交车** gōngjiāochē **kendaraan umum；bus dalam kota**

【名词】［Nomina（kata benda）］公共汽车。Bus umum（dalam kota）. ‖ 她每天坐公交车上班。Dia naik bus umum ke kantor setiap hari. ｜ 坐公交车大概要花十分钟才能到公司。Naik bus umum membutuhkan sekitar 10 menit untuk sampai ke kantor. ｜ 你坐几路公交车去上学？Kamu naik bus umum apa untuk pergi ke sekolah？

[2] **公斤** gōngjīn **kilogram**

【量词】［Kuantifier（kata pengukur）］表示东西有多重的数量单位。Menunjukkan berat suatu benda. ‖ 他买了十公斤大米。Dia membeli sepuluh kilogram beras. ｜ 他现在有六十公斤重。Sekarang dia beratnya 60 kilogram. ｜ 二十块钱能买几公斤苹果？Dengan 20 yuan, berapa kilogram apel yang dapat dibeli？

[3] **公开** gōngkāi **umum；publik**

【形容词】［Adjektiva（kata sifat）］人人都知道的。Diketahui oleh semua orang. ‖ 公开场合不要说这些话。Jangan bicarakan hal-hal ini di tempat umum. ｜ 这些信息都是公开的，谁都能查到。Informasi ini tersedia untuk umum, siapa pun bisa melihatnya. ｜ 他在很多人面前公开表示这是他的错。Dia secara terbuka mengakui kesalahannya di hadapan banyak orang.

[2] **公里** gōnglǐ **kilometer**

【量词】［Kuantifier（kata pengukur）］表示多长的路的数量单位。Menunjukkan jarak yang panjang. ‖ 这辆车已经跑了五百公里了。Mobil ini telah berjalan 500 kilometer. ｜ 我家到学校有三公里的路。Dari rumahku ke sekolah ada jarak 3 kilometer. ｜ 汽车一小时跑一百二十公里。Mobil berjalan 120 kilometer per jam.

[2] **公路** gōnglù **jalan raya**

【名词】［Nomina（kata benda）］在城市外，汽车可以高速跑的路。Jalan di luar kota tempat mobil dapat melaju dengan cepat. ‖ 城外有一条新修的公路。Ada jalan baru yang dibangun di luar kota. ｜ 公路两旁可以看到山。Di sepanjang jalan raya terlihat gunung. ｜ 站在公路边上是很危险的。Berdiri di tepi jalan raya sangat berbahaya.

[3] **公民** gōngmín **warga negara**

【名词】［Nomina（kata benda）］国家的人民。Rakyat suatu negara. ‖ 中国公

民在国外也能得到国家的保护。Warga negara Tiongkok juga bisa mendapatkan perlindungan negara di luar negeri. | 每位公民都能知道国家管理的一些相关信息。Setiap warga negara dapat mengetahui beberapa informasi terkait pengelolaan negara.

2 **公平** gōngpíng **adil**

【形容词】[Adjektiva (kata sifat)] 平等的,对待的方式是一样的。Sama, perlakuan yang adil. ‖ 这次比赛的成绩很公平。Hasil kompetisi kali ini adil. | 老师公平地对待每一位学生。Guru memperlakukan setiap siswa dengan adil. | 他觉得这样不公平。Dia merasa itu tidak adil. | 你觉得按成绩排座位公不公平? Menurutmu, apakah adil jika tempat duduk diatur berdasarkan nilai?

G

2 **公司** gōngsī **perusahaan**

【名词】[Nomina (kata benda)] 从事商业等工作的单位。Unit yang terlibat dalam bisnis dan pekerjaan lainnya. ‖ 这家公司上个月才开业。Perusahaan ini baru dibuka bulan lalu. | 她想开一家服装公司。Dia ingin membuka perusahaan pakaian. | 他是活动公司派来的代表。Dia adalah perwakilan yang dikirim oleh perusahaan acara.

3 **公务员** gōngwùyuán **pegawai negeri**

【名词】[Nomina (kata benda)] 从事公共事业管理工作的人。Orang yang bekerja dalam manajemen urusan publik. ‖ 他最近在准备公务员考试。Dia sedang mempersiapkan ujian untuk menjadi pegawai negeri. | 他是一名国家公务员。Dia adalah pegawai negeri sipil. | 公务员的工资不太高。Gaji pegawai negeri sipil tidak terlalu tinggi.

2 **公园** gōngyuán **taman**

【名词】[Nomina (kata benda)] 有很多花、草、树的地方,在城市里可以让人们休息活动的地方。Tempat dengan banyak bunga, rumput, dan pohon di mana orang bisa beristirahat dan beraktivitas di dalam kota. ‖ 很多老人早上在公园里散步。Banyak orang tua berjalan pagi di taman. | 公园里开了很多花,非常好看。Taman ini memiliki banyak bunga yang sangat indah. | 公园里有很多人,小孩在玩,老人在活动身体,年轻人在散步。Banyak orang di taman, anak-anak bermain, orang tua berolahraga, orang muda berjalan-jalan.

【动词】[Verba (kata kerja)] 让所有公民都知道的。Diketahui oleh semua

warga negara. ‖ 这位歌手公开了自己的生活情况。Penyanyi ini mengumumkan kehidupan pribadinya secara terbuka. | 公司公开了管理人员的工资情况。Perusahaan mengumumkan informasi gaji manajer secara terbuka. | 这次考试成绩在网上被公开。Hasil ujian ini diumumkan secara publik di internet.

3 **功夫** gōngfu **ahli; terampil; kungfu**

【名词】[Nomina (kata benda)] ① 做事的能力,本领。Kemampuan dalam melakukan sesuatu. ‖ 他画画的功夫很不错。Dia memiliki kemampuan menggambar yang bagus. | 他很有唱歌的功夫。Dia memiliki kemampuan yang baik dalam bernyanyi. ② 中国武术。Seni bela diri Tiongkok. ‖ 他喜欢中国功夫。Dia suka seni bela diri Tiongkok. | 体育老师教我们练功夫。Guru olahraga mengajari kami kungfu. | 有些老人早上会在公园里练功夫。Pagi hari, beberapa lansia berlatih kungfu di taman.

G

3 **功课** gōngkè **tugas**

【名词】[Nomina (kata benda)] 规定学生学习的知识,准备工作。Materi pelajaran yang harus dipelajari oleh siswa, pekerjaan persiapan. ‖ 她在出发之前做了很多功课。Sebelum berangkat, dia melakukan banyak persiapan. | 她的功课还没有完成,妈妈不让她出去玩。Tugasnya belum selesai, ibu tidak membiarkannya pergi bermain. | 考试前要复习功课。Kami harus mempelajari kembali pelajaran sebelum ujian. | 做调查之前要把必要的功课做好。Lakukan persiapan yang diperlukan sebelum melakukan penelitian.

3 **功能** gōngnéng **fungsi**

【名词】[Nomina (kata benda)] 东西所具有的作用。Kemampuan atau fungsi yang dimiliki oleh suatu benda. ‖ 手机的功能很丰富,可以打电话、发短信、听广播。Fungsi ponsel sangat beragam, bisa digunakan untuk menelepon, mengirim pesan, mendengarkan radio. | 这台相机的功能非常简单。Fungsi kamera ini sangat sederhana. | 这些工具的功能都不一样。Fungsi alat-alat ini berbeda-beda.

3 **共同** gòngtóng **bersama**

【形容词】[Adjektiva (kata sifat)] 属于大家的。Dimiliki bersama-sama. ‖ 他是我们共同的朋友。Dia adalah teman kita bersama. | 地球是我们共同的家。Bumi adalah rumah kita bersama. | 他们有很多共同的话题。Mereka memiliki banyak topik yang sama.

3 **共有** gòngyǒu **total**

【动词】[Verba (kata kerja)] ① 所有的加起来有。Jumlah total kepemilikan. ‖ 我们班共有四十五名学生。Kelas kita memiliki 45 orang murid. | 班里共有六十张桌子。Di kelas ini ada 60 meja. | 学校共有一百五十名教师。Sekolah ini memiliki 150 orang guru. ② 属于很多人或东西的。Dimiliki oleh banyak orang atau benda. ‖ 长得高是他们家人共有的特点。Tinggi adalah ciri bersama dalam keluarga mereka. | 我们共有同一个地球。Kita semua memiliki satu bumi yang sama. | 有的文化是世界各国共有的。Beberapa budaya bersifat umum di berbagai negara.

2 **狗** gǒu **anjing**

【名词】[Nomina (kata benda)] 一种可以养在家里的动物,有的训练后可以帮人做很多事情。Hewan yang dapat dipelihara di rumah, beberapa dapat dilatih untuk melakukan banyak hal. ‖ 他家里养了一只大黄狗。Dia memiliki seekor anjing besar di rumahnya. | 有的小孩很害怕狗。Beberapa anak kecil takut pada anjing. | 狗是人类的好朋友。Anjing adalah teman baik manusia.

2 **够** gòu **cukup**

【动词】[Verba (kata kerja)] 可以满足。Mencukupi. ‖ 时间不够了,我们得赶紧走了。Waktunya tidak mencukupi, kita harus pergi segera. | 我们有六个人,四碗饭不够,还得再加两碗。Kami ada 6 orang, 4 porsi makanan tidak mencukupi, kami perlu menambah dua porsi lagi. | 现在够三分钟了,方便面应该做好了。Sekarang sudah mencukupi selama 3 menit, mie instan seharusnya sudah siap.

【副词】[Adverbia (kata keterangan)] 满足要求或标准地。Memenuhi persyaratan atau standar. ‖ 不知道这些菜够不够吃。Tidak tahu apakah makanan ini mencukupi atau tidak. | 一个月三千块钱不够他生活。Uang sebesar 3 000 Yuan per bulan tidak mencukupi untuk hidupnya. | 教室很大,够我们上课用了。Ruang kelas besar, cukup untuk kita belajar.

3 **姑娘** gūniang **gadis**

【名词】[Nomina (kata benda)] 没有结婚的年轻女孩。Gadis muda yang belum menikah. ‖ 前面有一位穿着红裙子的姑娘。Di depan ada seorang gadis muda berpakaian merah. | 几年不见,她已经长成大姑娘了。Setelah beberapa tahun tidak bertemu, dia sudah tumbuh menjadi gadis dewasa. | 一位年轻的姑娘代表

他们发言。Seorang gadis muda mewakili mereka berbicara.

3 **古** gǔ **kuno**

【形容词】[Adjektiva (kata sifat)] 很久以前的,古代的。Dahulu, zaman kuno. ‖ 这是一本古书。Ini adalah kitab kuno. | 中国的古长城非常有名。Tembok Besar Tiongkok yang kuno sangat terkenal. | 有些人喜欢在家里挂一些古画。Beberapa orang suka menggantungkan beberapa lukisan kuno di rumah.

3 **古代** gǔdài **zaman kuno**

【名词】[Nomina (kata benda)] 离现在有很长时间的时代。Zaman yang lama yang telah berlalu. ‖ 中国古代有四大发明。Tiongkok kuno memiliki empat penemuan besar. | 他是古代伟大的文学作家,他叫李白。Dia adalah seorang penulis besar pada zaman kuno, namanya Li Bai. | 这部电影讲的是古代的故事。Film ini menceritakan cerita pada zaman kuno.

2 **故事** gùshi **cerita**

【名词】[Nomina (kata benda)] 以前的事或内容动人的事情。Kejadian di masa lalu atau cerita yang menarik. ‖ 孩子喜欢在睡觉前听故事。Anak-anak suka mendengarkan cerita sebelum tidur. | 这本小说讲了一个爱情故事。Novel ini menceritakan sebuah kisah cinta. | 电影里的故事十分感人。Cerita dalam film ini sangat mengesankan. | 明天学校有讲故事比赛。Besok sekolah ada kompetisi menceritakan cerita.

3 **故乡** gùxiāng **kampung halaman**

【名词】[Nomina (kata benda)] 曾经长期生活的地方或出生的地方。Tempat di mana seseorang tinggal atau tempat kelahirannya dalam jangka waktu yang lama. ‖ 他在国外的时候,经常想到自己的故乡。Dia sering memikirkan kampung halamannya saat tinggal di luar negeri. | 我的故乡在中国的北方。Kampung halamanku berada di bagian utara Tiongkok. | 这么多年,她都没有忘记自己的故乡。Setelah begitu banyak tahun, dia tidak pernah melupakan kampung halamannya.

2 **故意** gùyì **sengaja**

【副词】[Adverbia (kata keterangan)] 有目的地做。Melakukan sesuatu dengan sengaja. ‖ 他故意把别的同学推倒了。Dia dengan sengaja mendorong jatuh teman sekelasnya. | 我故意不告诉他这件事是怕他担心。Saya tidak memberitahunya tentang hal ini dengan sengaja karena saya takut dia akan khawatir. | 他故意大声说话，他想让别人都注意到他。Dia dengan sengaja berbicara dengan keras, dia ingin orang lain memperhatikannya.

2 顾客 gùkè **pelanggan**

【名词】[Nomina (kata benda)] 到店里接受服务或买东西的人。Orang yang datang ke toko untuk menerima layanan atau membeli barang. ‖ 来这家店吃饭的大多数都是老顾客。Kebanyakan pelanggan yang datang ke toko ini adalah pelanggan tetap. | 这家店一直用热情的态度对待顾客。Toko ini selalu melayani pelanggan dengan sikap yang ramah. | 顾客觉得这家店的服务很不错。Pelanggan merasa pelayanan di toko ini sangat baik.

3 挂 guà **gantung**

【动词】[Verba (kata kerja)] 把东西放在高的地方；把东西放在墙上。Menempatkan sesuatu di tempat yang tinggi; menggantung sesuatu di dinding. ‖ 他把衣服挂在了门上。Dia menggantung bajunya di pintu. | 妈妈在墙上挂了一幅画。Ibu menggantungkan sebuah lukisan di dinding. | 树上挂了彩色的灯。Lampu warna-warni digantung di atas pohon.

1 关 guān **tutup**

【动词】[Verba (kata kerja)] ① 把开着的东西合上。Menutup sesuatu yang terbuka. ‖ 我觉得有点冷，把窗户关了吧。Aku merasa sedikit kedinginan, mari tutup jendelanya. | 进来以后记得把门关了。Setelah masuk, jangan lupa menutup pintunya. ② 停止工作。Berhenti bekerja. ‖ 太晚了，妈妈让他把电视关了。Sudah terlambat, ibu meminta dia untuk mematikan televisi. | 我出门的时候忘记关灯了。Ketika aku pergi, aku lupa mematikan lampu. ③ 把某人或某物放在一个地方，不让他出来。Memasukkan seseorang atau sesuatu ke dalam suatu tempat, tidak membiarkan mereka keluar. ‖ 警察把坏人关起来了。Polisi menahan penjahat. | 小狗被它的主人关在家里。Anjing kecil dikurung di rumahnya.

2 关机 guān//jī **mematikan perangkat / mesin**

【动词】[Verba (kata kerja)] 让机器停止工作。Mematikan mesin. ‖ 我给他打电话，发现他手机关机了。Saya mencoba meneleponnya dan menemukan bahwa ponselnya dimatikan. | 不用电脑的时候要把它关机。Ketika tidak

G

digunakan, komputer harus dimatikan. | 我的手机没有关过机，可是我没有接到你的电话。Ponsel saya tidak pernah dimatikan, tetapi saya tidak menerima panggilan darimu.

1 **关上** guānshang **menutup**

【短语】[frasa] ① 把开着的东西合上。Menutup sesuatu yang terbuka. ‖ 下雨了，我赶紧关上了窗户。Saat hujan, saya segera menutup jendelanya. | 他一下就把门关上了。Dia langsung menutup pintunya. | 他关上门又回去工作了。Dia menutup pintu dan kembali bekerja. ② 停止工作。Berhenti bekerja. ‖ 太晚了，妈妈让他把电视关上。Sudah terlambat, ibu meminta dia untuk mematikan televisi. | 我出门的时候忘记把灯关上了。Ketika aku pergi, aku lupa menutup lampu. | 家里的电脑关上了吗？Komputer di rumah dimatikan, bukan?

3 **关系** guānxì **hubungan; relasi**

【名词】[Nomina (kata benda)] ① 联系。Hubungan atau koneksi. ‖ 我们是同学关系。Kita adalah teman sekelas. | 我不认识这个人，我们没有关系。Aku tidak mengenal orang ini, kita tidak memiliki hubungan. | 他们关系很好，他们是好朋友。Mereka memiliki hubungan yang baik, mereka adalah teman baik. | 我们要处理好生活和学习的关系。Kita harus menjaga keseimbangan antara kehidupan dan belajar. ② 影响。Pengaruh. ‖ 因为他回家晚的关系，我们很晚才吃饭。Karena dia pulang larut, kita makan malam larut. | 学习成绩的好坏和学习方法有关系。Keberhasilan belajar terkait dengan metode belajar. | 这件事对他的成绩来说没什么关系。Masalah ini tidak berpengaruh pada nilai-nilainya.

【动词】[Verba (kata kerja)] 对某人或某事有影响。Mempengaruhi seseorang atau sesuatu. ‖ 环境卫生问题关系到每一个人。Masalah kebersihan lingkungan berkaitan dengan setiap orang. | 明天的天气关系到我们能不能去公园玩。Cuaca besok akan mempengaruhi apakah kita bisa pergi bermain di taman atau tidak. | 一个人学习认不认真关系到他的学习成绩。Seberapa serius seseorang belajar berkaitan dengan prestasi belajarnya.

2 **关心** guānxīn **peduli**

【动词】[Verba (kata kerja)] 经常想着某人或某事，想知道更多的信息。Memikirkan seseorang atau sesuatu secara terus-menerus, ingin tahu lebih banyak informasi. ‖ 我一个人在国外，我的父母常常关心我的生活。Saya tinggal sendiri di luar negeri, orangtua saya sering memikirkan kehidupan saya. | 领导非

常关心这次的事,多次打电话来问情况。Atasan sangat memperhatikan masalah ini, mereka sering menelepon untuk menanyakan perkembangan. | 他平常关不关心你? 对你好不好? Apakah dia biasanya peduli padamu? Dia memperlakukanmu dengan baik?

3 **关注** guānzhù **peduli**

【动词】[Verba(kata kerja)] 又关心又重视。Peduli dan menghargai. ‖ 老师要关注学生的成长。Guru harus memperhatikan perkembangan siswa. | 大家高度关注这次事故,希望知道事情发生的原因。Semua orang sangat peduli dengan kecelakaan ini, mereka ingin tahu penyebabnya. | 我在网络上关注了很多有趣的人。Saya telah mengikuti banyak orang menarik di media sosial.

3 **观察** guānchá **mengamati**

【动词】[Verba(kata kerja)] 反复认真地看。Melihat dengan cermat secara berulang-ulang. ‖ 他常常喜欢观察大树。Dia suka mengamati pohon yang besar. | 我观察到她好像有些不高兴。Saya melihat bahwa dia tampak sedikit tidak senang. | 老师让学生观察春天。Guru olahraga mengajarkan kami melakukan observasi di taman.

2 **观点** guāndiǎn **pendapat**

【名词】[Nomina(kata benda)] 对事情的看法或想法。Pandangan atau pendapat tentang suatu hal. ‖ 我们两个在这件事情上的观点不一样。Pandangan kita berbeda dalam hal ini. | 我反对你的观点。Aku tidak setuju dengan pandanganmu. | 他还是坚持自己的观点。Dia tetap pada pandangannya sendiri.

3 **观看** guānkàn **menyaksikan; menonton**

【动词】[Verba(kata kerja)] 看比赛,看表演。Menonton pertandingan, pertunjukan, film, dll. ‖ 我们一家人坐在一起观看春节晚会。Keluarga kami duduk bersama untuk menonton acara Tahun Baru. | 今天晚上我们观看了一场非常精彩的武术表演。Malam ini kami menonton pertunjukan bela diri yang sangat mengesankan. | 大家都在观看这场重要的比赛。Banyak orang menonton pertandingan yang penting ini.

3 **观念** guānniàn **pemahaman**

【名词】[Nomina(kata benda)] 长期形成的对人或物的认识。Pemahaman

yang terbentuk dalam jangka waktu yang lama tentang orang atau benda. ‖ 我们应该接受一些新的观念。Kita harus menerima beberapa konsep baru. | 年轻人的家庭观念和老人的不一样。Pandangan tentang keluarga dari orang muda berbeda dengan orang tua. | 这个人总有一些落后的观点。Orang ini selalu memiliki beberapa pandangan tertinggal.

3 **观众** guānzhòng **penonton; pemirsa**

【名词】［Nomina（kata benda）］看表演、节目、电影等的人。Orang yang menonton pertunjukan, acara, film, dll. ‖ 观众们都被他的表现感动了。Penonton terharu oleh penampilannya. | 现场有许多热情的观众。Di tempat acara ada banyak penonton yang antusias. | 各位观众，请大家在自己的座位上坐好。Para penonton yang terhormat, silakan duduk di tempat duduk masing-masing.

3 **管** guǎn **atur**

【动词】［Verba（kata kerja）］有责任做。Bertanggung jawab untuk melakukan sesuatu. ‖ 很多年轻人不喜欢被父母管着。Banyak orang muda tidak suka diatur oleh orang tua. | 这件事谁想管谁管，反正我不管。Siapa pun yang ingin mengatur itu terserah dia, aku tidak peduli. | 这次活动他管宣传。Kali ini dia bertanggung jawab untuk promosi kegiatan tersebut.

3 **管理** guǎnlǐ **kelola; atur**

【动词】［Verba（kata kerja）］负责某个工作或单位，保持顺利进行。Bertanggung jawab atas pekerjaan atau unit tertentu, menjaga kelancaran jalannya. ‖ 这个部门一直是他在管理。Dia selalu menjadi orang yang bertanggung jawab atas departemen ini. | 老师要管理好课堂。Guru harus mengelola kelas dengan baik. | 我负责管理工厂安全问题。Saya bertanggung jawab atas masalah keamanan pabrik.

3 **光** guāng **cahaya; sinar; hanya**

【名词】［Nomina（kata benda）］能照亮黑暗的东西。Cahaya yang dapat menerangi kegelapan. ‖ 太阳的光照进教室里。Cahaya matahari masuk ke dalam ruangan. | 灯光很亮。Cahaya lampu sangat terang. | 路上太黑了，一点儿光也没有，什么都看不见。Jalan sangat gelap, tidak ada cahaya sama sekali, tidak bisa melihat apa pun.

【形容词】［Adjektiva（kata sifat）］什么都没有的，表面平的。Tidak ada apa-

apa, rata. ‖ 他的头上光光的,一根头发都没有。Kepalanya botak, tidak ada sehelai pun rambut. | 他把饭吃光了。Dia habiskan makanannya. | 这块石头表面很光。Permukaan batu ini sangat rata.

【副词】［Adverbia (kata keterangan)］只;仅仅。Hanya; hanya saja. ‖ 光是他一个人就得了三次第一名。Hanya dia sendiri yang meraih tiga kali juara pertama. | 光我一个人去,我可搬不动那么多东西。Hanya aku yang pergi, aku tidak bisa membawa banyak barang. | 他光知道干活儿,忘记了吃饭。Dia hanya tahu bekerja, dia lupa makan.

3 光明 guāngmíng **cahaya; sinar; harapan**

【名词】［Nomina (kata benda)］① 照亮黑暗的光。Cahaya yang menerangi kegelapan. ‖ 太阳为人们带来了光明。Matahari memberikan cahaya kepada manusia. | 在黑黑的房间里我忽然看到了光明。Di dalam ruangan yang gelap, aku tiba-tiba melihat cahaya. ② 希望。Harapan. ‖ 我们走在通向光明的路上。Kita berada di jalan menuju masa depan yang cerah. | 生活虽然有很多不容易,但还是充满光明。Meskipun hidup sulit, tetapi penuh dengan harapan.

【形容词】［Adjektiva (kata sifat)］有希望的。Penuh harapan. ‖ 我们一定会走向光明的未来。Kita pasti akan menuju masa depan yang cerah. | 我们在光明的道路上不断前进。Kita terus maju di jalan yang penuh harapan.

3 广播 guǎngbō **siaran radio**

【名词】［Nomina (kata benda)］指用来听的节目。Program yang digunakan untuk mendengar di tempat umum. ‖ 爷爷喜欢早上听新闻广播。Kakek suka mendengarkan siaran berita di pagi hari. | 今天的广播很有意思。Siaran radio hari ini sangat menarik. | 这个广播有很多人喜欢听。Siaran ini disukai oleh banyak orang.

【动词】［Verba (kata kerja)］电台、电视播放节目。Menyiarkan program melalui radio atau televisi. ‖ 今天早上电台广播了事故发展的最新情况。Pada pagi ini, stasiun radio menyiarkan perkembangan kecelakaan terbaru. | 村里广播了一条通知。Ada pengumuman di desa ini.

2 广场 guǎngchǎng **alun-alun**

【名词】［Nomina (kata benda)］人们用来休息或进行活动的比较大的场所。Tempat di mana orang beristirahat atau melakukan kegiatan di ruang terbuka yang cukup luas. ‖ 广场上传来音乐的声音。Suara musik terdengar dari alun-alun. |

G

今晚广场上有表演。Malam ini ada pertunjukan di alun-alun. | 在城市中心有一个新修的广场。Di pusat kota ada alun-alun baru yang dibangun.

3 广大 guǎngdà **luas**

【形容词】[Adjektiva (kata sifat)] ① 范围大。Luasnya cakupan. ‖ 广大地区的人民都过上了好日子。Masyarakat di daerah yang luas ini hidup dalam keadaan yang baik. | 广大的草地上开满了花。Padang rumput yang luas ini penuh dengan bunga-bunga. | 这条好消息得到了广大地宣传。Berita ini mendapatkan liputan yang luas. ② 人数多。Banyak orang. ‖ 广大人民都支持国家的规定。Rakyat dengan luasnya mendukung peraturan negara. | 他的作品受到了广大读者的喜欢。Karya-karyanya disukai oleh banyak pembaca.

2 广告 guǎnggào **iklan**

【名词】[Nomina (kata benda)] 在公共场所介绍多种事物的宣传方式。Cara promosi yang digunakan untuk memperkenalkan berbagai hal di tempat umum. ‖ 电视上经常播放这条广告。Iklan ini sering ditayangkan di televisi. | 他自己创业,开了一家广告公司。Dia memulai bisnis periklanan sendiri. | 公司做广告花了很多钱。Perusahaan ini menghabiskan banyak uang untuk iklan.

3 规定 guīdìng **peraturan**

【动词】[Verba (kata kerja)] 按照标准对某个方面作出决定。Mengambil keputusan tentang aspek tertentu berdasarkan standar. ‖ 老师规定我们每天上课要点名。Guru mengatur agar kami memanggil nama setiap hari di kelas. | 国家明确规定各单位要及时报告重大事故的情况。Negara telah menetapkan peraturan untuk melaporkan perkembangan kecelakaan besar.

【名词】[Nomina (kata benda)] 表示规范的文件或内容。Dokumen atau konten yang menggambarkan aturan. ‖ 国家发表了一份关于交通安全的规定。Negara telah menerbitkan peraturan tentang keamanan lalu lintas. | 按照学校的规定,学生不能带手机到学校。Menurut peraturan sekolah, siswa tidak boleh membawa ponsel ke sekolah.

3 规范 guīfàn **standar**

【形容词】[Adjektiva (kata sifat)] 满足标准的;达到要求的。Memenuhi standar atau persyaratan. ‖ 他的汉语说得不够规范。Bahasa Mandarin dia tidak cukup standar. | 他的字写得很规范。Tulisannya sangat rapi.

【名词】[Nomina (kata benda)] 标准,要求。Standar, persyaratan. ‖ 中国有确定的文字规范。Teks Cina memiliki standar penulisan yang ditetapkan. | 学生有学生的行为规范。Siswa memiliki norma perilaku mereka sendiri. | 学汉语要按照汉语的语言规范。Belajar bahasa Tionghoa harus sesuai dengan norma bahasa Tionghoa.
【动词】[Verba (kata kerja)] 使……满足标准。Mengatur sesuatu agar sesuai dengan standar. ‖ 我们必须规范那些不好的习惯。Kita harus menghilangkan kebiasaan buruk ini. | 国家必须规范市场。Negara harus mengatur pasar.

1 **贵** guì **mahal**

【形容词】[Adjektiva (kata sifat)] 需要很多钱的,价格高的。Memerlukan banyak uang, mahal. ‖ 西瓜三块钱一斤,太贵了。Semangka ini 3 Yuan per kati (jin), terlalu mahal. | 他的衣服比我的衣服贵。Pakaian dia lebih mahal dari pakaianku. | 现在很多人喜欢上网买东西,网上的东西一般不贵。Banyak orang sekarang suka berbelanja online, barang di internet biasanya tidak mahal.

1 **国** guó **negara**

【名词】[Nomina (kata benda)] 由领导组织和人民组成的,得到世界认可的地区。Wilayah yang terdiri dari kepemimpinan dan masyarakat yang diakui oleh dunia. ‖ 各国应该互相帮助。Negara harus saling membantu. | 他们两国的关系越来越好。Hubungan antara kedua negara semakin baik. | 世界各国的人都来观看这次比赛。Orang dari berbagai negara di dunia datang untuk menonton pertandingan ini.

2 **国际** guójì **manca negara; internasional**

【名词】[Nomina (kata benda)] 世界范围内。Lingkup dunia. ‖ 国际关系一直是各国重视的问题。Hubungan internasional selalu menjadi masalah yang penting bagi setiap negara. | 他是国际上十分有名的医生。Dia adalah dokter yang terkenal di dunia internasional. | 环保是一个重要的国际问题,每个国家都应该重视。Perlindungan lingkungan adalah masalah internasional yang penting, setiap negara harus memperhatikannya.

1 **国家** guójiā **negara**

【名词】[Nomina (kata benda)] 国。Negara. ‖ 国家的发展靠每个人的努力工作。Pembangunan negara bergantung pada upaya dan kerja keras setiap orang. |

每个国家的代表都来参加这次会议了。Perwakilan dari setiap negara datang untuk menghadiri pertemuan ini. | 这个国家有非常美丽的森林。Negara ini memiliki hutan yang sangat indah.

3 **国内** guónèi **domestik; dalam negeri**

【短语】[frasa] 一个国家的里面。Bagian dalam suatu negara. ‖ 国内很多地方他都没去过。Dia belum pernah pergi ke banyak tempat di dalam negeri. | 我在国内开了一家工厂。Saya membuka pabrik di dalam negeri. | 他在国外生活了很多年,但是在国内还有一些朋友。Dia telah tinggal di luar negeri selama beberapa tahun, tetapi masih memiliki beberapa teman di dalam negeri.

G

3 **国庆** guóqìng **Hari Nasional**

【名词】[Nomina (kata benda)] 中国的一个节日,在每年的十月一日。Sebuah festival di Tiongkok, yang jatuh pada tanggal 1 Oktober setiap tahunnya. ‖ 国庆放假七天,很多人都会出去旅游。Liburan nasional selama 7 hari selama liburan nasional, banyak orang akan pergi berlibur. | 每年的十月一日是中国的国庆节。Setiap tanggal 1 Oktober adalah Hari Nasional Tiongkok. | 我准备在国庆假期回家看看父母。Saya berencana untuk pulang dan mengunjungi orang tua saya selama liburan nasional.

1 **国外** guówài **luar negeri**

【短语】[frasa] 一个国家的外面。Di luar negeri. ‖ 他经常去国外旅游。Dia sering pergi berwisata ke luar negeri. | 在国外也有许多中国饭馆。Di luar negeri juga terdapat banyak restoran Tionghoa. | 我们要学习国外的先进技术。Kita perlu belajar teknologi canggih dari luar negeri.

3 **果然** guǒrán **ternyata memang**

【副词】[Adverbia (kata keterangan)] 事实和想的情况一样。Fakta sesuai dengan apa yang dipikirkan. ‖ 这事果然是他做的。Hal ini memang dilakukannya. | 他昨天感冒了,今天果然没来上学。Dia pilek kemarin, dan hari ini memang tidak datang ke sekolah. | 听说要下雨,今天果然下雨了。Saya mendengar akan hujan, dan memang hujan hari ini.

3 **果汁** guǒzhī **jus**

【名词】[Nomina (kata benda)] 用水果做成的像水一样的东西。Minuman

yang dibuat dari buah-buahan yang mirip dengan air. ‖ 我不喜欢喝茶,我喜欢喝果汁。Saya tidak suka minum teh, saya suka minum jus. | 妈妈给孩子做了一杯果汁。Ibu membuat segelas jus untuk anaknya. | 这杯果汁太贵了。Jus ini terlalu mahal.

1 过 guò **lewat**

【动词】[Verba (kata kerja)] ① 从一个地方到另一个地方。Bergerak dari satu tempat ke tempat lain. ‖ 火车要开了,他有急事,先让他过。Kereta akan berangkat, dia memiliki urusan mendesak, jadi biarkan dia lewat. | 前面人太多,这条路已经不能过了。Terlalu banyak orang di depan, jalan ini sudah tidak dapat dilalui. ② 经历一段时间。Mengalami periode waktu tertentu. ‖ 他过段时间就从国外回来了。Dia akan kembali dari luar negeri dalam waktu dekat. | 时间过得真快,他已经在中国生活十年了。Waktu berlalu sangat cepat, dia sudah tinggal di Tiongkok selama 10 tahun. | 你准备怎么过周末? Bagaimana caramu menghabiskan akhir pekan? | 我给他打电话没有人接,过了几天他才回电话。Saya menelepon dia tapi tidak ada yang mengangkat, beberapa hari kemudian dia menelepon kembali. ③ 超出。Melampaui. ‖ 我在车上睡着了,不小心坐过站了。Saya tertidur di dalam mobil, secara tidak sengaja melewati stasiun. | 上课时间早过了,你怎么现在才来? Waktu pelajaran sudah lewat, mengapa kamu baru datang sekarang? | 这张票是三月四日的,今天已经十号了,时间早就过了。Tiket ini adalah untuk tanggal 4 Maret, sekarang sudah tanggal 10, waktunya sudah lewat.

2 过 guò **pernah**

【助词】[partikel (kata tugas)] ① 用在表示动作的词后面,表示动作做完了。Digunakan setelah kata kerja untuk menunjukkan bahwa tindakan telah selesai. ‖ 他走过我身边,我才发现他来了。Dia berjalan melewati saya, baru saya sadar dia sudah datang. | 这件事他说过了,我已经知道情况了。Dia sudah mengatakan itu, saya sudah tahu situasinya sekarang. | 我不饿,我已经吃过饭了。Saya tidak lapar, saya sudah makan. ② 表示以前的一种经历。Menunjukkan pengalaman sebelumnya. ‖ 他来过中国很多次了,在中国认识了很多朋友。Dia telah datang ke Tiongkok banyak kali, dia telah mengenal banyak teman di Tiongkok. | 这道菜叫什么名字? 我从来都没吃过。Apa nama hidangan ini? Saya belum pernah mencobanya. | 你去过北京吗? Apakah kamu pernah ke

Beijing?

3 过程 guòchéng **proses**

【名词】[Nomina (kata benda)] 完整的经历,事情发展的情况。Pengalaman yang lengkap, perkembangan suatu hal. ‖ 比赛结果不重要,重要的是在过程中要好好努力。Hasil kompetisi tidak penting, yang penting adalah kita berusaha keras selama prosesnya. | 你都知道这件事的过程了,你怎么还问我? Kamu sudah mengetahui proses dari hal ini, mengapa kamu masih bertanya padaku? | 没关系,每个人都要经历努力学习的过程,只有这样我们才能变得更好。Tidak apa-apa, setiap orang harus melewati proses belajar yang keras, hanya dengan begitu kita bisa menjadi lebih baik.

2 过来 guòlái **kemari**

【动词】[Verba (kata kerja)] 表示动作方向朝着说话人。Menunjukkan arah gerakan menuju pembicara. ‖ 你过来一下,我有话和你说。Ayo, datang ke sini sebentar, saya ingin bicara denganmu. | 快过来,这里有人需要我们的帮助。Cepat, datang ke sini, ada orang yang membutuhkan bantuan kita. | 我看见他高兴地向我跑了过来。Saya melihat dia berlari ke arah saya dengan senang. | 等了半天他的车才慢慢开过来。Setelah menunggu beberapa saat, mobilnya perlahan-lahan datang mendekati.

2 过年 guò//nián **merayakan Tahun Baru Imlek**

【动词】[Verba (kata kerja)] 过中国的新年。Merayakan Tahun Baru Imlek. ‖ 马上要过年了,人们开始打扫卫生、买新衣服、准备好吃的东西。Tidak lama lagi akan ada Tahun Baru Imlek, orang mulai membersihkan rumah, membeli pakaian baru, dan menyiapkan makanan lezat. | 过年的时候,小孩子能收到很多大人送的礼物。Selama Tahun Baru, anak-anak akan mendapatkan banyak hadiah dari orang dewasa. | 大过年的,别吵了。Ini adalah malam Tahun Baru, jangan berisik. | 才刚过完年,他就要去国外了。Baru saja melewati tahun baru, dia sudah akan segera pergi ke luar negeri.

2 过去 guòqù **kesana; berlalu**

【动词】[Verba (kata kerja)] ① 表示动作朝着别人的方向。Menunjukkan arah gerakan menuju orang lain. ‖ 老师让班长把作业拿过去。Guru meminta ketua kelas untuk mengambil tugas. | 你等我一下,我现在开车过去。Tunggu sebentar, saya akan mengendarai mobil ke sana sekarang. | 我看到一个不认识的人从他家门口走过去了。Saya melihat seseorang yang tidak saya kenal berjalan dari pintu depan rumahnya. | 他过去看看发生了什么事。Saya melihat seseorang yang tidak saya kenal berjalan dari pintu depan rumahnya. ② 离开。Meninggalkan. ‖ 冬天已经过去了,春天马上要来了。Musim dingin sudah berlalu, musim semi akan segera datang. | 这件事已经过去了,我们就别再说了。Masalah ini sudah berlalu, kita jangan membahasnya lagi.

3 **过去** guòqù **lampau; masa lalu**

【名词】[Nomina (kata benda)] 以前的一段时间。Waktu yang telah berlalu. ‖ 没有人知道他的过去是什么样的。Tidak ada yang tahu apa yang terjadi di masa lalu. | 过去的事情就让它过去吧,不要再生气了。Biarkan masa lalu berlalu, jangan marah lagi. | 他总是用过去的观点看现在的问题。Dia selalu menggunakan sudut pandang masa lalu untuk melihat masalah saat ini.

G

H

[3] **哈哈** hāhā **haha**

【拟声词】［Onomatope（kata tiruan bunyi）］大笑的声音。Suara tawa. ‖ 观众们高兴得哈哈大笑。Penonton tertawa dengan gembira. | 他笑哈哈地告诉我们他考了第一名。Dia tertawa hāhā dan memberi tahu kami bahwa dia meraih peringkat pertama.

H

【叹词】［Interjeksi（kata seru）］表示高兴。Menunjukkan kegembiraan. ‖ 哈哈，这可太好了！Hāhā, itu sangat bagus！| 哈哈，你的笑话真有意思。Hāhā, leluconmu benar-benar lucu.

[1] **还** hái **masih**

【副词】［Adverbia（kata keterangan）］① 表示动作正在进行。Menunjukkan tindakan sedang berlangsung. ‖ 已经到半夜了，他还在学习。Sudah tengah malam, dia masih belajar. | 他还在过来的路上，一会儿就到了。Dia sedang dalam perjalanan menuju ke sini, akan tiba sebentar lagi. | 外面还在下雨，不知道什么时候才能停。Di luar masih hujan, tidak tahu kapan akan berhenti. ② 表示原来的状态仍然存在。Menunjukkan bahwa kondisi sebelumnya masih ada. ‖ 我还没看清是谁，他就先走过来和我说话了。Saya belum melihat dengan jelas siapa itu, dia datang mendekati saya dan berbicara denganku. | 你还没有告诉我昨天到底发生了什么事。Kamu belum memberitahu saya apa yang sebenarnya terjadi kemarin. | 他在学校生活了一段时间，可他还不认识路。Dia tinggal di sekolah selama beberapa waktu, tetapi dia masih tidak mengenal jalan. ③ 程度深。Tingkat yang lebih dalam. ‖ 他比我长得还高，他有一米九的个子。Dia lebih tinggi dari saya, dia memiliki tinggi 1 meter 90（centimeter）. | 这次考试我考了九十分，没想到他考了九十九分，比我考得还高。Kali ini saya mendapat 90 poin dalam ujian, tak terduga dia mendapat 99 poin, lebih tinggi daripada saya. | 去年天气很热，今年比去年还热。Musim panas tahun lalu sudah sangat panas, tahun ini lebih panas daripada tahun lalu. ④ 表示补充信息。Menunjukkan informasi tambahan. ⑤ 表示基本满足要求。Menunjukkan bahwa syarat dasar telah dipenuhi.

1 **还是** háishì **masih; lebih baik; atau**

【副词】[Adverbia (kata keterangan)] ① 动作或状态继续进行。Tindakan atau keadaan tetap berlangsung. ‖ 这么多年过去了,她还是那么漂亮。Setelah begitu banyak tahun berlalu, dia masih cantik seperti itu. | 他还是不同意孩子出去玩。Dia masih tidak setuju anak-anak pergi bermain. | 她还是想当老师。Dia masih ingin menjadi seorang guru. ② 经过比较后,选出。Setelah membandingkan, dipilih. ‖ 他想来想去,还是决定去国外上学。Saya tidak mengenalnya, jadi lebih baik Anda yang bicara dengannya. | 我不认识他,还是你去说吧。Aku tidak kenal dia, kamu saja yang bicara dengannya. | 这件事还是交给他去办吧,他比较了解。Tugas ini sebaiknya diberikan padanya, dia lebih paham.

【连词】[Konjungsi (kata penghubung)] 表示几个被选的事情。Menunjukkan beberapa hal yang dipilih. ‖ 你去还是不去? Kamu akan pergi atau tidak? | 今天下午的会议是我去参加还是你去? Pertemuan sore ini, saya yang pergi atau kamu? | 我们是去看电影还是去散步? Kita pergi menonton bioskop atau pergi jalan-jalan?

1 **还有** háiyǒu **masih ada**

【副词】[Adverbia (kata keterangan)] 除了这些还有。Selain ini ada juga. ‖ 我开完会后还有别的工作要做。Setelah rapat, masih ada pekerjaan lain yang harus saya selesaikan. | 家里除了要买米,还有什么东西需要买? Selain beras, apa lagi yang perlu kita beli? | 这件事还有谁知道? Siapa lagi yang tahu tentang hal ini?

1 **孩子** háizi **anak**

【名词】[Nomina (kata benda)] ① 年纪很小的人。Orang yang berusia sangat muda. ‖ 孩子们在大树底下唱歌。Anak-anak bernyanyi di bawah pohon besar. | 这个孩子真可爱。Anak kecil ini sangat menggemaskan. | 他还是个孩子,不知道的事情还有很多。Dia masih seorang anak, masih banyak hal yang tidak dia ketahui. ② 自己的儿子或女儿。Anak laki-laki atau perempuan sendiri. ‖ 请大家保护好自己孩子的安全。Mohon jaga keamanan anak-anak Anda. | 他有三个孩子,两个儿子,一个女儿。Dia memiliki 3 anak, 2 anak laki-laki dan 1 anak perempuan. | 她一会儿去学校接孩子放学。Dia akan menjemput anaknya setelah sekolah. | 他一直都是爸爸妈妈的好孩子。Dia selalu menjadi anak yang baik bagi orang tuanya.

2 **海** hǎi **laut**

【名词】[Nomina (kata benda)] 水多而深的地方,比湖还要大。Tempat dengan banyak air dan dalam, lebih besar dari danau. ‖ 我很喜欢看海。Saya sangat suka melihat laut. | 海里还有很多我们不知道的动物。Di laut masih banyak hewan-hewan yang kita tidak tahu. | 在他家不远的地方有一片蓝色的海。Di dekat rumahnya ada laut berwarna biru.

2 **海边** hǎibiān **pantai**

【名词】[Nomina (kata benda)] 靠海的地方。Tempat yang berdekatan dengan laut. ‖ 晚上有很多人在海边散步。Banyak orang berjalan-jalan di tepi laut di malam hari. | 很多年轻人喜欢夏天去海边玩。Banyak orang muda suka pergi bermain ke pantai saat musim panas. | 海边的风慢慢地吹过来。Angin dari laut bertiup pelan-pelan.

3 **海关** hǎiguān **bea cukai**

【名词】[Nomina (kata benda)] 代表国家对国外的人或东西进行检查和管理的部门。Departemen yang mewakili negara dalam melakukan pemeriksaan dan pengelolaan terhadap orang atau barang dari luar negeri. ‖ 他刚过海关,还要再等一会儿才能到。Dia baru saja melewati pemeriksaan di pintu masuk negara, masih harus menunggu sebentar lagi. | 他是在海关工作的公务员。Dia adalah seorang pegawai negeri yang bekerja di bea cukai. | 所有的包都必须经过海关的严格检查。Semua bagasi harus melewati pemeriksaan yang ketat di bea cukai.

3 **害怕** hài//pà **takut**

【动词】[Verba (kata kerja)] 碰到事情感觉到不安、紧张 Merasa cemas atau tegang menghadapi suatu situasi ‖ 他小时候被狗咬过,他很害怕狗。Dia takut anjing karena pernah digigit anjing ketika kecil. | 他害怕这次考试成绩不好。Dia takut hasil ujian kali ini tidak bagus. | 你这么小就一个人在家,害不害怕? Kamu begitu kecil sendirian di rumah, apakah takut? | 别害怕,警察马上就到了。Jangan takut, polisi segera datang.

2 **喊** hǎn **teriak**

【动词】[Verba (kata kerja)] ① 大声叫。Berbicara dengan suara keras. ‖ 孩子们一边跑,一边喊。Anak-anak berlari sambil berteriak. | 大家都为他喊"加油"。

Semua orang memberikan semangat padanya dengan berteriak “jiayou!” ② 叫别人。Memanggil orang lain. ‖ 你刚才喊我了吗? Apakah kamu baru saja memanggilku? | 老师喊我去办公室。Guru memanggilku untuk pergi ke kantornya. | 门口有人喊你。Ada seseorang memanggilmu di pintu. | 我喊他一起出去玩。Aku memanggilnya untuk pergi bersama bermain.

1 **汉语** hànyǔ **bahasa Mandarin**

【名词】[Nomina (kata benda)] 可以在中国用的语言,也是世界上使用人口最多的语言。Bahasa yang digunakan di Tiongkok dan merupakan bahasa yang paling banyak digunakan di dunia. ‖ 我学汉语已经三年了。Aku telah belajar bahasa Mandarin selama 3 tahun. | 他汉语说得不错。Dia berbicara bahasa Mandarin dengan baik. | 她有一本汉语书。Dia memiliki sebuah buku bahasa Mandarin. | 中国人标准的汉语也叫普通话。Bahasa Mandarin yang standar juga disebut sebagai putonghua di kalangan orang Tiongkok.

H

1 **汉字** hànzì **aksara Mandarin**

【名词】[Nomina (kata benda)] 记录汉语的文字。Tulisan yang merekam bahasa Mandarin. ‖ 老师教我们写汉字。Guru mengajari kami menulis aksara Mandarin. | 很多学生感觉汉字很难写。Banyak siswa merasa aksara Mandarin sulit untuk ditulis. | 我不认识这个汉字。Aku tidak mengenal aksara Mandarin ini. | 中国汉字经过了很长的时间才变成了现在的样子。Aksara Mandarin telah mengalami perubahan selama waktu yang lama sebelum menjadi seperti sekarang.

3 **行** háng **baris**

【量词】[Kuantifier (kata pengukur)] 表示人或东西排成几排的数量单位。Satuan pengukuran untuk jumlah orang atau benda yang disusun dalam beberapa baris. ‖ 请大家看课文的第三行。Silakan semua orang membuka buku pelajaran ke baris ketiga. | 大家排好队,每行站五个人。Semua orang berdiri dalam baris, lima orang per baris. | 他把这行字写错了。Dia menulis kata-kata ini dalam baris yang salah.

1 **好** hǎo **baik; bagus; mudah**

【形容词】[Adjektiva (kata sifat)] ① 表示同意或结束话题。Menunjukkan persetujuan atau mengakhiri topik pembicaraan. ‖ 好,那这件事就交给你办了。Baiklah, maka tugas ini diserahkan padamu. | 好,我一会儿就打电话给你。

Baiklah, aku akan meneleponmu sebentar lagi. | 好,我还有事,我就先走了。Baiklah, aku punya urusan lain, aku pergi duluan. ② 表示让人满意的,不错的。Menunjukkan sesuatu yang memuaskan atau baik. ‖ 这次我考得很好。Kali ini aku ujian dengan baik. | 他的手机修好了。Ponselnya telah diperbaiki dengan baik. | 她的声音很好听。Suaranya bagus untuk didengar. | 她经常做好事。Dia sering melakukan perbuatan baik. | 你的病好了吗? Bagaimana, apakah kamu sudah sembuh? ③ 容易。Mudah. ‖ 这道题不好做。Soal ini tidak mudah. | 这个知识很好理解。Pengetahuan ini mudah untuk dimengerti. | 这件事好办。Ini mudah diatasi.

2 好 hǎo **sangat**

【副词】[Adverbia (kata keterangan)] 很,表示程度深。Dalam tingkat yang mendalam. ‖ 我等了他好长时间,他都没来。Aku menunggu dia sangat lama, dia belum datang-datang. | 我们好几个人一起去动物园玩。Kami beberapa orang pergi bersama-sama dengan sangat banyak orang di kebun binatang. | 他好几年没回家了。Dia sudah tidak pulang ke rumah selama bertahun-tahun. | 妈妈的饭味道好香。Aroma makanan ibu sangat harum. | 我听了他的话好感动。Aku sangat tersentuh mendengarnya.

1 好吃 hǎochī **enak; nikmat; lezat**

【形容词】[Adjektiva (kata sifat)] 味道好的,让人吃着感觉到满意的。Rasanya enak, membuat orang merasa puas setelah makan. ‖ 这家饭馆的菜很好吃。Makanan di restoran ini sangat enak. | 快吃吧,菜凉了该不好吃了。Cepatlah makan, nanti makanan dingin jadi tidak enak. | 妈妈做了一桌子的好吃的。Ibu masak banyak makanan enak.

2 好处 hǎochù **manfaat**

【名词】[Nomina (kata benda)] 有利的事情。Hal yang menguntungkan. ‖ 学汉语有很多好处。Belajar bahasa Tionghoa memiliki banyak manfaat. | 这么做对我有什么好处? Apa manfaatnya untukku melakukan ini? | 多想想别人的好处。Lebih banyak berpikir tentang manfaat orang lain. | 他只做对自己有好处的事。Dia hanya melakukan hal-hal yang menguntungkan dirinya sendiri.

2 好多 hǎoduō **sangat banyak**

【数词】[Numeralia (kata bilangan)] 数量多。Jumlah yang banyak. ‖ 公园里

有好多人。Ada banyak orang di taman. | 今天有好多人参加比赛。Hari ini banyak orang yang berpartisipasi dalam kompetisi. | 我有好多话想告诉他。Aku punya banyak hal untuk dikatakan padanya. | 我还有好多工作没有做。Aku masih memiliki banyak pekerjaan yang belum selesai.

3 **好好** hǎohāo **normal; baik-baik**

【形容词】［Adjektiva（kata sifat）］情况正常的。Dalam kondisi normal. ‖ 你好好的怎么哭了？Mengapa kau yang baik-baik saja menangis? | 好好的一件衣服，她说不要就不要了。Pakaian yang baik-baik saja, dia mengatakan tidak mau lagi. | 我的手机用了好多年，现在还是好好的。Ponselku digunakan selama bertahun-tahun, sekarang masih baik-baik saja.

【副词】［Adverbia（kata keterangan）］努力地。Dengan usaha. ‖ 他病了，他需要好好休息。Dia sakit, dia butuh istirahat yang cukup. | 有什么话你们好好说，不要吵架。Apa yang ingin kalian sampaikan, bicarakan dengan baik-baik, jangan bertengkar. | 这个问题我们需要好好讨论一下。Masalah ini perlu kita diskusikan dengan baik-baik.

2 **好久** hǎojiǔ **sangat lama**

【形容词】［Adjektiva（kata sifat）］很长时间。Jangka waktu yang lama. ‖ 好久没见到你了，你去哪了？Sudah lama sekali tidak bertemu denganmu, kamu pergi ke mana? | 他在办公室里工作了好久。Dia telah bekerja di kantor selama bertahun-tahun. | 她病了好久。Dia sudah sakit lama sekali. | 我们走了好久才到图书馆。Kita berjalan sangat lama sekali sampai ke perpustakaan.

1 **好看** hǎokàn **bagus; indah**

【形容词】［Adjektiva（kata sifat）］漂亮，让人看起来感觉美的。Terlihat indah, membuat orang merasa senang melihatnya. ‖ 你新买的裙子可真好看。Rok baru yang kamu beli benar-benar cantik. | 她一直觉得自己长得不好看。Dia selalu merasa bahwa dirinya tidak tampan. | 他画的画都很好看。Gambar-gambar yang dia gambar semuanya sangat bagus untuk dilihat. | 这个杯子好不好看？Gelas ini bagus atau tidak?

2 **好人** hǎorén **orang baik**

【名词】［Nomina（kata benda）］做好事的人。Orang yang berbuat baik. ‖ 他是个好人，他总是帮助别人。Dia adalah orang yang baik, dia selalu membantu orang lain. | 我们要做好人，不能做坏人。Kita harus menjadi orang baik, tidak boleh menjadi orang jahat. | 好人越来越多。Orang-orang yang baik semakin banyak.

2 **好事** hǎoshì **hal baik**

【名词】［Nomina（kata benda）］好的事情，有利的事情，为别人服务的事情。Hal baik, hal yang menguntungkan, tindakan untuk melayani orang lain. ‖ 他做了很多好事，大家都向他表示感谢。Dia melakukan banyak perbuatan baik, semua orang berterima kasih padanya. | 报纸上报道了一些好人好事的新闻。Di surat kabar dilaporkan berita tentang orang baik dan kejadian baik. | 还有这样的好事？Benarkah ada kejadian baik seperti itu？

1 **好听** hǎotīng **bagus；merdu**

【形容词】［Adjektiva（kata sifat）］听起来感觉舒服的。Terdengar nyaman. ‖ 她的歌声很好听。Suara nyanyiannya sangat merdu. | 下雨的声音真好听。Suara hujan terdengar sangat nyaman. | 你的名字真好听。Nama kamu terdengar sangat bagus. | 好听，再唱一个。Bagus, nyanyikan lagi. | 这首歌好不好听？Lagu ini bagus atau tidak？

1 **好玩儿** hǎowánr **menyenangkan；menarik**

【形容词】［Adjektiva（kata sifat）］有意思的。Menarik. ‖ 他讲的笑话儿很好玩儿。Lelucon yang dia ceritakan sangat menyenangkan. | 这个游戏不好玩儿。Permainan ini tidak menyenangkan. | 公园里有很多好玩儿的东西。Di taman ada banyak hal yang menyenangkan. | 他的样子看起来真好玩儿。Penampilannya terlihat menarik.

2 **好像** hǎoxiàng **mirip；mungkin；sepertinya**

【副词】［Adverbia（kata keterangan）］① 有很多相同的地方。Memiliki banyak kesamaan. ‖ 他们两个人长得好像。Mereka berdua terlihat mirip. | 这两个包好像，看起来没什么区别。Dua tas ini terlihat mirip, tampaknya tidak ada perbedaan. | 今天好像过年一样热闹。Hari ini terasa seperti suasana perayaan. | 她说话好像鸟儿唱歌一样好听。Cara dia berbicara terdengar seperti burung bernyanyi, sangat merdu. ② 可能，感觉像。Mungkin, terasa seperti. ‖ 他好像没有来。Sepertinya dia tidak datang. | 刚才好像有人找你。Barusan sepertinya ada orang mencari kamu. | 我好像忘记了一些事情。Sepertinya aku lupa tentang sesuatu.

[3] **好奇** hàoqí **penasaran**

【形容词】［Adjektiva（kata sifat）］对不知道的事情感觉有意思并且关注。Merasa tertarik dan memperhatikan sesuatu yang tidak diketahui. ‖ 她对任何事都很好奇。Dia sangat penasaran tentang segala hal. | 孩子总是对大人的活动感到好奇。Anak-anak selalu penasaran dengan aktivitas orang dewasa. | 我好奇他是怎么知道这件事的。Aku penasaran bagaimana dia mengetahui tentang hal ini.

[1] **号** hào **nomor**

【名词】［Nomina（kata benda）］数字。Angka. ‖ 他的电话号是多少？Berapa nomor teleponnya? | 请大家按号排队。Silakan semua orang berbaris menurut nomor. | 我先去排个号。Aku akan mengambil nomor antrian terlebih dahulu.

【量词】［Kuantifier（kata pengukur）］表示日期或数字等的单位。Satuan untuk tanggal atau angka lainnya. ‖ 今天是四月一号。Hari ini tanggal satu April. | 你的飞机几号起飞？Penerbanganmu tanggal berapa? | 下一位，九号顾客。Silakan, pelanggan nomor 9. | 你可以到八号窗口买车票。Kamu boleh membeli tiket di loket nomor delapan. | 他穿 M 号的衣服。Dia memakai baju ukuran M.

[1] **喝** hē **minum**

【动词】［Verba（kata kerja）］把水、汤等吃进去。Memasukkan air, sup, dll ke dalam tubuh. ‖ 中国喜欢喝热水。Di Tiongkok, mereka suka minum air panas. | 医生说多喝水对身体好。Dokter mengatakan minum banyak air baik untuk kesehatan. | 我想再喝一碗汤。Aku ingin minum lagi semangkuk sup. | 你喝不喝茶？Kamu minum teh atau tidak?

[1] **和** hé **dan**

【介词】［Preposisi（kata depan）］带出一个对象。Menghubungkan dua objek. ‖ 他和我是好朋友。Dia dan aku adalah teman baik. | 这件事和她没关系。Hal ini tidak ada hubungannya dengan dia. | 和别人说话的时候，要看着别人。Ketika berbicara dengan orang lain, harus melihat mata orang tersebut. | 他今年和家人一起过年。Dia merayakan Tahun Baru bersama keluarganya.

【连词】［Konjungsi（kata penghubung）］把不同的人、东西、事情放在一起说。Menggabungkan orang, benda, atau peristiwa yang berbeda dalam satu kalimat. ‖ 我和她都喜欢看电影。Aku dan dia sama-sama suka menonton film. | 家

里有牛奶和鸡蛋。Di rumah ada susu dan telur. | 他要负责成员管理和信息管理工作。Dia bertanggung jawab untuk mengatur anggota dan manajemen informasi.

3 **和平** hépíng **damai**

【名词】[Nomina (kata benda)] 友好平安的状态。Keadaan yang bersahabat dan aman. ‖ 现在是和平的时代。Sekarang adalah masa damai. | 世界各国都在创造和平的国际环境。Seluruh negara sedang menciptakan lingkungan internasional yang damai. | 他热爱和平。Dia mencintai perdamaian.

3 **合** hé **tutup; katup; sesuai**

【动词】[Verba (kata kerja)] ① 把东西关上。Menutup sesuatu. ‖ 他慢慢地合上了眼。Dia perlahan menutup matanya. | 观众笑得合不上嘴。Penonton tertawa sampai mulut mereka tidak tertutup. | 我把盖子合上了。Aku menutupkan penutupnya. | 大家把书合上。Semua orang menutup buku. ② 组成一个整体。Tergabung menjadi satu kesatuan. ‖ 因为老师太少,所以学校把两个班合在一起上课。Karena guru terlalu sedikit, jadi sekolah menggabungkan dua kelas berlajar bersama-sama. | 这么多东西合起来一共一百块钱。Barang sebanyak ini digabung semua totalnya 100 kuai (Yuan). ③ 满足要求。Memenuhi persyaratan. ‖ 你这样做不合规定。Perbuatanmu tidak sesuai dengan peraturan. | 这份文件有几处不合要求。Dokumen ini terdapat beberapa poin yang tidak sesuai dengan persyaratan. | 新买的鞋很容易不合脚。Sepatu yang baru dibeli biasanya tidak pas dengan kaki.

3 **合法** héfǎ **legal**

【形容词】[Adjektiva (kata sifat)] 在规定范围里面的,和规定一样的。Dalam batas-batas yang ditetapkan oleh hukum. ‖ 这家店一直都是合法经营的。Toko ini selalu beroperasi secara legal. | 你这样做是不合法的。Tindakanmu seperti itu tidak legal. | 他把自己的房子卖了是合法行为。Dia menjual rumahnya dengan cara yang sah.

3 **合格** hégé **layak**

【形容词】[Adjektiva (kata sifat)] 达到要求的。Memenuhi persyaratan. ‖ 这些产品都合格了。Produk-produk ini semuanya memenuhi syarat. | 他这次考试成绩合格了。Hasil ujian kali ini memenuhi syarat. | 每位父母都在努力地当一位合格的家长。Setiap orang tua berusaha menjadi orang tua yang memenuhi syarat.

H

3 **合理** héli　**masuk akal**

【形容词】［Adjektiva（kata sifat）］有道理的，和道理一样的。Memiliki alasan yang masuk akal, seperti yang seharusnya. ‖ 这个调查里的问题有些不合理。Pertanyaan dalam survei ini ada beberapa yang tidak masuk akal. | 会议上得了几条合理的建议。Dalam pertemuan ini ada beberapa saran yang masuk akal. | 我们要合理安排学习时间。Kita harus menyusun jadwal belajar yang masuk akal.

2 **合适** héshì　**cocok**

【形容词】［Adjektiva（kata sifat）］和要求一样，满足要求的。Memenuhi persyaratan atau sesuai dengan kebutuhan. ‖ 这件衣服太大了，不合适。Pakaian ini terlalu besar, tidak cocok. | 我们两个人个性不一样，在一起不合适。Kita berdua memiliki kepribadian yang berbeda, bersama-sama tidak cocok. | 这个房间大小刚合适。Ruangan ini berukuran pas.

3 **合作** hézuò　**kerjasama**

【动词】［Verba（kata kerja）］一起做。Melakukan sesuatu bersama-sama. ‖ 两家公司合作举办了这次比赛。Dua perusahaan ini bekerjasama mengadakan kompetisi ini. | 大家合作一定能把问题解决。Jika kita semua bekerjasama, pasti bisa menyelesaikan masalah ini. | 我们一起合作过几次。Kita pernah bekerja sama beberapa kali. | 老师让我们合作完成练习。Guru menginstruksikan kita untuk bekerja sama menyelesaikan latihan.

2 **河** hé　**sungai**

【名词】［Nomina（kata benda）］水长期在地上流而形成的地方。Tempat di mana air mengalir di tanah untuk waktu yang lama. ‖ 他家门口有一条长长的河。Di depan rumahnya ada sungai yang panjang. | 河里有几条小鱼。Di sungai ada beberapa ikan kecil. | 河面上有船。Di atas permukaan sungai ada perahu. | 河边很热闹，有的人坐着聊天，有的人在洗衣服，还有的人在抓鱼。Di sepanjang sungai sangat ramai, ada orang duduk dan berbicara, ada orang mencuci pakaian, dan ada orang menangkap ikan.

2 **黑** hēi　**hitam**

【形容词】［Adjektiva（kata sifat）］① 最深的颜色的。Warna paling gelap. ‖ 他穿着一件白衬衫和一条黑裤子。Dia mengenakan baju putih dan celana hitam. |

她的头发黑黑的。Rambutnya berwarna hitam. | 他经常在太阳下干活，人都变黑了。Dia sering bekerja di bawah terik matahari, kulitnya menjadi hitam. ② 一点光也没有的。Tidak ada cahaya sama sekali. ‖ 天黑了，外面什么都看不见。Langit sudah gelap, tidak kelihatan apa-apa di luar. | 这里太黑了，把灯打开吧。Di sini sangat gelap, nyalakan lampu. ③ 坏。buruk. ‖ 这家店的东西太贵了，老板可真黑心。Toko ini terlalu mahal, pemiliknya benar-benar tidak jujur. | 他做事太黑了，没人和他当朋友。Dia melakukan hal-hal jahat, tidak ada yang mau berteman dengannya. | 我不想干了，这家公司真黑。Aku tidak ingin melakukannya lagi, perusahaan ini benar-benar jahat.

2 **黑板** hēibǎn **papan tulis**

【名词】［Nomina (kata benda)］挂在墙上可以在上面写字的工具。Alat yang digantung di dinding dan bisa digunakan untuk menulis di atasnya. ‖ 老师在黑板上写下了自己的名字。Guru menulis namanya di papan tulis. | 各位同学，请大家看黑板。Para siswa, tolong perhatikan papan tulis. | 黑板上什么也没写，我们都不知道作业是什么。Tidak ada yang tertulis di papan tulis, kami tidak tahu apa yang harus dijadikan pekerjaan rumah.

2 **黑色** hēisè **warna hitam**

【名词】［Nomina (kata benda)］黑的颜色。Warna hitam. ‖ 我喜欢白色，我不喜欢黑色。Aku suka warna putih, aku tidak suka warna hitam. | 他需要一支黑色的笔。Dia membutuhkan pulpen warna hitam. | 他大部分的衣服都是黑色的。Kebanyakan pakaiannya berwarna hitam. | 黑色的天上有许多漂亮的星星。Langit hitam penuh dengan bintang yang indah.

1 **很** hěn **sangat**

【副词】［Adverbia (kata keterangan)］表示程度深。Menunjukkan tingkat kedalaman. ‖ 他今天心情很好。Dia sangat senang hari ini. | 家里没有灯，我一个人很害怕。Rumah tanpa lampu, aku merasa sangat takut sendirian. | 老师听了这个消息开心得很。Guru sangat senang mendengar berita ini.

2 **红** hóng **merah; viral**

【形容词】［Adjektiva (kata sifat)］① 像血一样的颜色。Warna seperti darah. ‖ 花园里有红花还有绿草。Di taman ada bunga merah dan rumput hijau. | 她的那条红裙子非常好看。Rok merahnya sangat bagus. | 你的脸怎么红了？Mengapa wajahmu menjadi merah? ② 受到很多人欢迎的。Populer di antara banyak orang. ‖ 他是国内很红的歌手。Dia adalah penyanyi yang sangat populer di dalam negeri. | 她的画在网上很红。Lukisannya sangat populer di internet. | 人们把互联网上的红人叫作"网红"。Orang-orang menyebut selebriti internet sebagai "wanghong" (artinya "viral di internet").

3 红茶 hóngchá **teh merah (teh hitam)**

【名词】[Nomina (kata benda)] 一种茶,颜色有点儿红。Sejenis teh dengan sedikit warna merah. ‖ 中国的红茶很有名。Teh hitam dari Tiongkok sangat terkenal. | 多喝红茶对身体好。Minum teh hitam memiliki manfaat untuk kesehatan. | 有的人喝红茶喜欢加牛奶和糖。Beberapa orang suka menambahkan susu dan gula ke dalam teh hitam.

H

3 红酒 hóngjiǔ **anggur merah**

【名词】[Nomina (kata benda)] 用水果做成的酒,颜色有点儿红。Anggur yang dibuat dari buah-buahan dan memiliki warna agak merah. ‖ 他很喜欢喝红酒。Dia sangat menyukai anggur merah. | 他把红酒倒进杯子里。Dia menuangkan anggur merah ke dalam gelas. | 红酒的味道有点儿甜。Rasa anggur merah agak manis.

2 红色 hóngsè **warna merah**

【名词】[Nomina (kata benda)] 红的颜色。Warna merah. ‖ 她用红色的笔画了一朵花。Dia menggambar bunga dengan pulpen merah. | 中国人最喜欢红色,因为它代表着会有好事发生。Orang Tiongkok sangat menyukai warna merah karena melambangkan kejadian yang baik akan terjadi. | 太阳刚升起来的时候是红色的。Ketika matahari baru terbit, langit berwarna merah.

1 后 hòu **belakang**

【名词】[Nomina (kata benda)] ① 在某个东西的前边的另一边。Di sisi yang lain dari sesuatu. ‖ 门后好像有一只小狗。Di balik pintu ada seekor anjing kecil. | 他站在我的身后。Dia berdiri di belakangku. | 你向后看看。Lihatlah ke belakangmu. ② 在一件事发生以后发生的事。Kejadian setelah kejadian lain terjadi. ‖ 下课后,老师叫他去办公室。Setelah pelajaran berakhir, guru memanggilnya ke kantor. | 考试结束后,大家一起去玩。Setelah ujian selesai, kita semua pergi bermain. | 他走后,有不少人来找过他。Setelah dia pergi, banyak orang datang mencarinya. ③ 排在靠后的地方。Peringkat dari belakang. ‖ 他的成绩一直在班里后十名。Di kelasnya, peringkatnya selalu berada di sepuluh besar dari belakang. | 看电影我喜欢坐在后三排的地方。Saya suka duduk di tiga baris belakang saat menonton film.

1 **后边** hòubian **sisi belakang**

【名词】[Nomina (kata benda)] 前边的另一边。Bagian lain di belakangnya. ‖ 在后边的同学,请到前面来。Bagi siswa yang di bagian belakang, tolong datang ke depan. | 他在门后边放了一把椅子。| Dia menaruh sebuah kursi di bagian belakang pintu. | 后边的事情你一个人能办完吗? Apakah kamu bisa menangani hal di bagian belakang?

3 **后果** hòuguǒ **konsekuensi; akibat**

H

【名词】[Nomina (kata benda)] 不好的结果。Hasil yang tidak baik. ‖ 你知道这样做的后果吗? Apakah kamu tahu akibat dari tindakanmu ini? | 他做事情从来不想后果。Dia selalu tidak memikirkan akibatnya dari perbuatannya. | 有什么后果我来负责。Aku bertanggung jawab atas apa pun konsekuensinya.

2 **后来** hòulái **lalu; kemudian**

【名词】[Nomina (kata benda)] 已经过去时间以后的时间。Waktu setelah waktu sebelumnya. ‖ 他后来就很少来我们学校了。Dia jarang datang ke sekolah kami setelah itu. | 他后来回到了故乡。Dia kembali ke kampung halamannya setelah itu. | 开始还有很多人参赛,后来就没什么人了。Awalnya banyak orang yang berpartisipasi, kemudian sedikit yang tersisa. | 一开始说得好好的,后来她的想法变了。Awalnya dia berkata baik-baik, kemudian pikirannya berubah.

3 **后面** hòumiàn **bagian belakang; sisi belakang**

【名词】[Nomina (kata benda)] 后边;靠后的那一面。Bagian belakang; sisi yang di belakang. ‖ 他后面还有很多工作。Dia masih memiliki banyak pekerjaan di belakangnya. | 我回头看了看后面。Aku berbalik dan melihat ke belakang. | 大家可以继续做后面的练习。Semua orang bisa melanjutkan dengan latihan di bagian belakang. | 房子后面有一个非常大的花园。Di belakang rumah ada taman yang sangat besar.

3 **后年** hòunián **dua tahun lagi**

【名词】[Nomina (kata benda)] 明年后面的一年。Tahun setelah tahun depan. ‖ 他后年才能从国外回来。Dia baru akan kembali dari luar negeri tahun depan. | 他

今年上高中二年级，后年就可以上大学了。Dia sekarang kelas dua di sekolah menengah, tahun depan dia akan masuk perguruan tinggi. | 后年你有什么工作目标？Apa tujuan pekerjaanmu tahun depan？

1 **后天** hòutiān **besok lusa**

【名词】［Nomina（kata benda）］明天后面的一天。Hari setelah besok. ‖ 听说后天会下雪。Kabarnya akan turun salju lusa. | 明天是星期六，后天是星期日。Besok adalah hari Sabtu, lusa adalah hari Minggu. | 后天上午你有空吗？Apakah kamu punya waktu di pagi lusa？

2 **忽然** hūrán **tiba-tiba**

【副词】［Adverbia（kata keterangan）］没想到会发生地，很快发生地。Sesuatu yang tidak terduga terjadi dengan cepat. ‖ 他忽然从教室里跑了出去。Dia tiba-tiba berlari keluar dari kelas. | 我忽然想起来我还有急事。Aku tiba-tiba ingat bahwa aku masih memiliki urusan mendesak. | 忽然，一只小鸟飞了进来。Tiba-tiba, burung kecil terbang masuk.

H

2 **湖** hú **danau**

【名词】［Nomina（kata benda）］大自然里的或者人创造的面积很大的水，比海小。Sebuah air yang luas di alam atau yang dibuat oleh manusia, lebih kecil dari laut. ‖ 公园里有一个很大的人工湖。Di taman ada sebuah danau buatan yang besar. | 湖边长满了草。Di tepi danau tumbuh rumput. | 湖面上有很多小船，人们坐在船上休息。Di permukaan danau ada banyak perahu kecil, orang-orang duduk di atasnya untuk beristirahat.

2 **护照** hùzhào **paspor**

【名词】［Nomina（kata benda）］国家给公民发的，可以在国外使用的“身份证”。Identitas yang dikeluarkan oleh negara kepada warganya dan dapat digunakan di luar negeri. ‖ 在国外旅游，一定要保护好自己的护照。Saat bepergian ke luar negeri, pastikan untuk menjaga paspor Anda dengan baik. | 他的护照丢了，只能去大使馆问问怎么办。Paspornya hilang, dia hanya bisa pergi ke kedutaan untuk bertanya apa yang harus dilakukan. | 现在办护照很方便。Proses mendapatkan paspor sekarang sangat mudah.

3 **互联网** hùliánwǎng **internet**

【名词】［Nomina（kata benda）］用计算机网相互联起来的信息网，有时也叫

"网"。Jaringan informasi yang terhubung oleh komputer, kadang-kadang disebut "wang". ‖ 互联网时代让信息传播变得更快了。Era internet telah membuat penyebaran informasi menjadi lebih cepat. | 很多人喜欢在互联网上发布自己的照片。Banyak orang suka memposting foto mereka di internet. | 我们要正确区分互联网上的真信息和假信息。Kita harus membedakan antara informasi yang benar dan informasi palsu di internet.

3 互相 hùxiāng **saling**

【副词】[Adverbia (kata keterangan)] 双方用一样方式对待地。Kedua belah pihak saling memperlakukan dengan cara yang sama. ‖ 同学们要互相帮助。Teman sekelas harus saling membantu. | 他们互相留下了手机号。Mereka saling bertukar nomor telepon. | 两个公司合作要注意互相配合。Dua perusahaan yang bekerja sama harus saling berkoordinasi.

H

1 花 huā **bunga**

【名词】[Nomina (kata benda)] 长在地上或树上的,颜色丰富,好看的东西。Sesuatu yang tumbuh di tanah atau pohon, memiliki warna yang indah dan menarik. ‖ 他买了许多花,想要送给老师。Dia membeli banyak bunga untuk diberikan kepada guru. | 春天到了,花都开了。Musim semi telah tiba, semua bunga telah mekar. | 老师的桌子上放着几朵花。Di atas meja guru, ada beberapa bunga. | 大多数女孩都喜欢花。Sebagian besar gadis menyukai bunga. | 公园里开满了花,有红的、黄的、白的。Taman penuh dengan bunga merah, kuning, dan putih.

2 花 huā **bayar**

【动词】[Verba (kata kerja)] 用;费。Menggunakan atau membelanjakan. ‖ 他买书花了很多钱。Dia menghabiskan banyak uang untuk membeli buku. | 他们花了很长时间准备这次活动。Mereka menghabiskan waktu yang lama untuk mempersiapkan acara ini. | 她每天花一小时的时间读书。Dia menghabiskan satu jam setiap hari untuk membaca.

2 花园 huāyuán **taman bunga**

【名词】[Nomina (kata benda)] 有很多花、草、树的地方,人们可以在这里看花、休息。Tempat dengan banyak bunga, rumput, dan pohon, di mana orang bisa menikmati bunga dan beristirahat. ‖ 放假的时候,她喜欢去花园散步。Saat liburan, dia suka berjalan-jalan di taman. | 春天到了,花园里的花都开了。

Musim semi tiba, semua bunga di taman telah mekar.

3 **划船** huáchuán **mendayung perahu**

【动词】[Verba (kata kerja)] 人用力让船在水上前进。Menggerakkan perahu di atas air dengan tenaga manusia. ‖ 我周末想去划船。Saya ingin berperahu di akhir pekan. | 有很多人在湖面上划船。Banyak orang berperahu di permukaan danau. | 这里每年都会举办划船比赛。Di sini diadakan perlombaan berperahu setiap tahun.

3 **华人** huárén **Tionghoa**

【名词】[Nomina (kata benda)] 不在中国生活的中国人和他们的孩子。Orang-orang Tiongkok yang tinggal di luar Tiongkok dan keturunan mereka. ‖ 华人要互相帮助。Orang-orang Tionghoa harus saling membantu. | 世界上很多国家都有华人。Ada banyak orang Tionghoa di berbagai negara di dunia. | 有些国家有华人学校。Beberapa negara memiliki sekolah-sekolah Tionghoa.

H

3 **化** huà **perubahan; -isasi**

【后缀】[Akhiran] "现代化"的"化",放在其他词后,表示变成某种状态。"化" dalam "现代化" yang digunakan setelah kata lain untuk menunjukkan transformasi menjadi suatu keadaan. ‖ 现在是信息化时代,人们在网上查信息又快又方便。Saat ini adalah era informatisasi, di mana orang dapat mencari informasi secara cepat dan nyaman di internet. | 越来越多的工厂开始变为自动化生产。Semakin banyak pabrik yang beralih menjadi produksi otomatis. | 现代化社会人们的生活越来越方便了。Masyarakat yang semakin termodernisasi membuat kehidupan orang semakin nyaman.

2 **画** huà **menggambar; melukis**

【动词】[Verba (kata kerja)] 用笔作图。Membuat gambar dengan pena atau pensil. ‖ 她在黑板上画了一只小鸟。Dia menggambar seekor burung kecil di papan tulis. | 他很喜欢画画儿。Dia sangat menyukai seni lukis. | 你现在画的是什么? Apa yang kamu gambar sekarang? | 工程师正在画图计算面积。Seorang insinyur sedang menggambar untuk menghitung luasnya. | 你可以画个图看看。Kamu bisa menggambar sesuatu sebagai referensi.

2 **画家** huàjiā **pelukis**

【名词】[Nomina (kata benda)] 把画画儿当作工作的人,画画儿本领很高的

人。Seseorang yang melukis sebagai pekerjaan dan memiliki keterampilan menggambar yang tinggi. ‖ 这位画家有很多有名的画儿。Pelukis ini memiliki banyak karya yang terkenal. | 画家正在画画儿。Pelukis sedang melukis lukisan. | 他当画家才只有五年的时间。Dia menjadi seorang pelukis hanya selama limatahun. | 她从小就当一名画家。Dia sudah menjadi pelukis sejak kecil.

2 **画儿** huàr **lukisan**

【名词】[Nomina (kata benda)] 画出的作品,画出的图。Karya seni yang digambar atau lukis. ‖ 很多人喜欢在墙上挂上好看的画儿。Banyak orang suka menggantungkan gambar-gambar yang indah di dinding. | 这张画儿是谁画的? Siapa yang membuat gambar ini? | 画儿上的颜色很丰富。Gambar ini memiliki banyak warna yang indah.

H

1 **话** huà **ucapan**

【名词】[Nomina (kata benda)] 说出来的内容或写下来的内容。Isi yang diucapkan atau ditulis. ‖ 她心里有很多话想和别人说。Dia memiliki banyak hal dalam hatinya yang ingin dia katakan kepada orang lain. | 她把心里话都写在了信上。Dia menuliskan semua isi hatinya dalam surat. | 话不能这样说,他也不是故意办坏事的。Janganlah mengatakan hal-hal seperti itu, dia juga tidak bermaksud melakukan hal buruk. | 你这话说得不对,这件事大家都有责任。Kamu salah bicara, ini adalah tanggung jawab bersama.

3 **话剧** huàjù **dialog drama**

【名词】[Nomina (kata benda)] 一种对话表演的艺术形式。Sebuah bentuk seni pertunjukan di mana dialog digunakan. ‖ 老师让我们分组演话剧。Guru meminta kami untuk bermain drama panggung dalam kelompok. | 今晚的话剧表演非常精彩。Pertunjukan drama panggung malam ini sangat menarik. | 她喜欢看话剧。Dia suka menonton drama panggung. | 他演过很多话剧,是有名的话剧演员。Dia telah berperan dalam banyak drama panggung, dia adalah seorang aktor drama yang terkenal.

3 **话题** huàtí **topik**

【名词】[Nomina (kata benda)] 话的中心题目。Pokok pembicaraan atau topik dalam percakapan. ‖ 他们有共同的爱好,所以他们有很多共同话题。Mereka memiliki minat yang sama, sehingga mereka memiliki banyak topik pembicaraan yang sama. | 今天的课堂话题是“冬天”。Topik pembicaraan dalam kelas hari ini adalah “Musim Dingin”. | 我不想回答这个问题，我们换个话题吧。Aku tidak ingin menjawab pertanyaan ini, mari kita ganti topik pembicaraannya.

1 **坏** huài **rusak; buruk; jahat; sangat**

【形容词】［Adjektiva（kata sifat）］① 不好的，让人不满意的；让人感觉不舒服的；不被人接受的；不能正常工作的。Tidak baik, tidak memuaskan, membuat orang merasa tidak nyaman; tidak diterima oleh orang lain; tidak bekerja normal. ‖ 他做事不认真，所以总是好心办坏事。Dia tidak bekerja dengan sungguh-sungguh, jadi selalu melakukan hal-hal buruk. | 这件事对社会产生了很坏的影响。Kejadian ini memiliki dampak buruk pada masyarakat. | 电视机坏了，看不了电视节目了。Televisi rusak, tidak bisa menonton program televisi. | 我今天心情坏极了。Hari ini dia sangat buruk（tidak bahagia）. ② 程度深。Tingkatan yang dalam. ‖ 他气坏了。Dia sangat marah. | 忽然跳出来的小狗把小孩吓坏了。Anjing yang tiba-tiba melompat keluar menakut-nakuti anak kecil. | 这个消息让他高兴坏了。| Berita ini sangat menakutkan bagi dia.

2 **坏处** huàichù **dampak negatif**

【名词】［Nomina（kata benda）］不好的地方。Aspek yang buruk. ‖ 我们不要只看别人的坏处，要多想想别人的好处。Kita tidak boleh hanya melihat sisi buruk seseorang, kita juga harus memikirkan sisi baiknya. | 你再去和他说几句也没什么坏处。Kamu bisa berbicara dengannya beberapa kali, tidak ada kerugian dalam hal itu. | 方便面吃太多会对身体产生许多坏处。Makan mie instan terlalu banyak memiliki banyak kerugian bagi kesehatan.

2 **坏人** huàirén **orang jahat**

【名词】［Nomina（kata benda）］不好的人，做坏事的人。Orang yang buruk, yang melakukan perbuatan jahat. ‖ 现在的社会好人多，坏人少。Saat ini, orang baik lebih banyak daripada orang jahat. | 我们要正确区分好人和坏人。Kita harus membedakan antara orang baik dan orang jahat. | 大家一起抓住了那个坏人。Semua orang bersama-sama menangkap orang jahat itu.

3 **欢乐** huānlè **kebahagiaan**

【形容词】［Adjektiva（kata sifat）］高兴的，快乐的。Senang, gembira. ‖ 欢乐的时间总是过得很快。Waktu yang bahagia selalu berlalu dengan cepat. | 教室

里充满欢乐的笑声。Ruang kelas penuh dengan tawa bahagia. | 生活中有痛苦也有欢乐。Dalam hidup, ada kesedihan dan kebahagiaan. | 孩子们欢乐的歌声感动了大家。Suara bernyanyi yang bahagia dari anak-anak menggerakan hati semua orang.

2 **欢迎** huānyíng **selamat datang**

【动词】[Verba (kata kerja)] 高兴地迎接。Menyambut orang dengan senang hati. ‖ 欢迎来到中国。Selamat datang di Tiongkok. | 他站在家门口欢迎我们。Dia berdiri di depan pintu rumahnya untuk menyambut kami. | 欢迎你来我们家做客。Selamat datang di rumah kami sebagai tamu. | 他看起来有点不高兴,好像不欢迎我们来这里。Dia terlihat sedikit tidak senang, seolah-olah dia tidak menyambut kedatangan kita ke sini.

H

1 **还** huán **mengembalikan**

【动词】[Verba (kata kerja)] 把借来的或租来的东西送回去。Mengembalikan sesuatu yang dipinjam atau disewa. ‖ 他到今天还没有还给我钱。Sampai saat ini, dia belum mengembalikan uang yang dipinjamkan kepadanya. | 我去图书馆还书。Saya akan pergi ke perpustakaan untuk mengembalikan buku. | 他有没有把衣服还回来? Apakah dia mengembalikan pakaian itu?

3 **环** huán **bundaran; lingkar**

【名词】[Nomina (kata benda)] ① 一种像圆的形状。Bentuk yang mirip lingkaran. ‖ 他为他的女朋友做了一个花环。Dia membuatkan mahkota bunga untuk pacarnya. | 门上挂着两个铁环。Ada dua cincin besi di atas pintu. ② 过程中的一部分。sebagian dari proses. ‖ 创新是经济发展中重要的一环。Inovasi adalah bagian penting dari perkembangan ekonomi. | 这次工作中的每一环都非常重要,一定要认真完成。Setiap tahapan dalam pekerjaan ini sangat penting, harus diselesaikan dengan sungguh-sungguh.

3 **环保** huánbǎo **ramah lingkungan**

【名词】[Nomina (kata benda)] 保护环境的活动。Kegiatan untuk melindungi lingkungan. ‖ 环保不是靠一个人或者一个国家可以解决的。Perlindungan lingkungan tidak bisa diatasi oleh satu orang atau satu negara. | 我们正在认真进行环保工作。Kami sedang melakukan pekerjaan perlindungan lingkungan dengan serius. | 城里经常举办环保活动。Di kota ini sering diadakan kegiatan lingkungan.
【形容词】[Adjektiva (kata sifat)] 满足保护环境要求的。Memenuhi persyaratan

perlindungan lingkungan. ‖ 你费这么多纸一点也不环保。Kamu menggunakan begitu banyak kertas ini tidak ramah lingkungan. | 这辆车达到了环保标准。Kendaraan ini memenuhi standar lingkungan.

3 **环境** huánjìng **lingkungan**

【名词】[Nomina (kata benda)] ① 周围的情况或地方。Kondisi atau tempat di sekitar kita. ‖ 教室环境非常干净。Ruang kelas sangat bersih dan rapi. | 我对周围的环境还不太习惯。Saya masih belum terbiasa dengan lingkungan sekitar. | 这家公司的工作环境好。Lingkungan kerja di perusahaan ini bagus. ② 指大自然。berarti alam. ‖ 现在很多人都参与到环境保护的活动中了。Banyak orang saat ini terlibat dalam kegiatan perlindungan lingkungan. | 自然环境是我们共同的家。Lingkungan alam adalah rumah bersama kita.

2 **换** huàn **tukar**

【动词】[Verba (kata kerja)] ① 为了得到别人的东西,把一个东西给别人。Memberikan sesuatu kepada orang lain untuk mendapatkan sesuatu dari mereka. ‖ 他拿牛奶换了我的一个鸡蛋。Dia memberikan susu untuk mendapatkan satu telur dari saya. | 我想看你那本书,你可以和我换一下吗? Saya ingin melihat bukumu, bisakah kita menukarnya? | 他们两个把座位换了。Mereka dua menukar tempat duduk. | 我想用这种一百块钱换十张十块钱。Saya ingin menukar sepuluh uang kertas ini menjadi sepuluh uang logam. ② 用另一个。yang lainnya. ‖ 这把椅子坏了,你换一把吧。Kursi ini rusak, tukarlah dengan yang lain. | 天气真冷,我要换件衣服。Cuaca sangat dingin, akum au ganti baju. | 电视坏了,该换台新的了。Televisinya rusak, perlu ganti yang baru. | 他换了新环境以后有点不习惯。Setelah pindah lingkungan, dia agak kurang terbiasa.

2 **黄** huáng **kuning**

【形容词】[Adjektiva (kata sifat)] 像鸡蛋中心的颜色一样。Warna seperti inti telur. ‖ 花园里的花有红的也有黄的。Bunga-bunga di taman ada yang merah dan ada yang kuning. | 这个颜色太黄了,我想换一件。Warna ini terlalu kuning, saya ingin menggantinya. | 他的脸看起很黄,他可能生病了。Wajahnya terlihat sangat kuning, mungkin dia sedang sakit.

2 **黄色** huángsè **warna kuning**

【名词】[Nomina (kata benda)] 黄的颜色。Warna kuning. ‖ 她用黄色的笔画

了一个太阳。Dia menggambar matahari dengan pensil warna kuning.｜中国人喜欢在红色的纸上写下黄色的“福”字。Orang Tiongkok suka menulis karakter “fu”（keberuntungan）dengan tinta kuning di atas kertas merah.｜红色和黄色是中国的代表颜色。Merah dan kuning adalah warna representatif Tiongkok.

1 **回** huí **kembali；jawab；putar balik**

【**动词**】［Verba（kata kerja）］① 从别的地方到原来的地方。Kembali dari tempat lain ke tempat asal pembicara. ‖ 他常常想有机会回故乡看看。Dia sering berpikir untuk memiliki kesempatan untuk kembali ke kampung halamannya.｜他来说了几句话就回办公室去了。Dia datang dan berbicara sebentar, lalu kembali ke kantornya.｜你明天回不回北京？Apakah kamu akan kembali ke Beijing besok?｜东西用完了记得放回原来的地方。Setelah digunakan, jangan lupa mengembalikannya ke tempat semula. ② 回答信息。Menjawab pesan. ‖ 我忘记回他的电子邮件了。Saya lupa menjawab surelnya.｜他今天上午给我回了个电话。Pagi hari ini dia telah meneleponku kembali. ③ 向后转。Putar ke arah belakang. ‖ 他回过头朝我笑了笑。Dia menengok ke belakang tersenyum padaku.｜老师回过身在黑板上写了几个字。Guru balik badan menulis beberapa huruf di papan tulis.

2 **回** huí **kali**

【**量词**】［Kuantifier（kata pengukur）］① 次。Kali. ‖ 这事我都和他说了好几回了，他还总是忘记。Aku sudah berkata berkali-kali kepadanya, tetapi dia masih melupakannya.｜这样的错误已经有很多回了。Kesalahan seperti ini sudah terjadi berkali-kali.｜这回没考好，下回继续努力。Kali ini tidak lulus ujian, kita harus terus berusaha pada kesempatan berikutnya. ② 表示事情的数量单位。menunjukkan frekuensi suatu kejadian. ‖ 这事怎么回事？Bagaimana bisa terjadi hal ini?｜你说的和我说的不是一回事。Hal yang kamu bicarakan dan yang aku bicarakan adalah dua hal yang berbeda.

1 **回答** huídá **menjawab**

【**动词**】［Verba（kata kerja）］对问题进行说明；按要求表达意见。Memberikan penjelasan atau menyatakan pendapat sesuai dengan permintaan. ‖ 老师叫他回答问题。Guru memintanya untuk menjawab pertanyaan.｜我不知道怎么回答你，你让我想想。Saya tidak tahu bagaimana menjawabmu, beri aku waktu untuk berpikir.｜这个问题我回答不上来。Saya tidak bisa menjawab pertanyaan ini.

【名词】［Nomina（kata benda）］对问题的说明；按要求表示的意见。Penjelasan atau pendapat sesuai dengan permintaan. ‖ 领导对他的回答很满意。Pimpinan sangat puas dengan jawabannya. | 这个回答不对。Jawaban ini tidak benar. | 他没有给出让观众满意的回答。Dia tidak memberikan jawaban yang memuaskan penonton.

1 **回到** huídào **kembali ke-**

【动词】［Verba（kata kerja）］从别的地方到原来的地方。Kembali ke tempat asal pembicara dari tempat lain. ‖ 他回到家打开了电视机。Dia kembali ke rumah dan menyalakan televisi. | 当他再一次回到学校，学校已经发生了很多的变化。Ketika dia kembali ke sekolah, sekolah sudah mengalami banyak perubahan. | 和他见面让我感觉好像回到了从前的日子。Bertemu dengannya membuatku merasa seolah-olah kembali ke masa lalu.

2 **回国** huíguó **kembali ke negara asal**

【动词】［Verba（kata kerja）］从国外回到自己的国家。Kembali ke negara asal dari luar negeri. ‖ 他下个月回国。Dia akan kembali ke negara asal bulan depan. | 回国以后，他开始找工作。Setelah kembali ke negara, dia mulai mencari pekerjaan. | 他回国后发现故乡的变化很大。Dia kembali ke negara setelah menemukan banyak perubahan di kampung halamannya. | 我想回国发展事业。Saya ingin kembali ke negara untuk memulai karier.

1 **回家** huíjiā **pulang ke rumah**

【动词】［Verba（kata kerja）］从别的地方到自己家里。Kembali ke rumah dari tempat lain. ‖ 我一会儿就回家。Saya akan kembali ke rumah dalam sebentar lagi. | 你回不回家？Apakah kamu akan kembali ke rumah？| 他已经很久没回家了。Dia sudah lama tidak kembali ke rumah. | 回家的感觉真好。Rasanya sangat menyenangkan bisa kembali ke rumah.

1 **回来** huí//lái **kembali dari …**

【动词】［Verba（kata kerja）］从别的地方回到说话的人在的地方。Kembali ke tempat pembicara dari tempat lain. ‖ 对不起，我回来晚了。Maaf, saya kembali terlambat. | 我是昨天回来的。Saya kembali kemarin. | 人回来就好，这样我就不担心了。Kembalinya orang membuat saya merasa tenang, jadi saya tidak perlu khawatir. | 今天晚上他有工作要做，他回不来了。Dia memiliki pekerjaan untuk

H

dilakukan malam ini, jadi dia tidak akan kembali.

1 **回去** huí//qù **kembali ke ...**

【动词】[Verba (kata kerja)] 从别的地方回到对方在的地方。Kembali ke tempat pembicara dari tempat lain. ‖ 我们没赶上最后一班车,现在回不去了。Kami tidak sempat mengejar bus terakhir, jadi sekarang kami tidak bisa kembali. | 你回不回去? Apakah kamu akan kembali? | 我马上回去,你在那里等我一下。Saya akan kembali segera, tunggu di sana sebentar. | 我工作太忙,今年就不回去了。Saya terlalu sibuk dengan pekerjaan, tahun ini saya tidak bisa kembali.

1 **会** huì **bisa; mampu**

【动词】[Verba (kata kerja)] ① 有能力做。Memiliki kemampuan untuk melakukan sesuatu. ‖ 我会说汉语。Saya bisa berbicara dalam bahasa Mandarin. | 她会做饭。Dia bisa memasak. | 这道题他不会做。Dia tidak bisa menyelesaikan soal ini. | 今天的知识我没学会。Saya belum bisa menguasai pengetahuan yang diajarkan hari ini. ② 有可能或一定。Ada kemungkinan atau pasti. ‖ 你明天会不会来? Apakah besok kamu bisa datang? | 只要你问老师,老师就会告诉你答案。Asalkan kamu bertanya kepada guru, guru pasti memberimu jawaban. | 我觉得这不像他会做的事。Menurutku dia tidak mungkin melakukan hal ini. ③ 见。Bertemu; berjumpa. ‖ 今天下午两国领导人会面。Pemimpin kedua negara akan bertemu sore hari ini. | 是谁在外面,我去会会他。Siapa yang berada di luar, aku akan menemuinya.

2 **会** huì **rapat; pertemuan**

【名词】[Nomina (kata benda)] 让很多人坐在一起讨论的活动。Kegiatan di mana banyak orang duduk bersama untuk berdiskusi. ‖ 领导叫他们开会。Atasan memerintahkan mereka untuk mengadakan pertemuan. | 这个会开了三小时还没结束。Pertemuan ini telah berlangsung selama tiga jam dan belum selesai. | 会上,各国代表发表了自己的意见。Selama pertemuan, delegasi dari berbagai negara menyampaikan pendapat mereka.

2 **会议** huìyì **rapat; pertemuan**

【名词】[Nomina (kata benda)] 很多人坐在一起讨论同一个话题的活动。Kegiatan di mana banyak orang duduk bersama untuk berdiskusi tentang topik yang sama. ‖ 各国代表团一起参加了这次环境保护会议。Delegasi dari berbagai negara bergabung dalam konferensi perlindungan lingkungan ini. | 会议进行得很顺利。Konferensi ini berlangsung dengan lancar. | 这次会议主要讨论经济发展的问题。Konferensi ini secara khusus membahas masalah perkembangan ekonomi.

3 会员 huìyuán **anggota**

【名词】［Nomina（kata benda）］某个团体中的成员，有些店的会员会有特别的服务。Anggota dari suatu kelompok, di mana beberapa toko memberikan layanan khusus bagi anggota klub mereka. ‖ 我是这家店的会员，所以买东西可以便宜一些。Saya adalah anggota dari toko ini, sehingga saya bisa mendapatkan diskon saat membeli barang. | 每周周三是他们的会员日。Setiap hari Rabu adalah hari khusus anggota untuk mereka. | 他是艺术团的会员。Dia adalah anggota grup seni.

3 活 huó **fleksibel；hidup**

【形容词】［Adjektiva（kata sifat）］① 碰到问题变化得快的。Mengacu pada sesuatu yang bergerak atau dapat berubah. ‖ 他的想法很活。Ide-idenya sangat kreatif. | 我们处理问题可以活一点。Kami dapat memperlakukan masalah ini dengan lebih fleksibel. ② 会动的，可以改变的。Bisa bergerak, bisa berubah. ‖ 这不是人工湖，这条湖里的水是活的。Ini bukanlah danau buatan, air di dalam danau ini hidup. | 在银行存钱的时间可以是活的，只要需要就可以取。Waktu yang menyimpan uang di bank bisa hidup, bisa di ambil（sewaktu-waktu）saat dibutuhkan.

【动词】［Verba（kata kerja）］有生命。Memiliki kehidupan atau vitalitas. ‖ 医生一直想办法让病人活下去。Dokter terus mencoba membuat pasien bertahan hidup. | 他虽然离开了这个世界，但是他永远活在我们心中。Meskipun dia meninggalkan dunia ini, dia akan selalu hidup dalam hati kami. | 这只小狗还活着，我们赶快把它送到动物医院。Anjing kecil ini masih hidup, kita harus membawanya segera ke dokter hewan.

2 活动 huódòng **kegiatan；aktivitas**

【动词】［Verba（kata kerja）］运动，做动作。Bergerak, melakukan aktivitas fisik. ‖ 他坐了很久，想站起来活动活动。Dia duduk lama, ingin bergerak sedikit. | 下课后，大家都在教室外面活动身体。Setelah pelajaran selesai, semua orang bergerak di luar ruang kelas. | 大家先活动一下，我们一会儿继续上课。Mari semua bergerak sebentar, kita akan melanjutkan pelajaran sebentar lagi. | 跑步之前要先简单活动一下。Sebelum berlari, lakukan pemanasan terlebih dahulu.

【名词】[Nomina (kata benda)] 为了达到目的做的行动。Tindakan yang dilakukan untuk mencapai tujuan tertentu. ‖ 他们公司举办了一场演出活动。Perusahaan mereka mengadakan pertunjukan. | 学校里有很多有意思的学生活动。Ada banyak kegiatan siswa yang menarik di sekolah. | 这次活动办得很成功。Kegiatan ini diadakan dengan sukses. | 我们应该办一场"环保"主题的活动。Kita harus mengadakan kegiatan bertema "perlindungan lingkungan".

3 **火** huǒ **api**

【名词】[Nomina (kata benda)] 一种很热的会发光的东西。Suatu zat yang sangat panas dan mengeluarkan cahaya. ‖ 火越来越大。Api semakin besar. | 他在空地上点了一把火。Dia menyalakan api di lapangan. | 屋子里真冷,把火弄大点。Di dalam ruangan ini sangat dingin, naikkan api sedikit. | 这道菜要用大火做。Hidangan ini harus dimasak dengan api besar.

1 **火车** huǒchē **kereta api**

【名词】[Nomina (kata benda)] 铁路交通工具。Alat transportasi rel. ‖ 他坐火车去北京。Dia naik kereta api ke Beijing. | 火车还有五分钟就要开了。Kereta api akan berangkat dalam lima menit lagi. | 网上可以买火车票吗? Apakah kita bisa membeli tiket kereta api secara daring? | 我坐了很长时间的火车,我现在很累。Saya sudah naik kereta api selama beberapa waktu, sekarang saya sangat lelah.

2 **或** huò **atau**

【连词】[Konjungsi (kata penghubung)] 表示在几个里面选一个。Menunjukkan pilihan di antara beberapa hal. ‖ 不管是国内或国外,环保都是人们重视的问题。Baik di dalam negeri atau di luar negeri, perlindungan lingkungan adalah masalah yang dihargai orang. | 明天没什么重要的事,来或不来都可以。Besok tidak ada urusan yang penting, terserah boleh datang atau tidak.

2 **或者** huòzhě **atau**

【连词】[Konjungsi (kata penghubung)] 表示在几个里面选一个。Menunjukkan pilihan di antara beberapa hal. ‖ 你或者是他,你们有一个人去办公室搬一下东西。Apakah Anda atau dia, salah satu dari Anda pergi ke kantor untuk mengambil barang. | 你可以在家门口等我或者在地铁站门口等我也行。Anda bisa menunggu saya di depan pintu rumah atau di depan stasiun kereta bawah tanah. | 这个月或者下个月我就要去北京了。Saya akan pergi ke Beijing bulan ini atau bulan depan.

J

[1] **机场** jīchǎng **bandar udara; bandara**

【名词】[Nomina (kata benda)] 飞机起飞和停下来的地方,也是人们坐飞机的地方。Tempat pesawat terbang berangkat dan mendarat, juga tempat di mana orang naik pesawat terbang. ‖ 我一会儿要去机场接人。Saya akan pergi ke bandara sebentar lagi untuk menjemput seseorang. | 我们下午四点就要到机场办手续。Pukul 4 sore kita harus sampai di bandara untuk proses check-in. | 对不起,我有急事,不能送你去机场了。Maaf, saya ada urusan mendesak, tidak bisa mengantarmu ke bandara.

J

[2] **机会** jīhuì **kesempatan**

【名词】[Nomina (kata benda)] 对做某事有利的时候。Waktu yang menguntungkan untuk melakukan sesuatu. ‖ 这是多么好的机会,你一定要抓住! Ini adalah kesempatan yang bagus, kamu harus memanfaatkannya! | 机会是给做好准备的人的。Kesempatan diberikan kepada mereka yang siap. | 他希望有机会可以去中国看看。Dia berharap mendapat kesempatan untuk pergi ke Tiongkok melihat-lihat. | 我们找个机会再一起去玩吧。Mari kita cari kesempatan untuk bersenang-senang bersama lagi.

[1] **机票** jīpiào **tiket pesawat**

【名词】[Nomina (kata benda)] 坐飞机的票。Tiket untuk naik pesawat terbang. ‖ 最近去北京的机票贵不贵? Apakah tiket pesawat ke Beijing akhir-akhir ini mahal? | 我买了一张去国外的机票。Saya membeli satu tiket pesawat untuk pergi ke luar negeri. | 您可以到六号窗口办理机票手续。Anda dapat melakukan proses tiket pesawat di loket nomor 6.

[3] **机器** jīqì **alat; mesin**

【名词】[Nomina (kata benda)] 把电作为工作动力的工具,用来制作产品或做其他事情。Alat yang menggunakan listrik sebagai tenaga kerja untuk membuat produk atau melakukan tugas lainnya. ‖ 工厂新买了很多机器。Pabrik ini baru saja membeli banyak mesin baru. | 这台机器修一下还能用。Mesin ini masih bisa digunakan setelah diperbaiki. | 这台机器用起来很方便。Mesin ini mudah digunakan.

2 鸡 jī ayam

【名词】[Nomina (kata benda)] 一种像鸟一样的动物,飞得不高,在农村比较常见。Hewan mirip burung, terbangnya tidak tinggi, biasanya ditemukan di desa. ‖ 他家养了好多鸡,靠卖鸡蛋就能得到很多钱。Dia memelihara banyak ayam di rumahnya dan mendapatkan banyak uang dari menjual telur ayam. | 鸡蛋里出来很多可爱的小鸡。| Telur-telur itu menetas menjadi anak ayam yang lucu. | 今天中午的饭有鸡又有鱼。Makan siang hari ini ada ayam dan ikan. | 我喜欢吃鸡。Saya suka makan ayam.

1 鸡蛋 jīdàn telur ayam

【名词】[Nomina (kata benda)] 鸡生的蛋。Telur yang dihasilkan oleh ayam. ‖ 妈妈去超市买了两斤鸡蛋。Ibu pergi ke supermarket untuk membeli dua kati (jin) telur ayam. | 每天都吃一个鸡蛋对身体有很多好处。Makan satu telur setiap hari memiliki banyak manfaat untuk kesehatan. | 他不小心把鸡蛋打破了。Dia tidak sengaja memecahkan telur ayam. | 鸡蛋里面有小鸡。Di dalam telur ada anak ayam.

3 积极 jījí aktif; antusias

【形容词】[Adjektiva (kata sifat)] ① 主动的;努力的;热情的。Proaktif, berusaha keras, antusias. ‖ 他的学习态度很积极。Sikap belajarnya sangat positif. | 各部门都在积极想办法解决这个困难。Setiap departemen sedang berusaha mencari solusi atas kesulitan ini. | 她积极参加学校组织的各种活动。Dia aktif dalam mengikuti berbagai kegiatan di sekolah. ② 好的;对某事或某人有利的。Yang baik; menguntungkan bagi suatu hal atau seseorang. ‖ 科技对国家经济发展起到了积极作用。Sains dan teknologi berperan penting secara positif dalam perkembangan ekonomi negara. | 我们要看到生活积极的一面。Kita perlu mampu melihat sisi baik dari kehidupan. | 这次决定对后面的工作有很大的积极作用。Keputusan ini memiliki fungsi baik yang besar bagi proses pekerjaan kedepannya.

3 基本 jīběn **dasar**

【形容词】［Adjektiva（kata sifat）］主要的；最根本的；最低标准的。Terutama, yang paling mendasari, standar terendah. ‖ 我们要把汉语最基本的知识学好。Kami harus benar-benar menguasai pengetahuan dasar bahasa Mandarin. | 社会发展的基本任务是让人们过上好日子。Tugas utama pembangunan sosial adalah membuat orang hidup lebih baik. | 这些基本的工作要做好，以后的工作才能展开。Tugas dasar ini harus dikerjakan dengan baik, baru bisa melanjutkan pekerjaan selanjutnya.

3 基本上 jīběnshàng **pada dasarnya; secara umum; sebagian besar**

【副词】［Adverbia（kata keterangan）］差不多。Hampir, sebagian besar. ‖ 今天晚上工作基本上就做完了。Pekerjaan malam ini pada dasarnya sudah selesai. | 经过了很多困难，但基本上结果还是不错的。Setelah menghadapi banyak kesulitan, pada dasarnya hasilnya tidak buruk. | 这节课的内容我基本上都听懂了。Saya hampir sepenuhnya memahami isi pelajaran ini. | 他现在基本上学会用筷子吃饭了。Sekarang dia pada dasarnya sudah bisa makan dengan sumpit.

3 基础 jīchǔ **dasar**

【名词】［Nomina（kata benda）］最底下的那一部分；事情开展的根本；一件事中最基本的一环。Bagian paling bawah, dasar perkembangan suatu hal; dasar yang paling mendasari dari suatu hal. ‖ 学汉语打好基础很重要 Menguasai pengetahuan dasar bahasa Mandarin sangat penting. | 这个孩子的知识基础还不错，再努力一点就更好了。Dasar pengetahuan anak ini sudah cukup baik, dengan usaha lebih bisa lebih baik lagi. | 先把基础知识学好再去提高自己的能力。Yang pertama harus dilakukan adalah menguasai pengetahuan dasar dan kemudian meningkatkan kemampuan kita.

3 及时 jíshí **tepat waktu**

【形容词】［Adjektiva（kata sifat）］在最需要的时候；刚好发生的。Saat yang sangat dibutuhkan atau tepat terjadi. ‖ 你来得可真及时，快来帮帮我的忙。Kamu datang pada saat yang sangat tepat, tolong bantu saya sebentar. | 这件事他处理得很及时。Dia menangani masalah ini dengan sangat tepat waktu. | 如果不及时报名，就不能参加比赛。Jika tidak melakukannya tepat waktu, maka tidak dapat mendaftar untuk lomba. | 老师及时帮她解决了问题。Guru segera membantu dia menyelesaikan masalahnya.

2 **级** jí **tingkatan；kelas**

【名词】［Nomina（kata benda）］① 按照一定标准对事或人分出的从高到低的等、段或层。Pembagian berdasarkan standar tertentu untuk hal atau orang，dari yang tinggi ke rendah. ‖ 你的汉语水平达到几级了？Sejauh mana kemampuan bahasa Mandarinmu sekarang？｜ 他是我的领导，我比他低一级。Dia adalah atasan saya，saya berada satu tingkat di bawahnya.｜工作中出现问题要及时向上一级报告。Ketika ada masalah dalam pekerjaan，laporlah kepada atasan satu tingkat di atas kita. ② 年级。Kelas. ‖ 他因为生病，学校让他留了一级。Karena dia sakit，sekolah memutuskan dia tinggal kelas.｜我们是 2021 级的学生。Kami adalah murid angkatan tahun 2021.

2 **急** jí **gelisah；darurat；buru-buru（tergesa-gesa）**

【形容词】［Adjektiva（kata sifat）］① 想快速达到目标而表现出不安。Menunjukkan kecemasan untuk mencapai tujuan dengan cepat. ‖ 你急也没用，还是慢慢来吧。Kamu tidak perlu tergesa-gesa，lebih baik santai saja.｜她急哭了，一句话也说不出来。Dia sangat cemas hingga menangis dan tidak bisa mengeluarkan sepatah kata pun.｜我打了很多电话都没人接，可把我急坏了。Saya telah menelepon banyak kali tetapi tidak ada yang menjawab，benar-benar membuat saya cemas. ② 事情需要被快速处理。Suatu hal yang perlu diselesaikan dengan segera. ‖ 这个文件领导要得急，你快点儿做出来。Dokumen ini diperlukan segera oleh pimpinan，kamu cepat selesaikan.｜这个作业不急着完成，我下午再写。Tugas ini tidak mendesak，akan kukerjakan nanti sore. ③ 速度快。Cepat. ‖ 这条河里的水很急。Air di sungai ini sangat deras.｜吃东西不能太急。Makan tidak boleh terlalu cepat.｜我走得急，把包落在办公室了。Saya pergi buru-buru，tas（saya）tertinggal di kantor.

3 **极了** jíle **sangat；... sekali**

【副词】［Adverbia（kata keterangan）］表示程度最高。Menyatakan tingkat yang paling tinggi. ‖ 我很久没吃东西，我饿极了。Saya sangat lama tidak makan，saya sangat lapar sekali.｜她的这件裙子好看极了。Gaun ini sangat bagus sekali.｜教室里安静极了，大家都在认真学习。Di dalam kelas begitu tenang sekali，semua orang sedang belajar dengan serius.｜她生气极了，差一点就哭了出来。Dia sangat marah，hampir saja menangis.

3 集体 jítǐ **gabungan；kelompok；perkumpulan**

【名词】［Nomina（kata benda）］很多个人组成的整体。Keseluruhan yang terdiri dari banyak individu. ‖ 学校要求学生要关心集体，帮助同学。Sekolah menuntut siswa untuk peduli dengan kelompok dan membantu teman-teman. | 我们明天集体出去玩。Kita akan pergi bersama sebagai kelompok besok. | 集体的力量是伟大的。Kekuatan dari kolektif itu sangat besar. | 她经常参加集体活动。Dia sering berpartisipasi dalam kegiatan kelompok.

3 集中 jízhōng **menggabungkan；tergabung**

【动词】［Verba（kata kerja）］把各部分合起来。Menggabungkan berbagai bagian menjadi satu. ‖ 各部门要集中力量解决问题。Setiap departemen harus mengumpulkan kekuatan untuk menyelesaikan masalah. | 学习的时候要集中精神，不要想太多别的事情。Saat belajar, harus fokus dan tidak memikirkan terlalu banyak hal lain. | 班长集中了大家的建议，决定下周组织一场体育活动。Ketua kelas menggabungkan saran dari semua orang dan memutuskan untuk mengatur kegiatan olahraga minggu depan.

【形容词】［Adjektiva（kata sifat）］合在一起的。Terkumpul bersama. ‖ 他的工作时间一般比较集中。Jam kerjanya cenderung lebih terfokus. | 这些电影集中表现了现代社会年轻人的生活情况。Film-film ini secara keseluruhan menampilkan kehidupan para pemuda di masyarakat modern. | 剧场的观众比较集中，大家注意保护好个人物品安全。Para penonton di teater cukup terkumpul, semua orang perlu berhati-hati dengan barang-barang pribadi mereka.

1 几 jǐ **berapa**

【数词】［Numeralia（kata bilangan）］表示在十以内的不确定的数量。Mewakili jumlah yang tidak pasti di bawah sepuluh. ‖ 你们几个一起来一下办公室。Kalian beberapa orang datang ke kantor sebentar. | 我去找了你好几回，你都不在。Saya mencari Anda beberapa kali, tetapi Anda tidak ada. | 他看上去只有二十几岁的样子，个子很高。Dia terlihat seperti berusia dua puluhan, memiliki tinggi yang tinggi.

【代词】［Pronomina（kata depan）］问数量、数字多少。Bertanya tentang jumlah, jumlah, atau angka. ‖ 您这边一共有几位？Berapa orang di sini secara keseluruhan？| 你几岁了？Berapa usiamu？| 今天是几月几号？Hari ini tanggal berapa？| 你家住在几楼？Kamu tinggal di lantai berapa？| 你去国外玩几天？

Berapa hari kamu akan pergi ke luar negeri?

1 **记** jì **ingat; catat**

【动词】［Verba（kata kerja）］① 在头脑中保存各种信息。Menyimpan berbagai informasi di dalam pikiran. ‖ 我记错了他的手机号。Saya mengingat salah nomor teleponnya. | 虽然已经很多年没见了，但是我还能记起来他的样子。Meskipun sudah bertahun-tahun tidak bertemu, saya masih bisa mengingat wajahnya. | 他记着老师说过的话。Dia mengingat apa yang guru katakan. ② 用各种方法把信息、声音等保存下来。Menyimpan informasi, suara, dll dengan menggunakan berbagai cara. ‖ 他把老师讲的都记在了书上。Dia mencatat semua perkataan guru ke dalam buku. | 我上课记了很多笔记。Aku mencatat banyak catatan selama pelajaran. | 你把这次的会议内容记下来，整理一下发给大家看看。Catatlah materi rapat kali ini, rapikan, lalu kirimkan ke semuanya.

J

1 **记得** jìde **ingat**

【动词】［Verba（kata kerja）］没有忘，能想起来。Tidak melupakan, bisa mengingat kembali. ‖ 你还记得我吗？Kamu masih ingat aku kan? | 我记得他昨天去北京了。Saya ingat dia pergi ke Beijing kemarin. | 这么多年了，以前的很多事情他已经不记得了。Setelah begitu lama, dia sudah tidak ingat banyak hal yang dulu.

3 **记录** jìlù **catat; notulen**

【动词】［Verba（kata kerja）］把事情或别人说的话用各种方式保存下来，比如用笔写下来，用工具录下来或者用相机拍下来。Menyimpan informasi, suara, dll. dalam berbagai cara, seperti menulis dengan pena, merekam dengan alat, atau mengambil gambar dengan kamera. ‖ 你记录一下会议内容。Kamu catat catatan rapat ini. | 警察把他说的情况都记录下来了 Polisi mencatat semua keterangan yang dia berikan. | 这些照片记录了这座城市这么多年的发展情况。Foto-foto ini merekam perkembangan kota selama bertahun-tahun.

【名词】［Nomina（kata benda）］把事情或别人说的话记下来的文字、照片、录音等。Catatan tertulis, foto, rekaman, dll. setelah mengingat sesuatu. ‖ 你一会儿可以给我送一份会议记录吗？Kamu bisa memberikan salinan catatan rapat kepada saya nanti? | 你们的谈话记录我保存在电脑上了。Percakapan kalian saya simpan dalam komputer. | 公司要求下班前写工作记录。Perusahaan mensyaratkan untuk membuat catatan pekerjaan sebelum pulang.

3 **记者** jìzhě **jurnalis; wartawan**

【名词】[Nomina (kata benda)] 从事调查、写报道的人，一般在电视台、电台等工作。Orang yang melakukan investigasi dan menulis laporan, biasanya bekerja di stasiun televisi, radio, dll. ‖ 他是一名新闻记者，他经常去各地访问。Dia adalah seorang wartawan berita, sering melakukan kunjungan ke berbagai tempat. | 这家电台的记者在现场报道了这场交通事故。Wartawan stasiun radio ini melaporkan langsung dari lokasi kecelakaan lalu lintas. | 记者要报道真实信息。Seorang wartawan harus melaporkan informasi yang benar.

1 **记住** jìzhù **ingat; hafal**

【动词】[Verba (kata kerja)] 在头脑中保留信息并且不会忘。Menyimpan informasi dalam pikiran dan tidak akan dilupakan. ‖ 学过的知识要多次复习才能记住。Belajar pengetahuan harus sering diulang agar bisa dihafal. | 他怎么也记不住这些词。Dia tidak bisa mengingat kata-kata ini. | 你记住，我们会一直支持你的。Kamu harus ingat, kita akan selalu mendukungmu. | 老师一下就记住了全班同学的名字。Ketua kelas hafal nama semua murid di kelas.

2 **计划** jìhuà **rencana**

【名词】[Nomina (kata benda)] 工作、生活或学习上的安排。Pengaturan pekerjaan, kehidupan, atau studi. ‖ 这是这个月的工作计划，你传给大家看一下。Ini adalah rencana kerja untuk bulan ini, tolong sebarkan kepada semua orang. | 他按学习计划复习，果然在这次考试中取得了好成绩。Dia mematuhi rencana belajar dan berhasil dalam ujian ini. | 你这周有什么计划？Apa rencana kamu untuk minggu ini?

【动词】[Verba (kata kerja)] 做安排，打算。Mengatur, berencana. ‖ 我计划下个月去北京玩。Saya berencana untuk pergi berlibur ke Beijing bulan depan. | 领导让他计划一下这次比赛的时间安排。Pimpinan meminta dia untuk merencanakan jadwal kegiatan pertandingan ini. | 所有工作计划在两周完成。Semua pekerjaan harus selesai dalam dua minggu berdasarkan rencana. | 他没计划过以后的生活怎么办，他总是过一天算一天。Dia tidak pernah merencanakan kehidupan di masa depan, dia hanya menjalani hari ini sehari-hari.

3 **计算** jìsuàn **hitung**

【动词】[Verba (kata kerja)] 根据一定方法，用数字算出结果。Menghitung

atau menghitung hasil berdasarkan metode tertentu menggunakan angka. ‖ 你去计算一下三十五加六十八等于多少? Tolong hitung berapa tiga puluh lima ditambah enam puluh delapan? | 你这道题计算得不对,结果应该是八十五。Jawaban Anda untuk soal ini salah, hasilnya seharusnya delapan puluh lima. | 你计算过自己一个月花多少钱吗? Sudah pernahkah kamu menghitung berapa banyak uang yang Anda habiskan dalam sebulan? | 他在计算这次表演观众的人数。Dia sedang menghitung jumlah penonton dalam pertunjukan ini.

2 计算机 jìsuànjī **komputer**

【名词】[Nomina (kata benda)] 能进行计算的工具,有时候指电脑。Alat yang dapat melakukan perhitungan, kadang-kadang mengacu pada komputer. ‖ 这道题我是用计算机算的。Saya menggunakan komputer untuk menghitung soal ini. | 计算机算得更快。Komputer dapat menghitung lebih cepat. | 图书馆有计算机教室。Di perpustakaan ada ruang komputer. | 他在大学读计算机专业,学习的是电脑知识。Dia belajar jurusan komputer di universitas, mempelajari pengetahuan tentang komputer.

3 纪录 jìlù **rekor**

【名词】[Nomina (kata benda)] 在一定时间或范围内记录的最高或最低的成绩。Catatan tertinggi atau terendah yang dicatat dalam periode atau lingkup tertentu. ‖ 他这次成绩成功打破世界纪录。Prestasinya kali ini berhasil memecahkan rekor dunia. | 他创造了世界跑步最快纪录。Dia menciptakan rekor dunia lari tercepat.

3 纪念 jìniàn **mengenang**

【动词】[Verba (kata kerja)] 用一定方式把某人或某事放在心里。Menyimpan seseorang atau sesuatu dalam pikiran dengan cara tertentu untuk mengenangnya. ‖ 为了纪念这次成功,公司举办了晚会。Untuk merayakan kesuksesan ini, perusahaan mengadakan pesta. | 今天是他们爱情的纪念日。Hari ini adalah hari peringatan pernikahan mereka. | 今年的四月五日是中国人纪念亲人的日子。Pada tanggal lima April tahun ini adalah hari peringatan orang-orang Tionghoa untuk mengenang para leluhur mereka.

【名词】[Nomina (kata benda)] 表示纪念的东西,可以让人以后想起来某事或某人的东西。Hal atau benda yang mewakili kenangan dan dapat membuat seseorang mengingat sesuatu atau seseorang di masa mendatang. ‖ 这张卡片是我

在国外读书时的纪念。Hal atau benda yang mewakili kenangan dan dapat membuat seseorang mengingat sesuatu atau seseorang di masa mendatang. | 这照片送给你当作纪念吧。Kartu ini adalah kenangan saya ketika belajar di luar negeri. | 他们送给我一本介绍这所学校的书当作纪念,希望我能一直记得在这里的生活。Mereka memberi saya sebuah buku tentang sekolah ini sebagai kenang-kenangan, harap saya bisa selalu ingat tentang kehidupan saya di sini.

3 **技术** jìshù **metode; teknis**

【名词】[Nomina (kata benda)] 在生活或生产中使用的经验或方法。Pengalaman atau metode yang digunakan dalam kehidupan atau produksi. ‖ 这位老工人的技术水平非常高。Tingkat keahlian teknis pekerja tua ini sangat tinggi. | 科学技术是第一生产力。Ilmu pengetahuan dan teknologi adalah kekuatan produksi utama. | 技术问题还是要去问问有经验的人。Masalah teknis harus ditanyakan kepada orang yang berpengalaman. | 这部手机采用了最新的科学技术。Ponsel ini menggunakan teknologi ilmiah terbaru.

3 **继续** jìxù **lanjut**

【动词】[Verba (kata kerja)] 接着做,动作或状态持续下去。Lanjutkan melakukannya, tindakan atau keadaan berlanjut. ‖ 请大家继续读课文,并回答黑板上的问题。Lanjutkan membaca teks dan jawablah pertanyaan di papan tulis. | 我们现在继续上课。Sekarang mari kita lanjutkan dengan pelajaran. | 他出去了一会儿,回来又继续开始工作了。Dia pergi sebentar, lalu kembali dan melanjutkan pekerjaannya. | 继续这样下去恐怕会出问题。Jika terus berlanjut seperti ini, mungkin akan ada masalah.

1 **家** jiā **rumah; keluarga**

【名词】[Nomina (kata benda)] 由父母、孩子等组成的集体,或家庭住的地方。Kelompok yang terdiri dari orang tua, anak-anak, dll., atau tempat tinggal keluarga. ‖ 我们一家人坐在一起看电视 Kami berempat duduk bersama menonton televisi sebagai keluarga. | 村里有几家的年轻人都去城里打工了。Beberapa pemuda di desa pergi bekerja di kota. | 我去你家找你,可你妈妈说你不在家。Saya pergi ke rumah Anda, tetapi ibu Anda bilang Anda tidak ada di rumah. | 我家住在五楼。Saya tinggal di lantai lima.

【量词】[Kuantifier (kata pengukur)] 表示家庭、商店、公司等的数量单位。Unit jumlah yang digunakan untuk mengukur jumlah keluarga, toko, perusahaan, dll. ‖ 他开了一家超市 Dia membuka satu toko swalayan. | 这家医院的医生态度特别好。Dokter di rumah sakit ini sangat ramah. | 我们一家一家地找，总会有适合你的衣服。Kami pergi ke setiap toko untuk mencari baju yang cocok untuk Anda. | 这家中国菜做得很好吃。Toko masakan Cina ini sangat lezat.

2 **家** jiā **ahli; pakar**

【后缀】[Akhiran]"科学家"的"家"。放在别的词后面，指从事某种专门活动的人或某方面本领很高的人。"Ahli" dalam "ilmuwan". Ditempatkan setelah kata lain, mengacu pada orang yang melakukan kegiatan khusus atau seseorang yang memiliki kemampuan tinggi dalam bidang tertentu. ‖ 他是一名画家。Dia adalah seorang seniman. | 我一直都想成为一名教育家。Saya selalu ingin menjadi seorang pendidik. | 她是一名音乐家，她唱的歌非常好听。Dia seorang musisi, dia menyanyikan lagu dengan sangat baik.

3 **家具** jiājù **perabotan rumah tangga; furnitur**

【名词】[Nomina (kata benda)] 放在家里用来休息、保存等的东西，比如桌子、床、沙发等。Benda-benda yang digunakan di rumah untuk beristirahat, penyimpanan, dll., seperti meja, tempat tidur, sofa, dll. ‖ 爸爸想自己打几件家具。Ayah ingin membuat beberapa perabotan sendiri. | 他刚买了新房子，房子里还没有家具。Dia baru saja membeli rumah baru, dan rumah tersebut belum memiliki perabotan. | 他买的都是高级家具，价格非常贵。Dia membeli perabotan mewah, harganya sangat mahal.

1 **家里** jiālǐ **di dalam rumah**

【短语】[frasa] 在家的里面。Di dalam rumah. ‖ 我去他家找他，可我发现家里一个人也没有。Saya pergi ke rumahnya untuk mencarinya, tetapi tidak ada orang di dalam. | 家里需要买点什么菜？Ada sesuatu yang perlu Anda beli untuk makan di rumah? | 今天是周末，我想在家里好好休息。Hari ini adalah hari libur, saya ingin beristirahat di rumah. | 都是家里人，快别客气了。Kita semua adalah keluarga, jadi tolong jangan sungkan.

1 **家人** jiārén **keluarga**

【名词】[Nomina (kata kerja)] 在一个家里一起生活的人；一个家庭中的人。Orang-orang yang tinggal bersama dalam satu rumah; anggota keluarga. ‖ 他常常给家人写信。Dia sering menulis surat kepada keluarganya. | 我的家人明天会在

机场接我回家。Anggota keluarga saya akan menjemput saya di bandara besok. | 我有家庭的成就离不开家人对我的帮助。Prestasi keluarga saya tidak dapat dipisahkan dari bantuan anggota keluarga saya. | 她总和家人吵架。Dia sering bertengkar dengan keluarganya.

3 **家属** jiāshǔ **anggota keluarga**

【名词】[Nomina (kata benda)] 家里的亲人;一个家庭的成员。Anggota keluarga; anggota keluarga dalam suatu keluarga. ‖ 哪位是病人的家属? Siapa yang merupakan anggota keluarga pasien? | 公司组织员工家属旅行活动。Perusahaan mengadakan perjalanan untuk anggota keluarga karyawan. | 请家属帮他签一下字。Tolong anggota keluarga menandatangani ini untuknya.

2 **家庭** jiātíng **keluarga**

【名词】[Nomina (kata benda)] 父母和孩子组成的社会基本单位。Unit dasar dalam masyarakat yang terdiri dari orang tua dan anak-anak. ‖ 我生活在一个幸福的家庭中。Saya tinggal dalam keluarga yang bahagia. | 他的家庭情况不太好,父母没有工作。Kondisi keluarganya tidak begitu baik, orang tuanya tidak bekerja. | 小孩子的家庭教育十分重要。Pendidikan keluarga sangat penting bagi anak-anak. | 好的家庭环境对孩子成长有积极作用。Lingkungan keluarga yang baik memiliki pengaruh positif pada pertumbuhan anak-anak.

3 **家乡** jiāxiāng **kampung halaman**

【名词】[Nomina (kata benda)] 从小生活的地方;出生的地方;家庭好几代人住的地方。Tempat di mana seseorang tinggal sejak kecil; tempat kelahiran; tempat di mana beberapa generasi keluarga tinggal. ‖ 我今天给你们做几道我的家乡菜。Hari ini saya akan membuat beberapa hidangan dari masakan kampung saya untuk Anda. | 我在国外生活了很多年,但我还是会说家乡话。Saya tinggal di luar negeri selama beberapa tahun, tetapi saya masih dapat berbicara dalam bahasa daerah saya. | 他想回家乡工作,陪在自己的父母身边。Dia ingin bekerja di kampung halamannya dan tinggal bersama orang tuanya.

2 **家长** jiāzhǎng **orang tua**

【名词】[Nomina (kata benda)] 孩子的父母。Orang tua anak. ‖ 老师让他的家长明天来学校。Guru meminta orang tua untuk datang ke sekolah besok. | 家长要在公共场合看好自己的孩子。Orang tua harus mengawasi anak-anak mereka di tempat umum. | 小孩子总是会学家长的行为。Anak-anak sering meniru perilaku orang tua mereka. | 您好，我是他的家长。Halo, saya adalah orang tuanya.

2 **加** jiā **tambah**

【动词】[Verba (kata benda)] ① 把很多东西或数字合在一起计算。Menjumlahkan atau menghitung sesuatu secara keseluruhan. ‖ 你知道十八加三等于几吗? Apakah Anda tahu berapa hasil dari delapan belas ditambah tiga? | 这些水果加起来多少钱? Berapa total harga semua buah ini? | 我们全部的钱加起来也不够买房子。Keseluruhan uang kita tidak cukup untuk membeli rumah. ② 变多，多放一些。Menambahkan lebih banyak, menambahkan lebih banyak. ‖ 味道不够甜，我想再加一点儿糖。Rasanya kurang manis, saya ingin menambahkan sedikit gula lagi. | 学校又给我们加了两门课程。Sekolah telah menambahkan dua mata pelajaran untuk kami. | 水开以后，就可以往里面加自己喜欢吃的菜了。Setelah air mendidih, Anda bisa menambahkan makanan yang Anda sukai. ③ 留下联系方式。Menambahkan kontak. ‖ 我可以加你的 wechat 吗? Bisakah saya menambahkan Anda di WeChat? | 你加一下我，我们好方便联系。Anda bisa menambahkan saya, kami akan lebih mudah berkomunikasi.

3 **加工** jiā//gōng **olah; proses**

【动词】[Verba (kata kerja)] 采用一些方法处理东西，让东西能够满足一定的要求。Memproses sesuatu dengan beberapa metode agar sesuai dengan persyaratan tertentu. ‖ 工厂新加工了一批糖果。Pabrik baru saja memproses sejumlah permen. | 他开了一家食品加工厂。Dia membuka pabrik pengolahan makanan. | 你的文章还要再加工加工，有的地方还存在问题。Artikelmu perlu beberapa pengolahan tambahan, dan masih ada beberapa masalah di beberapa tempat. | 这边的菜都是提前加好工的，一热就能上桌。Makanan di sini sudah diproses sebelumnya, jadi bisa langsung disajikan.

3 **加快** jiākuài **mempercepat**

【动词】[Verba (kata kerja)] 让速度变快。Mengakselerasi kecepatan. ‖ 快下班了你的工作还没做饭，加快点速度。Cepatlah dalam menyelesaikan pekerjaan, waktu memasaknya semakin cepat. | 国家重视加快发展农村经济。Negara ini fokus pada percepatan perkembangan ekonomi pedesaan. | 他加快脚步向家里走去。Dia mempercepat langkahnya menuju rumah.

3 **加强** jiāqiáng **memperkuat**

【动词】[Verba (kata kerja)] 让程度变深。Meningkatkan tingkat kekuatan atau intensitas. ‖ 老师需要加强对课堂的管理,帮助学生学习知识。Guru perlu memperkuat pengelolaan kelas untuk membantu siswa belajar. | 他想加强一下自己的汉语口语能力。Dia ingin memperkuat kemampuan berbicara bahasa Mandarin. | 公司加强员工管理,员工不能缺席,不能迟到,也不能提前离开。Perusahaan memperkuat manajemen karyawan, karyawan tidak boleh absen, datang terlambat, atau meninggalkan lebih awal.

2 **加油** jiā//yóu **isi bahan bakar; semangat**

【动词】[Verba (kata kerja)] ① 给机器等加上需要的油。Menyediakan bahan bakar untuk mesin, dll. ‖ 车快没油了,我要去加点油。Mobil hampir kehabisan bahan bakar, saya perlu menambahkan sedikit bensin. | 你的车加几号油? Apa jenis bahan bakar yang kamu tambahkan ke mobilmu? | 有的飞机可以在飞行过程中加油。Beberapa pesawat dapat mengisi bahan bakar dalam penerbangan. ② 更努力。Berjuang lebih keras. ‖ 观众都为他加油。Penonton memberikan semangat untuknya. | 加油,你一定能成功。Berjuanglah, Anda pasti akan berhasil. | 再加加油,我们马上就走到目的地了。Lebih semangat lagi, kita akan sampai di tujuan sebentar lagi.

2 **假** jiǎ **palsu**

【形容词】[Adjektiva (kata sifat)] 不是真的。Tidak nyata, palsu. ‖ 这条新闻是假的,事实根本不是那样的。Berita ini palsu, fakta sebenarnya tidak seperti itu. | 他这个人不可靠,他总爱说假话。Dia adalah orang yang tidak dapat diandalkan, dia suka berbohong. | 这事是真的还是假的? Apakah ini nyata atau palsu? | 这家店卖的很多东西都是假的。Banyak barang yang dijual di toko ini adalah palsu. | 公园里有一座假山。Taman ini memiliki sebuah gunung tiruan.

2 **假期** jiàqī **periode liburan**

【名词】[Nomina (kata benda)] 不需要去上班或者上学的一段时间。Periode waktu ketika seseorang tidak perlu pergi bekerja atau sekolah. ‖ 你假期有什么安排? Apa rencana Anda selama liburan? | 这个假期,我想回家乡看看爸爸妈妈。Pada liburan ini, saya ingin pulang ke kampung halaman untuk melihat orang tua saya. | 假期结束了,学生们马上要开学了。Liburan berakhir, siswa akan segera kembali bersekolah. | 我下个月有七天假期。Saya memiliki liburan selama 7 hari bulan depan.

3 价格 jiàgé **harga**

【名词】［Nomina（kata benda）］表示一件商品需要花的钱的数量。Jumlah uang yang harus dibayar untuk membeli sebuah barang. ‖ 这是一瓶高级红酒，价格非常高。Ini adalah sebotol anggur merah yang mahal, harganya sangat tinggi. | 他家衣服的价格不便宜。Harga baju mereka tidak murah. | 这东西不值这个价格，再给我便宜点吧。Barang ini tidak sebanding dengan harganya, beri saya harga lebih murah.

3 价钱 jiàqián **harga**

【名词】［Nomina（kata benda）］一个东西需要花的钱。Jumlah uang yang harus dibayar untuk sesuatu. ‖ 他家的白菜今年卖了个好价钱。Sawi mereka dijual dengan harga yang baik tahun ini. | 这个价钱太高了，我没这么多钱。Harganya terlalu tinggi, saya tidak punya cukup uang. | 价钱都商量好了，他下周就把东西送过来。Harga telah disepakati, dia akan mengirimkan barangnya minggu depan.

3 价值 jiàzhí **nilai**

【名词】［Nomina（kata benda）］积极的作用，好的影响。Pengaruh positif, dampak baik. ‖ 他提的建议很有价值。Sarannya sangat berharga. | 这次调查对社会发展有很高的价值。Penelitian ini memiliki nilai tinggi terhadap perkembangan masyarakat. | 年轻人都想通过努力实现自己的个人价值。Pemuda ingin mewujudkan nilai diri mereka melalui usaha mereka sendiri.

3 架 jià **satuan; rak; pasang**

【量词】［Kuantifier（kata pengukur）］表示飞机、相机等数量单位。Satuan jumlah untuk pesawat, kamera, dll. ‖ 这架相机很贵。Kamera ini sangat mahal. | 天上飞过一架飞机。Ada sebuah pesawat terbang di langit. | 这架飞机是最近刚生产的。Pesawat ini baru diproduksi baru-baru ini.

【名词】［Nomina（kata benda）］放东西的工具。Alat untuk meletakkan sesuatu. ‖ 木架上摆着一幅画。Ada lukisan di atas rak kayu. | 铁架上放着他的工具。Alatnya diletakkan di atas rak besi. | 他的书架上有很多他喜欢看的书。Dia meletakkan banyak buku di raknya.

【动词】［Verba（kata kerja）］把某人或某物立起来。Menaruh sesuatu atau

seseorang pada posisi tegak. ‖ 机器都架好了,电影准备开机。Semua mesin sudah dipasang, film akan segera mulai. | 他在山里架着相机拍照片。Dia membawa kameranya dan berjalan ke arah gunung untuk mengambil foto. | 他喝了很多酒,我们架着他把他送回家。Dia minum banyak alkohol, kami membawanya pulang dan meletakkannya di tempat tidurnya.

1 **间** jiān **satuan**

【**量词**】[Kuantifier (kata pengukur)] 表示房屋或房间等的数量单位。Satuan jumlah untuk rumah atau kamar, dll. ‖ 您好,我在网上订了两间房。Halo, saya memesan dua kamar secara daring. | 我不喜欢这间房,它太小了。Saya tidak suka kamar ini, ini terlalu kecil. | 这间房子的主人已经去国外了。Pemilik rumah ini telah pergi ke luar negeri.

J

3 **坚持** jiānchí **gigih; bertahan**

【**动词**】[Verba (kata kerja)] 不管什么情况下都一直做,不改变主意。Tetap melakukan sesuatu tanpa mengubah pikiran apa pun dalam situasi apa pun. ‖ 坚持一下,我们马上就到医院。Bertahan sebentar lagi, kita hampir sampai di rumah sakit. | 虽然他受伤了,但是他还是坚持完成了比赛。Meskipun dia terluka, dia tetap menyelesaikan lomba. | 我坚持我自己的意见。Saya tetap pada pendapat saya. | 她坚持要自己完成这件事。Dia ingin menyelesaikan tugas ini sendiri. | 我快要坚持不住了,我们还得在太阳下面站多久? Saya hampir tidak bisa bertahan lagi, berapa lama lagi kita harus berdiri di bawah sinar matahari?

3 **坚决** jiānjué **bersikeras**

【**形容词**】[Adjektiva (kata sifat)] 确定的,不变的。Tegas, tidak berubah. ‖ 他坚决反对这个决定。Dia dengan tegas menolak keputusan ini. | 老师坚决不让他一个人离开学校。Guru memutuskan siswa untuk tidak meninggalkan sekolah sendirian. | 她坚决地走出了办公室。Dia berjalan keluar dari kantor dengan tegas. | 她的态度很坚决,不管别人怎么说,她都不改变。Sikapnya sangat tegas, tidak peduli apa yang dikatakan orang lain, dia tidak berubah.

3 **坚强** jiānqiáng **tegar**

【**形容词**】[Adjektiva (kata sifat)] 不爱哭的,碰到事情不容易不安的。Tidak mudah menangis, tidak mudah cemas ketika menghadapi masalah. ‖ 他是个个性坚强的人。Dia adalah seseorang yang memiliki kepribadian yang kuat. | 这个孩

子很坚强，在医院检查一声都不哭。Anak kecil ini sangat kuat, dia tidak menangis saat diperiksa di rumah sakit. | 虽然只有他一个人，他也坚强地走到了最后。Meskipun dia sendiri, dia tetap berjalan dengan tegar hingga akhir.

2 检查 jiǎnchá **periksa**

【动词】［Verba（kata kerja）］按要求查看身体或者别的事情，来确定有没有问题。Melihat atau memeriksa sesuatu, termasuk pemeriksaan fisik atau hal lain, untuk menentukan apakah ada masalah. ‖ 我明天要去医院检查身体。Besok saya harus pergi ke rumah sakit untuk pemeriksaan fisik. | 医生帮我检查了一下头。Dokter memeriksa kepala saya. | 明天有领导要来学校检查工作。Besok ada pimpinan yang akan datang untuk memeriksa pekerjaan di sekolah. | 你的作业检查过吗？Sudahkah Anda memeriksa tugas Anda?

【名词】［Nomina（kata benda）］① 查看身体有没有问题的活动。Kegiatan untuk memeriksa apakah ada masalah fisik. ‖ 村里安排老人集体做身体健康检查。Desa mengatur pemeriksaan kesehatan kolektif untuk para manula. | 你先去做几个检查看看结果。Anda harus melakukan beberapa pemeriksaan untuk melihat hasilnya. ② 认真思考自己的错误后写下的文章。Tulisan setelah memikirkan dengan serius tentang kesalahan sendiri. ‖ 你把今天的事给大家做个检查。Beritahu semuanya tentang kejadian hari ini. | 他总是上课迟到，老师让他写一份检查。Dia selalu terlambat masuk kelas, jadi guru memerintahkannya untuk menulis sebuah refleksi. | 他认真地思考了自己的错误，并作出深刻的检查。Dia memikirkan kesalahannya dengan sungguh-sungguh dan membuat refleksi yang mendalam.

3 简单 jiǎndān **sederhana**

【形容词】［Adjektiva（kata sifat）］容易的，好解决的，不复杂的。Mudah, bisa diatasi, tidak rumit. ‖ 说起来简单，做起来难。Mudah dikatakan, sulit dilakukan. | 这个问题很简单，谁知道答案？Pertanyaan ini sangat mudah, siapa yang tahu jawabannya? | 这事没有我们想得那么简单，中间还有很多工作需要商量。Masalah ini tidak semudah yang kita pikirkan, ada banyak pekerjaan di tengah-tengah yang perlu dibahas. | 她是头脑简单的人。Dia adalah orang yang berpikiran sederhana.

3 简直 jiǎnzhí **benar-benar; sungguh-sungguh**

【副词】［Adverbia（kata keterangan）］表示强调或程度深地。Digunakan untuk menekankan atau menggambarkan tingkat kedalaman sesuatu. ‖ 他简直让人不能理解。Dia benar-benar sulit dipahami. | 条件也太差了,简直不是人住的地方。Kondisi ini sangat buruk, benar-benar tidak layak untuk ditinggali oleh manusia. | 我简直不敢相信自己的眼睛,我居然得了第一名。Saya benar-benar tidak percaya matanya, saya benar-benar meraih peringkat pertama.

1 **见** jiàn **jumpa; lihat**

【动词】[Verba (kata kerja)] ① 看到,看见。Melihat, melihat. ‖ 我见他一个人站在门外。Saya melihat dia berdiri sendirian di depan pintu. | 见她不高兴,我就走了。Melihat dia tidak senang, saya pergi. | 我的手机不见了。Handphone saya hilang. | 这样的人我见多了。Saya telah melihat banyak orang seperti ini. ② 见面。Bertemu. ‖ 他让我下午去办公室见他。Dia meminta saya untuk bertemu dengannya di kantor pada sore hari. | 他明天带女朋友去见家长。Dia akan membawa pacarnya untuk bertemu dengan orang tuanya besok. | 我想见见你,我有话对你说。Saya ingin bertemu dengan Anda dan berbicara dengannya.

J

2 **见到** jiàndào **bertemu; berjumpa**

【短语】[frasa] 看到,和谁见面。Melihat atau bertemu dengan seseorang. ‖ 见到你很高兴。Senang bertemu dengan Anda. | 我见到他朝公园走去了。Saya melihat dia pergi ke arah taman. | 我见到了我很久以前的朋友。Saya bertemu dengan teman saya yang sudah lama tidak bertemu. | 你要是见到他,就让他来办公室找我。Kalau kamu bertemu dia, suruh dia datang ke kantor menemuiku.

2 **见过** jiànguo **pernah bertemu / berjumpa**

【短语】[frasa] 看见过。Telah melihat sesuatu atau seseorang. ‖ 我们见过一次,但是互相不认识。Kita pernah bertemu satu kali, tetapi kami tidak mengenal satu sama lain. | 我从来没见过北方的雪。Saya belum pernah melihat salju di utara. | 没有人见过他笑。Tidak ada yang pernah melihatnya tersenyum. | 你见过我的那个红色书包吗? Apakah Anda pernah melihat tas merah saya?

1 **见面** jiàn//miàn **bertemu; berjumpa**

【动词】[Verba (kata kerja)] 看到某人,见到某人。Melihat seseorang, bertemu seseorang. ‖ 我们在一个公司上班,但是很少见面。Kami bekerja di perusahaan yang sama, tetapi jarang bertemu. | 我们曾经见过几面。Kami pernah bertemu beberapa kali. | 下周有空的话,我们见个面好吗? Jika Anda memiliki waktu luang minggu depan, bagaimana jika kita bertemu? | 你和你网上的朋友见没见过面? Apakah Anda pernah bertemu dengan teman daring Anda?

2 **件** jiàn **satuan**

【量词】[Kuantifier (kata pengukur)] 表示衣服、家具、事情等数量单位。Menggunakan unit jumlah untuk pakaian, perabotan, dan hal-hal lainnya. ‖ 我想去买几件衣服,我的衣服都旧了。Saya ingin pergi membeli beberapa pakaian baru, pakaian saya sudah sangat usang. | 这件事交给你们部门去办。Tugas ini kami serahkan kepada departemen Anda. | 家里又新买了几件家具。Keluarga kami baru saja membeli beberapa perabotan baru. | 我有件裙子不见了。Saya kehilangan satu rok.

2 **健康** jiànkāng **sehat**

【形容词】[Adjektiva (kata sifat)] ① 身体好的,没有病的。Sehat, tidak sakit. ‖ 孩子现在很健康,没什么问题,可以出院了。Anak sekarang sangat sehat, tidak ada masalah, bisa pulang dari rumah sakit. | 我只希望你健健康康地长大。Saya hanya berharap Anda tumbuh dengan baik dan sehat. | 他虽然年纪大了,但是身体很健康,很少生病。Meskipun dia sudah tua, tetapi kesehatannya sangat baik, jarang sakit. ② 正常的,积极的。Normal, positif. ‖ 不能在网上传播不健康的信息。Tidak boleh menyebarkan informasi yang tidak sehat di internet. | 越来越多的人开始重视健康的生活习惯。Semakin banyak orang yang mulai memperhatikan gaya hidup sehat. | 你可以多参加一些健康的体育活动。Anda dapat berpartisipasi dalam lebih banyak kegiatan olahraga yang sehat.

【名词】[Nomina (kata benda)] 身体的情况。Keadaan fisik. ‖ 医生让我平常要注意自己的健康问题。Dokter menyarankan agar saya selalu memperhatikan masalah kesehatan saya. | 村里组织给老师做健康检查。Desa mengatur pemeriksaan kesehatan untuk guru-guru. | 父母最担心的是孩子的健康情况。Orang tua paling khawatir tentang kondisi kesehatan anak-anak.

3 **建** jiàn **membangun**

【动词】[Verba (kata kerja)] ① 创造房子、房屋等。Membangun rumah, gedung, dll. ‖ 学校门口要建一个新的图书馆。Di depan pintu sekolah akan dibangun perpustakaan baru. | 他准备自己建个房子。Dia berencana untuk membangun rumahnya sendiri. | 新建的公园特别漂亮。Taman baru ini sangat indah. ② 成立某个组织或团体。Mendirikan organisasi atau kelompok tertentu. ‖

J

今年是我们学校建校一百年。Tahun ini merupakan peringatan seratus tahun berdirinya sekolah kami. | 我们可以建个学习部。Kita bisa mendirikan departemen belajar.

3 **建成** jiànchéng **selesai dibangun**

【短语】[frasa] 建完,成功建好。Selesai, berhasil selesai. ‖ 村里刚刚建成了一所新的小学。Desa ini baru saja menyelesaikan pembangunan sekolah baru. | 图书馆建成后,很多人去借书或参观。Setelah perpustakaan dibangun, banyak orang datang untuk meminjam buku atau berkunjung. | 这座城今年一共建成两百个老人服务点。Kota ini berhasil menyelesaikan dua ratus pusat pelayanan bagi orang tua tahun ini.

3 **建立** jiànlì **mendirikan**

【动词】[Verba (kata kerja)] 建设并成立。Mendirikan dan mengembangkan sesuatu; membentuk sesuatu untuk tujuan tertentu. ‖ 他们刚建立起一个新家庭。Mereka baru saja mendirikan sebuah keluarga baru. | 公司要建立起一套完整的工作制度。Perusahaan harus membangun rangkaian aturan kerja yang lengkap. | 他的观点是建立在调查结果上的。Pendapatnya didasarkan pada hasil survei. | 在一起工作这么长时间,我们已经建立了朋友关系。Setelah bekerja bersama selama waktu yang lama, kami telah membentuk hubungan pertemanan.

3 **建设** jiànshè **konstruksi; pembangunan**

【动词】[Verba (kata kerja)] 创造;建立并发展;为了一定目的新建一些东西。Menciptakan; mendirikan dan mengembangkan sesuatu untuk tujuan tertentu. ‖ 中国很多地区还在建设发展当中。Banyak wilayah di Cina sedang dalam proses pembangunan dan pengembangan. | 这座城市正在建设一块新的经济开发区。Kota ini sedang membangun kawasan pengembangan ekonomi baru. | 大家要努力把公司建设成城市优秀单位。Semua orang harus bekerja keras untuk membuat perusahaan menjadi unit yang luar biasa dalam aspek ekonomi dan budaya.

【名词】[Nomina (kata benda)] 创造和发展的工作;新建立的事业或东西等。Proses menciptakan dan mengembangkan; sesuatu yang baru didirikan. ‖ 做好各方面的建设;经济和精神文明建设;这几年学校的建设很有成就。Melakukan pekerjaan dengan baik di semua bidang pembangunan ekonomi dan budaya pembangunan selama bertahun-tahun, sekolah ini telah mencapai prestasi yang luar biasa.

3 **建议** jiànyì **saran**

【动词】[Verba (kata kerja)] 提出自己的观点。Mengajukan pandangan atau usulan sendiri. ‖ 我建议你再去找找他谈谈，别这么快做决定。Saya menyarankan agar Anda mencari dia lagi dan membicarakan masalah ini dengan dia sebelum membuat keputusan terlalu cepat. | 医生建议我再去高级一点的医院检查检查。Dokter menyarankan saya untuk melakukan beberapa pemeriksaan di rumah sakit yang lebih baik. | 她建议公司以后多举办一些活动。Dia menyarankan agar perusahaan mengadakan lebih banyak acara.

【名词】[Nomina (kata benda)] 提出的合理的想法或办法。Pendapat atau metode yang masuk akal yang diajukan. ‖ 大家的建议都很好。Saran dari semua orang sangat bagus. | 在这个问题上，我没什么建议。Tentang masalah ini, saya tidak memiliki saran apa pun. | 他不接受任何人的建议。Dia tidak menerima saran dari siapa pun.

J

3 **将近** jiāngjìn **mendekati**

【副词】[Adverbia (kata keterangan)] 靠得很近，非常接近。Dekat sekali, sangat dekat. ‖ 他将近九十岁了，身体还是很健康。Dia hampir berusia 90 tahun, tapi kesehatannya masih baik. | 将近中午的时候他才起床。Hampir waktu tengah hari dia baru bangun. | 昨天一顿饭花了我将近五百块钱。Kemarin satu kali makan menghabiskan hampir lima ratus yuan. | 这次比赛进行了将近三个小时才结束。Kompetisi ini berlangsung selama hampir 3 jam sebelum berakhir.

3 **将来** jiānglái **akan datang**

【名词】[Nomina (kata benda)] 今后的时间，很久以后的时间。Waktu di masa depan, waktu yang sangat lama di kemudian hari. ‖ 将来我一定会到中国看看的。Masa depan, saya pasti akan pergi ke China untuk melihat-lihat. | 在不久的将来，我们会再见面的。Dalam waktu dekat, kita akan bertemu lagi. | 你去那么远的地方工作，将来父母没有人照顾怎么办？Anda pergi bekerja begitu jauh, bagaimana jika di masa depan tidak ada yang merawat orang tua? | 先留着吧，说不定将来会有用。Simpanlah ini, mungkin akan berguna di masa depan. | 我要好好计划一下自己的将来。Saya akan merencanakan masa depan saya dengan baik.

2 **讲** jiǎng **bicara**

【动词】[Verba (kata kerja)] ① 有目的地说。Berbicara dengan tujuan. ‖ 你别

总打孩子，有什么事不能和他好好讲道理吗？Jangan selalu memukul anak, apakah tidak bisa berbicara dengan dia dengan baik? | 她讲的故事非常感人。Cerita yang dia ceritakan sangat menyentuh. | 今天你必须把这件事讲清楚呢。Hari ini Anda harus menjelaskan masalah ini dengan jelas. | 给我们讲讲你过去的事情吧。Ceritakan kepada kami tentang pengalaman Anda sebelumnya. ② 重视，商量。Memperhatikan, mempertimbangkan. ‖ 办事要讲速度。Dalam bekerja, harus memperhatikan kecepatan. | 有什么条件我们可以慢慢讲。Tentang persyaratan, kita bisa berbicara perlahan-lahan. | 这家店从来不和顾客讲价格。Toko ini tidak pernah menetapkan harga dengan pelanggan.

2 讲话 jiǎng//huà **berbicara**

【动词】［Verba（kata kerja）］说话；发表自己的想法。Berbicara; menyampaikan pemikiran seseorang. ‖ 你讲话慢一点，我听不懂。Berbicara lebih pelan, saya tidak mengerti. | 请领导上台讲话。Mohon bimbingan dari pemimpin. | 老师这节课已经讲了不少话了。Guru sudah berbicara cukup lama dalam pelajaran ini. | 你不要和我讲话。Jangan berbicara denganku. | 他曾经在大家面前讲过几次话。Dia telah beberapa kali berbicara di depan semua orang.

1 教 jiāo **mengajar**

【动词】［Verba（kata kerja）］让别人学会知识，把知识、技能、道理等讲给别人听。Mengajarkan orang lain untuk memahami pengetahuan, keterampilan, dan prinsip-prinsip; menyampaikan pengetahuan, keterampilan, atau prinsip-prinsip tertentu kepada orang lain. ‖ 他教我学汉语。Dia mengajarkan saya belajar bahasa Mandarin. | 老师很快就教会她这道题了。Guru dengan cepat mengajarkannya soal tersebut. | 你能教教我怎么用电脑吗？Dapatkah Anda mengajarkan saya cara menggunakan komputer? | 老师教给学生很多道理。Guru memberikan banyak ajaran kepada murid.

2 交 jiāo **menyerahkan**

【动词】［Verba（kata kerja）］① 把东西给相关的人或单位。Memberikan sesuatu kepada orang atau lembaga terkait. ‖ 老师让我们明天上午交作业。Guru meminta kami menyerahkan tugas besok pagi. | 你帮我把这份文件交给他。Tolong berikan berkas ini kepada dia untuk saya. | 我可以晚几天交房租吗？Bolehkah saya membayar sewa rumah dengan beberapa hari keterlambatan? ② 认识某个人；和某个人成为朋友。Mengetahui seseorang; menjadi teman dengan seseorang. ‖ 能交到你这样的朋友真是太好了。Menjadi teman Anda adalah hal yang sangat baik. | 这种不可靠的人不能交。Orang yang tidak dapat diandalkan seperti itu tidak boleh dijadikan teman.

3 **交费** jiāofèi **membayar biaya**

【动词】[Verba（kata kerja）] 把钱给相关单位。Memberikan uang kepada lembaga terkait. ‖ 现在买火车票只需要在网上交费就能买到。Saat ini, membeli tiket kereta hanya memerlukan pembayaran secara online. | 我的手机该交费了。Handphone saya harus membayar tagihan. | 请问做检查到哪里交费? Permisi, di mana tempat untuk membayar pemeriksaan ini? | 我的手机上收到了交费通知。Saya telah menerima pemberitahuan pembayaran di ponsel saya.

2 **交给** jiāogěi **menyerahkan ke**

【短语】[frasa] 把事情或东西给某人或某个单位。Memberikan sesuatu atau urusan kepada seseorang atau lembaga. ‖ 这事就交给他了。Biarkan masalah ini ditangani olehnya. | 老师交给了我们一把教室的钥匙。Guru memberikan kami kunci kelas. | 我把钱交给他了。Saya telah memberikan uang itu kepadanya. | 他把热情交给了国家建设。Dia memberikan kontribusinya untuk pembangunan negara.

3 **交警** jiāojǐng **polisi lalu lintas**

【名词】[Nomina（kata benda）] 管理交通的警察。Polisi yang mengatur lalu lintas. ‖ 交警记下了他的车牌号。Polisi lalu lintas mencatat nomor plat mobilnya. | 交警正在管理交通。Polisi lalu lintas sedang mengatur lalu lintas. | 交警的工作很辛苦,不管天气怎么样,他们都需要在马路上工作。Pekerjaan polisi lalu lintas sangat sulit, tidak peduli cuaca bagaimana pun, mereka harus bekerja di jalan.

3 **交流** jiāoliú **diskusi; komunikasi**

【动词】[Verba（kata kerja）] 互相交给对方东西或告诉对方相关信息。Saling memberikan sesuatu atau memberikan informasi yang relevan. ‖ 我和他交流了一下看法。Saya berdiskusi dengan dia tentang pendapat kami. | 大家可以把自己的想法说出来,互相交流一下。Semua orang bisa mengungkapkan pikiran mereka, dan saling bertukar pandangan. | 很多老师喜欢互相交流教学经验。Sering kali kami saling berkomunikasi, tetapi setiap kali kami tidak mencapai hasil apa pun.

【名词】[Nomina（kata benda）] 信息交流的活动。Kegiatan pertukaran informasi. ‖

人和人的交流非常重要。Komunikasi antar manusia sangat penting. | 他们的交流越来越少,现在都快要不联系了。Komunikasi mereka semakin jarang, dan sekarang hampir tidak ada kontak sama sekali. | 我们有很多次交流,但是每次都没说出什么结果。Kami telah berkomunikasi beberapa kali, tetapi setiap kali tidak ada hasil yang dihasilkan.

2 交朋友 jiāopéngyou **berteman**

【短语】[frasa] 成为朋友。Menjadi teman. ‖ 他交了很多朋友。Dia memiliki banyak teman. | 我能和你交个朋友吗? Bolehkah saya menjadi temanmu? | 我想交一些中国朋友。Saya ingin berkenalan dengan beberapa teman dari Tiongkok. | 我们不能和坏人交朋友。Kita tidak boleh berteman dengan orang jahat.

2 交通 jiāotōng **lalu lintas**

【名词】[Nomina (kata benda)] 指各种运输事业或人员、车辆往来。Segala jenis transportasi atau aktivitas orang, kendaraan, dll., bergerak ke sana kemari. ‖ 他是做交通管理工作的。Dia bekerja di bidang pengaturan lalu lintas. | 城里的交通比村里的交通方便。Lalu lintas di kota lebih nyaman daripada di desa. | 在马路上要看交通信号。Di jalan harus memperhatikan isyarat lalu lintas. | 出门要注意交通安全。Ketika bepergian, perhatikan keselamatan berlalu lintas.

3 交往 jiāowǎng **komunikasi; berhubungan; interaksi**

【动词】[Verba (kata kerja)] 互相交流、互相帮忙、互相送东西等。Saling berkomunikasi, membantu satu sama lain, memberi hadiah, dll. ‖ 他们两家交往几十年了。Mereka telah berhubungan selama beberapa puluh tahun. | 不要和他这样的人交往,他总是说假话。Jangan berteman dengan orang seperti dia, dia selalu berbicara bohong. | 我们没什么交往,只是见过几面。Kami tidak memiliki banyak interaksi, hanya bertemu beberapa kali.

3 交易 jiāoyì **transaksi**

【名词】[Nomina (kata benda)] 买商品和卖商品的活动;为了好处或某个目的,双方互相帮忙做。Kegiatan membeli dan menjual barang; bantuan saling membantu antara dua pihak untuk mendapatkan manfaat atau mencapai tujuan tertentu. ‖ 做生意要公平交易。Berdagang harus dilakukan dengan adil. | 我和你这种人没交易好做的。Saya tidak bisa berurusan dengan orang sepertimu. | 我们可以做个交易吗? 我帮你拍照片,你可以帮我去送文件吗? Bolehkah kita melakukan transaksi? Saya akan membantu Anda mengambil foto, dan Anda dapat membantu saya mengantarkan berkas?

2 **角** jiǎo **satuan; tanduk**

【量词】[Kuantifier (kata pengukur)] 人民币的单位,一毛就是一角,一元等于十角。Satuan uang dalam RMB, satu mao setara dengan satu jiao, dan satu yuan setara dengan sepuluh jiao. ‖ 我钱包里的五角钱不见了。Uang 5 jiao di dompetku hilang. | 老板给我便宜了三角钱。| Bos memberi saya diskon sebesar 3 jiao. | 一角钱也是钱呀,不能浪费。Satu jiao juga merupakan uang, tidak boleh boros.

【名词】[Nomina (kata benda)] ① 动物头上长的东西。Bagian di atas kepala hewan. ‖ 牛的头上有两只角。Sapi memiliki dua tanduk di atas kepalanya. | 动物头上的角可以保护它们。Tanduk hewan dapat melindunginya. ② 不同方向的边接起来的地方。Tempat di mana tepi berbeda dari arah yang berbeda bertemu. ‖ 我不小心碰到了桌角,真疼呀。Saya tidak sengaja mengenai sudut meja, sangat sakit. | 班里办了一个图书角。Di kelas ada sudut bacaan. | 桌面上有四个角。Di atas meja ada empat sudut. | 老师让我们在纸上画一个角。Guru meminta kami untuk menggambar sudut di atas kertas.

2 **角度** jiǎodù **sudut**

【名词】[Nomina (kata benda)] ① 用"度"表示的一个角的大小。Ukuran suatu sudut yang diukur dalam "derajat". ‖ 这个角的角度是九十度。Sudut ini memiliki sudut sebesar 90 derajat. | 老师教我们量一个角的角度。Guru mengajari kami mengukur sudut. | 这个角度太大了,你再往回走走。Sudut ini terlalu besar, Anda harus mundur sedikit. ② 看事情、东西的方向或出发点。Cara melihat atau titik awal sesuatu. ‖ 每个人看问题的角度不一样。Setiap orang memiliki sudut pandang yang berbeda untuk melihat masalah. | 从经济角度出发,这次建设会带动当地很多商业发展。Dari perspektif ekonomi, pembangunan ini akan mendukung banyak pengembangan bisnis di wilayah tersebut. | 我们要学会站在别人的角度上想问题。Kami harus belajar untuk memahami masalah dari sudut pandang orang lain.

2 **饺子** jiǎozi **jiaozi; pangsit**

【名词】[Nomina (kata benda)] 用面把菜和肉包起来的一种食品。Makanan yang terbuat dari kulit tepung dan diisi dengan sayuran dan daging. ‖ 中国人过年

要包饺子。Orang Tiongkok membuat jiaozi pada saat Tahun Baru. | 北方人过年更喜欢吃饺子。Orang-orang di utara lebih suka makan jiaozi pada saat Tahun Baru. | 超市里也卖饺子。Juga ada jiaozi yang dijual di supermarket. | 外面再好吃的饺子都没有妈妈做的饺子好吃。Tidak ada jiaozi yang enak seperti yang dibuat oleh ibu.

2 **脚** jiǎo **kaki**

【名词】[Nomina (kata benda)] 人或动物的腿下面的部分,可以站或走。Bagian di bawah kaki manusia atau hewan yang digunakan untuk berdiri atau berjalan. ‖ 我走路走多了,脚都走疼了。Kaki saya sakit karena berjalan terlalu banyak. | 他家庭情况不好,脚上的鞋都破了也没有钱买。Dia sepatunya rusak karena tidak punya uang untuk membeli yang baru. | 他的左脚看起来有点问题。Kaki kirinya terlihat sedikit bermasalah.

J

3 **教材** jiàocái **modul pengajaran**

【名词】[Nomina (kata benda)] 学校教学用的书。Buku yang digunakan untuk mengajar di sekolah. ‖ 请各班派代表来领教材。Silakan kirimkan wakil dari setiap kelas untuk mengambil buku teks. | 大家请把教材拿出来。Semua orang, tolong ambil buku pelajaran Anda. | 这本教材适合汉语初级水平的人。Buku teks ini cocok untuk tingkat dasar bahasa Tiongkok.

3 **教练** jiàoliàn **pelatih**

【名词】[Nomina (kata benda)] 从事教学并训练别人技术的工作的人。Seseorang yang terlibat dalam mengajar dan melatih orang lain dalam keterampilan khusus. ‖ 他是一位篮球教练。Dia adalah pelatih bola basket. | 他开车的技术是专门的教练教的。Kemampuan mengemudi yang dia punya diajarkan oleh pelatih khusus. | 教练今天有事,我们就不训练了。Pelatih memiliki hal lain untuk dilakukan hari ini, kita tidak akan berlatih.

2 **教师** jiàoshī **guru; pengajar**

【名词】[Nomina (kata benda)] 从事教学工作的人。Seseorang yang terlibat dalam pekerjaan mengajar. ‖ 他是一名汉语教师。Dia adalah seorang guru bahasa Mandarin. | 教师的课堂管理能力很重要。Kemampuan manajemen kelas guru sangat penting. | 教师要平等地对待每一个学生。Guru harus memperlakukan setiap siswa dengan setara.

2 **教室** jiàoshì **ruang kelas**

【名词】[Nomina (kata benda)] 用来上课的房间。Ruangan untuk mengajar. ‖ 我们的教室在教学楼三层。Kelas kami berada di lantai tiga gedung pengajaran. | 教室环境很好,有桌子、椅子还有空调。Lingkungan kelas sangat baik, terdapat meja, kursi, dan AC. | 教室里传来好听的读书声。Dari dalam kelas terdengar suara membaca yang menyenangkan. | 我们在哪间教室上课? Di mana kita akan belajar nanti?

2 **教学** jiàoxué **pengajaran**

【名词】[Nomina (kata benda)] 教师教学生知识的过程。Proses mengajar siswa untuk memahami pengetahuan. ‖ 教学活动要丰富,学生才更容易融入课堂。Kegiatan pengajaran harus bervariasi agar siswa lebih mudah terlibat dalam kelas. | 这位老师有丰富的教学经验。Guru ini memiliki pengalaman mengajar yang kaya. | 对不同的学生要用不同的教学方法。Untuk siswa yang berbeda, harus menggunakan metode pengajaran yang berbeda.

1 **教学楼** jiàoxuélóu **gedung kelas**

【名词】[Nomina (kata benda)] 专门用来教学的房子,里面有很多教室和办公室。Bangunan khusus untuk mengajar, di dalamnya terdapat banyak kelas dan kantor. ‖ 学校新建了教学楼。Sekolah telah membangun gedung pengajaran yang baru. | 教学楼就在图书馆前面。Gedung pengajaran berada di depan perpustakaan. | 老师的办公室在教学楼三楼。Kantor guru berada di lantai tiga gedung pengajaran.

2 **教育** jiàoyù **mendidik; pendidikan**

【动词】[Verba (kata kerja)] 和对方讲道理,告诉对方应该怎么做。Berbicara dengan orang lain, memberi tahu orang lain apa yang harus dilakukan. ‖ 父母从小教育我们不能说假话。Orang tua mengajari kami untuk tidak berbohong sejak kecil. | 老师教育我们长大要成为有爱心的人。Guru-guru mengajarkan kita untuk menjadi orang yang penuh kasih. | 这部电影教育了人们要保护自然。Film ini mendidik orang untuk melindungi lingkungan.

【名词】[Nomina (kata benda)] 根据要求培养孩子或学生的过程。Proses membimbing dan mendidik anak-anak atau siswa sesuai dengan persyaratan. ‖ 国家重视发展教育事业。Negara sangat menghargai perkembangan pendidikan. | 一

个孩子的健康成长离不开家庭教育和学习教育。Pertumbuhan yang sehat bagi seorang anak tidak dapat terlepas dari pendidikan dan pembelajaran. | 这件事对学生们起到了积极的教育作用。Masalah ini memiliki efek positif pada siswa.

1 叫 jiào **teriak; suruh; panggil; pesan**

【动词】［Verba（kata kerja）］① 人或动物用力发出的声音。Bunyi yang dihasilkan oleh manusia atau hewan dengan keras. ‖ 这个小孩真吵,他一直边跑边大叫。Anak kecil itu sangat berisik, dia terus berlari sambil berteriak. | 太晚了,不要在家里大叫,会吵到别人的。Sudah terlambat, jangan berteriak keras-keras di dalam rumah, akan mengganggu orang lain. | 小孩找不到妈妈急得叫了起来。Anak itu panik karena tidak bisa menemukan ibunya dan mulai berteriak. ② 让某人做某事,命令,通知。Memerintahkan, memberitahukan, memberitahu. ‖ 妈妈叫他帮忙搬东西。Ibu memerintahkan dia untuk membantu membawa barang. | 我叫你半天了,你怎么不答应呢? Saya sudah memanggilmu beberapa kali, mengapa tidak menjawab? | 刚才有人把他叫走了。Dia tiba-tiba dipanggil oleh seseorang untuk sesuatu. | 你叫他过来,我找他有事。Kamu panggil dia kemari, aku ada perlu dengannya. ③ 订相关服务。Mengenali sesuatu atau seseorang sebagai nama mereka. ‖ 现在都可以在网上叫车了。Sekarang sudah bisa memesan kendaraan secara daring. | 我叫了个出租车。Aku sudah memesan taksi. | 不想做饭又不想出去吃,那你可以叫饭店送几个菜过来。Tidak ingin memasak dan tidak ingin makan keluar, maka kamu boleh memesan makanan di restoran antar kemari. ④ 某人或某物的名字是。Nama seseorang atau suatu benda. ‖ 你叫什么名字? Siapa namamu? | 这道菜叫什么? Apa nama masakan ini? | 我们都叫他"王老师"。Kami semua menyebutnya "Guru Wang".

3 叫 jiào **suruh**

【介词】［Preposisi（kata depan）］被;让;带出做动作的人。Oleh; membuat; membawa seseorang untuk melakukan tindakan. ‖ 这事叫我给办坏了。Hal ini menyebabkan saya mengurus itu. | 她叫人推倒了。Dia diperintahkan untuk menendangnya. | 他说得很有道理,我都叫他给说服了。Dia mengatakan sesuatu yang masuk akal, membuat saya mengikutinya.

2 叫作 jiàozuò **disebut**

【动词】［Verba（kata kerja）］某物的名字是。Nama sesuatu adalah. ‖ 记录汉

语的文字叫作汉字。Aksara bahasa Mandarin disebut hanzi. | 他们家把这种菜叫作小白菜。Mereka menyebut sayuran ini sebagai kubis bok choy. | 六十分叫作合格，九十分叫作优秀。Skor 60 disebut lulus, 90 disebut sangat baik.

3 **较** jiào **lebih ...; lumayan ...; cukup ...**

【副词】[Adverbia (kata keterangan)] 比较；一定程度的；有点儿。Lebih; dalam tingkat tertentu; agak. ‖ 他是我们当中成绩较好的那个。Dia adalah yang terbaik di antara kita. | 今年的经济增长速度较快。Pertumbuhan ekonomi tahun ini cukup cepat. | 我家离学校较近，他家离图书馆较近。Jarak rumah kami lebih dekat daripada rumahnya ke perpustakaan.

2 **接** jiē **tangkap; terima; jemput; sambung**

【动词】[Verba (kata kerja)] ① 用手拿住掉下来或传过来的东西。Menangkap atau menerima sesuatu yang jatuh atau dipindahkan ke arah Anda. ‖ 他一把接住了掉下来的杯子。Dia menangkap cangkir yang jatuh itu. | 他接过我手里的作业。Dia menerima tugas yang saya berikan kepadanya. | 他没接住球，球传到了别人那里。Dia gagal menangkap bola, dan bola itu diteruskan ke orang lain. ② 把某人带到该去的地方。Mengantarkan seseorang ke tempat yang harus mereka tuju. ‖ 我一会儿还要去接孩子 Saya harus menjemput anak saya nanti. | 我去机场接客人。Saya pergi ke bandara untuk menjemput tamu. | 你家长一会儿来接你吗？Orang tua Anda akan datang menjemputmu nanti？③ 把断了的东西连起来。Menghubungkan kembali bagian yang putus. ‖ 医生把他的腿接上了。Dokter telah menghubungkan kakinya. | 他把电视的线重新接上了。Dia telah menyambungkan kabel TV kembali. | 你的话上句不接下句。Ucapannya tidak lancar, satu kalimat tidak berlanjut ke kalimat berikutnya. ④ 代替某人继续做。Menggantikan seseorang dan melanjutkan pekerjaan atau tugas mereka. ‖ 这个课让王老师接上了。Kali ini, guru Wang akan melanjutkan mengajar. | 一会儿有人来接我的班儿。Seorang pekerjaan sementara akan datang dan melanjutkan pekerjaan saya. | 你接一下他剩下的工作。Seseorang akan datang untuk melanjutkan tugas yang dia tinggalkan.

3 **接待** jiēdài **menyambut**

【动词】[Verba (kata kerja)] 热情欢迎并用友好的方式对待某人。Menyambut dengan antusiasme dan merawat seseorang dengan ramah. ‖ 我们经理正在接待客人，他一会儿就过来。Manajer kami sedang melayani tamu, dia akan datang sebentar lagi. | 前段时间,我们刚接待了一些国外的游客。Baru-baru ini, kami menerima beberapa turis dari luar negeri. | 这家店坚持用热情的态度接待顾客。Toko ini terus menyambut pelanggan dengan sikap yang ramah. | 他是我好多年的老朋友了,这次我要好好接待他一下。Dia adalah teman lama saya, kali ini saya akan melayani dia dengan baik.

2 **接到** jiēdào **menerima**

【短语】[frasa] 收到东西、信息、电话等。Menerima sesuatu, informasi, panggilan telepon, dll. ‖ 我昨天接到了警察的电话。Saya menerima telepon dari polisi kemarin. | 我接到了一封电子邮件。Saya menerima email. | 他昨天没带手机,没接到很多电话。Dia kemarin tidak membawa ponsel, sehingga dia tidak menerima banyak panggilan telepon.

3 **接近** jiējìn **mendekati**

【动词】[Verba (kata kerja)] 不断靠近某人、某物或某地。Terus mendekati seseorang, sesuatu, atau tempat. ‖ 我不知道他忽然接近我的目的是什么? Saya tidak tahu tujuan dia tiba-tiba mendekat. | 他的回答很接近正确答案。Jawabannya sangat mendekati jawaban yang benar. | 他很容易生气,没人敢接近他。Dia mudah marah, tidak ada orang yang berani mendekatinya. | 正在接近目的地,离目的地还有一公里。Kita sedang mendekati tujuan, tinggal 1 kilometer lagi.

2 **接受** jiēshòu **menerima**

【动词】[Verba (kata kerja)] 收下东西,认可建议或事实。Menerima sesuatu, menyetujui saran atau fakta. ‖ 希望你能接受我的礼物。Semoga kamu suka hadiahku. | 他不接受我们的意见。Dia tidak menerima pendapat kami. | 我们只能接受这个结果了。Kita hanya bisa menerima hasil ini. | 他已经接受了事实。Dia telah menerima kenyataan itu.

2 **接下来** jiēxiàlái **selanjutnya**

【短语】[frasa] 后面继续要做。Melanjutkan sesuatu di belakangnya. ‖ 接下来请各位代表上台讲话。Selanjutnya, mohon semua perwakilan naik panggung untuk berbicara. | 接下来的事就靠你了。Selanjutnya tugas akan diserahkan kepadamu. | 接下来要做些什么呢? Apa yang akan kita lakukan selanjutnya? | 他接下来的日子还不知道怎么过。Dia pergi baru-baru ini, dan sekarang ada seseorang yang akan melanjutkan.

2 **接着** jiēzhe **menangkap；menerima**

【动词】［Verba（kata kerja）］① 用手或东西接。Menerima dengan tangan atau benda lain. ‖ 你把球传给我，我在这边接着。Kamu lemparkan bola ke arahku，aku akan mengambilnya. | 我一边接着热水，一边想事情。Sambil mengambil air panas，aku sedang memikirkan sesuatu. | 水都倒出来了，快拿东西接着。Air telah tumpah，cepat ambil sesuatu untuk menampungnya. ② 跟着；继续；接下来发生。Mengikuti；melanjutkan；terjadi setelahnya. ‖ 上课了，同学们一个接着一个地走进教室。Pelajaran sudah dimulai，teman-teman sekelas masuk ke dalam kelas satu per satu. | 他一句接着一句地说个不停。Dia terus berbicara tanpa mendengarkan. | 你接着说你的想法。Lanjutkan dan sampaikan pendapatmu. | 他刚出去不久，接着就有人来找他。Dia baru saja pergi sebentar，lalu ada orang yang datang mencarinya.

【副词】［Adverbia（kata keterangan）］表示后面的动作行为紧跟着前面的动作行为。Menyatakan bahwa tindakan yang berikutnya berlangsung segera setelah tindakan sebelumnya. ‖ 他说完后，我接着说了几句。Setelah dia selesai berbicara，aku menyampaikan beberapa kalimat. | 我做了一半，你接着做吧。Aku sudah melakukannya setengah，sekarang giliranmu untuk melakukannya. | 今天就讲到这里，下次我们接着讲。Hari ini kita hanya akan membahas hingga di sini，kita akan melanjutkannya lain kali.

2 **街** jiē **jalan**

【名词】［Nomina（kata benda）］城市里的路。Jalan di kota. ‖ 大街上的人可多了。Jumlah orang di jalan sangat banyak. | 我们家附近有一条商业街。Di dekat rumah kami ada jalan komersial. | 这条街上的商店比较多。Di jalan ini ada banyak toko. | 街上有卖水果的，也有卖衣服的。Ada penjual buah di jalan ini.

3 **结实** jiēshi **kokoh；padat**

【形容词】［Adjektiva（kata sifat）］① 不容易被弄坏的。Kuat dan tahan lama. ‖ 这个书架很结实，放了很多书也压不坏。Rak buku ini sangat kokoh，bahkan ketika diberi beban banyak buku pun tidak hancur. | 这把椅子挺结实。Kursi ini cukup kuat. | 我的床坏了，我想换张结实一点的。Tempat tidur saya rusak，saya ingin menggantinya dengan yang lebih kokoh. ② 身体好的。Sehat. ‖ 这孩子长得又高又大，身体可真结实。Anak ini tumbuh tinggi dan besar，badannya sangat

J

sehat. | 他老了，身体不像以前那么结实了。Dia menua, tubuhnya tidak sekuat dulu.

2 **节** jié **hari raya; bagian**

【名词】[Nomina (kata benda)] 节日。Hari libur. ‖ 今天过节，大家都别吵了。Hari ini adalah hari libur, semua orang harus berhenti berisik. | 现在的节越来越多，每个月都有人过节。Sekarang ada begitu banyak hari libur, setiap bulan ada orang yang merayakan hari libur. | 大过节的，别说这样的话。Saat perayaan, jangan mengatakan hal seperti itu. | 十月一日是什么节？1 Oktober hari raya apa?
【量词】[Kuantifier (kata pengukur)] 指课堂的数量单位或分段的东西的数量单位。Satuan hitungan untuk jumlah kelas atau bagian suatu benda. ‖ 我今天上午要上三节课。Hari ini saya harus menghadiri tiga kali pertemuan. | 桌子腿被分成了三节。Kaki meja terbagi menjadi tiga bagian. | 这首歌的第三小节最好听。Bagian ketiga dari lagu ini adalah yang paling enak didengar.

J

2 **节目** jiémù **acara**

【名词】[Nomina (kata benda)] 演出或电视、电台上播放的内容。Penampilan atau konten yang ditampilkan di acara panggung, televisi, atau radio. ‖ 孩子们在台上表演节目，非常可爱。Anak-anak tampil di atas panggung, sangat lucu. | 电视上播放了一个新节目。Ada acara baru yang diputar di televisi. | 他是一家电视台的节目导演。Dia adalah sutradara acara di sebuah stasiun televisi. | 今天晚会的节目真精彩。Acara malam ini sangat menarik.

2 **节日** jiérì **hari raya**

【名词】[Nomina (kata benda)] 庆祝某件事或纪念某个人的日子。Hari perayaan atau peringatan seseorang. ‖ 中国有很多节日，最重要的节日是春节。Tiongkok memiliki banyak hari perayaan, yang paling penting adalah Tahun Baru Imlek. | 祝你节日快乐。Selamat hari perayaan untukmu. | 每个节日他都会送女朋友一份礼物。Pada setiap hari perayaan, dia akan memberi pacarnya sebuah hadiah.

3 **节约** jiéyuē **hemat**

【动词】[Verba (kata kerja)] 不浪费。Tidak menyia-nyiakan. ‖ 为了保护环境，我们应该节约用电。Untuk melindungi lingkungan, kita harus menghemat penggunaan listrik. | 他平常是一个很节约的人。Dia adalah orang yang hemat dalam kehidupan sehari-hari. | 这个月钱不多，能节约一点儿是一点儿吧。Bulan ini uangnya sedikit, bisa menghemat sedikit itu adalah sesuatu.

2 **结果** jiéguǒ **hasil**

【名词】[Nomina (kata benda)] 事情发展的最后情况。Hasil perkembangan dari suatu peristiwa. ‖ 虽然结果我不太满意，但是过程中我努力过了。Meskipun saya tidak puas dengan hasilnya, tetapi selama prosesnya, saya telah berusaha. | 你知道昨天考试的结果吗？Apakah kamu tahu hasil ujian kemarin？| 他在调查结果的基础上提出了一些新的问题。Berdasarkan hasil survei, dia mengajukan beberapa pertanyaan baru.

【连词】[Konjungsi (kata penghubung)] 放在两个句子中间，表示事情的最后的情况是。Ditempatkan di antara dua kalimat, menunjukkan bahwa hasil akhir dari sesuatu adalah. ‖ 拖拖拖，拖到最后，结果没时间了 Terus menunda-nunda, pada akhirnya, tidak ada waktu. | 本来以为有希望，结果什么都没有。Pada awalnya ada harapan, pada akhirnya tidak ada apapun. | 说好一起去，结果只有我一个人去了。Kami berencana untuk pergi bersama, tetapi akhirnya hanya saya yang pergi.

3 **结合** jiéhé **gabung; menyatu**

【动词】[Verba (kata kerja)] 组合，紧密地接在一起。Menggabungkan atau mengikat erat satu sama lain. ‖ 这两件事要结合在一起处理。Kedua hal ini harus digabungkan untuk diatasi bersama. | 这节课结合了中国文化和国外文化。Pelajaran ini menggabungkan budaya Tiongkok dan budaya asing. | 可以结合一些具体的事情展开说说。Anda bisa menggabungkan beberapa contoh konkret.

3 **结婚** jié//hūn **menikah**

【动词】[Verba (kata kerja)] 男女双方经过专门单位认可，正式结合组成家庭。Pria dan wanita setuju untuk resmi bersatu membentuk keluarga melalui lembaga yang mengkhususkan diri dalam prosedur pernikahan. ‖ 他们两个明天要去办结婚证。Mereka berdua akan mengurus akta nikah besok. | 他下个月就要结婚了。Dia akan menikah bulan depan. | 他结过一次婚，后来两个人分开了。Dia telah menikah sekali dan kemudian berpisah. | 你想不想和我结婚？Apakah kamu ingin menikah denganku？

3 **结束** jiéshù **selesai; berakhir**

【动词】[Verba (kata kerja)] 事情完成，动作做完。Menyelesaikan sesuatu;

J

tindakan selesai. ‖ 活动结束了。Kegiatan telah berakhir. | 他今天的工作都结束了。Dia telah menyelesaikan pekerjaannya hari ini. | 他想结束他们现在的关系。Dia ingin mengakhiri hubungan mereka sekarang. | 考试结束后,他在家里休息了三天。Setelah ujian selesai, dia beristirahat di rumah selama tiga hari. | 结束了七天假期,我准备去上班了。Setelah liburan tujuh hari, saya siap untuk pergi bekerja.

1 **姐姐/姐** jiějie/jiě **kakak perempuan**

【名词】[Nomina (kata benda)] 年纪比自己大一点的女子。Wanita yang lebih tua dari seseorang. ‖ 我姐姐非常照顾我。Kakak perempuanku sangat peduli padaku. | 姐,你好久没来看我了。Kak, sudah lama tidak datang melihatku. | 姐姐,你能借我一支笔吗? Kakak, bisakah kamu meminjamkan satu pulpen padaku? | 我姐今年十九岁,比我大一岁。Kakak perempuanku berusia 19 tahun dan satu tahun lebih tua dariku.

3 **解决** jiějué **menyelesaikan; mengatasi**

【动词】[Verba (kata kerja)] 想办法处理问题,用某种方式让困难不存在。Mencari cara untuk menangani masalah dan membuat kesulitan itu tidak ada. ‖ 学校帮学生解决了生活问题。Sekolah membantu siswa menyelesaikan masalah hidup. | 一个人解决不了的事情,一群人总会有办法的。Hal-hal yang tidak dapat diatasi oleh satu orang bisa diatasi oleh sekelompok orang. | 这个问题你准备什么时候解决? Kapan kamu berencana untuk menyelesaikan masalah ini?

3 **解开** jiěkāi **mengurai**

【动词】[Verba (kata kerja)] ① 把弄到一起的东西或弄紧的东西打开。Membuka sesuatu yang terikat atau terpasang dengan ketat. ‖ 天气太热了,解开衣服凉快凉快。Cuaca sangat panas, aku membuka bajuku untuk merasa lebih nyaman. | 太紧了,我解不开。Terlalu ketat, aku tidak bisa membukanya. ② 得到答案。Mendapatkan jawaban atau solusi. ‖ 这个问题我们终于解开了。Akhirnya kami berhasil memecahkan masalah ini. | 他的话解开了我心里的烦恼。Ucapannya membuka kegelisahan hatiku.

1 **介绍** jièshào **mengenalkan**

【动词】[Verba (kata kerja)] 说明情况。Menjelaskan situasi. ‖ 大家好,现在

我来介绍一下自己，我叫李明，今年十八岁。Hai semua，sekarang saya akan memperkenalkan diri，nama saya adalah Li Ming，berusia 18 tahun. | 经理正在给顾客介绍产品。Manajer sedang memperkenalkan produk kepada pelanggan. | 你可以介绍我们认识吗？Bisakah kamu memperkenalkan kita satu sama lain？| 不要介绍了，我们互相认识。Jangan perkenalkan，kita sudah saling kenal.

2 借 jiè **pinjam**

【动词】［Verba（kata kerja）］把自己的东西给某人使用，或者问别人要某个东西让自己使用一段时间。Memberikan barang milik sendiri kepada seseorang untuk digunakan，atau meminta orang lain memberikan barang untuk digunakan sementara. ‖ 我最近没什么钱，你能借我一些吗？Baru-baru ini aku tidak punya banyak uang，bisakah kamu meminjamkan sedikit？| 我把书借给他了。Aku meminjamkan bukuku kepadanya. | 刚才有人把相机借走了。Baru saja ada seseorang yang meminjam kameranya.

J

2 今后 jīnhòu **sekarang dan kedepannya**

【名词】［Nomina（kata benda）］自现在以后的时间。Waktu dari sekarang ke depan. | 我今后再也不这样了。Saya tidak akan melakukan hal ini lagi di masa depan. | 今后还要见面的。Kita akan bertemu lagi di masa depan. | 今后会更好的。Kita harus lebih baik di masa depan. | 今后的生活会怎么样呢？Bagaimana kehidupan kita akan menjadi di masa depan？

1 今年 jīnnián **tahun ini**

【名词】［Nomina（kata benda）］现在这一年。Tahun ini sekarang. ‖ 今年是他上高中的最后一年。Tahun ini adalah tahun terakhirnya di sekolah menengah. | 今年的经济发展情况不错。Kondisi ekonomi tahun ini cukup baik. | 他们打算今年结婚。Mereka berencana untuk menikah tahun ini. | 你今年有什么计划？Apa rencanamu tahun ini？

1 今天 jīntiān **hari ini**

【名词】［Nomina（kata benda）］现在或现在这一天。Sekarang atau hari ini. ‖ 今天天气真好。Cuaca hari ini sangat bagus. | 今天是星期一，明天星期二。Hari ini adalah hari Senin，besok hari Selasa. | 今天晚上你有空儿吗？我想请你吃饭。Apakah kamu ada waktu malam ini？Saya ingin mengajakmu makan malam. | 今天的努力是为了明天更好的生活。Usaha hari ini adalah untuk kehidupan yang lebih baik di masa depan. | 今天不是他走就是我走。Hari ini bukan dia yang pergi, maka aku yang pergi.

2 **斤** jīn **kati (jin)**

【量词】[Kuantifier (kata pengukur)] 表示东西有多重的数量单位,一斤就是五百克。Satuan berat barang, 1 jin sama dengan 500 gram. ‖ 一斤苹果五块钱。Satu jin apel harganya 5 kuai (Yuan). | 这些菜看起来不错,每样给我来两斤吧。Untuk semua sayuran ini, beri saya dua jin masing-masing. | 多少钱一斤? Berapa harga per jin?

3 **金** jīn **emas**

【名词】[Nomina (kata benda)] 一种黄色的、比较硬的,可以拿来交易的东西。Benda kuning, keras, dan bernilai ekonomi yang digunakan untuk perdagangan. ‖ 他买了两块金。Dia membeli dua keping emas. | 金比银贵。Emas lebih mahal daripada perak. | 中国人结婚时,男生要送女生"三金",也就是三种用金做的东西。Ketika orang China menikah, pihak laki-laki harus memberikan "tiga emas" kepada pihak wanita, yaitu tiga benda yang terbuat dari emas.

3 **金牌** jīnpái **medali emas**

【名词】[Nomina (kata benda)] 比赛中发给第一名的证明。Penghargaan yang diberikan kepada juara pertama dalam suatu kompetisi. ‖ 在这次比赛中他一共拿到三块金牌。Dalam kompetisi ini, dia berhasil mendapatkan 3 medali emas. | 金牌不完全是用金做的,只是外面包了金。Medali emas sebenarnya tidak sepenuhnya terbuat dari emas, hanya bagian luar yang dilapisi emas. | 金牌不能代表一切,下次继续努力就好了。Medali emas tidak bisa mewakili segalanya, teruskan usahamu.

3 **仅** jǐn **hanya**

【副词】[Adverbia (kata keterangan)] 范围小。Dalam skala yang kecil. ‖ 他仅用了一个月就学完了一本书的知识。Dia hanya membutuhkan satu bulan untuk menguasai isi buku. | 从我住院以来,他仅来过一次。Sejak aku masuk rumah sakit, dia hanya datang satu kali. | 那天来开会的人仅有十个人。Hanya ada 10 orang yang datang untuk pertemuan hari itu.

3 **仅仅** jǐnjǐn **semata-mata; sekedar**

【副词】[Adverbia (kata keterangan)] 范围小、数量少。Dalam skala yang kecil atau jumlah yang sedikit. ‖ 仅仅只有他一个人坚持到了最后。Hanya ada dia seorang yang bertahan hingga akhir. | 这仅仅是开玩笑。Ini hanya sekedar bercanda. | 这仅仅只是一个小考验,后面还有很多困难在等着他。Ini hanyalah ujian kecil, masih banyak kesulitan yang menanti dia di depan. | 仅仅因为这么一点小事,他就生气了。Hanya karena beberapa jam, dia sudah marah.

3 **尽量** jǐnliàng **semaksimal mungkin**

【副词】［Adverbia（kata keterangan）］用最大的力量去做某事。Melakukan sesuatu dengan sebesar-besarnya usaha. ‖ 大家有什么想法都说出来,公司会尽量满足大家。Semua orang bisa menyampaikan pendapatnya, perusahaan akan berusaha memenuhi sebisa mungkin. | 包装简单一点 Kemasan sedikit lebih sederhana. | 这事比较着急,你尽量早点做完。Kasus ini cukup mendesak, usahakan selesaikan secepat mungkin. | 我尽量不和他生气。Saya akan mencoba sebisanya untuk tidak marah padanya.

3 **紧** jǐn **erat; ketat; darurat**

【形容词】［Adjektiva（kata sifat）］① 东西很难解开的,太小的。Sulit untuk dibuka, terlalu ketat. ‖ 这件衣服有点儿紧,给我换件大一点儿的吧。Baju ini agak ketat, beri saya ganti dengan yang lebih besar. | 把扣子弄紧点,外面冷。Kancingkan yang ketat, di luar sangat dingin. | 门关得太紧了,怎么也打不开。Pintu ditutup terlalu erat, bagaimana bisa dibuka. ② 急;离得近。Darurat, dekat. ‖ 外面的雨下得紧。Hujan di luar sangat deras. | 两个房子中间太紧了。Jarak dua rumah terlalu dekat. | 时间紧,任务重。Waktu yang sangat terbatas, tugasnya sangat berat. ③ 钱不够用的。Kekurangan uang. ‖ 我这几天手头紧,你能借我点钱吗? Beberapa hari ini saya uangnya cukup terbatas, bisa meminjamkan saya sedikit uang? | 她日子过得很紧,没有钱买新衣服了。Kehidupannya sangat sederhana, tidak ada uang untuk membeli pakaian baru.

3 **紧急** jǐnjí **mendesak; darurat**

【形容词】［Adjektiva（kata sifat）］时间紧的,事情很急的,必须马上行动的。Mendesak, perlu segera diatasi. ‖ 有紧急情况请立刻给警察打电话。Jika ada situasi mendesak, silahkan segera hubungi polisi. | 有个工作需要你紧急处理一下。Ada pekerjaan yang perlu kamu selesaikan dengan segera. | 情况特殊,需要紧急处理。Keadaan ini khusus, perlu penanganan yang cepat.

J

3 **紧张** jǐnzhāng **tegang；gugup**

【形容词】[Adjektiva (kata sifat)] ① 精神有压力的，感到很不安的。Tegang, merasa gelisah. ‖ 我第一次上台发言，我很紧张。Saya sangat gugup ketika harus berbicara di depan umum. | 他刚开始用中文回答问题，紧张得说不出来话。Dia baru mulai menjawab pertanyaan dalam bahasa Tiongkok, tapi terlihat gugup. | 听你这么说，我就不紧张了。Setelah mendengar apa yang kamu katakan, saya merasa tidak gugup lagi. ② 精神非常集中的，时间少事情多的。Penuh perhatian dan waktu terbatas. ‖ 我最近工作很多，时间很紧张，没时间出去玩。Akhir-akhir ini pekerjaan sangat padat, waktu sangat terbatas, tidak ada waktu untuk bermain keluar. | 紧张的工作日终于结束了。Jadwal yang ketat sekarang sudah berakhir. | 他最近正在紧张地记学习笔记。Dia sekarang sedang mencatat pelajaran dengan sungguh-sungguh.

J

1 **进** jìn **masuk**

【动词】[Verba (kata kerja)] ① 从外面到里面。Dari luar ke dalam. ‖ 大家进教室后就坐到自己的座位上。Setelah semua orang masuk ke dalam kelas, mereka duduk di tempat duduk masing-masing. | 球进了！Bola masuk！| 进门以后他一句话都不说。Setelah masuk ke dalam, dia tidak mengatakan sepatah kata pun. | 我进大学当老师。Saya masuk ke universitas sebagai seorang guru. ② 接受；收入。Menerima, memasukkan. ‖ 单位又进了几个年轻人。Unit ini menerima beberapa pemuda baru. | 我明天去进几件新衣服。Saya akan datang untuk menerima beberapa baju baru besok. | 公司最近进了一大笔钱。Perusahaan baru saja menerima sejumlah uang.

3 **进步** jìnbù **lebih baik；kemajuan；peningkatan**

【动词】[Verba (kata kerja)] 变得比原来好。Menjadi lebih baik dari sebelumnya. ‖ 他的考试成绩进步了。Prestasinya meningkat. | 他的汉语水平进步得很快。Kemampuan bahasa Tiongkoknya berkembang dengan sangat cepat. | 进步很难，但是退步很容易。Kemajuan itu sulit, tetapi kemunduran itu mudah. | 我的成绩怎样才能进步呢？Bagaimana agar prestasiku meningkat?

【形容词】[Adjektiva (kata sifat)] 符合时代要求的、积极的。Sesuai dengan tuntutan zaman, positif. ‖ 他的进步思想对中国社会发展有重要的影响。Pemikirannya yang progresif memiliki pengaruh yang besar pada perkembangan masyarakat Tiongkok. | 他被选为"进步工人"。Dia terpilih sebagai "Buruh

Progresif”.

1 **进来** jìn//lái **masuk dari**

【动词】[Verba (kata kerja)] 从外面到里面来,表示动作朝着说话的人的方向。Dari luar ke dalam, menunjukkan arah gerakan menuju ke arah orang yang berbicara. ‖ 快进来坐坐。Cepat masuklah dan duduk. | 老师进来以后,大家都静了下来。Setelah guru masuk, semua orang menjadi tenang. | 我已经进来了,你可以出来了。Saya sudah masuk, kamu bisa keluar sekarang. | 你进来以后就能看到一张白色的桌子,上面有我的包。Setelah masuk, kamu akan melihat meja putih, ada tas saya di atasnya.

1 **进去** jìn//qù **masuk ke**

【动词】[Verba (kata kerja)] 从外面到里面去,表示动作朝着别的方向。Dari luar ke dalam, menunjukkan arah gerakan menuju ke arah yang berbeda. ‖ 快进去吧。Cepat masuklah. | 别进去,里面还在开会。Jangan masuk, di dalam masih ada pertemuan. | 衣服太小了,我穿不进去。Pakaian ini terlalu kecil, saya tidak bisa masuk. | 他的房间太小了,进不去那么多人。Kamar tidurnya terlalu kecil, tidak bisa masuk banyak orang. | 你想不想进去? Apakah kamu ingin masuk?

2 **进入** jìnrù **masuk**

【动词】[Verba (kata kerja)] 从外面到某个范围里面。Dari luar masuk ke dalam suatu lingkup. ‖ 进入花园。Memasuki taman. | 进入考试状态。Masukkan keadaan ujian. | 进入现场。Memasuki situasi. | 进入公共场所不要大声说话。Memasuki tempat umum, jangan berbicara keras-keras. | 从学校进入社会后,一切都要靠自己。Setelah masuk ke sekolah, tergantung sepenuhnya pada diri sendiri.

2 **进行** jìnxíng **laksana**

【动词】[Verba (kata kerja)] 开展,正在发生。Dilakukan, sedang berlangsung. ‖ 会议正在进行,你现在不能进去。Pertemuan sedang berlangsung, kamu sekarang tidak bisa masuk. | 医生正在对病人进行全面检查。Dokter sedang melakukan pemeriksaan menyeluruh pada pasien. | 下一步工作你想怎么进行? Bagaimana perkembangan pekerjaan sekarang?

3 **进一步** jìnyíbù **lebih lanjut**

【副词】[Adverbia (kata keterangan)] 表示程度变深。Menunjukkan tingkat

kedalaman. ‖ 这件事还需要警察进一步调查。Kasus ini memerlukan penyelidikan lebih lanjut oleh polisi. | 通过大家的帮助，问题得到进一步的解决。Dengan bantuan semua orang, masalah telah diatasi dengan lebih lanjut. | 他的行为进一步说明他的态度不认真。Tindakannya lebih lanjut menunjukkan bahwa sikapnya tidak serius.

3 **进展** jìnzhǎn **perkembangan**

【动词】［Verba（kata kerja）］事情向前发展。Perkembangan suatu situasi. ‖ 调查工作取得了重大进展。Pekerjaan penyelidikan telah mencapai perkembangan yang signifikan. | 工作进展得很顺利。Pekerjaan berjalan dengan lancar. | 最近事情有什么进展吗？Apakah ada perkembangan baru dalam situasi baru-baru ini?

2 **近** jìn **dekat**

【形容词】［Adjektiva（kata sifat）］离得不远的；时间不长的。Tidak jauh; waktu yang tidak lama. ‖ 我家离学校很近，走路只要十分钟。Rumahku tidak jauh dari sekolah, hanya 10 menit berjalan kaki. | 你离我太近了。Kamu terlalu dekat denganku. | 离电脑太近不好。Terlalu dekat dengan komputer tidak baik. | 我的家乡近几年发生了很多变化。Tempat asalku mengalami banyak perubahan belakangan ini.

3 **近期** jìnqī **waktu dekat**

【名词】［Nomina（kata sifat）］最近一段时间。Waktu dalam periode terdekat. ‖ 我近期的工作比较多，可能都不会有假期了。Pekerjaanku belakangan ini cukup banyak, mungkin tidak akan ada libur. | 他近期会有考试。Dia akan memiliki ujian dalam waktu dekat. | 近期发生的事情让她感觉不安。Peristiwa-peristiwa terbaru membuatnya merasa cemas.

3 **京剧** jīngjù **opera Beijing; opera Peking**

【名词】［Nomina（kata benda）］在北京形成的一种中国特有的艺术表演形式。Sebuah bentuk seni pertunjukan unik Tiongkok yang berkembang di Beijing. ‖ 现在京剧开始和流行音乐结合在一起了。Saat ini, opera Peking mulai digabungkan dengan musik populer. | 京剧演员的脸应该画成什么样子是有规定的。Wajah para aktor opera Peking harus dilukis sesuai dengan aturan tertentu. | 观众都很喜欢今晚的京剧表演。Penonton sangat menyukai pertunjukan opera

Peking malam ini.

[2] 经常 jīngcháng **sering**

【副词】[Adverbia (kata keterangan)] 常常做。Melakukan sesuatu secara teratur. ‖ 他经常来我家做客。Dia sering datang ke rumahku sebagai tamu. | 他经常回去看他的父母。Dia sering kembali untuk menjenguk orang tuanya. | 他经常下班之后去公园散步。Dia sering pergi berjalan-jalan ke taman setelah pulang kerja.

[2] 经过 jīngguò **melewati；melalui**

【动词】[Verba (kata kerja)] 走过,经历过。Melewati, mengalami. ‖ 我去学校的路上要经过一个公园。Jalan menuju sekolahku melewati taman. | 他经过教学楼来到了图书馆。Dia berjalan melewati gedung kuliah dan tiba di perpustakaan. | 经过很多考验后,最后她终于得到了第一名。Setelah mengalami banyak ujian, akhirnya dia meraih peringkat pertama.

【名词】[Nomina (kata benda)] 事情发生的过程。Guru mengetahui proses perkelahian mereka. ‖ 老师了解了他们吵架的经过。| 事情的经过就是这样。Beginilah proses dari peristiwa itu. | 说起那件事的经过,我就生气。Ketika menceritakan prosesnya, aku menjadi marah.

[3] 经济 jīngjì **ekonomi；ekonomis**

【名词】[Nomina (kata benda)] 有关钱和生产的活动、情况或事业。Aktivitas, situasi, atau industri yang terkait dengan uang dan produksi. ‖ 经济发展需要科技支持。Pengembangan ekonomi memerlukan dukungan teknologi. | 公司最近的经济情况有一点问题。Situasi ekonomi perusahaan belakangan ini sedikit bermasalah. | 他个人经济条件很好。Kondisi ekonomi pribadinya sangat baik. | 在经济方面,我帮不上什么忙。Dalam hal ekonomi, saya tidak bisa memberikan bantuan apa-apa. | 市场经济是国家经济发展的重心。Ekonomi pasar adalah fokus perkembangan ekonomi negara.

【形容词】钱花得少的。Hemat biaya. ‖ 这辆车又经济又好用。Mobil ini hemat dan bagus digunakan. | 有没有更经济一点的方法。Apakah ada cara yang lebih hemat?

[2] 经理 jīnglǐ **manajer**

【名词】[Nomina(kata benda)] 一个单位或部门负责经营管理的人。Seseorang

yang bertanggung jawab mengelola dan mengatur suatu unit atau departemen. ‖ 他在饭店当经理。Dia menjadi manajer di sebuah restoran. | 这件事我要和你经理谈。Aku harus berbicara dengan manajernya tentang masalah ini. | 他刚上班没几个月就成了部门经理。Dia baru bekerja beberapa bulan dan sudah menjadi manajer departemen.

3 经历 jīnglì **pengalaman**

【动词】［Verba（kata kerja）］做过、见过、体验过。Melakukan, melihat, atau mengalami sesuatu. ‖ 他这么多年一个人在国外经历了很多事。Dia telah mengalami banyak hal selama bertahun-tahun di luar negeri. | 她这么伤心，到底经历了什么？Mengapa dia begitu sedih? Apa yang dia alami? | 这有些事只有经历过才能真正理解。Hal-hal ini hanya dapat dipahami dengan benar setelah mengalami sendiri.

【名词】［Nomina（kata benda）］做过、见过、体验过的事。Pengalaman atau hal yang telah dilakukan, dilihat, atau dialami. ‖ 他告诉了我们他过去的一段经历。Dia menceritakan pengalamannya yang lalu. | 这段经历对我的成长有很大的帮助。Pengalaman ini sangat membantu perkembanganku. | 所有的经历都会成为我们成长的动力。Semua pengalaman akan menjadi motivasi untuk pertumbuhanku.

3 经验 jīngyàn **pengalaman**

【名词】［Nomina（kata benda）］从各种事情中得到的知识。Pengetahuan yang diperoleh dari berbagai pengalaman. ‖ 他的教学经验很丰富。Pengalamannya mengajar sangat beragam. | 我第一次做这个工作，没有什么经验。Ini adalah pertama kalinya saya bekerja, saya tidak memiliki pengalaman apa pun. | 工作结束后要总结一下经验。Setelah pekerjaan selesai, kita harus merangkum pengalaman.

3 经营 jīngyíng **kelola**

【动词】［Verba（kata kerja）］一般指计划、安排并管理。Secara umum mengacu pada merencanakan, mengatur, dan mengelola sesuatu. ‖ 他经营着一家商店。Dia mengelola sebuah toko. | 两个人的感情是需要经营的。Hubungan dua orang ini membutuhkan perawatan. | 生意刚开始经营得不好，后来越来越好了。Bisnisnya tidak baik pada awalnya, tetapi kemudian semakin membaik. | 一个人也要把自己的生活经营好。Setiap orang harus mengelola kehidupannya dengan baik.

3 **精彩** jīngcǎi **memukau**

【形容词】[Adjektiva (kata sifat)] 表现得好的,水平高的,让人看了满意的。Terampil, memiliki tingkat tinggi, memuaskan bagi penonton. ‖ 今晚的表演精彩极了。Pertunjukan malam ini sangat memukau. | 节目正到精彩的地方。Acara ini sedang mencapai puncaknya. | 他在台上的发言很精彩。Pidatonya di atas panggung sangat mengesankan.

3 **精神** jīngshén **semangat; mental**

【名词】[Nomina (kata benda)] ① 人的思想、情感等。Pikiran, perasaan seseorang. ‖ 他不怕困难的精神值得我们学习。Semangatnya dalam menghadapi kesulitan layak untuk kita pelajari. | 每个人的精神世界都是复杂的。Dunia batin setiap orang kompleks. ② 领导的讲话、会议等的主要意思。Arti utama dari pidato, pertemuan, dll. ‖ 学校组织我们学习这次讲话的精神。Sekolah mengorganisir pembelajaran berdasarkan semangat pidato ini. | 这次会议的主要精神是什么? Apa inti dari pertemuan ini?

3 **精神** jīngshen **semangat**

【形容词】[Adjektiva (kata sifat)] 状态好的。Dalam keadaan baik. ‖ 他虽然年纪大了,看着还是很精神。Meskipun dia sudah tua, dia masih tampak bugar di pantai. | 你穿这套衣服可真精神。Anda terlihat segar dalam pakaian ini. | 他工作到很晚,人看起来不太精神。Dia bekerja hingga larut malam, tapi tampaknya tidak terlalu bugar.

【名词】[Nomina (kata benda)] 好的状态。Kondisi yang baik. ‖ 孩子好像生病了,看起来没什么精神。Anaknya terlihat sakit, tampaknya kurang semangat. | 打起精神,我们下次努力就好了。Bersiaplah, kita akan mencoba lebih keras kali ini. | 他最近精神不错。Dia terlihat baik-baik saja belakangan ini.

3 **景色** jǐngsè **pemandangan**

【名词】[Nomina (kata benda)] 让人们观看的自然山水。Pemandangan alam yang dapat dilihat oleh orang-orang. ‖ 这里的景色真不错。Pemandangan di tempat ini benar-benar bagus. | 我还是第一次见到这样的景色。Ini pertama kalinya saya melihat pemandangan seperti ini. | 我们坐在海边静静地看着海上的景色。Kami duduk di pantai dan menikmati pemandangan laut.

J

3 **警察** jǐngchá **polisi**

【名词】［Nomina（kata benda）］从事保护社会安全管理等工作的公务员。Pegawai pemerintah yang bertugas untuk melindungi keamanan masyarakat, mengatur lalu lintas, dll. ‖ 警察一下就抓住了坏人。Polisi segera menangkap penjahat tersebut. | 警察的工作很辛苦。Pekerjaan polisi sangat melelahkan. | 警察一接到电话就到达了现场。Polisi segera tiba di lokasi setelah menerima panggilan telepon.

3 **静** jìng **hening**

【形容词】［Adjektiva（kata sifat）］一点儿声音也没有的。Tanpa suara sedikit pun. ‖ 教室里静得只听到写字的声音。Di dalam kelas sangat sunyi, hanya terdengar suara menulis. | 图书馆的墙上有个大大的"静"字,意思是让每个人保持安静。Di dinding perpustakaan ada kata besar "Sunyi", yang berarti setiap orang harus tetap diam. | 他静静的,一句话也不说。Dia tenang, tidak mengeluarkan sepatah kata pun.

【动词】［Verba（kata kerja）］安静下来,不发出声音。Menjadi tenang, tidak mengeluarkan suara. ‖ 请大家静一静,现在开始上课。Mari tenangkan diri, sekarang kita mulai pelajaran. | 他想一个人在房间里静一静。Dia ingin sendirian di dalam ruangan untuk tenang. | 天气太热了,人都静不下来。Cuaca sangat panas, sulit untuk menjadi tenang.

1 **九** jiǔ **sembilan**

【数词】［Numeralia（kata bilangan）］① 9。‖ 这个孩子今年九岁了。Anak ini berusia sembilan tahun tahun ini. | 我学了九年的汉语。Saya telah belajar bahasa Tiongkok selama sembilan tahun. | "九零后"是指从 1990 年到 2000 年出生的人。"Generasi 90-an" merujuk pada orang-orang yang lahir dari tahun 1990 hingga 2000. ② 第九。ke-sembilan. ‖ 我家住在酒楼。Rumahku berada di lantai sembilan. | 大部分学校都是九月开学。Sebagian besar sekolah mulai pada bulan September. | 九号窗口可以办理退休手续。Jendela nomor sembilan dapat mengurus prosedur pensiun.

2 **酒** jiǔ **arak; alkohol (minuman keras)**

【名词】［Nomina（kata benda）］一种用水果或各种米做成的喝的东西,比如红酒。Sejenis minuman yang dibuat dari buah atau berbagai jenis beras, seperti anggur merah. ‖ 中国不仅有茶文化，也有酒文化。Tiongkok tidak hanya memiliki budaya teh, tetapi juga budaya minuman keras. | 他今天身体不舒服，不能喝酒。Dia merasa tidak enak badan hari ini, tidak bisa minum alkohol. | 让我们一起干了这杯酒。Ayo kita bersama-sama minum segelas anggur ini.

2 **酒店** jiǔdiàn **hotel**

【名词】［Nomina（kata benda）］可以吃饭、休息的高级饭店。Hotel mewah yang menyediakan tempat makan dan istirahat. ‖ 出去旅游之前，我们可以在网上订酒店。Sebelum pergi berwisata, kita bisa memesan hotel melalui internet. | 这家酒店的环境很好。Lingkungan hotel ini sangat bagus. | 有的酒店有可以接待会议的地方。Beberapa hotel menyediakan tempat untuk acara pertemuan. | 这家酒店的服务态度很好，环境也卫生。Pelayanan hotel ini sangat baik, dan lingkungannya bersih.

3 **久** jiǔ **lama**

【形容词】［Adjektiva（kata sifat）］时间长的。Waktu yang lama. ‖ 走路走太久了，我累极了。Berjalan kaki sangat lama, aku sangat lelah. | 医生说久坐对身体不好。Dokter mengatakan bahwa duduk terlalu lama tidak baik untuk kesehatan. | 这都是很久以前的事了，我已经记不清了。Ini semua adalah hal yang terjadi sangat lama, aku sudah tidak ingat lagi. | 他刚走没多久。Dia baru pergi sebentar.

1 **就** jiù **cepat; langsung; awal**

【副词】［Adverbia（kata keterangan）］① 表示用的时间短，事情发生早。Menyatakan bahwa waktu yang digunakan adalah singkat, atau peristiwa terjadi lebih awal. ‖ 我早就来学校了。Aku sudah datang ke sekolah dari tadi. | 他读了两遍，就把课文背下来了。Setelah membacanya dua kali, dia sudah menghafal teks pelajaran itu. | 我昨天就和你说过这件事了，怎么你又忘了？Aku sudah mengatakan tentang hal ini kemarin, kenapa kamu lupa lagi? ② 表示原因、条件、时间先后等关系。Menyatakan hubungan sebab-akibat, kondisi, urutan waktu, dll. ‖ 他一回家就玩游戏。Begitu dia pulang ke rumah, dia bermain game. | 有问题你就给我打电话。Jika ada masalah, kamu hubungi aku. | 两个人只要说清楚了就没事。Asalkan kalian berbicara dengan jelas, maka tidak masalah. ③ 表示数量少、范围小。Menyatakan jumlah yang sedikit atau rentang yang sempit. ‖ 就我一个人在家里。Hanya aku sendiri di rumah. | 这道题就我一个人不会。Aku saja yang tidak bisa menyelesaikan soal ini. | 你就吃这么一点儿能吃饱吗？Apakah kamu puas dengan hanya sebongkah makanan seperti ini? | 他就去过北京，别的地方都没去过。Dia hanya pergi ke Beijing, tidak pergi ke tempat lain. ④ 表示强调后面的内容。Menekankan konten di belakangnya. ‖ 我就不信我学不会汉语。Aku tidak percaya aku tidak bisa belajar bahasa Tiongkok. | 他就不听我的话。Dia tidak mendengarkan perkataanku sama sekali. | 他就要找经理商量，谁说也不行。Dia akan mencari manajer untuk membahasnya, tidak peduli siapa saja yang berkata tidak.

3 就是 jiùshì **meskipun**

【连词】［Konjungsi（kata penghubung）］放在句子前面，表示退一步来说。Digunakan di awal kalimat, menunjukkan keterlibatan atau pengertian yang lebih besar. ‖ 就是没钱，也要照顾好自己的身体。Meskipun tidak punya uang, tetapi harus menjaga kesehatan. | 老师就是不在，我们也一样要认真复习。Meskipun guru tidak ada, kita tetap harus belajar dengan serius. | 只要你答应我的条件，你就是让我多给你点钱都行。Selama kamu setuju dengan syaratku, aku bahkan bisa memberikan lebih banyak uang padamu.

J

2 就要 jiùyào **akan segera**

【副词】［Adverbia（kata keterangan）］快要发生。Akan segera terjadi. ‖ 快走吧，就要上课了。Ayo cepat pergi, sebentar lagi akan masuk kelas. | 我就要去上班了，你什么时候有空？快说吧。Aku akan pergi bekerja sekarang, kapan waktu yang kamu punya? | 我明天就要去北京了。Aku akan pergi ke Beijing besok. | 我就要到你家了，你在门口等我吧。Aku akan sampai di rumahmu sebentar lagi, tunggu aku di depan pintu.

3 就业 jiù//yè **bekerja; berkarir**

【动词】［Verba（kata kerja）］得到工作机会，找到工作。Mendapatkan kesempatan kerja, mencari pekerjaan. ‖ 今年的就业情况存在很多困难。Situasi penempatan kerja tahun ini menimbulkan banyak kesulitan. | 现在很多大学生都要面对就业压力大的问题。Saat ini, banyak mahasiswa menghadapi tekanan besar dalam mencari pekerjaan. | 学校应该帮助学生就业。Sekolah harus membantu mahasiswa dalam pencarian pekerjaan. | 她的就业问题现在还没有解决。Masalah penempatan kerjanya belum terselesaikan hingga sekarang.

3 旧 jiù **lama**

【形容词】［Adjektiva（kata sifat）］① 用过的，不新的。Barang bekas, tidak

baru. ‖ 她的旧衣服都送人了。Dia telah memberikan pakaian lamanya kepada orang lain. | 这是十年前的旧房子了。Ini adalah rumah lama sepuluh tahun yang lalu. | 中国有句话叫作“旧的不去,新的不来”。Ada pepatah Tiongkok yang berbunyi “Hal lama tidak akan pergi, hal baru tidak akan datang.” | 这车已经旧了,过段时间我想买辆新车。Mobil ini sudah usang, setelah beberapa saat saya ingin membeli mobil baru. ② 事情已经过去的、思想落后的。Sesuatu yang telah berlalu, pemikiran yang ketinggalan zaman. ‖ 爷爷总是用旧思想来教育我。Kakek selalu mengajari saya dengan pemikiran lama. | 这些旧事就别再说了。Jangan ceritakan lagi tentang hal-hal lama ini. | 你年纪不大,怎么有这么多旧想法。Kamu masih muda, mengapa memiliki begitu banyak pemikiran lama.

3 救 jiù **tolong**

【动词】[Verba (kata kerja)] 帮助有危险或有困难的人。Membantu orang yang dalam bahaya atau kesulitan. ‖ 看到孩子掉到水里了,他赶紧跳下去把人救了起来。Melihat anak itu jatuh ke dalam air, dia segera melompat untuk menyelamatkannya. | 医生,请你救救他。Dokter, tolong selamatkan dia. | 你来得真及时,不然我都不知道怎么办,你真是救了我一命。Kau datang tepat waktu, kalau tidak, aku tidak tahu harus bagaimana, kau telah menyelamatkan hidupku.

2 举 jǔ **angkat**

【动词】[Verba (kata kerja)] ① 手向上运动,用手把东西或人往上放。Menggerakkan tangan ke atas, meletakkan sesuatu atau seseorang ke atas. ‖ 别动!把手举起来! Jangan bergerak! Angkat tanganmu ke atas! | 爸爸把孩子举得高高的。Ayah mengangkat anaknya tinggi-tinggi. | 你举一下这块牌子。Coba angkatlah papan ini. ② 提出。Mengemukakan, menyajikan. ‖ 你举个例子来说明这个问题。Berikan contoh untuk menjelaskan masalah ini. | 老师举了几个例子,我们就明白了。Guru memberikan beberapa contoh, kita segera mengerti. | 他举出了一些他认为有问题的地方。Dia menyajikan beberapa masalah yang menurutnya ada masalah.

3 举办 jǔbàn **mengadakan**

【动词】[Verba (kata kerja)] 开展活动或会议。Mengadakan acara atau pertemuan. ‖ 学校每个月都会举办学习交流会。Sekolah mengadakan pertemuan pertukaran pelajaran setiap bulan. | 这个歌手下个月会举办演唱会。Penyanyi ini akan mengadakan konser bulan depan. | 活动的举办时间还没定。Waktu penyelenggaraan acara ini belum ditentukan. | 这次活动举办得很成功，取得了很好的成果。Acara ini diadakan dengan sukses dan mencapai hasil yang baik.

2 举手 jǔshǒu **angkat tangan**

【动词】［Verba（kata kerja）］让手向上运动。Mengacungkan tangan ke atas. ‖ 上课回答问题要举手。Saat di kelas, angkat tangan untuk menjawab pertanyaan. | 大家别急，举手，一个一个说！Jangan ragu, angkat tangan, bicaralah satu per satu！| 同意的人可以举手。Setiap orang yang setuju boleh mengacungkan tangan.

2 举行 jǔxíng **mengadakan**

【动词】［Verba（kata kerja）］正式活动开展并进行。Mengadakan dan melakukan kegiatan formal. ‖ 这场国际会议将在北京举行。Konferensi internasional ini akan diadakan di Beijing. | 学校下个月举行体育比赛。Sekolah akan mengadakan kompetisi olahraga bulan depan. | 公司要举行一场合作交流会。Perusahaan akan mengadakan pertemuan kerjasama.

2 句 jù **satuan**

【量词】［Kuantifier（kata pengukur）］表示句子的数量单位。Mewakili jumlah kalimat. ‖ 他几句话就让老师同意了。Dia dengan cepat menyelesaikan semua pertanyaan dari guru. | 老师上课说的每一句话都很重要。Setiap kata yang dikatakannya sangat penting. | 他一句话都不说，谁都没办法。Dia mengucapkan satu kalimat, Anda menulis satu kalimat. | 你第一句话就写错了。Kalimat pertama yang kamu tulis salah.

2 句子 jùzi **kalimat**

【名词】［Nomina（kata benda）］一个词或多个词组成的，能表达完整意思的语言单位。Satuan bahasa yang terdiri dari satu kata atau beberapa kata yang menyampaikan arti yang lengkap. ‖ 这个句子很长。Kalimat ini sangat panjang. | 请看图写句子。Silakan lihat gambar dan tulislah kalimat. | 老师，这个句子我不明白。Guru, saya tidak mengerti kalimat ini.

3 具体 jùtǐ **detil；konkret**

【形容词】［Adjektiva（kata sifat）］明确的，可以想象的，清楚的，实在的。Jelas, dapat dibayangkan, jelas, nyata. ‖ 我也不知道这件事情的具体情况。

Saya tidak tahu detail situasi ini. | 你能讲得再具体一点吗？Bisakah Anda memberikan penjelasan yang lebih konkret？| 他对每个人的工作都进行了具体安排。Dia telah memberikan pengaturan yang tepat untuk setiap orang. | 这次活动的安排具体还要公司决定。Keputusan detailnya harus diputuskan oleh perusahaan ini.

3 **具有** jùyǒu **memiliki**

【动词】[Verba（kata kerja）] 某人或某物有；存在。Seseorang atau sesuatu memiliki；ada. ‖ 他具有很多优点。Dia memiliki banyak kelebihan. | 这个手机具有非常丰富的功能。Ponsel ini memiliki fitur yang sangat lengkap. | 她的话对我们有积极的影响。Kata-katanya memiliki pengaruh yang positif pada kita. | 这篇文章具有中国特色。Artikel ini memiliki ciri khas Tiongkok.

3 **剧场** jùchǎng **teater**

【名词】[Nomina（kata benda）] 一种演出场所。Tempat pertunjukan. ‖ 他带我去剧场看话剧。Dia membawa saya ke teater untuk menonton drama. | 我在剧场门口等你。Aku menunggumu di depan pintu teater. | 城南边的剧场有音乐表演。Di teater di sisi selatan kota, ada pertunjukan musik.

3 **据说** jùshuō **konon katanya；dengar-dengar**

【动词】[Verba（kata kerja）] 根据别人说。Berdasarkan apa yang dikatakan orang lain. ‖ 据说他曾经在国外当老师。Konon dia pernah menjadi seorang guru di luar negeri. | 据说我们下周要放假三天。Dikatakan bahwa minggu depan kita akan libur selama 3 hari. | 据说他下周就要回国了。Dikatakan bahwa dia akan kembali ke negara asal minggu depan.

3 **决定** juédìng **memutuskan；keputusan**

【动词】[Verba（kata kerja）] 让某人拿主意。Membiarkan seseorang membuat keputusan. ‖ 这事你自己决定吧！Keputusan ini terserah padamu！| 我决定参加这次比赛。Aku memutuskan untuk mengikuti kompetisi ini. | 经过讨论，公司决定派代表去国外工作。Setelah mendiskusikannya，perusahaan memutuskan untuk mengirim wakil ke luar negeri untuk bekerja.

【名词】[Nomina（kata benda）] 拿出的主意，最后确定的结果。Keputusan yang diambil，hasil akhir yang ditentukan. ‖ 公司刚才发布了一个重要的决定。Perusahaan baru saja mengeluarkan keputusan penting. | 我们已经对这件事作出

了决定。Kita telah membuat keputusan tentang masalah ini. | 她好不容易才作了这个决定。Dia dengan susah payah membuat keputusan ini.

3 **决赛** juésài **final**

【名词】[Nomina (kata benda)] 决定第一、二名的比赛，或者决定第一名的最后一场比赛。Kompetisi yang menentukan peringkat pertama dan kedua, atau pertandingan terakhir yang menentukan peringkat pertama. ‖ 今天晚上就要进行决赛了。Malam ini akan ada pertandingan final. | 决赛的结果已经出来了。Hasil dari pertandingan final telah diumumkan. | 他在决赛中的表现非常精彩。Penampilannya dalam pertandingan final sangat menakjubkan.

3 **决心** juéxīn **yakin; tekad**

【名词】[Nomina (kata benda)] 作出决定后不变的信心。Kepercayaan yang tidak berubah setelah membuat keputusan. ‖ 她下了很大的决心才参加这次比赛。Dia mengambil keputusan besar untuk mengikuti kompetisi ini. | 从他行动可以看出他的决心。Dari tindakannya, kita bisa melihat ketegasannya. | 你对这件事有没有成功的决心？Apakah kamu memiliki tekad untuk berhasil dalam hal ini?

【副词】[Adverbia (kata keterangan)] 坚决地拿主意，坚持自己的决定地。Memiliki keputusan yang kuat, bertindak dengan tekad. ‖ 他决心要把这事办成。Dia bertekad untuk menyelesaikan tugas ini. | 她决心把汉语学好。Dia bertekad untuk belajar bahasa Tiongkok dengan baik. | 我决心这次一定要见到他。Aku benar-benar harus melihat dia kali ini.

1 **觉得** juéde **merasa**

【动词】[Verba (kata kerja)] 感觉到，认为。Merasa, berpendapat. ‖ 我觉得天气越来越冷了。Aku merasa cuaca semakin dingin. | 我觉得他对我不太满意，因为我没经过他同意就做了这件事。Aku merasa dia tidak terlalu puas padaku karena aku melakukan hal ini tanpa izinnya. | 他觉得这事不能全怪他一个人。Dia merasa tidak semua kesalahan bisa dituduhkan kepadanya. | 我觉得中国菜更好吃。Aku merasa masakan Tiongkok lebih enak.

3 **绝对** juéduì **pasti**

【副词】[Adverbia (kata keterangan)] 完全地，一定地。Sepenuhnya, pasti. ‖ 这件事交给我绝对没问题。Tidak masalah memberikan tugas ini padaku, pasti tidak ada masalah. | 你做什么决定我都支持，绝对没有意见 Saya mendukung keputusan apa pun yang Anda buat, saya pasti tidak punya masalah. | 老师绝对不会同意我们明天上课看电影的。Guru pasti tidak akan menyetujui untuk menonton film saat pelajaran besok. | 我绝对没有说过这样的话。Saya pasti tidak pernah mengatakan hal seperti itu.

K

[3] **咖啡** kāfēi **kopi**

【名词】[Nomina (kata benda)] 一种味道有点苦的,可以喝的东西。这个词来自英语 coffee。Minuman yang rasanya agak pahit dan bisa diminum. Kata ini berasal dari bahasa Inggris "coffee". ‖ 他经常晚上喝咖啡。Dia sering minum kopi di malam hari. | 我每天早上都要喝一杯咖啡。Saya minum segelas kopi setiap pagi. | 有的人喜欢在咖啡里加牛奶。Beberapa orang suka menambahkan susu ke dalam kopi. | 我不喜欢喝咖啡,它太苦了。Saya tidak suka minum kopi, rasanya terlalu pahit.

K

[2] **卡** kǎ **kartu**

【名词】[Nomina (kata benda)] 有某种功能或信息的东西,形状小,来自英语 card。Sesuatu yang memiliki fungsi atau informasi tertentu, berbentuk kecil, berasal dari bahasa Inggris "card". ‖ 我想去银行办张卡用来存钱。Saya ingin pergi ke bank untuk mengurus kartu untuk menabung. | 这张卡是我们学校的学生卡,上面有学生的名字和照片。Kartu ini adalah kartu mahasiswa kami, di atasnya terdapat nama dan foto mahasiswa. | 在中国坐公交车可以用公交卡。Di Tiongkok, Anda dapat menggunakan kartu bus saat naik bus. | 他的饭卡里还有很多钱。Di dalam kartu makanannya masih ada banyak uang.

[1] **开** kāi **buka**

【动词】[Verba (kata kerja)] ① 把关着的东西打开。Membuka sesuatu yang tertutup. ‖ 我开了一瓶红酒。Saya membuka sebotol anggur merah. | 太热了,把门开开吧。Terlalu panas, bukalah pintu. | 灯开了一个晚上没关。Lampu dinyalakan sepanjang malam dan tidak dimatikan. ② 水到一定温度后改变状态。Air berubah menjadi uap karena mencapai suhu tertentu. ‖ 水开了,我帮你倒杯水。Air telah mendidih, saya akan menuangkan segelas air untukmu. | 水刚开,别着急。Air baru mendidih, jangan terburu-buru. ③ 写出。Menulis atau mengeluarkan sesuatu. ‖ 医生给他开了几个药,让他按时吃。Dokter memberi dia beberapa resep obat untuk diminum secara teratur. | 我去找老师开成绩证明。Saya akan mencari guru untuk memberikan sertifikat saya. | 我可以帮你开个身份证明。Saya dapat membantu Anda mengeluarkan kartu identitas. ④ 建立。Membuka atau mendirikan sesuatu. ‖ 她很喜欢花,所以她开了一家花店。Dia sangat menyukai bunga, jadi dia membuka sebuah toko bunga. | 他是开饭店的。Dia memiliki restoran. | 这间饭馆开了十年了,老顾客很多。Restoran ini sudah dibuka selama 10 tahun, ada banyak pelanggan tetap. ⑤ 花长大。Bunga mekar. ‖ 花开了。Bunga telah mekar. | 花园里的花开得很漂亮。Bunga di taman ini mekar dengan indah. | 今年的花开得晚了一些。Bunga-bunga tahun ini mekar sedikit lebih lambat.

1 开车 kāi//chē **mengemudi**

【动词】［Verba (kata kerja)］让车工作。Mengoperasikan mobil. ‖ 我喝了酒,开不了车了。Saya minum alkohol, jadi saya tidak bisa mengemudi. | 他开车去北京。Dia pergi ke Beijing dengan mobil. | 你明天开不开车？Apakah Anda akan mengemudi besok？| 他连续开了十个小时的车,他累极了。Dia mengemudikan mobil selama 10 jam berturut-turut, dia sangat lelah.

3 开发 kāifā **mengembangkan**

【动词】［Verba (kata kerja)］发现并利用新东西。Menemukan dan menggunakan sesuatu yang baru. ‖ 他不断开发自己的能力。Dia terus mengembangkan kemampuannya sendiri. | 这块地被开发成一个花园。Tanah ini dikembangkan menjadi taman bunga. | 这个村是经济开发的重要地区。Desa ini adalah daerah yang penting dalam pengembangan ekonomi.

3 开放 kāifàng **mekar; buka**

【动词】［Verba (kata kerja)］① 花长到一定程度从合着变成打开的状态。Bunga mekar hingga membuka. ‖ 春天到了,花儿都开放了。Musim semi telah tiba, dan bunga-bunga telah mekar. | 这种花只有晚上才会开放。Bunga ini hanya akan mekar di malam hari. ② 让外面的东西进来,开业。Membiarkan sesuatu dari luar masuk, membuka usaha. ‖ 动物园今天正式开放了。Kebun binatang dibuka secara resmi hari ini. | 对外开放推动了中国经济的发展。Kebijakan keterbukaan telah mendorong perkembangan ekonomi Tiongkok.

1 开会 kāi//huì **rapat**

【动词】［Verba (kata kerja)］很多人坐在一起讨论一件事。Banyak orang

berkumpul untuk membahas suatu masalah. ‖ 今天下午三点开会，请大家准时到。Rapat akan diadakan pada pukul tiga sore, tolong datang tepat waktu. | 开会的时候，请大家把手机关机。Saat rapat, tolong matikan ponsel kalian. | 今天开会，他发表了很多合理的建议。Hari ini akan diadakan rapat, dia memberikan banyak saran yang masuk akal.

2 **开机** kāi//jī **menyalakan; menghidupkan**

【动词】[Verba (kata kerja)] ① 让机器开始工作。Menyalakan mesin. ‖ 我手机刚刚开机，所以我没有接你的电话。Ponsel saya baru saja dinyalakan, jadi saya tidak mengangkat teleponmu. | 我的电脑开不了机了。Komputer saya tidak dapat dinyalakan. | 我给他打电话，发现他没开机。Saya meneleponnya dan menemukan bahwa ponselnya tidak dinyalakan. ② 开始拍影片。Mulai merekam film. ‖ 这部电影今天开机。Film ini akan mulai syuting hari ini. | 这部影片的开机工作已经做了三个月了。Pekerjaan produksi film ini telah berlangsung selama tiga bulan.

K

3 **开始** kāishǐ **mulai**

【动词】[Verba (kata kerja)] 从某一个时间或地点起。Mulai dari waktu atau tempat tertentu. ‖ 请你从一开始数到一百。Kamu hitung dari 1 sampai 100. | 会议从下午三点开始。Rapat akan dimulai pukul tiga sore. | 比赛正式开始了。Kompetisi resmi dimulai sekarang.

1 **开玩笑** kāiwánxiào **bercanda; bergurau**

【动词】[Verba (kata kerja)] ① 为了让大家开心说的有意思的话。Berbicara hal-hal yang menyenangkan untuk membuat orang bahagia. ‖ 随便拿别人开玩笑是不好的。Tidak baik untuk bercanda sembarangan dengan orang lain. | 他这个人喜欢开玩笑。Dia suka bercanda. | 我不想和你开玩笑。Saya tidak ingin bercanda dengan Anda. ② 说话做事不认真。Berbicara atau bertindak tidak serius. ‖ 这事可不能开玩笑，要认真做。Hal ini tidak bisa dipermainkan-mainkan, harus dijalani dengan serius. | 你开什么玩笑？我等了这么久，你现在才说你不来了。Mengapa Anda bercanda? Saya telah menunggu begitu lama, dan sekarang Anda mengatakan Anda tidak akan datang.

2 **开心** kāixīn **gembira**

【形容词】[Adjektiva (kata sifat)] 高兴的，快乐的，能让别人感觉到心情好的。

Senang, bahagia, dapat membuat orang merasa suasana hatinya baik. ‖ 我今天很开心,因为我见到了很久没见的朋友。Saya sangat senang hari ini karena bertemu dengan teman lama yang tidak pernah saya temui dalam waktu yang lama. | 他笑得很开心。Dia tersenyum dengan senang. | 他的话让我听了很不开心。Ucapannya membuat saya merasa tidak senang.

【动词】[Verba (kata kerja)] 让别人心情好。Membuat orang merasa bahagia. ‖ 这个消息让她很开心。Berita baik ini membuat dia merasa senang. | 他总拿我开心。Dia selalu menyenangkan hati orang lain. | 说个好消息让大家开心开心吧。Beri kami berita baik untuk membuat kita semua senang.

2 开学 kāi//xué **mulai periode belajar**

【动词】[Verba (kata kerja)] 开始上学,开始学习活动。Memulai sekolah, memulai kegiatan belajar. ‖ 你们下个月开不开学? Apakah sekolah Anda akan dimulai bulan depan? | 明天就要开学了,我今天要早点睡。Besok adalah hari dimulainya sekolah, saya harus tidur lebih awal hari ini. | 开学以后他的课程安排特别多。Setelah memulai sekolah, dia memiliki banyak jadwal pelajaran. | 因为天气原因,我们今天无法按时开学了。Karena alasan cuaca, kami tidak dapat memulai sekolah tepat waktu hari ini.

【名词】[Nomina (kata benda)] 最初的一段时间。Awal periode waktu. ‖ 最开始,我们互相不认识,也很少说话。Pada awalnya, kita tidak saling kenal dan jarang berbicara. | 他一开始就说了他今天来不了。Dia segera mengatakan bahwa dia tidak dapat datang hari ini. | 我刚开始还不明白他说什么,听着听着就懂了。Pada awalnya, saya tidak mengerti apa yang dia katakan.

3 开业 kāi//yè **buka; beroperasi**

【动词】[Verba (kata kerja)] 商店正式开始经营。Toko secara resmi memulai operasinya. ‖ 路边有家服装店刚开业,衣服卖得都很便宜。Toko pakaian di pinggir jalan ini baru saja dibuka, pakaian dijual dengan harga sangat murah. | 开业的这几天,店里来了很多顾客。Selama hari-hari awal beroperasi, ada banyak pelanggan yang datang ke toko ini. | 你的店什么时候开业? Kapan toko Anda akan membuka?

3 开展 kāizhǎn **menyelenggarakan**

【动词】[Verba (kata kerja)] 活动一步一步地开始进行。Kegiatan yang dilakukan secara bertahap. ‖ 学校在这个月开展了很多关于科学创新的活动。

K

Sekolah telah mengadakan banyak kegiatan tentang inovasi ilmiah bulan ini. | 工作开展得很顺利。Pekerjaan berjalan lancar. | 我们要讨论一下接下来的工作要怎么开展。Kita perlu mendiskusikan cara melanjutkan pekerjaan selanjutnya.

1 **看** kàn **lihat**

【动词】［Verba（kata kerja）］① 用眼睛感觉到。Melihat dengan mata. ‖ 请同学们看黑板。Tolong perhatikan papan tulis. | 我们周末一起去看电影吧。Kita akan pergi menonton film bersama akhir pekan ini. | 她正在看电视。Dia sedang menonton televisi. | 我去看看他怎么了。Saya akan melihat apa yang terjadi padanya. | 她看了看手里的钱包，一句话也不说。Dia melihat-lihat dompet di tangannya, terdiam. ② 认为。Berpendapat. ‖ 我看这事一定能成。Saya pikir masalah ini pasti bisa berhasil. | 我看他今天是不会来的。Saya rasa dia tidak akan datang hari ini. | 我看他不是个可靠的人。Saya berpendapat bahwa dia bukan orang yang dapat diandalkan. ③ 带着关心去访问。Mengunjungi dengan penuh perhatian. ‖ 听说他生病了，我想一会儿去看看他。Saya mendengar dia sakit, saya ingin pergi menemuinya sebentar. | 我很久没见我的老师了，我想去看看老师。Sudah lama sekali saya tidak melihat guru saya, saya ingin mengunjunginya. ④ 让某人或某事决定。Membiarkan seseorang atau sesuatu memutuskan. ‖ 这事就看你的了。Hal ini terserah padamu untuk memutuskan. | 就看你想怎么办吧。Itu tergantung pada Anda bagaimana cara menanganinya.

1 **看病** kàn//bìng **periksa**

【动词】［Verba（kata kerja）］检查身体，让医生开药或提出建议。Memeriksa kondisi fisik, meminta resep obat atau saran dari dokter. ‖ 我身体不舒服，我要去看病。Tubuh saya tidak enak, saya harus pergi ke dokter. | 最近医院看病的人特别多。Orang yang berobat di rumah sakit sedang banyak. | 我看完病了，医生说我没什么事。Saya telah memeriksakan diri, dokter bilang saya tidak ada masalah.

1 **看到** kàndào **lihat**

【动词】［Verba（kata kerja）］表示看的结果。Menunjukkan hasil melihat. ‖ 谁都没看到他去哪了。Tidak ada yang melihat dia pergi ke mana. | 我看到你了，你就在那里等我吧。Saya melihat Anda di sana, jadi Anda menunggu saya di sana. | 你看到桌子上的那本书了吗？Apakah Anda melihat buku di atas meja？| 他跑得很快，一下就看不到他的影子了。Saya tidak bisa melihat tulisan di papan tulis.

2 **看法** kànfǎ **pandangan；pendapat**

【名词】［Nomina（kata benda）］观点，想法，认识。Pandangan，pendapat，pemahaman seseorang terhadap sesuatu. ‖ 年轻人喜欢在网上发表自己对社会的看法。Anak muda suka menyatakan pandangan mereka tentang masyarakat secara daring. | 对于这件事，我们的看法不一样。Tentang masalah ini，pandangan kita berbeda. | 他对我有很多不好的个人看法。Dia memiliki banyak pandangan negatif tentang saya.

1 **看见** kàn//jiàn **lihat**

【动词】［Verba（kata kerja）］表示看的结果。Menunjukkan hasil dari melihat sesuatu. ‖ 我看见有人从办公室里走了出来。Saya melihat seseorang keluar dari kantor. | 他看见了我，可他没和我说话。Dia melihat saya，tetapi dia tidak berbicara dengan saya. | 你看没看见桌上的那本书？Apakah kamu melihat buku di atas meja？| 她看不见黑板上的字。Dia tidak bisa melihat tulisan di papan tulis.

3 **看起来** kànqǐlái **kelihatannya**

【短语】［frasa］从表面上看。Dilihat dari permukaan. ‖ 这道菜看起来很好吃。Masakan ini terlihat enak. | 他看起来对这件事不满意。Dia terlihat tidak puas dengan masalah ini. | 这事看起来不像是她干的。Tampaknya masalah ini tidak sesederhana itu.

3 **看上去** kànshàngqù **kelihatannya**

【短语】［frasa］从表面上看。Dilihat dari permukaan. ‖ 他看上去累极了。Dia terlihat sangat lelah. | 这件事没有看上去那么简单。Masalah ini tidak terlihat seperti apa yang kita pikirkan. | 他看上去是个可靠的人。Dia tampak menjadi orang yang dapat diandalkan.

1 **考** kǎo **tes；ujian**

【动词】［Verba（kata kerja）］检查知识情况，检查某种能力。Memeriksa pengetahuan atau kemampuan seseorang. ‖ 今天我就要考考，看你知识学得怎么样。Hari ini saya akan menguji pengetahuan Anda，lihat sejauh mana Anda belajar. | 老师考了我们一道题，我们都回答不出来。Guru mengujikan kita satu

K

pertanyaan, kita semua tidak bisa menjawabnya. | 你这次考得怎么样? Bagaimana hasil ujian Anda kali ini?

2 **考生** kǎoshēng **peserta ujian**

【名词】[Nomina (kata benda)] 参加考试的人。Seseorang yang mengikuti ujian. ‖ 各位考试,现在考试开始。Semua peserta ujian, sekarang ujian dimulai. | 请考生准时到达考试现场。Mohon calon peserta ujian tiba tepat waktu di lokasi ujian. | 他是参加今年这场考试的考生。Dia adalah salah satu peserta ujian tahun ini.

1 **考试** kǎo//shì **ujian**

【动词】[Verba (kata kerja)] 通过回答问题的方式检查已有的知识或能力的情况。Melalui cara menjawab pertanyaan, memeriksa pengetahuan atau kemampuan yang sudah ada. ‖ 我们马上就要考试了。Kita akan segera menghadapi ujian. | 在考试过程中,请大家保持安静。Selama proses ujian, tolong tetap diam. | 考完试后,我们一起去公园散步。Setelah ujian selesai, kita akan pergi bersama ke taman. | 考试前,他很认真地复习。Sebelum ujian, dia belajar dengan sangat serius.

K

3 **考验** kǎoyàn **ujian**

【动词】[Verba (kata kerja)] 用某个方法去检测结果和看到的一不一样。Menggunakan metode tertentu untuk membuktikan apakah hasilnya sesuai dengan yang dilihat. ‖ 就让时间去考验他们的感情吧。Biarkan waktu membuktikan cinta mereka. | 他们的关系经历了许多困难的考验。Hubungan mereka telah melewati banyak cobaan sulit. | 我不怕谁来考验我。Saya tidak takut akan ada yang mencoba menguji saya.

2 **靠** kào **menyandar; bergantung**

【动词】[Verba (kata kerja)] ① 身体倒向某物。Mencondongkan tubuh ke sesuatu. ‖ 他靠着树睡着了。Dia tidur dengan bersandar pada pohon. | 她背靠着墙站着,一句话也不说。Dia berdiri dengan punggung bersandar pada dinding, tanpa berkata sepatah kata pun. | 我往旁边靠了靠,给她让出一点儿座位。Aku menjauhkan diri sedikit untuk memberinya sedikit tempat duduk. ② 以某人或某事为基础。Berdasarkan seseorang atau sesuatu sebagai dasar. ‖ 困难要靠自己解决,哭是没有用的。Kesulitan harus dihadapi sendiri, menangis tidak ada gunanya. |

这事靠他一个人是办不成的。Tidak mungkin dia dapat menyelesaikan masalah ini sendirian. | 这件事就靠你了。Tugas ini bergantung padamu. | 靠大家的帮助，他成功拿到了第一名。Dengan bantuan semua orang, dia berhasil mendapatkan peringkat pertama.

2 科 kē **spesialis**

【名词】［Nomina（kata benda）］① 专业种类。Jenis keahlian atau disiplin ilmu. ‖ 你最喜欢哪一科？Mata pelajaran apa yang paling Anda sukai？| 他哪一科成绩最好？Matematika adalah mata pelajaran di mana dia mendapat nilai tertinggi？| 请问感冒应该去看哪个科？Maaf, ke bagian mana saya harus pergi untuk flu？② 工作单位的级。Tingkatan dalam suatu lembaga atau tempat kerja. ‖ 你在哪个科工作？Di mana kamu bekerja？| 他是我们科的领导。Dia adalah pemimpin di departemen kami. | 各科派出代表来参加会议。Setiap departemen mengirimkan wakil untuk menghadiri pertemuan.

3 科技 kējì **iptek**

【名词】［Nomina（kata benda）］科学技术。Ilmu pengetahuan dan teknologi. ‖ 科技改变生活。Teknologi telah mengubah kehidupan. | 现代化社会出现了越来越多的创新科技成果。Masyarakat modern telah mengalami banyak kemajuan dalam teknologi inovatif. | 国家重视科技发展。Negara ini mengutamakan perkembangan ilmu pengetahuan dan teknologi. | 他有很多科技发明。Dia memiliki banyak penemuan ilmu pengetahuan dan teknologi.

2 科学 kēxué **sains**

【名词】［Nomina（kata benda）］关于自然或社会正确的知识。Pengetahuan yang benar tentang alam atau masyarakat. ‖ 科学有很多种类，比如自然科学、社会科学等。Ilmu pengetahuan memiliki banyak jenis, seperti ilmu alam, ilmu sosial, dan lain-lain. | 科学工作者是国家发展的重要力量。Para ilmuwan adalah kekuatan penting dalam perkembangan negara. | 我们在学校里学习科学知识。Kami belajar ilmu pengetahuan di sekolah.

【形容词】［Adjektiva（kata sifat）］合理的，和自然规律一样的。Rasional, sesuai dengan hukum alam. ‖ 这样的方法不科学。Metode ini tidak ilmiah. | 这次调查结果不科学。Hasil survei ini tidak ilmiah. | 很多年轻人开始用科学的方法照顾孩子。Banyak orang muda mulai merawat anak dengan cara yang ilmiah.

2 **可爱** kěài **lucu**

【形容词】[Adjektiva (kata sifat)] 让人喜欢的。Menyenangkan, menarik, membuat orang suka. ‖ 这个小孩真可爱。Anak kecil ini sangat lucu. | 她长得很可爱。Dia sangat lucu. | 你看这只小狗可不可爱? Lihatlah anjing kecil ini, lucu sekali bukan?

3 **可靠** kěkào **diandalkan**

【形容词】[Adjektiva (kata sifat)] 可以相信的,靠得住的,可以合作的。Dapat dipercaya, dapat diandalkan, dapat bekerja sama. ‖ 他说过的事情总是办不到,他这个人一点儿都不可靠。Dia selalu tidak bisa menepati apa yang dia katakan, dia benar-benar tidak dapat diandalkan. | 你这消息可不可靠? Apakah informasi ini dapat dipercaya? | 这事还是我去办比较可靠。Masihkah ada yang dapat kita andalkan? | 你自己想想这事可靠吗? Pertimbangkan sendiri, apakah ini dapat diandalkan?

K

3 **可乐** kělè **kola**

【名词】[Nomina (kata benda)] 一种带汽的,很甜的,可以喝的东西。来自英语 cola。Minuman manis yang berkarbonasi, berasal dari kata bahasa Inggris "cola". ‖ 少喝点可乐,喝太多对身体不好。Kurang minum minuman ringan, terlalu banyak minum dapat merugikan kesehatan. | 年轻人很喜欢喝可乐。Para pemuda sangat menyukai minuman ringan. | 可乐放进冰箱里会变得更好喝。Cola menjadi lebih menarik saat disimpan dalam kulkas.

2 **可能** kěnéng **mungkin**

【动词】[Verba (kata kerja)] 也许,有机会变成现实。Mungkin, ada kesempatan untuk menjadi kenyataan. ‖ 天黑下来了,可能要下雨了。Saat gelap, mungkin akan turun hujan. | 他今天可能不来了。Dia mungkin tidak datang hari ini. | 这个办法可能有用。Mungkin cara ini akan berhasil. | 这件事可能还需要再讨论讨论。Dalam situasi tertentu, kita mungkin menemukan pengetahuan baru.

【形容词】[Adjektiva (kata sifat)] 有机会能变成现实的。Dapat menjadi kenyataan dalam situasi tertentu. ‖ 他说的很可能是真的。Apa yang dia katakan mungkin benar. | 在可能的情况下,我会帮你的。Dalam situasi tertentu, saya akan membantumu. | 我们在读书的时候很可能会发现新的知识。Ketika kita belajar, kita mungkin menemukan pengetahuan baru.

2 **可怕** kěpà **menakutkan**

【形容词】[Adjektiva (kata sifat)] 让人感到害怕的。Menakutkan, menimbulkan ketakutan. ‖ 他生气的样子真可怕。Dia terlihat sangat menakutkan ketika marah. | 她给我们讲了一个可怕的故事,我们害怕极了。Dia menceritakan kisah menakutkan kepada kita, kita sangat ketakutan. | 你这样做的后果是很可怕的。Konsekuensi dari tindakanmu sangat menakutkan.

2 **可是** kěshì **tetapi**

【连词】[Konjungsi (kata penghubung)] 放在句子开头,表示情况发生了改变,事情变得不一样。Digunakan di awal kalimat, menunjukkan bahwa situasi telah berubah dan sesuatu menjadi berbeda. ‖ 你说得有道理,可是这件事他并不清楚。Apa yang Anda katakan masuk akal, tapi dia tidak tahu tentang masalah ini. | 我们说好去公园玩,可是天忽然下雨了。Kami setuju untuk pergi ke taman, tetapi tiba-tiba hujan turun. | 他很努力地学习,可是他这次还是没考好。Dia belajar dengan sangat giat, tetapi kali ini dia tetap tidak lulus.

K

2 **可以** kěyǐ **boleh**

【动词】[Verba (kata kerja)] ① 能做,有条件做。Dapat melakukan sesuatu, ada kesempatan untuk melakukannya. ‖ 这辆车一共可以坐六个人。Mobil ini bisa menampung 6 orang. | 在课堂上我们可以学到很多汉语知识。Di kelas, kita bisa belajar banyak tentang bahasa Mandarin. | 可以让他说说吗? Bisakah saya membiarkannya berbicara? ② 表示建议。Menyatakan saran. ‖ 你可以去图书馆借书。Anda bisa pergi ke perpustakaan untuk meminjam buku. | 如果有问题,你可以打电话问我。Jika ada masalah, Anda bisa menelfon saya. | 这件事我们可以先商量一下再决定。Kita bisa membahas masalah ini terlebih dahulu sebelum memutuskan.

1 **渴** kě **haus; dahaga**

【形容词】[Adjetiva (kata sifat)] 想喝水的,嘴巴干的。Ingin minum air, mulut terasa kering. ‖ 我好渴,我想喝点水。Aku sangat haus, aku ingin minum sedikit air. | 我不渴,不用帮我倒水了。Aku tidak haus, kamu tidak perlu menuangkankannya untukku. | 他总觉得口渴。Dia selalu merasa haus.

1 **课** kè **pelajaran**

【名词】[Nomina (kata benda)] ① 有时间规定的教学活动。Kegiatan

belajar yang terjadwal. ‖ 我今天上午有四节课。Pagi ini aku punya 4 kali pertemuan. | 快要上课了。Akan segera dimulai pelajaran. | 课上老师讲了很多有意思的故事。Selama pelajaran, guru menceritakan banyak cerita menarik. ② 课文的单位。Satuan teks dalam buku pelajaran. ‖ 请同学打开第三课。Silakan buka Bab 3. | 今天我们学习第十课的课文。Hari ini kita belajar teks dari Pelajaran 10.

1 课本 kèběn **buku pelajaran**

【名词】［Nomina（kata benda）］上课用的书。Buku yang digunakan saat pelajaran. ‖ 请大家打开课本的第八页。Tolong semua orang buka halaman ke-8 dari buku pelajaran. | 他的书包里有课本、笔、笔记本。Di dalam tasnya ada buku pelajaran, pena, dan buku catatan. | 课本里的知识非常丰富。Pengetahuan dalam buku pelajaran sangat beragam.

3 课程 kèchéng **pelajaran**

【名词】［Nomina（kata benda）］按不同内容分出的课。Pelajaran yang dibagi berdasarkan konten yang berbeda. ‖ 学校为学生安排了许多课程。Sekolah telah menyusun banyak program pelajaran untuk siswa. | 所有课程结束后，我们就要考试了。Setelah semua pelajaran selesai, kita akan menghadapi ujian. | 学生们可以在网上报名自己喜欢的课程。Siswa dapat mendaftar pelajaran yang mereka sukai secara online.

2 课堂 kètáng **kelas**

【名词】［Nomina（kata benda）］教室；正在进行的教学活动。Ruang kelas; kegiatan belajar mengajar yang sedang berlangsung. ‖ 王老师的课堂总是很有意思。Kelas Guru Wang selalu sangat menarik. | 老师在课堂中安排了很多有趣的活动。Guru telah mengatur banyak kegiatan menarik di dalam kelas. | 大家要保持课堂安静。Semua orang harus menjaga ketenangan di dalam kelas.

1 课文 kèwén **teks pelajaran**

【名词】［Nomina（kata benda）］课本中的主要内容。Konten utama dalam buku pelajaran. ‖ 请大家把课文读一遍。Silakan semua orang membaca teks pelajaran sekali. | 课文里有很多我不认识的词。Ada banyak kata dalam teks pelajaran yang saya tidak mengenal. | 课本中一共有十篇课文。Ada sepuluh teks pelajaran dalam buku ini.

2 克 kè **gram**

【量词】［Kuantifier（kata pengukur）］表示计算有多重的数量单位，一公斤等于一千克。Satuan berat，1 kilogram sama dengan 1 000 gram. ‖ 他按照要求在水里加了三克糖。Dia menambahkan 3 gram gula sesuai permintaan. | 在中国买东西基本不用“克”。Di Tiongkok，tidak umum menggunakan “gram”. | 一斤就是五百克，两斤就是一千克，所以两斤等于一公斤。1 jin sama dengan 500 gram，2 jin sama dengan 1 kilogram.

3 克服 kèfú **menghadapi**

【动词】［Verba（kata kerja）］想办法不受到坏事的影响。Mencari cara untuk mengatasi dampak buruk. ‖ 他克服了很多困难才有了今天的成就。Dia mengatasi banyak kesulitan sebelum mencapai prestasi saat ini. | 这里条件不太好，大家克服一下。Di tempat ini kondisinya tidak terlalu bagus，kita harus mengatasi bersama. | 我以后要克服不认真的坏习惯。Saya harus mengatasi kebiasaan buruk yang tidak serius.

2 刻 kè **satuan**

【量词】［Kuantifier（kata pengukur）］时间单位，一刻等于十五分钟。Satuan waktu，seperempat jam sama dengan 15 menit. ‖ 这辆车下午五点一刻出发。Kedua mobil berangkat pukul 17：15.

3 客观 kèguān **kenyataan**

【形容词】［Adjektiva（kata sifat）］① 实际存在的，不受人影响的。Nyata，tidak dipengaruhi oleh orang. ‖ 下雨是一种客观的自然现象。Hujan adalah fenomena alam yang objektif. | 客观条件让我们的工作无法开展。Kondisi objektif menghalangi kita melakukan pekerjaan. | 他的帮助客观上为我们的工作起到了很大的积极作用。Bantuan yang dia berikan pada dasarnya memberikan efek positif dalam pekerjaan kita. ② 和实际存在一样的。Sama dengan eksistensi nyata. ‖ 试卷上有一半都是客观题。Sebagian besar soal ujian adalah soal objektif. | 比赛结果是按照客观标准产生的。Hasil kompetisi dihasilkan berdasarkan standar objektif. | 我们要用客观的态度看问题。Kami harus memandang masalah secara obyektif.

2 客人 kèrén **tamu**

【名词】［Nomina（kata benda）］被请来的人，来访问的人。Orang yang

K

diundang, tamu. ‖ 客人们马上就到,大家做好准备。Tamu-tamu akan datang segera, mari kita duduk dan siapkan diri. | 今天家里有客人,你说话要注意场合。Hari ini ada tamu di rumah, jaga perkataanmu sesuai kesopanan. | 他是我的客人,让他进来吧。Dia adalah tamu saya, biarkan dia masuk.

3 空 kōng **kosong**

【形容词】[Adjektiva (kata sifat)] 什么都没有的。Tidak ada apa-apa. ‖ 这房子里空空的,需要买一些家具。Rumah ini kosong, kami perlu membeli beberapa furnitur. | 他的很多题目都是空的,什么也没有写。Banyak pertanyaan yang diajukannya kosong, tidak ada yang ditulis. | 这部小说字数很多,但是内容很空。Novel ini panjang, tetapi isinya kosong. | 桌子上放满了东西,没有空放别的了。Meja ini penuh dengan barang-barang, tidak ada tempat kosong untuk menyimpan sesuatu lagi.

【副词】[Adverbia (kata keterangan)] 没有结果地。Tidak ada hasil yang dihasilkan. ‖ 妈妈做了一桌子的菜,可他今天没有回来,真是空忙一场。Ibu sibuk memasak banyak makanan, tetapi dia tidak pulang, sia-sia saja kesibukannya. | 办公室没人,你别空跑一回了。Tidak ada orang di kantor, jangan pergi sia-sia ke sana.

2 空气 kōngqì **udara**

【名词】[Nomina (kata benda)] 地球上的气。Udara di bumi. ‖ 这个村里的空气非常新鲜。Udara di desa ini sangat segar. | 他打开窗子换换空气。Dia membuka jendela untuk mengganti udara. | 这座城市的车太多了,空气不好。Kota ini memiliki banyak mobil, kualitas udaranya buruk.

3 空调 kōngtiáo **AC; pendingin ruangan**

【名词】[Nomina (kata benda)] 可以改变房间温度的机器。Mesin yang dapat mengubah suhu ruangan. ‖ 家里的墙上挂着一台空调。Ada sebuah AC di dinding rumah. | 房间太热了,他打开了空调。Kamar ini terlalu panas, dia menyalakan AC. | 空调现在开多少度? Berapa derajat AC saat ini? | 图书馆里有空调吗? Apakah ada AC di perpustakaan?

3 恐怕 kǒngpà **dikhawatirkan**

【副词】[Adverbia (kata keterangan)] 有可能,也许,表示最坏的情况。Mungkin, mungkin, mengekspresikan situasi terburuk. ‖ 恐怖他这次拿不到第

一名了。Mungkin dia tidak akan mendapatkan peringkat pertama kali ini. | 恐怕老师不会同意的。Saya rasa guru tidak akan setuju. | 他没有赶上公交车,恐怕要晚一点到。Dia tidak mengangkat telepon, tidak ada orang yang datang, mungkin ada masalah. | 他电话没人接,人也没来,恐怕是出事了。Teleponnya tidak diangkat, dia juga tidak datang, takutnya terjadi sesuatu (padanya).

3 空儿 kòngr **waktu luang**

【名词】[Nomina (kata benda)] 没事做的时间,没安排的时间。Waktu luang, waktu yang tidak terjadwal. ‖ 你明天下午有空儿吗? Kamu punya waktu luang besok sore? | 你有空儿来帮我个忙吗? Bisakah Anda membantu saya dengan sebuah permintaan ketika Anda punya waktu luang? | 他现在没空儿,他还有很多工作没有做。Dia tidak punya waktu luang sekarang, dia masih memiliki banyak pekerjaan yang belum selesai. | 我最近一点儿空儿都没有。Saya benar-benar tidak punya waktu luang saat ini.

1 口 kǒu **satuan; mulut**

【量词】[Kuantifier (kata pengukur)] ① 指人的数量单位。Satuan jumlah orang. ‖ 我们家有三口人。Di keluarga kami, ada tiga orang. | 你们家一共有几口人? Di keluarga kalian, berapa banyak orangnya? | 村里一共有两百口人。Di desa ini, ada dua ratus orang. ② 指东西或饭等数量单位。Satuan jumlah benda atau makanan. ‖ 他没吃几口饭就走了。Dia tidak makan banyak nasi dan pergi. | 他喝了几口水才开始说话。Dia minum beberapa teguk air sebelum mulai berbicara. | 门外有一口井。Di luar ada sebuah sumur. | 你就让他吃一口吧。Biarkanlah dia memakan sesuap.

【名词】[Nomina (kata benda)] 嘴;小洞。Mulut; lubang kecil. ‖ 中国人常说"病从口入",意思是要注意食品卫生。Orang Cina sering mengatakan "penyakit datang dari mulut," yang berarti harus memperhatikan kebersihan makanan. | 这个杯子的口儿太小了。Mulut cangkir ini terlalu kecil. | 他在纸上开了个口。Dia membuat lubang di atas kertas.

2 哭 kū **menangis**

【动词】[Verba (kata kerja)] 受到影响后眼里流出水来。Mata mengeluarkan air setelah terpengaruh. ‖ 小孩找不到妈妈大声地哭了起来。Anak kecil tidak bisa menemukan ibunya dan mulai menangis keras. | 她高兴得快要哭了。Dia hampir menangis karena kebahagiaan. | 告别的时候她非常难过,哭得很伤心。

Ketika berpisah, dia sangat sedih dan menangis dengan sangat sedih.｜别哭了,开心一点儿。Jangan menangis, bersenang-senanglah sedikit.｜你哭什么? Apa yang kamu tangisi?

3 裤子 kùzi **celana**

【名词】[Nomina（kata benda)] 穿在腿上的衣服。Pakaian yang dipakai di kaki. ‖ 这家店里的裤子都很好看。Semua celana di toko ini sangat bagus.｜这条裤子太紧了,我想换一条。Celana ini terlalu ketat, saya ingin menukar dengan yang lain.｜他的裤子破了,妈妈帮他补裤子。Celananya rusak, ibu membantu memperbaikinya.

1 块 kuài **bongkah; potong; kuai (Yuan)**

【量词】[Kuantifier（kata pengukur)] ① 表示成片的东西的数量单位。Satuan jumlah untuk hal-hal berbentuk lempengan. ‖ 我想去买几块布做件新衣服。Saya ingin pergi membeli beberapa potong kain untuk membuat baju baru.｜这块面包多少钱? Berapa harga roti ini per lembar?｜这块地里种了很多种菜。Di ladang ini, ditanami dengan banyak jenis sayuran. ② 人民币的数量单位,元。Satuan mata uang Renminbi adalah Yuan. ‖ 一斤苹果几块钱? Berapa harga harga satu kati (jin) apel?｜我这儿有三十块钱。Aku punya tiga puluh kuai (Yuan).｜她买衣服花了两千块。Dia membayar dua ribu kuai (Yuan) untuk membeli baju.

【名词】[Nomina（kata benda)] 成团的东西,一般有边有角的。Bentuk massa benda yang memiliki sisi dan sudut. ‖ 爷爷给了我几个糖块儿。Kakek memberiku beberapa potong permen.｜冰箱里有许多冰块儿。Lemari es berisi banyak es batu.｜妈妈买了几个肉块儿。Ibu membeli beberapa potong daging.

1 快 kuài **cepat**

【形容词】[Adjektiva（kata sifat)] 动作用的时间短的。Waktu yang digunakan untuk bergerak cepat. ‖ 他跑得可真快,谁也赶不上他。Dia berlari dengan sangat cepat, tidak ada yang bisa mengejarnya.｜这家店上菜很快。Restoran ini sangat cepat dalam menyajikan hidangan.｜他每次作业完成得很快。Dia menyelesaikan pekerjaannya dengan cepat setiap kali.｜飞机的速度很快。Pesawat terbang dengan kecepatan tinggi.

【副词】[Adverbia（kata keterangan)] ① 用的时间短地。Digunakan untuk waktu singkat. ‖ 你快说说怎么回事。Cepat, ceritakan apa yang terjadi.｜快吃

饭吧，饭都要凉了。Cepatlah makan, makanan hampir dingin. | 时间不早了，快去睡觉吧。Sudah agak malam, cepat tidurlah. ② 将要。Sedang akan, hampir. ‖ 我快回国了，我真想我的父母。Saya akan kembali ke negara saya segera, saya sangat merindukan orangtua saya. | 他快生气了，你别说了。Dia hampir marah, jangan bicara lagi. | 老师快回来了，大家别说话了。Guru hampir kembali, semuanya jangan bicara lagi. | 他当医生快三十年了，有非常丰富的经验。Dia telah menjadi dokter selama hampir 30 tahun, dia memiliki banyak pengalaman yang sangat kaya.

2 快餐 kuàicān **makanan cepat saji**

【名词】［Nomina (kata benda)］能快速拿到的饭菜。Makanan yang bisa didapatkan dengan cepat. ‖ 很多上班的人中午喜欢吃快餐。Banyak pekerja kantor suka makan makanan cepat saji saat makan siang. | 这家快餐店很受人们欢迎。Restoran cepat saji ini sangat populer di kalangan orang. | 中午的快餐我想加一杯可乐。Saya ingin menambahkan sebotol cola ke makanan cepat saji siang ini.

2 快点儿 kuàidiǎnr **cepat sedikit**

【短语】［frasa］速度再快一点。Lebih cepat lagi. ‖ 快点儿，车快开了。Cepatlah, mobilnya sudah hampir berangkat. | 快点儿写，你看看都几点了。Lebih cepat, kamu lihat sudah beberapa jam. | 他让我快点儿把事说清楚。Dia memintaku untuk lebih cepat menjelaskan keadaan.

2 快乐 kuàilè **bahagia**

【形容词】［Adjektiva (kata sifat)］感到高兴的；感到开心的。Merasa senang; merasa bahagia. ‖ 孩子们快乐地在大树底下做游戏。Anak-anak bermain dengan gembira di bawah pohon besar. | 他经常为小事感到快乐。Dia sering merasa senang karena hal-hal kecil. | 他们一家人快乐地生活在一起。Mereka berlima hidup dengan bahagia bersama-sama. | 谢谢你们给我带来的快乐。Terima kasih atas kebahagiaan yang telah kalian berikan padaku.

3 快速 kuàisù **cepat**

【形容词】［Adjektiva (kata sifat)］速度快的。Cepat. ‖ 上课了，同学们快速坐到自己的座位上。Di dalam kelas, semua orang duduk di tempat mereka dengan cepat. | 大家快速地读一下课文，找出自己不认识的汉字。Semua orang membaca teks dengan cepat, mencari karakter Mandarin yang tidak mereka kenal. |

K

中国的经济正在快速发展。Ekonomi China sedang berkembang dengan cepat.

2 **快要** kuàiyào **akan segera**

【副词】[Adverbia (kata keterangan)] 短时间里就会出现,马上要做。Akan segera muncul dalam waktu singkat, hampir akan dilakukan. ‖ 汽车快要开了,他还没过来。Mobil akan berangkat, dia belum datang. | 他急得快要哭了。Dia hampir menangis karena kecemasan. | 比赛快要结束的时候,他忽然倒在地上。Ketika pertandingan hampir berakhir, dia tiba-tiba terjatuh ke tanah. | 我快要下班了,你等我一会儿。Saya hampir selesai dengan pekerjaan, tunggu sebentar. | 你的作业快要写完了吗? Apakah tugas Anda hampir selesai?

2 **筷子** kuàizi **sumpit**

【名词】[Nomina (kata benda)] 吃饭时使用的工具。Alat makan yang digunakan saat makan. ‖ 他刚来中国,还没学会用筷子。Dia baru datang ke Tiongkok dan belum belajar cara menggunakan sumpit. | 中国人习惯用筷子吃饭。Orang Tiongkok terbiasa makan dengan sumpit. | 筷子有很多种,有长的有短的,有木头的有铁的。Ada banyak jenis sumpit, ada yang panjang, pendek, dari kayu, dan dari besi.

3 **困** kùn **mengantuk**

【形容词】[Adjektiva (kata sifat)] 想睡觉的。Ingin tidur. ‖ 现在已经是半夜了,可我还不困。Sekarang sudah tengah malam, tapi saya belum mengantuk. | 他太困了,上课总是想睡觉。Dia terlalu mengantuk, selalu ingin tidur di kelas. | 你昨天晚上没睡着,现在困不困? Apakah kamu merasa mengantuk tadi malam?

【动词】[Verba (kata kerja)] 走进困难的环境中没办法走出来。Masuk ke dalam situasi sulit dan tidak dapat keluar. ‖ 他找不到下山的路,被困在山里走不出来了。Dia tidak dapat menemukan jalan turun gunung dan terjebak di gunung. | 这个问题困了他很久。Masalah ini telah mengganggu pikirannya untuk waktu yang lama. | 门打不开,他被困在了房间里。Pintu tidak terbuka, dia terjebak di dalam ruangan.

3 **困难** kùnnán **kesusahan; kesulitan; masalah; kendala**

【名词】[Nomina (kata benda)] 难解决的事情,不好处理的问题。Hal yang sulit diatasi, masalah yang sulit ditangani. ‖ 只要大家一起努力,任何困难都能解决。Selama kita semua bekerja sama, segala kesulitan dapat diatasi. | 在经济发

展的道路上，我们要面对很多困难。Dalam perjalanan perkembangan ekonomi, kita akan menghadapi banyak kesulitan. | 你学汉语最大的困难是什么？Apa kesulitan terbesar Anda dalam belajar bahasa Mandarin?

【形容词】［Adjektiva（kata sifat）］不好办的，不容易处理的；Sulit, sulit diatasi. ‖ 这事办起来有点困难。Masalahnya agak sulit diatasi. | 他没有工作，一个人生活比较困难。Dia tidak memiliki pekerjaan dan hidup sendiri, kehidupannya agak sulit. | 他用汉语交流比较困难。Dia kesulitan berkomunikasi dalam bahasa Mandarin.

L

2 **拉** lā **tarik**

【动词】[Verba (kata kerja)] ① 用手抓着某人或某物,朝自己的方向用力。Menggunakan tangan untuk menarik seseorang atau sesuatu ke arah diri sendiri dengan kuat. ‖ 他把桌子拉了过来。Dia menarik meja itu ke arahnya. | 他帮我把椅子拉了出来。Dia membantu menarik keluar kursi untukku. | 孩子紧紧地拉着自己的妈妈。Anak itu erat menarik ibunya. | 这个门是向里推的,不是向外拉的。Pintu ini harus ditarik ke dalam, bukan ditekan ke luar. ② 用车装东西或坐人。Menggunakan kendaraan untuk membawa barang atau orang. ‖ 他车上拉了不少水果。Dia mengangkut banyak buah dalam mobilnya. | 这辆车最多能拉六个人。Mobil ini bisa membawa hingga enam orang. | 这车平常是拉家具用的。Mobil ini biasanya digunakan untuk mengangkut furnitur. ③ 让时间或东西变长。Membuat sesuatu menjadi terbuka atau longgar. ‖ 大家拉开一点,别靠得这么近。Semua orang jangan berdiri terlalu dekat, jangan saling berdekatan. | 他把声音拉长,大声地发出"ao"的声音。Dia memperpanjang suaranya, dan bersuara keras "ao".

1 **来** lái **datang; melakukan**

【动词】[Verba (kata kerja)] ① 从别的地方到说话的人在的地方。Dari tempat lain ke tempat di mana pembicara berada. ‖ 你来我办公室一下。Datanglah ke kantor saya sebentar. | 我以前没来过他家。Saya belum pernah datang ke rumahnya sebelumnya. | 我来过这家饭馆儿。Saya sudah pernah datang ke restoran ini sebelumnya. | 老师来了,别说话了。Guru sudah datang, jangan berbicara lagi. ② 放在表示动作的词前面,表示要做某事。Ditempatkan sebelum kata kerja untuk menunjukkan niat untuk melakukan sesuatu. ‖ 大家来看黑板。Mari kita lihat papan tulis ini. | 我们来一起学习今天的课文。Mari kita belajar bersama pelajaran hari ini. | 我来还上个月借的书。Saya datang untuk mengembalikan buku yang saya pinjam bulan lalu. | 他来这里干什么? Mengapa dia datang ke sini? ③ 加,或者做某件事。‖ 再来一个汤吧。Menambahkan, atau melakukan sesuatu. | 再来一首歌。Lagi satu lagu. | 我们班也来个节目吧。Marilah kita tampilkan pertunjukan dari kelas kami juga. | 这些菜不够吃,麻烦你再来两个菜。Hidangan ini tidak cukup, tolong datangkan dua hidangan lagi. ④ 放在表示动作的词后面,表示结果。Ditempatkan setelah kata kerja untuk menunjukkan hasilnya. ‖ 他说话的样子我可学不来。Saya tidak bisa meniru cara bicaranya. | 不知道他从哪学来的这些坏习惯。Saya tidak tahu dari mana dia belajar kebiasaan buruk ini. | 他是上级派来检查工作的。Dia dikirim oleh atasan kami untuk memeriksa pekerjaan. | 他送来一大包水果。Dia membawa banyak buah-buahan.

1 **来到** láidào **datang**

【动词】[Verba (kata kerja)] 到说话人在的地方。Tiba di tempat di mana pembicara berada. ‖ 欢迎你来到中国。Selamat datang di Tiongkok. | 等他来到你的身边,你就不生气了。Ketika dia tiba di sisimu, kamu tidak marah lagi. | 我们来到地铁站的时候,地铁刚开走。Ketika kami tiba di stasiun kereta bawah tanah, kereta baru saja berangkat. | 你来到我家千万别客气。Jika Anda datang ke rumahku, jangan ragu.

L

2 **来自** láizì **dari; berasal**

【动词】[Verba (kata kerja)] 从某个地方来。Datang dari suatu tempat. ‖ 我来自美丽的中国。Saya berasal dari Tiongkok yang indah. | 他是来自国外的学生。Dia adalah seorang murid asing. | 我们都来自同一所学校。Kita semua berasal dari sekolah yang sama.

2 **蓝** lán **biru**

【形容词】[Adjektiva (kata sifat)] 像大海一样的颜色。Warna yang mirip dengan laut. ‖ 今天天气真好,天空很蓝,阳光也好。Cuaca hari ini sangat bagus, langitnya sangat biru, sinar matahari juga bagus. | 海里的水真蓝啊。Air di laut sangat biru. | 我喜欢那件蓝衬衫。Saya suka kemeja biru itu.

2 **蓝色** lánsè **warna biru**

【名词】[Nomina (kata benda)] 蓝的颜色。Warna biru. ‖ 我最喜欢的颜色是蓝色。Warna favorit saya adalah biru. | 他用蓝色的笔画了大海。Dia menggunakan pensil biru untuk menggambar laut. | 蓝色的天空中有几片云。Ada beberapa awan di langit biru.

2 **篮球** lánqiú **bola basket**

【名词】[Nomina (kata benda)] ① 一种球类运动,比如 NBA 就是篮球比赛。Olahraga bola basket, seperti yang dilakukan dalam pertandingan NBA. ‖ 大多数男孩子都喜欢打篮球。Sebagian besar anak laki-laki menyukai bermain bola basket. | 他是一名篮球运动员。Dia adalah seorang pemain bola basket. | 下周学校有篮球比赛。Sekolah akan mengadakan pertandingan bola basket minggu depan. ② 一种运动用的球。Bola yang digunakan dalam olahraga tersebut. ‖ 我的篮球破了。Bola basket saya rusak. | 篮球比足球大。Bola basket lebih besar dari bola sepak. | 他买了一个新篮球,价格很贵。Dia membeli bola basket baru, harganya cukup mahal.

3 **浪费** làngfèi **boros; mubazir**

【动词】[Verba (kata kerja)] 过度利用;不合理地使用;超过需要地使用。Penggunaan berlebihan; menggunakan tidak rasional; menggunakan lebih dari yang dibutuhkan. ‖ 快把水关上,这样让水一直流着,太浪费了! Cepat matikan airnya, membiarkan air mengalir seperti itu sangat membuang-buang! | 他精神不集中,浪费了很多学习的时间。Dia tidak fokus, membuang-buang waktu belajar. | 你别买这么贵的东西,这简直是浪费钱。Jangan beli hal-hal yang mahal seperti itu, itu benar-benar pemborosan uang. | 为了少浪费,这家店要求客人吃多少点多少。Untuk mengurangi pemborosan, toko ini meminta pelanggan untuk memesan makanan sesuai kebutuhan.

L

1 **老** lǎo **tua; lama; senior**

【形容词】[Adjektiva (kata sifat)] ① 年纪很大的。Usia sangat tua. ‖ 他老了,身体不如以前结实了。Dia sudah tua, tubuhnya tidak sekuat sebelumnya. | 她老了,可是看上去还很年轻。Dia terlihat tua, tapi terlihat cukup muda. | 人老了就喜欢安静。Orang tua suka tenang. ② 时间长的。Lama. ‖ 这道菜做老了,不好吃了。Makanan ini sudah terlalu lama dimasak, rasanya tidak enak lagi. | 这台机器很老了,不如以前好用了。Mesin ini sudah lama, tidak sebaik dulu. | 这本书上的内容太老了,已经跟不上时代了。Isi buku ini sudah usang, tidak dapat mengikuti perkembangan zaman. ③ 工作经验多的。Pengalaman kerja yang banyak. ‖ 他是这个工厂里的老工人了。Dia adalah pekerja tua di pabrik ini. | 他在这个行业上干了十几年,是公司的老员工了。Dia telah bekerja selama lebih dari sepuluh tahun di industri ini, dia adalah salah satu karyawan senior perusahaan. | 老教师的工作经验比新教师的丰富。Pengalaman seorang guru tua jauh lebih kaya daripada guru baru. ④ 原来的。Asli. ‖ 我们明天还是老地方见。Mari kita bertemu di tempat yang sama besok. | 这么多年过去了他还是老样子。Setelah sekian lama, dia masih tetap sama. | 这事还是按老办法处理吧。Urusan ini lebih baik diselesaikan dengan cara seperti yang sebelumnya saja.

2 **老** lǎo **sering**

【副词】[Adverbia (kata keterangan)] ① 一直是,常常。Selalu, sering. ‖ 他老是说话不算话。Dia selalu berbicara tidak masuk akal. | 我最近老是忘带东西。Akhir-akhir ini saya selalu lupa membawa barang-barang. | 说一次就行了,别老说了。Katakan sekali saja, jangan selalu berkata-kata. ② 很,非常。Sangat, sangat. ‖ 我老早就到这里了。Saya sudah datang ke sini lebih awal. | 明天一大早我就要到一个老远的地方去。Besok pagi, saya harus pergi ke tempat yang sangat jauh. | 他一下子跳得老高。Dia melompat dengan sangat tinggi sekali.

2 **老** lǎo **panggilan**

【前缀】[Awalan] "老王"的"老"。放在表示名字、数字等的词面前,表示一个人的名字或第几。"Lao" dari "Lao Wang". Ditempatkan sebelum kata yang menunjukkan nama, nomor, dll., untuk menunjukkan nama seseorang atau urutan keberapa. ‖ 我们家有三个孩子,我是老二。Keluarga kami memiliki tiga anak, saya yang kedua. | 老王,你今天怎么这么早上班? Lao Wang, mengapa Anda datang begitu pagi ke kantor? | 老李一大早就出去买菜了。Lao Li pergi ke pasar pagi-pagi sekali.

3 **老百姓** lǎobǎixìng **masyarakat**

【名词】[Nomina (kata benda)] 公民,普通人。Warga negara, orang biasa. ‖ 老百姓的生活越来越好了。Kehidupan warga semakin baik. | 这么贵的东西,大多数老百姓都买不起。Barang-barang yang begitu mahal, kebanyakan orang tidak mampu membelinya. | 老百姓的生活是我们最关心的问题。Kehidupan warga negara adalah masalah yang paling kami perhatikan.

3 **老板** lǎobǎn **bos**

【名词】[Nomina (kata benda)] 开店的人,生意的主要负责人。Pemilik toko, orang yang bertanggung jawab utama atas bisnis. ‖ 老板,我想点菜。Bos, saya ingin memesan hidangan. | 老板,一共多少钱? Bos, berapa totalnya? | 这家店的

L

老板态度非常热情。Bos toko ini sangat ramah. | 老板叫你去办公室。Bos memanggil Anda ke kantor.

2 **老年** lǎonián **usia lanjut; lansia**

【名词】[Nomina (kata benda)] 人到了六十岁以后的时候;六十岁以上的人。Usia setelah 60 tahun; orang di atas usia 60 tahun. ‖ 老年人一个人在家不安全,还是需要有人照顾。Orang tua sendirian di rumah tidak aman, membutuhkan seseorang untuk merawat. | 很多老年人都喜欢早上去公园活动身体。Banyak orang tua suka berolahraga di taman di pagi hari. | 这次比赛分为青年组和老年组。Kompetisi kali ini dibagi menjadi kelompok pemuda dan kelompok orang tua. | 人到老年,身体的问题就变得多起来。Saat menjadi tua, masalah kesehatan semakin banyak muncul. | 他准备一个人去国外过自己的老年生活。Dia bersiap-siap hidup sendiri di luar negeri setelah menjadi tua.

2 **老朋友** lǎopéngyou **kawan lama**

【名词】[Nomina (kata benda)] 交往了很长时间的朋友。Teman yang telah berhubungan selama waktu yang lama. ‖ 老朋友,我们终于见面了。Teman lama, akhirnya kita bertemu lagi. | 今天有个老朋友要来家里做客。Hari ini ada teman lama yang akan datang ke rumah untuk berkunjung. | 不用介绍了,我们是老朋友了。Tidak perlu diperkenalkan lagi, kita sudah menjadi teman lama.

1 **老人** lǎorén **orang tua**

【名词】[Nomina (kata benda)] 年纪很大的人。Orang yang usianya sangat tua. ‖ 老人都喜欢子女陪在自己身边。Orang tua senang memiliki anak-anak di sisi mereka. | 我看见她在帮一位老人过马路。Saya melihatnya membantu seorang wanita tua menyeberang jalan. | 他们结婚以后,孩子有老人帮着照顾。Setelah menikah, anak-anaknya dibantu oleh orang tua.

1 **老师** lǎoshī **guru**

【名词】[Nomina (kata benda)] 教师,从事教学工作的人,教别人知识或道理的人。Guru, orang yang mengajar dan memberikan pengetahuan atau ajaran kepada orang lain. ‖ 老师,你好! Halo, guru! | 老师把作业写在了黑板上。Guru menulis tugas di papan tulis. | 她想成为一名老师。Dia ingin menjadi seorang guru.

2 **老是** lǎoshì **sering**

【副词】[Adverbia (kata keterangan)] 常常,经常做,一直做。Sering, sering melakukan, terus-menerus melakukan. ‖ 他老是不接电话,真让人担心。Dia selalu tidak menjawab telepon, benar-benar membuat orang khawatir. | 我来过这里很多次了,可我老是走错路。Saya sudah datang ke sini banyak kali, tapi selalu salah jalan. | 他上课非常积极,老是第一个回答问题。Dia sangat aktif di kelas, selalu menjadi yang pertama menjawab pertanyaan.

3 **老太太** lǎotàitai **nenek**

【名词】[Nomina (kata benda)] 到了老年的女子。Wanita yang sudah tua. ‖ 老太太,您走路慢一点。Nenek, tolong berjalan lebih lambat. | 这位老太太看着真精神。Wanita tua ini terlihat begitu bersemangat. | 我们家老太太今年八十多岁了。Nenek kami berusia lebih dari delapan puluh tahun.

3 **老头儿** lǎotóur **kakek**

【名词】[Nomina (kata benda)] 到了老年的男子。Pria yang sudah tua. ‖ 这个老头儿一直是一个人生活,没人见过他的子女。Pria tua ini selalu hidup sendiri, tidak ada yang melihat anak-anaknya. | 这个小区的老头儿每天下午都会在一起喝茶。Pria tua di lingkungan ini selalu minum teh bersama pada sore hari. | 这老头儿说话可真有意思。Pria tua ini berbicara dengan cara yang sangat menarik.

3 **乐** lè **senang**

【动词】[Verba (kata kerja)] 笑;让……高兴。Tertawa; membuat seseorang bahagia. ‖ 小孩的样子把我们乐坏了。Gaya anak-anak membuat kita tertawa. | 他说了几个笑话儿想让我们乐一乐。Dia bercerita beberapa lelucon untuk membuat kita tertawa. | 有什么好乐的? Ada apa yang bisa membuatmu bahagia? | 什么事让你乐成这样? Apa yang membuatmu begitu bahagia?

3 **乐观** lèguān **positif**

【形容词】[Adjektiva (kata sifat)] 积极的,对事情充满信心的,精神健康的。Positif, penuh keyakinan dalam menghadapi situasi, secara mental sehat. ‖ 我们要用乐观的态度对待生活。Kita harus menghadapi hidup dengan sikap optimis. | 他是一个乐观的人。Dia adalah orang yang optimis. | 在医生的帮助下,她变得

乐观起来,她现在已经不那么爱哭了。Dengan bantuan dokter, dia menjadi lebih optimis, sekarang dia tidak sering menangis. | 虽然要面对很多困难,但是他还是那么乐观。Meskipun ada banyak tantangan, dia tetap optimis. | 病人现在的情况不太乐观。Kondisi pasien ini tidak terlalu optimis.

1 **了** le **partikel**

【助词】[Partikel (kata tugas)] ① 放在表示动作的词后面表示动作或状态已经完成。Ditempatkan setelah kata kerja untuk menunjukkan tindakan atau status yang sudah selesai. ‖ 他今天跑了五公里。Hari ini dia berlari lima kilometer. | 我已经不生气了。Saya sudah tidak marah lagi. | 老师来了,大家别说话了。Guru sudah datang, jadi jangan bicara lagi. | 她的钱包不见了。Dompetnya hilang. | 孩子大了,不用太担心。Anak sudah tumbuh besar, tidak perlu terlalu khawatir. ② 放在句子的最后,表示变化。Ditempatkan di akhir kalimat untuk menunjukkan perubahan. ‖ 外面下雨了。Hujan sudah turun. | 都中午了,他怎么还没起床? Sudah siang, mengapa dia belum bangun? | 你今年就十八岁了,很多事情要自己作决定了。Kamu berusia delapan belas tahun sekarang, banyak keputusan yang harus kamu ambil sendiri.

L

1 **累** lèi **lelah**

【形容词】[Adjektiva (kata sifat)] 表示很想休息的,不想动的。Merasa sangat ingin istirahat, enggan untuk bergerak. ‖ 我工作了一整天,累极了。Saya bekerja sepanjang hari, sangat lelah. | 他今天搬了好多重东西,可把他累坏了。Dia membawa banyak barang berat hari ini, membuatnya lelah. | 累了你就休息休息,一会儿再干。Anda sudah lelah, jadi istirahatlah sebentar dan kemudian lanjutkan lagi. | 工作累点儿没关系,只要多给点儿钱就行。Tidak masalah jika pekerjaan sedikit melelahkan, selama dibayar lebih.

3 **类** lèi **jenis**

【名词】[Nomina (kata benda)] 按照一定标准,把相同或相似的东西放在一起叫一类。Memisahkan sesuatu atau orang berdasarkan standar tertentu dan mengelompokkannya dalam satu kategori. ‖ 她学的是语言类课程。Dia belajar dalam program bahasa. | 这种技术类的问题还得去请教教练。Masalah teknis seperti ini perlu arahan dari pelatih. | 这次表演的节目有语言类的、音乐类的。Pertunjukan kali ini mencakup kategori bahasa dan musik. | 图书馆的书都是分类放的。Buku-buku di perpustakaan dikelompokkan menurut kategori.

【量词】[Kuantifier (kata pengukur)] 表示东西或人的类的数量单位。Menunjukkan jumlah unit dalam kategori barang atau orang. ‖ 我和他不是一类人。Kita bukan tipe orang yang sama. | 我不喜欢这类衣服。Saya tidak suka jenis pakaian ini. | 这类情况我也是第一次见到。Saya belum pernah melihat kasus seperti ini sebelumnya.

3 **类似** lèisì **sejenis; serupa**

【动词】[Verba (kata kerja)] 和某人或某物有相同点。Memiliki kesamaan dengan seseorang atau sesuatu. ‖ 我衣服的颜色类似于海的颜色。Warna pakaian saya mirip dengan warna laut. | 这次调查结果和前几次的并不类似,出现了一些新的情况。Hasil survei ini berbeda dari yang sebelumnya, muncul beberapa hal baru. | 他这种行为类似小孩,他还是不太成熟。Dia melakukan hal-hal seperti anak kecil, dia masih belum cukup matang.

【形容词】[Adjektiva (kata sifat)] 相同的,相似的,同一类的。Sama, serupa, dari jenis yang sama. ‖ 类似的错误以后要注意。Kesalahan yang serupa harus diperhatikan. | 你这么一说,我好像也有类似的经历。Ketika Anda mengatakan seperti itu, saya merasa bahwa saya juga punya pengalaman yang serupa. | 他好像说过类似的话。Dia sepertinya pernah mengatakan hal-hal serupa. | 这两种情况很类似。Dua situasi ini sangat serupa.

1 **冷** lěng **dingin**

【形容词】[Adjektiva (kata sifat)] ① 温度低。Suhu rendah. ‖ 冬天到了,天气变冷了。Musim dingin sudah datang, cuaca menjadi dingin. | 今天真冷,你记得多穿几件衣服。Hari ini sangat dingin, ingatlah untuk berpakaian lebih banyak. | 今天比昨天天气冷。Hari ini lebih dingin daripada kemarin. | 菜都冷了,他也没回来吃饭。Makanan sudah dingin, dia belum pulang untuk makan. ② 态度不好的,态度不热情的。Sikap buruk, tidak ramah. ‖ 这个人和别人说话老是冷冷的。Orang ini selalu bicara dengan nada dingin kepada orang lain. | 他冷冷地看了我一眼。Dia memandang saya dengan dingin. | 这家店的服务态度很冷。Layanan di toko ini sangat dingin.

2 **离** lí **dari; jarak**

【动词】[Verba (kata kerja)] 从一个地方走了,不在了。Pergi dari satu tempat, tidak ada lagi. ‖ 孩子一离了妈妈就开始哭。Anak itu menangis begitu ibunya pergi. | 现在的年轻人手机都不离身。Kebanyakan orang muda tidak bisa berpisah dari ponsel mereka. | 他每句都不离自己在学校的生活。Dia menggambarkan hidupnya di sekolah dengan cerita sendiri. | 警察先把孩子带离了现场。Polisi pertama kali mengeluarkan anak itu dari lokasi kejadian. | 离了他,我们的工作就很难进行下去。

【介词】[Preposisi (kata depan)] 两个地方的路线有多长,两个时间点中间有多长。Panjang rute antara dua tempat, durasi antara dua waktu. ‖ 我家离学校有一公里。Rumah saya berjarak satu kilometer dari sekolah. | 他家离我家近。Rumahnya dekat dari rumahku. | 离考试只有两天了。Tidak lama lagi akan ujian. | 离下次发工资还有半个月。Masih ada setengah bulan lagi sampai gajian.

3 离婚 lí//hūn **cerai**

【动词】[Verba (kata kerja)] 男女双方到相关部门结束结婚形成的关系。Berakhirnya hubungan pernikahan antara pria dan wanita di departemen terkait. ‖ 他是一个离过婚的人。Dia adalah seseorang yang telah bercerai. | 上个月他们去办了离婚。Bulan lalu mereka berdua mengurus perceraian. | 离婚是一件大事,你要想清楚。Perceraian adalah hal besar, Anda harus berpikir dengan jelas. | 离了婚以后,她的心情好多了。Setelah bercerai, perasaannya menjadi jauh lebih baik.

2 离开 lí//kāi **pisah**

【动词】[Verba (kata kerja)] ① 从一个地方消失。Menghilang dari suatu tempat. ‖ 他离开学校已经四年了。Dia sudah meninggalkan sekolah selama empat tahun. | 最后一个离开的人记得关灯。Orang terakhir yang pergi harus mengingat untuk mematikan lampu. | 我从公司离开了,我想换个工作。Saya meninggalkan perusahaan, saya ingin mencari pekerjaan baru. ② 和人分开。Berpisah dengan seseorang. ‖ 孩子太小,还离不开妈妈。Anak-anak yang kecil tidak dapat berpisah dari ibunya. | 我离开了他,我们的感情结束了。Saya meninggalkannya, hubungan kami berakhir. | 他离开了自己的家人,一个人生活。Dia meninggalkan keluarganya dan hidup sendiri.

1 里 lǐ **dalam**

【名词】[Nomina (kata benda)] ① 东西或场所的里面。Bagian dalam suatu benda atau tempat. ‖ 她的房间里充满了阳光。Kamar tidurnya penuh dengan cahaya matahari. | 盒子里还有一块面包。Di dalam kotak masih ada sepotong roti. | 我在学校里工作了二十年。Saya telah bekerja di sekolah selama dua puluh tahun. | 在医院里不要大声说话。Di dalam rumah sakit, jangan berbicara keras-keras. | 他嘴里的东西还没吃完，就又吃了一口。Dia masih belum selesai makan makanan di mulutnya, tapi dia sudah mengambil sepotong lagi. | 单位里还有事，我先走了。Di kantor masih ada urusan, jadi saya akan pergi duluan. ② 在一段时间或范围中。Dalam jangka waktu atau lingkup tertentu. ‖ 在过去的十年里，这座城市发生了很大的变化。Dalam sepuluh tahun terakhir, kota ini telah mengalami perubahan besar. | 从一到十里找出一个你最喜欢的数字。Pilihlah satu angka yang kamu sukai dari satu hingga sepuluh. | 我在这么多人里找到了他。Saya menemukannya di antara begitu banyak orang. | 这些钱里有一部分是我女朋友的。Sebagian dari uang ini adalah milik pacarku.

[1] 里边 lǐbian **sisi dalam; bagian dalam**

【名词】［Nomina（kata benda）］在某个范围内，在某个东西的内部。Dalam suatu lingkup atau bagian dalam suatu benda. ‖ 她的书包里边有一本故事书。Di dalam tasnya ada sebuah buku cerita. | 花园里边开满了花。Taman ini penuh dengan bunga-bunga. | 这些人里边有画家、有老师、有警察。Di antara orang-orang ini ada seorang pelukis, seorang guru, dan seorang polisi. | 山里边的空气好。Udara di dalam pegunungan ini sangat segar. | 家里边一个人也没有。Di rumah tidak ada seorang pun.

[3] 里面 lǐmiàn **sisi dalam; bagian dalam**

【名词】［Nomina（kata benda）］在某个范围内，在某个东西的内部。Dalam suatu lingkup atau bagian dalam suatu benda. ‖ 我心里面不同意，但是也只好答应他了。Dalam hatiku, saya tidak setuju, tetapi saya harus menyetujuinya. | 你手里面拿的是什么？Apa yang sedang kamu pegang di tanganmu? | 在我们这群人里面，就他最爱迟到了。Di antara kita semua, dia yang paling suka terlambat.

[2] 里头 lǐtou **dalam**

【名词】［Nomina（kata benda）］在某个范围内，在某个东西的内部。Dalam suatu lingkup atau bagian dalam suatu benda. ‖ 我看见房间里头有一张粉色的沙发。Saya melihat ada sebuah sofa warna merah muda di dalam kamar. | 你心里头在想什么？Apa yang kamu pikirkan di dalam hatimu? | 我们不是在电话里头都商量好了吗？怎么又变了？Bukankah kita sudah berdiskusi melalui telepon? Mengapa berubah lagi? | 这么冷的天，他里头只穿了一件衬衣。Pada

L

cuaca yang begitu dingin, dia hanya mengenakan baju kemeja.

2 礼物 lǐwù hadiah

【名词】[Nomina (kata benda)] 为了某件事或节日,送给别人的东西。Benda yang diberikan kepada seseorang untuk suatu acara atau perayaan. ‖ 他送给喜欢的女孩子很多礼物。Dia memberikan banyak hadiah kepada gadis yang disukainya. | 这个包是我送给你的礼物。Tas ini adalah hadiah dari saya untukmu. | 他来我家做客的时候,总会带礼物。Ketika dia datang berkunjung ke rumah, dia selalu membawa hadiah. | 礼物我就不要了,心意我领了。Saya tidak mau hadiah, tetapi saya terima kasih atas perasaannya.

3 理发 lǐ//fà potong rambut

【短语】[frasa] 用工具把头发变短、变得整齐好看。Memotong rambut dengan alat untuk membuatnya menjadi lebih pendek dan terlihat rapi. ‖ 我头发太长了,我想去理个发。Rambut saya terlalu panjang, saya ingin pergi ke salon untuk potong rambut. | 理发用不了太长时间。Memotong rambut tidak memakan waktu lama. | 理发多少钱? Berapa biaya potong rambut? | 你多久理一次发? Berapa lama sekali Anda memotong rambut? | 理完发后,人都变得精神了不少。Setelah potong rambut, dia tampak lebih segar.

3 理解 lǐjiě mengerti; paham

【动词】[Verba (kata kerja)] 明白别人的感受,懂得道理。Memahami perasaan orang lain, memahami prinsip-prinsip. ‖ 我理解你的心情,谁都不想经历这样的事。Saya memahami perasaanmu, siapa pun tidak ingin mengalami hal seperti itu. | 通过他的话,我理解了他的意思。Dari perkataannya, saya memahami maksudnya. | 我不理解你在说什么。Saya tidak mengerti apa yang sedang kamu katakan. | 朋友要互相理解。Teman harus saling memahami. | 我觉得听力理解题很难。Saya merasa soal pemahaman mendengarkan adalah sulit.

3 理论 lǐlùn teori; paham

【名词】[Nomina (kata benda)] 一整套科学的道理。Sebuah kumpulan prinsip-prinsip ilmiah. ‖ 我们要学好科学理论知识。Kita harus mempelajari pengetahuan teori ilmiah dengan baik. | 我们要把理论和事实结合起来。Kita harus menggabungkan teori dengan fakta. | 他做事总有自己的一套理论。Dia memiliki seperangkat teori sendiri.

3 理想 lǐxiǎng **harapan**

【名词】[Nomina(kata benda)] 对将来的合理的美好希望。Harapan yang wajar untuk masa depan. ‖ 我的理想是长大成为一名工程师。Impian saya adalah menjadi seorang insinyur ketika dewasa nanti. | 他是一个有理想有热情的年轻人。Dia adalah seorang pemuda yang memiliki impian dan antusiasme. | 理想要靠自己的努力实现。Impian harus dicapai melalui usaha sendiri. | 他有很多理想。Dia memiliki banyak harapan.

3 理由 lǐyóu **alasan**

【名词】[Nomina(kata benda)] 做某事的原因。Alasan melakukan sesuatu. ‖ 请你说说这样做的理由。Tolong jelaskan alasan melakukan hal ini. | 你没有理由可以这样做。Kamu tidak memiliki alasan untuk melakukan ini. | 我不信你的理由。Saya tidak percaya alasanmu. | 他一做错事就爱到处找理由。Dia suka mencari alasan dimanapun dia melakukan kesalahan.

3 力 lì **tenaga; energi**

【名词】[Nomina(kata benda)] 身体发出的,或者自然中存在的对各种对象有影响的东西。Energi yang berasal dari tubuh atau ada secara alami yang mempengaruhi berbagai objek. ‖ 你关门的时候太用力了。Kamu menutup pintunya terlalu kuat. | 这台机器是靠风力发电的。Mesin ini dioperasikan dengan tenaga angin. | 再用点力,怎么和没吃饭一样。Gunakan sedikit tenaga, mengapa kamu terlihat seperti belum makan? | 多一个人就多一份力。Lebih banyak orang, lebih banyak tenaga yang dimiliki.

3 力量 lìliàng **kekuatan**

【名词】[Nomina(kata benda)] ① 力。Kekuatan. ‖ 这个人的力量非常大。Kekuatan orang ini sangat besar. | 人多力量大。Banyak orang, banyak tenaga. | 他用了全部的力量也搬不动这块石头。Dia menggunakan seluruh tenaganya tetap saja tidak bisa mengangkat batu ini. ② 能力,本领。Kemampuan atau keahlian. ‖ 靠我一个人的力量是办不成这件事的。Tidak mungkin bisa berhasil dengan kekuatan saya sendiri. | 社会的发展离不开人民的力量。Perkembangan sosial tidak terlepas dari tenaga rakyat.

3 利用 lìyòng **memanfaatkan**

【动词】[Verba(kata kerja)] ① 让某人或某物起作用。Memanfaatkan

seseorang atau sesuatu agar berfungsi. ‖ 我们要利用好学习时间。Kita harus memanfaatkan waktu belajar dengan baik. | 我利用周末的时间看完了一本书。Saya memanfaatkan waktu akhir pekan untuk menyelesaikan sebuah buku. | 他利用自己的长处得到了这份工作。Dia menggunakan kelebihannya untuk mendapatkan pekerjaan ini. ② 为了某个目的，用一定方法让别人为自己服务。Menggunakan cara tertentu untuk membuat orang lain melayani diri sendiri. ‖ 我被利用了。Saya telah dimanfaatkan. | 他想利用我帮他办事。Dia ingin memanfaatkan saya untuk membantunya menyelesaikan sesuatu. | 朋友不是拿来利用的。Teman bukan untuk dimanfaatkan.

2 **例如** lìrú **contohnya; misalnya; seperti**

【**动词**】[Verba (kata kerja)] 用后面的事实说明前面的内容。Menggunakan fakta yang diberikan untuk menjelaskan konten sebelumnya. ‖ 我很喜欢运动，例如打篮球、跑步。Saya sangat menyukai olahraga, seperti bermain basket dan jogging. | 他是个很有爱心的人，例如他上次帮老人搬东西。Dia adalah orang yang sangat baik hati, misalnya dia membantu seorang lansia membawa barang. | 有的人虽然很久不见面，但还是好朋友，例如我们两个。Meskipun sudah lama tidak bertemu, kami masih tetap menjadi teman yang baik, contohnya kita berdua.

L

2 **例子** lìzi **contoh; ilustrasi**

【**名词**】[Nomina (kata benda)] 用来说明事实或道理的东西。Hal yang digunakan untuk mengilustrasikan fakta atau prinsip. ‖ 老师让他举几个例子来证明自己的想法。Guru meminta dia memberikan beberapa contoh untuk membuktikan pemikirannya. | 成功离不开个人的努力，他的故事就是最好的例子。Kesuksesan tidak terlepas dari usaha individu, kisahnya adalah contoh terbaik. | 他用很多例子说明自己的道理。Dia menggunakan banyak contoh untuk menjelaskan prinsipnya. | 这些例子说明年轻人玩手机过度是很常见的现象。Contoh-contoh ini menunjukkan bahwa kecanduan ponsel cerdas pada generasi muda adalah fenomena umum.

3 **连** lián **menyambung; menghubungkan**

【**动词**】[Verba (kata kerja)] 接起来。Menghubungkan bersama. ‖ 站在海边向远处看，好像天连着海，海连着天。Berdiri di pantai dan melihat ke kejauhan, seperti langit terhubung dengan laut, laut terhubung dengan langit. | 他连着十二

个小时开车。Dia mengemudi selama dua belas jam secara berurutan. | 把问题和正确的答案连起来。Hubungkan masalah dan jawaban yang benar. | 远处的山一座连着一座。Pegunungan jauh di kejauhan saling berhubungan.

【副词】[Adverbia (kata keterangan)] 一个接一个地,不断地。Satu demi satu, terus-menerus. ‖ 他连着工作了两天。Dia bekerja terus-menerus selama dua hari. | 大家连连点头表示同意这个观点。Semuanya mengangguk setuju dengan pandangan ini. | 他连唱了两首歌。Dia terus-menerus menyanyikan dua lagu.

3 连忙 liánmáng **cepat; segera**

【副词】[Adverbia (kata keterangan)] 赶快,赶紧。Cepat, segera. ‖ 听到外面有声音,我连忙过去看门。Mendengar suara di luar, saya segera pergi membuka pintu. | 看到领导进门,他连忙站起来。Melihat pimpinan masuk, dia segera berdiri. | 终于找到他了,我连忙抓着他说:"你快回家看看吧,你家出事了。" Akhirnya menemukannya, saya segera menarik tangannya dan berbicara dengannya:"Pergilah sekarang, keluargamu sedang dalam masalah." | 他发现自己说错话了,连忙说"对不起"。Dia menyadari telah mengatakan sesuatu yang salah dan segera berkata, "Maaf".

L

3 连续 liánxù **berkelanjutan; berkesinambungan**

【动词】[Verba (kata kerja)] 一个接一个地,不断地。Satu demi satu, tanpa henti. ‖ 他连续问了我好几个问题,我都答不上来。Dia terus bertanya padaku beberapa pertanyaan, dan aku tidak bisa menjawabnya semua. | 我连续打了几个电话都没人接。Aku menelepon berkali-kali tapi tidak ada yang mengangkat. | 这部手机可以连续使用十二个小时。Ponsel ini dapat digunakan selama dua belas jam secara berkelanjutan.

3 连续剧 liánxùjù **serial bersambung**

【名词】[Nomina (kata benda)] 电视上每天连续播放的,内容有联系的电视节目。Program televisi yang ditayangkan setiap hari dan memiliki kaitan dalam isi ceritanya. ‖ 妈妈喜欢在家看连续剧。Ibu suka menonton drama bersambung di rumah. | 很多女孩子都喜欢看爱情连续剧。Banyak gadis menyukai drama romantis. | 这部连续剧反映了 20 世纪 90 年代中国人民的生活。Drama bersambung ini mencerminkan kehidupan rakyat Tiongkok pada tahun 90-an. | 他是这部连续剧的导演。Dia adalah sutradara drama bersambung ini.

3 **联合** liánhé **bergabung；bersatu**

【动词】[Verba（kata kerja）] 两个或两个以上的东西或人结合在一起做。Menggabungkan dua atau lebih hal atau orang untuk melakukan sesuatu. ‖ 各国联合起来一起解决环境问题。Semua negara bersatu untuk bersama-sama menyelesaikan masalah lingkungan. | 国家成立了联合调查组来调查这件事。Pemerintah membentuk kelompok penyelidikan gabungan untuk menyelidiki masalah ini. | 大家联合起来，一定能克服这次困难。Semuanya bersatu dan pasti bisa mengatasi kesulitan ini.

3 **联合国** Liánhéguó **PBB（Persatuan Bangsa Bangsa）**

【名词】[Nomina（kata benda）] 一个国际团体，1945 年成立。Sebuah organisasi internasional yang didirikan pada tahun 1945. ‖ 汉语是联合国六种工作语言中的一种。Bahasa Mandarin adalah salah satu dari enam bahasa kerja PBB. | 联合国为各国共同解决国际问题提供了机会。PBB memberikan kesempatan bagi negara-negara untuk bersama-sama menyelesaikan masalah internasional. | 各国派代表去参加联合国大会。Para delegasi negara-negara dikirim untuk menghadiri Sidang Umum PBB.

3 **联系** liánxì **komunikasi；hubungan**

【动词】[Verba（kata kerja）] 建立关系。Membuat hubungan. ‖ 他和你联系过吗？Apakah dia pernah menghubungi kamu? | 朋友要互相常联系。Teman harus saling berhubungan secara rutin. | 我昨天联系过领导了，他说这件事要等他回来再作决定。Kemarin saya menghubungi atasan, dia berkata keputusan tentang masalah ini akan dibuat setelah dia kembali.

【名词】[Nomina（kata benda）] 关系。Hubungan. ‖ 这两件事没什么联系。Kedua masalah ini tidak ada hubungannya. | 鸡和鱼不是同一类动物，它们没有联系。Ayam dan ikan bukanlah hewan yang sama, mereka tidak memiliki hubungan. | 两个国家在经济发展上有联系。Dua negara memiliki hubungan dalam perkembangan ekonomi.

2 **脸** liǎn **wajah**

【名词】[Nomina（kata benda）] 人或动物头的前面的部分。Bagian depan kepala manusia atau hewan. ‖ 她的脸长得像她妈妈。Wajahnya mirip ibunya. | 快去把脸洗干净。Cepat, pergilah dan cuci mukamu. | 她脸红了。Wajahnya memerah. | 我的脸上从小就有一个黑点。Sejak kecil, wajahku memiliki bintik hitam.

2 **练** liàn **latih**

【动词】[Verba (kata kerja)] 为了学会一个知识或技术,反复做。Melakukan sesuatu berulang-ulang untuk belajar suatu pengetahuan atau keterampilan. ‖ 为了这次表演,我练了好几天。Untuk pertunjukan ini, aku berlatih selama beberapa hari. | 我没练过这种题目。Aku belum pernah berlatih soal seperti ini. | 他每天早上练功夫。Dia berlatih kungfu setiap pagi. | 大家把歌练得怎么样了? Bagaimana perkembangan lagu kita setelah berlatih?

2 **练习** liànxí **berlatih; latihan**

【动词】[Verba (kata kerja)] 反复学习。Belajar sesuatu dengan berulang-ulang. ‖ 我们现在来练习一下对话。Sekarang mari kita berlatih dialog. | 要想学好汉语,一定要多练习。Untuk belajar bahasa Mandarin dengan baik, kita harus berlatih lebih banyak. | 为了这次比赛,她练习了很多次。Untuk kompetisi ini, dia berlatih berkali-kali. | 还是有点问题,你再练习练习吧。Masih ada beberapa masalah, kamu harus berlatih lagi.

【名词】[Nomina (kata benda)] 用来练习的题目或作业。Latihan atau tugas untuk berlatih. ‖ 老师给我们安排了很多练习。Guru memberikan banyak latihan kepada kami. | 请大家完成课后练习。Tolong selesaikan latihan setelah pelajaran. | 谁知道这道练习题怎么做? Siapa yang tahu cara mengerjakan soal latihan ini? | 多做练习可以记住知识。Melakukan latihan bisa membantu mengingat pengetahuan.

2 **凉** liáng **sejuk; dingin**

【形容词】[Adjektiva (kata sifat)] 温度比较低,但是不冷的。Suhu yang relatif rendah tetapi tidak terlalu dingin. ‖ 水有点凉了,我帮你倒一杯热的。Airnya agak dingin, saya akan menuangkan segelas yang hangat untukmu. | 饭凉了,妈妈又去热了一遍。Nasi sudah dingin, ibu pergi memanaskannya lagi. | 饭店里有凉菜也有热菜。Di restoran ada hidangan dingin dan hidangan panas. | 水凉一凉再喝。Dinginkan air sebentar sebelum diminum.

2 **凉快** liángkuai **sejuk**

【形容词】[Adjektiva (kata sifat)] 温度比较低,让人感觉舒服的。Suhu yang relatif rendah, membuat orang merasa nyaman. ‖ 风吹得人真凉快。Angin bertiup membuat orang merasa segar. | 太热了,打开空调凉快凉快吧。Terlalu panas, nyalakan AC untuk merasa lebih nyaman. | 中国北方的夏天比南方凉快。Musim panas di utara Cina lebih sejuk daripada di selatan. | 他穿得很少,看起来很凉快。Dia berpakaian dengan sangat sedikit, terlihat sangat sejuk.

2 凉水 liángshuǐ **air dingin**

【名词】[Nomina (kata benda)] ① 不热的水。Air yang tidak panas. ‖ 中国人喜欢喝热水,不喜欢喝凉水。Orang Tiongkok suka minum air hangat dan tidak suka minum air dingin. | 凉水喝太多容易身体不舒服。Terlalu banyak minum air dingin bisa menyebabkan ketidaknyamanan tubuh. | 我想再倒点凉水喝。Saya ingin menuangkan lebih banyak air dingin untuk diminum. ② 没有经过加工的水。Air yang tidak diolah. ‖ 用凉水把菜洗干净。Gunakan air dingin untuk membersihkan sayuran. | 直接喝凉水不健康。Minum air dingin langsung tidak sehat. | 他往盆里接了一些凉水。Dia mengambil beberapa air dingin dari baskom.

1 两 liǎng **dua**

【数词】[Kuantifier (kata pengukur)] ① 和二表示的数量一样,一个加一个就是两个。Sejumlah yang sama dengan 2, tambahkan 1 dan 1 menjadi 2. ‖ 两位今天来有什么事吗? Apa urusan dua tamu yang datang hari ini? | 我想去买两斤苹果。Saya ingin membeli dua jin apel. | 这两件衣服还是她送给我的。Dua pakaian ini adalah hadiah dari dia untuk saya. | 我到中国已经两个月了。Saya sudah berada di China selama dua bulan. | 今天来了两百多名观众。Hari ini ada lebih dari dua ratus penonton yang datang. ② 表示不确定的数。Berarti jumlah yang tidak pasti. ‖ 你可真有两下子。Kamu benar-benar multitalenta. | 他吃了两口就不吃了。Dia makan beberapa suap saja lalu berhenti makan. | 过两天我再来找你。Beberapa hari lagi aku datang lagi mencarimu.

2 两 liǎng **satuan**

【量词】[Kuantifier (kata pengukur)] 表示东西有多重的数量单位,一两等于五十克。Satuan ukuran berat, satu liang setara dengan 50 gram. ‖ 老板,来二两好酒。Bos, beri kami dua liang anggur yang bagus. | 这个刚出生的小孩重六斤四两。Bayi yang baru lahir beratnya enam jin empat liang. | 我去买三两茶。Saya akan membeli tiga liang teh. | 这地方是你能来的吗? 也不看看自己几斤几两。Apakah tempat ini dapat menampung berat badan Anda? Tidak lihat berat Anda berapa.

2 **亮** liàng **terang**

【形容词】［Adjektiva（kata sifat）］① 光比较强的样子。Cahaya yang relatif kuat. ‖ 这个灯太亮了。Lampu ini sangat terang. ｜ 阳光把房间照得很亮。Cahaya matahari menerangi ruangan dengan sangat terang. ｜ 这东西亮亮的，真好看。Benda ini sangat berkilauan, sangat bagus dilihat. ｜ 太亮了，把灯关了吧。Terlalu terang, matikan lampunya. ② 声音大的。Suara yang keras. ‖ 她说话的声音又亮又好听。Suara bicaranya terdengar nyaring dan enak didengar. ｜ 他大笑的声音很亮。Tawa besarannya terdengar sangat nyaring.

【动词】［Verba（kata kerja）］① 发出光，出现光。Memancarkan cahaya, ada cahaya. ‖ 忽然在远处有东西亮了一下。Tiba-tiba, ada sesuatu yang berkilauan di kejauhan. ｜ 天亮了。Matahari sudah terbit. ｜ 晚上，家里的灯都亮了。Di malam hari, semua lampu di rumah menyala. ｜ 已经是半夜了，她的灯还亮着。Sudah tengah malam, tapi lampu di kamarnya masih menyala. ② 拿出来给别人看；显示。Menunjukkan atau menonjolkan sesuatu kepada orang lain. ‖ 她高兴地亮出自己新买的高级包。Dia dengan senang hati menunjukkan tas mewah yang baru dibelinya. ｜ 他亮出了自己的工作牌。Dia menunjukkan kartu identitas kerjanya.

2 **辆** liàng **satuan**

【量词】［Kuantifier（kata pengukur）］表示车的数量单位。Satuan ukuran untuk jumlah mobil. ‖ 路上有几辆车？Berapa banyak mobil di jalan？｜ 我想去买辆车，这样上班比较方便。Saya ingin membeli mobil, agar lebih nyaman pergi ke kantor. ｜ 他有辆高级车。Dia memiliki mobil mewah. ｜ 这辆自行车是那位同学的。Sepeda ini milik teman sekelasnya. ｜ 下一辆公交车还有五分钟到达车站。Bus berikutnya akan tiba dalam lima menit.

3 **了** liǎo **selesai**

【动词】［Verba（kata kerja）］① 结束。Selesai atau berakhir. ‖ 这件事就这么了了。Masalah ini akan berakhir seperti itu. ｜ 她这个人说起话来没完没了。Dia terus berbicara tanpa henti. ② 和"不""得"连用，表示有可能或没有可能。Digunakan bersama dengan "不" atau "得", menunjukkan kemungkinan atau tidak mungkinnya sesuatu. ‖ 明天的活动我去不了了。Saya tidak akan bisa ikut dalam acara besok. ｜ 这么多菜你吃得了吗？Bisakah Anda menyelesaikan begitu

L

banyak makanan? | 这个病一天两天好不了。Penyakit ini mungkin tidak bisa sembuh dalam satu atau dua hari.

1 ○ líng **nol**

【数词】[Numeralia (kata bilangan)] 数字 0 在汉语中的一种写法。Representasi angka 0 dalam bahasa Mandarin. ‖ 2002 年可以写作"二〇〇二年"。Tahun 2002 dapat ditulis sebagai "二〇〇二年". | 数字 0 在汉语中可以写成"〇",也可以写成"零"。Angka 0 dapat ditulis sebagai "〇" atau "零" dalam bahasa Mandarin.

1 零 líng **nol**

【数词】[Numeralia (kata bilangan)] ① 数字 0。Angka 0. ‖ 一前面的数字是零。Angka di depannya adalah nol. | 0.2 在汉语里读作零点二。0.2 dibaca sebagai "零点二". | 你能从零数到一百吗? Bisakah kamu menghitung dari 0 hingga 100? | "零零后"是指 2000 年到 2010 年出生的人。"零零后" mengacu pada orang yang lahir antara tahun 2000 hingga 2010. ② 什么也没有。Tidak ada apa-apa. ‖ 一切又要从零开始了。Semuanya harus dimulai dari awal lagi. | 这方面的知识我知道的差不多是零。Pengetahuannya dalam hal ini hampir tidak ada. | 老师给他打了零分。Guru memberinya nilai nol.

2 零下 língxià **di bawah nol; minus**

【短语】[frasa] 零度(0℃)以下。Suhu di bawah nol derajat Celsius. ‖ 中国北方冬天的最低温度达到零下四十摄氏度。Suhu terendah di utara Tiongkok bisa mencapai 40 derajat di bawah nol. | 真冷啊,听说今天温度都零下了。Benar-benar dingin, kabarnya suhu hari ini di bawah nol. | 零下十摄氏度也没那么冷。Suhu mencapai 10 derajat di bawah nol.

3 领 lǐng **memimpin**

【动词】[Verba (kata kerja)] ① 在前面带着别人走。Memimpin seseorang pergi bersamanya. ‖ 他领着孩子去公园玩。Dia memimpin anak-anak ke taman bermain. | 他领我去办公室。Dia memimpinku pergi ke kantor. | 我领大家参观学校。Saya akan memimpin kalian untuk mengunjungi sekolah. ② 拿自己应该拿的东西。Mengambil barang yang seharusnya diambil. ‖ 请各班派代表来领教材。Mohon utusan dari masing-masing kelas datang dan mengambil buku pelajaran. | 我去办公室领作业。Saya akan ke kantor dan mengambil tugas. | 你

L

可以去六号窗口领机票。Kamu boleh ke loket nomor enam untuk mengambil tiket pesawat. | 现在在网上就可以领会员卡,这样买东西更加便宜。Sekarang bisa mengambil kartu anggota secara online, sehingga belanja lebih murah.

3 领导 lǐngdǎo **pimpinan**

【动词】[Verba (kata kerja)] 管理,带领。Memimpin atau mengatur. ‖ 在他的领导下,我们朝着正确的方向前进。Di bawah kepemimpinannya, kami bergerak ke arah yang benar. | 他领导我们进行下一步的工作。Dia memimpin kami dalam pekerjaan selanjutnya. | 他领导的团体在这次比赛中获得第一名。Grup yang dipimpinnya meraih peringkat pertama dalam kompetisi ini.

【名词】[Nomina (kata benda)] 负责管理团体的人。Seseorang yang bertanggung jawab atas mengatur kelompok. ‖ 我们领导今天上午不在。Atasan kami tidak ada pagi ini. | 领导们在楼上开会。Para pemimpin sedang melakukan pertemuan di lantai atas. | 今天有很多领导来学校访问。Hari ini banyak pemimpin yang datang ke sekolah untuk kunjungan.

3 领先 lǐng//xiān **unggul; memimpin**

【动词】[Verba (kata kerja)] 跑在别人前面,走在别人前面。Berada di depan orang lain, berjalan di depan orang lain. ‖ 中国的5G技术领先了很多国家。Teknologi 5G di Cina unggul dari banyak negara. | 他已经领先对方三百米了。Dia sudah unggul 300 meter dari lawannya. | 他这次的成绩领先大部分的人。Hasilnya unggul dari sebagian besar orang.

3 另外 lìngwài **lainnya**

【代词】[Pronomina (kata ganti)] 别的。Lainnya atau yang lain. ‖ 你们去这边找找,另外的人跟我来。Kalian pergi mencari di sini, yang lainnya akan mengikuti saya. | 这个房间是我的,另外两间已经租出去了。Kamar ini adalah milikku, dua yang lainnya sudah disewakan. | 另外两个人跟我到办公室搬东西。Dua orang lainnya ikut bersamaku untuk membawa barang-barang ke kantor.

【副词】[Adverbia (kata keterangan)] 在某个范围外。Di luar suatu lingkup. ‖ 我今天工作很忙,我们另外再找时间见面吧。Hari ini saya sangat sibuk bekerja, mari kita cari waktu bertemu di luar itu. | 这件事我们另外再谈。Hal ini akan kita bicarakan lebih lanjut lain kali. | 手机另外还可以拍照、玩游戏。Selain itu, ponsel juga dapat digunakan untuk mengambil foto dan bermain game.

【连词】[Konjungsi (kata penghubung)] 除了这些,还有。Selain yang tersebut

L

sebelumnya, ada juga yang lain. ‖ 我另外还要告诉你,做事情一定要注意安全。Selain itu, saya juga ingin memberitahumu, saat mengerjakan sesuatu, pastikan untuk selalu memperhatikan keselamatan. | 他给我便宜了几块钱,另外又送了两个苹果给我。Dia memberi saya diskon beberapa yuan, selain itu dia juga memberi saya dua buah apel.

3 **另一方面** lìngyìfāngmiàn **sisi yang lain**

【短语】[frasa] 除了一方面,还有别的方面。Selain satu sisi, ada juga sisi lainnya. ‖ 这事一方面还时间不确定,另一方面具体怎么展开还需要再商量。Masalah ini, di satu sisi, waktu pelaksanaannya masih tidak pasti, di sisi lainnya, bagaimana melaksanakannya perlu dibahas kembali. | 这部电影一方面内容精彩,另一方面还教给了我们很多道理。Film ini, di satu sisi, memiliki konten yang menarik, di sisi lainnya, juga mengajarkan banyak hal kepada kita. | 这事我办不了,一方面我没空,另一方面我也不清楚该怎么处理。

2 **留** liú **tinggal**

【动词】[Verba (kata kerja)] ① 停在某地或某个时间,不离开,不走。Berada di suatu tempat atau waktu, tidak pergi, tidak pergi. ‖ 我准备留在北京工作。Saya berencana untuk tinggal dan bekerja di Beijing. | 让所有的难过都只留在今天。Biarkan semua kesedihan tetap tinggal pada hari ini. | 他想留在学校。Dia ingin tinggal di sekolah. ② 不让某人离开。Menghentikan seseorang agar tidak pergi. ‖ 你留不住他的,你让他走吧。Kamu tidak bisa membuatnya tinggal, biarkan dia pergi. | 他留我在家吃饭。Dia menyuruh saya tinggal untuk makan di rumahnya. | 公司留他当部门经理。Perusahaan membiarkan dia tetap sebagai manajer departemen. ③ 保存。Menyimpan. ‖ 妈妈留给他一张纸,上面写着"我出去买东西,一会儿回来"。Ibu meninggalkan selembar kertas untuknya, di atasnya tertulis "Saya pergi membeli sesuatu, segera kembali". | 这些水果我留着晚上吃。Saya akan menyimpan buah-buahan ini untuk dimakan malam. | 我到现在都还留着我们的照片。Saya masih menyimpan foto-foto kita sampai sekarang.

2 **留下** liúxià **tinggal; sisa**

【动词】[Verba (kata kerja)] ① 保存。Menyimpan. ‖ 这个杯子是她们家好几代人留下来的。Gelas ini telah menjadi warisan keluarga selama beberapa generasi. | 他在桌子上留下了一百块钱。Dia meninggalkan 100 yuan di atas meja. | 桌子上有昨天留下的水果。Di meja masih tersisa buah-buahan dari kemarin. ② 不让某人离开。Menghentikan seseorang agar tidak pergi. ‖ 老师叫他放学以后留下打扫教室。Guru memerintahkan dia untuk tetap tinggal dan membersihkan kelas setelah pulang sekolah. | 领导让他留下干活。Atasan memintanya untuk tinggal dan bekerja. | 太晚了,你就留下来吧。Sudah terlalu malam, kamu tinggal saja. ③ 保留感情、事情等。Mempertahankan perasaan, kejadian, dll. ‖ 他给我留下了深刻的印象。Dia meninggalkan kesan yang mendalam pada saya. | 我想把这个留下作个纪念。Saya ingin menyimpan ini sebagai kenang-kenangan.

2 留学 liú//xué **belajar di luar negeri**

【动词】[Verba (kata kerja)] 长时间在国外学习。Belajar di luar negeri untuk waktu yang lama. ‖ 我下个月要去国外留学。Saya akan berangkat untuk belajar di luar negeri bulan depan. | 他留学回国以后,准备去北京工作。Setelah menyelesaikan studi di luar negeri, dia berencana untuk bekerja di Beijing. | 你留过学吗? 留学需要花很多钱。Pernahkah Anda belajar di luar negeri? Studi di luar negeri memerlukan biaya yang besar.

2 留学生 liúxuéshēng **murid asing**

【名词】[Nomina (kata benda)] 长时间在国外学习的学生。Pelajar yang belajar di luar negeri untuk waktu yang lama. ‖ 他是来中国学习的留学生。Dia adalah murid asing yang belajar di China. | 我们班一共有十九名留学生。Di kelas kami ada 19 murid asing. | 那位刚来的留学生还不习惯我们这里的生活。murid asing yang baru datang itu belum terbiasa dengan kehidupan di sini.

2 流 liú **mengalir**

【动词】[Verba (kata kerja)] 水、油等类似的东西动。Cairan seperti air, minyak, dll., bergerak atau mengalir. ‖ 杯子倒了,水流得到处都是。Gelas terbalik, air mengalir ke mana-mana. | 河水向东流。Air sungai mengalir ke arah timur. | 屋子里的水流个不停。Air di dalam ruangan terus mengalir.

2 流利 liúlì **lancar; fasih**

【形容词】[Adjektiva (kata sifat)] 能顺利把话说清楚的。Dapat berbicara dengan lancar dan jelas. ‖ 他的汉语说得很流利。Bahasa Mandarin-nya berbicara dengan sangat lancar. | 我还不能流利地说英语。Saya masih belum bisa berbicara bahasa Inggris dengan lancar. | 要多练习才能把话说流利了。Anda harus banyak berlatih agar bisa berbicara dengan lancar. | 他的课文读得很流利。Bacaan dia sangat lancar.

2 流行 liúxíng **populer**

【形容词】［Adjektiva（kata sifat）］受很多人喜欢的,被很多人用的。Disukai oleh banyak orang, digunakan oleh banyak orang. ‖ 这件衣服的颜色最近很流行。Warna pakaian ini sedang populer akhir-akhir ini. | 她喜欢听流行音乐。Dia suka mendengarkan musik populer. | 现在已经不太流行这种手机了。Sekarang tidak lagi populer menggunakan ponsel seperti ini.

【动词】［Verba（kata kerja）］很多地方的人都在用。Banyak orang di berbagai tempat yang menggunakan. ‖ 今年流行穿衬衣。Musim ini, pakaian berkerah sedang populer. | 很多词都是从网上流行起来的。Banyak kata berasal dari populer di internet. | 现在越来越流行喝汤了,听说喝汤对身体好。Sekarang semakin populer untuk minum sup, katanya minum sup baik untuk kesehatan. | 最近流行什么歌? Lagu apa yang sedang populer akhir-akhir ini?

L

1 六 liù **enam**

【数词】［Numeralia（kata bilangan）］① 数字 6。‖ 五后面的数字是六。Angka di belakang lima adalah enam. | 中国很喜欢数字六,因为六代表事情发展得顺利。Masyarakat Tiongkok menyukai angka enam karena angka ini melambangkan perkembangan yang lancar. | 今晚表演的门票六十块钱一张。Tiket pertunjukan malam ini seharga enam puluh yuan per lembar. ② 第六。Urutan keenam. ‖ 现在已经是六月了,夏天已经到了。Sekarang sudah bulan Juni, musim panas sudah tiba. | 今天是星期六。Hari ini adalah hari Sabtu. | 我考了全班第六名。Saya mendapat peringkat keenam di kelas. | 我的号码牌上写着六号。Nomor papan saya adalah nomor enam.

3 龙 lóng **naga**

【名词】［Nomina（kata benda）］在中国人眼里,龙是古代传说中一种非常有力量的动物,它们来自天上或者海里。Dalam pandangan orang Tiongkok, naga adalah hewan yang sangat kuat dan memiliki kekuatan. Mereka berasal dari langit atau laut. ‖ 龙可能只存在在传说里,谁都没见过这种动物。Naga mungkin hanya ada dalam legenda, tidak ada yang pernah melihat hewan ini. | 在中国文化中,龙有九个儿子。Dalam budaya Tiongkok, naga memiliki sembilan anak laki-

laki. | 中国人非常喜欢龙的图案。Orang Tiongkok sangat menyukai motif naga. | 传说龙的头上有两个角,身子很长,它又会飞又会游泳。Menurut legenda, naga memiliki dua tanduk di kepalanya, tubuhnya sangat panjang, dan bisa terbang serta berenang.

1 **楼** lóu **gedung; bangunan**

【名词】[Nomina (kata benda)] ① 有两层或两层以上的房子。Bangunan yang memiliki dua lantai atau lebih. ‖ 路口新建了一座楼。Di persimpangan ada bangunan baru dengan beberapa lantai. | 这个楼是上课用的。Gedung ini digunakan untuk belajar. | 楼里没什么人,平常都比较安静。Di dalam gedung jarang ada orang, biasanya cukup tenang. ② 房子里的某一层。Salah satu lantai di dalam rumah. ‖ 你住几楼? Kamu tinggal di lantai berapa? | 九楼的那家人总是很吵。Di lantai sembilan, ada orang yang selalu bising. | 我们公司在三楼。Kantor kami berada di lantai tiga.

1 **楼上** lóushàng **lantai atas**

【短语】[frasa] 指在说话的人这一层的上面几层。Merujuk pada beberapa lantai di atas lantai tempat pembicara berada. ‖ 我们家楼上住着一名医生。Di lantai atas tinggal seorang dokter. | 楼下没有座位了,我们去楼上吧。Di lantai bawah sudah tidak ada tempat duduk, mari kita ke lantai atas. | 老板正在楼上开会。Pemilik sedang rapat di lantai atas.

1 **楼下** lóuxià

【短语】[frasa] ① 楼的附件。Bagian sekitar gedung. ‖ 我家楼下新开了一家超市。Di bawah gedung rumah saya, baru saja dibuka sebuah supermarket. | 楼下有个饭馆儿。Di bawah ada sebuah restoran. | 楼下商店今天做活动,买东西特别便宜。Toko di bawah ini sedang mengadakan promosi, barang-barangnya sangat murah. ② 指在说话的人这一层的下面几层。Mengacu pada beberapa lantai di bawah tempat pembicara berada. ‖ 楼下那家又吵架了。Di lantai bawah ada orang yang sedang bertengkar. | 我刚从楼下上来。Saya baru saja naik dari lantai bawah. | 他家就在我家楼下。Rumahnya tepat di bawah rumah saya.

1 **路** lù **jalan**

【名词】[Nomina (kata benda)] ① 马路,道路;可以让人、车走的交通线。Jalan, jalur; jalur transportasi yang dapat dilalui oleh orang dan kendaraan. ‖ 我

L

去图书馆该走哪条路？Bagaimana saya bisa mencapai perpustakaan dari sini？| 他知道从家去学校的路。Dia tahu cara ke sekolah dari rumah. | 这座城市正在建设一条新路。Kota ini sedang membangun jalan baru. | 这条路大概有三公里。Jalan ini sekitar tiga kilometer. ② 行；排。Baris；barisan. ‖ 大家分成两路队站好。Semua orang terbagi menjadi dua baris. | 过马路时孩子们手拉着手排成一路。Saat menyeberang jalan，anak-anak bergandengan tangan membentuk barisan. ③ 路线。Rute，jalur. ‖ 你坐三路公交车就能到医院。Kamu bisa naik bus nomor tiga untuk sampai ke rumah sakit. | 这个车站有几路公交车？Berapa banyak bus nomor yang berhenti di halte ini？| 我每天坐六路车上班。Saya naik bus nomor enam setiap hari untuk pergi bekerja.

2 路边 lùbiān **tepi jalan**

【短语】［frasa］路的两边；靠近路的地方。Bagian di kedua sisi jalan；tempat dekat dengan jalan. ‖ 路边开满了花。Di sepanjang jalan tumbuh banyak bunga. | 有个男人站在路边等车。Ada seorang pria berdiri di pinggir jalan menunggu bus. | 你靠路边停就好，我就在这里下车。Kamu parkir saja di pinggir jalan，aku akan turun di sini. | 路边很多小饭馆儿的菜都不错。Di sepanjang jalan banyak restoran kecil yang menawarkan hidangan yang enak.

L

1 路口 lùkǒu **persimpangan jalan**

【名词】［Nomina（kata benda）］不同的路接起来的地方。Tempat pertemuan beberapa jalan yang berbeda. ‖ 你向前走，到了前面的路口再向右转。Kamu jalan terus，nanti di pertigaan belok kanan. | 这里有个十字路口。Di sini ada persimpangan empat. | 要注意路口的交通安全。Perhatikan keselamatan di persimpangan jalan. | 我就在路口等你，你一过马路就能看到我。Aku akan menunggu di persimpangan ini，kamu akan melihatku setelah menyeberang jalan.

1 路上 lùshang **perjalanan**

【名词】［Nomina（kata benda）］① 去或来的过程。Proses pergi atau datang. ‖ 我们在路上了，十分钟后就到。Kami sudah dalam perjalanan，sepuluh menit lagi sampai. | 你路上注意安全！Berhati-hatilah di jalan！| 这些吃的你拿着路上吃。Makanan ini kamu bawa sambil di perjalanan. ② 在马路上。Di jalan raya. ‖ 路上的车真多呀。Banyak kendaraan di jalan raya. | 路上有交警在工作。Ada polisi lalu lintas di jalan. | 忽然有个人倒在了路上。Tiba-tiba ada seseorang yang tergeletak di jalan.

3 路线 lùxiàn **rute**

【名词】[Nomina（kata benda）] 从一个地方到另一个地方要经过的道路。Rute dari satu tempat ke tempat lain. ‖ 我已经计划好了这次旅游的路线。Saya sudah merencanakan rute perjalanan ini. | 因为我们走错了，所以只好调整路线了。Karena kita salah jalur, akhirnya harus mengubah rute. | 现在可以在手机上查找公交车经过的路线。Sekarang kamu bisa mencari rute bus melalui ponsel.

3 录 lù **rekam**

【动词】[Verba（kata kerja）] 用机器把情况或声音记录下来。Merekam situasi atau suara menggunakan mesin. ‖ 他用手机录下了我们表演的节目。Dia merekam penampilan kami di acara dengan ponselnya. | 她明天还要去电视台录节目。Besok dia akan pergi ke stasiun TV untuk merekam programnya. | 我先把你说的录下来，回家再慢慢听。Saya akan merekam apa yang kamu katakan dan mendengarkannya di rumah nanti. | 让我看看你录的是什么。Biarkan saya melihat apa yang Anda rekam.

3 录音 lùyīn **rekam suara**

【动词】[Verba（kata kerja）] 用机器把声音记录下来。Merekam suara menggunakan mesin. ‖ 我上课的时候喜欢录音，方便回家以后复习。Saya suka merekam saat pelajaran, memudahkan saya untuk mengulanginya di rumah. | 我可以把我们的对话录音吗？Bolehkah saya merekam percakapan kita? | 你先把会议内容录音，结束以后再整理成文字。Anda bisa merekam isi rapat dan setelah itu mengubahnya menjadi teks.

【名词】[Nomina（kata benda）] 被记录下来的声音。Suara yang direkam. ‖ 请大家听录音，并完成下面的练习。Mari semua orang mendengarkan rekaman dan selesaikan latihan berikutnya. | 我们考试用的录音听不清楚。Suara dari rekaman ujian kita tidak jelas. | 多听录音可以帮助我们练习听力理解。Mendengarkan banyak rekaman bisa membantu kita berlatih pemahaman mendengarkan.

3 旅馆 lǚguǎn **penginapan**

【名词】[Nomina（kata benda）] 旅客旅行时住的地方。Tempat tinggal bagi para pelancong selama perjalanan. ‖ 他开了一家小旅馆。Dia membuka sebuah penginapan kecil. | 这家旅馆的房间干净，价格也便宜。Kamar di penginapan ini bersih dan harganya juga murah. | 你可以在网上订旅馆，在网上还能看到旅馆

L

的照片和服务信息。Kamu bisa memesan penginapan melalui internet, di sana kamu bisa melihat foto-foto dan informasi layanan penginapan.

2 **旅客** lǚkè **wisatawan; pelancong; turis**

【名词】[Nomina (kata benda)] 旅游单位称旅游的人为旅客。Orang-orang yang melakukan perjalanan. ‖ 各位旅客,请您拿好自己的东西,排队下车。Para penumpang, tolong bawa barang-barang Anda dan turun berbaris. | 旅客朋友们,欢迎您的到来。Para tamu pelancong, selamat datang. | 这位旅客,请问有什么可以帮您? Bagaimana saya bisa membantu Anda, tamu pelancong? | 有的城市建立了旅客中心,可以帮助旅客解决问题。Beberapa kota telah membentuk pusat layanan bagi para pelancong, yang dapat membantu menyelesaikan masalah mereka.

2 **旅行** lǚxíng **tamasya; wisata**

【动词】[Verba (kata kerja)] 去比较远的地方花一段时间玩儿、参观。Perjalanan jauh untuk bermain atau berwisata. ‖ 我想去国外旅行。Dia pergi bertamasya selama liburan. | 旅行过程中要注意安全。Saat bertamasya perlu memperhatikan keselamatan. | 这次旅行加深了他们两个人的感情。Selama perjalanan, saya melihat banyak hal yang belum pernah saya lihat sebelumnya. | 他拍了很多旅行的照片。Anda harus pergi berlibur, ubah suasana hati Anda.

L

3 **旅行社** lǚxíngshè **agen perjalanan wisata**

【名词】[Nomina (kata benda)] 为旅客办理旅行服务的公司。Perusahaan yang menyediakan layanan perjalanan bagi para pelancong. ‖ 旅行社最近新出了几个好玩的旅行路线。Akhir-akhir ini, agen perjalanan telah meluncurkan beberapa rute perjalanan yang menarik. | 这家旅行社的服务好,价格也便宜。Layanan dari agen perjalanan ini bagus dan harga-harganya juga terjangkau. | 有的旅行社会在旅行过程中带旅客买东西。Beberapa agen perjalanan akan membawa para pelancong berbelanja selama perjalanan.

2 **旅游** lǚyóu **tamasya; wisata**

【动词】[Verba (kata kerja)] 去比较远的地方玩儿、参观。Pergi jauh untuk bermain atau berwisata. ‖ 他假期出去旅游了。Dia pergi berwisata selama liburan. | 她喜欢到各地旅游。Dia suka bertamasya ke berbagai tempat. | 我在旅游的过程中见到了很多没见过的东西。Saya melihat banyak hal yang belum pernah saya lihat sebelumnya selama perjalanan bertamasya. | 你该去旅旅游，换换心情。Anda seharusnya pergi berwisata dan mengganti suasana hati Anda.

2 **绿** lǜ **hijau**

【名词】［Nomina（kata benda）］像春天的小草一样的颜色。Warna seperti rumput di musim semi. ‖ 春天到了，树绿起来了。Musim semi sudah tiba, pepohonan berwarna hijau. | 湖里的水真绿啊。Air di danau sangat hijau. | 花开了，草绿了。Bunga mekar, rumput menjadi hijau. | 河边的石头有绿的，有白的，还有黑的。Batu-batu di tepi sungai ada yang berwarna hijau, putih, dan hitam.

3 **绿茶** lǜchá **teh hijau**

【名词】［Nomina（kata benda）］一种茶，茶水绿色发绿。Sejenis teh dengan warna air teh yang berwarna hijau. ‖ 有人说夏天喝绿茶好，冬天喝红茶好。Ada yang mengatakan bahwa minum teh hijau bagus untuk musim panas, dan minum teh merah bagus untuk musim dingin. | 我送了他一包高级绿茶。Saya memberikan dia satu bungkus teh hijau premium. | 喝绿茶对身体好。Minum teh hijau baik untuk kesehatan. | 绿茶里放一些水果会更好喝。Menambahkan beberapa potongan buah ke dalam teh hijau akan membuatnya lebih enak.

2 **绿色** lǜsè **warna hijau**

【名词】［Nomina（kata benda）］绿的颜色。Warna hijau. ‖ 春天到了，城市里充满了绿色。Musim semi tiba, dan kota dipenuhi dengan warna hijau. | 公园里有一块很大的绿色草地。Di taman ada lahan rumput yang luas berwarna hijau. | 这块绿色的石头卖得很贵。Batu hijau ini dijual dengan harga mahal. | 我喜欢那件绿色的。Saya suka barang berwarna hijau itu.

3 **乱** luàn **kacau; berantakan**

【形容词】［Adjektiva（kata sifat）］不整齐的，表达不清楚的。Tidak teratur, ekspresi tidak jelas. ‖ 他的作业写得太乱了，我根本看不懂。Tugasnya ditulis dengan sangat berantakan, saya tidak bisa memahaminya sama sekali. | 这篇文章的内容太乱了，根本不知道作者主要想表达什么。Isi artikel ini sangat berantakan, saya tidak tahu apa yang ingin dikatakan penulis. | 他的房间里很乱，衣服放得到处都是。Kamarnya sangat berantakan, pakaian tersebar di mana-mana. | 我们的教室每天有人打扫，一点都不乱。Kelas kita selalu dibersihkan setiap hari, tidak ada yang berantakan.

[3] **落后** luò//hòu **tertinggal**

【动词】［Verba（kata kerja）］① 比别人慢，没有别人好，跟在别人后面。Lebih lambat dari orang lain，tidak sebaik orang lain，berada di belakang orang lain. ‖ 他已经落后了别人三百米了。Dia sudah tertinggal 300 meter dari orang lain. ｜这次成绩他落后三名。Kali ini prestasinya tertinggal 3 peringkat. ｜有的国家经济发展比别的国家落后。Beberapa negara mengalami perkembangan ekonomi yang lebih tertinggal dibandingkan dengan negara-negara lain. ② 不符合时代要求的，老的，旧的。Tidak sesuai dengan tuntutan zaman，ketinggalan zaman，kuno. ‖ 这种技术现在已经落后。Teknologi ini sudah tertinggal sekarang. ｜你的思想落得太后了。Pemikiranmu sudah sangat tertinggal.

L

M

[1] 妈妈/妈 māma/mā **ibu**

【名词】[Nomina (kata benda)] 母亲,生孩子的人。Ibu, orang yang melahirkan anak. ‖ 妈,你看见我的书包放在哪了吗? Mama, apakah kamu melihat tas bukuku diletakkan di mana? | 今天是他妈妈的生日。Hari ini adalah ulang tahun ibunya dia.

[3] 麻烦 máfán **merepotkan; menyusahkan**

【动词】[Verba (kata kerja)] 给别人增加困难或事情,希望别人帮助自己。Menambah kesulitan atau urusan bagi orang lain, meminta bantuan orang lain. ‖ 这件事要麻烦您多帮帮我了。Urusan ini akan merepotkan Anda, harap bantu saya lebih banyak. | 不管什么时候找他帮忙,他都不怕麻烦。Tidak peduli kapan kita meminta tolong kepadanya, dia tidak takut merepotkan diri.

【形容词】[Adjektiva (kata sifat)] 让人觉得不舒服的,让人觉得困难的。Membuat orang merasa tidak nyaman, membuat orang merasa kesulitan. ‖ 这件事很麻烦,不容易办。Urusan ini sangat merepotkan, sulit dilakukan. | 这个人的要求太多了,真麻烦。Orang ini memiliki banyak permintaan, sangat merepotkan. | 办退休手续麻不麻烦? Proses pensiun itu merepotkan, bukan?

[3] 马 mǎ **kuda**

【名词】[Nomina (kata benda)] 一种四条腿的动物,爱吃草,跑得快,通过训练可以拉车,古时候被作为交通工具。Sejenis hewan berkaki empat, suka makan rumput, berlari cepat, bisa ditarik kereta dengan pelatihan, dahulu digunakan sebagai alat transportasi. ‖ 草地上有很多马在吃草。Di padang rumput ada banyak kuda yang sedang makan rumput. | 中国北方有大片的草地,非常适合养马。Di utara Tiongkok, ada banyak padang rumput yang sangat cocok untuk pemeliharaan kuda.

[1] 马路 mǎlù **jalan raya**

【名词】[Nomina (kata benda)] 路,车走的路。Jalan, jalur untuk kendaraan. ‖

今天马路上的车很多。Hari ini banyak mobil di jalan. | 过马路要注意安全。Berhati-hatilah saat menyeberang jalan. | 你走过这条马路，到下个路口就可以看到超市了。Setelah melewati jalan ini, kamu akan melihat supermarket di persimpangan berikutnya.

1 **马上** mǎshàng **langsung; segera**

【**副词**】[Adverb（kata keterangan）] 短时间内地，赶紧。Dalam waktu singkat, segera. ‖ 老师叫你马上去他办公室。Guru memanggilmu ke kantor beliau segera. | 比赛马上开始，请大家作好准备。Kompetisi akan segera dimulai, tolong siapkan diri. | 这个问题我没办法马上回答你，我先回去想想。Saya tidak dapat menjawab pertanyaan Anda segera, saya akan kembali untuk memikirkannya.

1 **吗** ma **kata tanya; kah**

【**助词**】[Partikel（kata tugas）] 放在句子的最后，表示提问。Ditempatkan di akhir kalimat untuk menunjukkan pertanyaan. ‖ 你是这个学校的学生吗？Kamu adalah mahasiswa di sekolah ini？| 你吃饭了吗？Apakah kamu sudah makan？| 帮我拍张照片，好吗？Tolong ambilkan saya sebuah foto, ya？

M

1 **买** mǎi **beli**

【**动词**】[Verba（kata kerja）] 用钱换东西。Membeli dengan uang. ‖ 我去超市买了点菜。Saya pergi ke supermarket untuk membeli beberapa bahan makanan. | 他买了一本书。Dia membeli sebuah buku. | 现在流行在网上买东西。Saat ini membeli barang secara online sedang populer.

2 **卖** mài **jual**

【**动词**】[Verba（kata kerja）] 用东西换钱。Menukar barang dengan uang. ‖ 我想把房子卖了换一些钱。Saya ingin menjual rumah ini untuk mendapatkan uang. | 这件衣服卖多少钱？Berapa harga dari baju ini？| 你不用的东西可以放在网上卖。Barang-barang bekas yang tidak Anda gunakan bisa dijual secara daring.

2 **满** mǎn **penuh**

【**形容词**】[Adjektiva（kata sifat）] ① 数量或时间达到标准的，装不下的。Jumlah atau waktu mencapai standar, penuh. ‖ 我书包里装满了书，装不下别的了。Tas bukuku sudah penuh dengan buku, tidak bisa menampung lagi. | 杯子里的水满了，不能往杯子里倒。Gelasnya penuh dengan air, tidak bisa menuangkan lebih banyak. | 工作时间满一年后可以增加工资。Setelah bekerja selama setahun, bisa mendapatkan kenaikan gaji. ② 全部的，整个。Seluruh, keseluruhan. ‖ 妈妈做了满满一桌子菜。Ibu membuat meja makan penuh dengan hidangan. | 他满身都是土。Dia penuh dengan tanah. | 满墙都是他画的画儿。Dindingnya penuh dengan gambar yang dia lukis.

2 **满意** mǎnyì **puas**

【动词】[Verba（kata kerja）] 达到条件，让人觉得好的。Mencapai persyaratan atau standar. ‖ 老师对他的答案很满意。Guru sangat puas dengan jawabannya. | 领导对这次工作成果很满意。Pimpinan sangat puas dengan hasil pekerjaan ini. | 我不满意你现在的做法。Saya tidak puas dengan tindakan Anda sekarang.

3 **满足** mǎnzú **puas**

【动词】[Verba（kata kerja）] 达到要求或标准。Mencapai persyaratan atau standar. ‖ 您提出的条件我们公司都可以满足。Persyaratan yang Anda ajukan bisa kami penuhi di perusahaan kami. | 她今天买到了喜欢吃的蛋糕，心里觉得很满足。Dia memuaskan dirinya dengan membeli kue yang dia sukai, merasa sangat puas. | 这本词典可以满足学生的学习需要。Kamus ini dapat memenuhi kebutuhan belajar para siswa.

M

1 **慢** màn **pelan; lambat**

【形容词】[Adjektiva（kata sifat）] 速度不快的，速度很低，动作发生需要长时间的。Kecepatan yang tidak cepat, kecepatan sangat rendah, gerakan memerlukan waktu yang lama. ‖ 你慢点儿跑。Jalanlah dengan lebih lambat. | 车开得很慢，我们可以好好看看路上的风景。Mobil berjalan sangat lambat, kami bisa melihat pemandangan di sekitar dengan jelas. | 我的表慢了五分钟。Jam tangan saya lambat lima menit.

3 **慢慢** mànmàn **pelan-pelan**

【副词】[Adverb（kata keterangan）] ① 表示事物或数量一点儿一点儿地变化发展。Menunjukkan bahwa sesuatu atau jumlah berubah dan berkembang sedikit demi sedikit. ‖ 他的病慢慢好起来了。Penyakitnya perlahan-lahan sembuh. | 他们的感情慢慢变好了。Hubungan mereka perlahan-lahan menjadi lebih baik. | 我慢慢理解了他的想法。Saya perlahan-lahan memahami pemikirannya. ② 不快。Tidak cepat. ‖ 今天我们有很多时间，可以坐下来慢慢吃。Hari ini kita memiliki banyak waktu, kita bisa duduk dan makan dengan perlahan-lahan. | 你慢慢说,别着急。Kamu berbicara perlahan-lahan, jangan terburu-buru. | 水太热,你慢慢喝。Airnya terlalu panas, minumlah dengan perlahan-lahan.

1 **忙** máng **sibuk**

【形容词】[Adjektiva (kata sifat)] 事情太多的,没时间的。Sibuk, banyak hal yang harus dilakukan. ‖ 我这段时间比较忙,没什么空去旅行。Saya sedang sibuk dalam periode ini, tidak ada banyak waktu untuk pergi berlibur. | 他现在正在忙,你可以一会儿再打电话联系他。Dia sedang sibuk sekarang, Anda bisa menghubunginya lewat telepon nanti. | 你最近都忙什么呢? Apa yang kamu lakukan baru-baru ini? |

2 **猫** māo **kucing**

【名词】[Nomina (kata benda)] 一种动物,身上有毛,身体较小,动作快,爱吃鱼,经常被养在家里的动物。Seekor hewan, bertubuh kecil, berbulu, bergerak cepat, suka makan ikan, sering dipelihara sebagai hewan peliharaan di rumah. ‖ 她家里养了三只猫。Dia memelihara tiga ekor kucing di rumahnya. | 你喜欢猫还是喜欢狗? Kamu lebih suka kucing atau anjing?

M

1 **毛** máo **mao; jiao**

【量词】[Kuantifier (kata pengukur)] 人民币的单位,毛就是角。Satuan mata uang dalam RMB, mao disebut juga jiao. ‖ 以前一毛钱能买不少东西呢。Dulu 1 mao bisa membeli banyak barang. | 十个一毛就是一块。Sepuluh 1 mao menjadi 1 kuai (Yuan). | 这个糖很便宜,一毛五一个。Permen ini sangat murah, 1.5 mao sebiji.

3 **毛** máo **bulu**

【名词】[Nomina (kata benda)] 皮上面的东西。Bulu di atas kulit. ‖ 有的小狗的毛很长,有的小狗的毛很短。Beberapa anjing memiliki bulu yang panjang, beberapa memiliki bulu yang pendek. | 动物的毛可以让它们在冬天感觉不到冷。Bulu hewan memungkinkan mereka merasa hangat di musim dingin.

3 **毛病** máobìng **penyakit ringan; kesalahan kecil; masalah**

【名词】[Nomina (kata benda)] ① 身体上的小问题,病。Masalah kecil pada tubuh, penyakit. ‖ 他没有什么大病,可身上总是有点小毛病。Dia tidak ada masalah besar, tapi selalu ada beberapa masalah kecil pada tubuhnya. | 他的腿有点毛病,一到下雨天就疼。Kakinya ada masalah kecil, ketika hujan turun, dia merasa sakit. ② 一个人的短处,坏习惯,小错误。Kekurangan seseorang, kebiasaan buruk, kesalahan kecil. ‖ 他这个人没什么大问题,就是有点小毛病。Dia tidak ada masalah besar, hanya ada beberapa kelemahan kecil. | 哪个人身上没点小毛病呀。Tidak ada manusia yang tidak memiliki kelemahan kecil. ③ 东西出现的问题。Masalah yang terjadi pada sesuatu. ‖ 这台机器不知道哪里出了毛病,它变得不好用了。Mesin ini tidak tahu di mana masalahnya, sekarang menjadi tidak nyaman digunakan. | 我看过这份报告了,没什么毛病。Saya telah melihat laporan ini, tidak ada masalah ditemukan. | 我觉得你这篇文章存在一点小毛病。Saya pikir ada beberapa kelemahan kecil dalam artikel Anda.

1 **没** méi **tidak; tidak ada**

【副词】[Adverbia (Kata keterangan)] 放在动词前面,表示否定,不存在某个动作或状态。Digunakan sebelum kata kerja untuk menunjukkan negasi, tidak ada tindakan atau keadaan tertentu. ‖ 我刚才什么也没看到。Saya tidak melihat apa-apa tadi. | 他人还没来,我们再等等。Dia belum datang, kita tunggu sebentar lagi. | 你听没听到什么声音? Apakah kamu mendengar sesuatu?

【动词】[Verba (kata kerja)] 不存在。Tidak ada. ‖ 家里没菜了,我要出去买点菜。Tidak ada lagi makanan di rumah, saya akan pergi membeli beberapa bahan makanan. | 不好意思,我现在没时间。Maaf, saya tidak punya waktu sekarang. | 我最近没什么钱,日子过得很紧。Saya tidak punya banyak uang baru-baru ini, hidup saya sedang ketat.

1 **没关系** méiguānxi **tidak apa-apa; tidak ada relasi / hubungan**

【短语】[frasa] 不需要担心,不重要的。Tidak perlu khawatir, tidak penting. ‖ 没关系,这点小事不用放在心上。Tidak apa-apa, masalah kecil ini tidak perlu dipikirkan. | 没关系,我能理解你。Tidak apa-apa, saya mengerti kamu. | 大家都是朋友,这点小忙,没什么关系的。Kita semua adalah teman, bantuan saling membantu adalah hal yang wajar, tidak masalah.

1 **没什么** méishénme **tidak apa-apa; tidak masalah; sedikit**

【短语】[frasa] ① 没关系。Tidak masalah. ‖ 这点小事,没什么的。Masalah kecil ini tidak perlu dipermasalahkan. | 大家都是朋友,互相帮助是应该的,这没什么。Kita semua adalah teman, membantu satu sama lain adalah hal yang wajar,

M

tidak masalah. ② 少的，不多的。Sedikit, tidak banyak. ‖ 家里已经没什么肉和水果了，我准备下午去超市买一点儿。Di rumah sudah tidak ada daging dan buah lagi, saya akan pergi ke supermarket untuk membeli sedikit. | 他最近没什么时间，他忙着找工作呢。Dia tidak memiliki banyak waktu baru-baru ini, dia sibuk mencari pekerjaan. | 这件事我没什么想说的，让大家决定吧。Saya tidak memiliki banyak hal untuk dikatakan tentang masalah ini, mari kita putuskan bersama-sama.

1 没事儿 méishìr **tidak apa-apa**

【短语】［frasa］① 平安，没有不好的事情发生。Aman, tidak ada hal buruk yang terjadi. ‖ 我没事儿，我哭只是因为我想家了。Saya aman, saya hanya menangis karena merindukan rumah. | 医生给他检查了身体以后说他没事儿。Dokter memeriksa tubuhnya setelah peristiwa tersebut, mengatakan dia baik-baik saja. | 没事儿就好，平平安安最重要。Aman, aman dan selamat adalah yang paling penting. ② 没有要做的事情。Tidak ada hal yang perlu dilakukan. ‖ 我现在没事儿，你有什么话就说吧。Saya tidak punya masalah sekarang, katakan saja apa yang ada di pikiranmu. | 你要是没事儿，就去帮她打扫一下教室吧。Jika kamu tidak ada kerjaan, tolong bantu dia membersihkan ruang kelas. ③ 没关系。Tidak apa-apa. ‖ 这点小事你就别谢我了，没事儿。Tidak perlu berterima kasih untuk hal kecil ini, tidak apa-apa. | 没事儿，你别着急，我肯定帮你解决问题。Tidak apa-apa, jangan khawatir, saya pasti membantu kamu menyelesaikan masalah.

1 没有 méiyǒu **tidak ada**

【动词】［Verba（kata kerja）］不存在。Tidak ada, tidak ada. ‖ 我现在很忙，没有时间听你说这些事情。Saya sedang sibuk, tidak ada waktu untuk mendengarkan ceritamu. | 家里没有什么好东西，这点水果希望你喜欢。Tidak ada makanan yang bagus di rumah, hanya ada beberapa buah harapan kamu menyukainya. | 我还没有工作，我最近在找工作。Saya belum bekerja, saya sedang mencari pekerjaan saat ini.

【副词】［Adverbia（kata keterangan）］动作和状态没发生。Tindakan dan keadaan tidak terjadi. ‖ 我以前没有来过这里，这是我第一次来。Saya belum pernah ke sini sebelumnya, ini pertama kalinya saya datang. | 我从来没有说过这些话，你肯定是听错了。Saya belum pernah mengatakan hal ini, kamu pasti salah dengar. | 他没有写作业，老师很生气。Dia belum menulis tugas, guru sangat marah.

3 没用 méiyòng **tidak berguna**

【动词】［Verba（kata kerja）］没有作用，不产生影响。Tidak berguna, tidak ada pengaruh. ‖ 你哭也没用，还是想想该怎么办吧。Kamu menangis juga tidak berguna, pikirkan saja apa yang harus dilakukan. | 他总是买回来一些没什么用的东西。Dia selalu membeli barang yang tidak berguna. | 我可真没用，这么大事，可我什么忙都帮不上。Saya tidak ada gunanya, pekerjaan besar seperti ini, saya tidak dapat membantu apa-apa.

3 媒体 méitǐ **media**

【名词】［Nomina（kata benda）］用来传播信息的工具或单位，比如互联网、电视台，广播等。Alat atau lembaga untuk menyebarkan informasi, seperti internet, stasiun TV, radio, dll. ‖ 他是一名记者，从事媒体工作。Dia adalah seorang jurnalis yang bekerja di media. | 媒体的力量是很重要的，它可以成为每个人发表意见、交流信息的重要方式。Kekuatan media sangat penting, itu dapat menjadi sarana penting bagi setiap orang untuk mengeluarkan pendapat dan bertukar informasi. | 报纸和电视是常见的媒体，互联网是一种新媒体。Koran dan televisi adalah media umum, internet adalah media baru.

3 每 měi **setiap**

【代词】［Pronomina（kata ganti）］在一定范围内的任何一个。Setiap orang dalam jangkauan tertentu. ‖ 他说的每句话我都记得很清楚。Saya ingat setiap kata yang dia katakan. | 每个教室都有五十张桌子。Setiap kelas memiliki 50 meja. | 老师让我们每个人都准备一张画儿。Guru meminta kami semua menyiapkan selembar gambar.

【副词】［Adverbia（kata keterangan）］相同的情况或动作重复出现，反复出现。Kejadian atau tindakan yang sama berulang kali atau berulang kali. ‖ 我每次去公园跑步都会碰到他。Setiap kali saya pergi berlari di taman, saya akan bertemu dengannya. | 他每五天来看一次孩子。Dia datang untuk melihat anaknya setiap lima hari sekali.

3 美 měi **cantik; indah**

【形容词】［Adjektiva（kata sifat）］① 好看的，漂亮的。Indah, cantik. ‖ 这里

的景色真美啊。Pemandangan di sini sangat indah. | 她穿这件裙子的样子真美。Dia terlihat sangat cantik ketika mengenakan gaun ini. | 家乡的景色越来越美了。Pemandangan di kampung halaman semakin indah. ② 让人觉得舒服的,让人满意的。Membuat orang merasa nyaman, memuaskan. ‖ 他进了城,日子过得很美。Dia hidup dengan indah di kota ini. | 你想得美,这事哪有那么容易。Kamu berpikir dengan indah, masalah ini tidak akan secepat itu terselesaikan. | 他的歌声美极了。Suaranya sangat indah.

3 美好 měihǎo **indah**

【形容词】[Adjektiva (kata sifat)] 让人觉得快乐的,让人觉得满意的,让人觉得舒服的。Membuat orang bahagia, memuaskan, nyaman. ‖ 他对自己以后的生活有很多美好的计划。Dia memiliki banyak rencana indah untuk masa depannya. | 每个人都喜欢美好的东西。Setiap orang menyukai hal-hal indah. | 这是一个美好的爱情故事。Ini adalah cerita cinta yang indah.

3 美丽 měilì **cantik; indah**

【形容词】[Adjektiva (kata sifat)] 好看的,漂亮的,一般用在写作文上。Indah, menarik, sering digunakan dalam penulisan sastra. ‖ 村里有一个长得美丽动人的姑娘。Di desa ini ada seorang gadis yang cantik dan menawan. | 美丽的景色把我迷住了。Pemandangan ini sangat indah, membuat saya terpesona. | 北京是一座美丽的城市。Beijing adalah kota yang indah.

3 美食 měishí **kuliner**

【名词】[Nomina (kata benda)] 好吃的东西。Makanan enak. ‖ 我喜欢到全国各地吃美食。Saya suka mencicipi kuliner dari berbagai tempat di seluruh negeri. | 在旅行中,我发现了很多当地的美食。Saat bepergian, saya menemukan banyak kuliner yang lezat. | 中国有很多不同种类的美食。Tiongkok memiliki banyak jenis kuliner.

3 美术 měishù **seni**

【名词】[Nomina (kata benda)] 让人觉得美的艺术,比如画画儿。Seni yang indah, seperti menggambar dan melukis. ‖ 我们学校有体育学院,还有美术学院。Sekolah kami memiliki sekolah olahraga dan sekolah seni. | 我们有音乐课、体育课还有美术课。Kami memiliki pelajaran musik, pelajaran olahraga dan pelajaran seni. | 他是学美术的,他画儿画得很好。Dia belajar seni, dia

M

menggambar dengan sangat baik.

3 **美元** měiyuán　**Dolar Amerika Serikat**

【名词】[Nomina (kata benda)] 一种钱,在国际上可以使用。Satuan uang, digunakan secara internasional. ‖ 美元不能在中国使用。Dolar AS tidak dapat digunakan di Tiongkok. | 一美元可以换多少人民币? Berapa banyak Renminbi yang dapat ditukar dengan satu dolar AS? | 我准备了五千美元去国外旅游。Saya menyiapkan 5 000 dolar AS untuk berlibur ke luar negeri.

1 **妹妹/妹** mèimei/mèi　**adik perempuan**

【名词】[Nomina (kata benda)] 比自己年纪小一些的女子。Wanita yang lebih muda daripada diri sendiri. ‖ 我妹今年三岁了。Adik perempuan saya berusia tiga tahun. | 他们家只有他一个孩子,他没有妹妹。Mereka hanya memiliki satu anak di keluarga mereka, dia tidak memiliki adik perempuan. | 她和妹妹一起去上学。Dia pergi ke sekolah bersama adik perempuannya.

1 **门** mén　**pintu**

【名词】[Nomina (kata benda)] ① 出口和入口。Pintu keluar dan masuk. ‖ 我们学校有三个门,学生上学都从东门进。Sekolah kami memiliki tiga pintu, murid-murid masuk dari pintu timur. | 你从大门进来,向前走就能看到教学楼。Kamu masuk dari pintu depan, berjalanlah ke depan dan kamu akan melihat gedung sekolah. | 商场的大门外站满了顾客。Di luar gerbang toko penuh dengan pelanggan. ② 管理出口和入口用的能开能关的东西。Alat yang digunakan untuk mengelola pintu keluar dan masuk, dapat dibuka dan ditutup. ‖ 家里的门坏了,怎么也打不开。Pintu rumah itu rusak, tidak dapat dibuka dengan cara apapun. | 教室的门上挂着一块小牌子,上面写着"保持安静"。Di pintu kelas tergantung papan kecil, di atasnya tertulis "Harap tetap diam".

【量词】[Kuantifier (kata pengukur)] 指技术、语言或功能等的数量单位。Satuan jumlah untuk teknologi, bahasa, atau fungsi. ‖ 美术是一门艺术。Seni adalah suatu disiplin ilmu. | 我们这学期要上四门课。Kita akan mengambil empat kelas semester ini. | 学会这门技术对你找工作有好处。Belajar keterampilan ini akan berguna bagi pekerjaanmu.

1 **门口** ménkǒu　**gerbang**

【名词】[Nomina (kata benda)] 进门和出门的地方。Tempat masuk dan keluar.

M

‖ 这家店门口排了好长的队,生意特别好。Di depan toko ini, ada antrian panjang di pintu masuknya, bisnisnya sangat baik. | 门口那把伞是谁的? Payung di pintu masuk ini adalah milik siapa? | 两位别在门口站着,快进来坐坐吧。Kedua, jangan berdiri di depan pintu, silakan masuk dan duduk.

1 **门票** ménpiào **tiket masuk**

【名词】[Nomina (kata benda)] 进入一个地方时需要花钱买的证明。Bukti pembayaran untuk masuk ke suatu tempat. ‖ 去动物园要买门票,小孩的门票要便宜一点。Saat pergi ke kebun binatang, harus membeli tiket masuk, tiket masuk anak-anak lebih murah. | 有的人喜欢把门票留下来当作纪念。Beberapa orang menyimpan tiket masuk sebagai kenang-kenangan. | 请让我看一下您的门票。Bolehkah saya lihat tiket masuk Anda?

1 **们** men **jamak**

【后缀】[Akhiran] 放在表示人的词的后面,表示很多人,例如"朋友们"。Ditempatkan di belakang kata yang menggambarkan orang, menunjukkan banyak orang, misalnya "teman-teman". ‖ 人们都说她最近变漂亮了。Semua orang bilang dia menjadi lebih cantik akhir-akhir ini. | 他们都是第一次来中国的留学生。Mereka semua adalah mahasiswa internasional yang datang ke China untuk pertama kalinya. | 观众们都热情地喊着他的名字。Para penonton dengan antusias teriak namanya.

M

3 **迷** mí **tergila-gila**

【动词】[Verba (kata kerja)] ① 特别喜欢,特别爱。Terobsesi, sangat menyukai. ‖ 他最近迷上了一部电影。Dia baru saja terobsesi dengan film tertentu. | 我被这里的美食迷住了。Aku terpesona dengan makanan lezat di sini. | 最近很多人迷上了网上聊天。Banyak orang baru-baru ini menjadi terobsesi dengan percakapan daring. ② 找不到路,失去判断能力。Tidak menemukan jalan, kehilangan kemampuan untuk menentukan. ‖ 我们在山里找不到路,迷了方向。Kita tersesat karena tidak bisa menemukan jalan di gunung. | 我太困了,人有点迷了。Aku mengantuk sekali, rasanya agak tidak fokus.

2 **米** mǐ **meter**

【量词】[Kuantifier (kata pengkur)] 表示东西有多长,身高有多高的数量单位。Satuan untuk panjang suatu benda, tinggi seseorang, dll. ‖ 一公里就是一千

米。1 kilometer sama dengan 1 000 meter. | 他身高一米八。Tinggi dia satu meter delapan. | 我想买一块两米长的布。Aku ingin membeli kain sepanjang dua meter.

3 **米** mǐ **beras**

【名词】［Nomina（kata benda）］非常小，吃起来有点甜，有白色、黑色、黄色等的可以做成饭的东西。Bahan makanan kecil yang manis, seperti beras putih, hitam, kuning, dll. yang bisa digunakan untuk membuat nasi. ‖ 家里没米了，你再买十斤米回来吧。Bahan makanan di rumah hampir habis, kamu beli sepuluh kati（jin）beras lagi. | 我家乡的米非常有名。Beras dari kampung halamanku terkenal. | 你吃米还是吃面？Kamu mau makan nasi atau mie?

1 **米饭** mǐfàn **nasi**

【名词】［Nomina（kata benda）］用米做的饭。Makanan yang dibuat dari beras. ‖ 我不喜欢吃米饭，我喜欢吃面条儿。Aku tidak suka makan nasi, aku suka makan mie. | 中国南方地区喜欢吃米饭，北方地区喜欢吃面条。Di Tiongkok bagian selatan, mereka suka makan nasi, di bagian utara, mereka suka makan mie.

2 **面** miàn **mie; terigu**

【名词】［Nomina（kata benda）］① 面条儿。Mie. ‖ 你中午想吃面还是想吃米？Apa kamu mau makan mie atau nasi saat makan siang? | 老板，麻烦给我一碗面。Bos, tolong beri aku satu mangkuk mie. | 我不想回家做饭了，买包面回家吃吧。Aku tidak ingin pulang dan memasak, aku akan membeli mie untuk dibawa pulang. ② 经过加工后可以用来做面条儿、饺子皮、包子皮、面包等的东西。Bahan yang telah diproses dan dapat digunakan untuk membuat mie, kulit jiaozi, kulit pao, roti, dll. ‖ 家里面和米都快吃完了，下午你去超市买一些吧。Stok mie dan beras di rumah hampir habis, pergi ke supermarket untuk membeli beberapa. | 妈妈会用面做很多好吃的，可以包包子、包饺子、做面条儿。Ibu bisa menggunakan terigu untuk membuat banyak makanan enak, seperti membuat pao, membuat jiaozi, atau membuat mie.

1 **面包** miànbāo **roti**

【名词】［Nomina（kata benda）］用面加工而成的一种食品，味道甜。Makanan yang terbuat dari tepung dan diproses menjadi sesuatu yang manis. ‖ 有的人会在家里自己做面包。Beberapa orang membuat roti di rumah mereka sendiri. | 我早

上只吃了几片面包,现在我很饿。Pagi ini aku hanya makan beberapa potong roti, sekarang aku sangat lapar. | 这家店有很多种面包,有圆的,有长的,每个都很好吃。Di toko ini ada banyak jenis roti, ada yang bulat, ada yang panjang, semuanya sangat lezat.

3 面对 miànduì **menghadapi**

【动词】[Verba (kata kerja)] ① 脸朝着某个人或某个东西。Menghadap seseorang atau sesuatu. ‖ 他面对着我不好意思地坐了下来。Dia malu-malu duduk menghadapku. | 我面对着这么多观众,感觉很紧张。Aku merasa sangat gugup ketika menghadapi banyak penonton seperti ini. | 老师让大家站起来,面对着黑板大声地把课文背出来。Guru memerintahkan kita untuk berdiri, menghadap papan tulis dan membacakan isi pelajaran dengan keras. ② 碰到问题或情况。Menghadapi masalah atau situasi. ‖ 他用积极的态度面对生活中的困难。Dia menghadapi tantangan hidup dengan sikap positif. | 我们要乐观地面对生活中发生的任何事情。Kita harus berhadapan dengan setiap situasi dalam hidup ini dengan optimisme. | 他不知道该如何面对他们的感情。Dia tidak tahu bagaimana menghadapi perasaannya terhadap mereka.

M

3 面积 miànjī **ukuran; dimensi**

【名词】[Nomina (kata benda)] 东西表面的大小。Ukuran dari permukaan suatu benda. ‖ 这间房子的面积不大。Ukuran rumah ini tidak besar. | 你们家房子有多大面积? Berapa besar luas rumahmu? | 我们家门口有一个面积很大的公园。Di depan pintu rumah kami ada taman yang luas.

2 面前 miànqián **hadapan; depan**

【名词】[Nomina (kata benda)] 在脸的前面,脸对着的地方。Di depan wajah, tempat wajah menghadap. ‖ 在你面前的这位是我的汉语老师。Orang yang di depanmu adalah guru bahasa Mandarinku. | 忽然一只小狗从他面前跑了过去。Tiba-tiba seekor anjing kecil lari melewati depannya. | 我们面前的这些问题需要马上解决。Masalah yang harus kita hadapi sekarang ada di depan kita.

1 面条儿 miàntiáor **mie**

【名词】[Nomina (kata benda)] 用面做成的一种食品,形状是一条一条的。Makanan yang terbuat dari tepung dan diolah menjadi mie dengan bentuk seperti benang panjang. ‖ 我们家中午吃面条儿。Kita makan mie di rumah pada siang hari. | 中国北方有很多种面条儿。Di Cina bagian utara ada banyak jenis mie. | 妈妈给他下了碗面条儿吃。Ibu memberiku satu mangkuk mie untuk dimakan.

3 **民间** mínjiān **kalangan masyarakat**

【名词】［Nomina（kata benda）］社会，老百姓中间。Di kalangan masyarakat biasa, orang awam. ‖ 他给我们讲了很多动人的民间故事。Dia bercerita banyak kisah menarik dari rakyat jelata. | 中国民间有很多传说，比如关于龙的传说。Tiongkok memiliki banyak cerita rakyat, seperti cerita tentang naga. | 民间有很多美食，又好吃又便宜。Orang-orang awam memiliki banyak hidangan yang enak dan murah.

3 **民族** mínzú **suku; etnis**

【名词】［Nomina（kata benda）］有相同语言、文化、生活等的由人组成的集体。Kelompok orang yang terdiri dari orang-orang yang memiliki bahasa, budaya, kehidupan, dll. yang sama. ‖ 中国有五十六个民族。Tiongkok memiliki 56 suku. | 不同的民族有不同的文化。Kelompok etnis yang berbeda memiliki budaya yang berbeda. | 他对中国的民族文化很感兴趣。Dia sangat tertarik dengan budaya suku di Tiongkok

2 **名** míng **nama**

【名词】［Nomina（kata benda）］① 用几个字来指某个人或某个东西。Digunakan untuk merujuk pada seseorang atau sesuatu dengan beberapa kata. ‖ 我们给这只小猫取个名吧。Mari kita beri nama pada kucing kecil ini. | 这一种名叫苹果的水果。Ini adalah jenis buah yang disebut apel. | 我们两个同名但不同姓。Kita berdua memiliki nama yang sama tapi nama keluarganya berbeda. ② 做某事的理由，形式。Alasan atau bentuk melakukan sesuatu. ‖ 这次名为学习报告的活动，实际上在宣传学习产品。Kegiatan ini disebut "presentasi belajar", sebenarnya ini adalah promosi produk pembelajaran. | 他以家里有事为名不来上班。Dia mengatasnamakan masalah rumahnya sebagai alasan untuk tidak datang bekerja. | 他拿合作为名，实际上只是利用我们。Dia menggunakan kerjasama sebagai alasan, tetapi pada kenyataannya dia hanya memanfaatkan kita.

【量词】［Kuantifier（kata pengukur）］表示人的数量单位。Menunjukkan jumlah orang. ‖ 我们学校一共有三十名青年教师。Sekolah kita memiliki 30 guru muda. | 这次活动有一百多名学生报名。Ada lebih dari 100 murid yang mendaftar untuk acara ini. | 他是一名医生。Dia adalah seorang dokter.

3 **名称** míngchēng **nama**

【名词】[Nomina (kata benda)] 东西、团体等的名字。Nama suatu benda, kelompok, dll. ‖ 你的单位名称写错。Nama unit Anda tertulis salah. | 每个瓶子上要写好药的名称。Setiap botol harus memiliki nama obat yang jelas. | 表格上要写上学院名称和班级。Formulir ini harus mencantumkan nama lembaga dan kelas.

2 **名单** míngdān **daftar nama**

【名词】[Nomina (kata benda)] 写有一定范围内的人、东西、单位的名字的表格或文件。Daftar atau dokumen yang berisi daftar orang, benda, kelompok, dll. dalam suatu lingkup tertentu. ‖ 飞机的旅客名单上没有他的名字。Daftar penumpang pesawat ini tidak ada namanya. | 这次考试成绩的名单出来了吗? Apakah daftar nilai untuk ujian ini sudah keluar?

1 **名字** míngzi **nama**

【名词】[Nomina (kata benda)] 用几个字来指某个人或某个东西;人的姓和名。Digunakan beberapa kata untuk merujuk pada seseorang atau sesuatu; nama belakang dan depan seseorang. ‖ 你家小狗叫什么名字? Siapa nama anjing kecil di rumahmu? | 这本书上写着我的名字。Nama saya tertulis di buku ini.

1 **明白** míngbai **mengerti; paham**

【形容词】[Adjektiva (kata sifat)] 容易理解的,清楚的。Mudah dipahami, jelas. ‖ 他的意思已经说得很明白了。Maksudnya sudah dijelaskan dengan sangat jelas. | 老师把知识点讲得很明白。Guru menjelaskan materi dengan sangat jelas. | 大家都是明白人,有的话我就直说了。Kita semua orang yang paham, jika ada sesuatu, katakan saja dengan jelas.

【动词】[Verba (kata kerja)] 理解,懂得,弄清楚。Memahami, mengerti, mengklarifikasi. ‖ 我明白你的话了。Aku mengerti apa yang kamu katakan. | 老师讲的内容我们都明白了。Kami telah memahami isi pelajaran yang diajarkan oleh guru. | 这件事让我明白了要乐观面对生活的道理。Kejadian ini membuatku paham bahwa harus menghadapi hidup dengan optimis.

1 **明年** míngnián **tahun depan**

【名词】[Nomina (kata benda)] 今年后面的一年。Tahun yang berada di

belakang tahun ini. ‖ 我明年要和家人一起去国外旅游。Tahun depan, saya akan pergi berlibur ke luar negeri bersama keluarga. | 明年春天他就回国了。Musim semi tahun depan dia akan pulang ke negaranya.

3 明确 míngquè **jelas; pasti**

【形容词】[Adjektiva (kata sifat)] 明白并且确定的。Jelas dan pasti. ‖ 学校有明确的规定,学生不能带手机到学校。Sekolah memiliki aturan yang jelas bahwa siswa tidak boleh membawa ponsel ke sekolah. | 他的答案已经很明确了。Jawabannya sudah sangat jelas.

【动词】[Verba (kata kerja)] 确定。Memastikan. ‖ 这次会议明确了下个月的工作目标。Pertemuan ini telah memastikan target kerja bulan depan. | 他都这样说了,你还不明确现在的情况吗? Dia sudah berkata begitu, apakah kamu belum memastikan situasi sekarang? | 通过调查,我们可以明确市场的需求。Melalui survei, kita dapat memastikan permintaan pasar.

1 明天 míngtiān **besok**

【名词】[Nomina (kata benda)] ① 今天后面的一天。Hari setelah hari ini. ‖ 今天是星期一,明天是星期二。Hari ini adalah hari Senin, besok adalah hari Selasa. | 明天上午我要开会。Besok pagi saya akan rapat. | 听说明天要下雨。Mendengar bahwa besok akan hujan. ② 将来,很久以后的时间。akan datang, waku jangka panjang yang akan datang. ‖ 我相信我们的明天会更好。Aku percaya hari esok kta akan lebih baik. | 今天的努力,是为了明天的成功。Usaha hari ini, adalah demi kesuksesan di masa depan. | 为了美好的明天,我们要加油! Demi hari esok yang indah, kita harus semangat!

3 明显 míngxiǎn **jelas; signifikan**

【形容词】[Adjektiva (kata sifat)] 非常清楚的,非常容易被看到的。Sangat jelas, sangat mudah dilihat. ‖ 这很明显是你的责任。Ini sangat jelas adalah tanggung jawabmu. | 他的汉语水平明显提高了。Kemampuan berbahasa Mandarinnya sudah jelas meningkat. | 这两种颜色的区别不太明显。Perbedaan dua warna ini tidak terlalu jelas.

2 明星 míngxīng **artis; bintang**

【名词】[Nomina (kata benda)] 非常受欢迎的人,一般从事表演或其他艺术活动。Orang yang sangat populer, biasanya aktor atau seniman lainnya. ‖ 这部电

影里有很多国外的明星。Film ini memiliki banyak bintang internasional. | 这是她最喜欢的男明星。Ini adalah aktor favoritnya. | 他是一个电视明星，他表演了很多部电影和电视剧。Dia adalah seorang bintang televisi, dia telah tampil di banyak film dan serial televisi.

3 命运 mìngyùn **nasib**

【名词】［Nomina（kata benda）］人从生到死发生的所有必然的事情。Semua hal yang pasti terjadi dalam kehidupan seseorang mulai dari kelahiran hingga kematian. ‖ 命运是抓在自己手里的。Nasib ada di tangan kita sendiri. | 我能做的都做了，剩下的只能交给命运。Aku telah melakukan semua yang bisa aku lakukan, sisanya hanya bisa pasrah kepada nasib. | 他总觉得自己的命运不好，做什么都不顺利。Dia selalu merasa nasibnya buruk, tidak ada hal yang berjalan lancar baginya.

3 某 mǒu **seseorang; sesuatu**

【代词】［Pronomina（kata ganti）］一定范围内的任何一个；不确定的人或事；不愿意明确说出的人或事。Salah satu dari beberapa dalam rentang tertentu; orang atau hal yang tidak ditentukan; orang atau hal yang tidak ingin disebutkan dengan jelas. ‖ 某人总是爱把错推给别人。Ada seseorang yang selalu menyalahkan orang lain. | 可能是因为我某件事做错了，让她不高兴了。Mungkin karena aku melakukan sesuatu yang salah, dia menjadi marah. | 他把包放在房间里的某个地方了，我们找找吧。Dia meletakkan tasnya di suatu tempat di kamar, mari kita cari.

M

3 母亲 mǔqīn **ibu; ibunda**

【名词】［Nomina（kata benda）］有子女的女子，生孩子的女子是孩子的母亲。Wanita yang memiliki anak, ibu anak adalah ibu. ‖ 您的母亲是哪位？Siapa ibumu? | 我母亲今年五十岁了。Ibu saya berusia 50 tahun tahun ini. | 他母亲去年去世了，他一直很难过。Ibunya meninggal tahun lalu, dia selalu merasa sedih.

3 木头 mùtou **kayu**

【名词】［Nomina（kata benda）］树做成的东西。Benda yang terbuat dari kayu. ‖ 他用木头打了几个家具。Dia menggunakan kayu untuk membuat beberapa perabotan. | 好木头能卖个高价钱。Kayu yang bagus dapat dijual dengan harga tinggi. | 地上有一根木头。Ada sebatang kayu di tanah.

3 目标 mùbiāo **tujuan**

【名词】[Nomina (kata benda)] 做事的目的,想要达到的成果或标准。Tujuan atau hasil yang ingin dicapai dalam melakukan sesuatu. ‖ 我这次考试的目标是九十分。Tujuan saya dalam ujian ini adalah mendapatkan 90 poin. | 他每天过得都没有目标,没有什么事情做。Dia tidak memiliki tujuan, tidak ada yang harus dilakukan. | 为了实现自己的目标,他做了很多事情。Untuk mencapai tujuan saya, saya telah melakukan banyak hal. | 你这个目标太难实现了。Tujuan ini terlalu sulit untuk dicapai.

2 目的 mùdì **tujuan**

【名词】[Nomina (kata benda)] 想要达成的结果。Hasil yang ingin dicapai. ‖ 教育的目的不仅是让学生学文化,更重要的是懂得做人的道理。Tujuan pendidikan bukan hanya agar murid belajar tentang budaya, tapi yang lebih penting adalah memahami etika dalam berperilaku. | 这次开会的目的是解决这段时间的工作问题。Tujuan dari rapat ini adalah untuk menyelesaikan masalah pekerjaan dalam periode waktu ini. | 不知道他接近我有什么目的。Saya tidak tahu apa tujuannya mendekati saya.

3 目前 mùqián **sekarang**

【名词】[Nomina (kata benda)] 现在。Saat ini. ‖ 目前,我国普通话已经推广到全国。Saat ini, bahasa Mandarin sudah menyebar di seluruh negeri. | 病人目前的情况不太严重。Kondisi pasien saat ini tidak terlalu serius. | 这件事以后要怎么办,我们目前还没有决定。Bagaimana cara menangani situasi ini setelah ini, kita belum memutuskannya.

N

1 **拿** ná **ambil**

【动词】[Verba（kata kerja）] ① 用手抓东西。Menggenggam sesuatu dengan tangan. ‖ 他手里拿着一本书。Dia sedang menggenggam sebuah buku di tangannya. | 我把包拿给他。Saya akan memberikan tas ini kepadanya. | 你手里拿的东西是什么？Apa yang sedang kamu pegang di tangan? ② 取得，有。Mendapatkan, memperoleh. ‖ 从这次生意里我能拿到很多好处。Saya bisa mendapatkan banyak keuntungan dari kesepakatan ini. | 我一个月能拿两千块钱工资。Saya bisa mendapatkan gaji dua ribu kuai（Yuan）per bulan. | 他每次跑步比赛都拿第一。Dia selalu meraih posisi pertama dalam setiap perlombaan lari.

2 **拿出** náchū **mengeluarkan**

【短语】[frasa] ① 用手把一个东西从一个地方抓出来。Mengambil sesuatu dengan tangan dari suatu tempat. ‖ 他从包里拿出自己的手机。Dia mengeluarkan ponselnya dari tas. | 我拿出钱包准备交费。Saya mengeluarkan dompet untuk membayar. ② 做出，发表出，完成，表现出来。Menampilkan, menyatakan, menyelesaikan, menunjukkan. ‖ 这件事你要赶紧拿出个态度。Anda harus segera menampilkan sikap dalam masalah ini. | 我拿出了三个方案。Saya menyiapkan tiga rencana. | 每个人都需要在这个会议上拿出自己的意见。Setiap orang harus menampilkan pendapat mereka dalam pertemuan ini.

2 **拿到** nádào **mendapatkan**

【短语】[frasa] ① 把一个东西带到一个地方。Membawa sesuatu ke suatu tempat. ‖ 老师让他把作业拿到办公室。Guru meminta dia untuk membawa tugas ke kantor. | 他把衣服拿到店里卖。Dia membawa pakaian ke toko untuk dijual. ② 得到。Mendapatkan. ‖ 我拿到这个月的工资了。Saya sudah menerima gaji bulan ini. | 咱们班这次考试谁拿到第一名了？Siapa yang mendapatkan peringkat pertama dalam ujian kelas kita kali ini?

1 **哪** nǎ **mana**

【动词】[Verba (kata kerja)] ① 表示提问,一定范围内的某一个。Digunakan untuk bertanya tentang salah satu dari beberapa pilihan. ‖ 哪个笔记本是你的? Manakah yang merupakan buku catatan Anda? | 你想要买哪个包? Tas mana yang ingin kamu beli? ② 特别指一个范围中的一个。Khusus menunjukkan salah satu dari beberapa pilihan. ‖ 你哪个时候有空我就哪个时候来。Kapan kamu memiliki waktu, saya akan datang sesuai dengan waktumu. | 哪件衣服好看我就买哪件。Saya akan membeli pakaian mana yang menurutmu bagus. ③ 一定范围内的任何一个。Salah satu dari beberapa pilihan. ‖ 我哪都没去。Saya tidak pergi ke mana pun. | 他哪件衣服都不喜欢。Dia tidak menyukai pakaian apa pun. | 只要你高兴,你哪天来我家都可以。Kamu bisa datang ke rumah saya kapan saja. ④ 表示否定,不同意。Menyatakan penolakan atau ketidaksetujuan. ‖ 他哪能做这么多事? Dia bisa melakukan begitu banyak hal? | 我哪知道不能这样做啊? Bagaimana saya bisa tahu bahwa saya tidak bisa melakukan ini?

1 **哪里** nǎlǐ **mana**

【代词】[Pronomina (kata ganti)] ① 什么地方。Tempat apa. ‖ 你们家住在哪里? Di mana rumahmu? | 你准备去哪里旅游? Ke mana rencanamu bertamasya? | 你觉得这篇文章哪里需要改? Di bagian mana dari artikel ini perlu diubah? ② 特别指一个地方。Khusus menunjukkan suatu tempat. ‖ 哪里的景色好我们就去哪里。Kami akan pergi ke tempat yang pemandangannya bagus. | 哪里的房子便宜就买哪里。Kami akan membeli rumah di tempat yang harganya murah. ③ 任何一个地方。Di mana saja. ‖ 我觉得这篇文章哪里都写得不好,需要好好改一改。Menurut saya, artikel ini buruk di mana saja dan perlu diubah dengan baik. | 哪里都有坏人,但是哪里也都有好人。Di mana saja ada orang jahat, tetapi di mana saja ada orang baik juga.④ 表示否定。Menyatakan penolakan. ‖ 我哪里能知道他内心是怎么想的? Dari mana saya bisa tahu apa yang ada dalam pikirannya? | 他哪里懂这些事情? Dari mana saya punya waktu untuk mengurus begitu banyak hal?

1 **哪儿** nǎr **mana**

【代词】[Pronomina (kata ganti)] ① 表示问一个地方。Menanyakan tentang suatu tempat. ‖ 请问图书馆在哪儿? Maaf, di mana perpustakaan? | 哪儿能借到这本书? Di mana saya bisa meminjamkan buku ini? | 你的手机放哪儿了? Di mana ponselmu ditaruh? ② 特别指某个地方。Khusus menunjukkan suatu tempat.

‖ 你从哪儿来就赶紧回哪儿去。Kamu datang dari mana pun, kembali ke sana segera. ③ 任何一个地方。Di mana saja. ‖ 我哪儿也不想去，只想在家休息。Saya tidak ingin pergi ke mana-mana, saya hanya ingin beristirahat di rumah. | 他这个人哪儿都好，就是说话太难听。Dia orang yang baik di mana-mana, tetapi dia berbicara dengan kasar. ④ 表示否定。Menyatakan penolakan. ‖ 你哪儿来那么多话？Dari mana asalmu bisa memiliki begitu banyak omong kosong? | 这么多工作我一个人哪儿能做得完？Bagaimana saya bisa menyelesaikan begitu banyak pekerjaan sendiri?

1 **哪些** nǎxiē **beberapa yang mana**

【代词】[Pronomina (kata ganti)] 问某一些人、地方或事情的情况等。Digunakan untuk bertanya tentang situasi beberapa orang, tempat, atau hal lainnya. ‖ 你要买哪些东西？Apa yang ingin kamu beli? | 你想知道关于他的哪些事情？Apa yang ingin kamu ketahui tentang dia? | 你要知道在这种场合，哪些话是不能说的。Apa yang ingin kamu ketahui tentang situasi dalam kesempatan ini.

1 **那** nà **itu**

【代词】[Pronomina (kata ganti)] ① 离说话人比较远的人、事或东西；离说话时间比较远的时间。Orang, hal, atau benda yang lebih jauh dari pembicara; waktu yang lebih jauh di masa lalu atau masa depan. ‖ 这是我的词典，那才是你的。Ini adalah kamus saya, yang itu adalah milikmu. | 那不是他的车。Itu bukan mobilnya. | 那条路不好走，我们还是走别的路吧。Jalan itu tidak bagus, mari kita ambil jalan lain. ② 不确定的事情。Situasi yang tidak pasti. ‖ 他这个人总爱问这问那的。Dia selalu bertanya tentang ini dan itu. | 这也不行，那也不行，你到底想怎么办？Ini tidak bisa, itu juga tidak bisa, apa yang sebenarnya ingin kamu lakukan? | 你不知道情况就不要说这说那的。Jangan mengatakan ini dan itu tanpa mengetahui situasinya.

2 **那** nà **itu**

【连词】[Konjungsi (kata penghubung)] 放在句子前面，表示认可，继续发生。Digunakan sebelum kalimat untuk menunjukkan persetujuan atau kelanjutan dari suatu kejadian. ‖ 那就按你说的办。Jadi, sesuai dengan yang kamu katakan. | 那好吧，大家都没有意见，那我也同意了。Baiklah, jika tidak ada keberatan dari semua orang, maka saya setuju juga. | 那老师问你，这个字怎么读？Guru bertanya kepadamu, bagaimana cara membaca karakter ini?

1 **那边** nàbiān **di sana**

【代词】［Pronomina（kata ganti）］那个地方，那个方向。Tempat itu, arah itu. ‖ 你在那边的生活怎么样？Bagaimana kehidupanmu di sana? | 你往那边走，那边有你想要的书。Kamu berjalan ke arah sana, ada buku yang kamu inginkan. | 他在那边停车，我们先进去吧。Dia parkir di sana, mari kita masuk duluan.

2 **那会儿** nàhuìr **saat itu**

【代词】［Pronomina（kata ganti）］那个时候，指过去或未来的一段时间。Waktu itu, merujuk pada masa lalu atau masa depan. ‖ 那会儿我还不知道一个人生活这么难。Waktu itu saya tidak tahu bahwa hidup sendiri akan begitu sulit. | 我们刚认识那会儿她还是个很爱哭的女生。Pada saat kami baru mengenal, dia adalah gadis yang suka menangis. | 他来找过你，那会儿你不在家。Dia pernah mencarimu, waktu itu kamu tidak di rumah.

1 **那里** nàlǐ **di sana**

【代词】［Pronomina（kata ganti）］那个地方。Tempat itu. ‖ 你那里还有没做完的工作吗？Apakah masih ada pekerjaan yang belum selesai di tempatmu? | 桌子那里放着他的包。Di sana meja di atasnya ada tasnya. | 我们那里的海特别的蓝。Laut di tempat kami sangat biru.

2 **那么** nàme **begitu**

【代词】［Pronomina kata ganti］一种状态或者方法等，那个样子。Suatu kondisi atau cara, seperti itu. ‖ 他那么喜欢汉语，当然会很努力学习。Dia sangat suka bahasa Mandarin, jadi tentu saja dia akan belajar dengan giat. | 昨天那么冷，你怎么穿那么少。Kemarin sangat dingin, mengapa kamu berpakaian begitu tipis. | 那么大的孩子需要买门票。Anak sebesar itu perlu membeli tiket.

1 **那儿** nàr **di sana**

【代词】［Pronomina（kata ganti）］那个地方，指离说话人比较远的地方。Tempat itu, merujuk pada tempat yang lebih jauh dari pembicara. ‖ 我还没去过那儿。Aku belum pernah pergi ke sana. | 我记得那儿有一种食品非常好吃。Aku ingat di sana ada makanan yang sangat lezat. | 他在那儿工作得很认真。Dia bekerja di sana dengan sangat serius.

2 那时 nàshí **saat itu**

【代词】[Pronomina (kata ganti)] 指一段时间,那个时候。Sebuah periode waktu, pada saat itu. ‖ 那时我只有六岁,我就和父母去国外生活了。Pada saat itu, saya hanya berusia 6 tahun dan saya pergi tinggal di luar negeri bersama orang tua. | 那时人们只能通过报纸看新闻。Pada saat itu, orang hanya bisa membaca berita melalui koran. | 我两个月以后回来,那时我们再讨论这件事吧。Saya akan kembali dua bulan kemudian, mari kita bicarakan hal ini lagi saat itu.

2 那时候 nàshíhou

【短语】[frasa] 那会儿,那个时代,指过去或者未来的时间。Waktu itu, masa itu, merujuk pada masa lalu atau masa depan. ‖ 那时候我们还年轻,不懂的事情还有很多。Pada waktu itu kita masih muda, masih banyak hal yang tidak kita mengerti. | 等再过十年,那时候这座城市又会是什么样子呢? Tunggu sepuluh tahun lagi, bagaimana kota ini akan menjadi saat itu? | 他还记得那时候在中国生活的日子。Dia masih ingat hari-hari saat itu tinggal di Tiongkok.

1 那些 nàxiē **beberapa itu**

【代词】[Pronomina (kata ganti)] 离说话人比较远的一些人、东西或事情。Beberapa orang, benda, atau hal yang lebih jauh dari pembicara. ‖ 我已经不记得那些事了。Saya sudah tidak ingat peristiwa-peristiwa itu. | 刚才那些人是谁? Siapa orang-orang tadi? | 那些苹果是谁买的? Siapa yang membeli apel-apel itu?

2 那样 nàyàng **seperti itu**

【代词】[Pronomina (kata ganti)] 指一个状态、一个情况、一种方式等,那个样子。Mengacu pada suatu kondisi, situasi, cara, dll., seperti itu. ‖ 他那个样子看起来是生气了。Dia terlihat marah seperti itu. | 你再继续那样做,老师会不高兴的。Jika kamu terus melakukannya seperti itu, guru akan tidak senang. | 他那样努力,当然能够取得这样的好成绩。Dia sangat giat, jadi tentu saja dia bisa meraih prestasi yang baik seperti itu.

1 奶 nǎi **susu**

【名词】[Nomina (kata benda)] 刚出生的人或动物在妈妈身上吃到的东西,把动物的奶加工成人喝的营养食品。Makanan yang dikonsumsi oleh bayi atau hewan dari ibunya, dan produk susu hewan yang diproses menjadi makanan bergizi untuk manusia. ‖ 妈妈正在给孩子吃奶。Ibu sedang memberi makan anaknya. | 这位妈妈奶比较少，孩子不够吃。Ibu ini memiliki sedikit susu, bayinya tidak cukup makan. | 晚上喝奶前要把奶热一下。Anda perlu memanaskan susu sebelum minum sebelum tidur.

1 **奶茶** nǎichá　**teh susu; boba**

【名词】[Nomina (kata benda)] 用奶和茶做成的食品。Makanan yang dibuat dengan susu dan teh. ‖ 这杯奶茶太甜了。Boba ini terlalu manis. | 他开了一家奶茶店，卖各种味道的奶茶。Dia membuka sebuah kedai boba yang menjual berbagai macam rasa boba. | 我不喜欢喝奶茶，我喜欢喝咖啡。Saya tidak suka minum boba, saya lebih suka minum kopi.

1 **奶奶** nǎinai　**nenek**

【名词】[Nomina (kata benda)] 爸爸的妈妈；上了年纪的女人。Nenek dari pihak ayah; seorang wanita yang sudah lanjut usia. ‖ 我奶奶去年去世了。Nenek saya meninggal tahun lalu. | 奶奶接孙子放学。Nenek menjemput cucunya dari sekolah. | 奶奶年纪大了，但身体还是很好。Nenek sudah lanjut usia, tetapi kesehatannya masih bagus.

1 **男** nán　**pria; laki-laki**

【形容词】[Adjektiva (kata sifat)] 和女不同的性别。Jenis kelamin yang berbeda dari perempuan. ‖ 他是这家的男主人，所有的事情都需要他来决定。Dia adalah tuan rumah pria, semua keputusan harus dia ambil. | 我们学校的男老师不多。Guru pria di sekolah kami tidak banyak. | 这条裤子是男裤。Celana ini adalah celana pria.

1 **男孩儿** nánháir　**anak laki-laki**

【名词】[Nomina (kata benda)] 男的小孩。Anak laki-laki. ‖ 他们家有两个孩子，一个男孩儿，一个女孩儿。Mereka memiliki dua anak, seorang anak laki-laki dan seorang anak perempuan. | 这个男孩儿跑得更快。Anak laki-laki ini berlari lebih cepat. | 这个小男孩儿认识很多字。Anak laki-laki kecil ini sudah mengenal banyak kata.

1 **男朋友** nánpéngyou　**pacar laki-laki**

【名词】[Nomina (kata benda)] 男的朋友，相互爱着的双方中男的一方。Pacar

pria, pihak pria dalam hubungan cinta saling mencintai. ‖ 她到现在都还没有男朋友。Dia masih belum punya pacar. | 她和男朋友吵架了。Dia bertengkar dengan pacarnya. | 她的男朋友在别的城市工作。Pacarnya bekerja di kota lain.

1 **男人** nánrén **pria dewasa**

【名词】[Nomina (kata benda)] 男的成年人。Pria dewasa. ‖ 这个男人下个月就要结婚了。Pria ini akan menikah bulan depan. | 大多数人认为男人比女人的责任更多。Sebagian besar orang berpikir bahwa tanggung jawab pria lebih besar daripada wanita. | 这个男人在我们部门很受欢迎。Pria ini populer di departemen kami.

1 **男生** nánshēng **anak laki-laki; murid laki-laki**

【名词】[Nomina (kata benda)] 男的学生。Siswa laki-laki. ‖ 老师让男生去搬东西。Guru meminta siswa laki-laki untuk membantu mengangkat barang. | 我们班男生比女生多。Di kelas kami, siswa laki-laki lebih banyak daripada siswa perempuan. | 大多数男生都喜欢打篮球。Kebanyakan siswa laki-laki suka bermain bola basket.

3 **男子** nánzǐ **pria; laki-laki**

N

【名词】[Nomina (kata benda)] 男人,可以指大人,也可以指小孩子。Pria, bisa merujuk pada orang dewasa atau anak-anak. ‖ 在事故中有一个男子去世了。Ada seorang pria yang meninggal dalam kecelakaan tersebut. | 门口有一个我不认识的男子。Di pintu masuk ada seorang pria yang tidak saya kenal. | 他是男子篮球队的队长。Dia adalah kapten tim basket pria.

1 **南** nán **selatan**

【名词】[Nomina (kata benda)] 四个基本方向中的一个,在北的对面。Salah satu dari empat arah dasar, berlawanan dengan utara. ‖ 这座房子坐南朝北。Rumah ini menghadap ke arah selatan. | 冬天到了,鸟儿们开始向南飞。Musim dingin telah tiba, dan burung-burung mulai bermigrasi ke selatan. | 你向南一直走就能看到一座大楼。Kamu berjalan terus ke selatan, kamu akan melihat sebuah gedung besar.

1 **南边** nánbiān **sisi selatan**

【名词】[Nomina (kata benda)] 南的那边,靠南的那一边。Sisi selatan, sisi

yang mengarah ke selatan. ‖ 城南边有一条小河。Di sebelah selatan kota ada sungai kecil. | 图书馆在超市的南边。Perpustakaan ada di selatan supermarket. | 我们家住在这座城市的南边。Kami tinggal di bagian selatan kota ini.

3 **南部** nánbù **bagian selatan**

【名词】［Nomina（kata benda）］某个地区南边的地方。Bagian selatan suatu daerah. ‖ 中国南部的气候温度高。Iklim di bagian selatan Cina sangat hangat. | 这个国家在世界的南部。Negara ini terletak di bagian selatan dunia. | 南部地区今天有雨。Hari ini ada hujan di bagian selatan daerah ini.

2 **南方** nánfāng **arah selatan**

【名词】［Nomina（kata benda）］朝南的方向，南边的地方。Arah selatan, daerah di selatan. ‖ 我是南方人。Saya adalah orang dari selatan. | 南方地区和北方地区在生活习惯上有什么不一样？Apa perbedaan kebiasaan hidup antara daerah selatan dan daerah utara? | 南方经济比北方经济发展得好。Ekonomi daerah selatan lebih maju daripada daerah utara.

1 **难** nán **susah; sulit**

【形容词】［Adjektiva（kata sifat）］不容易的，费时间的，不好解决的。Tidak mudah, memakan waktu, sulit dipecahkan. ‖ 这次的考试很难，有很多同学考得不好。Ujian ini sangat sulit, banyak teman sekelas yang mendapat nilai buruk. | 这件事我有点难决定。Saya sedikit kesulitan untuk memutuskan hal ini. | 他现在没钱，日子也过得很难。Dia tidak punya uang sekarang, hidupnya sangat sulit.

3 **难道** nándào **masa**

【副词】［Adverbia（kata keterangan）］用提问的方式表示否定。Digunakan untuk menanyakan sesuatu dengan negasi. ‖ 难道这些事情还需要我教你吗？Masa hal ini kamu masih perlu saya ajari? | 难道这个错误你没有责任吗？Masa kamu tidak bertanggung jawab atas kesalahan ini? | 你难道还不明白我的意思？Masa kamu belum mengerti apa yang saya maksud?

3 **难度** nándù **tingkat kesulitan**

【名词】［Nomina（kata benda）］困难的程度。Tingkat kesulitan. ‖ 这道题的难度很大，很多人都不会做。Tingkat kesulitan soal ini sangat tinggi, banyak orang yang tidak bisa mengerjakannya. | 这事办起来有难度。Tugas ini memiliki

N

tingkat kesulitan. | 他现在的水平拿第一名还是有难度的。Saat ini, mencapai peringkat pertama memiliki tingkat kesulitan.

2 **难过** nánguò **sedih**

【形容词】[Adjektiva (kata sifat)] 心情不好的。Perasaan buruk. ‖ 她的奶奶去世了,她很难过。Neneknya meninggal, dia sangat sedih. | 我难过的时候,他都会来和我说话。Ketika saya sedih, dia selalu datang dan berbicara dengan saya. | 别难过了,想点高兴的事情。Jangan bersedih, pikirkanlah hal-hal yang menyenangkan.

2 **难看** nánkàn **jelek**

【形容词】[Adjektiva (kata sifat)] 不好看,不漂亮。Tidak enak dilihat, tidak cantik. ‖ 这件衣服真难看,我不喜欢。Pakaian ini sangat tidak enak dilihat, saya tidak suka. | 小孩做出一个难看的动作。Anak itu melakukan gerakan yang tidak enak dilihat. | 字写得难看没关系,要多练习。Tulisan itu terlihat buruk, tetapi tidak masalah, harus sering berlatih.

2 **难受** nánshòu **tidak nyaman**

【形容词】[Adjektiva (kata sifat)] 不舒服的,不高兴的。Tidak enak badan, merasa tidak senang. ‖ 他忽然身体觉得难受,他赶紧吃了药。Tiba-tiba dia merasa tidak enak badan, dia segera minum obat. | 他说的话让人听了心里难受。Kata-kata yang dia ucapkan membuat orang merasa tidak enak. | 天气热得让人难受。Cuaca yang panas membuat orang merasa tidak enak badan.

2 **难题** nántí **masalah sulit**

【名词】[Nomina (kata benda)] 不容易解决的题,比较难的题。Soal yang sulit atau lebih sulit. ‖ 老师给我们布置了一个难题。Guru memberi kami tugas yang sulit. | 他帮我解决了这些难题。Dia membantu saya menyelesaikan tantangan-tantangan ini. | 生活中虽然有很多难题,但是我们一定能克服。Meskipun ada banyak tantangan dalam hidup, kita pasti bisa mengatasinya.

2 **难听** nántīng **jelek**

【形容词】[Adjektiva (kata sifat)] 不好听,听着不舒服。Tidak enak didengar, tidak menyenangkan. ‖ 我不会唱歌,我唱的歌都比较难听。Saya tidak bisa menyanyi, nyanyian saya tidak enak didengar. | 他的声音有点难听。Suaranya agak tidak enak didengar. | 他这个人说话很难听，我不喜欢和他说话。Dia berbicara dengan cara yang tidak enak didengar, saya tidak suka berbicara dengannya. | 话不能说这么难听。Kata-kata yang tidak boleh diucapkan dengan cara yang tidak enak didengar.

1 呢 ne **kata tanya**

【助词】[Partikel (kata tugas)] ① 放在句子后面，表示提问。Ditempatkan di akhir kalimat untuk menanyakan. ‖ 你在哪儿呢？Kamu berada di mana？| 你在干什么呢？Kamu sedang melakukan apa？| 我想吃米，你们呢？Aku ingin makan nasi, bagaimana dengan kalian？② 放在句子后面，表示动作正在进行。Ditempatkan di akhir kalimat untuk menunjukkan tindakan sedang berlangsung. ‖ 我正看书呢。Saya sedang membaca buku. | 他上班呢，现在没时间接电话。Dia sedang bekerja, tidak punya waktu untuk mengangkat telepon. | 我开会呢，一会儿再打电话给你。Saya sedang rapat, saya akan meneleponmu nanti. ③ 放在句子后面，表示一种事实。Ditempatkan di akhir kalimat untuk menunjukkan fakta. ‖ 没关系，有我在呢。Tidak masalah, aku ada di sini. | 我还以为他在家呢。Saya pikir dia ada di rumah. | 你还记得我呢。Kamu masih ingat aku.

3 内 nèi **dalam**

【名词】[Nomina (kata benda)] 里面，在一个范围的里面。Di dalam, dalam satu jangkauan. ‖ 房间内有一张桌子。Di dalam ruangan ada meja. | 教室内坐满了学生。Kelas di dalam penuh dengan murid. | 他要我十分钟内到办公室。Dia memintaku datang ke kantornya dalam waktu sepuluh menit.

3 内容 nèiróng **isi**

【名词】[Nomina (kata benda)] 里面的东西，想要表示的东西。Isi, hal yang ingin diungkapkan. ‖ 这本书的内容很有意思。Isi buku ini sangat menarik. | 他的作文内容写得很乱。Isi esainya ditulis dengan berantakan. | 根据报告的内容，今年经济发展很好。Berdasarkan isi laporan ini, ekonomi tahun ini berkembang sangat baik.

3 内心 nèixīn **dalam hati**

【名词】[Nomina (kata benda)] 心里。Pikiran dalam hati. ‖ 他内心的想法没有和别人说过。Dia tidak pernah mengatakan apa yang ada di dalam hatinya kepada orang lain. | 出现这样的事情，我内心很不安。Kemunculan hal seperti

N

ini membuatku gelisah dalam hati. | 他们离婚了，这个女人的内心很难过。Mereka sudah bercerai, hati wanita ini sangat sedih.

1 **能** néng **mampu; bisa; bersedia**

【动词】［Verba（kata kerja）］① 有能力做。Mampu melakukannya. ‖ 我能很快找出图片中的不同。Saya bisa dengan cepat menemukan perbedaan dalam gambar. | 他能把这次工作做好。Dia mampu menyelesaikan pekerjaan ini dengan baik. | 我能写汉字。Saya bisa menulis karakter Cina. ② 应该。Harus. ‖ 在这种场合，你不能什么都说。Dalam kesempatan seperti ini, kamu tidak bisa mengatakan sembarang hal. | 话也不能这么说，这次错误我们都有责任。Ini tidak boleh diucapkan seperti ini, kesalahan ini tanggung jawab kita semua. | 你怎么能这样和父母说话？Bagaimana mungkin kamu berbicara seperti ini dengan orangtua? ③ 愿意。Ingin, bersedia. ‖ 你能带我一起去公园玩吗？Bisakah kamu mengajari saya bermain bola basket? | 你能帮我联系一下他吗？Dia mau membantu saya menghubunginya? | 你能把门打开吗？Bisakah kamu datang ke pertemuan ini?

2 **能不能** néngbùnéng **mampukah; bisakah**

【短语】［frasa］可不可以。Dapat atau tidak dapat. ‖ 你能不能教我打篮球？Bisakah kamu mengajari saya bermain basket? | 他能不能准时到达？Bisakah dia tiba tepat waktu? | 我不知道他今天能不能来。Saya tidak tahu dia hari ini bisa datang atau tidak.

2 **能够** nénggòu **mampu; bersedia**

【动词】［Verba（kata kerja）］① 有能力做。Mampu melakukannya. ‖ 我能够在这周完成工作。Saya bisa menyelesaikan pekerjaan ini minggu ini. | 你要相信自己能够把汉语学好。Percayalah bahwa kamu bisa belajar bahasa Mandarin dengan baik. | 你觉得他能够取得第一名吗？Apakah kamu pikir dia bisa mencapai peringkat pertama? ② 想，愿意。Ingin, bersedia. ‖ 你能不能够和我说说话？Bisakah kamu berbicara denganku? | 我能够教你学好汉语。Saya ingin mengajari kamu belajar bahasa Mandarin dengan baik. | 你能不能够来参加这次的会议？Bisakah kamu datang ke pertemuan ini?

3 **能力** nénglì **kemampuan**

【名词】［Nomina（kata benda）］本领，能做某件事的力量。Kemampuan,

N

kekuatan untuk melakukan sesuatu. ‖ 他的工作能力很不错。Kemampuan kerjanya sangat baik. | 你的听力能力还需要提高。Kemampuan mendengarmu perlu ditingkatkan. | 你要相信自己有能力把工作做好。Percayalah bahwa kamu memiliki kemampuan untuk menyelesaikan pekerjaan ini dengan baik. | 有什么方法可以提高语言能力? Apa cara untuk meningkatkan kemampuan bahasa?

1 **你** nǐ **kamu**

【代词】[Pronomina(kata ganti)] 对话中说话人指对方,一个人。Mengacu pada orang yang diajak bicara dalam percakapan, satu orang. ‖ 你叫什么名字? Siapa namamu? | 你记得我是谁吗? Apakah kamu ingat siapa aku? | 你家住在哪? Kamu tinggal di mana? | 他和你说什么了? Apa yang dia katakan kepadamu? | 我不认识你。Aku tidak mengenalmu.

1 **你们** nǐmen **kalian**

【代词】[Pronomina(kata ganti)] 对话中说话人指对方,一般是两个或两个以上的人。Mengacu pada orang-orang yang diajak bicara dalam percakapan, biasanya dua orang atau lebih. ‖ 你们今天准备去哪玩? Kemana kalian akan pergi hari ini? | 你们班有留学生吗? Apakah ada murid asing di kelas kalian? | 你们快进屋子里,外面太冷了。Masuklah ke dalam, di luar sangat dingin.

N

1 **年** nián **tahun**

【量词】[Kuantifier(kata pengukur)] 时间单位,三百六十五天或三百六十六天为一年,十二个月为一年。Satuan waktu, satu tahun memiliki 365 atau 366 hari, 12 bulan merupakan satu tahun. ‖ 我每年都回家过春节。Setiap tahun aku pulang ke rumah untuk merayakan Tahun Baru Imlek. | 今年是 2022 年。Tahun ini adalah tahun 2022. | 他已经在国外生活三年了。Dia telah tinggal di luar negeri selama 3 tahun.

3 **年初** niánchū **awal tahun**

【名词】[Nomina(kata benda)] 一年最开始的时候。Awal tahun, awal waktu. ‖ 他们是在今年年初认识的。Mereka saling mengenal pada awal tahun ini. | 今年年初我准备搬家。Pada awal tahun ini, saya berencana untuk pindah rumah. | 他们准备明年年初结婚。Mereka berencana untuk menikah pada awal tahun depan.

[3] **年代** niándài **zaman；masa；dekade**

【名词】［Nomina（kata benda）］每十年为一个年代，某一段时间。Satu dekade, periode waktu tertentu. ‖ 中国经济从20世纪80年代开始经济高速发展。Ekonomi Tiongkok mulai berkembang pesat sejak tahun 1980-an. | 他出生在20世纪90年代。Dia lahir pada abad 20 tahun 1990-an. | 那个年代人们的日子都不好过。Di masa itu, kehidupan orang-orang tidak begitu baik.

[3] **年底** niándǐ **akhir tahun**

【名词】［Nomina（kata benda）］一年最后的时间。Akhir tahun, akhir waktu. ‖ 我们公司每年年底的工作特别多。Di perusahaan kita, pekerjaan selalu banyak menjelang akhir tahun. | 快到年底了，我想回家看看父母。Hampir mencapai akhir tahun, aku ingin pulang untuk melihat orang tua. | 我去年年底还见过他，没想到他现在已经不在这儿了。Pada akhir tahun lalu, aku masih bertemu dengannya, tidak pernah kusangka sekarang dia sudah tidak ada di sini.

[2] **年级** niánjí **kelas；tingkatan belajar**

【名词】［Nomina（kata benda）］不同的学习时间段。Tingkatan waktu belajar yang berbeda. ‖ 我儿子今年上三年级。Anakku naik kelas 3 tahun ini. | 每个年级都要考试。Setiap tingkatan harus menghadapi ujian. | 中国的初中可以有三个年级。Sekolah menengah pertama di Tiongkok dapat memiliki tiga tingkatan. | 我们学校一年级有三个班。Kelas 1 di sekolah kita ada 3 kelas.

[3] **年纪** niánjì **usia**

【名词】［Nomina（kata benda）］岁，多少岁。Usia, berapa tahun. ‖ 您今年多大年纪了？Berapa usia Anda sekarang? | 他年纪还小，很多事情还不懂。Dia masih muda, banyak hal yang belum dia pahami. | 他上了年纪，身体也不如以前了。Dia sudah tua, tubuhnya tidak sekuat dulu. | 没想到他年纪不大，本事不小。Tidak pernah kusangka dia masih muda tapi memiliki banyak bakat.

[2] **年轻** niánqīng **muda**

【形容词】［Adjektiva（kata sifat）］年纪小的。Muda, usia muda. ‖ 现在的年轻人越来越离不开手机。Generasi muda sekarang semakin bergantung pada ponsel. | 没想到他这么年轻事业就成功了。Tidak pernah kusangka dia begitu muda tapi telah sukses dalam karirnya. | 他今年五十岁了，一点儿也不年轻了。

Dia berusia 50 tahun, sudah tidak muda lagi. | 他年轻的时候去过很多国家。Ketika masih muda, dia pernah pergi ke banyak negara.

3 **念** niàn **baca**

【动词】[Verba (kata kerja)] 发出声音读。Membaca dengan mengeluarkan suara. ‖ 这个字怎么念? Bagaimana cara membaca karakter ini? | 老师让他站起来念课文。Guru memerintahkan dia untuk berdiri dan membaca teks pelajaran. | 名单上的有些人的名字我不会念。Beberapa nama dalam daftar itu tidak bisa dibacakan. | 他念了几次就记住了。Setelah membaca beberapa kali, dia menghafalnya.

2 **鸟** niǎo **burung**

【名词】[Nomina (kata benda)] 能飞的,有很多毛的动物。Hewan yang bisa terbang, berbulu. ‖ 天上飞过很多鸟。Banyak burung terbang di langit. | 一只鸟忽然飞进了教室里。Seekor burung tiba-tiba terbang masuk ke dalam kelas. | 鸟儿越飞越高。Burung-burung terbang semakin tinggi. | 爷爷喜欢养鸟。Kakek suka memelihara burung.

1 **您** nín **Anda**

【代词】[Pronomina (kata ganti)] 你,对陌生人、老师、领导、客人等称呼为"您"。Kamu, merujuk pada orang asing, guru, atasan, tamu, dan sebagainya. ‖ 您好,请问图书馆在哪里? Halo, bisa tolong beritahu saya di mana perpustakaan? | 这是您的衣服,请您拿好。Ini pakaian Anda, silakan ambil dan bawa. | 请您先等我一会儿。Mohon Anda tunggu sebentar. | 老师,您找我有什么事? Guru, Anda mecari saya, apa ada yang bisa saya bantu?

1 **牛** niú **sapi**

【名词】[Nomina (kata benda)] 一种动物,这种动物有四条腿,爱吃草,身体结实,头上有角。Seekor hewan, hewan ini memiliki empat kaki, suka makan rumput, tubuhnya kuat, dan memiliki tanduk di kepala. ‖ 很多农民都在院子里养牛。Banyak petani yang memelihara sapi di halaman mereka. | 草地上有几头牛? Berapa ekor sapi di padang rumput? | 有一头牛正在吃草。Ada seekor sapi sedang makan rumput.

1 **牛奶** niúnǎi **susu sapi**

【名词】[Nomina (kata benda)] 牛生产的奶。Susu yang dihasilkan oleh sapi. ‖

N

他一喝牛奶就觉得不舒服。Dia merasa tidak nyaman setelah minum susu. | 我每天早上喝一杯牛奶。Setiap pagi saya minum segelas susu. | 这家超市的牛奶比较便宜。Susu di supermarket ini lebih murah. | 买牛奶要买好牌子的。Belilah susu yang bermerek bagus.

3 农村 nóngcūn **desa**

【名词】[Nomina (kata benda)] 村,农民生活的地方。Pedesaan, tempat tinggal petani. ‖ 他一直喜欢农村的生活。Dia selalu menyukai kehidupan di desa. | 农村里大多数都是农民。Sebagian besar orang di desa adalah petani. | 他从农村离开,搬到城里工作。Dia pergi dari desa dan pindah ke kota untuk bekerja.

3 农民 nóngmín **petani**

【名词】[Nomina (kata benda)] 从事农业生产的人。Orang yang bekerja di pertanian. ‖ 农民的生活越来越好了。Kehidupan petani semakin baik. | 农民的生活主要靠农业生产。Penghidupan petani sebagian besar bergantung pada produksi pertanian. | 他只是一个农民,没上过学。Dia hanya seorang petani, tidak pernah bersekolah.

3 农业 nóngyè **pertanian**

【名词】[Nomina (kata benda)] 生产菜、肉等的事业。Kegiatan produksi sayuran, daging, dan sejenisnya. ‖ 这个地区主要靠农业发展经济。Wilayah ini terutama mengandalkan pertanian untuk mengembangkan ekonomi. | 国家要发展农业。Negara ini berusaha untuk mengembangkan sektor pertanian. | 这个地区气候不好,不适合发展农业。Wilayah ini memiliki iklim yang tidak baik, tidak cocok untuk mengembangkan pertanian.

2 弄 nòng **melakukan**

【动词】[Verba (kata kerja)] ① 做。Melakukan, membuat. ‖ 我让你写的报告弄好了吗? Apakah kamu sudah menyelesaikan laporan yang aku suruh kamu tulis? | 你弄什么呢? Apa yang sedang kamu lakukan? | 他把房间弄得很乱。Dia membuat ruangan itu berantakan. ② 办成,做成,想办法拿到。Mendapatkan, mencari, mengambil. ‖ 你从哪弄来这么多面? Darimana kamu mendapatkan begitu banyak mie? | 我从网上弄来一张演唱会的门票。Aku mendapatkan tiket konser dari internet. | 我去弄点水果和茶,你们先坐。Aku akan mengambil beberapa buah dan teh, kalian dulu duduk.

2 **努力** nǔlì **giat；tekun；rajin**

【形容词】[Adjektiva（kata sifat）] 用很多时间和力量做。Bekerja keras，menggunakan banyak waktu dan usaha. ‖ 努力学习才能得到好成绩。Belajar dengan tekun dapat menghasilkan nilai yang bagus. | 他一直是我们当中最努力工作的人。Dia selalu menjadi orang yang paling rajin di antara kita. | 我努力学习才考上了大学。Aku belajar dengan giat sehingga bisa masuk universitas. | 再不努力复习,就来不及了。Jika tidak belajar dengan giat sekarang，waktu akan terlalu singkat.

1 **女** nǚ **Wanita；perempuan**

【形容词】[Adjektiva（kata sifat）] 表示可以生孩子的一类人,和男不同的性别。Menunjukkan kategori orang yang dapat melahirkan anak，jenis kelamin yang berbeda dari pria. ‖ 我们学校有很多女老师。Sekolah kita memiliki banyak guru wanita. | 她是一名女学生。Dia adalah seorang siswi. | 她是这个家里的女主人。Dia adalah tuan rumah wanita di rumah ini. | 这个女歌手有很多有名的歌。Penyanyi wanita ini memiliki banyak lagu terkenal.

1 **女儿** nǚ'ér **anak perempuan；putri**

【名词】[Nomina（kata benda）] 父母生的女孩子。Anak perempuan yang lahir dari orang tua. ‖ 我是爸爸妈妈的女儿。Aku adalah putri dari ayah dan ibu. | 他们家有两个儿子和一个女儿。Mereka memiliki dua anak laki-laki dan satu anak perempuan. | 我们一直想生个女儿。Kami selalu ingin memiliki seorang putri. | 我女儿今年六岁了。Putriku berusia enam tahun sekarang.

1 **女孩儿** nǚháir **anak perempuan**

【名词】[Nomina（kata benda）] 女的小孩儿。Anak perempuan. ‖ 树底下有个女孩儿在唱歌。Ada seorang gadis yang sedang bernyanyi di bawah pohon. | 这个女孩儿爱穿裙子。Gadis ini suka memakai rok. | 我看到一个长得很可爱的女孩儿。Aku melihat seorang gadis yang sangat lucu. | 我们家里已经有一个男孩儿了,还想再生一个女孩儿。Di rumah kami sudah memiliki seorang anak laki-laki，ingin memiliki seorang gadis lagi.

1 **女朋友** nǚpéngyou **pacar perempuan**

【名词】[Nomina（kata benda）] 女的朋友,一般指相互爱着的两个人中的女生。Teman wanita，biasanya mengacu pada wanita dalam hubungan cinta saling

N

mencintai. ‖ 他都三十岁了，还没有女朋友。Dia berusia 30 tahun dan masih belum memiliki pacar. | 他很爱他的女朋友。Dia sangat mencintai pacarnya. | 下个月他和他的女朋友就要结婚了。Bulan depan dia akan menikah dengan pacarnya.

1 **女人** nǚrén **wanita**

【名词】［Nomina（kata benda）］女的成年人。Wanita dewasa. ‖ 广告上的女人看起来非常漂亮。Wanita dalam iklan terlihat sangat cantik. | 这些东西是女人用的，男人不能用。Barang-barang ini digunakan oleh wanita, laki-laki tidak boleh menggunakan. | 没人见过照片上的女人。Tidak ada yang melihat wanita di foto ini. | 那个穿红衣服的女人是他的女朋友。Wanita yang mengenakan pakaian merah adalah pacar dia.

1 **女生** nǚshēng **perempuan**

【名词】［Nomina（kata benda）］女的学生。Siswi, gadis siswa. ‖ 我们班有二十名女生。Kelas kita memiliki 20 siswi. | 老师让男生和女生分开坐。Guru memerintahkan untuk duduk terpisah antara siswa laki-laki dan siswi. | 这个女生很爱笑。Siswi ini sangat suka tersenyum. | 很多女生都喜欢猫。Banyak siswi menyukai kucing.

3 **女子** nǚzǐ **perempuan**

【名词】［Nomina（kata benda）］女人，有时候也指女孩儿。Wanita, terkadang merujuk pada gadis. ‖ 她想去读女子大学。Dia ingin masuk ke universitas perempuan. | 这次篮球比赛分为女子队和男子队。Pertandingan bola basket ini dibagi menjadi tim wanita dan tim pria. | 她开了一家女子服装店。Dia membuka toko pakaian wanita. | 新闻报道了一个女子的事业经历。Berita melaporkan tentang perjalanan karier seorang wanita.

3 **暖和** nuǎnhuo **hangat**

【形容词】［Adjektiva（kata sifat）］表示温度不冷不热，让人觉得舒服的。Menunjukkan suhu yang tidak terlalu dingin atau terlalu panas, membuat orang merasa nyaman. ‖ 春天了，天气变得暖和了。Sudah musim semi, cuaca menjadi lebih hangat. | 屋子里暖和，外面冷。Di dalam rumah hangat, di luar dingin. | 快进家里来暖和暖和。Ayo masuk ke dalam untuk menghangatkan diri. | 中国的南方比北方暖和。Bagian selatan Tiongkok lebih hangat daripada bagian utara.

P

[2] **爬** pá **merangkak; memanjat**

【动词】[Verba (kata kerja)] ① 同时用手和脚在地上向前进。Bergerak maju dengan tangan dan kaki di tanah. ‖ 他太小了,才刚学会在地上爬。Dia terlalu kecil, baru saja belajar merangkak di tanah. | 好像有什么东西爬过来了。Sepertinya ada sesuatu yang merayap ke sini. | 孩子在地上爬来爬去的。Anak-anak merangkak di tanah kesana-kemari. ② 手和脚同时使用向上走。Naik dengan tangan dan kaki. ‖ 我小时最喜欢爬树。Saat saya kecil, saya suka memanjat pohon. | 到了北京一定要去爬长城。Ketika di Beijing, pasti pergi mendaki Tembok Besar. | 每天上班爬六层楼可太累了。Setiap hari, dia harus naik 6 lantai untuk bekerja, sangat melelahkan. ③ 坐起来;站起来。Bangun; berdiri. ‖ 我一直睡到中午,好不容易才从床上爬起来。Saya tidur sampai siang, dengan susah payah bangun dari tempat tidur. | 我累得都爬不起来了。Saya terlalu lelah, bahkan tidak bisa bangun. | 他爬起来在床上坐了一会儿。Dia bangun dari tempat tidur dan duduk di atasnya sebentar.

[2] **爬山** páshān **mendaki gunung**

【动词】[Verba (kata kerja)] 往山上走。Naik gunung. ‖ 明天我们一起去爬山吧。Besok mari kita pergi mendaki gunung bersama. | 爬山可不能穿这样的衣服。Mendaki gunung tidak boleh menggunakan pakaian seperti ini. | 我爬过几次山,但是我不喜欢爬山。Saya sudah beberapa kali mendaki gunung, tapi saya tidak suka. | 他日常休息会出去散散步,爬爬山。Dia sering berjalan-jalan dan mendaki gunung untuk beristirahat.

[2] **怕** pà **takut; ragu**

【动词】[Verba (kata kerja)] ① 感到不安。Merasa tidak nyaman atau takut. ‖ 我怕黑,我不敢一个人在家。Saya takut gelap, saya tidak berani berada sendirian di rumah. | 她很怕冷,所以经常穿得很多。Dia sangat takut kedinginan, jadi sering mengenakan banyak pakaian. | 我不怕任何困难。Saya tidak takut akan

P

kesulitan apa pun. ② 不放心。Tidak yakin; ragu. ‖ 我怕我明天忘了这事,你明天再告诉我一次。Saya takut saya akan lupa hal ini besok, katakan lagi besok. | 他怕自己考不好,所以特别认真地复习。Dia takut tidak lulus ujian dengan baik, jadi dia belajar dengan sangat serius. | 快走快走,我怕他看见我。Cepat pergi, saya takut dia melihat saya.

3 怕 pà **takut**

【副词】[Adverbia (kata keterangan)] 大概,可能,恐怕。Mungkin; mungkin saja; khawatir. ‖ 他怕是不会再见你了,你说的话让他很生气。Saya takut dia tidak akan bertemu dengan Anda lagi, kata-kata Anda membuatnya marah. | 那个人怕有个五十岁了吧。Orang itu mungkin berusia sekitar lima puluh tahun. | 这么多东西,你一个人怕拿不动吧? Banyak hal di sini, mungkin Anda tidak bisa mengangkat semuanya?

3 拍 pāi **tepuk; foto**

【动词】[Verba (kata kerja)] ① 用手打。Memukul dengan tangan. ‖ 观众们都为他的表现拍手。Penonton semua bertepuk tangan atas penampilannya. | 我轻轻地拍了拍他的背。Saya mengetuk-ngetukkan punggungnya dengan lembut. | 忽然有个人拍了我一下。Tiba-tiba ada seseorang yang memukul saya. ② 照相。Mengambil foto. ‖ 他把美丽的景色拍了下来。Dia mengambil foto pemandangan yang indah. | 你能给我拍张照片吗? Bisakah Anda mengambil foto saya? | 这张照片是我去年在国外旅游的时候拍的。Foto ini diambil saat saya bepergian ke luar negeri tahun lalu.

P

2 排 pái **baris**

【名词】[Nomina (kata benda)] 按一定方式从左到右一个接着一个形成的队。Barisan yang dibentuk dari kiri ke kanan sesuai dengan standar tertentu. ‖ 坐在后排的同学往前靠靠。Di depan perpustakaan adalah gedung belajar. | 我们到电影院时,前排的座位已经坐满了。Dia duduk di barisan depan. | 拍照的时候我站在中间那排。Saat mengambil foto, saya berdiri di baris tengah.

【量词】[Kuantifier (kata pengukur)] 表示行的数量单位。Satuan jumlah untuk baris. ‖ 请各位同学排成三排站好。Para siswa silahkan berbaris dalam tiga baris. | 教室里一共有六排桌子。Di dalam ruangan ada 6 baris meja. | 个子不高的同学站在第一排。Siswa-siswa tinggi berdiri di baris pertama.

3 排 pái **tata**

【动词】[Verba (kata kerja)] 按照一个标准一个接一个地站好或放好。Meletakkan sesuatu dengan cara tertentu sesuai dengan standar atau kondisi. ‖ 我把书整齐地排在书架上。Saya menata buku dengan rapi di rak buku. | 我排在十八号后面。Saya urutan setelah nomor 18. | 下课以后大家把桌子排好。Semua orang menata rapi meja di dalam kelas setelah pelajaran selesai. | 他最近的工作非常忙,时间都排得满满的。Belakangan ini dia sangat sibuk, penataan jadwalnya sangat penuh.

2 排队 pái//duì

【动词】[Verba (kata kerja)] 一个接一个地站成一队。Berdiri dalam antrian satu per satu. ‖ 要买票的旅客请大家排好队。Para penumpang yang ingin membeli tiket, silakan berbaris dengan rapi. | 你这个人怎么不排队呢? Mengapa kamu tidak berdiri di antrian? | 这是我排了很久的队才买到的面包。Saya mengantri cukup lama untuk membeli roti ini. | 我还在排队,过一会儿才到我。Saya masih berada dalam antrian, tunggu beberapa saat lagi. | 现在人很多,请大家排着队进来。Sekarang banyak orang, silakan berbaris masuk satu per satu.

3 排名 páimíng **urutan; peringkat**

【动词】[Verba (kata kerja)] 按照一个标准把一定范围内的人从高到低排好。Menyusun orang-orang dalam rentang tertentu dari tinggi ke rendah sesuai dengan standar. ‖ 这次考试的排名结果出来了。Hasil peringkat dari ujian ini sudah keluar. | 你这次比赛排多少名? Peringkat berapa yang kamu dapatkan dalam kompetisi ini? | 他一直排名第三。Dia selalu berada di peringkat ketiga. | 电脑上可以按照成绩自动排名。Di komputer, peringkat dapat disusun secara otomatis berdasarkan nilai. | 报纸上报道了各个国家经济情况排名。Koran melaporkan peringkat ekonomi berbagai negara.

2 排球 páiqiú **bola voli**

【名词】[Nomina (kata benda)] ① 一种运动用的球。Jenis bola untuk olahraga. ‖ 学校新买了一些排球。Sekolah baru saja membeli beberapa bola voli. | 她用手用力地把排球拍了出去。Dia memukul bola voli dengan tangan keras. | 排球和足球差不多大。Bola voli seukuran dengan bola sepak bola. ② 一种球类运动。Olahraga bola voli. ‖ 她是排球队的队长。Dia adalah kapten tim voli. | 我不会

P

打排球,你可以教教我吗? Saya tidak tahu cara bermain bola voli, bisakah Anda mengajari saya? | 许多年轻人喜欢在海边打排球。Banyak orang muda suka bermain bola voli di pantai.

3 牌子 páizi **papan; merek**

【名词】[Nomina (kata benda)] ① 用来说明某物的东西,上面有文字和图片。Hal yang digunakan untuk menjelaskan sesuatu, biasanya berisi teks dan gambar. ‖ 图书馆墙上挂着一块牌子,上面写着大大的“静”字。Di dinding perpustakaan tergantung plang besar dengan kata “diam”. | 学校门口的牌子上写着我们学校的名字。Di pintu masuk sekolah, terdapat plang dengan nama sekolah kami. ② 生产商品的公司的名字。Nama perusahaan yang memproduksi barang. ‖ 你喜欢买哪个牌子的衣服? Merek pakaian apa yang Anda suka beli? | 这家店卖很多牌子的手机。Toko ini menjual banyak merek ponsel.

3 派 pài **mengutus**

【动词】[Verba (kata kerja)] 命令某人去做某事。Mengirim seseorang untuk melakukan sesuatu. ‖ 公司派我去北京工作。Perusahaan mengirim saya untuk bekerja di Beijing. | 学校派他作为教师代表上台发言。Sekolah mengutusnya berbicara sebagai perwakilan guru di atas panggung. | 派出去的人传来什么消息了吗? Apa kabar orang-orang yang dikirim?

【名词】[Nomina (kata benda)] 观点或认识相同的人组成一派。Golongan orang dengan pandangan atau pemahaman yang sama yang bergabung menjadi sebuah golongan. ‖ 我们都是和平派的,我们都不喜欢和别人发生不愉快的事情。Kita semua adalah golongan perdamaian, kita tidak suka ada hal buruk dengan orang lain. | 他是现代派画家。Dia adalah pelukis dari aliran modern. | 每一派的人都有自己的理论。Setiap golongan memiliki teori mereka sendiri.

3 判断 pànduàn **menilai; keputusan**

【名词】[Nomina (kata benda)] 根据信息提出观点。Menyatakan pendapat berdasarkan informasi. ‖ 你是怎么判断出他是一个好人的? Bagaimana Anda menilai dia sebagai orang yang baik? | 用同一个标准判断不同的人是不行的。Untuk menilai orang berbeda dengan menggunakan standar yang sama tidaklah benar. | 我们需要做一些调查来判断这些信息的可靠性。Kita perlu menyelidiki banyak informasi untuk menilai keandalan dari informasi ini.

【动词】[Verba (kata kerja)] 通过比较信息提出的观点。Mengemukakan

pendapat berdasarkan perbandingan informasi. ‖ 他在工作上作出了正确的判断。Dia telah membuat keputusan yang tepat dalam pekerjaannya. | 事实证明,这个判断是错误的。Ternyata keputusan ini adalah kesalahan. | 我们需要调查很多信息,才能作出正确的判断。Kami perlu menyelidiki banyak informasi agar bisa membuat keputusan yang tepat.

1 **旁边** pángbiān **samping**

【名词】[Nomina (kata benda)] 某人、某物的周围;左右两边。Di sekitar seseorang atau sesuatu; di kedua sisi kiri dan kanan. ‖ 图书馆旁边是教学楼。Di samping perpustakaan ada bangunan pengajaran. | 他站在我旁边。Dia berdiri di samping saya. | 我旁边坐着一个穿红色大衣的女孩子。Di sebelah saya duduk seorang gadis yang mengenakan mantel merah.

3 **胖** pàng **gemuk**

【形容词】[Adjektiva (kata sifat)] 身体很重的,身体上的肉多的。Tubuh berat; banyak lemak pada tubuh. ‖ 我最近吃得太多又变胖了。Akhir-akhir ini saya makan terlalu banyak dan menjadi gemuk lagi. | 他比前几年胖了不少。Dia lebih gemuk daripada beberapa tahun sebelumnya. | 你不胖,还是多吃点吧。| Kamu tidak gemuk, tetapi tetaplah makan sedikit.

1 **跑** pǎo **lari**

【动词】[Verba (kata kerja)] ① 快速地前进。Bergerak maju dengan cepat. ‖ 忽然从远处跑来一只小狗。Tiba-tiba seekor anjing kecil berlari dari kejauhan. | 他每天早上都要跑三公里。Dia berlari 3 kilometer setiap pagi. | 我可跑不动了,你自己跑吧。Saya tidak bisa berlari, kamu harus berlari sendiri. | 我出去跑跑,活动一下身体。Saya akan keluar dan berlari untuk bergerak sedikit. ② 为了达到目的,到处活动。Bergerak dari satu tempat ke tempat lain untuk mencapai tujuan tertentu. ‖ 我最近忙着跑退休手续。Akhir-akhir ini saya sibuk berjalan-jalan untuk mengurus pensiun. | 他总觉得不舒服,已经跑了好几次医院了。Dia merasa tidak nyaman, jadi dia sudah berlari ke rumah sakit beberapa kali. | 孩子上学的事,还得请你多跑几次。Urusan sekolah anak-anak, kamu harus berjalan-jalan beberapa kali.

3 **跑步** pǎo//bù **lari**

【动词】[Verba (kata kerja)] 用脚快速向前进的运动;跑。Bergerak maju

P

dengan cepat menggunakan kaki; berlari. ‖ 他每天晚上都出去跑步。Dia pergi berlari setiap malam. | 我跑步跑得很快。Saya berlari dengan cepat. | 你想和我一起去跑跑步吗? Apakah kamu ingin berlari bersama saya?

3 **配** pèi **cocok; pantas**

【动词】[Verba (kata kerja)] ① 按照标准或条件把东西放在一起。Menempatkan sesuatu bersama sesuai dengan standar atau kondisi tertentu. ‖ 这件衣服配大衣不好看。Pakaian ini tidak cocok dipadukan dengan mantel. | 像你这样的人,不配有好朋友。Seseorang seperti kamu, tidak pantas untuk memiliki teman baik. | 公司配给我们每人一台电脑。Perusahaan memberikan kita masing-masing sebuah komputer. ② 把少了的东西补上。Menyediakan apa yang kurang. ‖ 我钥匙丢了,还得再配一把。Saya kehilangan kunci, harus mencari lagi. | 衣服上的扣子掉了,我想去商场配一个。Kancing di baju ini lepas, saya ingin pergi ke toko untuk mendapatkan kancing baru. | 房间里还是有点空,再配一些家具吧。Di ruangan ini masih ada sedikit ruang kosong, perlu ditambah beberapa perabot.

3 **配合** pèihé **kerjasama**

【动词】[Verba (kata kerja)] 共同完成一件事。Bekerja bersama untuk menyelesaikan sesuatu. ‖ 这次合作还需要你多多配合。Kerjasama ini membutuhkan kerjasama lebih dari kamu. | 您可以配合我作一个调查吗? Bisakah Anda bekerjasama dengan saya untuk melakukan survei? | 这次比赛需要大家配合完成。Kompetisi ini memerlukan kerjasama dari semua orang untuk menyelesaikannya.

1 **朋友** péngyou **teman**

【名词】[Nomina (kata benda)] ① 和自己关系很好的人。Orang yang hubungannya baik dengan diri sendiri. ‖ 大家都是朋友,就别说这些话了。Kita semua adalah teman, jangan bicarakan hal-hal seperti itu. | 我有个朋友要来家里做客。Saya punya teman yang akan datang ke rumah. | 他下午去机场接他朋友去了。Dia pergi ke bandara untuk menjemput temannya. ② 特别的交往对象,两个人的关系中存在爱情的朋友。Hubungan khusus antara dua orang, biasanya ada cinta dalam hubungan mereka. ‖ 你有男朋友了吗? Apakah kamu punya pacar? | 上个星期有人给他介绍女朋友。Minggu lalu ada yang memperkenalkan pacar untuknya. | 我想找个朋友。Saya ingin mencari seorang teman.

2 碰 pèng **sentuh；cari**

【动词】［Verba（kata kerja）］① 一个东西短时间地打在另一个东西上。Suatu objek secara singkat mengenai objek lain. ‖ 我不小心碰倒了她的杯子。Saya secara tidak sengaja menjatuhkan gelasnya. | 他不喜欢别人碰他的东西。Dia tidak suka orang lain menyentuh barang-barangnya. | 我的头碰在了门上。Kepalaku bertabrakan dengan pintu. ② 找。Mencari. ‖ 外面不一定有这种东西，只能出去碰一碰。Di luar mungkin tidak ada hal seperti ini, hanya bisa keluar dan mencarinya. | 我还没有找到合适的工作，机会还得慢慢碰。Saya belum menemukan pekerjaan yang cocok, hanya bisa mencari kesempatan lagi.

2 碰到 pèngdào **bertemu**

【动词】［Verba（kata kerja）］① 忽然看见某人。Tiba-tiba melihat seseorang. ‖ 真没想到会在这里碰到你。Tidak pernah terpikirkan bahwa akan bertemu denganmu di sini. | 我碰到她一个人在饭馆吃饭。Saya menemukannya sendirian makan di restoran. | 我昨天又碰到他了。Saya bertemu dengannya lagi kemarin. ② 同时出现或同时发生。Terjadi secara bersamaan atau bersamaan. ‖ 我最近太忙了，事情都碰到一起了。Akhir-akhir ini saya sangat sibuk, semua urusan terjadi bersamaan. | 最后别让他俩碰到一起，他们两个总是有说不完的话。Jangan biarkan mereka berdua bertemu, mereka berdua selalu memiliki banyak hal untuk dibicarakan. ③ 没想到会发生。Tidak terduga terjadi. ‖ 碰到困难别害怕，我可以帮助你。Jangan takut pada kesulitan, saya bisa membantu Anda jika bertemu kesulitan. | 我也是第一次碰到这种情况，我也不知道该怎么办。Ini adalah pertama kalinya saya menghadapi situasi seperti ini, saya juga tidak tahu apa yang harus dilakukan. | 他最近碰到很多麻烦事，所以他心情很不好。Dia menghadapi banyak masalah baru-baru ini, jadi suasana hatinya tidak bagus.

2 碰见 pèng//jiàn **bertemu；berjumpa**

【动词】［Verba（kata kerja）］忽然看见某人、某个东西或某件事情。Tiba-tiba melihat seseorang, sesuatu, atau kejadian. ‖ 我是在前面那个路口碰见他的。Saya bertemu dengannya di persimpangan jalan depan. | 我昨天碰见一个老太太，她找不到回家的路了。Kemarin saya tiba-tiba bertemu seorang nenek yang tidak tahu jalan pulang. | 他很少来学校，一般情况下我们都碰不见他。Dia jarang datang ke sekolah, dalam keadaan normal kita hampir tidak pernah bertemu dengannya

[3] 批评 pīpíng **tegur; kritik**

【动词】[Verba (kata kerja)] 对错误或短处提出意见。Memberikan pendapat tentang kesalahan atau kekurangan. ‖ 我们要不断地批评与自我批评，才能正确地认识自己，发挥自己的长处。Kita harus terus menerus memberikan kritik dan kritik diri agar bisa benar-benar mengenal diri sendiri dan memperbaiki diri. | 老师批评了他的错误。Guru mengkritik kesalahannya. | 他接受了大家对他的批评。Dia menerima kritik dari semua orang terhadap dirinya.

[3] 批准 pīzhǔn **setuju**

【动词】[Verba (kata kerja)] 同意做，一般表示上级同意下级的请求、建议。Setuju untuk melakukannya, umumnya digunakan untuk otoritas yang lebih tinggi menyetujui permintaan atau saran dari otoritas yang lebih rendah. ‖ 上级领导批准了我的请假请求。Atasan menyetujui permintaan cuti saya. | 老师批准我们在班里举办话剧表演。Guru telah menyetujui kita untuk mengadakan pertunjukan drama di kelas. | 学校批准学生出国留学。Sekolah menyetujui siswa untuk belajar di luar negeri. | 领导还没批准，等等再做这个工作。Pimpinan belum menyetujui, tunggu sebentar lagi sebelum melakukan pekerjaan ini.

[3] 皮 pí **kulit**

【名词】[Nomina (kata benda)] ① 人、动物、吃的等表面上的一层。Permukaan dari manusia, hewan, makanan, dll. ‖ 牛皮的价格很高。Kulit sapi memiliki harga yang tinggi. | 我的手不小心碰破了一块皮。Tangan saya secara tidak sengaja menggores sepotong kulit. | 这棵树的皮上有很多小洞。Pohon ini memiliki banyak lubang kecil di kulitnya. ② 用来包菜或肉、包物品的东西。Sesuatu yang digunakan untuk membungkus sayuran atau daging, atau untuk membungkus barang. ‖ 妈妈刚做了一些饺子皮，我们中午要包饺子吃。Ibu baru saja membuat beberapa kulit jiaozi, kita akan membuat jiaozi untuk makan siang. | 这家包子的皮很软，包子里面的肉很多。Kulit bola bakpau ini lembut, ada banyak daging di dalamnya. | 老师让我们回家给课本包上皮。Guru meminta kita untuk membungkus buku teks dengan kulit.

[3] 皮包 píbāo **tas kulit**

【名词】[Nomina (kata benda)] 用动物的皮做成的包。Tas yang terbuat dari kulit hewan. ‖ 爸爸送给妈妈一个高级皮包。Ayah memberi ibu sebuah tas kulit mewah. | 这个皮包是什么牌子的？Tas kulit ini merek apa? | 她有一个红色的皮包，非常好看。Dia memiliki tas kulit merah yang sangat cantik.

3 啤酒 píjiǔ **bir**

【名词】［Nomina（kata benda）］一种带汽的酒，来自英语 beer。Minuman berkarbonasi, berasal dari kata "beer" dalam bahasa Inggris. ‖ 他往杯子里倒了一些啤酒。Dia menuang beberapa bir ke dalam gelas. | 他家里有啤酒也有红酒。Dia memiliki bir dan anggur di rumah. | 老板，麻烦来两瓶啤酒。Pelayan, tolong bawa dua botol bir.

2 篇 piān **satuan**

【量词】［Kuantifier（kata pengukur）］表示文章等的数量单位。Satuan untuk jumlah artikel atau tulisan lainnya. ‖ 报纸上报道了一篇关于普及教育的新闻。Di surat kabar ada laporan tentang pendidikan. | 老师让我们写一篇关于"家"的作文。Guru meminta kami menulis esai tentang "rumah". | 她发表过好几篇文章了。Dia telah menerbitkan beberapa artikel.

2 便宜 piányi **murah**

【形容词】［Adjektiva（kata sifat）］价格低的。Murah. ‖ 今天超市做活动，东西都卖得很便宜。Hari ini supermarket mengadakan promosi, semua barang dijual dengan harga murah. | 这件衣服卖得可不便宜，一件就要五百块钱。Pakaian ini dijual dengan harga yang tidak murah, satu potong harganya lima ratus yuan. | 便宜的东西不一定就好。Barang murah tidak selalu bagus.

【名词】［Nomina（kata benda）］不应该有的好处。Keuntungan yang tidak semestinya. ‖ 哪有白得便宜的事？Mana ada keuntungan yang mudah didapatkan? | 她有点爱占小便宜。Dia agak suka mengambil keuntungan kecil. | 我们差不多，他也没占着什么便宜。Kita berdua hampir seimbang, dia juga tidak mendapatkan banyak keuntungan.

2 片 piàn **satuan**

【量词】［Kuantifier（kata pengukur）］表示一些小的、平的东西的数量单位。Satuan untuk benda-benda datar kecil. ‖ 我每天早上喝一瓶牛奶，吃两片面包。Saya minum satu botol susu setiap pagi, makan dua lembar roti. | 公园里一大片草地，孩子们可以在草地上玩。Di taman ada lapangan rumput yang besar, anak-anak bisa bermain di atas lapangan rumput itu. | 医生告诉我这种药每次吃一片，

P

一天吃三次。Dokter memberi tahu saya untuk minum satu lembar obat ini setiap kali, tiga kali sehari.

1 **票** piào **tiket**

【名词】[Nomina (kata benda)] 进出某地或使用某物前需要买的一种卡。Kartu yang perlu dibeli sebelum masuk atau menggunakan sesuatu. ‖ 你买票了吗? Apakah kamu sudah membeli tiket? | 上车前请拿出你的票。Tolong keluarkan tiketmu sebelum naik. | 我送你两张电影票吧。Aku beri kamu dua tiket bioskop saja.

3 **票价** piàojià **harga tiket**

【名词】[Nomina (kata benda)] 票的价格。Harga tiket. ‖ 最近飞机票的票价很高。Baru-baru ini harga tiket pesawat sangat tinggi. | 一般情况下,火车的票价比飞机便宜。Pada umumnya, harga tiket kereta lebih murah daripada pesawat. | 演唱会的票价非常贵,一张可以卖到五百块钱。Harga tiket konser sangat mahal, satu tiket bisa mencapai lima ratus kuai (Yuan).

2 **漂亮** piàoliang **cantik; indah**

【形容词】[Adjektiva (kata sifat)] ① 长得好看。Cantik atau tampan. ‖ 这件衣服真漂亮,很适合你。Pakaian ini benar-benar cantik, sangat cocok untukmu. | 她是个漂亮的女孩子。Dia adalah gadis yang cantik. | 你看我这样穿漂不漂亮? Bagaimana menurutmu, apakah aku terlihat cantik dengan mengenakan ini? ② 工作完成得好。Pekerjaan atau tugas yang dilakukan dengan baik. ‖ 干得漂亮! Hebat! | 这次工作完成得很漂亮。Pekerjaan ini diselesaikan dengan sangat baik. | 他的字写得很漂亮。Tulisannya sangat bagus.

2 **平** píng **rata; datar**

【形容词】[Adjektiva (kata sifat)] 表面没有高低变化的。Rata, datar. ‖ 城里的路都很平,车很好开。Jalan di kota ini sangat rata, mobil mudah dikendarai. | 这个桌面不平,我想换一张桌子。Meja ini tidak rata, saya ingin menggantinya dengan meja yang baru. | 写作业要把本子放平。Saat menulis tugas, letakkan buku catatan dengan rata.

2 **平安** píng'ān **selamat**

【形容词】[Adjektiva (kata sifat)] 安全的,没有危险的,顺利的。Aman, tanpa

P

bahaya, lancar. ‖ 父母都希望自己的孩子平安长大。Orang tua semua berharap anak-anak mereka tumbuh dengan selamat. | 祝你平安。Semoga kamu selamat. | 一路平安。Semoga perjalananmu lancar. | 不管发生什么,平平安安最重要。Apapun yang terjadi, yang paling penting adalah selamat.

2 平常 píngcháng **biasanya**

【形容词】［Adjektiva（kata sifat）］平时,一般的时候。Biasa, keadaan sehari-hari. ‖ 你平常喜欢做什么?Apa yang biasa kamu lakukan? | 他平常都在公司吃饭,今天他回家吃了。Dia biasanya makan di kantor, tapi hari ini dia makan di rumah. | 他表现得和平常有点不一样。Apapun yang kamu biasanya lakukan, dalam acara resmi harus mengenakan pakaian yang formal.

2 平等 píngděng **adil**

【形容词】［Adjektiva（kata sifat）］用同样的方式对待的。Diperlakukan dengan cara yang sama. ‖ 老师必须平等地对待每一位学生。Guru harus memperlakukan setiap siswa dengan adil. | 现代社会,人人平等。Di masyarakat modern, semua orang sama. | 我们不能接受任何不平等的条件。Kita tidak bisa menerima kondisi yang tidak setara.

2 平时 píngshí **biasanya**

【名词】［Nomina（kata benda）］日常的时候,一般的时候。Waktu sehari-hari, waktu biasa. ‖ 我平时都去公园跑步。Saya biasanya pergi berlari di taman. | 他平时八点就来,现在都九点了还没来。Dia biasanya datang jam delapan, sekarang sudah sembilan dan dia belum datang. | 不管你平时怎么样,在正式场合中一定要穿正式的衣服。Bagaimanapun keadaanmu biasanya, dalam acara formal harus mengenakan pakaian yang formal.

2 瓶 píng **botol**

【量词】［Kuantifier（kata pengukur）］表示用瓶装的东西的数量单位。Satuan untuk jumlah botol. ‖ 你再去多买几瓶水回来,水不够喝。Kamu pergi dan beli lebih banyak botol air, airnya tidak cukup untuk diminum. | 他一口气喝完了一瓶牛奶。Dia sekaligus meminum habis satu botol susu. | 医生给我开了一瓶药,让我按时吃。Dokter memberi saya satu botol obat, disuruh minum tepat waktu.

【名词】［Nomina（kata benda）］瓶子。Botol. ‖ 他喜欢喝瓶装水。Dia suka minum air botol. | 瓶里的水都空了。Air dalam botol habis. | 他把瓶里的药吃

P

完了,病也好得差不多了。Dia sudah meminum habis obat yang di dalam botol, penyakitnya juga sudah hamper sembuh.

2 瓶子 píngzi **botol**

【名词】[Nomina (kata benda)] 用来装水、油或药等的东西,口小身子大,方便保存。Wadah yang digunakan untuk menyimpan air, minyak, obat-obatan, dan sebagainya, memiliki leher kecil dan badan yang besar, praktis untuk penyimpanan. ‖ 瓶子里装满了啤酒。Botol ini di dalamnya diisi dengan penuh bir. | 他拿一个瓶子来接水。Dia mengambil sebuah botol untuk menampung air. | 把很多不用的瓶子收起来,可以拿去卖钱。Kumpulkan banyak botol yang tidak terpakai, bisa dijual untuk mendapatkan uang.

3 评价 píngjià **menilai; penilaian**

【动词】[Verba (kata kerja)] 对某人、某物或某事提出自己的观点,判断其价值、水平等。Menyatakan pendapat atau penilaian mengenai seseorang, sesuatu, atau suatu peristiwa, menilai nilai, tingkat, dll. ‖ 我们不应该随便评价那些我们不清楚的事。Kita tidak boleh sembarangan menilai hal-hal yang tidak kita ketahui. | 你怎么评价自己? Bagaimana kamu menilai dirimu sendiri? | 我们要客观地评价一个人。Kita harus menilai seseorang secara objektif.

【名词】[Nomina (kata benda)] 看法。Pendapat atau penilaian. ‖ 老师在每位同学的作业上写下评价。Guru menulis komentar pada pekerjaan setiap siswa. | 她在网上发表了对这件事情的评价。Dia mempublikasikan pendapatnya tentang masalah ini di internet. | 不同的人同一件事有不同的评价。Orang yang berbeda memiliki penilaian yang berbeda pada suatu hal.

3 苹果 píngguǒ **apel**

【名词】[Nomina (kata benda)] 一种常见的水果,皮是红色或绿色的,味道很甜。Buah yang umum, kulitnya berwarna merah atau hijau, rasanya manis. ‖ 我不爱吃苹果。Saya tidak suka makan apel. | 苹果一般都很便宜。Biasanya apel sangat murah. | 他们家地里种的全是苹果。Mereka menanam pohon apel di ladang mereka.

3 破 pò **rusak**

【形容词】[Adjektiva (kata sifat)] 有坏的地方,不完整的。Rusak, tidak utuh. ‖ 这间房子很破,一看就很久没人住了。Rumah ini sudah sangat rusak, terlihat sudah lama tak berpenghuni. | 她不知道从哪里找出一件破衣服。Dia tidak tahu dari mana menemukan sehelai pakaian yang rusak. | 这个地方也太破了，简直不能住人。Tempat ini terlalu rusak, sudah tidak layak ditinggali.

【动词】[Verba (kata kerja)] 把某个东西变得不完整。Merusakkan sesuatu hingga tidak utuh. ‖ 我把衣服弄破了。Saya merusakkan pakaian ini. | 他的脸都被别人抓破了。Wajahnya dipegang hingga tergores oleh orang lain. | 他的鞋上破了一个洞。Sepatu miliknya ada lubang yang rusak.

3 破坏 pòhuài **rusak**

【动词】[Verba (kata kerja)] ① 把某个东西弄坏，让某个东西不能正常使用。Merusak sesuatu hingga tidak dapat digunakan dengan baik. ‖ 警察正在调查破坏工厂设备的人是谁。Polisi sedang menyelidiki siapa yang merusak peralatan pabrik. | 随便乱扔垃圾是破坏环境的行为。Membuang sampah sembarangan adalah tindakan yang merusak lingkungan. | 这场大火破坏了很多人的家。Kebakaran besar ini merusak banyak rumah orang. ② 把关系变坏。Merusak hubungan. ‖ 这件事破坏了同学们的关系，大家互相说的话越来越少。Kejadian ini merusak hubungan antar siswa, semakin sedikit saling berbicara. | 他的行为破坏了他们的感情。Perilakunya merusak hubungan mereka. | 我们不能做破坏城市形象的事情。Kita tidak boleh melakukan hal-hal yang merusak citra kota.

3 普遍 pǔbiàn **umum**

【形容词】[Adjektiva (kata sifat)] 大范围地存在的。Ada secara luas. ‖ 我们班上的同学汉语口语普遍比较好。Para siswa di kelas kita biasanya berbicara bahasa Cina dengan baik. | 老百姓的生活质量普遍提高了。Taraf kehidupan masyarakat secara umum meningkat. | 在中国，只有一个孩子的家庭很普遍。Di Cina, keluarga dengan hanya satu anak biasa.

3 普及 pǔjí **mempopulerkan**

【动词】[Verba (kata kerja)] 大范围地宣传。Menyebarkan dengan luas. ‖ 国家大力普及普通话。Negara gencar mempopulerkan bahasa Mandarin Standar. | 学校给学生们普及健康知识。Sekolah menyebarkan pengetahuan kesehatan kepada siswa. | 我们想举办一次环保宣传活动，目的是向更多人普及环保知识。Kami ingin mengadakan kegiatan kampanye lingkungan, dengan tujuan mempopulerkan pengetahuan tentang lingkungan kepada lebih banyak orang.

【形容词】[Adjektiva (kata sifat)] 使用范围大的，得到普遍宣传的。Digunakan secara luas, didapatkan melalui penyebaran luas. ‖ 安全知识在社会中已经非常普及了。Pengetahuan tentang keamanan sudah sangat dipopulerkan di masyarakat. | 这本书还不太普及，只有一部分人看过。Buku ini belum begitu populer, hanya sebagian orang yang membacanya.

2 普通 pǔtōng **umum**

【形容词】[Adjektiva (kata sifat)] 一般的，大多数的。Biasa, umum. ‖ 他只是这个学校里一名普通的学生。Dia hanya seorang mahasiswa biasa di sekolah ini. | 这件衣服的样子很普通。Penampilan baju ini sangat biasa. | 普通的生活也可以通过我们的努力变得不普通。Kehidupan biasa kita bisa menjadi luar biasa melalui usaha kita.

2 普通话 pǔtōnghuà **putonghua**

【名词】[Nomina (kata benda)] 现代汉语的标准语言，中国的通用语言。Bahasa Mandarin Standar, bahasa umum di Tiongkok. ‖ 普通话的发音和北京话的发音差不多。Pelafalan bahasa Mandarin Standar mirip dengan pelafalan bahasa Beijing. | 普通话的很多词都来自中国北方话。Banyak kata dalam bahasa Mandarin Standar berasal dari dialek di utara Tiongkok. | 人们在普及普通话时常说"学好普通话，走到哪里都不怕"。Orang sering berkata "menguasai bahasa Mandarin Standar, tak perlu takut di mana pun berada".

Q

[1] **七** qī **tujuh**

【数词】[Numeralia (kata bilangan)] ① 数字7。Angka 7. ‖ 六个加一个等于七个。Enam ditambah satu sama dengan tujuh. | 七前面是六,后面是八。Sebelum tujuh adalah enam, setelah tujuh adalah delapan. | 一周一共有七天。Seminggu terdiri dari tujuh hari. ② 第七。Nomor ketujuh. ‖ 我们家住在七楼。Kita tinggal di lantai tujuh. | 下个月七号是星期六。Tanggal tujuh bulan depan adalah hari Sabtu.

[3] **期** qī **periode; edisi; episode**

【量词】[Kuantifier (kata pengukur)] 表示定期发表的报纸、杂志或举办的活动的数量单位。Digunakan untuk menghitung periode penerbitan surat kabar, majalah, atau acara. ‖ 我记得我在一期报纸上看到过这个新闻。Saya ingat saya membaca berita ini di edisi satu surat kabar. | 这期杂志上有我发表的文章。Majalah ini memiliki artikel yang saya tulis di edisi ini. | 学校准备举办第四期汉语学习班。Sekolah bersiap-siap untuk mengadakan kelas bahasa Mandarin keempat.

Q

[3] **其次** qícì **yang kedua**

【代词】[Pronomina (kata ganti)] 除了最重要的以外的第二个。Selain yang paling penting, yang kedua. ‖ 最重要的是过程中要努力,其次才是结果能不能成功。Yang paling penting dalam proses adalah berusaha, yang kedua adalah apakah hasilnya berhasil atau tidak. | 首先你要先把病养好,其次再担心工作的问题。Pertama-tama, Anda harus menyembuhkan penyakitnya, yang kedua baru memikirkan masalah pekerjaannya. | 这么冷的天,你要多穿点,好不好看是其次的。Di hari yang sangat dingin ini, Anda harus berpakaian lebih hangat, penampilan yang bagus bukan yang terpenting.

[3] **其实** qíshí **sebenarnya**

【副词】[Adverbia (kata keterangan)] 实际情况是。Faktanya, sebenarnya. ‖

其实我也不知道面包怎么做,你还是问问别人吧。Sebenarnya saya juga tidak tahu bagaimana cara membuat roti, tanyakan saja kepada orang lain. | 这些工作看着简单,其实做起来很花工夫。Tugas-tugas ini terlihat sederhana, sebenarnya memerlukan usaha yang besar. | 大家都以为他发家了,其实他的日子过得很紧。Semua orang berpikir dia sudah sukses, padahal kenyataannya dia hidupnya sangat berat.

2 其他 qítā **yang lain**

【代词】[Pronomina (kata ganti)] 别的,另外的。Yang lain, yang lainnya. ‖ 前三排的同学向前走一步,其他同学不要动。Siswa di tiga baris depan maju satu langkah, siswa lainnya jangan bergerak. | 他们两个人跟我走,其他人继续留在这里。Kalian berdua ikut dengan saya, yang lainnya tetap tinggal di sini. | 你还有其他的问题吗?Apakah ada pertanyaan lain yang ingin kamu ajukan? | 你家里没有其他人在吗?Tidak ada orang lain di rumah Anda?

2 其中 qízhōng **diantaranya**

【名词】[Nomina (kata benda)] 在一定范围里面。Dalam suatu rentang atau lingkup tertentu. ‖ 这次参加比赛的人非常多,其中有不少是中国人。Jumlah peserta dalam kompetisi ini sangat besar, di antaranya banyak orang Tiongkok. | 他们其中有人把消息告诉了别人。Beberapa di antara mereka mengabarkan berita ini kepada orang lain. | 我买了很多礼物送给父母,其中有他们最爱吃的面条儿。Saya membeli banyak hadiah untuk orang tua, di antaranya ada mie yang mereka sukai.

Q

3 齐 qí **lengkap; rapi**

【形容词】[Adjektiva (kata sifat)] ① 完整的,一个都不少的。Lengkap, tidak ada yang kurang. ‖ 作业都交齐了吗?Semua tugas sudah diserahkan? | 人都到齐了,我们可以出发了。Semua orang sudah berkumpul, kita bisa berangkat sekarang. | 东西没买齐,超市里没有苹果了。Barang-barang belum lengkap, supermarket tidak punya apel lagi. ② 整齐的,同样的。Rapi, seragam. ‖ 教室里的桌子都放得很齐。Meja di kelas ini sangat rapi. | 他把书齐齐地放在架子上。Dia menyusun buku dengan rapi di atas rak. | 在一个部门上班,我们心要齐,才能把工作配合好。Saat bekerja di departemen yang sama, kita harus bersatu hati agar pekerjaan berjalan dengan baik.

【动词】[Verba (kata kerja)] 达到一样水平的。Mencapai tingkat yang sama. ‖

水面快齐到他腰上了。Permukaan air sudah mencapai setinggi pinggangnya. | 儿子的个子长到齐爸爸高了。Tinggi anak laki-laki ini sudah mencapai setinggi ayahnya.

3 **奇怪** qíguài **aneh**

【形容词】[Adjektiva (kata sifat)] 难理解的,和平常不一样的,很少见的。Sulit dipahami, berbeda dari biasanya, jarang terlihat. ‖ 他今天穿的衣服真奇怪。Pakaiannya benar-benar aneh hari ini. | 这种现象很常见,在我们眼里已经不奇怪了。Fenomena ini sering terjadi, bagi kita sudah tidak aneh lagi. | 她说的话很奇怪,我没有理解她的意思。Apa yang dia katakan sangat aneh, saya tidak mengerti maksudnya.

2 **骑** qí **menunggang**

【动词】[Verba (kata kerja)] 两条腿分开坐在人、动物的背上或自行车上。Duduk atau berdiri di atas punggung manusia, hewan, atau sepeda. ‖ 我从来没有骑过马,我想试试。Saya belum pernah naik kuda, saya ingin mencoba. | 我平常都是骑自行车去上班。Biasanya saya naik sepeda ke kantor. | 孩子骑在爸爸的背上高兴地笑着。Anak itu dengan senang hati naik ke punggung ayahnya dan tersenyum bahagia.

2 **骑车** qíchē **bersepeda**

【短语】[frasa] 骑自行车等。Naik sepeda, mengendarai sepeda. ‖ 每天骑车不仅对身体好,还很环保。Bersepeda tidak hanya baik untuk kesehatan, tetapi juga ramah lingkungan. | 骑车没有开车快。Naik sepeda lebih lambat daripada mengemudi. | 公司离我们家很近,骑车只需要十分钟。Kantor kami dekat dengan rumah, hanya butuh 10 menit bersepeda.

1 **起** qǐ **bangun; mulai**

【动词】[Verba (kata kerja)] ① 坐起来,站起来,起床。Berdiri, bangun, bangun tidur. ‖ 明天上午要开会,我要早点起。Besok pagi ada pertemuan, saya harus bangun lebih awal. | 他太累了,谁叫他也不想起。Dia terlalu lelah, tidak mau bangun. ② 开始。Memulai. ‖ 从今天起,我要每天早上去公园跑步。Mulai dari hari ini, saya akan pergi ke taman setiap pagi untuk berlari. | 六月起,各个学校开始放假。Mulai bulan Juni, semua sekolah mulai libur. | 环保要从个人做起。Peduli lingkungan harus dimulai dari diri sendiri. ③ 放在动词后

Q

面，表示能够达到。Digunakan setelah kata kerja untuk menunjukkan kemampuan mencapai. ‖ 我忽然想起一件事。Tiba-tiba saya teringat satu hal. | 这点钱我出得起。Saya mampu membayar uang ini. | 打起精神来，生活还是有很多好事情的。Bersungguh-sungguhlah, ada banyak hal bagus dalam hidup.

1 **起床** qǐ//chuáng **banguun tidur**

【动词】[Verba (kata kerja)] 不睡了，从床上起来。Berhenti tidur, bangun dari tempat tidur. ‖ 我明天早上八点起床。Saya akan bangun jam delapan besok pagi. | 快点起床吧，上班要迟到了。Cepat bangun, kamu akan terlambat ke kantor. | 我今天起床起晚了。Saya bangun terlambat hari ini.

2 **起飞** qǐfēi **lepas landas**

【动词】[Verba (kata kerja)] 飞机离开机场，刚开始飞行。Pesawat lepas landas, baru mulai terbang. ‖ 飞机马上起飞了，请大家在座位上坐好。Pesawat akan lepas landas segera, mohon semua penumpang duduk dengan benar. | 飞机起飞的时候，手机要保持关机状态。Saat pesawat lepas landas, perangkat seluler harus dalam keadaan mati. | 因为天气原因，飞机不能准时起飞。Karena kondisi cuaca, pesawat tidak dapat lepas landas sesuai jadwal.

1 **起来** qǐ//lái **bangun; berdiri**

【动词】[Verba (kata kerja)] ① 放在表示动词的后面，表示有变化，有结果。Digunakan setelah kata kerja untuk menunjukkan perubahan, hasil. ‖ 他高兴地笑了起来。Dia tersenyum bahagia. | 他把手举起来表示自己想回答这个问题。Dia mengangkat tangan untuk menunjukkan dia ingin menjawab pertanyaan ini. | 他忽然说起来上次发生的那件事。Dia tiba-tiba menyebutkan insiden yang terjadi sebelumnya. ② 离开。Pergi. ‖ 你起来，我没工夫和你说话。Berdirilah, saya tidak punya waktu untuk berbicara dengan Anda. | 他的腿坏了，站不起来了。Kakinya cidera, dia tidak bisa berdiri lagi. ③ 起床。Bangun. ‖ 快起来，都中午了。Cepat bangun, sudah siang. | 他早上起来以后先活动了一下身体。Setelah bangun tidur, dia melakukan peregangan tubuh. | 你现在不睡觉，明天早上起得来吗？Jika Anda tidak tidur sekarang, apakah Anda bisa bangun besok pagi?

1 **汽车** qìchē **mobil**

【名词】[Nomina (kata benda)] 在地上跑的常见的交通工具。Kendaraan umum yang berjalan di darat. ‖ 他很有钱，家里有好几辆汽车。Dia sangat

Q

kaya, rumahnya memiliki beberapa mobil. | 马路上有各种牌子的汽车。Ada berbagai merek mobil di jalan. | 汽车跑得比自行车快多了。Mobil berjalan jauh lebih cepat daripada sepeda.

2 **气** qì **amarah; emosi; udara**

【动词】[Verba (kata kerja)] 生气,让某人生气。Marah, membuat seseorang marah. ‖ 他总是不认真学习,可把老师气坏了。Dia selalu belajar dengan semangat yang kurang, mengesalkan guru. | 你别气了,他还是个孩子,他也不是故意的。Jangan marah, dia masih anak-anak, dia juga tidak bermaksud seperti itu. | 我被他的话气得脸都白了。Ucapan mereka membuat saya marah sampai wajah saya pucat.

【名词】[Nomina (kata benda)] 空气。Udara. ‖ 这个篮球没气了。Bola basket ini kempes. | 房间里太热了,打开门换换气吧。Kamar ini terlalu panas, buka pintunya untuk mengganti udara. | 花园里传来花的香气。Kebauan bunga yang harum tercium dari taman.

3 **气候** qìhòu **iklim; cuaca**

【名词】[Nomina (kata benda)] 天气,一个地区平常的天气情况。Cuaca, kondisi cuaca biasa di suatu wilayah. ‖ 今年的气候和平常的不太一样,今年下雨的次数比较多。Cuaca tahun ini berbeda dari biasanya, hujan lebih sering kali. | 中国的北方气候比南方的气候更干、更冷。Iklim di bagian utara Tiongkok lebih kering dan lebih dingin daripada di bagian selatan. | 我不习惯国外的气候。Saya tidak terbiasa dengan iklim di luar negeri.

2 **气温** qìwēn **suhu udara**

【名词】[Nomina (kata benda)] 空气的温度。Suhu udara. ‖ 明天气温较高,适合穿凉快的衣服。Suhu udara besok cukup tinggi, cocok untuk mengenakan pakaian yang ringan. | 冬天气温变低,人很容易感冒。Saat musim dingin, suhu udara menjadi lebih rendah, orang mudah pilek. | 房间里现在的气温是二十摄氏度。Suhu ruangan saat ini adalah 20℃.

2 **千** qiān **ribu**

【数词】[Numeralia (kata bilangan)] 十个一百就是一千;表示很多。Sepuluh kali seratus adalah seribu; mengindikasikan banyak. ‖ 这件衣服两千块钱。Baju ini harganya dua ribu kuai (Yuan). | 这场演唱会的观众有一千多位。Jumlah penonton konser ini lebih dari seribu orang. | 他参加过近千场演出。Dia sudah tampil hampir seribu kali.

2 千克 qiānkè **kilogram**

【量词】[Kuantifier (kata pengukur)] 表示东西有多重的数量单位。Satuan berat untuk menghitung berat suatu benda. ‖ 一公斤等于一千克。1 kilogram sama dengan 1 000 gram. | 在中国买东西的时候用"斤",不用"千克"和"克"。Di Tiongkok, ketika membeli sesuatu, beratnya dihitung dalam "jin" bukan "kilogram" atau "gram". | "千克"也可以写成"kg"。"Kilogram" juga dapat ditulis sebagai "kg".

3 千万 qiānwàn **harus**

【副词】[Adverbia (kata keterangan)] 必须,一定。Harus, pasti. ‖ 这件事你千万别告诉其他人。Jangan sekali-kali ceritakan hal ini kepada orang lain. | 你一个人在外面生活,千万别去不安全的地方。Kamu harus menghindari tempat yang tidak aman jika tinggal sendiri di luar negeri. | 这事就交给你了,你千万别忘了。Tugas ini aku serahkan padamu, pastikan jangan lupa.

1 前 qián **depan; lalu**

【名词】[Nomina (kata benda)] ① 脸面对着的方向。Arah di mana wajah menghadap. ‖ 我家门前有一大片草地,草地上开满了花。Di depan rumahku ada sebidang lapangan besar, lapangan itu penuh dengan bunga. | 前门没开,只能走后门了。Pintu depan tidak dibuka, hanya bisa masuk melalui pintu belakang. | 他站在办公室门前半天了,就是不敢进去。Dia sudah berdiri di depan kantor selama setengah hari, tetapi masih ragu untuk masuk. ② 过去的时间;较早发生的。Waktu yang telah berlalu; masa lalu. ‖ 三年前,我刚到北京,对北京的生活还不习惯。Tiga tahun lalu, aku baru saja tiba di Beijing dan belum terbiasa dengan kehidupan di sana. | 几个月前,他参加了一场美术比赛。Beberapa bulan lalu, dia mengikuti lomba seni rupa. | 在正式开会前,领导让各部门代表报告了最近的工作情况。Sebelum rapat resmi dimulai, pemimpin meminta wakil masing-masing departemen untuk melaporkan pekerjaan mereka baru-baru ini. ③ 领先的。Yang terdepan; yang unggul. ‖ 我这次考试成绩在全班前五名。Hasil ujianku berada di lima besar dalam kelas. | 他这次比赛得到了前三名的好成绩。Posisi pertamaku dalam lomba kali ini adalah tiga besar.

1 **前边** qiánbiān **bagian depan**

【名词】[Nomina (kata benda)] 在前的那一边。Di depannya. ‖ 你再往前边走走就能看到我家的大门了。Kamu akan melihat pintu besar rumahku jika berjalan lebih jauh di depan. | 教学楼的前边有一块很大的空地。Di depan gedung sekolah ada lahan yang luas. | 我们来晚了,前边的座位都已经坐满了。Kami terlambat, semua kursi di depan sudah terisi

3 **前后** qiánhòu **depan dan belakang; sebelum dan sesudah**

【名词】[Nomina (kata benda)] ① 在某人、某个东西、某个地方的前面和后面。Di depan dan di belakang seseorang, benda, atau tempat tertentu. ‖ 我前后都站满了人,我动都动不了。Aku dikelilingi oleh banyak orang di depan dan di belakangku, aku tidak bisa bergerak. | 春节前后,人们都忙着和家人过年。Sebelum dan sesudah perayaan Tahun Baru, orang-orang sibuk merayakan bersama keluarga. | 国庆节前后是人们出去旅游的时期。Sekitar libur Hari Nasional, banyak orang pergi berlibur. ② 事情开始到结束的一段时间。Rentang waktu dari awal hingga akhir suatu peristiwa. ‖ 这场雨前后下了快要一个星期了。Hujan ini telah berlangsung hampir seminggu sebelum dan sesudahnya. | 这学期我们前后办了三次汉语比赛。Semester ini kami telah mengadakan tiga kompetisi bahasa Mandarin. | 比赛前后工作人员都非常负责地完成自己的任务。Sebelum dan sesudah pertandingan, staf bekerja dengan sangat bertanggung jawab dalam menyelesaikan tugas masing-masing.

3 **前进** qiánjìn **maju**

【动词】[Verba (kata kerja)] 接近目标,向前走。Bergerak mendekati tujuan, maju. ‖ 在他的带领下,我们朝着成功大步前进。Di bawah bimbingannya, kita maju dengan mantap menuju kesuksesan. | 我们要朝着自己的目标努力前进。Kami harus berusaha maju menuju tujuan kami sendiri. | 汽车一小时前进了八十公里。Mobil berjalan 80 kilometer dalam satu jam.

3 **前面** qiánmiàn **depan**

【名词】[Nomina (kata benda)] 脸面对的那一面,排在前边。Sisi depan atau bagian depan dari sesuatu, berada di urutan sebelumnya. ‖ 大门前面停了一辆黑色的汽车。Di depan pintu ada mobil hitam terparkir. | 你认识前面那个人吗? Apakah kamu mengenal orang yang ada di depan? | 山上的路不好走,他在前面

拉着我走了好半天。Jalan di atas gunung tidak mudah dilalui, dia berada di depan dan menuntun saya selama beberapa waktu.

2 **前年** qiánnián **dua tahun lalu**

【名词】[Nomina (kata benda)] 去年的前一年。Tahun sebelum tahun lalu. ‖ 他去国外留学两年,他前年去的,今年差不多该回国了。Dia berangkat untuk belajar di luar negeri dua tahun lalu, sekarang hampir saatnya untuk kembali. | 今年是 2023 年,前年就是 2021 年。Tahun ini adalah tahun 2023, dua tahun lalu adalah tahun 2021. | 他从前年开始创业,到今年已经两年了,生意变得越来越好。Dia mulai berbisnis dua tahun lalu, sejak itu usahanya semakin berkembang.

1 **前天** qiántiān **dau hari lalu**

【名词】[Nomina (kata benda)] 昨天的前一天。Hari sebelum kemarin. ‖ 前天开会的时候你怎么没来? Kamu mengapa tidak datang saat rapat dua hari lalu? | 前天下了好大的雨。Kemarin lusa hujan deras. | 我前天和朋友一起出去旅游了。Dua hari lalu, saya pergi berlibur bersama teman-teman saya.

3 **前往** qiánwǎng **mengarah**

【动词】[Verba (kata kerja)] 去某地,到某个地方。Pergi ke suatu tempat, menuju ke suatu tempat. ‖ 公司派他前往国外学习。Perusahaan mengutusnya untuk belajar di luar negeri. | 我准备离开这里,前往北方生活。Saya berencana untuk meninggalkan tempat ini dan pindah ke utara. | 我们准备一同前往。Kami bersiap untuk berangkat bersama-sama.

1 **钱** qián **uang**

【名词】[Nomina (kata benda)] 用来买东西的东西,比如人民币。Benda yang digunakan untuk membeli barang, seperti mata uang renminbi. ‖ 我最近没什么钱,买不起太贵的东西。Saya tidak punya banyak uang baru-baru ini, tidak bisa membeli barang yang terlalu mahal. | 妈妈给了孩子五块钱。Ibu memberikan lima yuan kepada anak. | 你拿这么多钱要去哪? Kamu membawa banyak uang untuk apa? | 我想把钱存到银行。Saya ingin menyimpan uang saya di bank.

1 **钱包** qiánbāo **dompet**

【名词】[Nomina (kata benda)] 用来装钱和卡的小包。Tas kecil yang

digunakan untuk menyimpan uang dan kartu. ‖ 他的钱包里有两百块钱。Di dompetnya ada dua ratus yuan. | 我在钱包里放了一张家人的照片。Saya meletakkan foto keluarga dalam dompet saya. | 她找不到自己的钱包了。Dia tidak dapat menemukan dompetnya.

2 **墙** qiáng **dinding; tembok**

【名词】[Nomina (kata benda)] 房子周围用土、石头等建成的面。Bidang sekeliling rumah yang terbuat dari batu, tanah, dll. ‖ 新房子的墙白白的,非常干净。Dinding rumah baru warnanya putih sekali, sangat bersih. | 小孩在墙上画了一幅画。Anak kecil menggambar gambaran di dinding. | 我们家墙上挂着一家人的照片。Foto sekeluarga tergantung di dinding rumah kami.

3 **强** qiáng **kuat**

【形容词】[Adjektiva (kata sifat)] 力量大的,有实力的,水平高的。Memiliki kekuatan besar, memiliki kekuatan sejati, tingkat tinggi. ‖ 他有很强的语言表达能力。Dia memiliki kemampuan yang kuat dalam mengekspresikan diri. | 他的字写得比我强。Tulisannya lebih baik dari saya. | 你拿着礼物总比空着手去要强。Lebih baik membawa hadiah daripada datang dengan tangan kosong.

3 **强大** qiángdà **kuat; perkasa**

【形容词】[Adjektiva (kata sifat)] 水平很高的,实力很强的。Tingkat tinggi, memiliki kekuatan yang kuat. ‖ 我们国家有强大经济发展动力。Negara kita memiliki dorongan kuat untuk perkembangan ekonomi. | 他的实力非常强大,这次比赛的第一名一定是他。Dia memiliki kekuatan yang kuat dan pasti akan menjadi juara pertandingan kali ini. | 强大的人应该帮助有困难的人。Orang yang kuat harus membantu orang yang dalam kesulitan.

3 **强调** qiángdiào **menekankan; menegaskan**

【动词】[Verba (kata kerja)] 特别指出并且反复说明。Menekankan secara khusus dan sering diulangi. ‖ 会上领导反复强调了这次工作的重点。Di pertemuan ini, pemimpin menekankan kembali titik berat dari pekerjaan ini. | 我再强调一下明天出发的时间,大家千万别迟到。Saya akan menekankan sekali lagi waktu keberangkatan besok, jangan sampai terlambat. | 这个问题老师强调过很多次了。Masalah ini telah ditekankan berulang kali oleh guru.

Q

3 **强烈** qiángliè **kuat**

【形容词】[Adjektiva (kata sifat)] 程度非常高的,非常有力的。Derajat yang sangat tinggi, sangat kuat. ‖ 很多人都强烈反对这个规定。Banyak orang yang sangat menentang keras peraturan ini. | 观众强烈要求他再唱一首。Penonton dengan tegas meminta dia untuk menyanyikan satu lagu lagi. | 他忽然有一种强烈的感觉。Tiba-tiba dia merasakan perasaan yang sangat kuat.

3 **桥** qiáo **jembatan**

【名词】[Nomina (kata benda)] 建在水上或者架在地上,让人、车能够通过的路。Bangunan yang dibangun di atas air atau mendukung di atas tanah, yang memungkinkan orang dan kendaraan melewatinya. ‖ 河面上新建了一座大桥。Jembatan besar dibangun di atas permukaan sungai. | 城市里可以让汽车快速通过的大桥叫"高架桥"。Jembatan yang mengizinkan mobil untuk melewatinya dengan cepat di kota disebut "jembatan layang". | 桥面上有很多人,大家都站在桥上看湖面的风景。Orang banyak berdiri di jembatan, menikmati pemandangan danau.

3 **巧** qiǎo **kebetulan; terampil**

【形容词】[Adjektiva (kata sifat)] ① 刚好,正好碰到。Tepat atau akurat; bertemu dengan kebetulan. ‖ 真巧啊,没想到在这里遇到你。Betapa kebetulan, saya tidak mengira akan bertemu denganmu di sini. | 我们刚说到你,正巧你就来了。Kami baru saja membicarakan tentangmu, dan betapa kebetulan, kamu datang. | 我们等了半天菜都没上,你刚来就上菜了,还真是"来得早不如来得巧"。Kami menunggu makanan selama setengah jam, tetapi begitu kamu datang, makanan disajikan dengan cepat. ② 想法好,技术高。Ide yang bagus, keterampilan yang tinggi. ‖ 这个办法用得巧,不费时又不费力就把问题解决了。Metode ini digunakan dengan cerdas, tidak memakan waktu dan tidak membutuhkan banyak usaha untuk menyelesaikan masalah. | 她的手很巧,她会做手工。Dia memiliki tangan yang cerdas dan mahir dalam kerajinan tangan. | 她的嘴真巧,说出的话总让人高兴。Mulutnya benar-benar cerdas, kata-katanya selalu membuat orang senang.

3 **亲** qīn **sekandung; dekat**

【形容词】[Adjektiva (kata sifat)] ① 自己生下来的,有同一个父亲或同一个

母亲的。Turunan dari orang yang sama, memiliki ayah atau ibu yang sama. ‖ 他是我亲弟弟，我们是一个妈妈生的。Dia adalah adik kandungku, kita dilahirkan oleh ibu yang sama. | 她对我就像妈妈对亲女儿一样好。Dia adalah adik kandungku, kita dilahirkan oleh ibu yang sama. | 他可是你亲儿子，你怎么能这样说他呢？Dia adalah anak kandungmu, bagaimana mungkin kamu berbicara padanya seperti itu？② 人和人感情很深。Hubungan yang dekat antara dua orang. ‖ 他们亲得像一家人。Mereka sangat dekat satu sama lain seperti keluarga. | 我们两个虽然不是一家人，但是经常在一起，关系已经很亲了。Kita tidak berhubungan keluarga tetapi sering berkumpul dan hubungan kita sudah sangat dekat.

3 亲切 qīnqiè **dekat；ramah**

【形容词】［Adjektiva（kata sifat）］容易让人接近的；好相处的；感觉到很亲的。Mudah didekati, baik bergaul, terasa dekat. ‖ 王老师很亲切，从来不生气，我们都很喜欢她。Ibu Wang sangat ramah, tidak pernah marah, kita sangat menyukainya. | 虽然是第一次见面，但是我感觉她很亲切。Walaupun baru bertemu hari ini, saya merasa dia sangat akrab. | 老太太亲切地拉着我的手问我叫什么名字。Nenek tua dengan penuh kasih sayang memegang tanganku dan bertanya nama saya.

3 亲人 qīnrén **keluarga**

【名词】［Nomina（kata benda）］家人。Anggota keluarga, orang-orang yang berhubungan darah. ‖ 我在这个城市没有亲人，我都是一个人生活。Di kota ini, saya tidak memiliki anggota keluarga, saya hidup sendiri. | 一场大火，让他失去了自己的亲人。Sebuah kebakaran besar membuatnya kehilangan anggota keluarganya. | 同学们对我就像对待自己的亲人一样好。Teman-teman sekelas memperlakukan saya dengan baik seperti anggota keluarga mereka sendiri.

3 亲自 qīnzì **pribadi；sendiri**

【副词】［Adverbia（kata keterangan）］自己去做。Melakukan sesuatu secara pribadi. ‖ 大家都说这家饭馆儿好吃，今天我亲自来试一试。Semua orang bilang restoran ini enak, hari ini saya akan mencobanya secara pribadi. | 领导亲自到我们部门进行检查。Pimpinan datang ke departemen kami secara pribadi untuk inspeksi. | 国外领导人到机场亲自迎接我国代表。Pemimpin luar negeri mengantar wakil negaranya secara pribadi di bandara.

Q

2 **青年** qīngnián **remaja; muda**

【名词】[Nomina (kata benda)] 年纪在十五岁到三十岁的人;少年和中年中间的一段时间。Orang yang berusia antara 15 hingga 30 tahun; masa waktu antara masa remaja dan dewasa. ‖ 中国的五月四号是青年节,每个学校会组织不同的活动来庆祝。Hari keempat bulan Mei adalah Hari Pemuda di Tiongkok, setiap sekolah akan mengadakan berbagai kegiatan untuk merayakannya. | 青年是国家发展的重要力量。Pemuda adalah kekuatan penting bagi perkembangan negara. | 青年是一个人重要的发展时期。Masa muda adalah periode perkembangan yang penting bagi seseorang.

2 **青少年** qīngshàonián **remaja**

【名词】[Nomina (kata benda)] 青年和少年。Pemuda dan remaja. ‖ 我们要重视青少年的成长问题。Kita harus memperhatikan pertumbuhan para remaja. | 青少年是国家的希望。Pemuda dan remaja adalah harapan negara. | 他青少年时代是在中国生活的,所以他的汉语说得很好。Dia tinggal di Tiongkok selama masa muda, jadi kemampuan bahasa Mandarinnya sangat baik.

2 **轻** qīng **ringan; lembut;**

【形容词】[Adjektiva (kata sifat)] ① 不重的。Ringan; tidak berat. ‖ 这些东西看着重,搬起来很轻。Barang-barang ini tampak berat, tetapi saat diangkat, ternyata ringan. | 这个箱子很轻,我一个人就拿得动。Kotak ini sangat ringan, saya bisa membawanya sendiri. | 她的包很轻,里面什么也没有装。Tasnya sangat ringan, tidak ada yang dimasukkan ke dalamnya. ② 不太用力的,力量小的。Tidak menggunakan kekuatan dengan keras; kekuatannya kecil. ‖ 她轻轻地放下一杯水。Dia dengan lembut menaruh segelas air. | 她轻轻地关上了办公室的门。Dia dengan lembut menutup pintu kantor. | 你走路轻一点儿,孩子刚睡着。Berjalan lebih pelan, anak-anaknya baru saja tidur. ③ 程度不深。Tidak mendalam. ‖ 他病得不轻,要赶快去医院。Sakitnya tidak ringan, harus segera pergi ke rumah sakit. | 你年纪轻轻的,怎么做这样的事? Kamu masih muda, jangan melakukan hal seperti itu.

2 **清楚** qīngchǔ **jelas**

【形容词】[Adjektiva (kata sifat)] 容易理解的,容易看到的,明白。Mudah dipahami, mudah dilihat, jelas. ‖ 我看得很清楚,前面那个人就是我们老师。

Saya dengan jelas melihat orang di depan adalah guru kami.｜你的想法我都清楚了。Saya mengerti apa yang kamu pikirkan.｜我听不清楚你在说什么。Saya tidak mendengar dengan jelas apa yang kamu katakan.

2 晴 qíng　**cerah**

【形容词】[Adjektiva (kata sifat)] 一种天气情况,有太阳,云很少或没有云。Suatu kondisi cuaca dimana ada matahari, sedikit atau tanpa awan. ‖ 今天天气晴,气温二十三摄氏度到三十摄氏度。Cuaca hari ini cerah, suhu antara 23℃ hingga 30℃.｜雨停了,天晴了。Hujan berhenti, langit menjadi cerah.｜明天天气多云转晴。Besok cuaca akan berubah dari berawan menjadi cerah.

2 晴天 qíngtiān　**cerah**

【名词】[Nomina (kata benda)] 一种天气情况,有太阳,云很少或没有云。Suatu kondisi cuaca dimana ada matahari, sedikit atau tanpa awan. ‖ 今天天气真好,是个大晴天。Cuaca hari ini sangat baik, adalah cuaca yang cerah.｜晴天是出去玩儿的好天气。Cuaca cerah adalah cuaca yang baik untuk pergi bermain.｜这段时间总是下雨,很少看到晴天。Akhir-akhir ini selalu hujan, jarang melihat cuaca cerah.

3 情感 qínggǎn　**perasaan**

【名词】[Nomina (kata benda)] 人的感情,比如高兴、喜欢、爱等。Perasaan seseorang, seperti kegembiraan, kesenangan, cinta, dan lain-lain. ‖ 人的情感是很复杂的,不是一句两句说得清楚的。Perasaan seseorang itu sangat kompleks, tidak dapat dijelaskan hanya dengan beberapa kata.｜他在中国生活了很多年,对中国有很深的情感。Dia memiliki perasaan yang dalam terhadap Tiongkok karena telah tinggal di sini selama bertahun-tahun.｜送别人礼物是一种表达情感的方式。Memberi hadiah kepada orang lain adalah cara untuk mengekspresikan perasaan.

3 情况 qíngkuàng　**kondisi; situasi**

【名词】[Nomina (kata benda)] 事情本来的样子,状况。Keadaan asli sesuatu, kondisi. ‖ 我不太了解他的家庭情况。Saya tidak terlalu mengenal situasi keluarganya.｜我已经向上级报告了当时的情况。Saya telah melaporkan situasinya kepada atasan.｜实际情况并不是他说的那样。Kondisi sebenarnya bukan seperti yang dia katakan.

1 **请** qǐng **silakan; tolong**

【动词】[Verba (kata kerja)] 希望别人做,向别人提出要求。Meminta seseorang untuk melakukan sesuatu, meminta, mengundang. ‖ 我请他到我们学校参观。Saya mengundangnya untuk mengunjungi sekolah kami. | 王老师,能请您过来一下吗? Pak Wang, bisakah Anda datang sebentar? | 请等我一下,我马上回来。Mari kita pergi makan bersama minggu depan, saya akan mengundang.

1 **请假** qǐng//jià **izin**

【动词】[Verba (kata kerja)] 请求上级同意在一定时间内不工作或不上学。Memohon izin kepada atasan untuk tidak bekerja atau tidak pergi ke sekolah dalam jangka waktu tertentu. ‖ 我感冒了,我向老师请假,想休息两天。Saya sedang pilek, saya memohon izin kepada guru untuk beristirahat selama dua hari. | 他今天请假了,所以他不用来上班。Dia mengambil cuti hari ini, jadi dia tidak perlu datang untuk bekerja. | 如果你想请假,你要说明自己的理由。Jika kamu ingin mengajukan cuti, kamu harus menjelaskan alasannya.

3 **请教** qǐngjiào **meminta arahan / petunjuk / saran**

【动词】[Verba (kata kerja)] 向别人提问自己不明白的事情,希望对方可以教自己。Meminta saran atau penjelasan kepada orang lain untuk hal yang tidak dipahami. ‖ 老师,我有个问题想要请教您。Guru, saya punya pertanyaan yang ingin saya tanyakan padamu. | 他非常爱学习,经常向老师请教问题。Dia sangat suka belajar, sering bertanya kepada guru tentang pertanyaan. | 技术上的事还是要请教专门的工作人员。Hal-hal teknis harus ditanyakan kepada staf yang khusus.

Q

1 **请进** qǐngjìn **silakan masuk**

【短语】[frasa] 请别人进来。Mempersilakan orang masuk. ‖ 欢迎你来我家做客,请进。Selamat datang di rumah saya, silakan masuk. | "我可以进来吗?" "请进。" "Bolehkah saya masuk?" "Silakan masuk." | 他已经在办公室等您了,您请进。Dia sudah menunggu Anda di kantor, silakan masuk.

2 **请客** qǐng//kè **traktir; menjamu**

【动词】[Verba (kata kerja)] 请别人一起玩、吃饭,代别人付钱。Mengajak orang untuk bersama-sama bermain atau makan, membayar untuk orang lain. ‖ 下

周我们一起去吃饭吧，我请客。Minggu depan mari kita makan bersama-sama, aku traktir. | 我都请了三次客了，该你请了。Saya sudah menjamu tamu tiga kali, sekarang giliranmu mentraktir. | 今天晚上看电影谁请客？Malam ini menonton film, siapa yang traktir?

2 **请求** qǐngqiú **memohon**

【动词】[Verba（kata kerja）] 请对方答应自己做。Meminta orang lain untuk setuju atau melakukan sesuatu. ‖ 他请求我帮他照顾他的父母。Dia memohon saya untuk membantunya merawat orang tuanya. | 我请求老师可以再给我一次考试的机会。Saya memohon kepada guru untuk memberi kesempatan ujian lagi. | 如果你有困难，可以向别人请求帮助。Jika Anda menghadapi kesulitan, Anda dapat meminta bantuan orang lain.

【名词】[Nomina（kata benda）] 希望别人答应的要求。Permintaan yang diharapkan untuk disetujui oleh orang lain. ‖ 我没有答应他的请求。Saya tidak menyetujui permintaannya. | 他把自己的请求都写了下来。Dia menulis semua permintaannya. | 上级领导同意了他的请求。Atasan memberi persetujuan atas permintaannya.

1 **请问** qǐngwèn **tolong tanya; permisi**

【动词】[Verba（kata kerja）] 向别人提问，希望得到对方回答。Menanyakan sesuatu kepada orang lain, berharap untuk mendapatkan jawaban dari mereka. ‖ 请问图书馆在哪里？Permisi, di mana perpustakaan berada? | 请问这间房子的房租是多少？Permisi, berapa biaya sewa rumah ini? | 请问你认识王老师吗？Maaf, apakah Anda mengenal guru Wang?

1 **请坐** qǐngzuò **silakan duduk**

【短语】[frasa] 请别人坐下。Mempersilakan orang duduk. ‖ 各位同学，大家好，请坐。Selamat datang kepada para murid sekalian, silakan duduk. | 有什么话坐下说吧，请坐。Duduk saja sambil berbincang, silakan duduk. | 欢迎您的到来，您请坐。Selamat datang, silakan duduk.

3 **庆祝** qìngzhù **memperingati; merayakan**

【动词】[Verba（kata kerja）] 为了节日或有意义的日子、事情举办的活动，用来表达高兴的心情。Merayakan acara atau hari penting dengan mengadakan kegiatan untuk mengekspresikan perasaan bahagia. ‖ 他找了很多同学来和他一

Q

起庆祝自己的生日。Dia mengundang banyak teman untuk merayakan ulang tahunnya bersama. | 为了庆祝春节，很多家庭都会包饺子。Untuk merayakan Tahun Baru, banyak keluarga akan membuat jiaozi bersama-sama. | 这次工作做得不错，晚上我们一起庆祝一下。Kali ini pekerjaan dilakukan dengan baik, malam ini mari kita merayakannya bersama-sama

2 秋天 qiūtiān **musim gugur**

【名词】[Nomina (kata benda)] 冬天的前面是秋天。Musim gugur berada di depan musim dingin. ‖ 去年秋天，我到北京去旅行，北京秋天的景色很美。Musim gugur tahun lalu, saya berwisata ke Beijing, pemandangan musim gugur di Beijing sangat indah. | 秋天到了，小草和大树开始慢慢变黄。Musim gugur telah tiba, rumput dan pohon-pohon mulai berubah menjadi kuning perlahan. | 秋天的天气非常凉快。Cuaca musim gugur sangat sejuk.

2 求 qiú **meminta tolong; memohon**

【动词】[Verba (kata kerja)] 想办法得到。Mencari cara untuk mendapatkan sesuatu. ‖ 医生，求求你救救我的孩子。Dokter, mohon tolong selamatkan anak saya. | 我想求你帮个忙。Saya ingin meminta bantuan Anda. | 我们求了老师很久，老师才答应我们下节课可以看中国电影。Kami telah memohon kepada guru selama beberapa waktu, baru dia menyetujuinya.

1 球 qiú **bola**

【名词】[Nomina (kata benda)] ① 圆形的、可以用来运动的东西，例如篮球、足球、排球等；球类运动。Benda bulat yang digunakan untuk olahraga, seperti bola basket, sepak bola, bola voli, dll.; olahraga berbentuk bola. ‖ 他平常喜欢做运动，打打球、跑跑步。Dia sering berolahraga, bermain bola dan berlari. | 他们今天晚上要一起看球。Malam ini mereka akan menonton pertandingan bola bersama-sama. | 球进了！观众们高兴地大喊起来。Bola masuk! Penonton berteriak senang. ② 形状像球的东西。Benda berbentuk bulat. ‖ 她把几个纸球组合在一起做成花的样子。Dia menyusun beberapa bola kertas menjadi bentuk bunga. | 小孩手里拿着几个小铁球。Anak itu memegang beberapa bola besi kecil.

2 球场 qiúchǎng **lapangan bola**

【名词】[Nomina (kata benda)] 可以进行球类运动的地方。Tempat di mana

orang bisa bermain olahraga berbentuk bola. ‖ 球场上正在进行足球比赛。Pertandingan sepak bola sedang berlangsung di lapangan. | 他在球场上的表现非常精彩。Penampilannya di lapangan sangat hebat. | 篮球队每天去球场上打篮球。Tim basket pergi ke lapangan untuk bermain basket.

2 **球队** qiúduì **tim bola**

【名词】［Nomina（kata benda）］和球类运动有关的集体或单位。Kelompok atau unit yang terkait dengan olahraga bola. ‖ 学校新成立了一个球队。Sekolah baru saja membentuk sebuah tim bola. | 他是我们球队的队长。Dia adalah kapten tim kita. | 他是一个球队的球迷。Dia adalah seorang penggemar tim bola.

3 **球迷** qiúmí **penggemar bola**

【名词】［Nomina（kata benda）］非常喜欢打球或非常喜欢看球类比赛的人。Seseorang yang sangat menyukai bermain bola atau menyaksikan pertandingan olahraga bola. ‖ 球场上坐满了准备看比赛的球迷。Lapangan penuh dengan para penggemar yang siap menyaksikan pertandingan. | 他是个老球迷了。Dia adalah penggemar sepak bola yang lama. | 他的球迷都为他加油。Para penggemarnya memberinya dukungan.

2 **球鞋** qiúxié **sepatu bola**

【名词】［Nomina（kata benda）］进行球类运动时穿的鞋子。Sepatu yang digunakan untuk bermain bola. ‖ 那双球鞋非常贵，一双要五千块钱。Sepatu bola tersebut sangat mahal, harganya lima ribu kuai（Yuan）per pasang. | 他的球鞋穿得太久了，都破了。Sepatu bolanya sudah terlalu lama dipakai dan sudah rusak. | 妈妈给他买了一双新球鞋。Ibu membelikannya sepasang sepatu bola baru.

3 **区** qū **distrik; area / wilayah**

【名词】［Nomina（kata benda）］① 地区，某个地方中一定的范围。Kawasan atau wilayah tertentu di suatu tempat. ‖ 商场的三楼是服装区，四楼是休息区。Lantai tiga mal adalah area pakaian, lantai empat adalah area istirahat. | 海上有专门的水上活动区。Ada area aktivitas air khusus di laut. | 在公园玩累了，可以到休息区坐一会儿。Setelah bermain di taman, kita bisa duduk sejenak di area istirahat. ② 中国管理城市用的城市管理单位。Unit administratif di Tiongkok untuk mengelola kota. ‖ 这个城市一共有四个区。Kota ini memiliki empat wilayah. | 区领导明天要到我们学校参观。Pemimpin wilayah akan mengunjungi sekolah kami besok. | 这件事我们还要向区里报告。Kita perlu melaporkan masalah ini kepada wilayah.

3 区别 qūbié **perbedaan**

【名词】[Nomina (kata benda)] 和同一类东西相比，存在的不同的地方。Perbedaan antara hal-hal yang sejenis setelah dibandingkan. ‖ 这两件衣服有什么区别？Apa perbedaan dari dua baju ini? | 这道题和我们课上讲的那道题是一样的，它们的解答方法没有区别。Soal ini sama dengan yang kami diskusikan dalam pelajaran, tidak ada perbedaan dalam cara menyelesaikannya. | 这虽然是他亲弟弟，可两个人长得还是有很大的区别。Walaupun dia adik kandungnya, tetapi ada perbedaan besar antara mereka berdua.

【动词】[Verba (kata kerja)] 通过比较，分别认出。Mengenali atau memahami sesuatu setelah membandingkannya. ‖ 你能区别出这两个词的意思吗？Bisakah kamu membedakan arti dari dua kata ini? | 我们要根据实际情况，区别对待问题。Kita harus memperlakukan masalah dengan cara yang berbeda berdasarkan situasi yang sebenarnya. | 他们两个长得完全不像，很容易区别。Mereka berdua terlihat sangat berbeda, mudah untuk membedakan mereka.

2 取 qǔ **ambil**

【动词】[Verba (kata kerja)] 去拿放在别的地方的东西。Mengambil atau mengambil sesuatu yang telah diletakkan di tempat lain. ‖ 你能帮我去办公室取我的包吗？Dapatkah Anda membantu saya mengambil tas saya di kantor? | 您好，我来取今天的报纸。Halo, saya datang untuk mengambil surat kabar hari ini. | 他到银行取自己存的钱。Dia pergi ke bank untuk mengambil uang tabungannya.

2 取得 qǔdé **mendapat**

【动词】[Verba (kata kerja)] 努力后得到。Mendapatkan sesuatu setelah berusaha. ‖ 在这次比赛中，我们班取得了第一名的好成绩。Dalam kompetisi ini, kelas kami meraih hasil yang bagus di tempat pertama. | 通过自己的努力，他取得了事业的成功。Melalui usahanya sendiri, dia mencapai kesuksesan dalam karirnya. | 我们从老教师的工作记录中取得了不少经验。Kami mendapatkan banyak pengalaman dari catatan kerja guru yang lama.

3 取消 qǔxiāo **batal**

【动词】[Verba (kata kerja)] 不保留，使……不存在。Membatalkan atau

Q

membuat sesuatu tidak ada lagi. ‖ 明天的比赛突然被取消了。Pertandingan besok tiba-tiba dibatalkan. | 您好,我想取消我在网上订的房间。Halo, saya ingin membatalkan reservasi kamar yang saya pesan secara daring. | 飞机取消了今天的飞行计划。Rencana penerbangan hari ini telah dibatalkan.

1 **去** qù **pergi**

【动词】[Verba (kata kerja)] 到别的地方,离开原来的地方,要去做某事。Pergi ke tempat lain, meninggalkan tempat asal, atau pergi untuk melakukan sesuatu. ‖ 你去哪? Kamu pergi ke mana? | 我去问问老师今天的作业是什么。Saya akan pergi untuk bertanya kepada guru tentang tugas hari ini. | 我没去过北京。Saya belum pernah pergi ke Beijing.

1 **去年** qùnián **tahun lalu**

【名词】[Nomina (kata benda)] 今年的前一年。Tahun sebelum tahun ini. ‖ 我们是去年冬天认识的。Kita bertemu pada musim dingin tahun lalu. | 去年比赛得了第一名的人是他。Orang yang mendapatkan tempat pertama dalam kompetisi tahun lalu adalah dia. | 我去年才从国外回来。Saya baru kembali dari luar negeri tahun lalu.

3 **去世** qùshì **meninggal**

【动词】[Verba (kata kerja)] 指人死了。Mengacu pada seseorang yang meninggal dunia. ‖ 他的爷爷上个星期去世了。Kakeknya meninggal dunia minggu lalu. | 虽然他去世了,但是他永远活在我们心中。Meskipun dia sudah meninggal dunia, dia akan selalu hidup dalam hati kita. | 他去世的消息让我们非常难过。Berita tentang kematiannya sangat menyedihkan.

2 **全** quán **semua; seluruh**

【副词】[Adverbia (kata keterangan)] 表示在一个范围内的所有的。Menunjukkan segala sesuatu dalam lingkup tertentu. ‖ 他把菜全吃了。Dia makan semua makanan itu. | 大家全都来看他了。Semua orang datang untuk melihatnya. | 他把老师教的知识全忘了。Dia lupa semua pelajaran yang diajarkan oleh guru.

【形容词】[Adjektiva (kata sifat)] 完整的,应该有的都有了。Lengkap atau semua yang harus ada telah ada. ‖ 你要的东西我都买全了。Saya sudah membeli semua barang yang kamu minta. | 全校同学一起欢迎留学生的到来。Seluruh siswa di sekolah menyambut kedatangan siswa asing. | 这套书一共有五

Q

本，他都买全了。Buku ini terdiri dari lima buah, dia telah membeli semuanya.

2 **全部** quánbù **semua; seluruh (bagian)**

【名词】[Nomina (kata benda)] 所有的部分，整体。Semua bagian atau keseluruhan. ‖ 我把全部的钱都存到了银行。Saya sudah menyetor seluruh uang ke bank. | 老百姓提出的问题全部都得到了解决。Masalah yang diajukan oleh masyarakat telah semuanya diselesaikan. | 他把全部的时间都花在了工作上。Dia menghabiskan seluruh waktu untuk pekerjaannya.

3 **全场** quánchǎng **semua; seluruh (lapangan / area)**

【名词】[Nomina (kata benda)] 整个场所中所有的人或所有的地方。Semua orang atau tempat di seluruh tempat. ‖ 全场的观众都为他加油。Para penonton di seluruh stadion memberi dukungan untuknya. | 全场的座位已经坐满了。Seluruh kursi di tempat itu sudah terisi. | 当经理提出问题时，全场没有一个人说话。Ketika manajer mengajukan pertanyaan, tidak ada seorang pun yang berbicara di seluruh tempat.

2 **全国** quánguó **semua; seluruh (negara)**

【名词】[Nomina (kata benda)] 整个国家，一个国家全部的地区。Seluruh negara, seluruh wilayah suatu negara. ‖ 这首歌在全国都很流行。Lagu ini populer di seluruh negara. | 全国人民都欢迎国外代表团来访问。Seluruh rakyat negara menyambut kunjungan delegasi dari luar negeri. | 网络可以让我们买到全国各地的东西。Melalui internet, kita bisa membeli barang dari seluruh negeri.

2 **全家** quánjiā **semua; seluruh (anggota keluarga)**

【名词】[Nomina (kata benda)] 一个家庭里所有的人。Semua anggota keluarga dalam satu keluarga. ‖ 他们全家一起搬到国外去了。Mereka pindah ke luar negeri bersama keluarga mereka. | 我代表全家欢迎你来做客。Saya mewakili seluruh keluarga menyambut kedatanganmu sebagai tamu. | 他们全家坐在一起看春节晚会。Seluruh keluarga mereka duduk bersama menonton acara malam tahun baru.

3 **全面** quánmiàn **semua; seluruh (bidang / aspek)**

【形容词】[Adjektiva (kata sifat)] 各个方面都有的。Mencakup semua aspek. ‖ 国家希望青少年能够全面发展。Negara berharap agar generasi muda berkembang secara menyeluruh. | 他提出的想法非常全面。Ide-ide yang diajukan sangat komprehensif. | 区领导对各个学校进行了全面的检查。Pimpinan wilayah telah melakukan pemeriksaan menyeluruh di setiap sekolah.

2 **全年** quánnián **sepanjang tahun**

【名词】［Nomina（kata benda）］一整年。Satu tahun penuh. ‖ 全年一共有三百六十五天。Satu tahun penuh terdiri dari 365 hari. | 他今年全年都在国外工作，不能回家看父母。Dia bekerja di luar negeri sepanjang tahun ini dan tidak bisa pulang melihat orang tuanya. | 这个国家全年都很少下雨。Negara ini hampir tidak pernah hujan sepanjang tahun. | 你把全年的经济情况做成报告交给我。Anda harus menyusun laporan tentang kondisi ekonomi sepanjang tahun.

3 **全球** quánqiú **semua; seluruh（dunia）**

【名词】［Nomina（kata benda）］整个地球。Seluruh bumi, seluruh dunia. ‖ 全球各国的代表都到北京来参加比赛。Perwakilan dari berbagai negara di seluruh dunia datang ke Beijing untuk berpartisipasi dalam kompetisi. | 全球气候都在发生改变。Iklim di seluruh dunia sedang mengalami perubahan. | 最近几年，全球经济发展都不太好。Dalam beberapa tahun terakhir, perkembangan ekonomi global tidak terlalu baik.

2 **全身** quánshēn **semua; seluruh（badan）**

【名词】［Nomina（kata benda）］从头到脚，整个身体。Mulai dari kepala hingga kaki, sekujur tubuh. ‖ 他全身穿的都是高级牌子。Dia mengenakan pakaian dari merek terkenal dari atas hingga bawah. | 他没钱，全身上下找不出一块钱。Dia tidak punya uang, tidak ada sepeser pun di seluruh tubuhnya. | 我拍了一张全身的照片。Saya mengambil foto seluruh tubuhnya.

2 **全体** quántǐ **semua; seluruh（anggota / personil）**

【名词】［Nomina（kata benda）］所有的；全部。Semua orang; semua anggota. ‖ 全体同学都来观看这次比赛。Seluruh siswa berkumpul untuk menonton pertandingan ini. | 他代表同学们向全体老师表达感谢。Dia mewakili seluruh siswa untuk mengungkapkan rasa terima kasih kepada seluruh guru.

3 **缺** quē **kurang**

【动词】［Verba（kata kerja）］不够，没有，没有达到标准的。Kurang, tidak ada, tidak mencapai standar. ‖ 我们部门还缺人，你可以到我们部门工作。

Q

Departemen kami masih kekurangan orang, kamu bisa bergabung dengan departemen kami. | 自从他进城打工后,他们家就不缺钱了。Sejak dia pergi untuk bekerja ke kota, keluarga mereka tidak kekurangan uang lagi. | 我们都到了,就缺你了。Kami sudah semua hadir, hanya kurang kamu saja.

3 **缺点** quēdiǎn **kekurangan; kelemahan**

【名词】[Nomina (kata benda)] 短处,不好的地方。Kelemahan, sisi buruk. ‖ 每个人身上都有优点和缺点,我们要多看自己的优点。Setiap orang memiliki kelebihan dan kelemahan, kita harus melihat lebih banyak pada kelebihan kita sendiri. | 这次活动安排还有几个缺点,比如时间安排不合理。Rencana kegiatan ini masih memiliki beberapa kelemahan, seperti pengaturan waktu yang tidak masuk akal. | 他这个人缺点太多了,我一点儿也不喜欢他。Dia memiliki terlalu banyak kelemahan, saya sama sekali tidak menyukainya.

3 **缺少** quēshǎo **kurang**

【动词】[Verba (kata kerja)] 数量上少了一部分;少了一个方面的东西;没有。Kurang jumlahnya; kekurangan sesuatu; tidak ada. ‖ 他在工作上总是缺少认真的态度。Dia selalu kekurangan sikap serius dalam bekerja. | 我们学校缺少青年教师。Sekolah kami kekurangan guru muda. | 家里还缺少一张床。Di rumah, masih kurang satu tempat tidur.

3 **确保** quèbǎo **menjamin; memastikan**

【动词】[Verba (kata kerja)] 确定保持,保证。Memastikan, menjamin. ‖ 我们一定要确保人民的生命安全。Kita harus memastikan keselamatan jiwa rakyat. | 大家要作好充足的工作准备,确保活动能够顺利进行。Semua orang harus melakukan persiapan yang cukup untuk memastikan acara berjalan lancar. | 你要确保自己在这次比赛中不出现大的问题才有可能得奖。Kamu harus memastikan bahwa tidak ada masalah besar dalam kompetisi ini sebelum berpeluang memenangkan hadiah.

3 **确定** quèdìng **yakin; pasti**

【形容词】[Adjektiva (kata sifat)] 已经定好的,很明白的。Jelas, pasti. ‖ 他给出了一个确定的答案。Dia memberikan jawaban yang pasti. | 事情现在的情况还不太确定。Kondisi saat ini masih belum pasti. | 我们可以非常确定地说这件事不是我们公司的责任。Kita dapat mengatakan dengan pasti bahwa masalah ini bukan tanggung jawab perusahaan kami.

【动词】［Verba（kata kerja）］明确地定下来。Menentukan secara jelas. ‖ 活动的日期还没有确定。Tanggal kegiatan ini belum ditentukan. | 我不确定明天的工作。Saya belum pasti akan pekerjaan besok. | 我们已经确定天气影响是这次事故的主要原因。Kami telah menetapkan dengan jelas bahwa penyebab utama kecelakaan ini adalah cuaca.

3 确实 quèshí **kenyataan; benar apa adanya**

【形容词】［Adjektiva（kata sifat）］和事实一样的，真实的。Sama seperti fakta, benar. ‖ 这些信息不太确实。Informasi ini tidak terlalu tepat. | 调查结果完全确实。Hasil penelitian tersebut sangat akurat.

【副词】［Adverbia（kata keterangan）］表示确定事实。Menunjukkan keyakinan dalam fakta. ‖ 他说得确实没错。Apa yang dia katakan memang benar. | 这件事确实是你的不对。Masalah ini memang kesalahanmu. | 我们确实需要好好想想这个问题。Kita memang perlu memikirkan masalah ini dengan serius.

3 裙子 qúnzi **rok; gaun**

【名词】［Nomina（kata benda）］穿在身上不像裤子那样有腿的衣服。Pakaian yang dipakai di tubuh yang tidak memiliki kaki seperti celana. ‖ 她又买了一条新裙子。Dia membeli satu lagi rok baru. | 她有很多种裙子，有长的有短的。Dia memiliki banyak jenis rok, ada yang panjang dan pendek. | 明天的比赛要求女生穿黑色的裙子。Untuk pertandingan besok, siswi harus mengenakan rok hitam.

3 群 qún **kelompok**

【量词】［Kuantifier（kata pengukur）］表示在一起的很多人或动物数量单位。Menunjukkan banyaknya orang atau hewan yang berada bersama-sama. ‖ 车站门口站了一群要买票的人。Di depan gerbang stasiun ada sekelompok orang yang ingin membeli tiket. | 草地上有一群牛。Di padang rumput ada sekawanan sapi. | 天上飞过一群鸟。Sebuah kawanan burung terbang di langit.

R

2 **然后** ránhòu **lalu; kemudian**

【连词】[Konjungsi (kata penghubung)] 表示一件事情或动作刚发生完又发生一个新的事情或动作。Menunjukkan suatu tindakan atau kejadian baru yang terjadi setelah tindakan atau kejadian sebelumnya baru saja terjadi. ‖ 老师把书放在桌子上然后和大家说"我们开始上课"。Guru meletakkan buku di atas meja, lalu berbicara dengan semua orang "Kita mulai pelajaran". | 我先吃饭然后再去找你玩。Saya akan makan terlebih dahulu, kemudian datang bermain denganmu. | 我们还是先开会讨论一下这件事,然后再作决定。Kita sebaiknya melakukan pertemuan terlebih dahulu untuk membahas masalah ini, lalu baru mengambil keputusan.

2 **让** ràng **mengalah; menyuruh**

【动词】[Verba (kata kerja)] 把好的东西留给别人。Memberikan atau meninggalkan sesuatu yang baik kepada orang lain. ‖ 我把最大的苹果让给弟弟吃了。Saya memberikan apel terbesar kepada adik laki-laki untuk dimakannya. | 他把座位让给了那位老人。Dia memberikan tempat duduk kepada orang tua yang begitu tua. | 她是我们当中最小的,我们什么事都让着她。Kami selalu mengalah dan membiarkannya di antara kami.

【介词】[Preposisi (kata depan)] 被;表示后面动作是谁发出的。Oleh, menunjukkan siapa yang menyebabkan tindakan berikutnya. ‖ 老师让我下课后打扫教室。Setelah pelajaran, guru memerintahkan saya membersihkan kelas. | 妈妈让他去超市买东西。Ibu memerintahkan dia pergi ke supermarket untuk membeli barang. | 他让我明天八点在路口等他。Dia memerintahkan saya menunggu di persimpangan pukul delapan besok.

1 **热** rè **panas**

【形容词】[Adjektiva (kata sifat)] 温度很高的。Suhu yang tinggi. ‖ 今天天气真热呀。Cuaca hari ini sangat panas. | 外面刚下了雨,现在没那么热了。

R

Setelah hujan tadi, sekarang tidak terlalu panas. | 我想喝杯热水。Saya ingin minum segelas air panas. | 我感觉好热,我想打开窗户凉快凉快。Saya merasa sangat panas, saya ingin membuka jendela untuk menyegarkan diri.
【动词】[Verba (kata kerja)] 使某物的温度变高。Memanaskan suatu benda. ‖ 菜都凉了,我拿去热热。Sayuran sudah dingin, saya akan memanaskannya lagi. | 水热好了,你想用就用吧。Airnya sudah panas, kamu bisa menggunakan sekarang. | 饭都放在桌子上,你热一热就能吃。Nasi sudah di atas meja, kamu bisa memanaskannya dan bisa langsung dimakan.

3 热爱 rè'ài **mencintai**

【动词】[Verba (kata kerja)] 非常喜欢,热烈地爱。Sangat menyukai atau mencintai dengan penuh semangat. ‖ 我热爱我的家乡。Saya sangat mencintai tanah kelahiran saya. | 他非常热爱警察这份工作。Dia sangat mencintai pekerjaan polisi ini. | 每个人都热爱自己的国家。Setiap orang mencintai negaranya sendiri.

3 热烈 rèliè **antusias**

【形容词】[Adjektiva (kata sifat)] 非常积极的,感情很强的。Sangat antusias, memiliki perasaan yang kuat. ‖ 大家热烈欢迎老师的到来。Semua orang sangat antusias menyambut kedatangan guru. | 热烈庆祝学校成立一百周年。Perayaan seratus tahun berdirinya sekolah diselenggarakan dengan sangat meriah. | 大家在课堂上热烈地讨论问题。Semua orang di kelas dengan semangat mendiskusikan masalah.

2 热情 rèqíng **ramah**

【名词】[Nomina (kata benda)] 热烈的感情。Perasaan yang hangat dan antusias. ‖ 他的热情给我留下了很深的印象。Semangatnya memberikan kesan mendalam bagi saya. | 她对教育事业充满热情。Dia penuh semangat dalam mengabdikan diri pada pendidikan. | 听说他要办演唱会,歌迷的热情都非常高。Mendengar dia akan mengadakan konser, semangat para penggemarnya sangat tinggi.
【形容词】[Adjektiva (kata sifat)] 感情热烈的,对待别人非常积极的。Penuh semangat, bertindak sangat aktif terhadap orang lain. ‖ 我上次去她家做客,她的父母很热情地接待我。Ketika saya berkunjung ke rumahnya, orang tuanya menyambut dengan sangat hangat dan memegang tangan kami. | 老太太一见了我

们就笑，热情地拉住我们的手。Nenek itu tersenyum ketika kami bertemu, dengan hangat dan menggenggam tangan kami. | 你太热情了，我都不好意思了。Kamu terlalu hangat, saya jadi merasa malu.

1 **人** rén **orang**

【名词】[Nomina (kata benda)] 有思想、有语言，会使用工具的高级动物；每一个人类。Hewan tingkat tinggi yang memiliki pemikiran, bahasa, dan menggunakan alat; manusia. ‖ 你们班一共有多少人？Berapa banyak orang dalam kelas Anda? | 我从来没见过这个人。Saya belum pernah melihat orang ini sebelumnya. | 人和动物住在同一个家园。Manusia dan hewan tinggal bersama di bumi ini. | 每个人都有自己的爱好。Setiap orang memiliki hobi mereka sendiri.

3 **人才** réncái **orang berbakat; orang berprestasi**

【名词】[Nomina (kata benda)] 能力强的人，有技术的人，知识丰富的人。Orang yang memiliki kemampuan hebat, ahli dalam bidang tertentu, atau pengetahuan yang luas. ‖ 国家的发展需要人才。Perkembangan negara memerlukan orang-orang berbakat. | 每个城市都有人才市场，很多公司会在那里招员工。Setiap kota memiliki pasar tenaga kerja, banyak perusahaan yang merekrut karyawan di sana. | 他是商业方面的人才，公司领导非常喜欢他。Dia adalah orang yang berbakat dalam bisnis, pimpinan perusahaan sangat menyukainya.

3 **人工** réngōng **buatan manusia**

【名词】[Nomina (kata benda)] 人做出的工作结果。Hasil kerja manusia. ‖ 人工比机器慢。Manusia bekerja lebih lambat dari mesin. | 人工的费用比机器还贵。Biaya tenaga kerja lebih mahal daripada mesin. | 人工每天生产两百件。Tenaga kerja memproduksi 200 barang setiap hari.

【形容词】[Adjektiva (kata sifat)] 人做的，不是机器做的，也不是自然存在的。Dibuat oleh manusia, bukan oleh mesin atau ada secara alami. ‖ 这是一片人工湖。Ini adalah sebuah danau buatan. | 我们家衣服都是人工的，没有用机器。Pakaian kami semuanya dibuat oleh manusia, bukan mesin.

2 **人口** rénkǒu **penduduk**

【名词】[Nomina (kata benda)] 某个家庭、地方、国家的人数。Jumlah orang dalam sebuah keluarga, wilayah, atau negara. ‖ 中国是世界人口大国，人口数量非常多。China adalah negara dengan populasi terbanyak di dunia, jumlah penduduknya sangat banyak. | 他们家人口不多，就三口人。Keluarganya tidak terlalu besar, hanya tiga orang. | 这个城市人口增长比较慢，年轻人都一个人生活，不想结婚。Pertumbuhan penduduk kota ini agak lambat, banyak orang muda tinggal sendiri, tidak ingin menikah.

3 **人类** rénlèi **manusia**

【名词】[Nomina (kata benda)] 全部的人。Seluruh manusia. ‖ 地球是人类的家园。Bumi adalah rumah bagi seluruh umat manusia. | 人类社会还有很多问题需要解决。Masyarakat manusia masih banyak masalah yang perlu dipecahkan. | 这个世界上还有很多人类没有发现的东西。Di dunia ini masih banyak hal yang belum ditemukan oleh manusia.

2 **人们** rénmen **orang-orang**

【名词】[Nomina (kata benda)] 很多人。Banyak orang. ‖ 人们越来越重视食品健康的问题。Semakin banyak orang yang mulai memperhatikan masalah kesehatan makanan. | 一大早，人们都赶着坐公交车去上班。Pagi hari sekali, semua orang sibuk mengejar bus untuk pergi bekerja. | 人们常说饭后百步走，活到九十九。Orang sering mengatakan berjalan seratus langkah setelah makan, hidup sampai sembilan puluh sembilan tahun.

3 **人民** rénmín **rakyat**

【名词】[Nomina (kata benda)] 一个社会中所有的成员。Semua anggota dalam suatu masyarakat. ‖ 人民警察为人民。Polisi bertugas untuk rakyat. | 我们应该为人民服务。Kita harus melayani rakyat. | 他作为人民代表，应该替人民说话。Dia sebagai perwakilan rakyat harus berbicara untuk rakyat.

3 **人民币** rénmínbì **Renminbi**

【名词】[Nomina (kata benda)] 中国的钱，计算单位是元、角、分。Mata uang Tiongkok, dengan satuan yuan, jiao, dan fen. ‖ 在中国买东西要用人民币。Di Tiongkok, belanja harus menggunakan RMB. | 你可以到中国银行换一些人民币。Kamu bisa menukarkan beberapa RMB di Bank of China. | 人民币一元等于十角。Satu yuan setara sepuluh jiao.

3 **人群** rénqún **kerumunan; massa**

【名词】[Nomina (kata benda)] 一群人。Sebuah kelompok orang. ‖ 只是因为

在人群中多看了你一眼，我就再也没有忘记你的脸。Hanya karena melihatmu lebih lama di antara kerumunan, wajahmu tak pernah saya lupakan. | 我听到人群中有人叫我的名字。Saya mendengar seseorang memanggil nama saya dari kerumunan. | 走在人群前面的，就是篮球队的队长。Mereka berada di barisan depan kerumunan, itulah kapten tim bola basket.

3 **人生** rénshēng **kehidupan**

【名词】[Nomina (kata benda)] 人生活的全部过程。Seluruh proses kehidupan seseorang. ‖ 人生有开心的时候，也有难过的时候。Kehidupan memiliki waktu bahagia dan waktu sulit. | 结婚和离婚都是人生大事。Menikah dan bercerai adalah momen penting dalam hidup seseorang. | 老人说他的人生是幸福的。Orang tua mengatakan bahwa kehidupannya bahagia.

2 **人数** rénshù **jumlah orang**

【名词】[Nomina (kata benda)] 人的数量。Jumlah orang. ‖ 工作人员正在计算现场的人数。Staf sedang menghitung jumlah orang di tempat kejadian. | 我们班人数比他们班的人数多。Jumlah orang di kelas kita lebih banyak daripada di kelas mereka. | 按人数领教材。Terima buku-buku teks berdasarkan jumlah orang.

3 **人员** rényuán **anggota**

【名词】[Nomina (kata benda)] 某一个团体中的人，某种人。Orang dalam suatu kelompok, atau jenis orang tertentu. ‖ 请相关工作人员到门口集中。Mohon kepada staf terkait untuk berkumpul di pintu. | 他是公司的管理人员。Dia adalah staf manajemen perusahaan. | 我们办公室人员不够，工作都做不完。Kami kekurangan staf di kantor, pekerjaan tidak bisa diselesaikan.

R

3 **认出** rènchū **mengenali**

【动词】[Verba (kata kerja)] 用看的方式确定信息。Mengenali melalui pengamatan. ‖ 警察一下就认出了坏人。Polisi segera mengenali penjahat itu. | 我认出他是我很多年前的同学。Saya mengenali dia sebagai teman sekelas saya beberapa tahun lalu. | 这么多年没见面，我都快要认不出你了。Setelah bertahun-tahun tidak bertemu, saya hampir tidak bisa mengenalimu.

3 **认得** rènde **mengenali**

【动词】[Verba (kata kerja)] 认识，知道。Mengetahui atau mengenali sesuatu. ‖

我不认得他，这是我们第一次见面。Saya tidak mengenali dia, ini pertama kali kita bertemu. | 我认得这道菜，我以前在中国吃过。Saya mengenali hidangan ini, saya pernah mencobanya di Tiongkok. | 虽然我没来过几次，但是我认得回学校的路，放心吧。Meskipun saya hanya datang beberapa kali, saya mengenali jalan pulang ke sekolah, jadi jangan khawatir.

3 **认可** rènkě **mengakui**

【动词】［Verba（kata kerja）］接受，同意。Menerima atau menyetujui. ‖ 老师认可了我的课堂表现，送给我一朵红花。Guru menyetujui kinerja kelas saya dan memberikan saya bunga merah. | 大家都认可把他选为班长这件事。Semua orang menyetujui keputusan untuk menjadikannya ketua kelas. | 我不认可这个决定，这件事应该大家在一起商量商量。Saya tidak menyetujui keputusan ini, masalah ini harus didiskusikan bersama.

1 **认识** rènshi **kenal; tahu**

【动词】［Verba（kata kerja）］知道。Mengetahui. ‖ 我认识你，我们以前见过面。Saya mengenalmu, kita pernah bertemu sebelumnya. | 我们上课学过中国汉字，所以我认识它。Kami belajar karakter Mandarin sebelumnya, jadi saya mengenalnya. | 我不认识这个字，它怎么读？Saya tidak mengenal karakter ini, bagaimana cara membacanya?

【名词】［Nomina（kata benda）］对……的想法、观点、看法。Pemahaman, pandangan, atau pemikiran tentang sesuatu. ‖ 我对这件事的认识并不全面。Pemahaman saya tentang masalah ini tidak lengkap. | 他对这次会议的认识很深刻。Dia memiliki pemahaman yang mendalam tentang pertemuan ini. | 通过学习，我提高了对汉语的认识。Melalui belajar, saya meningkatkan pemahaman saya tentang bahasa Mandarin.

2 **认为** rènwéi **mengira; menganggap; merasa**

【动词】［Verba（kata kerja）］有看法，提出想法。Memiliki pandangan atau memberikan pendapat. ‖ 我认为这件事我们还要讨论讨论。Saya pikir kita harus membahas masalah ini lebih lanjut. | 他认为自己没有错。Dia berpendapat bahwa dia tidak salah. | 这件事你怎么认为？Bagaimana menurutmu tentang masalah ini?

1 **认真** rènzhēn **serius**

【形容词】［Adjektiva（kata sifat）］对待事情的态度好。Memiliki sikap yang

R

baik terhadap tugas atau pekerjaan. ‖ 他学习态度很认真。Dia sangat serius dalam belajar. | 他工作一直很认真。Dia selalu bekerja dengan sangat serius. | 他在认真写作业。Dia sedang bekerja dengan serius.

3 任 rèn **tidak peduli; acuh**

【连词】[Konjungsi (kata penghubung)] 不论,不管。Tidak peduli, tidak memperdulikan. ‖ 任别人说什么,他都坚持自己的想法。Tidak peduli apa yang orang lain katakan, dia tetap pada pendiriannya. | 任天气如何,我都准时去上课。Tidak peduli cuacanya bagaimana, saya akan pergi ke kelas tepat waktu. | 任他一个人想做什么就做什么吧,我不管了。Apa pun yang ingin dia lakukan sendiri, saya tidak peduli.

3 任 rèn **menjabat**

【动词】[Verba (kata kerja)] 有某种责任,做某个工作。Memiliki tanggung jawab atau melakukan pekerjaan tertentu. ‖ 他现在在公司任部门经理。‖ Sekarang dia menjabat sebagai manajer departemen di perusahaan. | 他这学期任我们班的汉语老师。Dia adalah guru bahasa Mandarin di kelas kita semester ini. | 大家选他任班长。Semua orang memilihnya sebagai ketua kelas.

3 任何 rènhé **semua; ...pun**

【代词】[Pronomina (kata depan)] 每一个,不论哪一个。Setiap orang, apa pun orangnya. ‖ 任何一个城市的经济发展都要和环境保护结合起来。Pembangunan ekonomi setiap kota harus dikombinasikan dengan perlindungan lingkungan. | 这件事我们当中的任何一个人都有责任。Setiap dari kita memiliki tanggung jawab dalam hal ini. | 任何事情都不能成为你不写作业的理由。Tidak ada alasan apapun yang dapat digunakan sebagai alasan untuk tidak mengerjakan tugas.

3 任务 rènwù **tugas**

【名词】[Nomina (kata benda)] 应该做的工作,应有的责任。Tugas atau tanggung jawab yang harus dilakukan. ‖ 领导交给你的任务完成了吗? Apakah tugas yang diberikan oleh atasanmu sudah selesai? | 这次任务进行得很顺利。Tugas kali ini berjalan dengan lancar. | 这次任务你完成得不错。Kamu menyelesaikan tugas ini dengan baik.

3 **仍** réng **masih tetap**

【副词】[Adverbia (kata keterangan)] 还,没有变化。Masih, tidak berubah. ‖ 大家都出去玩了,只有他仍在教室里学习。Semua orang pergi bermain, hanya dia yang masih belajar di dalam kelas. | 外面都下雨了,他仍在门口站着。Di luar sudah hujan, dia masih berdiri di pintu masuk. | 住院这么多天,他的病仍没见好。Dia telah di rumah sakit selama beberapa hari, tapi kondisinya belum membaik.

3 **仍然** réngrán **masih tetap**

【副词】[Adverbia (kata keterangan)] 没有变化地,还是原来的样子地。Tidak berubah, tetap seperti sebelumnya. ‖ 他病得很重,仍然坚持去上班。Dia sangat sakit, tetapi tetap bertahan untuk pergi bekerja. | 他想了很久,仍然坚持自己的决定。Dia memikirkan dengan baik selama beberapa waktu, tapi tetap pada keputusannya. | 这么多年过去了,他仍然忘不了那个女孩。Setelah bertahun-tahun berlalu, dia masih tidak bisa melupakan gadis itu.

1 **日** rì **matahari; hari**

【名词】[Nomina (kata benda)] ① 太阳;白天。Matahari, siang hari. ‖ 我们早上一起去看日出。Kita bangun pagi untuk melihat matahari terbit. | 他日日夜夜地努力工作。Dia bekerja keras sepanjang hari dan malam. | 妈妈为孩子担心了很多个日夜。| Ibuku sangat khawatir tentang anak-anaknya sepanjang hari dan malam. ② 一天,某一天。Sehari, suatu hari. ‖ 老师给我们安排了每日小练习。Guru memberikan kami latihan singkat setiap hari. | 几日不见,你最近怎么样? Beberapa hari tidak bertemu, bagaimana kabarmu belakangan ini? | 从星期一到星期五是公司的工作日,星期六和星期日是休息日。Dari Senin hingga Jumat adalah hari kerja perusahaan, Sabtu dan Minggu adalah hari libur.

2 **日报** rìbào **koran harian**

【名词】[Nomina (kata benda)] 每天出的报纸。Surat kabar yang diterbitkan setiap hari. ‖ 《人民日报》。"People's Daily". | 《光明日报》。"Guangming Daily". | 有的人喜欢看日报,在报纸上能看到每天的新闻。Beberapa orang suka membaca surat kabar harian, karena di dalamnya berisi berita-berita terkini setiap hari.

3 **日常** rìcháng **sehari-hari**

【形容词】[Adjektiva (kata sifat)] 每天发生的,普通的,平时的。Yang terjadi

R

setiap hari, biasa, atau sehari-hari. ‖ 我日常喜欢一个人在家看电视、读书。Saya biasanya suka tinggal di rumah sendiri menonton televisi dan membaca. | 他的日常工作主要是负责公司人员管理。Pekerjaan sehari-harinya adalah bertanggung jawab atas manajemen staf perusahaan. | 老师让我们日常要多练习对话。Guru mengatakan kepada kami untuk sering berlatih percakapan sehari-hari.

1 **日期** rìqī **tanggal**

【名词】[Nomina (kata benda)] 指事情发生的那天;几月几日。Tanggal ketika suatu peristiwa terjadi; tanggal dan bulan. ‖ 活动的日期决定了吗? Apakah tanggal acara sudah ditetapkan? | 我忘记开会的日期了。Saya lupa tanggal rapatnya. | 学校通知了我们开学的日期。Sekolah memberitahukan tanggal masuk sekolah kepada kita.

2 **日子** rìzi **hari**

【名词】[Nomina (kata benda)] ① 生活。Hidup, kehidupan sehari-hari. ‖ 两个人结婚以后就要好好过日子。Setelah dua orang menikah, mereka harus menjalani kehidupan sehari-hari dengan baik. | 日子虽然困难,可还是有快乐的事。Meskipun ada kesulitan dalam hidup, masih ada hal-hal yang membahagiakan. | 老百姓的日子越过越好。Kehidupan masyarakat semakin baik. ② 一段时间。Sebuah periode waktu. ‖ 在国外的那段日子他过得非常开心。Dia sangat bahagia saat dia tinggal di luar negeri. | 谢谢你们这些日子的照顾。Terima kasih atas perhatian kalian selama beberapa waktu terakhir. | 我们可有些日子没见了。Sudah cukup lama sejak terakhir kali kita bertemu. ③ 有特别意义的一天。Sebuah hari yang memiliki arti khusus. ‖ 今天是他们结婚的好日子。Hari ini adalah hari pernikahan mereka. | 今天是什么日子? 家里这么热闹。Hari ini adalah hari apa? Rumah ini sangat ramai. | 我永远忘不了他离开我们的日子。Saya tidak akan pernah melupakan hari dia pergi meninggalkan kami.

R

3 **容易** róngyì **mudah**

【形容词】[Adjektiva (kata sifat)] ① 没有困难的,难度小的。Tidak sulit, dengan tingkat kesulitan yang rendah. ‖ 这道题做起来很容易。Soal ini sangat mudah. | 老师讲课的时候总是举很多例子,我们很容易理解。Guru selalu memberikan banyak contoh saat mengajar, sehingga kami dengan mudah memahaminya. | 这道菜很容易做。Masakannya mudah dibuat. ② 很可能发生的。Mungkin terjadi. ‖ 你的作业写得太乱了,老师很容易看不懂。Tugasmu ditulis dengan begitu berantakan, guru akan kesulitan memahaminya. | 你刚来这里,不要一个人出来走,很容易迷路。Kamu baru datang ke tempat ini, jangan pergi keluar sendiri, kamu bisa tersesat dengan mudah.

1 **肉** ròu **daging**

【名词】[Nomina (kata benda)] ① 可以用来做菜的食物,大多数来自动物的身体。Makanan yang dapat diolah menjadi hidangan, sebagian besar berasal dari tubuh hewan. ‖ 我喜欢吃牛肉和鸡肉。Saya suka makan daging sapi dan ayam. | 今年肉的价格又上升了。Harga daging naik lagi tahun ini. | 妈妈做的肉可真香啊! Daging yang dimasak ibu benar-benar harum! ② 人身体上的部分。Bagian tubuh manusia. ‖ 他一身的肉,还不想运动。Tubuhnya berdaging, tetapi tidak ingin berolahraga. | 年轻真好,身上的肉真结实。Saat muda, otot tubuh benar-benar padat. | 这孩子肉真多,真可爱。Anak ini berdaging, benar-benar menggemaskan.

2 **如果** rúguǒ **jika**

【连词】[Konjungsi (kata penghubung)] 表示一种条件,和"就""那么"组合成"如果……就……"和"如果……那么……"。Mengindikasikan kondisi tertentu, digabungkan dengan "jiu" dan "name" untuk membentuk "jika... maka...". ‖ 如果你家里没人,你可以先来我们家坐坐。Jika tidak ada orang di rumahmu, kamu bisa datang dulu ke rumah kami. | 如果我还有不懂的地方,可以联系你吗? Jika saya masih memiliki hal yang belum dipahami, apakah saya bisa menghubungi Anda? | 如果你想出去散步,你就打电话给我,我和你一起去。Jika kamu ingin pergi berjalan-jalan, kamu bisa menelepon saya, saya akan pergi bersama kamu.

2 **如何** rúhé **bagaimana**

【代词】[Pronomina (kata depan)] 怎么样。Bagaimana caranya. ‖ 你知道如何使用词典吗? Apakah kamu tahu bagaimana menggunakan kamus? | 我觉得可以送他一本书当作礼物,你觉得如何? Saya pikir kita bisa memberinya sebuah buku sebagai hadiah, bagaimana menurutmu? | 你在国外过得如何? Bagaimana kehidupanmu di luar negeri?

2 **入口** rùkǒu **pintu masuk**

【名词】[Nomina (kata benda)] 进入某个地方的门或路口。Pintu atau gerbang

untuk masuk ke suatu tempat. ‖ 入口就在前面,你再往前走走就看到了。Pintu masuk ada di depan, kamu tinggal berjalan sedikit lagi akan melihatnya. | 我明天早上在地铁站入口的地方等你。Besok pagi aku akan menunggu kamu di tempat masuk stasiun kereta bawah tanah. | 我找不到这座大楼的入口。Aku tidak bisa menemukan pintu masuk gedung ini.

S

1 **三** sān **tiga**

【数词】［Numeralia（kata bilangan）］① 3。‖ 二加一等于三。Dua ditambah satu sama dengan tiga. | 他一个月只能休息三天。Dia hanya bisa beristirahat tiga hari dalam sebulan. | 他每天运动三个小时。Dia berolahraga selama tiga jam setiap hari. ② 第三。Ketiga. ‖ 这个小男孩今年才三岁。Bocah kecil ini baru berusia tiga tahun. | 现在已经是三月了，春天马上要来了。Sekarang sudah bulan Maret, musim semi akan segera datang. | 他现在上初中三年级。Dia sekarang duduk di kelas tiga sekolah menengah pertama.

3 **散步** sàn//bù **jalan santai**

【动词】［Verba（kata kerja）］慢慢走，随便到一个地方走走，没有目的地走走。Berjalan-jalan perlahan-lahan, berjalan tanpa tujuan ke suatu tempat. ‖ 吃完饭以后我们一起出去散散步吧。Setelah makan, mari kita keluar berjalan-jalan bersama. | 我们在公园散步。Kami berjalan-jalan di taman. | 晚上我一个人散了一会儿步。Malam ini saya berjalan-jalan sendirian sebentar.

3 **沙发** shāfā **sofa**

【名词】［Nomina（kata benda）］一种家具，可以让很多人坐的家具。Sejenis perabotan rumah tangga yang dapat menampung banyak orang untuk duduk. ‖ 家里的沙发坏了。Sofa di rumah rusak. | 他买了一个新沙发，坐起来很舒服。Dia membeli sofa baru, duduk di atasnya sangat nyaman. | 她的房间里有一个小沙发。Di kamarnya ada sebuah sofa kecil.

3 **沙子** shāzi **pasir**

【名词】［Nomina（kata benda）］非常小的石头和土。Batu dan tanah yang sangat kecil. ‖ 孩子们喜欢在海边玩沙子。Anak-anak suka bermain pasir di pantai. | 他拉了一车沙子回来，不知道要干什么。Dia membawa pulang sekarung pasir, tidak tahu akan digunakan untuk apa. | 他抓了一把沙子。Dia

S

menggenggam sejumput pasir.

1 **山** shān **gunung**

【名词】[Nomina (kata benda)] 由很多的土、沙子、石头形成的很高的景色。Pemandangan yang tinggi yang terbentuk dari tanah, pasir, dan batu. ‖ 山上有很多动物。Di gunung banyak hewan. | 城北边有一座山。Di utara kota ada sebuah gunung. | 我们明天到山里玩。Kita akan pergi bermain di gunung besok.

1 **商场** shāngchǎng **pusat perbelanjaan; mal**

【名词】[Nomina (kata benda)] 很多商店组成的场所。Tempat yang terdiri dari banyak toko. ‖ 我们家附近有一家很大的商场。Di dekat rumah kami ada sebuah pusat perbelanjaan besar. | 这家商场正在做活动。Pusat perbelanjaan ini sedang mengadakan acara. | 商场里面有饭馆也有服装店。Di dalam pusat perbelanjaan terdapat restoran dan toko pakaian.

1 **商店** shāngdiàn **toko**

【名词】[Nomina (kata benda)] 在房子里卖东西的场所。Tempat di dalam bangunan di mana barang-barang dijual. ‖ 他经营着一家小商店。Dia mengelola sebuah toko kecil. | 这家商店卖的东西都很便宜。Barang-barang yang dijual di toko ini semuanya murah. | 我们家附近有很多商店。Di dekat rumah kami ada banyak toko.

2 **商量** shāngliang **diskusi**

【动词】[Verba (kata kerja)] 为了达成目标,交流关于某件事的看法或条件。Bertukar pikiran atau kondisi untuk mencapai tujuan tertentu. ‖ 这件事我们还是再商量商量吧。Mari kita bicarakan masalah ini lebih lanjut. | 我们需要开会商量一下再作决定。Kita perlu rapat untuk berdiskusi sebelum mengambil keputusan. | 有什么事都好好商量,别吵架。Semua masalah harus didiskusikan dengan baik, jangan bertengkar.

3 **商品** shāngpǐn **barang dagangan**

【名词】[Nomina (kata benda)] 在商店用来买或卖的东西。Barang-barang yang dibeli atau dijual di toko. ‖ 大家都喜欢便宜又好用的商品。Semua orang menyukai barang-barang yang murah dan berkualitas baik. | 商店里有很多不同的商品。Di toko ada banyak jenis barang. | 如果不喜欢自己买到的商品,可以在

S

七天内退回去。Jika Anda tidak puas dengan barang yang Anda beli, Anda dapat mengembalikannya dalam 7 hari.

2 商人 shāngrén **pedagang**

【名词】[Nomina (kata benda)] 从事商业活动的人,卖东西的人。Seseorang yang berdagang atau menjual sesuatu. ‖ 他是一名商人,做着服装生意。Dia adalah seorang pengusaha dan menjalankan bisnis pakaian. | 这个商人只想着钱,其他什么都不管。Pengusaha ini hanya memikirkan uang, tidak peduli dengan hal lain. | 他是一个很会做生意的商人。Dia adalah seorang pengusaha yang pandai berbisnis.

3 商业 shāngyè **komersial**

【名词】[Nomina (kata benda)] 从事商品买卖等经济活动的事业或部门。Kegiatan atau sektor ekonomi yang terlibat dalam perdagangan barang dan lainnya. ‖ 这个地区的商业经济比农业经济发展得好。Ekonomi komersial di wilayah ini lebih berkembang daripada ekonomi pertanian. | 这里是商业中心。Ini adalah pusat bisnis. | 我们家附近正在建一条商业街。Di dekat kami sedang dibangun jalan perdagangan.

3 伤 shāng **luka**

【动词】[Verba (kata kerja)] 让身体或精神受到破坏。Merusak tubuh atau pikiran seseorang. ‖ 在这次交通事故中,他伤得很重。Dalam kecelakaan lalu lintas ini, dia terluka parah. | 你做的这些事太伤人了。Tindakan Anda sangat menyakitkan orang lain. | 他不小心被刀伤了手。Dia tidak sengaja terluka pada tangan dengan pisau.

【名词】[Nomina (kata benda)] 身体或精神上受到的破坏。Kerusakan fisik atau mental pada tubuh atau pikiran. ‖ 你身上的伤好了吗? Apakah lukamu sudah sembuh? | 他的手受了伤。Tangan dia terluka. | 这头牛身上有很多伤。Sapi ini memiliki banyak luka di tubuhnya.

3 伤心 shāng//xīn

【形容词】[Adjektiva (kata sifat)] 心里觉得难过,心里不舒服。Merasa sedih atau tidak nyaman dalam hati. ‖ 你别太伤心了,每个人都会有这样的经历。Jangan terlalu sedih, setiap orang akan mengalami pengalaman seperti ini. | 他说的话让我很伤心。Kata-katanya membuat saya sangat sedih. | 他听了这个消息一点儿也不伤心。Dia tidak merasa sedih mendengar berita itu.

S

1 **上** shàng **atas**

【名词】[Nomina (kata benda)] ① 比较高的地方。Tempat yang lebih tinggi. ‖ 请大家两只手向上举。Tolong angkat kedua tangan Anda ke atas. | 他在楼上，我们再往上走走吧。Dia berada di lantai atas, mari kita naik lagi. ② 靠前的一段时间，或先发生的事情。Sebuah periode waktu sebelumnya atau sebuah peristiwa yang terjadi lebih dulu. ‖ 上个月他生病了。Bulan lalu dia sakit. | 我上一次见他还是春天的时候。Terakhir kali saya bertemu dia adalah pada musim semi. | 这场比赛的上半场已经结束了。Babak pertama pertandingan ini sudah berakhir. ③ 更高一级的。Lebih tinggi atau lebih tinggi tingkatnya. ‖ 这件事我们需要报告上级。Kami perlu melaporkan ini ke atasan. | 这些木头有上等、中等两种。Kayu ini ada dua jenis, yaitu kualitas atas dan kualitas tengah.

【动词】[Verba (kata kerja)] ① 向前进，到高的地方。Bergerak maju atau menuju tempat yang lebih tinggi. ‖ 我们明天一起上山去玩。Besok kita pergi bersama ke gunung untuk bermain. | 我们迎着困难也要上。Kami akan menghadapi tantangan dengan berani. ② 达到。Mencapai atau mencapai sesuatu. ‖ 他上了年纪，耳朵听不清楚了。Dia sudah menua dan tidak dapat mendengar dengan jelas. | 这次参加比赛的人已经上万了。Jumlah peserta yang berpartisipasi dalam kompetisi ini telah mencapai puluhan ribu. | 他这次考试的成绩没有上八十分。Nilai ujian kali ini kurang dari 80. ③ 去，到，进入。Pergi, sampai, atau masuk ke tempat tertentu. ‖ 他上城里去打工。Dia pergi ke kota untuk bekerja. | 你上哪儿去？Ke mana Anda akan pergi? | 放学以后，我们一起上街买东西。Setelah sekolah, kita pergi ke jalan bersama-sama untuk berbelanja. ④ 放在动词后面，表示动作的结果。Digunakan setelah kata kerja untuk menunjukkan hasil dari tindakan tersebut. ‖ 他今年考上了大学。Dia berhasil masuk universitas tahun ini. | 电脑已经联上网了。Komputer sudah terhubung ke internet. | 他的答案和我的答案对不上。Jawaban dia dan jawaban saya tidak cocok. ⑤ 把饭、菜、汤等食品拿给顾客。Memberikan makanan seperti nasi, makanan, atau sup kepada pelanggan. ‖ 麻烦您再给我上一碗汤。Mohon tambahkan satu mangkuk sup lagi. | 我们马上就给你上菜。Kami akan memberi Anda makanan segera. | 他们这桌还有一个菜没有上。Meja ini masih ada satu hidangan lagi yang belum dihidangkan.

1 **上班** shàng//bān **pergi kerja**

【动词】[Verba (kata kerja)] 在规定的时间里去工作。Pergi bekerja pada waktu yang ditentukan. ‖ 你每天几点上班？Jam berapa Anda pergi bekerja setiap hari? | 他每天上班坐公交车上班。Dia pergi bekerja dengan menggunakan transportasi umum. | 我上班的时候很忙。Saya sangat sibuk ketika sedang bekerja.

1 **上边** shàngbian **bagian atas**

【名词】[Nomina (kata benda)] 在人或东西较高的地方的那一边。Bagian yang lebih tinggi dari seseorang atau sesuatu. ‖ 把书放在桌子上边。Letakkan buku di atas meja. | 请你回答一下我上边提到的问题。Tolong jawab pertanyaan yang saya sebutkan sebelumnya. | 这件衣服上边有很多花。Baju ini dihiasi dengan banyak bunga di bagian atasnya.

1 **上车** shàngchē **naik masuk ke kendaraan**

【短语】[frasa] 坐车,到车里。Naik kendaraan, masuk ke dalam kendaraan. ‖ 车快开了,我们快上车。Kereta akan segera berangkat, mari kita cepat naik. | 车来了,大家都排队开始上车。Kendaraan telah tiba, semuanya berbaris dan naik ke dalam. | 上车前要买好车票。Sebelum naik kendaraan, Anda perlu membeli tiket terlebih dahulu.

1 **上次** shàngcì **terakhir kali**

【短语】[frasa] 前面的一次,前面发生的事情。Sesi sebelumnya, peristiwa sebelumnya. ‖ 我们上次见面还是去年的时候。Terakhir kali kita bertemu adalah tahun lalu. | 上次的事情我还记得是怎么回事。Saya masih ingat bagaimana peristiwa terakhir itu terjadi. | 我上次和你说的事你帮我办好了吗? Apakah Anda menyelesaikan tugas yang saya sebutkan sebelumnya?

1 **上课** shàng//kè **masuk pelajaran**

【动词】[Verba (kata kerja)] 在规定时间里去教室学习,在教室进行教学活动。Pergi ke kelas di dalam ruang kelas pada waktu yang ditentukan, atau melakukan aktivitas belajar di dalam kelas. ‖ 今天上午上不上课? Apakah Anda memiliki kelas pagi ini? | 他上课的时候很认真地做笔记。Dia sangat serius dalam mencatat ketika dia sedang berada di kelas. | 你一天上几节课? Berapa kali Anda memiliki kelas setiap hari?

3 **上来** shàng//lái **naik dari**

【动词】[Verba (kata kerja)] ① 从低处向高处运动。Bergerak dari bawah ke

S

atas. ‖ 这位歌手一出现,他的歌迷就围了上来。Setiap kali penyanyi itu muncul, penggemarnya berkerumun ke depan. | 这里太高了,我上不来。Tempat ini terlalu tinggi, saya tidak bisa naik. | 他的成绩慢慢升上来了。Prestasinya meningkat perlahan-lahan. ② 放在动词后面,表示完成动作。Digunakan setelah kata kerja untuk menunjukkan tindakan yang telah selesai. ‖ 老师问的问题他都能答上来。Dia bisa menjawab semua pertanyaan yang diajukan oleh guru. | 很多事情我也说不上来。Banyak hal yang tidak dapat saya jelaskan dengan pasti.

3 上面 shàngmiàn **sisi atas**

【名词】[Nomina (jkata benda)] ① 较高的那一面。Sisi yang lebih tinggi. ‖ 桌子上面放着什么? Apa yang ada di atas meja? | 黑板上面写着今天的作业。Pekerjaan rumah hari ini ditulis di papan tulis. | 在楼上面,有很多人在看风景。Di lantai atas, masih ada banyak orang yang menikmati pemandangan. ② 领导或高一级的部门。Pimpinan atau departemen yang lebih tinggi. ‖ 今天上面的领导要来检查。Atasan akan datang untuk pemeriksaan hari ini. | 这事要让上面决定。Keputusan ini harus dibuat oleh atasan. | 上面发来的文件我们要好好学习。Kami akan belajar dengan serius dari dokumen yang diberikan oleh atasan.

3 上去 shàng//qù **naik ke**

【动词】[Verba (kata kerja)] ① 表示向高的地方运动。Menunjukkan gerakan ke atas atau ke tempat yang lebih tinggi. ‖ 这个台子太高了,我上不去。Meja ini terlalu tinggi, saya tidak bisa naik. | 我们要把汉语水平提上去。Kita harus meningkatkan kemampuan bahasa Mandarin kita. | 我们要把生产质量抓上去。Kualitas produksi harus ditingkatkan. ② 放在动词后,表示动作的目的。Digunakan setelah kata kerja untuk menunjukkan tujuan dari tindakan tersebut. ‖ 他走上去想要问清楚。Dia pergi ke atas untuk mencari tahu. | 这次比赛换他上去吧。Mari kita biarkan dia pergi. | 我跑上去一把抓住了他。Saya berlari ke atas dan menangkapnya.

3 上升 shàngshēng **meningkat**

【动词】[Verba (kata kerja)] 向高的地方运动;增加;提高。Bergerak ke atas; meningkat; naik. ‖ 他的成绩上升得很快。Prestasinya meningkat sangat cepat. | 飞机正在慢慢上升。Pesawat itu sedang naik perlahan-lahan. | 明天气温还会继续上升。Suhu akan terus naik besok.

1 **上网** shàng//wǎng **akses internet**

【动词】[Verba (kata kerja)] 用计算机或者手机在网上进行活动,接上网络。Beraktivitas di internet melalui komputer atau ponsel, terhubung ke internet. ‖ 我喜欢上网看电影。Saya suka menonton film di internet. | 我教奶奶上网。Saya mengajari nenek saya berinternet. | 他每天上一个小时的网。Dia berselancar di internet selama satu jam setiap hari.

1 **上午** shàngwǔ **pagi**

【名词】[Nomina (kata benda)] 一天中在中午十二点前的时间。Waktu sebelum tengah hari, sebelum jam 12 siang. ‖ 我每天上午有三节课。Saya memiliki tiga kelas di pagi hari. | 他上午去图书馆了。Dia pergi ke perpustakaan pagi ini. | 明天上午你有什么安排吗? Apa rencanamu besok pagi?

1 **上学** shàng//xué **pergi bersekolah**

【动词】[Verba (kata kerja)] 去学校上课。Pergi ke sekolah untuk belajar. ‖ 明天休息,不用去上学。Besok adalah hari libur, tidak perlu pergi ke sekolah. | 他今天上学迟到了。Dia terlambat ke sekolah hari ini. | 你是几岁开始去上学的? Pada usia berapa Anda mulai bersekolah?

3 **上衣** shàngyī **atasan**

【名词】[Nomina (kata benda)] 身体上面部分穿的衣服。Pakaian yang dikenakan di bagian atas tubuh. ‖ 我新买了一件上衣。Saya baru saja membeli sebuah baju baru. | 他的上衣脏了。Pakaiannya kotor. | 天气这么冷,你上衣穿得太少了。Cuaca sangat dingin, jangan mengenakan pakaian yang terlalu sedikit.

2 **上周** shàngzhōu **minggu lalu**

【名词】[Nomina (kata benda)] 前一周,前面的一个星期。Seminggu yang lalu, minggu sebelumnya. ‖ 上周我们学习举行了体育比赛。Minggu lalu, kami mengadakan acara olahraga di sekolah. | 我上周去北京旅游了。Saya pergi berlibur ke Beijing minggu lalu. | 你上周的工作完成了吗? Apakah Anda menyelesaikan pekerjaan minggu lalu?

1 **少** shǎo **sedikit**

【形容词】[Adjektiva (kata sifat)] 数量小。Jumlahnya sedikit. ‖ 快过年了,她买了不少新衣服。Sudah dekat tahun baru, dia membeli banyak pakaian baru. |

S

这家的工资给得太少了。Gaji di perusahaan ini terlalu sedikit. | 她吃得很少,每次只吃半碗米和一些菜。Dia makan sedikit, hanya setengah mangkuk nasi dan beberapa sayuran setiap kali.

【动词】[Verba (kata kerja)] 不够,没有达到标准的数量。Tidak cukup, tidak mencapai jumlah yang diharapkan. ‖ 我们班少了几个学生。Di kelas kami ada beberapa murid yang absen. | 他们还少一张门票。Mereka masih kekurangan satu tiket. | 他的包里少了一些钱。Di dalam tasnya ada sedikit uang yang hilang.

2 少数 shǎoshù **minoritas**

【名词】[Nomina (kata benda)] 较少的数量,不到一半的数量。Jumlah yang lebih sedikit, kurang dari separuh jumlah keseluruhan. ‖ 只有少数人同意他的观点。Hanya beberapa orang yang setuju dengan pendapatnya. | 我们也应该听听少数人的声音。Kita juga harus mendengarkan pendapat dari minoritas. | 他是少数民族的人。Dia adalah anggota dari suku minoritas.

2 少年 shàonián **anak muda; remaja**

【名词】[Nomina (kata benda)] 年纪在八岁到十五岁左右的人或一段时间。Orang yang berusia sekitar delapan hingga lima belas tahun atau periode waktu tersebut. ‖ 他还是个少年的时候,父母就带他去国外旅游了。Dia masih menjadi anak muda ketika orangtuanya membawanya berlibur ke luar negeri. | 那位少年看起来没什么精神。Anak muda itu terlihat tidak bersemangat. | 他是这次比赛少年组的第一名。Dia meraih peringkat pertama dalam kompetisi remaja ini.

3 设备 shèbèi **perangkat**

【名词】[Nomina (kata benda)] 用来生产、工作或学习的东西。Alat yang digunakan untuk produksi, pekerjaan, atau belajar. ‖ 工厂新买来一些先进设备。Pabrik ini baru saja membeli beberapa peralatan canggih. | 设备出了问题,工作不能继续了。Alat ini bermasalah, pekerjaan tidak dapat dilanjutkan. | 农村医院的卫生设备比较落后。Fasilitas kesehatan di rumah sakit desa masih tertinggal.

3 设计 shèjì **desain**

【动词】[Verba (kata kerja)] 在工作开始前,作计划,作安排,画图。Membuat rencana, mengatur, atau menggambar sebelum pekerjaan dimulai. ‖ 工程师正在

S

设计一座新的大楼。Insinyur sedang merancang bangunan baru. | 她设计的衣服都很好看。Pakaian yang ia desain selalu terlihat bagus. | 我想找人设计一下我的新房子。Saya ingin mencari seseorang untuk mendesain rumah baru saya.
【名词】［Nomina（kata benda）］在工作开始前作出来的安排或计划。Rencana atau pengaturan yang dibuat sebelum pekerjaan dimulai. ‖ 这件衣服上都有什么特别的设计？Apa yang ada di atas pakaian ini adalah desain khusus？| 这个设计不是很完美。Desain ini tidak begitu sempurna. | 做服装设计需要学习很多知识和技术。Untuk menjadi desainer pakaian，Anda harus mempelajari banyak pengetahuan dan teknik.

3 设立 shèlì **mendirikan**

【动词】［Verba（kata kerja）］建立，成立，建成。Membangun，mendirikan，atau menyelesaikan. ‖ 领导决定设立一个检查小组，专门定期检查大家的工作情况。Pimpinan memutuskan untuk mendirikan sebuah tim inspeksi untuk secara berkala memeriksa pekerjaan kita. | 设立学习部的主要目的是帮助大家学习。Tujuan utama pembentukan Departemen Pembelajaran adalah untuk membantu orang-orang dalam belajar. | 我们村里新设立了一家医院，卫生条件变好了。Di desa kami，telah didirikan rumah sakit baru，dan kondisi sanitasi telah meningkat.

3 社会 shèhuì **masyarakat**

【名词】［Nomina（kata benda）］被生产活动联系在一起的人组成的集体和环境；新社会要讲文明。Kelompok orang yang terkait dengan aktivitas produksi dan lingkungan；masyarakat baru harus beradab. ‖ 社会发展离不开每个人的努力。Perkembangan masyarakat tidak terlepas dari upaya setiap individu. | 他刚进社会，工作上还有很多不明白的事情。Dia baru saja memasuki masyarakat，masih banyak hal yang belum dia pahami dalam pekerjaannya.

1 谁 shuí **siapa**

【代词】［Pronomina（kata depan）］① 哪个人，哪些人。Siapa，orang-orang mana. ‖ 请问你是谁？Permisi，siapa nama Anda？| 谁看到我的包了？Siapa yang melihat tas saya？| 不知道是谁在唱歌 Tidak tahu siapa yang sedang menyanyi. ② 所有的人，任何一个人。Semua orang，siapa pun. ‖ 谁考得好谁就能去。Siapa yang mendapat nilai bagus akan bisa pergi. | 谁都不知道他叫什么名字。Tidak ada yang tahu namanya. | 这份工作谁想做就让谁做。Siapa pun yang ingin mengerjakan pekerjaan ini，izinkan dia melakukannya.

S

[2] **身边** shēnbiān **di dekat; di sisi**

【名词】[Nomina (kata benda)] 身体的旁边,离身体很近的地方。Di samping tubuh, dekat tubuh. ‖ 他的身边一直放着一本词典。Di sebelahnya selalu ada sebuah kamus. | 他身边站着的人是他的爱人。Orang yang berdiri di sisinya adalah pasangannya. | 那时候他一直在我身边照顾我。Saat itu, dia selalu menjaga saya di sampingnya.

[3] **身份证** shēnfènzhèng **kartu identitas**

【名词】[Nomina (kata benda)] 可以说明名字、男女、出生日期等个人信息的卡片。Kartu yang berisi informasi pribadi seperti nama, jenis kelamin, tanggal lahir, dll. ‖ 办退休手续需要带好自己的身份证。Untuk melakukan prosedur pensiun, Anda perlu membawa kartu identitas Anda. | 我的身份证找不到了,我需要办一张新的。Kartu identitas saya hilang, saya perlu mengurus yang baru. | 每个人的身份证号码不一样。Setiap orang memiliki nomor kartu identitas yang berbeda.

[1] **身上** shēnshang **di badan**

【名词】[Nomina (kata benda)] 在身体上,身体。Di tubuh, tubuh. ‖ 他身上没有钱。Dia tidak punya uang di badannya. | 他身上有很多让我们学习的精神。Dia memiliki banyak semangat yang bisa kita pelajari. | 我年纪大了,身上总觉得不舒服。Saya merasa tidak enak badan karena saya sudah tua.

[1] **身体** shēntǐ **badan; tubuh**

【名词】[Nomina (kata benda)] 人或动物的全身。Tubuh manusia atau hewan. ‖ 身体觉得不舒服就要去医院看看。Jika tubuh merasa tidak nyaman, sebaiknya periksa ke dokter. | 他身体不如以前了。Kesehatannya tidak sebaik dulu. | 他正是长身体的时候,要好好吃饭。Saat sedang masa pertumbuhan, harus makan dengan baik.

S

[3] **深** shēn **dalam**

【形容词】[Adjektiva (kata sifat)] ① 表示到底下还很远的。Menunjukkan kedalaman yang masih jauh ke bawah. ‖ 这里的水很深。Air di sini sangat dalam. | 这片湖有十米深。Danau ini memiliki kedalaman 10 meter. | 在这座山很深的地方有一条干净的小河。Di tempat yang dalam di gunung ini, ada sungai kecil yang jernih. ② 不容易理解的，有很多意思的。Sulit dipahami, memiliki banyak makna. ‖ 这篇文章的内容很深，不好理解。Konten dari artikel ini sangat dalam dan sulit dipahami. | 他在大学学到了更深的知识。Dia memperoleh pengetahuan yang lebih dalam di perguruan tinggi. | 他说的话还有一层很深的意思。Ucapannya masih memiliki makna yang sangat dalam. ③ 时间久的，程度高的。Lama, tingkatnya tinggi. ‖ 这件衣服的颜色太深了，我不喜欢。Warna pakaian ini terlalu gelap, saya tidak suka. | 这么多年我们的感情变得很深了。Selama bertahun-tahun, perasaan kami menjadi sangat dalam. | 夜深了，快睡觉吧。Sudah larut malam, cepat tidurlah.

3 **深刻** shēnkè **mendalam**

【形容词】［Adjektiva (kata sifat)］影响很大的，理解很深的，不容易忘记的。Memiliki dampak besar, dipahami dengan baik, sulit dilupakan. ‖ 他给我留下了很深刻的印象。Dia meninggalkan kesan yang sangat dalam padaku. | 他的故事对我产生了深刻的影响。Ceritanya memiliki dampak yang mendalam bagi saya. | 他对这件事情认识得很深刻。Dia memahami hal ini dengan sangat mendalam.

3 **深入** shēnrù **mendalam**

【形容词】［Adjektiva (kata sifat)］深刻。Mendalam. ‖ 警察还在深入调查这件事。Polisi masih dalam penyelidikan yang mendalam mengenai masalah ini. | 我们深入地学习了新思想。Kita telah mendalami ide-ide baru. | 关于这件事，我们还需要开会进行深入讨论。Tentang hal ini, kita perlu melakukan diskusi yang mendalam.

【动词】［Verba (kata kerja)］进入最里面，到达中心，查清原因或事情情况等。Masuk ke dalam bagian terdalam, mencapai inti, menyelidiki penyebab atau situasi suatu hal. ‖ 这件事还要再深入下去，查清楚到底是怎么回事儿。Masalah ini masih harus didalami lebih lanjut untuk mencari tahu apa sebenarnya yang terjadi. | 我们的工作要深入到每一个农村。Pekerjaan kami harus mencapai setiap desa secara mendalam. | 我们要深入到实际中去体会这些道理。Kita perlu menyelami ke dalam kenyataan untuk memahami prinsip-prinsip ini.

1 **什么** shénme **apa**

【代词】［Pronomina (kata depan)］① 表示不确定或不知道的事情、东西。Menunjukkan hal atau benda yang tidak diketahui atau tidak pasti. ‖ 你包里

装的是什么？Apa yang ada di dalam tasmu？| 你在说什么？Apa yang sedang kamu bicarakan？| 他想干什么就干什么。Dia bisa melakukan apa saja yang dia inginkan. | 这是什么地方？Di mana tempat ini？② 放在"都""也"前面，表示全部。Ditempatkan sebelum "dou" atau "ye", menunjukkan semuanya atau setiap orang. ‖ 我什么也没说。Saya tidak mengatakan apa-apa. | 我什么都买好了，你不用准备了。Saya sudah menyiapkan semuanya, kamu tidak perlu menyiapkan apa-apa. | 他什么菜都不爱吃。Dia tidak menyukai makanan apapun.

2 什么样 shénmeyàng **bagaimana**

【代词】[Pronomina (kata depan)] 表示问东西或人的样子、形式等。Menunjukkan bagaimana penampilan atau bentuk dari sesuatu atau seseorang. ‖ 他长什么样？Bagaimana penampilan dia？| 你新买的衣服是什么样的？Baju baru yang kamu beli seperti apa？| 你是用什么样的方法提高汉语水平的？Bagaimana cara kamu meningkatkan kemampuan berbahasa Mandarinmu？

2 生 shēng **melahirkan**

【动词】[Verba (kata kerja)] 长，产生，发生，出生，活着。Tumbuh, menghasilkan, terjadi, lahir, hidup. ‖ 她生了一个儿子。Dia melahirkan seorang anak laki-laki. | 他这个人总是能生出很多不好的事来。Dia selalu menghasilkan banyak masalah. | 我们很久没有收到他的消息，不知道他是生是死。Kami belum menerima kabar darinya, tidak tahu apakah dia hidup atau mati.

3 生 shēng **mentah**

【形容词】[Adjektiva (kata sifat)] ① 没有经过加工的，没成熟的。Tidak diproses, belum matang. ‖ 这些肉可以生吃。Daging ini bisa dimakan mentah. | 这些菜洗洗生着就能吃。Sayuran ini bisa dimakan mentah. | 生米已经做成熟饭了。Beras ini sudah dimasak. ② 不认识的，刚认识的，知道得不多的。Tidak dikenal, baru dikenal, belum banyak diketahui. ‖ 这篇章有几个生字我不认识。Ada beberapa kata yang tidak dikenal dalam teks ini. | 她一碰到生人就不爱说话了。Dia jarang berbicara ketika bertemu orang yang tidak dikenal. | 他才刚来上班，手比较生，还不怎么会操作机器。Dia baru saja mulai bekerja, masih sedikit kurang berpengalaman dalam mengoperasikan mesin.

1 生病 shēng//bìng **sakit**

【短语】[frasa] 身体有了病。Merasakan sakit atau penyakit. ‖ 最近学校里生

S

病的学生有很多，大家需要注意卫生。Banyak siswa yang sakit baru-baru ini, kita harus menjaga kebersihan. | 从他生了病以后，他的心情就一直不好。Setelah dia sakit, mood-nya buruk. | 要保持好的生活习惯才能少生病。Untuk mengurangi kemungkinan terkena sakit, kita harus menjaga gaya hidup yang baik.

3 **生产** shēngchǎn **menghasilkan; memproduksi; melahirkan**

【动词】[Verba（kata kerja）] ① 制造东西。Menghasilkan barang. ‖ 他从事生产汽车的工作。Dia bekerja dalam produksi mobil. | 这个工厂生产的手机质量很好。Ponsel yang diproduksi pabrik ini memiliki kualitas yang baik. | 这个牌子的衣服现在已经不生产了。Merek pakaian ini sudah tidak diproduksi lagi. ② 生孩子。Melahirkan anak. ‖ 他太太这个月就要生产了。Istrinya akan melahirkan bulan ini. | 她正在生产，她的家人都在医院等她。Dia sedang melahirkan, keluarganya semua menunggu di rumah sakit.

2 **生词** shēngcí **kosakata baru**

【名词】[Nomina（kata benda）] 第一次学习的词，不认识的词。Kata-kata yang dipelajari untuk pertama kalinya, kata-kata yang tidak dikenal. ‖ 老师今天教了我们十个生词。Guru mengajarkan kita 10 kosakata baru hari ini. | 你碰到生词可以查词典。Ketika Anda menemui kata yang tidak dikenal, Anda dapat mencarinya di kamus. | 多用生词造句子就很容易学会生词了。Banyak menggunakan kata-kata baru dalam kalimat akan membuat Anda mudah mengingat kosakata baru.

3 **生存** shēngcún **bertahan hidup**

【动词】[Verba（kata kerja）] 有生命，活着，继续存在。Tetap hidup, bertahan hidup, terus ada. ‖ 从这场事故中生存下来的人很少。Sedikit orang yang selamat dari kecelakaan ini. | 大自然中生存着很多动物。Ada banyak binatang yang hidup di alam liar. | 没有空气，人就不能生存下去了。Tanpa udara, manusia tidak dapat bertahan hidup.

3 **生动** shēngdòng **konkret**

【形容词】[Adjektiva（kata sifat）] 具体的，让人能理解或相信的，能感动人的。Konkret, mudah dipahami atau dipercayai, bisa menyentuh perasaan. ‖ 老师给我们举了几个生动的例子，我们就都明白了。Guru memberikan beberapa contoh yang sangat jelas sehingga kita mengerti. | 他生动地讲了自己少年时代的故事。Dia menceritakan ceritanya dengan sangat hidup.

[2] **生活** shēnghuó **hidup；kehidupan**

【名词】［Nomina（kata benda）］人或动物生存和发展的条件或活动等。Kondisi atau aktivitas seseorang atau hewan untuk hidup dan berkembang. ‖ 在他的帮助下，我们的生活越来越好了。Dengan bantuannya，hidup kita semakin baik. ｜生活中总是有很多困难，但是只要努力就一定能克服。Dalam hidup selalu ada banyak kesulitan，tapi asalkan kita berusaha，pasti bisa mengatasinya. ｜你能和我说说你在国外的生活吗？Bisakah Anda berbicara tentang kehidupan Anda di luar negeri？

【动词】［Verba（kata kerja）］为了生存和发展，做各种活动。Beraktivitas untuk bertahan hidup dan berkembang，melakukan berbagai aktivitas. ‖ 他从小和父母生活在中国。Dia hidup dengan orangtuanya di Tiongkok sejak kecil. ｜他们虽然穷，但是生活得很幸福。Meskipun mereka miskin，hidup mereka sangat bahagia. ｜他一直生活在农村，所以他非常想去城里。Dia selalu tinggal di desa sejak kecil，belum pernah pergi ke kota.

[3] **生命** shēngmìng **nyawa**

【名词】［Nomina（kata benda）］活着的东西，生长和活动的能力。Makhluk hidup，kemampuan untuk hidup dan tumbuh. ‖ 他在这次事故中失去了生命。Dia kehilangan nyawanya dalam kecelakaan ini. ｜我们要保护好自己的生命安全。Kita harus menjaga keselamatan hidup kita. ｜我们要保护好大自然中的每一个生命。Kita harus melindungi setiap makhluk hidup di alam ini.

[1] **生气** shēng//qì

【动词】［Verba（kata kerja）］非常不高兴，心情不好。Merasa sangat tidak senang，suasana hati buruk. ‖ 老师因为他总是不写作业了，所以生了好大的气。Guru marah besar karena dia selalu tidak mengerjakan tugas. ｜她怎么又生气了？Mengapa dia marah lagi？｜别总生气，对你的身体不好。Jangan sering marah，itu tidak baik untuk kesehatanmu.

[1] **生日** shēngrì **hari lahir；ulang tahun**

【名词】［Nomina（kata benda）］出生的日子。Tanggal kelahiran. ‖ 爸爸妈妈给他庆祝生日。Ayah dan ibu merayakan ulang tahunnya. ｜这是我送给你的生日礼物。｜Ini adalah hadiah ulang tahunku untukmu. ｜今天是他的六岁生日。Hari ini adalah ulang tahunnya yang keenam.

3 生意 shēngyi **bisnis**

【名词】[Nomina (kata benda)] 商业活动。Kegiatan bisnis. ‖ 他是做服装生意的。Dia terlibat dalam bisnis pakaian. | 我和他一起做过生意。Saya pernah berbisnis bersamanya. | 这次生意让我拿到很多钱。Kali ini bisnis ini memberi saya banyak uang.

3 生长 shēngzhǎng **bertumbuh; berkembang**

【动词】[Verba (kata kerja)] 长大,增长,成长。Tumbuh, bertambah, berkembang. ‖ 他生长的环境一直很好。Dia tumbuh dalam lingkungan yang baik. | 这种花生长在中国南部。Jenis bunga ini tumbuh di bagian selatan China. | 花园里生长着各种各样的花。Taman ini memiliki berbagai macam bunga yang tumbuh.

3 声明 shēngmíng **mengumumkan**

【动词】[Verba (kata kerja)] 公开表明态度或说明情况。Mengumumkan sikap secara terbuka atau menjelaskan situasi. ‖ 他在网上声明了这次事情和他没有关系。Dia mengumumkan di internet bahwa dia tidak terlibat dalam masalah ini. | 我先声明,我不同意这个决定。Saya ingin menyatakan, saya tidak setuju dengan keputusan ini. | 请你在报纸上声明一下,说清楚事情的情况。Tolong tulis sebuah pernyataan untuk menjelaskan situasi.

【名词】[Nomina (kata benda)] 公开说明情况或表面态度的文章。Tulisan yang menyatakan secara terbuka situasi atau sikap permukaan. ‖ 请你写一份声明,说明情况。Tolong tulis sebuah pernyataan untuk menjelaskan situasi. | 他在报纸上发表了一篇声明。Dia menerbitkan sebuah pernyataan di koran. | 我在声明中已经说明了自己的态度。Saya sudah menjelaskan sikap saya dalam pernyataan itu.

2 声音 shēngyīn **suara**

【名词】[Nomina (kata benda)] 能听到的东西,通过各种方式发出让人听到的东西。Hal yang bisa didengar, hal-hal yang bisa didengar melalui berbagai cara. ‖ 我忽然听到了有人说话的声音。Saya mendengar tiba-tiba ada suara orang berbicara. | 他唱歌的声音很好听。Suara bernyanyiannya sangat bagus didengar. | 别发出声音,这里正在考试。Jangan mengeluarkan suara, sedang ujian di sini.

3 升 shēng **naik**

【动词】[Verba (kata kerja)] 向高处运动。Bergerak ke atas. ‖ 太阳从东边升

S

起来了。Matahari terbit dari timur. | 他在公司这么多年,终于升上经理了。Dia naik menjadi manajer setelah bekerja di perusahaan selama bertahun-tahun. | 夏天来了,气温越升越高。Musim panas datang, suhu akan naik lebih tinggi.

²省 shěng **provinsi**

【名词】[Nomina (kata benda)] 中国的地方单位,国的下一级是省,省级单位所在的地方。Unit daerah di Tiongkok, di bawah tingkat nasional adalah provinsi, tempat di mana unit tingkat provinsi berada. ‖ 他今天要到省里开会。Hari ini dia akan pergi ke provinsi. | 这个省有五个区。Provinsi ini memiliki lima wilayah. | 省里的医院卫生条件更好。Rumah sakit di provinsi ini memiliki kondisi kebersihan yang lebih baik.

²省 shěng **hemat**

【动词】[Verba (kata kerja)] 少用,能少用就少用。Menghemat, mengurangi penggunaan, sebisa mungkin mengurangi penggunaan. ‖ 这个月的工资不多,你要省着点用。Gaji bulan ini tidak banyak, Anda harus berhemat dalam penggunaannya. | 为了保护环境,我们要省水省电。Untuk melindungi lingkungan, kita harus hemat air dan listrik. | 他把吃饭的时间省下来用在学习上。Dia menghemat waktu makan untuk belajar.

³胜 shèng **menang**

【动词】[Verba (kata kerja)] 超过对手,比其他的更好,达到目标。Mengalahkan lawan, lebih baik dari yang lain, mencapai tujuan. ‖ 做事情胜过说大话。Tindakan lebih baik dari pada bicara kosong. | 这个以少胜多的方法是他想出来的。Cara mengalahkan lebih banyak menggunakan lebih sedikit, itu adalah ide yang dia pikirkan. | 他的工作能力胜过我们部门的很多人。Kemampuan kerjanya lebih baik daripada banyak orang di departemen kita. | 这场比赛是我们队胜了。Kemenangan tim kami dalam pertandingan ini.

³胜利 shènglì **menang; berhasil**

【名词】[Nomina (kata benda)] 超过对手,比其他的更好,达到目标。Mengalahkan lawan, lebih baik dari yang lain, mencapai tujuan. ‖ 坚持到底就是胜利。Bertahan sampai akhir adalah kemenangan. | 这次胜利离不开每个人的努力。Kemenangan ini tidak terlepas dari upaya setiap orang. | 我们班得到了这次比赛的胜利。Kelas kami meraih kemenangan dalam kompetisi ini.

S

【动词】[Verba（kata kerja）] 得到的好结果,达到了目标的事情。Mencapai hasil yang baik，mencapai tujuan. ‖ 我们胜利完成了工作。Kami berhasil menyelesaikan pekerjaan ini.｜这次是他胜利了,下次我一定要超过他。Kali ini dia yang menang，minggu depan saya pasti akan mengalahkannya.｜改革胜利后，人民过上了好日子。Setelah reformasi berhasil，rakyat hidup dalam kebahagiaan.

3 **失去** shīqù **kehilangan**

【动词】[Verba（kata kerja）] 原来有的不存在了。Yang dulu ada tidak ada lagi. ‖ 我不小心失去了我最好的朋友,我很难过。Saya secara tidak sengaja kehilangan teman terbaik saya，saya sangat sedih.｜他失去了这次比赛的机会。Dia kehilangan kesempatan dalam kompetisi ini.｜他的奶奶去世了,他又失去了一个亲人。Neneknya meninggal，dia kehilangan seorang kerabat lagi.

1 **十** shí **sepuluh**

【数词】[Numeralia（kata bilangan）] ① 数字 10,中国人认为十表示完美或完整。Angka 10，orang Tiongkok menganggap angka 10 mewakili kesempurnaan atau kelengkapan. ‖ 十全十美 Sempurna sepuluh.｜九加一等于十。Sembilan ditambah satu sama dengan sepuluh.｜十个人来参观可以买团体票。Sepuluh orang datang untuk mengunjungi bisa mendapatkan tiket kelompok. ② 第十。Kesepuluh. ‖ 今天是她的十岁生日。Hari ini adalah hari ulang tahunnya yang kesepuluh.｜现在已经是十月了,到了秋天了。Sekarang sudah bulan Oktober，musim gugur sudah tiba.｜十月一日是中国的国庆节。Tanggal satu Oktober adalah Hari Kemerdekaan Tiongkok.

2 **十分** shífēn **sepenuhnya**

【副词】[Adverbia（kata keterangan）] 非常,表示程度很高。Sangat，menunjukkan tingkat tinggi. ‖ 他找不到手机十分着急。Dia tidak dapat menemukan ponselnya dan sangat cemas.｜我们很久没有见面了,我十分想他。Sudah lama kami tidak bertemu，saya sangat merindukannya.｜领导对这次工作成果十分满意。Kepala sekolah sangat puas dengan hasil ini.

2 **时** shí **waktu**

【名词】[Nomina（kata benda）] 时间,时候,小时。Waktu，waktu，jam. ‖ 现在是北京时间早上八时三十分。Sekarang adalah pukul 08：30 waktu Beijing.｜他是我少年时的同学。Dia adalah teman sekelas saya saat kecil.｜我八岁时和父

S

母搬到国外生活。Pada saat berusia delapan tahun, saya pindah bersama orang tua saya ke luar negeri.

3 **时代** shídài **era; masa; zaman**

【名词】[Nomina (kata benda)] ① 按照一定特征分出来的不同的时间段。Periode waktu yang dibagi berdasarkan fitur tertentu. ‖ 我们生活在新时代,要学习。Kita hidup di era baru dan harus belajar. | 21 世纪是信息时代。Abad ke-21 adalah era informasi. | 这部电视剧讲的是改革时代的故事。Drama ini menceritakan kisah di era reformasi. ② 人生中的某一段时间。Salah satu periode dalam hidup seseorang. ‖ 你知道他少年时代的事情吗? Apakah Anda tahu tentang kehidupannya saat muda? | 他们大学时代的时候是好朋友。Mereka adalah teman baik saat kuliah. | 每个人的学生时代都有不同的故事。Setiap orang memiliki cerita yang berbeda di masa sekolah.

1 **时候** shíhou **waktu**

【名词】[Nomina (kata benda)] 动作或事情发生的时间。Waktu ketika tindakan atau hal terjadi. ‖ 那时候我们还不认识,现在我们已经是最好的朋友了。Saat itu kita belum kenal, sekarang kita sudah menjadi teman baik. | 你上次和他见面是什么时候? Kapan terakhir kali kamu bertemu dengannya? | 你什么时候回国? 到时候我们一起去旅游吧。| Kapan kamu kembali ke negara ini? Pada saat itu, mari kita berlibur bersama.

1 **时间** shíjiān **waktu**

【名词】[Nomina (kata benda)] 运动存在的形式,有过去、现在和未来。Bentuk gerakan ada, ada masa lalu, sekarang, dan masa depan. ‖ 一天的时间是二十四个小时。Satu hari memiliki 24 jam. | 没时间了,车快要开了。| 考试时间快要结束了。Waktu ujian hampir berakhir. | 开会的时间确定了吗? Waktu rapat sudah ditentukan?

S

3 **时刻** shíkè **waktu**

【名词】[Nomina (kata benda)] 事情发生的时间。Waktu ketika suatu hal terjadi. ‖ 他把那一时刻的美丽景色拍了下来。Dia mengambil gambar keindahan saat itu. | 我永远也忘不了和他分别的时刻。Saya tidak akan pernah lupa momen berpisah dengannya. | 这样幸福的时刻我要永远记得。Saya akan selalu mengingat saat bahagia ini.

【副词】[Adverbia (kata keterangan)] 任何时刻,每个时间,每分每秒。Setiap saat, setiap waktu, setiap menit dan detik. ‖ 他时刻准备着参加工作。Dia selalu siap untuk bekerja. | 我时刻想着家乡的父母。Saya selalu merindukan orang tua saya sepanjang waktu. | 这里人太多,要时刻注意自己的安全。Tempat ini ramai, kita harus selalu memperhatikan keselamatan sendiri.

2 实际 shíjì **kenyataan; realita**

【名词】[Nomina (kata benda)] 客观真实存在的事情或情况。Hal yang ada secara objektif, situasi yang ada secara nyata. ‖ 我们要把理论和实际结合到一起。Kita harus menggabungkan teori dengan praktek. | 我们要认真对待客观实际中存在的问题。Kita harus serius menghadapi masalah yang ada secara objektif. | 实际和他说的不一样。Realitas berbeda dari apa yang dia katakan.

【形容词】[Adjektiva (kata sifat)] 具体的,可以办到的。Spesifik, dapat diwujudkan. ‖ 实际情况和报告中提到的一样。Situasi yang ada sesuai dengan apa yang dijelaskan dalam laporan. | 我们要解决老百姓实际的生活困难。Kita harus menyelesaikan masalah kehidupan nyata orang banyak. | 他的想法有点不太实际。Ideanya agak tidak realistis.

3 实际上 shíjìshàng **kenyataannya**

【副词】[Adverbia (kata keterangan)] 其实,放在一个句子的前面表示真实的情况。Sebenarnya, ditempatkan di depan kalimat untuk menunjukkan situasi yang nyata. ‖ 他看着有点老,实际上他只有三十几岁。Dia terlihat tua, sebenarnya dia hanya berusia 30-an. | 他嘴上什么都不说,实际上他比所有人都难过。Dia tidak mengatakan apa-apa, sebenarnya dia lebih sedih dari orang lain. | 他说他听懂了,实际上我看他什么也不懂。Dia bilang dia mengerti, sebenarnya saya lihat dia tidak mengerti apa-apa.

3 实力 shílì **kemampuan**

【名词】[Nomina (kata benda)] 实际的能力,力量。Kemampuan yang sebenarnya, kekuatan. ‖ 他在这次比赛中表现出自己的真实实力。Dia menunjukkan kekuatannya yang sebenarnya dalam kompetisi ini. | 他实力很强,没有人能胜过他。Dia memiliki kemampuan yang kuat, tidak ada yang bisa mengalahkannya. | 他有很强的经济实力。Dia memiliki kekuatan ekonomi yang kuat.

[2] 实习 shíxí **magang**

【动词】［Verba（kata kerja）］在某个公司或单位训练自己的工作能力。Berlatih kemampuan kerja di suatu perusahaan atau unit. ‖ 你在哪个单位实习？Di unit mana Anda magang？｜学校安排学生到工厂实习。Sekolah mengatur siswa untuk magang di pabrik.｜她现在还是实习教师。Dia masih menjadi guru magang saat ini.｜我在这家医院已经实习了半年。Saya sudah magang di rumah sakit ini selama setengah tahun.

【名词】［Nomina（kata benda）］某个公司或单位训练自己的工作能力的过程或经历。Proses atau pengalaman latihan keterampilan kerja di suatu perusahaan atau unit. ‖ 每个去实习的学生都需要有实习证明。Setiap siswa yang magang perlu memiliki sertifikat magang.｜他是负责实习工作的老师。Dia adalah guru yang bertanggung jawab atas magang kerja.｜实习结束后，每个人都会有自己的实习成绩。Setelah magang selesai，setiap orang akan mendapatkan hasil magang mereka.

[2] 实现 shíxiàn **mewujudkan**

【动词】［Verba（kata kerja）］使想法、计划变成现实。Membuat gagasan atau rencana menjadi kenyataan. ‖ 他通过自己的努力实现了自己的理想。Dia mewujudkan impian-impian dengan usaha sendiri.｜我真希望我的生日愿望可以实现。Saya benar-benar berharap keinginan ulang tahun saya bisa menjadi kenyataan.｜我们实现了今年的工作目标。Kami mencapai target pekerjaan kami tahun ini.

[3] 实行 shíxíng **melaksanakan；menerapkan**

【动词】［Verba（kata kerja）］按照规定或继续办事或行动。Melanjutkan tindakan atau aktivitas sesuai dengan ketentuan. ‖ 我们公司实行八小时工作制度。Perusahaan kami menerapkan jam kerja delapan jam.｜学校对学生实行科学管理。Sekolah menerapkan manajemen ilmiah untuk siswa.｜我们国家实行市场经济制度。Negara kita menerapkan sistem ekonomi pasar.

[3] 实验 shíyàn **percobaan；uji coba；eksperimen**

【动词】［Verba（kata kerja）］为了证明某个理论或某种想法而进行活动。Melakukan aktivitas untuk membuktikan suatu teori atau ide. ‖ 他说得有没有道理，让我们实验一下就知道了。Apakah apa yang dia katakan masuk akal，

S

kita akan tahu setelah mencobanya. | 这次的实验结果怎么样？Bagaimana hasil dari eksperimen ini？
【名词】［Nomina（kata benda）］为了证明某个理论或某种想法采用的活动。Aktivitas yang dilakukan untuk membuktikan suatu teori atau ide. ‖ 老师在科学课上教我们做实验。Guru mengajar kita melakukan percobaan dalam pelajaran ilmu pengetahuan. | 我们已经做了多次实验了，结果都是一样的。Kami telah melakukan percobaan beberapa kali dan hasilnya selalu sama. | 上高中以后我们有了实验课。Setelah SMA，kami memiliki pelajaran percobaan.

3 **实验室** shíyànshì **laboratorium**

【名词】［Nomina（kata benda）］专门进行科学实验的房间或场所。Ruangan atau tempat khusus untuk melakukan percobaan ilmiah. ‖ 实验室里有很多实验设备。Di laboratorium ada banyak peralatan percobaan. | 你们学校有几个实验室？Berapa banyak laboratorium yang ada di sekolah Anda？| 我们实验室现在需要再增加一些人。Laboratorium kami sekarang membutuhkan lebih banyak orang.

2 **实在** shízài **benar-benar；sebenarnya memang**

【副词】［Adverbia（kata keterangan）］实际上，确实。Sebenarnya，memang. ‖ 他这个人实在是不可靠，每次答应的事情都不做。Dia benar-benar orang yang tidak dapat diandalkan，setiap kali berjanji tidak melakukan. | 我实在不知道发生了什么事。Saya benar-benar tidak tahu apa yang terjadi. | 他们实在没有感情了，只能离婚。Mereka memang sudah tidak memiliki perasaan satu sama lain，hanya bisa bercerai.

2 **实在** shízài **apa adanya**

【形容词】［Adjektiva（kata sifat）］可靠的，真实的。Dapat diandalkan，nyata. ‖ 我是个实在人，我就有什么说什么了。Saya adalah orang yang nyata，saya mengatakan apa adanya. | 他这些话说得很实在。Dia mengatakan kata-kata tersebut dengan sangat jujur. | 他是个实在人，从来不说假话。Dia adalah orang yang dapat diandalkan，tidak pernah berbohong.

3 **食品** shípǐn **makanan**

【名词】［Nomina（kata benda）］经过加工，作为商品的食物。Makanan yang telah diolah dan dijual sebagai produk. ‖ 现在大多数人都很关注食品安全问题。Saat ini，banyak orang sangat memperhatikan masalah keamanan pangan. | 他从事

S

食品加工的工作。Dia bekerja di industri pengolahan makanan. | 你可以在食品商店中买到很多种食品。Anda dapat membeli berbagai macam makanan di toko makanan.

2 食物 shíwù **makanan**

【名词】[Nomina (kata benda)] 可以吃的东西。Hal yang dapat dimakan. ‖ 我们每天需要丰富的食物，才能有足够的营养。Setiap hari kita membutuhkan makanan yang beragam untuk mendapatkan cukup nutrisi. | 她很有爱心，经常给家附近的小猫准备食物。Dia sangat penyayang, sering menyiapkan makanan untuk kucing-kucing kecil di sekitar rumah. | 家里的食物都吃完了，我一会儿去超市买新的。Semua makanan di rumah habis, saya akan pergi ke supermarket nanti.

3 石头 shítou **batu**

【名词】[Nomina (kata benda)] 在地上可以见到的，比土要结实的，成块的东西。Benda yang padat dan keras yang bisa ditemukan di tanah, lebih padat daripada tanah. ‖ 小孩手里拿着一块漂亮的石头。Anak itu memegang batu yang indah di tangannya. | 河边有很多小石头。Ada banyak kerikil kecil di tepi sungai. | 有的石头可以卖很多钱。Beberapa batu dapat dijual dengan harga tinggi.

3 石油 shíyóu **minyak bumi**

【名词】[Nomina (kata benda)] 地球深处的一种黑色的像油一样的东西，经过加工可以制作很多东西或作为机器的动力。Bahan hitam seperti minyak yang berasal dari dalam bumi, dapat diolah menjadi daya untuk banyak hal atau mesin. ‖ 这个国家的经济大部分靠卖石油得来。Sebagian besar perekonomian negara ini didapatkan dari penjualan minyak bumi. | 国家管理着石油工业。Negara mengelola industri minyak bumi. | 石油可以作为汽车的动力。Minyak bumi dapat digunakan sebagai daya untuk mobil.

3 使 shǐ **membuat; menyuruh**

【动词】[Verba (kata kerja)] ① 让，叫。Membuat, menyuruh. ‖ 这件事使他很生气。Hal itu membuatnya marah. | 他的话使我想起我们一起上学的日子。Kata-katanya membuat saya teringat hari-hari kami bersekolah bersama. | 没有人能使他改变决定。Tidak ada yang bisa membuatnya mengubah keputusannya.

② 用。Menggunakan. ‖ 你再使点力,门马上就能打开了。Tolong gunakan lebih banyak tenaga, pintu akan segera terbuka. | 把你的笔借我使使。Pinjamkan pulpenmu padaku sebentar. | 这台机器不好使。Mesin ini tidak dapat digunakan.

2 **使用** shǐyòng **menggunakan**

【动词】[Verba (kata kerja)] 利用某人或某物达到目的。Memanfaatkan seseorang atau sesuatu untuk mencapai tujuan. ‖ 他一直都使用这个手机号。Dia selalu menggunakan nomor telepon ini. | 你使用哪种方法学汉语? Metode apa yang Anda gunakan untuk belajar bahasa Mandarin? | 这个机器能使用十年。Mesin ini dapat digunakan selama 10 tahun.

3 **始终** shǐzhōng **dari awal hingga akhir**

【副词】[Adverbia (kata keterangan)] 一直,从开始到结束一直没有变化。Selalu, dari awal hingga akhir tanpa perubahan. ‖ 整个会议期间,他始终没有说明自己的态度。Selama seluruh pertemuan, dia tidak pernah mengungkapkan sikapnya. | 不管谁说,他始终坚持自己的决定。Apapun yang dikatakan orang lain, dia tetap berpegang pada keputusannya. | 我始终认为成功只能靠努力。Saya selalu merasa bahwa keberhasilan hanya dapat dicapai dengan usaha yang tekun.

3 **世纪** shìjì **abad**

【名词】[Nomina (kata benda)] 每一百年为一个世纪,是计算时间的单位。Setiap 100 tahun, unit penghitungan waktu. ‖ 现在是 21 世纪,上个世纪是 20 世纪。Sekarang adalah abad ke-21, abad sebelumnya adalah abad ke-20. | 1901 年到 2000 年是 20 世纪。Tahun 1901 hingga 2000 adalah abad ke-20. | 本世纪出现了很多伟大的作家。Abad ini menyaksikan banyak penulis yang hebat.

3 **世界** shìjiè **dunia**

【名词】[Nomina (kata benda)] ① 整个地球上所有的国家。Semua negara di bumi. ‖ 全世界的人都观看了这场比赛。Semua orang di dunia menonton pertandingan ini. | 世界各国的代表都来参加这次会议。Perwakilan dari seluruh negara di dunia hadir dalam pertemuan ini. | 我想去世界各国旅游。Saya ingin berkeliling dunia. ② 某个学科或知识范围。Program studi atau cakupan pengetahuan tertentu. ‖ 科学世界还有很多我们不知道的事情。Dunia ilmu pengetahuan masih banyak hal yang kita tidak ketahui. | 谁都没办法理解他的精神世界。Tidak ada yang dapat memahami dunia batinnya.

S

3 世界杯 shìjièbēi **piala dunia**

【名词】[Nomina（kata benda）] 一种足球比赛的名字，获得第一名的足球队可以取得一个像杯子一样的纪念品。Nama pertandingan sepak bola, tim sepak bola yang mendapatkan peringkat pertama bisa mendapatkan hadiah berupa piala seperti cangkir. ‖ 他们这段时间总是在一起看世界杯。Mereka selalu menonton Piala Dunia bersama selama periode waktu ini. | 每个电视台都在播放世界杯的新闻。Setiap stasiun televisi menyiarkan berita tentang Piala Dunia saat ini. | 这支足球队在世界杯比赛中取得了第一名。Tim sepak bola ini meraih peringkat pertama dalam pertandingan Piala Dunia.

1 事 shì **hal；kejadian；peristiwa**

【名词】[Nomina（kata benda）] 生活中的活动和各种现象，工作。Kegiatan dalam kehidupan dan berbagai fenomena, pekerjaan. ‖ 你不能一直在家什么都不做，你出去找点事做吧。Anda tidak dapat terus-menerus berdiam diri di rumah, pergi dan cari sesuatu untuk dilakukan. | 请问你找我有事吗？Maaf, apakah Anda mencari saya untuk sesuatu? | 我怎么也找不到他，我担心他会有什么事。Bagaimana pun caranya, saya tidak bisa menemukan dia, saya khawatir dia akan terjadi sesuatu.

3 事故 shìgù **kecelakaan**

【名词】[Nomina（kata benda）] 突然发生的不好的事情。Kejadian buruk yang terjadi tiba-tiba. ‖ 共有十人在这次交通事故中失去了生命。Sepuluh orang meninggal dalam kecelakaan lalu lintas ini. | 警察正在调查这次事故的原因。Polisi sedang menyelidiki penyebab kecelakaan ini. | 我们要小心开车，不要发生交通事故。Kita harus berhati-hati saat mengemudi, hindari kecelakaan lalu lintas.

3 事件 shìjiàn **peristiwa**

【名词】[Nomina（kata benda）] 社会上发生的有影响的事情。Peristiwa yang terjadi di masyarakat yang memiliki dampak atau pengaruh. ‖ 电视上报道了最近社会上发生的重大事件。Berita di televisi melaporkan peristiwa penting yang baru saja terjadi di masyarakat. | 你看过这次事件的报道吗？Apakah kamu sudah melihat laporan tentang peristiwa ini? | 事件发生得很突然，很多情况还不清楚。Peristiwa ini terjadi begitu tiba-tiba, banyak hal yang masih belum jelas.

2 事情 shìqing **hal；peristiwa**

【名词】[Nomina（kata benda）] 生活中的活动和各种现象，工作。Kegiatan dalam kehidupan dan berbagai fenomena，pekerjaan. ‖ 这些事情很简单，我一个人做就可以。Hal-hal ini cukup sederhana，saya bisa melakukannya sendiri. | 你上班都做什么事情？Apa yang Anda lakukan di tempat kerja Anda sehari-hari？| 他总是把自己的事情交给别人做。Dia selalu memberikan pekerjaannya kepada orang lain.

3 事实 shìshí **kenyataan**

【名词】[Nomina（kata benda）] 事情的真实情况。Kenyataan dari suatu hal. ‖ 他说的都是事实。Semua yang dia katakan adalah kenyataan. | 新闻要报道客观事实。Berita harus melaporkan fakta yang objektif. | 事实已经很清楚了，你不需要再解释了。Faktanya sudah cukup jelas，Anda tidak perlu menjelaskannya lagi.

3 事实上 shìshíshang **kenyataannya**

【副词】[Adverbia（kata keterangan）] 实际上，真实情况是。Sebenarnya，situasinya adalah. ‖ 事实上，他们上个月就离婚了。Sebenarnya，mereka bercerai bulan lalu. | 他说自己都听懂了，事实上他心里并不清楚。Dia mengatakan dia mengerti，sebenarnya dia tidak mengerti apa-apa. | 他嘴上不说什么，但事实上他帮了我们很多忙。Dia tidak mengatakan apa-apa，namun sebenarnya dia telah membantu kita banyak.

3 事业 shìyè **karir**

【名词】[Nomina（kata benda）] 对社会或个人发展有积极意义的长期活动。Kegiatan jangka panjang yang memiliki arti positif bagi perkembangan sosial atau individu. ‖ 他的事业现在发展得很成功。Karirnya saat ini berkembang dengan sangat sukses. | 我国重视教育事业的发展。Negara kami sangat mementingkan perkembangan sektor pendidikan. | 我现在想在自己的个人事业上多花点时间。Saat ini saya ingin menghabiskan lebih banyak waktu untuk karir pribadi saya.

1 试 shì **coba**

【动词】[Verba（kata kerja）] 为了弄清楚事情或达到目的而做。Melakukan sesuatu untuk mencari tahu atau mencapai tujuan. ‖ 谁想试着回答一下这个问

S

题？Siapa yang mau mencoba menjawab pertanyaan ini？｜我先试试，我也不知道能不能办成。Aku akan mencoba dulu，aku juga tidak tahu apakah bisa berhasil.｜这家商店的食品可以试吃。Di toko ini，makanan bisa dicicipi.

3 **试题** shìtí **soal ujian**

【名词】［Nomina（kata benda）］考试的题目。Soal dalam ujian. ‖ 在考试之前，所有的试题不能让学生知道。Sebelum ujian，semua soal tidak boleh diketahui oleh siswa.｜老师上课要讲上次考试的试题。Guru akan membahas soal ujian yang lalu dalam pelajaran ilmu pengetahuan.｜这些试题有点难度，会做的人比较少。Soal-soal ini cukup sulit，hanya sedikit orang yang bisa menjawabnya.

3 **试验** shìyàn **uji coba**

【动词】［Verba（kata kerja）］为了弄清楚事情或达到目的而小范围内试着做。Mencoba melakukan sesuatu dengan skala kecil untuk mencapai tujuan atau memahami sesuatu. ‖ 我们先在少数病人身上试验新药。Kami pertama-tama mencoba obat baru ini pada sejumlah kecil pasien.｜这个方法到底行不行，试验一下就知道了。Apakah metode ini bisa berhasil atau tidak，kita hanya bisa tahu dengan mencobanya.｜老师在这个班试验了他的新教学方法。Guru melakukan eksperimen dengan metode pengajaran barunya di kelas ini.

1 **是** shì **iya；adalah**

【动词】［Verba（kata kerja）］① 表示肯定的回答。Menyatakan jawaban yang positif. ‖ "你是不是小王？""是，我是。""Apakah kamu Xiao Wang？""Iya，aku itu."｜"你来一下我办公室。""是，我马上就来。""Kamu datang ke kantor saya sebentar.""Baik，aku segera datang." ② 表示两种或几种东西的关系，比如说明，同一个种类，存在等的。Menunjukkan hubungan antara dua atau beberapa hal，seperti keterangan，kesamaan，atau keberadaan. ‖ 他是我的老师。Dia adalah guruku.｜这是我的弟弟。Ini adalah adikku.｜我是北京人。Aku adalah orang Beijing. ③ 表示确定，强调。Menekankan atau menegaskan. ‖ 这是他买来的，不是我买的。Ini adalah yang dia beli，bukan yang aku beli.｜你确实是有道理，但是你也要听听我的道理。Memang benar apa yang kamu katakan，tetapi dengarkan juga pendapatku.｜这件衣服是漂亮，但是也太贵了。Bajunya memang bagus，tapi harganya terlalu mahal. ④ 和"还是"组成"是……还是……"表示两个选择中选一个。Digabungkan dengan "还是（háishì）" membentuk struktur "是……还是……" untuk menunjukkan dua pilihan dan memilih

S

salah satunya. ‖ 这次比赛是你去，还是我去？Apakah kali ini kamu yang pergi atau aku yang pergi？| 你是要咖啡还是要茶？Apakah kamu mau kopi atau teh？| 你是坐地铁去还是坐公交车去？Apakah kamu pergi menggunakan kereta bawah tanah atau menggunakan bus？

1 **是不是** shìbushì **iya atau tidak**

【短语】[frasa] ① 表示通过提问确定情况。Digunakan untuk menanyakan dan memastikan situasi. ‖ 这辆车是不是你的？Mobil ini adalah milikmu？| 他今天是不是也来看比赛？Dia juga datang untuk menonton pertandingan hari ini？| 你是不是认识我的男朋友？Apakah kamu kenal pacarku？② 表示不清楚，不确定。Menunjukkan ketidakjelasan atau ketidakpastian. ‖ 他是不是这个意思我也不知道。Aku juga tidak tahu apakah itu maksudnya begitu. | 情况是不是这样我也不清楚。Aku juga tidak tahu apakah situasinya seperti itu. |

2 **市** shì **kota**

【名词】[Nomina (kata benda)] 城市，地方管理的单位。Kota, unit administratif daerah. ‖ 北京市。Kota Beijing. | 你们市有哪些好玩的地方？Ada tempat-tempat menarik di kota kamu？| 这个省一共有八个市。Provinsi ini memiliki 8 kota.

3 **市场** shìchǎng **pasar**

【名词】[Nomina (kata benda)] 室外集中进行商品活动的场所。Tempat di luar ruangan untuk melakukan aktivitas komersial. ‖ 市场上的人很多，有的人来买鱼，有的人来买菜。Di pasar, ada banyak orang yang datang untuk membeli ikan dan sayuran. | 妈妈每天早上去菜市场买菜。Ibu pergi ke pasar pagi setiap pagi untuk membeli sayur-sayuran. | 中国东部有很多小商品市场。Ada banyak pasar kecil barang-barang di bagian timur China.

2 **市长** shìzhǎng **walikota**

【名词】[Nomina (kata benda)] 一个城市里负责社会管理工作的最高领导人。Pemimpin tertinggi yang bertanggung jawab atas tugas sosial di dalam suatu kota. ‖ 人民都选他当市长。Rakyat memilihnya menjadi walikota. | 市长今天要到各个单位检查工作。Hari ini walikota akan memeriksa pekerjaan di berbagai unit. | 市长去省里报告工作了，今天不在办公室。Walikota sedang ke ibu kota provinsi untuk melaporkan pekerjaan, hari ini dia tidak ada di kantor.

3 室 shì **ruangan**

【名词】[Nomina (kata benda)] ① 房子,房间。rumah, ruangan. ‖ 这里是会议室。Ini adalah ruang rapat. | 我们家房子是三室的。Rumah kami memiliki tiga kamar. | 这是一家室内商场。Ini adalah pusat perbelanjaan dalam ruangan. ② 单位里的部门。Departemen di dalam suatu unit. ‖ 退休手续可以到退休室来办。Proses pensiun bisa diurus di ruang pensiun. | 这里是图书馆的读书室。Ini adalah ruang baca perpustakaan.

3 适合 shìhé **cocok**

【动词】[Verba (kata kerja)] 能满足要求。Cocok untuk digunakan. ‖ 在这种场合不适合穿这么短的上衣。Di situasi ini, tidak cocok memakai baju yang terlalu pendek. | 你觉得这件衣服适合我吗? Menurutmu, apakah baju ini cocok untukku? | 他很适合我们部门的工作。Dia sangat cocok untuk pekerjaan di departemen kami.

3 适应 shìyìng **adaptasi**

【动词】[Verba (kata kerja)] 为了适合情况或条件,不断地做必要的改变。Melakukan perubahan yang diperlukan untuk sesuai dengan situasi atau kondisi. ‖ 他现在还不适应国外的生活。Dia masih belum bisa beradaptasi dengan kehidupan di luar negeri. | 我现在已经适应了新的工作环境。Sekarang aku sudah beradaptasi dengan lingkungan kerja yang baru. | 这种动物的生存能力很强,能适应很多种环境。Hewan ini memiliki kemampuan bertahan yang kuat dan dapat beradaptasi dengan banyak lingkungan.

3 适用 shìyòng **cocok**

【形容词】[Adjektiva (kata sifat)] 适合使用的。Cocok untuk digunakan. ‖ 这个方法对每个学习汉语的人都很适用。Metode ini cocok untuk semua orang yang belajar bahasa Mandarin. | 城里新建了一些新的经济适用房。| Di bagian timur Tiongkok, ada banyak apartemen terjangkau secara ekonomi. | 这种方法不适用现在的情况。Metode ini tidak cocok untuk situasi saat ini.

2 收 shōu **terima**

【动词】[Verba (kata kerja)] ① 接受,从别人那里得到。Menerima atau mendapatkan sesuatu dari orang lain. ‖ 他过生日时收了很多礼物。Dia mendapatkan banyak hadiah saat ulang tahunnya. | 他来负责收钱的工作。Dia bertanggung jawab untuk menerima uang. | 我不想收他的礼物。Aku tidak ingin menerima hadiah darinya. ② 把自己的东西拿回来，把东西集中放起来 Mengambil kembali barang milik sendiri dan menyimpannya. ‖ 妈妈让他把玩具收好。Ibu memintanya untuk merapihkan mainannya. | 快下雨了，快把衣服收回来。Hujan akan segera datang, cepat ambil kembali pakaian. | 我负责洗碗，他负责收筷子和碗。Aku bertanggung jawab mencuci piring, dia bertanggung jawab mengumpulkan sumpit dan mangkuk.

2 收到 shōudào **terima**

【动词】[Verba (kata kerja)] 已经接到，接受。Telah diterima atau diterima. ‖ 我收到你发来的电子邮件了。Aku menerima email yang kamu kirimkan. | 我没收到他送来的东西。Aku tidak menerima barang yang dia kirimkan. | 杂志收到了很多读者的信。Majalah menerima banyak surat dari pembaca.

3 收费 shōufèi **berbayar**

【动词】[Verba (kata kerja)] 需要交费，收钱，收到相关的费用。Memerlukan pembayaran atau mengumpulkan biaya terkait. ‖ 这是一家收费的停车场，每小时两块钱。Ini adalah tempat parkir berbayar, dua yuan per jam. | 有的电视节目是收费的，必须交费才能看。Beberapa acara televisi memerlukan biaya, harus membayar untuk menontonnya. | 高速公路上有收费站。Di jalan tol ada gerbang tol.

3 收看 shōukàn **menyaksikan**

【动词】[Verba (kata kerja)] 观看电视节目。Menonton acara televisi. ‖ 欢迎大家收看我们的节目。Selamat datang untuk menonton acara kami. | 他每天都要收看新闻。Dia menonton berita setiap hari. | 他们坐在一起收看世界杯比赛。Mereka duduk bersama dan menonton pertandingan Piala Dunia.

2 收入 shōurù **pemasukan; pendapatan**

【名词】[Nomina (kata benda)] 通过工作等得到的钱。Uang yang diperoleh melalui pekerjaan atau kegiatan lainnya. ‖ 他每个月的工资收入是五千人民币。Gajinya adalah lima ribu yuan per bulan. | 他的收入不高，只够他一个人生活。Penghasilannya tidak tinggi, hanya cukup untuk hidup seorang diri. | 通过他的努力，他的工资收入增加了。| Dengan usahanya, pendapatannya meningkat.

【动词】[Verba (kata kerja)] 收进来。Masukkan. ‖ 这部词典收入了两千多

S

个词。Kamus ini mencakup lebih dari dua ribu kata. | 这本杂志收入了他的文章。Majalah ini mencakup tulisannya.

3 收听 shōutīng **mendengar; menyimak**

【动词】[Verba (kata kerja)] 听广播电台。Mendengarkan siaran radio. ‖ 欢迎大家收听音乐广播。Selamat datang untuk mendengarkan siaran musik. | 我一般会收听新闻广播。Biasanya saya mendengarkan siaran berita. | 用手机也可以收听广播。Dengan ponsel, juga dapat mendengarkan siaran radio.

3 收音机 shōuyīnjī **radio**

【名词】[Nomina (kata benda)] 可以播放广播电台节目的机器。Alat yang dapat memutar program siaran radio. ‖ 爷爷的收音机已经用了很多年了。Radio kakek sudah digunakan selama bertahun-tahun. | 我买了一台收音机。Aku membeli satu unit radio. | 他总是坐在门口,手里拿着一台很老的收音机。Dia selalu duduk di pintu, membawa radio tua di tangannya.

1 手 shǒu **tangan**

【名词】[Nomina (kata benda)] ① 人身体上的一部分,可以用来拿东西的部分。Bagian tubuh manusia yang dapat digunakan untuk menggenggam sesuatu. ‖ 你手里拿的是什么? Apa yang kamu pegang di tanganmu? | 你回家以后要先洗手。Setelah pulang ke rumah, cuci tanganmu dulu. | 他的手受了伤,现在还不能拿笔。Tangannya terluka, sekarang dia tidak bisa menggenggam pensil. ② 表示从事某个行业的人。Menunjukkan orang yang terlibat dalam suatu pekerjaan. ‖ 他是一个网络写手,经常在网上发表小说。Dia adalah seorang penulis web, sering mengirim novel secara daring. | 他是一名歌手。Dia adalah seorang penyanyi. | 他是做这种工作的一把好手。Dia adalah ahli dalam pekerjaan semacam itu.

2 手表 shǒubiǎo **jam tangan**

【名词】[Nomina (kata benda)] 戴在手上用来看时间的工具。Alat untuk melihat waktu yang dipakai di tangan. ‖ 他戴的手表非常贵。Jam tangannya sangat mahal. | 我的手表坏了。Jam tanganku rusak. | 我的手表慢了两分钟。Jam tanganku lambat dua menit.

1 手机 shǒujī **ponsel; telepon genggam**

【名词】[Nomina (kata benda)] 可以带在身上打电话、发短信等的工具。Alat

yang dapat dibawa di tangan untuk menelepon, mengirim pesan, dll. ‖ 我的手机找不到了。Tidak bisa menemukan ponselku. | 你的手机响了,有人给你打电话。Ponselmu berdering, ada yang menelponmu. | 他用手机拍出来的照片非常好看。Foto yang diambil dengan ponselnya sangat bagus.

3 **手续** shǒuxù **prosedur**

【名词】[Nomina (kata benda)] 按照规定必须经历的一些事情。Hal-hal yang harus dilalui sesuai dengan peraturan. ‖ 他们今天去办结婚手续。Mereka pergi untuk melangsungkan pernikahan hari ini. | 他的退休手续还没办好,还不能退休。Proses pensiunnya belum selesai, dia belum bisa pensiun. | 您还有一道手续没办,您可以到三号窗口办。Masih ada satu langkah yang harus dilalui, Anda bisa ke pintu nomor tiga.

3 **手指** shǒuzhǐ **jari tangan**

【名词】[Nomina (kata benda)] 手上的一部分,长短不一样的,可以活动的部分。Bagian tangan yang bisa bergerak dengan panjang yang berbeda. ‖ 一般情况下,一只手有五个手指。Biasanya, satu tangan memiliki lima jari. | 我的手指破了,流了血。Jarinya terluka, mengeluarkan darah. | 这个孩子总是喜欢咬手指。Anak itu selalu suka mengigit jarinya.

3 **首都** shǒudū **ibukota**

【名词】[Nomina (kata benda)] 一个国家中有最高管理部门在的城市。Kota di mana ada badan administrasi tertinggi dalam suatu negara. ‖ 中国的首都是北京。Ibukota Tiongkok adalah Beijing. | 我去过这个国家的首都。Aku pernah ke ibukota negara ini. | 首都是一个国家的政治和经济中心。Ibu kota adalah pusat politik dan ekonomi sebuah negara.

3 **首先** shǒuxiān **pertama-tama**

【副词】[Adverbia (kata keterangan)] 最早,最开始,最先,第一步。Pertama-tama, paling awal, langkah pertama. ‖ 首先你要学会上网,然后才能学会发邮件。Pertama-tama, kamu harus belajar cara menggunakan internet, lalu baru bisa belajar cara mengirim email. | 你首先要把菜洗干净。Pertama-tama, kamu harus mencuci sayuran dengan bersih. | 不管怎么说,首先你打人就是不对的。Bagaimanapun juga, pertama-tama, menyerang seseorang adalah hal yang salah.

3 **受** shòu **menerima**

【动词】[Verba (kata kerja)] 得到,接受。Menerima atau mendapatkan. ‖ 他刚开始一个人生活的时候受了不少苦。Dia mengalami banyak kesulitan ketika memulai hidup sendiri. | 这个歌手的歌很受欢迎。Lagu dari penyanyi ini sangat populer. | 我受不了他说的话,他的话说得也太难听了。Aku tidak tahan dengan perkataannya, perkataannya juga terlalu kasar.

2 **受到** shòudào **menerima**

【动词】[Verba (kata kerja)] 接受到,得到,碰到。Menerima atau mendapatkan, mendapat atau mengalami sesuatu. ‖ 他在国外读了很多年书,受到了很好的教育。Dia mendapatkan pendidikan yang baik selama belajar di luar negeri. | 他因为不写作业受到了老师的批评。Dia menerima kritik dari guru karena tidak menyelesaikan tugas. | 父母的教育让他从小就受到了好的影响。Pendidikan dari orang tua telah memberikan pengaruh yang baik padanya sejak kecil.

3 **受伤** shòu//shāng **cedera**

【动词】[Verba (kata kerja)] 身体或精神上有了伤,受到破坏。Mengalami luka fisik atau mental, mengalami kerusakan. ‖ 他的腿受了很重的伤。Kakinya mengalami cedera yang serius. | 他说的话使我觉得心里很受伤。Kata-katanya membuatku merasa terluka secara emosional. | 我只是受了点小伤,没什么别的事。Aku hanya mengalami cedera ringan, tidak ada masalah serius lainnya.

1 **书** shū **buku**

【名词】[Nomina (kata benda)] 用有文字和图片的纸装成本给读者看的作品。Karya yang berisi teks dan gambar yang disusun dalam kertas dan diberikan kepada pembaca untuk dibaca. ‖ 我平常休息的时候在家看书。Saya suka membaca buku di rumah saat istirahat. | 一套书一共有五本。Satu set buku terdiri dari lima buah. | 学校给学生发了新书。Sekolah memberikan buku baru kepada siswa.

1 **书包** shūbāo **tas sekolah**

【名词】[Nomina (kata benda)] 装书的包。Tas untuk membawa buku. ‖ 他书包里面装着书和笔记本。Tasnya berisi buku dan buku catatan. | 妈妈给孩子买了一个新书包。Ibu membelikan anaknya tas buku baru. | 他背着书包上学去了。

Dia pergi ke sekolah dengan membawa tas bukunya. | 我的书包找不到了。Saya tidak bisa menemukan tas buku saya.

1 **书店** shūdiàn　**toko buku**

【名词】［Nomina（kata benda）］卖书的商店。Toko yang menjual buku. ‖ 我平常喜欢去书店买书。Saya sering suka pergi ke toko buku untuk membeli buku. | 他经营着一家小书店。Dia mengelola sebuah toko buku kecil. | 书店里正在做活动，很多书的价格都很便宜。Di toko buku sedang ada acara, banyak buku yang harganya sangat murah.

3 **书架** shūjià　**rak buku**

【名词】［Nomina（kata benda）］放书的架子。Rak untuk meletakkan buku. ‖ 他的书架上放着很多书。Di rak bukunya, ada banyak buku. | 你看完的书要放回书架上。Setelah membaca, buku-buku harus ditempatkan kembali di rak. | 他用木头打了一个书架。Dia membuat sebuah rak buku dari kayu.

2 **舒服** shūfu　**nyaman**

【形容词】［Adjektiva（kata sifat）］开心的，让人感觉好的。Senang, membuat orang merasa baik. ‖ 这个气温真暖和，让我觉得真舒服。Suhu udara sangat hangat, membuatku merasa sangat nyaman. | 现在他有钱了，日子过得很舒服。Sekarang dia kaya, hidupnya sangat nyaman. | 这件衣服虽然便宜，但是穿着很舒服。Meskipun pakaian ini murah, tapi nyaman dipakai.

3 **输** shū　**kalah**

【动词】［Verba（kata kerja）］对手胜了，打不过对方，落后对方。Dikalahkan oleh lawan, tidak bisa mengatasi lawan, tertinggal dari lawan. ‖ 这次比赛，蓝队输了。Pertandingan ini, timbiru kalah. | 他实力没有对手强，当然会输。Dia memang tidak sekuat lawannya, jadi tentu saja dia kalah. | 现在对方输我们两个球。Saat ini, lawan kita unggul dua gol dari kita.

S

3 **输入** shūrù　**masukan; mengetik**

【动词】［Verba（kata kerja）］① 从外面到里面来。Masuk dari luar ke dalam. ‖ 这个城市每年都输入很多人才。Kota ini menerima banyak tenaga kerja setiap tahun. | 我们国家需要输入一些新的技术。Negara kita memerlukan impor teknologi baru. | 病人的身体需要输入大量的血。Tubuh pasien membutuhkan banyak darah. ② 把文字传到电脑或手机里。Memindahkan tulisan ke dalam komputer atau ponsel. ‖ 我打字输入了网站。Saya mengetikkan alamat situs. | 把这些字全部输入到电脑需要三个小时。Perlu 3 jam untuk mengetik semua huruf ini. | 我一分钟能输入一百二十个字。Saya mampu mengetik 120 huruf dalam semenit.

2 **熟** shú **matang**

【形容词】[Adjektiva (kata sifat)] ① 不生的，食物被加工到可以吃的程度。Matang, makanan telah diolah sehingga bisa dimakan. ‖ 这个米没做熟。Beras ini belum matang. | 菜熟了吗？我想早点吃饭。Sayuran sudah matang, aku ingin makan lebih awal. | 饭熟了，我给你拿一碗。Nasi sudah matang, aku ambilkan sepiring untukmu. ② 认识很长时间的，知道得很清楚的。Mengenal seseorang atau sesuatu untuk waktu yang lama, tahu dengan baik. ‖ 我们刚认识，我们不熟。Kami baru kenal, kami belum akrab. | 我对这条路不熟。Aku tidak tahu jalannya dengan baik. | 这个活儿我经常干，我很熟。Aku sering melakukan pekerjaan ini, aku sudah sangat terbiasa. ③ 成熟，菜或水果可以长到可以吃的程度的。Mengacu pada buah atau sayuran yang sudah matang dan bisa dipanen. ‖ 苹果还没有熟，还不能收。Apel belum matang, belum bisa dipanen. | 秋天到了，水果都熟了。Musim gugur telah tiba, semua buah telah matang. | 香蕉已经很熟了，都快要坏了。Pisang sudah sangat matang, hampir membusuk.

3 **熟人** shúrén **kenal baik; kenal dekat; akrab**

【名词】[Nomina (kata benda)] 认识很长时间的人，互相知道很多事情的人。Orang yang sudah saling mengenal untuk waktu yang lama, saling tahu banyak hal tentang satu sama lain. ‖ 今天来的有很多都是我的熟人。Orang yang datang hari ini banyak yang saya kenal. | 我们都是老熟人了，有什么话你就直说了。Kita sudah saling kenal lama, katakan saja apa yang kamu mau. | 今天来开会的人里面没有我的熟人。Di antara mereka yang datang untuk rapat hari ini, tidak ada yang saya kenal.

3 **属** shǔ **termasuk**

【动词】[Verba (kata kerja)] 是某一个种类或某个地方的，接受某方面的管理。Termasuk dalam suatu jenis atau wilayah, berada di bawah pengaruh dalam suatu aspek. ‖ 这件事属交通部门管。Hal ini termasuk dalam lingkup departemen lalu lintas. | 这些东西属北京市。Barang-barang ini termasuk dalam wilayah kota

S

Beijing.

3 属于 shǔyú **termasuk**

【动词】［Verba（kata kerja）］表示为某个单位或某个方面所有，表示在某一类中。Menunjukkan kepemilikan oleh unit atau aspek tertentu, berada dalam kategori tertentu. ‖ 他的工作属于商业管理。Pekerjaannya masuk dalam manajemen bisnis. | 我们属于很多年的老朋友。Kami adalah teman lama selama bertahun-tahun. | 这个部门属于交通部门。Departemen ini berada di bawah Departemen Transportasi. | 他属于非常努力学习的人。Dia adalah orang yang sangat rajin dalam belajar.

2 数 shǔ **hitung**

【动词】［Verba（kata kerja）］一个一个地算。Menghitung satu per satu. ‖ 你数数天上有多少个星星？Hitung berapa banyak bintang di langit. | 我们见面的次数，我一个手就数得出来。Kita dapat menghitung jumlah kali kita bertemu dengan satu tangan. | 东西太多了，我数不清。Ada terlalu banyak barang, aku tidak bisa menghitungnya dengan jelas. | 我好像数错了，我再数一次。Sepertinya aku menghitung dengan salah, mari hitung lagi.

3 束 shù **ikat**

【量词】［Kuantifier（kata pengukur）］把，很多东西集中在一起用手就可以拿起来的东西数量单位。Jumlah unit barang yang dapat diambil dengan tangan dan diikat bersama-sama. ‖ 他送了我一束花。Dia memberiku rangkaian bunga. | 我手里拿着一束花。Aku memegang seikat bunga di tanganku.

1 树 shù **pohon**

【名词】［Nomina（kata benda）］长在地上或山上，比花和草长得要更高，可以活很多年的东西。Tumbuh di tanah atau gunung, lebih tinggi daripada bunga dan rumput, merupakan benda yang bisa hidup selama bertahun-tahun. ‖ 树上有一只鸟。Ada burung di pohon. | 树上的苹果熟了。Apel di pohon sudah matang. | 这些小树现在已经长得很高了。Pohon-pohon kecil ini sudah sangat tinggi sekarang. | 路边有一排整整齐齐的大树。Di tepi jalan ada barisan pohon besar yang rapi.

3 数量 shùliàng **jumlah**

【名词】［Nomina（kata benda）］数字的多少，量的多少。Jumlah dari angka,

S

kuantitas. ‖ 这次比赛报名的人的数量非常多。Banyak orang mendaftar untuk kompetisi ini. | 他们班人的数量比我们班的多。Jumlah siswa di kelas mereka lebih banyak daripada kelas kami. | 今年工厂生产产品的数量比去年少。Produksi produk pabrik tahun ini lebih rendah dari tahun sebelumnya.

2 数字 shùzì **angka**

【名词】［Nomina（kata benda）］表示数量的字或图画。Angka atau gambar yang digunakan untuk menggambarkan jumlah. ‖ 汉字用"一"表示数字 1。Aksara Mandarin "一" berarti angka 1. | 不要只看数字，要看数字代表的信息。Jangan hanya melihat angka, tetapi lihat informasi yang diwakilinya. | 这份报告里的数字太多了，我看了半天也没看懂。Laporan ini berisi begitu banyak angka, saya tidak mengerti setelah membacanya.

3 双 shuāng **satuan pasang; kembar; dua kali**

【量词】［Kuantifier（kata pengukur）］表示成对的东西的数量单位。Unit untuk menghitung benda dalam pasangan. ‖ 我买了一双新鞋。Aku membeli sepasang sepatu baru. | 请给我一双筷子。Tolong berikan aku sepasang sumpit. | 他的那双眼看上去非常有精神。Matanya terlihat sangat bersemangat.

【形容词】［Adjektiva（kata sifat）］两个的。Berarti dua. ‖ 双方要互相表明合作的条件。Kedua belah pihak harus saling menyatakan kondisi kerjasama. | 他的双手都拿着东西。Kedua tangannya memegang benda-benda. | 这个月工作表现好的人可以拿双倍工资。Bulan ini mereka mendapatkan gaji dua kali lipat.

3 双方 shuāngfāng **dua pihak**

【名词】［Nomina（kata benda）］两个方面，谈判中的两方。Dua sisi, dua pihak yang terlibat dalam perundingan. ‖ 双方的父母坐在一起讨论两个孩子结婚的事。Orang tua dari kedua belah pihak duduk bersama untuk membahas pernikahan kedua anak mereka. | 在这次谈判中，双方达成了合作。Dalam perundingan ini, kedua belah pihak mencapai kesepakatan kerjasama. | 男女双方并不知道对方的想法。Pria dan wanita yang terlibat belum saling tahu pikiran satu sama lain.

1 水 shuǐ **air**

【名词】［Nomina（kata benda）］可以流动的，没有颜色和味道的东西，是人和动物还有花、草、树生存中离不开的东西。Zat yang bisa mengalir, tidak berwarna dan tidak berbau, merupakan hal penting bagi kehidupan manusia,

S

hewan, dan tumbuhan. ‖ 海水。Air laut. | 雨水。Air hujan. | 河水。Air sungai. | 湖水。Air danau. | 每个人一天需要喝八杯水。Setiap orang membutuhkan minum delapan gelas air sehari. | 你有水吗？我渴了。Apakah kamu punya air? Aku haus. | 鱼离不开水。Ikan tidak bisa hidup tanpa air.

1 **水果** shuǐguǒ **buah-buahan**

【名词】［Nomina（kata benda）］长在地上或树上可以吃的东西。Benda yang tumbuh di tanah atau pohon yang bisa dimakan. ‖ 商店里新到了一些水果。Toko ini memiliki banyak buah segar. | 他不爱吃水果,他爱吃肉。Dia tidak suka makan buah, dia suka daging. | 这些水果一共多少钱？Berapa harga total untuk buah-buahan ini? | 苹果是一种常见的水果。Apel adalah salah satu jenis buah yang umum.

2 **水平** shuǐpíng **kemampuan; keahlian**

【名词】［Nomina（kata benda）］能力,在某方面具有的程度。Kemampuan, tingkat keahlian dalam suatu bidang. ‖ 他的汉语水平还有很大的提高空间。Tingkat kemampuan bahasa Mandarinnya masih ada ruang untuk perbaikan. | 他的专业水平怎么样？Bagaimana tingkat keahlian profesionalnya? | 她受过很好的教育,文化水平很高。Dia memiliki pendidikan yang baik, tingkat kebudayaannya sangat tinggi.

1 **睡** shuì **tidur**

【动词】［Verba（kata kerja）］合上眼开始休息。Menutup mata dan mulai beristirahat. ‖ 你睡了吗？Apakah kamu sudah tidur? | 他昨天晚上十二点才睡,让他多睡一会儿吧。Dia tidur jam 12 malam kemarin, biarkan dia tidur lebih lama. | 我先睡了,有什么事每天再说吧。Aku akan tidur lebih dulu, berbicara tentang masalah lainnya besok saja.

1 **睡觉** shuì//jiào **tidur**

【动词】［Verba（kata kerja）］合上眼开始休息。Menutup mata dan mulai beristirahat. ‖ 你每天晚上几点睡觉？Pukul berapa kamu biasanya tidur di malam hari? | 我每天中午都睡一会儿觉。Aku biasanya tidur sebentar di siang hari. | 都几点了,你怎么还不睡觉？Sudah larut malam, mengapa kamu belum tidur?

2 **顺利** shùnlì **lancar**

【形容词】［Adjektiva（kata sifat）］做事的过程中没困难或麻烦。Proses

melakukan sesuatu tanpa kesulitan atau masalah. ‖ 工作进行得很顺利,我们能按计划完成。Pekerjaan berjalan lancar, kita dapat menyelesaikannya sesuai rencana. | 希望你以后的生活过得顺利。Semoga hidupmu berjalan lancar. | 他顺利达到了中国。Dia berhasil mencapai Cina. | 这次活动顺利结束。Acara ini berakhir dengan lancar.

1 **说** shuō **bicara; tegur**

【动词】[Verba (kata kerja)] 用语言表达,指出,讲道理,批评。Berbicara dengan menggunakan bahasa, menunjukkan, berbicara masuk akal, mengkritik. ‖ 这事不能让我妈妈知道,她一定会说我的。Jangan beritahu ibuku tentang ini, dia pasti akan menegurku. | 他说了半天,我一句也没听明白。Dia berbicara selama setengah hari, tapi aku tidak mengerti sepatah katapun. | 不管谁来说,他都不听。Tidak peduli siapa yang berbicara, dia tidak akan mendengarkan.

1 **说话** shuō//huà **bicara**

【动词】[Verba (kata kerja)] 用语言表达。Berbicara menggunakan bahasa. ‖ 大过年的,好好说话,别吵架。Pada hari besar seperti ini, berbicara dengan baik, jangan bertengkar. | 我们在门口说了一会儿话。Kami berbicara sebentar di depan pintu. | 她特别爱说话。Dia sangat suka berbicara.

2 **说明** shuōmíng **menjelaskan; menerangkan; penjelasan**

【动词】[Verba (kata kerja)] ① 讲清楚,讲明白。Menjelaskan dengan jelas, membuat jelas. ‖ 他向领导说明了请假的原因。Dia menjelaskan alasan izin cuti kepada atasan. | 我把自己的态度和他说明了,接下来就看他怎么决定了。Aku menyatakan sikapku dan dia, sekarang lihat bagaimana dia memutuskan. | 现在让经理说明一下工作情况。Sekarang, biarkan manajer menjelaskan tentang situasi pekerjaan. ② 表明,表示。Menunjukkan, menunjukkan. ‖ 调查结果说明这个药是有用的。Hasil penelitian menunjukkan obat ini efektif. | 这件事说明成功离不开坚持努力。Hal ini menunjukkan bahwa kesuksesan tidak lepas dari upaya yang gigih. | 他的行动说明他是真的喜欢你。Tindakannya menunjukkan bahwa dia benar-benar menyukaimu.

【名词】[Nomina (kata benda)] 解释的话或文件。Kata atau dokumen yang menjelaskan. ‖ 每个人都要上台作个简单的说明。Setiap orang harus naik panggung dan memberikan penjelasan singkat. | 我看不懂这台机器的使用说明。Aku tidak bisa memahami petunjuk penggunaan mesin ini. | 说明上面是怎么写

S

的？Apa yang tertulis dalam penjelasan ini？

2 **司机** sījī **sopir；pengemudi**

【名词】［Nomina（kata benda）］开车的人，把开车作为工作的人。Orang yang mengemudi，orang yang mengemudi sebagai pekerjaan. ‖ 这位出租车司机看上去年纪很大了。Pengemudi taksi ini terlihat sangat tua. ｜ 司机开车不能喝酒。Pengemudi tidak boleh minum alkohol saat mengemudi. ｜ 今天我来当司机，你们坐好就行了。Aku akan menjadi sopir hari ini，kalian duduk saja dengan nyaman.

3 **思想** sīxiǎng **pemikiran**

【名词】［Nomina（kata benda）］想法，理论上的认识。Pemikiran，pemahaman secara teoritis. ‖ 他的思想值得我们好好学习。Pemikirannya layak kita pelajari dengan baik. ｜ 这个人的思想太落后了。Pemikiran orang ini sangat ketinggalan zaman. ｜ 我不太会表达自己的思想。Aku tidak terlalu bisa mengungkapkan pemikiranku sendiri.

3 **死** sǐ **mati**

【动词】［Verba（kata kerja）］失去生命。Kehilangan kehidupan. ‖ 这间房子没有人住，院子里的花花草草都死了。Tidak ada orang yang tinggal di rumah ini，dan bunga-bunga di halaman mati semua. ｜ 他生了一场大病，很快就死了。Dia jatuh sakit parah dan segera meninggal. ｜ 她养的小猫死了，她非常难过。Kucing peliharaannya mati，dia sangat sedih.

【形容词】［Adjektiva（kata sifat）］① 没有生命的。Tidak hidup. ‖ 地上有一只死老鼠。Ada tikus mati di tanah. ② 程度非常高的。Dalam tingkat yang sangat tinggi. ‖ 工作太多了，我快要累死了。Terlalu banyak pekerjaan，aku hampir mati lelah. ｜ 他的电话怎么都打不通，我快要急死了。Teleponnya tidak bisa dihubungi，aku sudah hampir mati cemas. ｜ 我们什么时候吃饭？我饿死了。Kapan kita makan？Saya laper sekali.

1 **四** sì **empat**

【数词】［Numeralia（kata bilangan）］① 4。‖ 三加一等于四。Tiga tambah satu sama dengan empat. ｜ 中国人认为数字四是不好的，因为它的读音像“死”。Orang Tiongkok menganggap angka empat tidak baik karena sebutannya mirip dengan “kematian”. ｜ 桌子有四条腿。Meja ini memiliki empat kaki. ② 第四。

Pertama. ‖ 他今年上小学四年级。Dia sekarang berada di kelas 4 SD. | 在中国北方，四月的气温还是有点低。Di wilayah utara Tiongkok, suhu di bulan April masih agak rendah. | 老师办公室在教学楼四层。Kantor guru berada di lantai 4 gedung sekolah.

1 **送** sòng **memberi; mengantar**

【动词】［Verba（kata kerja）］① 给，拿给，带给。Memberi, memberikan, membawa sesuatu kepada seseorang. ‖ 他今天过生日，我送了他一本书。Hari ini adalah hari ulang tahunnya, aku memberikannya sebuah buku. | 他送来了一封信。Dia mengirimkan surat. | 这是我送你的礼物。Ini adalah hadiah yang aku berikan padamu. ② 跟要走的人走一段路。Mengantar seseorang yang akan pergi. ‖ 我送你去上学吧。Ayo, aku akan mengantarkanmu pergi ke sekolah. | 没关系，我送送你。Tidak apa-apa, aku akan mengantarkanmu. | 我送妈妈去飞机场。Aku akan mengantarkan ibuku ke bandara.

2 **送到** sòngdào **mengantar**

【短语】［frasa］把东西拿到某个地方，送的东西已经收到。Membawa sesuatu ke tempat tertentu, dan barang yang dikirim sudah diterima. ‖ 请你把作业送到办公室。Tolong antarkan tugas ini ke kantor. | 东西已经送到了。Barang-barang sudah diantarkan. | 都三天了，我订的东西怎么还没有送到？Sudah tiga hari, mengapa pesanananku belum dikirimkan?

2 **送给** sònggěi **memberi**

【短语】［frasa］把东西拿给对方。Memberikan sesuatu kepada orang lain. ‖ 他送给我一部手机。Dia memberikan ponsel kepadaku. | 我送给你的礼物你收到了吗？Hadiah yang aku berikan padamu, apakah sudah kamu terima? | 你把衣服送给谁了？Kamu memberikan baju itu kepada siapa?

S

3 **速度** sùdù **kecepatan**

【名词】［Nomina（kata benda）］运动的快慢程度。Kecepatan gerakan. ‖ 他跑步的速度非常快。Kecepatan berlariannya sangat cepat. | 你开车的速度不要太快，注意安全。Kecepatan mengemudimu jangan terlalu cepat, perhatikan keselamatan. | 新的科学技术加快了经济发展的速度。Kemajuan ekonomi dipercepat dengan adanya kemajuan ilmu pengetahuan dan teknologi. | 你说话的速度慢一点，我听不清你说什么。Tolong bicaranya lebih lambat, aku tidak dapat mendengarmu.

2 算 suàn **menghitung**

【动词】［Verba（kata kerja）］① 计算，数数字。Menghitung, berhitung. ‖ 你算算二加八等于几？Hitung berapa hasil dari dua ditambah delapan？｜这道题谁算出结果了？Siapa yang bisa menghitung jawabannya？｜我算了算，我们今天一共花了一千块钱。Aku sudah menghitungnya, total pengeluaran kita hari ini seribu yuan. ② 把某个人或东西和其他的计算在一起。Menyertakan seseorang atau sesuatu dalam perhitungan dengan orang lain. ‖ 这次旅游要不要算上他？Apakah kita menyertakan dia dalam perjalanan ini？｜这种好事算我一个。Aku menyertakan diriku dalam hal baik ini. ｜他还不算我们部门的工作人员。Dia belum termasuk dalam staf departemen kami. ③ 能做到。Dapat dilakukan. ‖ 他一直说话算话。Dia selalu menepati janjinya. ｜这个家我说了算。Rumah ini semua urusannya aku yang menentukan. ｜你一个人说了不算，这事还是要大家一起商量。Seorang diri, aku yang berkuasa di rumah ini, urusan ini kita putuskan bersama-sama.

2 虽然 suīrán **meskipun**

【连词】［Konjungsi（kata penghubung）］放在一个句子的前面，和“但是”组成“虽然……但是……”，表示在相同的情况下出现了不同的事情。Digunakan di awal kalimat, bersama dengan “tetapi” membentuk “meskipun... tetapi...”, menunjukkan dalam situasi yang sama muncul hal yang berbeda. ‖ 虽然天气不好，但是大家还是准时来上课了。Meskipun cuaca tidak bagus, tetapi semuanya tetap tepat waktu datang ke kelas. ｜他虽然年纪大了，但身体一直很健康。Meskipun dia sudah tua, tetapi kesehatannya selalu baik. ｜我虽然也想和你去旅游，可是我的工作还没有做完。Aku sebenarnya ingin pergi berwisata bersamamu, tetapi pekerjaanku belum selesai.

3 随 suí **mengikuti**

【动词】［Verba（kata kerja）］① 跟。Mengikuti. ‖ 你随我来。Ikuti aku. ｜我随着他的方向看去，发现了一只小狗。Aku mengikuti arah pandangannya dan menemukan seekor anjing kecil. ② 随便，按某人的想法做。Sesuai dengan keinginan seseorang. ‖ 这件事就随他去吧。Biarkan saja, itu terserah padanya. ｜你想买什么就买什么，随你喜欢。Kamu ingin membeli apa, bebas pilih saja sesukamu. ｜去不去都随你，你作决定吧。Apakah kamu akan pergi atau tidak, terserah padamu, kamu yang putuskan.

S

[2] 随便 suíbiàn **terserah；asal-asalan；sekedar**

【动词】［Verba（kata kerja）］没有规定的，怎么都行。Tidak memiliki aturan khusus, bagaimanapun juga boleh. ‖ 随便你怎么说，我都不会听的。Terlepas dari apa yang kamu katakan, aku tidak akan mendengarkan. | 我没有意见，随便你怎么做。Aku tidak keberatan, terserah bagaimana kamu melakukannya.

【形容词】［Adjektiva（kata sifat）］不按规定的，想怎么办就怎么办。Melakukan sesuatu tanpa mengikuti aturan yang ditetapkan, melakukan sesuka hati. ‖ 他这个人真随便，做事从来不按规定。Orang ini benar-benar asal-asalan, tidak pernah melakukan sesuai peraturan. | 在正式场合不能穿得这么随便。Dalam acara resmi tidak boleh berpakaian seenaknya seperti ini. | 他一直很随便，想去哪里就去哪里。Dia selalu melakukan apa pun yang dia suka, mau pergi kemana saja. | 我的东西你可以随便用。Kamu boleh menggunakan barang-barangku dengan bebas.

[2] 随时 suíshí **kapanpun；kapan saja**

【副词】［Adverbia（kata ketterangan）］任何时候，不管什么时候。Kapan saja, tidak peduli kapan. ‖ 我们已经作好准备了，随时可以出发。Kita sudah siap, siap berangkat kapan saja. | 如果发现问题，要随时向我报告。Jika menemukan masalah, beri tahu aku kapan saja. | 做生意随时都可能出现风险。Dalam bisnis, risiko bisa muncul kapan saja.

[1] 岁 suì **satuan usia；umur**

【量词】［Kuantifier（kata pengukur）］表示年纪的数量单位。Satuan jumlah yang menunjukkan umur. ‖ 你今年几岁了？Berapa umurmu sekarang? | 今天是我的十八岁生日。Hari ini adalah ulang tahunku yang ke-18. | 不管他几岁，在父母眼里，他都还是个孩子。Tidak peduli berapa umurnya, di mata orang tua dia masih tetap anak-anak.

[3] 所 suǒ **kantor；satuan lembaga**

【名词】［Nomina（kata benda）］和其他词组合，表示某个单位的名称。Digabungkan dengan kata lain, menunjukkan nama sebuah lembaga atau unit. ‖ 所里今天上午开了一次工作会。Pagi ini, di kantor ada rapat kerja. | 实验所。Institut eksperimen ini | 服装设计所。Sekolah desain pakaian ini.

【量词】［Kuantifier（kata pengukur）］表示单位、学校、医院等的数量单位。

Satuan jumlah yang menunjukkan lembaga, sekolah, rumah sakit, dll. ‖ 城里新建了一所医院。Kota ini memiliki sebuah rumah sakit baru. | 我们家附近有一所小学。Di dekat rumah kita ada sebuah sekolah dasar. | 他在一所大学里工作。Dia bekerja di sebuah universitas.

2 所以 suǒyǐ **jadi; maka**

【连词】[Konjngsi (kata penghubung)] 放在句子前面,表示事情或动作的结果。Digunakan di awal kalimat untuk menunjukkan hasil dari suatu peristiwa atau tindakan. ‖ 因为今天天气不好,所以我们不能去爬山了。Karena cuaca tidak bagus, maka kita tidak bisa mendaki gunung. | 他不会打字,所以他不能发电子邮件。Dia tidak bisa mengetik, jadi dia tidak bisa mengirim email. | 因为他生病了,所以他今天不来上课。Karena dia sakit, maka dia tidak datang ke kelas.

2 所有 suǒyǒu **seluruh**

【形容词】[Adjektiva (kata sifat)] 全部的。Semuanya, seluruhnya. ‖ 我负责这次工作中所有的问题。Aku bertanggung jawab atas semua masalah dalam pekerjaan kali ini. | 所有人到楼下集合。Semua orang berkumpul di bawah gedung. | 他花光了自己所有的钱。Dia sudah menghabiskan semua uangnya. | 他把所有的时间都用在学习上了。Dia yang menentukan semua hal di rumah ini.

3 所长 suǒzhǎng **pimpinan lembaga**

【名词】[Nomina (kata benda)] 一个单位的最高领导。Pemimpin tertinggi suatu unit atau lembaga. ‖ 他是实验所的所长。Dia adalah kepala dari Institut Eksperimen ini. | 所长,这份文件需要你签字。Pemimpin unit, tolong tandatangani dokumen ini. | 他是车辆管理所的所长。Dia adalah kepala Unit Pengelolaan Kendaraan. | 所长今天到市里开会去了。Kepala unit ini pergi ke kota hari ini.

T

[1] 他 tā **dia**

【代词】[Pronomina (kata ganti)] 说话的人和听话的人以外的第三个人，通常是指男人。Orang yang berbicara dan yang didengar, mengacu pada orang ketiga, biasanya merujuk pada pria. ‖ 他是来自国外的留学生。Dia adalah seorang mahasiswa asing dari luar negeri. | 他从教室走了出去。Dia keluar dari ruang kelas. | 我被他的故事感动了。Ceritanya membuatku terharu. | 是谁告诉他的？Siapa yang memberitahunya?

[1] 他们 tāmen **mereka**

【代词】[Pronomina (kata ganti)] 说话的人和听话的人以外的其他人，一般有两个或两个以上。Orang yang berbicara dan yang didengar, merujuk pada orang ketiga lainnya, biasanya lebih dari dua orang. ‖ 他们今天来参观我们学校。Mereka datang berkunjung ke sekolah kita hari ini. | 他们几个都不喜欢吃米饭。Mereka semua tidak suka makan nasi. | 谁让他们几个来的？Siapa yang menyuruh mereka datang? | 我让他们下课来我办公室。Aku menyuruh mereka turun dari kelas dan ke kantorku.

[1] 她 tā **dia**

【代词】[Pronomina (kata ganti)] 说话的人和听话的人以外的第三个人，通常是指女人。Orang yang berbicara dan yang didengar, merujuk pada orang ketiga, biasanya merujuk pada wanita. ‖ 她已经结婚三年了。Dia sudah menikah selama tiga tahun. | 她不知道去超市的路。Dia tidak tahu jalan ke supermarket. | 她是我妹妹。Dia adalah adik perempuanku. | 我把她推倒了。Aku menjatuhkannya. | 她的杯子破了。Gelasnya pecah.

[1] 她们 tāmen **mereka**

【代词】[Pronomina (kata ganti)] 说话的人和听话的人以外的其他人，一般有两个或两个以上的女人。Orang yang berbicara dan yang didengar, merujuk pada orang ketiga lainnya, biasanya lebih dari dua wanita. ‖ 她们都是我的好朋友。Mereka semua adalah teman baikku. | 她们一起去超市买东西。Mereka pergi bersama ke supermarket untuk berbelanja. | 我不认识她们。Aku tidak mengenal mereka.

2 它 tā **dia**

【代词】［Pronomina（kata ganti）］代替指某个动物或东西。Menggantikan hewan atau benda tertentu. ‖ 它是我养的小狗。Itu adalah anjing kecil yang aku pelihara. | 你快把它喝了吧。Cepat, minumlah itu. | 这本书送给你,希望你能喜欢它。Buku ini aku berikan padamu, semoga kamu menyukainya.

2 它们 tāmen **mereka**

【代词】［Pronomina（kata ganti）］代替指两个或两个以上的动物或东西。Menggantikan dua atau lebih hewan atau benda. ‖ 桌子上的作业呢？谁把它们拿走了？Tugas di atas meja, siapa yang mengambilnya? | 这些文件一会儿开会要用,你把它们整理出来。File-file ini akan digunakan untuk pertemuan nanti, tolong susun semuanya. | 在动物园的小动物生活得很好,有人专门照顾它们。Binatang-binatang kecil di kebun binatang hidup dengan baik, ada orang yang merawat mereka.

3 台 tái **panggung; satuan**

【名词】［Nomina（kata benda）］① 用来表演、发言等的大桌子或设备。Meja besar atau perangkat untuk berbicara, tampil, dll. ‖ 台上正在表演京剧。Ada pertunjukan opera Beijing sedang berlangsung di atas panggung. | 他站在台上代表老师发言。Dia berdiri di atas panggung untuk berbicara atas nama guru. | 如果你在超市碰到问题,可以到服务台找工作人员帮忙。Jika Anda mengalami masalah di supermarket, Anda dapat mencari petugas di meja layanan. ② 指电视台等的单位的名词。Unit yang menunjukkan perusahaan televisi dan lainnya. ‖ 台里的记者到现场作新闻报道。Reporter dari stasiun sedang meliput berita di lokasi. | 我台将要发布新的电视节目。Stasiun saya akan segera mengumumkan program TV baru. | 台里来通知了,说工作计划有变。Pusat mengabari kami, ada perubahan pada rencana kerja.

【量词】［Kuantifier（kata pengukur）］表示机器、表演等的数量单位。Menunjukkan unit jumlah mesin, pertunjukan, dll. ‖ 这是一台精彩的表演。Itu adalah pertunjukan yang menarik. | 家里新买了一台电视机。Kami membeli televisi baru untuk rumah. | 工厂里有几台机器出现了问题。Beberapa mesin di pabrik mengalami masalah. | 今晚剧场有一台话剧表演。Malam ini, ada pertunjukan drama di teater.

1 **太** tài **terlalu**

【副词】[Adverbia (kata keterangan)] 非常,很,表示程度非常高。Sangat, sangat, menunjukkan tingkat yang sangat tinggi. ‖ 她看起来不太高兴。Dia terlihat tidak terlalu bahagia. | 这个消息太好了。Kabar baik ini sangat bagus. | 这道菜的味道太难吃了。Rasa makanan ini terlalu tidak enak. | 你来得太晚了,车已经开走了。Kamu datang terlambat, kereta sudah berangkat.

2 **太太** tàitai **nyonya; istri**

【名词】[Nomina (kata benda)] ① 已经结婚的女人。Seorang wanita yang sudah menikah. ‖ 这位太太,请问您找谁? Siapa yang Anda cari, Nyonya? | 李太太是我们店里的老顾客了。Nyonya Li adalah pelanggan tetap kami di toko ini. | 刚才那位太太买了三个皮包。Beberapa saat yang lalu, wanita itu membeli tiga tas. ② 男人称和自己结婚的人或和别人结婚的女人。Suami mengacu pada orang yang menikah atau wanita yang menikah dengan orang lain. ‖ 这位是我太太。Ini adalah istriku. | 您太太今天在家吗? Apakah istrimu berada di rumah hari ini? | 你和您太太结婚几年了? Berapa tahun kamu menikah dengan istrimu?

2 **太阳** tàiyáng **matahari**

【名词】[Nomina (kata benda)] 离地球不远,白天出现在天上又亮又热的东西。Benda yang tidak terlalu jauh dari bumi, muncul di langit pada siang hari dan terang serta panas. ‖ 雨停了,太阳出来了。Hujan telah berhenti, matahari sudah keluar. | 太阳照得房间里非常温暖。Sinar matahari membuat ruangan ini sangat hangat. | 太阳从东边升起,从西边落下。Matahari terbit dari timur dan terbenam di barat.

2 **态度** tàidù **etika; sikap**

【名词】[Nomina (kata benda)] 对待某个人或事情的看法、感情或采取的行动。Pandangan, perasaan, atau tindakan terhadap seseorang atau sesuatu. ‖ 我们要用乐观的态度对待生活中的困难。Kita harus menghadapi kesulitan dalam hidup dengan sikap optimis. | 他说话的态度很坚决。Cara bicaranya sangat tegas. | 她对我的态度总是很热情。Sikapnya terhadapku selalu sangat hangat. | 我对这件事的态度很清楚,我不同意这样做。Pendekatan ku terhadap masalah ini sudah jelas，aku tidak setuju dengan cara ini.

3 **谈** tán **berbincang；membahas**

【动词】［Verba（kata kerja）］说，讨论。Berbicara，membahas. ‖ 我去找他再谈谈这件事。Aku akan mencari dia lagi untuk membahas masalah ini. ｜虽然是第一次见面，但我们谈得很开心。Meskipun ini pertemuan pertama kami，kami merasa senang berbicara bersama-sama. ｜每个人都谈谈对这个问题的想法吧。Setiap orang berbicara tentang pandangan mereka tentang masalah ini. ｜在公司我们只谈工作。Di kantor kami hanya membahas pekerjaan. ｜找个时间我们再好好谈谈。Temui aku lagi dan kita bicarakan ini secara mendalam.

3 **谈话** tán//huà **berbincang；membahas**

【动词】［Verba（kata kerja）］① 关于某件事情，互相对话。Berkaitan dengan dua pihak，berbicara satu sama lain. ‖ 老师正在和他谈话。Guru sedang berbicara dengan dia. ｜ 有两个人在门口站着谈话。Ada dua orang berdiri berbicara di pintu. ｜ 上一次我们谈话是什么时候？Kapan terakhir kali kita berbicara tentang masalah ini？② 用对话的形式达成目的。Mencapai tujuan melalui percakapan. ‖ 为了工作，领导找他谈了三次话。Untuk pekerjaan，atasan mengadakan tiga kali percakapan dengannya. ｜这次谈话帮助我们达成了合作。Pembicaraan ini membantu kami mencapai kerjasama. ｜两国领导人成功进行谈话。Kepala negara kedua negara berhasil melakukan percakapan.

3 **谈判** tánpàn **diskusi；runding**

【动词】［Verba（kata kerja）］商量，双方对同一个问题商量，找到满足各方条件的方法。Diskusi，kedua belah pihak mempertimbangkan cara untuk memuaskan kondisi masing-masing. ‖ 谈判代表已经到达了现场。Perwakilan untuk perundingan telah tiba di tempat kejadian. ｜经过谈判，老百姓的问题得到了解决。Setelah perundingan，masalah rakyat itu terselesaikan. ｜在谈判过程中，他提出了自己的条件，希望对方能够同意。Dalam proses perundingan，dia menempatkan kondisinya dan berharap pihak lain dapat menyetujuinya.

【名词】［Nomina（kata benda）］一种解决问题的谈话方式。Metode berbicara untuk menyelesaikan masalah. ‖ 双方公司代表关于合作的条件进行谈判。Perwakilan dari dua perusahaan sedang melakukan perundingan tentang kondisi kerjasama. ｜这次谈判进行得很顺利。Perundingan ini berjalan dengan lancar. ｜他不同意用谈判的方式解决问题。Dia tidak setuju dengan cara berunding untuk

T

menyelesaikan masalah.

3 **汤** tāng **sup**

【名词】[Nomina (kata benda)] 把肉、菜加工成可以一边吃一边喝的像水一样的食物。Makanan yang terbuat dari daging dan sayuran yang diproses menjadi cairan yang bisa diminum sambil makan, seperti air. ‖ 妈妈正在做牛肉汤。Ibu sedang membuat sup daging sapi. | 我想再喝一碗汤。Aku ingin minum lagi satu mangkuk sup. | 他只把菜吃完了,汤都留下了。Dia hanya makan sayuran, tetapi meninggalkan supnya. | 他身体不舒服,不想吃饭,只想喝汤。Dia merasa tidak enak badan, tidak mau makan, hanya ingin minum sup.

3 **糖** táng **gula**

【名词】[Nomina (kata benda)] 经过加工后吃起来让人感觉到甜的东西。Benda yang setelah diproses memberikan rasa manis ketika dimakan. ‖ 小孩不能吃太多的糖。Anak-anak tidak boleh makan terlalu banyak gula. | 这个面包里放了很多的糖,太甜了。Roti ini diberi banyak gula, terlalu manis. | 我喜欢在咖啡里加一些糖。Aku suka menambahkan sedikit gula ke dalam kopi.

2 **讨论** tǎolùn **diskusi**

【动词】[Verba (kata kerja)] 对一件事情互相交流意见。Saling berkomunikasi tentang suatu hal. ‖ 公司开会讨论了这次工作的计划安排。Perusahaan mengadakan rapat untuk membahas rencana kerja kali ini. | 大家讨论一下这个问题的答案。Mari kita diskusikan jawaban dari pertanyaan ini. | 经过我们的讨论,大家决定这件事让他来办。Setelah diskusi kita, kita memutuskan dia yang akan menangani masalah ini. | 各国代表关于环保问题展开讨论。Wakil-wakil dari berbagai negara membuka diskusi tentang isu-isu lingkungan.

2 **套** tào **satuan**

【量词】[Kuantifier (kata pengukur)] 表示成组或成对的东西的数量单位。Menunjukkan jumlah unit benda atau pasangan. ‖ 家里有一套非常贵的家具。Di rumah ada satu set perabotan yang sangat mahal. | 这套衣服一共两百块钱。Baju ini satu setnya seharga 200 kuai (Yuan). | 他年纪不大,已经自己买了一套房子了。Meskipun dia masih muda, dia sudah membeli satu set rumah sendiri. | 我准备了一套旅游的计划安排。Aku telah menyiapkan rencana perjalanan wisata.

2 **特别** tèbié **khusus；unik；istimewa；sangat**

【形容词】［Adjektiva（kata sifat）］不平常的，不普通的，和别的东西不一样的。Tidak biasa，tidak umum，berbeda dari yang lain. ‖ 这件衣服的颜色很特别。Warna baju ini sangat khusus. | 我给他准备了一份特别的礼物。Aku telah menyiapkan hadiah khusus untuknya. | 这本书里的内容很特别，提出了很多新的观点。Isi buku ini sangat istimewa，mengusung banyak pandangan baru.

【副词】［Adverbia（kata keterangan）］① 非常，很。Sangat，sangat. ‖ 我听到这个消息特别高兴。Aku sangat senang mendengar berita ini. | 这次活动举办得特别成功。Kegiatan ini diadakan dengan sangat sukses. | 老师特别重视学生的学习问题。Guru sangat memperhatikan masalah pembelajaran siswa. ② 表示强调某件事。Menekankan suatu hal. ‖ 他特别要求咖啡不要加糖。Dia secara khusus meminta kopi tanpa gula. | 这件事我特别强调过，可他还是忘了。Aku sudah menekankan hal ini sebelumnya，tapi dia masih lupa. | 我很喜欢吃肉，特别是吃牛肉。Aku sangat suka makan daging，terutama daging sapi. | 这次会议特别指出了工作中存在的普遍问题。Pertemuan kali ini secara khusus menyoroti masalah umum yang ada.

2 **特点** tèdiǎn **keunggulan；keunikan**

【名词】［Nomina（kata benda）］和别人不一样的地方，特别的点。Hal-hal yang berbeda，titik-titik khusus. ‖ 他这个人的个性很有特点。Karakternya sangat berbeda. | 在网上查信息的特点是速度快，信息多。Menggali informasi di internet memiliki kecepatan yang cepat dan banyak informasi. | 这件衣服最大的特点就是颜色很丰富。Hal yang paling menonjol dari pakaian ini adalah keberagamannya dalam warna.

3 **特色** tèsè **khas**

【名词】［Nomina（kata benda）］给别人带来不同感受的某个方面。Aspek yang memberikan kesan yang berbeda pada orang lain. ‖ 你们家有什么特色菜吗？Apa makanan khas keluarga Anda？| 他的文章很有特色，一读就知道是他写的。Artikelnya sangat khas，begitu dibaca，kita tahu itu ditulis olehnya. | 不同国家有不同的文化特色。Berbeda negara memiliki karakteristik budaya yang berbeda.

2 **疼** téng **sakit；sayang**

【动词】［Verba（kata kerja）］① 身体感觉到痛的，难受的。Merasakan rasa

T

sakit atau tidak nyaman pada tubuh. ‖ 我感冒了，我觉得头很疼。Aku pilek, kepala aku terasa sakit. | 你的腿疼不疼？Apakah kakimu sakit? | 他看起来没什么事，只是背有点疼。Dia terlihat baik-baik saja, hanya sedikit sakit di punggungnya. ② 特别喜欢，特别爱。Menyukai, mencintai. ‖ 妈妈很疼弟弟。Ibu sangat mencintai adik laki-lakinya. | 全家人都疼他。Seluruh keluarga sangat menyayangi dia. | 这个小孩真可爱，谁见了都想疼。Anak kecil ini sangat menggemaskan, semua orang ingin menyayanginya.

2 提 tí **jinjing; menyebutkan; mendahulukan**

【动词】［Verba（kata kerja）］① 手向下把东西拿起来。Mengangkat barang dari bawah. ‖ 妈妈提着一包菜走了进来。Ibu membawa sebuah kantong sayuran. | 她提着自己的包上车了。Dia membawa tasnya ke dalam bus. | 我手里提的东西太多了，我快要拿不动了。Aku membawa terlalu banyak barang, aku hampir tidak bisa membawanya. ② 指出，说出来，拿出来。Menunjukkan, menyebutkan, membawa keluar. ‖ 他在会议上提了几点建议。Dia memberikan beberapa saran dalam pertemuan. | 你怎么又提起这件事了？Mengapa kamu membawa masalah ini lagi? | 我想提几个问题。Aku ingin menanyakan beberapa pertanyaan. | 我和你提过这个人，她是我妹妹。Aku telah menyebutkan orang ini padamu, dia adalah adikku. ③ 把在后面的事情改到前面。Majukan masalah yang semula ada di belakang. ‖ 他把开会的日子往前提了几天。Dia majukan tanggal rapat. | 老师下周有事不能上课，所以把下周的课提到今天上。Guru memiliki rencana kerja minggu depan, jadi dia majukan pelajaran minggu depan ke hari ini.

2 提出 tíchū **mengajukan**

【短语】［frasa］说出问题，说出观点。Mengemukakan masalah, mengemukakan pandangan. ‖ 你提出的问题很有讨论的价值。Pertanyaan yang kamu ajukan memiliki nilai diskusi yang tinggi. | 他不同意我提出的想法。Dia tidak setuju dengan gagasan yang saya ajukan. | 老师在课上提出的问题我们都不会。Guru mengajukan pertanyaan dalam pelajaran kita, kami semua tidak bisa menjawabnya. | 领导对我提出的方案很满意。Perwakilan perusahaan mengajukan proposal yang mereka sukai.

2 提到 tídào **membahas**

【短语】［frasa］说到，说过，表示过。Berbicara tentang, menyebutkan, menyatakan. ‖

T

我跟你提到过这件事,不知道你还记不记得? Aku sudah menyebutkan masalah ini padamu, apakah kamu masih ingat? | 他在发言中提到了老百姓的食品安全问题。Dia menyebutkan isu keamanan masyarakat dalam pidatonya. | 我刚提到的那个人,就是这间屋子的主人。Orang yang saya sebutkan tadi, adalah tuan rumah dari ruangan ini.

2 提高 tí//gāo **meningkatkan**

【动词】[Verba (kata kerja)] 能力、水平、声音等被变得更好了,更大了,更多了。Kemampuan, tingkat, suara, dll. menjadi lebih baik, lebih besar, lebih banyak. ‖ 经过一段时间的努力,他的汉语水平提高了。Setelah beberapa usaha, tingkat bahasa Mandarin-nya meningkat. | 这次活动提高了我们的表演能力。Kegiatan ini meningkatkan kemampuan pertunjukan kami. | 他忽然提高了声音,他看起来有点生气了。Tiba-tiba dia meningkatkan suaranya, dia terlihat sedikit marah.

3 提前 tíqián **lebih awal**

【动词】[Verba (kata kerja)] 把原来的时间往前改,在订好的时间前面说出。Mengubah waktu yang semula ditetapkan menjadi lebih awal, mengatakan sebelum waktu yang telah ditentukan. ‖ 你有事要提前告诉我们。Kamu harus memberitahu kami sebelumnya jika ada urusan. | 他提前三天达到了北京。Dia tiba di Beijing tiga hari lebih awal. | 明天大家需要提前十分钟到学校。Besok kita semua perlu datang ke sekolah sepuluh menit lebih awal. | 我提前把工作完成了。Aku menyelesaikan pekerjaan lebih awal dari yang dijadwalkan.

3 提问 tíwèn **menanyakan**

【动词】[Verba (kata kerja)] 说出自己的问题。Menyatakan pertanyaan sendiri. ‖ 课堂上大家都积极地向老师提问。Di kelas, semua orang aktif bertanya kepada guru. | 老师提问他,他一个也答不上来。Guru bertanya padanya, tapi dia tidak bisa menjawab sama sekali. | 请大家举手提问,一个一个地说。Mohon angkat tangan untuk bertanya, satu per satu.

2 题 tí **pertanyaan; soal**

【名词】[Nomina (kata benda)] 考试、学习等过程中要求回答的问题。Pertanyaan yang harus dijawab dalam proses ujian, pembelajaran, dll. ‖ 我不会做这道题。Aku tidak bisa mengerjakan soal ini. | 老师一共给了我们十道题。

T

Guru memberikan sepuluh soal kepada kami. | 她有一道题写错了。Dia salah menulis satu pertanyaan. | 他给我出了一道难题。Dia memberi saya tugas yang sulit.

3 **题目** tímù **judul; soal**

【名词】[Nomina (kata benda)] ① 考试、学习等过程中要求回答的问题。Pertanyaan yang harus dijawab dalam proses ujian, pembelajaran, dll. ‖ 大家考试的时候要看清题目。Saat ujian, perhatikan dengan baik pertanyaannya. | 这些题目并不难。Soal-soal ini tidak sulit. | 我汉语不好,看不懂这些题目的内容。Aku tidak bisa memahami isi dari pertanyaan-pertanyaan ini karena bahasa Mandarin-ku tidak baik. ② 文章的标题。Judul artikel. ‖ 你文章的题目太长了,需要改改。Judul artikelmu terlalu panjang, perlu diubah. | 这篇小说的题目很特别。Judul novel ini sangat istimewa.

3 **体会** tǐhuì **mengalami; merasakan**

【动词】[Verba (kata kerja)] 亲自参与并感受。Ikut serta dan merasakan sendiri. ‖ 这篇文章让我体会到外国文化的特色。Artikel ini membuatku merasakan keunikan budaya asing. | 我现在才体会到做父母多不容易。Sekarang baru aku merasakan betapa sulitnya menjadi orang tua. | 他从来没有体会过病人的感受。Dia belum pernah merasakan perasaan pasien.

【名词】[Nomina (kata benda)] 自己体验到的感受或产生的认识。Pengalaman atau pemahaman yang dirasakan sendiri. ‖ 他关于国外留学的问题谈了一些自己的体会。Dia berbicara sedikit tentang pengalamannya dengan kuliah di luar negeri. | 我们在这件事上有共同的体会。Kita memiliki pemahaman yang sama tentang masalah ini. | 老师让我们把这次的学习体会写成作文。Guru meminta kita menulis pengalaman belajar kali ini menjadi sebuah esai.

T

3 **体现** tǐxiàn **menunjukkan; mengekspresikan**

【动词】[Verba (kata kerja)] 表现出来。Menunjukkan, mengekspresikan. ‖ 这篇文章生动地体现出中国农村的生活。Artikel ini secara jelas mengekspresikan kehidupan di pedesaan China. | 他说的话体现出他的不安。| 这件衣服体现不出来什么特色。Pakaian ini tidak menunjukkan keunikan apa pun. | 考试成绩可以体现出我们最近的学习情况。Nilai ujian mencerminkan bagaimana perkembangan belajar kita akhir-akhir ini.

3 体验 tǐyàn **mengalami；merasakan**

【动词】［Verba（kata kerja）］亲自参与并感受，经历。Ikut serta dan merasakan sendiri, mengalami. ‖ 今天学校组织学生到村里体验生活。Sekolah mengatur siswa untuk merasakan kehidupan di desa hari ini. | 这家店的新顾客可以不花钱体验一次服务。Pelanggan baru di toko ini dapat mencoba layanan satu kali tanpa membayar. | 和他在一起，我体验到了不一样的快乐。Saat bersamanya, aku merasakan kebahagiaan yang berbeda. | 我再也不想体验难过的感觉了。Aku tidak ingin merasakan perasaan sedih lagi.

2 体育 tǐyù **olahraga**

【名词】［Nomina（kata benda）］各种活动身体的运动，为了健康而开展的运动教育。Berbagai macam aktivitas olahraga fisik, pendidikan olahraga yang dilakukan untuk kesehatan. ‖ 每次上体育课，老师都让我们先跑步。Setiap kali pelajaran olahraga, guru meminta kami untuk berlari terlebih dahulu. | 他大学是学体育的。Dia kuliah di universitas jurusan pendidikan olahraga. | 学校组织了很多体育活动，这些活动可以帮助学生们健康成长。Sekolah mengadakan banyak kegiatan olahraga yang membantu pertumbuhan sehat siswa.

2 体育场 tǐyùchǎng **lapangan olahraga；stadion**

【名词】［Nomina（kata benda）］进行体育比赛、运动等的场所，一般是很大的空地。Tempat untuk mengadakan pertandingan olahraga, aktivitas olahraga, biasanya adalah lapangan yang besar. ‖ 体育场上正在进行足球比赛。Di stadion, sedang berlangsung pertandingan sepak bola. | 北京有非常大的体育场。Beijing memiliki stadion yang sangat besar. | 这个体育场向公民公开开放，谁都可以进去运动。Stadion olahraga ini terbuka untuk warga negara, siapa saja bisa masuk untuk berolahraga.

2 体育馆 tǐyùguǎn **gedung olahraga；stadion**

【名词】［Nomina（kata benda）］可以进行运动比赛、体育活动的房子。Gedung di mana pertandingan olahraga, kegiatan olahraga dapat diadakan. ‖ 体育馆有人在打排球。Di arena olahraga, seseorang sedang bermain bola voli. | 我们家附近有一个体育馆。Di dekat rumah kita ada sebuah arena olahraga. | 今天下雨，我们别去体育场了，去体育馆吧。Hari ini hujan, kita jangan pergi ke stadion, pergi ke arena olahraga saja.

[1] **天** tiān **langit; cuaca; satuan hari**

【名词】[Nomina (kata benda)] ① 天空，我们看到的有星星、月亮、太阳的地方。Langit, tempat di mana kita melihat bintang, bulan, matahari. ‖ 今天的天非常蓝。Langit hari ini sangat biru. | 天快黑了，我们回家吧。Waktunya hampir gelap, mari kita pulang. | 天亮了，你该起床了。Fajar telah tiba, kamu harus bangun. ② 一天的气候变化情况。Perubahan cuaca dalam sehari. ‖ 天儿真冷呀。Cuacanya sangat dingin hari ini. | 今天又是一个下雨天。Kita mau pergi atau tidak pergi ke taman tergantung pada apakah cuacanya bagus. | 变天了，看着快要下雨了。Akan ada hujan besok menurut perkiraan cuaca.

【量词】[Kuantifier (kata pengukur)] 从零点到二十四点的这段时间为一天，表示有多少个这样时间的数量单位；一个白天。Satu hari, periode waktu dari pukul 00:00 hingga 24:00, menunjukkan jumlah unit waktu seperti itu; sehari. ‖ 一天有二十四个小时。Satu hari terdiri dari 24 jam. | 他一天到晚只知道玩游戏。Dia hanya tahu bermain game sepanjang hari. | 他坐火车坐了一天一夜。Dia naik kereta selama satu hari satu malam.

[3] **天空** tiānkōng **langit**

【名词】[Nomina (kata benda)] 我们看到的有星星、月亮、太阳的地方。Tempat di mana kita melihat bintang, bulan, matahari. ‖ 鸟儿在天空中自由地飞来飞去。Burung-burung terbang dengan bebas di langit. | 天空中飞过一架飞机。Sebuah pesawat terbang melewati langit. | 他看着天空一句话也不说，他可能是想家了。Dia menatap ke langit tanpa berkata apa pun, mungkin dia merindukan rumah.

[1] **天气** tiānqì **cuaca**

【名词】[Nomina (kata benda)] 一天的气候变化情况。Perubahan cuaca dalam sehari. ‖ 今天天气真好。Cuaca hari ini sangat bagus. | 我们去不去公园玩要看天气好不好。Kita akan pergi ke taman atau tidak tergantung pada bagaimana cuacanya besok. | 明天天气怎么样? Bagaimana cuacanya besok? | 今天天气多云，听说明天就会下雨。Hari ini berawan, matahari tidak terlihat.

[2] **天上** tiānshàng **di atas langit**

【名词】[Nomina (kata benda)] 在天空中。Di langit. ‖ 天上有多少个星星? Ada berapa banyak bintang di langit? | 天上飞过一群鸟儿。Sebuah kelompok burung terbang di langit. | 今天天上的月亮又圆又亮。Bulan di langit sangat bulat dan terang hari ini. | 今天多云，看不见天上的太阳。Hari ini berawan, matahari tidak terlihat di langit.

3 **甜** tián **manis**

【形容词】[Adjektiva (kata sifat)] ① 味道像糖一样。Rasanya seperti gula. ‖ 这道菜的味道不够甜，再加一点儿糖吧。Rasa makanan ini kurang manis, tambahkan sedikit gula. | 我不喜欢吃甜的东西。Aku tidak suka makanan manis. | 这些苹果又大又甜。Apel-apel ini besar dan manis. ② 感觉开心的，幸福的。Merasa senang, bahagia. ‖ 她笑起来的样子很甜。Senyumnya terlihat sangat manis. | 听了老师的话，我心里甜甜的。Setelah mendengar perkataan guru, aku merasa senang. | 孩子的声音听起来很甜。Suaranya terdengar manis saat berbicara.

2 **条** tiáo **satuan**

【量词】[Kuantifier (kata pengukur)] ① 表示形状比较长的东西的数量单位。Menunjukkan jumlah unit yang lebih panjang bentuknya. ‖ 村东边有一条河。Di sisi timur desa ada sebuah sungai. | 你往前走能看到一条小路，穿过小路就能看到超市了。Jalan ke depan akan melalui jalan kecil, setelah melewati jalan kecil, kamu akan melihat supermarket. | 我新买了一条漂亮的裙子。Aku baru saja membeli rok yang indah. | 快看！河里有条鱼。Lihat! Ada ikan di sungai. | 桌子有四条腿。Meja ini memiliki empat kaki. ② 表示规定、规范等文件内容的数量单位。Menunjukkan jumlah dokumen, peraturan, dll. ‖ 学生规范里有一条要求学生在学校不能带手机。Aturan siswa memiliki persyaratan bahwa siswa tidak diperbolehkan membawa ponsel ke sekolah. | 他在会上提出了几条建议。Dia memberikan beberapa saran dalam pertemuan. | 电视上报道了一条交通新闻。Di televisi, ada berita lalu lintas

2 **条件** tiáojiàn **persyaratan; kondisi**

【名词】[Nomina (kata benda)] 已经具有的情况，能对事情或人产生影响的东西。Keadaan yang sudah ada, sesuatu yang dapat mempengaruhi situasi atau orang. ‖ 这里的卫生条件太差，病人不能在这里休息。Kondisi kebersihan di sini sangat buruk, pasien tidak bisa istirahat di sini. | 他的经济条件不错，给家里又买车又买房。Kondisi ekonomi dia baik, dia bisa membeli mobil dan rumah untuk keluarganya. | 到你们公司上班需要满足什么条件？Apa saja syarat yang harus dipenuhi untuk bekerja di perusahaan Anda?

3 **调** tiáo **mengatur；mengubah**

【动词】［Verba（kata kerja）］改变原来的位置或情况，使某人或某物到更合适的地方。Mengubah posisi atau situasi asal, membawa seseorang atau sesuatu ke tempat yang lebih sesuai. ‖ 房间里太冷了，把空调温度调高一点吧。Kamarnya terlalu dingin, naikkan suhu AC sedikit. | 老师正在给我们调座位。Guru sedang mengatur ulang tempat duduk kami. | 孩子正在睡觉，你把电视声音调小一点。Anak sedang tidur, kurangi suara televisinya sedikit. | 这道菜的味道调得很不错。Rasanya makanan ini telah disesuaikan dengan baik.

3 **调整** tiáozhěng **mengatur；mengubah**

【动词】［Verba（kata kerja）］改变原来的位置或情况，使某人或某物到更合适的地方。Mengubah posisi atau situasi asal, membawa seseorang atau sesuatu ke tempat yang lebih sesuai. ‖ 你的工作报告上有几点需要调整。Ada beberapa poin dalam laporan kerja Anda yang perlu disesuaikan. | 他刚回国，还在调整自己的生活习惯。Dia baru saja pulang ke negara ini dan masih menyesuaikan kebiasaannya. | 他调整好心情，又回到公司工作。Dia menyesuaikan perasaannya dan kembali bekerja di perusahaan. | 家具的位置还需要再调整一下。Posisi furnitur perlu disesuaikan lagi.

3 **跳** tiào **lompat；loncat**

【动词】［Verba（kata kerja）］腿和脚的力量使身体离开地面向前、向后或向上运动。Menggunakan tenaga kaki dan kaki untuk membuat tubuh bergerak maju, mundur, atau ke atas dari permukaan tanah. ‖ 他一下就跳到了台子上。Dia langsung melompat ke atas meja. | 我跳了几下，发现腿已经不疼了。Aku melompat beberapa kali dan merasa kaki sudah tidak sakit lagi. | 我跳不动了，我要休息一会儿。Aku tidak bisa melompat lagi, aku perlu beristirahat sejenak. | 她知道男朋友要回国，高兴得跳了起来。Dia melompat sangat senang karena pacarnya akan kembali ke negaranya.

3 **跳高** tiàogāo **lompat tinggi**

【动词】［Verba（kata kerja）］一种体育活动，按照要求比赛谁跳得更高。Sebuah kegiatan olahraga di mana peserta bersaing untuk melompat setinggi mungkin sesuai dengan aturan. ‖ 谁想去参加跳高比赛？Siapa yang ingin ikut

T

berkompetisi lompat tinggi? | 他是我们当中跳高跳得最好的。Dia adalah yang terbaik di antara kita dalam lompat tinggi. | 今天体育课老师叫我们学跳高。Hari ini guru olahraga meminta kita belajar lompat tinggi.

3 跳舞 tiào//wǔ **menari**

【动词】[Verba (kata kerja)] 一种把不同的动作组合起来让别人观看的活动，这种活动有利于交往和身体健康。Sebuah aktivitas di mana gerakan-gerakan yang berbeda dikombinasikan untuk ditampilkan kepada penonton, kegiatan ini bermanfaat untuk interaksi sosial dan kesehatan fisik. ‖ 妈妈每天晚上去广场上跳舞。Ibu pergi menari setiap malam di lapangan. | 我不会跳舞,你能教教我吗? Aku tidak bisa menari, bisakah kamu mengajariku? | 我和他一起跳过几次舞。Aku menari beberapa kali bersama dia. | 她以前没跳过舞,这是她第一次跳。Dia belum pernah menari sebelumnya, ini adalah pertama kalinya baginya menari. | 我给大家跳个舞吧。Ayo, aku akan menari untuk semua orang.

3 跳远 tiàoyuǎn **lompat jauh**

【动词】[Verba (kata kerja)] 一种体育活动,按照要求比赛谁跳得更远。Sebuah kegiatan olahraga di mana peserta bersaing untuk melompat sejauh mungkin sesuai dengan aturan. ‖ 他是这次跳远比赛的第一名。Dia adalah juara lompat jauh dalam kompetisi ini. | 我不会跳远。Aku tidak bisa melompat jauh. | 他跳远跳得比我好。Dia melompat lebih jauh daripada aku dalam lompat jauh. | 你跳远的动作很标准。Gerakan melompat jauhmu sangat standar.

3 铁 tiě **besi**

【名词】[Nomina (kata benda)] 一种在生活、工业中使用很多的东西,可以用来加工成刀、地铁、汽车。Sebuah bahan yang banyak digunakan dalam kehidupan dan industri, dapat digunakan untuk diolah menjadi pisau, kereta bawah tanah, mobil. ‖ 这把刀是铁做的。Pisau ini terbuat dari besi. | 他用铁做了一个架子,上面能放很多东西,架子非常结实。Dia membuatkan rak besi, di mana banyak barang dapat ditempatkan, dan rak tersebut sangat kokoh. | 这块铁可以用来做成工具。Potongan besi ini bisa digunakan untuk membuat alat.

3 铁路 tiělù **rel kereta**

【名词】[Nomina (kata benda)] 火车使用的道路。Jalur yang digunakan oleh kereta api. ‖ 不要在铁路上玩,太危险了。Jangan bermain di atas rel kereta api

T

lagi, sangat berbahaya. | 这座城市的铁路网非常完善。Jaringan jalur kereta api di kota ini sangat lengkap. | 这条铁路可以通到北京。Jalur kereta api ini dapat mencapai Beijing. | 他是一名铁路工人,每天的工作是保护铁路。Dia adalah seorang pekerja kereta api, tugasnya adalah menjaga rel kereta api.

1 **听** tīng **dengar**

【动词】[Verba (kata kerja)] 感受到声音;接受别人的建议。Mendengar suara; menerima saran dari orang lain. ‖ 我喜欢听音乐。Aku suka mendengarkan musik. | 明天下午学校组织学生听报告。Besok sore sekolah mengatur siswa untuk mendengarkan pidato. | 他总是不听妈妈的话。Dia selalu tidak mendengarkan nasihat ibunya. | 你说的话有道理,我都听进去了。Aku telah mendengarkan semua kata-katamu dengan baik.

1 **听到** tīngdào **mendengar; terdengar**

【短语】[frasa] 感受到声音。Mendengar suara. ‖ 他忽然听到有人在喊他的名字。Dia tiba-tiba mendengar seseorang memanggil namanya. | 我在很远的地方就听到你的声音了。Aku mendengar suaramu dari tempat yang jauh. | 你没听到我在叫你吗? Kamu tidak mendengarkan apa yang kukatakan? | 你说什么? 我听不到。Apa yang kamu katakan? Aku tidak bisa mendengarnya.

1 **听见** tīng//jiàn **mendengar; terdengar**

【动词】[Verba (kata kerja)] 听到了,听清楚了。Mendengar dan mendengar dengan jelas. ‖ 我听不见你说什么,你声音再大一点。Aku tidak bisa mendengar apa yang kamu katakan, naikkan sedikit suaramu. | 你听没听见我说的话? Apakah kamu mendengar apa yang aku katakan? | 他听见有人在唱歌。Dia mendengar seseorang bernyanyi. | 我没听见老师刚才讲的知识。Aku tidak mendengar apa yang guru katakan tadi.

2 **听讲** tīng//jiǎng **dengar**

【动词】[Verba (kata kerja)] 听别人讲知识、听报告等。Mendengarkan pengetahuan dari orang lain, mendengarkan pidato, dll. ‖ 上课要认真听讲。Ketika mengikuti pelajaran, kamu harus mendengarkan dengan sungguh-sungguh. | 大家先听我讲,一会儿再讨论。Semuanya, dengarkan presentasi saya terlebih dahulu, nanti kita akan berdiskusi. | 这件事你听谁讲的? Siapa yang memberitahumu tentang hal ini? | 大家都在认真听讲。Semua orang sedang mendengarkan penjelasan.

3 **听力** tīnglì **pendengaran**

【名词】[Nomina (kata benda)] 听的能力,感觉声音的能力;能听懂外语的能力。Kemampuan mendengar, kemampuan untuk mendengar suara; kemampuan untuk mendengar dan memahami bahasa asing. ‖ 他年纪大了,听力不好,别人说什么他都听不清。Dia sudah tua, pendengarannya buruk, dia tidak bisa mendengar apa yang orang lain katakan dengan jelas. | 这次考试的听力题目比较难。Soal-soal mendengarkan dalam ujian ini agak sulit. | 现在开始听力考试。Sekarang kita mulai ujian mendengarkan. | 我们有中文听力课。Kami memiliki kelas mendengarkan bahasa Mandarin.

2 **听说** tīngshuō **dengar-dengar; katanya**

【动词】[Verba (kata kerja)] ① 听别人说,据说。Mendengarkan cerita orang lain, disebut-sebut. ‖ 听说城里新开了一家超市。Mendengar ada supermarket baru yang dibuka di kota. | 这事我可从来没听说过。Ini adalah pertama kalinya aku mendengarnya. | 你听说的消息是真的吗? Apakah berita yang kamu dengar itu benar? | 你听没听说下周学校有体育比赛? Apakah kamu mendengar ada kompetisi olahraga di sekolah minggu depan? ② 学习语言时的听和说。Belajar mendengar dan berbicara bahasa. ‖ 今天上课要进行听说训练。Pada pelajaran hari ini, kita akan melakukan pelatihan mendengar dan berbicara. | 你的读写能力还不错,听说能力需要提高。Kemampuan membaca dan menulis Anda bagus, tetapi kemampuan mendengar dan berbicara perlu ditingkatkan. | 怎么样才能提高自己的听说能力? Bagaimana cara meningkatkan kemampuan mendengar dan berbicara Anda?

1 **听写** tīngxiě **dikte**

【动词】[Verba (kata kerja)] 一种学习的方式,一个人读,另一个人把正确的词、句子等写下来。Metode belajar di mana satu orang membaca, dan orang lain menuliskan kata, kalimat, dll. dengan benar. ‖ 老师每次上课要听写我们十个词。Setiap kali dalam pelajaran, guru menugaskan kami untuk menulis sepuluh kata dari dengaran kami. | 今天有没有听写作业? Apakah ada tugas mendengarkan dan menulis hari ini? | 我们现在开始听写。Sekarang kita mulai menulis dari dengaran. | 他正在听写我们句子。Dia sedang menulis apa yang kita katakan.

T

3 听众 tīngzhòng **pendengar**

【名词】[Nomina (kata benda)] 听音乐、听广播等的人。Orang yang mendengarkan musik, radio, dll. ‖ 各位听众朋友们,大家晚上好,这里是广播电台。Teman-teman pendengar yang terhormat, selamat malam, ini adalah stasiun radio. | 这个节目有很多听众。Program ini memiliki banyak pendengar. | 今天下午的报告会来了很多听众。Acara presentasi sore ini dihadiri oleh banyak pendengar. | 演唱会坐满了听众。Konser telah ditempati penuh oleh pendengar.

2 停 tíng **berhenti**

【动词】[Verba (kata kerja)] 不继续做某事,不继续前进。Berhenti melakukan sesuatu, berhenti maju. ‖ 雨停了,太阳出来了。Hujan berhenti, matahari keluar. | 他停下手里的工作,准备休息一会儿。Dia berhenti dari pekerjaannya dan bersiap untuk istirahat sejenak. | 大家停一停,先听他说。Semua orang, berhenti sejenak dan dengarkan dia berbicara. | 路边停了几辆车。Beberapa mobil berhenti di sisi jalan. | 公交车在每个车站只停三分钟。Bus berhenti selama 3 menit di setiap halte.

2 停车 tíng//chē **parkir**

【动词】[Verba (kata kerja)] 把车停下来,把车放在合适的地方。Berhenti dengan mobil, parkir di tempat yang sesuai. ‖ 请问哪里可以停车? Maaf, di mana saya bisa parkir? | 这条路上不让停车。Tidak diizinkan berhenti di jalan ini. | 麻烦你在路边停一下车。Tolong berhenti di tepi jalan sebentar lagi. | 我先进来了,他去停车了,一会儿就来。Saya datang lebih awal, dia pergi untuk parkir dulu, dia akan datang sebentar lagi. | 我刚学会开车,现在还不会停车。Aku baru belajar mengemudi, sekarang aku belum bisa parkir.

2 停车场 tíngchēchǎng **lapangan parkir**

【名词】[Nomina (kata benda)] 专门用来停车的场所,有的收费,有的不收费。Tempat khusus untuk parkir, beberapa berbayar, beberapa gratis. ‖ 在超市底下的停车场停车不收费。Parkir di bawah supermarket gratis. | 我们家门口有一个很大的停车场。Di depan rumah kita ada parkiran yang besar. | 他说他下班以后在停车场门口等我。Dia bilang dia akan menunggu saya di pintu parkir setelah jam kerja. | 这个停车场能停五百辆车。Tempat parkir ini bisa menampung 500 mobil.

T

3 **停止** tíngzhǐ **berhenti**

【动词】［Verba（kata kerja）］不继续做某事，不继续前进。Berhenti melakukan sesuatu, berhenti maju. ‖ 老师让大家停止讨论先听讲。Guru meminta semua orang untuk berhenti berdiskusi dan mendengarkan. ｜音乐刚停止，舞台上的灯就亮起来了。Musik berhenti, dan lampu di panggung menyala. ｜这次活动已经停止报名了。Pendaftaran untuk acara ini sudah berhenti. ｜前面那条马路不能通过，汽车停止前进。Jalan di depan tidak bisa dilalui, mobil berhenti maju.

2 **挺** tǐng **sangat**

【副词】［Adverbia（kata keterangan）］日常说话中可以使用，表示"很"。Digunakan dalam percakapan sehari-hari, menunjukkan "sangat". ‖ 这件衣服挺适合你的。Pakaian ini cocok untukmu. ｜这道菜做得挺好吃。Masakan ini dimasak dengan sangat enak. ｜我最近生活过得挺不错。Kehidupanku akhir-akhir ini cukup baik. ｜他挺忙的，没时间接电话。Dia sangat sibuk, tidak punya waktu untuk mengangkat telepon.

2 **挺好** tǐnghǎo **sangat bagus; sangat baik**

【短语】［frasa］很好，不错，让人满意的，达到要求的。Bagus, baik, memuaskan, mencapai persyaratan. ‖ 你父母身体最近挺好吗？Bagaimana kondisi kesehatan orang tuamu baru-baru ini? ｜我这次考试考得挺好。Aku mendapat nilai yang baik dalam ujian kali ini. ｜我最近心情挺好的。Aku merasa cukup bahagia akhir-akhir ini. ｜离婚也挺好，他们两个不用再吵架了。Cerai juga bagus, mereka berdua tidak perlu bertengkar lagi.

2 **通** tōng **tiba; mengerti**

【动词】［Verba（kata kerja）］① 到达。Tiba di tempat tujuan. ‖ 这条路不通飞机场，我们只能走别的路。Jalur ini tidak bisa sampai ke bandara, kita harus memilih jalan lain. ｜村里去年才通上电。Desa kami baru saja memiliki listrik tahun lalu. ｜他的电话打不通。Teleponnya tidak bisa dihubungi. ｜这条路可以一直通到医院。Jalan ini bisa langsung mencapai rumah sakit. ② 明白，知道，懂得。Mengerti, mengetahui. ‖ 这段时间他想通了很多问题。Dia mencerna banyak masalah selama periode ini. ｜他这个人谁的话也不听，怎么都说不通。Dia tidak mau mendengarkan perkataan siapa pun, bagaimana pun kita menjelaskan. ｜他昨天和我通过话。Dia berbicara dengan saya kemarin. ｜这件

T

事我怎么也想不通，我到底哪里错了？Aku tidak tahu di mana aku salah dalam hal ini？
【形容词】［Adjektiva（kata sifat）］语言表达很顺利，没有错误的。Ekspresi bahasa yang lancar, tanpa kesalahan. ‖ 你这句话写得不通，这个词不能用在这里。Kalimatmu tidak jelas, kata ini tidak bisa digunakan di sini. | 这个句子这样写通不通？Apakah kalimat ini ditulis dengan benar？| 他把这个错误的句子改通了。Dia berhasil mengubah kalimat yang salah menjadi benar.

3 通常 tōngcháng **biasanya**

【形容词】［Adjektiva（kata sifat）］平常，一般情况下，普通。Biasanya, dalam situasi normal, umum. ‖ 通常情况下，他都是早上八点起床。Biasanya dia bangun pukul delapan pagi. | 你通常怎么联系他？Bagaimana biasanya kamu menghubungi dia？| 我通常中午都是在家里吃饭。Saya biasanya makan siang di rumah. | 您通常几点上班？Pada biasanya, jam berapa Anda pergi bekerja？

2 通过 tōngguò **melalui；dengan cara**

【介词】［Preposisi（kata depan）］表示用某种方式或手段得到某个结果。Menunjukkan cara atau sarana untuk mencapai suatu hasil. ‖ 通过这件事，我明白了要乐观生活的道理。Melalui masalah ini, saya memahami pentingnya hidup dengan optimis. | 通过调查，我们得到了现代年轻人使用手机的情况。Melalui penyelidikan, kami memperoleh data tentang penggunaan ponsel modern oleh orang muda. | 我是通过别人介绍才认识他的。Saya mengenal dia hanya melalui perkenalan orang lain. | 通过半年的学习，我的汉语进步了很多。Melalui enam bulan belajar, kemampuan bahasa Mandarin saya meningkat banyak.
【动词】［Verba（kata kerja）］① 从中间过去，经过。Lewat, melewati tengah. ‖ 这里有考试，不能通过。Tidak diizinkan berjalan melalui sini. | 汽车可以直接通过这片草地。Mobil dapat melewati lapangan rumput ini secara langsung. | 这条路只能同时让一个人通过。Jalan ini hanya memungkinkan satu orang melewatinya pada saat yang sama. ② 同意，满足要求。Setuju, memenuhi persyaratan. ‖ 他成功通过了这次考试。Dia berhasil lulus ujian ini. | 会议通过了三条新规定。Rapat telah menyetujui tiga peraturan baru. | 你请假的事情有没有被领导通过？Apakah rencana cuti Anda disetujui oleh atasan？

3 通信 tōng//xìn **komunikasi**

【动词】［Verba（kata kerja）］利用图画、文字、网络等方式传播信息，相互联

T

系。Penggunaan gambar, tulisan, internet, dll. untuk menyebarkan informasi, berhubungan satu sama lain. ‖ 我们国家的通信技术发展得越来越好。Teknologi komunikasi negara kita semakin maju. | 我们每个月会通两次信。Kita akan bertukar surat dua kali setiap bulan. | 飞机起飞的时候要把手机、电脑等通信设备关机。Ketika pesawat lepas landas, perangkat komunikasi seperti ponsel dan komputer harus dimatikan. | 他出国以后也和我保持通信。Setelah dia pergi ke luar negeri, dia tetap berhubungan dengan saya.

2 通知 tōngzhī　**mengumumkan; memberitahukan**

【动词】［Verba（kata kerja）］正式地把消息告诉别人。Secara resmi memberi tahu orang tentang berita. ‖ 这件事没有人通知过我。Tidak ada yang memberitahu saya tentang masalah ini. | 老师通知我们明天下午要进行课堂听写。Guru memberi tahu kami bahwa besok akan ada ujian tulis di kelas. | 公司通没通知什么时候发工资？Apakah perusahaan memberi tahu kapan gajinya akan dibayarkan? | 我发短信通知大家明天上午要开会。Saya menerima pemberitahuan dan mengetahui bahwa minggu depan akan ada kompetisi olahraga di sekolah.

【名词】［Nomina（kata benda）］通知的内容或文件。Konten atau dokumen pemberitahuan. ‖ 我没有接到开会的通知。Saya tidak menerima pemberitahuan untuk menghadiri pertemuan. | 通知上写了上课的时间和地点。Pemberitahuan menuliskan waktu dan tempat kelas. | 他给每个人都发了通知。Dia mengirimkan pemberitahuan kepada setiap orang. | 我收到了一份通知，上面写着下周学校有体育比赛。Saya menerima pemberitahuan bahwa ada kompetisi olahraga di sekolah minggu depan.

2 同时 tóngshí　**waktu yang sama; saat yang sama**

【连词】［Konjungsi（kata penghubung）］放在两个句子中间，表示“并且”。Ditempatkan di antara dua kalimat, menunjukkan “dan”. ‖ 认真学习很重要，同时身体健康也需要重视。Belajar dengan tekun sangat penting, dan kesehatan juga harus diperhatikan. | 他学习好，同时体育也好。Dia belajar dengan baik, dan olahraga juga baik. | 他通过自己的努力完成了工作，同时得到了领导的认可。Dia menyelesaikan pekerjaan dengan susah payah, sambil mendapatkan pengakuan dari atasan.

【名词】［Nomina（kata benda）］在同一个时间，相同的时间。Pada saat yang sama, waktu yang sama. ‖ 我们同时收到了老师的通知。Kami menerima

T

pemberitahuan guru bersamaan. | 在提高成绩的同时,也要重视保护学生的身体健康。Sambil meningkatkan nilai, perhatikan juga perlindungan kesehatan siswa. | 跳高比赛和跳远比赛同时进行。Acara lompat tinggi dan lompat jauh berlangsung secara bersamaan.

2 同事 tóngshì **rekan kerja**

【名词】[Nomina (kata benda)] 在同一个公司或单位工作的人。Orang yang bekerja di perusahaan atau unit yang sama. ‖ 他是我的同事,我们在一个公司一起工作三年了。Dia adalah rekanku, kami telah bekerja bersama di perusahaan yang sama selama tiga tahun. | 我同事今天请假了,他的工作需要我代他完成。Rekan kerjaku cuti hari ini, pekerjaannya harus saya lakukan untuknya. | 大家都是同事,互相帮忙是应该的。Kita semua rekan kerja, saling membantu adalah hal yang seharusnya.

1 同学 tóngxué **teman sekolah**

【名词】[Nomina (kata benda)] 在同一个班一起学习的人;学生。Orang yang belajar bersama dalam satu kelas; murid. ‖ 他是我的高中同学。Dia adalah teman sekelas SMA saya. | 老同学,好久不见。Teman sekelas lama, sudah lama tidak bertemu. | 同学们,今天我们要学习第二课。Teman-teman sekelas, hari ini kita akan mempelajari pelajaran kedua. | 我们是同班同学,但是我们互相很少交往。Kami adalah teman sekelas, tapi kami jarang berinteraksi satu sama lain. | 同学要互相帮助。Teman sekelas harus saling membantu.

2 同样 tóngyàng **sama**

【形容词】[Adjektiva (kata sifat)] 相同的,一样的。Sama, serupa. ‖ 他手里拿着两个同样大小的苹果,问我想要哪个。Dia memegang dua apel yang sama ukurannya, dan bertanya kepada saya ingin yang mana. | 我们有同样的爱好,我们都喜欢跳舞。Kita memiliki hobi yang sama, kita sama-sama suka menari. | 大家做同样的工作,为什么他的工资比我的高? Semua orang melakukan pekerjaan yang sama, mengapa gajinya lebih tinggi dari saya?

【连词】[Konjungsi (kata penghubung)] 连接两个词或句子,表示后面的内容和前面的内容是一样的道理。Menghubungkan dua kata atau kalimat, menunjukkan bahwa isi di belakang sama dengan isi di depan. ‖ 今天这件事我不同意,他来说我同样也不同意。Saya tidak setuju dengan hal ini hari ini, dan saya juga tidak setuju ketika dia mengatakannya. | 短处需要改正,同样,长处需

要表现。Kelemahan harus diperbaiki, begitu juga kelebihan harus ditunjukkan. | 不运动对身体不好,同样,运动太多也对身体不好。Tidak berolahraga buruk untuk kesehatan, begitu juga berolahraga terlalu banyak juga buruk untuk kesehatan.

3 **同意** tóngyì **setuju**

【动词】［Verba（kata kerja）］认可别人的意见,支持别人的想法,意见相同。Menyetujui pendapat orang lain, mendukung ide orang lain, persetujuan. ‖ 大家都同意周末去公园玩。Semua orang setuju untuk pergi ke taman akhir pekan. | 妈妈不同意他一个人去国外学习。Ibuku tidak setuju dia pergi belajar di luar negeri sendiri. | 领导同意了我的请假报告。Atasan menyetujui laporan cuti saya. | 没人同意他的想法,大家都觉得他说得没道理。Tidak ada yang menyetujui gagasannya, semua orang merasa dia tidak masuk akal.

3 **痛** tòng **sakit**

【形容词】［Adjektiva（kata sifat）］让人感觉到疼的,难受的,不舒服的。Merasa sakit, tidak nyaman. ‖ 他的话让我觉得很心痛。Ucapannya membuat saya merasa sangat sedih. | 我好像感冒,我觉得有点头痛。Sepertinya saya sedang pilek, kepala saya terasa agak sakit. | 他摔倒了,他觉得腿很痛。Dia jatuh dan merasa kaki sakit. | 医生问他觉得身上哪里痛。Dokter bertanya di mana dia merasa sakit.

3 **痛苦** tòngkǔ **sakit**

【形容词】［Adjektiva（kata sifat）］身体或精神上感觉到难受的。Merasa sulit baik secara fisik maupun emosional. ‖ 他去世的消息让全家人都觉得很痛苦。Berita tentang kematian dia membuat seluruh keluarga merasa sangat sedih. | 他们离婚了,因为他们生活在一起很痛苦。Mereka bercerai karena hidup bersama mereka sangat menderita. | 我有过一段痛苦的经历,但是我没有告诉任何人。Saya memiliki pengalaman yang menyakitkan, tapi saya tidak memberi tahu siapa pun. | 这个病让他每天都觉得很痛苦。Penyakit ini membuatnya merasa sangat menderita setiap hari.

2 **头** tóu **kepala; satuan**

【名词】［Nomina（kata benda）］人和动物身体上的一部分,上面有脑、眼、嘴、脸等部分。Bagian tubuh manusia dan hewan yang memiliki otak, mata, mulut, wajah, dan bagian lainnya. ‖ 牛和羊的头上都长了角。Sapi dan kambing memiliki tanduk di kepala mereka. | 她头上有一朵花。Dia memakai bunga di kepala. | 我感觉有点头疼,我可能感冒了。Saya merasa sedikit pusing, mungkin saya pilek.

【量词】[Kuantifier (kata pengukur)] 表述牛、羊等动物的数量单位。Satuan untuk menggambarkan jumlah hewan seperti sapi, kambing, dll. ‖ 草地上有五头牛在吃草。Ada lima ekor sapi makan rumput di padang rumput. | 这头牛长得真结实。Sapi ini tumbuh dengan sangat kuat. | 一头羊可以卖很多钱。Satu ekor domba bisa dijual dengan banyak uang.

3 头 tóu **awal**

【形容词】[Adjektiva (kata sifat)] ① 表示最前面的。Menunjukkan yang terdepan. ‖ 头几件衣服看着还不错,后面几件我就不太喜欢了。Baju-baju pertama terlihat bagus, tapi baju-baju belakangnya tidak terlalu saya suka. | 要说谁跑得最快,他肯定是头一个。Kalau bicara tentang siapa yang paling cepat berlari, dia pasti yang paling unggul. | 头几名同学一直都是班上学习最认真的几个人。Beberapa siswa peringkat teratas selalu yang paling rajin belajar di kelas. ② 放在表示时间的词"年""天"前面,表示刚开始的某一段时间或以前的时间。Ditempatkan di depan kata-kata "年" atau "天" untuk menunjukkan awal dari suatu periode waktu atau masa lalu. ‖ 他头几年刚进城,日子很不好过。Dia baru beberapa tahun tinggal di kota ini, hari-harinya tidak begitu menyenangkan. | 头两天他刚给我打过电话。Beberapa hari pertama dia baru saja menelepon saya. | 我知道这件事后,头天我就坐飞机回家了。Setelah mengetahui hal ini, pada hari berikutnya saya langsung pulang dengan pesawat.

2 头发 tóufà **rambut**

【名词】[Nomina (kata benda)] 人头上的毛。Rambut di kepala manusia. ‖ 人老了,头上的头发也少了。Seseorang menjadi tua, rambut di kepalanya juga berkurang. | 她的头发很长。Rambutnya sangat panjang. | 学校不让男学生留长头发。Sekolah tidak mengizinkan siswa laki-laki untuk memiliki rambut panjang. | 他的头发都变白了。Rambutnya berubah menjadi warna putih.

3 头脑 tóunǎo **otak**

【名词】[Nomina (kata benda)] 指人身体中用来处理信息,发出信号的部分;也可以指思考问题的能力。Bagian tubuh manusia yang digunakan untuk memproses informasi dan mengirim sinyal; juga dapat merujuk pada kemampuan berpikir. ‖ 这个人很可靠,办起事来很有头脑。Orang ini dapat diandalkan, dia memiliki kepala yang baik untuk mengatur pekerjaan. | 他头脑不清楚,不小心说错了话。Pikirannya tidak jernih, dia tanpa sadar mengatakan sesuatu yang salah. | 他头脑好,学习又努力,当然能考出好成绩。Dia memiliki kepala yang baik dan belajar dengan tekun, tentu saja dia bisa mendapatkan nilai bagus.

2 头 tou **akhiran**

【后缀】［Akhiran］“木头”的“头”,和别的词组合表示人、东西、地方的名称。‖ 我家前头有个小饭馆儿。Di depan rumah saya ada sebuah restoran kecil. | 你包里头装的是什么? Apa yang ada di dalam tasmu? | 他看到地上有一块好看的石头。Dia melihat ada sebuah batu yang bagus di tanah. | 这事儿让他尝到了不少甜头。Hal ini memberinya banyak manfaat.

3 突出 tūchū **menonjol**

【形容词】［Adjektiva（kata sifat）］特别的,超过其他的。Khusus, melebihi yang lain. ‖ 他在这次比赛中的表现很突出。Penampilannya sangat menonjol dalam kompetisi ini. | 他的建议在这次工作中有突出的作用。Saran-sarannya memiliki peran yang menonjol dalam pekerjaan ini. | 她今天穿得很漂亮,在人群中特别突出。Pakaian yang dia kenakan hari ini sangat menonjol di antara orang banyak.

【动词】［Verba（kata kerja）］强调,使某人或某事表现得更加清晰,超过其他。Menekankan, membuat sesuatu atau seseorang lebih jelas, melebihi yang lain. ‖ 他的报告突出了这段时间工作中存在的问题。Laporan ini menyoroti masalah yang ada dalam pekerjaan akhir-akhir ini. | 这篇文章没有突出你的个人特色。Artikel ini tidak menonjolkan karakteristik pribadinya. | 你说了半天,没一句是突出重点的。Anda berbicara begitu lama, tidak ada yang menonjolkan pokok permasalahan.

3 突然 tūrán **tiba-tiba**

【形容词】［Adjektiva（kata sifat）］很快发生的,让人没想到的,动作很快的。Terjadi dengan cepat, tak terduga, tindakan cepat. ‖ 他突然倒下了,看起来很难受。Dia tiba-tiba terjatuh, tampaknya dia sangat menderita. | 我突然想起来一会儿要开会。Saya tiba-tiba ingat ada pertemuan sebentar lagi. | 教室里突然飞进一只小鸟。Tiba-tiba burung kecil terbang masuk ke dalam kelas.

T

3 **图** tú **gambar**

【名词】[Nomina (kata benda)] 画儿,可以看到的画出来的形象。Gambar, representasi visual. ‖ 工程师正在画图计算这座房子的情况。Insinyur sedang merancang gambar untuk menghitung situasi rumah ini. | 汉语考试的最后一道题要求学生看图写作文。Tugas terakhir ujian bahasa Cina meminta siswa untuk melihat gambar dan menulis esai. | 你从图上可以看出什么信息? Apa informasi yang bisa Anda lihat dari gambar ini?

3 **图画** túhuà **gambar**

【名词】[Nomina (kata benda)] 画出来的画儿。Gambar yang digambar. ‖ 小孩子都喜欢看图画书。Anak-anak suka membaca buku gambar. | 墙上挂着的图画都是他画的。Gambar-gambar yang dipajang di dinding semua digambar olehnya. | 这张图画的颜色很丰富。Gambar ini memiliki warna yang kaya. | 他太小了,还不认识文字,只能看图画。Karena dia masih kecil, dia belum mengenal huruf, hanya bisa melihat gambar.

2 **图片** túpiàn **gambar**

【名词】[Nomina (kata benda)] 图,照片。Gambar, foto. ‖ 文字说不明白的,可以用图片说明。Gambar yang tidak bisa dijelaskan dengan kata-kata, bisa dijelaskan dengan gambar. | 他拍的几张图片发表在了报纸上。Dia mempublikasikan beberapa gambar yang dia ambil di surat kabar. | 从这张图片上,我们可以看到北京秋天的景色。Dari gambar ini, kita bisa melihat pemandangan musim gugur di Beijing. | 老师让大家根据图片中的信息写一篇作文。Guru meminta semua orang untuk menulis sebuah esai berdasarkan informasi yang ada pada gambar.

1 **图书馆** túshūguǎn **perpustakaan**

【名词】[Nomina (kata benda)] 集中了大量可以让读者读的书、杂志、报纸等的地方,人们可以在这里看书或借书。Tempat yang berisi banyak buku, majalah, dan sebagainya yang bisa dibaca oleh para pembaca; orang dapat membaca atau meminjam buku di sini. ‖ 图书馆最近新到了很多小说。Perpustakaan baru-baru ini mendapatkan banyak novel. | 他每天去图书馆学习。Dia pergi ke perpustakaan setiap hari untuk belajar. | 学校的图书馆非常大,里面有很多书。Perpustakaan sekolah sangat besar, di dalamnya ada banyak buku. | 我明天要去图书馆还书。Saya akan pergi ke perpustakaan untuk mengembalikan buku besok. | 在网上找不到的书，可以到图书馆里找一找。| Buku yang tidak bisa ditemukan di internet dapat dicari di perpustakaan.

3 **土** tǔ **tanah**

【名词】［Nomina（kata benda）］可以长出花、草、树的东西，地面上的一层。Benda yang dapat tumbuh bunga，rumput，dan pohon，lapisan di atas permukaan bumi. ‖ 地上到处都是土，我们快打扫一下吧。Di mana-mana di tanah terdapat air，kita harus membersihkannya. | 这里的水、土不错，很适合种花。Air dan tanah di sini bagus，sangat cocok untuk menanam bunga. | 他抓了一把土放进瓶子里，当作家乡的纪念品。Dia mengambil segenggam tanah dan meletakkannya di dalam botol sebagai kenang-kenangan dari kampung halamannya.

3 **团** tuán **gumpalan**

【名词】［Nomina（kata benda）］① 形状像球的东西。Benda dengan bentuk bulat seperti bola. ‖ 他桌子上很乱，上面放了很多书、笔还有没有用的纸团。Di atas meja dia sangat berantakan，di atasnya terdapat banyak buku，pena，dan gumpalan kertas. | 妈妈用米和肉做了几个饭团。Ibuku membuat beberapa onigiri dengan nasi dan daging. | 我们先做一个面团，再把面团做成包子皮。Pertama-tama kita harus membuat adonan，lalu membentuknya menjadi kulit pao. ② 队，有共同目的或爱好的人组成的集体。Kelompok，kumpulan orang dengan tujuan atau minat yang sama. ‖ 他成立了一个美术团，团里经常有艺术交流活动。Dia mendirikan kelompok seni rupa，di mana sering ada kegiatan pertukaran seni. | 代表团今天到达机场。Delegasi tiba di bandara hari ini. | 武术团里有二十七名成员。Di dalam kelompok seni bela diri ini terdapat 27 anggota.

【量词】［Kuantifier（kata pengukur）］表示形状像团一样的东西的数量单位。Satuan jumlah benda yang berbentuk seperti bola. ‖ 一团米饭。Bola beras. | 一团泥。Bola lumpur.

3 **团结** tuánjié **Bersatu；bersana-sama**

【动词】［Verba（kata kerja）］有同样的目标，共同合作。Memiliki tujuan yang sama，bekerja sama. ‖ 我们要团结起来，共同面对这次工作中的困难。Kita harus bersatu dan menghadapi kesulitan dalam pekerjaan ini bersama-sama. | 班长平常要热爱班级，团结同学。Sebagai ketua kelas，ia harus mencintai kelasnya dan bersatu dengan teman-temannya. | 全球各地的人应该团结在一起，共同处理环境保护问题。Orang-orang di seluruh dunia harus bersatu dan bekerja sama

T

dalam menangani masalah perlindungan lingkungan.

3 **团体** tuántǐ **kelompok**

【名词】[Nomina (kata benda)] 有共同目的或爱好的人组成的集体。Kelompok orang dengan tujuan atau minat yang sama. ‖ 这是团体活动,靠一个人努力是没办法成功的。Ini adalah kegiatan kelompok, tidak mungkin berhasil hanya dengan usaha seseorang. | 我们都喜欢音乐,所以我们成立了自己的音乐团体。Kami semua menyukai musik, jadi kami membentuk kelompok musik kami sendiri. | 我们一共十个人一起去旅游,我们可以买团体票。Kami bersepuluh orang pergi berlibur bersama, kami bisa membeli tiket kelompok.

2 **推** tuī **dorong**

【动词】[Verba (kata kerja)] ① 向一个方向用力,使东西开始运动。Mendorong sesuatu dalam satu arah untuk memulai gerakan. ‖ 他被人推倒了。Dia ditendang dan jatuh. | 我推了推门,发现门打不开了。Saya menekan pintu dan menemukan pintu itu tidak terbuka. | 大家一起帮他推车。Semua orang membantu mendorong kereta. | 不知道是谁推了我一把。Saya tidak tahu siapa yang menendang saya tadi. ② 帮助传播。Meneruskan sesuatu, menyebarkannya. ‖ 他推给我一个人的电话,说有事可以联系这个人。Dia memberi saya nomor telepon seseorang dan mengatakan bahwa saya dapat menghubungi orang tersebut untuk urusan ini. | 这种工作方法可以推给更多人,帮助更多人解决困难。Metode kerja ini dapat diperkenalkan kepada lebih banyak orang untuk membantu lebih banyak orang dalam mengatasi kesulitan. | 要把新思想推向更多的地方。Ide-ide baru harus disebarkan ke lebih banyak tempat. ③ 不接受,把事情的日期向后改。Menolak, menunda suatu hal. ‖ 我明天突然有别的事,我们见面的时间可以往后推一推吗? Saya punya hal lain yang mendadak besok, apakah kita bisa menunda pertemuan kita sampai lain waktu? | 如果是你的错,那你就不要把责任推给别人。Jika itu adalah kesalahan Anda, jangan menyalahkan orang lain. | 他把自己的工作都推给了我,他自己什么都不干。Dia menyerahkan seluruh pekerjaannya kepada saya, dia tidak melakukan apa-apa.

3 **推动** tuī//dòng **mendorong**

【动词】[Verba (kata kerja)] 用很多努力让事情顺利发展。Menggunakan banyak usaha untuk membuat sesuatu berjalan lancar. ‖ 新技术推动了工厂的发展。Teknologi baru mendorong perkembangan pabrik. | 这件事我们努力很久都

很难推得动。Kami telah berusaha cukup lama untuk menggerakkan hal ini tetapi masih sulit didorong maju. | 我们共同努力推动事业的发展。Kami bekerja sama untuk mendorong perkembangan usaha ini. | 社会文明的进步需要所有人共同努力。Kemajuan kebudayaan sosial membutuhkan usaha bersama semua orang.

3 **推广** tuguǎng **menyebarkan**

【动词】[Verba (kata kerja)] 用某种方式让东西、消息或经验等在更大范围内传播。Menggunakan cara tertentu untuk menyebarluaskan sesuatu, pesan, atau pengalaman ke wilayah yang lebih luas. ‖ 普通话推广工作正在顺利进行。Penyebarluasan bahasa Mandarin sedang berlangsung dengan baik. | 我们要把新技术推广到全国各地。Kami ingin mempromosikan teknologi baru ini di seluruh negeri. | 推广新规定是现在工作的重心。Penyebarluasan peraturan baru adalah fokus pekerjaan saat ini.

3 **推进** tuījìn **memajukan**

【动词】[Verba (kata kerja)] 用某种方式帮助事情向前发展。Membantu sesuatu maju dengan cara tertentu. ‖ 这个工作到现在都没有被继续推进下去。Pekerjaan ini hingga saat ini belum mendorong maju. | 为了推进公司发展,领导决定和其他公司合作。Untuk memajukan perusahaan, pimpinan memutuskan untuk bekerja sama dengan perusahaan lain. | 事情正在按计划顺利推进。Pekerjaan sedang berjalan dengan lancar sesuai rencana.

3 **推开** tuīkāi **memisahkan**

【动词】[Verba (kata kerja)] 用力打开或分开。Membuka atau memisahkan dengan tenaga. ‖ 我推开办公室的门,发现办公室里没有人。Saya mendorong pintu kantor dan menemukan bahwa kantor itu kosong. | 他一把把我推开了。Dia menepis saya dengan tenaganya. | 老师为学生推开知识的大门。Guru membuka pintu pengetahuan bagi murid-muridnya.

2 **腿** tuǐ **kaki**

【名词】[Nomina (kata benda)] ① 人或动物身体上的一部分,可以和脚一起用来站、走、跑。Bagian tubuh manusia atau hewan yang dapat digunakan bersama-sama dengan kaki untuk berdiri, berjalan, dan berlari. ‖ 他长得很高,腿特别长。Dia sangat tinggi, kakinya sangat panjang. | 你的腿怎么了? 看你走路的样子有点奇怪。Apa yang terjadi pada kakimu? Saya melihat Anda berjalan dengan cara

T

yang aneh. | 牛有四条腿，鸡有两条腿。Sapi memiliki empat kaki, ayam memiliki dua kaki. ② 家具下面像腿一样的部分。Bagian bawah perabot yang mirip dengan kaki. ‖ 这张桌子少了一条腿。Meja ini kekurangan satu kaki. | 这张床的腿很结实。Kaki tempat tidur ini sangat kuat.

3 退 tuì **mundur**

【动词】［Verba（kata kerja）］① 向后运动。Bergerak mundur. ‖ 我向后退了一步，不小心碰倒了桌子上的杯子。Saya mundur satu langkah dan tidak sengaja menabrak gelas di atas meja. | 现在这个情况，进也不是，退也不是，真是没办法。Dalam situasi saat ini, tidak bisa masuk, tidak bisa mundur, benar-benar sulit. | 他们最后同意各退一步，不再吵架了。Mereka akhirnya setuju untuk saling mundur dan tidak lagi bertengkar. ② 离开某个团体。Meninggalkan kelompok tertentu. ‖ 他从篮球队退了下来。Dia keluar dari tim bola basket. | 他去年就从工作上退下来了。Dia sudah pensiun dari pekerjaan sejak tahun lalu. ③ 把买到或收到的东西还回去，不要某件东西了。Kembalikan apa yang telah Anda beli atau menerima daripada sesuatu. ‖ 我不能收他的礼物，所以我给他退回去了。Aku tidak bisa menerima hadiahnya, jadi aku mengembalikannya padanya. | 他的作业交错了，老师把作业退给他了。Pekerjaan rumahnya terkejut, dan guru mengembalikannya kepadanya.

3 退出 tuìchū **keluar**

【动词】［Verba（kata kerja）］不继续参加某个活动，离开某个团体。Tidak lagi berpartisipasi dalam suatu kegiatan, meninggalkan kelompok tertentu. ‖ 他决定退出篮球队。Dia memutuskan untuk keluar dari tim bola basket. | 他因为突然生病，只能退出比赛了。Karena tiba-tiba sakit, dia hanya bisa keluar dari kompetisi. | 网络会议结束，大家可以退出了。Konferensi daring berakhir, semua orang bisa keluar sekarang.

3 退休 tuì//xiū **pensiun**

【动词】［Verba（kata kerja）］因年纪或其他原因不能再继续工作。Tidak dapat lagi bekerja karena usia atau alasan lain. ‖ 他到五十五岁就可以退休了。Dia bisa pensiun pada usia 55 tahun. | 他退休后和自己的孩子住在一起。Setelah pensiun, dia tinggal bersama anak-anaknya. | 我半年前腿坏了，不能继续工作，只能退休了。Setengah tahun yang lalu, kaki saya rusak dan tidak bisa bekerja lagi, saya hanya bisa pensiun.

W

[1] 外 wài **luar**

【名词】[Nomina（kata benda）] 超过范围的地方；不在里面的地方；表面。Tempat di luar batas tertentu; tempat yang tidak berada di dalam; permukaan. ‖ 中国坚持对外开放的发展方法。Tiongkok berpegang pada metode pengembangan yang terbuka terhadap luar negeri. | 同学们在教室外快乐地跑啊跳啊。Para siswa berlari dan melompat dengan bahagia di luar kelas. | 她平常除了完成老师安排的作业，也会自己做一些课外练习。Selain menyelesaikan tugas yang ditugaskan oleh guru, dia juga akan melakukan beberapa latihan ekstra. | 城外正在举办一场精彩的京剧表演。Di luar kota sedang diadakan pertunjukan Peking Opera yang menarik.

[1] 外边 wàibian **bagian luar**

【名词】[Nomina（kata benda）] 在某个范围外的地方。Tempat di luar batas tertentu. ‖ 外边的世界很精彩，有很多你没见过的东西。Dunia di luar sangat menarik, banyak hal yang belum pernah Anda lihat. | 今天天气冷，你外边再穿件大衣吧。Hari ini cuacanya dingin, Anda perlu mengenakan mantel di luar. | 学校外边站满了要接孩子的家长。Di luar sekolah, orang tua berdiri menunggu untuk menjemput anak-anak mereka. | 外边的雨下得很大。Hujan deras di luar.

[2] 外地 wàidì **luar area**

【名词】[Nomina（kata benda）] 除了自己在的地方以外的其他地方，外面的地方。Tempat di luar tempat Anda berada, wilayah luar. ‖ 他一个人在外地工作。Dia bekerja sendiri di luar kota. | 他家不在这里，他是外地人。Dia bukan penduduk lokal, dia dari luar kota. | 我今天不在家，我要去外地。Hari ini saya tidak ada di rumah, saya akan pergi ke tempat lain. | 我听他说话感觉他像外地来的。Dari cara dia berbicara, saya merasa dia berasal dari luar kota.

[1] 外国 wàiguó **luar negeri**

【名词】[Nomina（kata benda）] 外面的国家，除了自己的国家以外的其他国

W

家。Negara di luar negeri, negara selain negara Anda sendiri. ‖ 他喜欢外国文化。Dia menyukai budaya negara asing. | 这件衣服是从外国买的。Pakaian ini dibeli dari negara asing. | 北京有很多外国游客。Beijing memiliki banyak turis asing. | 欢迎外国朋友来到中国。Selamat datang bagi teman-teman dari luar negeri ke China.

3 外交 wàijiāo **diplomat**

【名词】[Nomina (kata benda)] 和国外的国家交往的活动。Kegiatan berhubungan dengan negara-negara asing. ‖ 中国和国外很多国家都建立了和平的外交关系。Tiongkok telah menjalin hubungan diplomatik yang damai dengan banyak negara asing. | 他是外交部部长。Dia adalah Menteri Luar Negeri. | 这次外交活动举办得非常成功。Kegiatan diplomatik ini diadakan dengan sangat sukses. | 外交部是专门处理外交工作的部门。Kementerian Luar Negeri adalah departemen yang khusus menangani urusan luar negeri.

2 外卖 wàimài **pesan antar**

【名词】[Nomina (kata benda)] 可以送到家,或者顾客自己拿走的外面做的饭菜或其他东西。Makanan atau barang lain yang dibuat di luar dan diantarkan ke rumah pelanggan atau diambil oleh pelanggan. ‖ 我今天不想自己做饭了,我想点外卖吃。Hari ini saya tidak ingin masak, saya ingin memesan makanan. | 您好,我的外卖还有多长时间到? Halo, berapa lama lagi pesanan saya akan tiba?

【动词】[Verba (kata kerja)] 把店里的东西送到顾客需要的地方。Mengantarkan barang dari toko ke tempat pelanggan. ‖ 这家店有二十四小时外卖服务。Toko kami memiliki layanan antar makanan 24 jam. | 现在手机有开展外卖功能的 App。Saat ini ada aplikasi yang menawarkan layanan pesan antar makanan melalui ponsel. | 我们家店生意太忙了,不能外卖。Kami sangat sibuk, tidak bisa melakukan pesan antar.

3 外面 wàimiàn **di luar**

【名词】[Nomina (kata benda)] 外边。Di luar, di luar ruangan. ‖ 老师从外面走进来。Guru masuk dari luar. | 外面下雨了。Di luar sedang hujan. | 今天外面多少度? Berapa suhu di luar? | 外面有人找你。Ada seseorang yang mencarimu di luar.

3 外文 wàiwén　**bahasa asing**

【名词】［Nomina（kata benda）］用外语写成的文学作品，外语的文字。Karya sastra yang ditulis dalam bahasa asing, huruf dari bahasa asing. ‖ 我会说外语，但是我看不懂外文。Saya bisa berbicara dalam bahasa asing, tapi saya tidak bisa membaca tulisan asing. | 图书馆有一些外文书。Perpustakaan memiliki beberapa buku dalam bahasa asing. | 外文和汉字一点也不像。Tulisan asing tidak sama sekali seperti aksara Mandarin.

1 外语 wàiyǔ　**bahasa asing**

【名词】［Nomina（kata benda）］外国的语言。Bahasa negara asing. ‖ 学会一门外语很重要。Menguasai bahasa asing sangat penting. | 他喜欢看外语书。Dia suka membaca buku dalam bahasa asing. | 这部电影是中文的还是外语的？Film ini dalam bahasa Cina atau bahasa asing？

1 玩儿 wánr　**bermain**

【动词】［Verba（kata kerja）］做自己喜欢的活动，做游戏，做有意思的事情。Melakukan kegiatan yang disukai sendiri, bermain game, melakukan hal yang menyenangkan. ‖ 孩子们喜欢在一起玩儿。Anak-anak suka bermain bersama. | 我想去外地玩儿几天。Saya ingin berlibur beberapa hari di luar kota. | 他只想着玩儿，学习成绩都变得不好了。Dia hanya berpikir tentang bermain, hasil belajarnya menjadi buruk. | 他在外面玩儿了一会儿就回来吃饭了。Dia bermain di luar sebentar dan kembali untuk makan.

3 玩具 wánjù　**mainan**

【名词】［Nomina（kata benda）］小孩子玩儿的东西。Benda-benda yang dimainkan oleh anak-anak. ‖ 爸爸又给孩子买了新的玩具。Ayah membeli mainan baru untuk anaknya lagi. | 他的房间里放满了玩具。Kamarnya penuh dengan mainan. | 妈妈让他把玩具整理好。Ibu meminta dia untuk merapikan mainan.

W

2 完 wán　**selesai**

【动词】［Verba（kata kerja）］① 事情结束了，目标实现了。Sesuatu telah selesai, tujuan telah tercapai. ‖ 我已经把工作做完了。Saya sudah menyelesaikan pekerjaan saya. | 他话还没有说完，先让他说。Dia belum selesai berbicara, biarkan dia bicara dulu. | 你作业写完了吗？Apakah Anda sudah menyelesaikan pekerjaan rumah Anda? ② 没有了。Sudah tidak ada lagi. ‖ 家里的米吃完了,我下午去超市再买一些。Beras di rumah sudah habis, saya akan pergi ke supermarket untuk membeli lagi. | 他的笔记本用完了,没有地方写新的笔记了。Buku tulisnya sudah habis, tidak ada tempat untuk menulis catatan baru. | 这个月的工资他早就花完了。Gajinya sudah habis sejak lama.

2 完成 wán//chéng **selesai**

【动词】[Verba (kata kerja)] 达成目标,事情做完。Mencapai tujuan, menyelesaikan suatu hal. ‖ 他没有完成作业。Dia belum menyelesaikan tugasnya. | 时间不多了,我的工作快要完不成了。Waktu sudah tidak banyak lagi, pekerjaan saya hampir tidak akan selesai. | 这件事你能不能完成? Bisakah Anda menyelesaikan tugas ini? | 任务完成得不错。Tugas ini diselesaikan dengan baik.

3 完美 wánměi **sempurna**

【形容词】[Adjektiva (kata sifat)] 各方面都很好的。Hal yang sangat baik dari segala sisi. ‖ 他是一个做事情要求完美的人。Dia adalah orang yang menuntut kesempurnaan dalam pekerjaan. | 这件衣服太完美了,我非常喜欢。Pakaian ini sempurna, saya sangat suka. | 他完美地解决了这次麻烦。Dia berhasil menyelesaikan masalah ini dengan sangat baik.

2 完全 wánquán **sepenuhnya**

【形容词】[Adjektiva (kata sifat)] 不缺的,各方面都有的。Tidak ada yang kurang, ada dalam segala hal. ‖ 他这篇文章的内容写得很完全,该有的内容都有了。Isi dari rencana ini ditulis dengan sangat lengkap, semua hal yang seharusnya ada sudah ada. | 未来工厂要完全机器化。Pabrik masa depan akan sepenuhnya diotomatiskan.

【副词】[Adverbia (kata keterangan)] 全部地,所有地。Seluruhnya, sepenuhnya. ‖ 他回答得完全正确。Jawaban Anda sepenuhnya benar. | 这件事完全都是我的错,不怪别人。| 你提出的问题我们完全可以帮你解决。Kami dapat membantu Anda menyelesaikan semua masalah sepenuhnya. | 根据现在的情况,他说的事情完全有可能发生。Berdasarkan situasi saat ini, apa yang dia katakan sepenuhnya mungkin terjadi.

3 完善 wánshàn **sempurna**

【形容词】[Adjektiva (kata sifat)] 好的,各方面都好的。Bagus, sempurna dari

W

segala sisi. ‖ 这份计划已经写得非常完善了。Rencana ini sudah ditulis dengan sangat baik. | 这家公司的管理制度正在不断变得完善。Sistem manajemen perusahaan ini terus diperbaiki. | 新一代手机功能变得更加完善。Generasi baru ponsel menjadi semakin sempurna.

【动词】[Verba (kata kerja)] 使某个人或某件事变得全面,把不好的地方改正。Membuat seseorang atau sesuatu menjadi lengkap, memperbaiki aspek yang buruk. ‖ 领导让他再去完善一下工作报告。Atasan meminta dia untuk menyempurnakan laporan kerja. | 你的文章有些地方还需要完善一下。Artikel Anda perlu diperbaiki di beberapa bagian. | 我们要继续完善公司的管理制度。Kami harus terus meningkatkan sistem manajemen perusahaan.

3 **完整** wánzhěng **utuh; lengkap**

【形容词】[Adjektiva (kata sifat)] 各方面该有的都有的,没有缺少的,没有坏的。Semua hal yang seharusnya ada sudah ada, tidak ada yang kurang, tidak ada yang rusak. ‖ 这份会议记录写得很完整,把我们提到的问题都记录下来了。Catatan rapat ini ditulis dengan sangat lengkap, mencatat semua masalah yang telah kita sebutkan. | 请大家把课文完整地读一遍。Silakan baca teks pelajaran ini dengan lengkap. | 奶奶去世后留下的东西他都保存得很完整。Dia menyimpan semua barang yang ditinggalkan oleh neneknya dengan lengkap. | 这份计划的内容还不够完整,你再去完善完善。Konten rencana ini belum cukup lengkap, pergilah dan lengkapi lagi.

1 **晚** wǎn **malam malam**

【形容词】[Adjektiva (kata sifat)] 在某个时间点后面的,过了订好的时间的。Setelah waktu tertentu, setelah waktu yang ditentukan. ‖ 时间太晚了,我要回家了。Sudah malam, saya harus pulang sekarang. | 车都已经开走了,现在去已经晚了。Kereta sudah berangkat, sekarang sudah terlambat untuk pergi. | 对不起,我来晚了。Maaf, saya datang terlambat. | 他现在有事,晚点才能过来。Dia memiliki sesuatu yang perlu diselesaikan, dia akan datang kemudian.

2 **晚安** wǎn'ān **selamat malam**

【动词】[Verba (kata kerja)] 祝别人睡得好,晚上好,一般用在晚上和别人再见的时候说。Mengucapkan selamat malam kepada orang lain, salam selamat malam, biasanya digunakan ketika berpisah dengan orang lain di malam hari. ‖ 晚安,早点休息。Selamat malam, beristirahatlah dengan baik. | 大家晚安。

W

Semuanya, selamat malam. | 妈妈每天晚上都会和她说晚安。Ibu saya mengucapkan selamat malam setiap malam.

2 晚报 wǎnbào **koran malam**

【名词】[Nomina (kata benda)] 每天晚上出的报纸。Koran yang terbit setiap malam. ‖ 送晚报的人还没来。Kurir koran malam ini belum datang. | 今天晚报上有一条有意思的新闻。Di koran malam ini ada berita menarik. | 我喜欢看晚报,我爸爸喜欢看日报。Saya suka membaca koran malam, ayah saya suka membaca koran pagi.

2 晚餐 wǎncān **makan malam**

【名词】[Nomina (kata benda)] 晚上吃的一顿饭,是一种比较正式的用法。Makanan yang dimakan pada malam hari, digunakan dalam pengertian yang lebih formal. ‖ 你愿意和我一起吃晚餐吗? Apakah Anda ingin makan malam bersama saya? | 医生说不吃晚餐对身体不好。Dokter mengatakan bahwa tidak makan malam buruk untuk kesehatan. | 晚餐不能吃太多。Jangan makan terlalu banyak saat makan malam. | 很多人害怕变胖就不吃晚餐了。Banyak orang yang takut gemuk tidak makan malam.

1 晚饭 wǎnfàn **makan malam**

【名词】[Nomina (kata benda)] 晚上吃的一顿饭。Makanan yang dimakan pada malam hari. ‖ 你今天的晚饭准备吃什么? Apa yang Anda rencanakan untuk makan malam hari ini? | 我想让你和我一起去吃晚饭。Saya ingin Anda bergabung dengan saya untuk makan malam. | 都过了吃晚饭的时间,他还是没有回来。Sudah lewat waktu makan malam, dia belum pulang.

2 晚会 wǎnhuì **acara pertunjukan malam**

【名词】[Nomina (kata benda)] 晚上举行的表演活动。Acara pertunjukan yang diadakan pada malam hari. ‖ 每年春节,电视台都会举办晚会。Setiap tahun, stasiun TV menyelenggarakan acara malam pada perayaan Tahun Baru Imlek. | 今天的晚会举办得非常成功。Acara malam ini berjalan dengan sangat sukses. | 这次晚会有非常有名的歌手来唱歌。Dalam acara malam ini, ada penyanyi terkenal yang tampil.

1 晚上 wǎnshang **malam hari**

【名词】[Nomina (kata benda)] 天黑以后的时间。Waktu setelah gelap. ‖ 他

每天晚上八点回家。Dia pulang jam delapan setiap malam. | 晚上有人请我吃饭。Malam ini ada seseorang yang mengundang saya untuk makan malam. | 我昨天晚上睡得比较早。Saya tidur agak awal malam kemarin. | 她晚上一个人在家,她觉得很害怕。Dia merasa takut saat berada sendirian di rumah pada malam hari.

2 **碗** wǎn　**mangkuk**

【名词】[Nomina (kata benda)] 吃饭时用来装饭的工具。Alat makan untuk menyajikan nasi atau makanan lainnya. ‖ 他不小心把碗打破了。Dia tidak sengaja memecahkan mangkuk itu. | 我想买几只新的碗。Saya ingin membeli beberapa mangkuk baru. | 我碗里装的是米。Di dalam mangkuk saya ada nasi. | 他往我碗里放了一块肉。Dia meletakkan sepotong daging di dalam mangkuk saya.

2 **万** wàn　**puluh ribu**

【数词】[Numeralia (kata bilangan)] 十个一千就是一万,数量很多的。Sepuluh ribu, jumlah yang besar. ‖ 他一个月工资有一万块钱。Gajinya sebulan sebesar sepuluh ribu kuai (Yuan). | 今年参加考试的人数达到了四百万。Jumlah peserta ujian tahun ini mencapai empat juta orang. | 你就是有一万个理由,这件事我也不能答应。Anda mungkin memiliki sepuluh ribu alasan, tetapi saya tetap tidak bisa setuju dengan hal ini. | 几万名学生到广场上集中宣传环保知识。Ribuan siswa berkumpul di alun-alun untuk menyebarkan pengetahuan tentang lingkungan.

2 **网** wǎng　**jarring; internet**

【名词】[Nomina (kata benda)] ① 用线做成的用来抓动物的工具,像网的东西。Alat untuk menangkap binatang yang terbuat dari benang seperti jaring. ‖ 用网抓鱼。Menangkap ikan dengan jaring. | 渔网。Jaring ikan. | 球网。Jaring bola. | 信息网。Jaring informasi. ② 互联网。Internet. ‖ 家里的网坏了,忽然连不上了。Koneksi internet di rumah rusak, tiba-tiba tidak bisa tersambung. | 我们学校有校园网,学生可以用他上网。Sekolah kami memiliki jaringan kampus, siswa dapat menggunakannya untuk browsing internet. | 这个地方没有网,我想换一家有网的店。Tempat ini tidak memiliki internet, saya ingin mencari toko yang memiliki internet.

2 **网球** wǎngqiú　**bola tenis**

【名词】[Numeralia (kata benda)] ① 一种运动用的球。Jenis bola olahraga. ‖

网球被他打飞了。Bola tenisnya dilemparkan olehnya. | 他每天努力练习,一年已经打坏了好几个网球。Dia telah merusak beberapa bola tenis dalam latihan sepanjang tahun. ② 一种球类运动,两个人站在网的两边用拍子来回打球。Olahraga bola tenis, dua pemain berdiri di dua sisi jaring dan memukul bola bolak-balik dengan raket. ‖ 每周六都有网球比赛。Setiap Sabtu ada pertandingan tenis. | 我不会打网球,你可以教我吗? Saya tidak tahu cara bermain tenis, bisakah Anda mengajari saya? | 她打网球的技术非常高。Dia memiliki teknik bermain tenis yang sangat baik.

1 网上 wǎngshang **di internet**

【名词】[Nomina (kata benda)] 在互联网上。Di internet. ‖ 网上有很多信息,我们要区分好的和坏的。Di internet ada banyak informasi, kita harus membedakan yang baik dan yang buruk. | 现在有很多网上商店,我们可以买到全国各地的东西。Saat ini banyak toko online, kita dapat membeli barang dari seluruh negeri. | 我有几个在网上认识的外地朋友。Saya memiliki beberapa teman dari luar kota yang saya kenal secara daring.

1 网友 wǎngyǒu **teman daring**

【名词】[Nomina (kata benda)] 在互联网上认识的朋友。Teman yang dikenal secara daring di internet. ‖ 和网友见面要注意安全。Saat bertemu dengan teman dari internet, perlu diperhatikan keselamatan. | 许多网友对这件事情表达了自己的看法。Banyak teman internet memberikan pandangan mereka tentang masalah ini. | 虽然是网友,但是你并不能确保他的信息是真实的。Meskipun merupakan teman internet, Anda tidak bisa memastikan informasinya adalah benar.

2 网站 wǎngzhàn **situs web**

【名词】[Nomina (kata benda)] 某单位或个人在互联网上成立的信息站。Informasi yang didirikan oleh seorang individu atau organisasi di internet. ‖ 我们公司在网上建立了一个网站,你可以在上面查到我们的一些信息。Perusahaan kami telah mendirikan situs web di internet, Anda dapat menemukan beberapa informasi tentang kami di sana. | 这家网站上有非常丰富的图片。Situs web ini memiliki banyak gambar yang beragam. | 全国各大新闻网站都报道了这条消息。Semua situs web berita terkemuka di seluruh negeri melaporkan berita ini.

2 **往** wǎng **menuju suatu tempat**

【动词】[Verba（kata kerja）] 去某个地方，到某个地方。Menuju suatu tempat. ‖ 这条街上人来人往，非常热闹。Jalan ini sangat ramai dengan orang-orang yang berlalu lalang. | 你出了地铁站往北走就能找到我家。Setelah Anda keluar dari stasiun kereta bawah tanah, berjalanlah ke arah utara untuk menemukan rumah saya. | 我看不清，你再往前点儿。Saya tidak bisa melihat dengan jelas, silakan pergi ke depan lagi. | 来来往往的车辆非常多，大家注意安全。Lalu lintas kendaraan yang bolak-balik sangat banyak, semua orang harus berhati-hati.

【介词】[Preposisi（kata depan）] 表示动作的方向，朝。Menunjukkan arah gerakan. ‖ 他往我在的方向看了看。Dia melihat ke arah tempat saya berada. | 这架飞机飞往北京。Pesawat terbang itu menuju ke Beijing. | 入口在前面，请大家往前走。Pintu masuk berada di depan, silakan maju. | 他一直往我碗里放菜。Dia terus meletakkan makanan ke dalam mangkuk saya.

3 **往往** wǎngwǎng **sering kali**

【副词】[Adverbia（kata keterangan）] 平常，一般情况下都会出现。Biasanya, dalam banyak kasus. ‖ 只有他一个人在家的时候，他往往都点外卖吃。Hanya ketika dia sendirian di rumah, dia sering kali memesan makanan. | 这个时候她往往都在教室里学习。Pada saat seperti ini, dia sering kali belajar di dalam kelas. | 人们在生气的时候，往往容易说出不好听的话。Ketika orang marah, mereka sering kali mengucapkan kata-kata yang tidak baik didengar.

1 **忘** wàng **lupa**

【动词】[Verba（kata kerja）] 不记得了，想不起来了。Tidak ingat, tidak dapat mengingat. ‖ 我忘了今天要开会。Saya lupa namanya. | 他还是忘不了那个女孩。Dia lupa membawa buku pulang. | 她忘了向我借过钱的事。Saya lupa mendaftar untuk ujian ini. | 你别忘了去老师办公室。Dia mengatakan ini sebelumnya, tetapi saya lupa.

1 **忘记** wàngjì **lupa**

【动词】[Verba（kata kerja）] 不记得了，想不起来了。Tidak ingat, tidak dapat mengingat. ‖ 我忘记了他的名字。Saya lupa namanya. | 他忘记把书带回家了。Dia lupa membawa buku pulang. | 我忘记报名比赛了。Saya lupa mendaftar untuk ujian ini. | 这事他说过，可我忘记了。Dia mengatakan ini sebelumnya,

W

tetapi saya lupa.

3 **危害** wēihài **membahayakan; merugikan**

【动词】［Verba（kata kerja）］对某人或某事产生不好的影响，带来危险。Mengenai seseorang atau sesuatu dengan efek yang buruk, membawa bahaya. ‖ 长期吃方便面会危害身体健康。Makan mie instan dalam jangka waktu lama dapat merugikan kesehatan. | 我们不能做危害班级形象的事情。Kita tidak boleh melakukan hal-hal yang merugikan citra kelas. | 故意放火是危害社会安全的事情。Penyalaan api dengan sengaja adalah tindakan yang membahayakan keamanan masyarakat.

【名词】［Nomina（kata benda）］造成的后果，带来的不好的影响。Dampak yang dihasilkan, efek buruk. ‖ 长期开着灯不关会对环境造成危害。Membuat lampu menyala terus menerus memiliki bahaya bagi lingkungan. | 这件事情的危害非常大。Dampak dari masalah ini sangat besar. | 长期喝凉水会对身体造成一定危害。Minum air dingin dalam jangka panjang akan menyebabkan beberapa bahaya bagi kesehatan.

3 **危险** wēixiǎn **bahaya ; berbahaya**

【形容词】［Adjektiva（kata sifat）］不安全的，有风险的，会出现让人害怕的情况的。Tidak aman, memiliki risiko, dapat menyebabkan situasi yang menakutkan. ‖ 病人现在的情况非常危险。Kondisi pasien saat ini sangat berbahaya. | 别靠湖边太近，太危险了。Jangan terlalu dekat dengan tepi danau, itu sangat berbahaya. | 那是一次危险的经历。Itu adalah pengalaman yang berbahaya.

【名词】［Nomina（kata benda）］不安全的情况，有风险的情况。Keadaan yang tidak aman, situasi berisiko. ‖ 我们都做好了准备工作，不会有什么危险的。Kami semua telah melakukan persiapan yang cukup, tidak akan ada bahaya apa pun. | 面对危险，他表现得非常勇敢。Menghadapi bahaya, dia menunjukkan keberanian yang luar biasa. | 这件事有没有危险？Apakah ada bahaya dalam hal ini?

3 **为** wéi **menjadi; merupakan**

【动词】［Verba（kata kerja）］当，是，成为。Menjadi, merupakan. ‖ 大家选他为学生代表。Semua orang memilih dia sebagai perwakilan siswa. | 他在中国的留学时间为两年。Dia telah belajar di Cina selama dua tahun. | 这几年他去了很多城市，只能处处为家。Beberapa tahun terakhir dia telah pergi ke banyak kota, dan setiap kota adalah rumah baginya.

3 **为** wéi **di-**

【介词】[Preposisi (kata depan)] 被，让。Menunjukkan tujuan, objek, atau alasan. ‖ 他是一个好人，他一直为人们欢迎。Dia adalah orang yang baik, dia selalu disambut orang-orang. | 事情已经为警察调查清楚了。Peristiwa ini sudah diselidiki jelas oleh polisi. | 这条新闻为各大新闻电台报道。Berita ini dilaporkan oleh banyak stasiun berita besar.

3 **围** wéi **mengelilingi**

【动词】[Verba (kata kerja)] 用东西把四面都包起来；站在周围。Melingkupi sesuatu dengan sesuatu; berdiri di sekitarnya. ‖ 超市门口围满了顾客。Pintu masuk supermarket dipenuhi oleh pelanggan. | 大家围着老师问问题。Semua orang berdiri mengelilingi guru dan bertanya. | 他用高墙把院子围了起来。Dia mengelilingi halaman dengan tembok tinggi. | 看见他从机场出来，他的歌迷一下子就围了上来。Ketika dia keluar dari bandara, para penggemarnya langsung mengelilinginya.

3 **伟大** wěidà **hebat**

【形容词】[Adjektiva (kata sifat)] 成就超过其他人的，有很大影响力的。Mengacu pada prestasi yang melebihi orang lain, memiliki pengaruh yang besar. ‖ 电是一个伟大的发明。Listrik adalah penemuan yang hebat. | 他是一个伟大的思想家和教育家。Dia adalah seorang pemikir dan pendidik yang hebat. | 他是一个很伟大的人，他为社会做了很多好事。Dia adalah orang yang sangat hebat, dia telah melakukan banyak hal baik untuk masyarakat.

2 **为** wèi **demi; untuk; kepada**

【介词】[Preposisi (kata depan)] 表示目的、对象或者原因。Menunjukkan tujuan, objek, atau alasan. ‖ 警察为人民服务。Polisi melayani masyarakat. | 我正在为考试作准备。Saya sedang mempersiapkan diri untuk ujian. | 他为这个女子花了很多钱。Dia menghabiskan banyak uang untuk wanita itu. | 老年人中心专门为老年人提供帮助。Pusat lansia didirikan khusus untuk membantu para lansia.

3 **为了** wèile **demi**

【介词】[Preposisi (kata depan)] 表示做出动作的目的、对象或原因。Menunjukkan tujuan, objek, atau alasan melakukan suatu tindakan. ‖ 为了学好

汉语，他作了很多努力。Untuk belajar bahasa Mandarin dengan baik，dia berusaha keras. | 他为了结婚在银行存了很多钱。Dia menyimpan banyak uang untuk menikah. | 为了老百姓出门方便，城里建了地铁。Kereta bawah tanah dibangun di kota untuk memudahkan warga dalam bepergian. | 妈妈为了孩子的健康做了很多事情。Ibu melakukan banyak hal untuk kesehatan anaknya.

2 为什么 wèishénme **mengapa**

【副词】［Adverbia（kata keterangan）］问别人某件事的原因或目的。Menanyakan alasan atau tujuan seseorang tentang sesuatu. ‖ 你为什么迟到了？Mengapa kamu terlambat？| 他总是爱问为什么。Dia selalu suka bertanya mengapa. | 他为什么不说话？Mengapa dia tidak bicara？| 他又请假了？为什么？Dia berhalangan lagi？Mengapa？

2 位 wèi **satuan**

【量词】［Kuantifier（kata pengukur）］表示人的数量单位。Satuan jumlah untuk orang. ‖ 各位同学，大家早上好。Hai teman-teman sekelas，selamat pagi. | 请问您一共几位客人？Permisi，berapa banyak tamu yang Anda miliki？| 今天有两位领导到我们部门开会。Hari ini ada dua pemimpin yang datang ke departemen kami untuk rapat. | 我的几位朋友今天来我家做客。Beberapa teman saya datang berkunjung ke rumah saya hari ini.

3 卫生 wèishēng **bersih；kebersihan；sanitasi**

【形容词】［Adjektiva（kata sifat）］干净的，没有危害健康的东西的。Bersih，tanpa bahan berbahaya bagi kesehatan. ‖ 这家店是新开的，环境很卫生。Toko ini baru dibuka，lingkungannya sangat bersih. | 你快去洗洗手，直接吃饭不卫生。Cepat，cuci tanganmu，makan langsung tidak higienis. | 他总觉得外面的菜不卫生。Dia selalu merasa makanan di luar tidak higienis.

【名词】［Nomina（kata benda）］对健康有好处的方面。Aspek yang bermanfaat untuk kesehatan. ‖ 医院非常重视卫生问题。Rumah sakit sangat memperhatikan masalah kebersihan. | 不讲卫生会很容易生病。Tidak menjaga kebersihan akan dengan mudah membuat orang sakit. | 他家住在很远的地方，那里的卫生条件很差。Dia tinggal di tempat yang sangat jauh，kondisi kebersihan di sana sangat buruk.

3 卫生间 wèishēngjiān **toilet；kamar mandi**

【名词】［Nomina（kata benda）］可以整理个人卫生的房间。Ruangan yang

digunakan untuk menjaga kebersihan pribadi. ‖ 我想去一下卫生间。Saya ingin pergi ke kamar mandi sebentar. | 请问我可以借用一下你家的卫生间吗? Permisi, bisa saya meminjam kamar mandi di rumah Anda? | 教学楼每层都有公共卫生间。Di setiap lantai gedung mengajar ada kamar mandi umum. | 卫生间里有人洗澡。Ada orang mandi di dalam kamar mandi.

2 味道 wèidào **rasa**

【名词】［Nomina (kata benda)］① 吃到东西产生的感觉或者闻的感觉。Sensasi yang dirasakan ketika makan sesuatu atau mencium aroma. ‖ 这道菜的味道非常不错。Rasa makanan ini sangat enak. | 公园里传来花的味道。Aroma bunga menyebar di taman. | 这是什么味道? 真难闻! Ini bau apa ya? Benar-benar tidak enak! | 我不喜欢这个味道,我觉得不好吃。| 味道太重了,再加点水吧。Rasa makanan ini terlalu kuat, tambahkan air sedikit. ② 风格,某种感觉。Gaya, perasaan tertentu. ‖ 听了老师的话,我心里有种说不出来的味道。Mendengarkan perkataan gurunya, saya merasa ada perasaan tertentu di dalam hati saya. | 他这话的味道真奇怪。Gaya bicaranya benar-benar aneh. | 他的歌唱起来很有味道。Dia memiliki gaya bernyanyi yang sangat unik.

2 喂 wèi **hei**

【叹词】［Interjeksi (kata seru)］为了让别人注意到自己,一开始说话用的词,不能用在正式场合。Kata yang digunakan untuk menarik perhatian orang lain, tidak digunakan dalam situasi formal. ‖ 喂,真没想到在这碰到你。Hei, tidak pernah terpikir akan bertemu denganmu di sini. | 喂,你的东西掉了。Hei, barangmu terjatuh. | 喂,你找谁? Hei, kamu mencari siapa?

2 温度 wēndù **suhu**

【名词】［Nomina (kata benda)］冷或热的程度。Tingkat kehangatan atau kepanasan. ‖ 房间里的温度很高,我们觉得很热。Suhu di dalam ruangan ini sangat tinggi, kita merasa panas. | 人的身体正常温度是三十六点五摄氏度。Suhu tubuh manusia normalnya adalah 36.5℃. | 把空调温度再调高点吧,我觉得冷。Tolong atur suhu AC lebih tinggi sedikit, saya merasa kedinginan.

3 温暖 wēnnuǎn **hangat**

【形容词】［Adjektiva (kata sifat)］让人感觉暖和的,让人觉得亲切的。

W

Memberikan perasaan hangat, membuat orang merasa nyaman. ‖ 温暖的阳光照进房间里。Sinar matahari yang hangat menyinari ruangan. | 我多穿了一件衣服,感觉温暖多了。Saya mengenakan satu lapisan pakaian lebih banyak, merasa lebih hangat. | 他帮了我很多,我心里觉得很温暖。Dia telah membantu saya banyak, saya merasa sangat nyaman dalam hati saya.

【动词】[Verba (kata kerja)] 使人感到亲切;使人感觉到暖和。Membuat seseorang merasa nyaman, memberikan perasaan hangat. ‖ 他的话温暖了在场的所有人。Ucapannya membuat semua orang di sana merasa hangat di hati. | 这些事一直温暖着我的心。Hal ini selalu memberi saya perasaan hangat di hati.

3 文化 wénhuà **budaya**

【名词】[Nomina (kata benda)] ① 指一个人的教育水平。Mengacu pada tingkat pendidikan seseorang. ‖ 他没上过学,没什么文化。Dia tidak pernah sekolah, tidak memiliki pendidikan tinggi. | 我们在学校要好好学习文化。Di sekolah, kita harus belajar dengan baik tentang budaya. | 她的文化水平很高,她读过很多书。Tingkat budayanya sangat tinggi, dia telah membaca banyak buku. ② 指一个社会中人类创造的所有东西。Mengacu pada semua hal yang manusia ciptakan dalam masyarakat. ‖ 中国文化在国际上受到很多人的欢迎。Budaya Tionghoa sangat disukai oleh banyak orang di seluruh dunia. | 西方文化和中国文化有很大的不同。Budaya Barat dan budaya Tionghoa sangat berbeda. | 我们到了别的国家,可以知道这个国家的文化。Kita dapat mengetahui budaya suatu negara ketika kita berada di sana.

3 文件 wénjiàn **dokumen; berkas; surat-surat**

【名词】[Nomina (kata benda)] 指工作中记录下的信息、规定性的文件或保存在计算机中的信息,比如会议记录、交通规则、电脑中的 word 文件。Mengacu pada informasi yang direkam dalam pekerjaan, dokumen yang mengikat, atau informasi yang disimpan dalam komputer, seperti catatan rapat, peraturan lalu lintas, file word di komputer. ‖ 我电脑里的文件忽然都不见了。File-file di komputer saya tiba-tiba hilang. | 请你把这些会议记录整理成一个文件。Tolong atur catatan rapat ini menjadi satu file. | 区里新发来的文件,大家要好好学习一下。Dokumen baru dari distrik telah dikirim, kita harus mempelajari dengan baik. | 他把工作文件都放在了你的桌子上。Dia menyimpan semua file pekerjaan di atas meja Anda.

3 **文明** wénmíng **budaya；kebudayaan**

【名词】［Nomina（kata benda）］一个国家的文化。Sebuah budaya dari suatu negara. ‖ 据说海底深处有一些还没有被发现的古代文明。Konon，ada peradaban kuno yang belum ditemukan di kedalaman laut.｜我们要重视人民的精神文明建设。Kita harus memberi perhatian yang lebih besar pada pembangunan peradaban rohaniah masyarakat.｜我们正生活在现代文明社会中。Kita saat ini hidup di masyarakat yang modern dan beradab.

【形容词】［Adjektiva（kata sifat）］指一个社会的教育水平很高，或一个人的行为看上去是受过好的教育的，让人感觉到舒服的。Mengacu pada tingkat pendidikan masyarakat yang tinggi，atau perilaku seseorang yang tampaknya dididik dengan baik，memberikan kesan yang nyaman. ‖ 妈妈教给孩子要讲文明。Ibu mengajarkan anak-anak untuk berbicara sopan.｜你这样说话不文明。Cara bicaramu tidak beradab.｜现在是文明社会，你这样骂人是不好的。Sekarang adalah masyarakat yang beradab，memaki seperti itu tidak baik.｜现在社会还存在一些不文明现象。Masih ada beberapa fenomena yang tidak beradab dalam masyarakat saat ini.

3 **文学** wénxué **sastra**

【名词】［Nomina（kata benda）］一种用文字表现现实的艺术或学科。Sebuah bentuk seni atau disiplin yang mengekspresikan realitas melalui tulisan，seperti novel，puisi，dll. ‖ 他主要从事文学工作。Dia utamanya bekerja di bidang sastra.｜有的人喜欢中国古代的文学作品。Beberapa orang menyukai karya sastra klasik China.｜他在小说中建立了一个十分真实的社会普通老百姓的文学形象。Dia dalam novel menciptakan gambaran sosok orang biasa yang sangat nyata dalam masyarakat.｜上大学时我学过一些外国文学的知识。Saat di universitas，saya belajar tentang sastra asing.

3 **文章** wénzhāng **artikel**

【名词】［Nomina（kata benda）］表达一个中心内容的成篇的文字。Sebuah tulisan yang menyajikan konten utama. ‖ 这篇文章太长了，不能发表。Artikel ini terlalu panjang，tidak bisa dipublikasikan.｜学生应该多读文章，从文章中得到知识。Para siswa sebaiknya banyak membaca artikel untuk mendapatkan pengetahuan dari artikel tersebut.｜很多杂志都发表了他写的文章。Banyak majalah yang menerbitkan artikel yang ditulis olehnya.｜这篇文章主要讲了什么内容？Artikel ini terutama berbicara tentang apa？

3 **文字** wénzì **huruf；tulisan；aksara**

【名词】［Nomina（kata benda）］① 用来记录语言的工具。Alat untuk merekam bahasa. ‖ 记录汉语的文字叫汉字。Aksara bahasa Mandarin disebut Hanzi. | 每个语言都有自己的文字。Setiap bahasa memiliki tulisannya sendiri. | 有了文字后，人类社会开始出现文化。Dengan adanya tulisan, masyarakat manusia mulai mengembangkan budaya. ② 文章中的句子或词。Kalimat atau kata dalam sebuah artikel. ‖ 这篇文章的文字非常有味道。Tulisan dalam artikel ini sangat berbobot. | 你写的内容很有意思，但是文字还是差点功夫。Isi tulisan Anda sangat menarik, tetapi masih perlu meningkatkan keterampilan menulis. | 他的文字功夫很深。Kemahiran menulisnya sangat mendalam.

2 **闻** wén **cium；dengar**

【动词】［Verba（kata kerja）］① 感觉到空气中的味道。Merasakan aroma di udara. ‖ 我闻到家里传来饭菜的香味。Saya mencium aroma makanan dari rumah. | 这是什么味道？真难闻！Bau apa itu？Benar-benar tidak sedap！| 我生病以后就闻不到空气中的味道了。Setelah sakit, saya tidak bisa mencium aroma di udara. ② 听到。Mendengarkan. ‖ 真是百闻不如一见，今天总算是见到真人了。Mendengar secara langsung adalah lebih baik daripada mendengar dari orang lain, akhirnya hari ini saya melihatnya secara langsung. | 您的故事我有所耳闻。Saya mendengar tentang ceritamu.

1 **问** wèn **tanya**

【动词】［Verba（kata kerja）］① 向别人提出自己不明白或不懂的事情，希望得到别人的回答。Menyampaikan pertanyaan atau hal yang tidak dimengerti kepada orang lain, berharap mendapatkan jawaban dari mereka. ‖ 老师问我为什么迟到。Guru bertanya mengapa saya terlambat. | 我问他把包放在哪里了。Saya bertanya kepada dia di mana dia meletakkan tasnya. | 我去问问什么情况。Saya akan pergi untuk menanyakan situasinya. ② 关心别人的情况。Menghormati situasi seseorang. ‖ 如果你见到他，麻烦代我问好。Jika kamu bertemu dengannya, tolong sampaikan salam saya. | 他经常问别人自己的父母过得好不好。Dia sering bertanya tentang keadaan orang tuanya.

2 **问路** wènlù **bertanya jalan；bertanya arah**

【动词】［Verba（kata kerja）］问别人如何去某个地方，问别人去某个地方的路

W

线。Mengajukan pertanyaan kepada orang lain tentang cara menuju suatu tempat, bertanya mengenai rute menuju suatu tempat. ‖ 如果你找不到去图书馆的路,可以找其他人问路。Jika kamu tidak tahu jalan ke perpustakaan, kamu bisa mencari orang lain untuk bertanya arah. | 前面有个问路的人。Ada seseorang yang bertanya arah di depan. | 他是当地人,我经常向他问路。Dia adalah penduduk setempat, saya sering bertanya arah padanya.

2 **问题** wèntí **pertanyaan; masalah**

【名词】［Nomina（kata benda）］① 要求得到答案的题目,比如考试中的问题。Pertanyaan yang meminta jawaban, seperti pertanyaan dalam ujian. ‖ 这次考试中的问题有点难,有几道题我都不会。Pertanyaan dalam ujian kali ini agak sulit, ada beberapa soal yang saya tidak bisa. | 谁知道这个问题的答案? Siapa yang tahu jawaban dari pertanyaan ini? | 老师让他站起来回答问题。Guru meminta dia untuk berdiri dan menjawab pertanyaan. ② 存在的困难或缺点。Kesulitan atau kekurangan yang ada. ‖ 这份报告上有一些问题,你拿回去再改改。Laporan ini memiliki beberapa masalah, ambil dan perbaiki lagi. | 他这个人没什么问题,只是有点不认真。Dia sebagai pribadi tidak ada masalah, hanya sedikit kurang serius. | 这个活动计划没问题了。Rencana kegiatan ini sudah tidak ada masalah. ③ 麻烦、事故。Masalah atau insiden. ‖ 他的车在路上出了点问题。Mobilnya mengalami masalah di jalan. | 这台机器有问题,它不能正常使用了。Mesin ini memiliki masalah, itu tidak bisa digunakan dengan normal. | 我们好像碰到点问题,我去看看是怎么回事。Sepertinya kita menghadapi beberapa masalah, saya akan pergi dan lihat apa yang terjadi. ④ 一个事情的几个方面;分开说的几件事情。Beberapa aspek dari suatu masalah; beberapa hal yang dipisahkan. ‖ 这次会议主要讨论三个问题。Pertemuan kali ini akan membahas tiga masalah. | 我想在这里给大家说几个问题,希望大家以后注意。Saya ingin membahas beberapa hal di sini, semoga semua orang berhati-hati setelah ini.

1 **我** wǒ **saya; aku**

【代词】［Pronomina（kata ganti）］① 指说话人自己。Merujuk pada diri sendiri sebagai pembicara. ‖ 我来自中国,你来自哪个国家? Saya berasal dari China, Anda berasal dari negara mana? | 我可以坐在你旁边吗? Bisakah saya duduk di sebelah Anda? | 这是我的手机。Ini adalah ponsel saya. | 你可以帮我一个忙吗? Bolehkah Anda membantu saya sedikit? | 刚才是你在找我吗? Apakah kamu yang barusan yang mencariku? ② 称自己这一方。menyebut diri sendiri. ‖ 我国经济正在快速发展。Ekonomi negaraku sedang berkembang sangat pesat. | 我班一共有五十六名学生。Kelasku ada 56 orang murid. | 我校今年顺利举办了十五场活动。Tahun ini sekolahku mengadakan 15 kegiatan dengan lancar.

1 我们 wǒmen **kita；kami**

【代词】［Pronomina（kata ganti）］指说话人这一方面的人，一般是指两个或两个以上的人。Merujuk pada sekelompok orang di sisi pembicara, biasanya dua orang atau lebih. ‖ 我们一起去上学吧。Mari kita pergi ke sekolah bersama. | 我们班一共有六十名学生。Kelas kami memiliki 60 siswa. | 我们部门的人都不知道这件事。Orang-orang di departemen kami semua tidak tahu tentang hal ini.

3 握手 wò//shǒu **berjabat tangan**

【短语】［frasa］两个人互相抓着手的动作，表示亲切，友好交往的意思。Tindakan dua orang yang saling memegang tangan sebagai tanda persahabatan dan keterlibatan yang baik. ‖ 他亲切地握着我的手。Dia dengan ramah berjabat tangan dengan saya. | 两国领导握手表示两国关系友好。Para pemimpin dari dua negara berjabat tangan menunjukkan hubungan yang baik antara dua negara. | 他紧紧握住了老师的手，一直说着感谢的话。Dia erat memegang tangan guru dan terus berterima kasih.

3 屋子 wūzi **rumah atau kamar**

【名词】［Nomina（kata benda）］房子，房间。Rumah atau kamar. ‖ 屋子真冷，把火弄大点吧。Kamar ini sangat dingin, tingkatkan api sedikit. | 她正在打扫屋子，今晚有客人来她家里。Dia sedang membersihkan kamar, malam ini ada tamu datang ke rumahnya. | 我去他家找他，可我发现屋子里没人。Saya pergi ke rumahnya untuk mencarinya, tetapi tidak ada siapa-siapa di dalam kamar. | 这间屋子可以住下他们一家人。Ruangan ini bisa menampung seluruh keluarganya.

W

1 五 wǔ **lima**

【数词】［Numeralia（kata bilangan）］① 数字 5。Angka 5. ‖ 二加三等于五。Dua ditambah tiga sama dengan lima. | 桌子上放着五个碗。Ada lima mangkuk di atas meja. | 我们家有五口人，爷爷、奶奶、爸爸、妈妈，还有我。Keluarga kami memiliki lima anggota, kakek, nenek, ayah, ibu, dan saya. ② 第五。Kelima. ‖ 我们家住在五号楼。Rumah kami ada di lantai 5. | 他考了全班前五名。Dia menduduki peringkat lima di kelas kami. ｜今天星期五。Hari ini adalah hari Jumat.

2 **午餐** wǔcān **makan siang**

【名词】［Nomina（kata benda）］中午吃的一顿饭，是一种比较正式的用法。Makanan yang dimakan pada waktu tengah hari, digunakan dalam konteks yang lebih formal. ‖ 我们一家人今天中午要在外面吃午餐。Kita sekeluarga akan makan siang di luar hari ini. ｜这家饭馆不做午餐，只做晚餐。Restoran ini hanya melayani makan malam, tidak ada makan siang. ｜早餐要吃饱，午餐要吃好，晚餐要吃少。Sarapan harus makan dengan kenyang, makan siang harus makan dengan baik, makan malam harus makan sedikit.

1 **午饭** wǔfàn **makan siang**

【名词】［Nomina（kata benda）］中午吃的一顿饭。Makanan yang dimakan pada waktu tengah hari. ‖ 你平常午饭在家吃还是在公司吃？Apakah kamu biasanya makan siang di rumah atau di kantor? ｜我不想做午饭了，我们点外卖吃吧。Saya tidak ingin masak makan siang, mari pesan makanan untuk dimakan. ｜他们家午饭平常都是做两个菜，再做点米饭。Mereka biasanya hanya memasak dua hidangan makan siang dan nasi.

2 **午睡** wǔshuì **tidur siang**

【名词】［Nomina（kata benda）］中午睡觉的时间。Waktu tidur siang di siang hari. ‖ 学校给孩子们安排了每天三十分钟的午睡时间。Sekolah memberikan siswa 30 menit tidur siang setiap hari. ｜午睡是一个好习惯。Tidur siang adalah kebiasaan yang baik.

【动词】［Verba（kata kerja）］中午睡一会儿。Tidur sebentar pada siang hari. ‖ 你平常中午午睡吗？Apakah kamu biasanya tidur siang pada siang hari? ｜大家都在午休，你声音小一点。Semua orang sedang istirahat siang, kurangi suaramu. ｜我没有午睡的习惯。Saya tidak memiliki kebiasaan tidur siang.

3 **武器** wǔqì **senjata**

【名词】［Nomina（kata benda）］用来打对方，或者可以打伤对方的东西。Alat yang digunakan untuk menyerang orang lain atau dapat melukai orang lain. ‖ 公共场合不能带武器。Tidak boleh membawa senjata di tempat umum. ｜对方身上有武器，大家小心。Hati-hati, dia membawa senjata pada dirinya. ｜现在有很多女

W

孩身上带着武器,用来保护自己。Saat ini banyak gadis membawa senjata sebagai cara untuk melindungi diri.

3 武术 wǔshù **wushu**

【名词】[Nomina (kata benda)] 一种中国的体育运动,类似中国功夫,可以让身体变结实。Sebuah olahraga Tiongkok, mirip dengan Kung Fu Tiongkok, dapat membuat tubuh menjadi kuat. ‖ 他是武术比赛的第一名。Dia adalah juara pertandingan seni bela diri. | 中国武术很难学,需要花很多时间。Seni bela diri Tiongkok sulit untuk dipelajari, memerlukan banyak waktu. | 他从小就跟着爸爸学武术。Dia telah belajar seni bela diri dengan ayahnya sejak kecil.

3 舞台 wǔtái **panggung**

【名词】[Nomina (kata benda)] 演出用的台子;社会活动的范围。panggung untuk pertunjukan; jangkauan aktivitas sosial. ‖ 演员在舞台上表演节目。Aktor tampil di panggung. | 舞台上的灯忽然黑了。Cahaya di atas panggung tiba-tiba padam. | 中国在国际舞台上有重要的位置。Tiongkok memainkan peran penting di panggung internasional. | 歌迷们在歌手表演的舞台上放满鲜花。Penggemar memasang bunga di atas panggung penyanyi saat mereka tampil.

W

X

1 西 xī　**barat**

【名词】[Nomina (kata benda)] 四个基本方向中的一个,在东对面的是西,太阳落下去的方向。Salah satu dari empat arah mata angin, di sebelah barat adalah arah matahari terbenam. ‖ 我一出门就容易分不清东南西北。Saya sering bingung dengan arah utara, tenggara, barat laut, dan sebagainya. | 你往西走五百米就能看到一家小餐馆。Jalan 500meter ke arah barat, kamu akan menemukan sebuah restoran kecil. | 中国人常说:"上北下南,左西右东。"Orang Tiongkok sering berkata:"Utara di atas, selatan di bawah; kiri ke barat, kanan ke timur."

2 西北 xīběi　**barat laut**

【名词】[Nomina (kata benda)] 在西边和北边中间的方向。Arah di antara barat dan utara. ‖ 冬天到了,开始吹西北风了。Ketika musim dingin tiba, angin barat laut mulai bertiup. | 他的家乡在中国的西北地区。Tempat kelahirannya berada di wilayah barat laut Tiongkok. | 西北地区明天有雨。Wilayah barat laut diperkirakan akan hujan besok. | 我们要重点发展西北地区的经济。Kami akan fokus mengembangkan ekonomi wilayah barat laut.

1 西边 xībian　**bagian barat**

【名词】[Nomina (kata benda)] 靠西的那一边。Bagian yang berada di sebelah barat. ‖ 太阳从东边升起,从西边落下。Matahari terbit dari timur dan terbenam dari barat. | 图书馆在教学楼的西边。Perpustakaan berada di sisi barat gedung pengajaran. | 学校西边有一大块空地,听说是要建新的教学楼。Di sebelah barat sekolah, ada sebuah lahan kosong yang besar, katanya akan dibangun gedung pengajaran baru.

3 西部 xībù　**wilayah barat**

【名词】[Nomina (kata benda)] 一个地区靠西的部分。Bagian wilayah yang terletak di sebelah barat. ‖ 中国西部的经济还有很大的发展空间。Ekonomi wilayah barat Tiongkok masih memiliki ruang pengembangan yang besar. | 西部地区明天有雨。Besok akan hujan di wilayah barat. | 这次西部大开发的工作取得了很好的成果。Program pembangunan besar-besaran wilayah barat telah mencapai hasil yang sangat baik.

2 **西餐** xīcān **makanan khas dari negara barat**

【名词】［Nomina（kata benda）］西方国家的饭。Makanan dari negara-negara Barat. ‖ 这家西餐很便宜，适合老百姓吃。Restoran makanan Barat ini murah dan cocok untuk orang-orang biasa. | 他开了一间西餐店，生意非常好。Dia membuka sebuah restoran makanan Barat, bisnisnya sangat bagus. | 年轻人都喜欢吃西餐，但大多数老年人不喜欢。Orang muda suka makanan Barat, tetapi sebagian besar orang tua tidak menyukainya.

2 **西方** xīfāng **arah barat**

【名词】［Nomina（kata benda）］① 靠西的地方。Tempat yang berada di sebelah barat. ‖ 他来自西方的一个国家。Dia berasal dari negara Barat. | 西方的天亮得比东方的晚。Matahari terbit lebih lambat di Barat daripada di Timur. ② 指中国以外西边的发达国家。Negara maju di sebelah barat Tiongkok. ‖ 西方文化和中国文化有很多不同的地方。Kebudayaan Barat dan kebudayaan Tiongkok memiliki banyak perbedaan. | 他一直在西方长大，生活习惯和我们有很大的不同。Dia tumbuh di Barat dan memiliki gaya hidup yang sangat berbeda dari kami. | 他在国外上学，受到了西方先进思想的影响。Dia kuliah di luar negeri dan dipengaruhi oleh pemikiran maju Barat.

2 **西南** xīnán **barat daya**

【名词】［Nomina（kata benda）］在西边和南边之间的方向。Arah di antara barat dan selatan. ‖ 从西南方向传来一阵巨大的声音。Suara yang besar datang dari arah barat daya. | 在中国的西南地区有很多少数民族。Di wilayah barat daya China, ada banyak kelompok minoritas. | 教室里西南角的窗户坏了。Jendela di sudut barat daya kelas rusak.

2 **西医** xīyī **medis barat**

【名词】［Nomina（kata benda）］西方国家的医生或看病的技术和理论。Dokter atau teknik dan teori pengobatan dari negara-negara Barat. ‖ 这里是中医医院，没有西医。Di sini adalah rumah sakit tradisional Tiongkok, tidak ada dokter Barat. |

他很喜欢把西医技术和中医理论结合在一起使用。Dia suka menggabungkan teknik pengobatan Barat dan teori pengobatan Tiongkok. | 他上大学时学的是西医，我学的是中医。Dia belajar pengobatan Barat di universitas, sedangkan saya belajar pengobatan Tiongkok.

3 **希望** xīwàng **berharap; semoga**

【动词】[Verba (kata kerja)] 想，想实现某个目的或事情。Menginginkan, berharap untuk mencapai tujuan atau hal tertentu. ‖ 我希望我能考上好大学。Saya berharap bisa diterima di universitas yang bagus. | 我们都希望他的病能快点好起来。Semoga dia segera sembuh dari penyakitnya. | 我不希望下次再发生同样的事情。Saya tidak ingin kejadian serupa terjadi lagi. | 他希望自己能早点回国。Dia berharap dapat kembali ke negaranya lebih awal.

【名词】[Nomina (kata benda)] 美好的愿望，机会，实现愿望的人。Harapan yang baik, kesempatan, orang yang bisa mewujudkan harapan. ‖ 青少年是国家的希望。Remaja adalah harapan negara. | 我的希望一定能实现。Harapan saya pasti akan terwujud. | 父母一直把孩子当作自己的希望。Orang tua selalu menjadikan anak-anak mereka sebagai harapan. | 只要坚持就能看到希望。Asalkan tetap berusaha, pasti akan melihat harapan.

2 **习惯** xíguàn **kebiasaan**

【名词】[Nomina (kata benda)] 长期形成的不容易被改变的方式、行为。Cara atau perilaku yang terbentuk dalam jangka panjang dan sulit diubah. ‖ 我们要养成好的生活习惯。Kita harus mengembangkan kebiasaan hidup yang baik. | 北方过节有吃饺子的习惯。Di Utara, ada kebiasaan makan jiaozi saat perayaan. | 他爱吃手的坏习惯还没有改正。Kebiasaan buruknya masih belum diperbaiki. | 我有每天中午睡觉的习惯。Saya memiliki kebiasaan tidur siang setiap hari.

【动词】[Verba (kata kerja)] 适应新环境。Beradaptasi dengan lingkungan baru. ‖ 我来国外很长时间了，已经习惯了这里的生活。Saya sudah lama tinggal di luar negeri, sudah terbiasa dengan kehidupan di sini. | 我还是不习惯用汉语表达。Saya masih belum terbiasa berkomunikasi menggunakan bahasa Mandarin. | 你刚来这里可能还不适应，慢慢习惯就好了。Pada awalnya Anda mungkin merasa tidak nyaman, tapi lambat laun akan terbiasa.

1 **洗** xǐ **cuci**

【动词】[Verba (kata kerja)] 用水把脏东西去掉。Membersihkan sesuatu

dengan air. ‖ 到家以后要先洗手。Sebelum masuk ke rumah, harus mencuci tangan terlebih dahulu. | 他正在家里洗衣服。Dia sedang mencuci pakaian di rumah. | 你身上怎么这么多土？快洗洗。Mengapa kamu kotor seperti itu? Cepatlah mencuci diri. | 没关系，这点脏洗一洗就没有了。Tidak apa-apa, kotoran ini akan hilang setelah dicuci.

1 **洗手间** xǐshǒujiān **toilet; kamar mandi; kamar kecil**

【名词】［Nomina（kata benda）］用来解决个人卫生问题的房间。Ruang untuk membersihkan diri. ‖ 他去洗手间了，现在不在办公室。Dia pergi ke kamar mandi, sekarang tidak berada di kantornya. | 请问我可以用一下你们家的洗手间吗？Maaf, bisakah saya menggunakan kamar mandi di rumahmu? | 商场每一层都有洗手间。Setiap lantai di pusat perbelanjaan memiliki kamar mandi umum.

2 **洗衣机** xǐyījī **mesin cuci**

【名词】［Nomina（kata benda）］用来洗衣服的机器。Alat untuk mencuci pakaian. ‖ 家里新买了一台洗衣机。Kami baru saja membeli sebuah mesin cuci untuk rumah. | 这台洗衣机有很多功能。Mesin cuci ini memiliki banyak fungsi. | 用洗衣机洗衣服省力多了。Mencuci pakaian menggunakan mesin cuci jauh lebih mudah.

2 **洗澡** xǐ//zǎo **mandi**

【动词】［Verba（kata kerja）］用水洗全身。Mandi seluruh tubuh dengan air. ‖ 他每天都洗澡。Dia mandi setiap hari. | 她每个月给小猫洗一次澡。Dia memberi kucingnya mandi sekali setiap bulan. | 我已经洗了澡了。Saya sudah mandi. | 今天工作太累了，我想洗个热水澡后就早点睡觉了。Setelah bekerja keras hari ini, saya ingin mandi air panas dan tidur lebih awal.

1 **喜欢** xǐhuan **suka**

【动词】［Verba（kata kerja）］对某人或某个东西或某件事情觉得快乐或可爱。Merasa senang atau lucu dengan seseorang, sesuatu, atau sesuatu hal. ‖ 我喜欢一个人在家看电影。Saya senang berada di rumah sendirian untuk menonton film. | 她不喜欢这件红色的衣服。Dia tidak menyukai baju merah ini. | 你喜不喜欢吃中国菜？Apakah Anda menyukai makanan Tionghoa? | 他特别喜欢打篮球。Dia sangat menyukai bermain bola basket. | 我们都很喜欢王老师。Kami semua sangat menyukai Guru Wang.

3 **系** xì **sistem; fakultas**

【名词】［Nomina（kata benda）］大学中按专业设立的学科单位。Unit ilmu di universitas yang berdasarkan pada spesialisasi. ‖ 他是我们学院文学系的学生。Dia adalah mahasiswa dari departemen sastra di kampus kami. | 我是中文系的一名教师。Saya adalah seorang guru dari departemen bahasa Tionghoa. | 系里决定下个月开展学科理论学习活动。Departemen telah memutuskan untuk mengadakan kegiatan belajar teori ilmu dalam waktu dekat. | 他是我们系专业成绩第一名。Dia adalah peringkat pertama di departemen kami.

1 **下** xià **bawah**

【名词】［Nomina（kata benda）］① 比较低的地方。Tempat yang lebih rendah. ‖ 树下坐着一个人。Ada seseorang duduk di bawah pohon. | 他从上到下地看了我半天。Dia menatapku dari atas ke bawah. | 你往下一点，太高了我看不见。Turun sedikit, saya tidak bisa melihat. ② 在后面的时间。Waktu di belakangnya. ‖ 下个星期就要开始运动会了。Minggu depan akan mulai acara olahraga. | 下半场比赛马上开始。Babak kedua akan segera dimulai. | 我正在排队买票，下一位就是我了。Saya sedang mengantri untuk membeli tiket, sebentar lagi giliran saya. ③ 表示在某个范围中，或在某个条件里。Menunjukkan di dalam suatu rentang atau kondisi. ‖ 在老师的教育下，我们明白了很多道理。Di bawah bimbingan guru, kami memahami banyak hal. | 在这样的条件下，他一直坚强地活着。Dalam kondisi seperti ini, dia selalu kuat dalam hidup. | 在国家的帮助下，农村的生活变得越来越好了。Dengan bantuan negara, kehidupan di pedesaan semakin baik.

【动词】［Verba（kata kerja）］① 从高的地方到低的地方运动。Bergerak dari tempat yang lebih tinggi ke tempat yang lebih rendah. ‖ 下水前要先活动身体。Sebelum masuk ke dalam air, pastikan untuk bergerak tubuh. | 我们准备下山了。Kami bersiap-siap untuk turun gunung. ② 作决定。Mengambil keputusan. ‖ 他下决心下次考试一定要考到第三名。Dia bertekad untuk mendapatkan peringkat ketiga dalam ujian berikutnya. | 我下了决心一定要得到这份工作。Saya telah memutuskan untuk mendapatkan pekerjaan ini. ③ 放在别的动作后面，表示动作的结果。Ditempatkan setelah tindakan lain, menunjukkan hasil dari tindakan tersebut. ‖ 公交车上的人很多，已经坐不下了。Banyak orang di bus, tidak ada tempat untuk duduk. | 他一定能拿下第一名。Dia pasti akan meraih peringkat pertama. | 我的包只装得下一本书。Tasku hanya muat satu buku.

X

2 **下** xià **kali**

【量词】[Kuantifier (kata pengukur)] 表示动作发生的次数的数量单位。Menunjukkan satuan jumlah tindakan yang terjadi. ‖ 他拍了两下桌子。Dia mengetuk meja dua kali. | 他在原地跳了几下,发现自己的腿已经好了。Dia melompat beberapa kali di tempat dan menyadari kakinya sudah sembuh. | 人的心一分钟能跳六十多下。Jantung seseorang berdenyut lebih dari 60 kali dalam satu menit.

1 **下班** xià//bān **pulang kerja**

【动词】[Verba (kata kerja)] 到了工作结束的时间,停止工作。Pada akhir waktu kerja, berhenti bekerja. ‖ 我一下班就去找你。Saya akan mencari Anda setelah saya pulang kerja. | 我每天晚上八点半下班。Saya pulang kerja setiap hari pukul delapan setengah malam. | 他下了班就去书店买书了。Setelah selesai bekerja, dia pergi ke toko buku untuk membeli buku. | 我有事想提前一会儿下班。Saya ada urusan ingin pulang kerja lebih awal sebentar.

1 **下边** xiàbian **bagian bawah**

【名词】[Nomina (kata benda)] 靠下的那一边。Bagian yang berada di bawah. ‖ 桌子下边放着一个包。Ada sebuah tas di bawah meja. | 我在楼下边等你,你赶紧下来。Saya akan menunggu Anda di bawah gedung, segera turun. | 下边请各位代表发言。Mari kita mengizinkan perwakilan di bawah untuk berbicara. | 今天领导到下边检查。Kali ini, mari perwakilan berbicara lebih dulu.

1 **下车** xiàchē **keluar turun dari kendaraan**

【短语】[frasa] 从车上下来,车到站了离开车。Keluar dari kendaraan, ketika kendaraan telah tiba di tujuan dan berhenti. ‖ 火车到站了,我们该下车了。Kereta telah tiba di stasiun, saatnya kita turun. | 你下车的时候注意安全。Ketika turun dari kendaraan, perhatikan keselamatan. | 他下了车就赶紧回家去了。Setelah turun dari mobil, dia langsung pulang.

X

1 **下次** xiàcì **kali berikutnya; lain kali**

【名词】[Nomina (kata benda)] 现在这次后的一次。Kali berikutnya setelah saat ini. ‖ 这次分开后下次见面就不知道是什么时候了。Setelah kali ini berpisah, kita tidak tahu kapan kita akan bertemu lagi. | 下次我请客,大家一定都

要来。Kali berikutnya saya yang mengundang, pastikan semuanya datang. | 我下次还来这里找你。Saya akan datang lagi ke sini kali berikutnya. | 下次考试是什么时候? Kapan jadwal ujian selanjutnya?

1 **下课** xià//kè **pelajaran berakhir**

【动词】[Verba (kata kerja)] 一节课的时间结束。Waktu satu pelajaran berakhir. ‖ 我们每天上午十一点下课。Setiap hari kami berakhir pelajaran jam sebelas pagi. | 他还没下课。Dia belum berakhir pelajaran. | 昨天下了课以后老师批评了我。Setelah pelajaran berakhir kemarin, guru memarahi saya. | 下课时间大家都去操场上玩。Setelah pelajaran berakhir, semua orang pergi bermain di lapangan.

3 **下来** xià//lái **turun dari**

【动词】[Verba (kata kerja)] 从高处到低处运动。Bergerak dari tempat yang lebih tinggi ke tempat yang lebih rendah. ‖ 从山上走下来需要一个小时。Butuh satu jam untuk berjalan di gunung. | 价格涨上去,短时间内是下不来的。Jika harganya naik, harganya tidak akan turun dalam jangka pendek.

3 **下面** xiàmiàn **sisi bawah**

【名词】[Nomina (kata benda)] ① 下一级。Tingkat di bawah sesuatu. ‖ 给下面的单位发下去的工作他们还没做完。Tugas yang harus dikerjakan dan dikirimkan ke bawahannya belum selesai. | 领导最近几天要检查一下下面的工作。Pimpinan akan memeriksa pekerjaan yang dilakukan oleh bawahannya dalam beberapa hari terakhir. | 你下面的人都是怎么办事的? Bagaimana karyawan di bawah Anda menyelesaikan tugas mereka? ② 靠下的那一面,后面的部分,后面的时间。Sisi yang lebih rendah, bagian belakang, bagian belakang waktu. ‖ 椅子下面有一支笔。Di bawah kursi ada sebuah pena. | 下面请学生代表发言。Mari kita biarkan perwakilan siswa berbicara di bawah. | 从上面往下面看,你就会发现很多不一样的景色。Dengan melihat dari atas ke bawah, Anda akan menemukan banyak pemandangan yang berbeda.

3 **下去** xià//qù **turun ke; menurun**

【动词】[Verba (kata kerja)] ① 指从原来的地方离开到低处。Berarti meninggalkan tempat semula dan bergerak ke bawah. ‖ 我下去看看楼下发生了什么。Saya akan turun untuk melihat apa yang terjadi di bawah. | 你先下去,我拿好包就来。Kamu pergi duluan, saya akan membawa tas dan datang kemudian. |

我一会儿下去的时候把文件拿给你。Nanti ketika saya turun, saya akan mengambil file untukmu. ② 表示动作继续进行。Menunjukkan tindakan yang berlanjut. ‖ 你再这样下去，成绩就要变得更差了。Jika Anda terus seperti ini, prestasi Anda akan semakin menurun. | 不管有多少困难，我都要坚持下去。Tidak peduli berapa banyak kesulitan yang dihadapi, saya akan tetap bertahan. | 你说下去，我先听你说。Silakan lanjutkan, saya akan mendengarkan Anda terlebih dahulu. | 一说到他妈妈去世的事，他就难过得讲不下去了。Ketika berbicara tentang ibunya yang meninggal, dia tidak bisa melanjutkan lagi. ③ 放在表示动作的词后面，表示动作的方向是离开说话人的。Diletakkan di belakang kata yang berarti Tindakan, menjunjukkan arah dari Tindakan tersebut menjauhi pembicara. ‖ 你记得把东西从车上拿下去。Ingat turunkan barang dari mobil. | 杯子从桌子上掉了下去。Gelasnya jatuh dari atas meja. | 我不小心从台子上摔了下去。Aku tidak sengaja jatuh dari atas panggung.

1 下午 xiàwǔ **sore**

【名词】［Nomina（kata benda）］一天中过了十二点以后，在天黑以前的一段时间。Waktu antara pukul 12 siang hingga sebelum hari gelap. ‖ 今天下午三点要开会，大家准备好。Hari ini, pukul tiga sore kami akan mengadakan rapat, harap semua orang siap. | 你下午几点到机场？Jam berapa kamu tiba di bandara pada siang hari? | 我下午没空，我不能和你去玩。Saya sibuk pada siang hari, saya tidak bisa pergi bermain bersamamu.

2 下雪 xiàxuě **turun salju**

【短语】［frasa］天气有雪，一种天气情况。Cuaca dengan hujan salju, suatu kondisi cuaca. ‖ 中国北方的冬天经常会下雪。Di wilayah utara Tiongkok, sering turun salju di musim dingin. | 天气真冷，看起来快要下雪了。Cuaca sangat dingin, sepertinya akan turun salju. | 下雪了，开车小心点儿。Sudah turun salju, hati-hati saat mengemudi. | 下了几天的大雪，马路都不能走了。Beberapa hari terakhir telah turun salju yang besar, jalan-jalan menjadi tidak dapat dilalui.

1 下雨 xiàyǔ **turun hujan**

【短语】［frasa］有雨，一种常见的天气情况。Cuaca dengan hujan, kondisi cuaca yang sering terjadi. ‖ 今天下雨了，天气变得有点冷。Hari ini hujan, cuaca menjadi agak dingin. | 听说明天要下雨。Saya mendengar kabar bahwa besok akan turun hujan. | 不知道明天下不下雨。Saya tidak tahu apakah besok akan turn hujan atau tidak. | 外面下雨了,你带伞了吗? Di luar sedang hujan, apakah Anda membawa payung?

2 **下周** xiàzhōu **minggu depan**

【名词】[Nomina (kata benda)] 这一周后的一周。Minggu yang berikutnya setelah minggu ini. ‖ 下周我们就要考试了。Minggu depan kita akan menghadapi ujian. | 下周星期二,我要去坐飞机去北京。Pada hari Selasa minggu depan, saya akan naik pesawat ke Beijing. | 下周三我们就能放假了。Minggu depan kita akan libur.

2 **夏天** xiàtiān **musim panas**

【名词】[Nomina (kata benda)] 一年中最热的一段时间,在春天和秋天中间的一段时间。Periode terpanas dalam setahun, berada di antara musim semi dan musim gugur. ‖ 夏天来了,天气非常热。Musim panas telah tiba, cuacanya sangat panas. | 女孩喜欢在夏天穿裙子。Gadis-gadis suka memakai gaun di musim panas. | 我夏天就喜欢吃一些凉的东西。Saya suka makan makanan dingin di musim panas. | 夏天的夜晚,天空特别美丽。Pemandangan langit sangat indah di malam musim panas.

1 **先** xiān **lebih dulu; sebelumnya**

【副词】[Adverbia (kata keterangan)] 表示第一个发生的,或发生在前面的动作。Menunjukkan tindakan atau keadaan yang pertama kali terjadi atau terjadi sebelumnya. ‖ 你先听我说完,然后你再说。Dengarkan saya dulu, setelah itu kamu bisa berbicara. | 是我先来的,我应该排在前面。Saya datang lebih dulu, seharusnya saya berada di depan. | 回家先洗手,然后再吃饭。Pulang dulu, setelah itu baru makan. | 我比你先到。Saya tiba lebih dulu darimu.

3 **先进** xiānjìn **maju**

【形容词】[Adjektiva (kata sifat)] 领先的,在最前面的,水平高的。Maju, berada di garis depan, tingkat tinggi. ‖ 中国有先进的 5G 技术。Tiongkok memiliki teknologi 5G yang maju. | 工厂采用了先进的生产技术。Pabrik ini menggunakan teknologi produksi yang maju. | 他受到先进文化的影响,思想比较开放。Pengaruh budaya maju telah mempengaruhi pikirannya.

【名词】[Nomina (kata benda)] 在一个范围中表现最好的人或单位。Orang atau unit yang berkinerja terbaik dalam suatu lingkup. ‖ 部门每个月要选三个先

进。Setiap bulan departemen akan memilih tiga unit yang maju. | 我们要向先进学习。Kami harus belajar dari mereka yang maju. | 他今年被选为了单位的先进。Dia terpilih sebagai unit maju tahun ini.

1 **先生** xiānsheng **tuan; bapak**

【名词】[Nomina (kata benda)] ① 成年男子的正式称呼;老师。Sebutan resmi untuk pria dewasa; guru. ‖ 您好,先生,请问您找谁? Selamat pagi, tuan, ada yang bisa saya bantu? | 先生,这是您的包,请您拿好。Pak, inilah tas Anda, tolong ambil dengan hati-hati. | 王先生是我们文学系的老师。Tuan Wang adalah seorang guru dari departemen sastra kami. ② 已经结婚的女子对别人称自己的男人为先生。Juga digunakan oleh wanita yang sudah menikah untuk menyebut suami mereka. ‖ 他是我先生,我们去年才结婚。Dia adalah suami saya, kami baru menikah tahun lalu. | 她和她先生一起去国外旅行了。Dia pergi berlibur ke luar negeri bersama suaminya. | 她先生每天来接她下班。Suami saya akan menjemput saya setiap hari setelah bekerja.

3 **显得** xiǎnde **kelihatannya**

【动词】[Verba (kata kerja)] 表现出来,让人能感觉到。Mengungkapkan atau menunjukkan sesuatu yang dapat dirasakan atau diamati. ‖ 你穿这件衣服显得很成熟。Pakaian ini membuat Anda terlihat lebih dewasa. | 他晚上没睡好,脸上显得很没精神。Dia tidak terlihat segar setelah tidur malam. | 你这么说显得像是我的错一样。Katamu seperti itu terdengar seperti jika itu kesalahan saya.

3 **显然** xiǎnrán **jelas; sangat jelas**

【形容词】[Adjektiva (kata sifat)] 很清楚的,很明白的,一下就能看明白的。Sangat jelas, sangat jelas, bisa dilihat dengan jelas. ‖ 你这句话很显然写错了。Jelas bahwa kalimat Anda ditulis salah. | 这次活动没有成功举办显然是计划上出现了问题。Kegagalan acara ini jelas karena ada masalah dengan perencanaannya. | 很显然这件事和我没关系。Tidak diragukan lagi bahwa masalah muncul dalam rencana.

3 **显示** xiǎnshì **menunjukan; menampilkan**

【动词】[Verba (kata kerja)] 明显地表现出来,表示。Menunjukkan dengan jelas, menunjukkan. ‖ 他用自己的成绩显示了自己的实力。Dia menunjukkan kemampuannya melalui hasilnya. | 考试成绩能显示出我们在学习中的问题。

Hasil ujian dapat menunjukkan masalah dalam belajar kami. | 电视不知道为什么不显示了。Televisi tidak tahu mengapa tayangan tidak terlihat.

3 **现场** xiànchǎng **lokasi kejadian**

【名词】[Nomina (kata benda)] 事情或活动发生的地方或场所。Tempat atau lokasi kejadian atau aktivitas. ‖ 警察来保护事故现场。Polisi datang untuk melindungi lokasi kecelakaan. | 演唱会现场坐满了观众。Auditorium penuh dengan penonton di acara musik. | 电视台有春节晚会的现场直播。Stasiun televisi melakukan siaran langsung dari acara Tahun Baru.

3 **现代** xiàndài **zaman sekarang; modern**

【名词】[Nomina (kata benda)] 现在的时代,在中国指 1919 年开始到现在的时代。Zaman sekarang, di Tiongkok mengacu pada masa dari tahun 1919 hingga sekarang. ‖ 现代社会需要大量的人才。Masyarakat modern membutuhkan banyak orang berbakat. | 中国社会已经走向了现代化。Masyarakat Tiongkok telah mencapai modernisasi. | 汉语可以分为现代汉语和古代汉语。Bahasa Mandarin dapat dibagi menjadi bahasa Mandarin modern dan bahasa Mandarin kuno.

3 **现金** xiànjīn **uang tunai**

【名词】[Nomina (kata benda)] 现在可以拿出来用的钱。Uang yang tersedia untuk digunakan saat ini. ‖ 我身上没带现金,只有一些银行卡。Saya tidak membawa uang tunai, hanya ada beberapa kartu bank. | 在中国有很多地方都不需要用现金交钱。Di banyak tempat di Tiongkok, Anda tidak perlu membayar dengan uang tunai. | 现在很少有人出门带现金,大家都是用手机支付。Saat ini, banyak orang menggunakan pembayaran melalui ponsel.

3 **现实** xiànshí **fakta; kenyataan**

【名词】[Nomina (kata benda)] 事实,现在存在的客观实际。Fakta, keadaan yang ada secara objektif saat ini. ‖ 现实生活往往和我们希望的生活有很多不一样。Kehidupan nyata seringkali berbeda dari kehidupan yang kita inginkan. | 我们要面对现实。Kita harus menghadapi kenyataan. | 通过努力,理想才能变成现实。Melalui usaha keras, impian dapat menjadi kenyataan.

3 **现象** xiànxiàng **fenomena**

【名词】[Nomina (kata benda)] 现在出现的一种情况。Suatu keadaan yang

muncul sekarang. ‖ 下雨是一种很常见的自然现象。Hujan adalah fenomena alam yang sangat umum. | 年轻人不结婚是一种很常见的社会现象。Generasi muda tidak menikah adalah fenomena sosial yang umum. | 我要通过现象看到深处的问题。Saya ingin melihat masalah yang lebih dalam melalui fenomena ini.

1 现在 xiànzài **sekarang**

【名词】［Nomina（kata benda）］目前，说话的这个时候。Waktu ketika berbicara, saat ini. ‖ 我现在正在给他打电话。Sekarang saya sedang menelepon dia. | 他现在在开会。Dia sekarang sedang menghadiri rapat. | 现在几点了？Sekarang sudah berapa jam？| 他现在的身体情况怎么样？Bagaimana kondisi kesehatannya sekarang？

3 线 xiàn **benang；tali；kabel**

【名词】［Nomina（kata benda）］指很细的、能够用来做衣服的东西，或用来连接两个东西的物品。Bahan yang halus dan bisa digunakan untuk membuat pakaian atau menghubungkan dua benda. ‖ 用线把意思相同的词连在一起。Gunakan benang untuk menghubungkan kata-kata yang memiliki arti yang sama. | 这是一件白衣服，不能用黑线补。Pakaian putih ini tidak bisa diperbaiki dengan benang hitam. | 电话线被小猫咬断了。Kabel telepon dikunyah oleh kucing kecil.

3 相比 xiāngbǐ **membandingkan；dibandingkan**

【动词】［Verba（kata kerja）］比，互相比较。Membandingkan satu sama lain. ‖ 和他相比，我的汉语水平更高。Dibandingkan dengannya, tingkat bahasa Mandarin saya lebih tinggi. | 和以前相比，老百姓的生活已经变好了很多。Dibandingkan dengan sebelumnya, kehidupan masyarakat telah banyak membaik. | 不要和别人相比，我们做好自己就可以了。Jangan membandingkan diri Anda dengan orang lain, cukup baik kita berfokus pada diri sendiri.

3 相当 xiāngdāng **cenderung；sangat**

【副词】［Adverbia（kata keterangan）］表示程度很深。Menunjukkan tingkat yang sangat dalam. ‖ 他这次的分数考得相当高。Dia mencapai nilai yang sangat tinggi kali ini. | 这里的景色相当美丽。Pemandangan di sini sangat indah. | 我们很长时间没见，我相当想他。Kami tidak bertemu dalam waktu yang lama, saya sangat merindukannya.

【动词】［Verba（kata kerja）］表示双方实力或程度差不多。Menunjukkan bahwa kedua belah pihak memiliki kekuatan atau tingkat yang hampir sama. ‖ 他们实力相当，不知道这次是谁胜利。Kekuatan mereka seimbang, tidak tahu siapa yang akan menang kali ini. ｜ 我们两个的汉语水平相当。Tingkat bahasa Tionghoa kami berdua cukup sama. ｜ 他一个月的收入相当于我两个月的工资。Penghasilannya satu bulan setara dengan dua bulan gajiku.

3 **相关** xiāngguān **berhubungan；berkaitan**

【动词】［Verba（kata kerja）］互相有关系。Memiliki hubungan satu sama lain. ‖ 人的身体健康和食品安全问题相关。Kesehatan tubuh manusia terkait dengan masalah keamanan makanan. ｜ 相关的问题都在报告里说明了。Masalah-masalah terkait dijelaskan dalam laporan. ｜ 孩子的性格和父母的性格相关。Karakter anak-anak terkait dengan karakter orang tua.

3 **相互** xiānghù **saling**

【副词】［Adverbia（kata keterangan）］互相。Salah satu sama lain, berhubungan satu sama lain. ‖ 朋友相互帮忙是应该的。Teman saling membantu adalah hal yang seharusnya. ｜ 我们相互留下了联系方式。Kita saling meninggalkan informasi kontak. ｜ 我们相互配合一起完成了工作。Kami bekerja sama untuk menyelesaikan pekerjaan.

3 **相似** xiāngsì **mirip；serupa**

【形容词】［Adjektiva（kata sifat）］有很多一样的地方，像。Memiliki banyak kesamaan, mirip. ‖ 这两件衣服比较相似，只是颜色有一点不一样。Dua pakaian ini agak mirip, hanya warnanya sedikit berbeda. ｜ 这些题目有一些相似的地方。Beberapa pertanyaan ini memiliki beberapa kesamaan. ｜ 相似的情况可以用同样的办法处理。Kasus yang serupa dapat diatasi dengan cara yang sama.

2 **相同** xiāngtóng **sama**

【形容词】［Adjektiva（kata sifat）］一样，没有区别，没有不同的地方。Sama, tanpa perbedaan, tidak ada yang berbeda. ‖ 我们的看法是相同的。Pandangan kita adalah sama. ｜ 我买了相同的笔记本准备送给我的朋友们。Saya membeli notebook yang sama untuk diberikan kepada teman-teman saya. ｜ 相同的话就不要再说了。Jika itu sudah sama, tidak perlu mengatakannya lagi. ｜ 我们有相同的爱好。Kami memiliki minat yang sama.

[2] 相信 xiāngxìn **percaya**

【动词】［Verba（kata kerja）］认可，同意，认为是真的。Mengakui，setuju，percaya bahwa itu benar. ‖ 我相信他说的话是真的。Saya percaya apa yang dia katakan adalah benar. ｜ 我们都相信他的实力。Kita semua percaya akan kemampuannya. ｜ 我不相信这条消息。Saya tidak percaya berita ini. ｜ 你相不相信我跑得比你快？Apakah Anda percaya bahwa saya bisa berlari lebih cepat dari Anda？

[3] 香 xiāng **wangi；harum**

【形容词】［Adjektiva（kata sifat）］闻起来好的，吃得好，睡得好。Wanginya enak，makanannya enak，tidurnya nyenyak. ‖ 他累了一天，现在睡得很香。Setelah lelah seharian，dia tidur dengan nyenyak. ｜ 这道菜闻起来真香。Makanan ini berbau sangat harum. ｜ 他饿了，回家吃饭吃得很香。Dia lapar，kembali ke rumah untuk makan dengan nikmat. ｜ 他生病了，吃什么都不香。Karena sakit，tidak ada yang enak untuk dimakan.

[3] 香蕉 xiāngjiāo **pisang**

【名词】［Nomina（kata benda）］一种水果的名字，外面有黄色的皮，里面的肉吃起来很甜。Nama buah，memiliki kulit berwarna kuning dan dagingnya sangat manis. ‖ 中国南方生产很多香蕉。Tiongkok Selatan menghasilkan banyak pisang. ｜ 香蕉多少钱一斤？Berapa harga pisang per kilogram？｜ 香蕉已经熟了，要快点吃，不然都要坏了。Pisang sudah matang，cepat makan，jika tidak akan rusak. ｜ 我买了一把香蕉。Saya membeli sebatang pisang. ｜ 请给我一根香蕉。Tolong berikan saya sebatang pisang.

[1] 想 xiǎng **pikir；ingin**

【动词】［Nomina（kata benda）］思想活动，认为，打算。Aktivitas berpikir，percaya，berencana. ‖ 我非常想他。Saya sangat ingin dia. ｜ 你长大以后想干什么工作？Setelah dewasa，apa pekerjaan yang ingin kamu lakukan？｜ 你想不想知道发生了什么事？Apakah kamu ingin tahu apa yang terjadi？｜ 我想不起来作业是什么了。Saya tidak bisa mengingat apa pekerjaan itu. ｜ 我想你说的应该是对的。

X

[2] 想到 xiǎngdào **terpikir；ingin**

【动词】［Nomina（kata benda）］想起来，设计到。Ingat，melibatkan. ‖ 我忽然

想到明天是他的生日。Tiba-tiba saya ingat besok adalah ulang tahunnya. | 这种情况我已经提前想到了。Saya telah mempertimbangkan situasi ini sebelumnya. | 没有想到这么长时间以前的事情你还记得。Tidak terduga kamu masih ingat peristiwa itu dari waktu yang lama. | 他总是先想到别人再想到自己。Dia selalu memikirkan orang lain sebelum dirinya sendiri.

2 **想法** xiǎngfǎ　**pendapat; pemikiran; sudut pandang**

【名词】［Nomina（kata benda）］想出来的结果，观点，意见。Hasil pemikiran, sudut pandang, pendapat. ‖ 大家可以说说自己对这件事的想法。Semua orang bisa mengemukakan pendapat mereka tentang masalah ini. | 他的想法都写在了信里。Semua pemikiran dia sudah ditulis dalam surat. | 你的想法不现实，这么难的工作一个人是做不完的。Ide Anda tidak realistis, pekerjaan yang sulit seperti itu tidak bisa diselesaikan oleh satu orang.

2 **想起** xiǎngqǐ　**teringat**

【动词】［Nomina（kata benda）］记起来。Ingat. ‖ 我想起他昨天和我说过的事情。Saya ingat dia memberi tahu saya tentang hal itu kemarin. | 我忽然想起我还有急事要办。Saya tiba-tiba ingat ada hal mendesak yang harus saya lakukan. | 我总是想起在中国生活的日子。Saya selalu mengingat hari-hari saya tinggal di Tiongkok.

2 **响** xiǎng　**nyaring**

【形容词】［Adjektiva（kata sifat）］声音很大的。Bunyi keras. ‖ 你走路的声音太响了，你小点儿声。Suara langkah kakimu terlalu keras, berjalanlah dengan lebih pelan. | 他唱歌的声音非常响，站在很远的地方也能听到。Suara bernyanyiannya sangat keras, bisa terdengar dari tempat yang sangat jauh. | 他说话的声音又响又亮。Suara berbicaranya keras dan nyaring.

2 **相机** xiàngjī　**kamera; tustel**

【名词】［Nomina（kata benda）］用来拍照片的机器。Mesin yang digunakan untuk mengambil foto. ‖ 我买了一台新相机。Saya membeli kamera baru. | 这台相机拍出来的照片非常清楚。Foto yang diambil kamera ini sangat jelas. | 他去哪都带着自己的相机，他很喜欢拍照片。Dia selalu membawa kameranya kemana-mana, dia suka mengambil foto.

2 向 xiàng **menunjukan arah**

【介词】[Preposisi (kata depan)] 表示动作的方向或对象。Menunjukkan arah atau objek gerakan. ‖ 他忽然向我走来。Dia tiba-tiba berjalan ke arah saya. | 冬天了，鸟儿都向南飞去。Ketika musim dingin tiba, burung-burung bermigrasi ke selatan. | 他向家的方向回头看了看。Dia berbalik melihat ke arah rumah.

【动词】[Verba (kata kerja)] 朝着。Menuju, bergerak menuju. ‖ 这座房子的窗户向南。Jendela rumah ini menghadap ke selatan. | 我们一心向着希望和光明。Kita semua berharap dan mengarahkan diri menuju harapan dan cahaya. | 他一直是向着我说话的。Dia selalu berbicara mengarah kepadaku.

2 像 xiàng **seperti; mirip**

【动词】[Verba (kata kerja)] ① 有一样的地方。Memiliki kesamaan. ‖ 她长得很像我妹妹。Dia terlihat sangat mirip dengan adik perempuan saya. | 她笑得像花儿一样好看。Dia tersenyum seperti bunga yang indah. | 我们两个的手长得很像。Tangan kita berdua sangat mirip. | 月亮像一只小船。Bulan seperti perahu kecil. ② 比如。‖ 像他这样出门打工的人很多。Banyak orang yang bekerja di luar rumah seperti dia.

3 消费 xiāofèi **konsumsi**

【动词】[Verba (kata kerja)] 用钱买东西。Menggunakan uang untuk membeli barang. ‖ 这座城市的消费水平很高。Tingkat konsumsi di kota ini sangat tinggi. | 这个价格太高了，我消费不起。Harga ini terlalu tinggi, saya tidak bisa menghabiskan uang sebanyak itu. | 我们在日常生活中要合理性消费。Dalam kehidupan sehari-hari kita harus menggunakan uang secara bijaksana.

3 消失 xiāoshī **hilang; lenyap**

【动词】[Verba (kata kerja)] 原来存在的东西变得不存在了，看不到了。Benda yang ada sebelumnya menjadi tidak ada lagi, tidak bisa terlihat lagi. ‖ 他离开了我，然后慢慢消失在了大雨中。Dia meninggalkan saya dan kemudian lenyap di tengah hujan deras. | 痛苦的表情终于从她脸上消失了。Ekspresi kesedihan akhirnya menghilang dari wajahnya. | 现在很多地方语言因为使用的人越来越少，所以正在慢慢消失。Saat ini, banyak bahasa lokal sedang menghilang karena semakin sedikit orang yang menggunakannya.

3 **消息** xiāoxī **kabar; informasi; berita**

【名词】[Nomina (kata benda)] ① 关于某件事或某个人的情况;电话、短信等。Kondisi atau informasi tentang suatu hal atau seseorang; telepon, pesan singkat, dll. ‖ 老师告诉了我们一个好消息。Guru memberi kami berita yang baik. | 我手机一直没有收到你的消息。Handphone saya belum menerima pesan dari Anda. | 我想打听一些关于考试的消息。Saya ingin mencari tahu beberapa berita tentang ujian. ② 媒体上的新闻报道。Berita yang dilaporkan oleh media. ‖ 现在报道一条短消息。Sekarang ada berita singkat. | 电视里正在播放一条国际消息。Televisi sedang menyiarkan berita internasional. | 各个媒体都在报道关于世界杯的消息。Semua media melaporkan berita tentang Piala Dunia.

1 **小** xiǎo **kecil**

【形容词】[Adjektiva (kata sifat)] ① 达不到一般水平;没有别的大。Tidak mencapai tingkat umum; tidak ada yang lebih besar. ‖ 足球比篮球小。Sepak bola lebih kecil dari bola basket. | 孩子的手小小的。Tangan anak itu kecil. | 他的年纪也不小了,该结婚了。Usianya juga tidak muda lagi, harus menikah. ② 排行靠后的。Berurutan belakang. ‖ 我们家一共有三个孩子,他是我的小儿子。Ada tiga anak dalam keluarga kita, dan dia adalah anakku yang paling muda. | 我大妹妹去上学了,小妹妹在家玩玩具。Adikku sudah pergi ke sekolah, sementara adikku sedang bermain dengan mainan di rumah.

2 **小** xiǎo **panggilan**

【前缀】[Awalan] 放在姓的前面,称呼比自己小的人,表示亲切。Ditempatkan sebelum nama keluarga, menyebutkan seseorang yang lebih muda dari kita, menunjukkan kedekatan. ‖ 小王,领导叫你去办公室。Nona Wang, atasan memanggil Anda ke kantor. | 公司让小李去国外学习。Perusahaan mengirimkan Xu ke luar negeri untuk belajar. | 我和小张在同一个工厂上班。Saya dan Zhang bekerja di pabrik yang sama.

1 **小孩儿** xiǎoháir **anak kecil**

【名词】[Nomina (kata benda)] 孩子,这是一种表示亲切的用法。Anak, digunakan sebagai ungkapan yang akrab. ‖ 我喜欢这个小孩儿,她看起来很可爱。Saya suka anak kecil ini, dia terlihat sangat lucu. | 她刚生完小孩儿,现在还在家里休息。Dia baru saja melahirkan, saat ini dia masih istirahat di rumah. | 小

X

孩儿在花园里玩。Anak-anak bermain di kebun.

1 **小姐** xiǎojiě **nona**

【名词】［Nomina（kata benda）］称年轻的女孩子。Digunakan untuk menyapa gadis muda. ‖ 您好，小姐，请问您需要什么？Halo，nona，ada yang bisa saya bantu？｜刚才有一位小姐来找过您。Barusan ada seorang gadis yang mencarimu.｜王小姐，您订的东西已经送到您家了。Nona Wang，barang yang Anda pesan telah tiba di rumah Anda.

1 **小朋友** xiǎopéngyǒu **anak kecil**

【名词】［Nomina（kata benda）］小孩子。Anak kecil，anak-anak. ‖ 小朋友们好，欢迎观看我们今天的节目。Hai anak-anak，selamat datang untuk menonton acara kami hari ini.｜小朋友们快乐地在一起玩。Anak-anak bermain dengan gembira bersama-sama.｜有很多小朋友愿意和我们家孩子一起玩。Banyak anak-anak yang ingin bermain bersama anak kami.

2 **小声** xiǎoshēng **suara kecil**

【名词】［Nomina（kata benda）］很低的声音。Dengan suara kecil. ‖ 在图书馆要小声说话。Di perpustakaan，kita harus berbicara dengan suara kecil.｜他小声地和我说了一个秘密。Dia memberi tahu saya rahasia dengan suara kecil.｜他们一直在那边小声地说着什么。Mereka terus berbicara dengan suara kecil di sana.｜这里是公共场合，请你说话小点儿声。Ini adalah tempat umum，tolong berbicara dengan suara lebih kecil.

1 **小时** xiǎoshí **satuan jam**

【名词】［Nomina（kata benda）］时间单位，一小时就是六十分钟。Satu jam，satuan waktu yang sama dengan 60 menit. ‖ 一天有二十四个小时。Satu hari terdiri dari 24 jam.｜我在车站等了他两个小时。Saya menunggunya di stasiun selama dua jam.｜你一小时能写多少个字？Berapa banyak kata yang bisa kamu tulis dalam satu jam？｜我们每节课要上一个小时。Setiap pelajaran berlangsung selama satu jam.

X

2 **小时候** xiǎoshíhou **masa kecil；ketika masih kecil**

【名词】［Nomina（kata benda）］指还是孩子的时候。Waktu saat masih anak kecil. ‖ 我小时候学过汉语。Ketika saya masih kecil，saya belajar bahasa

Mandarin. | 小时候他经常一个人到河边玩。Ketika dia masih kecil, dia sering bermain sendirian di tepi sungai. | 他已经想不起来小时候的事情了。Dia sudah lupa tentang masa kecilnya.

2 小说 xiǎoshuō **novel**

【名词】［Nomina（kata benda）］一种文学作品的形式,通过讲故事表现作者的思想和社会现象。Sebuah bentuk karya sastra yang menceritakan kisah untuk mengekspresikan pikiran dan fenomena sosial penulis. ‖ 他写过很多小说。Dia telah menulis banyak novel. | 这本小说表现了中国 20 世纪 80 年代的社会现象。Novel ini mencerminkan fenomena sosial pada tahun 1980-an di Tiongkok. | 我喜欢看小说。Saya suka membaca novel. | 很多年轻人喜欢上网看小说。Banyak orang muda suka membaca novel daring.

2 小心 xiǎoxīn

【形容词】［Adjektiva（kata sifat）］做事要集中精神的。Hati-hati, berhati-hati. ‖ 过马路的是要小心一点儿。Berhati-hatilah saat menyeberang jalan. | 我不小心把他的笔弄断了。Saya secara tidak sengaja mematahkan pulpennya. | 他小心地抱着刚出生的孩子。

【动词】注意。Dia hati-hati memegang bayi yang baru lahir. ‖ 这里人太多,小心你的钱包。Berhati-hatilah dengan dompet Anda karena tempat ini ramai.

1 小学 xiǎoxué **sekolah dasar**

【名词】［Nomina（kata benda）］在中国,对六岁到十二岁的少年进行文化教育的学校。Di Tiongkok, sekolah yang memberikan pendidikan kultural bagi anak-anak usia enam hingga dua belas tahun. ‖ 我儿子今年上小学三年级。Putra saya sekarang berada di kelas tiga sekolah dasar. | 我上小学的时候发生了很多有意思的故事。Saat saya masih di sekolah dasar, banyak kisah menarik yang terjadi. | 他和我是小学同学。Dia dan saya adalah teman sekelas di sekolah dasar.

1 小学生 xiǎoxuéshēng **murid sekolah dasar**

【名词】［Nomina（kata benda）］上小学的学生。Siswa sekolah dasar. ‖ 他现在十岁,是一名小学生。Dia sekarang berusia 10 tahun dan adalah seorang siswa sekolah dasar. | 现在的小学生要完成很多作业。Siswa sekolah dasar harus menyelesaikan banyak tugas. | 马路对面走来几个小学生。Beberapa siswa sekolah dasar berjalan dari seberang jalan.

2 小组 xiǎozǔ **kelompok kecil**

【名词】［Nomina（kata benda）］由几个人组成的小的集体。Sebuah kelompok kecil yang terdiri dari beberapa orang. ‖ 我们班一共有五十个人，可以分成十个小组。Kelas kami terdiri dari 50 siswa, kami bisa dibagi menjadi sepuluh kelompok kecil. | 请大家用小组的形式讨论一下这个问题。Mari kita diskusikan masalah ini dalam bentuk kelompok. | 你们小组的组长是谁？Siapa ketua kelompok kalian? | 这个作业需要小组成员一起完成。Tugas ini harus diselesaikan bersama anggota kelompok.

2 校园 xiàoyuán **lingkungan sekolah**

【名词】［Nomina（kata benda）］组成一个学校的房子、树、路、花、草、场地等所有的东西。Semua bangunan, pohon, jalan, bunga, rumput, lapangan, dan semua hal di sekolah yang membentuk lingkungan sekolah. ‖ 我们学校的校园环境很好。Lingkungan sekolah kami sangat bagus. | 学生们在校园里快乐地学习。Para siswa belajar dengan senang di dalam lingkungan sekolah. | 我们每个人都应该保护好校园卫生环境。Kita semua harus menjaga kebersihan lingkungan sekolah.

2 校长 xiàozhǎng **kepala sekolah**

【名词】［Nomina（kata benda）］一个学校的最高领导。Kepala sekolah, kepala sekolah yang bertanggung jawab atas sebuah sekolah. ‖ 校长经常到各个班级里听课。Kepala sekolah sering mengunjungi kelas-kelas. | 活动开始前，我们学校的校长上台讲话。Sebelum acara dimulai, kepala sekolah kami memberikan pidato di panggung. | 校长正在和老师们开会。Kepala sekolah sedang rapat dengan para guru.

1 笑 xiào **tawa**

【动词】［Verba（kata kerja）］① 脸上的一种表情，表示高兴的样子。Senyum, ekspresi wajah yang menunjukkan kegembiraan. ‖ 他的表演让观众哈哈大笑。Pertunjukannya membuat penonton tertawa terbahak-bahak. | 他笑着向我走来。Dia tersenyum dan berjalan ke arah saya. | 听到这个好消息，我开心地笑了起来。Mendengar berita baik ini, saya tersenyum bahagia. ② 拿别人的短处开玩笑。Jangan mengejek orang karena berat badan mereka. ‖ 大家不要笑她读错了，要帮她改正过来。Mari bantu dia memperbaiki kesalahan, jangan mengejeknya.

2 **笑话** xiàohua **lelucon; gurauan**

【动词】[Verba (kata kerja)] 拿别人开玩笑,用语言或笑声否定别人的短处。Mengolok-olok orang lain, menggunakan kata-kata atau tawa untuk menyoroti kelemahan orang lain. ‖ 大家都笑话她读错了字。Semua orang mengolok-olok dia karena salah membaca kata. | 笑话别人长得不好看是错误的行为。Mengolok-olok penampilan seseorang adalah perilaku yang salah. | 我给大家唱个歌吧,如果不好听,你们可别笑话我。Saya akan menyanyikan sebuah lagu untuk kalian, jangan mengolok-olok saya jika tidak enak didengar.

2 **笑话儿** xiàohuar **lelucon; gurauan**

【名词】[Nomina (kata benda)] 让人觉得有意思的一段话或故事。Cerita atau anekdot yang menghibur. ‖ 他说话很有意思,他很爱讲笑话儿。Dia sangat lucu, dia suka bercerita lelucon. | 这个笑话儿把我们弄得哈哈大笑。Cerita ini membuat kita semua tertawa terbahak-bahak. | 他讲了一个笑话儿,可是没有人笑。Dia bercerita sebuah anekdot yang membuat kita semua tertawa.

3 **效果** xiàoguǒ **hasil; efek; dampak**

【名词】[Nomina (kata benda)] 某个东西或某个行为动作产生的好的结果或积极的影响。Hasil atau dampak positif dari suatu hal atau tindakan. ‖ 经常运动对身体健康起到了很好的效果。Olahraga teratur memiliki efek yang baik bagi kesehatan. | 这种药对他的病没有效果。Obat ini tidak efektif untuk penyakitnya. | 这种学习方法对我来说没什么效果。Metode belajar ini tidak efektif bagi saya.

2 **鞋** xié **sepatu**

【名词】[Nomina (kata benda)] 穿在脚上,方便走路的东西。Sepatu, alas kaki yang dipakai di kaki untuk berjalan. ‖ 他想让妈妈给他买一双新的足球鞋。Dia ingin ibunya membelikan sepatu sepak bola baru untuknya. | 公司要求我们上班穿皮鞋。Perusahaan mengharuskan kita mengenakan sepatu kulit saat bekerja. | 这双鞋对我来说太小了,我穿不上。Sepatu ini terlalu kecil untuk saya, saya tidak bisa memakainya. | 老年人都喜欢穿布鞋,因为布鞋舒服。Orang tua lebih suka memakai sepatu kain karena nyaman.

1 **写** xiě **tulis**

【动词】[Verba (kata kerja)] 把字留在纸上。Menulis, menuliskan kata-kata di

X

atas kertas. ‖ 他正在家里写作业。Dia sedang menulis tugas di rumah. | 你在纸上写下你的电话号码。Tuliskan nomor teleponmu di atas kertas. | 我不会写这个字。Saya tidak tahu cara menulis aksara ini.

3 **写作** xiězuò **karangan; tulisan**

【动词】［Verba (kata kerja)］写文章,创作文学作品,写书。Menulis artikel, menciptakan karya sastra, menulis buku. ‖ 你的汉语写作水平需要提高。Tingkat menulis bahasa Mandarin Anda perlu ditingkatkan. | 我们班每周有三节写作课。Kami memiliki tiga kelas menulis setiap minggunya. | 老师教给我们一些写作方法。Guru mengajarkan beberapa metode menulis kepada kami. | 作家的写作水平非常高。Penulis memiliki kemampuan menulis yang sangat baik.

3 **血** xiě **darah**

【名词】［Nomina (kata benda)］人或动物身体里面流动着的红色的东西。Cairan merah dalam tubuh manusia atau hewan. ‖ 他头破了,流了好多的血。Kepalanya terluka, mengeluarkan banyak darah. | 前面出了交通事故,地上都是血。Setelah kecelakaan lalu lintas di depan, darah berserakan di jalan. | 病人现在情况很危险,需要赶紧输血。Kondisi pasien saat ini sangat berbahaya, dia memerlukan transfusi darah dengan segera.

1 **谢谢** xièxie **terimakasih**

【动词】［Verba (kata kerja)］对别人的帮助表示感谢。Terima kasih, ungkapan rasa terima kasih atas bantuan orang lain. ‖ 谢谢你帮我搬东西。Terima kasih telah membantu saya membawa barang-barang. | 请给我一杯水,谢谢。Tolong berikan saya segelas air, terima kasih. | 谢谢你能来看我,我的病好多了。Terima kasih sudah datang mengunjungi saya, penyakit saya sudah semakin membaik. | 我要和所有帮助过我的人说一声谢谢。Saya ingin mengucapkan terima kasih kepada semua orang yang telah membantu saya.

1 **新** xīn **baru**

【形容词】［Adjektiva (kata sifat)］没有用过的;刚有的、刚出现的、刚体验的。Baru, belum pernah digunakan; yang baru muncul, baru ditemukan, atau baru dialami. ‖ 过春节的时候,父母都会给孩子买新衣服。Saat perayaan Tahun Baru, orang tua biasanya membelikan anak-anaknya pakaian baru. | 这个碗是新的,没人用过。Mangkuk ini masih baru, belum ada yang menggunakannya. | 我

马上要上初中了,要认识很多新同学了。Saya akan memasuki sekolah menengah sebentar lagi dan akan mengenal banyak teman baru. | 饭馆的菜单上又加了几道新菜。Restoran menambahkan beberapa hidangan baru ke dalam daftar menu mereka.

1 **新年** xīnnián **tahun baru**

【名词】[Nomina (kata benda)] 新的一年;春节;每年的一月一日。Tahun baru; perayaan Tahun Baru atau Imlek pada tanggal 1 Januari. ‖ 大家新年好! Selamat tahun baru untuk semua! | 祝你新年快乐! Selamat tahun baru untukmu! | 学校举办晚会来庆祝新年。Sekolah mengadakan pesta untuk merayakan Tahun Baru. | 新年要有新计划。Tahun baru harus ada rencana baru.

2 **新闻** xīnwén **berita**

【名词】[Nomina (kata benda)] 媒体报道的消息;最新的消息;社会上新发生的事情。Berita; informasi terbaru atau peristiwa yang terjadi dalam masyarakat. ‖ 电视台每天晚上七点开始播放新闻。Stasiun televisi menyiarkan berita setiap hari pukul 7 malam. | 你听说最近的那个新闻了吗? Apakah kamu mendengar berita terbaru belakangan ini? | 爸爸喜欢看经济新闻。Ayahku suka menonton berita ekonomi. | 他是一名社会新闻记者,负责报道社会发生的最新事件。Dia adalah seorang jurnalis berita sosial yang bertugas melaporkan peristiwa terbaru dalam masyarakat.

3 **心** xīn **jantung; hati**

【名词】[Nomina (kata benda)] ① 人身体里面重要的组成部分。Jantung; organ penting dalam tubuh manusia. ‖ 我每次跑完步,我都觉得心跳得很快。Setiap kali saya berlari, detak jantung saya cepat. | 他没有了心跳,他已经去世了。Dia tidak berdetak lagi, dia telah meninggal dunia. | 他生病了,心跳得太快,他觉得很难受。Dia sakit, detak jantungnya sangat cepat, dia merasa sangat tidak nyaman. ② 思想、感情。Pikiran, perasaan. ‖ 他这个人心好,经常去帮助别人。Dia adalah orang baik, sering membantu orang lain. | 外面很吵,我的心静不下来。Di luar bising, hati saya tidak bisa tenang. | 她就是说话不好听,但是她心不坏。| Dia berbicara kasar, tapi hatinya tidak jahat.

2 **心里** xīnlǐ **dalam hati**

【名词】[Nomina (kata benda)] 思想里面,想法里面,头脑中。Pikiran; dalam

pikiran; dalam benak. ‖ 他什么也不说，我也不知道他心里是怎么想的。Dia tidak mengatakan apa-apa, saya tidak tahu apa yang dipikirkannya. | 我有一些心里话想告诉你。Saya memiliki beberapa hal yang ingin saya katakan dalam hati. | 老师教我们的道理我一直记在心里。Guru mengajarkan kami pelajaran yang selalu saya ingat dalam hati. | 我心里觉得有点乱，我想一个人安静安静。Saya merasa agak kacau dalam hati, saya ingin sendiri sejenak.

2 心情 xīnqíng **suasana hati**

【名词】［Nomina (kata benda)］内心的感情情况。Perasaan dalam hati; suasana hati. ‖ 他笑着走进办公室，看来他今天的心情很好。Dia masuk kantor dengan tersenyum, sepertinya dia memiliki suasana hati yang baik hari ini. | 她的奶奶去世了，她最近心情不好。Neneknya meninggal, dia merasa tidak baik akhir-akhir ini. | 希望你每天都有好心情。Semoga Anda memiliki suasana hati yang baik setiap hari. | 天气不好的时候，我的心情也容易不好。Ketika cuaca buruk, suasana hati saya juga cenderung buruk.

2 心中 xīnzhōng **dalam hati**

【名词】［Nomina (kata benda)］心里。Dalam hati; dalam pikiran. ‖ 他心中一直有一个忘不了的人。Dia selalu memiliki seseorang dalam hatinya yang tak bisa dilupakan. | 我心中最美的地方是我的家乡。Tempat terindah di hati saya adalah kampung halaman saya. | 他把老师的话时刻记在心中。Dia selalu mengingat kata-kata guru dalam hatinya. | 我心中好像有一团火，我感觉自己充满力量。Saya merasa ada semangat dalam hati saya, merasa penuh dengan kekuatan.

2 信 xìn **surat**

【名词】［Nomina (kata benda)］写在纸上给对方看的消息或话。Surat; pesan tertulis untuk seseorang. ‖ 他经常写信给我。Dia sering menulis surat untuk saya. | 门口有一封信，不知道是给谁的。Di pintu ada sebuah surat, saya tidak tahu untuk siapa surat itu. | 他在信里写了自己最近的生活。Dalam suratnya, dia menulis tentang kehidupannya yang terbaru. | 他需要一封介绍信才能找到工作。Dia membutuhkan surat pengantar untuk mencari pekerjaan.

3 信 xìn **percaya**

【动词】［Verba (kata kerja)］相信，认为对方说的是真的。Percaya;

mempercayai apa yang dikatakan orang lain. ‖ 没有人信他说的话。Tidak ada yang percaya pada perkataannya. | 我信不过别人，还能信不过你吗？Saya tidak bisa mempercayai orang lain, apakah saya juga tidak bisa mempercayai Anda? | 说了你也不信，那我就不说了。Jika Anda tidak percaya dengan apa yang saya katakan, maka saya tidak akan mengatakannya. | 他人很老实，别人说什么他都信。Dia orang jujur, percaya dengan apa yang dikatakan orang lain.

3 信封 xìnfēng **amplop surat**

【名词】［Nomina（kata benda）］用来装信的东西。Sampul surat; bungkus untuk menyimpan surat. ‖ 不知道是谁的信，信封上也没有写名字。Tidak tahu surat untuk siapa, juga tidak ada nama di sampul suratnya. | 信封上一定要写好收信的人的信息。Pastikan untuk menulis informasi penerima di atas sampul surat. | 他拿了一个大信封给我，里面装了很多钱。Dia memberikan sebuah amplop besar untuk saya, isinya ada banyak uang.

2 信号 xìnhào **sinyal; isyarat**

【名词】［Nomina（kata benda）］用光、声音或动作等传达的消息。Sinyal; pesan yang dikirim melalui cahaya, suara, atau gerakan. ‖ 过马路要注意看交通信号灯。Saat menyeberang jalan, perhatikan lampu lalu lintas. | 我手机忽然没有信号了，发不出去信息了。Handphone saya tiba-tiba tidak ada sinyal, tidak bisa mengirim pesan. | 总想睡觉可能是身体健康有问题的信号。Merasa kantuk mungkin menjadi tanda bahwa ada masalah kesehatan.

3 信任 xìnrèn **kepercayaan**

【动词】［Verba（kata kerja）］相信，相信对方并且愿意把事情交给对方做。Mempercayai; percaya kepada seseorang dan memberikan tanggung jawab untuk melakukan sesuatu. ‖ 我们是很多年的老朋友，互相很信任。Kita adalah teman lama yang saling percaya. | 他通过自己的努力得到了同事们的信任。Dia mendapatkan kepercayaan rekan-rekannya karena usahanya sendiri. | 从上次合作失败以后，我们就再也不信任那家公司了。Setelah kegagalan kerja sama sebelumnya, kita tidak mempercayai perusahaan tersebut lagi.

2 信息 xìnxī **informasi**

【名词】［Nomina（kata benda）］消息，信，相关的情况。Informasi; pesan atau hal terkait. ‖ 我开会不能接电话，只能给你发个信息了。Saya tidak bisa mengangkat telepon saat rapat, hanya bisa mengirim pesan. | 现在是信息化时代，我们可以在网上找到各种各样的信息。Saat ini adalah era informasi, kita bisa menemukan berbagai macam informasi di internet. | 警察已经有了事件相关的信息。Polisi telah mendapatkan informasi yang berkaitan dengan peristiwa ini. | 他大学是学信息技术的。Dia kuliah untuk belajar tentang teknologi informasi.

2 信心 xìnxīn **percaya diri**

【名词】［Nomina（kata benda）］相信自己能够成功做成事情的想法。Keyakinan; keyakinan akan kemampuan untuk mencapai sesuatu. ‖ 我对这次比赛结果很有信心，我肯定能拿第一名。Saya yakin saya akan meraih juara dalam kompetisi ini. | 你有没有信心考出好成绩？Apakah Anda memiliki keyakinan untuk mencapai nilai bagus dalam ujian? | 他对自己以后的生活充满信心。Dia penuh keyakinan akan kehidupan masa depannya.

2 信用卡 xìnyòngkǎ **kartu kredit**

【名词】［Nomina（kata benda）］银行发给个人或单位的一种卡，可以用来存钱、取钱，可以用来消费，可以用来借钱消费。Kartu kredit; kartu yang diberikan oleh bank kepada individu atau perusahaan, digunakan untuk menyimpan uang, menarik uang, berbelanja, atau melakukan pembelian dengan sistem kredit. ‖ 买汽车可以先用信用卡，以后再慢慢还钱。Untuk membeli mobil, Anda bisa menggunakan kartu kredit terlebih dahulu, kemudian membayar secara bertahap. | 他每个月工资太少，他想去银行办一张信用卡。Setiap bulan gajinya terlalu sedikit, dia ingin mengajukan kartu kredit di bank. | 没有工作的人不能办信用卡。Orang yang tidak bekerja tidak bisa mengajukan kartu kredit.

1 星期 xīngqī **minggu; pekan**

【名词】［Nomina（kata benda）］时间的计算单位，从星期一到星期日的七天时间为一个星期。Satu minggu; satuan waktu dari hari Senin hingga hari Minggu, yaitu tujuh hari. ‖ 我要去北京的大学学习一个星期。Saya akan pergi belajar di universitas di Beijing selama satu minggu. | 他这一个星期都在家休息，因为他生病了。Dia beristirahat di rumah selama satu minggu karena sakit. | 一个月有四个星期。Satu bulan memiliki empat minggu. | 我一个星期有五天的工作日。Saya bekerja lima hari dalam satu minggu.

1 **星期日** xīngqīrì **hari Minggu**

【名词】[Nomina（kata benda）] 中国人认为一个星期的最后一天。Hari Minggu；dianggap sebagai hari terakhir dalam satu minggu oleh orang Tionghoa. ‖ 今天星期六，明天星期日。Hari ini hari Sabtu，besok adalah hari Minggu. | 我一般星期日休息。Biasanya saya beristirahat pada hari Minggu. | 时间过得真快，一下子又到星期日了，一个星期要过完了。Waktu berlalu begitu cepat，tiba-tiba sudah hari Minggu，satu minggu telah berlalu.

1 **星期天** xīngqītiān **hari Minggu**

【名词】[Nomina（kata benda）] 星期日。Hari Minggu. ‖ 星期天上午我们有考试。Kami akan memiliki ujian pada hari Minggu pagi. | 我们约好星期天一起去爬山。Kami sudah berjanji untuk mendaki bersama pada hari Minggu. | 我星期天早上起床起得很晚。Saya bangun agak terlambat pada hari Minggu pagi. | 星期天上午你有空吗？Apakah kamu punya waktu pada hari Minggu pagi？

2 **星星** xīngxing **bintang**

【名词】[Nomina（kata benda）] 晚上在天空中除了月亮以外的东西。Bintang；obyek di langit malam selain bulan. ‖ 今天晚上天上有很多星星。Malam ini langit memiliki banyak bintang. | 你能数得清天上有多少个星星吗？Bisakah kamu menghitung berapa banyak bintang di langit？| 天上的星星看起来特别亮。Bintang-bintang di langit terlihat sangat terang. | 他很喜欢看星星。Dia sangat suka melihat bintang.

1 **行** xíng **boleh；baik**

【动词】[Verba（kata kerja）] 可以。Boleh；izin. ‖ 我想借你的笔用一下，行不行？Bolehkah saya meminjam bolpoin milikmu sebentar？| 这件事不着急，过几天再办也行。Tidak ada urgensi untuk melakukan ini，bisa ditunda beberapa hari lagi. | 我想请假，可老师说不行。Saya ingin mengajukan izin，tapi guru berkata tidak boleh.

【形容词】[Adjektiva（kata sifat）] 有本事的，有能力的。Mampu；berdaya；berkemampuan. ‖ 我觉得这事你一定行，肯定能成功的。Saya yakin kamu pasti bisa berhasil dalam hal ini. | 你都生病了，一个人生活怎么行？Kamu sudah sakit，bagaimana mungkin hidup sendiri？| 这件事我一个人就行，你不用来帮忙。Saya bisa mengurus ini sendiri，Anda tidak perlu membantu.

2 行动 xíngdòng **tindakan**

【动词】[Verba (kata kerja)] 活动,做动作,为了达到目的采用某种方法。Tindakan; bergerak; menggunakan metode tertentu untuk mencapai tujuan. ‖ 他的腿受伤了,现在不方便行动。Kakinya terluka, sekarang tidak nyaman untuk bergerak. | 事情都安排好了,我们什么时候行动? Semua sudah direncanakan, kapan kita akan mulai bertindak? | 为了得到好的成绩,你必须积极行动起来。Untuk mencapai hasil yang bagus, Anda harus bergerak dengan aktif.

【名词】[Nomina (kata benda)] 为了达到目的进行的活动。Tindakan untuk mencapai tujuan. ‖ 这次行动由一名老警察负责领导。Tanggung jawab tindakan kali ini dipimpin oleh polisi. | 这是一次有组织有计划的行动。Kali ini adalah tindakan yang direncanakan dan diorganisir. | 为了这次比赛的胜利,我们提前采取了很多行动。Demi kemenangan kompetisi kali ini, kami mengambil serangkaian tindakan lebih awal.

3 行李 xínglǐ **bagasi; koper**

【名词】[Nomina (kata benda)] 出门或搬家的时候带的大一点的包,一般包括衣服、鞋子等。Tas yang dibawa saat bepergian atau pindah rumah, biasanya berisi baju, sepatu, dll. ‖ 我想去北京旅游,我要准备哪些行李? Aku ingin bertamasya ke Beijing, koper yang mana yang harus aku siapkan? | 他的行李很重,需要别人帮他一起拿。Kopernya berat sekali. Perlu bantuan orang lain untuk mengangkatnya. | 只不过出来两天,你怎么带这么多行李? Kan hanya dua hari, kenapa kamu bawa koper sebanyak ini? | 我把行李都放在车上了。Semua kopernya sudah kumasukkan ke dalam mobil.

2 行人 xíngrén **pejalan kaki**

【名词】[Nomina (kata benda)] 在马路上走的人。Pejalan kaki; orang yang berjalan di jalan. ‖ 今天过节,路上有很多行人,车也很多。Hari ini ada banyak pejalan kaki di jalan karena ada banyak kendaraan juga. | 开车时要注意路口的行人。Ketika mengemudi, perhatikan pejalan kaki di persimpangan jalan. | 虽然已经是晚上了,城里马路上的行人还是很多。Meskipun sudah malam, masih banyak pejalan kaki di jalan raya di kota.

2 行为 xíngwéi **tindakan**

【名词】[Nomina (kata benda)] 在思想或感情的影响下做出的动作。

Tindakan; tindakan yang diambil di bawah pengaruh pikiran atau perasaan. ‖ 笑话别人的短处是不好的行为。Mengolok-olok kekurangan orang lain adalah perilaku yang tidak baik. | 每个人都要为自己的行为负责。Setiap orang harus bertanggung jawab atas tindakannya sendiri. | 每个学校有专门的学生行为规范。Setiap sekolah memiliki aturan perilaku siswa yang khusus. | 在人多的地方跑来跑去是危险的行为。Berlari kesana-kemari di tempat ramai adalah perilaku berbahaya.

3 **形成** xíngchéng **terbentuk menjadi**

【动词】[Verba (kata kerja)] 经过一段时间和发展成为某种样子或出现某种状态。Menjadi sesuatu setelah melalui periode waktu dan perkembangan. ‖ 他总是喜欢在吃饭前喝一杯水,现在这已经形成习惯了。Dia selalu suka minum segelas air sebelum makan, sekarang ini sudah menjadi kebiasaannya. | 这里的景色是经过几千年才形成的。Pemandangan di sini terbentuk setelah ribuan tahun. | 经过多年的努力,我们公司才形成现在的管理制度。Setelah bertahun-tahun usaha, perusahaan kami baru memiliki sistem manajemen seperti sekarang.

3 **形式** xíngshì **bentuk**

【名词】[Nomina (kata benda)] 东西外面的样子;事情或行动的表现方式等。Tampilan luar sesuatu; cara atau bentuk pementasan tindakan atau kegiatan. ‖ 我们的作业有手写形式和话剧表演形式两种。Tugas kami memiliki dua bentuk, yaitu tulisan tangan dan pementasan drama. | 请大家用小组的形式讨论一下问题。Tolong diskusikan masalah ini dalam bentuk kelompok. | 这是一种特别的艺术表演形式。Ini adalah bentuk pementasan seni yang khusus. | 这部电影的表现形式很特别。Cara pementasan film ini sangat khas.

3 **形象** xíngxiàng **citra**

【名词】[Nomina (kata benda)] 人从内到外的样子,文学作品或艺术作品的表现形式。Tampilan luar seseorang dari dalam ke luar; representasi dalam karya sastra atau seni. ‖ 她总是穿很贵的衣服,给人一种很有钱的形象。Dia selalu mengenakan pakaian mahal, memberikan kesan dia memiliki uang banyak. | 他认真工作的形象让人十分感动。Citra kerjanya yang sungguh-sungguh membuat orang terkesan. | 这里是公共场合,你穿衣服要注意点自己的形象。Ini adalah tempat umum, Anda harus berpakaian dengan menjaga citra diri. | 在这部小说中,作者创造了一个生动的农村女性的形象。Dalam novel ini, sang penulis menciptakan citra seorang wanita pedesaan yang hidup.

【形容词】[Adjektiva (kata sifat)] 具体的,生动的。Konkret; hidup. ‖ 他生动形象地给我们讲了他在国外发生的事。Dia dengan hidup dan jelas menjelaskan hal-hal yang telah dialami di luar negeri. | 他举的例子很形象。Dia memberikan contoh-contoh yang hidup. | 他用文字形象地表现出 80 年代的农村生活情况。Dia dengan hidup melukiskan kondisi kehidupan di pedesaan tahun 80-an.

3 形状 xíngzhuàng **bentuk**

【名词】[Nomina (kata benda)] 东西外面的样子或状态。Bentuk atau keadaan dari luar sesuatu. ‖ 你丢的东西是什么形状的? Bagaimana bentuk barang yang kamu hilangkan? | 这个杯子的形状很奇怪。Bentuk cangkir ini sangat aneh. | 地球的形状是圆的。Bentuk bumi adalah bulat. | 你觉得这座大楼像什么形状? Menurutmu gedung ini seperti apa bentuknya?

3 幸福 xìngfú **bahadia**

【形容词】[Adjektiva (kata sifat)] 感觉快乐的,感觉让人满足的。Merasa bahagia, merasa puas. ‖ 他们结婚以后,一直幸福地生活在一起。Mereka telah hidup bahagia bersama setelah menikah. | 我和他在一起感觉到非常幸福。Saya merasa sangat bahagia ketika bersamanya. | 他们是幸福的一家人。Mereka adalah keluarga yang bahagia. | 我们现在的幸福生活是通过很多努力创造的。Kehidupan bahagia kami saat ini adalah hasil dari banyak usaha.

【名词】[Nomina (kata benda)] 让人感觉到快乐和满足的事情或状况等。Hal atau situasi yang membuat seseorang merasa bahagia dan puas. ‖ 我们要通过自己的努力去创造生活中的幸福。Kami harus berusaha menciptakan kebahagiaan dalam kehidupan kita sendiri. | 在国外生活的日子里,我得到了很多幸福。Selama tinggal di luar negeri, saya merasakan banyak kebahagiaan. | 只有社会经济得到发展,我们才有机会实现个人的幸福。Hanya dengan perkembangan sosial dan ekonomi, kita memiliki kesempatan untuk mencapai kebahagiaan pribadi.

3 幸运 xìngyùn **beruntung**

【形容词】[Adjektiva (kata sifat)] 有好事发生的,有好机会的,命运好的。Memiliki hal-hal yang baik terjadi, memiliki kesempatan yang baik, nasib yang baik. ‖ 能得到这样的好工作,我真幸运。Saya sangat beruntung bisa mendapatkan pekerjaan bagus seperti ini. | 他一直是一个幸运的人,总是能很容易

地解决麻烦。Dia selalu menjadi orang yang beruntung, selalu bisa dengan mudah mengatasi kesulitan. | 能认识你这样的朋友,我真幸运。Saya merasa beruntung bisa bertemu teman sepertimu.

3 **性** xìng **akhiran**

【后缀】[Akhiran] 放在一些词后面,表示具有这样的特点、范围或者特征等等,比如"积极性"。Digunakan setelah beberapa kata untuk menunjukkan karakteristik, cakupan, atau sifat tertentu, seperti "积极性" (ji jí xìng - sifat proaktif). ‖ 这份计划有一定的合理性。Rencana ini memiliki kesesuaian tertentu. | 这是一所国际性的学校,里面有全球各个国家的学生。Ini adalah sekolah dengan cakupan internasional, dengan siswa dari berbagai negara. | 他在工作上表现出很大的积极性。Dia menunjukkan motivasi yang kuat dalam pekerjaan.

3 **性别** xìngbié **jenis kelamin**

【名词】[Nomina (kata benda)] 指男性和女性的区别。Perbedaan antara pria dan wanita. ‖ 请在表格中填好你的个人信息,包括你的名字、年龄、性别等。Tolong tuliskan informasi pribadi Anda di formulir, termasuk nama, umur, dan jenis kelamin. | 不同的性别也会影响对同一件事的看法。Perbedaan gender juga dapat mempengaruhi cara pandang terhadap hal yang sama. | 有的工作对性别有特别的要求。Beberapa pekerjaan memiliki persyaratan khusus terkait dengan jenis kelamin.

3 **性格** xìnggé **karakter; sifat; tabiat**

【名词】[Nomina (kata benda)] 一个人的行动和态度表现出来的个性特征。Sifat-sifat pribadi yang ditunjukkan oleh perilaku dan sikap seseorang. ‖ 她是一个性格非常坚强的女生。Dia adalah seorang gadis dengan karakter yang sangat kuat. | 每个人的性格都不一样。Setiap orang memiliki karakter yang berbeda. | 她的性格不错,我们都喜欢和她交朋友。Karakternya bagus, kita semua suka berteman dengannya. | 这个人的性格怎么样?他爱生气吗?Bagaimana sifat orang itu? Apakah dia mudah marah?

2 **姓** xìng **marga**

【名词】[Nomina (kata benda)] 名字前的第一个字或前两个字是中国人的姓,用来区别家庭关系的字。Karakter pertama atau dua karakter di depan nama seseorang, digunakan untuk membedakan hubungan keluarga. ‖ 我们两个人的姓一样。Nama belakang kita berdua sama. | 中国人的姓在名字的前面。Marga orang Tiongkok ditempatkan di depan nama. | 中国的姓有很多,常见的姓有王、张、李。Marga Tiongkok memiliki banyak, nama-nama belakang umum meliputi Wang, Zhang, dan Li.

【动词】[Verba (kata kerja)] 用某个字作为自己的姓,自己的姓是。Menggunakan karakter tertentu sebagai nama belakang seseorang, nama belakang seseorang adalah. ‖ 我姓张,你姓什么? Nama belakang saya adalah Zhang, bagaimana denganmu? | 中国人大部分都和自己父亲姓,也有一部分和母亲姓。Sebagian besar orang Tionghoa menggunakan nama belakang ayah, tetapi ada juga beberapa yang menggunakan nama belakang ibu. | 我们都姓李,但我们不是一家人。Kita semua memiliki nama belakang Li, tapi kita bukan satu keluarga.

2 姓名 xìngmíng **nama**

【名词】[Nomina (kata benda)] 一个人的名字,姓和名的组合。Nama seseorang, kombinasi dari nama belakang dan nama depan. ‖ 请在表格的上方写好自己的姓名。Tolong tuliskan nama lengkap Anda di bagian atas formulir. | 有一些人的姓名是一样的。Beberapa orang memiliki nama yang sama. | 请说一下你的姓名,介绍一下自己的基本情况。Tolong sebutkan nama lengkap Anda dan perkenalkan diri dengan informasi dasar Anda.

2 休假 xiū//jià **cuti**

【动词】[Verba (kata kerja)] 在假期里休息,为了某件事请假休息。Beristirahat selama liburan, mengambil cuti untuk sesuatu. ‖ 我两个月才休了一次假。Saya beristirahat hanya sekali selama dua bulan. | 他想回家看看父母,所以他想休假一个星期。Dia ingin pulang untuk melihat orangtuanya, jadi dia ingin beristirahat selama satu minggu. | 国庆我们可以休假七天。Pada perayaan nasional, kita bisa beristirahat selama tujuh hari. | 在休假的这段时间,我去国外旅游了。Selama liburan ini, saya pergi berwisata ke luar negeri.

1 休息 xiūxī **istirahat; rehat**

【动词】[Verba (kata kerja)] 为了调整好身体状况,停止工作或学习等;有时候也指睡觉;一段时间不工作或不学习。Untuk menyesuaikan kondisi tubuh dengan berhenti bekerja atau belajar; terkadang juga merujuk tidur; tidak bekerja atau belajar untuk periode waktu tertentu. ‖ 你这个月能休息几天? Berapa hari kamu bisa beristirahat bulan ini? | 我有点累了,我想坐下来休息一会儿。Saya agak lelah, saya ingin duduk dan beristirahat sebentar. | 我星期天休息,我们一起出去玩吧。Saya beristirahat pada hari Minggu, mari kita pergi bersama-sama. | 他生病了,这几天都在家休息。Dia sakit, jadi dia beristirahat di rumah beberapa hari.

3 **修** xiū **memperbaiki**

【动词】[Verba (kata kerja)] 把不能用了的东西变得可以重新使用。Memperbaiki sesuatu yang tidak dapat digunakan menjadi dapat digunakan kembali. ‖ 我们家电视忽然坏了,需要找人来修一下。Televisi kami rusak tiba-tiba, kami perlu memanggil seseorang untuk memperbaikinya. | 爸爸修好了我的玩具。Ayah memperbaiki mainan saya.

3 **修改** xiūgǎi **revisi**

【动词】把错误的地方改过来。Memperbaiki kesalahan. ‖ 你的文章还需要再修改修改,特别注意有的字写错了。Artikel Anda perlu direvisi lagi, khususnya perhatikan beberapa kata yang salah. | 我写的作文已经修改了三次了。Saya telah merevisi esai saya tiga kali. | 现在的规定已经不适合目前的情况了,需要修改一下。Peraturan saat ini sudah tidak sesuai dengan situasi saat ini, perlu direvisi.

3 **需求** xūqiú **keinginan; tuntutan; persyaratan**

【名词】[Nomina (kata benda)] 在某个方面的要求。Tuntutan dalam bidang tertentu. ‖ 现代社会的文化发展不能满足人们不断增长的精神需求。Perkembangan budaya di masyarakat modern tidak dapat memenuhi kebutuhan spiritual yang terus berkembang. | 公司调查了市场需求,根据调查需求设计了这个产品。Perusahaan telah melakukan survei atas permintaan pasar, dan merancang produk ini berdasarkan permintaan tersebut. | 你生活方面有什么需求都可以告诉我,我帮你解决。Jika Anda memiliki kebutuhan apa pun dalam hidup, Anda bisa menghubungi saya kapan saja, saya akan membantu Anda menyelesaikannya.

3 **需要** xūyào **perlu**

【动词】[Verba (kata kerja)] 要,应该有,要求有。Memerlukan, harus memiliki, menuntut. ‖ 请问您需要我帮您做什么?Apa yang Anda butuhkan saya bantu? | 他还需要更多的信心。Dia masih membutuhkan lebih banyak kepercayaan diri. | 想要学好汉语需要很多时间和努力。Ingin belajar bahasa Mandarin dengan baik memerlukan banyak waktu dan usaha. | 这件事我一个人就能办,不需要别人帮忙。Saya dapat menangani ini sendiri, tidak memerlukan bantuan orang lain.

【名词】[Nomina (kata benda)] 做某件事情要求应该有的东西或条件。Hal atau kondisi yang diperlukan untuk melakukan sesuatu. ‖ 您如果有什么需求,可以随时联系我。Jika Anda memiliki kebutuhan apa pun, Anda bisa menghubungi saya kapan saja. | 他现在的工资只能满足基本的生活需要。Gajinya saat ini hanya cukup memenuhi kebutuhan dasar dalam hidup. | 区里非常重视在老百姓基本的生活需要中出现的问题。Pemerintah sangat peduli dengan masalah-masalah yang muncul dalam kebutuhan dasar masyarakat.

2 许多 xǔduō **banyak**

【数词】[Numeralia (kata bilangan)] 数量多的,很多的。Banyak, sangat banyak. ‖ 她买了许多新衣服,穿都穿不完。Dia membeli banyak pakaian baru, tetapi tidak bisa semuanya dipakai. | 我今天还有许多工作没有做完。Saya masih memiliki banyak pekerjaan yang belum selesai hari ini. | 许多学生都喜欢在网上玩游戏。Banyak siswa yang menyukai bermain game online. | 我这段时间旅游,吃到了许多美食。Selama perjalanan saya, saya mencicipi banyak hidangan lezat.

3 宣布 xuānbù **mengumumkan**

【动词】[Verba (kata kerja)] 公开地通知重要的消息。Mengumumkan secara terbuka berita penting. ‖ 他向我们宣布下个月他要结婚了。Dia mengumumkan bahwa dia akan menikah bulan depan kepada kami. | 老师马上要宣布这次考试的成绩了。Guru akan segera mengumumkan hasil ujian ini. | 我宣布公司正式成立。Saya mengumumkan bahwa perusahaan kami telah resmi didirikan.

3 宣传 xuānchuán **menyebarkan**

【动词】[Verba (kata kerja)] 把信息传播出去,让别人知道或者让别人相信。Menyebarkan informasi, membuat orang tahu atau percaya. ‖ 这次活动要好好宣传一下,让更多的人知道。Kegiatan ini perlu diumumkan dengan baik agar lebih banyak orang tahu. | 他到处宣传自己做的好事。Dia menyebarkan perbuatannya yang baik ke mana-mana. | 我们要做好环保文化宣传活动。Kami

perlu meningkatkan lagi kegiatan promosi budaya lingkungan.
【名词】[Nomina (kata benda)] 让人知道的说明、方式、解释。Penjelasan, cara, atau interpretasi yang membuat orang tahu. ‖ 我负责这次活动的宣传工作。Saya bertanggung jawab atas kegiatan promosi ini. | 这方面的宣传还需要进一步加强。Penyebaran informasi dalam hal ini perlu ditingkatkan lebih lanjut. | 有些广告宣传都不是真的。Beberapa iklan promosi tidak selalu benar.

2 **选** xuǎn **memilih**

【动词】[Verba (kata kerja)] ① 在一定范围中确定出合适的一个或几个。Menentukan yang sesuai dari dalam suatu jangkauan. ‖ 这么多种菜,我不知道选哪一种买比较好。Ada begitu banyak hidangan, saya tidak tahu harus memilih yang mana yang sebaiknya dibeli. | 我们下周去旅游吧,你来选个地方。Minggu depan kita akan berlibur, pilihlah lokasi. | 这件衣服真漂亮,是你自己选的吗? Pakaian ini sangat cantik, apakah kamu memilihnya sendiri? ② 通过某种方式确定领导或代表。Melalui metode tertentu, menentukan pemimpin atau wakil. ‖ 他是我们共同选出来的班长。Dia adalah ketua kelas yang kami pilih bersama-sama. | 大家都选我作为这次发言的代表。Semua orang memilih saya sebagai perwakilan untuk pidato ini. | 谁想选组长,可以举手表示。Siapa yang ingin menjadi ketua kelompok, angkat tangan.

3 **选手** xuǎnshǒu **peserta**

【名词】[Nomina (kata benda)] 选出来参加比赛的人。Peserta yang dipilih untuk berkompetisi. ‖ 比赛开始时,还有一名选手没有到。Ketika kompetisi dimulai, masih ada satu peserta yang belum datang. | 现在公布参加比赛的选手名单。Daftar peserta yang akan berpartisipasi dalam kompetisi telah diumumkan. | 他是这次比赛中实力最强的选手。Dia adalah peserta yang paling kuat dalam kompetisi ini.

1 **学** xué **belajar**

【动词】[Verba (kata kerja)] ① 得到新的知识或技术。Memperoleh pengetahuan atau keterampilan baru. ‖ 妈妈让我去学汉语。Ibu meminta saya untuk belajar bahasa Mandarin. | 他学过武术。Dia pernah belajar seni bela diri. | 我们来学校不仅要学知识,也要学做人的道理。Saya belum pernah belajar teknologi ini sebelumnya. ② 照着别人的样子做或说。Imitasi perilaku orang lain ‖ 他总是学别人说话。Dia selalu meniru cara bicara orang lain. | 他学着爸爸的样

子试着修电脑。Dia mencoba memperbaiki komputer dengan cara meniru ayahnya. | 妹妹学我走路。Adik perempuan meniru cara berjalan saya.

3 **学费** xuéfèi **biaya belajar**

【名词】[Nomina (kata benda)] 学习的费用,按规定交给学习或教学单位的费用。Biaya belajar, biaya yang harus dibayar kepada lembaga pendidikan atau pengajaran sesuai peraturan. ‖ 你一年的学费是多少钱? Berapa biaya belajar Anda setiap tahun? | 学校要求我们在开学的时候交学费。Sekolah mengharuskan kami membayar biaya belajar pada saat pembukaan sekolah. | 他在外面参加了篮球培训班,学费非常贵。Biaya belajar dalam kelas basket di luar sangat mahal.

2 **学期** xuéqī **periode belajar**

【名词】[Nomina (kata benda)] 一个学习的阶段,一年可以分为两个学期。Tahap belajar, satu tahun dapat dibagi menjadi dua semester. ‖ 在中国,一年可以分为两个学期。Di Tiongkok, satu tahun dapat dibagi menjadi dua semester. | 他是上学期才转来的新学生。Dia baru pindah ke sekolah kita pada semester sebelumnya. | 这学期一共有十八周的学习时间。Semester ini memiliki total 18 minggu waktu belajar. | 在每学期最后的一周,学校会安排学生考试。Pada minggu terakhir setiap semester, sekolah akan mengatur ujian untuk siswa.

1 **学生** xuéshēng **pelajar; murid; siswa**

【名词】[Nomina (kata benda)] 参加学习的人。Seseorang yang belajar. ‖ 他现在还是学生,没有工资。Dia masih seorang siswa, dia belum mendapatkan gaji. | 学生应该好好学习,认真完成学习任务。Para siswa harus belajar dengan baik dan menyelesaikan tugas-tugas belajar dengan serius. | 这个学校每年都会教育出很多优秀的学生。Sekolah ini setiap tahun menghasilkan banyak siswa yang sangat baik. | 你们班有多少学生? Berapa banyak siswa di kelas kamu?

1 **学习** xuéxí **belajar**

【动词】[Verba (kata kerja)] 通过各种方法得到知识或技术。Memperoleh pengetahuan atau keterampilan melalui berbagai metode. ‖ 他学习汉语已经三年了。Dia telah belajar bahasa Mandarin selama tiga tahun. | 他一直是班里最认真学习的学生。Dia selalu menjadi siswa yang belajar paling tekun di kelas. | 每个人都有自己的优点,我们应该互相学习。Setiap orang memiliki kelebihan masing-masing, kita harus saling belajar satu sama lain.

1 **学校** xuéxiào　**sekolah**

【名词】［Nomina（kata benda）］让学生接受教育，学习知识的场所、教育单位。Tempat siswa menerima pendidikan dan belajar pengetahuan, unit pendidikan. ‖ 你在哪个学校上学？Di sekolah mana kamu belajar？｜他是这所学校的校长。Dia adalah kepala sekolah di sekolah ini. ｜ 这所学校新建了一座教学楼。Sekolah ini baru saja membangun gedung kuliah baru.｜我在学校里工作，我是一名汉语老师。Saya bekerja di sekolah, saya adalah seorang guru bahasa Mandarin.

1 **学院** xuéyuàn　**kampus；fakultas**

【名词】［Nomina（kata benda）］大学；一个大学中以一个学科为主的教育单位。Universitas; unit pendidikan di universitas yang berfokus pada satu subjek. ‖ 我是中文学院的，你是哪个学院的？Saya adalah mahasiswa dari Fakultas Bahasa Mandarin, kamu dari fakultas mana？｜外语学院总是举办很多语言比赛。Fakultas Bahasa Asing selalu mengadakan banyak kompetisi bahasa.｜我们大学一共有八个学院。Kami memiliki total 8 fakultas di universitas kita.

2 **雪** xuě　**salju**

【名词】［Nomina（kata benda）］冬天会从天上下来的白色的，很小的东西。Benda kecil berwarna putih yang turun dari langit selama musim dingin. ‖ 中国的南方冬天不会下雪。Bagian selatan Tiongkok tidak akan turun salju selama musim dingin.｜明天有大雪，出门要注意安全。Besok akan turun salju besar, hati-hati saat keluar.｜太阳一出来，雪就消失了。Ketika matahari muncul, salju mulai mencair.｜昨天下了很大的雪，今天孩子们在雪地里快乐地玩耍。Kemarin ada salju besar, anak-anak senang bermain di tumpukan salju.

3 **训练** xùnliàn　**berlatih**

【动词】［Verba（kata kerja）］为了达到某个目的或标准，通过某种方法进行练习、学习，使具有或提高能力或技术。Latihan atau belajar sesuatu dengan metode tertentu untuk mencapai tujuan atau standar tertentu, sehingga memiliki atau meningkatkan kemampuan atau keterampilan. ‖ 他每天下午都要去篮球队训练篮球技术。Dia berlatih keterampilan bola basket setiap sore di tim basket.｜他平常训练很认真。Dia sangat serius dalam berlatih.｜我为了得到好的成绩，我训练了很多次自己的听力能力。Saya melatih kemampuan mendengar saya banyak kali untuk mendapatkan nilai bagus.

X

【名词】[Nomina (kata benda)] 为了达到某个目的或标准,使具有或提高能力或技术的活动。Kegiatan untuk mencapai tujuan atau standar tertentu dan memiliki atau meningkatkan kemampuan atau keterampilan. ‖ 我们学校给学生安排了理论课和训练课两种课程。Sekolah kami mengatur kursus teori dan kursus latihan dua jenis. | 你参加过语言训练的课程吗? Pernahkah Anda mengikuti kursus latihan bahasa? | 教材后面有一些听力训练的练习。Ada latihan mendengar yang harus diselesaikan di bagian belakang buku teks.

Y

3 压 yā **menekan**

【动词】［Verba（kata kerja）］① 从上面对东西向下用力，使东西不能动或改变形状。Menekan sesuatu dari atas untuk membuatnya tidak bergerak atau mengubah bentuknya. ‖ 忽然吹来一阵大风，为了不让文件被吹走，我赶紧用手压着。Tiba-tiba angin kencang bertiup, saya segera menekan dokumen agar tidak terbang. | 他不小心把架子压断了。Dia tidak sengaja mematahkan rak tersebut. | 车底下压着一根木头。Ada sebatang kayu yang tertekan di bawah mobil. ② 放着不管，放着不处理。Tidak memperhatikan atau menangani. ‖ 这件事压了很久，一直没有人来解决。Masalah ini telah tertunda cukup lama dan belum ada yang menanganinya. | 他几天没来上班，压了不少工作。Dia tidak datang bekerja selama beberapa hari, sehingga banyak pekerjaan yang tertunda. | 压了很长时间的老百姓的生活问题终于解决了。Masalah kehidupan rakyat yang tertekan cukup lama akhirnya terpecahkan.

3 压力 yālì **tekanan**

【动词】［Verba（kata kerja）］① 受到的压下来的力量。Gaya yang menekan atau ditekan. ‖ 桌子上放的东西太多，桌子受到的压力太大了。Meja itu ditekan oleh banyak barang dan mendapat tekanan besar. | 越往海的深处游，水的压力就越大。Semakin dalam berenang ke laut, tekanan air semakin besar. | 木头受不了这么大的压力，被压断了。Kayu itu tidak bisa menahan tekanan besar dan patah. ② 让人感觉到精神紧张的感受。Perasaan ketegangan mental yang dirasakan seseorang. ‖ 我最近的工作很多，工作压力很大。Saya memiliki banyak pekerjaan baru-baru ini dan merasakan tekanan pekerjaan yang besar. | 他一直对自己有很高的要求，所以经常感觉到很有压力。Dia selalu memiliki standar yang tinggi untuk dirinya sendiri, sehingga sering merasa tertekan. | 他已经准备好了，所以现在没什么压力。Dia telah bersiap-siap dan sekarang tidak merasa tertekan.

3 **烟** yān **asap；rokok**

【名词】［Nomina（kata benda）］① 用火时产生的一种气。Gas yang dihasilkan saat menggunakan api. ‖ 工厂生产产品的时候总是有很多烟。Pabrik selalu menghasilkan banyak asap saat memproduksi produk. | 屋子里好像着火了，出现了很多烟。Rumah itu seolah-olah terbakar dan mengeluarkan banyak asap. | 我们看到远远的地方出现了黑烟，所以我们赶紧去告诉了警察。Kami melihat asap hitam dari jauh, jadi kami segera memberi tahu polisi. ② 用专门的草加工出来的东西。Produk yang diproses dengan rumput khusus. ‖ 他去超市买了两包烟。Dia pergi ke toko dan membeli dua bungkus rokok. | 没有成年的人不能买烟。Orang di bawah usia dewasa tidak bisa membeli rokok. | 爸爸坐在沙发上，点了一支烟。Ayah duduk di sofa dan menyulut sebatang rokok.

2 **颜色** yánsè **warna**

【名词】［Nomina（kata benda）］指像红色、黑色、黄色、蓝色等许多不同的印象。Banyak kesan seperti merah, hitam, kuning, biru, dll. ‖ 这件衣服的颜色很深，适合年纪大一点的人穿。Warna baju ini sangat gelap, cocok untuk orang yang lebih tua. | 天黑了，路上亮起了各种颜色的灯。Ketika malam tiba, jalan-jalan diterangi oleh lampu dengan berbagai warna. | 他还没有给自己的画儿上颜色。Dia belum memberi warna pada gambar-gambarnya.

2 **眼** yǎn **mata；satuan**

【名词】［Nomina（kata benda）］人或动物长在身体上的部分，可以用来看世界。Bagian tubuh manusia atau hewan yang digunakan untuk melihat dunia. ‖ 他没睡好，早上起来眼红了。Dia tidur kurang baik, matanya menjadi merah ketika bangun pagi. | 他两只眼看上去没什么精神。Matanya terlihat kurang bersemangat. | 为了完成工作，他好几晚上没合眼。Untuk menyelesaikan pekerjaan, dia tidak tidur selama beberapa malam.

【量词】［Kuantifier（kata pengukur）］看的次数。Frekuensi melihat. ‖ 他看了我好几眼，也没想起来我是谁。Dia melihat saya beberapa kali, tapi dia masih tidak ingat siapa saya. | 我看了一眼他的作文，发现里面有很多错字。Saya melihat sekilas tulisannya dan menemukan banyak kesalahan. | 这件衣服一眼看上去挺好看的，再看几眼就觉得没什么特别的了。Pakaian ini terlihat bagus pada pandangan pertama, tetapi setelah beberapa kali pandangan, tidak ada yang istimewa.

2 **眼睛** yǎnjīng **mata**

【名词】[Nomina (kata benda)] 眼。Mata. ‖ 她有一双大眼睛，看上去很漂亮。Dia memiliki sepasang mata besar yang terlihat cantik. | 你的眼睛怎么红了？Mengapa matamu merah? | 大家的眼睛都看见了，你还说不是你做的。Semua orang melihat dengan mata mereka, kamu masih membantah bahwa kamu tidak melakukannya.

3 **眼前** yǎnqián **di depan mata**

【名词】[Nomina (kata benda)] ① 眼睛看到的地方；比较近的地方。Tempat yang terlihat oleh mata; tempat yang lebih dekat. ‖ 一上山，我们的眼前就出现了一片美丽的景色。Ketika kami mendaki gunung, pemandangan indah terbentang di depan mata kami. | 我想不起来眼前的这个人是谁。Saya tidak bisa mengingat siapa orang ini yang ada di depan mata saya. | 你的书就在你眼前，你怎么还找不到？Buku Anda ada tepat di depan mata Anda, mengapa Anda masih tidak bisa menemukannya? ② 现在，目前，比较近的一段时间。Saat ini, saat ini, periode waktu yang lebih dekat. ‖ 以后的事情先不说了，先解决眼前的事情吧。Biarkan kita selesaikan masalah yang ada di depan mata terlebih dahulu, kita tidak akan membicarakan masa depan. | 他还不知道怎么克服眼前的困难。Dia masih belum tahu bagaimana mengatasi kesulitan yang ada di depan mata. | 做计划不能只看眼前，还要想想以后的日子。Ketika merencanakan, jangan hanya memperhatikan saat ini, tapi pikirkan juga masa depan.

3 **演** yǎn **tampil (peran)**

【动词】[Verba (kata kerja)] 表演，展示节目。Tampil, menampilkan pertunjukan. ‖ 他在这部电视剧演一个农民。Dia berperan sebagai petani dalam drama televisi ini. | 这次晚会，我们班准备演一个话剧节目。Kami berencana untuk menampilkan drama di acara malam ini. | 电视上正在演什么节目？Apa yang sedang ditampilkan di televisi sekarang? | 今天剧场里演的是非常有名的话剧。Malam ini di teater sedang menampilkan drama yang sangat terkenal.

3 **演唱** yǎnchàng **tampil (menyanyi)**

【动词】[Verba (kata kerja)] 表演唱歌。Tampil menyanyi. ‖ 她在晚会上演唱了自己最喜欢的歌曲。Dia menyanyikan lagu favoritnya di acara malam ini. | 这位歌手今晚的演唱非常成功。Penampilan penyanyi ini sangat sukses malam ini. | 你

可以给大家演唱一首歌吗？Bisakah Anda menyanyikan satu lagu untuk kami？

3 **演唱会** yǎnchànghuì **konser**

【名词】［Nomina（kata benda）］表演唱歌的晚会。Konser menyanyi. ‖ 她经常去看喜欢的明星的演唱会。Dia sering pergi menonton konser penyanyi favoritnya. | 他今年一共办了十二场演唱会。Dia mengadakan dua belas konser tahun ini. | 演唱会还没开始，会场就坐满了人。| Sebelum konser dimulai, lokasi sudah dipenuhi oleh penonton.

3 **演出** yǎnchū **menampilkan**

【名词】［Nomina（kata benda）］表演活动，表演的节目。Kegiatan pertunjukan, program pertunjukan. ‖ 今天剧场有两场演出。Hari ini ada dua pertunjukan di teater. | 他参加这次的演出了吗？Apakah dia ikut berpartisipasi dalam pertunjukan ini？| 真是一场精彩的演出！Benar-benar pertunjukan yang spektakuler！| 今天晚上的演出因为天气原因被取消了。Pertunjukan malam ini dibatalkan karena cuaca.

【动词】［Nomina（kata benda）］公开地表演。Tampil secara terbuka. ‖ 他去国外演出了，下个月才回国。Dia pergi ke luar negeri untuk tampil, dia akan kembali bulan depan. | 艺术团到农村演出。Kelompok seni pergi ke desa untuk tampil. | 开始演出，灯光都暗了下来。Pertunjukan dimulai, lampu-lampu menjadi redup.

3 **演员** yǎnyuán **actor；aktris**

【名词】［Nomina（kata benda）］参加表演的人，从事艺术表演的人。Orang yang berpartisipasi dalam pertunjukan, orang yang terlibat dalam pertunjukan seni. ‖ 他是一名电影演员。Dia adalah seorang aktor film. | 京剧演员都需要很长时间的练习，才能上台表演。Aktor opera Peking perlu berlatih lama sebelum tampil di atas panggung. | 这位女演员长得非常漂亮。Aktris ini sangat cantik. | 这位演员的表演技术非常高。Kemampuan akting aktor ini sangat tinggi.

3 **羊** yáng **kambing**

【名词】［Nomina（kata benda）］一种动物，头上有角，比牛小，也爱吃草。Hewan dengan tanduk, lebih kecil dari sapi, suka makan rumput. ‖ 他家养了几只羊，准备冬天卖了换钱。Dia memiliki beberapa ekor kambing di rumah dan berencana menjualnya pada musim dingin. | 在中国的北方，冬天人们喜欢吃羊

肉。Di utara Tiongkok, orang-orang menyukai daging kambing selama musim dingin. | 这里有一群小羊,看起来很可爱。Di sini ada sekawanan anak kambing, mereka terlihat sangat lucu.

3 阳光 yángguāng **cahaya matahari; sinar matahari**

【名词】[Nomina (kata benda)] 太阳发出的光。Cahaya matahari. ‖ 今天阳光很好,让人觉得很暖和。Cuaca sangat baik hari ini, membuat orang merasa hangat karena sinar matahari. | 树需要阳光和水,才能长得好。Pohon membutuhkan sinar matahari dan air agar bisa tumbuh dengan baik. | 阳光照进屋子里,屋子里变得很亮。Cahaya matahari masuk ke dalam ruangan dan membuatnya terlihat terang.

2 养 yǎng **memelihara**

【动词】[Verba (kata kerja)] ① 给动物或花、草等食物和水,照顾它们生长。Memberi makan hewan atau tumbuhan, merawat pertumbuhannya. ‖ 我们家养了很多鸡和羊。Keluarga kami memiliki banyak ayam dan domba. | 我养了一只小猫,它每天陪我玩,我非常喜欢它。Saya memiliki seekor kucing kecil, dia bermain bersama saya setiap hari dan saya sangat menyukainya. | 他退休以后就喜欢在家养养花。Setelah pensiun, dia merawat seluruh keluarga dengan gajinya yang sedikit. ② 照顾家人或孩子生活。Menjaga kesehatan tubuh kembali normal dengan beristirahat atau cara lainnya. ‖ 他一个人的工资要养一大家子的人。Gaji seorany orang harus menopang keselunchan keluarga besar. ③ 通过休息等方式,使身体变回健康的状态。Dengan berbagai cara, termasuk istirahat, unbuk kembalikan tubuh ke kondisi sehat. ‖ 他这段时间在家里养病。Dia sedang istirahat di rumah untuk merawat sakitnya. | 他的病刚好,还需要再养养身体。Kesehatannya membaik, tetapi dia perlu lebih banyak waktu untuk pemulihan.

2 样子 yàngzi **penampilan**

【名词】[Nomina (kata benda)] 外面看到的形状和状态。Penampilan dan kondisi dari luar. ‖ 这件衣服的样子不错。Pakaian ini terlihat bagus. | 这孩子可爱的样子真让人喜欢。Anak itu sangat lucu, dia benar-benar menyenangkan dilihat. | 你看看你现在的样子,一点儿精神也没有。Lihatlah penampilanmu sekarang, kamu tidak ada semangatnya sama sekali. | 你买了一部什么样子的手机? Apa bentuk ponsel yang ingin kamu beli?

2 要求 yāoqiú **persyaratan；keinginan**

【动词】[Verba（kata kerja）] 向别人提出自己的需要或愿望，让某人去做。Mengajukan kebutuhan atau keinginan kepada orang lain untuk melakukan sesuatu. ‖ 老师要求我们按时交作业。Selamat pagi，saya ingin memesan secangkir kopi. | 学校要求学生不能在校园里使用手机。Guru meminta kami untuk mengumpulkan tugas tepat waktu. | 领导要求我们这周完成所有的工作。Sekolah mengharuskan siswa untuk tidak menggunakan ponsel di dalam lingkungan sekolah. | 妈妈要求他这次考试必须有好成绩。Ibu meminta dia untuk mendapatkan hasil yang baik dalam ujian kali ini.

【名词】[Nomina（kata benda）] 向别人提出的自己的需求或愿望，做某件事的条件。Kebutuhan atau keinginan seseorang untuk melakukan sesuatu. ‖ 你有什么要求都可以提出来。Anda dapat menyampaikan semua kebutuhan Anda. | 他的个人情况不满足这份工作的基本要求。Kondisi pribadinya tidak memenuhi persyaratan dasar pekerjaan ini. | 考试的时候要看清楚题目的要求再答题。Saat ujian，Anda harus memahami pertanyaan dengan baik sebelum menjawabnya.

1 要 yào **mau；hendak**

【动词】[Verba（kata kerja）] ① 希望得到，向别人提出自己的条件。Mengharapkan，menyatakan kondisi seseorang. ‖ 您好，我想要一杯咖啡。Selamat siang，saya ingin satu cangkir kopi. | 他借了我的钱没还，我向他要钱。Dia meminta dia uang. | 你要不要这件衣服？Apakah Anda ingin baju ini？② 应该做，决定做。Harus，memutuskan untuk melakukan sesuatu. ‖ 你一个人生活要照顾好自己。Saat tinggal sendirian，Anda harus menjaga diri dengan baik. | 回家以后要先洗手，要讲卫生。Ketika kembali ke rumah，cuci tangan terlebih dahulu untuk menjaga kebersihan. | 我准备好了，这次考试我要拿第一名。Saya telah bersiap-siap，saya pasti akan mendapatkan peringkat pertama dalam ujian kali ini. ③ 快要发生。Mengacu pada situasi yang akan datang. ‖ 飞机要起飞了，请把手机关机。Jika ada kesempatan，saya pasti ingin bepergian ke Tiongkok. | 我要上车了，我一会儿再给你回电话。Jika Anda sibuk besok，saya bisa meminta bantuan orang lain. | 他最近要考试了，他正忙着复习呢。Jika Anda mengalami masalah，Anda bisa menelepon saya.

3 要是 yàoshì **jika**

【连词】[Konjungsi（kata penghubung）] ① 如果。Jika. ‖ 要是有机会，我一定

要去中国旅游。Jika ada kesempatan, saya pasti ingin bepergian ke Tiongkok. | 要是你明天不方便，我可以找别人帮忙。Jika Anda memiliki halangan besok, saya bisa mencari bantuan dari orang lain. | 要是你碰到什么麻烦，可以给我打电话。Jika kamu mengalami masalah, kamu bisa meneleponku. ② 表示强调情况。Menekankan situasi tertentu. ‖ 你要是不能来，为什么不早点告诉我？Jika Anda tidak bisa datang, mengapa tidak memberi tahu saya lebih awal? | 要是他来，我一定不来。Jika dia datang, saya pasti tidak akan datang. | 这事要是交给我，我肯定不会像他一样。Jika masalah itu diberikan kepada saya, saya pasti tidak akan seperti dia.

2 药 yào **obat**

【名词】［Nomina（kata benda）］可以让病变好，可以让身体变健康的东西，有的时候也可以指农业生产上用的东西等。Sesuatu yang bisa menyembuhkan penyakit dan membuat tubuh menjadi sehat, terkadang juga merujuk pada sesuatu yang digunakan dalam produksi pertanian. ‖ 医生让他按时吃药，这样病才能好起来。Dokter memberinya resep obat, agar penyakitnya bisa sembuh dengan baik. | 这片地需要打点药，这里的白菜长得不好。Lahan ini perlu diberi sesuatu, karena sawi di sini tidak tumbuh dengan baik. | 医生说他的病不用开药，好好休息就可以了。Dokter mengatakan bahwa penyakitnya tidak memerlukan obat, hanya perlu beristirahat dengan baik. | 他的心有病，需要长期吃药。Dia memiliki masalah di hatinya, dia perlu minum obat secara teratur.

2 药店 yàodiàn **apotek；toko obat**

【名词】卖药的商店。Toko yang menjual obat. ‖ 有的药可以去药店买，在药店买更便宜。Beberapa obat bisa dibeli di apotek dengan harga lebih murah daripada toko lainnya. | 我们家门口新开了一家药店，以后买药方便多了。Toko obat baru saja dibuka di depan pintu kami, jadi lebih nyaman untuk membeli obat sekarang. | 我现在在药店上班。Saya bekerja di toko obat sekarang.

2 药片 yàopiàn **obat pil**

【名词】［Nomina（kata benda）］形状是一片一片的药。Bentuk obat berbentuk seperti pil. ‖ 他一天要吃三种药片。Dia harus minum tiga jenis obat dalam sehari. | 孩子们都不喜欢吃这种苦的药片。Anak-anak tidak menyukai obat yang pahit ini. | 这个红色的药片一天吃两次，一次吃一片。Obat merah ini diminum dua kali sehari, satu kali minum satu butir.

2 药水 yàoshuǐ **obat cair**

【名词】[Nomina (kata benda)] 像水一样的药。Obat yang berbentuk seperti air. ‖ 孩子吃不下去药片,就只能喝药水了。Anak-anak tidak bisa menelan pil, jadi hanya bisa minum obat cair. | 这种药水喝起来是甜的,适合给孩子用。Obat ini memiliki rasa manis ketika diminum dan cocok untuk anak-anak. | 这个药水不是喝的,是用在身上的。Obat ini bukan untuk diminum, tetapi untuk digunakan di tubuh.

1 爷爷 yéye **kakek**

【名词】[Nomina (kata benda)] 爸爸的爸爸,年纪非常大的男人。Ayah dari ayah, laki-laki yang sangat tua. ‖ 邻居家的爷爷今年已经八十岁了。Kakek dari tetangga kami berusia 80 tahun tahun ini. | 爷爷来接孙子放学。Kakek menjemput cucunya setelah sekolah. | 我爷爷已经去世三年了,可是我还是很想他。Kakek saya meninggal tiga tahun yang lalu, tapi saya masih sangat merindukannya. | 他从小和爷爷奶奶生活在一起。Dia tinggal bersama kakek dan neneknya sejak kecil.

1 也 yě **juga**

【副词】[Adverbia (kata keterangan)] ① 表示和前面的一样。Menunjukkan kesamaan dengan yang sebelumnya. ‖ 他笑了,我也跟着笑了。Dia tertawa, saya juga ikut tertawa. | 我没去过北京,他也没去过。Saya belum pernah ke Beijing, dia juga belum pernah. | 听说你想点外卖,我也想点。Saya mendengar Anda ingin memesan makanan untuk dibawa pulang, saya juga ingin memesan. ② 表示没有办法。Menunjukkan ketidakhadiran solusi atau ketidakmampuan untuk melakukan sesuatu. ‖ 事情已经这样了,我也没办法。Ini adalah situasinya sekarang, saya juga tidak bisa berbuat apa-apa. | 我没有参与这件事,你问我情况,我也不知道。Saya tidak terlibat dalam masalah ini, Anda bertanya tentang situasi saya, saya juga tidak tahu. | 你再怎么联系他,他也不会接电话的,因为他正在开会。Anda mencoba menghubunginya berulang-ulang, dia juga tidak akan mengangkat telepon karena dia sedang dalam rapat. ③ 表示强调。Menunjukkan penekanan. ‖ 他这段时间工作很多,一点儿休息时间也没有。Dia sangat sibuk baru-baru ini, bahkan tidak punya waktu untuk beristirahat. | 没想到这事连他也办不了。Tak terduga bahwa bahkan dia tidak bisa menyelesaikan masalah ini. | 他坐在那里,一句话也不说。Dia duduk di sana, bahkan tidak mengatakan sepatah kata pun. ④ 和“如果”或“因为”组合，表示结果。Digabungkan dengan “jika” atau “karena”, menunjukkan hasil. ‖ 如果你不去，我也不去了。Jika Anda tidak pergi, saya juga tidak akan pergi. | 如果不是你做错了事，他也不会生气。Jika bukan karena kesalahan Anda, dia tidak akan marah. | 因为大家都不同意他的想法，他也没办法了。Karena semua orang tidak setuju dengan pendapatnya, dia juga tidak bisa berbuat apa-apa.

2 也许 yěxǔ **mungkin**

【副词】［Adverbia（kata keterangan）］可能，不确定地。Mungkin, dengan ketidakpastian. ‖ 我也许晚点回去，我还没做完工作。Saya mungkin akan pulang agak terlambat, karena saya belum menyelesaikan pekerjaan. | 他的作业也许落在家里了。PR-nya mungkin tertinggal di rumah. | 我们怎么也找不到图书馆，也许我们走错路了。Bagaimana kita tidak bisa menemukan perpustakaan, mungkin kita tersesat. | 天上有很多云，也许一会儿会下雨。Langit penuh awan, mungkin akan hujan sebentar lagi.

1 页 yè **halaman**

【量词】［Kuantifier（kata pengukur）］书中一张纸的一面是一页，表示有多少面的数量单位。Satu sisi kertas dalam buku, digunakan untuk menghitung jumlah halaman. ‖ 请大家打开课本的第三页。Silakan buka halaman ketiga dari buku teks. | 请大家读一下第五页第一行的句子。Tolong baca kalimat pertama pada halaman kelima. | 这本书一共有一百二十页。Buku ini memiliki 120 halaman. | 这本书我还没看几页，我不知道讲了什么故事。Saya baru membaca beberapa halaman buku ini, saya tidak tahu ceritanya seperti apa.

2 夜 yè **malam**

【名词】［Nomina（kata benda）］天黑的时候。Waktu ketika gelap. ‖ 孩子生病了，妈妈一夜没睡地照顾他。Anak sakit, ibunya tidak tidur semalaman untuk merawatnya. | 夜深了，快点睡觉吧。Sudah malam, segera tidurlah. | 他坐了一天一夜的火车才回到家。Dia naik kereta api sepanjang hari dan malam untuk pulang ke rumah.

2 夜里 yèlǐ **malam**

【名词】［Nomina（kata benda）］从天黑到天亮的这一段时间。Waktu dari malam hingga pagi. ‖ 昨天夜里，他在路边发现了一只小猫。Kemarin malam, dia menemukan seekor kucing di tepi jalan. | 村子到了夜里到处都非常安静，一个人也没有。Desa menjadi sangat sepi di malam hari, tidak ada seorang pun. | 他的工作很多，经常从白天工作到夜里。Dia memiliki banyak pekerjaan dan sering bekerja dari siang hingga malam.

1 **一** yī **satu**

【数词】［Numeralia（kata bilangan）］① 数字1。Satu. ‖ 一加一等于二。Satu ditambah satu sama dengan dua. | 一比零大，比二小。Satu lebih besar dari nol, tapi lebih kecil dari dua. | 我还有一道题没做。Saya masih memiliki satu soal yang belum dikerjakan. | 我们家只有一个孩子。Keluarga kami hanya memiliki satu anak. ② 第一。Pertama. ‖ 他现在上初中一年级。Dia sekarang menduduki kelas satu SMP. | 现在是一月，离五月还早。Sekarang masih Januari, Mei masih lama. | 今天是一月一日。Hari ini tanggal 1 Januari. ③ 放在动词中间，表示动作发生的时间短，次数少。Diletakkan di tengah kata kerja, menunjukkan waktu terjadinya tindakan yang singkat, jarang. ‖ 这道题有点难，我一下回答不上来，你让我想一想。Persoalan ini agak susah, aku tidak bisa langsung menjawabnya, saya pikir dulu. | 大家停一停，先听我说。Kalian semua berhenti dulu, dengarkan saya dulu. | 我想去超市看一看。Aku ingin pergi lihat-lihat ke pasar swalayan. ④ 全部，所有。Semuanya, keseluruhan. ‖ 妈妈做了一大桌子的菜。Ibu memasak makanan semeja penuh. | 一屋子的人没有一个说话。Seruangan ini tidak ada satupun orang yang berbicara. | 我弄了一身脏，要赶紧去洗洗。Aku mengotori badanku, harus segera mandi.

1 **衣服** yīfu **baju; pakaian**

【名词】［Nomina（kata benda）］穿在身上的东西，比如上衣、裙子。Pakaian yang dikenakan di tubuh, seperti baju atau rok. ‖ 孩子长得很快，以前买的衣服都穿不上了。Anak-anak tumbuh sangat cepat, pakaian yang sebelumnya mereka kenakan sudah tidak muat lagi. | 外面冷，再多穿件衣服吧。Dingin di luar, pakailah lebih banyak pakaian. | 他过年给父母买了一身新衣服。Dia membeli satu set pakaian baru untuk orang tuanya pada Tahun Baru. | 我正在洗衣服。Saya sedang mencuci pakaian.

3 **衣架** yījià **gantungan baju**

【名词】［Nomina（kata benda）］挂衣服的东西。Benda untuk menggantungkan pakaian. ‖ 门后面有衣架。Di belakang pintu ada gantungan baju. | 脱下来的衣

服可以挂在衣架上。Pakaian yang sudah dilepas bisa digantungkan di gantungan baju. | 我的衣服太多了,现在的衣架不够用。Saya memiliki terlalu banyak pakaian, gantungan baju tidak cukup. | 他总是把明天要穿的衣服提前挂在衣架上。Dia selalu menggantungkan pakaian yang akan dipakainya esok hari di gantungan baju.

1 **医生** yīshēng **dokter**

【名词】[Nomina (kata benda)] 给别人看病的人。Seseorang yang merawat pasien. ‖ 医生的工作非常忙,又要开药又要负责给病人做检查。Pekerjaan seorang dokter sangatlah sibuk, dia harus memberi resep obat dan melakukan pemeriksaan pada pasien. | 医生给他开了很多药。Dokter memberikan banyak resep obat untuknya. | 医生说他的病很严重,必须住院。Dokter mengatakan bahwa penyakitnya sangat serius dan dia harus dirawat di rumah sakit.

1 **医院** yīyuàn **rumah sakit**

【名词】[Nomina (kata benda)] 可以给病人看病、检查身体的地方。Tempat di mana pasien dapat dirawat dan diperiksa kondisi kesehatannya. ‖ 城里有一家非常专业的医院。Di kota ada rumah sakit yang sangat profesional. | 你怎么了?要不要上医院看看?Apa yang terjadi padamu? Apakah kamu perlu pergi ke rumah sakit? | 他是一家医院的医生。Dia adalah seorang dokter di salah satu rumah sakit.

1 **一半** yíbàn **setengah**

【数词】[Numeralia (kata bilangan)] 把东西分成大小相同的两份,其中的一份就是一半。Membagi sesuatu menjadi dua bagian yang sama besar, salah satunya adalah setengah. ‖ 我吃不了这么多,给我一半就好了。Saya tidak bisa makan semuanya, beri saya setengah saja. | 他分了我一半面包。Dia membagikan setengah roti untuk saya. | 班上有一半的同学是留学生。Di kelas kami, setengah dari siswa adalah murid asing.

2 **一部分** yíbùfen **sebagian**

【名词】[Nomina (kata benda)] 整体中的一些。Sebagian dari keseluruhan. ‖ 我们班只有一部分人交了作业。Hanya sebagian dari siswa kelas kami yang mengumpulkan tugas. | 教室里只有几个人了,一部分人去吃饭了,一部分人去打球了。Di ruang kelas hanya ada beberapa orang, sebagian dari mereka pergi makan dan sebagian lagi pergi bermain bola.

2 **一定** yídìng **pasti**

【**形容词**】[Adjektiva (kata sifat)] ① 确定的。Pasti, tidak diragukan lagi. ‖ 这件事对公司的经济产生了一定的影响。Hal ini memiliki dampak tertentu pada ekonomi perusahaan. | 书上的话就一定对吗? Apakah kata-kata di dalam buku ini pasti benar? | 你准备了这么长时间,一定能有好成绩。Anda telah bersiap dengan baik selama ini, pasti akan mencapai hasil yang bagus. ② 某种程度的,特别范围中的。Sejauh tertentu, dalam batas tertentu, terbatas pada lingkup tertentu. ‖ 这种现象是在一定的文化背景下产生的。Fenomena ini muncul dalam konteks budaya tertentu. | 这种方法只对有一定汉语水平的学生才有用。Metode ini hanya efektif untuk siswa dengan tingkat kemampuan bahasa Mandarin tertentu. | 要达到一定的要求才能参加比赛。Untuk mengikuti kompetisi ini, Anda harus memenuhi persyaratan tertentu.

【**副词**】[Adverbia (kata keterangan)] 必须地,坚决地。Secara wajib, dengan kepastian. ‖ 你过马路一定要注意安全。Anda harus berhati-hati saat menyeberang jalan. | 这件事交给你了,你一定要办好。Tugas ini diberikan kepada Anda, Anda harus menyelesaikannya dengan baik. | 我明天一定准时来。Saya akan datang tepat waktu besok.

2 **一共** yígòng **total**

【**副词**】[Adverbia (kata keterangan)] 表示所有的数量,全部都加起来。Menunjukkan total keseluruhan jumlah. ‖ 我一共有两本词典,一本是汉语词典,一本是外语词典。Saya memiliki dua kamus sejak awal, satu bahasa Mandarin dan satu bahasa asing. | 我们班一共有三十六个学生。Kami memiliki 36 siswa di kelas kami. | 城里一共有三家商场。Di kota ada tiga pusat perbelanjaan. | 到现在我们一共才见过两次面,互相都不熟。Sampai saat ini, kami baru bertemu dua kali, kami belum saling mengenal dengan baik.

2 **一会儿** yíhuìr **sebentar**

【**副词**】[Adverbia (kata keterangan)] 表示短时间内同时发生两件事或同时做两个动作。Menunjukkan dua kejadian atau aksi yang terjadi dalam waktu singkat secara bersamaan. ‖ 她一会儿哭,一会儿不说话,不知道怎么了。Dia menangis sebentar, lalu tidak bicara, saya tidak tahu apa yang terjadi padanya. | 他现在很忙,一会儿接电话,一会儿要写文件。Dia sangat sibuk sekarang, kadang-kadang menerima telepon, kadang-kadang harus menulis dokumen. | 孩子一会儿唱,一会儿跳,玩得很高兴。Anak-anak bernyanyi sebentar, lalu menari, mereka sangat senang bermain.

1 **一会儿** yíhuìr **sebentar; nanti**

【名词】[Nomina (kata benda)] ① 很短的时间。Periode waktu yang singkat. ‖ 你等我一下,我一会儿就到。Tunggu sebentar, saya akan segera datang. | 我一会儿就要下班了,你明天再来办手续吧。Saya akan segera pulang, tolong datang ke kantorku besok. | 你一会儿记得来我办公室。Ingatlah datang ke kantorku nanti. ② 表示某种状态或动作保持了一段时间。Berarti suatu sikap atau gerakan yang berlangsung selama periode tertentu. ‖ 他走了有一会儿了,应该不回来了。Dia sudah pergi cukup lama, seharusnya tidak kembali lagi. | 我等了他好一会儿他才来。Aku menunggunya cukup lama baru dia datang.

1 **一块儿** yíkuàir **bersama**

【名词】[Nomina (kata benda)] 同一个地方。Tempat yang sama. ‖ 我们两个现在在一块儿,你有什么事可以和我说。Sekarang kami berdua ada di tempat yang sama, ada apa yang ingin Anda katakan kepada saya. | 我们玩不到一块儿,我们的爱好不一样。Kami tidak bisa bermain bersama, hobi kami berbeda. | 他们在一块儿生活很多年了。Mereka tinggal bersama selama bertahun-tahun.

【副词】[Adverbia (kata keterangan)] 一起,在同一个地方,同一个时间一起做。Bersama-sama, melakukan sesuatu bersama di tempat yang sama dan waktu yang sama. ‖ 我们一块儿出去玩吧。Ayo pergi bermain bersama. | 他们一块儿工作,工作进行得很顺利。Mereka bekerja bersama-sama, dan pekerjaan berjalan lancar. | 我们一块儿去医院看病人。Mari kita pergi ke rumah sakit bersama-sama.

2 **一路平安** yílùpíng'ān **semoga selamat sampai tujuan**

【短语】[frasa] 祝出门的人路上平安,路上没有任何危险。Mengucapkan selamat dan berharap agar seseorang selamat dan tanpa bahaya selama perjalanan. ‖ 祝你一路平安,安全到家。Semoga kamu selamat sampai di rumah. | 路上注意安全,祝你一路平安。Ingatlah keselamatan di perjalanan, semoga kamu selamat sepanjang perjalanan.

2 **一路顺风** yīlùshùnfēng **semoga perjalanan lancar**

【短语】[frasa] 祝出门的人路上顺利、平安。Mengucapkan selamat dan berharap

Y

agar seseorang memiliki perjalanan yang lancar dan aman. ‖ 一路顺风，希望下次再和你见面。Semoga segala urusan berjalan lancar, berharap dapat bertemu lagi denganmu. | 祝你一路顺风，我等着你的好消息。Semoga kamu berjalan lancar sepanjang perjalanan, saya menunggu kabar baik dari kamu.

3 **一切** yíqiè **semua; segala sesuatu**

【**代词**】[Pronomina (kata ganti)] 全部的东西，所有的东西。Semua hal, segala sesuatu. ‖ 我已经作好出发前的一切准备了。Saya sudah siap dengan segala persiapan sebelum berangkat. | 一切都听你安排。Semua akan mengikuti aturan yang Anda tetapkan. | 我今天的一切都是用自己的努力换来的。Semua ini saya peroleh melalui usaha saya sendiri. | 我们要克服一切困难帮老百姓解决问题。Kita harus mengatasi segala kesulitan untuk membantu warga.

1 **一下** yíxià **sebentar**

【**短语**】[frasa] 放在表示动作的词后面，表示动作的次数少或者试着做。Digunakan setelah kata kerja untuk menunjukkan bahwa tindakan tersebut dilakukan sebentar atau untuk mencoba sesuatu. ‖ 可以麻烦您来帮我一下吗？Bisakah Anda membantu saya sebentar? | 我想问一下，退休手续怎么办理？Saya ingin bertanya sedikit mengenai prosedur pensiun? | 谁想试着回答一下这个问题？Siapa yang ingin mencoba menjawab pertanyaan ini? | 再给我们一些时间商量一下。Berikan kami waktu untuk membahasnya sebentar.

1 **一样** yíyàng **sama**

【**形容词**】[Adjektiva (kata sifat)] 相同的，没有不同的地方的。Sama, tidak ada perbedaan. ‖ 我们两个人的衣服只是颜色一样，样子一点也不一样。Pakaian kita hanya sama warnanya, tetapi tidak ada kesamaan dalam modelnya. | 他的答案和我的一样。Jawabannya sama dengan jawaban saya. | 听到这个消息，我们的心情和你的一样难过。Mendengar berita ini, perasaan kita sama-sama sedih.

3 **已** yǐ **sudah; telah**

【**副词**】[Adverbia (kata keterangan)] 表示动作、变化完成。Menunjukkan bahwa tindakan atau perubahan telah selesai dilakukan. ‖ 您提出的问题已解决。Pertanyaan yang Anda ajukan telah selesai dijawab. | 我的请假申请已被通过。Permohonan cuti saya telah disetujui. | 你的外卖已送到门口。Pesanan makanan

Anda sudah diantar.

2 **已经** yǐjīng **sudah；telah**

【副词】［Adverbia（kata keterangan）］表示动作、变化完成。Menunjukkan bahwa tindakan atau perubahan telah selesai dilakukan. ‖ 雨已经停了。Hujan sudah berhenti. | 他已经出国两年了。Dia sudah pergi ke luar negeri selama dua tahun. | 我的作业已经写完了。Tugas saya sudah selesai ditulis. | 已经到春天了，但天气还有点冷。Sudah masuk musim semi，tetapi masih sedikit dingin.

2 **以后** yǐhòu **setelah；akan datang；kedepannya**

【名词】［Nomina（kata benda）］在某个时间后面的时间。Waktu setelah suatu waktu tertentu. ‖ 从他工作以后，他就很少回家了。Sejak dia bekerja，dia jarang pulang. | 听了老师的话以后，我明白了很多道理。Setelah mendengar perkataan guru，saya memahami banyak hal. | 我以后会经常来图书馆学习的。Saya akan sering datang ke perpustakaan mulai sekarang. | 他下班以后没有回家，不知道去哪了。Setelah pulang kerja，dia tidak pulang ke rumah，saya tidak tahu kemana dia pergi.

3 **以来** yǐlái **sejak**

【名词】［Nomina（kata benda）］从某个时间开始到现在。Sejak suatu waktu hingga saat ini. ‖ 很长时间以来，他都是一个人在生活。Dia hidup sendiri selama waktu yang lama. | 自从我到中国以来，我的汉语水平不断提高。Sejak saya datang ke China，kemampuan bahasa Mandarin saya terus meningkat. | 他参加工作以来很少回家看父母。Dia jarang pulang ke rumah sejak bekerja. | 从他们结婚以来，两个人很少吵架。Sejak mereka menikah，mereka jarang bertengkar.

2 **以前** yǐqián **sebelum；yang lalu；sebelumnya**

【名词】［Nomina（kata benda）］在某个时间前面的时间。Waktu sebelum suatu waktu tertentu. ‖ 在两年以前，他还是一名普通的老师。Dua tahun yang lalu，dia masih menjadi seorang guru biasa. | 老师要求我们每天七点半以前到学校。Guru meminta kami untuk datang ke sekolah sebelum jam 7:30. | 这是很早以前的事情了，你现在怎么又提起来了？Ini adalah hal yang terjadi sangat lama dahulu，mengapa Anda mengangkatnya kembali sekarang？| 他以前不是这样的性格，现在怎么像变了个人一样。Dia bukan tipe orang seperti ini sebelumnya，

Y

sekarang mengapa dia berubah begitu.

2 以上 yǐshàng keatas; lebih

【名词】[Nomina (kata benda)] ① 比一些数量多的数量。Lebih dari beberapa jumlah tertentu. ‖ 这次参加比赛的人有两百人以上。Jumlah peserta yang berpartisipasi dalam kompetisi ini lebih dari 200 orang. | 他每天练习汉语的时间在两个小时以上。Waktu dia berlatih bahasa Mandarin setiap hari adalah lebih dari dua jam. | 老师要求作文要写三百字以上。Guru meminta esai ditulis lebih dari 300 kata. | 这座大楼已经建成两年以上了。Gedung ini telah dibangun selama lebih dari dua tahun. ② 上面展示过的东西。Menunjukkan hal-hal yang telah ditampilkan sebelumnya. ‖ 以上就是我所有的观点。Itulah semua pandangan saya. | 以上的内容可以总结为两点。Seluruh konten di atas dapat disimpulkan dalam dua poin. | 以上内容都已经通过实验,证明了合理性。Semua konten di atas telah diuji, buktikan keandalannya.

2 以外 yǐwài diluar; selain

【名词】[Nomina (kata benda)] 在一定范围的外面。Di luar lingkup tertentu. ‖ 我们班除了他以外,还有两位同学也是留学生。Di kelas kami, selain mahasiswa asing, ada dua mahasiswa yang merupakan mahasiswa asing juga. | 他除了学课本上的知识以外,还会学习课外的知识。Selain belajar pengetahuan dari buku teks, dia juga mempelajari pengetahuan di luar pelajaran. | 这些事情在我负责的范围以外,我管不了。Hal-hal ini di luar lingkup tanggung jawab saya, saya tidak dapat mengurusinya.

2 以为 yǐwéi kira; piker; rasa

【动词】[Verba (kata kerja)] 认为,表示自己的想法和事实不一样。Berpikir, mengekspresikan bahwa pemikiran atau keyakinan seseorang tidak sesuai dengan kenyataan. ‖ 我以为他今天会来,结果他没有来。Saya pikir dia akan datang hari ini, ternyata dia tidak datang. | 我以为今天上听力课,结果今天上口语课。Saya pikir hari ini ada kelas mendengarkan, ternyata hari ini ada kelas berbicara. | 大家都以为她是一名老师。Semua orang berpikir dia adalah seorang guru.

2 以下 yǐxià kebawah; kurang

【名词】[Nomina (kata benda)] ① 比一些数量少的数量。Lebih sedikit dari beberapa jumlah tertentu. ‖ 今天很冷,气温已经到零摄氏度以下了。Hari ini sangat dingin, suhu udara sudah mencapai di bawah 0 derajat. | 成绩在六十分以下的同学需要重新考试。Siswa yang mendapatkan nilai di bawah 60 perlu mengikuti ujian ulang. | 这个玩具只适合十岁以下的孩子玩。Mainan ini hanya cocok untuk anak-anak di bawah usia 10 tahun. ② 下面要展示的东西。Hal-hal yang akan ditampilkan di bawah ini. ‖ 以下我将对我的观点进行说明。Berikut ini saya akan menjelaskan pandangan saya. | 以下内容都已通过检查。Semua konten di bawah ini telah lulus pemeriksaan. | 参加本次活动的同学有以下几位：李明、李美丽…… Beberapa siswa yang berpartisipasi dalam acara ini adalah sebagai berikut: Li Ming, Li Meili, dan lain-lain.

2 **椅子** yǐzi **kursi**

【名词】［Nomina (kata benda)］用来坐的家具，背可以靠在上面。Perabotan yang digunakan untuk duduk, bagian punggung dapat bersandar. ‖ 他工作太累了，坐在椅子上睡着了。Dia terlalu lelah bekerja, dia tidur di kursi. | 他把家里的椅子坐坏了。Dia duduk dengan kasar dan merusak kursinya. | 快再给客人拿一把椅子来。Cepat, ambilkan kursi lagi untuk tamu.

2 **一般** yìbān **biasa**

【形容词】［Adjektiva (kata sifat)］① 一样；同样。Sama. ‖ 我和姐姐一般高。Saya dan kakak perempuan saya tinggi sama. | 我们两个会读的字一般多。Kami berdua bisa membaca banyak karakter. ② 普通；通常。Biasanya. ‖ 我们一般下午六点放学。Kami biasanya pulang dari sekolah pada pukul enam sore. | 我一般每天都是写完作业再去打球。Biasanya saya menyelesaikan pekerjaan rumah sebelum pergi bermain.

1 **一边** yìbiān **Sebagian; samping; sambil**

【名词】［Nomina (kata benda)］① 东西的一部分；事情的一方面。Sebagian dari sesuatu; satu sisi dari suatu masalah ‖ 这张纸的一边写了很多字。Satu sisi dari kertas ini sudah tertulis banyak kata. | 两个人吵架，总有一边是错的。Ketika dua orang bertengkar, pasti ada salah satu pihak yang salah. ② 旁边。Di samping; di sebelah. ‖ 我们打球，他坐在一边看书。Kami bermain bola, dia duduk di sebelah membaca buku. | 我在一边帮妈妈做饭。Saya membantu ibu memasak di sampingnya.

【副词】［Adverbia (kata keterangan)］表示两个动作同时进行。Menunjukkan dua tindakan yang dilakukan secara bersamaan. ‖ 他一边唱歌一边跑步。Dia bernyanyi sambil berlari. | 我一边写作业一边听音乐。Saya menulis pekerjaan rumah sambil mendengarkan musik.

2 **一点点** yìdiǎndiǎn **sedikit**

【短语】[frasa] 表示非常少。Menunjukkan jumlah yang sangat sedikit. ‖ 我作业只写了一点点,还有很多没写。Saya hanya menulis sedikit pekerjaan rumah, masih banyak yang belum ditulis. | 她午饭只吃了一点点,很快就饿了。Dia hanya makan sedikit untuk makan siang, dia cepat lapar lagi.

1 **一点儿** yìdiǎnr

【名词】[Nomina (kata benda)] ① 表示不确定的很少的数量。Menunjukkan jumlah yang tidak pasti yang sangat sedikit. ‖ 我的纸用完了,你给我一点儿吧。Kertas saya habis, bisakah Anda memberi saya sedikit? | 我很饿,你能给我一点儿面包吗? Saya sangat lapar, bisakah Anda memberi saya sedikit roti? ② 表示很小或很少。Menunjukkan sesuatu yang kecil atau sedikit. ‖ 我以为这个苹果很大,原来只有一点儿。Saya pikir apel ini sangat besar, ternyata hanya sedikit. | 只有一点儿水了,够你喝吗? Airnya hanya sedikit, cukupkah untuk Anda minum?

3 **一方面** yìfāngmiàn **di satu sisi**

【名词】[Nomina (kata benda)] ① 看事物的一个角度:你只看到了他一方面的表现,他还有很多你不知道的事情。Sudut pandang suatu hal: Anda hanya melihat satu sisi dari dirinya, dia memiliki banyak hal yang Anda tidak tahu. ‖ 在这一方面,我们的观点是一样的。Dalam hal ini, pandangan kita sama. | 你看问题不能只看一方面,要从多个角度入手。Anda harus melihat masalah dari berbagai sudut pandang, untuk menanggapi masalah ini. ② 可以组成"一方面……另一方面……"的形式,表示相关的两种情况。Bisa digunakan dalam bentuk "一方面……另一方面……" untuk menunjukkan dua situasi yang terkait. ‖ 他一方面要工作,另一方面要照顾自己的孩子,所以他很忙。Dia harus bekerja sambil mengurus anaknya, jadi dia sangat sibuk. | 你一个人生活一方面要注意安全,另一方面要注意身体健康。Kamu tinggal sendiri, di satu sisi harus memperhatikan keselamatan, di sisi lain harus menjaga kesehatan.

1 **一起** yìqǐ **bersama**

【名词】[Nomina (kata benda)] 一样的地点。Tempat yang sama. ‖ 我想和你

坐在一起。Saya ingin duduk bersama Anda. | 我的全部作业都放在一起。Semua pekerjaan rumah saya diletakkan bersama.

【副词】［Adverbia（kata keterangan）］① 一共；全部。Bersama-sama；bersama. ‖ 这几个本子一起多少钱？Berapa banyak buku ini secara keseluruhan？| 我们全班人一起需要几辆车。Seluruh kelas kita membutuhkan beberapa mobil bersama. ② 一同；一块儿。Bersama-sama；bersama. ‖ 我和你一起去学校。Saya akan pergi ke sekolah bersama Anda. | 明天，我要和朋友一起出去玩。Besok，saya akan pergi bermain bersama teman-teman.

2 **一生** yìshēng **seumur hidup**

【名词】［Nomina（kata benda）］从生到死的全部时间。Seluruh waktu dari lahir hingga mati. ‖ 希望爸爸和妈妈一生健康。Semoga ayah dan ibu sehat sepanjang hidup. | 这个老师一生都在坚持学习汉语。Guru ini selalu berusaha belajar bahasa Mandarin sepanjang hidupnya.

1 **一些** yìxiē **beberapa**

【短语】［frasa］① 表示数量不确定。Menunjukkan jumlah yang tidak pasti. ‖ 这些任务你做不完，分给我一些吧。Anda tidak bisa menyelesaikan semua tugas ini，berikan saya beberapa. | 我送给了我的朋友一些苹果。Saya memberikan beberapa apel kepada teman saya. ② 表示数量少。Menunjukkan jumlah yang sedikit. ‖ 我只有一些纸了，不够写作业的。Saya hanya punya beberapa kertas ini，tidak cukup untuk mengerjakan pekerjaan rumah. | 我只有一些钱了，不够买一束花。Saya hanya punya beberapa uang ini，tidak cukup untuk membeli satu buket bunga. ③ 表示多次。Menunjukkan tindakan yang berulang. ‖ 她参加过一些唱歌比赛。Dia telah berpartisipasi dalam beberapa kompetisi menyanyi. | 这里有一些不同颜色的鱼。Di sini ada beberapa ikan dengan warna yang berbeda.

2 **一直** yìzhí **terus-menerus；selalu**

【副词】［Adverbia（kata keterangan）］① 往一个方向走。Menuju satu arah. ‖ 你一直走就到学校门口了。Anda terus berjalan dan Anda akan sampai di depan gerbang sekolah. | 我出了校门一直往右走就到家了。Setelah keluar dari gerbang sekolah，saya terus berjalan ke kanan dan akhirnya sampai di rumah. ② 表示动作不会停或状态不会变。Menunjukkan tindakan yang tidak berhenti atau keadaan yang tidak berubah. ‖ 她放学回到家就一直在写作业。Setelah dia pulang dari sekolah，dia terus menulis pekerjaan rumah. | 雨下了一天都没有停。

Hujan turun sepanjang hari dan tidak berhenti.

2 **亿** yì **ratus juta**

【数词】[Numeralia (kata bilangan)] 一万个万。Sepuluh ribu kali sepuluh ribu. ‖ 中国有十四亿人。Tiongkok memiliki 1.4 miliar penduduk. | 数亿人参加这次比赛。Miliaran orang berpartisipasi dalam kompetisi ini.

3 **艺术** yìshù **seni**

【名词】[Nomina (kata benda)] 用形象来反映现实的一种方式。Cara unbuk menggambarkan kenyataan dengan menggunakan gambar. ‖ 他从小就对艺术感兴趣。→他从小就喜欢画画、音乐、跳舞这些东西。Dia tertarik pada seni sejak kecil. →Dia telah menyukai lukisan, musik, dan menari sejak dia masih muda. | 他画的小鸡很有艺术效果。Ayam yang dia lukis memiliki efek yang sangat artis. | 我不懂艺术,看不明白这幅画是什么意思。Aku tidak mengerti seni, aku tidak mengerti apa arti lukisan ini.

2 **意见** yìjiàn **pandangan; komentar**

【名词】[Nomina (kata benda)] 对人或事的看法。Pandangan tentang seseorang atau sesuatu. ‖ 她和我们的意见不同。Pendapatnya berbeda dengan kami. | 她提出了自己的意见。Dia menyampaikan pandangannya sendiri.

2 **意思** yìsi **arti**

【名词】[Nomina (kata benda)] 思想内容。Isi pikiran. ‖ 我明白你说的意思。Saya mengerti apa yang Anda maksud. | 我的意思是我们都要好好学习。Maksud saya adalah kita semua harus belajar dengan sungguh-sungguh.

3 **意外** yìwài **diluar dugaan; tiba-tiba; mendadak**

【形容词】[Adjektiva (kata sifat)] 突然的。Tiba-tiba. ‖ 开门看到十年没见的妈妈,我很意外。Saat membuka pintu, saya sangat kaget melihat ibu yang tidak saya temui selama sepuluh tahun. | 我昨天意外地看到了老师。Saya secara tidak sengaja melihat guru kemarin.

【名词】[Nomuina (kata benda)] 没有想到的事情发生了。Sesuatu yang tidak diharapkan terjadi. ‖ 大卫在路上发生了意外。David mengalami kecelakaan di jalan. | 谁也没想到会发生这样的意外。Tidak ada yang mengira bahwa akan terjadi kejadian yang tak terduga seperti ini.

3 意义 yìyì **makna; arti**

【名词】[Nomina (kata benda)] ① 意思。Makna. ‖ 理解一句话的意义。Memahami arti suatu kalimat. | 这句话有三个意义。Kalimat ini memiliki tiga makna. ② 价值。Nilai. ‖ 这次的活动有很大意义。Acara ini memiliki arti besar. | 我们要把每一天都过得有意义。Kita harus menjalani setiap hari dengan makna yang berarti.

3 因此 yīncǐ **karena itu; oleh karena itu; karenanya; jadi**

【连词】[Konjungsi (kata penghubung)] 表示因果关系。Menunjukkan hubungan sebab-akibat. ‖ 她觉得自己学习不好,因此更加努力学习。Dia merasa belajar tidak baik, karena itu dia belajar lebih giat lagi. | 今天天气很好,因此我准备出去玩。Cuaca sangat bagus hari ini, jadi saya bersiap-siap untuk pergi keluar.

2 因为 yīnwéi **karena**

【连词】[Konjungsi (kata penghubung)] 与"所以"一起用,表示因果关系。Digunakan bersama dengan "所以" untuk menunjukkan hubungan sebab-akibat. ‖ 因为今天下雨,所以我没去公园玩。Karena hujan hari ini, saya tidak pergi ke taman bermain. | 因为这个篮球很便宜,所以我买了。Karena bola basket ini sangat murah, jadi saya membelinya.

【介词】[Preposisi (kata depan)] 表示原因。Menunjukkan alasan. ‖ 我昨天没去上学,因为我生病了。Saya tidak pergi ke sekolah kemarin karena saya sakit. | 我今天特别高兴,因为我考了一百分。Saya merasa sangat senang hari ini, karena saya mendapatkan nilai seratus.

2 阴 yīn **mendung**

【形容词】[Adjektiva (kata sifat)] 天上有云,没有太阳的天气。Cuaca di mana ada awan dan tidak ada matahari. ‖ 今天阴。Hari ini cuacanya mendung. | 上午天很阴,好像要下雨。Pagi hari sangat mendung, sepertinya akan hujan.

2 阴天 yīntiān **mendung**

【名词】[Nomina (kata benda)] 有云没有太阳的天空。Langit yang berawan dan tidak ada matahari. ‖ 前几天是阴天,今天终于是晴天了。Beberapa hari yang lalu cuacanya mendung, hari ini akhirnya cerah. | 今天是阴天。Hari ini adalah hari yang mendung.

2 **音节** yīnjié **notasi musik；intonasi；suku kata**

【名词】[Nomina（kata benda）] 声音的高低。Tinggi rendahnya suara.｜这句话重音在第二个音节。Penekanan dalam kalimat ini ada di suku kata kedua.｜一个一个音节地读出来。Bacakan satu per satu suku kata.

2 **音乐** yīnyuè **musik**

【名词】[Nomina kata benda] 一种艺术。Sebuah seni. ‖ 我喜欢听音乐。Saya suka mendengarkan musik.｜我和弟弟都喜欢音乐。Saya dan adik saya sama-sama suka musik.

2 **音乐会** yīnyuèhuì **pentas musik**

【名词】[Nomina（kata benda）] 音乐表演。Pertunjukan musik. ‖ 下周要开音乐会。Konser musik akan digelar minggu depan.｜我和朋友去听了一场音乐会。Saya dan teman-teman pergi mendengarkan konser musik.

3 **银** yín **perak**

【名词】[Nomina（kata benda）] 可以用来做成钱等东西。Bahan yang digunakan untuk membuat uang dan lainnya. ‖ 这个钱包是银的。Dompet ini terbuat dari perak.｜她有一只银手表。Dia memiliki sebuah jam tangan perak.

2 **银行** yínháng **bank**

【名词】[Nomina（kata benda）] 办理存钱、取钱等事情的地方。Tempat untuk melakukan transaksi seperti menabung dan mengambil uang. ‖ 她从银行取走一笔钱。Dia mengambil uang dari bank.｜她往银行存了一笔钱。Dia menyimpan uang dalam jumlah besar di bank.

2 **银行卡** yínhángkǎ **kartu ATM**

【名词】[Nomina（kata benda）] 用来消费、存取钱的工具。Alat untuk berbelanja, menabung, dan mengambil uang. ‖ 我要拿着银行卡去银行取现金。Saya akan membawa kartu ATM ke bank untuk mengambil uang tunai.｜我要存两万块钱到银行卡里。Saya akan menyetor dua puluh ribu yuan ke dalam kartu ATM.

3 **银牌** yínpái **medali perak**

【名词】[Nomina（kata benda）] 比赛中第二名得到的东西。Penghargaan untuk

peringkat kedua dalam kompetisi. ‖ 她在比赛中得了银牌。Dia mendapatkan medali perak dalam kompetisi. | 她没有得到银牌。Dia tidak mendapatkan medali perak.

3 印象 yìnxiàng **kesan**

【名词】[Nomina (kata benda)] 我对这个词语有印象。→我见过这个词语,我记得它。Saya punya kesan tentang kata ini. → Saya pernah melihat kata ini, saya mengingatnya. ‖ 那件事情我不太清楚,只有一点点印象。Saya tidak terlalu yakin tentang itu, hanya punya sedikit kesan. | 新来的汉语老师给我留下了深刻的印象。Guru bahasa Tionghoa yang baru meninggalkan kesan yang kuat padaku.

3 应当 yīngdāng **harus; wajib**

【动词】[Verba (kata kerja)] 应该。Harus. ‖ 朋友有困难,我们应当帮助他。Teman memiliki masalah, kita harus membantunya. | 机器应当经常检查。Mesin harus diperiksa secara teratur.

2 应该 yīnggāi **seharusnya**

【动词】[Verba (kata kerja)] 建议做某事。Menyarankan untuk melakukan sesuatu. ‖ 你应该好好学习。Anda harus belajar dengan tekun. | 我们应该听老师的话。Kita harus mendengarkan nasihat guru.

2 英文 yīngwén **Bahasa Inggris**

【名词】[Nomina (kata benda)] 最开始由英国人使用的一种语言,后来很多国家也使用。Bahasa yang awalnya digunakan oleh orang Inggris, dan kemudian digunakan oleh banyak negara. ‖ 这是一本英文书。Ini adalah buku berbahasa Inggris. | 我有一个英文名字。Saya memiliki nama Inggris.

2 英语 yīngyǔ **Bahasa Ingris**

【名词】[Nomina (kata benda)] 英国、美国等国家使用的语言。Bahasa yang digunakan di negara-negara seperti Inggris dan Amerika. ‖ 我天天学习英语。Saya belajar bahasa Inggris setiap hari. | 她的英语说得很好。Dia berbicara bahasa Inggris dengan baik.

3 迎接 yíngjiē **menyambut**

【动词】[Verba (kata kerja)] 等待欢迎。Menunggu dan menyambut. ‖ 经理在

门口迎接客人。Manajer menyambut tamu di pintu. | 选手们正在努力复习，迎接明天的汉语比赛。Peserta berusaha belajar dengan giat，menyambut kompetisi bahasa Tionghoa besok.

3 **营养** yíngyǎng **gizi**

【动词】[Verba（kata kerja）] 牛肉有很高的营养价值。→牛肉对身体活动有好处、有帮助。Daging sapi memiliki nilai gizi yang tinggi. → Daging sapi bermanfaat untuk aktivitas fisik，membantu. ‖ 他身体不好，要多补充营养。Dia dalam kondisi kesehatan yang buruk，harus lebih banyak mengkonsumsi makanan bergizi. | 苹果营养丰富，你应该多吃。Apel kaya nutrisi，Anda harus makan lebih banyak.

3 **赢** yíng **menang**

【动词】[Verba（kata kerja）] 取得胜利。Mencapai kemenangan. ‖ 大卫在决赛中赢了，太好了！David menang di final，sungguh bagus！| 有时候，输赢不重要，重要的是你学到了什么。Kadang-kadang，menang atau kalah tidaklah penting，yang penting adalah apa yang telah Anda pelajari.

2 **影片** yǐngpiān **film**

【名词】[Nomina（kata benda）] 播放的电影。Film yang diputar. ‖ 这部影片很好看。Film ini sangat bagus untuk ditonton. | 影片开始播放。Film mulai diputar.

3 **影视** yǐngshì **film**

【名词】[Nomina（kata benda）] 电影和电视。Film dan televisi. ‖ 她有很多的影视作品。Dia memiliki banyak karya film dan televisi. | 他是中国有名的影视明星。Dia adalah bintang film dan televisi terkenal di Tiongkok.

2 **影响** yǐngxiǎng **pengaruh**

【动词】[Verba（kata kerja）] 对他人或周围事物起作用。Mempengaruhi orang lain atau hal di sekitarnya. ‖ 屋外的鸟叫声影响我睡觉。Suara burung di luar mempengaruhi tidur saya. | 一直打游戏影响学习。Terlalu sering bermain game mempengaruhi belajar.

【名词】[Nomina（kata benda）] 所起的作用。Efek atau dampak yang ditimbulkan. ‖ 父母对孩子的影响很大。Pengaruh orang tua terhadap anak sangat besar. | 产生了很大的影响。Ini memiliki dampak yang besar.

3 **应用** yìngyòng　**menggunakan；mengaplikasikan**

【动词】［Verba（kata kerja）］使用。Menggunakan. ‖ 计算机被大范围应用。Komputer telah banyak digunakan. | 石油具有很大的应用价值。Minyak bumi memiliki nilai aplikasi yang besar.

2 **永远** yǒngyuǎn　**selamanya**

【副词】［Adverbia（kata keterangan）］表示时间长久，不会停止。Mengindikasikan waktu yang sangat lama dan tidak akan berhenti. ‖ 她永远忘不了这个地方。Dia tidak akan pernah lupa tempat ini. | 我们要永远快乐。Kita harus selalu bahagia.

1 **用** yòng　**pakai**

【动词】［Verba（kata kerja）］使用。Menggunakan atau memakai. ‖ 这道菜是用鸡肉做的。Makanan ini dibuat dengan menggunakan daging ayam. | 我用纸做了一些花。Saya membuat beberapa bunga dari kertas.

3 **优点** yōudiǎn　**keunggulan**

【名词】［Nomina（kata benda）］表现好的地方。Kelebihan atau aspek yang baik. ‖ 这种办法有不少优点。Metode ini memiliki banyak kelebihan. | 一个人不会光有优点，没有缺点。Seseorang tidak hanya memiliki kelebihan, tetapi juga memiliki kekurangan.

3 **优势** yōushì　**keunggulan**

【名词】［Nomina（kata benda）］超过对方的有利情况。Keuntungan yang lebih besar daripada pihak lain. ‖ 这场比赛中，小明更有优势。Dalam pertandingan ini, Xiaoming memiliki keuntungan yang lebih besar. | 她利用自己的优势，赢了比赛。Dia menggunakan keunggulannya untuk memenangkan pertandingan.

3 **由** yóu　**adalah；oleh**

【介词】［Preposisi（kata depan）］这件事由老王负责。→老王负责这件事。Ini ditangani oleh Lao Wang. ‖ 由组长介绍小组成员。Kelompok diperkenalkan oleh ketua kelompok. | 会议由院长主持。Pertemuan akan dipimpin oleh dekan.

3 **由于** yóuyú　**karena**

【介词】［Preposisi（kata depan）］表示原因。Menunjukkan alasan. ‖ 由于工作关

系,他在酒店住了三天。Karena pekerjaan, dia tinggal di hotel selama tiga hari. | 由于下大雨,她不能来上课。Karena hujan deras, dia tidak bisa datang ke kelas.
【连词】[Konjungsi (kata penghubung)] 表示原因;因为。Menunjukkan alasan; karena. ‖ 由于我刚来学校,所以对很多事情不清楚。Karena saya baru datang ke sekolah, jadi saya tidak begitu mengerti banyak hal. | 由于李老师十分负责任,我们的汉语成绩提高很快。Karena Li Laoshi sangat bertanggung jawab, maka prestasi bahasa Tionghoa kami meningkat dengan cepat.

3 **邮件** yóujiàn **surat; surel**
【名词】[Nomina (kata benda)] ① 通过邮局寄送的信、物品等。Surat atau barang yang dikirim melalui pos. 我到邮局去寄了几个邮件。Saya pergi ke kantor pos untuk mengirim beberapa surat. | 她去楼下的信箱取邮件。Dia pergi ke kotak surat di lantai bawah untuk mengambil surat. ② 特指电子邮件,通过网络邮箱接收和发送的信息。berarti surel, informasi yang dikirimkan melalui jaringan internet. | "你收到老师的邮件了吗?""我刚上网看了,还没收到。" "Apakah kamu sudah terima surel dari guru?" "Aku baru mengakses internet, belum terima." | 我现在很少用笔写信,都是用电脑发邮件。Saya sekarang sangat jarang menulis surat dengan pena, semuanya menggunakan surel melalui komputer.

3 **邮票** yóupiào **perangko**
【名词】[Nomina (kata benda)] 贴在邮件上表示已经付费的东西,由邮政部门发行,上面会印每张邮票代表的价格。Benda yang ditempelkan di atas surat sebagai bukti pembayaran, dikeluarkan oleh departemen pos, dan mencetak harga yang mewakili setiap lembar. ‖ 这是一张八角钱的邮票。Ini adalah perangko delapan fen. ‖ 我要买两张邮票。Saya ingin membeli dua lembar perangko.

3 **邮箱** yóuxiāng **kotak surat; kotak pos**
【名词】[Nomina (kata benda)] 放邮件的箱子。Kotak untuk menyimpan surat. ‖ 学校教学楼两边各有一个邮箱。Gedung belajar memiliki dua kotak pos di kedua sisi. | 两边有两个邮箱方便同学们放邮件。Ada dua kotak pos di kedua sisi gedung untuk memudahkan teman-teman dalam mengirim surat.

2 **油** yóu **minyak; bahan bakar**
【名词】[Nomina (kata benda)] 用动物加工出来的东西;石油加工出来的东

西。Bahan yang dihasilkan dari hewan atau minyak bumi. ‖ 炒菜时要先往锅里加油。Saat menggoreng makanan, tambahkan minyak ke wajan. ‖ 今天的菜里油很多。Makanan hari ini sangat berminyak. | 我要去给车加油。Saya akan pergi mengisi bensin.

3 **游** yóu **renang**

【动词】［Verba（kata kerja）］人或动物在水里活动。Orang atau hewan bergerak di air. ‖ 小鱼在河里游。Ikan kecil berenang di sungai. | 他游了五十米。Dia berenang lima puluh meter.

2 **游客** yóukè **wisatawan; pelancong; turis**

【名词】［Nomina（kata benda）］在外旅游的人。Orang yang berwisata. ‖ 很多国外游客都来北京玩。Banyak turis asing datang berlibur ke Beijing. | 节日的时候,游客很多。Saat hari raya, ada banyak wisatawan.

3 **游戏** yóuxì **permainan**

【名词】［Nomina（kata benda）］妹妹和朋友在玩游戏。→妹妹和朋友在做好玩儿的活动。Adik dan teman-teman bermain permainan. → Adik dan teman-teman melakukan kegiatan menyenangkan. ‖ 上课前,老师让我们玩一个游戏。Sebelum kelas dimulai, guru membiarkan kami bermain permainan. | 大卫在玩电脑游戏。David sedang bermain permainan komputer.

3 **游泳** yóuyǒng **berenang**

【名词】［Nomina（kata benda）］一种体育运动。Olahraga renang. ‖ 你喜欢游泳还是跑步? Apakah kamu lebih suka berenang atau berlari? | 她的爱好是游泳。Hobi dia adalah berenang.

【动词】［Verba（kata kerja）］人或动物在水里自由地活动。Orang atau hewan bergerak bebas di dalam air. ‖ 下课后,我经常去游泳。Setelah pelajaran, saya sering pergi berenang. | 小狗在水里游泳。Anjing kecil berenang di dalam air.

2 **友好** yǒuhǎo **ramah**

【形容词】［Adjektiva（kata sifat）］中国人对外国朋友的态度十分友好。→中国人愿意和外国朋友交往。Sikap ramah terhadap teman dari negara asing. ‖ 他们是一对友好的朋友。Mereka adalah sepasang teman yang ramah. | 握手是表示友好的态度的方式。Bersalaman adalah cara menunjukkan sikap ramah.

1 **有** yǒu **ada; punya; memiliki**

【动词】[Verba (kata kerja)] ① 跟“没”的意思完全不同。Berbeda sepenuhnya dengan arti “tidak ada”. ‖ 我有三个本子,他一个都没有。Saya memiliki tiga buah buku, sedangkan dia tidak memiliki satupun. | 教室里有三十个学生,体育场一名学生都没。Di dalam kelas ada 30 murid, sementara tidak ada seorang muridpun di lapangan olahraga. ② 表示发生或出现。Menyatakan terjadi atau munculnya sesuatu. ‖ 他有病了,不能来上课。Dia sakit, jadi tidak bisa datang ke kelas. | 我在同学们的帮助下中文有了很大的进步。Saya telah mengalami kemajuan besar dalam bahasa Mandarin berkat bantuan teman-teman.

1 **有的** yǒude **ada yang; sebagian**

【代词】[Pronomina (kata ganti)] 人或事物中的一部分。Sebagian dari orang atau hal. ‖ 我们班有的人喜欢中文,有的人不喜欢。Di dalam kelas kami, sebagian siswa menyukai bahasa Mandarin, sementara yang lain tidak. | 下课了,有的同学去吃饭了,有的同学还在写作业。Setelah pelajaran, sebagian teman-teman pergi makan, sementara yang lain masih mengerjakan tugas.

3 **有的是** yǒudeshì **banyak**

【短语】[frasa] 表示有很多。Menyatakan banyaknya sesuatu. ‖ 苹果有的是,你随便吃。Apel ada banyak, silakan ambil. | 准备考试的时间有的是,你不用害怕。Kamu tidak perlu takut, waktu untuk belajar menghadapi ujian ada banyak.

2 **有空儿** yǒukōngr **punya waktu luang**

【动词】[Verba (kata kerja)] 有时间。Mempunyai waktu luang. ‖ 我有空儿就练习写汉字。Saya akan berlatih menulis aksara Mandarin jika saya memiliki waktu luang. | 今天不上课,我有空儿打球。Hari ini tidak ada pelajaran, jadi saya punya waktu luang untuk bermain bola.

3 **有利** yǒulì **menguntungkan; bermanfaat**

【形容词】[Adjektiva (kata sifat)] 有好处;有帮助。Menguntungkan; membantu. ‖ 交中国朋友对你学习中文很有利。Berkenalan dengan teman dari Tiongkok akan sangat menguntungkan untuk belajar bahasa Mandarin Anda. | 经常运动对健康有利。Olahraga rutin bermanfaat untuk kesehatan.

1 **有名** yǒumíng **terkenal**

【形容词】[Adjektiva (kata sifat)] 很多人都知道的名字。Nama yang banyak orang kenal. ‖ 他是个有名的老师,很多人都认识他。Dia adalah seorang guru yang terkenal, banyak orang mengenalnya. | 我的老师是有名的中文老师,同学们都很喜欢他。Guru bahasa Mandarin saya terkenal, teman-teman semua menyukainya.

2 **有人** yǒurén **seseorang; sebagian orang**

【短语】[frasa] 指某个或某些人。Merujuk pada satu atau beberapa orang. ‖ 教室里有人在上课。Di dalam kelas ada orang yang sedang belajar. | 有人送我一本书。Seseorang memberi saya sebuah buku.

1 **有时候/有时** yǒushíhòu/yǒushí **ada kalanya; kadang-kadang**

【短语】[frasa] 这里的天气,有时热,有时冷。Cuaca di sini kadang-kadang panas, kadang-kadang dingin. | 有时候放学很晚,天都黑了。Kadang-kadang setelah sekolah berakhir sangat larut, hari sudah gelap.

3 **有效** yǒuxiào **bermanfaat; efektif**

【动词】[Verba (kata kerja)] 能达到理想的目的。Dapat mencapai tujuan yang diinginkan. ‖ 这个学习中文的方法真的很有效。Metode belajar bahasa Mandarin ini memang sangat efektif. | 这个药很有效,吃完病就好了。Obat ini sangat efektif, setelah diminum, penyakitnya sembuh.

2 **有(一)点儿** yǒu(yì)diǎnr **sedikit**

【副词】[Adverbia (kata keterangan)] 表示程度轻。Menunjukkan tingkat yang ringan. ‖ 我有(一)点儿饿了,我们去吃饭吧。Saya merasa sedikit lapar, mari kita makan. | 今天作业有(一)点儿多,我写完再去吃饭。Tugas hari ini sedikit banyak, saya akan menyelesaikannya dulu sebelum makan.

1 **有(一)些** yǒu(yì)xiē **sebagian**

【动词】[Verba (kata kerja)] 有一部分。Memiliki sebagian. ‖ 我们班里的同学有(一)些是从国外来的。Beberapa siswa di kelas kami berasal dari luar negeri. | 火车上,有(一)些人在看书,有(一)些人在说话。Di dalam kereta, ada orang yang membaca buku, dan ada yang sedang berbicara.

[2] **有意思** yǒuyìsi **bermakna; menarik; menarik**

【短语】[frasa] 有趣,好玩儿。Menarik; menyenangkan. ‖ 汉语课上的课堂游戏很有意思,我很喜欢。Permainan kelas dalam pelajaran bahasa Mandarin sangat menyenangkan, saya sangat menyukainya. | 写汉字非常有意思。Menulis aksara Mandarin sangat menyenangkan.

[1] **有用** yǒuyòng **berguna; bermanfaat**

【动词】[Verba (kata kerja)] 可以用。Dapat digunakan. ‖ 我认为字典是很有用的工具书。Menurut saya, kamus adalah referensi yang sangat berguna. | 老师教给我们很多有用的汉字。Guru kami mengajarkan banyak aksara Mandarin yang berguna bagi kami.

[1] **右** yòu **kanan**

【名词】[Nomina (kata benda)] 跟"左"相反。Berlawanan dengan "kiri". ‖ 我用右手写字。Saya menulis dengan tangan kanan. | 妈妈坐在我的右方。Ibu duduk di sebelah kanan saya.

[1] **右边** yòubian **sebelah kanan**

【名词】[Nomina (kata benda)] 靠右的一边。Sisi sebelah kanan. ‖ 我回家需要往右边走。Saya harus berjalan ke arah kanan untuk pulang ke rumah. | 我的右边有条小狗。Di sebelah kanan saya ada anjing.

[2] **又** yòu **lagi; berulang**

【副词】[Adverbia (kata keterangan)] ① 表示同一个动作或情况再一次出现。Menunjukkan tindakan atau situasi yang sama muncul lagi. ‖ 小孩找不到妈妈,他又哭了。Anak kecil tidak bisa menemukan ibunya, dia menangis lagi. | 他觉得没吃饱,就又吃了一碗米饭。Dia merasa belum kenyang, jadi dia makan lagi sepiring nasi. | 我又迟到了。Saya terlambat lagi. ② 表示同时存在两种动作或情况。Menunjukkan dua tindakan atau situasi yang ada bersamaan. ‖ 他又是接电话,又是写文件,非常忙。Dia sedang menerima telepon dan menulis file, sangat sibuk. | 他帮我买了水果,又帮我打扫了屋子。Dia membelikan saya buah, dan juga membersihkan kamar saya.

Y

[2] **鱼** yú **ikan**

【名词】[Nomina (kata benda)] 生活在水里的一种动物。Sejenis hewan hidup

di dalam air. ‖ 河里有许多鱼。Di sungai ada banyak ikan. | 我养了一条小鱼。Saya memelihara seekor ikan kecil.

1 **雨** yǔ **hujan**

【名词】[Nomina (kata benda)] 一种自然现象。Sejenis fenomena alam. ‖ 下雨了,我要快点回家。Sedang hujan, saya harus segera pulang. | 雨对我们的生活来说很重要。Hujan sangat penting bagi kehidupan kita.

2 **语言** yǔyán **bahasa**

【名词】[Nomina (kata benda)] 人们交流时使用的一种工具。Alat komunikasi yang digunakan orang saat berinteraksi. ‖ 汉语是一门语言。Bahasa Mandarin adalah salah satu bahasa. | 世界上有许多种语言。Di dunia ada banyak bahasa.

3 **预报** yùbào **prediksi; perkiraan**

【动词】[Verba (kata kerja)] 预先报告。Mengabarkan sebelumnya. ‖ 天气预报/台风预报。Prakiraan cuaca / angin topan. | 天气预报说,这几天海口的气温会升高。Prakiraan cuaca mengatakan bahwa suhu di Haikou akan meningkat dalam beberapa hari.

3 **预防** yùfáng **antisipasi; cegah**

【动词】[Verba (kata kerja)] 事先防范。Mencegah sebelumnya. ‖ 预防疾病/预防火灾。Pencegahan penyakit / kebakaran. 冬季要多锻炼身体,预防疾病的发生。Pada musim dingin, kita harus lebih banyak berolahraga untuk mencegah penyakit. | 我们出门要戴口罩,预防新冠病毒的感染。Ketika kami pergi, kami harus menggunakan masker untuk mencegah infeksi virus korona.

3 **预计** yùjì **estimasi; perkiraan**

【动词】[Verba (kata kerja)] 根据现有的信息或数据来估计或推测未来的情况或结果,还可以表示对未来情况或事件的估计。Mengestimasi atau menduga berdasarkan informasi atau data yang ada untuk keadaan atau hasil di masa depan, juga dapat menunjukkan perkiraan tentang situasi atau acara di masa depan. ‖ 根据天气预报,明天海口可能有阵雨。Berdasarkan prakiraan cuaca, mungkin akan ada hujan ringan di Haikou besok. | 根据经济专家的分析,预计今年的经济增长将达到百分之五。Berdasarkan analisis para ahli ekonomi, perkiraan pertumbuhan ekonomi tahun ini akan mencapai lima persen.

3 **预习** yùxí **persiapan**

【动词】[Verba (kata kerja)] 学生事先自学将要讲授的功课。Mengajari diri sebelumnya tentang pelajaran yang akan diajarkan. ‖ 今天的作业是课下预习第二课的内容。Tugas hari ini adalah mempersiapkan pelajaran kedua sebelum kelas.

1 **元** yuán **Yuan**

【量词】[Kuantifier (kate pengukur)] 中国表示钱的单位。Satuan uang di Tiongkok. ‖ 一元等于十角。Satu Yuan sama dengan sepuluh jiao. | 我花十元买了一个本子。Saya menghabiskan sepuluh Yuan untuk membeli sebuah buku.

3 **员** yuán **orang; personil**

【后缀】[suffix] 名词后缀。Noun suffix。‖ 她是这家酒店的服务员。Dia pelayan di hotel ini. | 他是一位短跑运动员。Dia seorang sprinter.

3 **员工** yuángōng **pegawai; karyawan; staf**

【名词】[Nomina (kata benda)] 指职员或工人。Merujuk pada karyawan atau pekerja. ‖ 全体员工/教职员工。Seluruh staf / staf pengajar. | 五一期间,领导带领全体员工去了泰山。Selama liburan 1 Mei, kepala staf membawa seluruh karyawan ke Gunung Tai. | 我们学校的教职员工都很年轻。Karyawan pengajar di sekolah kami semuanya masih muda.

2 **原来** yuánlái **asal; sebelumnya**

【形容词】[Adjektiva (kata sifat)] 她还住在原来的城市。→她一直住在以前的城市,没有去新的城市。Dia masih tinggal di kota lamanya. → Dia selalu tinggal di kota sebelumnya, tidak pergi ke kota baru. ‖ 我找不到原来的作业了,只能重新写一份。Saya tidak bisa menemukan tugas asli, saya harus menulis lagi. | 李华回到原来的班级上课。Li Hua kembali ke kelas lamanya.

【副词】[Adverbia (kata keterangan)] 以前的一段时间。Sebelumnya dalam suatu periode waktu. ‖ 原来这里有一家商店,现在没有了。Di tempat ini sebelumnya ada toko, sekarang tidak ada lagi. | 他原来汉语很差,现在可以和中国人顺利地交流了。Bahasa Mandarinnya dulu sangat buruk, sekarang bisa berkomunikasi dengan orang Tiongkok dengan lancar.

2 **原因** yuányīn **penyebab; alasan**

【名词】[Nomina (kata benda)] 我想知道你明天不去参加比赛的原因。→我想知道,为什么你明天不去参加比赛。Saya ingin tahu alasannya dia tidak akan mengikuti kompetisi besok. → Saya ingin tahu, mengapa dia tidak akan mengikuti kompetisi besok. ‖ 由于天气原因,飞机不能正常起飞。Karena cuaca, pesawat tidak bisa lepas landas dengan normal. | 她这么做,一定有她的原因。Dia pasti punya alasan untuk melakukan ini.

1 **远** yuǎn **jauh**

【形容词】[Adjektiva (kata sifat)] 跟"近"相对。Berlawanan dengan "dekat". ‖ 我家离学校近,他家离学校远。Rumah saya dekat dengan sekolah, rumahnya jauh dari sekolah. | 中国离我们国家很远。Tiongkok jauh dari negara kami.

2 **院** yuàn **kampus; departemen**

【名词】[Nomina (kata benda)] 一些学校、单位等。Beberapa sekolah, unit, dll. ‖ 我们是国际教育学院的学生。Kami adalah mahasiswa dari Departemen Pendidikan Internasional. | 我妈妈在医院工作。Ibu saya bekerja di rumah sakit.

2 **院长** yuànzhǎng **dekan**

【名词】[Nomina (kata benda)] 她是我们学院的院长。→她是我们学院的管理者。Dia adalah dekan kampus kami. Dia adalah manajer dari sekolah kami. ‖ 刚才我碰见了院长。Baru saja saya bertemu dengan dekan. | 你知道谁是院长吗? Apakah kamu tahu siapa dekannya?

2 **院子** yuànzi **halaman**

【名词】[Nomina (kata benda)] 房子前有一个院子。→房子前有一块空的地方。Di depan rumah ada sebuah halaman. Rumah memiliki sebidang tanah kosong di depannya. Kami memiliki halaman di rumah kami. ‖ 我家有一个院子。Rumahku memiliki halaman. | 我想租一个有院子的房子。Saya ingin menyewa rumah yang memiliki halaman.

3 **愿望** yuànwàng **harapan**

【名词】[Nomina (kata benda)] 希望可以达到某种想法。Harapan untuk

mencapai sesuatu. ‖ 今天是你的生日,你有什么愿望吗? Hari ulang tahunmu, apakah kamu punya harapan apa-apa? | 我的愿望是将来有机会去中国。Keinginan saya adalah memiliki kesempatan untuk pergi ke Tiongkok di masa depan.

2 愿意 yuànyì **bersedia**

【动词】[Verba (kata kerja)] 我愿意参加这个比赛。→我认为我可以参加这个比赛。Saya bersedia berpartisipasi dalam kompetisi ini. Saya pikir saya bisa berpartisipasi dalam kompetisi ini. ‖ 你愿意和那个小组一起讨论问题吗? Apakah Anda bersedia bergabung dengan kelompok itu untuk berdiskusi? | 如果她愿意,就让她来。Jika dia bersedia, minta dia datang.

3 约 yuē **membuat janji**

【动词】[Verba (kata kerja)] 表示约定、安排。两人或多人已经商量好了时间和地点。Menyatakan janji atau pengaturan. Dua atau lebih orang telah merundingkan waktu dan tempat. ‖ 我和我的好朋友大卫约好了明天见面。Saya telah mengatur untuk bertemu dengan teman baik saya besok.

【副词】[Adverbia (kata keterangan)] 表示大约、大概的意思。Menunjukkan arti "sekitar" atau "mungkin". ‖ 我花了约一个小时才写完这篇作文。Saya menghabiskan sekitar satu jam untuk menulis esai ini.

1 月 yuè **bulan**

【名词】[Nomina (kata benda)] 计算时间的单位。Satuan untuk menghitung waktu. ‖ 一年有十二个月。Setahun terdiri dari dua belas bulan. | 我每个月都会去旅游。Saya berlibur setiap bulan.

2 月份 yuèfèn **bulan**

【名词】[Nomina (kata benda)] 某一个月,一年有十二个月份 Sebuah bulan tertentu, ada dua belas bulan dalam setahun ‖ 十二月份开始下雪了。Bulan Desember mulai bersalju. | 六月份很热。Bulan Juni sangat panas.

2 月亮 yuèliang **bulan**

【名词】[Nomina (kata benda)] 月。Bulan. ‖ 月亮高高地挂在天上。Bulan tergantung tinggi di langit. | 星星没有月亮亮。Tidak ada bintang malam ini, hanya ada bulan.

3 **乐队** yuèduì **band**

【名词】[Nomina (kata benda)] 表演音乐的一群人组成一个团体。Kelompok orang yang tampil musik. ‖ 我哥哥是乐队的其中一个成员。Kakak laki-laki saya adalah salah satu anggota band. | 你知道哪些乐队吗? Tahukah Anda band-band apa saja?

2 **越** yuè **semakin**

【副词】[Adverbia (kata keterangan)] 温度越低,天气越冷。→温度影响天气,温度低,天气冷。Semakin rendah suhunya, semakin dingin cuacanya. Suhu mempengaruhi cuaca, semakin rendah suhunya, semakin dingin cuacanya. ‖ 雨越下越大。Hujan semakin deras. | 你的汉语越好,和别人交流越有信心。Anda semakin pandai berbahasa Cina, semakin percaya diri Anda dalam berkomunikasi dengan orang lain.

2 **越来越** yuèláiyuè **semakin lama semakin**

【副词】[Adverbia (kata keterangan)] 冬天来了,天气越来越冷。→冬天来了,天气一天比一天冷。Musim dingin tiba, cuaca semakin dingin. ‖ 雨停后,海边的人越来越多。Setiap hari setelah hujan berhenti, orang di pantai semakin banyak. | 在中国生活的这段时间,我的中文越来越好。Selama saya tinggal di Tiongkok, kemampuan bahasa Mandarin saya semakin baik.

2 **云** yún **awan**

【名词】[Nomina (kata benda)] 一种自然现象。Suatu fenomena alam. ‖ 天上的云是白色的。Langit berawan berwarna putih. | 今天的天气不好,天上没有云。Cuaca hari ini tidak bagus, langitnya tidak berawan.

2 **运动** yùndòng **olahraga**

【动词】[Verba (kata kerja)] 通过一些活动,让身体变得健康。Menggunakan aktivitas untuk membuat tubuh menjadi sehat. ‖ 经常运动对身体有好处。Olahraga secara teratur bermanfaat bagi kesehatan tubuh. | 你多久运动一次? Seberapa sering Anda berolahraga?

【名词】[Nomina (kata benda)] 体育活动。Kegiatan olahraga. ‖ 我最喜欢的运动是打篮球。Olahraga favorit saya adalah bermain bola basket. | 游泳也是一种运动。Berenang juga merupakan jenis olahraga.

[3] **运输** yùnshū **pengiriman**

【动词】［Verba（kata kerja）］用交通工具把人或东西从一个地方送到另一个地方。Mengirimkan orang atau barang dari satu tempat ke tempat lain menggunakan transportasi. ‖ 火车运输家具到南方。Kereta api mengangkut furnitur ke selatan. | 公园里的车每天运输许多游客。Mobil di taman mengangkut banyak pengunjung setiap hari.

Z

3 **杂志** zázhì **majalah**

【名词】[Nomina（kata benda）] 定期发表的有丰富内容的一种书。Sebuah jenis buku yang diterbitkan secara teratur dengan konten yang beragam. ‖ 我平常不看报纸，我爱看杂志。Saya biasanya tidak membaca surat kabar, saya suka membaca majalah. | 杂志上又有图片又有文字，比报纸好看。Di majalah ada gambar dan teks, lebih menarik daripada surat kabar. | 每个月都有人来我们家送杂志。Setiap bulan, ada orang yang datang ke rumah kami untuk mengirim majalah. | 现在网上也有一些电子杂志。Sekarang ada beberapa majalah elektronik di internet.

1 **再** zài **lagi; berlanjut; berulang**

【副词】[Adverbia（kata keterangan）] ① 同样的动作或事情重复出现或继续出现。Sama dengan tindakan atau hal yang diulang atau berlanjut. ‖ 不好意思，我没听清，可以再说一次吗？Maaf, saya tidak mendengar dengan jelas, bisakah Anda mengulanginya lagi? | 他再也不想生病了。Dia tidak ingin sakit lagi. | 我再次打开教室的门，发现教室变得干净了。Saya membuka pintu kelas lagi dan menemukan kelasnya menjadi bersih. ② 表示一个动作发生在另一个动作后面。Menunjukkan bahwa suatu tindakan terjadi setelah tindakan lain. ‖ 你先打开网站，再打开邮箱。Anda pertama-tama buka situs web, lalu buka kotak surat. | 你先走，我一会儿再去。Anda pergi dulu, saya akan datang nanti. | 先吃饭吧，一会儿再写作业。Makan dulu, lalu saya akan mengerjakan tugas nanti. ③ 程度加深。Intensitas meningkat. ‖ 你的成绩还可以再高一点。Prestasi Anda bisa lebih tinggi lagi. | 这件衣服能不能再便宜一点？Bisa kah pakaian ini lebih murah lagi? | 你再走近一点，我还是看不清。Anda mendekat lagi, tetapi saya masih tidak bisa melihat jelas. ④ 在原来的基础上增加。Menambahkan sesuatu berdasarkan dasar yang ada. ‖ 我没吃饱，请再来一碗。Saya belum kenyang, silakan datang lagi satu mangkuk. | 我想再买一些笔记本。Saya ingin membeli lebih banyak buku catatan lagi. | 请再给我一杯水，谢谢。Tolong beri saya lagi segelas air, terima kasih.

1 **再见** zàijiàn **sampai jumpa**

【动词】［Verba（kata kerja）］和别人告别时说的话，表示以后还会见面。Kata-kata yang dikatakan ketika berpisah dengan orang lain, menunjukkan akan bertemu lagi di masa depan. ‖ 再见，我们明天上午见。Sampai jumpa, kita bertemu besok pagi. | 快和老师说再见。Cepat katakan selamat tinggal kepada guru. | 他每天早上出门前都会和父母说再见。Setiap pagi sebelum berangkat, dia selalu mengatakan selamat tinggal kepada orang tuanya.

1 **在** zài **di**

【动词】［Verba（kata kerja）］① 在某个地方有，存在。Ada di suatu tempat, ada. ‖ 他们在山上找不到路了。Mereka tidak bisa menemukan jalan di gunung. | 他一直在这座城市，没有离开过。Dia selalu berada di kota ini, tidak pernah pergi. | 他已经不在了，他去世了。Dia sudah tidak ada lagi, dia meninggal dunia. | 老师不在办公室。Guru tidak ada di kantor. ② 让某人作决定。Memungkinkan seseorang membuat keputusan. ‖ 这事怎么做，还是在你决定。Bagaimana cara mengatasinya, masih tergantung pada Anda. | 这次的问题主要在我没有准备好。Masalah kali ini ada pada saya yang belum siap. | 去不去国外还是在他怎么想。Apakah Anda akan pergi ke luar negeri atau tidak, tergantung pada pendapatnya.

【介词】［Preposisi（kata depan）］表示动作发生的时间、地点、条件或者范围。Menunjukkan waktu, tempat, kondisi atau lingkup terjadinya suatu tindakan. ‖ 他出生在 1996 年。Dia lahir pada tahun 1996. | 他在这座房子里住。Dia tinggal di rumah ini. | 会议在今天下午两点开始。Rapat dimulai pukul dua siang.

【副词】［Adverbia（kata keterangan）］正在进行，正在发生。Sedang terjadi, sedang berlangsung. ‖ 他现在在开会，没办法接你电话。Dia sedang rapat sekarang, tidak bisa mengangkat telepon Anda. | 他一个人在看电影。Dia sedang menonton film sendirian. | 天在下雨，很久都没有停。Sedang hujan, sudah lama belum berhenti.

1 **在家** zàijiā **di rumah**

【动词】［Verba（kata kerja）］在自己的家里。Berada di rumah sendiri. ‖ 我今天在家，哪里也没去。Saya berada di rumah hari ini, tidak pergi kemana-mana. | 他不在家，不知道他去哪里了。Dia tidak di rumah, tidak tahu dia pergi kemana. | 你在不在家？我可以去找你玩吗？Apakah kamu ada di rumah? Bolehkah saya datang untuk bermain denganmu?

[2] 咱 zán **saya**

【代词】［Pronomina（kata ganti）］① 我。Saya. ‖ 咱不知道你在说什么。→我不知道你在说什么。Saya tidak tahu apa yang Anda bicarakan. | 他没问咱是谁，咱也没问他是谁。→他没问我是谁，我也没问他是谁。Dia tidak bertanya siapa saya, dan saya pun tidak bertanya siapa dia. ② 我们。Kami. ‖ 他们都走了，咱也走吧。→他们都走了，我们也走吧。Mereka semua sudah pergi, mari kita pergi juga. | 咱一起去看电影吧。→我们一起去看电影吧。Mari kita pergi ke bioskop bersama-sama.

[2] 咱们 zánmen **kita**

【代词】［Pronomina（kata ganti）］我们。Kami. ‖ 咱们三个人走吧，他不走。→我们三个人走吧，他不走。Kita bertiga pergi, dia tidak ikut. | 咱们一起走吧。→我们一起走吧。Mari kita bertiga pergi, dia tidak ikut.

[2] 脏 zāng **kotor**

【形容词】［Adjektiva（kata sifat）］不干净。Tidak bersih. ‖ 这张桌子很脏，不要把书放在上面。Meja ini sangat kotor, jangan letakkan buku di atasnya. | 这件衣服很脏，你洗一下吧。Pakaian ini sangat kotor, tolong cuci.

[1] 早 zǎo **pagi**

【形容词】［Adjektiva（kata sifat）］表示很久以前的某个时间段。Menunjukkan suatu periode waktu yang lama di masa lalu. ‖ 我记得在很早的时候，我们一起玩过。Saya ingat dulu kita pernah bermain bersama.

【副词】［Adverbia（kata keterangan）］表示提前或提早的意思。Menunjukkan arti "lebih awal" atau "lebih dini". ‖ 今天第三节口语课大卫早到了十分钟。Hari ini pertemuan berbicara bahasa berbahasa ketiga sudah awal sepuluh menit.

[2] 早餐 zǎocān **sarapan；makanan pagi**

【名词】［Nomina（kata benda）］早晨进餐，早点。Makanan pagi, sarapan. 今天HSK考试，好多同学起来复习，都没来得及吃早餐。Hari ini ujian HSK, banyak teman-teman yang tidak punya waktu untuk sarapan.

[2] 早晨 zǎochén **pagi hari**

【名词】［Nomina（kata benda）］太阳出来的这段时间。Waktu matahari terbit. ‖ 早晨的空气很清新。Udara pagi sangat segar. | 早晨太阳从东边升起。Pagi

Z

hari, matahari terbit dari arah timur.

1 **早饭** zǎofàn **sarapan**

【名词】[Nomina (kata benda)] 早晨吃的一餐饭。Makanan pagi. ‖ 今天上午的阅读课是早上八点,七点半的时候大家都在吃早饭了。Kelas membaca di pagi hari pukul delapan, pukul setengah tujuh semua orang sudah sarapan.

2 **早就** zǎojiù **sejak dulu; sejak lama**

【短语】[frasa] 由副词"早"和副词"就"组成。它表示某种情况或事件早已发生或完成。Terdiri dari kata keterangan "早" dan kata keterangan "就". Ini menunjukkan bahwa suatu keadaan atau peristiwa telah terjadi atau diselesaikan sejak lama. ‖ 他早就知道这件事情了。Dia sudah tahu tentang hal ini sejak lama. (表示他在很久以前就已经知道了这个消息。Menunjukkan bahwa dia telah mengetahui berita ini sejak lama.) ‖ 他们早就离开了那个城市。Mereka sudah Meninggalkan kota itu sejak lama. | 表示他们在很久以前就已经离开了那个城市。menunjukkan bahwa mereka telah meninggalkan kota itu sejak lama.

1 **早上** zǎoshang **pagi hari**

【名词】[Nomina (kata benda)] 是一天的开始,往往指充满活力的时刻。Waktu dimulainya hari, sering kali mengacu pada momen yang penuh semangat. 我今天早上在操场跑步的时候看到大卫了。Pagi ini saat saya berlari di lapangan, saya melihat David.

3 **早已** zǎoyǐ **telah lama**

【副词】[Adverbia (kata keterangan)] ① 很早已经,早就。Sudah lama sekali, sudah lama. ‖ 讲座还没有开始,教室门口早已来了很多学生。Sebelum kuliah dimulai, pintu kelas sudah dikerumuni oleh banyak siswa. ② 早先,以前。Dahulu, sebelumnya. ‖ 现在大家都用水笔写字,早已不用钢笔。Sekarang semua orang menulis dengan pulpen, sudah lama sekali menggunakan pena tinta.

3 **造** zào **membuat; menciptakan**

【动词】[Verba (kata kerja)] ① 制作,做。Membuat, membuat. ‖ 她居然自己造出了一个火箭模型。Dia bahkan berhasil membuat model roket sendiri. ② 虚构,瞎编的,不真实的。Mengarang, membuat sesuatu yang tidak nyata, tidak benar. ‖ 这份材料是他伪造的,大家不能相信。Bahan ini palsu, kita tidak bisa percaya.

3 **造成** zàochéng **menghasilkan; mengakibatkan; menimbulkan**

【动词】［Verba（kata kerja）］带来；产生（一般指不好的结果）。Mengakibatkan; menghasilkan (biasanya merujuk pada hasil yang buruk). ‖ 一直玩手机会造成眼睛上的一些问题。Terlalu sering menggunakan ponsel dapat menyebabkan beberapa masalah pada mata.

3 **责任** zérèn **tanggung jawab**

【名词】［Nomina（kata benda）］应该做的事情。Hal-hal yang harus dilakukan. ‖ 在小王家，妈妈的责任是做饭，爸爸的责任是洗碗。Di rumah Wang, tugas ibu adalah memasak, tugas ayah adalah mencuci piring. ｜ 教育孩子是父母和老师共同的责任。Mendidik anak adalah tanggung jawab bersama antara orang tua dan guru.

2 **怎么** zěnme **bagaimana; mengapa**

【副词】［Adverbia（kata keterangan）］① 表示询问对方是否知道某个东西。Menunjukkan pertanyaan apakah seseorang mengetahui sesuatu. ‖ 你知道怎么书写这个汉字的笔画吗？Apakah Anda tahu bagaimana cara menulis goresan karakter Tiongkok ini? ② 表示惊讶。Menunjukkan keheranan. ‖ "大卫怎么了，他怎么还没来上课？" "他发烧了，正在医院呢。" "Apa yang terjadi dengan David, mengapa dia belum datang ke kelas?" "Dia sakit, sedang di rumah sakit." ③ 询问一个人的主观感受或想法。Menanyakan perasaan subjektif atau pikiran seseorang. ‖ 玛丽，我今天穿的裙子好看吗？你觉得怎么样？Mary, apakah rok saya terlihat bagus hari ini? Bagaimana menurutmu?

2 **怎么办** zěnmebàn **bagaimana**

① 意思是指不知道如何解决。Artinya tidak tahu bagaimana menyelesaikan sesuatu. 你知道去海南东站怎么走吗？Apakah Anda tahu bagaimana cara mencapai Stasiun Timur Hainan? ‖ 我的电脑出了问题，你能告诉我怎么办吗？Bagaimana cara memperbaiki komputer saya yang bermasalah?

2 **怎么样（怎样）** zěnmeyàng（zěnyàng） **bagaimana**

【代词】［Pronomina（kata ganti）］① 用于否定句，代替某些不说出来的动作或情况。Digunakan dalam kalimat negatif, menggantikan tindakan atau situasi tertentu yang tidak diucapkan. ‖ 他画得也不怎么样。Gambar yang dia gambar

Z

juga tidak bagus. ② 如何，怎样。Bagaimana, seperti apa. ‖ 玛丽，你觉得这件衣服怎么样。Mary, menurutmu baju ini bagaimana? | 大卫你这次 HSK 考得怎样? Bagaimana hasil tes HSK kali ini menurutmu?

3 **增加** zēngjiā **meningkat**

【动词】[Verba (kata kerja)] 在原来的基础上变多。Meningkatkan sesuatu dari dasar yang ada. ‖ 今年参加比赛的人数增加了。Jumlah orang yang berpartisipasi dalam kompetisi tahun ini meningkat. | 为了让学生们身体的健康，学校增加了许多体育课。Untuk menjaga kesehatan siswa, sekolah telah menambahkan banyak pelajaran olahraga.

3 **增长** zēngzhǎng **meningkatkan**

【动词】[Verba (kata kerja)] 提高。Meningkatkan. ‖ 多读书可以增长我们的知识。Membaca banyak dapat meningkatkan pengetahuan kita.

3 **展开** zhǎn//kāi **membuka**

【动词】[Verba (kata kerja)] ① 打开。Membuka. ‖ 孩子们慢慢地展开了这幅美丽的画。Anak-anak perlahan-lahan membuka gambar yang indah ini. ② 开始；进行。Mulai; memulai. ‖ 为了选出最后的第一名，他们展开了第三次比赛。Untuk menentukan pemenang terakhir, mereka memulai putaran ketiga.

1 **站** zhàn **halte**

【名词】[Nomina (kata benda)] 指车站、站点。Stasiun, halte. ‖ 这趟火车到站点了还没停。Kereta api ini tiba di stasiun.

2 **站** zhàn **berdiri**

【动词】[Verba (kata kerja)] 站立。Berdiri. ‖ 他在教室里靠墙站立。Dia berdiri di dekat dinding dalam ruang kelas.

2 **站住** zhàn//zhù **berhenti; diam**

【动词】[Verba (kata kerja)] 指停止行动而站立。Berhenti bergerak dan berdiri. ‖ 大卫走出教室门，突然站住了。David keluar dari pintu kelas dan tiba-tiba berhenti bergerak. | 别跑，你给我站住! Jangan lari, berdiri diam.

2 **占** zhàn **menempati; menduduki**

【动词】[Verba (kata kerja)] 这栋房子占地一百平方米，三个人住可以了。→

Z

这栋房子一百平方米大，够三个人住。Rumah ini menempati luas tanah seratus meter persegi, cukup untuk tiga orang tinggal. ‖ 他一个人占了三张桌子，其他人都没有桌子放东西了。Dia sendirian menduduki tiga meja, yang lain tidak punya tempat untuk meletakkan barang.

3 **张** zhāng **membuka; melepaskan**

【**动词**】[Verba (kata kerja)] 分开；打开；放开。Membuka; melepaskan. ‖ 张大嘴巴才能发出"ɑ"的读音。Memanggilmu yang melebarkan mulut baru bisa mengeluarkan suara "ɑ". | 我张开双手抱住了妹妹。Saya membuka tangan saya dan memeluk adik perempuan saya.

【**量词**】[Kuantifier (kata keterangan)] 用于纸、嘴、脸、桌子、床等的量词。Digunakan untuk kertas, mulut, wajah, meja, tempat tidur, dan sebagainya. ‖ 我的房间里有一张床。Di kamar saya ada satu tempat tidur. | 请给我两张纸，我要去上厕所。Tolong berikan saya tisu, saya ingin pergi ke toilet.

2 **长** zhǎng **tumbuh; bertambah; meningkat**

【**动词**】[Verba (kata kerja)] ① 生长。Tumbuh. ‖ 我家门口长了一棵树，很高。Di depan pintu rumah saya tumbuh pohon tinggi. | 山上长满了果树。Di gunung tumbuh pohon buah-buahan. ② 增加。Bertambah; meningkatkan. ‖ 要多看书，多学习，才能长知识。Harus banyak membaca dan belajar agar pengetahuan kita bertambah. | 他长高了很多，从一米五长到了一米七。Dia telah bertambah tinggi banyak, dari 150 cm menjadi 170 cm. ③ 比别人年纪大。Lebih tua dari orang lain dalam hal usia. ‖ 他二十岁，我十五岁，他比我长。Dia berusia dua puluh tahun, saya berusia lima belas tahun, dia lebih tua dari saya.

【**形容词**】[Adjektiva (kata sifat)] 年纪较大。Lebih tua dalam usia. ‖ 我十五岁，他们三个都是十三岁，所有人中我年纪最长。Saya berusia lima belas tahun, mereka semua berusia tiga belas tahun, di antara semua orang, saya yang paling tua.

2 **长大** zhǎngdà **bertambah besar; dewasa**

【**短语**】[frasa] 你现在二十岁了，不是两岁，已经长大了。Kamu sekarang berusia dua puluh tahun, bukan dua tahun, sudah dewasa. | 她长大以后想当一名老师。Ketika dia sudah besar, dia ingin menjadi seorang guru. | 他现在还是一个十岁的小孩，还没长大。Saat ini dia masih seorang anak berusia sepuluh tahun, belum dewasa.

1 **找** zhǎo **mencari；kembalian**

【动词】[Verba（kata kerja）] ① 为了要见到或得到所需要的人或事物而努力。Berusaha untuk melihat atau mendapatkan orang atau hal yang Anda butuhkan. ‖ 你在大学找女朋友了吗？Apa kau menemukan pacar di perguruan tinggi？| 你在找什么东西呀？我看你来来回回地找了半天了。Apa yang kau cari？Saya melihat Anda telah mencari kembali dan kembali untuk waktu yang lama. ② 退多的补少的。Mengembalikan uang yang berlebihan.我买了一个杯子二十八元，我给老板五十元，老板找我二十二元。Saya membeli sebuah gelas seharga 28 Yuan, saya memberikan 50 Yuan kepada pemilik toko, dia mengembalikan 22 Yuan kepada saya.

2 **找出** zhǎochū **mencari dan menemukan**

【短语】[frasa] 寻找后拿出来。mencari tahu ‖ 我从衣柜里找出了一条裙子。Aku menemukan rok dari lemari. | 你能找出反对他的理由吗？Bisakah kau menemukan alasan untuk menentangnya？

1 **找到** zhǎodào **menemukan**

【动词】[Verba（kata kerja）] 寻找之后获得。Mendapatkan sesuatu setelah mencari. ‖ 我找到了一本学习汉语口语的书。Saya menemukan buku tentang belajar bahasa Tionghoa lisan.

3 **照** zhào **menyinari；menyoroti；foto**

【动词】[Verba（kata kerja）] ① 拍照片。Mengambil foto. ‖ 这张照片照得很不错，把她照得很好看。Foto ini diambil dengan sangat baik, dan dia terlihat cantik di dalamnya. | 这张照片是刚刚照的，你要看看吗？Apakah Anda ingin melihat foto ini？② 照射。Penerangan. ‖ 光照在桌子上，她正认真地看着书。Cahaya menerangi meja, dia sedang serius membaca buku. | 阳光照着我们，很热。Sinar matahari menerangi kami, sangat panas. ③ 对着镜子或其他反光的东西看自己的影子。Melihat bayang diri sendiri di armin atau benda lain yang mencerminkan. 她正在照镜子，镜子里的她在笑。Dia sedang berdiri di depan cermin, dia tersenyum di dalam cermin. | 水中照出了树的影子。Air mencerminkan bayangan pohon.

2 **照顾** zhàogù **peduli；memperhatikan；merawat**

【动词】[Verba（kata kerja）] ① 关心，帮助。Peduli, membantu. ‖ 我生病了，这

Z

几天都是妈妈照顾我，带我去看病，给我做饭。Saya sakit, selama beberapa hari ibu merawat saya, membawa saya pergi berobat, memasak untuk saya.｜爷爷老了，要人照顾他，他没办法一个人生活。Kakek sudah tua, perlu ada yang merawatnya, dia tidak bisa hidup sendiri. ② 注意。Memperhatikan. ‖ 作为老师要照顾全班所有同学，不能只照顾其中的几个同学。Sebagai seorang guru, harus memperhatikan semua murid di kelas, tidak boleh hanya memperhatikan beberapa murid saja.

2 照片 zhàopiàn **foto**

【名词】［Nomina（kata benda）］拍出来的图片。Gambar yang diambil. ‖ 这张照片上的那个人我认识，是他的朋友。Orang dalam foto ini saya kenal, dia adalah temannya.｜他的手机里面有很多照片，去过的地方，吃过的东西，他都拍了照片。Ponselnya berisi banyak foto, tempat-tempat yang pernah dikunjungi, makanan yang pernah dimakan, semuanya dia ambil foto.

2 照相 zhào//xiàng **mengambil foto**

【动词】［Verba（kata kerja）］拍照片。Mengambil foto. ‖ 他很喜欢照相，手机里拍了很多照片。Dia sangat suka berfoto, dia mengambil banyak foto dalam ponselnya.｜她喜欢帮别人照相，手机里留了很多照片。Dia suka mengambil foto untuk orang lain, dia menyimpan banyak foto dalam ponselnya.

3 者 zhě **pe-**

【后缀】［Akhiran］表示做这件事的人或事物。Menunjukkan orang atau hal yang melakukan sesuatu. ‖ 这本书有很多的读者。Buku ini memiliki banyak pembaca.｜社会上有很多志愿者在免费帮助别人。Di masyarakat ada banyak sukarelawan yang membantu orang lain secara gratis.

1 这 zhè **ini**

【代词】［Pronomina（kata ganti）］指距离比较近的人或事物。Merujuk pada orang atau hal yang lebih dekat. ‖ 这是我新买的手机。Ini adalah ponsel baru yang saya beli.｜这是我的女朋友。Ini pacarku.

1 这边 zhèbiān **di sisi ini**

【代词】［Pronomina（kata ganti）］近的一边。Di sisi dekat ‖ 这边的房子很美。Rumah di sini sangat bagus.｜那边有车，你走这边。Di sana ada mobil, berjalanlah di sisi ini.

[1] **这里** zhèlǐ **di sini**

【代词】[Pronomina (kata ganti)] 近的地方。Tempat yang dekat. ‖ 我一直都在这里,没有看见你。Saya selalu berada di sini, tapi tidak melihatmu. | 我刚来这里,还不知道具体情况。Saya baru datang ke sini, saya belum tahu situasinya secara detail.

[2] **这么** zhème **begitu**

【代词】[Pronomina (kata ganti)] 表示程度、状态、方式等。Menunjukkan tingkat, keadaan, atau cara. ‖ 这么多人。Begitu banyak orang. | 这么多作业,什么时候才能写完。Ada begitu banyak pekerjaan, kapan bisa selesai?

[1] **这儿** zhèr **di sini**

【代词】[Pronomina (kata ganti)] ① 这里。Di sini. ‖ 你们看! 这儿有水。Lihat, ada air di sini. | 你先别走,在这儿等我们。Jangan dulu pergi, tunggu kami di sini. ② 表示时间。Menunjukkan waktu. ‖ 从这儿开始,他们两个成了好朋友。Dari sini ke depan, mereka berdua menjadi teman baik. | 由这儿往后,他开始坚持吃早饭。Mulai dari sini, dia mulai rutin sarapan.

[2] **这时** zhèshí **saat ini**

【短语】[frasa] 这个时候。Saat ini; pada saat ini. ‖ 这时,天空下起了小雨。Saat ini, hujan mulai turun. | 他这时心情不好,你先不要说话。Dia saat ini sedang tidak dalam suasana hati yang baik, jangan bicara dulu.

[2] **这时候** zhèshíhòu **pada saat ini**

【短语】[frasa] 表示时间。Menunjukkan waktu. ‖ 这时候,几个男人走了过来。Pada saat ini, beberapa pria datang. | 这时候,房间里跳出来一只猫。Pada saat ini, kucing keluar dari ruangan.

[1] **这些** zhèxiē **beberapa ini**

【代词】[Pronomina (kata ganti)] 比较近的两个以上的人或物。Lebih dari dua orang atau benda yang dekat. ‖ 这些孩子都很可爱。Anak-anak ini semuanya lucu. | 这些书都是同学们自己买的。Buku-buku ini semua dibeli oleh teman-teman sekelas sendiri.

[2] **这样** zhèyàng **seperti ini; demikian**

【代词】[Pronomina (kata ganti)] 表示状态、程度、方式等。Menunjukkan

keadaan, tingkat, cara, dll. ‖ 这件衣服就应该这样穿。Pakaian ini harus dipakai seperti ini. ｜ 没想到你是这样的人。Tidak pernah terpikir bahwa Anda adalah orang seperti ini.

1 **着** zhe **sedang**

【助词】［Kata bantuan］① 表示动作一直在进行。Menunjukkan bahwa aksi sedang berlangsung. ‖ 她们跳着舞。Mereka menari. ｜ 外面下着雨。Di luar hujan. ② 表示状态。Menunjukkan keadaan. ‖ 电脑还开着呢。Komputer masih menyala. ｜ 手机里还放着音乐。Di ponsel masih ada musik. ③ 表示语气。Menunjukkan intonasi. ‖ 慢着！你再等一会儿。Tunggu! Tunggu sebentar. ｜ 听着！Dengarkan!

1 **真** zhēn **benar-benar; sangat**

【副词】［Adverbia（kata keterangan）］确实。Benar-benar. ‖ 这棵树真高呀！Pohon ini benar-benar tinggi! ｜ 这件裙子真漂亮呀！Gaun ini benar-benar cantik!

【形容词】［Adjektiva（kata sifat）］真实，实在。Benar, nyata. ‖ 我不相信这件事情是真的。Saya tidak percaya bahwa hal ini adalah kenyataan. ｜ 这朵花做得跟真的一样。Bunga ini terlihat sama dengan bunga asli.

1 **真的** zhēnde **sungguh; asli**

【短语】［frasa］真实的。sungguh. ‖ 这双鞋子不是假的，是真的。Sepatu ini bukan palsu, itu asli. ｜ 这块面包是真的，可以吃。Roti ini asli, bisa dimakan.

3 **真实** zhēnshí **nyata; benar adanya**

【形容词】［Adjektiva（kata sifat）］与事实一样。Sama dengan kenyataan. ‖ 这个电影讲的故事是真实发生的。Cerita dalam film ini adalah kejadian nyata. ｜ 这都是我的真实经历。Ini semua adalah pengalaman nyata saya.

2 **真正** zhēnzhèng **asli; tulen; otentik; sejati**

【形容词】［Adjektiva（kata sifat）］确实一样。Sama persis. ‖ 这才是妈妈做的真正的面条。Ini adalah mie yang sebenarnya dibuat oleh ibu. ｜ 真正的朋友是不会离开你的。Teman sejati tidak akan meninggalkan Anda.

3 **争** zhēng **bersaing; berebut**

【动词】［Verba（kata kerja）］抢；想要达到。Bertarung; ingin mencapai. ‖ 为

Z

了争第一名,他们每天都很努力学习。Untuk memperebutkan tempat pertama, mereka belajar dengan giat setiap hari. | 为了争这点钱,他们几个打了起来。Mereka beberapa orang berkelahi untuk memperebutkan uang ini.

3 **整** zhěng **seluruh; menyusun; merapikan**

【形容词】[Adjektiva (kata sifat)] 全部。Semua; seluruh. ‖ 她整天都躺在床上,也不和朋友玩。Dia sepanjang hari berbaring di atas tempat tidur, juga tidak bermain dengan teman-temannya.

【动词】[Verba (kata kerja)] 弄。Merapikan. ‖ 马上就到你了,快把你的头发整好。Ayah meminta saya merapikan buku di atas meja. | 我生日的时候,妈妈给我整了一个生日蛋糕。Besok sekolah dimulai, hari ini tas harus diatur dengan baik.

3 **整个** zhěnggè **seluruh**

【形容词】[Adjektiva (kata sifat)] 全部的;所有。Seluruh; semua. ‖ 整个校园里,到处都是读书的声音。Seluruh kampus ini, di mana-mana terdengar suara membaca. | 下雪了,整个世界都变成了白色。Mulai turun salju, seluruh dunia menjadi putih.

3 **整理** zhěnglǐ **merapikan**

【动词】[Verba (kata kerja)] 使东西变得不乱。Menyusun menjadi rapi. ‖ 爸爸让我把桌子上的书整理一下。Ayah meminta saya menyusun buku-buku di atas meja. | 明天就要开学了,今天要把书包整理好。Besok akan mulai sekolah, hari ini harus menyusun tas sekolah dengan baik.

3 **整齐** zhěngqí **rapi; teratur**

【形容词】[Adjektiva (kata sifat)] 大小、长短差不多;不乱。Sama ukuran, panjang, dan pendeknya; tidak berantakan. ‖ 向山下看去,都是一排排整齐的小房子。Ketika melihat dari atas gunung, ada deretan rumah yang tertata rapi. | 教室里的桌子和椅子摆得很整齐。Meja dan kursi di kelas diatur dengan rapi.

3 **整体** zhěngtǐ **seluruh**

【名词】[Nomina (kata benda)] 事物的全部。Seluruh hal. ‖ 我们的班级是一个团结友爱的整体。Kelas kami adalah kesatuan yang padu dan penuh kasih. | 个人的力量完全比不上整体的力量。Kekuatan individu sama sekali tidak sebanding dengan kekuatan keseluruhan.

3 **整天** zhěngtiān **sepanjang hari**

【名词】[Nomina（kata benda）] 全天；从早到晚。Sehari penuh；dari pagi hingga malam. ‖ 李叔叔是动物园的工作人员，整天和动物们住在一起。Paman Li adalah staf kebun binatang, dia tinggal bersama hewan-hewan sepanjang hari. | 在外面工作一整天后，爸爸回家吃了一大碗饭。Setelah bekerja di luar sepanjang hari, ayah pulang dan makan satu mangkuk nasi besar.

3 **整整** zhěngzhěng **penuh**

【副词】[Adverbia（kata keterangan）] 完全；实在。Sepenuhnya；benar-benar. ‖ 这条公路整整有一千八百千米长。Jalan ini panjangnya tepat 1 800 kilometer. | 战士们整整三天三夜没睡过觉了。Para prajurit itu sama sekali tidak tidur selama tiga hari tiga malam.

1 **正** zhèng **pas；tepat；sedang**

【副词】[Adverbia（kata keterangan）] ① 表示程度，刚刚好。Menunjukkan tingkat, cukup pas. ‖ 正好，你跟他一起去。Tepat, Anda pergi bersamanya. | 你去哪里了，老师正找你呢。Anda di mana, guru sedang mencari Anda. ② 表示动作的进行。Menunjukkan bahwa aksi sedang berlangsung. ‖ 你等一会儿，我正忙着呢。Anda tunggu sebentar, saya sedang sibuk. | 不要急，机器正动着呢。Jangan khawatir, mesin sedang berjalan.

3 **正** zhèng **lurus；positif**

【形容词】[Adjektiva（kata sifat）] ① 标准的方向。Arah yang benar. ‖ 院子的正中间有棵树。Tengah halaman ada pohon. | 正对着超市的那个屋子是我家。Tepat di depan adalah kamar yang menghadap ke supermarket, itu rumah saya. ② 表示态度。Menunjukkan sikap. ‖ 他这个人很正，不会做坏事。Dia orang yang baik, tidak akan melakukan hal buruk. ③ 颜色或味道很好。Warna atau rasa yang bagus. ‖ 这道菜的味道很正。Hidangan ini rasanya enak. | 这衣服颜色很正。Pakaian ini memiliki warna yang bagus.

2 **正常** zhèngcháng **normal**

【形容词】[Adjektiva（kata sifat）] 跟一般情况一样。Seperti biasa. ‖ 不要害怕，这属于正常情况。Jangan takut, ini adalah situasi normal. | 没有问题，跟正

常一样。Tidak ada masalah, seperti biasa.

2 **正好** zhènghǎo **pas; tepat**

【形容词】[Adjektiva (kata sifat)] 指时间、数量、程度刚刚好。Menunjukkan waktu, jumlah, tingkat yang pas. ‖ 你来得正好，我需要你的帮忙。Kamu datang tepat waktu, aku membutuhkan bantuanmu. | 今天是晴天，正好可以去公园。Hari ini cerah, waktu yang tepat untuk pergi ke taman.

2 **正确** zhèngquè **benar; sesuai**

【形容词】[Adjektiva (kata sifat)] 跟事实一样，不是错误的。Benar; sesuai fakta. ‖ 这道题回答正确。Jawaban untuk soal ini benar. | 你的观点是正确的，但是还要再想一想。Pandanganmu benar, tapi kamu harus berpikir lagi.

2 **正是** zhèngshì **adalah**

【动词】[Verba (kata kerja)] 确实是，就是。Memang benar, memang begitu. ‖ 现在正是吃水果的时候。Saat ini adalah saat yang tepat untuk makan buah. | 今天不上课，正是出去玩的好日子。Hari ini tidak ada kelas, memang saat yang tepat untuk pergi bermain.

3 **正式** zhèngshì **resmi; formal**

【形容词】[Adjektiva (kata sifat)] 跟大家共同认为的标准一样。Sesuai dengan standar yang diakui bersama. ‖ 你多注意一下，今天是正式场合。Harus berhati-hati, ini adalah acara formal. | 明天是你第一天上班，你要穿得正式一点。Besok adalah hari pertamamu bekerja, kamu harus berpakaian formal.

1 **正在** zhèngzài **sedang**

【副词】[Adverbia (kata keterangan)] 表示动作在进行。Menunjukkan tindakan sedang berlangsung. ‖ 我去教室时，老师正在上课。Ketika saya menuju ke kelas, guru sedang mengajar. | 我下班时，他正在打电话。Ketika saya pulang kerja, dia sedang menelepon.

3 **证** zhèng **akta; serfitikat**

【名词】[Nomina (kata benda)] 表示自己身份的东西。Menunjukkan identitas diri. ‖ 进校园的时候请拿出你的学生证。Saat masuk ke dalam kampus, tolong tunjukkan kartu mahasiswa. | 爸爸有一张工作证。Ayah memiliki kartu kerja.

3 **证件** zhèngjiàn **dokumen；berkas**

【名词】[Nomina（kata benda）] 表示身份、经历等的文件。Dokumen yang menunjukkan identitas, pengalaman, dll. ‖ 姐姐在上班的路上丢了一个重要的证件。Kakak kehilangan dokumen penting di jalan menuju kantor. | 当你开车出门时，应该带好自己的证件。Ketika mengemudi, kamu harus membawa dokumen pribadi.

3 **证据** zhèngjù **bukti**

【名词】[Nomina（kata benda）] 用来证明的材料。Bukti untuk membuktikan kebenaran. ‖ 没有证据，你说什么都不是真的。Tanpa bukti, apa yang kamu katakan tidak akan menjadi kenyataan. | 这些证据可以说明李华有罪。Bukti ini dapat menunjukkan bahwa Li Hua bersalah.

3 **证明** zhèngmíng **membuktikan**

【动词】[Verba（kata kerja）] 根据材料判断真实性。Mengevaluasi kebenaran berdasarkan bukti. ‖ 你怎么证明这件事不是你做的？Bagaimana kamu membuktikan bahwa kamu tidak melakukan hal ini？| 事实证明，不能从一个人的长相判断他是不是好人。Fakta membuktikan bahwa penampilan fisik seseorang tidak menentukan apakah dia adalah orang baik.

【名词】[Nomina（kata benda）] 表示身份或权力的文件。Dokumen yang menunjukkan identitas atau otoritas. ‖ 你说你是老师，请拿出证明来。Kamu bilang kamu seorang guru, tolong tunjukkan identitasmu.

1 **知道** zhīdào **tahu**

【动词】[Verba（kata kerja）] 明白事实或道理。Memahami fakta atau prinsip. ‖ 你放心，你讲的我都知道。Kamu tenang saja, aku tahu apa yang kamu katakan. | 爸爸已经知道这件事情了。Ayah sudah tahu tentang hal ini.

1 **知识** zhīshí **pengetahuan**

【名词】[Nomina（kata benda）] 对事物的一般认识或理解。Pengetahuan umum tentang sesuatu. ‖ 生活知识。Pengetahuan tentang kehidupan. | 我在学校里学到了很多知识。Di sekolah, aku mempelajari banyak pengetahuan.

3 **支** zhī **satuan**

【量词】[Kuantifier（kata pengukur）] 用于细长的东西。Digunakan untuk hal

yang panjang dan ramping. ‖ 我的同桌借给我了几支笔。Teman sebangkuku meminjamkan beberapa pulpen kepadaku. | 他们在地里发现了一支枪。Mereka menemukan sebuah senjata di lapangan.

3 **支持** zhīchí **dukung**

【动词】［Verba（kata kerja）］鼓励。Mendukung. ‖ 我的父母一直支持我的选择。Orangtua saya selalu mendukung pilihan saya. | 大家并不支持这位新校长的工作。Semua orang tidak mendukung kinerja Kepala Sekolah baru ini.

3 **支付** zhīfù **bayar**

【动词】［Verba（kata kerja）］付出；付给。Membayar；membayar untuk. ‖ 买东西时可以用微信支付。Ketika berbelanja，bisa menggunakan pembayaran melalui WeChat. | 小王为这幅画支付了五万元。Xiaowang membayar 50 000 Yuan untuk lukisan ini.

3 **只** zhī **satuan**

【量词】［Kuantifier（kata pengukur）］多用于动物的量词。Digunakan untuk menghitung hewan. ‖ 爸爸买了两只小兔子。Ayah membeli dua ekor kelinci kecil. | 我家养了一只可爱的小猫。Di rumah saya，ada satu ekor kucing kecil yang lucu.

3 **直** zhí **lurus；tegak；terus-menerus**

【形容词】［Adjektiva（kata sifat）］不弯。Tidak bengkok. ‖ 这条路又平又直，很好走。Jalan ini lurus dan rata，sangat mudah untuk dilalui. | 他站得很直，像笔一样直。Dia berdiri sangat tegak，seperti pena yang lurus.

【动词】［Verba（kata kerja）］使不弯。Membuat sesuatu menjadi lurus. ‖ 老师让同学们坐直，不要靠在桌子上。Guru meminta para siswa untuk duduk tegak，jangan bersandar di atas meja. | 同学们直起背，不要弯下去。Siswa-siswa tegakkan punggung，jangan membungkuk.

【副词】［Adverbia（kata keterangan）］① 一直。Terus；terus-menerus. ‖ 这个会从中午直开到晚上，开了很长时间。Acara ini akan berlangsung dari siang hingga malam，cukup lama. | 他对着我直笑，一句话也不说。Dia tersenyum langsung kepada saya，tanpa berkata apa pun. ② 直接。Langsung. ‖ 你直说吧，不要说别的。Katakan saja，jangan bicara yang lain. | 我坐飞机从北京直飞上海，两个小时就到了。Saya terbang dari Beijing ke Shanghai langsung，hanya dua jam saja.

3 **直播** zhíbō **siaran langsung**

【动词】[Verba (kata kerja)] 借用媒体(比如电视、手机等)让观众看到正在发生的事情。Meminjam media (seperti televisi, ponsel, dll.) untuk membiarkan penonton melihat apa yang terjadi. ‖ 电视上正在直播这场球赛。Pertandingan sepak bola ini sedang disiarkan langsung di televisi. | 他用手机进行现场直播,吸引了世界各地的观众。Dia menggunakan ponselnya untuk melakukan siaran langsung perjalanan dan mengambil penonton di seluruh dunia.

3 **直到** zhídào **hinga; sampai**

【动词】[Verba (kata kerja)] 一直到(某个时间)。Hingga; sampai. ‖ 我昨天等他一起吃饭,直到晚上他才来。Saya menunggunya makan bersama hingga malam hari.

2 **直接** zhíjiē **langsung tanpa perantara**

【形容词】[Adjektiva (kata sifat)] 不经过中间者。Tanpa melalui perantara. ‖ 他是直接告诉我的,而不是让别人告诉我。Dia langsung memberitahukannya padaku, bukan melalui orang lain. | 我直接把书拿给他了,没有让他的朋友帮我给他。Saya langsung memberikan buku itu kepadanya, tanpa meminta temannya membantu saya. | 她直接从学校回家了,没有去别的地方。Dia langsung pulang dari sekolah, tidak pergi ke tempat lain.

3 **值** zhí **bernilai**

【动词】[Verba (kata kerja)] 价值差不多。Bernilai hampir sama. ‖ 这支笔不值五元。Pena ini tidak bernilai 5 Yuan. | 这幅著名的画值十三万元。Lukisan terkenal ini bernilai 130 ribu Yuan.

3 **值得** zhí//dé **berharga; layak; pantas**

【动词】[Verba (kata kerja)] 认为有价值。Dianggap berharga. ‖ 他这样的人,不值得你为他流泪。Seseorang seperti dia tidak pantas menitikan air mata untukmu. | 这种美好的精神值得我们每一个人学习。Semangat yang indah ini layak kita semua pelajari.

3 **职工** zhígōng **pegawai; karyawan; pekerja**

【名词】[Nomina (kata benda)] 职员和工人。Pegawai dan pekerja. ‖ 每位职工都应该认真对待自己的工作。Setiap pegawai harus memperlakukan pekerjaannya dengan serius. | 今天下午要开职工大会。Pagi ini ada rapat pegawai

[3] 职业 zhíyè **pekerjaan**

【名词】[Nomina (kata benda)] 工作。Pekerjaan. ‖ 我的职业是一名教师。Profesi saya adalah seorang guru. | 王叔叔不但有一个自己喜欢的职业,还有一个幸福的家庭。Paman Wang tidak hanya memiliki pekerjaan yang dia sukai, tetapi juga keluarga yang bahagia.

[2] 只 zhǐ **hanya**

【副词】[Adverbia (kata keterangan)] ① 仅。Hanya. ‖ 天气太热了,我不想吃饭只想喝点水。Cuaca terlalu panas, saya hanya ingin minum sedikit air. ② 用来限定范围,相当于"仅仅"。Digunakan untuk membatasi jangkauan, setara dengan "hanya". ‖ 已经到了上课时间,但教室里我只看到了他。Ini sudah saatnya untuk masuk kelas, tapi di dalam kelas, saya hanya melihat dia.

[3] 只好 zhǐhǎo **hanya bisa demikian**

【副词】[Adverbia (kata keterangan)] 便,仅可以怎么样。Lebih baik, hanya bisa demikian. ‖ 家里没东西吃了,我只好出门去吃饭。Tidak ada makanan di rumah, saya hanya bisa keluar pergi makan di luar.

[2] 只能 zhǐnéng **hanya bisa; hanya mampu**

【短语】[frasa] 唯一能够,唯一可能性。Satu-satunya yang bisa, satu-satunya kemungkinan. ‖ 我只能吃鸡肉,别的我不喜欢。Saya hanya bisa makan daging ayam, saya tidak suka makan yang lain. | 只剩下一个苹果了,所以我只能吃这个。Hanya satu apel yang tersisa, jadi saya hanya bisa makan ini.

[3] 只是 zhǐshì **hanya**

【副词】[Adverbia (kata keterangan)] 仅仅是,不过是。Hanya, hanya. ‖ 我出门只是想去买几本书。Saya pergi hanya untuk membeli beberapa buku. ② 强调限于某个情况或者范围。Terbatas pada situasi atau skop tertentu. ‖ 他只是笑笑,没有回答。Dia hanya tersenyum, tanpa menjawab.

【连词】但是。(口气较轻)Tetapi (dengan suara yang lebih ringan). ‖ 我想买你的苹果,只是价格贵了一点。Aku ingin membeli apelmu, tapi harganya sedikit mahal.

[2] 只要 zhǐyào **asalkan**

【连词】[Konjungsi (kata sambung)] 表示充足或者必要条件。Menunjukkan

cukup atau syarat yang diperlukan. ‖ 只要我认真，我一定能学会。Asalkan saya serius, saya pasti bisa belajar.

3 **只有** zhǐyǒu **hanya jika**

【连词】[Konjungsi (kata sambung)] 表示必要的条件关系（常跟"才"呼应）。Menunjukkan hubungan kondisi yang diperlukan (biasanya diikuti oleh "才/cái"). ‖ 只有我们一起努力，才能完成这个工作。Hanya jika kita bersama-sama berusaha, baru kita bisa menyelesaikan pekerjaan ini.

3 **指** zhǐ **kepada; menuju; menunjuk**

【动词】[Verba (kata kerja)] 对着；向着。Kepada, menuju. ‖ 我不喜欢别人用手指头指着我。Saya tidak suka orang yang menunjuk-nunjuk saya dengan jari. | 现在的时钟正指向十二点。Jam ini menunjuk tepat pukul dua belas.

3 **指出** zhǐchū **menyatakan**

【短语】[frasa] 提出来。Menyatakan. ‖ 你对我有什么不满意的就指出来。Katakan saja apa yang tidak puas dengan saya. | 老师指出了小王的缺点后，小王很不开心。Setelah menunjukkan kekurangan Xiao Wang, dia menjadi tidak senang.

3 **指导** zhǐdǎo **bimbingan; arahan**

【动词】[Verba (kata kerja)] 指挥，引导。Arahan, panduan. ‖ 老师指导玛丽完成了一篇优秀的作文。Guru membimbing Mary untuk menyelesaikan esai yang bagus. | 对孩子的学习，家长应该多指导，多关心。Dalam studi anak-anak, orang tua harus memberikan banyak bimbingan dan perhatian.

3 **至今** zhìjīn **sampai sekarang**

【副词】[Adverbia (kata keterangan)] 直到现在。Sampai sekarang. ‖ 我母亲至今还住在农村。Ibu saya tinggal di desa sampai sekarang. | 这件事讨论过三次了，可是至今也没有解决。Masalah ini telah didiskusikan tiga kali, tetapi belum terselesaikan sampai sekarang.

3 **至少** zhìshǎo **setidaknya; paling tidak**

【副词】[Adverbia (kata keterangan)] 表示最小的程度。Menunjukkan tingkat terkecil. ‖ 这篇文章至少有两万字。Artikel ini memiliki setidaknya dua puluh ribu karakter. | 你写的字至少你自己得认识啊！Tulisanmu setidaknya harus kamu kenali sendiri!

3 **志愿者** zhìyuànzhě **sukarelawan**

【名词】[Nomina (kata benda)] 自主服务社会,不要求金钱的人。Sukarelawan, orang yang melayani masyarakat secara sukarela tanpa meminta bayaran. ‖ 只要你有爱心,就可以成为一名志愿者。Asalkan kamu memiliki kasih sayang, kamu dapat menjadi seorang sukarelawan. | 我想成为志愿者,服务大家。Saya ingin menjadi sukarelawan, melayani semua orang.

3 **制定** zhìdìng **menentukan; menetapkan**

【动词】[Verba (kata kerja)] 确定。Menentukan, menetapkan. ‖ 我们正在制定明年的计划。Kami sedang menetapkan rencana untuk tahun depan. | 我参加了学校制度的制定。Saya berpartisipasi dalam pembuatan peraturan sekolah.

3 **制度** zhìdù **ketentuan; aturan**

【名词】[Nomina (kata benda)] 我们实行一星期五天工作的制度。→我们实行一个星期五天工作两天休息的规定。Kami menerapkan sistem bekerja lima hari seminggu. Kami menerapkan peraturan bekerja lima hari dan beristirahat dua hari. ‖ 这个制度不合理,需要修改。Sistem ini tidak adil, perlu direvisi. | 我们应该把制度写在纸上,然后贴在墙上。Kita harus menuliskan sistem ini di atas kertas, lalu tempelkan di dinding.

3 **制造** zhìzào **membuat; menciptakan**

【动词】[Verba (kata kerja)] 这种汽车是中国制造的。→这种汽车是中国做的。Kami telah berhasil memproduksi mesin baru itu. ‖ 这种飞机他们只制造出了十几架。Mereka hanya berhasil membuat sekitar dua belas pesawat seperti ini.

3 **制作** zhìzuò **membuat; menghasilkan**

【动词】[Verba (kata kerja)] 制造。Membuat, menghasilkan. ‖ 这是我自己制作的礼物,送给你。Ini adalah hadiah yang saya buat sendiri, untuk kamu. | 孩子们用纸制作动物玩具。Anak-anak membuat mainan binatang dari kertas.

1 **中** zhōng **tengah; dalam**

【名词】[Nomina (kata benda)] ① 指所在的地方。Mengacu pada tempat atau lokasi. ‖ 鱼儿在水中游。Ikan berenang di dalam air. | 你永远都在我们心中。

Kamu selalu ada di hati kami. ② 指过程或状态。Mengacu pada proses atau status. ‖ 领导在讨论中指出一个问题。Pemimpin menunjukkan masalah dalam diskusi. ｜ 会议正在进行中。Pertemuan sedang berlangsung.

3 中部 zhōngbù **bagian tengah**

【名词】［Nomina（kata benda）］中间部分。Bagian tengah atau pusat. ‖ 湖南在中国的中部,是中国的中部城市。Hunan berada di bagian tengah Tiongkok, merupakan kota bagian tengah Tiongkok. ｜ 西瓜的中部是最甜,最好吃的。Bagian tengah semangka adalah yang paling manis dan enak.

2 中餐 zhōngcān **masakan oriental**

【名词】［Nomina（kata benda）］中国的饭菜。Masakan Tiongkok. ‖ 来到中国后,我喜欢上了吃中餐。Setelah datang ke Tiongkok, saya menyukai makanan Tiongkok. ｜ 中餐很好吃,他十分喜欢吃中餐。Masakan Tiongkok enak, dia sangat menyukai makanan Tiongkok.

1 中国 Zhōngguó **Tiongkok**

【名词】［Nomina（kata benda）］中国人。Orang Tiongkok. ｜ 中国话。Bahasa Tiongkok

3 中华民族 Zhōnghuámínzú **etnis Tionghoa**

【名词】［Nomina（kata benda）］中国各民族的总称,中国有五十六个民族。Istilah kolektif untuk semua etnis Tionghoa, Tiongkok memiliki 56 etnis. ‖ 中华民族是一个伟大的民族。Bangsa Tionghoa adalah bangsa besar. ｜ 中华民族有着许多文明成果,汉字、四大发明等。Bangsa Tionghoa memiliki banyak hasil kebudayaan, seperti aksara Mandarin, empat penemuan besar, dan lainnya.

2 中级 zhōngjí **tingkat menengah**

【形容词】［Adjektiva（kata sifat）］不高也不低,在中间水平。Tidak tinggi atau rendah, pada tingkat menengah. ‖ 他的汉语水平现在是中级,还没到高级。Kemampuan bahasa Mandarinnya saat ini adalah tingkat menengah, belum mencapai tingkat tinggi. ｜ 我学汉语已经两年了,现在在中级汉语班。Saya telah belajar bahasa Mandarin selama dua tahun, sekarang berada di kelas bahasa Mandarin tingkat menengah.

[1] **中间** zhōngjiān **di tengah; di antara**

【名词】[Nomina (kata benda)] ① 里面。Di dalam. ‖ 在这些孩子中间,他长得最高。Di antara anak-anak ini, dia adalah yang paling tinggi. | 我们中间很多人都回家了。Banyak dari kita pulang ke rumah. ② 中心。Pusat. ‖ 房子中间有一张桌子。Di tengah rumah ada meja. | 湖中间有条小船。Di tengah danau ada perahu kecil. ③ 在两人或两物当中。Di antara dua orang atau dua hal. ‖ 你就坐我和姐姐中间吧。Kamu duduk di tengah saya dan kakak perempuan. | 这篇文章中间一段很难理解。Paragraf di tengah artikel ini sangat sulit dipahami.

[2] **中年** zhōngnián **usia menengah**

【名词】[Nomina (kata benda)] 四十到五十岁。Usia antara empat puluh hingga lima puluh tahun. ‖ 他现在四十多岁了,已经是中年人了。Dia sekarang berusia lebih dari empat puluh tahun, sudah masuk kategori usia tengah. | 时间过得很快,我已经是一个中年人了,不再是青年了。Waktu berlalu dengan cepat, sekarang saya sudah menjadi orang dewasa, tidak lagi remaja.

[1] **中文** zhōngwén **Bahasa dan tulisan Mandarin**

【名词】[Nomina (kata benda)] 中国的语言文字。Bahasa dan tulisan Tiongkok. ‖ 你的中文说得很好。Kemampuan berbahasa Mandarinmu sangat baik. | 今天下午我有中文课。Saya punya kelas bahasa Mandarin hari ini.

[1] **中午** zhōngwǔ **siang hari**

【名词】[Nomina (kata benda)] 白天十二点左右的时间。Waktu sekitar jam dua belas siang. ‖ 你中午吃什么? Makan apa siang ini? | 中午了,爸爸还没回家。Tengah hari, ayah belum pulang.

[2] **中小学** zhōngxiǎoxué **Pendidikan dasar dan menengah**

【短语】[Frase] 小学教育与中学教育。Pendidikan dasar dan menengah. ‖ 越来越多的人开始关注中小学教育。Semakin banyak orang yang mulai memperhatikan pendidikan dasar dan menengah. | 农村中小学的条件比城市的差。Kondisi sekolah dasar dan menengah di desa lebih buruk dibandingkan dengan kota.

[2] **中心** zhōngxīn **pusat; bagian tengah; inti**

【名词】[Nomina (kata benda)] ① 中间部分,中间地方。Pusat atau bagian

tengah. ‖ 不要站在路中心,车子很多。Jangan berdiri di tengah jalan, banyak mobil. | 草地的中心有一棵大树,非常高。Di tengah lapangan ada sebuah pohon besar. ② 事情的主要部分,重要部分。Bagian utama atau penting dari sesuatu. ‖ 现在的中心工作就是把这件事情办好,别的都没这个重要。Saat ini fokus utama adalah menyelesaikan masalah ini dengan baik, masalah lainnya tidak seberapa penting. | 现在的中心问题就是谁可以办好这件事,其他的问题可以先不想。Masalah utama saat ini adalah siapa yang dapat menyelesaikan pekerjaan ini dengan baik, masalah lainnya dapat diabaikan terlebih dahulu.

1 中学 zhōngxué **SMP dan SMA**

【名词】[Nomina (kata benda)] 初中和高中。SMP dan SMA. ‖ 我考上了重点中学。Saya diterima di sekolah menengah favorit. | 上中学后,姐姐学习更加努力了。Setelah masuk sekolah menengah, kakak perempuan belajar lebih tekun.

1 中学生 zhōngxuéshēng **siswa sekolah menengah**

【名词】[Nomina (kata benda)] 在中学里接受教育的学生。Siswa yang sedang belajar di sekolah menengah. ‖ 你已经是一名中学生了,做事要认真一点。Kamu sudah menjadi siswa sekolah menengah, lakukanlah sesuatu dengan serius. | 这场活动是由他们几个中学生举办起来的。Acara ini diselenggarakan oleh beberapa siswa sekolah menengah.

2 中医 zhōngyī **Medis Tiongkok**

【名词】[Nomina (kata benda)] ① 中国的医学。Pengobatan Tiongkok. ‖ 中医是中国的特色,和西医有很大的不同。Tiongkok memiliki pengobatan tradisional yang berbeda dengan pengobatan barat. ② 用中国的医学方法看病的医生。Dokter yang menggunakan metode pengobatan Tiongkok. ‖ 他是一名中医,找他看病的人很多。Dia adalah seorang dokter Tiongkok, banyak orang yang mencarinya untuk berkonsultasi. | 这位中医很有名,救了很多病人。Dokter Tiongkok ini terkenal dan telah menyelamatkan banyak pasien."

3 终于 zhōngyú **akhirnya**

【副词】[Adverbia (kata keterangan)] 表示经过变化或等待后出现的情况。Menyatakan suatu situasi yang muncul setelah perubahan atau penantian. ‖ 我等了他很长时间,他终于来了。Saya menunggunya sangat lama, akhirnya dia

Z

datang juga. | 他找了半天,终于找到了那个商店。Dia mencari lama, akhirnya menemukan toko itu juga.

3 **钟** zhōng **jam**

【名词】[Nomina (kata benda)] 计算时间的工具。Alat untuk mengukur waktu. ‖ 墙上挂着一个大钟。Ada jam besar tergantung di dinding. | 早上五点,他的钟就响了。Pukul lima pagi, jamnya berbunyi.

3 **种** zhǒng **satuan; jenis**

【量词】[Kuantifier (kata pengukur)] 在有共同特点的一组事物中使用。Digunakan untuk sekelompok benda dengan karakteristik bersama. ‖ 这种花一般只开一天。Bunga ini biasanya hanya mekar selama satu hari saja. | 大家对这件事有几种不同的看法。Semua orang memiliki beberapa pandangan yang berbeda tentang masalah ini.

3 **种子** zhǒngzi **benih; bibit**

【名词】[Nomina (kata benda)] 白菜种子。→长大后能长成白菜。Benih kubis putih. → Akan tumbuh menjadi kubis putih. ‖ 我父亲让我帮他去买白菜种子。Ayah meminta saya untuk membeli benih kubis putih. | 种子在温暖的天气才会长大。Benih perlu cuaca hangat untuk tumbuh.

3 **重** zhòng **berat**

【形容词】[Adjektiva (kata sifat)] ① 不轻。Berat. ‖ 这只猫很胖,很重,因为它每天都吃很多。Kucing ini sangat gemuk dan berat karena makan banyak setiap hari. | 这十本书很重,我搬不起来。Sepuluh buku ini sangat berat, saya tidak bisa mengangkatnya. ② 程度深。Intensitas tinggi. ‖ 爷爷病得很重,住在医院几个月了。Kakek sakit parah dan telah tinggal di rumah sakit selama beberapa bulan. | 他受了重伤,已经一个月没来上班了。Dia mengalami cedera serius dan telah absen dari pekerjaan selama satu bulan. | 她得了重感冒,所以一个星期没来学校上课。Dia menderita flu parah dan absen dari sekolah selama satu minggu. ③ 难并且重要。Sulit dan penting. ‖ 这样重的工作他一个人做不好,要三个人。Pekerjaan seberat ini tidak bisa dia selesaikan sendiri, dibutuhkan tiga orang. | 老师的责任很重,要教学生知识,还要关心学生的安全、日常生活。Tugas guru sangat berat, harus mengajar siswa, peduli pada keselamatan mereka, dan juga kehidupan sehari-hari mereka.

3 **重大** zhòngdà **besar dan penting**

【形容词】[Adjektiva (kata sifat)] 大并且重要。Besar dan penting. ‖ 身体健康是一个重大问题,我们要注意自己的身体健康。Kesehatan adalah masalah yang besar, kita harus memperhatikan kesehatan kita sendiri. | 春节是中国的一个重大节日,非常重要。Festival musim semi adalah festival penting di Tiongkok, sangat berarti.

2 **重点** zhòngdiǎn **poin penting**

【名词】[Nomina (kata benda)] 最重要,最主要的部分。Bagian yang paling penting atau utama. ‖ 这几个生词是我们这节课的重点,同学们一定要记住,学会用。Kosakata baru ini adalah titik berat kami dalam pelajaran ini, teman-teman harus mengingat dan menguasainya. | 现在的重点是我们要在明天完成这个工作,其他的都不重要。Saat ini titik berat kami adalah menyelesaikan pekerjaan ini besok, hal lainnya tidak terlalu penting.

【副词】[Adverbia (kata keterangan)] 有重点地。Dengan fokus. ‖ 这节课我们重点学习生词,课文下节课学。→这节课主要是学习生词。Dalam pelajaran ini, kami akan berfokus pada belajar kosakata, untuk bacaan akan dipelajari di pelajaran berikutnya. | 这两天我们要重点完成这个工作,其他工作之后再说。Dalam dua hari ini, kita akan fokus menyelesaikan pekerjaan ini, pekerjaan lainnya dapat diatasi kemudian.

2 **重视** zhòngshì **menganggap penting dan serius**

【动词】[Verba (kata kerja)] 认为重要而且十分认真对待。Menganggap penting dan menangani dengan serius. ‖ 学校很重视学生的安全问题,要求家长要来接自己的孩子。Sekolah sangat memperhatikan masalah keselamatan siswa, mengharuskan orang tua untuk menjemput anak-anak mereka. | 他很重视自己的汉语成绩,每天花很长时间学汉语。Dia sangat memperhatikan nilai bahasa Mandarinnya, menghabiskan banyak waktu setiap hari untuk belajar bahasa Mandarin.

1 **重要** zhòngyào **penting**

【形容词】[Adjektiva (kata sifat)] 身体最重要的,要先有一个好身体,身体不好,什么都做不好。Yang paling penting, memiliki tubuh yang sehat sangat penting, tanpa kesehatan yang baik, tidak ada yang bisa dilakukan dengan baik. | 这件事很重要,你不能忘记。Masalah ini sangat penting, kamu tidak boleh lupa.

2 **周** zhōu **minggu；pekan**

【**量词**】［quantifier］从星期一到星期日是一周；七天。Senin hingga Minggu adalah seminggu；tujuh hari。‖ 他去旅行了，一周之后才回来。Dia pergi berlibur, baru akan kembali satu minggu kemudian.｜他准备下周去北京。Dia akan ke Beijing minggu depan.

2 **周末** zhōumò **akhir minggu；akhir pekan**

【**名词**】［Nomina（kata benda）］一周的最后一天，是时间单位。Hari terakhir dalam satu minggu, akhir pekan. ‖ 这个周末你去干什么？Apa yang akan kamu lakukan akhir pekan ini？｜周末我们去爬山吧！Akhir pekan ini kita akan pergi mendaki gunung！

2 **周年** zhōunián **satu tahun penuh**

【**名词**】［Nomina（kata benda）］满一年，整整一年，是时间单位。Menghitung satu tahun penuh, tepat satu tahun. ‖ 今天是我爸爸妈妈结婚十周年纪念日。Hari ini adalah hari peringatan pernikahan orangtuaku yang ke-10.

3 **周围** zhōuwéi **sekeliling；sekitar**

【**名词**】［Nomina（kata benda）］四周，环绕中心的部分。Sekeliling atau di sekitar pusat. ‖ 在我伤心时，我的朋友都会在我的周围。Ketika saya sedih, teman-teman saya selalu ada di sekitar saya.

3 **猪** zhū **babi**

【**名词**】［Nomina（kata benda）］一种动物，身体胖，肉可以吃。Sejenis hewan dengan tubuh gemuk dan dagingnya dapat dimakan. ‖ 猪是一种长得很快的动物。Babi adalah hewan yang tumbuh dengan cepat.｜他不喜欢吃猪肉。Dia tidak suka makan daging babi.

3 **主持** zhǔchí **memimpin；menyelenggarakan**

【**动词**】［Verba（kata kerja）］负责掌握全场。Bertanggung jawab mengelola seluruh situasi. ‖ 这个会议由小张来主持。Rapat ini akan dipimpin oleh Xiao Zhang.

3 **主动** zhǔdòng **inisiatif；atas kemauan sendiri**

【**形容词**】［Adjektiva（kata sifat）］不需要外力，发自本心地想要去做某件事。Mau melakukan sesuatu tanpa memerlukan dorongan dari luar. ‖ 我主动参加

了这次比赛。Saya secara sukarela mengikuti kompetisi ini.

2 **主人** zhǔrén **pemilik**

【名词】[Nomina (kata benda)] 权力或者财物的所有者。Pemilik hak atau harta. ‖ 这辆车的主人是我的朋友。Pemilik mobil ini adalah teman saya. | 这个钥匙的主人是谁? Siapa pemilik kunci ini?

3 **主任** zhǔrèn **kepala; ketua**

【名词】[Nomina (kata benda)] 职位名称,负责全部责任的人。Nama jabatan, orang yang bertanggung jawab atas semua tugas. ‖ 班主任是学生们的榜样。Guru kelas adalah teladan bagi para siswa. | 李主任平时很认真。Pak Li sangat serius dalam pekerjaannya sehari-hari.

2 **主要** zhǔyào **yang paling penting**

【形容词】[Adjektiva (kata sifat)] 事物中最重要或者起确定性作用的。Yang paling penting atau memiliki peran yang pasti dalam sesuatu. ‖ 这件事我可以完成,主要是老师帮助了我。Saya dapat menyelesaikan tugas ini, terutama karena ada bantuan dari guru.

3 **主意** zhǔyì **ide; rencana; gagasan**

【名词】[Nomina (kata benda)] 想法,确定的意见或者办法。Pikiran, pendapat atau cara yang sudah ditetapkan. ‖ 我一直在想要不要买这件衣服,终于我拿定了主意。Saya selalu berpikir apakah harus membeli pakaian ini, akhirnya saya memutuskan dengan pikiran yang tetap.

3 **主张** zhǔzhāng **menganjurkan**

【动词】[Verba (kata kerja)] 对某件事有某种见解。Memiliki pandangan tertentu tentang sesuatu. ‖ 这个活动我主张要办得欢快一点。Saya menyatakan bahwa acara ini harus diselenggarakan dengan ceria.

【名词】[Nomina (kata benda)] 指对事物持有某种见解。Pendapat yang dimiliki tentang sesuatu. ‖ 我们做事要有自己的主张,不能和别人一样。Kita harus memiliki pendapat sendiri dalam bekerja, tidak boleh sama dengan orang lain.

1 **住** zhù **tinggal**

【动词】[Verba (kata kerja)] ① 他现在住在北京。→他现在在北京生活。Dia

Z

sekarang tinggal di Beijing. → Dia sekarang tinggal di Beijing. | 这间房间不大，可以住两个人。Kamar ini tidak besar, hanya cukup untuk dua orang. ② 停，停止。Berhenti, berhenti. ‖ 住口，不要再说了。Berhenti berbicara. | 住手，你不能打人。Berhenti, kamu tidak boleh memukul orang.

2 **住房** zhùfáng **rumah tinggal**

【名词】[Nomina (kata benda)] 人住的房子。Rumah tempat orang tinggal. ‖ 这间住房很小，只可以住两个人。Kamar tinggal ini sangat kecil, hanya cukup untuk dua orang. | 我的住房很小，只有一张床和一张桌子。Rumah saya sangat kecil, hanya ada satu tempat tidur dan satu meja.

2 **住院** zhùyuàn **opname; rawat inap**

【短语】[Frase] 因为生病住在医院。Tinggal di rumah sakit karena sakit. ‖ 他生病了，医生说他要住院。Dia sakit, dokter bilang dia harus tinggal di rumah sakit. | 我不要住院，因为不喜欢住在医院，我想回家。Saya tidak ingin tinggal di rumah sakit karena tidak suka, saya ingin pulang.

3 **注意** zhù//yì **memperhatian**

【动词】[Verba (kata kerja)] 精神对某一事物的集中。Fokus pada sesuatu secara mental. ‖ 工作再忙也要注意休息。Meskipun pekerjaan sibuk, tetap perhatikan istirahat. | 我没注意他是什么时候进来的。Saya tidak memperhatikan kapan dia masuk.

3 **祝** zhù **semoga; selamat**

【动词】[Verba (kata kerja)] 表示美好的愿望。Mengungkapkan harapan yang baik. ‖ 祝你们身体健康！Semoga kamu sehat! | 祝你们生活幸福。Semoga kehidupanmu bahagia.

3 **抓** zhuā **memegang; menggenggam**

【动词】[Verba (kata kerja)] ① 人们扔过去的食物，动物抓起来就吃。→动物拿起来就吃。Hewan menangkap makanan yang dilemparkan manusia, hewan mengambilnya dan memakannya. → Hewan mengambilnya dan memakannya. ‖ 我放在桌子上的糖都让孩子抓没有了。Permen yang saya letakkan di atas meja semua habis digigit oleh anak-anak. | 你抓得太多了，给弟弟一点儿。Anda mengambil terlalu banyak, berikan sedikit kepada adik. ② 你的脸怎么破了？是

Z

小明抓的。→是小明的手指把我的脸弄破了。Wajahmu bagaimana bisa terluka? Dicakar oleh Xiao Ming. → Jari tangan Xiao Ming yang membuat wajahku terluka. ‖ 猫把这些沙发全抓坏了。Kucing menggaruk seluruh sofa ini hingga rusak. | 孩子被猫抓哭了。Anak itu menangis karena dicakar kucing.

3 **抓住** zhuāzhù **memegang erat**

【动词】[Verba (kata kerja)] 把握住。Memegang erat. ‖ 你要抓住机会,好好学习。Anda harus menangkap kesempatan, belajar dengan baik. | 当机会来临时,要好好抓住。Ketika kesempatan datang, ambil kesempatan ini.

3 **专家** zhuānjiā **ahli; pakar; spesialis**

【名词】[Nomina (kata benda)] 他是一位电脑专家。→他对电脑方面的知识很清楚。Dia adalah seorang ahli komputer. → Dia memiliki pengetahuan tentang bidang komputer. ‖ 会议上专家提出了很多有用的意见。Para ahli memberikan banyak saran berguna dalam pertemuan ini. | 你有不懂的问题可以请教专家。Anda dapat bertanya kepada para ahli jika Anda memiliki pertanyaan yang tidak mengerti.

3 **专门** zhuānmén **khusus**

【副词】[Adverbia (kata keterangan)] 今天我不要别的菜,我是专门来吃鱼的。→今天我来的目的只为吃鱼,不为吃别的。Hari ini saya tidak mau makanan lain, saya khusus datang untuk makan ikan. → Hari ini tujuan saya datang hanya untuk makan ikan, bukan untuk makan yang lain. ‖ 叔叔,是我父亲专门让我来接您的。Paman, ayah saya khusus menyuruh saya menjemput Anda. | 他们是专门来参观我们学校的。Mereka khusus datang untuk mengunjungi sekolah kami.

3 **专题** zhuāntí **topik khusus yang didiskusikan**

【名词】[Nomina (kata benda)] 专门讨论的题目。Topik khusus yang didiskusikan. ‖ 这是一门电影专题课。Ini adalah kelas khusus tentang film. | 会议上展开了关于安全的专题讨论。Di pertemuan ini ada diskusi khusus tentang keamanan.

3 **专业** zhuānyè **program studi; kejurusan; fakultas kejurusan**

【名词】[Nomina (kata benda)] 大学按照要学习的内容分出来的。Bidang

Z

studi yang dibagi di universitas. ‖ 我们大学有十八个系，四十六个专业。Kami memiliki 18 jurusan dan 46 bidang studi di universitas kami. | 这个专业的学生大部分是男生。Mayoritas mahasiswa di jurusan ini adalah laki-laki.

3 **转** zhuǎn **mengubah; putar arah**

【动词】[Verba (kata kerja)] ① 改变方向、情况等。Mengubah arah, situasi, dll. ‖ 她转过脸对我笑了笑。Dia memalingkan wajahnya dan tersenyum padaku. | 这个地方太小，汽车转不了弯儿。Tempat ini terlalu kecil, mobil tidak bisa berbelok di sini. ② 把一个人的东西、信、意见等传给另一个人。Mengirimkan barang, surat, Pendapat, atau sesuatu yang dimiliki seseorang kepada orang lain. ‖ 这是安娜的信，你把它转给安娜吧。Surat ini dari Anna, tolong teruskan kepadanya. | 请帮我把这个礼物转给张老师。Tolong antar hadiah ini kepada Guru Zhang.

3 **转变** zhuǎnbiàn **berubah**

【动词】[Verba (kata kerja)] 由一种情况变到另一种情况。Berubah dari satu situasi menjadi yang lain. ‖ 最近他转变了对你的看法。Dia baru saja berubah pendapat tentangmu baru-baru ini. | 这需要有个转变的过程。Ini memerlukan proses perubahan.

2 **装** zhuāng **memasang; kostum**

【动词】[Verba (kata kerja)] 安装，纳入，收入。Memasang, menyertakan, atau menyimpan. ‖ 这个电视还没有装好，你能帮我一下吗? Televisi ini belum dipasang, bisakah kamu membantuku? | 我把行李装了起来。Aku telah mengemas barang-barangku.

【名词】[Nomina (kata benda)] 衣服，服装。Baju; pakaian. ‖ 他今天穿了一身军装。Hari ini dia mengenakan set pakaian tantara,

3 **状况** zhuàngkuàng **kondisi; keadaan**

【名词】[Verba (kata kerja)] 情况。Kondisi atau keadaan. ‖ 他爷爷八十多了，可身体状况还挺好。Kakeknya berusia lebih dari 80 tahun, tapi kondisinya masih baik. | 这几年我们的生活状况有了很大的变化。Kehidupan kami telah mengalami perubahan besar dalam beberapa tahun terakhir.

3 **状态** zhuàngtài **kondisi**

【名词】[Nomina (kata benda)] 表现出来的情况。Kondisi yang ditampilkan

atau dipresentasikan. ‖ 这种状态很快就会改变。Kondisi ini akan berubah dengan cepat. | 应该调整一下你的紧张状态。Anda harus menyesuaikan keadaan gugup Anda.

3 追 zhuī **kejar**

【动词】［Verba（kata kerja）］他追到我前面去了。→他跑得越来越快，从后面跑到我前面去了。Dia mengejarmu sampai di depanku. → Dia semakin cepat berlari, mengejar sampai di depanku. ‖ 他跑了，你快去追。Dia pergi，cepat kejar dia！| 我是骑着自行车把他追回来的。Saya mengejar dan berhasil mengejar dia kembali dengan sepeda.

1 准备 zhǔnbèi **merencakanan；mempersiapkan**

【动词】［Verba（kata kerja）］① 计划，打算。Merencanakan atau bersiap-siap. ‖ 我准备明天去北京，你要和我一起去吗？Saya berencana pergi ke Beijing besok，apakah kamu akan pergi bersamaku？| 他准备周六去看电影，和他的朋友一起。Dia bersiap-siap untuk menonton film pada hari Sabtu dengan teman-temannya. ② 提前安排好需要的东西。Mengatur apa yang dibutuhkan sebelumnya. ‖ 明天要上汉语课了，要用的书你都准备好了吗？Kamu sudah menyiapkan semua buku yang akan digunakan untuk pelajaran Bahasa Mandarin besok？| 我准备了两天，衣服，鞋子都准备好了。Saya sudah mempersiapkan selama dua hari，semua pakaian dan sepatu sudah disiapkan.

2 准确 zhǔnquè **benar；tepat**

【形容词】［Adjektiva（kata sifat）］正确，没有错。Benar，tidak salah. ‖ 你说得很准确，没有错。Kamu berbicara dengan sangat tepat，tidak ada kesalahan. | 他准确地说出了我的名字，没有说错。Dia menyebutkan nama saya dengan tepat，tanpa salah.

1 桌子 zhuōzi **meja**

【名词】［Nomina（kata benda）］一种家具。Satu jenis perabotan. ‖ 房间里只有一张桌子，书都放在上面。Di dalam ruangan hanya ada satu meja，semua buku diletakkan di atasnya. | 电脑放在桌子上。Komputer diletakkan di atas meja.

3 资格 zīgé **kualifikasi**

【名词】［Nomina（kata benda）］从事某种活动应该有的条件。Kualifikasi yang

diperlukan untuk melakukan suatu aktivitas. ‖ 因为他太年轻,所以没有资格当领导。Karena dia terlalu muda, dia tidak memenuhi syarat untuk menjadi pemimpin. | 他有参加比赛的资格。Dia memenuhi syarat untuk berpartisipasi dalam kompetisi.

3 资金 zījīn **dana; modal**

【名词】［Nomina (kata benda)］发展经济的钱。Uang yang digunakan untuk mengembangkan ekonomi. ‖ 他想创业,可是没有资金。Dia ingin memulai bisnis, tapi dia tidak punya modal. | 科学家的发明得到了大量资金支持。Penemuan ilmiah ilmuwan mendapatkan dukungan dana yang besar.

3 子女 zǐnǚ **putra putri**

【名词】［Nomina (kata benda)］儿子和女儿。Anak laki-laki dan perempuan. ‖ 父母希望自己的子女健康长大。Orang tua berharap anak-anaknya tumbuh dengan sehat. | 做子女的应该努力让父母开心。Sebagai anak, harus berusaha membuat orang tua bahagia.

3 自从 zìcóng **semenjak dari**

【介词】［Preposisi (kata depan)］表示从过去的某段时间或事情起。Menunjukkan saat atau peristiwa dari waktu lalu. ‖ 自从上次分别,我到现在也没有他的任何消息。Sejak terakhir kali berpisah, saya tidak menerima berita darinya.

3 自动 zìdòng **otomatis**

【形容词】［Adjektiva (kata sifat)］不用人力而是用机械操控的。Dikendalikan oleh mesin, tidak memerlukan tenaga manusia. ‖ 这个洗衣机是自动的,不需要我们去操作。Mesin cuci ini otomatis, tidak memerlukan kita untuk mengoperasikannya.

【副词】［Adverbia (kata keterangan)］自己主动,不凭借人为力量。Dengan sendirinya, tanpa campur tangan manusia. ‖ 他自动承担了这份工作。Dia dengan sukarela mengambil tanggung jawab pekerjaan ini. | 电视在自动播放今天的新闻。Televisi otomatis menyiarkan berita hari ini.

2 自己 zìjǐ **diri sendiri**

【代词】［Pronomina (kata ganti)］复指前面的名词或者代词,自己、自身。Mengacu pada kata benda atau kata ganti sebelumnya, berarti diri sendiri. ‖ 他大大方方承认了自己的错误。Dia dengan tulus mengakui kesalahannya.

3 自觉 zìjué **sadar**

【形容词】［Adjektiva（kata sifat）］自己有所认识而有所觉悟。Menjadi sadar atau menyadari sesuatu. ‖ 同学们都自觉遵守课堂纪律，没有人大声说话。Teman-teman sekelas secara sukarela mematuhi disiplin kelas, tidak ada yang berbicara dengan keras.

3 自然 zìrán **alami**

【形容词】［Adjektiva（kata sifat）］天然的，非人为的或者不做作。Alami, tidak buatan atau dipalsukan. ‖ 他的表演很自然，一点也不让人觉得虚假。Penampilannya sangat alami, tidak membuat orang merasa palsu.

【名词】［Nomina（kata benda）］指自然世界。Mengacu pada dunia alam. ‖ 大自然太美了，高高的山和宽阔的河。Alam begitu indah, dengan gunung yang tinggi dan sungai yang lebar.

3 自身 zìshēn **sendiri**

【名词】［Nomina（kata benda）］指自己，本人。Mengacu pada diri sendiri. ‖ 在自身的努力和老师的帮助下，我越来越喜欢英语了。Dengan usaha sendiri dan bantuan guru, saya semakin menyukai bahasa Mandarin.

2 自行车 zìxíngchē **sepeda**

【名词】［Nomina（kata benda）］两个轮子的交通工具。Alat transportasi dengan dua roda. ‖ 我今天骑自行车上学。Saya pergi ke sekolah dengan bersepeda hari ini. | 你刚买了一辆自行车吗？Apakah Anda baru saja membeli sepeda?

2 自由 zìyóu **bebas**

【名词】［Nomina（kata benda）］在法律规定内有可以随意活动的权利。Hak untuk bergerak sesuai dengan hukum. ‖ 在很久之间，人们是没有自由的。Untuk waktu yang lama, orang tidak memiliki kebebasan.

【形容词】［Adjektiva（kata sifat）］用来形容一个人没有限制，没有约束地做事。Untuk menggambarkan seseorang yang tidak terbatas, tidak terikat. ‖ 她看起来好自由，可以去任何国家旅行。Dia terlihat sangat bebas, bisa melakukan perjalanan ke negara mana pun.

3 **自主** zìzhǔ **mandiri**

【动词】［Verba（kata kerja）］自己做主。Mengambil keputusan sendiri. ‖ 我们要独立自主，不依靠别人的力量。Kami harus mandiri dan tidak mengandalkan orang lain.

1 **字** zì **huruf；tulisan；aksara**

【名词】［Nomina（kata benda）］记录汉字的文字。Aksara dalam bahasa Mandarin. ‖ 他写的字真好看。Tulisan Anda sangat bagus. | 这个字怎么写？Bagaimana cara menulis aksara ini？| 这个字我不会读，你可以教我吗？Saya tidak tahu bagaimana cara membacanya，bisakah Anda mengajari saya？| 他年纪很小就认识很多字了。Dia mengenal banyak aksara pada usia muda.

2 **字典** zìdiǎn **kamus**

【名词】［Nomina（kata benda）］用来帮助读者认识字的工具书。Kamus yang membantu pembaca mengenal karakter. ‖ 当你碰到不认识的汉字时，你可以查字典。Ketika Anda tidak tahu cara membaca aksara Mandarin yang tidak dikenal，Anda dapat mencari di kamus. | 我想买一本便宜一点的汉语字典。Saya ingin membeli kamus bahasa Mandarin yang lebih murah. | 这本字典是我的。Kamus ini milik saya. | 这本字典里有三千五百个汉字。Kamus ini berisi 3 500 aksara Mandarin.

1 **子** zi **akhiran**

【后缀】［Akhiran］放在一个字或一个词后面表示一个东西的名称。Ditempatkan setelah karakter atau kata untuk menunjukkan nama suatu objek. ‖ 房子。Rumah. | 桌子。Meja. | 椅子。Kursi. | 本子。Buku. | 鞋子。Sepatu. | 孩子。Anak.

3 **总** zǒng **pasti**

【副词】［Adverbia（kata keterangan）］① 一直，不容易改变地，一定。Selalu，sulit berubah，pasti. ‖ 只要你努力工作，日子总会变得好起来的。Selama Anda bekerja keras，hidup akan membaik. | 他忙完工作以后总会给你打电话的。Dia selalu menjadi orang pertama yang datang ke perusahaan. | 他总爱开玩笑。Beberapa hari ini selalu hujan，sudah lama tidak cerah. | 老师总让我们背课文，我不喜欢背课文。Saya selalu terlambat ke kelas，tidak bisa mengubah kebiasaan buruk ini. ② 大概，可能。Sekitar, mungkin. ‖ 他现在总有六十岁了吧。Dia pasti sudah berusia 60 tahun sekarang. | 他最快也总要一个小时才能到。Paling tidak membutuhkan satu jam untuk sampai di sana. | 如果我一直等他，他总会来的吧？Jika saya menunggunya, dia pasti akan datang, bukan?

3 **总结** zǒngjié **menyimpulkan**

【动词】［Verba（kata kerja）］从过去发生的事情中找出经验或问题。Mengambil pengalaman atau masalah dari peristiwa yang terjadi di masa lalu. ‖ 你要从每次考试中总结出经验和问题。Anda harus mengambil pengalaman dan masalah dari setiap ujian. | 他在这次工作中总结出了很多有用的经验。Dia mengambil banyak pengalaman yang berguna dalam pekerjaan ini. | 我总结了一些课堂笔记，希望对你考试有用。Saya menyusun beberapa catatan kelas sebagai ringkasan, semoga berguna untuk ujian Anda.

【名词】［Nomina（kata benda）］对过去发生的事情进行总结后的报告。Laporan setelah melakukan ringkasan peristiwa masa lalu. ‖ 领导对这段时间的工作作了总结。Pimpinan telah membuat ringkasan dari pekerjaan selama periode ini. | 这是这个月的工作总结。Ini adalah ringkasan pekerjaan bulan ini. | 老师让我们每个月写一次学习总结。Guru meminta kami untuk menulis ringkasan belajar setiap bulan.

3 **总是** zǒngshì **selalu**

【副词】［Adverbia（kata keterangan）］经常是，一直是。Sering, selalu. ‖ 他总是公司里第一个到的人。Dia selalu menjadi orang pertama yang datang ke perusahaan. | 这几天总是下雨，很久没有晴天了。Beberapa hari ini selalu hujan, sudah lama tidak ada hari yang cerah. | 我总是上课迟到，怎么也改不了这个坏习惯。Saya selalu terlambat ke kelas, tidak bisa mengubah kebiasaan buruk ini.

1 **走** zǒu **jalan**

【动词】［Verba（kata kerja）］① 靠腿和脚让身体慢慢前进。Bergerak maju dengan kaki dan kaki. ‖ 他在门口走来走去。Dia berjalan ke depan di depan pintu. | 我走了很远的路才到这里。Saya sudah berjalan jauh untuk sampai ke sini. | 他向前走了几步才认出我是谁。Dia berjalan beberapa langkah ke depan sebelum mengenaliku. ② 离开。Meninggalkan suatu tempat. ‖ 他下午三点就走了，一直都没回来。Dia pergi jam tiga sore dan belum kembali. | 你什么时候走？Kapan kamu akan pergi? | 你先别走，我还想让你帮我几个忙。Jangan pergi dulu, saya ingin meminta tolong padamu. ③ 经过。Melewati atau melewati suatu tempat. ‖ 从家里怎么走才能到图书馆? Bagaimana cara menuju perpustakaan dari rumah? | 这条路不通,现在走不过去。Jalan ini tidak bisa dilewati, sekarang tidak bisa lewat. | 我们从学校门口走,向前五百米就有一个很不错的饭馆。Kami berjalan dari pintu belajar, ada restoran yang bagus lima ratus meter lebih jauh ke depan.

2 **走过** zǒuguò **melewati**

【短语】[frasa] 经过一个地方;去过某个地方。Melewati atau pernah berada di suatu tempat sebelumnya. ‖ 我走过一家饭馆,闻到里面传出的香味。Saya berjalan melewati sebuah restoran dan mencium aroma lezat dari dalamnya. | 我没有走过这条路。Saya belum pernah melewati jalan ini sebelumnya. | 他走过的每一步都非常不容易。Setiap langkah yang dia ambil adalah sangat berarti. | 你走过这条街就能看到学校。Anda akan melalui jalan ini dan dapat melihat sekolah.

2 **走进** zǒujìn **berjalan masuk**

【短语】[frasa] 进入某个地方。Masuk ke suatu tempat. ‖ 他走进办公室,发现自己的包不见了。Dia masuk ke kantor dan menemukan tasnya hilang. | 他不爱说话,别人很难走进他的心。Dia tidak suka berbicara, orang lain sulit masuk ke hatinya. | 我刚走进教室就开始上课了。Saya baru saja masuk ke kelas dan pelajaran segera dimulai.

2 **走开** zǒukāi **pergi**

【短语】[frasa] 从一个地方离开。Meninggalkan suatu tempat. ‖ 他让我从这里走开,他在忙。Dia meminta saya untuk pergi dari sini karena dia sibuk. | 你在这里等我,不要走开。Tunggu di sini untuk saya, jangan pergi. | 不要走开,精彩节目马上继续。Jangan pergi, acara menarik akan segera dilanjutkan. | 这里不安全,快走开。Tempat ini tidak aman, cepat pergi dari sini.

1 **走路** zǒu//lù **jalan kaki**

【动词】[Verba (kata kerja)] 在路上走。Berjalan di jalan. ‖ 我正在走路,路上车多,一会儿再给你回电话。Saya sedang berjalan, banyak kendaraan di jalan, saya akan meneleponmu nanti. | 我走了很久的路,我太累。Saya telah berjalan jauh, saya sangat lelah. | 我一个人害怕,不敢一个人晚上走路。Saya merasa takut berjalan sendiri di malam hari. | 他腿疼,走不了路了。Kakinya sakit, dia tidak bisa berjalan.

2 **租** zū **sewa**

【动词】[Verba (kata kerja)] 用交费的方式把别人的东西拿来使用一段时间。Menggunakan sesuatu milik orang lain dengan membayar untuk digunakan dalam jangka waktu tertentu. ‖ 他不是当地人,他一个人租房子住。Dia bukan penduduk setempat, dia menyewa rumah untuk tinggal sendiri. | 我喜欢租一辆车在当地旅行。Saya suka menyewa mobil untuk berkeliling di tempat tujuan wisata. | 他的房子准备卖了,不再租给别人了。Rumahnya akan dijual, tidak akan disewakan lagi kepada orang lain.

3 **足够** zúgòu **cukup**

【动词】[Verba (kata kerja)] 达到标准或一定水平。Mencapai standar atau tingkat tertentu. ‖ 这些钱足够他花两年的了。Uang ini cukup untuk dia habiskan selama dua tahun. | 这么一桌子菜足够八个人吃了。Semua hidangan ini cukup untuk delapan orang. | 我们有足够的时间为考试作准备。Kami memiliki cukup waktu untuk mempersiapkan ujian.

3 **足球** zúqiú **bola sepak**

【名词】[Nomina (kata benda)] ① 用脚踢的一种球。Bola yang dimainkan dengan kaki. ‖ 我想买一个新足球。Saya ingin membeli bola sepak baru. | 球场上有一个没有人要的足球。Di lapangan ada sebuah bola sepak yang tidak dimiliki siapa pun. | 足球比篮球小。Sepak bola lebih kecil dari bola basket. ② 一种体育运动。Sebuah olahraga. ‖ 人们都很关注每年夏天的足球比赛。Orang-orang sangat menantikan pertandingan sepak bola setiap musim panas. | 他是一个足球明星,他拿过很多奖。Dia adalah seorang bintang sepak bola, dia telah memenangkan banyak penghargaan. | 他喜欢足球,我喜欢篮球。Dia suka sepak bola, saya suka bola basket.

2 **组** zǔ **kelompok**

【动词】[Verba (kata kerja)] 把两个不在一起的东西或人放在一起或合在一起。Menggabungkan dua hal atau orang yang tidak berada bersama menjadi satu kesatuan. ‖ 这次比赛需要和别人组队参加,不能一个人参加。Pertandingan ini harus diikuti dengan berpasangan, tidak bisa bermain sendiri. | 我们几个都喜欢音乐,我们组了一个音乐队。Kami beberapa orang menyukai musik, kami membentuk sebuah band musik. | 他们几个人组了一个旅行团一起去国外旅游。Mereka beberapa orang yang berbeda dalam satu kelompok perjalanan bersama-sama bepergian ke luar negeri.

【名词】［Nomina（kata benda）］按照活动的目的或要求几个人在一起合成的小的集体。Kelompok kecil yang terbentuk untuk tujuan atau persyaratan kegiatan tertentu. ‖ 你们班有几个学习组？Berapa banyak kelompok belajar di kelas Anda？| 工作组今天到学校检查。Kelompok kerja datang ke sekolah untuk pemeriksaan hari ini. | 我们两个不是一个组的。Kami berdua bukan dari satu kelompok.

2 组成 zǔchéng **menggabungkan；membentuk**

【动词】［Verba（kata kerja）］把人或东西组合起来成为一个新的整体。Menggabungkan orang atau barang menjadi suatu kesatuan baru. ‖ 他用几块木头组成了一个架子。Dia menggunakan beberapa potong kayu untuk membuat sebuah rak. | 老师上课让学生们自由组成学习小组。Guru mengizinkan siswa untuk membentuk kelompok belajar secara bebas. | 这首歌由三部分组成。Lagu ini terdiri dari tiga bagian. | 他们共同组成了现在的音乐团。Mereka bersama-sama membentuk band musik sekarang.

3 组合 zǔhé **menggabungkan**

【动词】［Verba（kata kerja）］把两个不在一起的东西或人放在一起或合在一起。Menggabungkan dua hal atau orang yang tidak berada bersama menjadi satu kesatuan. ‖ 他用各种颜色组合成了一张画儿。Dia menggabungkan berbagai warna menjadi sebuah gambar. | 我不知道这些东西应该如何组合才能变成一把椅子。Saya tidak tahu bagaimana cara menggabungkan semua barang ini menjadi sebuah kursi. | 我们几个人的优点组合在一起就一定能解决这次的麻烦。Kekuatan kami yang berbeda-beda bisa digabungkan untuk mengatasi masalah ini.

2 组长 zǔzhǎng **ketua kelompok**

【名词】［Nomina（kata benda）］一个小集体的负责的人。Seorang yang bertanggung jawab dalam kelompok kecil. ‖ 他是我们组的组长，他负责收我们的作业。Dia adalah ketua kelompok kami，dia bertanggung jawab untuk mengumpulkan tugas-tugas kami. | 每个组的组长要报告自己小组的学习情况。Setiap ketua kelompok harus melaporkan tentang kemajuan belajar kelompok mereka. | 作为组长，他要带领我们完成任务。Sebagai seorang ketua kelompok， dia harus memimpin kami menyelesaikan tugas.

2 **嘴** zuǐ **mulut**

【名词】[Nomina(kata benda)] ① 口,可以用来说话,吃东西,喝水的身体部位。Mulut, bagian tubuh yang digunakan untuk berbicara, makan, dan minum. ‖ 他张了张嘴,又不说话了。Dia membuka mulutnya, tapi tidak mengatakan apa-apa. | 你嘴里吃的是什么? Apa yang sedang kamu makan di mulutmu? | 他嘴上有一个黑点。Dia memiliki bintik hitam di bibirnya. | 他的嘴长得很大。Dia memiliki mulut yang besar. ② 说出的话。Kata-kata yang diucapkan. ‖ 这孩子真会说话,嘴真甜。Anak ini benar-benar pandai berbicara, dia sangat manis. | 这事我自己决定,不用你多嘴。Saya membuat keputusan sendiri, tidak perlu campur tangan darimu. | 他什么都告诉别人,真多嘴。Dia terlalu banyak bicara dan terlalu ikut campur.

1 **最** zuì **paling**

【副词】[Adverbia(kata keterangan)] 在一个范围内超过其他的。Dalam suatu lingkup, lebih tinggi atau lebih baik daripada yang lainnya. ‖ 他是我们班成绩最好的。Dia adalah siswa dengan nilai terbaik di kelas kami. | 他是世界上长得最高的人。Dia adalah orang tertinggi di dunia. | 我最喜欢吃饺子。Makanan yang paling saya suka adalah jiaozi. | 他是我们当中学习最努力的人。Dia adalah orang yang paling rajin belajar di antara kita semua. | 站在最前面的是我们班的班长。Orang yang berdiri di barisan terdepan adalah ketua kelas kami.

1 **最好** zuìhǎo **paling baik ; paling bagus; lebih baik**

【副词】[Adverbia(kata keterangan)] 表示怎么做才是最能满足要求的决定或情况。Menunjukkan cara yang paling memuaskan untuk mencapai keputusan atau situasi tertentu. ‖ 你最好赶紧写作业,马上就要交了。Lebih baik kamu segera menyelesaikan pekerjaan rumahmu, tenggat waktu pengumpulannya akan segera tiba. | 开会的时间最好订在今天下午,我明天还有别的事情。Jadwal rapat sebaiknya diatur pada sore ini, karena saya ada urusan lain besok. | 他工作已经很累了,你最好别再去找他。Dia sudah sangat lelah dengan pekerjaannya, lebih baik jangan mengganggunya lagi.

1 **最后** zuìhòu **paling terakhir**

【名词】[Nomina(kata benda)] 后面什么也没有了的时间或地点。Waktu atau

Z

tempat setelah semuanya. ‖ 他最后什么也没有说就走了。Dia pergi tanpa mengucapkan sepatah kata pun. | 他的成绩是班里的最后一名。Nilainya adalah yang terakhir di kelas. | 老师让最后一排的同学往前坐。Guru meminta siswa di barisan terakhir untuk pindah ke depan. | 今天晚上的最后一个节目是中国功夫。Acara terakhir malam ini adalah bela diri Cina.

2 **最近** zuìjìn **baru-baru ini；akhir-akhir ini；belakangan**

【名词】[Nomina（kata benda）] 离现在的时间比较近的一段时间。Waktu yang dekat dengan saat ini. ‖ 我最近看了一部电影。Baru-baru ini saya menonton sebuah film. | 你最近在工作上有什么安排？Apa rencanamu dalam pekerjaan baru-baru ini？| 他最近去哪了？Dia pergi kemana belakangan ini？| 最近，越来越多的年轻人喜欢在网上发表自己的看法。Baru-baru ini，semakin banyak orang muda yang suka menyampaikan pendapat mereka secara online.

1 **昨天** zuótiān **kemarin**

【名词】[Nomina（kata benda）] 今天前面的一天。Hari sebelum hari ini. ‖ 我昨天和男朋友去看电影了。Saya pergi menonton film dengan pacar kemarin. | 这件事是昨天下午发生的。Kejadian ini terjadi pada sore hari kemarin. | 昨天星期一，今天星期二。Kemarin adalah Senin，hari ini adalah Selasa. | 他昨天没有给我打电话。Dia tidak menelepon saya kemarin.

1 **左** zuǒ **kiri**

【名词】[Nomina（kata benda）] 面向北时，靠西的那一边。Bagian yang berada di sebelah barat ketika menghadap ke utara. ‖ 你直走再左转就到学校了。Kamu terus berjalan dan kemudian belok kiri. | 有的人用右手写字，有的人用左手写字。Ada orang yang menulis dengan tangan kanan，ada yang menulis dengan tangan kiri. | 医生让病人身体向左转。Dokter meminta pasien untuk berbalik ke kiri.

1 **左边** zuǒbiān **bagian kiri**

【名词】[Nomina（kata benda）] 面向北时，靠西的那一边。Bagian yang berada di sebelah barat ketika menghadap ke utara. ‖ 我左边的座位还空着。Tempat duduk di sebelah kiri masih kosong. | 他左边的这位是他的爱人。Orang di sebelah kiri adalah pasangannya. | 桌子的左边放着他新买的电脑。Komputer barunya diletakkan di sebelah kiri meja.

3 **左右** zuǒyòu **kiri dan kanan; sekitar; kurang lebih**

【名词】[Nomina (kata benda)] ① 东西或人的两边,左边和右边。Kiri dan kanan sesuatu atau seseorang. ‖ 过马路时要左右看,注意交通安全。Ketika menyeberang jalan, harus melihat ke kiri dan kanan, perhatikan keselamatan lalu lintas. | 马路左右都是大树。Kiri dan kanan jalan dipenuhi dengan pepohonan besar. | 我们家左右又有饭馆又有商店。Di sekitar kita, ada restoran dan toko-toko. ② 不确定的时间或数量。Waktu atau jumlah yang tidak pasti. ‖ 我可能两点左右到飞机场。Saya mungkin akan tiba sekitar pukul dua. | 他看上去二十四岁左右。Dia kelihatannya sekitar 24 tahun. | 班里有五十个人左右。Kelas kami memiliki sekitar 50 orang.

【动词】[Verba (kata kerja)] 影响。Mempengaruhi. ‖ 他已经作了决定,谁都左右不了他。Dia sudah membuat keputusan, tidak ada yang bisa mempengaruhinya. | 领导的决定左右着工作的开展。Keputusan pemimpin mempengaruhi perkembangan pekerjaan. | 大自然的规律是谁都不能左右的。Hukum alam tidak bisa dipengaruhi oleh siapapun.

1 **坐** zuò **duduk**

【动作】[Verba (kata kerja)] ① 身体在沙发、座位、椅子等上面,腿在下面。Duduk di atas sofa, kursi, atau bangku dengan kaki di bawah. ‖ 我坐在椅子上安静地想事情。Saya duduk di kursi dengan tenang sambil berpikir. | 他坐在沙发听音乐。Dia duduk di sofa sambil mendengarkan musik. | 这里没地方让我坐了,座位都坐满了。Tempat duduk di sini sudah penuh, semua kursi sudah diduduki. | 我不坐了,我想站一会儿。Saya tidak akan duduk, saya ingin berdiri sebentar. ② 使用交通工具到某地。Menggunakan alat transportasi untuk pergi ke suatu tempat. ‖ 我准备坐飞机去北京。Saya berencana naik pesawat terbang ke Beijing. | 他坐了三个小时的火车才回到家乡。Dia naik kereta api selama tiga jam untuk pulang ke kampung halamannya. | 我平常坐公交车上班。Saya biasanya pergi ke kantor dengan bus.

1 **坐下** zuòxià **duduk**

【短语】[frasa] 找到座位坐;有足够的座位。Sudah menemukan tempat duduk; ada cukup tempat duduk. ‖ 大家进来教室后,到自己的座位上坐下。Setelah semua orang masuk ke dalam kelas, duduklah di tempat duduk masing-masing. | 他找了把椅子坐下了。Dia menemukan kursi dan duduk. | 这个房间太小,坐不

Z

下这么多人。Ruangan ini terlalu kecil, tidak cukup tempat duduk untuk semua orang. | 谁让你坐下的,站起来! Siapa yang meminta kamu untuk duduk, berdirilah!

1 **做** zuò **membuat; mengerjakan; melakukan**

【动词】[Verba (kata kerja)] ① 制作。Membuat. ‖ 我们一起做个蛋糕送给他当生日礼物吧。Mari kita membuat kue bersama untuk memberikannya sebagai hadiah ulang tahun kepadanya. | 老师让我们做一份关于学习汉语的报告。Guru meminta kita untuk membuat laporan tentang belajar bahasa Tiongkok. | 你要纸做什么? Kamu butuh kertas untuk apa? ② 进行某个活动,干某份工作。Melakukan suatu aktivitas atau pekerjaan. ‖ 你是做什么工作的? Kamu bekerja sebagai apa? | 他周末一般做什么? Biasanya dia melakukan apa di akhir pekan? | 他以前在工厂做工人,现在在国外做生意。Dia dulunya bekerja sebagai pekerja pabrik, sekarang dia berbisnis di luar negeri. ③ 当。Menjadi. ‖ 他送给我一本书,想让我作个纪念。Dia memberikan buku kepadaku, ingin aku menjadikannya sebagai kenang-kenangan. | 这个女孩没有家,她想做这个女孩的妈妈。Gadis ini tidak punya keluarga, dia ingin menjadi ibu dari gadis tersebut. | 他马上要结婚了,想买房子做新家。Dia akan segera menikah, ingin membeli rumah untuk tempat tinggal baru.

2 **做到** zuòdào **berhasil**

【短语】[frasa] 成功完成目标,达到要求。Berhasil mencapai tujuan atau memenuhi persyaratan. ‖ 他一直考第一名,今天他做到了! Dia selalu meraih peringkat pertama, hari ini dia berhasil! | 他是一名老师,他做到了关心学生。Dia adalah seorang guru yang berhasil peduli terhadap siswa. | 说的事情就要做到。Kata-kata harus dipenuhi dengan perbuatan.

2 **做法** zuòfǎ **metode**

【名词】[Nomina (kata benda)] ① 处理事情的方法。Metode atau cara dalam menangani sesuatu. ‖ 你这样的做法不对,只会让他更生气。Cara kamu tidak benar, hanya akan membuatnya semakin marah. | 很多人都不喜欢他打孩子的做法。Banyak orang tidak suka metode dia memukul anak-anak. | 我们的做法不同,但是结果是一样的。Metode kami berbeda, tapi hasilnya sama. | 这道题的做法很简单。Cara untuk menyelesaikan soal ini sangat sederhana. ② 做东西的方法。Metode dalam membuat sesuatu. ‖ 你可以教我这道菜的做法吗? Bisakah kamu mengajari saya cara membuat hidangan ini? | 老师教我们纸盒的做法。Guru mengajari kami cara membuat kotak dari kertas. | 这本书上写了很多菜的做法。Buku ini berisi banyak resep masakan.

2 做饭 zuò//fàn **memasak**

【动词】[Verba (kata kerja)] 做吃的东西。Memasak makanan. ‖ 昨天晚上你做了什么饭? Kemarin malam apa yang kamu masak? | 他经常做饭,他会做很多中国菜。Dia sering memasak dan bisa membuat banyak masakan Tiongkok. | 你能教我做饭吗? Bisakah kamu mengajari saya memasak? | 做饭是很容易学会的。Memasak itu mudah untuk dipelajari.

3 做客 zuò//kè **bertamu**

【动词】[Verba (kata kerja)] 去别人家里或别的地方当客人。Bertamu ke rumah orang lain atau tempat lain. ‖ 欢迎你来我们家做客。Selamat datang di rumah kami sebagai tamu. | 我经常去他家里做客。Saya sering bertamu ke rumahnya. | 你去他家做过客吗? Pernahkah kamu bertamu ke rumahnya? | 她去老师家做过几次客。Dia telah beberapa kali menjadi tamu di rumah guru.

2 作家 zuòjiā **pengarang; penulis**

【名词】[Nomina (kata benda)] 从事文学创作,在文学方面有成果的人。Orang yang berkecimpung dalam menciptakan karya sastra dan memiliki hasil karya dalam bidang sastra. ‖ 我长大以后想成为一名作家,写一些好的小说作品。Setelah saya dewasa, saya ingin menjadi seorang penulis dan menulis karya sastra yang bagus. | 这个作家受到很多读者的欢迎。Penulis ini mendapat banyak dukungan dari para pembaca. | 作家在这篇文章中表现了自己对农村生活的热爱。Penulis ini mengekspresikan cintanya terhadap kehidupan pedesaan dalam artikel ini.

3 作品 zuòpǐn **hasil karya**

【名词】[Nomina (kata benda)] 创作得到的结果,比如书、文章、画儿、歌等。Hasil karya, seperti buku, artikel, lukisan, lagu, dll. ‖ 他有很多优秀的作品,他是一个有名的作家。Dia memiliki banyak karya yang bagus, dia adalah penulis terkenal. | 这个歌手很久没有出新的作品了。Penyanyi ini sudah lama tidak mengeluarkan karya baru. | 我非常喜欢国外的文学作品。Saya sangat menyukai karya sastra dari luar negeri.

2 作文 zuòwén **karangan; tulisan; karya tulis**

【名词】[Nomina (kata benda)] 学生按照要求写的文章。Tulisan yang ditulis oleh siswa sesuai dengan permintaan. ‖ 他的作文写得很好,老师给了他很高的分。Karangan ini ditulis dengan baik, guru memberikan nilai yang tinggi padanya. | 老师让学生写一篇关于"秋天"的作文。Guru meminta siswa menulis sebuah karangan tentang "musim gugur". | 你写的作文不满足考试的要求。Tulisanmu tidak memenuhi persyaratan ujian.

2 作业 zuòyè **pekerjaan rumah; tugas**

【名词】[Nomina (kata benda)] 老师要求学生完成的课后练习。Tugas-tugas yang diberikan oleh guru untuk dikerjakan oleh siswa setelah pelajaran. ‖ 他又没完成作业。Dia belum menyelesaikan tugas-tugasnya. | 老师今天让我们完成很多作业。Hari ini guru memberikan banyak tugas kepada kita. | 今天的家庭作业有点难。Tugas rumah hari ini agak sulit. | 我们的作业有不同的形式。Tugas-tugas kita memiliki berbagai bentuk.

2 作用 zuòyòng **fungsi; efek**

【名词】[Nomina (kata benda)] 对某人或某事产生的影响,功能。Dampak atau fungsi terhadap seseorang atau sesuatu. ‖ 这个药对他的病有什么作用? Obat ini memiliki efek apa pada penyakitnya? | 我和他说的那些话看起来没什么作用。Kata-kata yang saya ucapkan tampaknya tidak memiliki efek apa-apa. | 这些规定对规范学生的行为起到了非常积极的作用。Aturan-aturan ini memiliki efek yang sangat positif dalam mengatur perilaku siswa.

3 作者 zuòzhě **penulis**

【名词】[Nomina (kata benda)] 创作一个作品的人,写一篇文章或一本书的人。Orang yang menciptakan sebuah karya, seperti menulis artikel atau buku. ‖ 他是这本书的作者。Dia adalah penulis dari buku ini. | 这篇文章表达了作者内心对生活的希望。Artikel ini mengungkapkan harapan penulis terhadap kehidupan. | 这支歌曲的作者是谁? Siapa yang menjadi penulis lagu ini?

2 座 zuò **satuan**

【量词】[Kuantifier (kata pengukur)] 表示比较高,比较大不活动的东西的数量

单位，比如楼、山。Satuan jumlah untuk objek yang relatif tinggi atau besar yang tidak bergerak, seperti gedung, gunung, dll. ‖ 村子的东边有一座大山。Di timur desa, ada gunung besar. | 我们家门口新建了一座大楼。Di depan pintu rumah kami dibangun sebuah gedung tinggi. | 他经营着一座现代化工厂。Dia mengelola sebuah pabrik yang modern.

2 座位 zuòwèi **tempat duduk**

【名词】［Nomina（kata benda）］可以坐的地方。Tempat duduk. ‖ 剧场有三百个座位。Teater ini memiliki 300 kursi. | 教室里的座位都坐满了。Tempat duduk di kelas sudah penuh. | 不好意思，这里是我的座位。Maaf, ini adalah kursi saya. | 演唱会不同座位的票价也不一样。Harga tiket untuk kursi di konser berbeda-beda. | 这辆火车的座位都满了，没有地方坐了。Kursi di kereta api ini sudah penuh, tidak ada tempat duduk lagi.

初等汉语汉字笔顺表

爱 ㇒ ⺈ ⺈ ⺍ 爫 爫 爫 𠬤 𤓯 爱

八 ㇒ 八

把 一 十 扌 扌 扌 扣 把

爸 ㇒ 八 ⺧ 父 父 父 爸 爸

吧 丨 𠃍 口 口 叩 叩 吧

白 ㇒ 亻 白 白 白

百 一 丆 丆 丙 百 百

半 丶 丷 丷 䒑 半

帮 一 二 三 丰 邦 邦 邦 帮 帮

包 ㇒ 勹 勹 句 包

北 丨 丬 丬 北 北

备 ㇒ 夂 夂 夂 各 各 备 备

本 一 十 才 木 本

比 一 匕 比 比

边 ㇇ 力 力 边 边

别 丨 𠃍 口 号 另 別 别

病 丶 亠 广 广 疒 疒 疒 病 病 病

不 一 丆 不 不

才 一 十 才

菜 一 十 艹 艹 艹 艹 艹 芷 苹 苿 菜

茶 一 十 艹 艾 艾 艾 苶 茶 茶

差 丶 丷 丷 䒑 兰 羊 羊 差 差

长 ㇒ 𠂉 长 长

常 丨 丨 ⺌ ⺌ 尚 尚 尚 尚 尚 常 常

场 一 十 土 圴 场 场
唱 丨 ㄇ 口 口丨 口冂 口日 口日 口旦 唱 唱 唱
车 一 𠂇 车 车
吃 丨 ㄇ 口 口丿 口𠂉 吃
出 乚 凵 屮 出 出
穿 丶 丷 宀 穴 穴 穵 空 穿 穿
次 丶 冫 冫丿 冫⺈ 冫欠 次
从 丿 人 从 从
错 丿 𠂉 𠂇 乍 钅 钅一 钅十 钅卄 钳 错 错 错 错
答 丿 𠂉 𥫗 𥫗 𥫗 𥫗 𥫗丿 𥫗人 𥫗合 答 答 答
打 一 亅 扌 扌一 打
大 一 ナ 大
但 丿 亻 亻丨 亻冂 亻日 伯 但
蛋 乛 𠃌 𤴓 疋 疋 疋 疍 疍 蛋 蛋 蛋
当 丨 丬 ⺌ 当 当 当
到 一 𠄌 𠫔 厶 至 至 到 到
得 丿 彡 彳 彳丨 彳冂 彳日 彳旦 得 得 得 得
地 一 十 土 圵 圵 地
的 丿 亻 白 白 白 的 的 的
等 丿 𠂉 𥫗 𥫗 𥫗 𥫗 笁 笁 笙 笙 等 等
第 丿 𠂉 𥫗 𥫗 𥫗 𥫗 笋 笋 第 第 第
点 丨 ⺊ 占 占 占 点 点 点 点
电 丨 冂 日 曰 电
店 丶 亠 广 广 庐 店 店 店
东 一 𠂇 车 东 东
动 一 二 亍 云 动 动
都 一 十 土 耂 耂 者 者 者 都 都
对 フ 又 又一 对 对
多 丿 ク 夕 夕 多 多

饿 丿 𠂊 饣 饣 饣 饣 饣 饿 饿 饿

而 一 丆 𠂆 丙 丙 而

儿 丿 儿

二 一 二

饭 丿 𠂊 饣 饣 饣 饭 饭

方 丶 亠 亍 方

房 丶 ㇇ ⺕ 户 户 户 房 房

放 丶 亠 亍 方 方 方 放 放

飞 乁 飞 飞

非 丨 亅 彐 彐 非 非 非 非

分 丿 八 今 分

服 丿 月 月 月 月 肌 朋 服

该 丶 讠 讠 讠 讠 诐 该 该

干 一 二 干

高 丶 亠 亠 亠 亠 亠 高 高 高 高

告 丿 𠂉 牛 生 牛 告 告

哥 一 丆 可 可 可 可 哥 哥 哥 哥

歌 一 丆 可 可 可 可 可 哥 哥 哥 哥 歌 歌 歌

个 丿 人 个

给 ⺈ 幺 纟 纟 纟 纟 纟 给 给

跟 丨 口 口 ⻊ ⻊ ⻊ ⻊ 跟 跟 跟 跟 跟 跟

更 一 丆 丙 丙 百 更 更

工 一 丅 工

关 丶 丷 䒑 兰 关 关

贵 丶 口 口 中 虫 冉 贵 贵 贵

国 丨 冂 冂 冃 用 国 国 国

果 丨 口 日 日 旦 甲 果 果

还 一 丆 不 不 不 不 还

孩 ㇇ 了 子 子 孑 孩 孩 孩 孩

汉 丶 冫 氵 汉 汉

好 ㄑ 𡿨 女 女⺈ 好 好

号 丨 ㄇ 口 𠮛 号

喝 丨 ㄇ 口 口丨 口冂 口日 口曰 口旦 喝 喝 喝 喝

和 ㇒ 二 千 禾 禾 禾丨 和 和

黑 丨 口 口丶 口丷 四 甲 里 里 黑 黑 黑 黑

很 ㇒ 彡 彳 彳ㄱ 彳ヨ 彳ヨ 很 很 很

后 ㇒ 厂 斤 斤 后 后

候 ㇒ 亻 亻丨 亻𠂊 亻𠂉 伃 俟 候 候 候

花 一 十 艹 艹 芢 芲 花

话 丶 讠 讠𠂉 讠二 讠千 讠千 话 话

坏 一 十 土 土一 圷 圷 坏

欢 ㇇ 又 又丿 对 欢 欢

回 丨 冂 冂 同 同 回

会 ㇒ 人 亼 今 会 会

火 丶 丷 少 火

机 一 十 才 木 札 机

鸡 ㇇ 又 又丿 对 对 鸡 鸡

几 丿 几

记 丶 讠 讠ㄱ 讠己 记

家 丶 丶丶 宀 宀 宁 宇 家 家 家 家

假 ㇒ 亻 亻㇒ 亻ㄱ 亻ㄱ 亻ㄱ 亻ㄱ 亻ㄱ 亻ㄱ 假 假

间 丶 门 门 门 问 间 间

见 丨 冂 贝 见

教 一 十 土 耂 耂 孝 孝 孝 孝 教 教

叫 丨 ㄇ 口 口ㄑ 叫

觉 丶 丷 丷 𭕄 𭕄 𫩏 学 觉 觉

姐 ㄑ 𡿨 女 如 如 妇 姐 姐

介 ㇒ 人 介 介

借 ㇒ 亻 亻一 亻十 亻廾 亻卄 借 借 借 借

今 ㇒ 人 亼 今

进 一 二 キ 井 丶井 讲 进

净 丶 冫 冫 冫 冫 冫 冫 净

九 丿 九

酒 丶 冫 氵 氵 汀 汀 沔 洒 洒 酒

就 丶 亠 亠 亠 亠 亨 亨 京 京 京 就 就

开 一 二 于 开

看 一 二 三 手 矛 看 看 看 看

考 一 十 土 耂 耂 考

可 一 丁 丁 日 可

渴 丶 冫 氵 氵 沪 沪 泹 泹 渴 渴 渴 渴

课 丶 讠 讠 讠 讠 讠 诨 课 课 课

口 丨 冂 口

块 一 十 土 圴 圵 坱 块

快 丶 丶 忄 忄 忄 快 快

来 一 丅 丷 立 平 来 来

老 一 十 土 耂 耂 老

了 乛 了

累 丨 冂 日 田 田 甲 里 罒 累 累 累

冷 丶 冫 冫 冫 冷 冷 冷

里 丨 冂 日 日 甲 甲 里

两 一 厂 冂 丙 丙 两 两

零 一 厂 厂 雨 雨 雨 雨 雨 零 零 零 零 零

六 丶 亠 六 六

楼 一 十 木 木 木 木 木 木 柈 柈 楼 楼 楼

路 丨 口 口 口 口 口 口 𧾷 趵 跤 跤 路 路

妈 ㄑ 女 女 如 妈 妈

马 乛 马 马

吗 丨 口 口 叮 吗 吗

买 乛 乛 乛 乙 买 买

忙 丶 丶 忄 忄 忙 忙

么 丿 幺 么
没 丶 冫 氵 氵 沪 没 没
每 丿 𠂉 仁 乍 每 每 每
门 丶 亻 门
们 丿 亻 仃 们 们
面 一 丆 丆 丙 而 而 而 面 面
名 丿 ク 夕 夕 名 名
明 丨 冂 日 日 明 明 明 明
木 一 十 才 木
拿 丿 人 亼 合 合 合 合 拿 拿 拿
哪 丨 口 口 叮 叨 叨 哪 哪 哪
那 ㇆ 彐 彐 尹 那 那
奶 ㄑ 女 女 奶 奶
男 丨 冂 日 田 田 男 男
南 一 十 𠂇 内 内 内 南 南 南
难 フ 又 又 对 对 对 难 难 难 难
呢 丨 口 口 叩 叩 呢 呢 呢
能 𠃋 厶 𠂊 台 育 育 育 能 能 能
你 丿 亻 亻 仆 价 你 你
年 丿 𠂉 𠂉 𠂉 㐄 年
您 丿 亻 亻 仆 价 你 你 你 您 您 您
牛 丿 𠂉 午 牛
女 ㄑ 女 女
怕 丶 丶 忄 忄 怕 怕 怕 怕
旁 丶 亠 亠 立 产 产 产 旁 旁 旁
跑 丨 口 口 早 早 足 足 跑 跑 跑 跑 跑
朋 丿 月 月 月 朋 朋 朋 朋
票 一 丆 丙 丙 西 西 覀 票 票 票 票
七 一 七

期 一 十 卄 廿 甘 甘 苴 其 其 期 期 期
起 一 十 土 丰 丰 赱 走 走 走 起
气 丿 𠂉 𠂉 气
汽 丶 冫 氵 氵 汽 汽 汽
前 丶 丷 䒑 䒑 前 前 前 前 前
钱 丿 𠂉 𠂉 钅 钅 钅 钅 钱 钱 钱
请 丶 讠 讠 讠 讠 讠 请 请 请 请
球 一 二 于 王 王 玎 玎 玎 球 球 球
去 一 十 土 去 去
然 丿 夕 夕 夕 夕 外 然 然 然 然 然 然
让 丶 讠 讣 让 让
热 一 扌 扌 扌 执 执 执 热 热 热
人 丿 人
认 丶 讠 认 认
日 丨 冂 月 日
肉 丨 冂 内 内 肉 肉
三 一 二 三
山 丨 山 山
上 丨 卜 上
少 丨 小 小 少
绍 ㄥ 纟 纟 绍 绍 绍 绍 绍
身 丿 亻 介 白 自 身 身
什 丿 亻 亻 什
生 丿 𠂉 𠂉 牛 生
师 丨 刂 𠂆 师 师 师
十 一 十
时 丨 冂 日 日 日 时 时
识 丶 讠 讠 识 识 识 识
事 一 一 一 一 事 事 事 事
试 丶 讠 讠 讠 讠 试 试 试

视 丶 ㇇ 礻 礻 礻丨 礻冂 礻见 视
是 丨 口 日 日 旦 早 早 是 是
手 ㇒ 二 三 手
书 ㇆ ㇉ 书 书
树 一 十 木 木 权 权 权 树 树
谁 丶 讠 讠 讠 讠 讠 讠 谁 谁 谁
水 亅 刁 水 水
睡 丨 冂 月 月 目 目 目 盱 盱 盱 睡 睡 睡
说 丶 讠 讠 讠 讠 讠 讠 讠 说
四 丨 冂 四 四 四
送 丶 丷 丷 兰 关 关 关 关 送
诉 丶 讠 讠 讠 讠 诉 诉
岁 丨 山 山 岁 岁 岁
所 ㇒ 厂 户 户 户 所 所 所
他 ㇒ 亻 仁 他 他
她 ㇛ 女 女 如 她 她
太 一 ナ 大 太
体 ㇒ 亻 仁 什 什 休 体
天 一 二 チ 天
听 丨 口 口 口 叮 吓 听
同 丨 冂 冂 同 同 同
外 ㇒ 夕 夕 夕 外
完 丶 丶 宀 宀 宀 宇 完
玩 一 二 千 王 王 王 玩 玩
晚 丨 冂 日 日 日 日 日 晗 晗 晚 晚
网 丨 冂 冂 冈 网 网
忘 丶 亠 亡 亡 忘 忘 忘
为 丶 ソ 为 为
文 丶 亠 ナ 文
问 丶 丨 门 门 问 问

我 ㇒ 二 于 手 扌 我 我
五 一 丅 五 五
午 ㇒ 𠂉 ⺧ 午
西 一 ㇀ 冂 丙 西 西
息 ㇒ 亻 白 白 自 自 自 息 息 息
习 ㇆ 习 习
洗 丶 冫 氵 氵 汁 洗 洗 洗 洗
喜 一 十 士 吉 吉 吉 吉 吉 壴 壴 喜 喜
系 ㇒ 幺 幺 幺 系 系 系
下 一 丅 下
先 ㇒ 𠂉 牛 生 先 先
现 一 二 干 王 王 玑 玑 现
想 一 十 才 木 木 相 相 相 相 相 想 想 想
向 ㇒ 亻 冂 向 向 向
小 亅 小 小
笑 ㇒ 𠂉 𠂉 ⺮ ⺮ ⺮ 竺 竺 笑 笑
些 丨 卜 止 止 此 此 此 些
写 丶 冖 冖 写 写
谢 丶 讠 讠 讠 讠 讠 谢 谢 谢 谢 谢 谢
新 丶 亠 亠 立 立 立 辛 辛 亲 亲 新 新 新
星 丨 冂 日 日 旦 早 早 星 星
行 ㇒ 彳 彳 彳 行 行
兴 丶 丷 丷 业 兴 兴
休 ㇒ 亻 仁 什 休 休
学 丶 丷 ⺍ ⺍ ⺍ 学 学 学
样 一 十 才 木 木 木 栏 栏 栏 样
要 一 ㇀ 冂 襾 覀 覀 要 要 要
也 ㇆ 也 也
一 一
衣 丶 亠 广 衣 衣 衣

医 一 丆 𠂇 𫝀 𫝀 医 医

以 𠄌 𠄌 以 以

意 丶 亠 亣 立 产 产 音 音 音 音 意 意 意

因 丨 冂 冂 冃 因 因

应 丶 亠 广 广 广 庐 应

用 丿 冂 月 月 用

友 一 ナ 方 友

有 一 ナ 才 有 有 有

又 フ 又

雨 一 丅 帀 币 雨 雨 雨 雨

远 一 二 亍 元 沅 沅 远

院 阝 阝 阝 阝 阝 阝 院 院 院

月 丿 刀 月 月

再 一 厂 冂 冃 冉 再

在 一 ナ 才 才 存 在

早 丨 口 日 日 旦 早

怎 丿 𠂉 仁 乍 乍 乍 怎 怎 怎

站 丶 亠 亠 立 立 立 站 站 站 站

找 一 扌 扌 扌 找 找 找

这 丶 亠 ナ 文 文 汶 这

着 丶 丷 䒑 兰 兰 差 羊 着 着 着 着

真 一 十 广 冇 冇 有 有 直 真 真

正 一 丅 下 正 正

知 丿 𠂉 𠂉 乍 矢 矢 知 知

中 丨 口 口 中

助 丨 冂 月 月 且 町 助

住 丿 亻 亻 仁 仁 住 住

准 丶 冫 冫 冫 冫 冫 准 准 准 准

子 乛 了 子

字 丶 丶 宀 宀 字 字

走 一 十 土 丰 丰 走 走

昨 丨 冂 日 日 日' 旷 昨 昨 昨

作 丿 亻 亻' 亻' 竹 作 作

坐 丿 人 从 从 丛 坐 坐

做 丿 亻 亻 什 什 估 估 做 做 做 做

2021 年国际中文教育研究课题重点项目资助，批准号：21YH12B

国际汉语学习词典

汉语 - 印尼语 中等

杨遗旗　唐元华——主编

中国出版集团 東方出版中心

INDONESIAN

图书在版编目(CIP)数据

国际汉语学习词典：汉语-印尼语：中等 / 杨遗旗，唐元华主编. -- 上海：东方出版中心，2024. 9.
ISBN 978-7-5473-2527-8

Ⅰ. H195-61

中国国家版本馆 CIP 数据核字第 2024JN4518 号

国际汉语学习词典：汉语-印尼语（中等）

主　　编　杨遗旗、唐元华
策划编辑　潘灵剑
责任编辑　刘玉伟
封扉设计　余佳佳

出 版 人　陈义望
出版发行　东方出版中心
地　　址　上海市仙霞路 345 号
邮政编码　200336
电　　话　021-62417400
印 刷 者　上海万卷印刷股份有限公司

开　　本　890mm × 1240mm　1/32
印　　张　33.75
字　　数　1180 千字
版　　次　2024 年 11 月第 1 版
印　　次　2024 年 11 月第 1 次印刷
定　　价　198.00 元（初等+中等）

目　录

C

D

E

F

G

H

J

K

L

M

N

O

P

Q

R

S

T

W

X

Y

Z

A

4 **阿姨** āyí **tante; ibu**

【名词】① 称呼母亲的姐妹。如果母亲有一个姐姐和一个妹妹,最大的阿姨就简称大姨,最小的阿姨就简称小姨。‖ 阿姨,我周末要到您家玩!您会在家吗?| 我妈妈有三个姐妹,所以我有三个阿姨。② 称呼跟母亲年龄差不多的妇女。‖ 阿姨,请问图书馆怎么走?| 阿姨,您能帮忙把门打开吗?谢谢!

4 **啊** a **ah; seruan yang menyatakan sikap panik/kagum**

【叹词】① 用在句子后面,表示着急做某件事。‖ 他上班要迟到了,你快点给他打电话啊!| 火车马上要开走了,你快点啊!② 用在句子后面,表示欣赏和喜爱。‖ 你穿这条裙子真美啊!| 你今天真漂亮啊!

6 **挨着** āizhe **berdekatan dengan; di samping; di sebelah**

【动词】紧靠着,距离很近。‖ 一会儿上车了,你挨着我坐。| 他们班挨着我们班。

6 **挨** ái **menderita; menerima / di-**

【动词】① 忍受,经受。‖ 她这次考试不及格,回家要挨妈妈骂了。| 如果你还是不认真,你就等着挨妈妈教训吧。② 度过一段艰难的时期。‖ 等我找到工作,我的苦日子就挨到头了。| 奶奶病得更严重了,可能挨不过这个月了。③ 延长时间。‖ 你马上要迟到了,不要挨时间了。| 他在学校被老师批评了,挨到晚上才敢回家。

6 **挨打** áidǎ **dipukuli**

【动词】被别人打。‖ 我小时候因为调皮,经常挨打。| 落后就要挨打。

4 **矮** ǎi **pendek; rendah**

【形容词】① 形容人的个子低。‖ 我们班的男生都比较矮。| 因为他很矮,所以排队时站在第一位。② 形容物体高度低。‖ 我家院子和邻居家院子中间有道很矮的墙。| 走近了才发现,这个房屋很矮。③ 形容地位低。‖ 他是我

A

的领导，我比他矮一级。| 他是校长，我是副校长，我比他矮一级。

4 矮小 ǎixiǎo **kerdil；pendek**

【形容词】形容人或物又矮又小。‖ 因为他非常矮小，所以在人群中找不到他。| 这里没有高大的建筑，只有几间矮小的房屋。

4 爱国 ài//guó **cinta negara；patriotisme**

【动词】热爱自己的国家。‖ 无论我们在哪里，都要做一个爱国的人。| 这次会议的主题是如何培养爱国精神。

4 爱护 àihù **memelihara；menyayangi**

【动词】喜爱并保护。‖ 教师要爱护每一位学生。| 公园里有“请大家爱护公物”的牌子。| 我们要爱护大自然，与大自然友好相处。

4 安 ān **tenang；aman；selamat**

【形容词】形容安稳，安全，没有危险。‖ 天黑了，姐姐还没有回家，她感到有些不安。| 祝你一路平安。

【动词】① 使心情平静稳定。‖ 你不用管其他事情，你就安下心来学习吧。| 弟弟已经到学校了，你就安下心吧。② 把东西安装好。‖ 我们家安了一个门铃，如果发现我们家的门是关着的，你就按一下门铃。| 妈妈，新的电灯我已经安好了。③ 心中怀有不好的打算。‖ 他平时几乎不跟你说话，今天却对你那么好，我估计没安什么好心。| 不要接受他的礼物，谁知道他安的什么心呢。

6 安检 ānjiǎn **pemeriksaan keamanan**

【动词】为了保证安全，对乘坐交通工具或进入某一活动场所的人员进行检查。‖ 在乘坐地铁前，每位乘客都要进行安检。| 游客参观博物馆时，需要接受工作人员的安检。

5 安慰 ānwèi **menghibur；menenangkan**

【动词】用言语引导，使紧张的心情得到放松。‖ 她哭得很伤心，你去安慰她一下。| 我心爱的笔记本找不到了，妈妈安慰我说：“没关系，慢慢来，肯定会找到的。”

【形容词】形容心情舒适。‖ 看到孩子这么懂事，妈妈心里很是安慰。| 看到妹妹为我准备的生日礼物，我心里很是安慰。

4 **安置** ānzhì **mengatur; menempatkan**

【动词】① 把人安排好，使事情有了结果。‖ 护士把受伤人员都安置在一个房间里。| 领导要做好退休人员的安置工作。② 把物品放在合适的位置。‖ 新房子已经装修好了，接下来就要安置一些家具。| 爸爸在门外安置了一些椅子。

5 **岸** àn **tepi laut/perairan; pinggir laut/perairan**

【名词】水边和陆地连接起来的部分。‖ 当他们到岸边的时候，太阳已经下山了。| 河的两岸种满了柳树，风一吹，像一群小姑娘在跳舞。

5 **岸上** ànshàng **di tepi laut/perairan; di pinggir laut/perairan**

【名词】水边的陆地上。‖ 几只鸭子在岸上休息，几只鸭子在池塘里游来游去。| 傍晚的时候，我们还在河里游泳，妈妈就在岸上喊"回家吃饭啦！"

5 **按摩** ànmó **pijat**

【动词】中国传统医学中一种典型的治疗方法，多用于缓解由身体内部引起的不舒服。用手反复按、拍身体表面，促进身体中气、血的正常工作。‖ 我今天坐久了，腰有点疼，你帮我按摩一下。| 一会儿下班了我们去按摩吧。

4 **按时** ànshí **tepat waktu**

【副词】在规定的时间内完成事情。‖ 同学们要按时完成家庭作业。| 大家都要按时参加明天的会议。

4 **暗** àn **gelap**

【形容词】形容没有光或光较少。‖ 这里太暗了，你把灯打开。| 天色渐渐暗了下来，快要下雨了。

4 **暗示** ànshì **isyarat**

【动词】传达一些不方便直接表明的信息。‖ 我正准备玩手机，同桌用眼神暗示我老师来了。| 我晚上想去看电影，于是就不停地暗示妈妈我作业已经完成了。

B

4 **巴士** bāshì **bus**

【名词】公共汽车。‖ 这里离商场有点远，你可以坐巴士过去。| 请问巴士会经过这里吗？

5 **拔** bá **menarik；mencabut**

【动词】抽出，从里向外拉。‖ 奶奶让我到菜地里拔几棵萝卜。| 你把地里的杂草拔一下。

6 **罢工** bà//gōng **mogok kerja**

【动词】工人为了表示不满，停止工作。‖ 老板已经欠了五个月的工资了，工人们决定罢工。| 工人们在广场上进行罢工运动。

6 **罢了** bàle **hanya；sekedar**

【动词】表示算了，暂时接受事情的结果，不再作出改变。‖ 她根本不会弹钢琴，只是说说罢了。| 罢了，她爱面子，是不会参加这种小型会议的。

5 **白酒** báijiǔ **arak putih**

【名词】是中国酒的一种，以粮食为材料做成的无色透明的酒。‖ 我平常喝红酒，很少喝白酒。| 这个地方产的白酒特别香。

6 **白领** báilǐng **kerah putih**

【名词】指具有丰富的工作经验和较高教育背景的工作人员，他们大多从事脑力劳动，并且工资较高。‖ 在这所公司上班的，几乎都是白领。| 妹妹说她以后想当一名白领。

6 **百分点** bǎifēndiǎn **persentase**

【名词】百分之一是一个百分点。‖ 一班中文成绩八十分以上的有百分之八十，二班中文成绩八十分以上的有百分之八十二，二班比一班高出了两个百分点。| 春节期间，商场的收益比平时多了八个百分点。

4 **百货** bǎihuò **toko serba ada; toserba**

【名词】指生活中所需的各种商品,例如碗、被子、沙发、电视、食物等生活中各个方面都需要的。‖ 妈妈喜欢去百货商店买东西,因为那里的商品数量多。| 在过年的时候,百货超市的顾客特别多。

4 **摆** bǎi **meletakkan; memajang**

【动词】① 把东西放好。‖ 你把桌子上的书都摆整齐,不要放得到处都是。| 那块牌子有点歪了,你把它摆好。② 故意让别人看到。‖ 姐姐跟我说话的时候,不停地摆着自己新买的手表。| 她摆出很懂的样子,其实只是刚学了几天。③ 左右来回动。‖ 我一进门就看见他了,摆了摆手让他过来。| 我请他喝咖啡,他笑着摆了摆手就走了。

4 **摆动** bǎidòng **mengayun; bergoyang-goyang**

【动词】朝着一个方向来回动。‖ 孩子们随着歌声摆动着小手。| 小狗见我回家了,摆动着尾巴向我跑过来。

5 **拜访** bàifǎng **berkunjung; mengunjungi**

【动词】问候亲人、朋友或有一定社会地位的人。‖ 我明天要去拜访我的老师。| 听说您今天有空,我专门过来拜访。

4 **拜托** bàituō **memohon; meminta tolong/bantuan**

【动词】请别人帮忙办事情。‖ 可以让我进去吗? 我就跟他说几句话,拜托您了。| 我想拜托您帮我打听一些消息。

5 **版** bǎn **edisi; versi**

【名词】① 打印出来之前排列好的文字、图片等。‖ 之前的顺序太乱了,你排好版再发给我。| 你发给我的论文,这一版比上一版要好很多。② 报纸、杂志等纸类图画和文字复制下来的顺序。第一次排列好并打印或复印出来的叫一版或初版,第二次叫二版。‖ 我很喜欢这位作者,于是买了他很多作品的初版。| 这本教材已经出了三版了,我使用的是第二版。

6 **办公** bàngōng **berhubungan dengan pekerjaan resmi**

【动词】处理公共事情。‖ 您好,请问张老师在办公室办公吗? | 现在是办公时间,你不能玩手机。

4 **办事** bàn//shì **mengurus pekerjaan；bekerja**

【动词】做事,完成事情。‖ 妈妈不在家,她出门办事了。| 他平时话很少,但是办事很认真。

6 **办事处** bànshìchù **kantor perwakilan**

【名词】① 政府中处理事情的部门。‖ 暑假期间,他在社区的街道办事处当志愿者。| 姐姐毕业后在社区办事处工作。② 办理业务或提供帮助的地方。‖ 我们学校有三个留学中心办事处,您有任何问题都可以去那里询问。| 我下周要去办事处交材料。

6 **办学** bànxué **mendirikan sekolah**

【动词】成立学校,总的来说可以分为国家或地方政府创立和社会团体或个人创立。‖ 农村经济发展落后,因此办学条件也差。| 办学特色。| 办学模式。

6 **半决赛** bànjuésài **semi final**

【名词】决赛前的比赛,为了将参加比赛的人数控制在一定范围,在半决赛中胜利了才能进入决赛。四个人参加比赛,分为两队,每队胜出的人员参加决赛。‖ 这场半决赛非常关键,你们队要把握好机会。| 昨晚的女排半决赛简直精彩极了!

5 **扮演** bànyǎn **berperan sebagai；memerankan**

【动词】照着角色的语言和动作进行表演。‖ 她在电影中扮演的是小女孩的"妈妈"。| 他身材高大,适合扮演警察。

6 **傍晚** bàngwǎn **senja**

【名词】天黑之前,太阳慢慢消失的这一时间段。‖ 每到傍晚时刻,城市道路上的灯都会亮起。| 傍晚的时候,天空中下起了小雨。

5 **棒** bàng **hebat**

【形容词】① 力气大,本领强。‖ 虽然他年纪小,但是工作能力很棒。| 你长大了,学会主动帮妈妈搬箱子,你真棒! ② 学习好,成绩优秀。‖ 你真棒! 这次考试你又是班里第一名。| 你真棒! 能迅速又准确地完成题目。

4 **包裹** bāoguǒ **paket**

【名词】装东西的包。‖ 他太累了,放下包裹就坐在沙发上。| 您好,我的包裹有点重,可以帮忙提一下吗?

【动词】将东西包起来。‖ 妈妈怕杯子在运输的过程中会掉，就用一层布把它包裹起来。| 这个瓶子被报纸包裹着。

4 包含 bāohán **mengandung**

【动词】里面都有什么，多指更深一层的意义。‖ 校长的话里包含着深刻的道理。| 这份礼物包含着我对你的感情。

4 包括 bāokuò **termasuk；meliputi**

【动词】指部分具体的对象。‖ 今天下午的会议所有人都要参加，包括你。| 英语考试的内容包括听力和写作两部分。

5 包围 bāowéi **mengepung**

【动词】从东、西、南、北四个方向围住。‖ 敌人已经被包围了。| 晚会上，我被歌声包围着。

5 包装 bāozhuāng **kemasan**

【动词】为了使商品更加好看，用纸、箱子等把商品包起来。‖ 我要把这个包作为礼物送给妈妈，麻烦您包装一下。| 您好，这束花要为您包装一下吗？

【名词】将商品包起来的东西。‖ 这件艺术作品配上细致的包装，看上去更贵了。| 他们说商品的包装一定要好看，这样顾客才愿意买。

4 薄 báo **tipis**

【形容词】① 东西上面和下面之间离得很近。‖ 你小心一点儿，这张纸很薄，别弄破了。| 今天天气冷，不能穿这件衣服，太薄了。② 不热情，感情不深。‖ 你是他最好的朋友，他对你可不薄。| 他帮助过你，你为什么对他这么薄？③ 味道不重。‖ 这瓶酒味道很薄，不好喝。| 妈妈今天做的饭味道有点薄。④ 没有营养。‖ 这一片的土太薄了，白菜长得不好。| 你家的地太薄了，草都不长。

4 宝宝 bǎobao **sayang；bayi**

【名词】父母或家里人对小孩子的叫法。‖ 你声音小一点，宝宝已经睡着了。| 宝宝，过来吃饭啦！

4 宝贵 bǎoguì **berharga**

【形容词】非常重要，价值高。‖ 这张照片非常宝贵，你要好好保存。| 老板的时间很宝贵，你有事情快点儿说。

B

4 **宝石** bǎoshí **batu mulia**

【名词】颜色美丽,价值较高的石头。‖ 这块宝石真漂亮。| 她的眼睛像宝石一样,又大又亮,好看极了!

6 **保健** bǎojiàn **merawatan kesehatan; memelihara kesehatan**

【动词】为了保持身体和心理的健康而采取的相关措施。‖ 你平时工作忙,没时间运动,可以做一下保健操。| 儿童保健。| 老年保健。

4 **保密** bǎo//mì **menjaga rahasia**

【动词】一种不能让别人知道的保护行为。‖ 这件事情你要帮我保密,不能告诉别人。| 保密工作。

4 **保守** bǎoshǒu **menjaga; memelihara**

【动词】保持下去,保护住。‖ 我明天就要走了,这些东西你先帮我保守着,等我回来再给我。| 你要保守好这个消息,不能让别人知道。

【形容词】落后,不知道进步,跟不上发展。‖ 相比年轻的时候,他现在已经很保守了。| 观念保守。| 思想保守。

5 **保卫** bǎowèi **membela; melindungi**

【动词】保护使不受到伤害。‖ 战士们时刻保卫着国家的安全。| 为了保卫我们的城市,大家一起努力。

5 **保养** bǎoyǎng **merawat; memelihara**

【动词】① 保护并培养,用一定的方法使身体健康。‖ 你年纪越来越大了,平常一定要注意保养身体。| 你看她保养得多好,根本看不出来她已经当妈妈了。② 保护并维修,使设备能够正常工作。‖ 我的汽车最近总是出问题,可能太久没保养了。| 您放心,购买我们的产品之后,我们会提供免费保养服务的。

5 **报答** bàodá **berterimakasih; membalas budi**

【动词】别人帮助过我,我用实际行动表达感谢。‖ 谢谢您提供资金帮助我上学,等我长大了,我一定会报答您的。| 好好学习就是报答父母最好的方式。

5 **报警** bào//jǐng **lapor polisi**

【动词】遇到危险或紧急情况时,通过电话、网络等其他形式向警察寻求帮助。‖ 你不要再吵了,我已经报警了,让警察来处理这件事情。| 警察接到报警电话后,

立刻赶到事故现场。

6 **报刊** bàokān **bacaan; media cetak; surat kabar dan majalah**

【名词】定期出版的报纸和杂志总的名称。‖ 快看！你的文章被报刊发表了。| 爸爸这个月订的报刊。

6 **报考** bàokǎo **daftar ujian / tes**

【动词】报名并参加考试。‖ 你想好报考哪个大学了吗？| 报考信息。| 报考材料。

4 **抱** bào **memeluk**

【动词】① 用手围住。‖ 你抱紧我，别掉下去了。| 妹妹抱着被子来到我的房间，想要跟我一起睡觉。② 通过合法形式，把别人的子女领来当作自己的子女。‖ 他们一直想抱个孩子。| 你听说了吗？其实这个孩子是他们抱来的。③ 心中有某种想法。‖ 孩子们都抱有远大的理想。| 这件事情就这么定了，你不要再抱有其他的想法。

6 **抱歉** bàoqiàn **maaf; meminta maaf / menyampaikan pernyataan maaf**

【形容词】心中不安，觉得对不起别人。‖ 抱歉，这么晚了还来打扰您。| 非常抱歉，因为我的错误导致工作没有按时完成。

5 **抱怨** bàoyuàn **mengeluh; menggerutu**

【动词】心中有不满。‖ 当你生活不顺利的时候，不要抱怨，要学会乐观面对。| 赶紧想办法解决吧，不要再抱怨了。

6 **暴风雨** bàofēngyǔ **hujan lebat berangin; hujan badai**

【名词】有风又有雨的天气。‖ 今天晚上有暴风雨，你下班后早点回家。| 天渐渐暗了下来，暴风雨马上就要来了。

6 **暴力** bàolì **kekerasan**

【名词】使用不正确的手段损害别人利益的一种行为，这种行为发生在现实生活中，也发生在网络等各种场所。‖ 你要知道，暴力是解决不了问题的。| 校园暴力。| 家庭暴力。| 网络暴力。

6 **暴露** bàolù **membuka; mengumbar**

【动词】之前没有发现的事物现在出现了。‖ 他受到刺激后，终于暴露了真面

目。| 这次考试暴露出了很多问题,同学们要抓紧改进。

B

6 **暴雨** bàoyǔ **hujan lebat**

【名词】又强又急的雨。‖ 这场暴雨太突然了,妈妈都来不及收拾阳台上的衣服。| 你暂时走不了了,外面在下暴雨。

6 **爆** bào **meledak; mengungkap / terungkap; sapo**

【动词】① 东西突然被内部的力量分为多个部分。‖ 气球突然就爆了。| 可能水的温度太高了,瓶子突然爆了。② 意外发现。‖ 他被爆出有抽烟的习惯。| 爆出新闻。③ 一种做饭的方法,在短时间内用大火将食物快速做熟。‖ 老板,给我来一份爆白菜。| 弟弟最喜欢吃的就是爆海鲜。

6 **爆发** bàofā **meletus; meledak; tiba-tiba terjadi / muncul**

【动词】① 因为一些矛盾引起巨大变化。‖ 战争一旦爆发,人们都会受到伤害。| 革命爆发后,工人们都获得了解放。② 突然发生,突然出现。‖ 就在他刚坐下的时候,脑中突然爆发了一些新想法。| 他终于在沉默中爆发,拿起刀向外走去。

6 **爆炸** bàozhà **meledak**

【动词】在短时间内不断收集能量而使体积变大,最后放出气体,发出巨大声音。‖ 乘坐飞机时,不能带容易燃烧的东西,否则会引起飞机爆炸。| 这次爆炸事故极其严重,受伤人数较多。

5 **背包** bēibāo **tas punggung / ransel**

【名词】背在身上的包,用来装出门时所需要的东西。| 你的背包真好看,是在哪里买的呀?| 你的背包真沉,你都装了什么?

6 **背着** bēizhe **menggendong; membawa beban di punggung**

【短语】把人或东西放在背上。‖ 你的腿受伤了,走路不方便,我背着你吧。| 一放学,我就背着书包回家了。

6 **悲惨** bēicǎn **menyedihkan; kasihan**

【形容词】情景让人觉得悲伤、可怜。‖ 孩子们读了这个悲惨的故事后,都小声哭了起来。| 自从战争开始后,他们一直过着悲惨的生活。

5 **悲剧** bēijù **tragedi**

【名词】① 一种表演类型。在舞台表演中,主要角色最后的结果是让人感到痛

苦的、值得同情的。‖ 你知道中国古代的四大悲剧吗？| 我们这次表演的故事是个悲剧。② 生活中不好的经历。‖ 在日常生活中，每天都有悲剧发生。| 我们要引起注意，不要让历史的悲剧再次出现。

B

5 **悲伤** bēishāng **gundah; sedih**

【形容词】 心情不好，伤心难过。‖ 她的歌声听起来很悲伤。| 不用担心，他很快就会从悲伤的经历中走出来。

5 **北极** běijí **kutub utara**

【名词】 地球北边的最高点。‖ 大学毕业后，我想去北极旅游。| 听说你要去北极了，那你要多准备些厚衣服。

4 **背景** bèijǐng **latar belakang**

【名词】 ① 在舞台或电影里，因为故事发展的需要而安排的环境。‖ 当同学们开始唱歌的时候，背景里应该播放一些校园的景色。| 在下一个节目开始之前，要记得换背景。② 为了突出主要部分的景色或事情。‖ 因为照片的背景是红色，所以你应该穿白色或蓝色的衣服。| 这张照片的背景是大海。③ 事情发生的条件或环境。‖ 这篇文章的写作背景是什么？| 时代背景。| 文化背景。| 家庭背景。④ 别人不知道的，背后的关系或实力。‖ 他有背景，所以这件事情就这么算了。| 人家有背景，所以跟我们不一样。

6 **背心** bèixīn **baju dalam; singlet; kutang**

【名词】 只能盖着身体前面和后面的上衣。‖ 这个背心真好看，请问多少钱？| 爷爷在整个夏天都穿背心。

4 **倍** bèi **kali lipat; kelipatan**

【量词】 增加和原来的数一样的数。五的三倍就是增加三个五，十的四倍就是增加四个十。‖ 他们班二十个人，我们班四十个人，是他们班的两倍。| 八十是二十的四倍。

5 **被动** bèidòng **pasif**

【形容词】 ① 不积极，被推动着做某事。‖ 你要学会主动，不要一直这么被动。| 我在这份感情里一直处于被动的地位。② 事情已经有了结果，无法改变，只能继续。‖ 如果产品出现问题，工厂就会进入被动的局面。| 我们要多准备几个方案，避免到时候被动。

6 **被告** bèigào **defendan, orang yang didakwa / dituduh**

【名词】被起诉的一方。‖ 被告的家属没有来。| 法官拒绝了被告的申请。

4 **被迫** bèipò **terpaksa**

【动词】由于某种压力,不得不做某事。‖ 因为资金不够,活动被迫停止。| 因为天气原因,这次活动计划被迫取消了。

5 **辈** bèi **generasi**

【名词】① 同父母的为一辈,泛指人际关系的先后顺序。‖ 我比你大一辈。| 爷爷比你大两辈。② 一生,活着的时间。‖ 一辈子。| 他一辈子都在农村,没有去外面的世界看过。

6 **奔跑** bēnpǎo **berlari cepat**

【动词】快速地跑。‖ 看! 那儿有一匹奔跑的小马。| 放假了,同学们在操场上欢乐地奔跑着。

6 **本** běn **berkaitan dengan diri sendiri; sekarang; asal**

【代词】① 与自己有关的。‖ 本公司。| 本学校。| 本超市。| 本企业。② 与现在有关的。‖ 本学期不再举行期末考试。→本学期就是现在这个学期。| 大家工作都很积极,本月没有人迟到。→本月就是现在这个月。

【副词】原先,原来,最初。‖ 她本是我们学校的老师,后来调到隔壁学校了。| 这家店本是卖衣服的,后来卖水果了。

6 **本地** běndì **lokal**

【名词】当地,说话人所在的地区。‖ 我们本地的水果都很甜。| 本地菜。| 本地人。

4 **本科** běnkē **prasarjana**

【名词】高中毕业后进入大学学习的一种学习经历,学习时间为四年或五年。‖ 你本科学的是什么专业? | 现在许多本科毕业的学生都找不到工作。

6 **本期** běnqī **periode ini**

【名词】这一期。‖ 本期杂志里的文章以小说为主。| 非常感谢您能来参加本期节目。

5 **本人** běnrén **saya; saya sendiri**

【代词】① 自己,说话的人。‖ 不用客气,这是本人应该做的。| 本人并不同

意你的观点。② 与事情有直接联系的人。‖ 关于这件事情,他本人并不知道。| 要经过画家本人同意才可以拍照。

6 **本身** běnshēn **itu/ini sendiri ; sendirinya**

【代词】自身。‖ 他想同时拍到太阳和月亮,这个想法本身就不符合实际。| 这件事情本身就是错的。

6 **本土** běntǔ **lokal**

【名词】所生长的地区。‖ 这个地区的本土人口正在减少,越来越多的人出去打工。| 本土文化。| 本土产业。

6 **本质** běnzhì **hakekat; sifat dasar**

【名词】事物原本就有的性质。‖ 你要学会通过表面看到本质。| 不管事情怎么变化,其本质是不会变的。

4 **笨** bèn **bodoh**

【形容词】反应慢,能力弱。‖ 她虽然笨,但是知道努力。| 他看起来并不笨。

6 **逼** bī **memaksa; mendesak**

【动词】紧紧强迫,促使做某事。‖ 我可没逼你,是你自己要吃的,肚子不舒服了别怪我。| 你听我解释,我是被逼的,不是故意要拿你东西。

5 **鼻子** bízi **hidung**

【名词】一种器官,主要用来呼吸。‖ 你的鼻子真好看,又高又挺。| 你鼻子上有脏东西,你照一下镜子。

5 **比方** bǐfāng **ibarat; perumpamaan**

【名词】一种说话方式。‖ 这样,我来打个比方吧。| 你别着急,这只是个比方。

【动词】用简单的事物来解释复杂的、不容易理解的事物。‖ 我听懂了,你比方得太生动了。| 如果你有时间的话,给我比方一下。

4 **比分** bǐfēn **skor/poin; angka hasil pertandingan**

【名词】比赛时比较双方的得分。‖ 目前,两队的比分很接近。| 现在的比分是五比二,我们已经领先了。

B

5 **比重** bǐzhòng **proporsi；perbandingan**

【名词】事物在总体中所占的比例。‖ 我们班男生的比重比女生大。| 阅读题目的分数在整张试卷中比重最大。

5 **彼此** bǐcǐ **satu sama lain；saling**

【代词】① 两方,说话者自己和对方。‖ 我们是多年的好朋友,对彼此都很熟悉。| 你们之间不能出现矛盾,要彼此信任。② 大家都一样,表示礼貌。‖ 彼此彼此,您的作品也很优秀。| A:“你的作文写得很棒。”B:“彼此彼此。”

6 **笔试** bǐshì **ujian tertulis**

【动词】一种考试形式,要求做一些试题,并把答案写在纸上。‖ 我们今天上午先进行笔试,考试时间是一百分钟。| 只有笔试合格的人员,才能进入面试。

5 **必** bì **pasti**

【副词】一定。‖ 只要你加入我们小组,我们必会取得第一名。| 言必信行必果。→意思是说了就一定做,做了就一定要有结果。

6 **必将** bìjiāng **pasti akan**

【副词】一定会发生的,避免不了的。‖ 坚持走正确的道路,我们必将胜利。| 你还不承认错误,等着吧,你必将会受到处罚。

6 **必修** bìxiū **mata pelajaran wajib**

【形容词】必须学习的。‖ 在大学里,体育是必修的。| 同学们要认真一点,这门课是必修课。

5 **必需** bìxū **harus**

【动词】一定会需要的,不可缺少的。‖ 食物和水是人类生活所必需的。| 这几本学习资料是上课必需的。

5 **毕竟** bìjìng **bagaimanapun**

【副词】明白事情的原因后所得出的结论。‖ 他毕竟是个孩子,难免会有错误。| 不要再生气了,她毕竟是你妈妈。

4 **毕业** bì//yè **lulus**

【动词】完成规定的课程后,结束学习。‖ 毕业后,你有什么打算? | 我们来

一场毕业旅行吧。

4 **毕业生** bìyèshēng **murid yang sudah lulus**

【名词】完成规定的课程,达到要求后可以结束学习的学生。‖ 对于毕业生来说,就业一直是个难题。| 我们公司的很多员工都是去年的毕业生。

6 **闭** bì **tutup**

【动词】合,关上。‖ 保持安静,把嘴巴都闭上。| 都闭上眼睛不许看。

5 **闭幕** bì//mù **tutup layar**

【动词】① 演出结束时,拉下舞台上的布。‖ 你怎么才来,演出都已经闭幕了。| 等闭幕后,你再打扫舞台上的卫生。② 会议、活动等结束。‖ 这次运动会圆满闭幕了。| 在会议正式闭幕前,领导人员又发表了讲话。

5 **闭幕式** bìmùshì **penutupan acara/kegiatan**

【名词】会议、活动结束时举行的程序、形式。‖ 闭幕式将于今天晚上举行。| 她在闭幕式上跳了一支舞。

4 **避** bì **menghindar**

【动词】想办法远离。‖ 这会儿雨太大了,你先在这儿避一会儿。| 你最近不要到处跑,最好还是避一下。

4 **避免** bìmiǎn **menghindari; mencegah**

【动词】防止,使事情不要发生。‖ 你再检查一下你的书包,避免忘记带什么东西。| 你身体不舒服就别开车了,避免发生意外。

5 **边境** biānjìng **batas area/wilayah**

【名词】接近国与国之间的地方。‖ 我们一定要保证边境地区的安全。| 战士们全年守在边境。

6 **边缘** biānyuán **pinggir tepi; terpencil**

【名词】靠近所在区域之外的部分。‖ 你都快到边缘上了,往里面站。| 人们很少关注这些边缘地区。

4 **编** biān **menganyam**

【动词】① 把又长又细的东西相互连起来。‖ 来,我给你编头发。| 你把这些

B

线编起来,这样方便拿。② 将事物按照一定顺序排列。‖ 你把这些试题按照由简单到难的程度编好号。| 你把文件编好号后发给员工。③ 将作品或文件整理好。‖ 我的工作是与同事一起编杂志。| 这版的报纸由你来编。④ 创作。‖ 这首歌真好听,是他自己编的。| 我最近编了一个话剧,你要来看看吗? ⑤ 说话的内容与真实情况没有关系。‖ 我听出来了,你的故事是编的吧。| 这里根本就没有钱,都是你编的。

5 **编辑** biānjí **ubah**

【动词】收集、整理资料或作品。‖ 你把这个文件编辑好之后再发给我。| 文字编辑。| 责任编辑。

6 **编制** biānzhì **menganyam**

【动词】① 将又长又细的材料编起来做成东西。‖ 这个盒子是用细细的木头编制的。| 这个盒子是由草编制的,摸起来很软。② 制定计划、方案。‖ 根据教学目标编制教学计划。| 编制表格。| 编制文件。

6 **扁** biǎn **gepeng/pipih**

【形容词】东西非常薄,形状是平的,不是圆的。‖ 妈妈包的饺子都是扁的。| 站起来,你把被子压得都扁了。

5 **变动** biàndòng **perubahaan**

【动词】改变,在提前安排好的情况下发生变化。‖ 今年班级的分配有较大的变动。| 因为天气原因,我们的计划可能会发生变动。

6 **变更** biàngēng **mengubah; mengganti**

【动词】改变并更新。‖ 如果地址有变更,请您及时告诉我。| 请大家注意,这次会议的地点和时间都变更了。

6 **变换** biànhuàn **mengubah; mengganti**

【动词】改变事物的形式或内容,用一种事物来替代另一种事物。‖ 她这个月一直在变换工作。| 你尝试着变换一下方法,会有不一样的结果。

6 **变形** biàn//xíng **berubah bentuk**

【动词】形态发生变化。‖ 在高气温的作用下,塑料瓶子会变形。| 汽车撞在树上变形了。

6 **遍地** biàndì　**semua；dimana-mana**

【**副词**】到处都是。‖ 爷爷的花园里遍地都是鲜花。| 这个房间太脏了，遍地是垃圾。

6 **便** biàn　**lalu/akan**

【**副词**】就。‖ 他说完便走了。| 下课铃声一响，同学们便冲了出去。| 妈妈一下班便去超市。

5 **便利** biànlì　**mudah/gampang；praktis**

【**形容词**】方便的，容易做到的。‖ 科技给我们的生活带来了便利。| 楼下新开了一家超市，去那儿买东西很便利。| 交通便利。

【**动词**】使方便有利。‖ 这条公路便利了附近的居民。| 这座桥便利了两岸的居民。

6 **便是** biànshì　**adalah**

【**短语**】就是。‖ 妈妈在哪儿，哪儿便是我们的家。| 再走两百米，前面便是学校大门。

5 **便条** biàntiáo　**surat pendek；memo**

【**名词**】在没有见面的情况下，将事情写在纸上留给对方。‖ 老板给你留了张便条。| 他现在不在，你写个便条吧。

5 **便于** biànyú　**gampang/mudah；praktis**

【**动词**】方便做某事。‖ 你把不明白的题目圈起来，便于老师知道。| 你把这些内容整理成表格，便于记忆。

4 **辩论** biànlùn　**berdebat**

【**动词**】不同的人对同一件事情或问题发表自己的观点。‖ 接下来，我们进行小组辩论。| 这场辩论很精彩。

【**名词**】表达各自观点的会议。‖ 大家要为明天的辩论作好准备。| 你为什么没有参加昨天的辩论？

4 **标志** biāozhì　**tanda；logo；simbol**

【**动词**】表明某种意义。‖ 经济的快速发展标志着国家的进步。| 员工的积极配合标志着会议取得了很好的效果。

【名词】代表某种意义的事情。‖ 这部作品是她创作成熟的标志。| 对生活保持热爱是年轻的标志。

B

6 **表面上** biǎomiànshàng **kelihatannya; permukaannya**

【短语】人在外面的表现或事情的表面。‖ 她表面上很容易和别人相处，实际上她不喜欢交朋友。| 这件事表面上是关于情感问题，其实是观念问题。

4 **表情** biǎoqíng **ekspresi/mimik/raut wajah**

【名词】表现在脸上的感情。‖ 看！他的表情很丰富。| 当妹妹听到今天晚上不能看电视时，她的表情是难过的。

4 **表扬** biǎoyáng **memuji**

【动词】让大家都知道这个人表现得好或这件事做得好。‖ 弟弟学习有很大的进步，老师表扬了他。| 家长要经常表扬孩子，增加他们的信心。

4 **别** bié **pisah**

【动词】分别，离开。‖ 别了，我的学校。| 我们上次见面还是在高中，没想到这一别就是十年。

5 **宾馆** bīnguǎn **hotel; penginapan**

【名词】临时居住、休息的地方。‖ 天已经黑了，我们先找个宾馆住下吧。| 这家宾馆干净卫生，服务也很好。

4 **冰** bīng **es**

【名词】水的一种状态。‖ 这块儿冰真干净。| 快看！这里有冰。

4 **冰箱** bīngxiāng **lemari es**

【名词】一种保存食物的设备，里面放有冰，气温较低。‖ 这个冰箱太旧了，我们需要换一个新的。| 我的冰箱里放的几乎都是水果。

4 **冰雪** bīngxuě **es dan salju**

【名词】冰和雪。‖ 早上醒来发现外面有一层冰雪。| 冰雪天气。

【形容词】内心不复杂，善良。‖ 她是个冰雪聪明的女孩儿。| 我的妹妹冰雪聪明，非常可爱。

B

4 **兵** bīng **tantara; prajurit**

【名词】① 使用武器的人。‖ 他没有继续上学，去当兵了。| 你是一个好兵。② 与战争有关的事物。‖ 他与别的小朋友不一样，他特别喜欢看兵书。| 我想请教您一些兵法方面的问题。

5 **饼** bǐng **kue**

【名词】一种用面做成的又圆又薄的食品。‖ 奶奶做的饼真香，我在门口就闻到味道了。| 我们来晚了，超市里的饼已经卖完了。

5 **饼干** bǐnggān **biskuit**

【名词】一种用面、鸡蛋、牛奶做成的食品。‖ 她最喜欢吃的零食就是饼干。| 走，我们去买饼干吃。

4 **并** bìng **menggabungkan; menyatukan**

【动词】把东西合在一起。‖ 你把这两瓶水并在一起。| 把这三张桌子并在一排。

5 **病毒** bìngdú **virus**

【名词】具有生命特征，对人类、动物或植物有危害的东西。‖ 这种病毒的传播速度很快。| 你先检查一下这里是否有病毒。

6 **病房** bìngfáng **kamar pasien**

【名词】病人所住的房间。‖ 您好，请问高老师在哪间病房？| 护士走进病房，询问病人是否需要帮助。

6 **病情** bìngqíng **keadaan penyakit**

【名词】病人所得的这个病的变化情况。‖ 医生您好，我想了解一下我叔叔的病情。| 他的病情目前还很严重，暂时不能出院。

6 **拨打** bōdǎ **hubungi (telepon)**

【动词】打电话。‖ 如果你有危险，请拨打 110 寻求帮助。| 您拨打的电话号码不存在。

6 **波动** bōdòng **bergelombang; tidak stabil**

【动词】不稳定，有变化。‖ 妈妈最近的心情波动很大。| 受自然灾害的影

响，蔬菜的价格有所波动。

6 **波浪** bōlàng **ombak**

【名词】水的表面受影响而变得有的高有的低。‖ 她的头发像波浪一样好看。| 风一吹，大海便翻起了波浪。

5 **玻璃** bōli **kaca**

【名词】一种透明的材料。‖ 这个窗户是由玻璃做的。| 这个玻璃杯子很漂亮。

6 **播** bō **menyiarkan**

【动词】① 发布消息。‖ 爷爷每天早上都听广播。| 这件事如果传播出去，对他会有不好的影响。

【动词】② 一种种植方式。‖ 春天来了，农民们开始在土地里播种子。

5 **博客** bókè **blog**

【名词】个人网站或在个人网站上发表的文章。‖ 他读大学的时候有写博客的习惯，几乎每天都会在自己的博客上发表一些关于体育运动的文章。| 我最近太忙了，都没有时间登录博客。

5 **博览会** bólǎnhuì **pameran**

【名词】一种展示产品的大型综合活动。规模大，参观人数多。‖ 明年的博览会将在我们的城市举办。| 博览会上的产品真丰富，我的眼睛都忙不过来了。

5 **博士** bóshì **doktor；profesor**

【名词】一种最高的学术称号。‖ 我的妈妈是博士。| 你确定要考博士吗？

5 **博物馆** bówùguǎn **museum**

【名词】搜集各种东西摆放好供人们参观的地方，比如历史博物馆、艺术博物馆。‖ 明天老师要带我们去参观博物馆。| 博物馆里有很多著名画家的作品。

5 **薄弱** bóruò **lemah；goyah**

【形容词】容易受到破坏，容易动摇。‖ 你们球队的防守太薄弱了，要加强防守啊！| 你的汉语写作基础薄弱，需要加强练习。| 我是个意志薄弱的人，遇到困难就容易动摇。

6 **不便** búbiàn **tidak leluasa; repot**

【形容词】不方便。‖ 他的腿受伤了,行动非常不便。| 我们这里没有公路,所以交通不便。

【动词】不合适。‖ 这是你们家里的事情,我就不便问了。| 现在还没有准确的消息,我就不便说了。

5 **不顾** búgù **tidak peduli**

【动词】不管,不考虑。‖ 她从来就不顾自己的丈夫,只管自己玩得开心就好。| 你这么做太过分了,完全不顾别人的想法。

6 **不见** bújiàn **tidak jumpa; tidak ditemukan**

【动词】① 没有见面。‖ 几年不见,你都长这么高了。| 我们才三日不见,你就忘了我的名字。

【动词】② 找不到。‖ 我的书包不见了。| 我的书怎么不见了? 刚才还在桌子上的。

5 **不利** búlì **tidak menguntungkan; tidak baik**

【形容词】不好。‖ 目前的形势对我们非常不利。| 你的行为对我们有非常不利的影响。

6 **不料** búliào **tidak terpikir**

【连词】没有想到。‖ 他昨天还说这周不放假,不料今天就回家了。| 上午还是晴天,不料下午就下大雨了。

5 **不耐烦** búnàifán **tidak sabar; tidak tenang**

【短语】着急,不冷静,觉得很烦。‖ 我是在提醒你,你别不耐烦。| 老师讲话的时间有点长,他表现得很不耐烦。

5 **不幸** búxìng **berita sedih; sial**

【形容词】不幸运。‖ 听到这个不幸的消息,大家都沉默了。| 不幸的是,我们没有买到回家的车票。

4 **不要紧** búyàojǐn **tidak apa-apa; bukan masalah**

【形容词】没有关系,没有问题。‖ 找不到了不要紧,再买一个就行了。| 成绩低不要紧,我们继续努力就好了。

B

5 **不易** búyì **tidak mudah**

【形容词】不容易。‖ 你工作很忙，能来跟我见面真是不易。| 生活不易，我们要把握好每一天。

6 **不再** búzài **tidak lagi；tidak berulang；tidak berlanjut**

【动词】不重复，不继续。‖ 她决定换个工作，不再当老师了。| 我说最后一遍，不再强调了。

4 **不在乎** búzàihu **tidak peduli**

【动词】不关心。‖ 随便你怎么说，我就是不在乎。| 你根本就不在乎孩子，连他的班级都不知道。

6 **不至于** búzhìyú **tidak mungkin；tidak perlu sampai ...**

【动词】没有必要，不可能达到某种程度。‖ 老师没有批评你，你不至于哭吧。| 只是一条简单的裙子，不至于这么贵吧。

5 **补偿** bǔcháng **ganti rugi**

【动词】用另外一件东西来代替失去的东西。‖ 上个月一直加班，作为补偿，这个月领导给我放了半个月的假。| 无论你做什么，都补偿不了她。

6 **补考** bǔkǎo **ujian susulan；ujian ulang/remidi**

【动词】一种考试，为没有参加考试或考试不及格的人举行的。‖ 她上次考试不及格，只能参加补考。| 补考的成绩将于明天公布。

6 **补课** bǔ//kè **kelas tambahan（kelas pengganti）**

【动词】① 学生没有按时上课，需要自己找时间学习。‖ 弟弟昨天请假了，没有去学校，今天要补课。| 你昨天没有来上课，我帮你补课吧。② 某件事情或工作做得不好，要重新学习或做。‖ 你对这个产品根本不了解，下班后要补课。| 你的分析报告不行，赶紧在会议开始前补补课。

5 **补贴** bǔtiē **subsidi；tunjangan**

【动词】因为价格发生变化而提供的一种补偿。‖ 公司又给每个员工补贴了点资金。| 哥哥总是拿出一部分工资补贴家里。

【名词】费用。‖ 这个月的补贴还没有发。| 生活补贴。| 农业补贴。

B

6 **补习** bǔxí **les / kursus**

【动词】学生因为成绩不理想,需要利用业余时间学习。‖ 这次考试成绩下降了,妈妈让我周末去补习。| 补习班。

6 **补助** bǔzhù **tunjangan uang**

【动词】在经济方面帮助别人。‖ 他们家经济困难,补助较多。| 受天气影响,这些菜长得不好,农民都很着急,谢谢你们补助这些农民。

【名词】帮助的费用。‖ 学校每个月都会给研究生发补助。| 为什么你领到的补助比我的多?

6 **捕** bǔ **menangkap**

【动词】把人或物限制在一定范围内不能动。‖ 别再跑了,你已经被捕了。| 妹妹在草地上捕了很多虫子。

5 **不曾** bùcéng **tidak pernah**

【副词】从来就没有。‖ 难道你不曾希望世界和平吗? | 我不曾说过这样的话。

6 **不成** bùchéng **tidak jadi; batal**

【动词】不行,不可以。‖ 早饭很重要,不吃可不成。| 不成,你不能跟他一起走。

【形容词】不成功,结果不满意。‖ 因为你办事不成,才让大家加班。| 放弃吧,这件事儿谈不成。

5 **不得了** bùdéliǎo **celaka; luar biasa**

【形容词】① 非常严重。‖ 不得了了,他们带着人来打架了。| 你要保存好,要是丢了,那就不得了。② 程度很深。‖ 爸爸知道孩子要回家过年,高兴得不得了。| 她一会儿要演讲,现在紧张得不得了。

5 **不敢当** bùgǎndāng **segan menerima pernyataan, merasa tidak pantas/layak**

【动词】没有勇气接受,承受不了。面对别人称赞时一种谦虚的说法。‖ 这样的称赞,我可不敢当。| 不敢当,您才是比赛的第一名。

4 **不管** bùguǎn **tidak peduli**

【连词】条件和情况会发生变化,但是结果是不会变的。‖ 不管前进的道路上有多少困难,你都要坚持。| 不管发生什么事情,我们都会支持你的。

B

6 **不禁** bùjīn **tidak bisa menahan**

【副词】忍不住，控制不住。‖ 听了她的故事，妈妈也不禁笑了起来。| 老师突然提问，他不禁紧张了起来。

6 **不仅仅** bùjǐnjǐn **tidak hanya**

【短语】不只是。‖ 学生的各个方面都要发展，不仅仅是学习。| 我们要把产品做好，不仅仅是质量，还有包装。

5 **不良** bùliáng **buruk; jelek**

【形容词】不好。‖ 抽烟对身体不健康，你要改正这个不良习惯。| 不良影响。| 不良行为。| 不良反应。

5 **不免** bùmiǎn **tak terhindari**

【副词】没有办法避免。‖ 他昨天晚上没有睡觉，现在不免有些困了。| 我第一天上班，不免有点紧张。

5 **不能不** bùnéngbù **harus**

【短语】必然，一定会。‖ 今天是妈妈的生日，我不能不回家。| 工作再忙你也不能不休息呀。

4 **不然** bùrán **kalau tidak**

【连词】如果不这样做。‖ 你不要再说话了，不然我就告诉老师。| 你必须完成作业，不然我不带你去公园。

5 **不时** bùshí **sering**

【副词】① 经常。‖ 房屋里不时传来孩子们的歌声。| 妈妈不时进来看我是否在学习。② 随时，没有固定的时间。‖ 你最好提前准备，领导不时检查。| 老师会不时地检查我们的课堂笔记。

5 **不停** bùtíng **tak henti; terus-menerus**

【短语】连续。‖ 女孩儿不停地问妈妈：“我们什么时候回家？”| 他不停地用说话来缓解自己的紧张。| 树林里的鸟叫个不停。

6 **不通** bùtōng **tidak tembus; buntu**

【动词】① 被堵，不能通过。‖ 前面道路不通，还是返回吧。| 这两间屋子不

通，中间有一面墙。② 不明白，不理解。‖ 你说我到底错在哪儿了，我怎么也想不通。| 我想不通事情为什么会变成这样。

B

5 **不许** bùxǔ **tidak boleh; tidak diperkenankan**

【动词】不答应，不同意。‖ 今天咱们讲话的内容不许对别人说。| 明天的会议任何人都不许迟到。

6 **不怎么** bùzěnme **tidak terlalu**

【副词】不好，程度不深。‖ 爸爸做饭不怎么好吃。| 其实这件衣服不怎么好看。

6 **不怎么样** bùzěnmeyàng **biasa saja**

【短语】一般，普通。‖ 他的书法不怎么样，但相比其他人还是不错的。| 我会弹钢琴，但是弹得不怎么样。

6 **不值** bùzhí **tidak bernilai sesuai; tidak layak**

【动词】① 达不到应该有的价值。‖ 你买的笔记本太贵了，不值这么多钱。| 这幅画不值这么多钱，市场上的都比这个便宜。② 不值得，没有意义。‖ 你为她做了这么多，真是不值，因为她现在都不记得你了。| 你为了她放弃了读大学的机会，真的有些不值啊！

5 **不止** bùzhǐ **tidak berhenti; berlanjut**

【动词】不停止。‖ 为了这件事，她伤心不止。| 年轻人就应该奋斗不止。

5 **不足** bùzú **tidak cukup; kurang**

【形容词】不够，满足不了需要。‖ 她没有经过训练，经验不足。| 我想报名参加比赛，但又信心不足。

【动词】没有，缺少。‖ 今天来到现场的不足五十人。| 我一天的工资不足两百。

6 **布满** bùmǎn **banyak/penuh**

【动词】充满，很多。‖ 他昨天晚上没有休息，眼睛布满了血丝。| 天空布满了乌云，很有可能会下大雨。

4 **布置** bùzhì **mengatur; menata; menghias**

【动词】① 安排。‖ 领导布置完工作就走了。| 这是老师给大家布置的汉语阅读任务，大家周末一定要完成啊！② 配备，装饰。‖ 请大家抓紧布置活动

场所。| 这个房间布置得真漂亮。

B

4 **步行** bùxíng **berjalan kaki**

【动词】走路。‖ 我们明天先步行去车站。| 爸爸的汽车今天出问题了，我需要步行去学校。

6 **部队** bùduì **tentara；militer**

【名词】为政治目的而服务的军事组织。‖ 部队的管理非常严格。| 快点儿走，他们的部队马上要集合出发了。

5 **部位** bùwèi **bagian**

【名词】人体或别的物体的具体位置，比如手掌是身体的一个部位。‖ 作为一名医生，你要了解人类身体的各个部位。| 这台机器的每个部位都检查过了，没有问题。

C

4 擦 cā **mengelap**

【动词】① 用纸、布等使干净。‖ 你的脸有点脏，你擦一下。| 他把门擦得很干净。② 在人体或其他物体的表面涂上药、油等东西。‖ 这点伤没什么，你擦点药就好了。| 你往鞋子上擦点油就亮了。

5 猜 cāi **menebak**

【动词】经过思考得出答案。‖ 你猜我给你带什么东西了。| 不好意思你猜错了，无法获得我们的礼物。

5 猜测 cāicè **menebak；menduga**

【动词】根据已经知道的来判断不知道的。‖ 不要担心，这只是我的一点猜测。| 大家不要互相猜测，要相信科学。

4 才 cái **keterampilan；bakat**

【名词】① 才能，知识和能力。‖ 你在这方面很有才，请你多指导指导我。| 他是一位有创作才能的作家。② 能力强的一类人。‖ 他是个人才，要好好教育。| 我们需要更多的人才来建设国家。| 她是很了不起的人，是位大才。

5 裁判 cáipàn **keputusan**

【动词】① 法院对事件的判断和决定。‖ 法院的裁判是有程序的。| 法官要客观裁判。② 在体育比赛中，根据比赛规则，对比赛人员的成绩或问题作出评价和判断。‖ 这场比赛裁判很公平。| 出现问题时要立即裁判。

【名词】在体育比赛中实行规则、维持纪律的人。‖ 裁判宣布比赛结束。| 足球裁判。| 篮球裁判。

4 材料 cáiliào **bahan/material**

【名词】① 制造产品的东西。‖ 木头是盖房子的主要材料。| 铁这种材料最近价格特别高。② 能够帮助写作的事情或东西。‖ 我的作文材料都来自生活。| 这篇文章材料丰富，观点明确。③ 一个人在某方面做得好。‖ 她的手

真巧，是块好材料。| 你女儿在唱歌方面真是块好材料。

C

4 **财产** cáichǎn **harta；aset**

【名词】属于国家或个人的具体的、真实存在的、有价值的东西，如工资、房屋、汽车等。‖ 这些是公共财产，你不能拿走。| 你出门旅行时要记得保护好个人财产。

4 **财富** cáifù **harta kekayaan**

【名词】有价值的东西。‖ 时间也是一种财富。| 精神财富。

4 **采访** cǎifǎng **wawancara**

【动词】调查访问。‖ 请问您准备好接受采访了吗？| 记者对现场的工作人员进行了采访。

【名词】调查访问后写下的文章。‖ 你的这篇采访写得很生动。| 这版报纸还缺一篇采访，谁来写？

5 **采购** cǎigòu **membeli**

【动词】选择自己需要的并购买。‖ 我和妈妈一会儿要去超市采购食物。| 领导让他去市场采购一批产品。

【名词】从事这项工作的人。‖ 她是公司的一名采购。| 我一会儿要接待两位采购人员。

6 **采纳** cǎinà **menerima**

【动词】采取接受。‖ 妈妈决定采纳大家的意见，综合考虑。| 我希望你们能够采纳我的方案。

5 **彩票** cǎipiào **lotere**

【名词】一种有文字或图画的证明。国家为了帮助生活困难的人、发展公共事业，以玩游戏的方式奖励购买证明的人，购买的证明与公布的证明一致可以得到奖金。‖ 爸爸今天特别高兴，他买的彩票中奖了。| 他从来没买过彩票，今天决定买一次。

6 **踩** cǎi **menginjak**

【动词】用脚或鞋接触地面或东西。‖ 你踩到我的裙子了！| 儿子踩着椅子才拿得到书柜上的书。

4 **参考** cānkǎo **referensi**

【动词】利用某些材料来进行学习。‖ 你写之前可以参考一下这篇文章。| 这本书很有参考价值。| 大家说出自己的意见,让我参考一下。

6 **参赛** cānsài **ikut pertandingan; berpartisipasi sebagai peserta lomba**

【动词】参加比赛。‖ 请大家为我们班参赛的同学加油。| 这幅画我要拿去参赛。

4 **参与** cānyù **ikut serta; terlibat**

【动词】参加某件事情。‖ 欢迎你参与我们的讨论。| 她虽然报名了,但是没有参与活动。| 比赛的排名不重要,重要的是参与。

6 **参展** cānzhǎn **ikut pameran; berpartisipasi dalam pameran**

【动词】参加展览。‖ 这次参展的企业数量明显增多了。| 你的这幅作品可以拿去参展。

6 **餐** cān **makan; hidangan; kuliner**

【量词】一顿饭叫一餐,两顿饭叫两餐。‖ 他工作太忙了,今天就吃了一餐。| 妹妹除了一天三餐外,还要吃零食和水果。

5 **餐馆** cānguǎn **restoran**

【名词】为顾客提供吃饭的地方。‖ 咱们今天晚上不做饭,去餐馆吃。| 这家餐馆虽然小,但是味道特别好。

5 **餐厅** cāntīng **ruang makan; kantin**

【名词】大型的吃饭时用的房间。‖ 我们家楼下新开了一家餐厅。| 酒店餐厅。| 海鲜餐厅。

5 **餐饮** cānyǐn **makanan dan minuman; katering; kuliner**

【名词】一种提供食品并满足顾客需求的行业。‖ 我现在经营着一家餐饮公司。| 餐饮服务。| 餐饮设施。

6 **残疾** cánjí **difabel**

【名词】身体不健全。‖ 这个女孩是因为交通事故才造成了残疾。| 他虽然身体残疾,但心里仍然对生活充满希望。

6 **残疾人** cánjírén **penyandang disabilitas**

【名词】身体结构、语言能力、听力、精神等方面不健全，不能像正常人一样生活的人。‖ 邻居家的爷爷是位残疾人。| 政府要多关注残疾人的就业问题。

6 **残酷** cánkù **kejam；ganas**

【形容词】不善良，做的事情令人感到害怕。‖ 理想很美好，现实很残酷。| 你真残酷，为了自己的利益去伤害别人。

6 **惨** cǎn **menyedihkan；mengenaskan；tragis**

【形容词】① 有不幸的经历，让人感到伤心。‖ 他真惨，前不久失业了，最近老婆又跟她离婚了。| 他曾经过得很惨，事业成功之前两次创业失败，欠了银行不少钱。② 非常严重。‖ 我的自行车被撞得可惨了。| 我一直联系不到你，把我吓惨了。

6 **仓库** cāngkù **gudang**

【名词】专门用来存放商品、粮食等物品的场所。‖ 放心，仓库里还有大量的粮食。| 我的房间放不下了，你把这些书搬到仓库。

6 **藏** cáng **bersembunyi**

【动词】① 躲起来，不让人看见。‖ 小偷儿听见脚步声，立即藏在柜子里。| 你知道他藏在哪儿吗？我们找不到他了。② 放起来，不能被发现。‖ 你把我的手机藏哪了？快点拿出来。| 他在转身的时候把手表藏在了背包里。

4 **操场** cāochǎng **lapangan**

【名词】进行体育训练的场所。‖ 下雨了，他们还在操场上跑步。| 请同学们明天早上在操场集合。

6 **操纵** cāozòng **mengendalikan**

【动词】① 根据需要控制机器。‖ 只要操纵鼠标，这台装置就会启动。| 这台设备停止转动了，可能是操作系统出了问题。② 支配。‖ 这几位老板试图操纵市场价格，从而获取利润。| 这件事情被他在背后操纵着。

4 **操作** cāozuò **menjalankan；mengerjakan；mengoperasikan**

【动词】① 按照一定的规范和要求活动。‖ 这台机器操作起来非常简单，你多练习。| 操作经验。| 操作方法。② 劳动。‖ 这些活儿还得工人们来操作。|

人工操作。

5 **草原** cǎoyuán **padang rumput**

【名词】半干旱地区长满草的大片土地。‖ 走过这个沙漠就是草原了。| 孩子们在草原上欢快地跳舞。

5 **册** cè **jilid**

【量词】书的数量。一本是一册,两本是两册。‖ 这套书有三册。| 昨天晚上我读完了这本书的第三册。

6 **厕所** cèsuǒ **toilet**

【名词】供人拉屎拉尿的屋子。‖ 小女孩着急去厕所。| 保持厕所卫生干净。

6 **侧** cè **sisi**

【名词】旁边。‖ 相片上,站在妈妈左侧的是我的姑姑。| 这条路的两侧停满了车。

【动词】斜。‖ 他的背包太大了,侧着身才能上车。| 他往旁边一侧,挡着路口,不让别人通过。

4 **测** cè **ukur**

【动词】用工具量。‖ 你用尺子测一下桌子的长度。| 你测一下这个杯子有多深。

6 **测定** cèdìng **memastikan**

【动词】经过测量后确定。‖ 建房子的方向测定好了吗? | 你测定一下从游泳池到门口的距离。

4 **测量** cèliáng **mengukur**

【动词】用工具确定空间、时间、温度、速度等的数据。‖ 你去测量一下那间房有多大面积。| 你帮我测量一下体温,我感觉有点儿发烧。

4 **测试** cèshì **tes; uji**

【动词】① 测量和试验,并取得有用的信息。‖ 每台电视机出厂前都要进行严格测试。| 测试结果表明,气温对产品还是有影响的。② 考查人的知识和技能。‖ 这次测试我得了一百分。| 要想得到这份工作必须通过专业测试。

C

6 策划 cèhuà **mengorganisir；mengatur siasat**

【动词】制定计划，想办法。‖ 你和我的工作内容不一样，你主要负责策划方案。| 我准备为朋友策划一场生日晚会。

6 策略 cèlüè **taktik；strategi**

【名词】根据形势的发展而制定的方法和原则。‖ 有时候，懂得回避也是一种策略。| 做任何事情都要讲究策略。

5 层次 céngcì **tingkat administrasi**

【名词】① 说话或写作内容的顺序。‖ 你在大会上的发言非常有层次。| 她写的文章情节生动，层次清楚。② 同一事物由于大小高低不同而形成的区别。‖ 你们俩的文化层次相差太大，没有共同语言啊！| 参加这次活动的人有不同年龄层次的。

6 层面 céngmiàn **tingkatan；lapisan**

【名词】相同事物的不同方面。‖ 你要学会从事情的不同层面分析问题。| 国家层面。| 社会层面。| 个人层面。

4 曾 céng **pernah**

【副词】曾经。‖ 她曾学习过跳舞。| 我不记得曾在学校见过你。

5 叉 chā **menusuk**

【动词】刺，使东西固定。‖ 他吃完又叉了一块苹果。| 他往盘子里又叉了一块肉。

5 叉子 chāzi **garpu**

【名词】一种吃饭时取食物的工具。‖ 请问您需要叉子吗？| 她还不会使用筷子，只能用叉子吃饭。

5 差别 chābié **beda；selisih**

【名词】同一范围内的事物之间的区别。‖ 这两幅作品有什么差别？| 你和他都是班长，但你们两个之间有很大的差别。

5 差距 chājù **perbedaan**

【名词】事物之间的差别程度。‖ 理想和现实之间还有很大的差距。| 这次

考试你虽然进步了,但是与第一名还有一定的差距。

6 **差异** chāyì　**beda; selisih**

【名词】不同范围内的事物之间的区别。‖ 我和妹妹的性格差异很大。| 文化差异。

C

5 **插** chā　**menusuk; memasukkan**

【动词】① 刺进去,放进去。‖ 她把妈妈买的鲜花插在了瓶子里。| 你看,她把花插在了自己的头上。② 加入,参与。‖ 我们正讨论着,他突然插了一句"我知道了"。| 他们的声音太大了,我一句话也插不进去。

4 **茶叶** cháyè　**daun teh**

【名词】一种经过加工可以制作成食品的材料。‖ 今年天气不好,茶叶的价格特别贵。| 家里没有茶叶了,你去买一点。

6 **查出** cháchū　**temukan**

【短语】检查出。‖ 他被查出有违法行为。| 我们已经查出事情的真相了。

6 **查看** chákàn　**memeriksa**

【动词】检查观看事物的情况。‖ 你可以在手机上查看到最近的新闻。| 您好,我想查看一下获奖的名单。

5 **查询** cháxún　**memeriksa; menanyakan**

【动词】调查打听。‖ 如果有不清楚的,你可以打电话查询。| 你查询一下这位顾客的支付信息。

5 **差(一)点儿** chàyīdiǎnr　**hampir**

【副词】① 希望的事情没有发生或实现,表示幸运。‖ 今天起床晚了,我差点儿迟到。| 地面太滑了,她差点儿摔倒。② 希望的事情没有发生或实现,表示可惜。‖ 我们差一点儿就得冠军了。| 他差一点儿就能乘坐飞机了。③ 希望的事情终于发生或实现。‖ 我差一点儿没抢到车票。| 那一年我差点儿没考上大学。

5 **拆** chāi　**membuka; merobek**

【动词】① 把东西打开、分开。‖ 他一回家就把礼物拆了。| 你怎么把书架拆了? ② 破坏房屋或场所。‖ 你说的那座桥已经被拆了。| 把院子里的那堵墙拆了,这样我们的活动空间就变大了。

C

5 **拆除** chāichú **merobohkan/membongkar**

【动词】把不符合法律规定的设施拆了。‖ 那栋房子是违法建筑,上周被拆除了。| 政府准备拆除政府大楼的围墙。

6 **拆迁** chāiqiān **merobohkan bangunan; lalu dipindahkan lokasinya**

【动词】因为城市建设需要,拆除居民房屋后,把居民搬到其他地方。‖ 要落实好拆迁居民的安置工作。| 我听说这条街道要拆迁。

6 **产量** chǎnliàng **kuatitas produksi**

【名词】生产出来的数量。‖ 今年粮食的产量比去年增长了很多。| 我们不但要提高产量,还要注重质量。

4 **产品** chǎnpǐn **produk**

【名词】生产出来的东西。‖ 你们公司产品的质量不合格。| 信息产品。| 农业产品。

5 **产业** chǎnyè **aset industri**

【名词】① 属于个人的财产。‖ 爸爸给我留下了一笔产业。| 你还小,这份产业我先帮你管理着。② 某一个领域的经济生产,通常包括三个大的产业:农业、工业、服务业。‖ 目前,我国的第三产业发展迅速。| 要把握好社会发展的方向,促进产业结构调整。

6 **昌盛** chāngshèng **makmur**

【形容词】繁荣。‖ 国家昌盛,人民幸福,是每个公民都希望看到的景象。| 在新的一年里,祝你的事业更加昌盛。

5 **长度** chángdù **ukuran panjang**

【名词】点与点之间的距离。‖ 你量一下这个电视机的长度。| 每个人的身高不一样,因此我们设计的裙子长度也不一样。

6 **长短** chángduǎn **panjang pendek; ukuran**

【名词】长度,尺寸。‖ 这两条裤子长短不一样。| 不知道大小是否合适,你量一下长短就知道了。

6 **长假** chángjià **libur panjang**

【名词】时间较长的假期。‖ 国庆放长假,你准备去哪里玩?| 长假期间,我

尝试了很多新事物。

6 **长久** chángjiǔ **untuk jangka panjang; selama-lamanya**

【**形容词**】时间很久。‖ 祝我们友谊长久。| 我长久以来一直坚持晚上睡觉前写日记。

6 **长跑** chángpǎo **lari jarak jauh**

【**名词**】长距离跑步。‖ 长跑最重要的是要有耐心。| 我报名了一千米的长跑。| 长跑比赛。

5 **长寿** chángshòu **panjang umur**

【**形容词**】活的时间长。‖ 希望您身体健康,平安长寿。| 长寿的人都有一些健康的生活习惯。

4 **长途** chángtú **jarak jauh**

【**形容词**】距离远。‖ 等工作结束了,我想去长途旅行。| 长途电话。| 长途汽车。

【**名词**】很远的路。‖ 那可是长途,一个小时到不了你们家。| 今天开车走长途太累了,我要好好休息一下。

6 **长远** chángyuǎn **jangka panjang**

【**形容词**】将来的很长时间。‖ 你要对自己未来的发展有个长远的规划。| 目光要长远,不能只注重眼前。

5 **肠** cháng **usus**

【**名词**】消化器官的一部分。‖ 大肠。| 小肠。| 肠子。

5 **尝** cháng **mencicipi**

【**动词**】① 吃。‖ 这个汤是我做的,你尝一下味道怎么样。| 这个面包很好吃,你尝一口。② 体会,经历。‖ 他尝到了失败的痛苦。| 你以后会尝到人生的各种感受。

5 **尝试** chángshì **mencoba**

【**动词**】试验,试着做某件事。‖ 你不尝试怎么会知道自己的能力。| 只要你愿意尝试,任何时候都不晚。

C

6 **常规** chángguī **konvensional；rutin**

【名词】① 经常实行的规定、规则。‖ 我们要善于打破常规，创新思维。| 常规管理。| 常规练习。② 医学上经常使用的处理方法。‖ 医生要对他的大脑做常规检查。| 血常规。

6 **常年** chángnián **jangka panjang；sepanjang tahun**

【副词】长期。‖ 哥哥在外地工作，常年不回家。| 这家超市常年供应蔬菜。

4 **常识** chángshí **pengetahuan umum**

【名词】人们都普遍知道的基本知识。‖ 孩子们不仅要学习课本知识，还要学习一些生活常识。| 难道你连最基本的常识都不知道吗？| 科学常识。

6 **厂商** chǎngshāng **perusahaan dagang**

【名词】从工厂购买产品并销售给客户的企业。‖ 这家厂商值得信任。| 你们厂商提出的价格太高了，我们考虑一下。

5 **厂长** chǎngzhǎng **kepala/pimpinan pabrik**

【名词】负责工厂全部事情的人。‖ 我爸爸是位厂长。| 厂长亲自带领员工干活儿。

6 **场地** chǎngdì **tempat；venue**

【名词】用于某种需要的地方。‖ 同学们都注意安全，不要离开我们的活动场地。| 不能在比赛场地随意活动。

6 **场馆** chǎngguǎn **lokasi**

【名词】主要指供体育运动使用的场地和建筑物，比如球场、体育馆等。‖ 距离比赛日期不远了，要抓紧完成场馆的建设。| 进入场馆的人员要遵守规则。

6 **场景** chǎngjǐng **situasi；adegan**

【名词】① 艺术作品中的场面。‖ 这首诗歌描绘了一幅士兵们团结战斗的场景。| 这段场景描写是为了突出主要人物悲伤的感情。② 情景。‖ 我现在还能回忆起当时的场景。| 到处都是受伤的居民，那场景看了让人感到害怕。

5 **场面** chǎngmiàn **situasi；adegan**

【名词】① 一定场合下的情景。‖ 她被吓到了，从来没有见过这样的场面。|

哥哥结婚的场面可真热闹。② 电影或文学作品中故事发生的情景。‖ 他的小说里描写的那种场面真生动。| 电影中那感人的场面至今让我无法忘记。③ 专门做给别人看的事情。‖ 她每次买了新衣服都要拿出来摆场面。| 他那故意戴上名牌儿手表的场面,大家看了都笑话。

6 **畅通** chàngtōng **lancar; tanpa rintangan**

【**形容词**】顺利通过,没有阻碍。‖ 按摩完,全身都畅通了,非常舒服。| 过年期间,交警会在各个路口值班,保持道路畅通。

5 **倡导** chàngdǎo **menganjurkan; mengarahkan**

【**动词**】带头提出建议、引导。‖ 妈妈一直倡导我们学会节约,不能浪费。| 她积极倡导绿色消费,保护环境。

4 **唱片** chàngpiàn **piringan hitam; album musik**

【**名词**】一种传播音乐或声音的东西。将音乐或声音录进去,可以通过机器播放出来。‖ 她在一家唱片公司上班。| 我最喜欢的歌手出新唱片了。

4 **抄写** chāoxiě **menyalin**

【**动词**】照着原来的文字写。‖ 今天的作业是把课文抄写两遍。| 把黑板上的句子抄写在本子上。

6 **超出** chāochū **melewati; melampaui**

【**动词**】超过一定范围或数量。‖ 这次的考试题目超出了课本内容的范围。| 你的表现真精彩,简直超出我的想象。

5 **超越** chāoyuè **melampaui; melebihi batas**

【**动词**】超过。‖ 这学期我一定要超越你。| 只有不断地超越自己,才能进步。

4 **潮** cháo **gelombang pasang/surut**

【**名词**】大海的一种运动现象。‖ 再等一会儿,潮就要退了。| 你听这个声音,潮要起来了。

【**形容词**】不干。‖ 下雨了,我忘记关门了,屋子里变得特别潮。| 衣服还没干,有点潮。

4 **潮流** cháoliú **arus**

【**名词**】① 大海的一种变化状态。‖ 那群鱼被困在了潮流中。| 船被潮流推

着漂走了。② 社会发展变化的方向。‖ 我们要适应时代潮流的发展，不能落后。| 服装潮流。| 消费潮流。

C

4 **潮湿** cháoshī **lembab**

【形容词】空气中的水较多。‖ 山区的气候特别潮湿。| 这里太潮湿了，我洗的衣服一直没干。

6 **炒** chǎo **tumis**

【动词】一种做菜的方法，在锅里放油，加热后再把食物放入锅中，用铲子不停地翻。‖ 妈妈炒的菜很好吃。| 炒菜，用大火比较好。

6 **炒股** chǎo//gǔ **jual-beli saham**

【动词】不停地买进卖出股票(一种凭证)，希望获得利益。‖ 炒股有一定的风险。| 他去年炒股赚了不少钱。

6 **炒作** chǎozuò **promosi sensasional**

【动词】① 为了扩大影响而宣传，发布不真实的消息来获取关注。‖ 媒体经常通过炒作来宣传明星的新电影。| 新闻炒作。② 把东西频繁地买来再卖出，从中获取利润。‖ 股票经过炒作后，价格翻了一倍。

6 **车号** chēhào **nomor kendaraan; nomor polisi**

【名词】汽车牌子上的号码或数字。‖ 你把我的车号记住，方便你在停车场寻找。| 你看他的车号就知道他不是我们省的人。

6 **车牌** chēpái **plat nomor kendaraan; plat nomor polisi**

【名词】挂在汽车前面和后面的牌子。‖ 你的车牌脏了，擦一下。| 他买的新汽车还没有车牌。

6 **车展** chēzhǎn **pameran otomotif**

【名词】在专业的场所展示汽车产品。‖ 我明天要去看车展。| 本届车展的主题是“绿色生活”。

5 **车主** chēzhǔ **pemilik kendaraan**

【名词】车子的主人。‖ 请问这辆车的车主在哪？| 请各位车主到服务中心领取通行证明。

4 彻底 chèdǐ **tuntas**

【形容词】到底,程度很深。‖ 我已经对你彻底失望了。| 这个问题终于被彻底解决了。

6 撤离 chèlí **meninggalkan**

【动词】离开。‖ 除了消防人员,请其他人迅速撤离现场。| 战争发生的时候,居民们已经撤离了。

4 沉 chén **tenggelam**

【动词】① 往下落。‖ 他往河里扔了一块石头,不一会儿就沉下去了。| 太阳慢慢地沉下去了。| 你能明显感觉到飞机在向下沉。② 放下。‖ 爸爸听到我又跟妈妈吵架了,把脸一沉。| 不要急,沉下心来。

【形容词】① 程度很深。‖ 她睡得很沉,到第二天中午才醒。| 你睡得太沉了,我们走了你都不知道。② 东西很重。‖ 你的书包真沉,都装了什么? | 这个杯子虽然看起来小,但是很沉。

4 沉默 chénmò **diam; pendiam**

【形容词】不爱说话,不爱与别人交流。‖ 自从父母离婚后,他就变得很沉默。| 她平时很沉默,很少说话。

【动词】不说话。‖ 他一直保持沉默,也不发表想法。| 听到这个消息后,所有人都沉默了。

4 沉重 chénzhòng **berat**

【形容词】物体重量大,比喻心情不好。‖ 他一回家就把沉重的行李放到了沙发上。| 这个门太沉重了,三个人都推不开。| 知道妈妈生病后,我的心情很沉重。

6 撑 chēng **menyangga; menopang**

【动词】① 支着,支持。‖ 她用手撑着头,一副不关心的样子。| 他用手撑着墙壁不让我过去。② 展开,打开。‖ 他一直撑着伞在这儿等你。| 你帮我把袋子撑开,我把这几本书放进去。③ 吃得很饱。‖ 我已经吃不下了,太撑了。| 我吃得太撑了,裤子都提不上了。

5 称 chēng **menyebut; memanggil**

【动词】测定重量。‖ 把这袋米称一下。| 我称了一下体重,有一百二十斤呢。

C

5 **称号** chēnghào **gelar; sebutan**

【名词】给人、单位或事的名称。‖ 张老师获得了“优秀教师”的称号。| 今年我们单位获得了“先进单位”的称号。

4 **称赞** chēngzàn **memuji**

【动词】用语言表达对人或事的热爱。‖ 听到老师的称赞后,同学们的读书声音更大了。| 她的表演得到了大家的称赞。

6 **成** chéng **persentase; bagian**

【量词】十分之一是一成,十分之三是三成。‖ 对于这次比赛,我只有三成的把握。| 今年玉米的价格上升了两成。

5 **成本** chéngběn **modal; pokok**

【名词】制造产品所需要的全部费用。‖ 工厂通过提高技术来降低成本。| 因为生产的成本高,商品的价格自然也就高。

6 **成分** chéngfèn **bahan; komposisi**

【名词】事物的组成部分。‖ 这块面包的主要成分是鸡蛋和牛奶。| 这种水果含有丰富的营养成分。

5 **成交** chéng//jiāo **persetujuan jual beli**

【动词】交易成功。‖ 最后,这本书以十五元的价格成交了。| 经过谈判后,我们的生意成交了。

6 **成品** chéngpǐn **barang jadi**

【名词】经过加工可以直接使用的产品。‖ 这家店的食物都是成品,加热后可以直接吃。| 我们只卖成品,不卖配件。

4 **成人** chéngrén **dewasa**

【名词】到了成熟年纪的人。‖ 你已经是成人了,要开始对自己的行为负责。| 成人教育。

5 **成效** chéngxiào **hasil**

【名词】效果。‖ 这次考试同学们都进步了,看来老师的教学方法取得了不错的成效。| 我们的环境保护工作已经有了一定的成效,还要继续坚持。

5 **成语** chéngyǔ **peribahasa**

【名词】长期使用的固定短语,多由四个字组成,有深刻的思想意义。‖ 你不能只知道成语,不知道成语的意思。| “生龙活虎”是一个成语,形容人很有活力,像龙和老虎一样。| 成语故事。

6 **城区** chéngqū **area dalam kota**

【名词】城市和靠近城市的地方。‖ 这有一条河围绕着整个城区。| 我家不住在城区,距离城区大概还有两三公里路程。

6 **城乡** chéngxiāng **kota dan desa**

【短语】城市和乡村。‖ 随着经济的快速发展,城乡之间的差距越来越小。| 我们应如何提高城乡居民的生活水平?

6 **城镇** chéngzhèn **kota dan kota kecil**

【名词】城市和集镇,也单指集镇。集镇一般比较小,主要为周围的农村地区服务。‖ 我家在一个小城镇上。| 这个城镇常年居住的人口有两万。

4 **诚实** chéngshí **jujur; sesuai kenyataan; apa adanya**

【形容词】说的和做的一样。‖ 你是个诚实的好孩子。| 他很诚实,向老师说了自己的错误。

4 **诚信** chéngxìn **kejujuran**

【形容词】对自己说的话负责。‖ 做生意最重要的是讲诚信。| 老板十分讲诚信,很多公司愿意和他合作。

5 **承办** chéngbàn **menerima pekerjaan**

【动词】承担办理、承担举办。‖ 这个项目由你来承办。| 这家酒店承办过很多大型活动。

4 **承担** chéngdān **menanggung**

【动词】负责,多指重要的事情。‖ 如果出问题了,谁来承担责任?| 你要自己承担后果。| 承担风险。

6 **承诺** chéngnuò **janji**

【动词】答应做某事。‖ 你承诺过我考试结束了带我去看电影的。| 承诺过

的事情一定要做到，不能改变主意。

C

4 **承认** chéngrèn **mengaku**

【动词】同意，认可。‖ 他下课后找老师承认了错误。| 我承认，我昨天没有写作业。

4 **承受** chéngshòu **menerima**

【动词】接受。‖ 他承受了各种的压力。| 希望你能承受住这次的考验。

4 **程序** chéngxù **urutan prosedur**

【名词】事情进行的顺序。‖ 会议严格按照程序进行。| 电脑的安装程序出现了问题。

5 **乘** chéng **menumpang；menaiki**

【动词】① 坐，骑。‖ 这次去北京你是乘飞机吗？| 孩子们每天乘汽车去学校。② 一种计算方法。‖ 2×5＝10，读作二乘五等于十。

5 **乘车** chéngchē **naik mobil**

【短语】坐车。‖ 这里距离医院太远了，你乘车去吧。| 乘车路线。

5 **乘客** chéngkè **penumpang**

【名词】坐交通工具的人。‖ 请各位乘客保持卫生，不要乱扔垃圾。| 乘客们都把行李放在身边。

5 **乘坐** chéngzuò **menumpang；naik**

【动词】坐交通工具。‖ 您乘坐的飞机将要起飞。| 他乘坐的公共汽车晚点了。

4 **吃惊** chī//jīng **terkejut；kaget**

【动词】一种反应，觉得意外、奇怪。‖ 你突然认真的样子让我感到吃惊。| 看见他在上课的时候走出教室，大家都非常吃惊。

5 **吃力** chīlì **sekuat tenaga；susah payah**

【形容词】需要用很大的力气。‖ 她还小，搬起这个箱子很吃力。| 你的理解能力有点差，因此学习很吃力。

5 **池子** chízi **kolam**

【名词】沉下去的地方,里面存有水。‖ 池子里的水很干净。| 爷爷的院子里有一个池子,里面养了很多鱼。

5 **迟** chí **lambat; terlambat**

【形容词】慢,晚。‖ 太迟了,已经来不及了。| 你来迟了,火车已经开走了。

4 **迟到** chídào **datang terlambat / terlambat datang**

【动词】没有按照规定的时间到。‖ 你今天为什么迟到? | 你上课迟到了,放学后留下来打扫卫生。

6 **持有** chíyǒu **memegang; bertanggung jawab**

【动词】拿着,拥有。‖ 经理持有公司的所有合同。| 您持有的资金有多少?

4 **尺** chǐ **penggaris; satuan panjang**

【名词】一种测量长度的工具。‖ 这把软尺,我用了很多年了。| 这堂数学课需要使用直尺。

【量词】一种单位。三尺是一米。‖ 这块布有六尺。| 他有两尺高。

4 **尺寸** chǐcùn **ukuran**

【名词】① 东西的长、宽、高。‖ 妈妈买的这件衣服尺寸不合适。| 我们的家具都是按照一定的尺寸做的。② 说话或做事情的深浅程度。‖ 她办事很有尺寸。| 说话要掌握好尺寸。

4 **尺子** chǐzi **penggaris**

【名词】一种测量长度的工具。‖ 请大家准备好尺子,我们明天要用。| 妈妈给我买了把新尺子。

4 **冲** chōng **menyiram; menyeduh**

【动词】① 用水使东西分开。‖ 去给客人冲一杯茶。| 房子被水冲倒了。② 不管周围的情况,向前跑。‖ 大家不要怕,冲啊! | 一下课,同学们都抱着篮球往操场的方向冲。

5 **冲动** chōngdòng **impuls; dorongan hati**

【名词】一种兴奋的状态、行为。‖ 创作冲动。| 冲动是一种不好的行为。

【形容词】情感特别激动,强烈。‖ 你先冷静下来,不要冲动。| 人在冲动的时候最容易做错事。

C

6 **冲击** chōngjī **dampak; terpukul**

【动词】① 流动的水去撞。‖ 大海冲击着岸上的石头。| 轮船被大海冲击得一直在摆动。② 接近并破坏敌人的计划。‖ 战士们向敌人发起了强烈的冲击。

【名词】受到的伤害、打击。‖ 在经济环境的冲击下,许多企业不得不作出改变。| 这个消息对我来说就是一个巨大的冲击。

4 **充电** chōng//diàn **mengisi daya**

【动词】① 给东西充满电。‖ 我的手机需要充电。| 电脑充电后才能使用。② 提高实力,多指学习或工作。‖ 我每周都要为自己充电,不断地加油。| 为了给自己充电,我周末经常去图书馆学习。

4 **充电器** chōngdiànqì **alat pengisi daya**

【名词】给东西充电的设备。‖ 你有充电器吗?我的手机没电了。| 那家超市在卖充电器。

4 **充分** chōngfèn **cukup; mumpuni**

【形容词】足够的。‖ 你的理由很充分。| 为了迎接这次活动,大家都作了充分的准备。

5 **充足** chōngzú **memadai; penuh**

【形容词】很多,能够满足需要。‖ 商品种类多,数量充足。| 这个地区阳光充足,气温舒适,很适合老人居住。

4 **虫子** chóngzi **ulat; cacing; serangga**

【名词】较小的爬的动物。‖ 这个房子很久没人住了,有很多虫子。| 这个苹果里有虫子。

6 **重建** chóngjiàn **membangun kembali; membangun ulang**

【动词】重新建立或建设。‖ 战争结束后,居民们都要重建房屋。| 政府应积极支持家乡的重建工作。

6 **重组** chóngzǔ **menggabungkan kembali; menggabungkan ulang**

【动词】重新组合。‖ 企业重组后,效率和收益都有提高。| 资产重组。

6 **崇拜** chóngbài **mengagumi；memuja**

【动词】尊敬佩服。‖ 你是她的偶像，她一直很崇拜你。| 为人民利益而战斗的人值得所有人的崇拜。

6 **宠物** chǒngwù **peliharaan**

【名词】个人养在家里，非常喜欢的动物。‖ 妈妈说如果我表现好，就给我买一只宠物。| 宠物医院。

6 **冲** chòng **menghadap/mengarah**

【介词】① 对着，向着。‖ 马路对面的小男孩一直冲我笑。| 妈妈看见了我，冲我招手。② 凭，根据。‖ 就冲你表现这么好，我也要给你买零食。| 冲你这句话，我要请你吃饭。

4 **抽** chōu **mengundi**

【动词】① 从中间拿出。‖ 姐姐，你帮我抽张纸。| 话一落，他就把刀抽出来。② 从整体中取一部分。‖ 学校要从我们班级里抽出几名同学去参加比赛。| 老师要抽几位同学检查他们的作业。③ 吸。‖ 我们家使用的水是从井里抽上来的。| 要想把鱼全部捕捞上来，需要把池塘的水抽干。④ 打。‖ 你的脸怎么了，被抽了吗？| 他因为说脏话被哥哥抽了。

4 **抽奖** chōu//jiǎng **undian berhadiah**

【动词】不同的东西代表不同的礼物，从中抽一个。‖ 我们要举行一个抽奖活动。| 这个书包是我抽奖得到的。

4 **抽烟** chōuyān **merokok**

【动词】把烟放在嘴里吸。‖ 学生不能抽烟。| 爸爸吃完饭就去外面抽烟了。

5 **愁** chóu **cemas**

【动词】担心。‖ 你的任务已经完成了，你还愁什么？| 你在超市上班，不用愁没有吃的。

5 **丑** chǒu **jelek；buruk rupa**

【形容词】不美，不好看。‖ 你从车上摔下来的样子真丑。| 这件衣服有点丑。

5 **臭** chòu **bau tidak sedap；bau busuk**

【形容词】① 味道不好闻。‖ 你的鞋子太臭了，你有多久没洗了？| 肠胃不好

的人嘴里容易发出臭味。② 不好，让人不喜欢。‖ 他这个人性格很臭，大家都不愿意跟他说话。| 他这个人臭得很，经常做坏事。

C

5 **出版** chūbǎn **menerbitkan**

【动词】把书刊、图画等内容编辑、印刷出来。‖ 我的书今天要出版了。| 张老师的作品已经被翻译成英文出版了。

5 **出差** chū//chāi **tugas luar kota；dinas**

【动词】临时去外地工作。‖ 爸爸在准备行李，明天要出差。| 他已经出差两个月了。

6 **出场** chū//chǎng **muncul di atas panggung；naik panggung**

【动词】① 上舞台表演。‖ 快点，该到你出场了。| 请我们的主要演员出场，大家热烈欢迎。② 运动员进入比赛场地。‖ 我们的选手马上就要出场了。| 冠军一出场，全场就热闹了起来。

6 **出动** chūdòng **mengutus**

【动词】派多人从事某一行动。‖ 这次火灾出动了五辆消防车。| 昨天晚上的行动出动了很多警察。

6 **出访** chūfǎng **mengunjungi**

【动词】到国外进行访问。‖ 外交部长将于下个月出访中国。| 他在出访期间还参观了当地的博物馆。

5 **出汗** chū//hàn **berkeringat**

【动词】一种反应。‖ 他因为紧张，一直出汗。| 天气热容易出汗。

4 **出口** chū//kǒu **ekspor；pintu keluar**

【动词】① 将商品运到国外去卖。‖ 目前，中国是世界上最大的货物出口国。| 我们的产品是要出口其他国家的。② 说出话来。‖ 你怎么出口伤人呢？→意思是一开口说话就伤害人。| 他口才很好，出口成章。→意思是话说出来就是一篇文章。③ 从建筑物或场地出去的门口。‖ 车站出口。| 超市的出口。

6 **出路** chūlù **jalan keluar**

【名词】① 去外面的道路。‖ 你走到哪里了？找到出路了吗？| 前面也没有出路，我们还是返回吧。② 前途，发展的方向。‖ 你不作出改变是不会有出

路的。| 读书是我这个年纪唯一的出路。

6 **出面** chū//miàn **tampil**

【动词】代表个人或集体做某件事。‖ 这件事情需要你出面解决。| 只要您出面,他们肯定取消投诉。

6 **出名** chū//míng **terkenal**

【动词】大家都知道这个人的名字以及事情。‖ 你在学校出名了。| 她一出名就开始宣传家乡的景色。

6 **出入** chūrù **keluar masuk; tidak sesuai**

【动词】出去和进入。‖ 他经常出入老师的办公室。| 老板每天都要出入各种场合。

【名词】情况不一致。‖ 有些文章里的内容跟现实有很大的出入。| 你记录的数据跟公司的有出入。

4 **出色** chūsè **menonjol; luar biasa**

【形容词】非常好。‖ 你今天的表现非常出色。| 你一定会成为一名出色的教师。

6 **出事** chū//shì **terjadi sesuatu**

【动词】有意外,发生事故。‖ 你要安全回来,千万不能出事。‖ 如果出事了,立即报警。

4 **出售** chūshòu **menjual**

【动词】卖。‖ 学校旁边的书店出售学习课本。| 为什么你出售的商品都这么便宜?

6 **出台** chū//tái **naik panggung; menerbitkan**

【动词】发布方案、措施等。‖ 国家今年出台了新的法规。| 这个奖励方案出台后,大家工作更认真了。

4 **出席** chūxí **hadir; ikut serta**

【动词】参加会议或活动。‖ 明天我们将举办一场学习交流会,希望您能出席。| 各个医院的专家都出席了这场会议。

C

6 **出行** chūxíng **berpergian**

【**动词**】到外地去。‖ 乡村里新修了公路，人们出行十分方便。| 妈妈每次出行都要带上现金，因为有些地方不能用手机支付。

5 **出于** chūyú **bermulai dari；karena**

【**动词**】由于，因为。‖ 同学们选择学习这门课程大多是出于喜欢。| 不要生气，她也是出于想要帮助你才这样做。

6 **初等** chūděng **tingkat awal；tingkat dasar**

【**形容词**】等级较低的。‖ 他的中文属于初等水平。| 他只接受过初等教育。

5 **初期** chūqī **tahap awal；permulaan**

【**名词**】开始之后的一段时间。‖ 公司在成立初期还没有积累足够的资源。| 我们已经完成了初期阶段的目标。

6 **除** chú **kecuali**

【**介词**】不计算在内。‖ 她每天除了吃饭、睡觉就是看书。| 小张的腿受伤了，除了他，每个人都要打扫教室卫生。

【**动词**】① 使消失。‖ 你去把那些杂草除掉。| 他用非法手段把政治对手除掉了。② 一种计算方法。‖ 6÷2=3，读作"六除二等于三"。

5 **除非** chúfēi **kecuali**

【**连词**】只有一种可能性除外。‖ 我是不会答应你的，除非你给我买新手机。→ 意思是只有你给我买新手机我才会答应你。| 你会成功的，除非你不想。

【**介词**】除了。‖ 除非他告诉我们，谁也不知道老师去哪了。| 除非请他来，谁也不会做这道菜。

5 **除夕** chúxī **malam Tahun Baru Imlek**

【**名词**】一年中最后一天的晚上。‖ 除夕那天，我们要吃饺子。| 过了除夕就是新的一年了。

5 **厨房** chúfáng **dapur**

【**名词**】做饭的房间。‖ 爸爸在厨房帮妈妈做饭。| 你把厨房打扫一下。

6 **厨师** chúshī **koki；ahli masak**

【**名词**】职业是做饭的专业人员。‖ 我的梦想是当一名厨师。| 这家饭店新

来了一位厨师,做饭特别好吃。

5 处罚 chǔfá　**menghukum**

【动词】使做错事的人为自己的行为负责。‖ 在街上乱停车,交警发现了会处罚的。| 老师,请你处罚我吧,我已经承认错误了。

【名词】针对犯错误采取的一种措施。‖ 你的作业处罚非常有效,他交作业变得积极了。| 开车闯红灯的处罚是扣六分和罚款二百元。

5 处分 chǔfèn　**mengambil tindakan disiplin terhadap; menghukum**

【动词】使犯错误的人失去一些东西,并将错误的行为记录下来。‖ 学校处分了几名打架的学生。| 这位老师因为上课迟到被学校处分了。

【名词】针对犯错误的人采取的一种行政处理措施。‖ 学校给这位老师的处分太严重了。| 纪律处分。

4 处于 chǔyú　**berada di**

【动词】在某种状态。‖ 目前,我们国家的经济处于快速发展的状态。| 她还处于痛苦之中。

5 处在 chǔzài　**sedang di...**

【动词】在某种状态、场所或时间。‖ 一切事物都处在变化之中。| 当你处在紧张的情况下,你也不知道该怎么办。

6 储存 chǔcún　**menyimpan**

【动词】把东西存起来。‖ 妈妈在家里储存了很多蔬菜。| 我要将美好都储存下来作纪念。

4 处 chù　**tempat**

【名词】① 地方。‖ 缴费处。| 停车处。② 部门的名称。‖ 教务处。| 资产处。| 学生处。③ 部分,方面。‖ 长处。| 好处。| 坏处。

6 处处 chùchù　**dimana-mana**

【副词】各方面,各地方。‖ 过年了,处处都是热闹的场面。| 公园里处处都是小朋友。

6 处长 chùzhǎng　**kepala departemen atau kepala divisi**

【名词】一种职位,在政府中工作的人。‖ 他的爸爸是一位处长。| 今天王处

长要来我们单位检查工作。

6 **传出** chuánchū **mengeluarkan**

【动词】传递出。‖ 谁把这个消息传出去的？→意思是有人说出去这个消息，让别人知道了。| 从房间里传出了奇怪的声音。

5 **传达** chuándá **menyampaikan**

【动词】① 把一方的意思告诉另一方。‖ 班长要传达老师要求完成的作业。| 你要传达上级的指令。② 在单位、学校、工厂的门口管理记录和引导大家。‖ 您在门口等着，我给您传达去。| 我需要你帮我传达给学校里的老师。

5 **传递** chuándì **menyampaikan**

【动词】由一方交给另一方。‖ 请你把这个消息传递给我的妈妈。| 他每天的工作就是传递信件。

6 **传媒** chuánméi **media**

【名词】一种传播方式，特别是指报纸、电视、广播等各种新闻工具。‖ 很多家新闻传媒对这个节日作了介绍。| 我在传媒公司工作。

6 **传输** chuánshū **memindahkan; transfer**

【动词】用传输线传输数据。→意思就是通过工具移送信息、数据。| 水力传输。

4 **传统** chuántǒng **tradisional**

【名词】一直传了下来的、具有特点的，如文化、思想等。‖ 我们要学习优良的传统。| 文化传统。

【形容词】① 一直传下来或使用了很久并具有特点的。‖ 春节是中国的传统节日。| 京剧是中国的传统戏曲之一。② 这位老人的思想比较传统。→意思是老人的思想跟不上时代，时代在变化，但老人的思想没有变。‖ 思想传统。| 性格传统。

6 **传言** chuányán **desas-desus / kabar burung**

【名词】从他人口中反复传出的话。‖ 你怎么这么容易相信传言呢？| 传言不可信。

5 **传真** chuánzhēn **faks / faksimili**

【名词】一种专门传递文字材料的机器，也可指这种机器传递的文字、图表等。‖

我买了一台传真机。| 有人给你发传真。
【动词】用传真机器传送东西。‖ 这篇文章我给你传真过去。| 你不用去找他,把文件传真过去就可以了。

6 **船员** chuányuán **awak kapal / anak buah kapal (abk)**
【名词】在船上工作的人。‖ 船员出海一次往往至少需要好几天时间。| 你是船员还是旅客呀?

6 **船长** chuánzhǎng **kapten kapal**
【名词】船上的总负责人。‖ 在船上负责各项工作的人是船长。| 你认识船长吗?

6 **船只** chuánzhī **jenis kapal; kapal-kapal**
【名词】也可以叫作船,船是一种总的名称。‖ 这里有很多船只。| 船只沉下去了。

6 **串** chuàn **menusuk / menguntai**
【动词】① 把东西连起来。‖ 串讲知识点。| 把羊肉串起来。② 商量好做一件事。‖ 串供。→意思就是在警察问问题时,两个人商量好说假话。③ 从这里到那里走动。‖ 你不要到处乱串。| 中国人过年时喜欢串亲戚。→意思就是春节时,中国人要从这个亲人的家里到那个亲人的家里。
【量词】可用于连起来的东西。‖ 一串珍珠。| 两串羊肉。

4 **窗户** chuānghu **jendela**
【名词】房间里能让外面的风和光进来的装置。‖ 请关上窗户,我有点冷。| 我们打开窗户吧,让新鲜空气进来。

6 **窗口** chuāngkǒu **loket**
【名词】① 窗户的前面。‖ 老师站在窗口观察。| 站在窗口的那个人你认识吗? ② 一些单位在墙上开的窗户形状的口,用来完成交易。‖ 买票请到二号窗口。| 这个窗口可以交费。③ 计算机上打开的某个页面。‖ 请关闭这个窗口。| 打开这个窗口你就可以找到了。

5 **窗帘** chuānglián **tirai; gorden**
【名词】挡窗户的东西,一般都是用布做成的。‖ 你房间里的窗帘真漂亮!| 天亮了,把窗帘拉开吧。

C

4 **窗台** chuāngtái **ambang jendela**

【名词】窗户下面的平坦的部分。‖ 我的钢笔在窗台上。| 教室里的窗台很干净。

4 **窗子** chuāngzi **jendela**

【名词】与窗户意思一样,两个词可以相互换用。‖ 请打开窗子,我很热。| 窗子外有一棵大树。

5 **闯** chuǎng **menyerbu; lari tergesa-gesa**

【动词】① 突然一下冲进来,向前走。‖ 我们正在房间里说话,他闯了进来。| 闯劲。→意思就是做事向前冲或勇敢创新的这种力量。② 为了一定的目的到处走动。‖ 闯世界。| 闯天下。→意思都是离开家去外面到处走,靠自己生存。③ 制造麻烦。‖ 闯祸。| 闯乱子。

6 **创办** chuàngbàn **membangun**

【动词】开始办。‖ 创办学校。| 创办杂志。

6 **创建** chuàngjiàn **mendirikan; membangun**

【动词】与创立意思相似。‖ 创建学校。| 创建日期。

5 **创立** chuànglì **mendirikan**

【动词】第一次建立。‖ 我创立了一个公司。| 请你说一下你创立这个公司的目的。

6 **创意** chuàngyì **kreasi**

【名词】从来没听过的想法。‖ 你的这个想法很有创意。| 这个新产品的创意很好。

4 **春季** chūnjì **musim semi**

【名词】每一年的第一个季节。‖ 我最喜欢春季。| 在春季很多花都开了。

4 **纯** chún **murni**

【形容词】① 干净,不含任何脏的东西。‖ 这里的水质很纯。| 我买的蜂蜜不纯,一点都不甜。② 单纯。‖ 纯白色的衣服。| 他的目的不纯。

4 **纯净水** chúnjìngshuǐ **air murni**

【名词】经过人工处理后,不含脏的东西,可以直接喝的水。‖ 我去买一瓶纯

净水。| 我每天都要喝纯净水。

4 **词汇** cíhuì **kosa kata**

【名词】一种语言里所使用的词和固定词组的总称。‖ 汉语词汇。| 英语词汇。

5 **辞典** cídiǎn **kamus**

【名词】词典,现在多指专科百科方面的。‖ 百科辞典。| 地名辞典。

5 **辞职** cí//zhí **mengundurkan diri (pekerjaan)**

【动词】请求上级同意让自己离开自己的工作单位。‖ 我已经写好了辞职信。| 他想辞职,离开这个公司。

4 **此** cǐ **ini**

【代词】① 这;这个。‖ 此人。| 此时。② 表示此时或此地。‖ 我们的谈话就此结束。→意思就是两个人之间的交谈就在现在这个时间结束。| 你由此往西就到了。→意思就是你从现在这个地方往西走。③ 这样。‖ 长此以往你会生病的。→意思就是长期这样下去你会生病的。

6 **此处** cǐchù **tempat ini**

【名词】这个地方。‖ 此处不可以大声讲话。| 此处你来过吗?

6 **此次** cǐcì **kali ini**

【名词】这一次。‖ 此次活动你来负责。| 她参加了此次比赛。

5 **此后** cǐhòu **setelah ini**

【名词】在某个时间或某件事情之后。‖ 两年前我去了中国旅游,此后就再也没去过。| 一个星期前和他告别后,此后就没见过面。

5 **此刻** cǐkè **saat ini**

【名词】这时候。‖ 此刻雨也停了,我们可以出发了。| 你此刻在想什么?

6 **此前** cǐqián **sebelum ini**

【名词】在某个时间或某件事之前。‖ 此前她生病了,所以没来上课。| 写小说是这几年的事,此前他写过一些诗。

C

[5] **此时** cǐshí **waktu ini**

【名词】这个时间。‖ 此时大家都已经睡了。| 此时我们也该回学校了。

[6] **此事** cǐshì **hal ini**

【名词】这件事。‖ 此事你做得很好。| 此事不能怪他。

[4] **此外** cǐwài **selain ini**

【连词】除了上面所说的事物或情况之外的。‖ 我们今天要上数学课和英语课,此外还有汉语课。| 你的桌子上有一支铅笔和一个本子,此外还有一个水杯。

[6] **此致** cǐzhì **(kata sopan untuk penutup surat) terima salam; hormat saya**

【动词】在书信结束的时候使用的语言,表示自己的礼貌和情感。‖ 此致节日的问候。| 此致,问候。

[4] **次** cì **kualitas rendah**

【形容词】质量差;品质差。‖ 次品。→意思就是质量差的东西。| 这个人太次,伤害小动物。→意思就是这个人伤害小动物的行为很不好。

[6] **次数** cìshù **frekuensi**

【名词】动作或事件重复出现的数。‖ 练习汉字的次数越多,你就会写得越好。| 这首歌听的次数多了就会唱了。

[4] **刺** cì **duri**

【动词】尖的东西进入物体。‖ 警察被刺伤了。| 那个气球用针刺一下就破了。

【名词】刺儿,尖尖的像针一样的东西。‖ 鱼刺儿。| 手上扎了个刺儿。| 这棵树的树枝上长了很多刺呢。

[4] **刺激** cìjī **merangsang; stimulasi**

【动词】① 某种物体或现象对人们的感觉造成了影响。‖ 这是一场刺激的表演。| 你喜欢刺激的游戏吗? ② 推动事物起积极的变化。‖ 刺激消费。| 刺激学生学习汉语。③ 让人激动,使人精神上感到痛苦。‖ 他的小狗丢了,对他刺激很大。| 他在这次事故中受到了刺激。

[5] **聪明** cōngmíng **pandai / pintar**

【形容词】记忆能力和理解能力都很强。‖ 这孩子真聪明,学什么都很快。| 她真的很聪明,这篇课文看一遍就记住了。

6 **从不** cóngbù　**(dari awal / dari dulu) tidak pernah**

【副词】从过去到现在一直没有做过。‖ 他上学从不迟到。| 他很诚实,从不说假话。

4 **从此** cóngcǐ　**sejak saat ini**

【副词】从这个时候起。‖ 他十六岁离开中国,从此就没再回去。| 刚上大学时,我和你住一个房间,从此我们就成了好朋友。

5 **从而** cóngér　**dengan demikian; karena itu; maka**

【连词】前面说原因、方法,后面说结果、目的;因此就。‖ 他们使用了新方法,从而很快解决了问题。| 他学习非常努力,从而成绩提高得很快。

6 **从没** cóngméi　**tidak pernah (sebelumnya)**

【副词】一直没发生过。‖ 这么多年,这里从没丢过东西。| 他俩认识二十多年了,从没吵过架。

5 **从中** cóngzhōng　**dari; di antaranya**

【副词】在其中。‖ 从中取利。→意思就是在某件事情中取得利益。| 这本书写得很好,从中我学到了很多。

4 **粗** cū　**tebal**

【形容词】① 从左到右或是从上到下的面积大,与细相对。‖ 这棵树真的很粗,是一棵百年老树。| 他的眉毛很粗,又黑又长。② 声音大而低。‖ 他说话粗声粗气的。| 他的声音很粗。

4 **粗心** cūxīn　**ceroboh**

【形容词】做事不认真。‖ 我太粗心了,写错了好几个字。| 做什么事都要认真,一定不能粗心。

4 **促进** cùjìn　**mempercepat; memajukan; mengembangkan**

【动词】推动前进,使某件事情得到发展。‖ 这次活动,促进了同学们之间的交流。| 举办学术活动,可以促进学校的发展。

4 **促使** cùshǐ　**mendorong; mendukung**

【动词】推动使达到一定目的。‖ 促使发生变化。| 我们积极参加课外活动,

促使自己全面发展。

4 **促销** cùxiāo **promosi**

【动词】使用一定的方法,让商品能卖得更多。‖ 利用广告促销是一个很好的方法。| 这家超市有促销活动,我们也去买点。

6 **醋** cù **cuka**

【名词】① 调味用的有酸味的水状的物品。‖ 这瓶醋太酸了,你少放点。| 家里的醋都吃完了,你再去买一瓶吧。② 比喻在男女关系中一方的心里产生了酸的且不舒服的感觉。‖ 她的男朋友送别的女孩回家,她吃醋了。→意思就是她的男朋友送别的女孩回家的这个行为,让她感到心里不舒服。

5 **脆** cuì **rapuh**

【形容词】① 容易断开的东西。‖ 这个纸太脆了,写的时候要小心。| 纸太脆的话就很容易破。② 形容较硬的食物容易弄开弄碎。‖ 这个瓜又甜又脆。| 脆苹果很甜,我要多买几个。

6 **村庄** cūnzhuāng **desa; dusun**

【名词】很多农民住在一起的地方。‖ 这个村庄的景色很美。| 我们村庄有一千多人。

5 **存款** cúnkuǎn **tabungan; dana simpanan**

【名词】放在银行里的钱。‖ 我银行里还有一笔存款。| 你在银行的存款都花完了吗?

5 **寸** cùn **inchi / inch**

【量词】长度单位,十寸等于一尺。‖ 这镜子长一尺二寸。| 这张纸长几寸呢?

4 **措施** cuòshī **tindakan**

【名词】对某种情况采取的处理方法,一般用于较大的事情。‖ 学校里的安全措施一定要做好,不能让学生受伤。| 我们对这里的动物和植物采取了保护措施。

6 **错过** cuòguò **terlewatkan**

【动词】失去机会或某个人。‖ 你不要错过这次机会。| 他是个好人,你不要错过他。

D

D

6 **搭** dā **meletakkan；menggabungkan；mencocokkan；menambahkan**

【动词】① 支或架起一个东西。‖ 工人们将会在这条大河上搭一座桥。| 鸟在树上搭了一个窝。② 把软的东西放在可以支着的东西上。‖ 把衣服搭在衣架上。| 腿上搭着一块布。③ 两样东西连在一起。‖ 两根线搭上了。| 前言不搭后语。→意思就是前面说的话与后面说的意思连不上。④ 加上。‖ 把这些钱搭上就够了。| 这个工作还要搭上个人帮他才可以完成。⑤ 组合；配合。‖ 肉和菜搭着吃更健康。| 大的小的搭着一起卖。⑥ 坐车、船、火车、飞机等。‖ 你可以搭公交车去学校。| 我要搭船去海南。

6 **搭档** dādàng **kerjasama；rekan**

【动词】合作。‖ 我们两个人搭档吧。| 你可以找个人搭档。

【名词】合作的人。‖ 我们两个是老搭档了。| 他就是我的搭档。

5 **达成** dáchéng **mufakat**

【动词】商量讨论后得到的结果或是形成的意见。‖ 这几个人的意见很难达成一致。| 我们已经达成交易。

5 **答** dá **menjawab；berterimakasih**

【动词】① 回答。‖ 一问一答。→意思就是一个人问一个人回答。| 答非所问。→意思就是回答的内容与问题没有关系。② 答谢；报答。‖ 为了答谢我的老师，我去花店买了一束花。| 为了报答父母，她给父母买了一座房子。

4 **答案** dáàn **jawaban**

【名词】对问题作出的回答。‖ 我知道这道题的答案。| 你的答案是对的。

5 **答复** dáfù **menjawab；membalas**

【动词】对问题或要求给出回答。‖ 他每天都花一个小时的时间答复读者的提问。| 这个问题我会给你一个满意的答复的。

4 **打** dǎ **memukul**

【动词】① 用手或是其他东西碰别的物体。‖ 你听,谁在打门。| 我现在正在学习打鼓。② 某些物品被碰坏了。‖ 弟弟把碗打了。| 我一不小心把鸡蛋打了。③ 玩某种游戏。‖ 我最喜欢和朋友一起打球。| 他一直在打游戏,作业都没写。

4 **打** dǎ **dari**

【介词】从。‖ 我打五岁就开始学汉语了。| 她是打南方来的学生。

4 **打败** dǎbài **mengalahkan**

【动词】① 得到胜利。‖ 我们打败了对手。| 我们队打败了其他队,取得第一名。② 在战争或比赛中失败。‖ 这场比赛我们打败了,失去了第一。| 如果这次战争打败了,我们就不能再回到这里了。

5 **打扮** dǎban **rias; dandan**

【动词】使用一些方法让自己或物品变得更好看。‖ 明天出去玩,我要打扮一下。| 国庆节期间,北京天安门打扮得很漂亮。

5 **打包** dǎ//bāo **bungkus; kemas**

【动词】用纸、布、袋子、盒子等包东西。‖ 请把我的饭打包,我要带回家。| 这个杯子要打包装进箱子里。

6 **打动** dǎdòng **mengharukan; menyentuh; menggerakkan**

【动词】让人感动。‖ 音乐会上,这首歌打动了许多来听歌的人,不少人流下了眼泪。| 我被她的行为打动了。

6 **打断** dǎduàn **mengganggu; menyela; memutus**

【动词】① 让一件正在进行的事情停下来。‖ 他打断了我的话。| 敲门声打断了我的思考。② 身体上的某一部分的骨头断了。‖ 小狗的腿被打断了。| 坏人打断了这个小孩子的腿。

6 **打发** dǎfa **mengutus; mengirim**

【动词】① 让某个人出去做一件事。‖ 我已经打发人去找他了。| 你打发个人去找我的爸爸。② 使离去。‖ 她说了很久才把这个孩子打发走。| 我现在很忙,只想打发他走。③ 打发时间。→意思就是很没意思,想找些事情做让时

间过得快一点。

6 **打官司** dǎ//guānsi **jalur hukum**

【动词】发生利益冲突的双方到法律部门去维护自己的正当权利和利益的活动。‖ 那对夫妻正在打离婚官司。| 这件事情只有打官司才能解决了。

D

5 **打击** dǎjī **memukul; menghantam**

【动词】① 去使劲碰某个东西。‖ 打击乐器。| 你要用工具去打击这个乐器。② 让人有失败的感觉。‖ 老师不应该打击学生学习的热情。| 给敌人一次非常大的打击。

5 **打架** dǎ//jià **berkelahi**

【动词】互相动手伤害对方。‖ 同学之间不能打架。| 今天早上我看到两只小狗在打架。

4 **打雷** dǎ//léi **petir**

【动词】一种自然现象,指下雨时云层中发出的巨大响声。‖ 夏天,下雨时就会打雷。| 我害怕打雷。

6 **打牌** dǎpái **bermain kartu (biasanya poker)**

【动词】一种玩的游戏。‖ 你会打牌吗? | 今天,我和我的朋友一起打牌了。

5 **打扰** dǎrǎo **ganggu**

【动词】① 打乱原本要做的事。‖ 工作时间,请勿打扰。| 我在学习不要打扰我。② 客气的话,用于见客人或请别人帮忙时。‖ 来你家做客打扰你了。| 打扰一下,请问图书馆怎么走?

4 **打扫** dǎsǎo **membersihkan**

【动词】把一个地方弄干净。‖ 今天我打扫教室。| 你要打扫你自己的房间。

6 **打印机** dǎyìnjī **alat cetak; mesin cetak**

【名词】一种机器,可以把电脑里的文字、图像等弄到纸上。‖ 我的打印机坏了。| 我的这篇文章需要用打印机打印出来。

6 **打造** dǎzào **membuat; menciptakan**

【动词】① 制造东西。‖ 打造工具。| 打造船只。② 创造。‖ 打造优秀人

才。| 打造个人形象。

4 **打折** dǎ//zhé **diskon; potongan harga**

【动词】商品有了活动,变便宜了。‖ 书店的书在打折,我要多买几本。| 今天超市的牛奶打折了,很便宜。

4 **打针** dǎ//zhēn **suntik**

【动词】用针把药水送进病人身体里。‖ 我不想去医院打针。| 护士正在给病人打针。

4 **大巴** dàbā **bus (ukuran besar)**

【名词】多指较大的公共汽车。‖ 每天坐一个小时的大巴去上班。| 这辆大巴车上坐了很多人。

5 **大胆** dàdǎn **bernyali besar; berani**

【形容词】有勇气,什么都不怕。‖ 她是个很大胆的女孩。| 我们要大胆地创新。

6 **大道** dàdào **jalan utama; jalan arteri**

【名词】大路。‖ 这条大路的名字叫幸福大道。| 你走过这条大道就到学校了。

5 **大都** dàdōu **sebagian besar**

【副词】大多数。‖ 这篇课文里的字我大都认识。| 他们大都喜欢吃饺子。

4 **大多** dàduō **kebanyakan; seringkali; biasanya**

【副词】大部分;大多数。‖ 在这次考试中我们班大多数同学都考得很好。| 树上的苹果大多都可以吃了。

4 **大方** dàfang **murah hati; dermawan**

【形容词】① 不太关注自己的钱和物。‖ 他出手大方→意思就是可以给别人花很多钱。| 他很大方,不会太关注自己花了多少钱。② 说话时的动作表情都很自然。‖ 她说话时看起来很大方。

5 **大纲** dàgāng **garis besar; pokok-pokok**

【名词】写下的有顺序的内容要点。‖ 我写了一份教学大纲。| 写作文之前,

你可以写一份大纲。

4 **大哥** dàgē **kakak tertua / kakak sulung / kakak besar (laki-laki)**

【名词】① 家里年纪最大的哥哥。‖ 这是我的大哥。| 我大哥今年四十岁了。② 叫与自己年纪差不多大的男子。‖ 王大哥,你今天去上班吗?

4 **大规模** dàguīmó **skala besar/masif**

【形容词】形容某种活动、事件、行为等所涉及的范围或数量非常大。‖ 学校要举办一次大规模的运动会。| 新产品上市前,公司进行了大规模地宣传。

4 **大会** dàhuì **rapat besar; pertemuan akbar**

【名词】有很多人参加的会议。‖ 我们学校要开全体教师大会。| 这次全国大会有三百多位代表参加。

5 **大伙儿** dàhuǒr **kita semua; kalian**

【代词】人称代词。大家的意思,口语里常用。‖ 大伙儿都安静下来,我有几句重要的话要说。| 大伙儿都喜欢吃香蕉。

5 **大奖赛** dàjiǎngsài **perlombaan tingkat tinggi**

【名词】世界级的高水平比赛。‖ 她在这次大奖赛中排名很高。| 在这次大奖赛中我的对手都很厉害

6 **大街** dàjiē **jalan raya; jalan besar**

【名词】城市中比较大并且比较热闹的路。‖ 这条大街上有好多人。| 大街两边种了很多树。

4 **大姐** dàjiě **kakak tertua / kakak sulung / kakak besar (perempuan)**

【名词】① 家里年纪最大的姐姐。‖ 我的大姐对我很好。| 我大姐出国旅游了。② 叫与自己年纪差不多大的女子。‖ 刘大姐,你最近都在做些什么?

6 **大力** dàlì **kuat; menggunakan banyak tenaga**

【名词】很大的力量。‖ 出大力。| 下大力。

【副词】用很大的力量。‖ 我大力支持你的决定。| 我们一定大力支持你的工作。

4 **大楼** dàlóu **gedung bertingkat tinggi**

【名词】有很多层很高的楼。‖ 我们在这座大楼里上课。| 这座大楼总共有

一百层。

4 **大陆** dàlù **daratan besar/luas**

【名词】海上小土地之外的广大的土地。‖ 中国的大陆面积很大。| 大陆上生活着各种动物。| 地球上有几个主要的大陆：亚洲大陆、欧洲大陆、美洲大陆和澳洲大陆。

4 **大妈** dàmā **tante; ibu**

【名词】叫年纪比自己母亲大的女人。‖ 大妈你好，请问需要我的帮忙吗？| 这个大妈给了我五个苹果。

6 **大米** dàmǐ **beras**

【名词】一种食物，可以做成米饭。‖ 这种大米做的饭很好吃。| 用大米做的东西我都很喜欢。

5 **大脑** dànǎo **otak**

【名词】脑的一部分，脑可分为左右两部分。‖ 人的大脑最发达。| 同学们，动动你们的大脑，想想这个问题的答案。

6 **大批** dàpī **banyak; jumlah besar**

【形容词】很多；大量。‖ 大批的蔬菜卖不出去，都开始腐烂了。| 汽车运来了大批食物。

6 **大赛** dàsài **lomba; kompetisi**

【名词】有很多很厉害的人参加的比赛。‖ 每个班的第一名都要参加这次大赛。| 为了这次大赛，我非常努力地练习。

6 **大师** dàshī **guru besar**

【名词】① 在某个方面有很深的知识或很高的成就的人。‖ 钢琴大师。| 艺术大师。② 对和尚尊敬的叫法。

6 **大使** dàshǐ **duta besar**

【名词】① 一个国家在另一个国家的最高一级的外交代表。‖ 成为大使不是一件容易的事。| 这是中国的大使。② 为推动某个事业的发展而做宣传工作的代表人物。‖ 她是这次活动的形象大使。| 他成了这家公司的宣传大使。

5 **大事** dàshì **masalah/hal yang penting/besar**

【名词】很重要的事情。‖ 我有一件大事要告诉你。| 每个人都应该关心国家大事。

5 **大厅** dàtīng **lobi utama**

【名词】指在比较大的房子中用来与客人见面的地方。‖ 我在大厅里等你。| 这个大厅真漂亮。

5 **大象** dàxiàng **gajah**

【名词】一种很大的动物,鼻子很长,有长而大的牙在嘴外面。‖ 大象都是用鼻子喝水的。| 大象是一种吃草的动物。

4 **大型** dàxíng **ukuran besar**

【形容词】一个东西体积大或是一个活动范围大。‖ 我要参加一个大型比赛。| 这个工厂生产大型汽车。

5 **大熊猫** dàxióngmāo **panda**

【名词】看着像熊,尾巴短,身上的毛由黑色和白色组成,爱吃竹子,中国特有的一种动物。‖ 大熊猫真的太可爱了。| 你去四川一定要去看大熊猫。

4 **大爷** dàyé **kakek**

【名词】① 叫年纪跟爷爷差不多的男人。‖ 大爷,您能听见我说话吗? ② 指那些不好好干活,性格也不好的男子。‖ 你别在我面前做大爷。| 你做事情就像一个大爷一样。

5 **大于** dàyú **lebih dari**

【动词】一个数比另一个数大。‖ 二大于一。| 一加一会大于二吗?

5 **大致** dàzhì **kira-kira; kurang lebih**

【形容词】基本上。‖ 这是我大致的想法。| 两位同学的分数大致相同。

【副词】大约,很可能。‖ 现在大致是十一点钟。| 这些题他大致都会做。

4 **大众** dàzhòng **masyarakat (banyak orang)**

【名词】大多数人。‖ 这件衣服很大众化。→意思就是这件衣服很普通,大多数人都会穿。| 大众一定会很喜欢这首歌。

D

5 **呆** dāi **melamun；terdiam**

【形容词】① 头脑反应慢。‖ 他看起来很呆。| 他真的很呆，老师讲了好几遍他还是不明白。② 一下子什么动作和表情都没了。‖ 听到这个消息。我一下子呆了。| 她呆呆地站着，不动也不说话。

【动词】一直在一个地方不动。‖ 我昨天一直在家里呆着。| 他在中国呆过几年，会说汉语。

6 **待会儿** dāihuìr **sebentar lagi**

【动词】等一会儿，强调的是时间。‖ 我待会儿再去写作业。| 你待会儿要去游泳吗？

5 **代价** dàijià **harga**

【名词】指为了达到某种目的或为了得到某样东西花出去的钱、物品和时间等。‖ 胜利是需要代价的。| 他花了很大的代价才得到这幅名画。

5 **代理** dàilǐ **agen**

【动词】① 短时间内代替别人做他原来要做的事。‖ 他是我们的代理班主任。| 这位是我们学校的代理校长。② 一个人请你代表他进行某种活动。‖ 这是我的合同代理人。| 她是我们的产品代理人。

4 **代替** dàitì **mewakili；menggantikan**

【动词】用一个东西或人换另一个东西或人。‖ 你代替他参加这个活动吧。| 这里没有红色的笔，你可以用黑色的笔代替。

5 **待** dài **memperlakukan；menjamu；menanti**

【动词】① 对待。‖ 以礼相待。| 待人和气。| 我阿姨待我很好。② 招待。‖ 招待客人→对客人用好的方法表示欢迎。③ 等待。‖ 你这篇论文有待进一步完善。| 有待改进。

4 **待遇** dàiyù **perlakuan；upah/gaji**

【名词】① 对待人的方式、态度。‖ 你的待遇高啊！我们校长亲自到机场迎接你。| 我上周去找过她，但是她的待遇很冷淡。② 得到的物品或工资的多少。‖ 这家公司给的待遇很高，大家都想去。| 学校给留学生的待遇很好。

5 **带有** dàiyǒu **ada；mengandung**

【动词】有。‖ 这本书上的汉字带有拼音。| 这个房间带有阳台。

5 **贷款** dàikuǎn **kredit；cicilan；meminjam uang**

【动词】一般是指个人或公司从银行里借钱。‖ 毕业之后,我还有贷款要还。| 这家公司是贷款成立的。

4 **袋** dài **kantong**

D

【名词】用来装东西的。‖ 布袋。| 米袋。

【量词】用于用袋子装起来的东西。‖ 我到超市买了几袋米。| 这一袋衣服我周末要拿回家里去洗。

4 **戴** dài **memakai**

【动词】把东西放在头上、手上等身上的各个地方。‖ 头上戴花的那个小女孩是我妹妹。| 天气太冷了,我要戴上手套。

4 **担保** dānbǎo **menjamin；menanggung**

【动词】表示负责,保证不出问题或一定做到。‖ 一定没问题的,我敢担保。| 这件事交给他,担保错不了。

4 **担任** dānrèn **menjabat**

【动词】做某种工作的人。‖ 他担任我们的小组长。| 今年由我担任大家的汉语老师。

4 **担心** dānxīn **cemas；khawatir**

【动词】不能放心。‖ 她这么晚还没回学校,我很担心。| 这次考试我没考好,很担心自己的成绩。

6 **担忧** dānyōu **cemas；khawatir**

【动词】不能放下心来。‖ 不要担忧,他不会有事的。| 你的担忧是对的,我们真的不能回家了。

4 **单** dān **tunggal；ganjil；hanya**

【形容词】① 只有一个的,与双相对。‖ 单人床。| 我买了单人份的饭。② 单数 | 单号→意思就是一、三、五、七这样的数。③ 一层的(衣服)。‖ 单衣。| 单裤。

【副词】只;仅。‖ 别的不说,单说这件事。| 造句子不能单靠感觉,语法也很重要。

4 **单纯** dānchún **lugu; polos; sederhana**

【形容词】① 简单不复杂。‖ 她思想单纯。| 这本书内容单纯适合小孩子看。② 只有一个目的或想法。‖ 你写字不能单纯为了数量,你要记住它们。| 我就是单纯想出去买点吃的。

6 **单打** dāndǎ **tunggal**

【名词】一些球类比赛的方式,由两个人对打。‖ 她是单打运动员。| 今天的网球单打比赛很精彩。

4 **单调** dāndiào **membosankan**

【形容词】每天做差不多的事情,很没意思。‖ 我的工作很单调。| 他总是穿黑色的衣服,很单调。

4 **单独** dāndú **sendiri**

【副词】自己一个人,不和别人一起。‖ 请不要单独行动。| 我想跟你单独谈一谈。

5 **单一** dānyī **satu-satunya; tidak ada variasi / pilihan lain**

【形容词】只有一种。‖ 你用的方法太单一了。| 你每天都只吃一样东西,太单一了。

5 **胆** dǎn **empedu; nyali**

【名词】① 人体内的一个器官。‖ 我要去医院检查一下我的胆。| 动物的胆不能用在人身上。② 胆儿,胆量的意思。‖ 他胆大心细。→他做事情不害怕还很认真。③ 放在一个物品的内部,可以放水、空气等。‖ 保温瓶的内胆坏了。| 这个水瓶的胆很容易坏。

5 **胆小** dǎnxiǎo **bernyali kecil; penakut**

【形容词】胆子小,很多事情都害怕。‖ 我的同桌很胆小。| 她是个胆小的女孩。

6 **诞生** dànshēng **lahir; muncul**

【动词】人的出生或是一件事的出现。‖ 她诞生在冬天。| 1949 年 10 月 1 日中华人民共和国诞生了。

4 **弹** dàn **bom**

【语素】外壳里装着爆炸物的东西。‖ 原子弹具有很强的威力。

4 **淡** dàn **ringan/tawar**

【形容词】① 一种东西中所包含的某种物质少,与浓相对。‖ 天高云淡→秋天的天空中云少并且高。② 盐放少了,不咸。‖ 这个菜太淡了,再放点盐吧。| 我爱吃味道比较淡的东西,不爱吃咸的。③ 颜色浅。‖ 我喜欢淡绿的衣服。| 这件衣服颜色很淡,不好看。④ 生意不好。‖ 最近生意很淡,每天只有几个客人。| 淡季时,店里买东西的人就会很少。

5 **蛋糕** dàngāo **kue**

【名词】用鸡蛋和面做的比较软的食物。‖ 你会做蛋糕吗? | 过生日要吃蛋糕。

5 **当场** dāngchǎng **langsung di tempat; pada saat itu juga**

【副词】就在那个时间和那个地方。‖ 她当场就把作业写完了。| 今天我们要进行当场考试。

6 **当成** dāngchéng **anggap sebagai**

【动词】以为;认为。‖ 她把我当成她的姐姐了,我们两个穿的衣服一样。| 你就把这里当成自己家,想吃什么自己拿。

5 **当代** dāngdài **masa kini**

【名词】现在这个时代。‖ 我很喜欢看当代小说。| 她是一位当代作家。

5 **当年** dāngnián **pada waktu dulu/tahun itu juga**

【名词】① 指过去某一时间。‖ 当年,为了学习中文,我去了中国。| 我当年也是第一名考进这所学校的。② 身强力壮的时期。‖ 他正当年,干活一点儿也不觉得累。| 你正当年,要努力工作学习。

5 **当前** dāngqián **menghadapi; sekarang**

【动词】在面前。‖ 国难当前,每个人都应该去做些事情。→意思在我们面前能看到国家有困难,每个人都应该做些事。

【名词】到现在。‖ 对我来说,当前最重要的事情是学好汉语。| 当前,我们还没有这个孩子的任何消息。

6 **当天** dāngtiān **hari yang sama**

【名词】同一天。‖ 他星期六早上出去玩儿,当天就回来了。| 这场比赛的结

果，当天的报纸就能看到。

D

5 **当选** dāngxuǎn **terpilih**

【动词】被选上。‖ 她当选为班长，所以她很开心。| 我当选了这次大会的代表。

6 **当作** dàngzuò **anggap sebagai**

【动词】认为；看成。‖ 我在中国生活了二十年，已经把中国当作了我的家。| 你别生气，就把他说的话当作一个玩笑。

5 **挡** dǎng **menghalangi**

【动词】① 使某人停下来，不能往前走。‖ 他在我前面挡着我，不让我走。| 这辆车挡着我上学的路了。② 遮挡。‖ 下雨了，人们用雨伞挡雨。→意思是使用雨伞能让雨不落到人们身上。| 夏天的大树可以帮人们挡阳光。

6 **党** dǎng **partai politik; partai**

【名词】① 与政治相关的团体。‖ 我在党校学习时，认识了很多新朋友。| 中国是共产党领导的国家。② 自己与关系好的人组成的小团体。‖ 这是我的死党，我们认识很多年了，关系非常好。

6 **当** dàng **cocok/pas; kurang lebih sama dengan**

【形容词】恰当→意思就是合适。‖ 我们正在上课，你现在出去是不当的。| 这是不当的做法，这样做是不会成功的。

【动词】① 大约等于。‖ 她吃了三碗饭，当两个人吃的了。| 这一份的饭当两份了，我吃不完。② 作为；当作。‖ 你可以跟我说话，不要把我当不认识的人看。| 我们不要再见面了，我就当不认识你。③ 以为；认为。‖ 你别当真啊！我只是开一个玩笑。| 我当你回家了，原来还在这儿呀！

6 **档** dàng **penyimpanan**

【名词】用来存放文件的东西。‖ 我们要把这些文件归档，以后就可以很容易地找到。| 这一档放的都是我的学习资料。

6 **档案** dàng'àn **berkas; draf**

【名词】记录了某个人某件事或某样东西的信息的文件。‖ 我的档案一直在学校里放着。| 这份档案里一定记录了这件大事。

4 **导游** dǎoyóu **pemandu wisata**

【动词】带着别人参观某个地方。‖ 大家都没来过这里，请个当地人为我们导游吧。| 今天，我会给大家导游这几个地方。

【名词】带游客参观的人。‖ 这位导游带着我们参观了好几个地方。| 她做了好几年导游，这个地方她很熟。

4 **导致** dǎozhì **menyebabkan；mengakibatkan**

【动词】引起；造成。‖ 他没有好好复习，导致了这次考试的失败。| 我昨天睡得很晚，导致我今天很困。

6 **岛** dǎo **pulau**

【名词】在海上被水围着的小块的土地。‖ 海上有个小岛，每天都有很多人去参观。| 这个小岛非常安静，我想住在这里。

4 **倒闭** dǎobì **bangkrut；pailit**

【动词】公司、商店等因为生意不好干不下去了。‖ 我经常去的那家商店，因为生意不好快倒闭了。| 我们公司倒闭了，我现在没工作了。

5 **到来** dàolái **datang；kedatangan**

【动词】来到；来这里。‖ 在大雨到来之前，我们要准备好水和食物。| 今天的会我们很感谢各位老师的到来。

6 **到期** dàoqī **kadaluarsa；jatuh tempo**

【动词】到了最后规定的时间。‖ 这个牛奶已经到期了，不能喝了。| 我在图书馆借的书到期了，今天要把书还回去。

4 **倒车** dào//chē **memundurkan kendaraan**

【动词】让车向后走。‖ 我学了三天了还没学会倒车。| 他今天倒车的时候压到我的脚了。

5 **倒是** dàoshì **kebalikannya**

【副词】① 表示跟一般的情况相反。‖ 她从来不吃早饭的，今天倒是吃了。| 你今天倒是起得很早。② 表示事情不是你说的那样。‖ 说得倒是容易，你做一下试试。| 你不要只说，你倒是去做啊。③ 表示惊讶意外。‖ 这样的事我倒是第一次听说。| 我倒是真没见过这种事。④ 表示让某人赶快说或做某

事。‖ 急死我了,你倒是说啊。| 你倒是走啊,不要在这站着了。

6 **盗版** dàobǎn **pembajakan; edisi/versi bajakan**

【名词】没有经过同意制作与原作者作品一样的东西。‖ 这个书店里卖的书很多都是盗版的。| 我从来不买盗版的东西。

D

5 **道德** dàodé **moral**

【名词】人们的一种意识,有规范人们行为的作用。‖ 有道德的人是不会乱写乱画的。| 你怎么能那么做呢? 太不讲道德了。

6 **道教** dàojiào **Taoisme**

【名词】在中国产生的宗教。‖ 道教对中国文化有很深的影响。| 道教在中国已经有很长的历史了。

6 **道歉** dào//qiàn **minta maaf; menyampaikan maaf**

【动词】因为做错了事给别人说对不起。‖ 我弄脏了你的书,所以向你道歉。| 你迟到了,应该向大家道歉。

5 **得了** déle **mendapatkan; memperoleh**

【动词】表示让别人停下来或者是同意做某件事。‖ 得了,你不要再说了。| 得了,就按你说的做吧。

5 **得以** déyǐ **boleh; bisa; dapat**

【动词】可以,能够。‖ 经过大家努力,这个问题终于得以解决了。| 我们睡觉时,大脑得以休息。

4 **得意** déyì **bangga; puas**

【形容词】非常满意。‖ 他这次考试考了一百分非常得意。| 这是我的得意作品,我很满意。

4 **得** děi **perlu**

【助动词】需要,多用于口语。‖ 这个作业得一个小时才能完成。| 我还得三天才可以回家。

4 **灯光** dēngguāng **cahaya/sinar lampu**

【名词】① 灯发出来的光。‖ 已经很晚了,她的房间里还有灯光。| 路灯的灯

光也很亮。② 指舞台上的照明设备。‖ 这个舞台的灯光设计得很好。| 舞台上的灯光照得人很好看。

4 **登** dēng **naik; muncul/masuk**

【动词】① 人从低处向高处走。‖ 明天我要和朋友一起去登山。| 我真的想一步登天，显然这不可能。② 出现在报纸、杂志上的文章、照片、新闻、广告等。‖ 这本杂志上登了一篇他写的文章。| 这家公司在报纸上登了一个介绍自己产品的广告。

D

4 **登记** dēng//jì **daftar; catat**

【动词】把一件事情的有关内容写到本子上。‖ 每个借书的人都要登记下自己的名字和班级。| 这张表上登记了全班学生的成绩。

4 **登录** dēnglù **daftar; masuk**

【动词】登记的意思。‖ 这个网站要登录才能使用，但是我忘记登录密码了。| 报名的时候，需要登录学员的身份信息。

4 **登山** dēng//shān **mendaki gunung**

【动词】① 上山。‖ 我最喜欢登山了，在山顶能看很远。| 明天我要和朋友一起去登山。② 一种体育运动。‖ 这次登山比赛我得了第一名。| 我想去买一件登山时穿的衣服。

5 **等候** děnghòu **menunggu; menanti**

【动词】等待；等着。‖ 我在机场等候着从中国来的朋友。| 妈妈在家等候着客人。

5 **等级** děngjí **tingkat; kelas; pangkat**

【名词】按一定的标准作出的区别。‖ 我们会按照苹果的大小、颜色分出等级。| 这里的水果，等级高的价格就高。

6 **低头** dī//tóu **menundukan kepala**

【动词】① 低下头。‖ 低头不语→意思就是低下头不说话。| 你一直低头看手机，老师讲的你都会了吗？② 放弃；屈服；投降。‖ 在任何困难面前，我都不会低头。| 我是不会向敌人低头的。

6 **低温** dīwēn **suhu rendah**

【名词】比较低的温度。‖ 在低温的冬天，大树的叶子都掉光了。| 因为连续

的低温，很多同学都买了厚衣服。

5 **低于** dīyú **lebih rendah dari**

【动词】在某个数值的下面。‖ 今天的温度低于十摄氏度，所以很冷。| 这次我们班及格的人数低于十个。

D

6 **滴** dī **menetes；tetes**

【动词】① 液体一点一点地向下落。‖ 她的眼泪一直往下滴。| 这间房子有个洞，下雨时水一直往下滴。② 使液体一点一点地向下落。‖ 我正在帮我妈妈滴眼药水。| 我往碗里滴了点油。

【量词】用于滴下的液体。‖ 一滴水。| 三滴油。

4 **的确** díquè **benar-benar**

【副词】完全；确实。‖ 她一直在笑，看来她的确很高兴。| 我的确不知道他去了哪里。

4 **敌人** dírén **musuh**

【名词】双方都很不喜欢对方。‖ 他们俩就像敌人一样，一见面就开始吵架。| 我是不会和敌人成为朋友的。

6 **抵达** dǐdá **tiba**

【动词】到达。‖ 还有一个小时，我们就要抵达中国了。| 我们已经成功抵达学校。

6 **抵抗** dǐkàng **melawan；menangkis**

【动词】用力量使对方停止伤害自己的行为。‖ 别人打我们的时候，我们一定要勇敢地抵抗。| 她一直在抵抗，坏人就没有伤害她。

4 **底** dǐ **dasar**

【名词】物体最下面的部分。‖ 杯底压着一张纸条。| 鞋底已经磨破了。

6 **地板** dìbǎn **papan lantai**

【名词】房屋内部地上铺着的瓷砖或者木板。‖ 我房间的地板是用木头做的。| 我喜欢白色的地板。

5 **地带** dìdài **daerah；kawasan**

【名词】具有某种性质的一片地方。‖ 这里是森林地带，这个地方树很多。|

不要害怕，我们已经到了安全地带。

4 **地方** dìfāng **daerah**

【名词】本地；当地。‖ 这道菜是这里的地方特色菜。| 我听不懂他们这的地方话。

4 **地面** dìmiàn **permukaan bumi/tanah**

【名词】地的表面。‖ 这座房子已经高出地面两米了。| 飞机离开地面飞了起来。

6 **地名** dìmíng **nama tempat**

【名词】一个地方的名字。‖ 他写下了一个地名就走了。|“海口”这个地名表明这个地方是在海边。

4 **地位** dìwèi **kedudukan; status**

【名词】人或物在某个领域中所处的位置。‖ 他在我们公司里地位最高，大家都听他的。| 农业在中国有着重要的地位。

4 **地下** dìxià **bawah tanah**

【名词】① 地面以下。‖ 地下的停车场能停很多车。| 我们学校有个地下超市。② 地面上。‖ 我把地下的书拿起来放到了桌子上。| 我的房间很干净，地下也可以坐。

6 **地下室** dìxiàshì **ruang bawah tanah**

【名词】在地下的房间。‖ 地下室里很黑，我不想自己一个人去。| 我的车子在地下室里放着。

5 **地形** dìxíng **topografi; tekstur bumi**

【名词】地面的形状，比如：山地、高山、平原等。‖ 这里的地形多样，除了山地还有平原。| 地形对气候有很大的影响。

5 **地震** dìzhèn **gempa bumi**

【名词】一种自然现象，发生时，大地会有不同程度的晃动。‖ 在这次地震中很多人都失去了生命。| 发生大地震时，这里大部分的房子都倒了。

4 **地址** dìzhǐ **alamat**

【名词】住的地方或是所在的地点。‖ 我知道她的地址，可以找到她。| 我写

错了他的地址,寄给他的信被退回来了。

5 **递** dì **ngasih**

【动词】传送。‖ 你能把桌子上那本书递给我吗?| 我给他递了个眼色,暗示他准备离开了。

5 **递给** dìgěi **mengambilkan untuk**

【动词】拿给。‖ 请你递给我一个菜单,好吗?| 他太饿了,我递给他一个面包。

5 **典礼** diǎnlǐ **upacara; prosesi; perayaan**

【名词】非常正式的大会。‖ 所有学生都要参加今天的开学典礼。| 今天这家店要办开业典礼。

4 **典型** diǎnxíng **tipikal**

【名词】有代表性的人、物或事件。‖ 这是一个典型的例子,这本书里只出现过一次。| 这是个典型的错误,你以后要注意。

【形容词】具有代表性的。‖ 这件事很典型,可以讲给学生听。| 学校现在正在抓典型,你以后不要迟到了。

4 **点名** diǎn//míng **absensi; menunjuk nama**

【动词】① 一个一个地叫名字。‖ 这节课老师要点名,大家都不能迟到。| 我现在开始点名,叫到名字的同学回答“到”就可以了。② 指出某个人的名字。‖ 他上课玩手机被老师点名了。| 这次比赛老师点名要你参加。

5 **点燃** diǎnrán **menyalakan; menyulut**

【动词】点着。‖ 这些木头很干,我们可以比较容易地点燃。| 你把纸点燃就可以了。

6 **电车** diànchē **mobil/kendaraan listrik**

【名词】用电的公共汽车。‖ 在这里坐电车很便宜,只要两块钱。| 放学时很多学生坐电车回家。

5 **电池** diànchí **baterai**

【名词】能产生电的物品。‖ 表没电了,你去买两节电池。| 这个灯装上电池就能亮了。

4 **电灯** diàndēng **lampu listrik**

【名词】利用电发光的灯。‖ 房间里太黑了，把电灯打开吧。| 教室里电灯还亮着，可能还有人没走。

6 **电动** diàndòng **berpenggerak listrik**

【形容词】用电使机器工作。‖ 这个电动玩具不亮了，是不是没电了？| 这是电动机器，没电了就不能工作了。

4 **电动车** diàndòngchē **sepeda listrik**

【名词】用电的自行车。‖ 我的电动车没电了，不能骑车去学校了。| 我新买了一辆电动车，以后就不骑自行车了。

5 **电饭锅** diànfànguō **penanak nasi**

【名词】用电做饭和菜的锅。‖ 我用电饭锅做的鸡肉很好吃，你也可以试试。| 停电了，我不能用电饭锅做饭了。

6 **电力** diànlì **tenaga listrik**

【名词】做动力用的电。‖ 电力公司将停止给我们送电。| 这些电力设备很重要，一定要保护好。

6 **电器** diànqì **perangkat/peralatan listrik**

【名词】可指所有用电的机器和工具，一般是指家用电器，比如电视、空调等。‖ 我买这几样电器花了很多钱。| 这些电器让我们的生活更方便了。

4 **电梯** diàntī **lift**

【名词】用电的可以自动上下楼的机器。‖ 这个电梯坏了，我们要走上去。| 我要上十五层，正在等电梯。

4 **电源** diànyuán **sumber tenaga listrik**

【名词】把电送给其他电器的设备。‖ 关上电源。| 我的手机没电了，但我找不到电源充电。

5 **电子版** diànzǐbǎn **versi digital**

【名词】作品的电子形式。‖ 这次作业要用电脑做成电子版交给老师。| 我认为带电子版的课本去上课很方便。

6 **吊** diào **menggantung; Mengkatrol**

【动词】① 挂。‖ 门口吊着很多彩色的灯。| 苹果树上吊着很多苹果。② 用线系着某样东西向上提或向下放。‖ 家具太大,不能走楼梯,只能直接吊上三楼了。| 哥哥用绳子从窗户外直接把我的书包吊下来。

5 **调动** diàodòng **mutasi; memotivasi**

【动词】① 变动。‖ 因为工作的调动,他要离开中国了。| 我的爸爸工作上有调动,我也要和爸爸一起离开。② 发动人员去做一件事情。‖ 这次比赛的奖品很多,这极大地调动了学生们的热情。| 老师要调动学生的学习热情。

6 **调研** diàoyán **penyelidikan dan penelitian**

【动词】调查研究。‖ 我们去市场调研后写了这篇文章。| 下周,我就要去中国的学校调研了。

6 **跌** diē **jatuh**

【动词】① 走路不稳摔倒。‖ 路上很多水,小心跌倒。| 小孩儿从楼梯上跌了下去。② 价格下降。‖ 有的衣服价格跌得很厉害,原来卖几百元,现在几十元就可以买下来。| 苹果的价格跌了很多,果农都没卖到钱。

4 **顶** dǐng **menjunjung; tumbuh; setara**

【动词】① 头上放着东西。‖ 小时候爸爸很喜欢把我顶在头上。| 他拿了张报纸顶在头上,用来遮挡太阳。② 从下面长出来。‖ 种子发芽了,就把土顶起来了。| 这些被顶起来的土就说明种子要长出来了。

【动词】相当于。‖ 他的力气很大,一个人顶两个人。| 他一个人吃的顶两个人。

【名词】人或物上最高的部分。‖ 在那座山的山顶可以看见日出。| 他的头顶上长了几根白头发。

【量词】用于某些有顶的东西。‖ 我买了一顶帽子。| 你骑电动车时要戴一顶头盔。

4 **定** dìng **tenang; diam (tidak bergerak); pasti/yakin**

【动词】① 平静。‖ 他的女儿一直没回来,他的心就不能定下来。| 比赛结果不出来,我的心就不能定下来。② 不动;使不动。‖ 手表坏了,定在一个时间不动了。| 她太害怕了,就定在那里不动了。③ 决定;使确定。‖ 开会时间定在明天上午。| 我们定在下午三点进行考试。

6 **定价** dìngjià **menentukan harga; memasang harga**

【名词】规定的价格。‖ 最近商店里的水果卖得都不太好,我们应该改变定价。| 这本书定价太高了,我的钱不够了。

6 **定时** dìngshí **tepat waktu; sesuai waktu yang ditentukan**

【动词】按规定的时间。‖ 医生说了,你每天都要定时吃三次药。| 我已经定时了,下午三点准时出发。

【名词】一定的时间。‖ 吃饭要有定时。| 开会要有定时,不要想到什么时候开就什么时候开,那样会影响别的工作。

6 **定位** dìng//wèi **titik lokasi keberadaan**

【动词】用机器确定某人或某物所在的地方。‖ 现在的全球定位系统很先进,能帮我们找到很多小地方。| 警察对她的位置进行了定位,很快就可以找到她了。

5 **丢** diū **hilang; buang**

【动词】① 失去。‖ 我出去吃饭时丢了钱包。| 对不起,我把你的自行车弄丢了。② 扔。‖ 你不要往地上丢苹果皮。| 因为不想学习,他把书丢在了水里。

4 **冬季** dōngjì **musim dingin**

【名词】一年的第四个季节。‖ 就要到冬季了,我们要准备厚衣服了。| 冬季实在是太冷了,我不想出门。

6 **动画** dònghuà **animasi**

【名词】以一定的速度播放的画面。‖ 老师用动画展示了汉字的发展和变化。| 我们学校有很多学动画制作的学生。

4 **动画片** dònghuàpiàn **film animasi**

【名词】美术片的一种,有声音有图画。‖ 现在的小孩子在手机上就可以看很多动画片。| 我三岁的弟弟很喜欢看动画片。

5 **动机** dòngjī **motivasi**

【名词】推动人们进行某种活动的想法。‖ 你的动机是好的,但没用对方法,所以没有成功。| 你想帮助同学的这种动机是好的。

5 **动手** dòng//shǒu **mulai mengerjakan/melakukan; turun tangan; memukul**

【动词】① 开始做。‖ 我们等会还要去上课,所以要早点动手做饭。| 大家一

起动手，这样我们很快就打扫干净了。② 指打人。‖ 他们俩说着说着就开始动手了。| 你们有话好好说，不可以动手打人。

5 **动态** dòngtài **dinamis**

【名词】事情变化发展的情况。‖ 从这些图片里可以看出我们学校汉语专业发展的动态。| 老师正在讲最近几年汉语教学的发展动态。

D

4 **动摇** dòngyáo **tidak stabil；goyah**

【动词】使不稳定。‖ 就算有很多困难也动摇不了我学汉语的决心。| 妈妈几句话就动摇了我出国学习的想法。

5 **动员** dòngyuán **menggerakkan**

【动词】发动人们参加某项活动。‖ 我们要开一个动员大会，希望大家多多参加课外活动。| 这个比赛很重要，老师要动员学生参加。

5 **冻** dòng **beku；kedinginan**

【动词】① 水或是含水的东西因为太冷而不再流动了。‖ 天气太冷了，河里的水都冻住了。| 晚上，盆里的水都冻成了冰。② 受冷或感到冷。‖ 冬天太冷了，我的手都冻得麻木了。| 我们要赶快把菜放进屋子里，外面太冷会被冻坏的。

5 **洞** dòng **lubang**

【名词】物体中间空出的一部分。‖ 这个洞好大，我们几个人都可以进去。| 我的衣服破了一个洞，要拿去补一补。

6 **斗争** dòuzhēng **konflik；gigih**

【动词】有矛盾的双方都想让自己战胜另一方。‖ 我们要与不好的学习习惯一直斗争下去。| 我们要勇敢地站出来跟坏人坏事作斗争。

4 **豆腐** dòufu **tahu**

【名词】用黄豆做成的一种食物。‖ 等地里的黄豆成熟了，我们就能用它做豆腐了。| 我把一大块豆腐分成了小块。

5 **豆制品** dòuzhìpǐn **produk kedelai**

【名词】所有用豆子做成的食品，比如豆腐、豆干等。‖ 这是一家专门卖豆制品的商店，你想买的他们这都有。| 我很喜欢吃豆制品。

6 **都市** dūshì **kota besar**

【名词】大城市。‖ 北京是中国的大都市,这里有很多外国人。| 我在都市工作,这里有很多大公司。

4 **独立** dúlì **mandiri**

【动词】① 离开原来的单位,自己成立一个。‖ 他已经从我们公司独立出去了,自己成立了工作室。| 这个部门已经从公司独立出去了。② 不靠别人,自己做。‖ 现在他工作了,已经不花爸妈的钱了,经济独立了。| 自从她来到了中国,她就慢慢地独立生活了。

4 **独特** dútè **unik**

【形容词】只有自己有的;特别的。‖ 这个问题他说出了自己独特的看法。| 她的作品风格很独特,我之前从来没见过。

4 **独自** dúzì **sendiri**

【副词】自己一个人。‖ 我每天都是独自去上学。| 这次大家要独自完成这个任务,不要找别人帮忙。

5 **毒** dú **racun; bisa; virus**

【名词】① 能对人和动物产生伤害的物质。‖ 我的小狗好像中毒了,已经不能动了。| 这是毒药,吃了会死的。② 指电脑的病毒。‖ 我的电脑可能中毒了,打字的时候,经常突然没有了反应。| 电脑上的病毒要找专业的人去杀毒。

【动词】用有毒的东西害死。‖ 这里虫子太多了,我要去买药毒虫子。| 这种药很容易把老鼠毒死。

【形容词】表示程度很强。‖ 中午的太阳太毒了,我要热死了。| 他拿了人家的东西,发现后被人毒打了一顿。

6 **毒品** dúpǐn **narkotika**

【名词】让人控制不住自己想使用的还会对人产生伤害的东西。‖ 毒品不是个好东西,我们绝对不能去碰。| 任何人都不允许买卖毒品。

4 **堵** dǔ **menghalangi/menutup; buntu**

【动词】不能通过;不能做某件事。‖ 到了星期五下班的时候,这条路很容易堵。| 他用毛巾堵着我的嘴,我不能说话了。

4 **堵车** dǔ//chē **macet (lalu lintas)**

【动词】路上车太多,车都无法顺利通过。‖ 上学和放学的时候,这条路上经常堵车。| 因为堵车,所以我上学迟到了。

6 **赌** dǔ **bertaruh; judi**

【动词】泛指争输赢。‖ 我们打个赌,这个字我读得肯定是对的。| 我赌我们学校肯定会在这次比赛中获胜。

6 **赌博** dǔbó **berjudi**

【动词】拿财物去与别人争输赢。‖ 他去赌博,输掉了自己所有的钱。| 他为了赌博把自己的房子都卖了。

4 **肚子** dùzi **perut**

【名词】身体的一部分。‖ 我刚刚喝了很多水,肚子都饱了。| 这个苹果坏了,我吃了之后肚子好疼。

4 **度过** dùguò **menghabiskan; melewati**

【动词】在某个地方待一段时间。‖ 明年我要去中国留学,我非常想在中国度过一个春节。| 这个假期我们是在海边度过的。

6 **渡** dù **menyebrang; mengarungi**

【动词】从河的这一边到那一边。‖ 我们要坐船渡过这条河。| 没有船,也没有桥,我们怎么渡过这条大河呢?

6 **端** duān **ujung; awal mula**

【名词】东西的头;事情的开始。‖ 线的两端都有一朵花。| 比赛失败只是这件事的开端。

【动词】平平正正地拿。‖ 服务员端着茶走过来了。| 盘子没端好,菜掉地上了。

6 **端午节** duānwǔjié **Festival Perahu Naga**

【名词】农历五月的第五天,与春节一样都是中国的传统节日。‖ 端午节我们学校会放三天假。| 在中国,端午节时会举行划船比赛。

6 **短片** duǎnpiān **video pendek**

【名词】时间没有那么长的影片。‖ 每次上课之前老师都会给我们看与汉字

有关的短片。| 这个短片很有意思,我们都应该花几分钟时间看看。

4 锻炼 duànliàn **berlatih**

【动词】① 通过体育运动使身体强壮。‖ 他每天早上都在操场上跑步锻炼身体。| 我每天早上都做运动锻炼身体。② 通过参加各种活动让自己的能力得到提高。‖ 青年人应该在工作中把自己锻炼得更加成熟。| 在这次演讲活动中大家的口语能力都得到了锻炼。

5 堆 duī **menumpuk; tumpukan**

【动词】① 把东西都放在一起。‖ 我的桌子上堆了很多书。| 我家的苹果树结了很多苹果,都快堆成山了。② 用手或工具把东西放在一起。‖ 下雪了,我们用手堆了一个大雪人。| 我们要把这些树叶都堆在一起。

【名词】放在一起的东西。‖ 沙滩上有好几个小沙堆。| 山上有很多石头堆。

【量词】用于很多的事物或人群。‖ 我有一大堆作业要写,怎么办呢? | 马路上站了一堆人,我都过不去了。

6 队伍 duìwǔ **barisan; tim**

【名词】① 站得非常整齐的人。‖ 小学生排着整齐的队伍过马路。| 食堂打饭的窗口前,排着一条长长的队伍。② 有共同特点的一群人。‖ 我们学校有一支优秀的教师队伍。| 这支参赛队伍很优秀。

4 对比 duìbǐ **membandingkan**

【动词】两种事物相比较。‖ 我们会把两种语言不同的地方进行对比。| 现在跟过去对比,她的口语有了很大的进步。

【名词】比例。‖ 双方人数对比是一对四。→意思就是如果一方的人数是一个人的话另一方就是四个人。| 双方人数对比很大。→意思就是一方人很多,一方人很少。

4 对付 duìfù **menghadapi**

【动词】① 应对。‖ 我的对手是上次比赛的第一名,很难对付。| 他有办法对付这种不听话的学生。② 不太愿意,但也没办法,只能这样做。‖ 这本书虽然破了一点,但还可以对付着看。| 你找不到住的地方就只能在我这对付一夜了。

6 对抗 duìkàng **konfrontasi**

【动词】对立起来,一时分不出对错或输赢。‖ 他的对手对抗了一会儿就认输

了。| 你跟他对抗,赢他的可能性比较大。

5 **对立** duìlì **tidak sama; tidak seimbang**

【动词】两种事物不能和平相处。‖ 我们不能把工作和学习对立起来看。| 对立的双方是很难和平相处的。

D

6 **对外** duìwài **internasional**

【动词】① 一般是指对国外的来说。‖ 我们国家正在开展对外经济合作。| 我们公司有一个很重要的对外合作项目。② 对相关事情内部人员以外的人来说。‖ 对外我们会说你出国留学了,不会告诉别人你生病的事。| 我们家里的事情你不要对外说。

4 **对于** duìyú **berkaitan; terkait**

【介词】引出对象或与事物有关的人和物。‖ 大家对于这个问题的看法是相同的。| 对于中国的历史,她十分熟悉。

6 **蹲** dūn **jongkok**

【动词】弯着腿,像坐的样子,但不着地。‖ 一个小孩子蹲在路边看地上的虫子。| 他们照相时前面的人蹲着,后面的人站着。

5 **吨** dūn **ton**

【量词】重量单位。‖ 一吨水。| 这辆车可以运三吨的东西。

6 **多半** duōbàn **sebagian besar; lebih dari setengah**

【数词】超过半数;一大半。‖ 同学们多半都去吃饭了,只有少数还在教室里。| 这次考试班里的同学多半不及格。

【副词】大概;很有可能。‖ 马上就要下课了,她多半是不来上课了。| 这个苹果多半是坏了。

4 **多次** duōcì **banyak kali; berkali-kali; sering**

【形容词】很多次。‖ 这个星期他已经迟到多次了。| 他多次来这家店吃饭,老板都认识他了。

6 **多方面** duōfāngmiàn **banyak aspek**

【短语】很多个方面。‖ 我们应该从多方面评价学生的汉语水平。| 为了这次比赛。她付出了多方面的努力。

[6] **多媒体** duōméitǐ **multimedia**

【名词】多种媒体的综合,包括声音、文字、图画、视频等。‖ 老师经常用多媒体设备给我们听听力。| 我们学校的教室有多媒体设备。

[4] **多年** duōnián **sekian tahun; bertahun-tahun; waktu yang lama**

【形容词】很多年,表示时间久。‖ 自从离开了中国,我们已经多年没见了。| 我已经坚持学习汉语多年。

[4] **多样** duōyàng **berbagai macam; macam-macam; beraneka ragam**

【形容词】很多种样子。‖ 我们这次中国文化交流活动形式多样,很有意思。| 这家店的饭菜种类很多样。

[4] **多种** duōzhǒng **berbagai jenis; macam-macam; beraneka ragam**

【形容词】很多种。‖ 我们学校有多种奖学金,你可以去申请。| 解这道题有多种方法。

[6] **夺** duó **merampas**

【动词】在别人不愿意的情况下突然拿走他的东西。‖ 朋友夺了我的书就跑。| 弟弟夺了我的水喝了起来。

[6] **夺取** duóqǔ **merebut; memperebutkan**

【动词】努力争取。‖ 希望这次比赛我们班能夺取第一名。| 夺取第一是要付出很多努力的。

[5] **朵** duǒ **kuntum; kata satuan untuk bunga/awan**

【量词】用于花和云或像花和云的东西。‖ 今天母亲节,我买了两朵花。| 今天天上的这几朵白云很好看。

[5] **躲** duǒ **sembunyi; menghindar/mengelak; berteduh**

【动词】① 使别人不能发现自己。‖ 她躲在树后面,不让别人看见她。| 他不想跟别人见面,一直在自己的房间里躲着。② 避开某物,使自己不受到伤害。‖ 下雨了,我就去了一个商店躲雨。| 我没能躲开这辆车,所以我受伤了。

E

4 **恶心** ěxin **mual; ingin muntah**

【形容词】① 难受,有想吐的感觉。‖ 这个食物的味道让我觉得恶心。| 我坐了很久的车,现在很恶心。② 让人觉得不喜欢。‖ 你这人真恶心,这种事也做得出来。| 这种事让人恶心。

6 **恩人** ēnrén **orang yang berjasa**

【名词】对自己有很大帮助的人。‖ 他救了我的命,是我的大恩人。| 我今天要去看我的恩人,她在我最困难的时候帮过我。

6 **儿科** érkē **klinik poli anak**

【名词】医院里专门给小孩子看病的科。‖ 儿科里的很多小孩子都在哭。| 你的孩子年纪还小,要去看儿科。

5 **儿女** érnǚ **anak laki-laki dan perempuan (sendiri); putra dan putri (sendiri)**

【名词】自己的儿子和女儿。‖ 她有一对可爱的儿女。| 她的儿女经常回家看她。

4 **儿童** értóng **anak-anak**

【名词】年纪较小的,一般指十二岁以下的。‖ 我的妹妹今天去儿童乐园玩了。| 这里有很多儿童读本,都是图画很好看。

4 **而** ér **kata sambung untuk hal yang bertolak belakang**

【连词】连接意思相反的成分。‖ 这种树开白花,而那种树开红花。| 今天的课很重要,而他却没来。

4 **而是** érshì **kata sambung untuk hal yang berbeda arti/kondisi**

【连词】连接意思不同的前后两部分。‖ 这件衣服不是我妈妈买的,而是我买的。| 你迟到不是因为下雨,而是因为你起晚了。

5 **耳朵** ěrduo **telinga**

【名词】听声音的器官。‖ 那只猫的两个小耳朵特别可爱。| 我的耳朵受伤了。

4 **耳机** ěrjī **alat yang dipasang di telinga untuk mendengarkan musik**

【名词】放到耳朵上能够听声音的设备。‖ 我的耳机坏了,不能用它听音乐了。| 大家都睡了,你能戴上耳机吗?

4 **二手** èrshǒu **barang bekas**

【形容词】不是新的,已经使用过再卖出去的。‖ 我今天买了一本二手书,上面有一些笔记,但是很便宜。| 我很喜欢在二手市场上买东西。

5 **二维码** èrwéimǎ **kode QR**

【名词】一种图案,用手机扫一扫,可获取相关信息,也可用于付钱。‖ 你用手机扫一下这个二维码就可以听课了。| 你扫这个二维码就可以付钱了。

F

6 **发病** fā//bìng **berjangkit penyakit; timbul/muncul penyakit**

【动词】某种病在身体内开始发生。‖ 天气一变冷他就会发病。| 她发病时手是动不了的。

5 **发布** fābù **mengumumkan; mengeluarkan; menerbitkan**

【动词】宣布;公布。‖ 发布消息。| 发布通知。| 你把明天的会议通知在微信群里发布一下。

6 **发电** fā//diàn **membangkitkan/menghasilkan listrik**

【动词】产生、发出电。‖ 这里都是利用风来发电。| 发电设备坏了,我们这就停电了。

6 **发放** fāfàng **memberi; membagi-bagikan**

【动词】机构、政府把钱或物品等发给需要的人。‖ 学校给我们发放了新生奖学金。| 政府给有困难的人发放了生活用品。

4 **发挥** fāhuī **menampilkan; menunjukkan**

【动词】把自己的能力表现出来。‖ 在学校的建设中,她发挥了重要作用。| 大学生发挥他们的才能,搞了很多发明。

5 **发觉** fājué **sadar; menyadari**

【动词】开始知道以前没注意到的事。‖ 我今天才发觉,他每天早上都会背二十分钟的课文。| 我发觉她最近每天都会迟到五分钟。

6 **发怒** fā//nù **meluapkan amarah**

【动词】因为非常生气而表现出与平时不同的声音和动作。‖ 他发怒时会大声说话,还会摔东西。| 你不要再气他了,他已经发怒了。

4 **发票** fāpiào **kwitansi**

【名词】买东西付完钱后商家给的证明。‖ 请问你是需要电子发票还是纸质

发票？| 这是帮公司买的电脑，请你帮我开一张发票，我回去要拿发票去报账。

6 **发起** fāqǐ **mempelopori；memulai**

【动词】开始做某件事情。‖ 老师发起了一个读书活动，希望大家都参加。| 这个活动的发起人已经不在公司了，但其他员工还在继续做。

4 **发烧** fā//shāo **demam**

【动词】生病了，体温高。‖ 我这几天感冒了，一直在发烧。| 他现在的体温是四十摄氏度，说明他正在发烧。

5 **发射** fāshè **meluncurkan；emnembakkan；melepaskan**

【动词】我们国家刚发射了一颗人造卫星。→专家们用技术让造出的设备离开地球进入太空。| 发射卫星之前要选择合适的发射地点。

5 **发行** fāxíng **mengeluarkan；mengedarkan；menerbitkan**

【动词】发出新的书、杂志、电影等。‖ 他的新书就要发行了，到时候就能看到书里的内容了。| 我最喜欢的歌手要发行新歌了。

6 **发炎** fāyán **meradang**

【动词】引起身体不舒服。‖ 你的眼睛疼是因为它发炎了。| 因为发炎，我的腿肿了一块。

6 **发言人** fāyánrén **juru bicara**

【名词】代表某一个机构发表意见的人。‖ 这位是我们学校的发言人，他会在这次大会上发表意见。| 我们国家的发言人说得很对，我们是一个爱好和平的国家。

5 **罚** fá **menghukum**

【动词】我今天作业没写完，老师罚我背两篇课文。→意思就是因为我做错了事，老师要我做一件其他的事来代替我的错。| 我写错了字，老师罚我写二十遍。→意思就是为了让我记住这个字的正确写法，老师要求我写二十遍。

5 **罚款** fákuǎn **denda**

【名词】做了错事要交一定数量的钱。‖ 我今天上班迟到了交了五十元罚款。| 我们这儿开车闯红灯一次，要罚款二百元人民币。

4 **法** fǎ **hukum; undang-undang**

【名词】国家制定的,不可违反的法律、法令、命令等。‖ 国有国法,每个人都不可以装看不到。| 法就是法,不会因为一个人改变的。

4 **法官** fǎguān **hakim**

【名词】法院中审判人员的名称。‖ 大学毕业后我想做一名法官。| 这名法官审判时很公平。

5 **法规** fǎguī **undang-undang dan peraturan**

【名词】法律、法令、规则等的总称。‖ 我们开车出门就要按照交通法规行驶。| 法规也是不可以违反的。

4 **法律** fǎlǜ **hukum; undang-undang**

【名词】由立法机关或国家机关制定的,可以分为很多种类。‖ 我们按照法律做事,不会有错。| 法律方面的问题,我不太懂,还是要去问问专业的人。

6 **法庭** fǎtíng **pengadilan**

【名词】法院设立的审理案件的地方。‖ 你不同意协商,那咱们就法庭见。| 法庭上不可以大声说话。

6 **法语** fǎyǔ **Bahasa Perancis**

【名词】法国人使用的语言。‖ 我学过四年法语,可以跟法国人交流。| 我们的法语老师是从法国来的。

4 **法院** fǎyuàn **pengadilan**

【名词】行使审判权的国家机关。‖ 每一个城市都有法院。| 我的爸爸在法院工作。

5 **法制** fǎzhì **sistem hukum; tata hukum**

【名词】法律制度体系。‖ 法制如同明灯,照亮社会的道路。| 他是一个电视法制节目的主持人。

6 **番** fān **satuan (kali)**

【量词】① 用于心思、言语、过程等。‖ 经过几番风雨,我们终于到家了。| 你说的这番话让他很生气。② 回;次;遍。‖ 思考一番后,他说出了答案。| 几

番修改之后，老师终于满意了。

6 **番茄** fānqié **tomat**

【名词】一种植物，开黄色的花，结红色的果。‖ 地里种的番茄开了黄色的花。| 我今天买了几个番茄，我要用它做菜。

4 **翻** fān **membalikan；terbalik；menggeledah；mencari**

【动词】① 上下或内外变换位置；倒下。‖ 由于开得太快，这辆车翻了。| 这张床太小了，我想翻个身都不能。② 为了寻找某物去移动物品的位置。‖ 我从箱子底下翻出来一件新衣服。| 我在床下翻出来了钱。

F

4 **翻译** fānyì **terjemah；menerjemahkan；terjemahan；penerjemah**

【动词】① 把一种语言文字的意思用另一种语言文字表达出来。‖ 你能帮我把这篇法语文章翻译成中文吗？| 我现在正在把他们的中文对话翻译成英文。② 做翻译工作的人。‖ 他正在学中文，以后想当翻译。| 我们的英语翻译是个可爱的女孩。

6 **凡是** fánshì **setiap；semua；segala**

【副词】包括某一个范围内的一切。‖ 凡是今天没有来上课的同学都要写这个作业。| 凡是参加比赛的都有奖品。

4 **烦** fán **resah；risau**

【形容词】不开心。‖ 我这次考试没考好，感觉有点烦。| “好好学习”这句话，我都听烦了。

【动词】使不喜欢。‖ 我正忙着呢，你别烦我了。| 我很烦这个小孩子，一直在大声哭。

5 **繁荣** fánróng **subur；sejahtera；makmur**

【形容词】经济或事业发展得很好。‖ 这个城市很繁荣，买东西、卖东西的人都很多。| 希望我们的国家能更加繁荣。

【动词】使经济或事业发展好。‖ 我们要想办法把家乡的经济繁荣起来。| 他们想了很多办法，繁荣了这个城市的文化。

6 **繁殖** fánzhí **berkembang biak**

【动词】留下自己的下一代。‖ 因为繁殖速度很慢，现在这种动物的数量已经很少了。| 现在是鱼的繁殖时期。

4 **反** fǎn **sisi balik; kembali**

【形容词】① 方向相背的;跟正相对。‖ 你的衣服穿反了,有字母的是正面。| 你这样做,只会起到相反的作用。② 与自己相对的一面换过来;翻过来。‖ 反败为胜。→本来快要失败了的,后来又胜利了。| 易如反掌。→容易得就像把手掌翻转过来一样。③ 回;还。‖ 今天讲课时,我的学生反问了我一个问题。| 太阳照着,反光得厉害,我都看不清字了。

4 **反而** fǎnér **sebaliknya; malah**

【副词】表示跟平常不太一样。‖ 她看到不会做的题,不但没有不去写,反而认真思考起来。| 雨不但没停,反而下得更大了。

6 **反抗** fǎnkàng **melawan; memberontak**

【动词】用行动反对。‖ 她一直在反抗,警察也没抓到她。| 面对不合理的要求,我们一定要反抗。

6 **反问** fǎnwèn **bertanya kembali; berbalik tanya**

【动词】反过来去问提问的人问题。‖ 等老师把所有问题都问完了,学生反问她一句:"老师这些问题有好的办法解决吗?"| 老师的反问,让他无话可说。

6 **反响** fǎnxiǎng **respon/reaksi orang-orang**

【名词】大家的反应。‖ 大家对她的表演反响都不一样,有说好的,也有觉得很一般的。| 这件事在学校里引起了很不好的反响。

4 **反映** fǎnyìng **mencerminkan; melaporkan/menyampaikan**

【动词】① 表示把现实表现了出来。‖ 我们想看反映大学生活的电影。| 这个作品反映了作者的聪明和创新。② 把问题、意见告诉相关部门或相关的人。‖ 这些问题应该向校长反映,这样才能快点解决。| 你的意见我已经反映给公司了,但我目前还没得到答复。

5 **返回** fǎnhuí **kembali**

【动词】回到原来的地方。‖ 完成任务后,我又返回了学校。| 大学毕业之后,我返回了中国。

6 **犯** fàn **melanggar; menyalahi; kambuh; melakukan kesalahan/kejahatan**

【动词】① 做不能做的事。‖ 学校的纪律很严格,大家都不能犯。| 我没犯过

法，也没做过坏事。② 以前得过的病又得了。‖ 她头疼的病又犯了，不能来上学了。| 吃了这个药后，我的病没再犯了。③ 多指发生不好的事。‖ 他做事不认真，总是犯错。| 这样的错误，你以后不能再犯了。

6 **犯规** fàn//guī **melanggar peraturan; menyalahi ketentuan**

【**动词**】不按规定、规则做事。‖ 他在比赛中犯规了，就不能再继续比赛了。| 犯规的人是不可能有机会得奖的。

6 **犯罪** fàn//zuì **kriminal**

【**动词**】做出犯法的，应该受到惩罚的事。‖ 听说警察把他抓起来了，他犯了什么罪呀？| 成年人与不满十四周岁的女孩发生性关系是犯罪的事。

4 **方** fāng **persegi**

【**形容词**】像一张打印纸那样的形状，有四条边，每一个角是九十度。‖ 这张桌子是方的，我们四个人每个人坐一边。| 他的脸有点方，眼睛不大。

4 **方案** fāng'àn **rencana**

【**名词**】工作的计划。‖ 我们想了三个方案，一定会让您满意的。| 老师们已经写好了教学方案，就等着上课了。

4 **方针** fāngzhēn **pedoman**

【**名词**】为发展某项事业制定的指导原则。‖ 我们的教育方针是努力发展大学教育。| 学校的方针得到了学生的支持。

6 **防范** fángfàn **antisipasi**

【**动词**】提前作好准备；小心、认真地应对。‖ 对于校园里的不文明行为，我们一定要注意防范。| 台风要来了，我们要作好防范。

6 **防守** fángshǒu **mempertahankan posisi/keadaan**

【**动词**】在比赛中认真地守住自己的位置。‖ 在这场足球比赛中，对方的防守很严，我们很难找到进球的机会。| 在比赛中防守也是很重要的。

5 **防治** fángzhì **mencegah dan mengobati**

【**动词**】① 预防和治疗疾病。‖ 这个药可以有效地防治感冒。| 我们要经常运动，防治腰腿疼。② 预防和治理自然带来的伤害。‖ 今年，我们一定要防治害虫。| 这里植物太少，我们一定要做好防治风沙的工作。

F

5 **放大** fàngdà **memperbesar**

【动词】使某样东西变大。‖ 这是放大过的图片，所以很清楚。| 他拿着麦克风，声音就放大了很多。

5 **放弃** fàngqì **menyerah**

【动词】不再做某件事情或不再坚持自己的意见。‖ 他放弃了在北京工作的机会。| 我不会放弃我的观点，我认为我是对的。

4 **放松** fàngsōng **santai；rileks**

【动词】对自己身体、精神上的注意力由多变少。‖ 现在我们坐下来休息一会儿，放松自己的身体。| 这段时间对学习放松了，所以这次考试我分数有点儿低。

6 **房价** fángjià **harga properti**

【名词】房子的价格。‖ 现在房价很高，很多人根本买不起房子。| 这里环境非常好，所以房价也比较高。

6 **仿佛** fǎngfú **sepertinya**

【副词】好像。‖ 我刚刚仿佛在学校看见了我的妈妈。| 现在回想起在中国留学的日子，仿佛昨天一样。

6 **飞船** fēichuán **pesawat luar angkasa**

【名词】飞向太空中的船。‖ 这是我们国家最先进的宇宙飞船。| 我昨天晚上梦见自己坐着飞船降落在月球上。

6 **飞行员** fēixíngyuán **pilot**

【名词】开飞机的人。‖ 他是一名优秀的飞行员，有十年的飞行经验。| 每个人都要经过很多年的训练才能成为飞行员。

4 **非** fēi **tidak**

【副词】① 不，表否定。‖ 这样东西非同寻常，你一定要保护好。→这样东西不普通、不常见，你要认真保护。| 非必要不可以离开学校。② 表示必须。‖ 你不让我去，我非去。→“非去”是“非去不可”的省略，意思是“不去不行”。

4 **肥** féi **lemak；besar（longgar）**

【形容词】① 指肉或脂肪很多，一般不用于人。‖ 这头猪吃得很多，长得很

肥。| 这块肉太肥,我不想吃。② 大。‖ 这件衣服太肥了,我需要小一点儿的。| 我很胖,衣服要买肥一点儿的。

6 **肺** fèi **paru-paru**

【名词】身体中用于呼吸的一个器官。‖ 他咳嗽咳得很厉害,可能肺部感染了。| 他吸烟太多,肺出了毛病。

4 **分布** fēnbù **pembagian**

【动词】在一定的范围内存在。‖ 这个是我们学校的教室分布图。| 这里的快递点分布得不合理。

5 **分成** fēnchéng **bagian; dividen**

【动词】按总数分钱或物品等。‖ 这次我们收入一百元,咱俩四六分成。→意思就是总共收入一百元,你分四十块钱,我分六十块钱。| 这个公司给投资人的分成很高。

6 **分工** fēn//gōng **membagi tugas/pekerjaan**

【动词】分别进行各种不同但又互相补充的工作。‖ 这些工作我们分工,很快就可以做完。| 分工之后,大家都在做不同的事情。

5 **分解** fēnjiě **dibagi; menjelaskan**

【动词】① 把一个整体分成几个部分。‖ 你可以把这个公式分解开吗?| 一只鸡可以分解出两个鸡腿。② 解释;说明情况。‖ 不等他分解,警察就把他带走了。| 老师决定听完他的分解后再下课。

5 **分类** fēn//lèi **menggolongkan; mengelompokkan**

【动词】把具有相同特点的事物放在一起。‖ 我今天要把我的书进行分类,汉语书放一起,英语书放一起。‖ 我的东西分类之后,找起来就很方便了。

5 **分离** fēnlí **berpisah; dipisahkan**

【动词】① 分开。‖ 科学研究不能与教学相分离。| 她的成功是不能与老师的细心教导分离的。② 指双方分开,不能见面。‖ 他们父子两人已经分离很多年了。| 如果我去中国留学,我就要与我的家人分离了。

6 **分裂** fēnliè **memisahkan; mencerai-berai; memecah-belah**

【动词】① 完整的事物分开。‖ 他们团队内部出现分裂,很多人都走了。| 这

个大国分裂成了好几个小国家。② 使完整的事物分开。‖ 我们绝不做任何分裂国家的事。| 就是这一个坏人分裂了我们的团队。

4 **分散** fēnsàn **terpisah; tercerai-berai**

【形容词】分开在各处,不集中。‖ 体育老师说可以分散活动,大家可以去打球、玩游戏。| 山村里的人住得很分散,我走了很远才看见一所房子。

【动词】使分开,不集中。‖ 你要学会分散你的注意力,这样你就不会那么难过了。| 考试时,任何事情都不能分散我的注意力。

F

4 **分手** fēn//shǒu **berpisah; putus hubungan**

【动词】① 分别;分开。‖ 我要回家了,咱们就在这分手吧。| 昨天吃完饭我们就分手了,她说她要回家了。② 指结束男女朋友关系。‖ 我们早就分手了,我已经很久没见到他了。| 他和他的女朋友分手后很难过。

4 **分为** fēnwéi **terbagi menjadi**

【动词】把某物分开。‖ 我把一个苹果分为了两半。| 中学分为初级中学和高级中学。

5 **分析** fēnxī **menganalisa; meneliti**

【动词】找出一件事物或现象内部之间的关系。‖ 我们分析问题要从根本出发。| 上课时,老师要我们分析目前汉语教学的发展情况。

5 **分享** fēnxiǎng **berbagi**

【动词】与别人共同感受快乐、幸福,也可指得到别人的好处。‖ 晚会上,老师也分享着学生们的快乐。| 我今天买了很多水果,跟大家一起分享。

4 **……分之……** fēnzhī **... per ...**

【动词】可以表示比例。‖ 今天来了三十个人,三分之二的人同意这么做。→意思是三十个人里有二十个人同意这么做。| 这里百分之八十的人会说中文。→意思是这里一百个人里有八十个会说中文。

4 **纷纷** fēnfēn **satu per satu berkelanjutan; satu demi satu berkelanjutan**

【副词】许多人或事物一个接一个地出现。‖ 要上课了,学生们纷纷走向教室。| 老师讲完课,学生们纷纷提出问题。

4 **奋斗** fèndòu **berjuang**

【动词】为了达到一定目的而努力干。‖ 为了成为第一名,她一直在奋斗。|

我相信只要奋斗下去，就一定可以成功。

6 **愤怒** fènnù **sangat marah**

【形容词】非常生气。‖ 儿子经常说假话，爸爸很愤怒。| 你每天都不去上课，我能不愤怒吗？

5 **丰收** fēngshōu **panen berlimpah**

【动词】收获了很多。‖ 今年是个丰收年，我们家的苹果树也结了很多苹果。| 科学种田给农民带来了丰收。

F

6 **风暴** fēngbào **badai**

【名词】① 指大风大雨的天气现象。‖ 风暴就要来了，我要赶快回家。| 昨天的风暴真的很可怕，路边的树都倒了。② 比喻各种思想的激烈碰撞；比喻一种活动来得很激烈。‖ 经历了那场突然到来的经济风暴后，他对股票不再感兴趣了。| 我们来一场头脑风暴吧，这样就有可能找到好的解决办法。| 在这一场反贪风暴中，不少官员都因为贪污问题下台了。

5 **风度** fēngdù **elegan**

【名词】多指人的美好的行为。‖ 他是个很有风度的人，非常关心老人和小孩。| 一个有风度的老师，在上课时一定是很认真的。

4 **风格** fēnggé **metode；karakteristik；ciri khas**

【名词】① 指做事的方式、方法。‖ 不写作业是他的风格。| 这不是他的风格，他从来不会上课迟到。② 某个地方或某样东西的特点。‖ 这件衣服的风格就是舒服，不上班时可以穿。| 客人来了先喝一杯酒是我家乡的风格。

5 **风光** fēngguāng **pemandangan**

【名词】风景；景色。‖ 我真的很想去看看下大雪的北方风光。| 这里真是青山绿水好风光啊。

4 **风景** fēngjǐng **pemandangan**

【名词】由树木、水、山、花草等组成的景色。‖ 这里是非常有名的风景区，每天都有很多游客。| 这里有山还有水，风景很美。

4 **风俗** fēngsú **adat；tradisi**

【名词】社会上长期形成的生活方式、习惯等。‖ 每个地方都有不同的风俗，

我们要理解。| 今天我会给大家介绍我家乡的风俗习惯。

4 **封** fēng **menutup**

【动词】把某样东西的口合起来。‖ 你帮我把瓶口封一下，我要放进书包里。| 我把这个封好的信交给了老师。

4 **封闭** fēngbì **menyegel**

【动词】关住、盖住或堵住，使不能通过或轻松打开。‖ 因为前面在修路，这条路暂时封闭了。| 牛奶瓶子封闭得很好，你可以放进包里。

F

5 **疯** fēng **gila; sakit jiwa/mental**

【形容词】形容人总是做一些不该做的事。‖ 这孩子可疯了，每天晚上出去玩不回家。| 等考试结束了，我要疯玩一天。

6 **峰会** fēnghuì **rapat besar; pertemuan akbar**

【名词】一种会议的简单名称。‖ 今年，我们城市要举办一个峰会。| 很多专家都会参加这次峰会。

6 **奉献** fèngxiàn **menyumbangkan; mempersembahkan / dedikasi**

【动词】为了某件事付出自己的精力、时间等。‖ 他为教学事业奉献了自己的一生。| 每当你奉献了自己的爱心，你就会非常开心。

6 **佛** fó **Buddha**

【名词】在佛教中，佛是一个自己已经觉悟了，而且能进一步帮助其他的人觉悟的，达到了圆满程度的人。‖ 对于我来说"佛"就是书中的一个人物，我从来没见过。| 人们在有困难的时候，都希望佛能来帮助自己。

6 **佛教** fójiào **agama Buddha**

【名词】一种宗教。‖ 佛教是世界主要宗教之一。| 许多国家的人都信仰佛教。

4 **否则** fǒuzé **kalau tidak**

【连词】如果不是这样。‖ 老师一定是生病了，否则她会来上课的。| 她一定是不生气了，否则不会笑的。

4 **夫妇** fūfù **suami-istri**

【名词】夫妻；已经结婚的两个人。‖ 这对夫妇要去中国旅游了。| 这对夫妇

结婚一年后生了一个可爱的女儿。

4 **夫妻** fūqī **suami istri**

【名词】丈夫和妻子。‖ 我们成为夫妻已经三年了。| 他们夫妻两个人都是我们学校的老师。

4 **夫人** fūrén **istri；nyonya**

【名词】对一般人的妻子的叫法。‖ 他今天是带着他的夫人一起来参加活动的。| 您的夫人穿上这件衣服一定很好看，您就买回去吧。

5 **扶** fú **memapah；membantu membangunkan**

【动词】① 用手支持，使人、物或自己不倒。‖ 你扶着病人，我去叫车。| 你不用扶，我自己能走。② 用手帮倒下的人或物站起来。| 小树倒了，我们把它扶起来吧。| 我扶着他，让他站起来。

6 **服** fú **mengkonsumsi（jenis obat）；mengaku；mempercayai**

【动词】① 吃药。‖ 这个药，每次服三片。| 你每天都要服三次药。② 信服；服从。‖ 心服口服。| 你中文说得那么好，我真的服了你了。③ 使信服。‖ 以理服人。→用讲道理的办法让别人信服。④ 适应。‖ 刚来到中国的时候，我有点水土不服，身体容易生病。

【名词】衣服。‖ 便服。→生活中随便穿的衣服。| 制服。→统一定制的，某种身份或职业的人穿的衣服。

5 **服从** fúcóng **menurut；tunduk kepada**

【动词】按别人说的去做。‖ 你必须服从上级的命令。| 我们班一直都是少数服从多数的。

6 **浮** fú **mengapung；terapung-apung；di permukaan**

【动词】① 停留在水的表面上。‖ 水面上浮着几片树叶，一动也不动。| 掉进水里的木头一会儿就浮上来了。② 在表面上的。‖ 几天没回家，桌子上就有了浮土。| 这几天刮大风，连树叶上都是浮土。

4 **符号** fúhào **simbol；tanda**

【名词】有一定意义的形式。‖ 汉字是记录汉语的符号。| 这些符号一定有特别的意义，但我看不明白。

4 **符合** fúhé **sesuai dengan；cocok dengan**

【动词】数量、形状等相合。‖ 她说的完全符合事实。| 这些产品不符合质量标准。

5 **幅** fú **kata satuan untuk kain lukisan**

【量词】常用于图画。‖ 这幅画是我自己画的。| 请问，那幅画多少钱？

5 **幅度** fúdù **tingkat/tahap ；jangkauan ；taraf**

【名词】指事物变动的大小。‖ 几个月的学习之后，学生的口语水平有了大幅度的提高。| 他的作品质量有较大幅度的提高。

5 **福利** fúlì **kesejahteraan；keuntungan material**

【名词】生活上得到的好处。‖ 老板为员工们争取到了住宿福利。| 他目前专注于福利事业，为需要的人提供帮助。

5 **辅助** fǔzhù **membantu**

【动词】在一边帮助。‖ 学校决定派一个老师来辅助你工作。| 不要担心，我会辅助你做修改工作的。

6 **负** fù **gagal；kalah**

【动词】失败；输。‖ 他和我下棋，胜一局负两局。| 他们俩实力相当，谁胜谁负还不一定。

4 **负担** fùdān **menanggung；tanggungan/beban**

【动词】负责并承受（责任、工作、费用等）。‖ 这份工作责任重大，我负担不起啊！| 我哥负担着我大学的学习费用。

【名词】承受的压力、责任、费用等。‖ 孩子现在是高中三年级，正准备考大学，学习负担很重。| 我家经济负担很重。

5 **负责人** fùzérén **penanggung jawab**

【名词】担负责任的人。‖ 我是这次项目的负责人。| 负责人给每个成员布置了任务。

6 **妇女** fùnǚ **wanita**

【名词】成年女性的统称。‖ 那位妇女快五十岁了还没结婚。| 妇女节这天，妈妈打扮得格外漂亮。

5 **附件** fùjiàn **lampiran**

【名词】① 跟着主要文件一起制定的文件。‖ 请你把放假通知的附件发给同学们。② 随着文件发出的相关文件和物品。‖ 学校发了考试的通知，却没看见考试座位表等相关附件。

4 **附近** fùjìn **sekitar**

【名词】离得近的那个地方。‖ 我家就在附近，坐车几分钟就到了。| 附近没有饭店，我们再往前看看。

6 **复苏** fùsū **bangkit；pulih**

【动词】重新获得生命。‖ 春天到了，大地复苏。| 医生给病人做了心肺复苏。

4 **复制** fùzhì **menyalin**

【动词】按照原件制作出相同的东西。‖ 我们复制了一份同样的课程表。| 这些杯子都是复制品，坏了也没事。

6 **副** fù **wakil；yang kedua；sekunder**

【形容词】① 排在第二位的，第一位是"主"或"正"。‖ 你是正班长，我是副班长。| 米饭、面条是主食，水果蔬菜是副食。② 相关或相反的、次要的。‖ 这种药有副作用。| 送外卖只是他的副业，其实他在大公司上班。

6 **副** fù **satuan（pasang/set）**

【量词】① 用于成双或成套的东西。‖ 我买了两副新手套。| 医生给我抓了三副中药。② 用于人的面部表情和人的样子。‖ 你一副苦脸，发生什么事了？| 他工作中就是一副勤奋努力的样子。

6 **富人** fùrén **orang kaya；orang yang memiliki banyak harta materi**

【名词】拥有大量财富的人。‖ 他是这里有名的富人。| 这个富人给学校捐赠了很多图书。

6 **富有** fùyǒu **kaya；memiliki banyak harta materi**

【形容词】拥有大量财产。‖ 他家很富有，小时候从来没缺过钱。| 只有精神上富有，物质上才能真正富有。

【动词】充分地拥有一种东西。‖ 春天的小草富有生命力。| 你这个想法富有创新性。

G

5 改革 gǎigé **reformasi**

【动词】把旧的、不合理的事物改成新的、合理的。‖ 部门需要进行技术改革。| 我们应该改革交通管理制度。| 改革不能只说不做。

4 改善 gǎishàn **membaik; merubah ke arah yang lebih baik**

【动词】让原有的情况变得好一些。‖ 努力改善我们的生活环境。| 我们的学习条件日益改善。

4 改正 gǎizhèng **memperbaiki; merubah menjadi yang benar**

【动词】把错误的改成正确的。‖ 认识到错误就应该及时改正。| 大卫终于改正了这个坏习惯。

6 改装 gǎizhuāng **ganti gaya berpakaian; ganti kemasan**

【动词】① 改变装束。‖ 你这一改装,都让人认不出来了。| 她把自己改装成一个时尚的人。② 改变包装。‖ 你负责商品改装。| 改装后的包装获得了顾客的喜欢。③ 改变原来的装置。‖ 为了保证安全,我们已经把实验仪器改装过了。| 技术人员把我的旧电视进行了改装。

4 盖 gài **menutup; membangun**

【动词】① 不让某东西或事物显示出来。‖ 气温下降,夜晚你要盖好被子。| 没吃完的饭菜要用盖子盖好。② 打上(印)。‖ 盖印章。| 盖图章。| 我们的毕业证需要盖上学校的公章。③ 建立,建成。‖ 学校新盖了一座教学楼,很漂亮。| 大卫家盖了一栋新房子。

【名词】物体上部有遮挡作用的东西。‖ 锅盖。→锅子的盖子。| 杯盖。→杯子的盖子。

4 概括 gàikuò **kesimpulan; garis besar**

【动词】总结。‖ 请概括文章的主要内容。| 你可以概括一下你最近的学习收获吗?

【形容词】大概;简单。‖ 他概括地讲了他的家庭情况,我都没听明白。| 老师把这本书的内容大概地向我们说了一遍。

5 **干脆** gāncuì **spontan**

【形容词】直接;爽快。‖ 他说话做事很干脆。| 我哥性格很干脆,办事也很直接。

【副词】痛快地,直接地。‖ 这人不讲理,干脆不理他。| 雨很小,他干脆不打伞了。

5 **干扰** gānrǎo **mengganggu; gangguan**

【动词】① 打扰。‖ 他正在准备明天的考试,我们不要干扰他。| 在图书馆不要大声说话,以免干扰别人。② 某些设备受到影响无法正常使用。‖ 手机受到干扰,没办法打电话。| 电视信号受到了飞机的干扰。

6 **干涉** gānshè **ikut campur; berkaitan/berhubungan**

【动词】管不该管的事。‖ 咱俩互不干涉。| 不要干涉别人的私事。| 我谈恋爱的事由我自己决定,我父母不会干涉。

5 **干预** gānyù **ikut campur**

【动词】过问别人的事。‖ 这是他和家人的事,我们不要干预了。| 政府对当地经济进行干预。

6 **肝** gān **hati (organ tubuh)**

【名词】人和高等动物的一种器官。‖ 喝酒对心和肝有损害。| 熬夜会对肝功能造成影响。

6 **杆** gǎn **batang; tangkai**

【名词】器物的细长的那一部分。‖ 我买了一把新的高尔夫球杆。

6 **赶不上** gǎnbushàng **tidak terburu; tidak tersusul**

【动词】来不及。‖ 已经十一点了,我们赶不上早班车了。| 快点,不然我们就赶不上火车了。

6 **赶忙** gǎnmáng **cepat-cepat; segera**

【副词】连忙;赶紧。‖ 看到爸爸走过来,我赶忙放下手里的手机。| 她赶忙跟父母解释了她没去上学的情况。

G

6 **赶上** gǎn//shàng **terburu; tersusul**

【动词】① 追上;跟上。‖ 他走得很慢,我赶上他了。| 我们赶上了前面那辆车。② 可以和某人或某事物相比。‖ 大卫学习很努力,不到一年时间就赶上了同班同学。| 只要你每天都在进步,一定会赶上别人的。③ 来得及。‖ 你跑快点还能赶上这趟班车。| 离上课还有一个小时,我们能赶上。④ 遇到。‖ 赶上这次考试,他假期没时间回家了。| 她正好赶上超市做活动,所以买了很多东西。

6 **敢于** gǎnyú **berani untuk**

【动词】有勇气做某事。‖ 有不懂的地方,我们要敢于向老师请教。| 要敢于面对自己的缺点,不断提升自己。

6 **感人** gǎnrén **mengharukan**

【形容词】令人感动的。‖ 这部电影很感人,你可以去看看。| 这是一件特别感人的事情。

5 **感想** gǎnxiǎng **kesan**

【名词】想法;感受。‖ 我读了这本书,感想很多。| 请谈谈你们对这部电影的感想。

4 **感兴趣** gǎnxìngqù **tertarik; berminat**

【动词】喜欢某人或某事。‖ 他对数学很感兴趣。| 你总看着我,是不是对我感兴趣呀?

6 **刚好** gānghǎo **pas**

【副词】数量不多不少;时间不早不晚。‖ 明天刚好没事,咱们去爬山吧。| 她到我家的时候,我刚好在吃饭。| 这桶油刚好五斤。| 事故发生的时候,刚好我在现场。

5 **钢笔** gāngbǐ **pena**

【名词】笔尖用金、银、铁或钢制成的笔,书写的时候需要点、吸墨水。‖ 我习惯用铅笔,不习惯用钢笔,因为用钢笔还需要买墨水。| 我喜欢用钢笔写字。

5 **钢琴** gāngqín **piano**

【名词】一种键盘音乐器具,有黑白琴键。‖ 他钢琴弹得很好。| 这台钢琴很

贵。| 他是我国著名的钢琴家。

6 **岗位** gǎngwèi　**unit kerja; posisi/jabatan**

【名词】职位。‖ 我们要在各自的岗位上作出一番事业。| 他在平凡的岗位上作出了不平凡的成绩。

6 **港口** gǎngkǒu　**pelabuhan**

【名词】河边或海边设立的码头,便于船只停靠。‖ 港口停着很多船只。| 上海是世界上最大的港口城市。

6 **高层** gāocéng　**posisi tingkat tinggi**

【形容词】地位在上层的。‖ 学校领导的最高层是校长。| 他是学校的高层领导。

【名词】层数高的。‖ 这栋高层住宅已经完工,很快就能入住。| 高层楼房需要安装电梯。

4 **高潮** gāocháo　**gelombang pasang; klimaks**

【名词】① 水达到的最高位。‖ 海水不断上涨,晚上时达到了高潮。| 晚上水面上升到高潮。② 事物高度发展的阶段。‖ 这次的胜利让战争进入了高潮。| 春天到了,全国掀起了植树的高潮。③ 小说、电影、话剧等故事发展的顶点。‖ 他和妈妈吵架是这部电影的高潮阶段。| 第三场是这场话剧情节的高潮。

5 **高大** gāodà　**tinggi besar**

【形容词】又高又大。‖ 你身材高大,去参加比赛很有优势。| 他长得高高大大的。

6 **高档** gāodàng　**kelas atas; berkualitas tinggi dan bernilai tinggi**

【形容词】质量好、价格高的。‖ 这件高档衣服我买不起。| 这是一瓶高档酒。

6 **高等** gāoděng　**tingkat tinggi; tingkat lanjutan**

【形容词】① 高深的。‖ 高等数学。| 高等物理学。② 高级的。‖ 人是一种高等动物。| 这是一所高等学校。

5 **高度** gāodù　**ketinggian; ukuran tinggi**

【名词】上下之间的距离。‖ 这座教学楼的高度是二十米。| 这双高跟鞋的

高度是五厘米。
【形容词】程度很高的。‖ 不按时完成作业这个问题要高度重视。| 老师对她这次表现进行了高度的赞美。

6 **高峰** gāofēng **puncak gunung; puncak tertinggi**
【名词】① 很高的山峰。‖ 这是世界第一高峰。| 这座高峰有三千多米高。② 事物发展的顶端。‖ 现在是下班高峰,所以交通拥堵。| 我们要努力学习,登上数学高峰。

5 **高跟鞋** gāogēnxié **sepatu hak tinggi**
【名词】鞋后跟很高的鞋。‖ 这双高跟鞋的鞋跟有十厘米,我穿不了。| 她穿的高跟鞋太高了,差点摔倒。

4 **高价** gāojià **harga tinggi; mahal/mewah**
【名词】较高的价格。‖ 这种高价商品我买不起。| 她花高价买了一双皮鞋。

6 **高考** gāokǎo **ujian masuk perguruan tinggi di Tiongkok**
【名词】高等学校录取新学生的考试。‖ 今年我妹要参加高考。| 我高考结束了,马上就要读大学了。

6 **高科技** gāokējì **teknologi tinggi**
【名词】需要高技术人才和设备的工业技术。‖ 随着经济发展,高科技产品越来越多了。| 高科技的发展有好有坏。

4 **高尚** gāoshàng **terhormat; tingkat tinggi**
【形容词】① 思想水平高。‖ 他是一位思想高尚的人,不会把别人的成绩当作自己的成绩的。| 我们要努力做一个高尚的人。| ② 有意义的,区别于低级的。‖ 医生是一种高尚的职业。| 职业没有高尚与不高尚的区别。

6 **高手** gāoshǒu **ahli**
【名词】在某方面能力突出的人。‖ 他是电脑高手,朋友的电脑都请他去维修。

4 **高铁** gāotiě **kereta api cepat**
【名词】高速铁路上运行的列车。‖ 坐高铁比坐普通火车快。| 她坐上了开往北京的高铁。

5 **高温** gāowēn **suhu tinggi**

【名词】较高的温度。‖ 这几天连续高温,要注意防暑。| 这么热的天,工人们还在进行高温作业。

5 **高于** gāoyú **lebih tinggi daripada; lebih tinggi dibandingkan dengan**

【动词】表示数的大小关系;超过某事物。‖ 今年学生人数高于去年。| 责任高于一切。

5 **高原** gāoyuán **dataran tinggi**

【名词】海拔较高的、地势较平的一片平地,一般海拔在五百米以上。| 开始他不适应高原气候,后来慢慢适应了。| 高原上的空气,氧气含量要低一些。

5 **搞** gǎo **melakukan**

【动词】干;做;弄。‖ 很晚了,随便搞点吃的。| 这件事不好搞。| 我们要把经济搞上去。| 周末把卫生搞一搞。

5 **搞好** gǎohǎo **melakukan dengan baik**

【动词】做好某件事。‖ 我们要和同学搞好关系。| 现在的重点是要搞好学习成绩。

6 **稿子** gǎozi **draf; kerangka**

【名词】诗文、图画的草稿;写成的诗文。‖ 在上交作文之前,我会先把写好的稿子拿给老师看一下。| 在图表稿子的基础上进行修改。

6 **歌唱** gēchàng **menyanyikan lagu**

【动词】唱歌。‖ 他唱歌好听,我唱歌不好听。| 她在晚会上唱了一首歌。

6 **歌词** gēcí **lirik lagu**

【名词】歌曲中的词。‖ 这首歌的歌词写得很有意义。| 我没明白这首歌的歌词意思。

5 **歌曲** gēqǔ **lagu**

【名词】人们歌唱的作品。‖ 这是我妈妈最喜欢的歌曲。| 这是最近很流行的一首歌曲。

6 **歌星** gēxīng **bintang (penyanyi)**

【名词】唱歌的明星。‖ 她是有名的歌星。| 她是我最喜欢的歌星。

6 **革新** géxīn **merubah; memperbarui**

【动词】去掉旧的,创造新的。‖ 生产技术要革新。| 国家迫切需要革新。

【名词】改革创新的运动。‖ 这次技术革新成果丰富。| 政治上也离不开革新。

4 **格外** géwài **melebihi**

【副词】程度超过一般;程度深。‖ 这个字格外难认。→很难认。| 雨后,花园里的花开得格外漂亮。→很漂亮。

4 **隔** gé **terpisah; terhalang; berjarak**

【动词】① 隔开;隔断。‖ 他隔着门对我说话。| 这个房间被隔成了两个小房间。② 间隔;距离。‖ 我家和大卫家就只隔着一条河。| 我们隔一两天再去。

5 **隔壁** gébì **tetangga sebelah**

【名词】左右相邻的屋子或人家。‖ 我住他家隔壁。| 我们把这张桌子搬到隔壁房间去。

4 **隔开** gékāi **berpisah**

【动词】一个整体分离成两个部分;亲密的两个人分离。‖ 这个房间被一个隔板隔开。| 相隔万里,你我的心也不会被隔开。

4 **个别** gèbié **khususnya**

【形容词】特殊的;极少数的。‖ 这道题,只有个别同学做出来了。| 个别情况下,你们可以迟到五分钟。

5 **个儿** gèr **postur tubuh; perawakan**

【名词】人的身材。‖ 我已经成年了,可能不会再长个儿了。| 他个儿高,可以去打篮球。

4 **个体** gètǐ **soliter; individual**

【名词】单个的人或者生物。‖ 我们每个人都是独立的个体。| 老虎是个体动物,羊是群体动物。

4 **各个** gègè **masing-masing; setiap**

【代词】每个;所有的。‖ 校长负责学校各个方面的工作。| 各个角落都要打扫干净。

【副词】逐个。‖ 敌人的兵力被我们各个击破。| 我们要把这些问题各个解决。

4 **根** gēn **akar; generasi penerus; asal mula; kata satuan**

【名词】① 植物长在土里的器官。‖ 树根深深埋在地里。| 草根被挖出来了。② 比喻子孙后代。‖ 这孩子是他们家的根。| 他儿子被救回来了,保住了他家的根。③ 事物的本源,人的身份底细。‖ 从根儿上解决问题。| 我对他知根知底。

【量词】用于细长的东西。‖ 一根绳子。| 一根筷子。| 几根头发。

4 **根据** gēnjù **berdasarkan; menurut**

【名词】结论的条件和说话做事的基础。‖ 说话做事要有根据。| 这个观点没有根据,不值得相信。

【动词】按照某种事物要求去做。‖ 放假必须根据学校的通知。| 消费水平要根据收入来决定。

【介词】以某种事物作为结论的条件和说话做事的基础。‖ 根据天气预报,今天要下雨。| 根据老师说的话,我明白了很多道理。

5 **跟前** gēnqián **berjarak sangat dekat dengan seseorang/sesuatu**

【名词】离人身体近的地方或是离某物近的地方。‖ 他跑到他跟前,递给他一张纸。| 他坐到电脑跟前开始工作。

5 **跟随** gēnsuí **mengikuti**

【动词】跟着。‖ 他跟随老师一起去外地考察。| 他跟随父母去了外地生活。

5 **更换** gēnghuàn **mengganti**

【动词】变换;替换。‖ 我们每一个月更换一次座位。| 他三天都不更换一次衣服。

5 **更新** gēngxīn **memperbaharui**

【动词】除去旧的,改为新的。‖ 这部手机作了系统更新。| 电脑系统已经更

新了。

6 **更是** gèngshì **terlebih daripada**

【短语】表示程度更深。‖ 学习不仅是为了父母,更是为了你自己。| 小狗不仅是可爱,更是听话。

4 **工程** gōngchéng **proyek**

【名词】① 需要用复杂设备来进行的工作。‖ 机械工程。| 化学工程。② 需要很多人力物力的工作。‖ 希望工程是一项大工程。| 这项工程需要很久才能完工。

G

6 **工商** gōngshāng **komersial dan konstruksional**

【名词】工业和商业的合称。‖ 我市工商业发达,市场繁荣。| 国家鼓励工商业发展。

5 **工艺** gōngyì **karya tangan; metode/teknik**

【名词】① 手工品。‖ 他是一名剪纸工艺师。| 工艺值得被传承。② 产品加工的工作、技术、方法等。‖ 从采茶到包装可以看出制茶工艺复杂。| 这套衣服工艺先进。

5 **工作日** gōngzuòrì **hari kerja**

【名词】一天中按规定做工作的时间。‖ 英国每周只有四个工作日。| 这个工作日他没来上班。

6 **公** gōng **umum; milik umum**

【形容词】① 属于国家的或集体的。‖ 不要破坏公物。| 他因利用公款旅游而受到惩罚。② 共同的;大家一致的。‖ 这是公认的事实。| 学生要遵守班级公约。

6 **公安** gōng'ān **unit keamanan masyarakat umum**

【名词】维护社会治安的政府机构或者人。‖ 他是一名公安人员。| 公安机关抓获了一个小偷。

5 **公告** gōnggào **pengumuman**

【名词】政府出通知的文告。‖ 今天政府出了与治安管理相关的公告。| 学校发布了放假的公告。

6 **公鸡** gōngjī **ayam jantan**

【名词】一种雄性家养动物，头上有红色的肉冠，天快亮的时候就发出叫声。‖ 早晨听见公鸡的叫声，我就知道该起床了。| 我家养了很多公鸡。

5 **公认** gōngrèn **diakui secara masal**

【动词】公众一致认为。‖ 他是我们学校公认的好学生。| 这是公认的一所好学校。

5 **公式** gōngshì **rumus (matematika)**

【名词】用数字或文字来表示数量之间的关系。‖ 长方形的面积公式是"面积=长×宽"。| 这个数学公式对他来说很难。

4 **公元** gōngyuán **tahun masehi**

【名词】国际通用的纪年方法，是大多数国家纪年的标准。‖ 二十一世纪是从公元二零零一年一月一日到公元二一零零年十二月三十一日。| 我姐姐是公元二零二零年十二月五日结婚的。

5 **公正** gōngzhèng **adil**

【形容词】公平正直。‖ 问题得到公正解决。| 他是一位公正的法官。

6 **公众** gōngzhòng **publik; masyarakat**

【名词】社会上的大众人员。‖ 我们要积极维护公众的利益。| 公众被这条新闻所震惊。

6 **公主** gōngzhǔ **putri; putri raja; tuan putri (kerajaan)**

【名词】皇帝或国王的女儿。‖ 我喜欢给孩子们讲白雪公主的故事。| 女孩们都曾幻想自己是一个公主。

6 **攻击** gōngjī **menyerang**

【动词】攻打；进攻。‖ 大家都是同事，不要进行言语攻击。| 我军向敌军发动最后攻击。

6 **供给** gōngjǐ **memasok untuk/kepada**

【动词】把钱财或物品等给人使用。‖ 哥哥供给我读大学。| 老师免费供给学习资料。

4 **供应** gōngyìng **memasok; pengadaan**

【动词】提供某种东西以满足需要。‖ 北京的菜市场每天都有新鲜蔬菜供应。| 学校免费供应午餐。

6 **宫** gōng **istana; balai**

【名词】① 古代皇帝等居住的房屋。‖ 来北京一定要去参观故宫。| 皇帝都住在宫里。② 人们娱乐或者开展文化活动的房屋。‖ 大卫听从了老师的建议,周末去少年宫补习功课。| 王老师带我们参观了文化宫。

6 **巩固** gǒnggù **stabil; kokoh**

【形容词】坚固的;不动摇的。‖ 经历了这件事,我和他的友谊更加坚固了。| 如今我们有巩固的防守,不用惧怕敌人的威胁。

【动词】使坚固;牢靠;不动摇。‖ 这部著作的发表,巩固了他在文学界的地位。| 我们要及时巩固所学知识。

4 **共** gòng **total; keseluruhan**

【副词】总的;所有的。‖ 我们学校共有四百个教师。| 桌子上共有五种水果。

5 **共计** gòngjì **jumlah keseluruhan**

【动词】总的一起计算。‖ 买苹果十块,香蕉八块,共计十八块钱。| 我们学校有男生三百人,女生三百四十八人,共计六百四十八人。

5 **共享** gòngxiǎng **dibagi untuk bersama**

【动词】共同分享。‖ 这次的成功是我们所有人的努力,成果应该由我们共享。| 我们可以资源共享,共同进步。

6 **贡献** gòngxiàn **kontribusi; dedikasi**

【名词】个人对国家或者集体做的好事。‖ 我们要好好学习,以后为国家作出更多的贡献。| 电话的发明是对人类的一个伟大贡献。

【动词】把自己拥有的经验、资源等献给国家或者公众。‖ 他把自己收藏的书画贡献给了博物馆。| 他把自己的一生都贡献给了国家。

5 **沟** gōu **selokan; parit**

【名词】小的流水道。‖ 这条沟太小,水流不出去。| 沟里的水最后都汇进了河里。

5 **沟通** gōutōng **komunikasi**

【动词】传递交流思想，让思想达成一致。‖ 我俩彼此都不了解，应该多沟通一下。| 这套艺术品沟通了两国文化。

4 **构成** gòuchéng **membentuk**

【动词】形成；造成。‖ 蓝天，白云，青山，绿水，构成了一幅美丽的图画。| 这一行为构成犯罪，请你配合调查。

6 **构建** gòujiàn **mendirikan**

【动词】建立；建造。‖ 我们要全员参与，共同构建文明和谐的社会。| 利用图画构建起知识结构。

4 **构造** gòuzào **struktur**

【名词】事物的构成和内部的关系。| 人的构造十分复杂。| 动物的构造各不相同。

4 **购买** gòumǎi **berbelanja**

【动词】买某种东西。‖ 快放假了，我需要购买回家的车票。| 这种水果太贵了，我没有钱购买。

5 **估计** gūjì **estimasi；perkiraan**

【动词】预测；预估。‖ 他昨晚没回家，估计又是加班了。| 我估计这件事不是你干的。| 我估计这个大西瓜有二十斤重，结果称了一下却不到十六斤，没有估计准。

6 **孤独** gūdú **seorang diri；sebarang kara**

【形容词】自己一个人，没有伙伴。‖ 我离开家乡后感觉很孤独。| 他一个人住，多孤独啊！

6 **孤儿** gū'ér **yatim piatu**

【名词】死了父母的儿童。‖ 他是个孤儿，从小跟着爷爷长大。| 这个孤儿的父母是在地震中死去的。

6 **姑姑** gūgu **tante（saudara perempuan ayah）**

【名词】父亲的姐姐和妹妹。‖ 今年我的姑姑会来我家过年。| 姑姑和我爸

长得很像。

6 **古典** gǔdiǎn **klasik**

【形容词】古代流传下来的经典的事物或者文明。‖《西游记》《三国演义》都是中国优秀的古典小说。| 我妈妈爱听古典音乐。

5 **古老** gǔlǎo **tua; kuno**

【形容词】经历了很长年代的。‖ 这是一个古老的民族,有着几千年的历史。| 这是一个古老的传说,没有人知道是否真实。

6 **股** gǔ **kata satuan**

【量词】① 用于成条的东西。‖ 那里有一股泉水,我们过去看看。| 这股绳子太细了,一拉就断。② 用于力气、气味、气体等。‖ 厨房里飘出一股香味。| 一股冷气。| 一股劲。

【名词】集合资金的一份,或者一笔财物平均分配的一份。‖ 这家超市,我入了股。| 这家商店,我和我哥各占百分之五十的股份。

6 **股东** gǔdōng **pemegang saham**

【名词】股份公司的股票持有人。‖ 各位股东一起努力,公司一定会越来越好。| 他是我们公司的第一大股东。→他是持有我们公司股票比例最高的人。

6 **股票** gǔpiào **saham**

【名词】用来表示股东权利和义务的一种证券。‖ 去年我买了这家公司的股票,收益不小。| 这个月所有的股票价格都上涨了。

4 **骨头** gǔtou **tulang**

【名词】存在人和某些动物体内,可以支持身体,保护内脏。‖ 人的骨头和肉是连在一起的。| 这只小狗的腿受伤了,骨头都能看见。

5 **鼓** gǔ **drum; bedug/tambur; menyemangati; muncul/timbul**

【名词】一种音乐工具,多为圆形,中间是空的。‖ 他是一位著名的鼓手。| 他在舞台上表演击鼓。

【动词】① 发动;鼓励。‖ 他的话一直鼓励着我。| 我鼓起勇气对他说了第一句话,后来我俩成了好朋友。② 长出来。‖ 被蚊子叮咬后,他额头上鼓起来一个包。| 小青蛙的肚子一鼓一鼓的,可爱极了。

5 **鼓励** gǔlì **menyemangati**

【名词】用言语行为等给某人力量。‖ 同学们的加油声给了他很大的鼓励，他拼尽力气冲向了终点。| 老师鼓励我要努力学习。

5 **鼓掌** gǔ//zhǎng **tepuk tangan**

【动词】用拍手以表示欢迎、同意、高兴。‖ 当新同学站上讲台时，同学们热烈鼓掌。| 他当上了班长，我们高兴地为他鼓掌。

4 **固定** gùdìng **tetap；tidak berubah**

【形容词】不移动或者不改变。‖ 他没有固定的工作。| 数学题没有固定的解题方式。

【动词】使东西或者事物稳定下来。‖ 人员数量已经固定下来了，很快就能开始工作。| 教室里的椅子是固定在地板上的。

6 **故障** gùzhàng **kesalahan/masalah；kerusakan（tidak normal）**

【名词】机械等出现问题或毛病。‖ 这台机器是我刚买的，很少发生故障。| 飞机出现故障，被迫下降。

6 **顾** gù **memperhatikan；memperhitungkan**

【动词】照管；注意；考虑。‖ 他不顾自己感冒，仍然在医院陪着妈妈。| 这件事我一个人顾不了，你们看着办吧。

5 **顾问** gùwèn **konsultan；penasihat**

【名词】在某方面具备专业知识而且可以询问的人。‖ 他是法律方面的顾问，我们可以听听他的意见。| 我们要认真听取顾问的意见。

4 **瓜** guā **salah satu jenis/golongan buah/sayur berbiji kecil dan banyak**

【名词】一种植物，多为一年生，果实可以吃。瓜的种类很多，如黄瓜、冬瓜等。‖ 很多瓜可以生吃，比如黄瓜。| 夏天天气很热，可以多吃西瓜。

6 **刮** guā **mencukur；menggores**

【动词】用刀之类的东西弄掉物品表面的东西。‖ 你胡子也太长了，得刮一刮了。| 他的车被人刮坏了。

6 **拐** guǎi **berbelok；pincang；menipu/tertipu（membujuk/terbujuk）**

【动词】① 转弯，转变方向。‖ 我看着那辆车拐进巷子了。| 前面路口左拐，

你就能看见超市了。② 腿脚有病,走路姿势不正常。‖ 他的腿从小就有病,走路一拐一拐的。| 他不小心摔倒了,左拐右拐地走进了教室。③ 把某人或者某人的钱财骗走。‖ 一个五岁孩子昨夜被人拐走,家人立刻报警了。| 他所有的钱都被坏人拐骗走了。

4 **怪** guài **aneh; tidak wajar; sangat**

【**形容词**】不正常的;不常见的。‖ 这种怪病医生也是第一次遇到。| 你今天怎么怪怪的,发生什么事了?

【**副词**】很;非常。‖ 这天气怪热的。| 这本书怪有趣的。

5 **怪** guài **menyalahkan**

【**动词**】认为是自己或别人的错。‖ 这件事怪我没有处理好,跟他没关系。| 这件事不能怪他,因为他昨天根本没来。

4 **关** guān **tahapan/rintangan**

【**名词**】一个重要的时刻。‖ 病人能不能过这一关就看今晚了。| 这次测试,他轻松过关。

6 **关爱** guān'ài **peduli**

【**动词**】关心爱护。‖ 动物是人类的好朋友,我们要关爱它们。| 父母要关爱孩子的身体和心理健康。

4 **关闭** guānbì **tutup; bangkrut**

【**动词**】① 关上。‖ 学校大门晚上十二点钟会关闭。| 晚上睡觉要关闭好门窗。② 停止开店;倒闭。‖ 他家生意做不下去,只能关闭了。| 这家面馆关闭了,新开了一家饺子馆。

5 **关怀** guānhuái **peduli; memperhatikan**

【**动词**】关心。一般指领导对下属,长辈对晚辈。‖ 感谢领导的关怀,我的身体已经康复很多了。| 孩子们在父母的关怀下快乐成长。

5 **关键** guānjiàn **inti; poin penting**

【**名词**】事物最重要的部分,或者对事物发展起决定性作用。‖ 学好汉语的关键是你自己本身想学。| 要想解决这一问题,方法是关键。

6 **关联** guānlián **berkaitan**

【**动词**】事物之间存在着某种联系与影响。‖ 这两件事根本没有关联,不应该

放在一起处理。| 数学和物理是两门相互关联的学科。

4 **关于** guānyú **terkait; berkaitan dengan / sehubungan dengan**

【介词】引进某种行为的关系者。‖ 关于这个问题,老师已经作了说明。| 关于音乐,我懂得也很少。

6 **观光** guānguāng **mengunjungi**

【动词】参观。‖ 每天来长城观光的游客有很多。| 我们上个月去北京观光了一下。

4 **官** guān **personil militer / anggota pemerintahan**

【名词】在军队或者政府的人员。‖ 他是新任的外交官,很年轻。| 他是个当官的。

4 **官方** guānfāng **resmi**

【名词】政府方面。‖ 官方发布消息,今晚将有大雨。| 这个通知由官方发布。

6 **官司** guānsi **perkara/kasus**

【名词】法院解决某一事情的活动。‖ 上个月他和妻子打了离婚官司。| 他吃了个官司。→他被人到法院起诉了。

6 **管道** guǎndào **saluran (berbentuk silinder/tabung)**

【名词】圆且中间空的东西。‖ 我家管道出现漏水情况。| 天然气管道已经修好,不久就能投入使用。

5 **冠军** guànjūn **juara pertama**

【名词】比赛的第一名。‖ 这次的游泳比赛,北京队得了冠军。

6 **光辉** guānghuī **sinar/cahaya yang sangat terang**

【名词】很强的光。‖ 太阳的光辉照亮世界。| 早晨,一束光辉照进房间,感觉整个世界都亮了

【形容词】意义重大的;十分显著的。‖ 他的光辉形象永远留在我们心中。| 好好学习,我们的人生会更加光辉美好。

4 **光临** guānglín **menyambut; sambutan**

【动词】表示欢迎。‖ 欢迎光临。| 感谢大家的光临。

4 **光盘** guāngpán **CD (compact disc)**

【名词】一种圆形的保存信息的工具。‖ 他把会议记录录进光盘。| 买书还送光盘。

5 **光荣** guāngróng **terhormat**

【形容词】行为正义;受人尊敬的。‖ 他是一位光荣的退伍军人。| 他努力考上了重点大学,真光荣。

5 **光线** guāngxiàn **sinar/cahaya; pencahayaan**

【名词】光由直线传播,可以直接看到的。‖ 中午的时候太阳光线很强。| 树林里有很高大的树,所以光线很暗。

5 **广** guǎng **luas (dimensi; lingkup)**

【形容词】范围、面积等很大;广泛。‖ 这种病的传播范围很广。| 中国地广人稀。

5 **广泛** guǎngfàn **luas**

【形容词】所包含的内容多,范围广。‖ 为了增长知识,我们要广泛地阅读不同种类的书。| 这件事情引起了社会的广泛关注。

6 **广阔** guǎngkuò **luas**

【形容词】广大宽阔。‖ 马群在广阔的草原上奔跑。| 我们好好学习,未来前途一定广阔。

4 **逛** guàng **jalan-jalan; berkeliling**

【动词】散步;到某地去。‖ 一会吃完饭,我们去公园逛一逛吧。| 我周末喜欢逛超市。

4 **归** guī **kembali; mengembalikan; milik seseorang; menggolongkan**

【动词】① 返回。‖ 我最近都很忙,早上出门,晚上才归家。| 他每天都早出晚归。② 把东西还给某人。‖ 借别人的东西应该及时归还。| 他昨天向我借书,一看完就归还回来了。③ 某物属于某人。‖ 这本书我送你,现在它归你了。| 光荣归于人民。④ 把规律、东西等合在一起。‖ 请把同颜色的球归在一起。| 这两件事不能归在一起说。

5 **规划** guīhuà **rencana**

【名词】针对某件事而作出的总体计划。‖ 我制定了未来三年的学习规划。|

按照规划，学校将在这块地上建一座教学楼。
【动词】对事物作出总体计划。‖ 我们要积极规划我们的未来。| 要规划好自己的时间。

4 **规律** guīlǜ **aturan; hakikat; hasil**

【名词】事物的发展有必然的联系和结果。‖ 鱼不能离开水，这是大自然不变的规律。| 请从这组数字中找出规律。

4 **规模** guīmó **skala; dimensi**

【名词】事物的范围。‖ 这所学校是中国规模较大的学校。| 由于资金有限，公司没办法扩大规模。

G

4 **规则** guīzé **peraturan; ketentuan; sesuai dengan peraturan/ketentuan**

【名词】规章制度。‖ 我们只能遵守规则，不能改变规则。| 羽毛球比赛的规则你知道吗？不知道的话我跟你说一下。
【形容词】事物整齐、一致。‖ 我画的是一个规则的正方形。| 这个图形很规则。

6 **轨道** guǐdào **jalur; orbit**

【名词】① 火车或者有轨电车专门行驶的铁轨。‖ 由于天气原因，前方火车轨道出现故障。| 电车轨道。② 某物运动的有规则的路线。‖ 卫星已经进入正常轨道。| 他已经步入人生的正常轨道。

5 **鬼** guǐ **hantu**

【名词】① 人死后所变成的东西。‖ 世界上根本就没有鬼。| 他害怕鬼。② 阴险的；不光明的。‖ 你不解释，一定是心里有鬼。| 看他一句话也不说，一定有鬼。
【形容词】讨人厌的，不喜欢的。‖ 这是什么鬼天气，一会儿下雨，一会儿天晴。| 这是什么鬼活动，一点都不想参加。

5 **柜子** guìzi **lemari**

【名词】存放东西的工具。‖ 这个柜子很大，能放很多东西。| 我的桌子旁边有一个小柜子，是我放各种证件的地方。

6 **跪** guì **berlutut; bersimpuh**

【动词】一个或者两个膝盖着地。‖ 他跪下来求她别离开。| 他跪在地上哭。

5 **滚** gǔn **menggelinding; digunakan saat mengusir; mendidih**

【动词】① 翻转运动。‖ 山上滚下来一块大石头，正好撞上了那辆车。| 叶子上滚着一颗水珠。② 大声叫别人离开。‖ 滚出去！| 给我滚！③ 水、油等加热后的结果。‖ 锅里的水已经烧滚了。| 水滚的时候声音不大，所以有一句话“开水不响响水不开”。

5 **锅** guō **wok; wajan; penggorengan; panci**

【名词】炒菜的工具。‖ 吃完饭后，我负责洗碗，弟弟负责洗锅。| 锅里的菜已经熟了。

G

6 **国产** guóchǎn **produksi dalam negeri**

【形容词】本国生产的。‖ 我们现在使用的手机大都是国产的。| 可供选择的国产电器越来越多。

6 **国歌** guógē **lagu kebangsaan**

【名词】由国家规定的代表本国的歌曲。‖ 当我唱起国歌的时候，内心就充满着自豪感。| 我们每周一都要唱国歌。

6 **国会** guóhuì **rapat kenegaraan**

【名词】全国性的、代表民意的最高立法机关。‖ 国会通过了这一决策。| 国会出台了新的有关妇女保护的法律。

5 **国际** guójì **internasional; mancanegara**

【名词】国与国之间，世界与世界之间。‖ 全球气候问题不是一国的问题，而是国际问题。| 我国经济发展迅速，这有利于提高我国国际地位。

5 **国民** guómín **warga negara**

【名词】具有某国国籍的人就是该国的国民。‖ 国家克服重重困难，国民经济很快恢复了。| 维护国家安全是每个国民的义务。

6 **国旗** guóqí **bendera negara**

【名词】国家规定的代表本国的旗帜。‖ 第一次在天安门前观看升国旗，我万分激动。| 每个国家都有国旗。

6 **国王** guówáng **raja (pemimpin negara kerajaan)**

【名词】国家的最高权力拥有者，是国家的象征。‖ 他是历史上第一位国

王。| 国王的权力很大。

6 **果酱** guǒjiàng　**selai/pasta buah**

【名词】用水果熬成的食品。‖ 我喜欢在面包上加一些果酱。| 苹果可以做成苹果果酱。

4 **果实** guǒshí　**buah**

【名词】① 植物所结的果儿。‖ 秋天到了,树上结满了果实。| 西瓜的果实比苹果的果实大。

【名词】② 经过努力奋斗得来的成果。‖ 我拿着 HSK 八级证书对妈妈说:"这是我一年努力换来的胜利果实。"

6 **果树** guǒshù　**pohon buah**

【名词】生长供食用的果实的树木。‖ 这棵果树结满了果实。| 园里种了一棵果树。

5 **过度** guòdù　**melampaui/melewati batas toleransi**

【形容词】超过一定的强度。‖ 他因过度饮酒而引起重病。| 她因过度伤心而生病。

6 **过渡** guòdù　**melewati transisi/perpindahan**

【动词】事物由一个阶段发展到另一个阶段。‖ 北京突然降温,直接从夏天过渡到秋天了。| 我目前处于感冒过渡期,过几天就好了。

4 **过分** guòfèn　**berlebihan; melebihi/melewati batas**

【形容词】超过一般限度。‖ 对不起,这件事我做得太过分了。| 有些话不能说得太过分。

6 **过后** guòhòu　**yang akan datang; berikutnya**

【名词】① 往后;以后。‖ 天黑过后还是不要出门了。| 他爸生病了,过后的日子会越来越苦。② 后来。‖ 他就几天前来上过课,过后再没有来过了。| 刚开始他还有点害怕,过后就不害怕了。

5 **过敏** guòmǐn　**alergi; terlalu sensitif**

【动词】因为某些东西的刺激而引起的不良反应。‖ 他对这种药物过敏。| 我一吃海鲜就会皮肤过敏。

6 **过时** guòshí **melampaui/melewati/melebihi batas waktu**

【形容词】事物不流行的。‖ 这件衣服是十年前买的,颜色有点过时了。| 这首歌是二十年前的歌,已经过时了。

5 **过于** guòyú **terlalu**

【副词】表示程度或数量过分。‖ 他总是过于严肃,令人无法接近。| 他过于紧张了,所以考试没有发挥好。

H

6 **海报** hǎibào **poster**

【名词】为电影、球赛等活动的开展而贴的广告。‖ 门口贴着一张电影海报。| 大厅贴着下周将要举行的足球比赛的海报。

6 **海底** hǎidǐ **dasar laut; bawah laut**

【名词】海洋底部。‖ 这个假期我和朋友去了北京的海底世界。| 海底有很多我们不知道的生物。

6 **海军** hǎijūn **tentara angkatan laut**

【名词】在海上作战的军队。‖ 我们要建设一支强大的海军。| 他于 2020 年加入海军。

6 **海浪** hǎilàng **ombak**

【名词】风吹海水而形成的波浪。‖ 暴雨越来越大,海浪不停地拍打着岸边。| 海浪把小鱼拍上了岸。

4 **海水** hǎishuǐ **air laut**

【名词】海里的水。‖ 海水的味道是咸的。| 晚上的时候,海水就上升了。

6 **海外** hǎiwài **luar negeri**

【名词】国外。‖ 他去了海外学习。| 他上周才从海外回来。

6 **海湾** hǎiwān **teluk**

【名词】海洋伸入陆地的那一部分。‖ 从飞机上可以看到整片海湾。| 他们把我们用船运过海湾。

4 **海鲜** hǎixiān **makanan laut**

【名词】供食用的新鲜的海鱼、海虾等。‖ 今天早上,妈妈买了些海鲜回来。| 海边城市的人经常吃海鲜。

6 **海洋** hǎiyáng **lautan**

【名词】地球上的海和洋的统称。‖ 雨水流到河流里,河流里的水最终流到海洋里。| 地球海洋总面积大约占地球表面总面积的百分之七十。

5 **害** hài **berdampak buruk; dicelakai/disakiti**

【名词】灾害、坏处(与“利、益”相反)。‖ 早点休息吧,晚睡对身体有害。| 这次是五年以来最严重的一场虫害。

【动词】① 杀害。‖ 电视里的小孩在几天前被害。| 她被坏人所害。② 使某人受到损害。‖ 你把书抢走了,害得我没书看。| 你走太慢了,害得我们没坐上公交车。③ 得某种病。‖ 他害了一场大病,但是没钱医治。| 她害了一种头痛的病。

H

4 **含** hán **mengulum**

【动词】把东西放进嘴里,不咽下去也不吐出来。‖ 他太热了,直接把冰块含在嘴里。| 她吃完药后又含了一颗糖在嘴里。

4 **含量** hánliàng **kandungan; kadar**

【名词】某物中包含的某种东西的量。‖ 这种水果中糖的含量很高,尽量少吃。| 我们产品的科技含量大,请放心购买。

4 **含义** hányì **mengandung arti**

【名词】包含的意义。‖“失败”这个词有了新的含义。| 这句话含义深刻。

4 **含有** hányǒu **berisi; mengandung**

【动词】包含。‖ 这种水果含有丰富的营养物质。| 他刚才说的那番话含有“舍不得离开你”的意思。

4 **寒假** hánjià **liburan musim dingin**

【名词】学校里冬季放的假期。‖ 今年我们学校从一月开始放寒假。| 我的寒假有四十天假期。

4 **寒冷** hánlěng **dingin**

【形容词】冷。‖ 今天的天气格外寒冷。| 寒冷的冬天一定会过去。

5 **汗** hàn **keringat**

【名词】人和动物从皮肤里排出来的东西。‖ 他热得汗都出来了。| 我跑完步后出了好多汗。

4 **行业** hángyè **bidang pekerjaan**

【名词】职业的种类。‖ 这几年旅游行业发展越来越好了。| 要将这个技术应用到各个行业。

4 **航班** hángbān **penerbangan**

【名词】客轮或者飞机的班次。‖ 由于天气原因,所有航班都要推迟起飞。| 她坐上了去北京的航班。

4 **航空** hángkōng **penerbangan; aviasi**

【动词】飞机在空中飞行。‖ 这家航空公司服务态度最好。| 中国航空事业非常发达。

4 **毫米** háomǐ **milimeter**

【量词】长度单位。‖ 一厘米等于十毫米。| 这只虫身长只有一毫米。

4 **毫升** háoshēng **mililiter**

【量词】一种形容水、油等物多少的单位。‖ 我每天喝的水不少于一千毫升。| 这瓶矿泉水是五百毫升的。

6 **好(不)容易** hǎo(bù)róngyì **bersusah payah**

【形容词】做某事花费了很大的力气。‖ 你好(不)容易考上重点大学,可一定要好好学习啊! | 这么多作业,我好(不)容易才写完。

6 **好似** hǎosì **seperti; seakan-akan**

【动词】好像。‖ 天上的星星好似在对我眨眼睛。| 刚刚好似有一只猫跑过去了。

4 **好友** hǎoyǒu **teman baik**

【名词】好朋友。‖ 我和他是多年的好友。| 周末和好友一起吃饭。

5 **好运** hǎoyùn **beruntung; nasib/peruntungan yang baik**

【名词】好的运气。‖ 祝你好运! | 这支笔送给你,它会给你带来好运。

6 **好转** hǎozhuǎn **peralihan kearah yang positif**

【动词】事情向好的方向发展。‖ 做完手术后,我的病情开始好转。| 经过这几个月的学习,他的数学成绩有了好转。

H

[4] **号码** hàomǎ **nomor**

【名词】代表事物的数字。‖ 这是我的电话号码,有事就打我电话。| 我的房间号码是八一八。→意思是八楼十八号房间。

[5] **号召** hàozhào **mendorong; mendukung**

【名词】鼓励人们共同去做的某件事。‖ 听从国家的号召。| 班长号召同学们积极捐款帮助有生活困难的李明同学。

【动词】鼓励人们共同去做某事。‖ 学校号召学生积极参加运动会。| 国家号召大学生积极参加社会活动。

[4] **好** hào **suka; gemar**

【动词】喜爱。‖ 我爸爸好喝啤酒,几乎每天晚上吃饭的时候都要喝一瓶。| 他好动脑,许多问题都能解决。

[6] **好学** hàoxué **gemar belajar**

【动词】勤奋学习。‖ 这个学生很好学。| 我们都要学习他这种好学的精神。

[5] **合并** hébìng **bergabung/menyatu; merger**

【动词】把两个或多个事物结合到一起。‖ 我们学校和另外一个学校合并了。| 这两件事可以合并到一起处理。

[5] **合成** héchéng **bergabung menjadi**

【动词】把部分组合成一个整体。‖ 这几个小企业合成了一个大公司。| 这种食品是人工合成的,营养价值不太高。

[4] **合同** hétong **kontrak; perjanjian**

【名词】双方或多方共同作出的约定。‖ 经过反复讨论,双方在合同书上签了字。| 这家公司违反合同上的约定。

[6] **合约** héyuē **kontrak; perjanjian**

【名词】经过双方或多方同意所作出的约定。‖ 她与游戏公司签订了合约。| 合约不可以违背。

[6] **和谐** héxié **harmonis**

【形容词】① 配合适当。‖ 这首歌的歌词和画面很和谐。| 这幅画的颜色和

主题很和谐。② 友好。‖ 我们要与自然和谐相处。| 他的家庭很和谐。

6 **核心** héxīn **inti**

【名词】① 事物的中心。‖ 当前的问题核心是提高你的学习成绩。| 提高经济发展水平是核心任务。② 事物中起主要作用的那一部分。‖ 他是球场上的核心人物。| 写作题是考试当中的核心题。

5 **盒** hé **kotak**

【名词】较小的能装东西的物品。‖ 她的笔盒里只有几支笔。| 火柴盒里的火柴已经用完了。

【量词】用于盒装的东西。‖ 我去超市买了一盒饼干和两盒火柴。| 这盒牛奶很好喝。

5 **盒饭** héfàn **nasi kotak**

【名词】装在盒子里卖的饭。‖ 我今天吃的是盒饭,而不是自己做的饭。| 我不爱吃盒饭。

5 **盒子** hézi **kotak**

【名词】较小的能盛东西的物品。‖ 这个盒子用来装火柴刚好。| 她用这个盒子来装笔。

5 **贺卡** hèkǎ **kartu ucapan**

【名词】一种用纸做的卡片,在特殊的日子里用来表示祝贺送给朋友的。卡片上面有文字或图片。‖ 谢谢你送我的生日贺卡,我很喜欢。| 他在贺卡上写了祝福语。

4 **黑暗** hēi'àn **gelap; kegelapan**

【形容词】① 没有光。‖ 电灯给黑暗的屋子带来了光亮。| 晚上的森林一片黑暗。② 比喻社会上存在坏人或坏的组织。‖ 在黑暗的旧社会,女人是没有社会地位的。| 她生活在一个黑暗的时代。

6 **黑夜** hēiyè **gelapnya malam**

【名词】黑的夜晚。‖ 在黑夜里走路,没有照明设备是不行的。| 手电筒可以帮助行人在黑夜里照明。

6 **很难说** hěnnánshuō **susah diungkapkan; tidak mudah untuk mengambil keputusan**

【短语】不好说;难以确定。‖ 这件事到底是不是他做的还很难说。| 我是否

要去中国留学还很难说。

6 **狠** hěn **tega**

【形容词】 ① 对人不留情面、严厉。‖ 对待敌人就是要狠！| 她对自己太狠了，为了减肥连饭都不吃。② 狠毒。‖ 那个坏人的心好狠，把人打成这个样子。| 她的父母对她很狠，天天打她。

5 **恨** hèn **benci**

【动词】 很讨厌某人。‖ 你这样做只会让我更加恨你。| 我恨死那些坏人了。

6 **衡量** héngliáng **memikirkan；menimbang/membandingkan**

【动词】 ① 考虑。‖ 在作出决定之前，你要仔细衡量。| 究竟是吃苹果还是香蕉，要作好衡量。② 比较。‖ 很多事情不能用金钱来衡量。| 时间最能衡量人心。

4 **红包** hóngbāo **angpao**

【名词】 包着钱的红色纸包，一般过年或结婚的时候会有。‖ 过年的时候，我爷爷奶奶给我发了一个大红包。| 过年的时候，我和弟弟收到了很多红包。

6 **宏大** hóngdà **besar dan hebat；luar biasa**

【形容词】 巨大；雄伟。‖ 这次运动会的规模很宏大，有来自世界九十多个国家的运动员参赛。| 中国制定了一个宏大的计划来推动中国海南省的发展。

6 **洪水** hóngshuǐ **banjir**

【名词】 暴雨后造成灾害的水流。‖ 洪水让他们失去了家园。| 洪水冲走了整个村子。

5 **猴** hóu **monyet**

【名词】 一种长得像人的动物：猴子。‖ 咱们一起去动物园看猴吧。| 他像猴一样机灵。

4 **后** hòu **belakang**

【名词】 ① 人或事物的背面。‖ 你从后门走进来。| 你快到我后面来。② 指次序或时间接近末尾。‖ 你比我后到。| 来晚了就只能坐后排了。| 下午三点钟后，我才有空，到时你来找我吧。

5 **后悔** hòuhuǐ **menyesal**

【动词】做完某件事情后觉得不该做。‖ 我很后悔当时没听你的话。| 事情已经发生了,你后悔也没有用。

4 **后头** hòutou **belakang**

【名词】① 表示空间或者位置上靠后的。‖ 他站在我后头。| 老师在我后头。② 表示按时间顺序来说是靠后的。‖ 好日子在后头呢,不要放弃。| 先把眼前的事情做了,后头的事情先放放。③ 表示具体的处所。‖ 我家后头有一棵苹果树,门前有条河。

4 **厚** hòu **tebal**

【形容词】① 物体的上下两面之间的距离大,与"薄"相反。| 这本书很厚。| 这件衣服很厚。

【形容词】② 类似于厚度的状态。‖ 雪下得很厚。| 他的声音很厚,不像是学生的声音。

4 **呼吸** hūxī **nafas**

【动词】人或动物进行气体交换。‖ 早晨,我到室外呼吸新鲜空气。| 走到高山上你会感觉呼吸困难。

6 **忽略** hūlüè **mengabaikan**

【动词】没注意到;忽视。‖ 学生需要全面发展,这是不可忽略的事实。| 昨天是我妈妈生日,我却给忽略了。

4 **忽视** hūshì **mengabaikan**

【动词】不注意;不重视。‖ 只求产量,忽视安全,是很危险的。| 我们不能只注重学习而忽视了身体健康。

5 **胡同儿** hútòngr **gang; jalan kecil**

【名词】小巷;小街。‖ 从这个胡同儿拐进去就是我家了。| 这条胡同儿太窄了,汽车根本进不去。

5 **胡子** húzi **jenggot**

【名词】男子嘴边长的毛。‖ 爷爷的胡子很长。| 我弟弟在十三岁开始长胡子了。

6 **壶** hú　**teko**

【名词】用来装水、茶等的东西，水从壶嘴儿流出来。‖ 这把水壶能装很多水。| 这个壶还能再装一点水。

【量词】指一壶的水或茶等的东西。‖ 快去烧一壶开水。| 我刚去打了一壶酒。

5 **虎** hǔ　**macan；harimau**

【名词】一种很凶的野生动物，毛为黄色。也叫“老虎”。‖ 我昨天去动物园看到了一只虎。| 在森林里看到一只虎。

6 **互动** hùdòng　**interaksi**

【动词】相互作用；相互影响。‖ 如果老师和学生互动学习，课堂效果会大不一样。| 他跟顾客互动。

4 **户** hù　**kata satuan**

【量词】用于家庭的单位。‖ 我们村只有十几户人家。| 这户人家的小孩是我同学。

6 **户外** hùwài　**luar ruangan**

【名词】房子外面。‖ 这次的音乐会在户外举行。| 去户外呼吸新鲜空气。

6 **护** hù　**membela；melindungi**

【动词】① 包庇。‖ 他犯错误受罚，你不能护着他。| 这次护着他，下次他还会犯错。② 保护；使其不受到伤害或损害。‖ 不管发生什么事，我一定会护你周全。| 别害怕，我会一直护着你的。

4 **护士** hùshi　**perawat**

【名词】医院里的护理人员。‖ 护士走进病房。| 他的姐姐是一名护士。

4 **花** huā(形)　**corak；kabur（penglihatan）；bual**

【形容词】① 颜色或者种类多。‖ 这只花猫的毛有黑、白、黄三种颜色。| 这件衣服太花了，你还是重新换一件吧。② 眼睛看不清。‖ 这么多衣服可以选择，我都看花眼了。| 好多鲜花，我都看花眼了。③ 用来迷惑人的；不真实，不是真心的。‖ 你又想要什么花招？| 你不要再相信他的花言巧语了。

6 **花费** huāfèi **mencurahkan biaya, tenaga, waktu**

【动词】花金钱、精力、时间等。‖ 这次购物,一共花费了一千块钱。| 为了完成这个作品,我花费了整整三天的时间。| 学画画可是要花费你不少精力的,你还愿意学吗?

6 **花瓶** huāpíng **vas bunga**

【名词】插花用的瓶子,放在屋里做装饰品。‖ 他把新买的花插进了花瓶里。| 花瓶里的花好美。

6 **花生** huāshēng **kacang**

【名词】一种长在地下的坚果,又叫"落花生"。‖ 花生长出了一颗颗果实,但是果实生长在土地里,别人都看不到。| 他喜欢吃花生。

H

5 **华语** huáyǔ **bahasa Mandarin**

【名词】汉语。‖ 除了英语之外,他还会讲华语。| 华语歌对他来说很简单。

5 **滑** huá **meluncur; licin**

【动词】滑动。‖ 他不小心滑了一下。| 他差点滑倒。

【形容词】很平不粗糙。‖ 下完雨之后,这条路好滑。| 我的皮肤很滑。

6 **化解** huàjiě **menyelesaikan**

【动词】解除;消除。‖ 他俩顺利化解了矛盾。| 虽然事情真相大白,但他心中的疑惑却难以化解。

5 **化石** huàshí **membatu**

【名词】生物遗体长时间埋在地下而变成石块。‖ 地底下的化石虽然很难找到,但是研究价值却是很高的。| 研究者们发现了一块几千年前的动物化石。

4 **划** huà **menggaris; membagi**

【动词】① 用笔或类似于笔的工具画出线条。‖ 他用笔在书上划了一条线。| 把重点部分划出来。② 把整体分成几个部分。‖ 学校把图书馆划为三个部分,我们班在最里边。| 妈妈把蛋糕划成四份。

5 **划分** huàfēn **membagi**

【动词】把一个整体分成几个部分。‖ 蛋糕被划分为三小块。| 老师给每个

同学都划分了任务。

5 **画面** huàmiàn **situasi; adegan**

【名词】图画或电影表现出的形象。‖ 这部电影,对画面和色彩的处理把握得很好。| 画面中的这个人我好像认识。

4 **怀念** huáiniàn **rindu**

【动词】思念。‖ 我怀念我的故乡和亲人。| 我怀念我小时候的生活。

4 **怀疑** huáiyí **ragu; duga**

【动词】① 不相信。‖ 你说的这句话真让人怀疑。| 你说你没做过这件事,我有点怀疑。② 猜。‖ 我怀疑今天会堵车。| 你怀疑我说你坏话,可是我没有。

H

5 **环节** huánjié **ruas; bagian dari rangkaian**

【名词】① 蚯蚓、蜈蚣等低级动物身体上相互连接的结构。‖ 蚯蚓上的环节一伸一缩的。| 蜈蚣身上也有环节。② 相互联系的事物中的一个。‖ 活动最后的环节,是老师让我们一起拍照。| HSK 考试,口语是你的薄弱环节。

4 **缓解** huǎnjiě **berkurang (lebih tenang/stabil)**

【动词】紧张的程度减轻。‖ 吃完药后,他的疼痛缓解一些了。| 听歌能缓解人们的压力。

6 **幻想** huànxiǎng **ilusi; fantasi; khayalan**

【动词】对还没实现的事物加以想象。‖ 我幻想着有一天能考上好大学。| 他幻想着自己以后成为富人。

【名词】想象出来的事情。‖ 他是个骗子,不要对他抱有任何幻想。| 孩子们心中充满了美丽的幻想。

6 **患者** huànzhě **penderita; pengidap**

【名词】得某种病的人。‖ 患者被送到了急救病房。| 他是个重症患者。

5 **慌** huāng **gugup; panik; takut; khawatir; bingung; goyah**

【形容词】着急;紧张;害怕。‖ 一考试我就慌。| 别慌,你一定会通过考试的。| 今天心好慌,总感觉要发生什么事。

5 **慌忙** huāngmáng **buru-buru; tergesa-gesa**

【形容词】急忙;不冷静。‖ 慌忙之中,他拿错了桌子上的文件。| 见有人来,

小偷慌忙逃走了。

6 **皇帝** huángdì **raja；kaisar**

【名词】古代最高权力的拥有者。‖ 他是最后一位皇帝。| 皇帝拥有很高的权力。

4 **黄瓜** huángguā **mentimun**

【名词】一种可以生吃的菜，花为黄色，果实带刺。‖ 他直接拿起一根黄瓜就吃了。| 妈妈种了很多黄瓜，有的已经结果了，有的才开出黄花。

4 **黄金** huángjīn **emas（kuning）**

【名词】金。‖ 黄金价格上涨。| 这个杯子是用黄金做的。

5 **灰色** huīsè **warna abu-abu**

【名词】白色和黑色之间的一种颜色。‖ 这件灰色的衣服更适合你。| 我的书包是灰色的。

【形容词】失望的心情。‖ 听到这个坏消息后，我的心情是灰色的。| 你的思想为什么总是这么灰色？

5 **恢复** huīfù **pulih；sembuh；mengembalikan yang pernah hilang**

【动词】① 使事物变成原来的样子。‖ 感冒好了之后，我恢复了工作。| 春天到了，树木又恢复了生机。② 把失去的重新收回。‖ 我们要打败敌人，恢复失地。| 老师重新恢复了他班长的职位。

5 **回报** huíbào **melaporkan apa yang sudah di lakukan；membalas（budi）**

【动词】① 报告（任务执行情况）。‖ 了解到相关信息后立刻回报给我。| 向老板回报本月的工作情况。② 报答。‖ 你帮了我，以后我一定回报你。| 做好事不图回报。

5 **回避** huíbì **menghindari；mengelak**

【动词】① 让开；躲开。‖ 还好我回避了一下，不然就要被他打到了。| 前方发生了紧急事件，请你回避。② 某些事与自己有关，不方便参与处理。‖ 来面试的是我弟弟，我还是回避一下吧。| 你们负责处理这件事。作为他的老师，我会回避的。

4 **回复** huífù **balas；jawab**

【动词】回答；答复。‖ 你为什么这么久不回复我消息？| 我问他一个问题，

他立刻回复我了。

5 **回顾** huígù **mengingat kembali；meninjau kembali**

【动词】① 回头想；回头看。‖ 回顾今年，我一共看了二十本书。| 回顾过去三年，我没有一天快乐过。② 总结；检查。‖ 好好回顾一下今年的工作。| 回顾所学知识再回答。

5 **回收** huíshōu **daur ulang**

【动词】东西收回再利用。‖ 旧书和旧衣服可以回收。| 楼下有人回收旧手机。

5 **回头** huítóu **sebentar lagi；nanti**

【副词】稍等一会儿；过一段时间以后。‖ 你先用这本旧书，回头我给你买新的。| 我走了，回头见。

5 **回信** huíxìn **membalas surat；respon pesan/kabar**

【名词】① 答复的信。‖ 我收到了老师的回信。| 我期待收到你的回信。② 答复的话。‖ 一有你家孩子的消息，我会立马给你回信。| 你到底去不去吃饭，一会儿记得给我个回信。

5 **回忆** huíyì **kenangan**

【动词】回想。‖ 我们俩一起回忆大学时候的生活。| 这是我最美好的回忆。

6 **回应** huíyìng **merespon；menanggapi**

【动词】回答；答应。‖ 他回应道："这事不是我做的。" | 我大声呼喊，可没人回应。

6 **毁** huǐ **merusak；memusnahkan；menghancurkan**

【动词】破坏；失去希望。‖ 好好的一幅画，被你毁了。| 不好好学习，你的前途就毁了。

6 **会见** huìjiàn **menemui；mengadakan pertemuan dengan**

【动词】跟别人相见。‖ 总统会见了英国国王和王后。| 这是一次友好的会见。

5 **会谈** huìtán **perundingan；pembicaraan**

【动词】双方或多方进行商谈。‖ 经过多次会谈，双方公司建立了合作关系。| 两国的领导人正在进行会谈。

6 **会长** huìzhǎng **ketua perkumpulan/perhimpunan**

【名词】某些团体或组织的领导人。‖ 他曾是体育总会副会长。| 李会长的组织管理能力很强。

4 **汇** huì **mengalir；mengumpulkan；mengirim uang**

【动词】① 河流会合。‖ 无数的小河汇成这条巨流。| 这条小河的水最后会汇入长江。② 聚合。‖ 请把信息汇到一个文件里。| 把所有的信息汇到一起。③ 把钱寄到别处。‖ 他准备把这些钱汇给读大学的弟弟。| 他每个月给家里人汇一次钱。

4 **汇报** huìbào **melaporkan**

【动词】整理材料向上级或群众领导报告。‖ 我向领导汇报了本月的工作情况。| 要向我们如实汇报情况,不能说假话。

5 **汇款** huì//kuǎn **mengirim uang；transfer**

【动词】把钱汇出。‖ 他每个月都要给在读大学的女儿汇款。| 我从来没到银行汇过款,你能告诉我怎么汇款吗?

4 **汇率** huìlǜ **kurs**

【名词】一个国家的钱换取另一个国家的钱的比率。‖ 欧元换美元汇率下降。| 人民币换美元汇率上升。

6 **绘画** huìhuà **melukis**

【动词】用线条、色彩把物体形象描绘在纸、布或其他底子上。‖ 他的绘画技术很好。| 大卫喜欢艺术,其中最喜欢绘画。

6 **昏** hūn **bingung；linglung**

【动词】头脑没有意识,神志不清。‖ 你昏了头吧,这么简单的都做错了。| 话还没说完,他就昏了过去。

4 **婚礼** hūnlǐ **pernikahan**

【名词】一种结婚的庆祝方式,会有亲人和好友参加。‖ 我姐姐和姐夫将在下周末举行婚礼。| 他们结婚了,但是还没有办婚礼。

6 **混** hùn **mencampur；bercampur；kacau/ceroboh**

【动词】① 掺和在一起。‖ 这两种药不能混着吃。| 这两个词语长得很像,不

要搞混了。② 马虎地生活或做事。‖ 请你认真回答我的问题，不要想着混过去。| 好好找个工作吧，不要再混日子了。

6 **混乱** hùnluàn **kacau**

【形容词】 完全没有条理。‖ 在一片混乱中，他和妈妈走散了。| 老师说我的作文结构混乱，没有条理。

5 **活力** huólì **energi；semangat**

【名词】 旺盛的生命力。‖ 同学们一个个充满了活力。| 这种草虽小，却有很强的活力。| 人的活力来自压力和挑战。

H

5 **活泼** huópō **bersemangat；lincah**

【形容词】 生动；不死板。‖ 孩子们又活泼又漂亮，像春天里的鲜花。| 学生喜欢活泼生动的课堂。

6 **活跃** huóyuè **bersemangat；lincah；aktif；positif**

【形容词】 情绪活泼而积极；气氛热烈。‖ 这个班级很活跃，同学们都积极回答问题。| 这个同学上课很活跃，经常提问和回答问题。

【动词】 使气氛活泼生动起来。‖ 为了活跃同学们的课余生活，学校举办各种活动。| 老师为了活跃课堂气氛，课前会让我们唱一首歌。

4 **火** huǒ **ramai；terkenal**

【形容词】 生意好，人出名了 。‖ 他新开了一个店，生意很火。| 她靠一首歌火了。

5 **火柴** huǒchái **korek api；mancis**

【名词】 一种用于取火的小木条，可以摩擦生火。‖ 她用火柴点燃了木头。| 这盒火柴快要用完了。

6 **火箭** huǒjiàn **roket；panah berapi**

【名词】 用来运载人造卫星的飞行装置。‖ 这枚火箭将在今天下午五点五十五分发射升空。| 我国又发射了一枚火箭。

5 **火腿** huǒtuǐ **ham**

【名词】 腌制而成的猪腿，因肉色火红而得名。‖ 我和家人都爱吃火腿。| 火腿炒肉很好吃。

5 **火灾** huǒzāi　**kebakaran**

【名词】因失火造成的灾害。‖ 这家店防火措施没做好，最后发生了火灾。| 还好发现及时，才没有发生火灾。

4 **伙** huǒ　**kata satuan（kerumunan）**

【量词】用于人群。‖ 快跑，那伙人追上来了。| 这个游戏要求五个人一伙。

4 **伙伴** huǒbàn　**rekan；mitra**

【名词】共同参加某项活动的人；好朋友。‖ 欢迎我们新的合作伙伴。| 大卫是我童年的伙伴，我们无话不说。

5 **或是** huòshì　**atau**

【连词】或者，或者是。‖ 小王、小李或是小杨，三个人来一个就行。| 不管是成绩好的或是成绩不好的同学，老师都应该平等对待。

4 **或许** huòxǔ　**mungkin；kemungkinan**

【副词】也许，表示某种可能。‖ 小美今天没来上课，或许她生病了。| 或许这是她第一次来北京。

4 **货** huò　**barang**

【名词】商品；货品。‖ 你们这家店主要卖什么货？| 这批货质量有问题。

4 **获** huò　**menangkap；mendapatkan/memperoleh；panen**

【动词】① 捉住；抓住。‖ 警察抓获了一个小偷。| 他在夜里抓获了一只大老鼠。② 得到。‖ 获利。| 获奖。③ 收割。‖ 收获。| 秋天是收获的季节。

4 **获得** huòdé　**mendapatkan；memperoleh**

【动词】取得；得到。‖ 她获得了冠军。| 他获得了老师的表扬。

4 **获奖** huòjiǎng　**mendapatkan/memperoleh hadiah**

【动词】得到奖品或奖励。‖ 我获奖了，得到了一支笔。| 听到自己获奖的消息，她激动得哭了。

4 **获取** huòqǔ　**mendapatkan；memperoleh**

【动词】取得或夺得某种东西。‖ 听完了这节课，我获取了很多有用的信息。| 相处了几个月，我终于获取了她的信任。

H

J

4 几乎 jīhū **hampir semua**

【副词】① 表示十分接近;差不多。‖ 我们班几乎所有同学都爱看书。| 几乎所有水果我都爱吃。② 表示某件事情眼看着要发生而结果并未发生。‖ 她几乎用完了所有的零花钱。| 他几乎用尽了全身力气也没能把这块石头搬起来。

6 机动车 jīdòngchē **kendaraan berteknologi komputer**

【名词】利用机器开动的车。‖ 驾驶机动车要精神高度集中。| 非机动车不能停放在这里。

4 机构 jīgòu **mekanisme; institusi**

【名词】① 物体的内部构造。‖ 这块表的机构很复杂。| 手机内部机构简单。② 团体、机关等工作单位。‖ 他在教育机构上班。| 国家鼓励机构改革。

6 机关 jīguān **bagian terpenting mesin**

【名词】① 控制整个机器的关键。‖ 打开机关,机器就会转动。| 按下这个机关,机器就开始工作。② 办事单位或机构。‖ 她是政府机关工作人员。| 他在教育机关工作。

5 机器人 jīqìrén **robot**

【名词】由计算机控制的机器,能代替人类做某些工作。‖ 这个机器人能扔垃圾、刷盘子。| 这个机器人能帮我扫地。

6 机械 jīxiè **mekanis**

【名词】机器的总称。‖ 机械厂决定不再使用旧机器,引进新机器。| 土地平坦,有利于机械操作。

4 机遇 jīyù **kesempatan; peluang**

【名词】机会。‖ 面对机遇,要及时把握。| 机遇是留给有准备的人的。

5 **机制** jīzhì **mekanisme**

【名词】工作原理;起作用的过程和方式。‖ 市场机制。→市场有效运行的原理。| 竞争机制。→竞争有效运行的原理。

5 **肌肉** jīròu **otot**

【名词】人和动物的一种肉。‖ 这个运动员腿上的肌肉十分发达。| 他胳膊很瘦,没什么肌肉。

5 **基地** jīdì **tanah fondasi; markas/pusat**

【名词】① 作为某种事业基础的地区。‖ 这里是我国重要的农业基地。| 这座城市已经成了我国最大的工业基地。② 有特定用途的或开展某种活动的专业场所或机构。‖ 新建了一个篮球训练基地。| 我市新建了一个蔬菜基地。

6 **基督教** jīdūjiào **agama Kristen**

【名词】世界主要宗教之一,产生于一世纪,信上帝,奉耶稣为救世主。‖ 他爷爷信基督教。| 基督教是一种有影响力的宗教。

5 **基金** jījīn **dana untuk sumbangan atau keperluan tertentu lainnya**

【名词】为了某种专门的用途储存下来备用的资金。‖ 他将这些资金作为医疗和教育基金。| 这些钱是父母给他准备的教育基金。

4 **积累** jīlěi **akumulasi**

【动词】逐渐集合在一起。‖ 他参加各种比赛,积累了很多经验。| 有的人愿意积累财富,有的人愿意积累知识。

4 **激动** jīdòng **kegirangan; panik (tidak tenang)**

【动词】因某事引起情绪上的不冷静。‖ 听到这个激动人心的消息,大家都开心地笑了。| 他激动得哭了。

【形容词】因受刺激使情绪不冷静。‖ 看到久别的亲人,心情太激动了。| 大家又没说你,你那么激动干吗。

4 **激烈** jīliè **intens; ekstrim**

【形容词】动作或说话等强烈、不温和。‖ 经过激烈的争论,大家终于统一了认识。| 两军战斗非常激烈。

6 **激情** jīqíng **antusias**

【名词】强烈激动的情感。‖ 这是一首有激情的歌。| 每个人都曾有一段激情似火的岁月。| 看到偶像后,突然就有了学习激情。

4 **及格** jí//gé **lolos/lulus; di atas batas minimum**

【动词】达到规定的最低标准;合格。‖ 大卫这次考试没及格。| 不好好训练,你的足球课程就不及格。

6 **吉利** jílì **untung; mujur**

【形容词】吉祥顺利。‖ 过年时,大家见面总要说一些吉利的话。| 他认为六是吉利的数字。

6 **吉祥** jíxiáng **mujur; untung; bertuah**

【形容词】幸运而顺利。‖ 祝大家新年吉祥。| 祝你吉祥如意。

4 **极** jí **luar biasa; sangat-sangat**

【副词】表示达到最高程度。‖ 极少数人不赞成这个观点。| 周末和朋友一起出去玩是极好的事。

6 **极端** jíduān **luar biasa; terlalu**

【名词】事情从某个发展方向达到了顶点。‖ 爱与恨是感情的两个极端。| 说话做事不要走极端。

【形容词】绝对;情绪冲动,想法片面。‖ 他的想法虽然有效,但是太过极端。| 你的想法太极端了,不是所有人都是坏人。

4 **极其** jíqí **sangat; amat**

【副词】非常。‖ 这是一个极其负责的人,你可以相信他。| 他极其希望自己能活下来。| 国家这几年极其重视中小学教育。| 他犯了一个极其低级的错误。

4 **即将** jíjiāng **segera akan; hampir**

【副词】将要;就要。‖ 列车即将到达。| 他即将成为一个大学生。| 梦想即将成真。

5 **即使** jíshǐ **sekalipun; meskipun**

【连词】① 表示如果。‖ 即使天气再冷,大卫也坚持早起跑步。| 即使这件事

不一定成功,我也要试一试。② 表示一种极端情况。‖ 即使是很小的事情,我也会认真对待。| 即使是面对死亡,我也会继续做。

6 **急救** jíjiù **pertolongan darurat**

【动词】紧急抢救得急病或受伤的人。‖ 他急救了一个落水的小孩。| 那位老人被车撞了,需要马上急救。

4 **急忙** jímáng **buru-buru；tergesa-gesa**

【副词】赶紧;连忙。‖ 听说妈妈生病了,他急忙赶到医院。| 到了晚上我才急忙写作业。

6 **疾病** jíbìng **sakit；penyakit**

【名词】病或病的总称。‖ 我们要注意卫生,预防疾病。| 他不知道自己得了什么疾病。

6 **集** jí **pasar；bagian/bab buku/film**

【名词】集市。‖ 明天赶集,买点生活用品。| 今天赶集的人很多。

【量词】较长的书或影片的一个部分。‖ 我才看完这本书的上集,下集还没看。| 这部电视剧共有三十集。

4 **集合** jíhé **berkumpul**

【动词】① 分散的人或物聚合在一起。‖ 请大家到楼下集合。| 放学后在校门口集合。② 使聚合。‖ 老师把所有同学集合起来了。| 要把各种材料集合起来进行分析,才有可能得到正确的结论。

5 **集团** jítuán **grup；kelompok**

【名词】为了一定的目的组织起来共同行动的团体。‖ 这是一个专门生产高端白酒的集团。| 这个盗窃集团的人员彻底被抓获。

6 **给予** jǐyǔ **memberi；memberikan**

【动词】给。‖ 感谢你给予的支持和帮助。| 老师给予我鼓励,我才能克服困难。

5 **挤** jǐ **berdesakan；menumpuk；menerobos；memencet/memeras；**

【动词】① 很多人或物紧紧靠在一起。‖ 房间里挤满了人。| 我在车里被挤来挤去。② 很多事情集中在同一时间内。‖ 最近事情全挤到一起了,根本没

时间休息。| 上课和考试挤到一起了。③ 用身体排开人或物。‖ 他们把我挤出房间了。| 他想把我挤出去。④ 用压力使排出。‖ 挤一桶牛奶。| 这个草莓一挤就能出水。⑤ 想办法腾出来。‖ 他再忙也要挤出时间学习。| 挤一挤,时间总会有的。
【形容词】地方相对小而人或物相对多。‖ 公交车里特别挤。| 房间里进了十多个人,太挤了。

5 **记忆** jìyì **ingatan**
【名词】保持在脑子里的过去事物的印象。‖ 在我童年的记忆里,故乡有一条浅浅的清澈的河流。| 五岁发生的事我还有记忆。
【动词】记住或想起。‖ 小时候的事情,现在还能记忆起来。| 你记忆起来了吗? 去年我们还一起上过课呢。

J

4 **记载** jìzǎi **mencatat**
【动词】把事情写下来。‖ 这本书记载了他的一生。| 关于这件事的历史记载不多。

4 **纪律** jìlǜ **disiplin**
【名词】一个团体的成员应该遵守的规则。‖ 遵守纪律。| 违反纪律。| 纪律要严格遵守。

5 **技能** jìnéng **keterampilan dan kemampuan**
【名词】技术才能。‖ 要求员工熟练掌握操作技能。| 学会管理时间是我们的基本技能。

4 **技巧** jìqiǎo **keahlian; teknik**
【名词】在某方面的巧妙的技能。‖ 好的成绩离不开学习技巧。| 他的画画技巧非常高超。

4 **系** jì **mengikat; mengancing(kan)**
【动词】打结;扣。‖ 他弯腰系鞋带。| 天冷了,把衣服扣儿系上。

4 **季** jì **periode (triwulan); musim; bulan akhir suatu musim**
【名词】① 一年分春夏秋冬四季,一季有三个月。‖ 一年有四季。| 冬季很冷。② 季节。‖ 每年的四五月份是雨季,会经常下雨。| 这个月是旅游旺季,很多人来北京旅游。

4 季度 jìdù **triwulan; periode tiga bulan**

【名词】以一季为单位时的称为季度。‖ 我们会在第三季度开发新产品。| 第二季度挣的钱比第一季度多。

4 季节 jìjié **musim**

【名词】一年里会有四个不同的季节,分别是春季、夏季、秋季和冬季。‖ 春天是春暖花开的季节。| 收获的季节就要到了。| 现在正是吃西瓜的季节。

4 既 jì **sudah; telah; tidak hanya; karena**

【副词】已经。‖ 你的分数排第一,得第一名是既成事实。| 他们是既得利益者,当然会反对改革。

【连词】① 表示不光一个方面,跟"又、且、也"搭配。‖ 她既漂亮又可爱。| 他既能说汉语,也能说英语。

【连词】② 既然。‖ 既下定了决心,就要努力去做。| 既不想和我说话,那我就走了。| 既来之则安之。→意思是既然来了就安下心来。

4 既然 jìrán **karena**

【连词】前一小句先说出现象,而后一小句用来推论。常跟"就、也、还"一起出现。‖ 既然外面风大,那我们就别出去了。| 既然你不想说,那我也不再问你了。

5 继承 jìchéng **mewarisi; meneruskan**

【动词】① 依法承受死者的遗产等。‖ 爸爸继承了爷爷的遗产。| 他是死者的唯一继承人。② 继续前人留下来的事业。‖ 我们要继承先辈的遗志,建设更美好的社会。| 继承前人留下来的文化事业。③ 把前人的文化、知识等接受过来。‖ 我们要继承优良传统。| 继承文化遗产。

4 寄 jì **mengirim; bergantung**

【动词】① 邮寄。‖ 书已经寄走了。| 记得给我寄信。| 把衣服寄到他家里。② 对某人或某物的依靠。‖ 把希望寄予青年。| 父母把所有希望寄在我身上。

4 加班 jiā//bān **lembur**

【动词】在规定以外增加工作时间或班次。‖ 六点就应该下班了,可是九点他们还在加班。| 公司给员工发加班费。| 这辆车是加班车,平常这个时候已经

J

没有车了。

6 **加盟** jiāméng **bergabung**

【动词】加入某个团体。‖ 这部电影有众多明星加盟,相信会是一部好作品。| 有你的加盟,我们就更有信心了。

5 **加热** jiā//rè **dipanaskan**

【动词】使物体的温度增高。‖ 菜凉了,需要加热一下。| 我觉得牛奶加热后会更好喝。

4 **加入** jiārù **menambahkan; bergabung**

【动词】① 加上;放某物进去。‖ 我习惯在咖啡里加入一些牛奶。| 再加入一点盐味道会更好。② 参加某个团体。‖ 欢迎新同学加入我们班级!| 我们组有新的同学加入。

5 **加上** jiāshàng **di tambahkan**

【连词】承接上一句话,有进一步的意思,下文多表示结果。‖ 他学习了一整夜,加上有点感冒,身体更不舒服了。| 他基础不好,加上不爱学习,成绩就更差了。

5 **加速** jiāsù **mempercepat**

【动词】加快速度。‖ 听到老师念我的名字,我的心跳立马加速。| 他不但没有停下来,反而加速前进。

5 **加以** jiāyǐ **berfungsi untuk penekanan**

【动词】表示如何对待或处理前面所提到的事,多用在一些多音节动词前。‖ 发现问题要及时加以解决。| 做错事不要紧,但是一定要加以改正。

【连词】表示进一步的原因或条件。‖ 他本来就困,加以吃了感冒药,所以就更困了。| 他基础差,加以不认真学习,现在成绩更差了。

4 **加油站** jiāyóuzhàn **SPBU (Stasiun Pengisian Bahan Bakar Umum)**

【名词】给汽车添加燃料油的地方。‖ 车快没油了,得在下一个加油站加油。| 加油站提供加油服务。

6 **家电** jiādiàn **perangkat listrik rumah tangga**

【名词】家用电器。‖ 那家商店主要卖中国品牌的家电。| 电视机、电冰箱、

空调是最主要的家电。

4 **家务** jiāwù **pekerjaan rumah tangga**

【名词】家中日常劳动。‖ 妈妈又要工作，又要做家务，真的很辛苦。| 我会帮家里分担一些家务。

6 **家园** jiāyuán **keluarga；kampung halaman**

【名词】指家中的庭院。泛指家庭或家乡。‖ 这次地震让不少人失去了家园。| 希望我们的家园变得越来越好。

6 **嘉宾** jiābīn **tamu kehormatan**

【名词】尊贵的客人。‖ 他是这次婚礼的重要嘉宾。| 嘉宾已经到场。

5 **夹** jiā **mengepit；menjepit；bercampur；berada di antara**

【动词】① 放在胳膊底下或用手夹着。‖ 他夹着书走进教室。| 手指尖夹着一支笔。② 两处用力，使物体固定不动。‖ 把菜夹到碗里。| 我被他俩夹在中间很难受。③ 混杂。‖ 明天是雨夹雪天气。| 一堆黑气球中夹着一个红气球。④ 处于两者之间。‖ 把笔夹在书里。| 这条小河夹在两山之间。

5 **甲** jiǎ **pertama；urutan pertama**

【名词】① 中国传统表示次序的符号，"甲"排第一。‖ 甲乙丙丁。| 男子甲组跳高比赛马上就开始了。② 居于第一名。‖ 他考试得了甲等。| 桂林山水甲天下。

4 **假如** jiǎrú **jika**

【连词】如果。‖ 假如没有你的帮助，我不会取得成功。| 我们明天去爬山吧，假如明天不下雨。

5 **价** jià **harga**

【名词】价格。‖ 物价上升。| 这是我妈妈留给我的东西，它是无价的。

5 **驾驶** jiàshǐ **mengemudi；mengendarai**

【动词】使车、船、飞机等行驶。‖ 他是第一个驾驶飞机上天的人。| 他是一名飞机驾驶员。| 他小心地驾驶着汽车。

5 **驾照** jiàzhào **SIM（Surat Ijin Mengemudi）**

【名词】驾驶证。‖ 交警让他拿出驾照。| 他终于通过考试，拿到驾照了。

6 **假日** jiàrì **hari libur**

【名词】放假或休假的日子。‖ 在假日里,我一般会出门逛街。| 假日被认为是放松的日子。| 我们可以趁着假日去外地旅游。

6 **尖** jiān **lancip; tajam (lihat, dengar, cium); suara nyaring (melengking)**

【形容词】① 尖锐。‖ 他的下巴很尖。| 铅笔头很尖。② 耳朵、鼻子、眼睛能快速反应。‖ 她眼睛很尖,再小的事物也能观察到。| 狗的鼻子很尖,能闻到人不能闻到的味道。③ 声音高且细。‖ 女生的声音一般比男生的声音尖。| 他的声音跟女孩子声音一样尖。

5 **坚定** jiāndìng **stabil**

【动词】使立场、意志等稳定或不动摇。‖ 要坚定自己的信心。| 坚定自己的决定。

【形容词】立场、意志等稳定坚强;不动摇。‖ 要有坚定的信心。| 他在这次争论中立场坚定。| 他让自己平静下来,然后坚定地走上讲台。

4 **坚固** jiāngù **kokoh; stabil**

【形容词】结实;稳定。‖ 我和他之间的感情很坚固。| 这座房子十分坚固。

5 **肩** jiān **bahu**

【名词】连接手和脖子的地方。‖ 队友们肩并肩,站成一行。| 他趴在妈妈肩上哭。| 他的肩不能挑东西。

5 **艰苦** jiānkǔ **susah; sulit (keadaan/kondisi)**

【形容词】艰难困苦。‖ 继承先辈艰苦奋斗的精神。| 他们在艰苦的环境下学习。

5 **艰难** jiānnán **susah; sulit (keadaan/kondisi)**

【形容词】困难。‖ 他年纪大了,又无儿无女,生活很艰难。| 因为他父母都走了,所以他生活得很艰难。

6 **监测** jiāncè **memantau; memonitor**

【动词】监督检测。‖ 随时对地球进行环境监测。| 加强空气污染监测。

6 **捡** jiǎn **memungut**

【动词】拾取。‖ 他捡起掉在地上的帽子,随手戴在头上。| 他靠捡垃圾维持

生活。

4 **检测** jiǎncè **memantau; memonitor**

【动词】检验测定。‖ 工厂需要每天进行食品质量检测。| 老师打算在下周进行考试,检测同学们的学习情况。

5 **检验** jiǎnyàn **inspeksi**

【动词】检查并验证。‖ 她的工作是检验汽车质量。| 这个理论经不起检验。| 这些产品都通过了出厂质量检验。

4 **减** jiǎn **mengurangi**

【动词】从总体或某个数量中去掉一部分。‖ 6-3=3,读作"六减三等于三"。

4 **减肥** jiǎn//féi **diet**

【动词】使肥胖减轻。‖ 你不胖,不用减肥。| 减肥要坚持才有效果。

5 **减轻** jiǎnqīng **mengurangi; berkurang (berat)**

【动词】减少重量或程度。‖ 为了减轻家里的负担,他自己出去打工赚学费。| 你加入我们组,压力就减轻一大半了。

4 **减少** jiǎnshǎo **mengurangi; berkurang (jumlah)**

【动词】减去一部分。‖ 经过爸爸的教育,弟弟迟到的次数减少了。| 我国今年进口的粮食减少了。

5 **剪** jiǎn **menggunting**

【动词】用剪刀等使东西断开。‖ 他在剪指甲。| 我今天去剪了头发。

5 **剪刀** jiǎndāo **gunting**

【名词】能使布、纸等东西断开的铁质工具,有两片刀,可以开合。‖ 理发师用剪刀剪头发。| 这把剪刀是剪纸用的,剪布的话要用另一把剪刀。

5 **剪子** jiǎnzi **gunting**

【名词】剪刀。‖ 用剪子剪头发。| 他的手被剪子划破了。

6 **简介** jiǎnjiè **penjelasan singkat**

【名词】简单地介绍。‖ 我看了这本书的简介,觉得很有趣。| 书的第一页有

J

关于作者的相关简介。

4 **简历** jiǎnlì **riwayat kerja; resume**

【名词】简单的经历。‖ 面试的时候记得准备好你的简历。| 请填写一下你的简历。

6 **见** jiàn **jumpa; temu**

【动词】① 看到、看见。‖ 眼睛见到的也不一定是真的。| 这篇文章好像在哪见过。② 会见;接见。‖ 他要来见你。| 今天是领导接见日。③ 接触。‖ 冰淇淋见热就会化。| 虫子见光就死。④ 显现出。‖ 两个人的关系日渐亲密。

【补词】用作补语,表示感觉到。‖ 我站得太远了,前面的东西都看不见。

J

5 **间接** jiànjiē **secara tidak langsung**

【形容词】不是直接而是通过第三者发生关系的。‖ 他间接地做了一件好事。| 从书本里获得的知识是一种间接经验。

5 **建造** jiànzào **membangun**

【动词】建筑;修建。‖ 建造高楼。| 建造铁路。

5 **建筑** jiànzhù **membangun; bangunan/konstruksi**

【动词】建造;构筑;建立。‖ 建筑铁路。| 建筑房屋。| 一个人不应该把快乐建筑在别人的痛苦之上。

【名词】建造的物品。‖ 北京有很多有名的建筑物。| 老旧的建筑物很危险,不要往那边走。

6 **剑** jiàn **pedang**

【名词】古代的兵器,前端很尖,可以佩戴在身上。‖ 这把剑很锋利。| 今晚有舞剑表演。

5 **健全** jiànquán **sehat dan kuat**

【形容词】① 强健而且没有缺陷。‖ 你身心健全,为什么要依赖别人? | 他虽然上了年纪,但头脑还很健全。② 事物完善,没有欠缺。‖ 这座城市的基础设施很健全。| 我们公司的管理制度还不够健全。

【动词】使完善。‖ 健全法律制度。| 健全基层组织。

4 健身 jiànshēn **fitnes**

【动词】使身体健康。‖ 我妈妈天天跳健身操。| 走路也是一种健身方式。| 我一会要去健身房健身。

4 渐渐 jiànjiàn **perlahan-lahan**

【副词】天气渐渐变凉了。→天气慢慢变凉。‖ 来到这座城市三个月后,玛丽渐渐习惯了这里的生活。| 街上的人渐渐多了。

6 箭 jiàn **panah**

【名词】古代一种武器,长而细,可以射击到远处。‖ 射箭是奥林匹克运动会项目之一。| 墙上有一支箭。

5 键 jiàn **tuts**

【名词】机器或设备上可以按动的地方。‖ 请按下启动键播放音乐。| 我电脑的回车键坏了。

5 键盘 jiànpán **papan ketik**

【名词】计算机、钢琴等装有许多键的地方。‖ 我电脑的键盘坏了,需要买一个新的。| 钢琴家的手轻轻地放在键盘上,准备开始表演。

4 江 jiāng **sungai**

【名词】① 大河流。‖ 那儿有一条江。| 我们去江边走一会儿,好吗? ② 江河名称:长江、珠江、松花江等。③ 特指中国最长的最大的河流——长江。‖ 小明打算和他的朋友去江南游玩。

5 将 jiāng **akan**

【副词】表示行为或情况在不久以后会发生。‖ 天气预报说明天将会下雪,应该会很冷。| 下午在公园将举办一场武术表演,你要去看吗?

【介词】把。‖ 他将手里的书放下,打开电脑搜索资料。→他把手里的书放下,打开电脑搜索资料。| 比赛开始前,裁判将选手分成两个队伍。

6 将军 jiāngjūn **jenderal**

【名词】军队中的高级领导。‖ 我的爷爷曾经是一位将军。| 在中国古代的一部著名的小说中,有一位勇敢的将军叫关羽。

5 **将要** jiāngyào **akan segera**

【副词】表示行为或情况在不久以后会发生。‖ 暑假快到了,她将要去桂林看望家人。‖ 这个暑假学校将要举行中国传统文化体验活动,老师鼓励我们报名参加。

4 **讲究** jiǎngjiu **memperhatikan**

【动词】注意;重视。‖ 他是一名运动员,对自己的饮食非常讲究。→作为一名运动员,他非常重视自己的饮食。‖ 吃饭前要洗手,讲究个人卫生。| 学习中文要讲究方法,才能进步更快。

【形容词】充分考虑过的。‖ 我的卧室布置得很讲究。→我的卧室布置得很精美。‖ 这些花瓶上的图案都很讲究。| 王老师今天要参加一个重要的会议,穿得很讲究。

6 **讲课** jiǎng//kè **mengajar**

【动词】老师面对学生上课。‖ 王老师在教室讲课,你晚点再来找她吧。‖ 同学们都很认真地听老师讲课。

4 **讲座** jiǎngzuò **seminar**

【名词】一种教学形式,一般通过报告会议和广播进行。‖ 昨天晚上关于京剧的讲座你听了吗?我觉得十分有趣。| 抱歉,下午我要参加一个讲座,不能和你一起去看电影。

4 **奖** jiǎng **hadiah; bonus**

【动词】为了鼓励或表扬而给予荣誉或财物。‖ 妹妹期末考试获得第一名,老师奖给她一本词典。‖ 小张工作表现很出色,公司奖他两千块钱。

【名词】为了鼓励或表扬而给予的荣誉或财物。‖ 莫言是中国第一位获得诺贝尔文学奖的中国人。| 这次比赛中,挑战成功的选手得的奖是一台冰箱。

4 **奖金** jiǎngjīn **hadiah uang**

【名词】为了鼓励或表扬而给予的金钱。‖ 小华工作很努力,得了奖金。| 如果我们小组获得第一名,将有两百元的奖金。

5 **奖励** jiǎnglì **bonus**

【动词】为了鼓励或表扬而给予荣誉或财物。‖ 这次测试我考了一百分,老师奖励了一本笔记本。| 妈妈奖励我一辆自行车。

【名词】为了鼓励或表扬而给予的荣誉或财物。‖ 我和杰克是上个月的优秀

员工，都获得了奖励。| 公司将奖金作为这个季度的奖励。

4 奖学金 jiǎngxuéjīn **beasiswa**

【名词】为了表扬、鼓励学生而设置的奖金，通常与学业相关。‖ 她上学期学习成绩很好，获得了奖学金。| 大学的奖学金有许多种，你可以根据自己的需要来申请。

4 降 jiàng **turun**

【动词】从高到低。‖ 到了夜晚，气温渐渐降下来。→夜晚的气温比白天的低。| 天气太热了，把空调温度降到二十摄氏度吧。| 这款产品的价格降得很快，下个星期再买吧，可能会便宜一些。

4 降低 jiàngdī **turun**

【动词】最近这部手机的价格降低了许多。→最近手机的价格比原来的便宜。‖ 他一直买不到合适的汽车，只好降低要求。| 把广播声音降低些，孩子在睡觉。

4 降价 jiàng//jià **turun harga**

【动词】降低价格。‖ 那家服装店在做降价活动，我们去看看吧。| 水果卖不出去了，老板只好降价处理。

4 降落 jiàngluò **mendarat**

【动词】从高处落下来。‖ 一架飞机缓缓降落在机场的跑道上。| 一阵风吹过，树叶轻轻地降落到地上。

4 降温 jiàng//wēn **suhu turun**

【动词】① 气温下降。‖ 明天降温，出门前要穿上羽绒服。| 降温了，你要照顾好自己。② 用一些方法使温度降低。‖ 空调温度调低一些，房间过一会儿就降温了。| 在夏天，我喜欢吃冰西瓜降温。

6 酱 jiàng **pasta；saus**

【名词】用来调节味道的辅助食品。‖ 他将肉酱放在冰箱里。| 这是什么酱呢？是番茄酱吗？

6 酱油 jiàngyóu **kecap asin**

【名词】一种用来做菜的像水一样的颜色较深的调味品。‖ 酱油用完了，我要

去商店买一瓶新的。| 妈妈做蛋炒饭的时候喜欢加几滴酱油。

5 **交代** jiāodài **menyampaikan**

【动词】把事情向有关人员说清楚。‖ 出发前,记得把安全规则向游客交代一下。| 妈妈去外地出差前,交代我要好好照顾自己。

4 **交换** jiāohuàn **bertukar**

【动词】我和他交换了座位。→我坐他的位置,他坐我的位置。‖ 艾伦,我们交换一下礼物吧。| 我和朋友互相交换一张照片。

4 **交际** jiāojì **berkomunikasi；bersosialisasi**

【动词】她善于交际,大家喜欢和她玩儿。→她善于和别人相处、交流。‖ 我的弟弟不喜欢待在家,经常出门跟人交际。| 语言是重要的交际工具,所以你要学好汉语。

5 **郊区** jiāoqū **area pinggir kota**

【名词】城市周围的地区。‖ 夜晚的郊区很安静,只听见虫子的声音。| 我的房子在郊区,离这里很远。

6 **骄傲** jiāoào **sombong/angkuh/congkak；bangga**

【形容词】① 认为自己了不起,看不起别人。‖ 做人要虚心,不能骄傲。| 他是一个骄傲的人。② 自豪。‖ 我考上了大学,家人为我感到骄傲。| 刘翔是世界冠军,所有中国人为他感到骄傲。

【名词】值得骄傲的人或事物。‖ 五千年的历史是中国的骄傲。| 每一个孩子是父母的骄傲。

5 **胶带** jiāodài **selotip；lakban**

【名词】一种可以贴住东西的辅助工具。‖ 我想用胶带把破的书贴好。| 这个纸箱子,你最好用胶带捆扎两圈。

5 **胶水** jiāoshuǐ **lem**

【名词】一种用来连接两种材料的物质,可流动。‖ 写完信后,用胶水封好信封。| 使用胶水的时候要小心,不要让孩子碰到。

6 **焦点** jiāodiǎn **pusat perhatian**

【名词】吸引人注意的集中点。‖ 因为表演非常完美,她一下子成为舞台上的

焦点。| 新闻播出后,那件事情成为人们议论的焦点。

5 **脚步** jiǎobù **Langkah kaki**

【名词】走路时两只脚的动作。‖ 上课时间快到了,同学们加快了脚步。| 听这个脚步声,应该是他来了。

6 **脚印** jiǎoyìn **jejak kaki**

【名词】脚留下的印。‖ 一场雨后,路上的脚印变模糊了。| 经验丰富的警察能根据犯人留下的脚印判断出犯人的身高和体重。

6 **觉** jiào **tidur**

【名词】你看起来很累,好好睡一觉吧。→好好睡觉、休息。‖ 现在是中午一点,我要睡午觉了。| 我刚才睡了一觉,现在觉得很舒服。

4 **教授** jiàoshòu **profesor**

【名词】大学里职位最高的老师。‖ 这门汉语综合课的老师是一位教授。| 我奶奶是历史系的一名教授,对历史有独特的看法。

6 **教堂** jiàotáng **gereja**

【名词】信仰基督教的人举行宗教仪式的地方。‖ 那边有一个教堂。| 他每个星期会去教堂礼拜。

4 **教训** jiàoxùn **dinasihati (diberi nasihat)**

【动词】对犯了错误的人进行教育批评。‖ 小明不诚实,被妈妈教训了。→妈妈教育小明,告诉他要诚实。| 他对老师说假话,希望你好好教训他一下。

【名词】从错误或失败中得到的知识或经验。‖ 从失败中总结经验教训是十分必要的。| 这次生病是因为锻炼太少,我应该记住这个教训。

6 **教育部** jiàoyùbù **dinas pendidikan**

【名词】国家一级教育管理部门。‖ 她是教育部的工作人员。| 关于这个问题,可以打电话向教育部了解。

4 **阶段** jiēduàn **tahapan**

【名词】事物发展过程中的划分的段落。‖ 大学四年是人生的重要阶段。| 由于没有时间学习,她的汉语水平还停留在初级阶段。

J

5 **接触** jiēchù **kontak；berhubungan**

【动词】① 挨到；碰到。‖ 不要用手接触火，很危险。| 剪刀要放在孩子们接触不到的地方。② 人与人接近并发生交往。‖ 她是一个热心的人，我和她接触过几次。‖ 我没有和他接触过，不了解他。

5 **接连** jiēlián **terus-menerus；berkelanjutan**

【副词】一个接着一个，一次接着一次。‖ 开心的事情接连发生。| 他在羽毛球比赛中接连战胜对手。

6 **接受** jiēshòu **menerima**

【动词】答应；不拒绝。‖ 我接受了小美的聚会邀请。→我答应去小美的聚会。‖ 她接受我的建议，选择附近的中国餐馆。‖ 我虚心地接受了老师的批评。

6 **揭** jiē **membuka**

【动词】① 把覆盖或遮挡的东西拿开。‖ 弟弟揭开锅盖，从锅里拿了一个肉包子。| 把窗帘揭开吧，这样光线亮一些。② 把粘在别的物体上面的片状物体取下来。‖ 我想把墙上的画揭下来，换一张新的。| 把墙上的小广告揭下来。

4 **街道** jiēdào **jalan**

【名词】城市里的道路，两边一般有商店。‖ 春节快到了，街道上都是人。| 街道两边都是树，很凉快。

6 **街头** jiētóu **jalan**

【名词】街，街上，通常比较热闹。‖ 他在街头遇见老朋友，聊了一会儿。| 我去旅游的时候，尝试了许多街头美食。| 到了晚上，街头非常热闹，有许多人。

6 **节** jié **hemat；ekonomis**

【动词】① 节约。‖ 节电。→节约用电。| 节能。→节约能源。| 现在的冰箱都有节电的功能。| 这台冰箱比那台节能。② 删节。‖ 节选。→从中选择一段或几段内容。| 节录。→从整篇文章里摘取重要的部分。| 你看的是节选本，不是完整的版本。

6 **节假日** jiéjiàrì **hari raya dan hari libur**

【名词】节日和假日合并一起的名称。‖ 一到节假日，广场上就有演出。| 超

市在节假日会有降价活动。

6 **节能** jiénéng **hemat energi**

【动词】节约能量、资源。‖ 这次会议的焦点是节能环保。| 现在的电器都注重环保，有节能的功能。

4 **节省** jiéshěng **hemat**

【动词】她坐火车去旅行，节省了许多钱。→她坐火车去旅行，花的钱不多。‖ 为了节省时间，我坐飞机去中国。| 她租了郊区的房子，比原来的便宜，一个月可以节省不少钱。

6 **节奏** jiézòu **ritme**

【名词】音乐中有规律的声音变化。‖ 这首歌的节奏比较快，你会唱吗？| 跟上节奏，我们一起跳舞吧。

J

6 **杰出** jiéchū **menonjol**

【形容词】才能、成就非常优秀、出色。‖ 她是一位杰出的科学家。| 李白是一位杰出的诗人。

4 **结** jié **menjalin, ikatan simpul**

【动词】① 用线、绳、草等条状物打结或编织。‖ 蜘蛛在墙角结了一张大网。② 发生某种关系。‖ 我和他结为兄弟，有困难一起解决。| 他俩本来是大学同学，毕业以后结为了夫妻。③ 凝结；凝聚。‖ 天气太冷了，湖面都结冰了。④ 结束；了结。| 今天这顿饭由我来结账。| 这件事就算结了，以后不要再提了啊！

【名词】条状物打成的疙瘩。‖ 系鞋带要打活结，不能打死结，这样才方便解开。‖ 他给塑料袋打了一个结，防止里面的东西掉出来。

4 **结构** jiégòu **struktur**

【名词】各个组成部分的组合和排列。‖ 这个房子的结构很完美，我想买下来。| 汉语句子有一些结构比较复杂。

4 **结论** jiélùn **kesimpulan**

【名词】对事物作出的总结性判断。‖ 目前证据不充分，不要随便定下结论。| 大家的想法不同，讨论半天还是没有结论。

6 **截止** jiézhǐ **berakhir**

【动词】演讲比赛报名昨天已经截止了。→比赛报名到昨天结束，今天开始不能再报名。‖ 活动截止日期是五月十日。| 商店的降价活动将在一个小时后截止。

6 **截至** jiézhì **terkini；per ...（waktu）**

【动词】截至今天，已经有三百六十一名同学报名参加学校的文化体验活动。→直到今天，有三百六十一名同学报名参加活动，其他同学还可以继续报名。‖ 截至今年七月一日，数据表明有将近五百人参观艺术展览。| 截至今天，有三万游客来参观博物馆。

4 **姐妹** jiěmèi **saudara perempuan；kakak beradik（perempuan）**

【名词】姐姐和妹妹。‖ 我和她们姐妹俩是同学。| 她没有姐妹，只有一个哥哥。

6 **解** jiě **lepaskan**

【动词】打开；松开。‖ 可以帮我解开这个塑料袋吗？| 把鞋带解开。

5 **解除** jiěchú **mengagkat；menghilangkan**

【动词】去掉，消除。‖ 他工作不负责任，被解除了经理职务。| 在学习汉语的过程中，要不断解除阻碍。

5 **解放** jiěfàng **membebaskan**

【动词】解除约束和限制，得到自由或发展。‖ 终于放假了，同学们都解放了。| 我们要解放思想，不断进行科技创新。

4 **解释** jiěshì **menjelaskan，mendeskripsikan**

【动词】说清楚某事的含义、原因、理由等。‖ 我不理解这个词语的意思，可以解释一下吗？| 小明昨天没有来上课，老师要求他解释原因。

6 **解说** jiěshuō **menjelaskan**

【动词】解释、说明。‖ 工作人员向我们解说如何使用这台机器。| 电视上正在解说足球比赛。

5 **戒** jiè **berhenti**

【动词】决心去掉某种不好的习惯。‖ 为了身体健康，他决定戒烟。→他决定

再也不抽烟了。| 他戒过一次酒，但没有成功。

5 **届** jiè **angkatan**

【量词】我是2021届的大学毕业生。→我是2021年毕业的大学生。‖ 一年一届的春节晚会开始了。| 这一届运动会的选手都非常优秀。

6 **界** jiè **pembatas；penghalang**

【名词】山西和陕西以黄河为界。→黄河隔开山西和陕西。| 这里的村庄以河为界。| 两支队伍以这条红线为界。

6 **界** jiè **dunia**

【后缀】职业、工作或性别等相同的一些社会成员的总体。| 他是文艺界的杰出人物。| 全球气候变暖问题引起科学界的重视。

6 **借鉴** jièjiàn **berlajar dari**

【动词】与别的人或事对比，互相学习。‖ 她的想法很独特，值得我们借鉴参考。| 这幅画借鉴了一位杰出画家的风格。

5 **今日** jīnrì **hari ini**

【名词】今天。‖ 天气预报说今日有雨。| 老板说今日的收入将用来帮助艰苦地区的人们。

6 **金额** jīn'é **nominal**

【名词】金钱数目。‖ 你帮我看看这张银行卡上的金额还有多少？| 我申请的贷款金额是一百万人民币。

6 **金钱** jīnqián **uang**

【名词】钱。‖ 时间是宝贵的，用金钱买不到。| 金钱买不到时间，好好珍惜吧。

6 **金融** jīnróng **keuangan；ekonomi**

【名词】与货币有关的经济活动。‖ 目前，金融市场面临着巨大的挑战。| 他是金融界的名人。| 银行和保险公司都属于金融业。

5 **尽管** jǐnguǎn **jangan ragu；meski**

【副词】不要考虑其他事情，放心做。‖ 大家有什么意见尽管说，我会认真考

虑的。| 想吃什么尽管拿,今天我请客。

【连词】尽管我很累,但还是要把今天的作业做完。→我没有因为很累就没有做作业。‖ 尽管没有太多时间,她依然每天坚持学习汉语。| 尽管中间发生了一些不开心的事情,我们很享受这次聚会。

4 **尽快** jǐnkuài **secepat mungkin; secepatnya**

【副词】尽可能加快。‖ 我尽快把书还给你。| 他尽快在晚上九点前回到家。

4 **紧密** jǐnmì **berkaitan erat; tak terpisahkan; berkesinambungan**

【形容词】① 十分密切,不能分开。‖ 科学研究要将理论与实际紧密结合。| 面对困难,我们要紧密团结在一起。② 多而连续不断。‖ 战争很激烈,枪声十分紧密。| 柜子里的书放得太紧密了,拿一些出来吧。

J

6 **尽** jìn **semaksimal mungkin; semua**

【动词】力求达到最大限度。‖ 我尽量完成任务。→我用自己的全部力量完成任务。| 她尽力了,还是没有改变结果。| 他工作很认真,尽心尽力为人们服务。

【副词】街头尽是游客。→街头全都是游客。‖ 他假期没有学汉语,尽玩儿了。| 孩子尽买玩具了,一本书都没有买。

5 **尽可能** jìnkěnéng **maksimalkan kemungkinan**

【短语】尽量增加可能程度。‖ 我们要尽可能抓住一切改变生活的机会。| 为了提高汉语水平,平时尽可能说汉语、用汉语。

4 **尽力** jìn//lì **sekuat tenaga**

【动词】用尽力量。‖ 别担心,我们会尽力帮助你的。| 你要尽力养成良好的生活习惯。

6 **进攻** jìngōng **menyerang**

【动词】① 接近敌人并主动攻击。‖ 军队向敌人发动进攻。| 五分钟前,我们的军队已经进攻了。② 在斗争或比赛中发动攻击的行为或形势。‖ 在足球比赛中,进攻和防守一样重要。| 在比赛中,如何进攻是一门学问。

5 **进化** jìnhuà **evolusi**

【动词】事情由简单到复杂地逐渐发展变化。‖ 环境的改变促进了这种植物的进化。| 你知道人类进化的过程吗?

4 **进口** jìnkǒu **impor; pintu masuk**

【动词】外国或外地区的货物运进来。‖ 这种水果是进口的,国内没有。| 他这辆车是进口的,所以比较贵。

【名词】进入建筑或场所经过的门或入口。‖ 请问电影院的进口在哪里? | 你走错了,进口在那边。

4 **近代** jìndài **era modern; belum lama lewat dari masa sekarang**

【名词】过去距离现在比较近的时代。‖ 飞机是在近代被发明的。| 第一次世界大战和第二次世界大战都发生在近代。

5 **近来** jìnlái **belum lama ini, akhir-akhir ini**

【名词】过去不久到现在的一段时间。‖ 近来总是下雨,出门记得带伞。| 她近来工作很忙,可能是快年底了事情多吧。

6 **近日** jìnrì **beberapa hari belakangan**

【名词】最近这几天。‖ 她近日心情不好,好像在担心什么。‖ 受天气影响,学校附近的地铁近日将暂停运行。| 近日,动物园将开放参观大熊猫的活动。

6 **近视** jìnshì **rabun jauh**

【形容词】看得清近处,看不清远处。‖ 他眼睛近视,要戴眼镜才可以看清楚。‖ 如果你一直看手机,眼睛会近视。| 眼睛近视的人,看远处的东西是模糊的。

4 **禁止** jìnzhǐ **dilarang**

【动词】不允许。‖ 飞机上禁止吸烟。→不可以在飞机上吸烟。| 喝酒后禁止开车。| 这条路禁止通行。

4 **经典** jīngdiǎn **klasik**

【名词】最重要的、具有指导作用的著作。‖ 这本书也是一部经典,你可以好好读一遍。| 我平时休息的时候,喜欢阅读一些经典著作。

5 **经费** jīngfèi **keuangan**

【名词】为完成工作任务经常支出的费用。‖ 科研经费。| 教育经费。| 活动经费。| 这位教授的科研经费比较充足。

6 **惊人** jīngrén **mengejutkan orang**

【形容词】令人吃惊。‖ 他的力量大得惊人,这么重的一块石头,竟然轻松举

了起来了。| 她下定决心做出一番惊人的事业。

6 惊喜 jīngxǐ **kejutan**

【形容词】又惊讶又高兴。‖ 朋友为我准备了特别的生日礼物，我十分惊喜。| 令人惊喜的是，她成了世界冠军。

【名词】使人感到又惊又喜的事物。‖ 老朋友突然出现给了他一个惊喜。‖ 小兰在挑礼物，打算给姐姐一个惊喜。

6 精 jīng **tinggi；hebat**

【形容词】① 机灵心细。‖ 这孩子比大人还精。| 这人很精，你骗不了他的。② 达到几乎完美 的程度。‖ 她的汉语虽然日常交流没问题，但还不精。‖ 把一门技术学精，也是一种成就。

J

4 精力 jīnglì **semangat dan tenaga**

【名词】精神和体力。‖ 最近我很忙，没有精力想其他事情。| 年轻人精力充足，工作效率高。

6 精美 jīngměi **elegan**

【形容词】精致(精巧细密)而美好。‖ 这个礼物的包装很精美。| 我有一本精美的笔记本。

6 精品 jīngpǐn **barang berkualitas**

【名词】质量、品质非常好的物品、作品。‖ 她家收藏了许多艺术精品。| 经过时间的检验，中国大部分诗歌是精品。

6 井 jǐng **sumur**

【名词】往地下深处挖的洞，里面有水。‖ 每个村庄都有一口井。| 夏天的井水是凉的。

6 景点 jǐngdiǎn **objek wisata**

【名词】中国有许多著名的旅游景点。→中国有许多著名的可以旅游的、欣赏风景的地方。‖ 过了一会儿，景点的人越来越多。| 长城是一个旅游景点。

5 景象 jǐngxiàng **fenomena；kondisi/situasi**

【名词】秋天到了，农村到处都是丰收的景象。→农村到处都是丰收的现象、状况。‖ 他被美丽的景象吸引了。| 眼前的景象让我想起了童年的美好时光。

5 **警告** jǐnggào **memperingkatkan**

【动词】他违反交通规则，被交警警告了。→交警告诉他，再违反交通规则就会有麻烦。‖ 他上课不认真，被老师警告了。| 医生警告他，喝酒会伤害身体。

【名词】他上班又迟到了，老板对他提出了警告。→老板告诉他，再迟到就会有麻烦。‖ 尽管医生对他提出了警告，他还是没有戒酒。| 学校向不来上课的学生发出了警告。

6 **净** jìng **bersih**

【形容词】把脸洗净再睡觉。→把脸洗干净之后，再去睡觉。‖ 做饭要用净水。| 他把洗净的衣服挂起来。

【副词】近日净下雨。→近日一直在下雨。‖ 书架上净是灰尘。→书架上到处是灰尘。| 他净说些没用的话，什么都不做。

5 **竞赛** jìngsài **kompetisi**

【动词】竞争、比赛。‖ 医生抢救病人的同时，也是在与时间竞赛。| 这次汉语口语竞赛你报名参加了吗？

5 **竞争** jìngzhēng **bersaing**

【动词】他们俩在竞争一个可以出国的机会。→他们俩都想出国，争着获得机会。‖ 我们要努力创造一个公平竞争的环境。| 他没有实力和别人竞争。

4 **竟然** jìngrán **ternyata**

【副词】表示提到的事情在正常情况下是不可能发生的。‖ 她竟然只用一天的时间就写完了论文。→正常情况下，是很难在一天时间内写完论文的。‖ 他们平时努力训练，没有想到比赛竟然失败了。→正常情况下，他比赛是不会失败的。| 这么简单的问题你竟然回答不出来。

4 **镜头** jìngtóu **lensa kamera**

【名词】① 摄影机、照相机等设备上的一个装置。‖ 准备拍照了，大家看镜头。| 镜头脏了，拍出来的照片是模糊的。② 摄影机、照相机拍摄的一个画面。‖ 这部电影你看完之后，哪一个镜头给你印象最深刻？

4 **镜子** jìngzi **cermin**

【名词】可以看见使用者的形象的一个工具。‖ 出门前，她对着镜子仔细地打扮自己。| 墙上有一面镜子。

J

[6] **纠纷** jiūfēn **isu; masalah**

【名词】我奶奶善于调解邻居间的纠纷。→邻居间发生不愉快的事情、吵架,奶奶会去调节关系,化解矛盾。‖ 他们之间的纠纷说不清楚,你还是不要管了。| 由于语言不通,我们产生了纠纷。

[6] **纠正** jiūzhèng **mengkoreksi**

【动词】老师纠正了我作业中的错误。→我的作业有错误,老师改正过来。‖ 老师你能帮我纠正一下我的汉语发音错误吗?

[4] **究竟** jiūjìng **sebenarnya**

【副词】用在问句里表示追问。‖ 你看起来心情不好,究竟怎么了?→到底发生了什么?| 他究竟什么时候回来呢?| 究竟什么时候出发,由你决定。

【名词】原因;缘由。‖ 不管什么事情,他总爱问个究竟。

[4] **酒吧** jiǔbā **bar**

【名词】前面有一家酒吧,我们去里面坐一会儿吧。→前面有一家卖酒的店,可以坐在里面喝酒。‖ 他每天晚上都去酒吧喝酒。| 在中国,十八岁以下的人禁止进入酒吧。

[5] **酒鬼** jiǔguǐ **pemabuk**

【名词】他是一个酒鬼,每天除了喝酒什么都不做。→他离不开酒,非常喜欢喝酒。‖ 酒吧里有几个酒鬼,每天聚一块儿。| 我的邻居非常喜欢喝酒,大家都叫他酒鬼。

[6] **酒水** jiǔshuǐ **ragam minuman (termasuk yang beralkohol)**

【名词】酒和汽水等饮料。‖ 餐厅准备了二十多种酒水。| 我昨天去拜访了老朋友,他给我准备了酒水。

[6] **救命** jiù//mìng **menolong; menyelamatkan**

【动词】援助有生命危险的人。‖ 关键时刻,可以喊"救命"寻求帮助。| 医生救了他一命,是他的救命恩人。

[6] **救援** jiùyuán **menolong; menyelamatkan**

【动词】支援救助。‖ 灾区的人们正在等待救援。| 再坚持两分钟,救援人员马上赶到现场。

5 **救灾** jiù//zāi　**menolong; menyelamatkan korban bencana**

【动词】他收到工作通知后，马上去救灾了。→他去保护、转移受到灾难伤害的人民。‖ 报纸上报道了许多军人救灾的新闻。| 地震后，许多工作人员前往灾区救灾。

6 **救助** jiùzhù　**menolong; membantu**

【动词】救援、帮助。‖ 要根据自己的实际情况救助别人，不可以冲动。| 许多孤儿需要社会的救助。

6 **就是说** jiùshìshuō　**menjabarkan; menjelaskan**

【短语】对前面说的话进行进一步解释、说明。‖ 我们要积极地面对一切，没有一直顺利的生活，就是说，有时我们会遇到困难、失败，但要保持良好的心态。| 演讲比赛报名截止至今天，就是说，今天以后就不可以报名了。

6 **就算** jiùsuàn　**meskipun jikalau**

【连词】即使。‖ 就算你这次考了第一名，也不能骄傲。| 就算明天下雨，我还是想出门。

4 **居民** jūmín　**penduduk; warga**

【名词】固定居住在一个地方的人。‖ 这里的居民对人很热情。| 当地居民大多数是老人。

5 **居然** jūrán　**ternyata**

【副词】竟然。‖ 没想到他居然说出这种话，太过分了。| 小明迟到了，老师居然没有发现。

4 **居住** jūzhù　**domisili**

【动词】长时间住在一个地方。‖ 她的家人居住在郊区。| 我一直居住在北京。

4 **局** jú　**kantor**

【名词】按照业务划分的机构名称。‖ 电信局。→负责管理电信业务的政府机构。| 教育局。→负责管理教育业务的政府机构。

6 **局** jú　**kata satuan (babak; ronde)**

【量词】我们来玩一局射击游戏吧。→我们只玩一次射击游戏。‖ 这场比赛

一共有三局，现在是第二局。| 这一局比赛中，两名选手的实力差不多。

5 **局面** júmiàn **situasi**

【名词】一段时间内事情的状态。‖ 他们又发生了纠纷，和平相处的局面只持续了一天。| 谁也不想看到今天这个局面。

5 **局长** júzhǎng **kepala kantor unit**

【名词】一些机构的最高负责人。‖ 他目前担任局长的职位。| 他通过自己的努力，当上了局长。

5 **举动** jǔdòng **gerak-gerik**

【名词】他奇怪的举动引起了警察的注意。→警察注意到了他奇怪的行为。‖ 和别人相比，他的举动看起来不太正常。| 在正式的场合，要注意自己的举动。

J

4 **巨大** jùdà **sangat besar**

【形容词】规模或数量等很大。‖ 十年过去了，我的家乡发生了巨大的变化。| 人类在历史上创造了巨大的成就。

5 **拒绝** jùjué **menolak**

【动词】我邀请她一起吃晚饭，但她拒绝了。→她不接受我的邀请。‖ 他拒绝了我的请求。| 你的要求不合理，我有权利拒绝配合。

4 **具备** jùbèi **memiliki**

【动词】具有。‖ 实现梦想要具备两个条件：努力和机遇。| 作为一个成人，要具备解决问题的能力。

5 **俱乐部** jùlèbù **klub**

【名词】进行文化、艺术等活动的团体或场所。‖ 一到周末，他就会去俱乐部和大家说话。| 我准备加入羽毛球俱乐部，这样容易找到人跟我一起打球。

6 **剧** jù **drama**

【名词】戏剧。‖ 时间过去太久了，剧中的情节我记不清楚了。| 这个剧演得真不错。

5 **剧本** jùběn **skrip；naskah**

【名词】戏剧、电影的文学作品。‖ 这个喜剧的剧本写得非常有趣。| 他一生

写了许多著名的剧本。

6 **据** jù **menurut；sesuai dengan**

【介词】据他所说，玛丽应该是明天回国。→根据他说的话，玛丽应该是明天回国。‖ 据气象局分析，明天会下雪。| 据我猜测，我们应该很快到达终点。

4 **距离** jùlí **jarak**

【动词】我家距离学校五百米。→从我家到学校有五百米。‖ 今天是星期五，距离我的生日还有三天。| 距离出发还有五分钟，快上火车吧。

【名词】我家和学校的距离很短，只需要十分钟。→我家和学校离得近。‖ 从学校到邮局还有一段距离，我们坐公交车去吧。| 排队时，请保持一定的距离。

4 **聚** jù **berkumpul bersama**

【动词】互相约定见面，一起说话、玩儿、吃饭。‖ 好久没见面了，我们暑假聚聚吧。| 他们聚在一起聊最近发生的事情。

4 **聚会** jùhuì **reuni**

【动词】老朋友聚会在一起很不容易。→老朋友集合，一起说话、玩儿、吃饭很不容易。‖ 大家聚会有一会儿了，你怎么现在才来？| 我们每一次聚会，总有说不完的话。

【名词】指聚会的事。‖ 明天有一个聚会，你来吗？| 今晚我要参加家庭聚会，不能和你一起去看电影。

6 **捐** juān **menyumbangkan**

【动词】拿出自己拥有的钱或其他物品来帮助别人。‖ 地震发生后，那位企业家为灾区捐了很多钱。| 我每个月从自己的工资里拿出一千元钱，捐给那些需要帮助的人。

6 **捐款** juānkuǎn **sumbangan**

【名词】捐助的钱款。‖ 山区的孩子们收到了来自社会的捐款。| 这一笔捐款是用来帮助残疾儿童的。

【动词】捐助钱财。‖ 捐款还是捐药品，没有规定，自己决定吧！| 这次捐款，你打算捐多少呢？

6 **捐赠** juānzèng **menyumbangkan**

【动词】赠送。‖ 她向家乡的一所中学捐赠了许多图书。| 他把自己的财富

J

捐赠给需要帮助的人们。

6 **捐助** juānzhù **menyumbangkan**

【动词】拿出钱财来帮助。‖ 捐助灾区人民。| 我曾经捐助过他，但我一直没告诉过他。

4 **卷** juǎn **gulung**

【动词】① 把东西弯转成圆筒形状。‖ 把画儿卷起来吧，桌子上没有位置了。→把画儿折成圆而长的形状。| 屋子里这么黑，你怎么不把竹帘子卷起来呀？② 裹成圆筒形的东西。‖ 蛋卷。| 牛肉卷。③ 一种大的力量把东西裹住。‖ 汽车卷起尘土，飞驰而过。| 突然一阵风吹来，把我手中的伞给卷走了。

【量词】与卷起来的东西配合使用。‖ 我买了一卷墙纸，准备把房间的墙壁贴一下。| 他手里拿着一卷纸。

4 **卷** juàn **lepas kertas ujian gulung ...**

【名词】① 书本。‖ 爱不释卷。→因为喜欢看书舍不得把书放下来。② 与考试有关的纸张。‖ 这套试卷不难，我估计能考一百分。| 各位考生准备交卷了，交卷的时候只需要交答卷，不用交问卷。

【量词】古时候的书是卷起来收藏的，一部书可以分成几卷收藏。现在用来指书的一部分。‖ 这本书的上卷你看完了吗？| 这本书有四卷，前三卷我都看过。

5 **决不** juébù **tidak akan**

【副词】坚决不会；一定不会。‖ 我今天要把作业做完，决不留到明天。| 如果我知道他是骗子，决不相信他。

6 **决策** juécè **memutuskan**

【动词】决定策略或办法。‖ 这个问题请你们尽快决策。| 这件事情关系到公司的利益，必须由领导决策。

【名词】决定的策略或办法。‖ 这是一项重大的决策，关系到国家发展的未来。| 这个决策比较科学，作出这项决策的人显然有很丰富的社会经验。

6 **觉悟** juéwù **menyadari**

【动词】由迷惑而明白；由模糊而认清；醒悟。‖ 被现实打击后，他终于觉悟

了。| 我突然觉悟到自己不再是孩子了。

【名词】指对信仰、道理等的认识。‖ 思想觉悟。| 政治觉悟。| 对自己的行为负责,是一个大学生应该有的觉悟。

6 绝 jué **super; unik; luar biasa; putus asa**

【形容词】① 断绝。‖ 绝交。→断绝交往。| 隔绝。→隔开断绝。② 完全没有了。‖ 那一家人已经绝了。→那一家人已经没有了后代。| 办法都想绝了,还是没有解决问题。③ 气息没有了;死亡。‖ 那人已经气绝了。→没有气了,死了。| 听到这个不幸的消息,他悲痛欲绝。→悲痛得要死了。④ 独一无二的;没人能比得上的。‖ 绝技。→只有某人拥有的能力。| 他的书法和绘画可以称得上双绝了。

【副词】绝对。‖ 我绝不同意这个错误的观点。| 我一定要实现自己的梦想,绝不放弃。

6 绝大多数 juédàduōshù **sebagian besar**

【短语】占总数的大部分。‖ 这个城市绝大多数都是外地人。| 据统计调查,绝大多数人认为教育是人生的重要组成部分。

5 绝望 juéwàng **menyerah; putus asa**

【形容词】希望断绝;毫无希望。‖ 尽管努力了很久,还是失败了,他感到了绝望。| 他很绝望,因为没有人可以帮忙。

4 角色 juésè **peran**

【名词】在戏剧、电影、电视剧中,演员扮演的人物。‖ 她是一位著名的演员,经常在电影中扮演重要的角色。| 这个角色演得非常成功。

6 军队 jūnduì **kelompok militer**

【名词】为政治目的服务的武装组织。‖ 一个国家的军队通常包括海军、空军和陆军三大军队种类。| 军队的要求十分严格,要求军人必须服从命令。

6 军舰 jūnjiàn **kapal induk**

【名词】能执行作战任务的军用船只。‖ 航空母舰是最大的军舰。| 海边停着一艘军舰,你看到了吗?

5 军人 jūnrén **tentara**

【名词】对在国家军队中工作的军职人员的称呼。‖ 他是一名军人,他的工作

是保卫国家。| 保卫国家和人民是军人的工作。

6 **军事** jūnshì **urusan militer**

【名词】与军队或战争有关的事情。‖ 最近将会有一次重大的军事行动。| 他对军事十分感兴趣。

K

6 **开创** kāichuàng **memulai；membuka**

【动词】开始建立。‖ 未来的事业由我们一代年轻人开创。| 你要坚定信念，开创属于自己的未来。

6 **开关** kāiguān **sakelar；penghubung**

【名词】有接通和断开功能的设备。‖ 电视机的开关在哪里？我找不到。| 自来水的开关打开了，但没有水，是不是停水啦？

4 **开花** kāi//huā **bunga mekar**

【动词】植物长出了花朵。‖ 门前的果树开花的时候，会吸引很多蜜蜂过来。| 那棵树开花了，我闻到了花香。

5 **开幕** kāi//mù **pembukaan**

【动词】① 演出、节目或戏剧开始时，拉开舞台前的布。‖ 我到的时候，戏刚好开幕。| 现在七点半了，话剧演出可能已经开幕了。② 会议、展览等开始。‖ 明天将有一场开幕典礼。| 教育工作会议开幕了。

5 **开幕式** kāimùshì **acara/prosesi pembukaan**

【名词】开幕典礼。‖ 开幕式一结束，比赛正式开始。| 运动会的开幕式在操场举行。

6 **开设** kāishè **membuka；mengadakan；menyelenggarakan**

【动词】① 设立。‖ 这家店刚开设不久。| 这家大公司打算在海南省开设一家分公司。② 设置。‖ 这个学期一年级开设了一门汉语课。| 学校给高年级的学生开设选修课。

4 **开水** kāishuǐ **air putih**

【名词】加热后达到过最高温度的供人喝的水。‖ 你想喝开水还是饮料呢？| 感冒了要多喝温开水。

6 **开通** kāitōng **membuka; menembus**

【动词】交通、通信等线路开始使用。‖ 学校附近的地铁开通了,出门很方便。| 公园开通了一条新的道路,人们喜欢在那里散步。

【形容词】(思想)不守旧、不固执。‖ 我父亲思想开通,从来没有重男轻女的思想。| 没想到你这么不开通,竟然反对女儿嫁给外国人。

6 **开头** kāitóu **mulai; mengawali; awal mula**

【名词】开始的时刻或阶段。‖ 这篇论文开头就表明了作者的观点。| 到中国后,开头生活不太适应,后来习惯了。

6 **开夜车** kāiyèchē **lembur**

【短语】为了赶时间,在夜间继续学习或工作。‖ 偶尔开一次夜车没问题,但是经常开夜车会影响身体健康的。| 你看起来很累,是不是昨晚开夜车了?

K

6 **看管** kānguǎn **mengurus; mengawasi**

【动词】我去买车票,你看管好行李。→你看好、管好行李。‖ 我要去外地出差,请朋友帮我看管小狗。| 必须有大人看管小孩儿,防止意外发生。

6 **看** kàn **melihat; memperhatikan; mengunjungi; berpendapat**

【动词】① 使视线接触人或物。‖ 我们去看电影吧。| 我想看一会儿书。② 观察并判断。‖ 我看出了一些问题,想和你讨论一下。| 我看出他是一个可靠的人。③ 访问。‖ 昨天我去看了奶奶,她很开心。| 我想周末回老家,去看我的家人。④ 看待,认为。‖ 这件事情你怎么看?| 我看还是邀请她一起去聚会吧。

4 **看不起** kànbùqǐ **memandang rendah; menganggap hina; merendahkan**

【动词】认为某人或某物不重要。‖ 别看不起这本小词典,它能帮我们解决许多问题。→不要认为这本小词典没有作用。‖ 他是一个骄傲的人,总是看不起其他人。| 曾经大家看不起她,但现在她成功了。

5 **看成** kànchéng **memandang; menganggap**

【短语】我把奖学金看成学习的动力。→我认为奖学金是学习的动力。‖ 不要把学习看成一种负担。| 由于他很聪明,很快被看成一个很有希望的人。

5 **看出** kànchū **melihat; mengerti; mengetahui**

【短语】作为有经验的工人,他很快看出了问题。→他发现了问题。‖ 和他接

触一段时间后,我看出了他的缺点。| 她躲在旁边,我看出了她的不安。

5 **看待** kàndài **menganggap; memperlakukan**

【动词】对待。‖ 我们是老朋友,你别把我当客人看待。| 我们要从不同的角度看待事物。

6 **看得起** kàndeqǐ **menghargai**

【动词】重视。‖ 你如果看得起我,就给我这个面子。| 每个人都要看得起自己,相信自己的能力。

6 **看好** kànhǎo **menjanjikan**

【动词】我看好那位穿红色衣服的选手。→我认为穿红色衣服的选手有优势,可能会赢。‖ 我看好公司的发展前景。| 你的汉语说得很好,我看好你。

4 **看来** kànlái **nampaknya; rupanya; kelihatannya**

【短语】你的心情不错,看来是有开心的事情。→你心情好,可能遇到了开心的事情。‖ 下雨了,看来下午不能出门看电影了。| 很晚了,看来她今天不会来了。

K

4 **看望** kànwàng **mengunjungi; menjenguk; menengok**

【动词】拜访,访问。‖ 我要去看望朋友,她住院了。| 一到周末,我就会去看望爷爷和奶奶。

6 **看作** kànzuò **menganggap; memperlakukan**

【动词】当作。‖ 她把图书看作财富。| 我们要把困难看作成功的一部分。

6 **康复** kāngfù **sehat kembali; sembuh**

【动词】恢复健康。‖ 他的身体已经康复了。| 在医生的治疗下,他的身体逐渐康复。

6 **抗议** kàngyì **protes; memprotes; mengajukan protes**

【动词】观众纷纷抗议公布的比赛结果。→观众不满意比赛结果,表示强烈的反对。‖ 由于没有拿到工资,工人们到工厂抗议。| 业主们正在抗议物业近日公布的决策。

4 **考察** kǎochá **inspeksi; meninjau/menyelidiki; meneliti**

【动词】细致深刻地观察调查。‖ 他每次都独自去山上考察。| 同学们在老

师的指导下,考察了学校附近的植物种类。

6 **考场** kǎochǎng **ruang/lokasi ujian/tes**

【名词】考试的场地。‖ 考生必须遵守考场的纪律。| 一进考场,我就会十分紧张。

5 **考核** kǎohé **memeriksa; menilai**

【动词】考察并审查。‖ 他正在接受组织的考核。| 经过考核,她成为公司的正式员工。

4 **考虑** kǎolǜ **mempertimbangkan; memikirkan; merenungkan**

【动词】思考问题,促使作出决定。‖ 我再考虑一下,明天给你答复。| 他考虑了很久,最后决定辞职。

6 **考题** kǎotí **pertanyaan dalam ujian; kertas ujian**

【名词】考试题目。‖ 大家都觉得昨天的考题很难。| 这场考试有三份不同的考题。

5 **烤肉** kǎoròu **daging panggang**

【名词】靠近火而变熟的肉。‖ 我们一会儿去吃烤肉吧。| 你喜欢吃烤肉吗?

5 **烤鸭** kǎoyā **bebek panggang**

【名词】挂在特定的地方制作成的鸭子。‖ 中国的北京烤鸭非常有名。| 我今天想吃那家店的烤鸭,看起来很好吃。

5 **靠近** kàojìn **dekat; mendekati**

【动词】向目标移动,缩短距离。‖ 我喜欢靠近窗户的那个位置。| 当我悄悄靠近她时,她发现了。

6 **科研** kēyán **penelitian ilmiah**

【动词】教授每天都在实验室做科研。→教授每天都在实验室做实验、记录数据、研究科学。‖ 教学和科研是她的日常工作。| 科研需要足够的耐心和精力,不断探索神秘的世界。

【名词】科学研究。‖ 她一直从事科研工作。| 科研成果促进社会发展。

4 **棵** kē **kata satuan (batang)**

【量词】用于树、花儿、草等植物。‖ 这棵树比其他树大。| 那儿有几棵小草。

5 **颗** kē **kata satuan (bulir/butir)**

【量词】我给妹妹一颗糖。→我给妹妹一块糖果。‖ 他感动得流下几颗眼泪。| 天上有许多颗星星。

5 **咳** ké **batuk**

【动词】他开始讲话前,咳了一声。→他张开嘴巴,发出声音而感到舒服。‖ 她感冒了,咳得很严重。| 他吃药以后,就不咳了。

5 **可** kě **tetapi**

【副词】我和她约好七点半在公园见面,可她八点还没来。→见面的时间是七点半,她却迟到了。‖ 别看他年龄小,梦想可不小。| 不要看不起这本词典,它的作用可大了。

【连词】可是、但是。‖ 明天就要比赛了,可我一点信心都没有。| 虽然爬山很累,可我们看到了美丽的风景。

K

4 **可见** kějiàn **terlihat**

【连词】可以想到、可以知道。‖ 她的书法写得真好,可见平时经常练习。| 他最近常常生病,可见身体不如以前了。

5 **可怜** kělián **kasihan**

【形容词】他才五岁,父母去世了,是一个可怜的孩子。→他的经历令人心疼。‖ 那个骗子装出可怜的样子,取得人们的同情。| 那个人看起来很可怜,我给了他十元。

【动词】同情。‖ 对于一向做坏事的人,绝不能可怜他们。| 你可怜他一下吧,不要再骗他了。

5 **可惜** kěxī **sayang; menyayangkan**

【形容词】作为一个老员工,他工作表现十分优秀,但没有抓住机遇,太可惜了。→他没有获得更好的机会,发挥自己的工作能力,了解这件事的人感到不值得。‖ 小明的汉语学习到一半就放弃了,多么可惜啊!| 她还有两秒就超越第一名了,太可惜了。

5 **渴望** kěwàng **berharap; mengidamkan**

【动词】迫切地希望。‖ 我渴望拥有自己的房子。| 人们渴望和平。

5 **刻** kè **mengukir; memahat**

【动词】用刀在玉、木头、石头等画出图案和文字。‖ 艺术家用刀刻出了一幅画儿。| 他在玉上刻下自己的名字。

6 **客车** kèchē **kereta/bis penumpang**

【名词】旅客坐的车。‖ 这辆客车是去北京的。| 为了节省钱,我想坐客车去桂林玩。

5 **客户** kèhù **klien**

【名词】商业服务或产品的采购者。‖ 明天经理和客户将有一个会议。| 企业的发展要多参考客户的意见和建议。

5 **客气** kèqi **sungkan; sopan**

【形容词】他对人很客气。→他是一个有礼貌的人。‖ 小兰不客气地拒绝了不合理的要求。| 她对别人很客气,大家喜欢和她相处。

【动词】我们客气了一会儿,就开始讨论工作了。→我们先说了一些礼貌的话。‖ 我们都认识这么久了,不要客气,收下礼物吧。| 别客气,你来这里,我们接待你是应该的。

5 **客厅** kètīng **ruang tamu**

【名词】接待客人用的房间。‖ 他在客厅里接待朋友。| 我家买了一张大沙发,放在客厅里。

5 **课题** kètí **tema**

【名词】研究或讨论的主要问题。‖ 大家都在研究新的课题。| 这个课题值得研究。

6 **肯** kěn **mau; bersedia akan**

【动词】妹妹不肯去学校。→妹妹不愿意去学校。‖ 我说了很久,他才肯帮我这个忙。| 我劝了她一会儿,最后她肯和我们一起去看电影。

5 **肯定** kěndìng **pasti; dengan pasti (yakin)**

【动词】我肯定他今天不会来了。→我确定他今天不来。‖ 她十分肯定自己的看法,是不会改变的。| 你这么肯定自己的答案,确定是对的吗?

【形容词】请给一个肯定的答复。→请给出明确的答复。‖ 考试前是否有必

要复习,答案是肯定的。| 我很肯定,他会来参加毕业典礼。

4 **空间** kōngjiān **ruang kosong**

【名词】我的书包只放了两本书,还有一点儿空间。→我的书包还可以放一些东西。‖ 我家的客厅还没有买家具,有很大的空间。| 书柜里还有一些空间,你可以再放两本书。

6 **空军** kōngjūn **tentara angkatan udara**

【名词】① 在空中作战的军队。‖ 每个国家都建设了强大的空军。| 中国有海军、陆军和空军。② 在空中部队工作的人。‖ 她是一名空军。| 我长大后,想成为一名空军。

5 **空中** kōngzhōng **di udara**

【名词】飞机从空中降落。→飞机从天上降落。‖ 鸟儿在空中飞。| 雨从空中落下来。

K

4 **空** kòng **mengosongkan; membiarkan kosong**

【动词】这道题我不会,先空出来。→先不做这道题。‖ 这里只有三张椅子,空出一张留给玛丽。| 你在纸上空出一行,再开始写字。

【形容词】我的书包是空的。→我的书包里面什么都没有。‖ 早晨公交车上的人不多,很空。| 这个盒子是空的,里面的礼物呢?

5 **控制** kòngzhì **mengontrol; menguasai; mengendalikan**

【动词】这个景点太小了,所以控制每天进入的人数。→管理人员不让进入的游客超过一定的数量。‖ 你要控制看电视的时间,按时睡觉。| 他控制不住跑步的速度,撞到了墙上。

4 **口袋** kǒudai **kantung**

【名词】这件衣服有两个口袋。→衣服有两个可以装东西的袋。‖ 天气太冷了,我把手放在口袋里。| 我走在路上的时候,钱从口袋里掉出来了。

5 **口号** kǒuhào **semboyan; slogan**

【名词】他们提出了"保护环境"的口号。→他们向人们提出了"保护环境"的号召。‖ 运动会开始前,每个班级喊出自己的口号。| 台上的观众们喊口号给选手加油。

6 口试 kǒushì **ujian lisan**

【**动词**】一种考试,用说话的方式回答问题。‖ 汉语水平考试包括口试和笔试。| 这次的考试没有口试的部分。

4 口语 kǒuyǔ **bahasa lisan；bahasa percakapan**

【**名词**】小美的汉语口语不错,但不会写汉字。→小美的汉语说得很好。‖ 你平时要多说汉语,口语才会进步。| 明天将有口语考试,你准备好了吗?

6 扣 kòu **mengancing；mengaitkan；mengurangi；memotong**

【**动词**】① 出门前,记得把门扣上。→出门前,记得把门关上、锁好。‖ 她把窗户的锁扣上了。| 风太大了,把衣服扣上吧。② 我每个月要扣五十元的交通费。→每个月的工资,要减少五十块钱。‖ 他今天上班迟到了,被扣了二十块钱。| 这个月扣了一百元的电费。

4 苦 kǔ **pahit**

【**形容词**】我不喜欢喝咖啡,太苦了。→和酸、甜、辣的味道不一样。‖ 这杯茶有点儿苦,你要试一下吗? | 药虽然苦,但是对感冒有效。

5 库 kù **gudang；tempat penyimpanan**

【**名词**】放、保存大量东西的地方。‖ 国库是存放国家财产的地方。| 中国有一个三峡水库。

6 酷 kù **sangat**

【**形容词**】形容程度深的。‖ 她酷爱运动,身体非常健康。| 夏天的武汉酷热难当。

6 跨 kuà **melangkahi**

【**动词**】地上有一些水,我从上面跨了过去。→我从水上面走了一大步,避免踩到水。‖ 爷爷慢慢地跨上台阶。| 楼梯太高了,孩子跨不上去。

4 会计 kuàijì **akuntansi**

【**名词**】一种职业,工作主要是计算和管理财产的收入和支出。‖ 毕业后,我想去会计公司上班。| 妈妈是一名会计,工作很忙。

6 快车 kuàichē **kereta cepat**

【**名词**】中间停下的车站较少,行驶时间较短的汽车或火车。‖ 为了节省时

间，我买了一张快车票。| 快车将在九点出发，时间还来得及。

4 **快递** kuàidì **ekspedisi；jasa pengiriman**

【名词】由专门工作人员负责运输、发送客户的包裹到达目的地。‖ 中国有许多快递公司，运输非常方便。| 我已经在网上支付了快递费用。

5 **快活** kuàihuó **senang**

【形容词】快乐。‖ 退休后，她的日子过得很快活。| 我提前完成了工作，心里觉得很快活。

4 **宽** kuān **lebar；luas**

【形容词】这条马路很宽，走到对面要花五分钟。→从马路这边到对面的距离很长。‖ 我的桌子太小了，想换一张宽的。| 这条路不宽，经常堵车。

5 **宽度** kuāndù **ukuran lebar；lebarnya**

【名词】这张桌子的宽度是六十厘米。→桌子宽的距离是六十厘米。‖ 你可以测量一下黑板的宽度吗？| 我想买一张宽度为一米的床。

4 **宽广** kuānguǎng **luas；lapang**

【形容词】面积或范围大。‖ 鸟儿在宽广的天空中飞。| 我想去内蒙古，那儿有宽广的草原。

6 **宽阔** kuānkuò **luas；lapang**

【形容词】又宽又阔。‖ 汽车在宽阔的马路上行驶。| 我把书柜搬到客厅后，房间变宽阔了。

5 **狂** kuáng **gila**

【形容词】他的话有点儿狂，我看未必做得到。→他说的话有点儿疯狂，不符合实际。‖ 这个人太狂了，看不起任何人。| 他说话太狂了，我不喜欢和他接触。

6 **矿** kuàng **tambang；pertambangan**

【名词】一种自然资源。‖ 矿是宝贵的自然资源。| 工人们在挖矿。

4 **矿泉水** kuàngquánshuǐ **air mineral**

【名词】地下含有矿物质的水，经过处理后可以喝。‖ 请给我一瓶矿泉水。|

这瓶矿泉水两块钱。

5 **亏** kuī **rugi**

【动词】损失。‖ 我昨天买的手机,今天降价了,亏了两百元。| 他在街头遇到了骗子,亏了一笔钱。

5 **困扰** kùnrǎo **meresahkan; membingungkan**

【动词】我每天都睡不好,这个问题困扰我很久了。→睡不好这件事情,让我觉得烦、不开心。‖ 他一直被科研问题困扰,没有办法解决。| 出国留学的事情困扰我很久了,现在终于解决了。

4 **扩大** kuòdà **memperluas; memperbesar**

【动词】经过十年的发展,城市的面积扩大了三倍。→十年间,经济发展了,城市的范围变大了。‖ 为了获得更多有效的信息,工作人员决定扩大研究范围。| 和去年相比,今年种树的面积扩大了一倍。

K

4 **扩展** kuòzhǎn **memperluas; mengembangkan; menyebarkan**

【动词】扩大、展开。‖ 这条普通的公路要扩展改造成高速公路。| 学校计划将操场再往南扩展一部分,扩大同学们的活动空间。

4 **括号** kuòhào **tanda kurung**

【名词】一种符号。‖ 这道题目要求在括号中写出正确答案。| 括号里面的句子是对生词的解释。

6 **阔** kuò **luas; lebar; kaya;**

【形容词】① 面积宽广。‖ 这张桌子比那张阔。| 我的床有点儿小,想换一张阔一点儿的。② 有钱,富有。‖ 她最近中了彩票,阔起来了。| 他变阔之后,资助了老朋友。

L

4 **垃圾** lājī **sampah**

【名词】最近没时间打扫卫生，家里有不少垃圾。→家里有许多应该扔的东西，比如旧报纸、饮料瓶子等。‖ 不要随便扔垃圾，要爱护环境。| 出门的时候，记得扔垃圾。

4 **拉开** lākāi **menarik membuka**

【短语】他拉开书包，拿出课本。→他打开书包。‖ 我每天起床后，拉开窗帘，让阳光照进来。| 他把我拉开，冲向地铁。

5 **落** là **tertinggal/terbelakang**

【动词】① 我把作业落在家里了，没有带来学校。→我忘记把作业带去学校了。‖ 这句话落了两个字，读起来不完整。| 记得带上毛衣，别落下了。② 选手们努力向前跑，谁也不愿意落在后面。→谁都不愿意跑最后一名。‖ 小明认真复习汉语，不想落在同学的后面。

4 **辣** là **pedas; pedih**

【形容词】有刺激性的味道。‖ 这道菜太辣了，我吃不了。| 我喜欢吃辣的菜，你呢？

6 **啦** la **lah**

【助词】①“了”和“啊”合在一起的读音。‖ 我通过汉语水平六级考试啦！| 她真来啦？② 和“啊”的作用一样。‖ 小明酷爱运动，跑步啦，游泳啦，打羽毛球啦，他都喜欢。| 我非常喜欢吃水果，比如苹果啦，西瓜啦，葡萄啦。

4 **来不及** láibují **tidak terburu; sudah terlambat**

【动词】电影五分钟后开始，现在出发来不及了。→现在出门看电影，时间不够。‖ 火车马上要出发了，再不快一点儿就来不及了。| 公交车已经开走了，现在已经来不及了。

4 **来得及** láidejí **terburu; sempat; belum terlambat**

【动词】距离考试还有一个星期,现在复习还来得及。→还有一个星期才考试,还有时间复习。‖ 客人两个小时后到,来得及准备酒水。| 火车还有一个小时出发,现在出门来得及。

6 **来往** láiwǎng **berhubungan; berurusan**

【动词】交往。‖ 因为工作原因,我和他最近有来往。| 我只邀请了几个经常来往的朋友,来我家参加聚会。

5 **来信** láixìn **surat dari**

【名词】希望你在中国玩得开心,期待你的来信。→期待你给我写信。‖ 她在看妈妈的来信。| 这封来信没有写清楚名字。

4 **来源** láiyuán **sumber; asal**

【名词】我的经济来源主要靠工资收入。→我的钱主要来自工资收入。‖ 这个新闻的来源是一家大企业最近发生的事情。| 网络环境很复杂,我们要仔细判断信息的来源。

L

6 **赖** lài **bergantung pada; mengandalkan pada; tetap di tempat**

【动词】① 窗户就是你打破的,不要赖。→是你打破了窗户,不要拒绝承认事实。‖ 我亲眼看到你偷了他的书,你赖不掉的。| 妹妹把电脑弄坏了,还要赖我。② 留在某个地方不肯走。‖ 孩子赖在玩具店不肯走,因为家长没有给他买玩具。| 弟弟赖在公园玩儿,不想回家。

【形容词】用于口语,差、坏。‖ 那个小组提前完成了任务,真不赖。| 不论好的赖的,我都能接受。

6 **栏目** lánmù **kolom**

【名词】一到暑假,报纸就增加《假期生活》栏目。→假期期间,报纸的结构增加《假期生活》部分。‖ 广播电台增加了一个可以和听众互动的栏目。| 你可以选择感兴趣的电视栏目来观看。

6 **蓝领** lánlǐng **pekerja berkerah biru**

【名词】一些国家或地区从事体力劳动的工人,他们的工作服装是蓝色的。‖ 他是一名蓝领。| 这个地方主要居住着蓝领。

6 **蓝天** lántiān **langit biru**

【短语】蓝色的天空。‖ 看着蓝天,他有点儿想念家乡。| 孩子们在蓝天下奔跑。

6 **懒** lǎn **malas**

【形容词】这个人太懒了,在家里什么事都不做。→这个人在家里什么事都不做,依赖家人,一点儿也不积极。‖ 自己的事情自己做,你不能太懒了。| 我今天比较懒,什么事都不想做。

5 **烂** làn **lembek; busuk**

【形容词】真可惜,昨天买的水果全烂掉了。→昨天买的水果全部坏掉了。‖ 不要吃烂苹果,对身体不好。| 这件衣服穿烂了,换件新的吧。

5 **朗读** lǎngdú **baca dengan suara lantang**

【动词】杰克,请朗读一遍课文。→老师让杰克大声地读一遍课文。‖ 今天的作业是朗读课文、抄新学的词语。| 朗读课文的时候,要注意感情的变化。

5 **浪漫** làngmàn **romantis**

【形容词】巴黎是一座浪漫的城市。→巴黎这座城市很美好,充满幻想。‖ 他给妻子准备了一个浪漫的生日惊喜。| 这部电影充满了浪漫色彩。

5 **劳动** láodòng **kerja; bekerja**

【动词】农民们正在地里劳动。→农民们正在地里干活儿。‖ 他从小就爱劳动。| 小明中学毕业后,在农村劳动了两年。

【名词】体力活动。‖ 在旧社会,劳动人民过着痛苦的生活。| 机器逐渐取代了大部分体力劳动。

6 **牢** láo **kokoh; teguh**

【形容词】坚固、结实。‖ 把塑料袋系牢一些,防止里面的水果掉出来。| 生词多读几遍,会记得更牢。

4 **老公** lǎogōng **suami (bahasa lisan)**

【名词】丈夫,用于口语。‖ 她和老公、孩子一起去桂林旅游。| 她的老公是一名医生。

4 **老家** lǎojiā **kampung halaman; tanah kelahiran**

【名词】故乡、家乡。‖ 大多数中国人会在老家过年。| 我上个周末回老家看

望父母。

4 **老婆** lǎopó **istri (bahasa lisan)**

【名词】妻子,用于口语。‖ 他的老婆是一名科学家。| 昨天晚上他和老婆、孩子一起去看电影。

4 **老实** lǎoshi **jujur; tulus; terus terang; berkelakuan baik**

【形容词】① 诚实。‖ 你究竟干了什么坏事,老实说出来。| 他不老实,没有把真相说出来。② 遵守规则,不挑起矛盾。‖ 他太老实了,平时一句话都不说。| 他是一个老实人,大家都喜欢他。

6 **老乡** lǎoxiāng **orang sekampung halaman**

【名词】来自同一个故乡、家乡的人。‖ 我是广东人,她也来自广东省,我们是老乡。| 我昨天在街头遇到了老乡。

4 **乐趣** lèqù **kesenangan; kegembiaraan**

【名词】快乐而有趣的感觉。‖ 我在学习汉语的时候获得了乐趣。| 生活中到处充满了乐趣。

4 **泪** lèi **air mata**

【名词】从眼睛里流出来的身体的水分。‖ 孩子把泪擦干后,继续和朋友一起玩儿。| 他脸上的是汗,不是泪。

4 **泪水** lèishuǐ **air mata; tetesan air mata**

【名词】眼泪。‖ 她哭了很久,脸上全是泪水。| 他给了我一张纸,让我擦干泪水。

4 **类型** lèixíng **tipe; jenis; ragam; macam**

【名词】种类。‖ 针对不同的学习需求,书店有不同类型的汉语教材。| 我喜欢这个类型的电视剧。

4 **冷静** lěngjìng **tenang**

【形容词】不冲动。‖ 你冷静地思考一下,你做得对吗? | 她当时的态度非常冷静。

6 **冷气** lěngqì **udara dingin**

【名词】冷的空气。‖ 一打开冰箱,里面的冷气就跑出来。| 空调正在制造

冷气。

6 **冷水** lěngshuǐ **air dingin**

【名词】凉水。‖ 夏天的时候,我喜欢喝冷水降温。| 热水器坏了,我只能洗冷水。

4 **厘米** límǐ **sentimeter**

【量词】长度单位,十毫米等于一厘米。‖ 请空出三十厘米的位置。| 我的尺子的长度是十厘米。

4 **离不开** líbukāi **tak terpisahkan; tidak bisa berbuat apapun tanpa**

【短语】不能离开。‖ 鱼离不开水。| 学习汉语离不开多练习。

5 **梨** lí **buah pir**

【名词】一种水果,甜味。‖ 你喜欢吃梨还是苹果? | 我买了一些梨,给你两个。

5 **礼** lǐ **hadiah kado oleh-oleh**

【名词】礼物。‖ 朋友结婚,我送了许多礼。| 快过年了,我给父母送了一些礼。

5 **礼拜** lǐbài **pekan/minggu; untuk menyebut hari; sembahyang/berdoa**

【名词】① 星期。‖ 妈妈出差了,下个礼拜才回来。| 参观大熊猫的活动将举办一个礼拜。② 配合一、二、三、四、五、六、日(天)使用。‖ 明天是礼拜六,我想去看电影。| 今天是礼拜五,明天就是周末了。

【动词】信仰宗教的人行礼。‖ 他不在家,去礼拜了。| 他每个星期都要去教堂礼拜。

5 **礼貌** lǐmào **sopan santun; tata krama**

【名词】言语和动作都尊重别人的表现。‖ 妈妈从小教育我要有礼貌。| 小刚是个讲文明懂礼貌的好孩子。

【形容词】他是一个很礼貌的人,不会大声说话。→他有礼貌,懂得社会交往规则。‖ 过度地关心别人的事情是不礼貌的行为。| 这家店的服务员十分礼貌热情。

6 **礼堂** lǐtáng **aula/bangsal ; auditorium**

【名词】用于开会或举行典礼的大厅。‖ 开学典礼在礼堂举行。| 这座礼堂

允许三千人进入。

6 **理** lǐ **mempedulikan；menghiraukan；alasan；pemahaman**

【动词】妹妹生气了，谁也不理。→妹妹生气了，不和任何人讲话。‖ 我对他有意见，所以不理他。| 小明和小兰吵架了，谁都不理谁。

【名词】理由、道理。‖ 弟弟知道自己没理，不敢反抗妈妈。| 你有理，我不和你争。

6 **理财** lǐ//cái **mengurus keuangan dan harta benda**

【短语】管理钱。‖ 最近我购买了一笔理财产品。| 她善于理财，赚了许多钱。

6 **理智** lǐzhì **akal budi；nalar**

【名词】区分好处和坏处、控制自己行为的能力。‖ 关键时刻要保持理智，避免失误。| 有时候一旦冲动，就会失去理智。

【形容词】有理智的。‖ 她很理智地说服了对方。| 小丽比你理智，没有上当。

6 **力** lì **tenaga；kekuatan；daya**

【后缀】力量、能力。‖ 电子游戏对我有很强的吸引力。| 小孩儿富有想象力。

4 **力气** lìqi **tenaga；kekuatan fisik**

【名词】孩子的力气太小了，搬不动椅子。→孩子没有很多力量搬动椅子。‖ 她力气很大，可以把沙发搬起来。| 我最近太累了，连说话的力气都没有了。

4 **历史** lìshǐ **sejarah**

【名词】① 过去的事实。‖ 我对这段历史十分感兴趣。| 这些事情已经成为历史，不要再提了。② 学科。‖ 我喜欢历史课，你呢？| 她是我们的历史老师。

5 **厉害** lìhài **lihai；hebat**

【形容词】我头疼得厉害，要去休息一下。→我的头非常疼，十分不舒服，需要休息。‖ 她是一个很厉害的人，二十岁就创业成功了。| 我太紧张了，心跳得厉害。

5 **立** lì **berdiri**

【动词】他立在门口和邻居说话。→他站在门口和邻居说话。‖ 站着的时候，把身体立直。| 体育老师喊“立正”后，开始数来上课的人数。

5 **立场** lìchǎng **posisi (situasi/keadaan)**

【名词】对待问题的态度及所处的地位。‖ 关于对孩子的教育问题，他的立场很坚定。| 他再次表明了自己的立场，站在正义这边。

4 **立即** lìjí **langsung; segera**

【副词】马上、立刻。‖ 一下课，他立即冲向食堂。| 接到电话后，他立即赶到公司。

6 **利** lì **keuntungan**

【名词】利益。‖ 多吃水果对身体健康有利。| 商人从买卖中获利。

5 **利润** lìrùn **laba; keuntungan**

【名词】营业赚得的钱。‖ 这笔生意的利润太低了，不值得。| 他通过违法的手段，获取巨大的利润。

4 **利息** lìxī **bunga**

【名词】除本来的金额以外的钱。‖ 在银行存款会有利息。| 我想查询这个月的利息有多少。

4 **利益** lìyì **manfaat**

【名词】好处。‖ 要避免损害公司利益的事情发生。| 这个决策符合大多数人的利益。

5 **例外** lìwài **pengecualian/terkecuali**

【动词】在一般的规律、规定之外。‖ 所有人必须遵守法律，谁也不能例外。| 春节快到了，每个人都回老家过年，我也不例外。

【名词】在一般的规律、规定之外的情况。‖ 我每天六点起床，礼拜天是例外。| 我们家都是成年人，弟弟是例外。

4 **俩** liǎ **berdua; dua orang**

【代词】两个，用于口语。‖ 我们俩是朋友。| 她俩吃了苹果。

5 **连接** liánjiē **menyambungkan; mengkoneksikan**
【动词】这条铁路连接南北,是重要的交通线。→这条铁路把南方和北方连了起来。‖ 一条高速公路把两座城市连接起来。| 灾难把人民的心连接在一起。

5 **联络** liánluò **menghubungi**
【动词】接上关系、联系。‖ 我和她失去联络很久了。| 他们每个星期通过电话联络一次。

6 **联盟** liánméng **kesatuan**
【名词】联合而成的团体。‖ 最后时刻,我们必须结成联盟,打败敌人。| 我和朋友们联合起来,成立了一个俱乐部联盟。

6 **联赛** liánsài **liga**
【名词】三个以上同等级的球队之间的比赛。‖ 我们学校获得了这一届篮球联赛的冠军。| 这支球队是上一届全国足球甲级联赛的冠军。

L

6 **联手** liánshǒu **bekerjasama**
【动词】联合;共同。‖ 企业和科研机构联手,推动了新产品的开发。| 两个著名的导演联手,创造出了伟大的作品。

5 **联想** liánxiǎng **teringat; terbayang**
【动词】由某人或某事物想到其他相关的人或事物。‖ 看到这些孩子,我联想到了自己的童年。| 看这个汉字,你能联想到什么?

5 **脸盆** liǎnpén **baskom**
【名词】洗脸用的盆。‖ 他拿着毛巾和脸盆,走到洗手间里。| 我的脸盆摔破了。

5 **脸色** liǎnsè **raut wajah**
【名词】① 脸上表现出来的健康情况。‖ 你的脸色看起来不好,是不是不舒服?| 她休息了两天,脸色好多了。② 脸上的表情。‖ 看他的脸色,我就知道有好消息。| 老师的脸色不太好,好像生气了。

5 **恋爱** liàn'ài **menjalin cinta; hubungan cinta**
【动词】男女互相喜欢。‖ 他们俩恋爱了。| 她和麦克已经恋爱两年了。

【名词】男女互相喜欢的行动表现。‖ 前面那对年轻人在谈恋爱。| 每个人对恋爱有不同的态度。

4 **良好** liánghǎo **baik; terpuji**

【形容词】令人满意;好。‖ 目前他状态良好,没有什么问题。| 一切都很顺利,真是个良好的开始。

6 **凉鞋** liángxié **sepatu sandal; sandal**

【名词】夏天穿的鞋,比较凉快、舒服。‖ 妈妈给我买了一双好看的凉鞋。| 我的一只凉鞋找不到了,你看见了吗?

4 **量** liáng **mengukur**

【动词】测量。‖ 这块布量得不准,少了二十厘米。| 医生让他先量体温,再检查。

4 **粮食** liángshi **makanan termasuk biji-bijian, gandum, hasil pertanian**

【名词】供食用的谷类、豆类和薯类等原始状态的粮和成品粮。‖ 今年气候不错,粮食丰收。| 我每次都把饭吃完,不浪费粮食。

5 **两岸** liǎng'àn **dua sisi daratan tepi selat/sungai**

【名词】江、河、海两边的地方。‖ 春天来了,河两岸的花开了。| 到了晚上,江两岸的灯亮了起来。

4 **两边** liǎngbiān **dua sisi**

【名词】① 物体的两个边。‖ 这张纸两边不齐,换一张吧。② 两个方向或地方。‖ 教室两边都有窗户,光线很好。| 他平时还要去商店打工挣钱,经常学校和商店两边跑。③ 双方;两个方面。‖ 爸爸妈妈闹矛盾,我两边都要劝一劝,做做他们俩的思想工作。| 我两边已经说好了,球赛明天下午举行。

6 **两侧** liǎngcè **dua sisi**

【名词】物体的两边。‖ 学校两侧都是大树。‖ 鸟儿的眼睛长在头的两侧。| 节假日到了,街头很热闹,两侧都是人。

6 **两手** liǎngshǒu **bakat; prosedur/metode dari 2 sisi kemungkinan**

【名词】① 指本领或技能。‖ 小明会跳舞,聚会的时候他给大家露了两手。| 你唱歌真好听,看来有两手啊。② 指两个方面的手段和办法。‖ 为了确保运

L

动会顺利举行,学校作了两手准备。| 这次旅行,他作了两手计划。

4 **疗养** liáoyǎng **merawat; menyembuhkan**

【**动词**】治疗并调节身体状态。‖ 他生病了,需要疗养一段时间。| 小兰的爸爸不在家,他去外地疗养了。

6 **聊** liáo **berbincang**

【**动词**】随便谈话。‖ 我不知道他们在聊什么。‖ 我们昨天聊了很久,什么话都说了。| 大卫和小刚一直聊到上课。

6 **聊天儿** liáo//tiānr **berbincang-bincang**

【**动词**】一般指目的性不强的谈话。‖ 奶奶在和邻居聊天儿。| 小明在街头遇到了朋友,聊了一会儿天儿。

4 **了不起** liǎobùqǐ **hebat; salut**

【**形容词**】她的汉语说得很流利,真了不起。→她的汉语说得很好,真厉害。‖ 小兰连续三次拿了第一名,太了不起了。| 这个教授会说六个国家的语言,真了不起。

4 **了解** liǎojiě **mengerti**

【**动词**】① 知道、明白。‖ 我和他接触不多,不太了解他。| 我了解这篇文章的主题。② 调查、打听。‖ 我们需要了解具体的细节,你可以告诉我们吗?| 他说的是否是事实,我们要了解一下。

6 **料** liào **perkiraan; dugaan**

【**动词**】估计、猜想。‖ 警察料到了坏人会逃跑,已经作好准备了。| 她去国外读书了,我料不到她会突然出现在这里。

6 **料** liào **bumbu**

【**名词**】材料;原料。‖ 木料。→木头材料。| 汤料。→做汤的材料。| 燃料。→用来燃烧的材料。| 这碗汤有点儿淡,再加点料吧。→再加点盐或食物原料在汤里面。

4 **列** liè **barisan; urutan; daftar**

【**动词**】一个接着一个排起来。‖ 我出门买东西前,会把想买的东西列在本子上。| 老师在黑板上列出这节课的生词。

【量词】孩子们上体育课时，排成五列。→孩子们排成五条队伍。‖ 每天十点，一列火车会从这里经过。| 裁判把选手分成两列。

[4] **列车** lièchē **gerbong kereta**

【名词】连着的火车。‖ 列车将在下午两点出发。| 请问列车还有多久到终点站？

[4] **列入** lièrù **masuk ke dalam daftar**

【动词】把一个人或一件事物放到名单或计划内。‖ 她每天睡前会把第二天的工作列入计划表。| 我们已经将您的名字列入会员名单。

[4] **列为** lièwéi **terdaftar；termasuk**

【短语】选出来当作。‖ 她的书法作品写得真好，还被老师列为优秀作品。| 中国把大熊猫列为重点保护动物。

[6] **裂** liè **retak**

【动词】本来完整的东西有了缝隙。‖ 很久没有下雨，地都晒裂了。| 墙裂了，很危险，不要靠近。

L

[5] **邻居** línjū **tetangga**

【名词】住处接近的人。‖ 我的邻居是一对夫妇，他们来自中国。| 我出门的时候，看见邻居在跑步。

[4] **临时** línshí **sementara；mendadak**

【形容词】暂时；短期。‖ 记者是我的临时工作，以后我想当老师。| 我是活动现场的临时负责人，有问题请随时联系。

【名词】快到事情发生的时候。‖ 他快下班时，领导临时增加了工作任务。→工作任务是刚刚增加的，不在计划内。| 会议临时取消了，推迟到明天。

[5] **铃声** língshēng **suara bel**

【名词】一种金属设备发出的声音，目的是提醒人。‖ 上课铃声响了，同学们走进教室。| 你的手机铃声太大声了，调小一点儿吧。

[6] **灵活** línghuó **lincah；gesit**

【形容词】① 反应快。‖ 他打羽毛球的时候，动作十分灵活。| 她经常锻炼，所以身体很灵活。② 善于随着情况的变化作出适当调整。‖ 到时候，你就根

据具体情况灵活处理吧。| 教师需要根据课堂情况灵活运用教学方法。

4 **零食** língshí **makanan ringan**

【名词】不是正常吃饭的时候吃的食品。‖ 小孩儿喜欢吃零食,不喜欢吃饭。| 不吃零食是好习惯。

5 **领带** lǐngdài **dasi**

【名词】穿西服时,扎在衬衣衣领上悬在胸前的带子。‖ 我想换一条颜色深一点儿的领带。| 我给他挑了一条领带,作为生日礼物。

6 **领取** lǐngqǔ **menerima**

【动词】去拿发给的东西。‖ 她每个学期都能领取到奖学金。| 我从邮箱里领取妈妈的来信。

6 **领袖** lǐngxiù **pemimpin**

【名词】领导者。‖ 历史上有许多领袖,他们创造了伟大的成就。| 他是学生领袖,很有号召力。

6 **另** lìng **yang lain**

【代词】别的。‖ 我买的是另一本书。| 我觉得他说的是另一件事情。

【副词】另外。‖ 经理明天另有会议。| 我另准备了一份礼物给朋友。

5 **令** lìng **membuat; mengakibatkan**

【动词】使。‖ 她的变化太大了,令我感到震惊。| 令人感动的是,这部电影的细节处理得很好。

6 **留言** liúyán **meninggalkan pesan**

【动词】用书面形式或录音形式留下要说的话。‖ 如果我没有接电话,请在电话里留言,我有时间再回复。| 我一直无法联系你,只好给你留言了。| 经理正在看客户写下的留言。

4 **流传** liúchuán **menyebar luas**

【动词】传下来或传播开。‖ 这个动人的故事在民间流传到现在。| 这个笑话一直在流传,却没有人知道它的来源。| 外面流传着他中了一千万元大奖的事。

5 **流动** liúdòng **mengalir**

【动词】①（水或空气）移动。‖ 江水慢慢地流动着。| 科学研究证明，温度越高，空气流动越快。② 经常变换位置。‖ 流动售货车。| 流动人口。| 节假日的时候，人们出去旅游，人口流动大。

6 **流感** liúgǎn **flu/influenza**

【名词】流行性感冒。‖ 麦克得了流感，不能去上课。| 最近降温了，容易得流感，你要多注意身体。

5 **流通** liútōng **mengalir lancar**

【动词】流动通行。‖ 打开窗户，空气就流通了。| 信息如果不流通就没有价值。

6 **楼道** lóudào **koridor/lorong**

【名词】楼房内部可以走的通道。‖ 我们住在楼道的两侧。| 禁止在楼道内吸烟。

6 **楼房** lóufáng **rumah gedung; apartemen**

【名词】两层或两层以上的房子。‖ 他们家建了新的楼房。| 我喜欢这座楼房，它的设施很完善。

4 **楼梯** lóutī **tangga**

【名词】连接两层楼之间的台阶。‖ 不要在楼梯上玩儿，很危险。| 我刚刚在楼梯上遇见了老师，我和她打了招呼。

5 **漏** lòu **bocor**

【动词】① 东西从孔或缝中滴下、透出或掉出。‖ 厨房的水龙头坏了，有点漏水。| 我没发现塑料袋破了一个洞，里面的水果漏出来了。| 这间房子漏雨，我打算找工人来帮忙维修。② 因为粗心，比应该有的数目少了。‖ 不好意思，这份名单漏了你的名字。→工作人员忘记把你的名字写在名单上。| 这段话漏了两个字。

5 **漏洞** lòudòng **berlubang; bocor**

【名词】① 让东西漏出来的小洞。‖ 杯子里的水都从漏洞里流出来了。| 我的书包破了，有一个漏洞。② 说话做事等不周密的地方。‖ 他刚才的话有很

L

多漏洞。| 保安工作要认真仔细，不能有漏洞。

6 **露** lòu/lù **muncul; terlihat**

【动词】显现在外。老师看着同学们开心的样子，脸上露出微笑。→老师的脸上显示、出现微笑。‖ 我笑得很大声，牙都露出来了。| 拿到零食后，孩子的脸上露出笑容。

6 **露** lù **dew**

【名词】地面空气温度下降，空气中的水汽凝结在树叶、草地上的水珠。又叫“露水”。‖ 院子里的草地上好大的露水，踩上去，一双鞋很快就湿透了。

4 **陆地** lùdì **darat**

【名词】地球表面没有水的地方。‖ 这片陆地的面积还没有测量。| 大多数人类生活在陆地上。

6 **陆军** lùjūn **tentara angkatan darat**

【名词】在陆地上作战的军队。‖ 我们有一支强大的陆军。| 两年前，他加入了陆军。

4 **陆续** lùxù **berkesinambungan; berkelanjutan**

【副词】电影快开始了，人们陆续走进电影院。→人们连续不断地走进电影院。‖ 饭店刚开业两个小时，客人们就陆续来了。| 快到上班时间了，员工陆续走进公司。

4 **录取** lùqǔ **diterima**

【动词】以一定方式选定符合标准的人。‖ 经过努力，我终于被大学录取了。| 昨天早上她收到了学校的录取通知书。

6 **录像** lùxiàng **merekam video**

【动词】用设备把图像声音记录下来。‖ 别担心，刚才的会议已经录像了。| 昨天的晚会你录像了吗？我想看一下。

【名词】用专门的设备录的视频。‖ 这段录像记录了我的童年。| 这部录像的声音听起来很模糊。

6 **录音机** lùyīnjī **alat perekam suara**

【名词】录和播放声音的机器设备。‖ 这台录音机的录音效果不好。| 老师

用录音机给我们播放音乐。

6 **路过** lùguò　**melewati；melalui**

【动词】去一个地方的路上经过（某地）。‖ 我去学校的路上，路过一家商店。| 你路过邮局顺便帮我把信寄出去。| 从北京去上海，路过山东。

6 **旅店** lǚdiàn　**pennginapan**

【名词】旅馆。‖ 他身上没有钱了，只好去住了一个小旅店。| 因为租不到房子，我在旅店住了两个晚上。

6 **绿化** lǜhuà　**penghijauan**

【动词】为了让环境变好，种植树、花儿、草等植物。‖ 校园经过绿化，像花园一样美丽。| 绿化城市可以给人类带来许多好处。

4 **轮** lún　**roda；babak；ronde**

【名词】轮子。‖ 汽车有四个轮，自行车只有两个轮。| 维修师傅帮我检查自行车，发现有一个轮坏了。

【动词】按照顺序一个接着一个。‖ 今天轮到我打扫教室的卫生了。| 马上轮到你表演了，准备好了吗？

【量词】① 用于太阳、明月等。‖ 一轮红日。| 一轮明月。② 用于循环的事物或动作。‖ 休息十分钟，第二轮比赛马上开始。| 我们来玩几轮游戏吧。

4 **轮船** lúnchuán　**kapal laut**

【名词】比较大的船，通常用来运人或货。‖ 海边停靠着几艘大轮船。| 我想坐轮船去中国。

4 **轮子** lúnzi　**roda**

【名词】车辆或其他机器设备上的轮。‖ 女儿那辆玩具车掉了两个轮子，跑不动了。| 自行车有两个轮子。

4 **论文** lùnwén　**skripsi**

【名词】讨论或研究某种问题的文章。‖ 我昨天发表了一篇关于教育的论文。| 我正在写毕业论文。

5 **逻辑** luójí　**logika**

【名词】① 思维的规律。‖ 她说的话有道理，符合逻辑。| 这篇文章的逻辑太

乱了,我看不懂。② 客观的规律性。| 事物发展的逻辑。| 生活的逻辑。③ 逻辑学。‖ 我有一门逻辑学课程。| 昨天的逻辑课,你听明白了吗?

4 **落** luò **gugur**

【动词】 秋天到了,树叶落到了地上。→树叶从树上掉下来,落到地面。‖ 飞机从天空中落下来。| 泪水从他的脸上落下来。

5 **落实** luòshí **merealisasikan**

【动词】 这个计划已经落实了。→这个计划已经实现了。‖ 想法要落实在行动上,才知道效果怎么样。| 你把计划落实一下,避免出现问题。

M

6 **马车** mǎchē **kereta kuda**

【名词】马拉的车。‖ 他父亲经营着一个出租马车的店。| 现在几乎已经看不到马车了。

5 **码头** mǎtóu **pelabuhan**

【名词】停船的地方。‖ 我的朋友坐轮船来中国,我一会儿要去码头接她。| 这个码头去年刚建好,设备非常先进。

5 **骂** mà **memarahi; memaki**

【动词】对别人说难听、过分的话。‖ 随便骂人是不文明的行为。| 父亲教育孩子不要骂人。

6 **嘛** ma **lah/kan**

【助词】① 表示道理很明显。‖ 你不喜欢去,就别去了嘛。| 犯错误没关系,改正了就好嘛。② 表示期望、劝阻。‖ 你不要走得那么快嘛!| 不让你去就别去嘛! ③ 用在句中表示停顿,提醒听话人注意。‖ 这件事嘛,你也不能怪他,主要是你没说清楚。| 学习语言嘛,必须跟别人说话,否则永远也学不会。

6 **埋** mái **mengubur**

【动词】他把种子埋在土里。→他用土盖住种子。‖ 种树的时候,根要埋得深一些。| 房子倒了,家具被埋在里面了。

5 **买卖** mǎimài **jual-beli; perdagangan**

【名词】公司最近做成了一笔大买卖。→公司最近做成了一笔大生意。‖ 街头上有许多做买卖的人。| 他两年前就开始做买卖了。

6 **馒头** mántou **mantau**

【名词】用面粉蒸的没有馅儿的食品。‖ 在中国,北方人比较喜欢吃馒头。|

刚蒸出来的热乎乎的馒头很好吃。

6 **慢车** mànchē **kendaraan lambat (banyak halte yang harus dilalui)**

【名词】中间停下的车站较多,行驶时间较长的车。‖ 他坐的是慢车,三个小时后才到家。| 慢车虽然慢,但路上可以看到许多风景。

5 **漫长** màncháng **sangat lama**

【形容词】很长、很久。‖ 这条路太漫长了,我们坐出租车去吧。| 北方的冬天是漫长的。

5 **漫画** mànhuà **komik**

【名词】一种具有简单、变形、夸张特点的画。‖ 这幅漫画很有意思,你有时间可以看一下。| 他是一位著名的漫画家。

6 **盲人** mángrén **tuna netra**

【名词】眼睛有疾病而看不见的人。‖ 盲人看不见,但他们的听力非常敏感。| 那条狗带着它的盲人主人过马路。

5 **毛笔** máobǐ **pena kuas**

【名词】用动物的毛制成的笔。‖ 小红的毛笔字写得真好,应该是平时经常练习。| 老师让我们准备毛笔,下一节书法课要用。

4 **毛巾** máojīn **handuk**

【名词】用来擦脸、擦身体的松软、不光滑的布。‖ 我买了两条毛巾,一条红色,一条蓝色。| 新买的毛巾质量很好。

4 **毛衣** máoyī **mantel wol**

【名词】用毛线织成的上衣。‖ 天气渐渐凉了,把毛衣穿上吧。| 你这件毛衣真漂亮,在哪里买的?

5 **矛盾** máodùn **kontradiksi; bertolakbelakang**

【名词】因为意见不同,我和她发生了矛盾。→我和她的意见不一样或完全相反。‖ 听说他们有矛盾,但不知道原因。| 矛盾解决后,小兰和小美的关系变好了。

【形容词】互相对立的,完全相反的。‖ 他说的话前后矛盾,一点儿也不符合逻辑。| 她想出去玩儿,但作业还没有写完,心里很矛盾。

5 **冒** mào　**muncul**

【动词】向外透;往上升。‖ 跑完步后,我的脸上不停地冒汗。‖ 不要把头冒出窗外,那样危险。| 那间屋子在冒烟,是不是发生火灾了?

5 **贸易** màoyì　**perdagangan/bisnis**

【名词】买卖,做生意。‖ 外国商人对汽车贸易很感兴趣。| 我们是一家贸易公司,主要出口服装。

4 **帽子** màozi　**topi**

【名词】戴在头上的,用来挡阳光或使头温暖。‖ 这顶帽子很漂亮,适合你。| 他总是戴着一顶帽子。

4 **没法儿** méifǎr　**tidak mampu; tidak bisa**

【动词】没有办法,情况不允许。‖ 他的脚受伤了,没法儿走路。| 工作太多了,我没法儿用一天的时间做完。

4 **没想到** méixiǎngdào　**tidak terduga; tidak terpikirkan**

【短语】没有想到、考虑到。‖ 没想到你是这样的人,太过分了。| 没想到他拿了冠军,真厉害。

6 **梅花** méihuā　**bunga plum**

【名词】一种花,一般在每年的十二月至次年的三月之间开放,不怕寒冷。‖ 梅花在中国传统文化中有特别的意义。| 我最喜欢的花儿是梅花,你呢?

5 **煤** méi　**batu bara**

【名词】一种黑色燃料。‖ 他是一名工人,日常工作是挖煤。| 煤气是用煤制成的。

5 **煤气** méiqì　**gas elpiji (LPG)**

【名词】煤经过处理后产生的气体。‖ 出门前,记得检查煤气的开关。| 他点燃煤气,开始做晚饭。

4 **美金** měijīn　**Dolar Amerika Serikat**

【名词】美元。‖ 这次比赛的冠军将获得两千美金。| 我这个月的工资是五千美金。

4 **美女** měinǚ **wanita/gadis cantik**

【名词】美丽的女子。‖ 你听说过中国古代四大美女的故事吗？| 我一进饭店,服务员问:“美女,请问有几位?”

6 **美容** měiróng **kecantikan**

【动词】使面貌美丽。‖ 听说这个产品可以美容,是吗？| 她向我们分享了自己的美容方法。

5 **门诊** ménzhěn **klinik**

【动词】医生在医院给不住院的病人看病。‖ 这个医生一般在周末门诊。| 工作日的门诊时间是八点到十二点。

6 **蒙** mēng **membohongi; menipu; menebak**

【动词】① 骗。‖ 别蒙人,谁不知道你的目的。| 他在街头遇到了骗子,被蒙了一百元。② 随便猜测。‖ 我太紧张了,随便蒙了一个答案。| 你想好了再回答,不要乱蒙。③ 暂时地头脑不清楚;糊涂。‖ 我都被你搞蒙了,你到底是在夸我还是在骂我呀？| HSK 成绩出来的时候,我都蒙了,我真没想到分有那么高。

M

6 **蒙** méng **menghalangi; menutupi**

【动词】挡,盖。‖ 你用手把眼睛蒙住。| 镜头被蒙住了,拍不了照片。

6 **猛** měng **kasar; bertenaga/kuat**

【形容词】① 气势大;力量大。‖ 你的力气太猛,门都被弄坏了。| 外面的雨下得太猛了,你最好不要出门。② 忽然;突然。‖ 他听到枪声,猛地从屋里跳出来。| 他猛地打开门冲了出去,不知道是想起了什么事情。

4 **梦** mèng **impian; mimpi**

【名词】睡觉时脑子里出现的情景。‖ 我昨天做了一个关于未来的梦。| 他睡午觉的时候,做了一个梦。

【动词】做梦。‖ 我中午睡觉时,梦到了自己的家人。| 我梦见自己变成了一只自由的鸟儿。

6 **面对面** miànduìmiàn **saling berhadapan; tatap muka**

【动词】① 指两个人脸对着脸。‖ 我们可以面对面坐着吗？| 我与一个陌生

人面对面地坐着。② 当面,两个人身处同一个空间。‖ 这件事我想面对面跟他说。| 这个问题我们要面对面地讨论。

5 **面貌** miànmào **wajah; paras; penampilan**

【名词】① 一个人的容貌,模样。‖ 他的面貌真让人舒服呀。| 年纪大,面貌也改变了。② 比喻事物所呈现的景象、状态。‖ 我们要用一个全新的面貌去迎接新学期。| 新的一年要有新面貌。

6 **面向** miànxiàng **menghadap; terhadap**

【动词】① 意思是面对;向着某个方向站着或坐着。‖ 我面向老师站着。| 面向太阳升起的地方走去。② 适应……的需要;注重。‖ 面向这个问题,我不能给出答案。| 面向未来。

5 **面子** miànzi **bagian luar/permukaan; muka; harga diri**

【名词】① 物体的表面。‖ 这件衣服的面子很好看。| 棉被的面子很软。② 体面,表面的虚荣。‖ 我是个十分要面子的人。| 这件事,你做得让我很没面子。③ 情面,私人间的情分和面子。‖ 看在我俩的面子,我没有拆穿你。| 我认为他做事很有原则,不讲面子。

M

4 **描述** miáoshù **menggambarkan; mendeskripsikan**

【动词】形象地叙述。‖ 你可以把这件事描述一遍吗? | 这诗歌描述了乡村生活。

4 **描写** miáoxiě **melukiskan; mendeskripsikan**

【动词】用语言、文字把人事物或环境具体地描绘和刻画出来。‖ 你将这个人描写得活灵活现。| 怎么样描写出他的特点呢?

5 **秒** miǎo **detik**

【名词】计时单位,计量单位。‖ 一分钟有六十秒。| 我们要在三十秒之内跑出屋外。

6 **妙** miào **baik; bagus; hebat; pintar; cerdik; piawai**

【形容词】① 美,好。‖ 这句话,你说得太妙了! | 这地方的风光太妙了。② 奇妙,神奇。‖ 这个建筑修建得太妙了! | 这办法妙得很!

6 **灭** miè **padam; memadamkan; gelap**

【动词】① 熄灭,光亮的消失。‖ 你怎么把桌子上的蜡烛熄了? | 我把手中的

烟熄了。② 灭亡,消灭。事物的消失不见。‖ 蚊子太多了,我要把它们消灭。| 这个地方的蝴蝶灭了,再也看不到。③ 消失,磨灭。‖ 这种精神在每个人心中是不可磨灭的。| 我的意志十分坚定,不会被任何事情磨灭。

6 **民歌** mín'gē **lagu daerah**

【名词】民间歌曲,民间文学的一种。比较通俗、易传唱的歌曲。多反映普通百姓的生活面貌。‖ 我们唱一支民歌吧! | 你可以教我唱民歌吗?

6 **民工** míngōng **buruh tani**

【名词】由农村流动到城市进行体力劳动的农民。‖ 农民工好辛苦呀! | 我们应该尊重农民工。

6 **民警** mínjǐng **polisi rakyat**

【名词】"人民警察"的简称。‖ 你可以告诉我民警在哪里吗? | 学校门口有两个民警正在谈话。

6 **民意** mínyì **opini publik**

【名词】人民共同的意见和愿望。‖ 这件事我们要尊重民意。| 这次民意很大,政府应该重视。

6 **民主** mínzhǔ **demokrasi**

【名词】指人民群众所享有的参与国家事务和社会事务管理或对国事自由发表意见的权利。‖ 中国是人民民主专政的社会主义国家。

5 **敏感** mǐngǎn **sensitif**

【形容词】生理或心理上对外界事物迅速作出反应。‖ 他太过敏感了,以至于总是误会我的话。| 你对数字好敏感呀,这么快就记住了所有数字。

6 **名额** míng'é **batas jumlah (orang); kuota (orang)**

【名词】规定的人数,不能超过这个数量。‖ 这个比赛还有名额吗? 我想参加。| 这次的名额太少了。

4 **名牌儿** míngpáiér **merk terkenal; merk ternama**

【名词】① 标了名字、物品名称的牌子。‖ 我衣服的名牌儿上写了它的材质。| 这个老人带有他名字的名牌儿。② 著名的品牌。‖ 小孩穿了一身名牌儿。| 这衣服是名牌儿,价格很贵。

4 **名片** míngpiàn　**kartu nama**

【名词】用于交际时向别人介绍自己的纸片,上面写着自己的姓名、职务等信息。‖ 你好,这是我的名片。| 可以给我一张你的名片吗?

4 **名人** míngrén　**orang terkenal**

【名词】有名气、被很多人知道的人。‖ 我在大街上看见了一个名人。| 这个名人是一个爱狗人士。

6 **名胜** míngshèng　**objek wisata; tempat bersejarah**

【名词】因风景优美或者有古老建筑而出名的地方。‖ 等有时间我一定要去长城这个名胜古迹去参观一下。| 假日去看看风景名胜。

6 **名义** míngyì　**nama; atas nama**

【名词】① 做某件事的依据;有理由去做一件事。‖ 你不能以我的名义去骗人。| 我以个人的名义保证,一定按时完成任务。② 表面上;形式上。‖ 名义上是一个样子,实际上并非如此。| 我名义上是班长,可实际并没有人听我的。

6 **名誉** míngyù　**nama (baik); reputasi**

【名词】① 名声;地位。‖ 谢谢你,保住了我的名誉。| 我很爱惜我的名誉。② 名义上的(多表示尊敬)。‖ 这位是我们的名誉主席。| 名誉校长。

5 **明亮** míngliàng　**terang; jelas; bersinar/bercahaya; mengerti**

【形容词】① 光线充足,可以看清一切。‖ 这间屋子好明亮啊!| 夜晚外面的灯光也很明亮。② 发出光亮的。‖ 你有一双明亮的眼睛。| 明亮的灯,很漂亮。③ 明白,懂得。‖ 我看起来傻傻的,其实我的内心很明亮。| 考虑了一小时,我对未来就明亮了。

6 **明日** míngrì　**esok hari; besok**

【名词】① 明天,今天的下一天。‖ 明日我们要上课吗?| 我明日想吃火锅。② 泛指将来,今天之后的所有日子,有概括意义在其中。‖ 我们这个计划从明日起开始实行。| 这个罐头的保质期就到今天,明日就不能吃了。

6 **命** mìng　**jiwa; nyawa; nasib; takdir; perintah; titah**

【名词】① 生命。‖ 怎么办,快救救这条鱼吧,它快没命了!| 救命! ② 迷信认为上天注定了一切;命运。‖ 我的命可真不好。| 这都是命啊! ③ 上级对

M

下级的指示、要求。比如老师对学生。‖ 没办法，我只能遵命。| 大家准备一切在广场待命。

【动词】有给予的意思，例如命题就是给出一道题目，命名就是给一个东西取名字。‖ 他的命题我没听懂。| 我给这个文件命名为重要文件。

5 **命令** mìnglìng **perintah; komando; titah**

【名词】上级对下级的要求，指示。‖ 他的命令我不敢不听。| 老师下达了一道命令。

【动词】上级指示下级，发出动作指向。‖ 班长命令我明天交作业。| 士兵被命令今晚睡在山上。

4 **摸** mō **meraba; memegang-megang**

【动词】用手接触某个物体。‖ 这只小狗我可以摸一下吗？| 我想摸摸你的头。

5 **模范** mófàn **orang atau barang yang bisa dijadikan contoh; model**

【名词】可以作为学习榜样的、值得学习的人或事物。‖ 他乐于助人，是我的学习模范。| 他是运动模范。

M

【形容词】值得人们作为榜样的。‖ 他样样不错，是个模范少年。| 他生活在一个模范家庭里，每天都很开心。

5 **模仿** mófǎng **meniru; mencontoh**

【动词】依照样子学着做。‖ 你模仿他的笑声太像了。| 这是我创作出来的东西，不是模仿你的。

5 **模糊** móhu **kabur; remang-remang; tidak jelas**

【形容词】不清楚、不明显。‖ 我对小时候的记忆有点模糊了。| 光线暗，一切看起来都很模糊。

【动词】使不清楚。‖ 雨水模糊了他的双眼。| 不要模糊问题的重要部分。

5 **模式** móshì **mode**

【名词】某种事物的标准样式或让人可以学习的标准样式。‖ 你的思维模式值得我们学习。| 如果我和老师是一样的模式，是不是就能学好中文了呢？

4 **模特儿** mótèr **model**

【名词】一种职业群体，指那些用来展示服装的人或人体模型。‖ 这个模特儿

真好看。| 你想做模特儿吗?

4 **模型** móxíng **maket; model; sampel**

【名词】依照一个实际物品的比例结构制作出来的物品。‖ 那个模型你做好了吗? | 这个汽车模型真好看。

6 **膜** mó **selaput**

【名词】① 人或动植物的身体内一层薄皮状的组织。‖ 耳膜都被这声音震坏了。| 好好保护眼膜。② 像膜一样的东西。‖ 这个杯子外部有一层塑料膜。| 这层膜可以撕掉吗?

5 **摩擦** mócā **menggesek; menggosok**

【动词】物体和物体紧密接触,来回移动。‖ 你不要用手指摩擦玻璃,声音很刺耳。| 天气冷,他双手快速摩擦以免冻伤手。

【名词】因利害关系而引起的冲突。‖ 他俩之间一直有点小摩擦。| 我必须解决和他之间的摩擦。

5 **摩托** mótuō **motor; sepeda motor**

【名词】一种两个轮子的交通工具。| 这个摩托看起来好帅! | 我今天要骑摩托去买东西。

6 **磨** mó **menggosok; menggesek**

【动词】物体紧密接触并来回移动,类似于摩擦;灭掉。‖ 这个墨已经被磨得差不多了。| 一点小困难不能磨灭我心中的梦想。

4 **末** mò **akhir**

【名词】东西的尾部、尽头。‖ 已经快要学期末了,我必须好好复习。| 年末了,大家都忙得很。

6 **没收** mòshōu **merampas**

【动词】强制性地拿走某个人的东西。‖ 老师把我的玩具没收了。| 我要没收你的手机。

6 **墨水** mòshuǐ **tinta**

【名词】墨汁,写字用的各种颜色的水。‖ 我笔的墨水没了。| 我下午要去买墨水。

M

4 **默默** mòmò **diam-diam**

【副词】不说话；不发出一点声音。‖ 他早上到教室就默默地把黑板擦了。| 我默默地站在老师身后，不敢说话。

5 **模样** múyàng **penampilan**

【名词】① 人的面容或者打扮的样子。‖ 我看着以前的照片，真是一脸青春的模样啊！| 这模样太令人难忘了。② 表示时间或年龄的大概情况，表估计。‖ 她看起来二十岁模样。| 我等了你一个小时模样。

6 **母** mǔ **ibu; betina**

【名词】母亲；属性词（与"公"相对）。‖ 我的母亲很善良。‖ 这只兔子是母的。

6 **母鸡** mǔjī **ayam betina**

【名词】一种动物，家禽。‖ 这个母鸡下蛋了。| 这只母鸡带着小鸡四处跑。

6 **母女** mǔnǚ **ibu dan anak perempuan**

【名词】一种亲属关系，母亲和女儿。‖ 我和妈妈是母女关系，也是朋友关系。| 那对母女看起来很开心。

6 **母子** mǔzǐ

【名词】一种亲属关系，母亲和儿子。‖ 这家人的母子关系不太好。| 这对母子已经在这里二十分钟了。

5 **目光** mùguāng **arah pandangan**

【名词】① 视线，看向一个地方。‖ 我的目光一直在他身上。| 同学们都把目光投向老师。② 眼光；见识。‖ 他是一个目光相当短浅的人。| 她目光比较长远，公司收益高。

6 **墓** mù **makam; kuburan; marga**

【名词】坟墓，悼念去世的人的地方。‖ 我今天去了他的墓前，献了一束鲜花。| 这块墓地离村子很远。

M

N

6 **拿走** názǒu **membawa pergi**

【动词】把某物从原来的地方带到另外的地方;从某人手中取走。‖ 我把苹果拿走了,留着晚上吃。| 我把他手中的糖拿走分给小孩吃。

4 **哪** nǎ **mana**

【疑问词】对事物表示疑问,后面常接地点或者数量。‖ 我们现在是在哪里啊? | 哪些人是和我们一组的?

4 **哪怕** nǎpà **bahkan jika**

【连词】表示姑且承认了某种事实。‖ 哪怕我这次考试考得不好,我也要吃一顿好的。| 哪怕这件事很难,我也要去试试。

6 **奶粉** nǎifěn **susu bubuk**

【名词】牛奶、羊奶等去掉水分,制成粉末,容易保存,一般加水食用。‖ 这个奶粉应该很适合我的弟弟吃。| 别忘了往奶粉里加水啊!

6 **奶牛** nǎiniú **sapi perah**

【名词】专门产奶的牛。‖ 这只奶牛看起来很健壮。| 这头奶牛我们不能产奶了。

5 **耐心** nàixīn **sabar**

【形容词】不急躁、不厌烦,能慢慢地做某事。‖ 老师耐心地给我讲这道题。| 我做任何事情都很有耐心,不会急着完成。

4 **男女** nánnǚ **laki-laki dan perempuan; pria-wanita**

【名词】男人和女人,也泛指百姓。‖ 我眼前的这对男女应该是一对夫妻。| 不论男女都可以参加这次比赛。

4 **男士** nánshì **orang dewasa (laki-laki); pria dewasa**

【名词】对成年男子的尊称。‖ 我以后一定要成为一个事业有成的男士。|

这位男士看起来十分帅气。

5 **男性** nánxìng **jenis kelamin laki-laki; kaum laki-laki**

【名词】人类分男和女,男性就是两性之一,即男的。‖ 你向左走就能看到男性卫生间。| 这位男性是我们的新老师吗?

5 **南北** nánběi **selatan dan utara**

【名词】南面和北面,指方向。‖ 南北方在地域、文化上都有很大的差异。| 南北的交通都很方便。

5 **南极** nánjí **kutub selatan**

【名词】南半球的最南端、顶点。‖ 我一直想去南极看看。| 去南极考察的科学人员真是不容易。

5 **难得** nándé **sulit didapatkan**

【形容词】① 表示不容易办得到,有"可贵"的意思。‖ 这个机会对我来说很难得,我要好好把握。| 他是个难得的人才,学校很重视他。② 表示不经常出现或者发生。‖ 难得,他今天没迟到。| 今天真是一个难得的好天气。

4 **难免** nánmiǎn **sulit dihindari; tak terelakan**

N

【形容词】不容易避免。‖ 初次上台,难免有些紧张。| 学习上难免有困难,一定要尽量克服。

6 **难忘** nánwàng **sulit dilupakan**

【形容词】没办法忘记,印象深刻,值得记忆的事物或人。‖ 那天他对我的帮助使我很难忘。| 第一次演讲的经历我终生难忘。

5 **难以** nányǐ **sulit untuk**

【形容词】意思是根据场合或情况很难作为自然的结果,很难达成某个结果。‖ 你的话,难以让老师相信。| 我离家很远,思乡之情难以控制。

4 **脑袋** nǎodài **otak**

【名词】① 头。‖ 他的脑袋一直低着,看起来十分难过。② 脑筋,由头引申出来的意思。‖ 脑袋要灵活一点,我们才能更好地学习。

5 **脑子** nǎozi **otak**

【名词】人的思考、记忆、逻辑等能力。‖ 我的脑子好笨,这么简单的题都不会做。

4 **闹** nào **berisik；bercanda**

【**形容词**】吵闹，不安静。‖ 外边太闹了，我们都不能好好上课了。

【**动词**】打闹，开玩笑，逗。‖ 他俩在走廊里打打闹闹，影响了周围同学。| 你别再闹了，一点儿也不好笑。

4 **闹钟** nàozhōng **alarm**

【**名词**】能够按预定时间发出声响的时钟。‖ 闹钟响了，我就起床了。| 我今天买了一个十分好看的小闹钟。

4 **内部** nèibù **bagian dalam**

【**名词**】在一定范围内，与外部相对应。物体的里面。‖ 杯子内部刻了图案。| 他对我很信任，我已经进入了他们团队的内部。

6 **内地** nèidì **dalam area lokal**

【**名词**】距离边疆或者沿海较远的地区。‖ 我从小就跟家里人生活在内地。| 你是内地人吗？

4 **内科** nèikē **klinik poli penyakit dalam**

【**名词**】医院中主要用药物而不用手术来治疗疾病的科室。‖ 他的病需要挂内科。| 我的病看内科可以吗？

6 **内外** nèiwài **luar-dalam**

【**名词**】内部和外部；里面和外面。‖ 屋子内外看起来都十分破旧。| 校园内外都挤满了人。

6 **内衣** nèiyī **baju dalam；pakaian dalam**

【**名词**】贴身穿的衣服。‖ 我们买内衣一定要买舒适又合身的。| 内衣需要更换了。

4 **内在** nèizài **internal；bagian dalam**

【**形容词**】事物本身所固有的；本来就存在的。‖ 看一个人不仅要看外表，更要看他的内在。| 这两件事有什么内在联系吗？

6 **能否** néngfǒu **bisa atau tidak；boleh atau tidak**

【**动词**】希望对方能按照自己的愿望来完成某件事。‖ 你能否帮我把书拿回

N

来,我今天请假了。| 这件事能否顺利完成就靠你了!

4 **能干** nénggàn **kompeten**

【形容词】形容一个人很有能力。‖ 她漂亮又能干。| 这个孩子很能干。

5 **能量** néngliàng **kapabilitas**

【名词】指人能产生影响或作用的力量;比喻人显示出的活动能力。‖ 他身体小,却有着大大的能量。| 我的身体内好像有用不完的能量,学习了一天都不觉得累。

6 **泥** ní **lumpur**

【名词】① 含水的土。‖ 你裤子上怎么都是泥啊! | 地上都是泥,我们走路要小心一点。② 像泥一样的东西。‖ 把蒜头打成泥。| 枣泥很甜。

5 **年度** niándù **tahunan**

【名词】某个年份的一整年,十二个月。‖ 年度预算开始做计划表了。| 年度表彰大会明天开始。

5 **年龄** niánlíng **usia**

【名词】人或动物已经生存的年数。‖ 随着年龄增长,我们也越来越成熟了。| 你二十岁,我也二十岁,我们是一样的年龄。

5 **年前** niánqián **bertahun-tahun lalu**

【名词】过年前。‖ 我尽量在年前完成工作。| 年前我要回老家一趟。

4 **宁静** níngjìng **tenang; damai**

【形容词】安静。‖ 夏天的夜晚多么宁静啊! | 虽然外面很吵,但是我的内心很宁静。

5 **牛** niú **sapi; hebat**

【形容词】形容一个人很厉害。‖ 这个作业你这么快就写完了,牛啊! | 你真牛,这么难的事情你都办得到。

5 **牛仔裤** niúzǎikù **celana jeans**

【名词】早期美国西部移民者穿着的工作服,耐穿、不易破,多用较厚的布料做成。‖ 我的这条牛仔裤已经穿了好几天了。| 你的牛仔裤真好看。

N

6 **扭** niǔ **memutar; memelintir**

【动词】转动;转动。‖ 我扭脖子,这样会减轻一点疲劳。| 他上课时扭头与后面同学聊天。

5 **农产品** nóngchǎnpǐn **produk hasil pertanian**

【名词】农业中生产的物品。比如玉米、小麦等。‖ 买些当地的农产品带回去。| 这个国家出口大量的农产品。

4 **浓** nóng **kental; pekat**

【形容词】① 液体或者气体中所含有的某种成分多,跟"淡"相对。‖ 这个咖啡味道太浓了。| 我冲了一杯浓茶。② 程度深;颜色深。‖ 他对绘画兴趣很浓。| 她每天化浓妆出门。

4 **女士** nǚshì **wanita dewasa; nyonya; ibu**

【名词】对女性的尊称。‖ 女士,请坐。| 女士,请问您需要什么?

5 **女性** nǚxìng **jenis kelamin perempuan**

【名词】人类两性之一,指女人。‖ 我的妈妈是一名优秀女性。| 我保护女性、尊重女性。

5 **暖** nuǎn **hangat**

【形容词】暖和;温暖。‖ 这杯奶茶拿在手里暖暖的,好像一点都不冷了。| 外边太冷了。你要穿多点这样才暖和。

【动词】使变温暖。‖ 快来烤火,把身子暖一暖。| 手冻僵了,暖暖手。

4 **暖气** nuǎnqì **udara hangat; penghangat ruangan**

【名词】① 暖和的气体。‖ 打开门,一股暖气扑面而来。| 把窗关上,不让暖气出去。② 能产生暖气的设备。‖ 天太冷了,快把暖气打开吧! | 家里的暖气坏了,要抓紧找人来修啊。

O

5 **偶尔** ǒuěr **kadang-kadang**

【副词】有时候,不经常。‖ 我偶尔去操场上跑跑步。| 我偶尔有写日记的想法。

5 **偶然** ǒurán **tidak sengaja terjadi; tidak direncanakan; belum pasti**

【形容词】意想不到的;不经常出现的。‖ 我偶然发现这条路可以直接到海边。| 这是一个偶然事件。

5 **偶像** ǒuxiàng **idola**

【名词】崇拜或者值得学习的对象。‖ 周杰伦是我的偶像,我很喜欢听他的音乐。| 我把班长当作偶像,我要不断向他学习。

P

5 **拍摄** pāishè **syuting**

【动词】用摄影机把人或物的形象拍下来。‖ 这个视频我们最好用专业的摄像机来拍摄。| 这个电视剧好像是在北京拍摄的。

4 **拍照** pāi//zhào **memotret; mengambil gambar/foto**

【动词】拍相片,用机器记录生活的行为。‖ 到长城了,你给我拍张照吧。| 下雪天拍照一定很好看。

6 **排行榜** páihángbǎng **daftar peringkat**

【名词】按某种统计数字排列次序的名单。‖ 在每年的手机销量排行榜上,这个品牌的手机经常排在前面。| 今年的中学校园足球队排行榜出来了,我们学校的足球队排名第二。

4 **排列** pái//liè **mengatur; mengurutkan**

【动词】按照一定顺序站或放。‖ 我把这些石头从大到小排列起来。| 纸牌被老师整齐地排列起来。

5 **排球** páiqiú **bola voli**

【名词】球类运动的一种,球场长方形,中间有网,球员用手从球网上方把球打来打去。‖ 放学我们一起去打排球吧。| 排球是我最喜欢的球类运动了。

4 **牌** pái **merk**

【名词】① 产品的商标。‖ 这件衣服的吊牌上写了它的价格和材质。② 娱乐或者赌博用的东西。‖ 放学我们一起去打牌吧。| 你喜欢打牌吗?

6 **派出** pàichū **mengutus**

【动词】派遣,一般是上级对下级的指令,让某人去做某事。‖ 这次田径比赛,老师派出了最擅长运动的同学。| 因为工作需要,我被派出去往北京。

4 **盘** pán **piring; kata satuan (piring)**

【名词】器皿,用来装东西。‖ 我想用这个盘子来装牛排。

【量词】一般用来量化食物,用盘来计算。‖ 锅包肉真好吃,可以再来两盘吗?

4 **盘子** pánzi **piring**

【名词】指盛放食物的浅底器具,多为圆形。‖ 这个装菜的盘子真好看,我想买回家。

6 **判** pàn **memvonis; memutuskan**

【动词】评定或者判决某事,给某个事物下结论,一般多指不好的事。‖ 因为他偷了东西,所以法官判他有罪。

6 **盼望** pànwàng **penuh harapan**

【动词】热切的希望,非常希望,比希望程度深一点。‖ 我太想妈妈了,所以我盼望能立刻回到家。| 冬天太冷了,我盼望夏天能快点到来。

5 **旁** páng **samping**

【名词】① 旁边,边侧。‖ 你旁边的位置有人吗? 我想坐在这里。| 你身旁那个人是你的妹妹吗? ② 其他的。‖ 这学期我们只有张老师的课,没有旁人的。

4 **胖子** pàngzi **si gemuk**

【名词】对体重过大或者身体形态过于宽大的人的俗称。‖ 如果不控制饮食,这么吃下去我会变成一个胖子。

6 **泡** pào **gelembung udara**

【名词】气体在液体内鼓起来造成球状。‖ 我小的时候最喜欢吹泡泡了,圆圆的,一戳就破。

6 **炮** pào **meriam**

【名词】一种武器,可以爆炸,杀伤力很大。‖ 我们国家在很早以前就有大炮了,这样就不怕外来的敌人。

4 **培训** péi//xùn **pelatihan**

【动词】培养和训练,使被培训的人掌握某种技能,有教学的意思,一般用在工

作中。‖ 他作为酒店的工作人员，不知道被子怎么叠是不应该的，这证明他没有接受过培训。| 这个咖啡店员工在培训之后知道了怎么做出一杯好喝的咖啡。

4 **培训班** péixùnbān　**kelas pelatihan**

【名词】为了培训而创建的班级，大家一起上培训的课程。‖ 酒店经理为了能快速教会工作人员酒店知识，所以开了个培训班来让员工学习。

4 **培养** péiyǎng　**mendidik**

【动词】长期地教导和训练某人，使其按照一定的目标成长，多指上级对下级。‖ 领导认为他很有才能，所以在尽力培养他。| 他因为很擅长跑步，被国家队选中重点培养。

4 **培育** péiyù　**mendidik**

【动词】精心保护、照顾幼小的生物，让它发育生长。‖ 这盆花放在这里见不到阳光，我们要把它放在阳光下好好培育。

5 **陪** péi　**menemani**

【动词】跟某人或者某物在一起，在旁边做伴。‖ 我在十岁的时候买了个小熊玩偶，到现在它已经陪了我十年了。

6 **陪同** péitóng　**mendampingi**

【动词】和某人一起去做某件事。‖ 我不敢自己去医院，在他的陪同下我终于决定去了。| 如果你觉得害羞，不好意思去参加聚会，那我可以陪同你。

5 **赔** péi　**mengganti kerugian**

【动词】赔偿给受损害的人。‖ 我把他的手机摔坏了，所以我赔了一个新的给他。| 这个盘子被我摔坏了，我就应该赔钱给你。

5 **赔偿** péicháng　**ganti rugi**

【动词】因为自己的错误行为使别人受到了损害或者损失。‖ 我不小心把你的衣服弄脏了，我可以赔偿你。

5 **配备** pèibèi　**menyediakan**

【动词】按照需要来安排、分配，比如喝水就要有杯子。‖ 老师看同学们都不爱喝水，所以给每个人都配备了个水杯，督促他们多喝水。

5 **配套** pèi//tào **set**

【动词】把相关的事物搭配成一整套,比如筷子、碗、勺子都是吃饭用到的东西。‖ 他搬了新家,所以缺少吃饭的配套用品。

6 **配置** pèizhì **mengatur**

【动词】配备布置、安排,把缺少的补足。‖ 家里的碗摔坏了好几个,明天要去配置一点。

5 **喷** pēn **menyemprot**

【动词】气体、液体或者粉末等受压力而射出来。‖ 他听到这个笑话,没忍住把嘴里的水喷了出来。| 这个花有一些蔫了,要给它喷点水。

5 **盆** pén **baskom; wadah**

【名词】用来装东西的容器,一般比较大。‖ 盆里的衣服你抓紧洗了。| 这个菜太多了,不能用盘子装,要用盆装。

5 **披** pī **menyampirkan**

【动词】覆盖或者搭在肩膀上,一般是指衣物。‖ 天气太冷了,你多披件衣服。

4 **批** pī **memeriksa; mengkoreksi**

【动词】批改、批写,有评判的意思。‖ 老师每天给学生批作业,直到很晚才睡。

P

4 **批** pī **jumlah besar**

【量词】大量的,不知道精确数量所以用"批"来形容事物之多。‖ 新学期,学校里新来了一大批学生。| 这一批学生里就只有他会弹钢琴。

5 **脾气** píqì **temperamen; tabiat**

【名词】性格,一个人的处事态度。‖ 他的脾气是出了名的差,我不小心把他的笔弄到地上,他就生气了。| 我们面对一些糟糕的事情时要有一个好脾气。

5 **皮肤** pífū **kulit**

【名词】人体组织结构,身体表面。‖ 他的脸又白又嫩,看起来皮肤很好。

6 **皮球** píqiú **bola karet**

【名词】一种游戏用具,圆的、空心的,多用橡胶这种材质制作而成。‖ 放学我们一起去操场踢皮球吧。

5 **皮鞋** píxié **sepatu kulit**

【名词】脚上穿的鞋的一种，由皮这种材料制成的。‖ 这双皮鞋看起来比那双布鞋好看。| 我的皮鞋脏了，快给我张纸擦一擦。

5 **匹** pǐ **kata satuan**

【量词】用来指数量，多用在布料或者马、骡子等动物身上。‖ 这匹布可真好看，拿来做裙子很合适。| 你看，那有一匹马。

6 **偏** piān **condong; cenderung; tidak seimbang/adil**

【形容词】不公正，倾向于某件事或者某个人。‖ 对于他这个人是好是坏，我偏向于是好的。

4 **片面** piànmiàn **tidak menyeluruh**

【形容词】看事情，想问题不够全面，角度单一，只说出来了其中的一点。‖ 这件事你想得太片面了，它的好处你一点都没看到。| 他对于这道题的解答很片面，还有同学补充吗？

5 **骗** piàn **menipu; membohongi/berbohong**

【动词】撒谎，用谎言使人上当。‖ 他骗我说外面下雨了，可是外面明明是晴天。| 他总是撒谎，我们不要被他骗了。

5 **骗子** piànzi **penipu**

【名词】指用谎言骗人的人、说谎的人。‖ 你这个骗子，外面明明没下雨。

5 **拼** pīn **menggabungkan**

【动词】合在一起，连合。‖ 这张相片被我撕成了两半，我要把它拼好。

6 **贫困** pínkùn **miskin**

【形容词】生活困难，贫穷不富裕。‖ 我的家里没有钱，生活过得非常贫困。| 这个贫困学生，虽然生活过得不好，但是他很优秀。

5 **频道** píndào **saluran (sinyal)**

【名词】是信号在通信系统中传输的通道，比如电视上某个城市的专属信号频道。‖ 快把电视调到湖南频道，这个时间我喜欢的电视剧开始播放了。

P

5 **频繁** pínfán **sering**

【形容词】次数很多,经常。‖ 最近天气频繁地下雨,所以我每天出门都带伞。

5 **品** pǐn **menikmati**

【动词】品尝,仔细咀嚼。‖ 你吃慢一点,好好品一下这个蛋糕的味道。| 我的爷爷很喜欢品茶。

5 **品** pǐn **barang**

【名词】物品,有艺术价值的物品。‖ 这个工艺品是值得收藏的。| 我这次出差的任务就是来选一些有艺术价值的物品。

6 **品牌** pǐnpái **merk barang**

【名词】产品的牌子,一般指被大众认可的品质优良的牌子。‖ 这个电视是质量非常好的品牌,这已经是人人皆知了。

4 **品质** pǐnzhì **kualitas barang**

【名词】① 物品的质量。‖ 这批苹果的品质很好,颜色、大小和口感都很不错。② 通过行为表现出来的思想的本质。‖ 我一直严格要求自己,努力养成良好的品质。

5 **品种** pǐnzhǒng **jenis barang**

【名词】产品的种类。‖ 这个品种的花是非常容易培育的。

P

6 **聘请** pìnqǐng **merekrut**

【动词】请人担任某个职务。‖ 他很有能力,所以校长聘请他当我们学校的数学老师。

6 **平凡** píngfán **biasa; umum**

【形容词】很平常普通,没有稀奇的地方。‖ 许多人在平凡的工作岗位上,为社会作出了不平凡的贡献。| 有些人总是因为平凡而自卑,但是大多数人都是平凡的人。

4 **平方** píngfāng **persegi (^{2}) (pangkat dua)**

【形容词】用长度单位计算出来的面积单位。比如:平方尺、平方米、平方公里。通常指“平方米”。‖ 他的家很大,差不多有两百平方(平方米)。| 中国

的陆地总面积约九百六十万平方公里。

6 **平方米** píngfāngmǐ　**kata satuan (meter persegi)**

【量词】用长度单位“米”计算出来的是面积单位，一般用来计算土地、住宅等的面积。‖ 他们一家三口挤在只有三十平方米的房子里。

6 **平衡** pínghéng　**seimbang**

【动词】均衡，对立的事物在数量或者作用上相等。‖ 这个天平的左侧太重了，不够平衡。

4 **平静** píngjìng　**tenang; damai**

【形容词】心情、环境等很安静、平缓。‖ 我这次考试考了第一名，激动的心情久久不能平静。| 我坐在湖边，湖面很平静，没有一点波纹。

4 **平均** píngjūn　**rata-rata**

【形容词】均等地分给每个人，没有轻重、多少的分别。‖ 老师把手里的糖平均地分给每位同学，没有一点偏心。

6 **平台** píngtái　**platform; teras**

【名词】① 指供人们施展才能的舞台。‖ 多亏了这个竞赛平台，才让我的数学天赋被大家看到。② 楼房的阳台。‖ 这个小区的楼都是带有平台的，可以在那里晒太阳。

5 **平坦** píngtǎn　**rata; datar**

【形容词】没有高低凹凸，多指地面、道路；比喻人生道路顺利。‖ 大城市的道路都是那么宽阔平坦，跟农村的很不一样。| 人生的路不会一直是平坦的，我们要乐观一点。

4 **平稳** píngwěn　**stabil; aman**

【形容词】① 没有波动或者危险。‖ 中医摸了摸他的脉，脉象很平稳，没有任何疾病。② 物体不摇晃。‖ 体操运动员平稳落地，获得了这场比赛的第一名。

5 **平原** píngyuán　**dataran rendah**

【名词】起伏很小、海拔低的平地。‖ 广阔的平原上什么都没有，周围很安静。| 你们家是山地，我们家是平原，我小时候连小山都没见过。

P

6 **评** píng **dianggap; dinilai**

【动词】评论、评判。‖ 这首歌在九零后心中有特殊的意义，所以被评为最佳歌曲。

5 **评估** píng//gū **evaluasi**

【动词】给某个事物作评价，估计。‖ 我们要正确评估自己的能力，不要去做自己能力之外的事情。

5 **评论** píng//lùn **penilaian**

【动词】对一件事或者一个人进行评价。‖ 他的励志故事很动人，所以被评论为感动中国人物。

【名词】对人或事物的批评或者议论。‖ 老师给他的评论很正确，他一定要改掉身上懒惰的缺点。

6 **评选** píng//xuǎn **dinilai lalu terpilih**

【动词】经过评比而选出。‖ “十佳学生”的评选结果已经出来了，他是其中一个。

5 **凭** píng **berdasarkan; dasar**

【名词】凭证，凭借。‖ 他凭着自己的聪明才智在这次竞赛中取得了第一名的好成绩。| 凭着过人的记忆力，他很容易地找到了小时候巷子口的餐馆。

6 **屏幕** píngmù **layar**

【名词】一种用于显示图像及色彩的设备或者电器。‖ 电视机屏幕。| 电脑屏幕。| 电影院放电影的屏幕比家里电视机的屏幕大很多。

6 **坡** pō **tempat miring**

【名词】地形倾斜的地方。‖ 你走到那条路时要小心一点，那里有个坡。

5 **泼** pō **menyemprot**

【动词】用力把液体向外倒或者洒。‖ 傣族把向人身上泼水当作一种美好的祝福。

4 **迫切** pòqiè **darurat**

【形容词】十分急切地，到了难以等待的地步。‖ 同学们觉得读书时间太少，迫切地要求学校在周末也开放图书馆。

4 **破产** pòchǎn　**bangkrut；pailit**

【动词】丧失了全部财产。‖ 他经营的公司支出比收入多，最后只能宣布破产。

6 **扑** pū　**menerkam**

【动词】① 用力向前冲，使全身突然伏在物体上。‖ 我太想妈妈了，所以一见到她我就扑了上去。② 把全部心力用到工作或者事业上。‖ 他已经三十岁了，不着急结婚，一心只扑在工作上。

6 **铺** pū　**menggelar**

【动词】把东西展开或者平摊。‖ 妈妈早就将我的被子铺好，等我回家。

5 **葡萄** pútao　**anggur（buah）**

【名词】一种水果，圆圆的，吃起来酸酸甜甜。‖ 超市里的葡萄看起来很新鲜，我要买一点回家慢慢吃。| 这个葡萄酸得我脸上表情都变了。

5 **葡萄酒** pútaojiǔ　**anggur（minuman beralkohol）**

【名词】用葡萄酿制的酒。‖ 所有的酒中我最喜欢喝葡萄酒。

P

Q

4 妻子 qīzǐ **istri**

【名词】指男女结婚后，对女方的称谓，与丈夫对应。‖ 这位美丽的女人是你的妻子吗？

4 期待 qīdài **menanti**

【动词】期望，等待。‖ 听说他钢琴弹得很好，我很期待他在这次演出的表现。

4 期间 qījiān **dalam periode；dalam kurun waktu**

【名词】某个时间里面，时间段不是指特定的一天。‖ 十一期间，我去了美丽的九寨沟游玩。| 在考试之前的这期间，你必须好好复习才能取得好成绩。

4 期末 qīmò **akhir periode（pembelajaran）**

【名词】学期的末尾，学期即将结束。‖ 期末的考试，你有信心取得好成绩吗？

5 期望 qīwàng **berharap**

【动词】对未来的人或事物抱有希望。‖ 我一定刻苦学习，认真听讲，不辜负老师对我的期望。

4 期限 qīxiàn **batas periode**

【名词】限定一段时间或所规定的最后时间界限。‖ 领导给的期限快到了，在这之前我们必须把这项工作完成。| 给你三天期限，把屋子打扫干净。

4 期中 qīzhōng **tengah periode（pembelajaran）**

【名词】学期的中间，学期到一半的时候。‖ 期中的数学考试题应该比期末简单。

6 欺负 qīfù **memperlakukan dengan semena-mena；menyiksa**

【动词】用暴力的手段侵犯、压迫或者侮辱。‖ 随着经济的发展，中国已经站起来了，不像之前那样受别人的欺负。| 学校规定不能欺负其他同学。

5 **齐全** qíquán **lengkap**

【形容词】指物品应有尽有，什么都有。‖ 商店里的日用品不但质量好，而且品种很齐全。| 新房子里的家具很齐全，不用再买旁的了。

5 **其** qí **kata ganti（lainnya）**

【代词】第三人称代词，意思为他（她）的、他们（她们）的。‖ 欺负同学、上学迟到，其行为是应该被批评的。

4 **其余** qíyú **selain itu；sisanya semuanya**

【代词】剩下的。‖ 我这里有十个苹果，这几个给他，其余的你拿走。

6 **奇妙** qímiào **unik；ajaib**

【形容词】奇特巧妙，让人意外。‖ 童话故事里总是有很多奇妙的幻想。| 大自然真的很奇妙，那么多生物都能同时共存。

6 **企图** qǐtú **coba**

【动词】图谋、打算，一般有贬义色彩。‖ 他一眼就识破了商家以次充好的企图。

4 **企业** qǐyè **industri**

【名词】从事生产、运输等经济活动的部门，例如工厂、铁路等。‖ 这家工厂在全国都有连锁门店，可以算得上是大规模企业。

5 **启动** qǐdòng **memulai；menyalakan**

【动词】① 机器、仪表等设备开始工作。‖ 公交车总是提醒人们“车辆启动，请抓稳扶手”。② 法令、方案等开始实施或进行。‖ 老板，如果这个方案没问题的话那就开始启动了。| 这条法令在十年前就开始启动了。

5 **启发** qǐfā **menstimulasi；memotivasi**

【动词】用事例引起对方联想并有所了解。‖ 他的话启发了我，让我知道如何才能写好一篇文章。| 农夫与蛇的故事启发了我不要随意帮助别人。

5 **启事** qǐshì **pengumuman**

【名词】为公开说明某事而刊登在报纸或者贴在公共场所的文字。‖ 这对父母在三年前把孩子弄丢了，于是在大街张贴寻人启事。

5 **起到** qǐdào **pengaruh**

【名词】一种事情、现象、活动使另一种事情、现象、活动出现。‖ 校长的演讲起到了积极作用，大家都充满了信心。

6 **起点** qǐdiǎn **titik awal**

【名词】开始的地方或者时间。‖ 一百米竞赛的起点在主席台那里。| 二零零一年一月一日是二十一世纪的起点。

5 **起码** qǐmǎ **paling tidak**

【形容词】至少，最低限度。‖ 尽管你不擅长学习，起码也不要考倒数第一吧。| 你起码要洗两遍才能把这件脏衣服洗干净。

6 **起诉** qǐsù **menuntut**

【动词】向法院提起诉讼，把侵害自己的人或事上告法院，维护权益。‖ 老作家受到了他的侮辱，正准备起诉他。

6 **气氛** qìfēn **suasana**

【名词】存在于周围的使人能感受到的景象或情调。‖ 新年的这天，家家户户都是热闹的氛围。| 会议室里的人都感受到了紧张的氛围，谁也不敢说话，等待老板开口。

4 **气球** qìqiú **balon**

【名词】一种玩具，用橡胶制成可伸缩的薄膜，可灌入气体，当充满氢气时可以漂浮升空。‖ 各种颜色的气球在天空上，小孩子们开心地跳了起来。

5 **气体** qìtǐ **bentuk gas**

【名词】无形状、无体积，可变形、可流动的物质，可以扩散，不受限制。‖ 汽车排放出的气体是会污染环境的，所以现在很提倡绿色出行。

5 **气象** qìxiàng **fenomena cuaca**

【名词】① 大气的状态和现象，比如刮风、下雨等。‖ 天气预报说今天有刮风的气象，所以出门要多穿一点。② 自然景色、社会状态。‖ 新年新气象，我们要忘记过去一年的不开心，积极地迎接新一年的到来。

4 **汽水** qìshuǐ **air soda；air berkarbonasi**

【名词】一种充满碳酸气体的饮料。‖ 这个牌子的汽水我从小就喝，非常好喝。

4 **汽油** qìyóu **bensin**

【名词】汽车等用作原动力的燃料。‖ 车子停在半路启动不了,我猜大概是没有汽油了的原因。| 汽油价格涨太快了。

4 **器官** qìguān **organ**

【名词】身体内部重要的一部分。‖ 心脏是我们身体重要的器官。| 眼睛是身体器官之一。

6 **恰当** qiàdàng **pas；tepat；cocok；pantas**

【形容词】合适,妥当。‖ 用聪明这个词来形容他最恰当了。| 他平时很粗心,这么精细的活让他去做应该是不太恰当。

6 **恰好** qiàhǎo **pas；tepat**

【副词】恰巧,正好。‖ 我匆匆忙忙赶到公交车站,恰好汽车停在那里。| 恰好我在现场。

6 **恰恰** qiàqià **pas；tepat**

【副词】正好,正。‖ 没想到恰恰在我最失落的时候被他看见了。| 我恰恰看到老师哭。

6 **牵** qiān **menggandeng**

【动词】拉着使行走或者移动。‖ 小的时候每次过马路都是妈妈牵着我的。| 他牵着一头牛在草地上走来走去。

6 **铅笔** qiānbǐ **pensil**

【名词】一种用来书写或者绘画的笔,由石墨这种材质制作而成。‖ 我的铅笔快用完了,我需要抓紧买一支新的,要不然该写不了作业了。

6 **谦虚** qiānxū **merendah**

【形容词】不自满,肯接受别人的意见或者批评。‖ 他总是保持谦虚的态度对待每件事。| 我们要谦虚。

5 **签** qiān **tandatangan；menandatangani**

【动词】表示在文件或者其他材料上亲自写上名字或者留下记号。‖ 这张考

Q

试卷子需要家长的签字。| 这份文件如果没问题的话，老板就可以签字了。

5 **签订** qiāndìng **tandatangan; menandatangani**

【动词】订立条约或者协议并签字。‖ 这份卖房协议一旦签订了，就不能改变想法了。

5 **签名** qiān//míng **tandatangan; menandatangani**

【动词】在文件或者其他材料上亲自写下自己的名字。‖ 这份文件是需要老板签名的。| 请签名。

【名词】用笔写下的名字。‖ 老师的签名好漂亮。| 那天我见到了我的偶像，并且要到了他的签名。

5 **签约** qiān//yuē **tandatangan; menandatangani**

【动词】订下合约，并在合约上签名（一般用在商业上）。‖ 图书公司跟我说，只要我跟他们签约就能立刻出一本自己的书。| 我与这家公司签约了。

5 **签证** qiānzhèng **ijin tinggal; visa**

【名词】指经过允许持有者出入本国国境的护照和证件。‖ 如果你想去美国，你必须先要办签证。| 你的签证到期了。

【动词】指国家机关在公民所持护照或者其他旅行证件上签注、盖印，表示准许持有者出入本国国境。‖ 相关人员在我的护照上签证，我可以顺利出国了。| 到大使馆签证去。

5 **签字** qiān//zì **tandatangan; menandatangani**

【动词】在文件、单据上签自己的名字，以表示负责。‖ 每次去收快递都需要在快递上签字才能拿走。| 合同下面要签字的。

6 **前方** qiánfāng **arah depan**

【名词】前面正对着的方向。‖ 军训时，教官要求我们目视前方。| 前方有一辆豪车过来。

5 **前景** qiánjǐng **latar depan**

【名词】将要出现的景况。‖ 想要有光明的前景。| 前景一片大好。

6 **前来** qiánlái **datang ke tempat**

【动词】到这个地方来。‖ 今天的菜既新鲜又便宜，欢迎大家前来选购。| 欢

Q

迎前来。

5 **前提** qiántí **premis**

【名词】事物发生、发展的先决条件，必须有前一步才能发生下一步。‖ 刻苦学习是成功的前提。| 前提是能考上大学，我们才能见面。

4 **前头** qiántóu **di depan**

【方位词】前面，你的或者物体的前方。‖ 那家甜品店就在我们的前头。| 那棵树的前头好像有一口井。

4 **前途** qiántú **masa depan**

【名词】前面的道路，比喻事物发展的前景。‖ 无论从事什么样的工作，只要努力，都有美好的前途。

6 **潜力** qiánlì **potensi**

【名词】潜在的，尚未发挥出来的力量。‖ 老板觉得他在处理事务方面很有潜力，所以很看好他。| 大家把自己的潜力发挥出来。

4 **浅** qiǎn **dangkal**

【形容词】① 从上到下或者从里到外的距离小。‖ 这条河很浅。| 这是浅海，不是深海。② 浅显。‖ 内容浅，易学。| 这题太浅了，我很快就做完了。③ 不深厚。‖ 我们交情不浅，生死之交。| 他们感情很浅的。

5 **欠** qiàn **hutang；kurang**

【动词】① 借别人的钱财没还或者应该给别人的没有给。‖ 他欠了我一百元钱，到现在也没有还给我。| 把欠我的东西还给我。② 不够；缺乏；欠缺。‖ 他虽然已经很努力了，但是距离第一名还是欠一点。| 你这件事欠考虑了。

5 **枪** qiāng **senjata api**

【名词】一种武器，利用火药将子弹射出的冷兵器。‖ 我们国家不允许公民私自保留枪支，这样很危险。

6 **强盗** qiángdào **merampok**

【名词】用暴力抢劫他人的财物（用来形容坏人）。‖ 这帮可恶的强盗，偷走了老人仅有的财产。| 强盗们在抢东西。

6 强化 qiánghuà **menguatkan**
【动词】加强,使巩固。‖ 老师认为我们的知识点还需要再强化。| 运动员们在强化训练。

5 强迫 qiǎngpò **memaksa**
【动词】施加压力使对方服从。‖ 坏人强迫他把身上值钱的东西拿出来。| 别强迫我做事。

6 强势 qiángshì **kuat**
【形容词】以自己的意愿来强制别人的行动。‖ 他太强势了,总是不听别人的意见。| 强势的家长对小孩的成长不利。

6 强壮 qiángzhuàng **kekar; bugar**
【形容词】形容一个人身体好,看起来有力气。‖ 健身会让一个人变得强壮。| 他身体很强壮。

5 悄悄 qiāoqiāo **diam-diam; sembunyi-sembunyi**
【形容词】没有声音或者声音很低;不惊动别人或者不愿意让别人知道。‖ 明天是他的生日,我们打算悄悄地给他惊喜。| 他悄悄地走到我身边。

5 敲 qiāo **menabuh; memukul**
【动词】在物体上面打,使其发出声音。‖ 街边传来敲鼓的声音。| 他无聊敲打着桌子。

5 敲门 qiāo//mén **mengetuk pintu**
【动词】击打门使之发出声音,来让门内的人听见。‖ 不好意思,我睡着了,所以没听见你的敲门声。| 有人在敲门。

6 桥梁 qiáoliáng **jembatan**
【名词】一般是指架在江河湖海上面,使车辆行人等能顺利通过的建筑物;比喻起沟通作用的人或事物。‖ 这座新建的桥梁可以让村民更加方便地通行。| 语言是大家互相了解的桥梁。

5 瞧 qiáo **melihat**
【动词】看;用眼睛打量。‖ 你瞧,那里就是我们找的那家店。| 瞧,他们

来了。

4 **巧克力** qiǎokèlì **cokelat**

【名词】是一种食品,主要用可可粉制成。‖ 他的生日礼物是一盒巧克力。| 巧克力有点甜。

6 **巧妙** qiǎomiào **cerdik**

【形容词】灵巧聪明,超出一般(多指方法或者技术)。‖ 我们之间的矛盾被他巧妙地处理了。| 这道题他做得很巧妙,老师也没想出来这种方法。

4 **切** qiē **memotong; mengiris**

【动词】用刀把物品分成若干份。‖ 妈妈在厨房做饭,我就在一旁帮她切菜。| 切东西。

6 **茄子** qiézi **terong**

【名词】一种紫色的,长长的,类似圆柱体的蔬菜。‖ 茄子有多种做法,是我们家常吃的菜。| 多吃茄子有益处。

6 **切实** qièshí **praktis**

【形容词】切合实际;与实际相适应。‖ 我们要联系实际,切实地按照榜样的标准来严格要求自己。

6 **侵犯** qīnfàn **melanggar**

【动词】损害别人或者侵入别国领域。‖ 我们要保护自己的合法权益,不允许任何人侵犯。| 这个国家居然侵犯邻国。

4 **亲爱** qīn'ài **tersayang; tercinta**

【形容词】关系密切,感情深厚。‖ 亲爱的妈妈,谢谢你对我的养育之恩。| 亲爱的老师。

4 **亲密** qīnmì **mesra; intim**

【形容词】亲近密切;感情好。‖ 他们是一对亲密的好朋友。| 亲密的爱人让人羡慕。

6 **亲属** qīnshǔ **keluarga; sanak saudara**

【名词】和自己有血缘关系或婚姻关系的人。‖ 虽然我的妈妈是医生,但她从

来不为亲属开方便之门。| 我家亲属生活都过得不错。

6 **亲眼** qīnyǎn　**mata kepala sendiri**

【副词】亲自看见，强调真实性。‖ 我亲眼看见那人偷别人的钱包。| 这事是我亲眼所见的。

5 **琴** qín　**alat musik（biasanya memiliki dawai）**

【名词】某些乐器的统称，比如钢琴、提琴等。‖ 他下课不能跟我们去踢球，他要去练琴。| 钢琴放在教室里。

5 **勤奋** qínfèn　**rajin；giat；ulet**

【形容词】指学习或者工作努力上进。‖ 学习很勤奋。| 老板开除他的理由是他不勤奋。

5 **青** qīng　**hijau kebiruan**

【名词】① 蓝绿色。‖ 青青小草。| 青色的大地。② 年轻。‖ 青年人有热情。| 青春期。

4 **青春** qīngchūn　**remaja**

【名词】指青年时期，青年人的年龄。‖ 我们正处于青春的大好年华，不能浪费时间。| 美好的青春时光啊。

4 **轻松** qīngsōng　**santai；rileks**

Q

【形容词】不感到有负担；不紧张。‖ 他看起来很轻松，一点也不像第一次参加这种大型比赛。| 我考试轻松地过关了。

4 **轻易** qīngyì　**mudah**

【形容词】简单容易。‖ 这道数学题全班都不会，他却轻易地做了出来。| 轻易过关。

【副词】随意。‖ 我能轻易说他？| 在开会，不要轻易说话。

6 **倾向** qīngxiàng　**cenderung；tren**

【动词】① 偏于或者赞成某一方。‖ 关于小张和小李的想法，我更倾向于小张的。| 我倾向你这边。② 趋势；发展的方向。‖ 他总是流鼻涕，有生病的倾向。| 历史文明的倾向。

6 **清** qīng **bersih**

【形容词】① 纯净,没有混杂东西;清澈(一般形容水),与"浊相对"。‖ 这片湖水好清啊,都可以看见里面的鱼在游来游去。| 空气清新,没有一丝异味。② 干净,纯净。‖ 她是清白的,你为什么觉得她做了坏事? | 卫生清洁。③ 静。‖ 这山村冷冷清清的。| 这儿很清静。④ 清楚。‖ 我一急,讲话就讲不清楚。| 你要把事情弄清。

【动词】还清;清理;结清。‖ 他把借的钱还清了。| 把书包清理一下。

5 **清晨** qīngchén **subuh**

【名词】指太阳出来前后的一段时间。‖ 清晨,草叶上还挂着露珠。| 清晨空气清新。

6 **清洁** qīngjié **membersihkan**

【形容词】没有尘土、干净。‖ 经过妈妈一个小时的打扫,房子终于清洁了起来。| 厨房卫生很清洁。

6 **清洁工** qīngjiégōng **petugas kebersihan**

【名词】指负责清洁的工人,一种职业群体。‖ 多亏有了清洁工,我们的城市才能这么干净。| 清洁工虽然在平凡的岗位,但是作出的贡献却一点也不平凡。

5 **清理** qīnglǐ **membersihkan**

【动词】彻底整理或者处理。‖ 妈妈说家里的卫生要多清理、多打扫。| 这些旧书已经堆在这里好久了,我要抓紧清理一下。

6 **清明节** qīngmíngjié **festival Qingming (cingbing)**

【名词】二十四节气之一,在每年公历四月五日前后,在此期间,民间习惯去扫墓。‖ 清明节那天,雨下得很大。| 每年清明节,学生都去烈士园扫墓。

6 **清洗** qīngxǐ **dicuci bersih**

【动词】洗干净。‖ 我把白菜清洗得很干净。| 把衣服清洗干净。

4 **清醒** qīngxǐng **sadar**

【形容词】(头脑)清楚明白。‖ 你要保持清醒的头脑,不能好坏不分。| 睡了一会儿,我头脑清醒了。

【动词】由昏迷到恢复正常。‖ 手术后,他慢慢地清醒过来了。| 病人已经清醒了。

5 **情节** qíngjié **plot; alur cerita**

【名词】事情的变化和经过。‖ 这几部电视剧的情节都差不多。| 故事情节很感人。

4 **情景** qíngjǐng **situasi**

【名词】具体场合的情形,景象。‖ 想起当时入伍的景象,我这辈子都不会忘记。| 大家说笑着,居然是离别的情景。

5 **情形** qíngxíng **situasi; kondisi**

【名词】事物的内在状况及其表现出来的样子。‖ 看到厨房乱乱的情形,妈妈非常生气。| 看情形,他哭了。

6 **情绪** qíngxù **suasana hati**

【名词】心情;指一个人的状态。‖ 愤怒的情绪。| 他情绪暴躁。

5 **晴朗** qínglǎng **cerah**

【形容词】太阳光充足,没有云雾。‖ 今天天气很晴朗。| 晴朗的天空飞过一群大雁。

4 **穷** qióng **miskin**

【形容词】① 生活贫困;缺少钱财。‖ 他家里很穷。| 他决定改变穷的境况。② 穷尽。‖ 无穷无尽。| 词穷。

4 **穷人** qióngrén **orang miskin**

【形容词】缺乏或者相对缺乏金钱和财富的人。‖ 跟马云相比,我确实是一个穷人。| 穷人也不要丧失人格。

4 **秋季** qiūjì **musim gugur**

【名词】一年有四个季节,秋季排在第三个。‖ 秋季运动会就在下周,学生们都很期待。| 秋季,树叶落了。

6 **求职** qiúzhí **mencari pekerjaan**

【动词】寻求工作;利用自己的长处找工作。‖ 他不顾家里人的阻挠,一个人

Q

来到大城市求职。

6 **球拍** qiúpāi　**raket**

【**名词**】用来打网球或者羽毛球等球类的拍子。有柄和稍微椭圆的框,框上用线编织成网。‖ 我的羽毛球拍昨天坏了,我要换一个新的。| 我又买了两个球拍。

6 **球星** qiúxīng　**bintang bola; atlit olahraga bola yang terkenal**

【**名词**】球类运动的明星。‖ 我这位球星一直是我敬佩的。| 球星代言这个产品。

6 **球员** qiúyuán　**atlit olahraga bola**

【**名词**】球类运动员。‖ 场上的球员们都非常信心。| 球员穿的衣服上面标有数字。

6 **区分** qūfēn　**membedakan**

【**动词**】区别;分开两个不同的事物。‖ 这对双胞胎长得一模一样,让人难以区分。| 价格的高低区分果子的大小。

5 **区域** qūyù　**area; wilayah**

【**名词**】地区范围。‖ 靠近阳台的区域,我放一张桌子用来学习。| 这区域的人不讲英语。

4 **趋势** qūshì　**arah**

【**名词**】事物发展的倾向。‖ 天空乌云密布,好像有下雨的趋势。| 社会自由是大趋势。

6 **渠道** qúdào　**jalur**

【**名词**】比喻达到某种目的的途径。‖ 金钱是人们努力追求的东西,但是需要人们通过合法的方式获得。| 他高升的渠道已经没有了。

6 **取款** qǔ//kuǎn　**menarik dana; mengambil uang**

【**动词**】领取现钱;拿回钱。‖ 他今天来银行办理取款业务。| 你去取款,我在这等着你。

6 **取款机** qǔkuǎnjī　**ATM (Anjungan Tunai Mandiri)**

【**名词**】用来取款的机器。‖ 可以在二十四小时取款机里取钱。| 银行的取

款机越来越少了。

6 **去掉** qùdiào **menghapus；menghilangkan；membuang**

【**动词**】摆脱掉；抛弃。‖ 小龙虾的虾头是不能吃的，你应该把它去掉。| 文章去掉头尾，我就不知道你要表达的东西是什么。

4 **圈** quān **lingkaran**

【**名词**】环形，环形的东西；圈子。‖ 数学老师不用任何工具就可以把圆圈画得很圆。| 娱乐圈的人虽累但能赚钱。

6 **权** quán **hak；kekuasaan；wewenang**

【**名词**】① 做某事的权力。‖ 老师有权知道你的学习进度和状态。| 政府应该关注民生。② 权利。‖ 谁都有发言权。

4 **权利** quánlì **hak**

【**名词**】公民或法人依法行使的权力和享受的利益。‖ 我们每个公民都拥有平等的权利。

6 **权力** quánlì **kekuasaan；wewenang；otoritas**

【**名词**】政治上的强制力量；职责范围内的支配权和指挥权。‖ 权力来自人民，必须接受人民监督。| 他们行使人大代表的权力。

5 **全都** quándōu **semua；seluruh；tanpa kecuali**

【**副词**】指全部；完全。‖ 他一唱完歌，台下观众全都鼓掌。| 我把书全都卖了。

6 **全力** quánlì **sekuat tenaga；segenap tenaga**

【**名词**】全部的力量或者精力。‖ 我必须用尽全力学习。| 我全力为你服务。

5 **全世界** quánshìjiè **seluruh dunia**

【**名词**】整个世界；全部。‖ 中国近二十年的发展让全世界都感到惊叹。| 这些人来自全世界。

6 **全新** quánxīn **barang baru**

【**形容词**】整个都是新的；没使用过或者出现过的。‖ 这个手机是全新的，你可以放心使。| 这是个全新的社会。

5 **泉** quán **mata air**

【名词】泉水,地下涌出的水。‖ 这个山村的泉水是出了名的干净。

5 **劝** quàn **membujuk**

【动词】用言语开导他人。‖ 他今天心情很差,你劝劝他吧。| 他没想通,你劝说也没用。

6 **券** quàn **kupon**

【名词】票据或作凭证的纸片。‖ 这件衣服你买回去七天内有任何不满意都可以凭券来退换。| 今天政府发放消费券。

5 **缺乏** quēfá **kurang; tidak cukup**

【动词】没有或不够,缺少。‖ 这座城市很落后,很难留住人,十分缺乏人才。| 我认为主持的工作不应该让他做,他缺乏经验。

6 **缺陷** quēxiàn **kurang; tidak lengkap (difabel)**

【名词】欠缺或者不完满的地方。‖ 他腿上有严重的缺陷,不能走路。| 造成心理缺陷的原因很复杂。

4 **却** què **tetapi malah**

【副词】表示转折。‖ 已经下课了,他却不愿意回家。| 他虽小,却很能干懂事。

6 **却是** quèshì **adalah**

【词组】正是。‖ 别看他表面看起来很老实,实际上却是一个骗子。| 房子虽小,却是他安身的地方。

5 **确立** quèlì **mendirikan**

【动词】牢固而扎实地建立或者树立。‖ 你要早早确立自己的人生目标,这样才能有计划地去做好每一件事。| 确立两国的关系。

4 **确认** quèrèn **mengkonfirmasi**

【动词】明确承认。‖ 这些规定,经校长确认之后就可以正式实行了。

5 **群体** qúntǐ **kelompok; koloni**

【名词】由某些有联系的个体组成的整体。‖ 这些建筑群体都建于唐代。|

Q

学生群体消费能力还不足。

5 **群众** qúnzhòng **massa**

【名词】人民大众;不担任领导职务的人。‖ 群众的想法是我们国家制定法律的首要考虑因素。| 我是普通群众,弟弟是县政府干部。

R

4 **然而** ránér **namun**

【连词】用在后半句中，表示转折。‖ 他考试没发挥好，然而他并不伤心。| 我买了早餐，然而没有吃就去上班了。

4 **燃烧** ránshāo **membakar**

【动词】物质剧烈氧化而发光发热，着火引起的现象。比喻某种感情、欲望高涨。‖ 房前的树枝正在燃烧，快点拿水来灭火。| 怒火在他心中燃烧。

5 **染** rǎn **mewarna；merubah menjadi warna tertentu**

【动词】① 用染料上色。‖ 把白布染成红色。| 他染了发。② 感染；沾染。‖ 别染上毒品。| 小孩感染了病毒。

6 **让座** ràngzuò **memberi tempat duduk**

【动词】把座位让给别人。‖ 他乘坐公共汽车时，总是主动为岁数大的人让座。| 主动让座是一种美德。

5 **绕** rào **mengitari**

【动词】① 缠绕，围着转动。‖ 我本来心情就不好，你别在我身边绕来绕去。| 地球绕着太阳转。② 不从正面通过，从侧面或后面过去。‖ 前边正在修路，你要绕一下才能到学校。| 看到老师，他绕开了。

6 **热点** rèdiǎn **pusat perhatian；ramai dibicarakan**

【形容词】引起人们广泛注意的事物，大家讨论的焦点。‖ 他为什么一周没来上学这件事成了大家讨论的热点。

5 **热量** rèliàng **panas；hawa panas**

【名词】物质燃烧或物体内部分子不规则地运动时放出的能量。‖ 充足的热量会使植物生长得更好。| 冬天人体需要更多热量。

5 **热门** rèmén **menarik perhatian**

【形容词】吸引很多人的事情。‖ 李老师因为讲课有趣，吸引了不少同学来听课，他的课也变得十分热门。| 这是热门专业，很多人选读。

4 **热闹** rè'nào **ramai; meriah**

【形容词】指氛围或者景象很活跃。‖ 春节到了，大家聚在一起非常热闹。| 热闹的场景又出现了。

【动词】使场面活跃、精神愉快。‖ 大伙一起热闹一下。| 热闹起来，我们唱歌、跳舞吧。

6 **热水** rèshuǐ **air panas**

【名词】沸水或者温度曾经达到沸点的水；温度高的水。‖ 生病时，中国人认为多喝热水能缓解病情。| 今天用热水洗澡。

6 **热水器** rèshuǐqì **pemanas air**

【名词】一种利用燃气、电、太阳能等使水温升高的器具。‖ 如果你要洗澡的话，你应该先把热水器打开。| 热水器坏了。

6 **热线** rèxiàn **pusat layanan; hotline**

【名词】一种随时准备着的、可以立刻通话的电话线。‖ 如果你想购买我们的产品，随时拨打我们的热线。| 热线服务随时可以打通。

4 **热心** rèxīn **ramah; ringan tangan**

【形容词】有热情；有兴趣；乐于帮助别人。‖ 乘务员热心地为旅客服务，受到了大家的好评。| 群众热心地帮助陌生人。

4 **人家** rénjiā **dia; diri sendiri; orang lain**

【代词】指自己或者某人以外的人；别人。‖ 人家在第一次和新朋友见面时也是很害羞的。| 这是刚来我们班级的新同学，你们可不要欺负人家。

5 **人间** rénjiān **dunia; masyarakat**

【名词】人类社会。‖ 只要人人都献出一点爱，世界将会变成美好的人间。| 来人间一回，受了不少罪。

5 **人力** rénlì **tenaga manusia**

【名词】人的劳力，人的力量。‖ 搭建桥梁的工程需要大量的人力、物力，十分

困难。| 这是在浪费人力。

6 **人权** rénquán **hak asasi manusia**

【名词】人们与生俱来的权利，不受种族、性别、语言等影响。‖ 任何侵犯人权的行为在我们国家都是不被允许的。

5 **人士** rénshì **sosok**

【名词】有一定影响力的人。‖ 成功人士都有一个优点，就是做事认真。| 他是有影响的人士。

5 **人物** rénwù **tokoh**

【名词】① 在某方面有代表性或者突出特点的人。‖ 这个时期，出现了很多厉害的英雄人物。| 他是科技创新方面的大人物。② 文学和艺术作品里所描写的人。‖ 这篇文章里所有的人物都被作者描写得很生动。| 书中的人物是虚构的。

5 **忍** rěn **menahan; menanggung**

【动词】忍耐、忍受，使自己的感情不表现出来。‖ 他好几次欠我的钱不还，我已经忍了很久了。| 对你这种行为我不再忍了。

5 **忍不住** rěnbúzhù **tak tertahan**

【动词】忍了很久，受不了了。‖ 他平时很有趣，每次说话我都忍不住笑。| 听到这个消息，她忍不住哭了。

5 **忍受** rěnshòu **menahan; menanggung; menderita**

【动词】勉强承受某种困难、痛苦等。‖ 我们决不能忍受任何欺负人的行为。

R

5 **认** rèn **mengenal; mengenali**

【动词】① 认识，分辨。‖ 你认一下，这些是你的东西吗？| 认准的事情就去做。② 同意。‖ 他是公认的好老师。| 你认输吧。

5 **认定** rèn//dìng **menganggap yakin**

【动词】确定地认为；确定。‖ 他认定他这样做是正确的。| 专利认定。

6 **认同** rèntóng **mengakui**

【动词】认可、承认（一般指某个人或者某个人的行为、想法）。‖ 他的这项新

技术已经得到了专家的认同。| 大家认同我的观点。

5 **扔** rēng **membuang**

【动词】挥动手臂,使拿着的东西离开手。‖ 你下楼的时候记得把垃圾扔了。| 他发脾气,把手中的东西扔到地上。

5 **仍旧** réngjiù **sama seperti sebelumnya**

【动词】照旧。‖ 尽管今天下大雨,他仍旧像往常一样早起去工作。| 他的缺点仍旧不改。

4 **日记** rìjì **buku harian**

【名词】把每天发生的事写下来的记录,包括记下自己的感受。‖ 这本日记记录了我的整个少年生活。| 日记是我的好朋友。

4 **日历** rìlì **kalender; penanggalan**

【名词】记有年、月、日、星期、节气等的本子,一年一本,每日一页,逐日翻过去。‖ 日历翻过了一页又一页,一眨眼我快毕业了。| 去年的日历我扔在一边了。

6 **日夜** rìyè **siang malam**

【名词】白天黑夜。‖ 奶奶生病住院时,妈妈日夜在病房守着。| 工厂日夜都有人上班。

6 **日语** rìyǔ **Bahasa Jepang**

【名词】日本语言。‖ 他从小就学习日语,现在说得很流利了。| 到日本去学日语。

6 **融合** rónghé **berbaur; bercampur menjadi satu**

【动词】几种不同的事物合成一体。‖ 水和泥融合在一起就变成了土坯,土坯是用来盖房子的材料。

6 **融入** róngrù **berbaur**

【动词】混入;混合。‖ 你不要老是活在自己的世界里,要融入大家。| 我很难融入新的环境。

6 **如** rú **menurut; sesuai dengan; jika; apabila**

【动词】① 依照;按照。‖ 会议如期举行。| 这事的结果你如意吧? ② 如

同。‖ 事情就如他所说,变得越来越糟了。| 他爱校如爱家。③ 比得上。‖ 我的语文成绩不如他。| 说不如做。

【连词】如果;假如。‖ 如果我没有迟到,老师就不会批评我。| 如你不来,我就走了。

5 **如此** rúcǐ **begitu; demikian; seperti itu**

【代词】这样。‖ 他钢琴演奏得如此优美,台下的观众都为他鼓掌。| 你如此诚实,难怪大家信任你。

4 **如今** rújīn **sekarang; pada masa ini**

【名词】现在。‖ 如今,大家都过上了好日子。| 事到如今,谁也无法改变。

5 **如同** rútóng **seperti**

【动词】好像。‖ 窗外灯火通明,如同白天一样。| 她如同我的亲姐妹。

5 **如下** rúxià **sebagai berikut**

【动词】如同下面所列举的。‖ 针对这个方案我有如下几点建议。| 如下几点,大家要记清。

6 **如一** rúyī **sama; tidak ada bedanya**

【动词】完全相同;没有变化。‖ 他始终如一地努力学习,最终考上了理想的大学。| 他是个表里如一的人。

6 **乳制品** rǔzhìpǐn **produk olahan susu**

【名词】由牛奶制成的各种食品。‖ 乳制品是我们日常生活中吃的食物。| 这乳制品太甜。

R

6 **入** rù **masuk (lawan kata "keluar")**

【动词】① 进去。与"出"相对。‖ 服务员说想要进入这里,必须穿戴整齐。| 提问要由浅入深。② 参加到某种组织中,成为其中一员。‖ 今天小朋友入学了。| 他将入伍,成为一名战士。③ 收入。‖ 他的收入抵不上他的开支。| 量入而出,不要乱花钱。

5 **入门** rùmén **pemula; awal**

【名词】刚刚学习;刚接触某件事;初学者。‖ 对于书法,我才刚刚入门。| 作为刚入门的人,事情做到这么好,很不错了。

[6] **入学** rùxué **masuk sekolah**

【动词】学童初次进入学校读书。‖ 他收到了北京大学的入学通知书。| 今天是孩子的入学日。

[5] **软** ruǎn **empuk; lembut; lembek; lemas**

【形容词】① 物体内部组织松散,受外力作用后容易改变形状,跟“硬”相对。‖ 这件衣服的布料十分柔软。| 面包软,口感好。② 柔和。‖ 她说话软软的。| 这软风吹到身上很舒服。

[5] **软件** ruǎnjiàn **perangkat lunak**

【名词】计算机系统的组成部分,是指挥计算机进行计算、判断、处理信息的程序系统或者设备。‖ 软件可以安装在硬盘上。| 买个用来看电影的软件,实现在家就能看电影。

[6] **若** ruò **jika; seperti; seolah-olah**

【名词】如果,好像。‖ 若这件事真像你说的那样发展,那我们后悔也来不及了。

[4] **弱** ruò **lemah; tak bertenaga**

【形容词】力气小;势力小,跟“强”相对;不坚强。‖ 他从小身体就弱,长大了还是一样。| 这个国家逐渐衰弱了。

S

5 **洒** sǎ **tumpah**

【动词】使水或者其他东西分散地落下。‖ 瓶子里的水被我洒了，地板全都湿了。| 地上有尘土，洒些水吧。

6 **塞** sāi **menyumbat**

【动词】填入；把东西放入有空隙的地方。‖ 这个水管被东西塞住了，水流不出来。| 把瓶口塞住，不让空气进入。

6 **赛** sài **kompetisi; perlombaan**

【动词】比赛。‖ 咱俩可以来赛跑，看谁跑得快。| 篮球赛马上开始。

6 **赛场** sàichǎng **lokasi perlombaan; arena**

【名词】比赛的场所。‖ 我们在赛场上见。| 这是主赛场，大部分赛事在这举办。

6 **三明治** sānmíngzhì **roti lapis**

【名词】中间夹有肉片或者其他美味的食品的面包。‖ 我每天的早餐就是一杯牛奶，一份三明治。| 这家店推出了巨大三明治。

4 **伞** sǎn **payung**

【名词】挡雨或者遮阳的工具，用油纸、布、塑料等制成，中间有柄，可以张合。‖ 外面下雨，记得拿伞。| 伞做工细致。

5 **散** sǎn **longgar; lepas; tercerai-berai**

【动词】① 无约束；松开。‖ 你扎的头发散了，赶快重新扎好。| 队伍走散了。② 不密集，零碎，不集中。‖ 这些商品都是散装的。| 兄弟姐妹都散居在各地。

5 **散文** sǎnwén **prosa**

【名词】一种文体，指不讲究韵律的文章，比较随性。‖ 这篇散文虽然很短，但是其中的道理却十分值得我们学习。| 用散文的形式来写文章。

4 **散** sàn **bubar**

【动词】由聚集而分离。‖ 一群鸟儿散开了。| 散会。

6 **丧失** sàngshī **kehilangan**

【动词】失去;失掉。‖ 一次考试的失败就让他丧失了信心。| 不要丧失基本的良心。

4 **扫** sǎo **menyapu**

【动词】① 用扫帚除去尘土、垃圾等。‖ 地脏了,你扫一下。| 把桌上的灰尘扫干净。② 迅速地移动。‖ 他扫了一眼队伍,就开始讲话。| 老师目光一扫,就知道谁不在。

4 **色** sè **warna**

【名词】① 颜色。‖ 这条围巾是红色的。| 绿色的树叶。② 脸上的表情;气色。‖ 他的神色有点奇怪。| 他眉飞色舞地告诉我们他考试过关了。③ 种类;品种。‖ 各色各样的花摆放在路两边。| 布料的花色很多。④ 女子的容貌。‖ 她年轻的时候漂亮,现在年老色衰了。| 她居然出卖自己的姿色。

4 **色彩** sècǎi **warna; corak**

【名词】① 颜色。‖ 小李穿了一件色彩鲜艳的裙子。| 这幅画色彩鲜明。② 带有某种思想倾向或情调。‖ 讨论问题不要带感情色彩,要客观。| 这个地区地方保护色彩浓,不宜发展经济。

4 **森林** sēnlín **hutan; rimba**

【名词】大片生长茂盛的树木的地区。‖ 这片美丽的森林是我们放松心情的好去处。| 森林里有很多野生动植物。

S

5 **杀** shā **membunuh; menyembelih**

【动词】① 使人或者动物失去生命。‖ 他杀一只鸡来招待客人。| 杀人偿命。② 战斗;攻打。‖ 战士们杀出敌人的重重包围。| 他们杀出一条血路,活着回来了。③ 消除;削弱。‖ 他杀价很厉害,叫价五百元的衣服,他只花二百元买下来。| 他有点张狂,去杀杀他的威风。

5 **杀毒** shādú **anti virus**

【动词】① 杀灭病菌或病毒;消毒。‖ 用紫外线杀毒。| 用药水杀毒,以免伤

口感染。② 清除软件或计算机里面的病毒。‖ 杀毒软件可以使你的电脑更加安全。| 正在给电脑杀毒。

5 **沙漠** shāmò **padang/gurun pasir**

【名词】指地面完全被沙土所覆盖、植物稀少、干旱缺水的地方。‖ 我们在这片沙漠边缘种上了防护林。| 这是世界上最大的沙漠。

5 **傻** shǎ **bodoh; dungu; tolol**

【形容词】① 头脑糊涂;不聪明。‖ 他看起来傻傻的,其实聪明着呢。② 不变通;不灵活。‖ 想想其他办法,不要在这儿傻干。| 别傻等她了,她不会来的。

4 **晒** shài **jemur**

【动词】① 太阳的光和热晒到物体上。‖ 中午到海边玩,我的皮肤晒伤了。| 日晒雨淋的日子,可不好过。② 将物体放在阳光下,使其干燥。‖ 这件衣服还是湿的,把它拿到外面晒晒。| 这些食物拿去晒一晒。③ 比喻将某事公开。‖ 他把家底都晒出了,还有什么秘密? | 你敢把你的工资晒出来吗?

6 **山峰** shānfēng **puncak gunung**

【名词】指高而尖的山顶部。‖ 那是我见过的最高的山峰。| 山峰被白云遮住了。

6 **山谷** shāngǔ **lembah; ngarai**

【名词】两山之间低凹狭窄的地带。‖ 这座村庄坐落在山谷。| 小溪流过山谷。

6 **山坡** shānpō **lereng bukit; lereng gunung**

【名词】山顶到平地间的斜面。‖ 羊在山坡上吃草。| 山坡上的花开得艳。

5 **山区** shānqū **daerah pegunungan**

【名词】多山的地区。‖ 他家住在偏远的山区,交通十分不方便。| 山区的居民越来越少了。

5 **扇** shān **mengipas; mengipasi; berkipas**

【动词】① 用扇子等摇动使空气流动生风。‖ 你可以用书扇风,这样会凉快点。| 把热的水扇凉。② 用手掌或手背打人。‖ 别用手扇人,别人会疼的。|

他骂人，被人扇了一巴掌。

4 **闪** shǎn **mengelak；menghindari**

【动词】① 迅速避开。‖ 球向我砸来，还好我很快地闪开了。| 来不及躲闪，他就被抓到了。② 突然出现；忽明忽暗。‖ 这灯光一闪一闪的，让人很不舒服。| 黑暗中，突然闪出一个人影。

【名词】闪电。‖ 打了个闪。

4 **闪电** shǎndiàn **petir**

【名词】是云与云、云体内部、云与地或云与空气之间猛烈放电并有强烈闪光的现象。‖ 这场雨下得很大，时不时还有闪电和雷声。| 闪电似乎能穿过玻璃窗，太吓人了。

5 **扇子** shànzi **kipas**

【名词】一种摇动生风来缓解炎热的工具。‖ 最近天气很热，我要赶紧买一把扇子。| 这扇子是用丝做成的。

4 **善良** shànliáng **baik dan jujur；baik hati**

【形容词】心地好；无恶意的。‖ 她是一个善良的女孩。| 善良的村民救了他。

4 **善于** shànyú **pandai；mahir**

【副词】在某方面具有特长。‖ 他虽然是一名新老师，却很善于管理学生。| 他善于与人打交道。

4 **伤害** shānghài **melukai；mencelakakan；menyakiti**

【动词】心理或者身体方面受到损害。‖ 你的话深深伤害到了他的心灵。| 把刀放下，这会伤害到人的。

6 **伤口** shāngkǒu **luka**

【名词】受伤或手术而破裂的地方。也比喻情感上所受的伤害。‖ 他手上的伤口处理好了。| 她又谈论我的前女友，这是在我的伤口上撒盐。

6 **伤亡** shāngwáng **luka dan tewas；korban**

【名词】受伤和死亡。‖ 经过一场激烈的战争，敌人伤亡惨重。| 这次事故造成了重大伤亡。

6 **伤员** shāngyuán **personel yg luka; yang luka**

【名词】受伤的人员，多指作战受伤的人员。‖ 我们要好好关心伤员及家属。| 大量伤员从前线被送回来。

5 **商标** shāngbiāo **merek dagang**

【名词】刻或印在商品或包装上的，用来区别其他商品的标志、记号等。‖ 这件衣服居然没商标。| 商标标在包装盒上。

6 **商城** shāngchéng **mal**

【名词】在室内出售商品的地方。‖ 商城一定要建在交通方便的地方。| 我家附近有家大商城。

4 **商务** shāngwù **urusan perdagangan**

【名词】有关商业的事务。‖ 电子商务越来越受到人们关注。| 她下周参加一个商务活动。

4 **赏** shǎng **menikmati; menyaksikan**

【动词】① 欣赏，观赏。‖ 春天是赏花的季节。| 晚上，我坐在阳台上赏月。② 称赞。‖ 他很受领导的赏识。| 他对这个队员相当赞赏。

6 **上当** shàngdàng **tertipu; terkecoh**

【动词】因受骗而吃亏。‖ 你不要相信她的话，否则会上当。| 他辨别能力差，常上当受骗。

6 **上帝** shàngdì **Tuhan**

【名词】我国古代指主宰万物的神、至高无上的统治者；基督教中指主宰宇宙万物的创造者和主宰者。‖ 万能的上帝啊，请让我接下来的生活都能平安快乐。| 不能对上帝撒谎。

4 **上个月** shànggèyuè **bulan lalu**

【名词】表示这个月之前的一个月。‖ 上个月我买了一台电脑。| 上个月出差去了，没在家。

5 **上级** shàngjí **atasan; tingkat yang lebih tinggi**

【名词】同一系统或组织中，等级比较高的机构或人员。‖ 我们要抓紧时间，尽

快完成上级的任务。| 他是我的上级。

4 **上楼** shàng//lóu　**naik tangga**

【词组】登楼;爬楼。‖ 我们家住六楼,每次上楼我都很累。| 上楼去拿行李下来。

4 **上门** shàng//mén　**pergi atau datang berkunjung ke rumah orang lain**

【动词】登门;到别人家里去。‖ 谢谢你的帮助,我一定上门道谢。| 老师上门家访。

6 **上市** shàng//shì　**mulai dijual dipasaran**

【动词】①(货物)刚开始在市场出售。‖ 这个牌子的手机,刚上市就被卖空了。| 大量新鲜桃子开始上市了。② 股票、基金等获得批准后,在证券交易所挂牌交易。‖ 他的公司打算明年上市。| 大量新股上市,会对股票市场产生一定影响。

6 **上台** shàng//tái　**naik ke podium; tampil di atas pentas**

【动词】① 登台演出;站上讲台。‖ 他上台演讲。| 老师上台讲课。② 比喻上任或掌权。‖ 他上台后就改革旧的制度。| 他一上台,就把前任领导辞退。

5 **上下** shàngxià　**atas bawah; dari atas sampai ke bawah (semuanya)**

【名词】① 从上到下。‖ 他上下打量着我,我感觉很紧张。| 淘气的小男孩浑身上下都是泥。② 全部;全体。‖ 全国上下都在庆祝。| 上下齐心,把家园建好。③(程度)高低、强弱、优劣。‖ 他们两个人的能力不分上下。| 两队实力相当,难分上下。④ 放在数量词后,表示前面的数是大概率接近这个数的。‖ 他三十岁上下。| 她一个月收入四千元上下。

6 **上演** shàngyǎn　**mempertunjukan; mementaskan**

S

【动词】指戏剧、舞蹈等演出。‖ 观众早早来到了电影院坐下,一场喜剧马上开始上演。| 上演一部好戏。

5 **上涨** shàngzhǎng　**naik; meningkat; pasang**

【动词】指价格、水位等升高。‖ 鸡蛋价格上涨了。| 水位上涨厉害,下游百姓要注意防范。

4 **烧** shāo　**membakar**

【动词】使东西着火。‖ 他把过去和女朋友的照片全烧了,以免之后看到会让自己伤心。

5 **稍** shāo **agak; sedikit**

【副词】略微;稍微。‖ 因为路上堵车,他来得稍晚了点。| 你用的时间稍长了点。

5 **稍微** shāowēi **agak; sedikit**

【副词】表数量少、程度浅、时间短。‖ 你稍微往中间站一点。| 稍微等一下我。

6 **勺** sháo **sendok**

【名词】勺子。‖ 用勺舀水吧。| 这饭勺坏了,可以换新的了。

【量词】用于计算容量。| 一勺水加四勺面粉。| 给我一勺白糖。

6 **少儿** shàoér **anak-anak**

【名词】少年儿童。‖ 她是一位深受少儿喜爱的作家。| 小朋友喜欢看少儿节目。

6 **舌头** shétóu **lidah**

【名词】人和动物嘴里具有辨别滋味、帮助咬食物和发音等功能的器官。‖ 我把舌头咬了。| 舌头是帮助我们发音的人体器官。

5 **蛇** shé **ular**

【名词】爬行动物,身体圆而细长,有鳞,没有四肢,会蜕皮,种类多,有的有毒。‖ 蛇是我最害怕的动物。| 不要到草丛中去,那儿有蛇。

5 **舍不得** shěbùde **merasa sayang menggunakan atau melepaskan**

【动词】因为爱惜不忍放弃、分离或使用。‖ 我舍不得离开家乡。| 朋友送我的这支钢笔,我一直舍不得用。

5 **舍得** shěde **bersedia atau rela berpisah atau melepaskan**

【动词】愿意放弃;愿意付出。‖ 你舍得离开你的男朋友去中国留学吗?| 他的中国菜做得很好吃,因为他舍得下功夫。

6 **设计师** shèjìshī **desainer**

【名词】专门从事设计工作的设计人员。‖ 我的好朋友是服装设计师。| 这

S

个家具设计师设计的产品好看实用。

4 **设施** shèshī **instalasi; fasilitas**

【名词】为满足某种需求而建立的建筑、机构、系统等。‖ 这所学校的运动设施齐全。| 中国的基础设施很完善。

5 **设想** shèxiǎng **membayangkan; menggambarkan**

【动词】① 假想;想象。‖ 你设想一下二十年后的自己是怎样的。| 我设想了几种方案,大家看看哪一种最好。② 着想;考虑。‖ 出国留学是父母早就为我设想好了的。| 你不要总是为他人设想。

【名词】假想或想象的事情。‖ 这种设想非常大胆。| 科学家已经把这几种设想变成了现实。

4 **设置** shèzhì **mengadakan; mendirikan; menyelenggarakan**

【动词】① 设立。‖ 汉语书画课程是给喜欢汉语的同学设置的。| 这个单位内部又设置了一个小机构。② 安装;安置。‖ 市区的道路两边,设置了许多摄像头。| 图书馆设置了无障碍通道。

5 **社** shè **kelompok**

【名词】某些组织、团体、机构或服务单位的名称。‖ 我们学校有许多社团。| 这个旅行社是专门接待对外旅游的游客。

5 **社区** shèqū **komunitas**

【名词】城市里按照某种社会特征划分的居民区。‖ 我和父母住在一个社区。| 这次活动范围很广,面向全球的华人社区。

5 **射** shè **menembakkan**

【动词】① 用压力、推力或弹力快速送出。‖ 他射箭技术高超。| 这支球队又射门成功! ② 发出(光、波等)。‖ 玻璃窗反射刺眼的光。| 阳光照射在整个山顶上。③ 暗指;不明说。‖ 有什么话就直说,不要暗射。| 不要影射她,对她有不满可以当面谈的。

5 **射击** shèjī **menembak**

【动词】向一定的目标发射子弹、箭头。‖ 敌人正在向我们射击,大家小心! | 侵略者用枪炮射击人群。

【名词】一种体育运动项目。以命中环数来计算分数。‖ 他参加过很多次射

击比赛。| 他对射击感兴趣。

6 **涉及** shèjí　**melibatkan；terlibat/terkait**

【动词】和某人、某事或者某方面有关系、有联系。‖ 语言的变化涉及语音、词汇、语法三个方面。| 这件事涉及很多人。

5 **摄像** shèxiàng　**videografi**

【动词】用摄像机拍摄实物影像。‖ 我用照相机给大卫摄像。| 摄像工作结束。

5 **摄像机** shèxiàngjī　**kamera video**

【名词】可以拍摄出人、景等画面并录下声音的机器。‖ 这种摄像机功能齐全。| 把摄影机里面的东西输入电脑播放。

5 **摄影** shèyǐng　**fotografi**

【动词】拍照或者拍电影。‖ 婚纱摄影有室外的，也有室内的。| 这儿的阳光很适合摄影。

5 **摄影师** shèyǐngshī　**fotografer**

【名词】摄制影片或担任摄影工作的人。‖ 他是有名气的摄影师。| 摄影师的拍照技术很好。

4 **申请** shēnqǐng　**mengajukan**

【动词】向上级或者有关部门说明理由，提出请求。‖ 出国以前要先申请护照和签证。| 这学期我没有申请奖学金。

【名词】申请书。‖ 先提交申请，才能办证。| 要申请课题了，你提交申请没有？

5 **伸** shēn　**merentangkan；membentangkan**

【动词】（肢体或物体的一部分）展开。‖ 大卫伸手从树上摘了一个苹果。| 这棵大树的树干伸到墙外去了。

4 **身材** shēncái　**perawakan；postur tubuh；bentuk badan**

【名词】身体高矮和胖瘦。‖ 这位运动员身材高大。| 你身材高挑，适合跳舞。

4 **身份** shēnfèn **status identitas; martabat**

【名词】① 人在社会上或者法律上的地位。‖ 每个人都拥有多种身份。| 学生的言行应该符合学生的身份。② 受人尊敬的地位。‖ 他是位有身份的人。

4 **身高** shēngāo **tinggi badan**

【名词】身体的高度。‖ 我的哥哥身高一米八。| 检查身体的时候,医生会测量你的身高。

5 **深处** shēnchù **tempat yang jauh di dalam; lubuk**

【名词】① 很深的地方。‖ 大海的深处生活着各种鱼类。| 我们走到了大山的深处,也没有找到那种植物。② 内部的。‖ 不要触及他内心深处的伤痕。| 心灵深处有一种思念在呼喊。

5 **深度** shēndù **tingkat kedalaman; dalam**

【名词】① 深浅的程度;从上到下或从外到里的距离。‖ 这个游泳池的深度是零点九米。| 这条河的深度你知道吗?② 对事物本质的认识程度。事物向更高级发展的程度。‖ 大家对这个问题理解的深度不一样。| 这项研究正在向深度和广度发展。

4 **深厚** shēnhòu **(perasaan) yang mendalam; disegani**

【形容词】① 感情非常好;非常深。‖ 我俩友谊深厚。| 我们结下了深厚的战友情。② 坚实。‖ 这些专家们有着深厚的学识。| 他的群众基础深厚。

6 **深化** shēnhuà **memperdalam**

【动词】(使)向更深的阶段发展。‖ 两国深化双方的合作。| 深化改革,经济才能发展好。

S

6 **深深** shēnshēn **secara mendalam; meresap; benar-benar**

【形容词】牢牢地。‖ 老师的话,深深打动了我们的心。| 大家深深地认识到,谎话是会造成灾难的。

5 **神** shén **dewa**

【名词】① 神话或宗教中所幻想的天地万物的创造者;神仙;神话中超能力的人。‖ 我们不相信神。| 老百姓经常拜财神爷,相信他会给大伙带来财运。② 精力;精神。‖ 这小孩可有神了,整天不睡觉。| 做这工作,太费神

了。③ 神气。‖ 他难过的神情告诉大伙,他遇到了不好的事情。| 小孩会观察大人的神色。

4 **神话** shénhuà **mitologi dongeng; cerita dongeng**

【名词】 ① 关于神、像神一样的古代英雄的故事。‖ 龙是中国神话中的动物。| 神话人物往往有超强能力。② 指超出想象的事情。‖ 你能战胜拳王,那就是神话。| 我们打破了对手不可战胜的神话。

5 **神经** shénjīng **syaraf; tidak waras**

【名词】 ① 人或者动物身体内的一种组织,连接大脑和各个器官,把各种感觉传给大脑,把大脑的信息传给器官。‖ 人的身体里有复杂的神经系统。| 人的行为主要是由神经系统控制的。② 用在口语中,多指不正常的精神状态。‖ 你神经哦,乱送礼物给别人。| 别发神经啦,好好说话。

4 **神秘** shénmì **misterius; mistik; gaib**

【形容词】 使人摸不透;高深、超出平常认知之外的。‖ 这是一件神秘的礼物。| 这件事神秘,到现在大家也不知道怎么回事。

5 **神奇** shénqí **ajaib**

【形容词】 非常奇妙。‖ 这本书里写了许多神奇的故事。| 这件事情其实一点儿也不神奇。

5 **神情** shénqíng **ekspresi/mimik wajah**

【名词】 脸上表现出来的内心活动。‖ 他脸上的神情告诉我,他说的不是真话。| 看完信以后,他的神情很复杂。

6 **审查** shěnchá **memeriksa; menyelidiki**

【动词】 检查核对,看是否正确或者符合要求。‖ 我们已经邀请了相关专家对论文进行审查。| 审查教授们的课题经费是否规范使用。

4 **甚至** shènzhì **bahkan**

【连词】 强调说明某一事例更突出、更进一步。‖ 大卫学习汉语很努力,甚至周末都花很多时间去练习。| 这家酒店服务周到,甚至五星级酒店也比不上它。

5 **升高** shēnggāo **meningkat**

【词组】 从低变高的过程。‖ 最近几天北京的气温升高了不少。| 把梯子升

S

高一点。

6 **升级** shēng//jí **naik kelas; naik pangkat**

【动词】① 提高等级。‖ 我的电脑升级了，换了新的系统。| 我家小孩已经从小学一年级升级到二年级了。② （战争）规模扩大；（紧张）程度加深。‖ 我们院里的书法比赛升级成地区级的了。| 这场战争已经升级，许多国家都在作军事准备。

6 **升学** shēngxué **bersekolah ke tingkatan sekolah yang lebih tinggi**

【动词】从低一阶段的学校到高一阶段的学校学习。‖ 他还有一年升学，现在的学习压力很大。| 他现在是小学生，马上升学到初中了。

6 **升值** shēngzhí **meningkat dalam harga atau nilai**

【动词】① 价值提高。‖ 这两年来，黄金升值飞快。| 我朋友买的股票，升值。② 提高货币的含金量或对外币的比价。‖ 美元升值，用同等数目的美元可以买更多的东西。| 未来人民币还有很大的升值空间。

5 **生成** shēngchéng **menghasilkan**

【动词】产生；形成。‖ 水在一定的条件下可以生成冰。| 大自然的事物不是凭空生成的。

6 **生活费** shēnghuófèi **biaya hidup**

【名词】用于平时日常生活的花费。‖ 我们的生活费足够了。| 我这个月的生活费不够开销。

5 **声** shēng **suara**

【名词】① 指声音。‖ 我们常常能听到他的笑声。| 你听，是不是有哭声？② 名声。‖ 他的名声在当地不好。| 这是一个声望很高的老人。③ 声母。‖ 部分汉字音节没有声母。| 这个句子中用到了双声叠韵词。④ 声调。汉字读音的高低变化，具有区别意义的作用。‖ 老师，“美”是几声？|“去”的声调是四声。

【量词】表示发出声音的次数。‖ 我叫了他一声，他没听见。| 他们对着山谷大声喊了几声。

6 **省钱** shěngqián **menghemat uang**

【词组】减少不必要的开支或以较小的成本获得同样的利益或商品。‖ 想让

S

人办事，又想省力省钱。| 我们的工资减少了，我们要学着省钱了。

6 **圣诞节** shèngdànjié　**Hari Natal**

【名词】基督教的节日，在每年的十二月二十五日，是为了纪念耶稣的诞生。‖ 他们收到了圣诞节的礼物。| 圣诞节期间，到处都能听到欢快的节日音乐。

5 **胜负** shèngfù　**menang atau kalah; sukses atau gagal**

【名词】胜利和失败。‖ 这场比赛非常激烈，难分胜负。| 这场比赛的胜负将决定参赛队员的去留。

6 **盛行** shèngxíng　**menjadi populer; tersebar luas**

【动词】广泛流行。‖ 不结婚的思想居然在年轻人中盛行起来。| 佛教是什么时候开始在中国盛行的?

5 **剩** shèng　**kelebihannya; sisa; marga**

【动词】剩余。‖ 大家都走了，教室里就剩三个学生了。| 菜吃完了，就剩米饭了。

5 **剩下** shèngxià　**sisanya; lebihnya**

【词组】余下的东西。‖ 你吃剩下的东西要打包带走吗? | 老鼠把我的面包吃得只剩下一点。

4 **失败** shībài　**kalah; gagal; kecewa**

【动词】① 在战争或比赛中没有赢；输了。‖ 战争失败了，他们失去了自己的国土。| 这场篮球赛甲队失败了。② 没达到预定的目标。‖ 由于没有做好市场调查，他这次投资失败了。| 这次实验又失败了，我们感到很难过。

【形容词】事情的结果让人很不满意。‖ 你们做事太失败了，一点小事都出错几次。| 这次活动办得真失败，太乱了。

4 **失望** shīwàng　**kecewa**

【形容词】因为希望没有实现而不高兴。‖ 他多次撒谎，我对他有点失望。| 这次足球比赛又输了，球队真令人失望啊。

5 **失误** shīwù　**kesalahan ; salah**

【动词】因为不小心、不够注意或者水平不高出现错误。‖ 他从来没有失误过，这次怎么了? | 这次表演，我差点就失误了。

【名词】因为不小心、不够注意或者水平不高而造成的错误。‖ 这次比赛中，我出现了两个失误。| 由于他的工作失误，工厂损失很大。

4 **失业** shīyè **kehilangan pekerjaan；menganggur；pengangguran**

【动词】有工作能力的人找不到工作。‖ 公司倒闭了，员工们都失业了。| 为了解决失业问题，政府出台了很多政策。

5 **师傅** shīfù **panggilan kehormatan kepada ahli；guru.**

【名词】对有技能的人的尊敬称呼；教别人某种艺术、技能的人。‖ 司机师傅，前面停车就好！| 大卫跟着这位师傅学唱京剧。

6 **师父** shīfù **sama dengan "师傅", panggilan kehormatan bikkhu/bikkhuni**

【名词】① 对师傅的尊称。‖ 这是我师父，在中国他一直教我学京剧。② 对出家修行的人的尊称。‖ 师父在寺庙念经。| 这个师父很小就在庙里生活。

6 **师生** shīshēng **guru dan murid**

【名词】指老师和学生或师生关系。‖ 我们师生关系很好。| 全校师生都参加升国旗仪式。

4 **诗** shī **puisi；sajak；syair**

【名词】一种文学体裁，通过有节奏、有音乐美的语言，反映生活、表达内心感受。‖ 这首诗的作者是唐代诗人李白。| 大卫，你喜欢读诗吗？

5 **诗歌** shīgē **sajak dan lagu；syair dan nyanyian**

【名词】各种诗的总称。‖ 这是一首古代诗歌。| 大卫经常在汉语课堂上朗诵诗歌。

4 **诗人** shīrén **penyair**

【名词】写诗并且取得一些成就的人。‖ 李白是一位伟大的诗人。| 他从小就想当一个诗人。

4 **湿** shī **basah；lembab**

【形容词】东西上有水或者含有水多的。‖ 刚下雨，地上很湿。| 你的衣服全都湿了，快去换换。

5 **十足** shízú **sepenuhnya; benar-benar**

【形容词】非常充足。‖ 他学起中文来劲头十足,连学几个小时都不累。| 我有十足的理由相信你。

5 **时常** shícháng **sering kali; kerap kali**

【副词】常常;经常。‖ 来中国学习后,我时常想念我的父母。| 他时常来看他的小学老师。

6 **时而** shí'ér **kadang-kadang**

【副词】① 表示不定时地重复发生。‖ 天空中时而飘过一朵白云。| 窗外,时而有人走动。② 表示不同现象或者事情在一定时间内交替发生。‖ 海南这几天天气不正常,时而晴天,时而下雨。| 天上的星星时而亮,时而暗。

5 **时光** shíguāng **waktu; masa**

【名词】① 时间。‖ 要珍惜时光,好好做自己喜欢做的事情。| 大好的时光,被你白白浪费了。② 某段时间;日子。‖ 我永远不会忘记在中国学习汉语的那段幸福时光。| 美好的时光总是太短。

5 **时机** shíjī **kesempatan; saat yang tepat**

【名词】有利的、带有时间性的客观条件。‖ 这是一个出国学习汉语的好时机,你一定要抓住。| 他错过当总经理的时机。

6 **时节** shíjié **masa; kala**

【名词】① 季节;节令。‖ 好雨知时节。| 现在正是秋收时节,可偏偏下起了大雨。② 时刻;时光。‖ 武汉大学樱花开放的时节到啦。| 小孩长身体的重要时节,父母要让小孩注意休息。

6 **时期** shíqī **periode**

【名词】一段时间。‖ 在中国工作的时期,他经常去学京剧。| 我的父母经历了一段困难时期。

6 **时装** shízhuāng **fesyen**

【名词】式样最新的衣服。‖ 他们都是时装模特。| 这个城市,每年都举行时装表演。

6 **识** shí **mengenali**

【动词】认识;知道;了解。‖ 他年纪太小,还不识字。| 他不识水性,根本不会游泳。

6 **识字** shízì **mengenal aksara**

【动词】认识文字。‖ 读书、识字是小学学习的主要内容。| 他是通过看电视来识字的。

6 **实践** shíjiàn **mempraktikkan**

【动词】实行;履行。‖ 计划好我们马上去实践。| 你的理想你要自己去实践。

【名词】人们有意识地改造自然和社会的实际活动。‖ 我们的社会实践是当实习老师。| 学习汉语的学生对语言实践很感兴趣。

4 **实施** shíshī **melaksanakan**

【动词】开始按照政策、法律、规定或者计划等具体地去做事情。‖ 为了促进经济发展,国家实施了一项新政策。| 这个地区开始实施新的休假制度。

4 **实用** shíyòng **praktis**

【形容词】有实际使用价值的。‖ 这本书很实用,里面有很多识记汉语的图画。| 朋友送给我的生日礼物很实用。

5 **拾** shí **mengambil; memungut**

【动词】① 把地上的东西拿起来;捡。‖ 小孩在海边拾贝壳。| 他把书从地上拾了起来。② 收;整理。‖ 出远门前,先要把自己的行李收拾好。| 把你的玩具收拾收拾。

S

4 **食堂** shítáng **kafetaria; kantin**

【名词】工厂、学校等单位给本单位的员工、学生提供的吃饭的地方。‖ 我们学校学生食堂的饭菜很好吃。| 公司食堂不对外来人员开放。

5 **使得** shǐde **boleh digunakan; boleh dipakai**

【动词】① 可以用,能用;行得通。‖ 你这些东西还使得不? | 打架可使不得。② 引起一定的结果。‖ 事情发生后,这使得我们反思自己做法是不对的。| 良好的学习习惯使得他的学习效率大幅度提升。

4 **使劲** shǐ//jìn **melakukan dengan penuh tenaga**

【动词】用力。‖ 他使劲把教室门推开。| 他听了我的话后,使劲儿点头称赞。

4 **士兵** shìbīng **prajurit**

【名词】兵;部队中最基层的人员。‖ 这些年轻的士兵也就二十岁左右。| 仪仗队的士兵个个都非常英俊。

6 **市民** shìmín **warga kota**

【名词】城市居民。‖ 热心市民在义务维持交通秩序。| 市民正在游行。

4 **市区** shìqū **area dalam kota**

【名词】是指属于城市范围的地区,一般人口及房屋建筑集中。‖ 我们学校不在市区,在郊区。| 这里离市区不远,交通很方便。

5 **示范** shìfàn **mencontohkan; memperagakan**

【动词】做出标准的样子,让别人学习或模仿。‖ 你示范两遍,让大家看看。| 大卫,你的汉语发音非常标准,给大家做个示范吧!

5 **式** shì **model; tipe; bentuk; prosesi; tanda/simbol**

【名词】① 样子。‖ 衣服做成了新式的。| 她剪了个男式头发。② 仪式、典礼。‖ 中国人结婚很注重传统仪式。| 开幕式开始了。③ 特定的规格。‖ 你书写汉字的格式不对。| 教育方式不对。

4 **似的** shìde **seperti; bagai**

【助词】表示跟某种事物或者情况差不多一样、相似。‖ 他的汉字写得非常好,像刻上去的似的。| 小孩的脸红得像苹果似的。

6 **事后** shìhòu **setelahnya**

【名词】事情发生、处理以后。‖ 这件事,我事后才知道。| 事后才知道他是对的。

4 **事物** shìwù **hal; peristiwa/kejadian**

【名词】客观存在的一切物体和现象。‖ 人们总对新生事物感到好奇。| 美好的事物让人开心。

4 **事先** shìxiān **sebelumnya**

【名词】事情发生前。‖ 上网课要事先通知学生,让他们作好准备。| 她和他男朋友事先作好去泰山玩的计划。

6 **试点** shìdiǎn **percobaan; trial**

【名词】正式进行某项工作前,做小型试验的地方。‖ 我们班是汉语综合课的试点班。| 这项工作,试点很不成功。

【动词】为了取得经验,在正式进行某项工作以前,先在一个或几个地方试着做。‖ 汉语教材先在我们班试点,然后再在全校使用。| 先试点,再进一步推广。

4 **试卷** shìjuàn **lembar ujian**

【名词】考试时,考试的人写答案或考试的人已写上答案的卷子。‖ 这是一张数学试卷。| 这次汉语考试试卷一共有十页。

5 **试图** shìtú **rancangan; rencana**

【动词】打算。‖ 小男孩试图爬上桌。| 他试图去解决这个问题,但是没成功。

5 **视频** shìpín **video**

【名词】图像信号所包括的频率范围,用以生产或转换成图像。就是以非常快的速度连续出现的画面,可以记录声音、动作等。‖ 大卫,你常常用手机看视频吗?| 视频被删了。

6 **视为** shìwéi **dianggap sebagai**

【名词】把某人或某事当作。‖ 我们俩互相视为知己。| 他把新事物视为怪事。

S

6 **适当** shìdàng **sesuai**

【形容词】合适。‖ 在我看来,适当的机会一定要抓住。| 老年人适当活动,对身体好。

4 **是否** shìfǒu **iya atau tidak**

【副词】是不是。‖ 你是否愿意参加这次篮球比赛?| 他是否来参加会议,我是不知道的。

6 **收藏** shōucáng **menyimpan；mengkoleksi**

【动词】收集保藏。‖ 我的爱好是收藏邮票。| 他把钱都用在收藏字画上了。

5 **收购** shōugòu **mengakuisisi；akuisisi**

【动词】从各个地方大量地买进。‖ 他们的工作是到农村收购农产品。| 这家大公司在不断地收购粮食。

4 **收回** shōuhuí **mengambil/menarik kembali**

【动词】① 把发出去、借出去的钱或东西拿回来。‖ 这家餐厅生意好,投入成本很快收回了。| 你借出去的钱,你要去收回来了。② 取消原来的意见、命令等。‖ 我们互相收回了以前的协议。| 我会信守我的承诺,说过的话不会收回。

4 **收获** shōuhuò **panen**

【动词】收割成熟的农作物。比喻取得成果。‖ 春天播种,秋天就收获。| 今天收获到许多战利品。

【名词】收割到的成熟农作物,比喻取得的成果、心得等。‖ 今年的收获不少。| 他们正交流学习上的收获。

5 **收集** shōují **mengumpulkan；mengkoleksi**

【动词】使聚集在一起。‖ 他喜欢收集邮票。| 你先收集收集资料,之后我们再讨论。

6 **收取** shōuqǔ **menerima**

【动词】收下(交来或取来的钱)。‖ 收取手续费。| 向村民收取一定的钱财。

5 **收拾** shōushi **merapikan；membereskan**

【动词】① 弄好;弄整齐、干净。‖ 大卫明天要回国了,他现在正在收拾行李。| 房间太乱了,赶快去收拾。② (严厉地)惩罚;打击。‖ 你再不听话,我就收拾你。| 总有一天他会被人收拾的。

6 **收养** shōuyǎng **mengadopsi**

【动词】把别人的儿女收下来当作自己家里人来抚养。‖ 这对夫妇收养了一个孤儿。| 收养家庭也挺困难的。

4 **收益** shōuyì **pendapatan**

【名词】生产或者商业上赚到的钱。‖ 我们公司的经济收益很好。| 如果我

S

们不断开发新产品,就能在收益上有优势。

5 **手段** shǒuduàn **prosedur**

【名词】① 为了达到某种目的使用的具体方法。‖ 我们得采取一种有效的手段来解决这个问题。| 我们可以通过法律手段来维护自己。② 处理事情或者对待别人的时候使用的不好的方法。‖ 欺骗别人是一种恶劣的手段,我们不能用。| 别用这么无耻的手段对待同事。③ 本事;技能。‖ 他手段很高明。| 她办事很有手段。

5 **手法** shǒufǎ **teknik**

【名词】① 文学、艺术创作等的技巧。‖ 不同的艺术,有不同的表现手法。| 有的电影用夸张手法来表现人们的生活。② 手段。‖ 为了达到目的,他用了骗人的手法。| 他使用毒辣的手法把她的财物占为己有。

4 **手工** shǒugōng **kerajinan tangan**

【名词】① 依靠手的技能做出的工作。‖ 学生们在做手工。| 大卫做手工做得特别好。② 用手操作、不用机器的方法。‖ 你的毛衣是你妈妈手工织的吗?| 这个包是手工做的。③ 手工劳动的费用。‖ 她们店里的玩具卖得那么便宜,还不够手工钱呢。| 贴瓷砖的话,手工很贵的。

4 **手里** shǒulǐ **genggaman tangan**

【词组】自己握得住的;手里持有。‖ 命运掌握在自己手里。| 这工作在我手里完成了。

4 **手术** shǒushù **operasi**

【名词】医生用刀、剪等医疗工具对病人身体的某个部位进行切除、缝合等治疗。‖ 医生正在做手术。| 这个大手术,是在各科室医生的协作下进行的。

S

4 **手套** shǒutào **sarung tangan**

【名词】用棉线、毛皮、橡胶等制成,戴在手上保护手或防寒的物品。‖ 冬天冷,我经常戴手套干活。| 这副手套是妈妈送给我的,我很喜欢它。

6 **手续费** shǒuxùfèi **biaya administrasi**

【名词】办事情时,正规流程所花的费用。‖ 办理银行借钱手续,需要一定的手续费。| 这笔手续费不应该收的。

4 **守** shǒu **pertahanan/proteksi；melindungi；memproteksi**

【动词】① 准备好，防止受敌人、对手攻击。‖ 保安晚上也在看守小区大门。| 他技术很好，一直守住阵地，不让对方进球。② 在旁边照顾；看护。‖ 爷爷守着他那块儿菜地，不肯去城里。| 他的工作是守护伤员。③ 按照规定做事情。‖ 大卫很守纪律，上课从来不迟到。| 他是一个守法的公民。

4 **首** shǒu **kata satuan**

【量词】用于诗词歌曲等的计数。‖ 他写了一首诗。| 她为我们唱了好几首歌。

6 **首** shǒu **pimpinan tertinggi；terdepan；paling awal**

【名词】① 头。‖ 她买的首饰挺贵的。| 他昂首挺胸地向我们走来。② 最高的人或地方；第一。‖ 北京是中国的首都。| 首相被迫辞职。③ 首领。‖ 他是我们的首长，有什么大事就去找他。| 这段时间，首脑们互相拜访。

6 **首次** shǒucì **pertama kali**

【数量词】第一次；头一次。‖ 他首次参加国际中文大赛就获得了一等奖。| 他首次来中国。

6 **首脑** shǒunǎo **pimpinan tertinggi negara**

【名词】为首的、机关等；领导人。‖ 这次会议共有二十多个国家首脑参加。| 政府首脑要对国家和人民负责。

6 **首席** shǒuxí **posisi tertinggi**

【形容词】职位最高的。‖ 他是驻中国大使馆的首席代表。| 他是亚太地区的经济首席顾问。

【名词】最高的席位。‖ 在中国，聚会是很讲礼仪的，谁最年长，谁坐首席。| 大会主席台上的首席是安排给局长坐的。

6 **首相** shǒuxiàng **perdana menteri**

【名词】某些国家政府的最高官职，如英国、日本等。‖ 这位首相非常受人尊敬。| 丘吉尔是二战时期的英国首相。

5 **寿司** shòusī **sushi**

【名词】日本料理中的一种食品，主要材料是用醋调过味的冷饭，鱼、虾、蔬菜作

配料，铺在紫菜片上卷成条，切成小段食用。‖ 大卫非常喜欢吃寿司。| 这家的寿司很受欢迎。

4 **受不了** shòubùliǎo **tidak tahan**

【动词】不能忍受的。‖ 我真的受不了太辣的食物了！| 她太不讲理了，我受不了她这种人。

5 **受灾** shòuzāi **korban bencana**

【动词】遭受灾害。‖ 由于天气的原因，大片农田受灾。| 他的家乡受灾严重。

4 **售货员** shòuhuòyuán **sales**

【名词】在商店里卖东西的工作人员。‖ 她是一位超市售货员。| 我朋友是商店的一位售货员。

5 **瘦** shòu **kurus; kecil**

【形容词】① 脂肪少；不丰满。‖ 因为弟弟很瘦，妈妈时常让他多吃点儿。| 我身材又瘦又小。② 脂肪少的肉。‖ 我只吃瘦肉，不吃肥肉。| 今天的鸡肉尽是瘦的，不肥。

5 **书法** shūfǎ **kaligarafi**

【名词】写字的艺术。特指用毛笔写汉字的艺术。‖ 中国四大书法家的书法作品很值得我们去欣赏。| 大卫，你想参加这次书法比赛吗？

6 **书房** shūfáng **ruang belajar**

【名词】读书、写字用的房间。‖ 我有一间舒适的书房。| 我们在书房里讨论问题。

S

5 **书柜** shūguì **rak buku**

【名词】放书的柜子。‖ 昨天，妈妈买了一个书柜。| 书柜里放满了书。

5 **书桌** shūzhuō **meja**

【名词】用来学习的桌子。‖ 妈妈总是帮我收拾书桌。| 书桌上堆放了很多书。

4 **舒适** shūshì **nyaman**

【形容词】让人觉得舒服、满意和愉快。‖ 他放弃了大城市舒适的生活，来到

乡村当一名老师。| 我们学校为留学生提供了舒适的学习、生活条件。

5 **输出** shūchū **keluaran**

【动词】① 向外销售商品、传播技术、投放资本等。‖ 这个国家向其他国家输出了大量的石油。| 我国今年输出大量的日常用品。② (能量、信号等)从某种机构或装置发出。‖ 信号是从山上的塔输出来的。| 这信息是从哪输出来的?

5 **蔬菜** shūcài **sayur-mayur**

【名词】食用草本植物的总称。‖ 这家超市的蔬菜种类很多。| 晚上我们炒些蔬菜吃吧。

4 **熟练** shúliàn **mahir; terampil**

【形容词】因为经常使用或者练习,所以很有经验。‖ 工作人员业务很熟练。| 熟练地掌握一门外语对我们找工作很有帮助。

5 **熟悉** shúxī **familiar**

【动词】清楚地知道。‖ 我熟悉这里的情况。| 来中国学习汉语前,我先熟悉中国地图。

【形容词】知道得很清楚;不陌生。‖ 大卫和马克是老朋友了,他俩都很熟悉。| 这个公园我非常熟悉。

4 **暑假** shǔjià **libur musim panas**

【名词】学校夏天的假期。‖ 汉语老师留的暑假作业特别多。| 明天我们就放暑假了。

5 **鼠** shǔ **tikus**

【名词】一种哺乳动物,身体小,尾巴细长,毛色灰,嘴巴尖,牙齿发达,喜欢咬东西,挖洞,破坏性强。‖ 这里有一只老鼠。| 庄稼又被老鼠咬了。

5 **鼠标** shǔbiāo **tetikus**

【名词】一种电脑输入工具,可以通过移动、点击来控制显示屏幕上的光标位置。‖ 我的鼠标坏了。| 我想在开学之前换个新的鼠标。

6 **薯片** shǔpiàn **keripik kentang**

【名词】由马铃薯作为原材料,经过油炸加工而成的一种片状的零食。‖ 我小

时候最爱吃薯片了。| 薯片又薄又香。

6 **薯条** shǔtiáo **kentang goreng**

【名词】由马铃薯作为原材料,经过油炸加工而成的一种条状零食。‖ 昨天我和大卫在肯德基吃的炸薯条。| 薯条又香又脆的。

4 **树林** shùlín **hutan**

【名词】成片生长的树木,比森林小。‖ 这是一片美丽的树林。| 小时候,我们经常在树林里玩耍。

4 **树叶** shùyè **daun**

【名词】树的叶子,是树进行光合作用的部位,有各种形状、大小、颜色等。‖ 深秋时节,树叶纷纷飘落。| 树叶开始变绿了。

4 **数据** shùjù **data**

【名词】通过科学观察、实验或计算得出来的结果,有很大参考意义的数值。‖ 这组数据说明全球学习汉语的人数越来越多了。| 从历史数据来看,这个地区的气候发生了很大的变化。

4 **数码** shùmǎ **digital**

【形容词】采用数字化技术的东西。‖ 这款相机采用了最新的数码技术。| 数码电视机的画面很清晰。

【名词】数字。‖ 我不记得我密码锁的数码组合了。

5 **数目** shùmù **nominal**

【名词】事物的个数;衡量事物的标准。‖ 如果每人都捐几块钱,最后就会变成一笔大数目。| 书架上有多少本书? 你数后,把数目告诉我。

4 **刷** shuā **sikat**

【名词】刷子。‖ 我今天换了把新牙刷。| 买了把鞋刷。

【动词】① 用刷子清除脏的东西或涂抹。‖ 他把他的脏鞋子刷了一遍。| 里面装修,师傅正在刷墙,你不要进去。② 因成绩不好失去继续比赛的资格。‖ 这轮比赛,我的成绩不理想,被刷下来了。| 他想当老师,但在面试这关就被刷下来了。

【拟声词】物体迅速擦过的声音。‖ 雨声刷刷地响。| 风中,树叶发出刷刷的声音。

4 **刷牙** shuāyá **sikat gigi**

【动词】用牙刷清洁牙齿。‖ 睡觉前刷牙可以保护牙齿。| 大卫喜欢用电动牙刷刷牙。

4 **刷子** shuāzi **sikat**

【名词】用细毛、塑料丝、金属线等做成的用来清除或涂抹的器具。‖ 妈妈喜欢用刷子清洁窗台。| 你去用刷子清洗锅子。

5 **摔** shuāi **jatuh；terpeleset；tergelincir**

【动词】① 身体失去平衡而倒下。‖ 大卫在教室门口摔倒了，还挺严重的。| 他摔了一跤。② 从高的地方掉下来。‖ 我从树上摔了下来。| 这演员从马背上摔下来。③ 东西掉落，坏了。‖ 他不小心把杯子摔了。| 玩具摔了，她伤心地哭了。④ 用力向下扔。‖ 他一生气就摔东西。| 我狠狠地把他的手机往墙上摔去。

5 **摔倒** shuāidǎo **terpeleset；tergelincir**

【动词】身体没站稳而倒下。| 小明把摔倒的孩子扶起来。| 小心地滑，不要摔倒了。

4 **帅** shuài **ganteng**

【形容词】形容人的样子、动作等好看。多用于男性。‖ 这部电影里的男主角很帅。| 这动作太帅、太酷了。

4 **帅哥** shuàigē **pria tampan**

【名词】英俊潇洒的年轻小伙子。‖ 他是全班公认的帅哥。| 这帅哥长得好看，人品也好。

5 **率领** shuàilǐng **memimpin**

【动词】带领。‖ 这支部队由他率领。| 他经常率领团队出国考察。

4 **率先** shuàixiān **mendahului；memimpin**

【副词】带头；首先。‖ 在疫情暴发之时，医院的院长率先延长上班时间。| 他是新老师中率先的。

6 **双打** shuāngdǎ **pukulan kedua tangan**

【名词】某些球类比赛的一种方式，由每组两人的两组对打。‖ 他获得了羽毛

球双打冠军。| 我俩参加乒乓球双打比赛。

5 **双手** shuāngshǒu **kedua tangan**

【名词】两只手,有赞同的意思。‖ 他双手递过名片,介绍了他的公司。| 我举双手赞同你的建议。

6 **爽** shuǎng **nikmat; nyaman**

【形容词】① 开朗;率真。‖ 他办事真爽快。| 她是一个直爽人,什么事可以直接跟她说。② 明朗、清亮。‖ 秋天,大部分时间都天高气爽的。| 小孩有一双清爽的眼睛。③ 舒服。‖ 身上都是汗,感觉很不爽。| 人遇到喜事,精神爽快。

【动词】违背;发生差失。‖ 你要守信用,这次不要爽约。| 这尺寸,不多不少,毫厘不爽。

5 **水产品** shuǐchǎnpǐn **barang hasil perairan**

【名词】在水里生长的东西经过加工成的产品。‖ 水产品加工是一个非常赚钱的生意。| 我打算买些水产品放在家里。

5 **水分** shuǐfèn **kadar air**

【名词】① 物体内部含有的水。‖ 食物里的水分能补充身体所需的部分水。| 春天海边空气中含的水分太多了。② 比喻某种情况中含有的不真实的或者夸张的部分。‖ 我相信这次测验没有水分。| 这次有关经济的统计数据水分大。

5 **水库** shuǐkù **bendungan**

【名词】一种人工湖,利用水坝、山谷等拦住水,可以调节水流,可以用来发电和养鱼。‖ 中国有很多水库。| 这座水库很大。

S

6 **水泥** shuǐní **tanah liat**

【名词】一种灰色粉末状建筑材料,与水混在一起,干后变得很硬。‖ 盖一间房子需要用多少袋水泥?| 不要把水泥放在潮湿的地方,容易变硬的。

6 **税** shuì **pajak**

【名词】国家按规定向企业、集体或个人征收的货币或实物。‖ 你的工资收入越多,交税就越多。| 税收是地方财政的一项重要收入。

5 **睡眠** shuìmián　**tidur**

【名词】睡觉时，大脑进入一种无意识的状态。‖ 对于小孩子来说，每天睡七八个小时才能保证充足的睡眠。| 工作特别忙的时候，我的睡眠时间就会减少。

4 **睡着** shuìzháo　**tertidur**

【动词】完全进入睡觉的状态。‖ 他看着电影，居然睡着了。| 这个小孩在草地上睡着。

6 **顺** shùn　**lancar**

【动词】① 向着同一个方向。‖ 游船顺风航行。| 鱼顺着水流往下游。② 符合心意。‖ 这小姑娘挺顺眼的。| 我现在的工作还挺顺心的。③ 按照别人的意思做某事；依从。‖ 我不喜欢顺从别人。| 他很孝顺父母。

【形容词】顺利；有条理。‖ 她一生过得很顺。| 在顺境中，也不忘学习。

【介词】引进动作所依的路线或借着现有的情势，相当于"沿着""趁便"等词语。‖ 小朋友要顺着人行道走路，这样比较安全。| 顺着这条小路走，就来到了农庄。

4 **顺序** shùnxù　**urutan**

【名词】先后次序。‖ 十二生肖是按照顺序排列的。| 大卫去食堂吃饭，发现大家都按先后顺序排好了队。

【副词】按照一定的次序。‖ 请大家排好队，按顺序入场。

4 **说不定** shuōbúdìng　**kemungkinan**

【副词】表示估计，可能性大。‖ 明天说不定会下雨，大家记得带把伞。| 说不定我明天请假。

【动词】没法确定。‖ 明天去不去聚会，还说不定。| 谁输谁赢，一切都说不定。

5 **说法** shuōfǎ　**gaya bicara；cara bicara**

【名词】① 表达意思时用的词或句。‖ 咱们换个说法。| 这意思有几种说法。② 想法、意见、观点等。‖ 我认为老师提出的两种想法都很有道理。| 你这种说法能让别人信服不？③ 处理问题的理由或者依据。‖ 我们孩子在校园受了伤，你得给我一个说法。| 你们不能把我的东西拿走，否则我会向你们领导讨说法。

4 **说服** shuōfú **meyakinkan; persuasi**

【动词】说出的话让人心服。‖ 玛丽终于说服了父母,同意她跟男朋友结婚。| 小王说得很有道理,我已经被说服了。

6 **说明书** shuōmíngshū **instruksi; petunjuk**

【名词】关于物品的性质、用途、功能等的文字说明。‖ 吃药之前先看一下说明书。| 我先看看关于这台机器使用的说明书。

6 **说实话** shuōshíhuà **sejujurnya**

【名词】用来表达内心真实想法的意思。‖ 说实话,我还是挺喜欢我们汉语老师的。| 说实话,我其实不赞同你的观点。

5 **硕士** shuòshì **pasca sarjana**

【名词】学位的一级,比学士高,比博士低。‖ 她硕士毕业三年了。| 他已经获得文学硕士文凭。

6 **司长** sīzhǎng **direktur**

【名词】中国干部行政级别中的一个级别,是一个司的最高行政负责人。‖ 张司长是个受人尊敬的好领导。| 中国教育司司长你熟悉吗?

5 **私人** sīrén **pribadi**

【名词】① 个人。‖ 我在办公没有私人空间。| 私人物品,不能随便搜查。② 个人和个人之间。‖ 在工作中,不能带有任何的私人感情。| 我与他的私人关系很好。

4 **思考** sīkǎo **berpikir**

【动词】深入地、仔细地想。‖ 我最近常常思考自己的人生。| 思考一番,才找到了答案。

5 **思维** sīwéi **pikiran**

【名词】把经过自己感性认识获得的信息经过分析、改造而形成的一种精神活动。‖ 换一种思维看问题,也许就能找到答案。| 创新就是要打破固有的思维。

【动词】进行思维活动。‖ 我刚学汉语,写作时还不习惯用汉语进行思维。| 我们用另外的方式来思维。

6 **死亡** sǐwáng **meninggal; tewas**

【动词】失去生命。‖ 这场地震死亡几百人。| 每年因车祸死亡的人数逐渐在增加。

6 **四处** sìchù **empat penjuru**

【名词】周围的各个地方;到处。‖ 我四处打听关于他的消息。| 课后的校园里四处都是欢乐的笑声。

5 **四周** sìzhōu **empat penjuru**

【名词】周围。也说四周围。‖ 这个城市四周是农村。| 开车时,一定要注意观察四周。

6 **寺** sì **kuil**

【名词】宗教活动的地方。常用作寺庙的名称。‖ 洛阳的白马寺是中国第一座佛教寺庙。| 这寺常年向居民开放。

4 **似乎** sìhū **sepertinya**

【副词】好像;仿佛。‖ 这件事似乎不像你说得那么简单。| 看样子他似乎不好对付。

4 **松** sōng **longgar; rileks; santai; kosong; leluasa**

【形容词】① 松散,与“紧”相对。‖ 你的鞋带松了。| 这包装松了,容易把东西掉出来。② 有多余的钱、时间。‖ 我的时间比较宽松,你随时可以叫我帮忙。| 我手头松了一些,可以借点钱给你。③ 事物内部不紧密。‖ 这种蛋糕又松又软,很适合老人吃。| 河边的土很松,适合种草莓。

【动词】松开;放开。‖ 考试结束了,终于可以松一口气了。| 把小狗脖子上的绳子松开。

4 **松树** sōngshù **pohon pinus**

【名词】一种四季常绿的树。叶针形成束状,树皮像鱼鳞状裂开,结果。‖ 我家院子里有几棵松树。| 松树四季常青。

6 **送礼** sònglǐ **memberi hadiah**

【动词】给别人礼物。‖ 晚辈给长辈送礼。| 节日时期,我们经常互相送礼。

S

6 **送行** sòngxíng **mengantar kepergian**

【动词】送打算离开此地,到其他地方去的人。‖ 李老师要去美国,我和朋友们今天给他送行。| 我要到机场为朋友送行。

5 **搜** sōu **memeriksa; mencari**

【动词】① 寻找。‖ 他到各地搜集文物。| 这家公司在全球搜罗人才。② 寻找检查。‖ 海关只检查行李,不会搜身。‖ 警察正在搜索嫌疑人。

5 **搜索** sōusuǒ **mencari**

【动词】仔细寻找。‖ 用电脑中搜索你想要的文章。| 经过仔细搜索,警察找到了失踪儿童。

6 **素质** sùzhì **akhlak**

【名词】人在身体、道德、心理、知识、文化等方面的水平。‖ 大学生应该提高自身的能力和素质。| 到处扔垃圾,你这样太没素质了!

5 **宿舍** sùshè **asrama; kos**

【名词】学校、公司等安排学生或者工作人员住的房子。‖ 我们学校一间宿舍住四个学生。| 学生的宿舍没有电视。

4 **塑料** sùliào **plastik**

【名词】一种以树脂为主要成分的工业材料,质量轻、耐用、防水,在常温下不易变形。‖ 这些东西都是塑料制品。| 我们要少用塑料袋,多用布袋。

4 **塑料袋** sùliàodài **kantung plastik**

【名词】用塑料做成的袋子。‖ 用塑料袋把垃圾装上。| 这塑料袋是黑色的。

4 **酸** suān **asam**

【形容词】① 气味、味道像醋一样。‖ 柠檬很酸。| 这饮料酸酸的,很好喝。② 形容因为生病或太累,肌肉没有力气而且有点痛的感觉。‖ 看电脑时间长了,我的脖子很酸。| 今天一整天在忙,我的全身都酸痛。③ 伤心的。‖ 想到去世的爷爷,我的心酸楚得很。| 看到可怜的孩子,眼睛发酸。

【形容词】因为别人比自己好而产生的不舒服的感觉,一般也会表现出不友好的行为。‖ 看着大卫每次都考第一名,我心里酸酸的。

【名词】一种化合物,和水混合后会有酸味,如盐酸。‖ 有些酸具有伤害性,会伤害到我们的皮肤。

4 **酸奶** suānnǎi **yogurt**

【名词】经过发酵、灭菌而制成的浓稠状的乳品。‖ 酸奶不仅营养丰富，还助于消化。| 酸奶的价格不低。

5 **酸甜苦辣** suāntiánkǔlà **berbagai macam rasa; asam manis pahit pedas; asam garam**

【名词】泛指各种味道。比喻人生中经历的幸福、痛苦等种种遭遇。‖ 他这一辈子，什么酸甜苦辣没尝过。| 生活不易，酸甜苦辣都尝了一遍。

6 **算了** suànle **sudahlah; abaikan**

【动词】① 就此了结，不再追究、考虑。‖ 算了，我俩谈恋爱太累了，分手吧。| 既然你不喜欢工作，那就算了。

【副词】② 用在句子的最后，表示建议、要求停止等语气。‖ 奶茶卖完了，那我喝杯柠檬水算了。

6 **算是** suànshì **termasuk; dianggap**

【动词】① 称得上。‖ 我从懂事就在北京生活，也算是北京人吧。| 我俩算是班上成绩最好的了。② 当作；算作。‖ 这句话，算是我的励志心声吧。| 这餐算是老板请客。

【副词】总算（经过很长时间实现了目的）。‖ 收到录取通知书时，我的心算是安定了。| 早就想换一个工作，今天算是实现了。

6 **虽** suī **meskipun**

【连词】① 虽然。‖ 事情虽小，意义却很大。| 虽下着雨，但打伞的人不多。② 即使；纵使。‖ 为人民而死，虽死但光荣。| 虽难，我也可以为你做任何事。

5 **随后** suíhòu **setelah itu**

【副词】表示紧接某种情况或动作之后。‖ 我出去买东西，我丈夫随后出去上班。| 我们先去购物，随后去看电影。

4 **随手** suíshǒu **sekalian**

【副词】顺便；很容易一伸手做某事。‖ 离开房间时，请随手关灯。| 他看见地上有垃圾，就随手捡了起来。

S

5 **随意** suíyì **sekedar**

【副词】按照自己的想法去做,不考虑别的因素。‖ 我随意点了几个菜,不知道你喜欢不喜欢。| 我们随意地聊天。

5 **随着** suízhe **seiring dengan**

【介词】跟着。‖ 随着年龄的变大,我们的记忆力也在下降。| 随着时间的流逝,我们身边的事物也随着变化。

6 **岁数** suìshù **usia**

【名词】年龄。‖ 岁数大了,还是多多注意身体。‖ 大卫,你的奶奶多大岁数了?

5 **岁月** suìyuè **waktu yang panjang**

【名词】年月;泛指时间。‖ 回忆读研究生的那段岁月,她很开心。| 相比历史的长河,人生不过是一段短暂的岁月。

4 **孙女** sūnnǚ **cucu perempuan**

【名词】儿子的女儿。‖ 我有三个孙女。| 我的两个孙女都已经工作了。

4 **孙子** sūnzi **cucu laki-laki**

【名词】① 儿子的儿子。‖ 我爷爷有三个孙子。| 他的孙子考上了世界名校。② 与孙子同辈的亲属。‖ 她很疼爱外孙子。| 他的侄孙子很少与他说话。

5 **损害** sǔnhài **merugikan**

【动词】使事业、利益、健康等受到破坏或不好的影响。‖ 为了不损害大家的健康,请不要在公共场所吸烟。| 这次事故让他的事业受到了损害。

S

5 **损失** sǔnshī **merugikan**

【动词】某种有价值的东西减少或失去。‖ 这次公司投资失败了,损失了不少钱。| 我要把损失的时间补回来。

【名词】失去或损坏的东西。‖ 他的离开,是这个公司的最大损失。| 这损失谁赔?

4 **缩短** suōduǎn **memperpendek;menyingkat**

【动词】由长变短。‖ 高铁缩短了两个城市之间的距离。| 我们的学习时间

缩短了。

4 **缩小** suōxiǎo **memperkecil**

【**动词**】使由大到小。‖ 你的研究范围大了,需要缩小。| 我们要尽量缩小城市和农村的差距。

6 **所** suǒ **kata satuan**

【**助词**】① 放在动词前,与动词组成名词性短语。‖ 这就是我所想要的效果。| 这件事是大家所关心的。② 与"为""被"合用,构成被动句。‖ 小孩被各种各样的糖果所迷住了。| 这个村民为精神病所害,太可怜了。

5 **所在** suǒzài **tempat berada**

【**动词**】存在的地方。‖ 这是努力的方向所在。| 老师要善于发现孩子的兴趣所在。

5 **锁** suǒ **gembok**

【**名词**】一种用具,安在门、箱柜、车等开合处,起封闭作用,用钥匙、密码等才能打开。‖ 我要给我的自行车加把锁,这样就不会丢了。| 买把带摄像功能的锁吧。

【**动词**】① 用锁关住或拴住。‖ 出门时,别忘了锁门。| 我把我的自行车锁一下。② 封闭、阻拦。‖ 大雪封锁了出入村庄的路。③ 一种缝衣服的方法,把衣服边儿或裤子腿边儿给缝起来。‖ 这件衣服已经锁边儿了。| 我这裤子长了,要裁掉一些,再锁上边儿。

S

T

6 **踏实** tāshí **ulet; tenang/tentram**

【**形容词**】① 工作或学习态度认真。‖ 这个孩子踏实认真,老师们都很喜欢她。| 他工作踏实肯干。② 心里感觉安定,没有让人担心着急的感觉。‖ 昨天回家了,我休息得非常踏实。| 他一直不接电话,父母心里一点都不踏实。

6 **塔** tǎ **menara**

【**名词**】① 佛教特有的一种分层式的建筑物,尖顶。‖ 河边那座塔破旧了。| 这座宝塔里面居住着一个和尚。② 塔形的东西。‖ 你知道埃及的金字塔吗? | 我家旁边有座水塔。| 电视塔建在山顶上。

6 **踏** tà **menginjak**

【**动词**】① 踩。‖ 旗手踏着音乐向前行。| 注意台阶,小心踏空摔下去。

6 **台灯** táidēng **lampu meja**

【**名词**】放在桌子上面有底座的灯。‖ 图书馆里每张桌子上都有一个台灯。| 休息前记得关上台灯。

5 **台风** táifēng **taifun; angin topan**

【**名词**】从海域产生的一种强烈的风暴。‖ 天气预报说,今天晚上会有一场台风。| 海南经常刮台风。

4 **台阶** táijiē **anak tangga**

【**名词**】① 一级一级的、供人上下的建筑物,多建在坡道、门前等。比喻由低到高的等级、职位等。‖ 他为了锻炼身体,每天爬一千个台阶。| 自从改革开放后,农民的生活上了个新台阶。② 比喻从为难的处境中走出来的机会。‖ 给对方一个台阶下,或许能缓解你们紧张的关系。| 找一个台阶下吧,何必互相不开心呢。

4 **台上** táishàng **di atas panggung**

【**名词**】舞台、讲台上。‖ 台上的演员和台下的观众们一起鼓掌。| 台上的校

长正给学生签名。

5 **抬** tái **mendongak; mengangkat; meningkatkan; menaikkan**

【动词】① 举；‖ 上课的时候，请把头抬起来。| 我看到她老远就把手抬起来。② 一起用手或肩膀搬东西。‖ 谁能帮我抬一下这张桌子，太沉了。| 他们把钢琴抬到另外一间房去了。

5 **抬头** tái//tóu

【动词】① 把头抬起来。‖ 在汉语课堂上，老师让大家抬头看黑板。| 抬头看向远方。② 受压制的人或事物得到伸展；事情得到改善。‖ 谣言可恶，让好人不能抬头做人。| 坏的事情又有抬头的迹象。

5 **太空** tàikōng **luar angkasa**

【名词】特指地球大气层外面的宇宙空间。‖ 火箭即将进入太空。| 宇航员正在进行太空作业。

6 **太阳能** tàiyángnéng **tenaga surya**

【名词】太阳照射产生的能量。‖ 中国西部地区太阳能资源丰富。| 我们要充分利用太阳能发电。

6 **叹气** tànqì **menghela nafas**

【形容词】因为心情不好或者表示可惜等情绪，长长地呼出气，发出声音。‖ 他一直在叹气是因为他这次期末考试又没考好。| 你为了什么在叹气？

6 **探索** tànsuǒ **mengeksplor**

【动词】想尽各种办法，找到答案或者解决问题。‖ 宇航员在不断地探索太空。| 老师鼓励学生去探索学习汉字的好方法。

6 **探讨** tàntǎo **meneliti; mendiskusikan**

【动词】研究并讨论。‖ 大家正在认真地探讨着这个语法问题。| 人生大事以后再探讨，现在只工作。

6 **趟** tàng **rute**

【量词】用于来返、来去的次数。‖ 我要去一趟办公室，你们先吃饭吧。| 这趟火车是去上海的，下一趟才是去广州的。

6 **掏** tāo **mengambil**

【动词】① 用手或工具把一个东西从另一个东西里面拿出来。‖ 大家快从书包里把书掏出来，要上课啦！| 别在鸟窝里面掏鸟蛋！

【动词】② 用工具用力从东西表面向里面挖，然后形成一个洞。‖ 小动物很喜欢在树上掏个洞作为自己的小窝。| 孩子们在平整的沙滩上掏了几个洞。

5 **逃** táo **kabur**

【动词】① 快速离开对自己不利的人、事或地方。‖ 我们逃出了坏人的包围。| 打人后，他逃到外面躲起来了。② 故意不接触或者躲开。‖ 她第一次汉语课就逃课了。| 叔叔对我太严厉了，看到他我就逃。

5 **逃跑** táopǎo **kabur**

【动词】为了避开不利于自己的环境、事物或人等而选择离开。‖ 我从以前的工厂逃跑出来了。| 这小孩摘了别家的水果就逃跑了。

5 **逃走** táozǒu **kabur**

【动词】逃跑。‖ 小偷逃走了，我们还没抓到他。| 病人不想治病，从医院逃走了。

5 **桃** táo **persik**

【名词】① 一种水果。球形，外表有细毛，成熟后的皮是粉红色的，果肉很甜。‖ 这个桃真甜。| 桃儿虽然甜，但也别吃太多。

【名词】② 长这种水果的树，常说“桃树”。‖ 这棵桃树上结了很多桃，又大又甜。| 桃树发芽了。

5 **桃花** táohuā **bunga persik**

【名词】桃树开的花。‖ 我从桃树上摘了一枝桃花。| 这两朵桃花的颜色不一样。

T

5 **桃树** táoshù **pohon persik**

【名词】一种水果树。小枝光滑，花粉红色。果实球形，表面有细毛，味道甜，是一种常见的果树。‖ 桃树上结满了桃儿。| 这里有一棵桃树。

5 **讨厌** tǎoyàn **menyebalkan；benci / tidak suka**

【形容词】很不喜欢。‖ 我害怕长胖，讨厌吃太油的东西。| 我最讨厌约会迟到的人。

4 **套餐** tàocān **paket; set**

【名词】一种固定搭配组合。‖ 我们订购了旅行套餐。| 这个手机费用的套餐很划算。

6 **特大** tèdà **sangat besar**

【形容词】特别巨大,令人震惊、惊叹的。‖ 今天有一个特大新闻。| 这里是一片特大油田。

6 **特地** tèdì **secara khusus**

【副词】专门为某事或某人。‖ 爸爸妈妈特地为回国的女儿做了一桌子她爱吃的菜。| 听说你喜欢这个作家的书,我特地给你买了几本。

5 **特定** tèdìng **khusus**

【形容词】特别指定的。‖ 这种东西不是每个商店都能买到的,要到特定商店才能买到。| 这家公司对手机质量有严格的要求,一般由特定的工厂生产。

4 **特价** tèjià **harga spesial; harga khusus**

【名词】商品降低的价格。‖ 今天超市搞活动,所有商品都打特价卖。| 特价衣服买起来很划算。

6 **特快** tèkuài **sangat cepat**

【形容词】① 特别快的。‖ 这次去北京,我坐的是特快列车。| 我们的录取通知书是特快邮件。

【名词】② 铁路运输中指特别快车。‖ 特快票价较高,但速度很快。| 特快相比高铁来说,行驶速度较慢。

4 **特殊** tèshū **spesial; khusus**

【形容词】跟同类事物不同的;不一般的。‖ 这种情况一点也不特殊,我们以前遇到过很多次了。| 北京在中国的地位十分特殊,因为它是中国的首都。

5 **特性** tèxìng **ciri khusus**

【名词】一种事物或人,具有区别于其他事物或人的根本的性质。‖ 长得高、有小节是竹子的一种特性。| 看他们的言谈就可看出他们的职业特性。

6 **特意** tèyì **secara khusus**

【副词】特意地;因为重视而专门进行。‖ 他是这方面的专家,这次大会我们

特意邀请他来参加。| 我这次来北京没别的事，是特意来看您的。

5 **特有** tèyǒu **khas**

【动词】具有独特的、不同于其他事物的特点。‖ 大熊猫是中国特有的动物。| 海南气候非常热，有很多特有的植物。

4 **特征** tèzhēng **ciri-ciri；karakteristik**

【名词】人或者事物特有的标志。‖ 爸爸的鼻子很高，这个特征很明显。| 这种特征是大熊猫独有的。

6 **疼痛** téngtòng **sakit**

【形容词】因受伤、生病等引起的痛的感觉。‖ 他摔倒在地上，突然感到一阵剧烈的疼痛。| 如果身体出现这几种疼痛，最好别忽视。

6 **踢** tī **menendang**

【动词】用脚撞。‖ 今天下午我们去踢足球好吗？| 他故意踢我一脚。

5 **提倡** tíchàng **mempromosikan；propaganda**

【动词】宣传事物的益处，鼓励大家接受或者去做。‖ 学校提倡节水节电，保护资源。| 污染问题越来越严重，政府提倡大家出行乘公共交通工具，尽量不开私家车。

4 **提供** tígōng **menyediakan**

【动词】把机会、物质、条件等给需要的人。‖ 中国每年都会向一些非洲国家提供粮食支援。| 汉语课堂给大家提供了一个学习汉语的机会。

6 **提交** tíjiāo **mengumpulkan**

【动词】把需要决定或处理的问题、申请等交给有关部门或会议。‖ 我已经向法院提交了证明材料。| 小王向公司提交了辞职信，他下个月就要离职。

5 **提起** tíqǐ **membahas**

【动词】① 谈到；说起；提出。‖ 大卫经常和他的家人提起他在中国留学的那段经历。| 你回国后，大家经常提起你。② 拿起。‖ 他提起书包，跑出了家门。| 提起桶子去装水。③ 振作；‖ 你要提起精神，才能战胜疾病。| 今天感冒，不能提起精神来听老师的课。

6 **提升** tíshēng　**meningkatkan**

【动词】提高职位、等级或者能力等。‖ 多听汉语听力，才能更好地提升你的口语能力。| 多看时尚杂志，可以提升你的穿衣品位。

5 **提示** tíshì　**mengingatkan**

【动词】把对方没有想到或者想不到的说出来，让对方注意或者明白。‖ 老师给我们布置完课堂作业，提示我们这些题目的解答思路。| 天气预报提示大家明天有雨，记得带好雨伞。

4 **提醒** tíxǐng　**mengingatkan**

【动词】怕对方忘记，告诉对方以引起注意。‖ 老师提醒我们下个星期要考试，让我们及时做好复习。| 妈妈经常在早晨出门的时候提醒我注意安全。

5 **题材** tícái　**tema；materi**

【名词】文学、戏剧、美术等作品的材料，也就是作品中表现的生活事件。‖ 今天的课堂作业是以大学生活为题材写一篇作文。| 鲁迅先生的小说题材很丰富。

4 **体操** tǐcāo　**senam jasmani**

【名词】一种体育运动项目，空手或者利用某些器械做出各种动作。‖ 中国体操队在这次奥运会上夺得了金牌。| 他这次完成了很多难以进行的体操动作。

5 **体积** tǐjī　**volume**

【名词】表示物体所占的空间大小。‖ 这件行李的体积不大，可以带上飞机。| 以前的计算机体积庞大，现在变小了。

5 **体例** tǐlì　**gaya；karakter**

【名词】文章、著作的组织形式或编写格式。‖ 这两篇文章体例不同，要求也不一样。| 这种书写格式不符合规定的体例。

3 **体验** tǐyàn　**pengalaman**

【动词】通过亲自尝试、亲自感受，了解以前不知道的事物或者生活的真实情况。‖ 我想体验一下在中国爬长城的感觉。| 既然到了中国，为什么不体验一下普通中国人的生活呢？

T

4 **体重** tǐzhòng **berat badan**

【名词】身体的重量。‖ 这个孩子体重太轻,有点儿营养不良。| 你现在的体重很正常,不需要减肥。

4 **替代** tìdài **menggantikan**

【动词】接替代换。‖ 他非常喜欢他的女朋友,没有任何人能替代她的位置。| 工业革命之后,机器生产逐渐替代了手工制作。

5 **天才** tiāncái **jenius**

【名词】超出普通人的智力。‖ 这个孩子从小就是艺术天才。| 他是一个数学天才。

6 **天然** tiānrán **alami**

【形容词】自然产生的;自然界中原来就存在的。‖ 这里有很多天然的景色。| 这家店卖天然的果汁。

5 **天然气** tiānránqì **gas alam**

【名词】一种可以燃烧的天然气体,主要用作燃料和化工原料。‖ 现在居民做饭都烧天然气,既简单又方便。| 今年北京市很多地区开始使用天然气取暖。

6 **天堂** tiāntáng **surga; nirwana**

【名词】宗教所说的神居住或者人死后灵魂会去的、永远享受幸福的地方。‖ 有很多认为,一辈子做好事的人会进入天堂。| 人死后,有的会上天堂,有的会下地狱。

5 **天文** tiānwén **benda langit**

【名词】太阳、月亮、星星等天体在宇宙中分布、运行情况和变化规律。‖ 我从小就对天文知识特别感兴趣,长大以后想当天文学家。| 他自吹上知天文,下知地理,世界上没有他不知道的。

6 **天下** tiānxià **seluruh dunia**

【名词】指中国或者全世界。‖ 他的功夫天下第一。| 全天下的父母都希望自己孩子越来越好。

4 **天真** tiānzhēn **polos; lugu**

【形容词】① 形容一个人心地单纯,不虚伪,常用于孩子。‖ 小姑娘的笑容很

天真。| 这个孩子天真可爱，大家都很喜欢她。② 头脑简单；思想不成熟。‖ 你的想法太天真，太不现实了。| 你太天真了，又相信他的话。

6 **添** tiān **menambahkan**

【动词】增加。‖ 过年的时候，我家每人都添了新衣服。| 教室里还需要添几把椅子。

6 **田径** tiánjìng **atletik**

【名词】体育运动的一大类，包括赛跑、跳远、跳高等。‖ 很多人都非常喜欢看奥运会的田径比赛。| 这次中国田径队在田径赛上取得了很好的成绩。

4 **填** tián **mengisi**

【动词】① 塞满或填平那些不平整的地方。‖ 同学们正在挑土填坑。‖ 他的肚子总是填不饱。② 补充；填写。‖ 这个表格应该怎么填？| 她让我把文章再填充一些内容。

4 **填空** tiánkòng **mengisi kekosongan**

【动词】在印好的表格或试卷上，按规定写上文字或数字。‖ 这次考试主要包括选择题和填空题。| 我答错了一道填空题。

4 **挑** tiāo **memilih**

【动词】① 选，拣。‖ 他在超市挑了半天，什么也没买。‖ 我从这家服装店里挑了一件特别漂亮的上衣。

【动词】② 挑缺点、挑毛病。‖ 挑错儿。| 你何必这样挑毛病呢？

4 **挑选** tiāoxuǎn **memilih**

【动词】从很多人或者事物中选出合适的。‖ 大卫挑选了一本适合他的学习汉语的词典。| 她正在为明天的晚会挑选衣服。

5 **调节** tiáojié **mengatur；menyetel**

【动词】调整或控制数量、程度，使符合要求。‖ 作为父母，一定要学会调节和控制自己的情绪，不要随便跟孩子发脾气。| 为了调节气氛，她主动唱了一首歌。

5 **调解** tiáojiě **mediasi**

【动词】帮助、劝说有矛盾的人解决矛盾。‖ 联合国负责调解国家之间的矛盾

T

冲突。| 他用自己学到的法律知识,为村民们调解纠纷,解答法律问题。

4 **调皮** tiáopí **nakal**

【形容词】喜欢玩、喜欢闹;不听劝。‖ 这个孩子很调皮,妈妈也拿他没有办法。| 他小时候非常调皮,没想到长大以后这么成熟稳重。

4 **挑战** tiǎozhàn **tantangan**

【动词】① 激怒对方出来应战;主动向对方挑起竞赛。‖ 敌人向我们发出了挑战。| 我的数学成绩全班第一,同桌居然向我挑战。② 以考验个人能力极限的勇气实现一定的目标。‖ 他决定去挑战世界第一高峰。| 他经常挑战极限,我们真怕他出意外。

6 **跳水** tiàoshuǐ **terjun ke dalam air; merosot; jatuh**

【动词】体育运动项目之一。运动员从跳台或跳板上起跳,在空中做出各种动作,然后使身体入水。‖ 他从小就喜欢跳水运动。| 跳水运动员常年与水打交道。

【形容词】比喻价格下跌。‖ 家电价格大跳水。| 股市跳水了。

6 **听取** tīngqǔ **mendengar dan menerima**

【动词】听意见、报告等。‖ 大家认真听取了校长的报告,并进行了讨论。| 我们要认真听取父母和老师的建议。

5 **停留** tíngliú **berhenti sementara**

【动词】暂时停在某个地方,不继续前进。‖ 我会在上海停留到下周五,我们可以约个时间见面。| 代表团计划在北京停留一周。

4 **停下** tíngxià **berhenti**

【动词】停止行动或移动。‖ 雨已经停下了。| 他早晨起来就在背书,没有停下过。

4 **挺** tǐng **membusungkan; mengusung**

【动词】① 伸直或突出(多指身体的一部分)。‖ 你应该把腰挺起来。| 老王挺着个大肚子慢慢地向我们走过来。② 勉强支撑。‖ 陈老师一个人也挺过来了。| 累了,就好好休息,不要硬挺。

【形容词】直。‖ 士兵们都直挺站着。| 他穿着笔挺的西装,可帅气了。

【副词】表程度,相当于"很""十分"等。‖ 他回答得挺好。| 我对他挺满

意的。

6 **通报** tōngbào **pengumuman; pemberitahuan**

【动词】① 上级机关把有关情况用书面形式通知告诉下属机关。‖ 县政府向乡政府通报有关防洪的情况。| 市政及时通报了当地灾情。② 传达;说出。‖ 有什么情况请及时向我通报。| 先通报你的姓名,才能进去。

【名词】上级机关通告下级机关的文件。‖ 足球协会今天向参加比赛的各个部门发了一份通报。| 教育部发布了这次事件的调查处理通报。

6 **通道** tōngdào **jalur**

【名词】可以通过的路。‖ 他们自发为救护车让开通道,让救护车快速到达医院。| 很多人在楼道口堆放东西,占用人行通道。

6 **通红** tōnghóng **sangat merah**

【形容词】非常红。‖ 他眼睛通红,好像刚哭过似的。‖ 玛丽满脸通红,不敢看她男朋友的眼睛。

6 **通话** tōnghuà **menelepon/bertelepon**

【动词】通过电话交谈或用互相理解的语言交谈。‖ 大卫在和远在中国的朋友通话。| 我用英语跟朋友通话。

6 **通信** tōngxìn **komunikasi**

【名词】利用电波等信号传送文字、图像等。‖ 现代社会通信的方式越来越多。| 通信技术越来越发达,人与人之间的联系越来越方便。

6 **通行** tōngxíng **melintasi; lewat; jalan**

【动词】行人或者车辆等在交通线上通过;普遍适用。‖ 绿灯表示允许通行。| 路修好了,车辆可以顺利通行了。

5 **通用** tōngyòng **umum digunakan**

【动词】普遍使用。‖ 普通话是中国的通用语言。| 这本书是全国通用教材。

4 **通知书** tōngzhīshū **surat pemberitahuan**

【名词】消息传递的一种文书形式。‖ 他收到了来自北京大学的录取通知书。| 各个大学的通知书都有自己的特点。

T

6 **同** tóng **sama**

【形容词】相同;一样。‖ 我们走同一条路去上学。‖ 他们俩的性格完全不同。

【动词】共同承担。‖ 这次我们三个人同行,可以互相照顾。

【介词】引进动作的对象,相当于"跟""与"。‖ 有事要同群众商量。| 他已经同我告别了。

【副词】一起。‖ 我们是同吃住的兄弟。| 小张、小李同住在一个宿舍。

6 **同胞** tóngbāo **saudara sekandung**

【名词】① 同父母生的孩子。‖ 他们俩是同胞兄弟,感情特别好。| 你们是同胞姐妹,要互相帮助。② 同一个国家或民族的人。‖ 海外华人是我们的同胞兄弟姐妹。| 我们不应该歧视农民同胞。

6 **同行** tóngháng **rekan seprofesi**

【名词】做一样工作的人。‖ 这次大会上,有几位同行讲得特别好。| 上周我去北京开会的时候,遇到了好几个同行。

6 **同期** tóngqī **periode yang sama**

【名词】同一时期。‖ 到图书馆借书的同学与去年同期相比,下降了百分之五。| 婴儿的出生率低于历史同期水平。

4 **同情** tóngqíng **simpati**

【动词】理解别人发生的不好的事情,产生同样的感情,并表示理解和关心。‖ 他的父母在地震中去世了,大家都很同情他。| 我很同情她现在的处境。

6 **同一** tóngyī **sama**

【形容词】① 共同的一个或者一种。‖ 同一城市当中也有风格不同的地方。| 老师和学生有着同一目标,那就是提高中文水平。② 一致;统一。‖ 他们达成了同一看法。| 不同的事物也有同一性。

6 **铜牌** tóngpái **medali perunggu**

【名词】用铜制成的牌子。‖ 老人身上带有一块铜牌,上面标有电话号码。| 这个博物馆里面的牌子都是铜牌。

【名词】用铜制成的奖牌,奖给比赛活动中的第三名。‖ 这次比赛中他获得了两枚铜牌。‖ 全国没有几个人能获得这项比赛的铜牌。

4 **童年** tóngnián **masa kecil；masa kanak-kanak**

【名词】儿童时期。‖ 童年生活给我留下了许多美好的记忆。| 小红在北京度过了愉快的童年。

4 **统** tǒng **system；seragam；seluruh**

【动词】① 事物的连续关系。‖ 传统的知识结构已经过时了。| 汉语语言学和英语语言学同属于一个系统吗？

【动词】② 率领。‖ 这支部队曾经是他爷爷统领的。| 谁有权利统治你？

【副词】③ 全部。‖ 这些旧衣服统统处理掉。| 对年纪大的人，小孩不管男女都统称爷爷。

4 **统计** tǒngjì **statistik**

【动词】① 有关数据的统计、整理和分析。‖ 你应该学会这种统计方法。| 把这个月的销售情况统计出来。② 总括地计算。‖ 每天上课前，老师都要统计人数。| 把开会的人数统计一下。

4 **痛快** tòngkuài **senang；nyaman；lega**

【形容词】① 心情特别愉快；非常高兴的。‖ 这个坏孩子被人教训了一顿，我心里可痛快了。| 他图一时的痛快，骑摩托骑得飞快，最后摔了一跤。② 爽快；直接。‖ 队长痛快地答应了大家的要求。| 她办事痛快，从不拖着。③ 尽情。‖ 考完试我们要痛快地玩一场。| 这场球打得真痛快。

5 **偷偷** tōutōu **sembunyi-sembunyi；diam-diam**

【副词】行动不想让人发现、知道。‖ 妈妈让他做作业，他却趁妈妈不注意，偷偷跑出去了。| 他想起她男朋友，十分伤心，只好偷偷落泪。

6 **头疼** tóuténg **sakit kepala；merepotkan**

【形容词】头部疼痛。比喻感到事情不好办或对某一事物讨厌。‖ 这两天感冒了，我有点儿头疼。| 只要一提起这个学生，老师都感到头痛。

4 **投** tóu **memasukkan**

【动词】① 抛、扔（多指有目标的）。‖ 你们不要乱投石头，这样很危险的。| 篮球投篮比赛，他一投就中。② 跳进去。‖ 他有事想不开，投河自杀了。| 你为啥要投江啊？有什么问题我们一起可以帮你解决的。③ 放入、送进去；寄给。‖ 他把信投进了信箱。| 我把文章投到我喜欢的杂志社。④ 找上去、参

T

加进去;迎合。‖ 他不再帮反动的组织做事,他弃暗投明了。| 他俩很投缘,刚见面就有说不完的话。⑤ 光线集中在某处。‖ 大树的影子正好投到窗户上。| 小孩的目光一直投向放在柜台上的玩具。

6 **投票** tóupiào **memilih; voting**

【动词】在选举或者做决定的时候,把票给支持的人。‖ 这次选优秀班干部,我想投票给小李,因为他工作非常认真。| 成年后你就享有投票的权利。

4 **投诉** tóusù **menuntut**

【动词】自己的合法权利受到影响,向有关部门提出并且要求解决。‖ 这个服务员太没礼貌了,我一定要投诉他。| 这家公司因没有按时给员工发工资,被投诉了。

4 **投资** tóuzī **investasi; menanam modal**

【动词】把资金应用在生产、教育等事业上。‖ 我们应该扩大贸易投资。| 他投资了沿海港口的扩建。

【名词】投入的资金。‖ 这笔投资,数目相当大。| 教育投资是一种高回报的投资。

4 **透** tòu **tembus pandang; bening; transparan**

【动词】① 通过;穿过。‖ 汗湿透我的衣服。| 阳光透过窗户照了进来。② 泄露、私下里说。‖ 他一点儿情况也没透露给大家。| 透个好消息给你。

【形容词】① 极;充分。‖ 雨下透了。| 苹果还没有熟透。② 透彻。‖ 我已经把道理说透了,你再不听,我也没办法。| 他的性格大家已经摸透了。

6 **透露** tòulù **mengungkapkan**

【动词】① 故意秘密的事情告诉别人;露出某个意思。‖ 他们拒绝向记者透露会议的内容。| 在网上交朋友的时候,一定不要透露自己的个人信息。② 表现出。‖ 老师的脸上透露出满意的神情。| 虽然他没说,但是脸上透露出兴奋的表情。

T

4 **透明** tòumíng **tembus pandang; bening; transparant**

【形容词】① 能让光线穿过的。‖ 窗帘是透明的,只是为了好看而已。| 透明的水晶球很漂亮。② 公开的,可以让大家都知道的。‖ 我们学校奖学金信息都是公开透明的。| 我们公司花费的每一笔钱都是公开透明的。

5 **突破** tūpò **melalui; melewati**

【动词】① 克服困难;打破限制。‖ 他最后终于突破了心理障碍,敢在众人面

前表演了。| 他们终于突破了自己,考过了 HSK 最高级。
【名词】② 集中力量进攻或反攻并取得成功。‖ 我军突破了敌人的防线。| 他们终于突破封锁,来到了安全的地方。

4 **图案** túàn **gambar**
【名词】有装饰作用的花纹或者图形。常用在纺织品、工艺品和建筑物上。‖ 这是几个龙的图案。| 这两种图案我都很喜欢,不知道选哪一个。

6 **图书** túshū **pustaka**
【名词】一般指书籍。‖ 这家书店出售各种图书。| 图书馆的图书种类很多。

6 **徒弟** túdì **murid**
【名词】跟着师傅学习某种技能的人。‖ 京剧老师又收了几个新徒弟。| 这小徒弟学做面包学得可认真了。

6 **途径** tújìng **cara；metode**
【名词】路径;比喻解决问题或者做事情的方式、方法。‖ 文化交流有多种途径,比如互派留学生等。| 改革的途径是曲折的。

4 **途中** túzhōng **di tengah perjalanan**
【名词】行程进行中。‖ 在北京到海口的途中,我看了一路的美景。| 我们途中遇到了一只老虎。

6 **土** tǔ **tanah；local；khas（tradisional）**
【名词】① 地面上的沙、泥等混合物;灰尘。‖ 孩子躺在地上,沾了一身土。| 那边是有个小土坡。② 土地。‖ 要好好保卫国土。| 这个国家的领土辽阔。
【形容词】① 本地的,地方性的。‖ 他是土生土长的上海人。‖ 我们家乡的土特产很出名。② 民间沿用的;非现代的。‖ 这个土方法止疼很好,你可以试一试。| 这人是个土专家。

4 **土地** tǔdì **bumi；darat**
【名词】① 田地。‖ 土地是黑色的。| 土地很肥,很适合种蔬菜。② 领土。‖ 我一直生活在这片土地上,从来没有离开过。| 我国有广阔的土地。

5 **土豆** tǔdòu **kentang**
【名词】一种常见的食物,长在土里,一般是圆形,外表颜色土黄色。‖ 这颗土

豆已经发芽了,不能吃了。| 我特别喜欢吃土豆。

5 **吐** tǔ **memuntahkan**

【动词】① 使东西从嘴里出来。‖ 你吃杏子的时候,要把核吐出来。| 别往地上吐痰。② 说出来;露出。‖ 这男孩吐字清楚。| 大卫的谈吐很好,我们都很喜欢他。

5 **吐** tù **muntah**

【动词】(消化道或呼吸道里的东西)不自主地从嘴里涌出。‖ 我最近胃不太舒服,经常吐苦水。| 天气热,我中暑了,今天居然上吐下泻的。

5 **兔** tù **kelinci**

【名词】哺乳动物。耳朵长,尾巴短,上嘴唇分裂,善于跳跃,跑得快,吃草及果蔬。毛可制成衣服。‖ 这只兔子全身雪白,很可爱。| 这只家兔可温顺了。

5 **团长** tuánzhǎng **ketua kelompok/tim/regu**

【名词】① 代表团、剧团等的负责人。‖ 各剧团团长正在讨论演出细节。| 这两名代表团的团长是从北京来的。② 军队中团一级单位的最高指挥官。‖ 这位团长参加过很多次战斗,有非常丰富的作战经验。| 在这次战争中,两名团长受伤了。

4 **推迟** tuīchí **ditunda; diundur**

【动词】把已经计划好的时间往后改。‖ 因为疫情暴发,很多学校推迟开学了。| 他出国学习一年,所以把婚期推迟了,明年再结婚。

6 **推出** tuīchū **mengeluarkan**

【动词】使产生;使出现。‖ 你的结论是根据什么推出的呢? | 这家公司推出的新产品很快占领了市场。

4 **推销** tuīxiāo **mempromosikan**

【动词】介绍、推荐产品或者商品。‖ 他正在向一位顾客推销电脑。| 很多人认为,商家不应该向中小学生推销商品。

5 **推行** tuīxíng **mengimplementasikan**

【动词】使政策、主张、办法等在很多地方实行。‖ 公司从上个月开始推行这项新政策。| 公司推行新的制度以后,员工迟到的现象少多了。

6 **退票** tuìpiào **mengembalikan tiket**

【动词】把已经买来的车票退还或转让给别人。‖ 他退票了。| 因为天气原因,退票的人越来越多。

6 **托** tuō **menopang; meminta bantuan**

【动词】① 手掌或其他东西向上承受。‖ 他双手托着孩子往上举。| 她双手托着下巴,入迷地看着电视剧。② 委托;寄托。‖ 我能不能托你办一件事?| 她托邻居照看一天她的小儿子。③ 找借口。‖ 她家的小孩托病不去上学。| 他托故不去外地出差。④ 依赖。‖ 托你的福,我身体已经恢复了。| 托你的吉言,我一切顺利。

4 **拖** tuō **menyeret; menggeret; mengulur (waktu)**

【动词】① 拉;牵。‖ 这个火车头拖着十二节车厢。| 这么重的东西,你拖得动吗? ② 垂着。‖ 小狗做错事,拖着尾巴跑了。| 小姑娘脑后拖着两根辫子。③ 延长;拉长时间。‖ 这项作业要赶快交给老师,不能再拖了。| 有事情,他也拖着不去做。④ 牵累;牵制。‖ 把敌人拖住,我们的部队马上到。| 他一大家子人要养,这可把他拖累了。

6 **拖鞋** tuōxié **sandal**

【名词】脚的后半部露着的鞋。‖ 不要穿拖鞋去上课。| 冬天比较冷,在家里要穿棉拖鞋。

4 **脱** tuō **rontok; menanggalkan/melepaskan; kurang**

【动词】① 掉下;脱落。‖ 爷爷的头发都快脱光了。| 老树的树叶都脱了,一片叶子都不见。② 从身上取下。‖ 小明脱了衣服,就上床睡了。| 孩子一回家,就把鞋脱了。

【动词】去掉。‖ 夏天,她把腿上的细毛用蜡脱掉。| 脱脂奶粉对部分人有好处。

【动词】离开;脱离。‖ 我终于从这个鬼地方脱身了。| 他打算脱产学习。

T

5 **脱离** tuōlí **menghindar; meninggalkan/menjauhi**

【动词】离开一种不好的环境或者情况;断开某种联系或者关系。‖ 经过十多个小时的治疗,病人终于脱离生命危险了。| 脱离实际情况的调查报告对群众有利吗?

W

6 **挖** wā **menggali**

【动词】① 用手或工具向下掘;掏。‖ 下午你们去地里挖点红薯回来。| 今天劳动课,大家去地里挖土。② 比喻设法寻找或发现。‖ 不断地挖出自己的潜力。| 张总把另一个公司的小王挖过来做他的助理。

6 **哇** wā **wah; wow**

【拟声词】① 形容大声哭、呕吐等声音。‖ 孩子哇的一声哭了起来。| 她哇的一声,把刚吃下去的东西全吐了出来了。

【叹词】② 用在句首,表示惊讶、感叹等。‖ 哇! 你们学校太美了! | 哇! 一个月不见,你又长高了。

6 **娃娃** wáwa **anak kecil; boneka**

【名词】小孩子。‖ 这个娃娃脸圆圆的、眼睛大大的,长得真可爱。| 爷爷在给几个小娃娃讲故事。

6 **外币** wàibì **mata uang asing**

【名词】外国的货币。‖ 你带的是哪种外币? | 我只有人民币,没有外币。

6 **外部** wàibù **bagian luar**

【名词】事物的外表;一定范围以外。‖ 外部环境不好,毕业生找工作面临着种种压力。| 学习环境只是一个外部因素,关键看你自己。

6 **外出** wàichū **keluar**

【动词】到外面去。‖ 今天是雨雪天气,老人最好不要外出活动。| 他这次外出的时间很长。

6 **外观** wàiguān **eksterior**

【名词】物体外表的样子。‖ 我们公司既关注产品的外观,又注重产品的质量。| 这座建筑的外观是中式的,很有中国特色。

4 **外汇** wàihuì **transaksi internasional**

【名词】用于国际贸易交易的支付手段和资产,包括外国货币及以外币表示的支票、信用证等。‖ 这些商品规定要用外汇买。| 他爸爸又从美国寄来一笔外汇。

4 **外交官** waijiāoguān **diplomat**

【名词】从事外交工作的官员。‖ 他是一名外交官。| 外交官享有一定的特权。

5 **外界** wàijiè **eksternal**

【名词】某个物体以外的空间;本人或某个集体以外的社会。‖ 我们应该虚心地接受外界的批评。| 飞机的机身必须承受外界空气的压力。

6 **外科** wàikē **klinik poli luar**

【名词】医院里的一个科,主要治疗伤口或通过手术来治疗疾病。‖ 王大夫是著名的脑外科专家。| 我的腿摔伤了,应看骨外科。

6 **外来** wàilái **dari luar (area; kota; negeri)**

【形容词】从外地或者外国来的。‖ 外来词是指从别的语言吸收来的词。| 北京的外来人口很多。

4 **外套** wàitào **jaket; luaran**

【名词】大衣;穿在最外面的西式短上衣。‖ 他给儿子买了件新外套。| 她刚刚买了一条裤子,还差一件合适的外套。

6 **外头** wàitou **luar**

【名词】在某个范围以外的地方。‖ 王力在屋子外头,罗兰在屋子里头。| 他在外头等了你一个小时。

6 **外衣** wàiyī **pakaian luaran; kedok/modus**

【名词】穿在最外面的衣服;比喻用来骗人的名义或掩盖事实的东西。‖ 他穿了一件蓝色的外衣。| 那个组织披着合法的外衣,干着非法的事儿。

6 **外资** wàizī **investasi internasional**

【名词】由外国投入的资金。‖ 中国实行了一系列的优惠政策来吸引外资。|

为了公司能更好地发展,我们不仅要引进外资,更要引进先进的技术。

6 **弯曲** wānqū **tikungan**

【形容词】不直的;曲折。‖ 这是一条弯曲的小路。| 一条弯曲的小河从村子旁边流过。

5 **完了** wánle **selesai**

【连词】结束。‖ 比赛终于完了。| 我很快地把饭吃完了。

6 **顽皮** wánpí **nakal**

【形容词】(孩子)调皮;太爱玩闹。‖ 你儿子太顽皮了,上课坐不住。| 这个顽皮的小孩,又爬上桌子上去了。

6 **顽强** wánqiáng **tegar**

【名词】坚强;不屈服。‖ 她很坚强,没有向困难低过头。| 虽然环境很艰苦,我们仍顽强地坚持学习。

4 **晚点** wǎndiǎn **terlambat**

【动词】(火车、飞机、船等)出发、到达比规定的时间晚。‖ 到北京的火车晚点了。| 现在飞机基本不晚点。

4 **万一** wànyī **1/10 000; kemungkinan terkecil (yang tidak diinginkan)**

【名词】① 万分之一,表示极小的一部分。‖ 那个地方太漂亮了,我的语言无法形容其万分之一的美。| 语言不能表达其万分之一。

【名词】② 可能性非常小的意外变化。‖ 你多带几件衣服吧,以防万一。| 不怕一万,就怕万一,有关安全的事一点都不能马虎。

【连词】③ 表示可能性非常小的假设。‖ 万一你遇到小偷就打110。| 万一下特大暴雨,我们的村庄会被淹没。

6 **王后** wánghòu **ratu**

【名词】国王的妻子。‖ 她是一位漂亮的王后。| 她才十七岁就做了王后。

6 **王子** wángzǐ **pangeran**

【名词】① 国王的儿子。‖ 这位王子和一位公主结婚了。| 这个王室有三位王子。

【名词】② 比喻在某方面实力很强、成绩突出的男子。‖ 他的情歌都很有名,大

家都叫他“情歌王子”。| 他是世界有名的体操运动员，被人们称为“体操王子”。

6 **网吧** wǎngbā **warung internet; kafe internet**

【名词】有计算机、为顾客提供有偿上网服务的地方。‖ 未成年人禁止上网吧。| 他喜欢去网吧玩游戏吗？

4 **网络** wǎngluò **jaringan internet**

【名词】① 像网状的东西；相互交错的许多分支组成的系统。‖ 人的大脑是由复杂的神经网络构成的。| 一线城市的交通网络发达。② 特指计算机网络。‖ 他每天都玩网络游戏，父母很担心他的学习。| 在网络时代，人们获取信息更加方便。

6 **网页** wǎngyè **halaman web; laman**

【名词】互联网上可通过浏览信息的页面。‖ 他制作了一个网页。| 这个网页设计得真时尚。

4 **网址** wǎngzhǐ **alamat situs web**

【名词】在互联网上的地址，用户可以点击访问、查询或获取网站的信息资源。‖ 请把你的网址告诉我。| 我知道几个不错的电影网址。

6 **往后** wǎnghòu **yang akan datang**

【名词】从现在以后。‖ 希望在往后的日子里，你和你的爱人幸福地生活。| 在往后的人生中，我们还会遇到许多的困难。

6 **往来** wǎnglái **datang dan pergi; keluar dan masuk**

【动词】去和来，出和进；来来去去。‖ 他是个长途货车司机，经常往来于北京和上海两地。| 王先生因为工作原因经常往来于韩国、中国之间。

【名词】互相交往、联系。‖ 两国之间的经济往来有利于两国的发展。| 我们双方从未有过生意往来。

6 **往年** wǎngnián **saling berkomunikasi; bertahun-tahun yang lalu**

【名词】过去的某些年；从前。‖ 今年经济状况不好，所以旅游业的发展也不如往年。| 因为可以在网上购票，所以去车站买票的人比往年大大减少了。

6 **危机** wēijī **krisis**

【名词】严重的问题或者很大的困难；潜在的危险。‖ 受世界金融危机的影

W

响，很多公司都倒闭了。‖ 因为技术人员越来越少，公司面临严重的人才危机。

6 **威胁** wēixié **mengancam**

【动词】① 用武力或权势逼迫别人做事情。‖ 我不同意上级的建议，他就私下威胁我。| 他手中拿着刀，威胁我把身上值钱的东西都给他。② 某种情况让人觉得不安全，构成危险或伤害。‖ 环境污染威胁着人们的健康。| 流感是一种常见的疾病，严重的情况下会威胁生命。

6 **微波炉** wēibōlú **microwave**

【名词】由微波进入食物引起产热效果以加热食物的炉子。‖ 用微波炉加热食物的时候要注意用电安全。| 刚买的微波炉坏了，今天拿去换一台。

5 **微博** wēibó **Weibo（Sina Weibo）**

【名词】一个每条动态字数较少的社交论坛。‖ 他经常访问、阅读或评论别人的微博。| 他发了一条微博，被上万人转载了。

4 **微笑** wēixiào **senyum**

【动词】不发出声音、不明显地笑。‖ 小孩子微笑地看着我们。| 她看见我，冲我微笑了一下。

【名词】不明显的笑容。‖ 面试的时候，脸上一定要带着微笑。| 提到儿子，她的脸上露出一丝微笑。

4 **微信** wēixìn **WeChat**

【名词】一个即时通信工具，在手机或电脑等下载、安装此软件，就可以通话、视频等。‖ 他的手机上安装了微信。| 我们经常用微信聊天。

5 **为难** wéinán **merasa kesusahan；mempersulit**

【形容词】感到很难去处理；不好意思去做某事。‖ 看着他们这么为难，我也不知道该怎么办了。| 哥哥找她借钱，可她只有几百块钱了，她感到非常为难。

W

【动词】想办法给别人造成困难；使人感到很难办。‖ 这次的考试我一道题也不会做，我觉得老师在故意为难我们。| 你别为难他了，他现在也拿不出那么多钱出来。

5 **为期** wéiqī **periode**

【动词】① 一定的时间范围内。‖ 晚会后，为期一周的夏令营就结束了。| 这

次的汉语培训班为期一个月。② 从时间、期限上看；距离某个时间。‖ 暑假后我们就大四了，毕业为期不远了。| 课程上完，离三个月的实习也为期不远了。

5 **为止** wéizhǐ　**hingga；sampai**

【动词】到某个时间结束。‖ 就在教室里练习到学会为止吧。| 我得修改作文，直到老师满意为止。

5 **为主** wéizhǔ　**sebagai pusat/inti（yang utama）**

【动词】作为主要的。‖ 我上班日以工作为主，休息日以打游戏为主。| 课堂活动要以学生为主。

5 **违法** wéifǎ　**melanggar hukum**

【动词】违反法律；不按照法律的要求做事。‖ 他的行为虽然没违法，但是给其他人带来了很不好的影响。| 违法的事情一律不做。

5 **违反** wéifǎn　**melanggar；menyalahi**

【动词】不遵守法律、规定；不按规律做事。‖ 他多次违反课堂纪律，受到了老师的批评。| 酒后开车违反了交通规则。

5 **违规** wéiguī　**melanggar；menyalahi**

【动词】违反规定。‖ 因为多次违规，他被学校开除了。| 提拔干部，任免程序不能违规。

4 **围巾** wéijīn　**syal**

【名词】围在脖子上用来保暖或起装饰的织物。‖ 今天很冷，他的脖子上围了一条围巾。| 这条围巾很漂亮，和我的衣服很配。

5 **围绕** wéirào　**mengitari；meliputi**

【动词】① 四周围起来。‖ 学生们围绕在老师身边上课。| 太阳被白云围绕着。② 以一件事情或问题为中心。‖ 大家围绕“怎样学好汉语”这个问题提出了很多看法。| 学生们围绕这个主题展开了讨论。

5 **唯一** wéiyī　**tunggal；satu-satunya**

【形容词】只有一个，没有其他。‖ 他是我们班唯一的男生。| 这是唯一的办法，其他办法都不行。

W

4 **维持** wéichí **menjaga tetap**

【动词】保持,使继续存在下去。‖ 小李通过每天运动来维持体重不变。| 没有水,就不能维持我们的生命。

4 **维护** wéihù **menjaga**

【动词】维持保护,使免受损害或破坏。‖ 维护消费者的正当利益,经济才能向良好的方向发展。| 美好的环境需要大家一起维护。

6 **维生素** wéishēngsù **vitamin**

【名词】人和动物生长必需的物质,可以从食物中获得。‖ 鸡蛋里面有大量维生素,很有营养。| 多吃水果可以补充人身体内的维生素。

4 **维修** wéixiū **memelihara**

【动词】保护修理,使保持正常状态。| 他的汽车出了一点问题,需要去维修。| 我家的电视昨天拿去维修了,现在好了。

4 **尾巴** wěiba **ekor**

【名词】某些动物身体后面突出的部分。‖ 我回到家的时候,我家的狗看到我会摇尾巴。| 我没注意脚边有只猫,不小心踩到了它的尾巴,它疼得一直叫。

5 **委托** wěituō **meminta bantuan**

【动词】把事情交给别人或其他机构去办理。‖ 我没有时间去,这件事就委托给你了。| 他把买书这件事委托给我了。

5 **卫星** wèixīng **satelit**

【名词】① 太空中按一定轨道围绕行星运行的天体,不会发光;特指人造卫星。‖ 月球是地球的卫星。| 两颗卫星今天会被送上太空。

【形容词】像卫星那样围绕某个中心的。‖ 他们在沙漠造了一座卫星城。| 这座卫星城,离市区开车不到一小时。

4 **未必** wèibì **belum tentu**

【副词】不一定。‖ 你说的这件事,他未必知道,没有人和他说。| 明天如果下雨的话,我们未必可以出去看电影。

4 **未来** wèilái **masa depan**

【名词】现在以后的时间。‖ 我们未来的日子会很美好。| 过去的不能改变,

未来是可以改进的，我们还有机会。

6 **为此** wèicǐ **karena ini**

【连词】因此；因为这个。‖ 我们输了这场比赛，为此我们都很难过。| 明天放假，不用上学，为此他开心极了。

6 **为何** wèihé **mengapa**

【副词】为什么。‖ 你为何昨天没来上学？| 他为何不喜欢和我们一起玩？

4 **位于** wèiyú **bertempat di**

【动词】所处的地方。‖ 我的学校位于我家西北方向一千米。| 我坐在中间，妈妈位于我的左边，我的爸爸位于我的右边。

4 **位置** wèizhì **lokasi**

【名词】① 所在或所占的地方。‖ 你的位置在我旁边，快坐下。| 这个位置没人，你可以坐。| 换了这两个词语的位置后，这句话的意思不一样了。② 地位。‖ 他一直在第一的位置上，没有变。| 她在我心中占着非常重要的位置。| 一直保持在领先位置是很难的。

4 **味儿** wèir **aroma；bau**

【名词】① 舌头尝到东西时产生的感觉。‖ 这个糖的味儿很甜。| 我喜欢这道菜的味儿，所以我经常吃这道菜。② 鼻子闻到的。‖ 我闻到很香的味儿。| 房间里人太多了，里面的味儿不好闻。③ 感受；情趣。‖ 她听了这个消息，心里不是一个味儿，特别难受。| 你说的话太无味儿了。

5 **胃** wèi **lambung**

【名词】人与高等动物消化器官的一部分。‖ 她晚饭吃太多了，胃不舒服。| 他以前经常不吃饭，所以现在他的胃不太好。

4 **喂** wèi **menyuapi；menyuapkan**

【动词】① 把食物送到人的嘴里。‖ 妈妈正在给弟弟喂饭。| 我喂了一片面包到他嘴里。② 给动物吃东西。‖ 妈妈让我拿着饭去喂小鸡。| 猫已经喂好了，它现在在睡觉呢。

5 **慰问** wèiwèn **menjenguk**

【动词】安慰问候。‖ 他生病了，领导昨天去医院慰问他了。| 有空的时候，

我和我的朋友会去慰问老人，和他们说说话。

5 **温和** wēnhé **hangat**

【形容词】① 气候不冷不热。‖ 昆明的气候很温和，天气不会很冷也不会很热。| 春天天气很温和，很适合出去旅游。② 性格、态度等不严厉，让人感到亲切。‖ 我做错事了，老师温和地劝说我要改正错误。| 他的性格温和，很少生气。

5 **文艺** wényì **sastra dan seni**

【名词】文学和艺术。‖ 我们学校这个月举办了一场文艺活动，我们班跳了一支舞。| 写作是一种文艺形式，表演也是一种文艺形式。

6 **文娱** wényú **hiburan berbudaya**

【名词】文化娱乐活动（跳舞、唱歌、看电影等）的统称。‖ 同学们都积极地参加文娱活动，我也参加了，我唱了一首歌。| 她舞跳得很好，获得过文娱大赛第一名。

4 **稳** wěn **stabil**

【形容词】① 平稳；不摇动。‖ 船在水中行驶得很稳。| 你把桌子放稳，不要让它倒了。② 可靠；让人放心。‖ 他做事很稳，我很相信他，重要的事情都会交给他去做。| 他年纪小，但处理事情很稳。③ 沉着；不轻浮。‖ 他做事很稳重，事情做得扎实，让人放心。| 在大会上他沉稳地回答来自各国记者的提问。

【动词】使稳定；不慌乱。‖ 他很生气，我们先稳住他的情绪。| 你要稳住，我们马上把你要的答案找出来了。

4 **稳定** wěndìng **stabil**

【形容词】平稳安定；不经常变化。‖ 我的成绩很稳定，一直都是前三名。| 这个月的天气一直很稳定，晴天不下雨，气温没有太大变化。| 商品的价格很稳定，没有太大的变化。

4 **问候** wènhòu **menyapa；menanyakan kabar**

【动词】问好；表示关切。‖ 他在外工作，每天都会打电话问候父母，问问他们的身体状况。| 我今天生病了，同学们都来问候我。

6 **卧铺** wòpù **kereta tidur**

【名词】火车上旅客能躺下睡觉的位置。‖ 我坐火车去北京，买的是卧铺。| 老人坐火车要买卧铺，这样他们就舒服点。

5 **卧室** wòshì **kamar tidur**

【名词】睡觉的房间。‖ 爸爸妈妈的卧室在二楼。| 早上九点了,他还在卧室睡觉。

5 **握** wò **menggenggam**

【动词】① 抓紧;用手拿住。‖ 他手里握着一支笔,正在认真地写汉字。| 她高兴地和我握手。② 掌控。‖ 独裁者把国家的财政都握在手里。| 坚持住,我们胜利在握啦!

6 **乌云** wūyún **awan mendung**

【名词】黑色的云;比喻险恶的形势。‖ 天上有大片乌云,快要下雨了。| 战争的乌云让年轻人害怕。

5 **污染** wūrǎn **mencemari**

【动词】① 空气、水等被不好的、不干净的、有毒的东西混入,造成危害。‖ 工厂排出的污水污染整条小河,河水不能再用了。| 大量地烧垃圾会污染空气,污染环境,危害人们的身体健康。② 思想、语言等受不好的东西的影响,造成危害。‖ 不要让小孩子看那些污染思想的东西,会产生不好的影响。| 你经常说脏话,会污染你儿子幼小的心灵。

5 **污水** wūshuǐ **air limbah**

【名词】生活、生产中排放出的废水;脏水,不干净的水。‖ 我们在生活中会产生很多污水。| 化工厂的污水需要特殊处理,处理后才可以二次利用。

5 **屋** wū **ruangan**

【名词】房子。‖ 屋里都是人。| 老人一个人住在这间小屋里。

4 **无** wú **tidak ada**

【动词】没有。‖ 今天太阳很大,万里无云。| 这个问题太难了,无人能回答。
【副词】不。‖ 他把他的经验毫无保留地告诉了大伙。| 这钱你无须还给我的。
【连词】虽然条件不同,但结果是一样的。‖ 事情无大小,他都要亲自去做。| 无论结果怎样,我们都接受。

6 **无边** wúbiān **tidak ada tepian**

【动词】看不到边际。‖ 游客在没有向导的情况下,进入无边的沙漠,就很难走出来。| 大海无边,一眼看过去,看不到终点。

W

4 **无法** wúfǎ **apa boleh buat**

【动词】没有办法。‖ 这件事情我无法帮你,你要自己去做。| 谁都无法改变过去。

6 **无关** wúguān **tidak ada hubungannya**

【动词】没有关系;没有牵连。‖ 这件事和你无关,你不要管。| 电脑是他弄坏的,与我无关。

4 **无聊** wúliáo **bosan**

【形容词】① 没有事情可做或精神没寄托而感到无趣、没有意思。‖ 因为我不知道要做什么,所以感觉很无聊。| 因为待在家里太无聊了,所以他决定去旅游。② 言行没有意义;低级。‖ 他常做一些无聊的事,大伙都不想跟他交流了。| 他说的事情很无聊,我们都不感兴趣,不想听了。

4 **无论** wúlùn **tidak peduli**

【连词】不管;条件不同但结果都一样。‖ 无论夏天还是冬天,我都很喜欢。| 无论天气多冷,学生们都坚持来教室上课。

5 **无奈** wúnài **tidak berdaya**

【动词】没有办法,只有这样了。‖ 他们找了老师几次,老师都不在,只好无奈地回家了。| 这件事情他们都不知道怎么办,我也无奈。

【连词】因为某种原因不能实现某种打算或计划,变转折。‖ 无奈,今天下雨,我们不能出去了。| 本来今天他要出去看电影的,无奈要加班,没办法去看电影了。

4 **无数** wúshù **sangat banyak**

【形容词】很多;数不清。‖ 晚上,天上有无数的星星,一闪一闪的。| 山上有无数的鸟。

4 **无所谓** wúsuǒwèi **tidak masalah**

【动词】① 不在乎;没有什么关系。‖ 今天去还是明天去,我都无所谓。| 她对一切都无所谓。② 谈不上;没必要提。‖ 我们只是随便讨论,无所谓对错。| 无所谓谁请客,大家开心就好。

4 **无限** wúxiàn **tidak terbatas**

【形容词】没有限度。| 我对读书有着无限的兴趣。| 我看到一片无限宽广的

大海。

6 **无效** wúxiào **tidak efektif**

【动词】没有效果;失效。‖ 你这样的学习方法是无效的。| 这份协议已经过期了,所以它现在已经无效了。

5 **无疑** wúyí **tidak ada pertanyaan**

【动词】没有疑问。‖ 我们的生活会越来越好,这是无疑的。| 爷爷无疑很开心,因为他笑得很大声。

4 **五颜六色** wǔyánliùsè **warna-warni**

【成语】颜色各种各样。‖ 花园里开着很多花,红的、白的、黄的、紫的都有,五颜六色。| 夜晚,五颜六色的灯光十分美丽。

5 **舞** wǔ **tarian**

【名词】舞蹈。‖ 这支舞你跳得很好。| 今天是交际舞比赛。

【动词】① 跳舞;手持某种东西而舞蹈。‖ 听到音乐他们就舞起来了。| 春节的时候会有舞灯活动。② 挥动;舞动。‖ 他一直舞动着他的手,提醒我去那边。| 运动员挥舞着旗子朝主席台走来。

6 **舞蹈** wǔdǎo **tarian**

【名词】一种艺术,以有节奏的人体动作和造型为主要表达形式,来反映生活,表达情感等。‖ 学习舞蹈需要从小时候开始。| 她舞跳得很好,得了舞蹈比赛第一名。

5 **物价** wùjià **harga barang**

【名词】商品的价格。‖ 最近几年,物价一直没有太大变化。| 物价上升对人们的生活会有影响,大家都不希望物价上升。

6 **物品** wùpǐn **benda/barang**

【名词】生活中使用的各种东西。‖ 你不能随便拿房间里的物品。| 禁止带危险物品上车。

5 **物业** wùyè **industri**

【名词】已经建成并投入使用的各类房屋以及与房屋相关配套的设备、设施、场地等。‖ 这小区的物业费用很高的。| 他住的地方物业服务很好,有什么问

题物业都会及时解决。

5 **物质** wùzhì **sumber daya**

【名词】① 金钱、生活资料等。‖ 水、食物等是我们不可缺少的物质条件。| 她注重物质享受，总想着怎么吃好、穿好。② 独立于人的意识之外的客观实在。‖ 物质可以对意识产生很大的影响。| 物质世界和精神世界是不同的。

6 **误** wù **salah**

【动词】① 错误。‖ 他误写了一个字。| 误喊了他的名字。② 不是故意地。‖ 我没看到他在我旁边，不小心误伤了他。| 他跑得太快，没看清前面有人，误撞了人。③ 因为某种原因，使人不能做好某事或不能完成某事；影响。| 他明天考试，你不要叫他去玩了，别误了他明天的考试。| 我在看电影的时候可以同时学习，学习和休息可以两不误。

4 **误会** wùhuì **salah paham**

【动词】错误地理解了别人的意思。‖ 他没有这个意思，你误会了。| 他误会了朋友的意思。

【名词】错误的理解。‖ 这是误会，我不是这个意思，你别生气。| 你别这样说，这会造成误会。

5 **误解** wùjiě **salah mengerti**

【动词】错误地理解了别人的意思。‖ 你误解我了，我不是这个意思。| 你误解他的话了，他是说他会去的。

【名词】错误的理解。‖ 这是一种误解，老师的意思不是这样。| 明白那是他们的误解，他们都不好意思地笑了。

X

6 **西班牙语** xībānyáyǔ **Bahasa Spanyol**

【名词】西班牙民族的语音。除西班牙，现通行于南美洲多数国家、非洲部分地区，联合国官方语言与工作语言之一。‖ 世界上有很多语言，如汉语、英语、法语、西班牙语等。| 他在学习西班牙语，现在会说一点了。

4 **西瓜** xīguā **semangka**

【名词】一种水果，圆圆的，皮是绿色，切开后里面是红色，味道甜，水多。‖ 西瓜又大又圆，很甜，是我最喜欢吃的水果。| 夏天的时候，很多人都喜欢吃西瓜。

5 **西红柿** xīhóngshì **tomat**

【名词】一种蔬菜，也是一种水果，一年生草本植物，茎长，有软软的细毛，花黄色，果实圆形，颜色有黄有红，也称番茄。‖ 西红柿炒鸡蛋是我最喜欢吃的菜。| 西红柿红红的，圆圆的，可以直接吃。

5 **西装** xīzhuāng **jas**

【名词】来自西方的服装，一般正式场合会穿。‖ 在正式场合时，人们大多会选择穿西装。| 他把他灰色的西装借给了我，并祝我面试成功。

4 **吸** xī **menyedot；menghisap**

【动词】① 生物体用口或鼻将液体或气体吸入体内。| 我们用鼻子吸气。‖ 他很生气，吸了一大口气让自己冷静下来。② 吸取。‖ 这块布能吸大量的油。| 我们要吸取别人好的经验。③ 引来。‖ 她奇怪的行为很引人注意。| 他进来时发出很大声音，引得大家都看着他。

6 **吸毒** xīdú **mengkonsumsi narkoba**

【短语】吸食或注射大麻、鸦片等毒品。‖ 吸毒在我国是违法的，大家千万不要吸毒。| 吸毒危害身体健康，甚至可能失去生命。

4 **吸管** xīguǎn **sedotan; pipet**

【名词】专供吸食饮料用的细管。‖ 她喜欢把牛奶倒在杯子里,再用吸管吸。| 吸管里居然有只蚂蚁。

4 **吸收** xīshōu **menyerap**

【动词】① 把外部的物质吸到内部,如水、气等。‖ 这件衣服吸收了很多水,所以现在还没干。| 纸可以吸收水,你可以用纸把桌子上的水弄干。② 消化、接受有帮助、有好处的东西。‖ 我们每天吃饭,从食物中吸收营养。| 我们每天都要学习,吸收新的知识,这样才会有进步。③ 接受。‖ 这条大河吸收了很多小河的水,所以才会这么大。| 我们公司吸收各种人才,欢迎来报名。

4 **吸引** xīyǐn **menarik**

【动词】把别的物体、力量或别人的注意转移到自己所在的地方。‖ 她的歌声美妙,吸引了很多人的围观。‖ 这对有才华的年轻人被对方互相吸引。

6 **牺牲** xīshēng **gugur**

【动词】① 为正义事业献出生命。‖ 为了救大家,他牺牲了自己的生命。| 她的爷爷为保卫国家而牺牲了。② 为了某个目的而放弃或损害某种利益。‖ 你不能为了你自己的利益就牺牲别人的利益。| 他牺牲了他的时间来帮我,我很感谢他。

【名词】① 为正义事业献出生命。‖ 战士们英勇杀敌,不怕牺牲。| 他的牺牲让我们都非常悲伤和难过。② 放弃或损害一方的利益。‖ 你为了你的孩子不去工作,我相信你的牺牲是会有回报的。| 妈妈为了我们,放弃了很多机会,我们要让妈妈的牺牲值得,要好好努力进步。

6 **洗衣粉** xǐyīfěn **deterjen**

【名词】通常用来洗衣服的粉粒状的用品,用化学方法制成。‖ 家里的洗衣粉用完了,妈妈又买了一袋。| 洗衣粉能用来洗衣服、鞋,不能用来洗碗。

4 **喜爱** xǐ'ài **suka**

【动词】喜欢;爱好。‖ 我非常喜爱冬天,冬天会下雪,我很喜欢雪。| 李明从小喜爱画画,他学画画已经十年了。

5 **喜剧** xǐjù **drama komedi**

【名词】戏剧的一种,很幽默,最后所有人都得到圆满的结果。‖ 我们今天上

午一起去看喜剧演出了，看完之后很开心。| 他是一名喜剧演员，每次看他的表演观众都笑得很大声。

6 戏曲 xìqǔ **opera**

【名词】我国传统的戏剧形式。以唱歌、舞蹈为主要表演手段，如京剧等。‖ 爷爷很喜欢听戏曲，经常一个人跑去听。| 京剧是中国有名的戏曲之一。

4 系列 xìliè **seri**

【名词】成套的、组成部分又互相关联的事物的组合。‖ 这几套衣服是一个系列的，都适合春天穿。| 我保存了一系列有关中国古代成语故事的漫画书。

4 系统 xìtǒng **sistem**

【名词】同一类的事物按照一定的关系组成的整体。‖ 这套系统很复杂，要大家一起才能弄清楚。| 新系统的安装需要一天时间。

【形容词】不乱，有一定顺序的。‖ 我们要系统、全面地学习知识，这样的学习才有效果。| 老师在考试之前帮我们从头到尾系统地复习了一遍。

4 细 xì **halus; tipis; detil**

【形容词】① 长并且小。‖ 我的头发很细，我的两根头发都没他一根粗。| 这根线很细，不注意看都发现不了它。② 说话声音小；微弱。| 她的声音很细，不像我，说话声音又粗又大。| 他细声细语地对女儿说着话。③ 仔细；详细。‖ 他问的问题很细，差不多所有的都问到了。| 她的心很细，非常小的地方她也都注意到了。④ 颗粒小。‖ 这沙滩很漂亮，都是细细的白沙。| 面粉不太细，不适合做面包。⑤ 精致。‖ 他的工艺水平高，做的东西很细。| 中国有句俗语"慢工出细活"，认真地做事，不赶时间，才能做得出好的东西。⑥ 不重要；微小。‖ 没必要事无巨细都要亲自处理。| 细节上的问题就不要再问了。

6 细胞 xìbāo **sel**

【名词】构成生物体的基本单位，十分微小。‖ 细胞是构成人身体的最小单位。| 我们身体里的每一个细胞都在不停地运动。

4 细节 xìjié **detil**

【名词】很小，不容易注意到的地方。‖ 他不太注意生活细节，喝什么，穿什么，他都可以。| 事情的结果已经出来了，对于如何得到这个结果的细节问题，我们就不用再深入了解了。

6 **细菌** xìjūn **bakteri**

【名词】微生物的一大类，极其小，在自然界与生物体内广泛存在，对自然界物质循环起着重要作用。| 我们要经常洗手，避免有害细菌进入到身体里。| 不干净的水里会有细菌，喝了容易生病。

4 **细致** xìzhì **teliti; cermat**

【形容词】各方面都照顾到，再小的地方都注意到。‖ 他做事很细致，所有情况都想到了，把事情做得很好。| 这张画画得很细致，里面的每个人像真的一样，每个人的表情都很形象生动。

4 **下个月** xiàgèyuè **bulan depan**

【短语】从现在起的后一个月。‖ 现在是十月，下个月就是十一月了，时间过得很快。| 这个月快过去了，下个月我就要去中国。

4 **下降** xiàjiàng **menurun**

【动词】① 降低；减少。‖ 今天的气温下降了，昨天三十摄氏度，今天二十五摄氏度。| 商品价格下降了，昨天这个商品是十元，今天是八元。② 从高处往低落下。‖ 飞机慢慢地下降到地面上。| 电梯从八楼下降到了一楼。

4 **下楼** xiàlóu **turun tangga**

【短语】从楼上往下走。‖ 我在四楼看到他在一楼，我马上下楼去找他了。| 听到楼下有人找她，她立刻下楼去开门。

4 **下载** xiàzǎi **mengunduh**

【动词】将网络上或计算机上的信息传到其他计算机或电子装置上。‖ 我在电脑上下载了一部电影，我们一起看吧。| 老师发了一份文件，你快去下载看看。

5 **吓** xià **mengejutkan; mengagetkan**

【动词】使害怕。‖ 他从我后面突然出现，吓了我一跳。| 一条蛇突然出现在眼前，她被吓得不敢动。

4 **夏季** xiàjì **musim panas**

【名词】夏天；一年的第二个季节。‖ 春天过去了，马上到夏季了。| 夏季到了，天气很热，很多人喜欢去游泳。

6 **先锋** xiānfēng **memimpin**

【名词】起先进作用的个人或集体。‖ 班长要起先锋作用,带领班上同学一起进步。| 我们要争当先锋,带领大家一起发展经济。

5 **先后** xiānhòu **awal dan berikutnya; sebelum dan sesudah**

【名词】先和后。‖ 做事情要分先后,先做什么,之后再做什么。| 大家排好队,按先后顺序进去。

【副词】前后相继;连接地。‖ 他先后去过六次中国。| 这个学期我们学校先后举办了跳舞、唱歌比赛。

5 **先前** xiānqián **sebelumnya**

【副词】过去的某个时候;以前。‖ 先前我不认识他,后来才认识的。| 他比先前高了很多。

4 **鲜** xiān **segar**

【形容词】① 新鲜的。‖ 新鲜蔬菜是刚从地里摘回来的。| 刚刚买回来的鲜肉很好吃。② 味道好。‖ 这个鱼汤真鲜,太好喝了。| 你要不要喝一碗我刚做的鸡汤,很鲜美。③ 没有干枯的。‖ 前几天才买回家的鲜花,现在就枯了。| 小草长出了鲜嫩的叶子。④ 明亮的、有光彩的。‖ 小女孩用妈妈的口红把自己的脸涂得鲜红。| 这些老人穿着鲜艳的裙子在跳舞。

4 **鲜花** xiānhuā **bunga segar**

【名词】新鲜的花。‖ 花园里盛开很多鲜花。| 我送了她一束鲜花,她很开心。

4 **鲜明** xiānmíng **jelas; signifikan**

【形容词】明显;明确。‖ 他的文章特点很鲜明,一看就知道是他写的。| 报纸上的标题,非常鲜明,看到标题就知道文章大概内容。

5 **鲜艳** xiānyàn **mencolok; menarik perhatian**

【形容词】鲜明而美丽。‖ 花园里的花开得非常鲜艳,很好看。| 她穿的衣服颜色很鲜艳,站在人群里很引人注意。

5 **闲** xián **luang**

【形容词】① 没有事情;没有活动;有空。‖ 最近事情比较少,大家都很闲,不

忙。| 现在工作不忙,我很闲,正好可以去旅游。② 与正事无关的。‖ 几个老太太坐在一起说闲话。| 我们工作后,有一段闲谈的时光。

4 **咸** xián **asin**

【**形容词**】① 像盐的味道。‖ 我喜欢吃咸的,不喜欢吃甜的。| 菜里的盐放多了,太咸了。② 用盐腌制的。‖ 我不喜欢吃咸肉。| 咸菜煮鱼可好吃了。

6 **嫌** xián **tidak suka**

【**动词**】不满意,不喜欢。‖ 他嫌椅子太脏,不想坐。| 我嫌外面人太多,不想出去。

5 **显** xiǎn **terlihat; mudah terlihat**

【**动词**】① 明显;露在外面容易看出来。‖ 你换成红色,更显眼一些,大家在很远就看得到。| 他坚持一个月的长跑,身体显得比之前健康了。② 表现。‖ 我把我自己所有的能力都显出来了,你也应该清楚我的能力了。| 你调整一下你的表情,不要显出你很紧张。

6 **显出** xiǎnchū **menunjukkan**

【**短语**】表现出来;使人看得出来。‖ 他今天遇到一些让他很难过的事情,但他今天的表现没有显出他的难过。| 她微笑着,显出很高兴的样子。

4 **显著** xiǎnzhù **sangat signifikan; sangat ketara**

【**形容词**】非常明显。‖ 她的汉语水平有显著的进步。| 经过我的努力,我的成绩有了显著提高。

6 **险** xiǎn **bahaya**

【**形容词**】① 地势复杂,不易通过。‖ 这座桥太险了,我们都不敢走。| 这座山很险,很少人敢去爬。② 可能遇到不幸或发生灾难。‖ 好险啊,我差一点从山上掉下去了。| 在医生的救助下,他脱离了危险。

4 **县** xiàn **kabupaten**

【**名词**】地方区域单位。‖ 这个县管理了八个乡。| 我明天要去县里,你有什么要我带的吗?

5 **现有** xiànyǒu **tersedia**

【**短语**】现在有的;可以立即使用的。‖ 现有的人数太少了,要完成这个任务

人还不够。| 我们要把握好现有的机会,努力发展自己。

5 **现状** xiànzhuàng **kondisi/situasi terkini**

【名词】现在的状况。‖ 我不满意我的现状,我想改变,想要进步。| 老板给我们介绍了公司的过去和现状。

6 **线路** xiànlù **rute**

【名词】运动物体、电流等所经过的路线。‖ 随着地铁线路的增加,交通越来越便利。| 这条线路限制速度,你开车要注意,不要太快。

5 **线索** xiànsuǒ **kabar**

【名词】① 消息。| 他去哪里了? 你有什么线索吗? | 你认识他吗? 可以提供一些关于他的线索吗? ② 事情发展的层次、顺序。‖ 要弄清楚文章的线索,是先写什么,再写什么,最后写了什么。| 故事的发展线索是从她身上展开的。

4 **限制** xiànzhì **batas**

【动词】规定数量、范围,不能超过某一数量、范围。‖ 这个任务限制了时间,要在三天内完成。| 不要限制孩子的行为,让他们做自己想做的。

【名词】规定的数量、范围。| 参加会议的人数有一定的限制。| 因为个人能力的限制,我没办法完成这个任务。

6 **陷入** xiànrù **masuk; terjerumus**

【动词】① 进入;落在(不好的情况之中)。‖ 你不能这样做,不然你会陷入危险的。| 他陷入了敌人的包围中。② 深深地进入某种状态。‖ 听到这个不好的消息,我陷入了不安之中。| 听完她的话,我陷入了思考。

5 **献** xiàn **mengorbankan**

【动词】① 把东西或意见等庄严地送给集体或他人。‖ 为了救人,他献出了自己宝贵的生命。| 她在舞台上唱歌,我给她献花。② 表现给别人看。‖ 我舞跳得不好,在大家面前献丑了。| 这小孩喜欢在大人面前献他刚学的武术动作。

5 **乡** xiāng **desa**

【名词】① 地方区域单位,在县一级行政单位领导。‖ 这个县下面有很多乡,差不多有十个。| 乡级单位比县级单位的级别低。② 家乡;乡村。‖ 我的家在一个乡里,很小,人也很少。| 很多人不喜欢待在乡下,很多东西都没有卖,

他们都喜欢待在城市。

5 **乡村** xiāngcūn　**desa；kampung**

【**名词**】农村；主要从事农业的地方。‖ 他住在一个乡村里，不是城市。| 我喜欢住在乡村，空气很好，人们也很热情。

4 **相处** xiāngchǔ　**interaksi**

【**动词**】共同生活；相互交往。‖ 他们相处得很好，不会吵架。| 她和同学相处得很好，经常一起去图书馆学习。

5 **相等** xiāngděng　**sama；setara**

【**动词**】（数目、分量、程度等）相同，一样。‖ 你手里的这两个苹果大小相等，吃哪个都一样。| 这两间房间的面积不相等，那间更大。

4 **相反** xiāngfǎn　**bertolak belakang；berlawanan**

【**形容词**】事物的两方面互相对立，方向相反。‖ 他们两个提了相反的意见，一个觉得要去，一个觉得不要去。| 你这样做可能会得到相反的结果，不会得到你想要的好结果。

【**连词**】用在下句句首或句中，表示意思的转折或更近一步。‖ 你别去找他，相反，他会来找你。| 我以为我爸爸会支持我出国，相反，他不同意我出国，他想我留在国内。

5 **相应** xiāngyìng　**menyesuaikan**

【**动词**】互相适应；相符合。‖ 每个问题都有相应的正确答案，不要先选错了。| 住的地方变了，生活习惯也会有相应的变化。

5 **香肠** xiāngcháng　**sosis**

【**名词**】一种食物，将猪肉等放入猪小肠中制作而成。‖ 过年的时候，很多人都会做香肠。| 来了中国后，他喜欢上了吃香肠。

4 **箱** xiāng　**kotak**

【**量词**】表数量。‖ 他送了我两箱苹果。| 地上有两箱书。

4 **箱子** xiāngzi　**kotak**

【**名词**】方形、可以装东西，常用木头、皮质等东西做成。‖ 我只有一个箱子，里面都是书。| 他拿了两个箱子来装他的衣服。

5 **详细** xiángxì **detil**

【形容词】具体;全面;细致。‖ 你可以把昨天下午发生的事情详细地告诉我吗?| 他的笔记很详细,所有的重点都记了,看完后对我帮助很大。

5 **享受** xiǎngshòu **menikmati**

【动词】物质上或精神上得到满足。‖ 我享受现在的田园生活。| 他很享受他的工作和生活。

【名词】物质上或精神上得到满足的一种状态。‖ 听音乐是一种精神上的享受。| 早上起床后能够喝一杯咖啡也是一种享受。

6 **响声** xiǎngshēng **suara**

【名词】声音。‖ 你别弄出这么大的响声。| 我听到了一阵响声,你听到了吗?

6 **想不到** xiǎngbúdào **tidak terduga; tak terpikiran**

【动词】没有想到;没有思想准备,很意外。‖ 想不到你会发脾气,我一直认为你性格好。| 想不到他的变化这么大,都认不出来了。

4 **想念** xiǎngniàn **kangen; rindu**

【动词】十分怀念并希望能见到。‖ 我很久没有见到我的爸爸妈妈了,我很想念他们。| 他很想念他的家乡,想回去看看。

4 **想象** xiǎngxiàng **membayangkan**

【名词】在心里创造某些事物,现实生活中不一定存在。‖ 想象很重要,有时候通过想象我们可以创造出新的东西。| 不要光靠想象,要去行动,不然什么事情都不能做好。

【动词】① 在心里创造某些事物,现实生活中不一定存在。‖ 我想象你变成了一只猫。| 她想象着她能飞,能够像鸟一样。② 回忆,对于不在眼前的事物,想出它的具体形象。‖ 我想象着他之前和我说话时笑的样子,发现我记不太清了。| 我想象着她十年前的样子,也许与现在差不多吧。

5 **向导** xiàngdǎo **penunjuk jalan; pemandu**

【名词】带路的人。‖ 向导在我们前面为我们带路。| 他不认识这里的路,所以请了一位向导。

5 **向前** xiàngqián **maju ke depan**

【短语】往前;朝前走。‖ 我向前走了几步,发现前面就是学校了。| 快点向

前跑，我们马上要到了。

5 **向上** xiàngshàng **naik; ke atas**

【动词】往好的方向走；上进。‖ 我们要努力好好学习，天天向上。| 爸爸妈妈很支持我，这给了我向上的动力。

4 **项** xiàng **kata satuan**

【量词】多用于分类的事物。‖ 老师给了我一项任务，我要在一个星期内完成。| 这个月我们要做好各项工作，大家一起努力。

4 **项目** xiàngmù **proyek**

【名词】事物分成的类。‖ 他在八百米跑步项目中得了第一名。| 这个项目要在一周之内完成。

4 **相片** xiàngpiàn **foto**

【名词】照片。‖ 这张相片很好看，拍得不错。| 我这里有很多他的相片。

5 **相声** xiàngsheng **dialog jenaka/humor/lelucon**

【名词】以说、学、逗、唱为主要表演方式，可以一个人、两个人或者三个人以上表演，是很多人都喜欢的一种艺术形式。‖ 我喜欢听相声，很有趣。| 他会说相声，每天很多人听他说相声。

5 **象征** xiàngzhēng **melambangkan; menandakan; lambang; simbol**

【动词】用具体的事物表现某种特殊的意义。‖ 春天象征着一个新的开始。| 太阳象征光明。

【名词】用来象征某种特殊的意义的具体事物。‖ 花是生命的象征。| 书是文明的象征。

5 **消除** xiāochú **menghilangkan; menghapus**

【动词】使不存在。‖ 消除危险的事物是很有必要的。| 要消除他们之间的误会是很难的。

5 **消毒** xiāodú **disinfektan**

【短语】用物理、化学等方法消除细菌。‖ 他的手受伤了，医生在给他的手消毒，然后用了一些药。| 毛巾已经消毒了，可以放心使用。

5 **消防** xiāofáng **pemadam kebakaran**

【动词】救火和防火。‖ 做好消防工作非常重要，发生大火时才能及时处理。| 发生大火时，消防车要快速到达。

5 **消费者** xiāofèizhě **konsumen**

【名词】购买商品、使用商品或接受服务的人。‖ 产品要不断创新，才能吸引消费者来购买。| 奶茶现在很受消费者的欢迎，很多人一天要买几杯。

6 **消耗** xiāohào **menyia-nyiakan**

【动词】（精神、东西、力量等）因为使用或受损失而渐渐地减少。‖ 不要消耗大家对你的信任，不然大家最后都会不相信你。| 我的力气都被消耗了，我现在没力气了。

4 **消化** xiāohuà **mencerna；memahami**

【动词】① 食物在人或动物体内可以被吸收，成为身体能够利用的东西的过程。‖ 这种食物容易消化，小孩和老人都可以吃。| 玉米对我来说是一种难消化的食物。② 理解、吸收所学的知识。‖ 昨天学的知识你们消化了吗？都学会了吗？| 今天学的知识太难了，我现在还消化不了。

5 **消极** xiāojí **pasif；negatif**

【形容词】① 否定的；不利的；阻碍发展的。‖ 她的观点很消极，对我们解决问题没好处。| 我们要避免消极影响，因为那些对我们的发展没有好处。② 不主动；不积极。你要主动争取机会，而不是消极地接受安排。| 经过很多次失败，他开始变得很消极，什么都不想做了。

6 **消灭** xiāomiè **memadamkan；melenyapkan**

【动词】消失；使存在。‖ 大家团结一起，消灭共同的敌人。| 只要你不放弃，坚持下去，一定可以消灭这些困难。

4 **销售** xiāoshòu **menjual**

【动词】卖出商品。‖ 把商品销售给需要的人才会产生好的效果。| 我家对面有一家销售汽车的店。

4 **小吃** xiǎochī **kudapan；makanan ringan**

【名词】口味具有特定风格特色、价格不贵的各种食品。‖ 学校门口有很多小

X

吃店。| 我喜欢吃路边小吃,很好吃也很便宜。

6 **小费** xiǎofèi **tip**

【名词】顾客、旅客另外给饭馆、旅馆等行业中服务人员的钱。‖ 吃完饭后,我给了身边服务员小费,谢谢他为我提供的服务。| 他给了酒店里的服务员小费。

4 **小伙子** xiǎohuǒzi **pemuda**

【名词】青年男子。‖ 她身边有三四个小伙子,都是她的朋友。| 这位小伙子一定很受欢迎,好多人围着他。

6 **小麦** xiǎomài **gandum**

【名词】一年或二年生草本植物,叶绿细长,茎直,籽能制成面粉,是一种主要的粮食作物。‖ 田里种了一大片小麦。| 小麦是北方人主要的粮食。

5 **小偷儿** xiǎotōur **pencuri**

【名词】偷东西的人。‖ 我的钱包被小偷儿偷了。| 大家一起抓住了偷东西的小偷儿。

4 **小型** xiǎoxíng **skala kecil**

【形容词】形状或规模小。‖ 我参加了一个小型的比赛,参加这个比赛的人不多。| 她家旁边有一家小型的超市,买东西很方便。

6 **小于** xiǎoyú **lebih kecil dari**

【动词】一个数比另外的数小。‖ 七小于九。| 左边有二十颗苹果,右边有三十颗苹果,左边的苹果数量小于右边的苹果数量。

6 **晓得** xiǎodé **tahu**

【动词】知道。‖ 我晓得明天放假。‖ 他晓得他不能这样做。

6 **笑脸** xiàoliǎn **senyum**

【名词】脸上带着笑。‖ 他今天很开心,带着一张笑脸。| 老师看着同学们的笑脸,很高兴。

X

6 **笑容** xiàoróng **senyuman**

【名词】带着笑的表情。‖ 他满脸笑容地走过来。| 工作完成得很好,她的脸上露出了满意的笑容。

6 **笑声** xiàoshēng　**suara tawa**

【名词】笑时发出的声音。‖ 教室里传来一阵阵欢快的笑声。‖ 听到她的笑声我很开心。

4 **效率** xiàolǜ　**hasil kerja**

【名词】单位时间内完成的工作量。‖ 他做事更有效率,同样的工作他一天完成了,而我要两天。| 提高效率可以节约时间。

4 **些** xiē　**beberapa**

【量词】① 表示不止一个的不定数量。‖ 这里有一些苹果。| 那些人都一起走了。② 表示与之前状态比较的程度。‖ 我现在好些了,没那么难过了。| 这棵树比那棵树大些。

5 **歇** xiē　**istirahat**

【动词】① 休息。‖ 你歇一会儿吧,活等会再做。| 我累了,所以歇了一会儿。② 停止。‖ 因为没钱买材料,工厂歇工了,工人也被辞掉了。| 营业时间结束,服务员歇业了。

6 **协会** xiéhuì　**asosiasi**

【名词】为促进某种共同事业的发展而组成的团体。‖ 最近他加入了一个作家协会,协会里有很多有名的作家。| 我加入了书法协会,和大家一起学着把汉字写好。

6 **协商** xiéshāng　**diskusi**

【动词】共同商量,希望取得一致意见。‖ 有问题我们可以一起协商解决,不用怕。| 这件事大家还在协商,还没有得出结果。

6 **协调** xiétiáo　**konsolidasi**

【动词】配合得很合适,和谐一致。‖ 农业和工业要协调发展,共同发展好。| 工作和休息要相互协调,不能一直工作,也不能只想休息不工作。

【形容词】很合适;看起来很和谐。‖ 这几种颜色用在一起很协调,没有很奇怪。| 她的房间布置得很协调,看上去很舒服。

5 **协议** xiéyì　**perjanjian; kontrak**

【动词】共同商量。‖ 我们一起协议,快点把问题解决。| 这件事他们还没协

议好,要等几天。

【名词】国家、团体等经过共同商量取得一致意见。‖ 经过三天时间,他们之间达成了协议。| 以后要根据协议做事,协议上都很清楚地说明了要注意的地方。

5 **协议书** xiéyìshū **surat perjanjian**

【名词】经过谈判、共同商量而制定的共同遵守的文件。‖ 我们签了协议书,就要按上面的做。| 协议书上写了有效时间是三年。

6 **协助** xiézhù **membantu**

【动词】辅助;帮助。‖ 他们协助我一起完成了任务。| 我非常感谢大家的协助。

5 **斜** xié **miring; serong**

【形容词】不直,不正。‖ 你画的线不是直的,是斜的。| 这个斜坡不太好爬。

6 **写字楼** xiězìlóu **gedung kantor**

【名词】办公的大楼,配有现代化设施的工作大楼。‖ 我在这间写字楼上班。| 写字楼附近有很多商店,对上班的人来说很方便。

6 **写字台** xiězìtái **meja tulis**

【名词】写字、办公等用的桌子。‖ 我买了一张新的写字台,每天练习写汉字。| 他在写字台上处理工作。

4 **心理** xīnlǐ **mental**

【名词】人的思想、感情等内心活动。‖ 我们既要关心身体健康,也要关心心理健康。| 年轻人的心理和老人的心理是不一样的。

6 **心灵** xīnlíng **jiwa**

【名词】内心、精神、思想等。‖ 眼睛是心灵的窗户。| 她的心灵很美好,从来不会做伤害别人的事情。

X

5 **心态** xīntài **mentalitas**

【名词】心理状态。‖ 他的心态很好,不在乎自己会不会输。| 我们要有良好的心态,面对不能解决的问题也不要怕。

5 **心疼** xīnténg **sakit hati**

【动词】① 疼爱。‖ 看到她受伤,我心疼。| 阿姨非常心疼我,经常买东西给我。② 舍不得;可惜。‖ 今天我打烂了一个盘子,我心疼死了。| 妈妈心疼钱,一般不给自己买新衣服穿。

6 **心愿** xīnyuàn **harapan**

【名词】愿望。| 他有一个心愿,他希望有一天他可以出国上学。| 父母身体健康就是我最大的心愿。

6 **心脏** xīnzàng **jantung**

【名词】① 心,身体器官之一。‖ 心脏是人的重要的器官,心脏停止跳动,人就死了。| 人的心脏在身体的左边。② 比喻中心,很重要的位置。‖ 北京是中国的心脏,非常重要。| 这些实验数据是这篇论文的心脏,没有这些实验数据,论文毫无用处。

6 **心脏病** xīnzàngbìng **sakit jantung**

【名词】心脏方面的疾病;心脏有问题,不正常。‖ 他心脏不好,有心脏病,不能随便跳、跑。| 老人很容易有心脏病,需要多注意。

5 **辛苦** xīnkǔ **jerih payah**

【形容词】身心很劳累。‖ 你做了这么多事,非常辛苦。| 这份工作太辛苦了,我觉得很累。

【动词】一般用于请求别人做事。‖ 辛苦你拿一下,可以吗? 我现在拿不了。| 这件事还要辛苦你去做一下,其他人都没时间。

5 **欣赏** xīnshǎng **menikmati**

【动词】① 认为好;喜欢。‖ 他很欣赏这部电影,他觉得拍得很好。| 她很欣赏这个人。② 享受、体会美好的事物。‖ 我一边唱歌,一边欣赏路上的风景。| 我们坐在窗边欣赏窗外的景色。

4 **新郎** xīnláng **mempelai pria**

【名词】刚结婚的男子。‖ 看到新娘朝他走来,新郎露出了开心的笑容。| 马上就能见到他的新娘,这个新郎激动得快哭了。

4 **新娘** xīnniáng **mempelai wanita**

【名词】刚结婚的女子。‖ 美丽的新娘正开心地笑着。‖ 这位幸福的新娘嫁给了爱情。

6 **新人** xīnrén **mempelai**

【名词】① 新来的人。‖ 我们公司来了个新人,我还不认识。| 我们班有很多新人,我要去认识一下。② 具有新的道德品质的人;某方面出现的人物。‖ 青少年要做有理想、有文化、有纪律的时代新人。| 体育界出现一个厉害的新人。

4 **新鲜** xīnxiān **segar**

【形容词】① 刚产出来的食物等。‖ 碗里的水果是刚买的,很新鲜。| 这瓶牛奶是今天生产的,是新鲜的。② 空气质量好。‖ 这里很多树,环境很美,空气很新鲜。| 要经常打开窗户,呼吸新鲜空气,这对身体有好处。③ 事物出现不久,还不普遍;很少见到。‖ 手机已经不是新鲜的东西了,现在差不多每个人都有。| 这些东西我们没见过,所以我们都觉得很新鲜。

6 **新兴** xīnxīng **baru; terkini**

【形容词】最近新出现的。‖ 这座新兴的城市干净又漂亮,给我留下很深的印象。| 这是一门新兴的技术,很多人感兴趣。

4 **新型** xīnxíng **jenis baru**

【形容词】新的类型;新式样的。‖ 这里马上会开一家新型的商店。| 今天出了一种新型的玩具,我买了。

6 **薪水** xīnshuǐ **gaji; upah**

【名词】工资。‖ 我马上发薪水了,可以请你吃饭。| 他的老板还没给他发薪水,他快没钱生活了。

5 **信念** xìnniàn **keyakinan**

【名词】自己认为正确并且十分相信,不会轻易改变的观点。‖ 相信成功的信念比成功重要。| 热爱正义是我不会改变的信念。

5 **信箱** xìnxiāng **kotak surat; kotak pos**

【名词】放信的箱子。‖ 我把信放在信箱里了,有人会拿去寄。‖ 他的信箱里有一封信,他还没去拿。

6 **信仰** xìnyǎng **kepercayaan**

【动词】对某人或某种思想、主张等十分相信和尊敬,拿来作为自己的行动的标

准。‖ 我信仰知识的力量，人一定要学知识。| 他信仰自己的理想，不断地为实现理想而努力。

6 **信用** xìnyòng **kredit**

【名词】遵守答应好别人的事而获得的信任。| 做人要有信用，要诚实，这样别人才会相信你。| 他没有信用，答应我的事情他没做到。

4 **兴奋** xīngfèn **antusias**

【形容词】激动。‖ 听说要放十天假，同学们都很兴奋，很开心。| 听到这个好消息，他兴奋地跳了起来。

6 **兴旺** xīngwàng **makmur**

【形容词】发达；繁荣。‖ 我们国家一天天兴旺起来了，我们的生活也越来越好了。| 他们家人丁兴旺，家里有很多人。

6 **行程** xíngchéng **rute perjalanan**

【名词】路程；进程。‖ 我去北京的行程已经确定了，明天就出发。| 他正在计划这次旅游的行程。

5 **行驶** xíngshǐ **berkendara**

【动词】车、船等行走。‖ 车行驶一个小时后就可以到家了。| 船在大海上行驶得很慢。

6 **形** xíng **bentuk**

【名词】形状，样子。‖ 太阳是圆形的，很大。| 这里的地形很平，路好走。② 形体；实体。‖ 空气在我们看来是无形的。| 我与我的影子当然是形影不离啊！

4 **形容** xíngróng **mendeskripsikan**

【动词】对事物的形象等进行描写。‖ 她真的太美了，我无法形容她的美。| 我没有词语能形容我此刻悲伤的心情。

4 **形式** xíngshì **bentuk；struktur**

【名词】事物的形状、结构等。‖ 艺术可以有不同的形式和风格。| 一句话，同样的意思，可以有不同的表达形式，比如“我把书给他了”，可以说“书我给他了”。

X

5 **形态** xíngtài **bentuk；pola**

【名词】事物的形状和神情态度。‖ 花的形态都不一样，但是每一朵都很好看。| 天上的云形态多样，变化也多样。

4 **型** xíng **jenis**

【名词】种类；类型。‖ 这个机器有大型的、中型的和小型的三种。| 我买了一台新型电脑，这种电脑是刚出厂的。

4 **型号** xínghào **tipe；seri**

【名词】机器、工具、服装等的大小、规格和性能。‖ 这件衣服有三种型号：大、中、小，三种他各买了一件。| 这种型号的电脑现在不卖了。

4 **醒** xǐng **bangun；sadar**

【动词】睡觉结束或还没睡着。‖ 他刚刚在睡觉，现在醒了。| 我闭着眼睛，但是还没睡着，一直醒着。

4 **兴趣** xìngqù **hobi；minat**

【名词】爱好，对事物产生喜欢和关心的感情。‖ 他对游泳产生了兴趣，想去学游泳了。| 我对看书没有兴趣，我的兴趣是跳舞。

5 **性能** xìngnéng **performa**

【名词】事物的性质和功能。‖ 这台电脑的性能很好，我用了很多年了，还可以继续用。| 不同的药性能不同，要注意，不要吃错药了。

4 **性质** xìngzhì **karakter**

【名词】一种事物所具有的和其他事物不一样的根本特点。‖ 这两件事情的性质不同，不能用同样的方法处理。| 这个问题的性质很严重，我们要重视。

4 **兄弟** xiōngdì **kakak beradik（laki-laki）**

【名词】① 哥哥和弟弟。‖ 我妈妈生了两个小孩，我和我哥哥，我们是兄弟。| 你两兄弟要互相爱护。② 朋友之间，表示关系很好。‖ 他是我兄弟，我们认识很多年了。| 我们是兄弟，我相信他。

6 **凶** xiōng **menakutkan；galak**

【形容词】① 人的说话态度非常不好，行为让人害怕。‖ 你不要那么凶，温和一点好吗？｜他太凶了，还推了我一下，让我很害怕。② 厉害。‖ 他们闹得很凶，现在没人能阻止他们。｜爷爷的病来得很凶，昨天还没事，今天就病得起不来了。③ 不幸的；不吉利的。‖ 不知道这件事是凶事还是好事，希望是好事吧。｜我不想听到不好的事情发生。

6 **凶手** xiōngshǒu **orang jahat; pembunuh**

【名词】行凶的人。‖ 警察正在抓杀人的凶手。｜那个人就是背后的凶手，现在被抓了。

4 **胸部** xiōngbù **bagian dada**

【名词】腰的上面到脖子下面的部位。‖ 这几天她的胸部不舒服，妈妈让她去医院看看。｜他胸部皮肤白。

5 **雄伟** xióngwěi **anggun; megah**

【形容词】雄壮伟大。‖ 你去过长城吗？它非常雄伟，值得去看。｜这座山十分雄伟，我觉得我爬不上去。

5 **熊** xióng **beruang**

【名词】一种动物，身体高大，头大嘴长，四肢短而粗，脚掌大，有带钩的爪，眼睛和耳朵较小，能站着走路。‖ 动物园里有几头黑色的熊。｜这头熊朝着羊群冲过去。

5 **休闲** xiūxián **santai**

【动词】休息；工作、学习以外过轻松、不那么忙的生活。‖ 这个地方很适合旅游休闲。｜你要懂得休闲，不要光工作，每天都工作是不行的。

6 **修车** xiūchē **perbaikan mobil**

【短语】修理车子使变好。‖ 我的车坏了，明天我要去修车。｜你的车有问题吗？我爸爸会修车，你可以让他看看。

5 **修复** xiūfù **memperbaiki; membetulkan**

【动词】进行修理，使恢复到原来的样子。‖ 这所大楼之前倒了，现在已经修复了，与原来一样。｜这个杯子被打碎了，没办法修复了。

5 **修建** xiūjiàn **membangun; mendirikan**

【动词】建造；建筑。‖ 修建这所大楼花了很长的时间，一直到现在才建好。｜

这个公园修建得很好,里面的风景很美。

4 **修理** xiūlǐ **memperbaiki; mereparasi**

【动词】使坏了的东西恢复到原来的形状或作用。‖ 他的自行车坏了,他自己在修理。| 灯坏了,快请个人来修理吧,我不会修理。

5 **修养** xiūyǎng **pengertian/penguasaan; pengendalian diri**

【名词】① 在知识、理论、艺术、思想等方面达到一定的水平。‖ 他的艺术修养很高,所以他的作品也很受欢迎。| 作为一名大学生,知识修养应该不会很低。② 与人交往,接待事务时逐渐养成的正确的态度。‖ 他对待别人态度很好,有耐心,不会随便生气,很有修养。| 不随便扔垃圾是一个人应该有的修养。

6 **袖珍** xiùzhēn **saku**

【形容词】小型的;体积比一般小。‖ 我买了一本袖珍词典,小小的一本,很方便随身带着。| 爷爷买了一个袖珍收音机,他经常把它带在身边。

5 **虚心** xūxīn **rendah hati; lapang dada**

【形容词】愿意听别人的意见,不以为自己了不起。‖ 老师虚心听学生的意见。| 大家要抱着虚心的态度向别人学习。

5 **许可** xǔkě **mengijinkan; membolehkan**

【动词】答应,同意。| 在没有别人许可的时候,不能随便拿别人的东西。| 我想出去玩一会儿,爸爸许可了。

6 **悬** xuán **menggantungkan**

【动词】挂在空中。‖ 天上悬着一轮月亮。| 灯悬在我们头上。

6 **旋转** xuánzhuǎn **berputar; memutar**

【动词】转;物体围着一个点转动。‖ 地球围着太阳旋转。| 这个轮子旋转得很快。

6 **选拔** xuǎnbá **memilih; menyeleksi**

【动词】挑选优秀、合适的人才。‖ 这次比赛是为了选拔优秀的篮球运动员。| 选拔班长要班上同学一起投票。

6 **选举** xuǎnjǔ **memilih; memberikan suara**

【动词】通过举手、投票等方式选出代表或负责人。‖ 同学们选举他当班长。| 他被选举为人民代表。

【名词】通过举手、投票等方式选出代表或负责人的活动。‖ 大家都很关心这次的选举结果。| 这场选举活动所有人都要参加。

5 **选修** xuǎnxiū **mengambil mata kuliah pilihan/fakultatif**

【动词】学生从可以自由选择的课程中,选择自己要学习的课程。‖ 我选修了英语,他选修了汉语。| 她想选修游泳课。

4 **选择** xuǎnzé **memilih; menentukan**

【动词】挑选,从人或事物中选出合适的。‖ 在我和他两个人中,她选择了我。| 我选择继续工作而不是休息。

【名词】选取。‖ 最近天气好,出去旅游是个不错的选择。| 他和你,我会选你,我相信我自己的选择。| 出国留学和国内上学,他的选择是出国留学。

4 **学分** xuéfēn **kredit semester**

【名词】用于计算学生学习量的单位,一般一学期中一门课学完可以获得相应的学分。‖ 我这个学期每门课的学分都拿到了。| 这门课的学分是两分,你们要认真上课,拿到学分。

6 **学会** xuéhuì **menguasai; kelompok belajar**

【名词】由研究某一学科的人组成的学术团体。‖ 我们加入了汉语语言学会,大家一起讨论了很多关于汉语的问题。| 我和他都是这个学会的会员。

5 **学科** xuékē **bidang pengetahuan; bagian ilmu; mata pelajaran sekolah**

【名词】① 学校里学习的课程,如汉语、英语等。‖ 英语是我从五年级开始学习的一门学科。| 他最喜欢的学科是汉语。② 按照知识的性质分的类。‖ 汉语教学是一门新的学科。| 这门学科是以学习人类历史为主的。

4 **学年** xuénián **tahun ajaran**

【名词】学校的教学时间,从春季开学到寒假为一学年,或者从秋季到下一年的暑假为一学年。‖ 新的学年开始了,同学们要认真学习,在新学年有个好的开始。| 我在中国学了一学年的汉语,现在会说一点汉语了。

4 **学时** xuéshí **jam pelajaran**

【名词】一节课的时间。‖ 小学一学时是四十分钟。‖ 他每天要上六个学时的课，没时间出去玩。

4 **学术** xuéshù **pengetahuan；ilmu**

【名词】有系统的、比较专门的学问、知识。‖ 我们在一起讨论学术问题。| 最近有一场关于汉语的学术活动在北京开展。

5 **学位** xuéwèi **gelar akademis**

【名词】由高等学校、科学研究机构或国家根据个人专业水平颁发的称号。‖ 他大学毕业后顺利地拿到了学位。| 她在留学的时候获得了博士学位。

4 **学问** xuéwèn **pengetahuan；ilmu**

【名词】知识。‖ 这位老师的学问很好，知道的东西很多。| 学问，就是要又学又问，遇到不明白的就要去弄清楚。

6 **学员** xuéyuán **pelajar**

【名词】在某些专门学校或训练班学习的人。‖ 他是游泳班的学员，我不是。| 我们都是这个班的学员，每天都会来这里学习。

5 **学者** xuézhě **sarjana；orang terpelajar**

【名词】在学术上有一定成就的人。‖ 他是一位专门研究汉语的学者，很有名。| 学校请了一名老学者为我们讲课。

6 **血管** xuèguǎn **pembuluh darah**

【名词】血液流过的通道。‖ 血是从血管里流出来的。| 人身体里的血管如果破了，会很危险。

6 **血液** xuèyè **darah**

【名词】血。‖ 人身体里的血液每七年会更换一次。| 看着地上红色的血液，我非常害怕。

6 **循环** xúnhuán **siklus**

【动词】事物运动一圈以后回到原来的地方，一遍又一遍。‖ 他一直在循环同一首歌，听了一遍又一遍。| 我的脑子里一直循环今天发生的事情。

5 **寻求** xúnqiú **mencari; berusaha menemukan**

【动词】寻找追求。‖ 大家都在寻求解决这个问题的方法。| 她到这儿来是想寻求我的帮助。

4 **寻找** xúnzhǎo **mencari**

【动词】找。‖ 他的狗不见了，正在寻找。| 这里人太多了，我看不见我的朋友在哪里，正在寻找他们。

5 **询问** xúnwèn **bertanya**

【动词】征求意见；向人打听情况。‖ 老板经常询问我们的工作进展情况。| 老师正在询问学生假期去哪里。

4 **迅速** xùnsù **cepat**

【形容词】非常快。‖ 年轻人成长迅速，以前很多事不会做，现在能够独自处理重大事情了。| 任务完成得十分迅速，一天就完成了。

Y

6 **压迫** yāpò **menindas；menekan；menghimpit**

【动词】以势力强迫别人服从。‖ 任何人都不能压迫我做我不愿意做的事情。| 你不能因为你比他大就压迫他帮你，你要问他愿不愿意。

5 **押金** yājīn **uang jaminan**

【名词】租借东西时所付的钱，在还回所租借的东西时再退回。‖ 我交十五元押金就是为了借那本书。| 租这间房要先付五百元押金。

5 **鸭子** yāzi **bebek**

【名词】一种可以养在家里，嘴巴扁、腿短、会游泳的动物。‖ 看那边，一群鸭子正向水里游去。| 我家里养的几只鸭子，都已经下蛋了。

4 **牙** yá **gigi**

【名词】人和高等动物咬切东西用的骨质组织。‖ 这个七个月大的小孩，嘴里就长出了三颗牙。| 我们要好好保护我们的牙。

4 **牙刷** yáshuā **sikat gigi**

【名词】清洁牙齿时用到的刷子。‖ 我买了一把新牙刷，很好用。| 他带了自己的牙刷，不用再买了。

5 **亚军** yàjūn **juara kedua**

【名词】比赛中取得第二名。‖ 我在这次比赛中得了亚军。| 虽然在比赛中没有获得冠军，但是得了亚军也不错。

4 **亚运会** yàyùnhuì **asia games**

【名词】亚洲运动会。‖ 他第一次参加亚运会的时候很紧张，尽管他也得了一块金牌。| 知道这次亚运会在中国举行，我们都很开心。

4 **呀** ya **sih；lho**

【助词】表示疑问、感叹等语气。‖ 你干什么呀？不可以这样。| 你真美呀！

6 **烟花** yānhuā **kembang api**

【名词】点燃后能发出各种形状和不同颜色的火花。‖ 过年的时候我们喜欢放烟花,很好看。| 他们正站在窗户前看烟花,烟花像花一样开在天空中,很美。

4 **延长** yáncháng **memperpanjang**

【动词】向长的方面发展。‖ 假期延长了三天,现在从四天变成了七天。| 考试时间延长一个小时,现在是两个小时的考试时间。

4 **延期** yánqī **memperpanjang**

【动词】原来规定的日子往后推了,延长了原来规定的日子。‖ 我们的考试时间延期了,原来是六月五号,现在变成了六月八号。| 因为下雨,比赛延期举行,具体时间会再通知大家。

5 **延伸** yánshēn **mengembangkan; membentang**

【动词】延长;伸展。‖ 这条路从这里一直延伸到海边。| 小路延伸到森林的尽头。

4 **延续** yánxù **melanjutkan**

【动词】照原来的样子继续下去。‖ 他喜欢看书,现在也延续着这个爱好。| 雨已经下了几天了,这样的天气会延续一个星期。

4 **严** yán **erat; ketat; serius**

【形容词】① 紧密;没有空隙。‖ 你把被子盖严一些,不要感冒了。| 我把门和窗户都关严了,风进不来。| 他的嘴巴很严,不会说出去的。② 严格;严厉。‖ 我们学校管得很严,不能随便迟到和请假。| 他的妈妈对他很严,不让他出去玩。③ 程度深。‖ 又到了严寒的季节了,河面上都是厚厚的冰。| 在严刑拷打下,他把他人犯的罪都归结到自己身上。

4 **严格** yángé **ketat**

【形容词】认真对待,不放松。‖ 我的爸爸对我很严格,每天会给我很多任务,也不让我随便出去玩。| 老师上课的时候很严格,不让随便讲话。

【动词】使严格。‖ 我们要严格制度,严格要求,不能随便。| 严格安全检查很重要,可以减少安全事故的发生。

5 **严厉** yánlì **serius**

【形容词】严肃而厉害。‖ 我做错事了,老师严厉地批评了我。| 我的妈妈对

我很严厉,她要求我在比赛中得第一名。

5 **严肃** yánsù **serius**

【形容词】严格认真;(神情、气氛等)让人感到敬畏。‖ 老师的表情很严肃,我们不敢再笑了。| 面对这个严肃的问题,大家都不敢随便开玩笑了。

【动词】使严肃。‖ 严肃纪律是必须的,不严肃纪律是会乱的。| 严肃法律法规。

4 **严重** yánzhòng **parah**

【形容词】影响重大或情况(多指不好的)让人紧张。‖ 这个问题很严重,你不能随便处理。| 他的病很严重,医生也没办法。

5 **言语** yányǔ **bahasa**

【名词】所说的话。‖ 我的言语错误,你别生气。| 对待客人,言语不要太随便,要注意自己说的话。

6 **沿** yán **sepanjang**

【介词】① 靠着;顺着。‖ 沿这条路走走,我们可以很快地到学校。| 沿江一直走可以看到很多不同种类的树。② 依照以往的方法、规矩等。‖ 这条街还是沿用过去的名称好。| 这个节日是沿袭少数民族的风俗定下来的。

6 **沿海** yánhǎi **pesisir laut**

【名词】靠海的地区。‖ 我住在沿海城市,离海很近。| 沿海地区经济发达,人很多。

6 **沿着** yánzhe **menyusuri**

【短语】按照着;跟着;靠着;随着。‖ 沿着这条路走可以到我家。→从这条路走可以到我家。| 他一直沿着海边走,鞋子都湿了。→他一直靠着海边走,鞋子被海水弄湿了。

6 **研发** yánfā **penelitian dan pengembangan**

【动词】研究开发。‖ 科学家们研发出了新药,可以用于治疗很多不同的病。| 我们公司研发了一种新的产品,很受大家欢迎。

4 **研究** yánjiū **meneliti**

【动词】① 探索事物的真相、真理及规律等。‖ 他是研究语言方面的专家。|

科学家们正在研究太阳的变化。② 商量讨论；考虑。‖ 对于这个问题，我们研究后才能给出答案。| 会议上研究了几个亟需解决的问题。

4 研究生 yánjiūshēng **mahasiswa pascasarjana**

【名词】大学毕业以后，通过考试进一步去研究学问的学生。‖ 大学毕业后，我参加了研究生考试，现在我是一名研究生了。| 研究生的学业很重。

5 研究所 yánjiūsuǒ **tempat penelitian**

【名词】以科学研究为主要目的的社会、企业、事业单位等机构；思考或研究问题的地方。‖ 这是世界上最先进的研究所，很多有名的科学家们都在里面工作。| 他在研究所里工作，每天都很忙。

4 研制 yánzhì **meneliti dan menciptakan**

【动词】研究和制造。‖ 经过大家的努力，新产品终于研制成功。| 在研制新机器的过程中，我们遇到了很多困难。

5 眼光 yǎnguāng **selera**

【名词】① 观察事情的能力；观点。‖ 这件衣服好看，你的眼光不错。| 我们不要用老眼光看事情。→我们不要用旧的、不合适的观点去看事情。② 视线。‖ 同学们的眼光都集中在黑板上。| 她的眼光集中在一盒巧克力上。

4 眼镜 yǎnjìng **mata**

【名词】用玻璃片或水晶片制成，戴在眼睛前，矫正视力或保护眼睛的透镜。‖ 他眼睛现在看不清东西，需要戴眼镜才能看清。| 我的视力下降很快，就到医院配了一副眼镜戴上。

6 眼看 yǎnkàn **terlihat; melihat tak peduli**

【动词】看着而不管（不如意的事情发生或发展）。‖ 我不能眼看他做坏事却什么都不做。| 眼看花都干死了，他也不去浇水。

【副词】马上。‖ 现在七点五十了，眼看他上学就要迟到了。| 还有四分钟，会议眼看就要结束了。

4 眼泪 yǎnlèi **air mata**

【名词】从眼睛里流出来的液体。‖ 她很难过地哭了，流了很多眼泪。| 我看到他流眼泪，我不知道应该怎么办才好。

4 **眼里** yǎnlǐ **perspektif**

【名词】在心中。‖ 在他眼里他的女朋友是最美的。| 任何人眼里都不能只有自己。

4 **演讲** yǎnjiǎng **pidato**

【动词】把一些观点、主张或信息讲给听众。‖ 他正在进行演讲,同学们听得很认真。| 要站在这么多人面前演讲,我感到紧张。

6 **演奏** yǎnzòu **instrumen**

【动词】用乐器表演。‖ 他用钢琴为大家演奏了一首歌,非常好听。| 雨落在地上的声音就像在演奏音乐,我很喜欢这种声音。

6 **宴会** yànhuì **pesta; perjamuan**

【名词】主人、客人在一起喝酒吃饭的且规模比较大的聚会。‖ 他穿着西装去参加宴会。| 这场宴会明天举行,很多名人都会参加。

4 **阳台** yángtái **teras**

【名词】从房屋墙面伸出去的平台,为了安全一般安装护栏。‖ 我在阳台上种了花。| 衣服一般都晒在阳台。

6 **洋** yáng **luar negeri**

【名词】地球表面被海水覆盖的部分,叫洋。‖ 中国的东部靠着太平洋。| 地球上有七大洋。

【形容词】① 外国的;外国来的。‖ 这些洋货很好用,所以很受大家欢迎。| 他是一个洋人,不是中国人。② 现代化的。‖ 她到大城市两年了,现在也学洋气了,学会打扮自己了。| 这店的装修是土洋结合,风格差异太大了。

6 **仰** yǎng **mendongak; menengadah**

【动词】脸向上;抬头。‖ 她把头仰着,不想让眼泪流下来。| 他比我高很多,要看清他的脸我必须仰着头。

4 **养成** yǎngchéng **membiasakan**

【动词】培养而慢慢形成或成长。‖ 我以前不喜欢跑步,现在慢慢地养成了跑步的习惯。| 每天看一小时书的习惯是他从小养成的。

6 **养老** yǎnglǎo **merawat/memelihara orang tua（lanjut usia）**

【短语】① 照顾老人,提供生活所需要的给老人。‖ 父母老了,给他们养老是我们必须做的。| 养老是社会责任。② 人老了,不工作了,在家休息保养。‖ 这个地方很适合我养老,我很喜欢。| 退休后,他过上了养老生活,散步、种花、看书等代替了上班。

6 **氧气** yǎngqì **oksigen**

【名词】一种气体,人和动物只有呼吸它才能生存下去。‖ 因为有氧气,地球上才会有生命。| 空气中有百分之二十是氧气。

6 **样** yàng **rupa**

【名词】① 形状;模样。‖ 五年了没见了,她还是那个样,面貌一点没有变。| 她和她妈妈长得一个样,很像。② 用来做标准的东西。‖ 医生要先取样,然后再给你做检查。| 老板买了一件样衣,要我们参照它来做衣服。

【量词】品种;种类。‖ 这里有四样水果,你看你喜欢吃哪个。| 各样色彩的笔他都买了,红色的、黑色的、绿色的都有。

4 **腰** yāo **pinggang**

【名词】① 在身体的中部。‖ 他弯腰去拿地上的鞋。| 我的腰受伤了,不能站太久,只能躺着。② 事物的中间部分。‖ 我们现在才爬到山腰,离山顶、山脚都是一半的距离。| 树腰间居然有个鸟窝。

5 **邀请** yāoqǐng **mengundang**

【动词】比较正式地请人到自己的地方来或去某个地方;或请人做某事。‖ 明天我生日,我邀请你来我家,你会来吗? | 学校邀请了张教授为大家作报告。

【名词】比较正式地请人到自己的地方来或去某个地方;请人做某事。‖ 谢谢你的生日邀请,让我度过了一个美好的夜晚。| 她接受他的邀请,答应和他一起跳舞。

4 **摇** yáo **menggoyang; bergoyang**

【动词】摆动;使事物来回摆动。‖ 我看见他在对面,对他摇了一下手。| 风太大了,吹得树一直摇摆。

Y

5 **摇头** yáotóu **menggelengkan kepala**

【短语】把头左右摆动,表示否定、不同意、阻止等。‖ 他听了她的请求后,摇

头表示不同意。| 她对我摇了摇头，让我不要答应。

5 **咬** yǎo　**menggigit**

【动词】上下牙齿用力对着用劲。‖ 他咬了一口苹果，发现里面有只小虫。| 我嘴里咬着东西，说不了话。

6 **药品** yàopǐn　**obat**

【名词】药物和一些化学剂的统一称呼。‖ 家里要准备一些常用药品，感冒、受伤的时候可以用。| 药品要检验合格后才可以使用。

4 **药物** yàowù　**obat-obatan**

【名词】能预防、治疗疾病或害虫的物品。‖ 他的病用这种药物治不好，你最好带他去大医院看看。| 给孩子吃的药物一定要注意，不要让他们吃错了。

4 **要** yào　**jika; kalau bukan**

【连词】① 如果。‖ 要不是有事情，我会来找他的。| 明天要下雨的话，我就不去看电影了。② 要么，表示两种情况的选择。‖ 要就是你，要就是他，反正要有一个人留下来。| 要就今天，要就明天，你快点决定。

6 **要不然** yàobùrán　**kalau tidak**

【连词】要是不这样；不然；否则。‖ 快点跑，要不然我们要迟到了。| 你要舍得花时间学汉语，要不然你是学不好汉语的。

6 **要好** yàohǎo　**akrab**

【形容词】感情很好，很亲密。‖ 我和她从小认识，经常一起玩，十分要好。| 他们的关系很要好，经常与对方分享秘密。

6 **要么** yàome　**antara ... atau ...**

【连词】① 表示两种情况的选择。‖ 要么我来，要么你来，反正要有一人去做。| 要么打电话，要么发短信，你选一个。② 表示只好这样，带有商量的意思。‖ 他不同意，要么这件事就这样吧。| 要么我去吧，你看可以吗？

6 **要素** yàosù　**faktor/unsur penting/utama/wajib**

【名词】构成事物的必要组成部分。‖ 不怕失败是取得成功的重要要素之一。| 努力是成功不可缺少的要素。

5 也好 yěhǎo **boleh juga**

【助词】① 两个或几个连用,表示任何情况下都这样。‖ 他去也好,他不去也好,反正结果都一样。| 你同意也好,你不同意也好,我都要去。② 表示只好这样。‖ 让他去也好,别人都不愿意去。| 你不同意也好,不是一定要去。

6 野 yě **liar; buas**

【名词】人比较少的地方;界限。‖ 野外的空气新鲜。| 这儿四处可见小山,视野不开阔。

【形容词】① 动植物不是人工养或人工种植、培养的。‖ 花园里有很多野草。| 我在树林里看到好几只野兔。② 没礼貌,不讲道理。‖ 这个小孩太野了,不尊重别人,没有礼貌。| 这人说话太野了,没人喜欢他。③ 不受约束;心思不集中。‖ 放了好几天假,学生的心都玩野了,无法集中精力到学习上。| 他的性格很野,没人可以管住他。

6 野生 yěshēng **liar; buas**

【形容词】在自然环境中生长而不是由人培养而成。‖ 这些野生植物有很高的价值。| 我们要保护自然环境,保护好野生动物。

5 业务 yèwù **pelayanan kerja**

【名词】个人或某个机构的专业工作。‖ 他的业务能力很强,为公司办成了好几件事。| 公司业务需要大家一起努力完成。

4 业余 yèyú **waktu luang**

【形容词】① 工作时间以外的。‖ 下班后,我的业余生活很丰富。| 他的业余爱好是看书。② 非专业的、没有经过专门的学习。‖ 他没专门学写作,只是一名业余作家。| 她虽然是一位业余画家,但画画得非常好。

4 叶子 yèzi **daun**

【名词】植物的叶,是植物的器官之一。‖ 树上长出很多绿色的叶子。| 秋天,地上有很多从树上掉下的叶子。

5 夜间 yèjiān **malam hari**

【名词】夜里;从天黑到天亮的一段时间。‖ 夏天白天长,夜间短。| 昨天夜间下了一场大雨。

4 **医疗** yīliáo **pengobatan; medis**

【动词】治疗,用药、手术等方法。‖ 现在的医疗技术有了很大进步,很多病都被治好了。| 这家医院的医疗设备先进。

4 **医学** yīxué **ilmu medis/kedokteran**

【名词】以保护和促进人类健康、预防和治疗人类疾病为研究内容的科学。‖ 现代医学很发达,很多病都可以治好。| 医学的进步给人类健康带来很大的好处。

6 **医药** yīyào **medis dan obat-obatan**

【名词】医疗和药品。‖ 他去了一趟医院,发现现在的医药费真的很贵。| 医药知识很重要。

6 **依次** yīcì **berurutan**

【副词】按照先后顺序。‖ 大家排好队,依次进入电影院。| 从左往右依次为红色、绿色、蓝色、白色、黑色。

5 **依法** yīfǎ **sesuai hukum**

【副词】按照法律。‖ 任何人都要依法办事,遵守法律。| 我们要依法行使我们的权利。

5 **依旧** yījiù **seperti yang lalu**

【动词】像从前一样。‖ 不管今天发生什么,明天的生活依旧。| 不管我们做错什么,父母对我们的爱依旧。

【副词】仍然;还是这样。‖ 教室里没人了,只有他依旧坐在那里看书。| 他没有获得第一名,他依旧很开心。

5 **依据** yījù **menurut**

【动词】把某种事物作为根据。‖ 依据我的观点,我们可以明天再去。| 依据大家的要求,我们明天去旅游。

【名词】作为分析、判断的根据或前提。‖ 你没有充分的依据就不要这么快下结论。| 你有什么依据可以证明这件事是我做的?

Y

4 **依靠** yīkào **bergantung; mengandalkan**

【动词】靠别的人或事物来达到一定的目的。‖ 小时候我们很多事情需要依靠父母帮忙才能完成。‖ 不要想着依靠别人，要学会靠自己。

【名词】可以依靠的人或事物。‖ 父母是我们的依靠。| 有老师作为我们的依靠，我们什么都不怕了。

6 **依赖** yīlài　**bergantung；menggantungkan**

【动词】① 依靠别的人或事物而不能独立或自主。‖ 他太依赖他的父母了，什么都听父母的。| 我不喜欢依赖别人，我喜欢自己的事情自己做。② 各个实物或现象互相作为条件，不可以分离。‖ 工业和农业互相依赖。| 汽车依赖汽油，要有汽油汽车才能开。

4 **依然** yīrán　**selamanya**

【副词】仍然。‖ 多年没来这儿，但这儿的样子依然没变。| 十年过去了，她依然还是这么美。

5 **依照** yīzhào　**menurut**

【动词】按照。‖ 依照顺序，我是第三个。| 依照规定，你现在不可以当老师。

【介词】表示根据某种标准进行。‖ 同学们依照老师的话去学习。| 任何人都要依照规定办事。

5 **一辈子** yíbèizi　**seumur hidup；sepanjang hidup**

【名词】一生；从生到死。‖ 一辈子说长不长，说短也不短。| 我爷爷当了一辈子老师。

6 **一次性** yícìxìng　**sekali pakai**

【形容词】只用一次，不会用第二次。‖ 我们去外面吃饭经常用一次性筷子。| 我们经常用一次性塑料袋装东西。

5 **一带** yídài　**sekitar**

【名词】指某一地方与它附近地方。‖ 我住的这一带环境很好。| 乡下一带的人很热情。

6 **一代** yídài　**era；sepanjang kehidupan**

【名词】① 一个时代。‖ 他是一代名人，没有人不知道他。‖ 李白是一代大诗人，他写的诗现在还有很多人喜欢。② 同一辈分或同一时代人。‖ 我们这一代人生活很幸福。| 作为父母的下一代，我们要继承他们的优良品质。

5 **一旦** yídàn **waktu singkat**

【名词】一天之内,表示非常短的时间。‖ 他用了几年写的东西突然都没了,全都毁于一旦了。

【副词】表示不确定的时间,如果有一天;万一。‖ 一旦发生危险,你要知道如何保护自己。| 一旦开始就要坚持下去。

6 **一道** yídào **bersama-sama**

【副词】一起;一块儿;一同。‖ 我和你一道去学校,等我一下。| 他不想和我一道去看电影。

6 **一贯** yíguàn **selalu**

【形容词】一向这样;一直;始终不变。‖ 他一贯的做法就是等别人都走了,他再走。| 诚实是我交朋友的一贯标准。

5 **一句话** yíjùhuà **singkatnya**

【短语】① 一句话概括。‖ 你说了这么多,一句话,你就是不想让我去。| 别说这么多,一句话,你会守信用吗? ② 一句话就可以办到。‖ 一句话的事儿,明天这事就可以办成。| 他一句话的事,什么都不是大问题。

5 **一流** yīliú **setipe**

【名词】一类;同一类。‖ 他是一流人物,他的观点很新。| 我和她是一流的,有共同的爱好,每天有不同的话题可以说。

【形容词】第一等;最好。‖ 我们学校的设备是一流的。| 我们公司有一流的技术,生产一流的产品。

5 **一路** yílù **sama**

【名词】① 一类。‖ 他们两个不是一路人,喜欢做的事情都不同。| 我和她的理想有很大不同,不是一路人。② 整个前进的路上。‖ 我们一路没说话,到家后各自回到自己的房间。| 她要回自己的国家了,我们祝她一路平安。

【副词】一起。‖ 我们一路走吧,我也走这条路。| 你和她一路回吧,现在太晚了,不安全。

6 **一路上** yílùshàng **sepanjang perjalanan**

【短语】整个前进的路上。‖ 他们一路上没说话,到家后各自回到自己的房间。| 一路上我看到了很多树,各种花。

4 **一律** yílǜ **sama**

【副词】适用于全体，没有不同。‖ 不管是谁，我们都一律平等对待。| 所有人一律在规定时间内完成。

5 **一下** yíxià **sebentar; tiba-tiba**

【副词】表示时间短；突然。‖ 他一下不见了。| 灯一下灭了，我看不清房间里的东西了。

5 **一下子** yíxiàzi **tiba-tiba**

【副词】一下；突然；表示时间短或动作迅速。‖ 他一下子就把饭吃完了，不到两分钟。| 天气一下子变冷了。

5 **一向** yíxiàng **selalu**

【副词】从来；从过去到现在一直。‖ 他一向喜欢看书。| 爷爷的身体一向很好。

4 **一再** yízài **berulang-ulang**

【副词】一次又一次。‖ 老师一再地说不能出去，还是有学生出去了。| 他一再保证会回来，我相信了。

4 **一致** yízhì **sesuai**

【形容词】接近相同；没有不一样。‖ 他的和我的看法是一致的，我们都认为这样做可以。‖ 你的行动要与你说的话一致，不要只是嘴里说而不去做。

【副词】一同；一齐。‖ 大家一致同意他当班长。| 同学们一致决定今天下午一起去看李老师。

6 **仪器** yíqì **instrument; peralatan; perangkat**

【名词】科学技术上用于实验、测量、检测等的工具、装置或设备。‖ 科学家正在用仪器检测空气质量。| 这种仪器很贵，使用的时候要小心。

6 **仪式** yíshì **prosesi; upacara**

【名词】典礼或比较正式的会议的进行方式。‖ 每到星期一，学校都会举行升国旗仪式。| 典礼仪式开始了，首先大家站起来表示欢迎。

4 **移** yí **berpindah**

【动词】改变位置；改变。‖ 把这个桌子移一下，放到那边去。| 把你的书移

到你的左边去。

4 **移动** yídòng **memindahkan**

【**动词**】改变原来的位置。‖ 冷空气正向南移动。| 路上堵车，现在车子才开始慢慢地移动。

4 **移民** yímín **migrasi**

【**名词**】搬到外地或国外生活的人。‖ 他是从北方来的移民。| 她是移民，不是中国人，是美国人，现在住在中国。

【**动词**】搬去外地或国外生活。‖ 他想移民到中国，他的爸爸妈妈也同意了。| 我的朋友要移民了，所以她把她现在住的房子给我了。

4 **遗产** yíchǎn **peninggalan；warisan**

【**名词**】① 人去世后留下的财产。‖ 他的父亲留给他一笔丰富的财产，他不用担心自己没钱花。| 他们为了争遗产经常吵架。② 历史上留下来的精神财富和物质财富；历史上留下的有价值的东西。‖ 要好好保护历史文化遗产。| 做人诚实是他的父母给他的最好遗产。

4 **遗传** yíchuán **turunan**

【**动词**】生物体的构造和生理机能等，由上代传给下代。‖ 他遗传了他爸爸的样子，和他爸爸长得很像。| 这种病是会遗传的，她爷爷、她爸爸和她都得了这种病。

6 **遗憾** yíhàn **sangat disayangkan；menyesal**

【**形容词**】十分可惜。‖ 我回来发现他已经离开了，我很遗憾没与他见上面。| 他为了这场比赛花了很长时间准备，很遗憾，他没有获得第一名。

【**名词**】不满意，无法再实现，让人十分后悔的事情。‖ 我想去见他最后一面，但是直到他去世我都没见到，这件事成了我的遗憾。| 为了不让生活留下遗憾，想做的事情就去做吧，想见的人就去见。

4 **疑问** yíwèn **pertanyaan**

【**名词**】问题；有不理解或怀疑的地方。‖ 我有一个疑问，你为什么不自己去找他而要我去。| 有疑问的地方找出来，大家一起去问老师怎么解决。

5 **乙** yǐ **urutan kedua**

【**名词**】① 排列顺序的第二位。‖ 甲是第一，乙是第二。| 我得了个乙，是第

二名,不是第一名。② 指某个人或某个东西。‖ 我不知道乙同学叫什么,你知道吗？| 我不知道她叫什么,就先叫她乙吧。

5 **以便** yǐbiàn　**demi efisiensi**

【连词】用在下半句话的开头,表示使下文说的某种目的容易实现。‖ 你给我你的电话号码,以便我找你。| 你先准备好资料,以便等开会用。

4 **以及** yǐjí　**dan**

【连词】还有……;和……。‖ 他以及我,我们都没去看电影,她一个人去了。| 我今天要做很多事情:上汉语课、去学跳舞以及跟朋友吃饭。

4 **以内** yǐnèi　**dalam**

【名词】在一定的时间、数量、范围之内。‖ 五天之内,你要解决这个问题。| 在这个范围以内你可以自由活动。

5 **以往** yǐwǎng　**yang lalu**

【名词】从前;过去。‖ 以往他早上都会去跑步,现在天气冷了就没去了。| 我现在的成绩比以往好。

4 **一般来说** yìbānláishuō　**biasanya**

【短语】通常;一般情况下。‖ 一般来说,你不会做这种事,但是今天你却做了。| 一般来说,他不会不来的。

6 **一番** yìfān　**sekali**

【短语】一回;一次;一阵等。‖ 老师对我说了一番话,我听完后很感动。| 今天是他的生日,我们要好好庆祝一番。

5 **一口气** yìkǒuqì　**tidak berhenti; terus menerus**

【副词】中间没停下来。‖ 我一口气说完了我的意见。| 他一口气从学校跑到家里。

6 **一模一样** yìmúyíyàng　**sama persis**

【成语】完全相同,没什么不一样。‖ 他和他弟弟长得一模一样。| 这个地方没有变化,和以前一模一样。

6 **一齐** yìqí　**bersamaan waktu; serempak**

【副词】同时。‖ 这些问题被一齐提出来了。| 我和他是一齐到的。

5 **一身** yìshēn **sekujur tubuh**

【名词】① 全身。‖ 他一身的水,不知道怎么弄的。| 我一身都痛,不知道怎么了。② 一个人。‖ 他独自一身,没人和他一起去。| 她独自一身生活,没有其他家人。

6 **一时** yìshí **suatu waktu; suatu Ketika; sementara; sebentar ... sebentar ...**

【名词】① 一个时期,一段时间。‖ 这一时和那一时不同,那时我的父母都在我身边,现在他们不再同我在一起。| 他一时享尽了富贵,金钱在他眼里根本不算什么。② 短时间。‖ 这本书我一时用不到,你拿去用吧。| 他一时还想不到这个问题,等下再提醒他。

【副词】① 暂时;偶然。‖ 看到我之后他一时没认出来。| 我一时没反应过来他说的是我。② 时而;有时;表示不定时地重复发生。‖ 天气一时冷,一时热,变化很大。| 今天一时下雨,一时出太阳。

6 **一同** yìtóng **bersama-sama**

【副词】表示同时同地去做某件事。‖ 我和我的朋友一同去了北京。| 我们一起努力,一同成长。

6 **一行** yìxíng **serombongan**

【名词】一群同行的人。‖ 我们班一行三十人都去参观了。| 我们一行人都同意走路去,不用坐车。

4 **义务** yìwù **kewajiban**

【名词】人在社会中应尽的责任;一个人对他人或社会应该做的事。‖ 读书是每个人的权利,也是每个人的义务。| 打扫卫生是这所学校每个人的义务。

6 **艺人** yìrén **aktor atau aktris; pekerja tangan yang ahli; tukang kerajinan**

【名词】① 演员。‖ 他是个很有名的艺人,唱歌很好听。| 她喜欢表演,想去做一名艺人。② 用手制作东西的人,并且做出来的东西很好。‖ 这位艺人的手很巧,他用手做的花像真的一样,很好看。| 他是一个汉服制作的手艺人。

Y

4 **议论** yìlùn **memberi komentar; memperbincangkan**

【动词】讨论问题,对人或事的对错、好坏发表意见。‖ 我来的时候他们正在

议论问题。| 随便议论别人是不对的。

【名词】对人或事的对错、好坏发表的意见。‖ 听到大家的议论后，他决定不去了。| 不要因为别人的议论生气，你没有做错。

6 **议题** yìtí　**topik rapat**

【名词】会议讨论的题目。‖ 这次会议的议题已经确定了。| 大家对这次会议的议题提出了很多建议。

6 **异常** yìcháng　**abnormal；tidak biasa**

【形容词】与平时不同。‖ 他今天的行为很异常，不知道在干什么。| 我有一种异常的感觉，总觉得有什么事情发生。

【副词】非常；特别。‖ 今天的天气异常热。| 收到录取通知书后，他的心情异常兴奋。

5 **意识** yìshí　**kesadaran；menyadari；merasakan**

【名词】认识；人头脑中对客观世界的反映，各种心理过程的总和。‖ 我们要增强环境意识，保护好我们的家园。| 集体意识很重要，很多事情一个人是没办法做的，要大家一起做才能做成。

【动词】感觉；发现。‖ 我意识到事情不太对，不应该这样的。| 他还没意识到问题的严重。

5 **意味着** yìwèizhe　**berarti；mengandung makna**

【动词】含有某种意义。‖ 你知道他这句话意味着什么吗？| 看到大家脸上的笑，就意味着他们实验成功了。

6 **意想不到** yìxiǎngbúdào　**tidak terduga**

【短语】没有想到。‖ 生活中有很多意想不到的东西，不用觉得奇怪。| 你努力了，认真去做了，有时候会有意想不到的收获。

4 **意愿** yìyuàn　**keinginan**

【名词】愿望。‖ 这只是你自己的想法，不能代表大家的意愿。| 要实现你的意愿，努力是必须的。

5 **意志** yìzhì　**tekad；kemauan**

【名词】为了达到目的，在行动中所表现的决心和坚持。‖ 他有很强的意志，什么都不能让他改变目标。| 她十分有意志，不管有多难她都坚持下去。

[6] **因** yīn **karena**

【连词】表示原因。‖ 因今天下雨，体育课取消。| 因明天不用起得太早，他今晚睡得晚。

【介词】表示原因。‖ 他因病没来学校。| 会议因人没来，取消了。

[5] **因而** yīnér **dengan demikian；maka dari itu；sehingga**

【连词】因为这样所以，用于表示结果或结论的句子。‖ 我昨天晚上睡得太晚了，因而早上起不来。| 地球是我们的家，因而我们要保护好它。

[6] **因素** yīnsù **faktor；unsur**

【名词】决定事情发展的原因或条件。‖ 认真和努力是他成功的主要因素。| 造成事情失败的因素有很多。

[6] **阴谋** yīnmóu **intrik**

【名词】不公开，不让别人知道，偷偷做坏事的计划。‖ 坏人的阴谋被大家知道了，所以他没办法再实施他的计划了。| 别相信他，这是一个阴谋，他会伤害你的。

[6] **阴影** yīnyǐng **bayangan；bayang-bayang**

【名词】① 黑暗的影子。‖ 光照到树，树在地上形成了一片阴影。| 房子的一面被灯光照着，另一面是一片阴影。② 不好的回忆、经验。‖ 我上次在公园遇到一条蛇，给我留下了阴影，我都不敢再去那里了。| 你走出失败的阴影，不要害怕，我们会帮你。

[6] **音量** yīnliàng **volume suara**

【名词】声音的强弱。‖ 电视的音量太高了，你把声音放小一点。| 他们说话的音量太大了，我听不清你说什么了，你说大声一点。

[6] **音像** yīnxiàng **rekaman suara dan gambar**

【名词】录音和录像。‖ 音像产品可以播放视频和声音。| 我在等他，他在音像店里买唱片。

[4] **引** yǐn **menarik；membimbing；menyuruh；menimbulkan**

【动词】① 吸引；把人或事物的注意转到某个地方。‖ 她奇怪的行为很引人注意。| 他进来时发出很大声音，引得大家都看着他。② 带领。‖ 我们不知道

路,小王你来引路吧。→我们不知道路,小王知道路,所以让小王带我们去。| 他热情地引着我们去他家。→他热情地带着我们去他家。③ 让;使。‖ 你别这样做,不要引你爸爸生气。| 他说的话引得大家都在笑。④ 使出现。‖ 纸可以用来引火。| 一句话引燃了他的暴脾气。

4 引导 yǐndǎo **membimbing; menuntun; mengarahkan**

【动词】① 带领;在前面带头,后面的人跟着。‖ 我们都不知道去那里的路,在他的引导下我们最后到了那里。| 让他们在前面引导,不会走错。② 带着人向某个目标行动。‖ 在爸爸的引导下,我知道该怎么做了。| 他引导我找到了目标,让我有了动力。

4 引进 yǐnjìn **membawa masuk; merekomendasikan**

【动词】① 从外地或外国带来资金、新技术等。‖ 对于先进的技术,我们要积极引进。| 这是刚从国外引进的新设备,要好好保护,好好利用。② 介绍合适的人。‖ 他工作能力很强,我把他引进给我的老板了。| 领导希望我们能积极引进人才到公司,公司的人太少了。

4 引起 yǐnqǐ **menimbulkan; menyebabkan**

【动词】一种事情、活动、现象使另一种事情、活动、现象出现。‖ 他们吵架是她引起的。| 这件事情引起了老师的注意。

5 饮料 yǐnliào **minuman**

【名词】经过加工制作的可以喝的液体。‖ 我不喜欢喝水,我喜欢喝饮料,特别是可乐。| 你要喝什么饮料?

5 饮食 yǐnshí **makan dan minum**

【名词】吃喝;日常生活中吃的、喝的。‖ 要注意平时的饮食卫生,不然身体容易生病。| 他的饮食很健康,不会吃对身体健康不好的东西。| 我的饮食不是很规律,吃饭时间不固定,有时候不吃。

6 隐藏 yǐncáng **bersembunyi**

【动词】躲起来不让人发现。‖ 看到他来了,我就隐藏在门后,不想和他说话。| 你把那些东西都隐藏在哪了,我都找不到。

Y

6 隐私 yǐnsī **privasi**

【名词】秘密,不愿意告诉别人的事或不愿意公开的事。‖ 这是我的隐私,我

不想说。| 不要随便说别人的隐私，这非常不好。

6 **印** yìn **cap；stempel**

【动词】盖，把字、图画等盖在某个东西上面。‖ 这张纸上印了一个小动物，很可爱。| 这本书印上了我的名字。

5 **印刷** yìnshuā **mencetak；sablon**

【东西】把字、图画等印在纸上。‖ 书上的字印刷得很清楚。| 我印刷了很多好看的图画，你看看。

5 **应** yīng **harus；wajib**

【助动词】应该。‖ 你应早点出发的，现在路上车太多了。| 我应先做作业，再去玩的。

6 **英雄** yīngxióng **pahlawan**

【名词】‖ 他救了我们大家，是我们的英雄。| 面对危险，他们没有考虑自己，而是把活下来的机会留给别人，是一群真正的英雄。

4 **英勇** yīngyǒng **gagah；berani；perwira**

【形容词】非常勇敢、大胆。‖ 他们是一群英勇的战士，不怕敌人，保护人民。| 他英勇救人的事，大家都知道了。

6 **迎来** yínglái **menyambut**

【短语】迎接人或事物的到来。‖ 等了好多天，我终于迎来了我的好朋友。| 我们迎来了一个好消息。

4 **营业** yíngyè **mengelola perusahaan；beroperasi**

【动词】商店、旅馆等为顾客服务；经营生意。‖ 这家店九点开始营业。→这家商店九点开门，客人可以进去买东西。| 过年的时候，这些商店也在营业。→过年放假的时候，这些商店也开着，可以去买东西。

4 **赢得** yíngdé **mencapai；memperoleh**

【动词】得到。‖ 他在这场比赛中赢得了第一名。| 这个小女孩很可爱，赢得了很多人的喜欢。

Y

6 **影迷** yǐngmí **penggemar film**

【名词】① 非常喜欢看电影的人。‖ 他是一个影迷，一有时间就去看电影。|

我是个影迷，没什么别的爱好。② 十分喜欢某个影视明星的人。‖ 那个女明星演的电影好看，我是她的影迷。| 这个影迷经常去娱乐公司门口看明星。

6 **影星** yǐngxīng **bintang film**

【名词】电影明星。‖ 他是一位影星，我看过他演的电影。| 很多人喜欢这位影星，从很远的地方坐车去见他。

4 **影子** yǐngzi **bayangan; bayang-bayang**

【名词】① 光照到人或事物上而形成的黑暗部分。‖ 晚上走在路上，除了我一个人都没有，我身后只能看到我的影子。| 他一个人对着自己的影子说话。② 镜子、水中形成的人或事物的形象。‖ 窗户擦得很干净，她的影子都照出来了。| 从水里可以看到我们的影子。③ 模糊的形象；对某些事情记不太清。‖ 这件事过去很多年了，我一点影子都不记得了。| 我昨天叫他一起出去玩，他答应了，今天他却一点影子都不记得，到现在都没来。

5 **应** yìng **memenuhi permintaan; mengabulkan**

【动词】① 答应。‖ 我叫了他来我家，他应了我，等下就会来。| 听见妈妈喊我，我连忙应了几声。② 满足要求；接受。‖ 他对女儿是有求必应。| 应好友的邀请，我明天去他家吃饭。③ 适应。‖ 她的衣服很应景。| 这儿的天空颜色应时变化。④ 应付。‖ 这事他应付不来。| 这钱放在你这儿应急用。

6 **应对** yìngduì **menjawab; menyahut**

【动词】① 回答别人的问题。‖ 面对客人的问题，他应对得不错，客人很满意。| 不管我问什么。他总能应对。② 采取措施，积极面对处理。‖ 面对挑战，要积极应对，不要害怕。| 我们要快点制定出应对方案解决这次出现的紧急事件。

6 **应急** yìngjí **melayani kebutuhan yang mendesak**

【动词】处理解决紧急情况。‖ 这笔钱你先拿着应急，等你处理好了再还我。| 火太大了，人没办法进去，要采取应急措施。

5 **硬** yìng **keras; teguh; kokoh; bersikeras**

【形容词】① 不软；东西很坚固，形状不容易改变。‖ 苹果太硬了，老人的牙不好，吃不了。| 这根木头太硬了，弄不断。② 能力强；质量好。‖ 这些货的质量很硬，质量完全可以保证，一件可以用很多年。| 他的写作能力硬，基础

Y

很好。

【副词】① 勉强地(去做某事)。‖ 他已经受伤了,却硬要爬山。| 人太多了,走不了,他们硬是从人群中穿出去。② 不让做某事,却坚持着自己的想法,坚持着要做。‖ 我不让他去,他硬要去。| 老师让我们不要说话了,他硬要说。

5 **硬件** yìngjiàn **perangkat keras**

【名词】① 构成计算机的各个装置。‖ 计算机由硬件和软件两大部分组成。| 他不懂电脑的硬件设施。② 各种设施、资源等。‖ 这所学校的硬件设施很全。| 这家公司的硬件条件很好,在公司里工作很舒适。

5 **拥抱** yōngbào **berpelukan; merangkul**

【动词】表示亲近或爱搂抱在一起。‖ 第一次见面时,他们互相拥抱。| 我们很开心,紧紧地拥抱在一起。

5 **拥有** yōngyǒu **mempunyai; memiliki**

【动词】具有。‖ 人们都拥有美好的生活。| 当你拥有梦想,就要为梦想行动,不要只说不做。

4 **勇敢** yǒnggǎn **berani**

【形容词】不怕危险和困难。‖ 我们要勇敢面对困难,不要怕。| 他勇敢地救出了那个小朋友。

4 **勇气** yǒngqì **keberanian**

【名词】不怕危险和困难,不怕风险,做事不用担心别的东西。‖ 他没有勇气去克服困难,所以他现在什么都不去做。| 老师的话让我们有了信心,有了前进的勇气。

5 **用不着** yòngbuzháo **tidak di perlukan / tidak perlu; tidak usah**

【动词】不用,不需要。‖ 我把书借给你,你用不着感谢我,我们是好朋友。| 这本书我现在用不着,所以我把书给他了。

6 **用品** yòngpǐn **barang keperluan**

【名词】使用的物品。‖ 纸和笔都是学习用品。| 他家里的很多生活用品都很漂亮。

4 **用途** yòngtú **kegunaan**

【名词】应用的方面或范围。‖ 床的用途是让你休息睡觉的。| 水的用途有很多,可以喝,可以用来洗东西。

6 **用心** yòngxīn **bersungguh-sungguh; sepenuh hati**

【形容词】集中注意力,专心。‖ 课堂上学生们正在用心听课。| 你工作时不要说话,用心一点。

【名词】怀着某种想法。‖ 你认真读完这篇文章,就能体会作者的用心。| 我很生气,你竟然看不出我关心你的用心。

5 **优惠** yōuhuì **promo; penawaran**

【形容词】享受的条件较一般合适。‖ 买得多价格可以更优惠。| 那家公司的待遇比这优惠得多,所以我想去那家公司上班。

4 **优良** yōuliáng **unggul; bagus**

【形容词】(品种、质量、工具、作风等)非常好。‖ 这种电视机质量优良,不容易坏。| 他们有互相帮助的优良传统。

4 **优美** yōuměi **indah permai**

【形容词】美好。‖ 这里风景优美,游客很多。| 优美的歌声从楼上传来。

5 **优秀** yōuxiù **terbaik**

【形容词】(学问、品德、成绩等)十分好。‖ 这所大学培养出了很多优秀人才。| 他是一名优秀的足球运动员。

6 **优质** yōuzhì **mutu terbaik; kelas tertinggi; kualitas utama**

【形容词】质量十分好。‖ 这家五星级酒店会给你提供优质的服务。| 老板很负责,只生产优质皮鞋。

5 **幽默** yōumò **humor**

【形容词】有趣而引人思考的。‖ 他讲了一个幽默的故事,大家听了哈哈大笑。| 这篇小说语言生动幽默,深受读者欢迎。

5 **尤其** yóuqí **khususnya**

【副词】更加、特别。‖ 我喜欢运动,尤其喜欢踢足球。| 这几天很冷,尤其是

今天特别冷。

5 **由此** yóucǐ **dengan demikian**

【副词】从这儿;因此。‖ 你可以由此联想到其他产品。| 由此看来,这件事情发生在昨天晚上。

5 **犹豫** yóuyù **ragu-ragu**

【形容词】拿不定主意。‖ 老师犹豫了一下,还是答应了同学的要求。| 已经没有犹豫的时间了,赶紧作出决定吧。

4 **邮局** yóujú **kantor pos**

【名词】负责邮寄信件和物品的部门。‖ 去邮局寄一封信。| 钱是通过邮局寄来的。| 邮局通知我,有我的包裹。

6 **游人** yóurén **turis; pelancong; wisatawan**

【名词】旅游的人。‖ 春天到了,游人也开始多了。| 这个旅行社每天要接待大量的游人。

6 **游玩** yóuwán **bermain**

【动词】游戏玩耍。‖ 小朋友在公园游玩。| 假期里全家去郊区游玩。

6 **游戏机** yóuxìjī **konsol permainan**

【名词】用来玩电子游戏的装置。‖ 你可以去玩一会游戏机,放松一下心情。| 很多学生都爱玩游戏机,不爱锻炼。

6 **游行** yóuxíng **berkelana**

【动词】广大群众为了庆祝、纪念、抗议等在街上组成队伍行走。‖ 今天是圣诞节,街上有游行活动。| 国庆节到了,人们组织游行活动来纪念。

5 **游泳池** yóuyǒngchí **kolam renang**

【名词】用来游泳用的池子。‖ 我们学校有两个游泳池,我们每天都可以游泳。| 体育馆里有一个深游泳池,还有一个浅游泳池。

5 **友谊** yǒuyì **hubungan pertemanan; persahabatan**

【名词】朋友间的感情。‖ 我们非常重视两国人民之间的友谊。| 友谊很宝贵,是钱买不来的。

5 **有毒** yǒudú **beracun**

【形容词】对环境、生物等产生不利的影响。‖ 这种食物有毒，不可以吃。| 那个工厂排出大量有毒的污水。

6 **有关** yǒuguān **berhubungan/terkait**

【动词】有关系。‖ 他买了很多跟演讲有关的书。| 经济的发展有关国家的命运。

5 **有害** yǒuhài **berbahaya**

【形容词】会造成伤害。‖ 吸烟对身体有害。| 玩手机太久对眼睛有害。

4 **有劲儿** yǒujìnr **bertenaga**

【形容词】① 有力气。‖ 他的手很有劲儿，能提动两袋大米。| 他干起活儿来显得很有劲儿。② 有趣。‖ 大家纷纷称赞，这出戏越看越有劲儿。| 打游戏多无聊，不如看部电影有劲儿。

5 **有力** yǒulì **bertenaga**

【形容词】有力量。‖ 观众的支持是对我们工作的有力推动。| 大卫是一名铅球运动员，他的胳膊强壮有力。

5 **有利于** yǒulìyú **menguntungkan bagi**

【形容词】有好处；有帮助。‖ 新鲜空气有利于健康。| 多读书有利于增长知识。

6 **有没有** yǒuméiyǒu **ada atau tidak**

【短语】有还是没有。‖ 你有没有什么建议？| 请问附近有没有超市？

4 **有趣** yǒuqù **menarik**

【形容词】有意思；使人喜爱或感到好奇。‖ 他的表演非常有趣，我们都喜欢看。| 这部小说有趣极了，我一下子就看完了。

6 **有事** yǒushì **ada urusan/keperluan/kepentingan**

【动词】有事情要做。‖ 他家里有事，先走了。| 因为我今天有事，所以不去玩。

4 **有限** yǒuxiàn **terbatas**

【形容词】数量不多；程度不高。‖ 他的水平有限，恐怕做不好这件事。| 我

们时间有限,需要赶紧离开。

5 **有着** yǒuzhe **memiliki；mempunyai**

【动词】具有;存在着。‖ 父母和子女之间有着亲密的关系。| 这座城市有着一千多年的历史。

4 **幼儿园** yòuéryuán **taman kanak kanak**

【名词】对幼儿进行学前教育的机构。‖ 她很喜欢小孩子,所以选择当了一名幼儿园老师。| 这所幼儿园对教育儿童很有经验。

6 **于** yú **di；ke；terhadap；membandingkan**

【介词】① 在。‖ 他生于 1997 年。| 她家位于小镇的南部。② 给。‖ 他把一生奉献于科学事业。| 她将全部财产投于爱心事业。③ 对,对于。‖ 我们要多做有利于健康的事。| 形势于我们有利。④ 比较。‖ 带来的好处远远大于不便。| 浪费时间等于浪费生命。

4 **于是** yúshì **kemudian；lalu**

【连词】表示事情接着前面发生。‖ 我给他打电话,于是他就来了。| 我们制定了一个计划,于是马上行动起来。

6 **娱乐** yúlè **hiburan**

【动词】寻找乐趣。‖ 今天是节假日,我们一起去公园娱乐。| 不能整天都忙着工作,也应该娱乐一下。

【名词】快乐有趣的活动。‖ 没有工作时应该有适当的娱乐。| 大家喜欢在周末开展一些娱乐活动。

6 **愉快** yúkuài **suka cita**

【形容词】心情高兴。‖ 这个假期我过得很愉快。| 他的脸上露出了愉快的微笑。

6 **与** yǔ **dan**

【介词】跟。‖ 这件事与你无关。| 他与妻子的关系非常好。

【连词】和。‖ 我喜欢看电视与电影。| 爸爸与妈妈都来了。

6 **宇航员** yǔhángyuán **astronot**

【名词】以太空飞行为职业或去过太空飞行的人。‖ 两名宇航员被发射到太

空。| 宇航员必须具备良好的素质。

5 **羽毛球** yǔmáoqiú **bulutangkis**

【名词】跟球有关的运动项目之一。‖ 我最喜欢的运动是打羽毛球。| 我的哥哥是羽毛球运动员。

5 **羽绒服** yǔróngfú **jaket bulu angsa**

【名词】用鸭、鹅等毛作填充物做成的衣服,冬天穿着十分暖和。‖ 今年冬天太冷了,我早早就穿上了羽绒服。| 天气变暖了,羽绒服卖不出去了。

5 **雨水** yǔshuǐ **air hujan**

【名词】① 雨落下来的水。‖ 这是雨水,不能直接喝。| 台风虽然带来了雨水,但也带来了灾害。② 下雨的情况、多少。‖ 最近雨水较少,河里的水都变少了。| 这几天雨水不停,每天都见不到太阳。

6 **雨衣** yǔyī **jas hujan**

【名词】用特殊材料制成的用来防止雨水的外衣。‖ 这几天下雨,出门别忘记带雨衣。| 他一进屋,就脱下了雨衣。

4 **语法** yǔfǎ **tata bahasa**

【名词】语言的结构形式,包括词的构成和变化、词和词以及句子的组合。‖ 我觉得汉语的语法很难。| 我买了两本语法方面的书。

4 **语音** yǔyīn **pelafalan**

【名词】语言的声音,就是人们说话时表达一定语言意思的声音。‖ 我一边学语音,一边学语法。| 我学了五年汉语了,可语音方面学得还是不太好。

4 **玉** yù **giok**

【名词】一种矿物,能打磨成各种好看的装饰品。‖ 这个杯子是用玉做成的,大家都说很好看。| 这是一块玉石,你要小心拿好。

4 **玉米** yùmǐ **jagung**

【名词】一种植物,果实是黄色,有食用价值。‖ 我今天只吃了一根玉米,现在很饿。| 邻居给我送来了烤玉米,吃起来很香。

5 **预备** yùbèi **menyiapkan/mempersiapkan; merencanakan**

【动词】准备,打算。‖ 我们已经预备好了旅游带的东西。| 我正预备去医院

看病，老师就来看望我了。

4 **预测** yùcè **menafsir; menduga**

【动词】事先判断。‖ 考大学之前，很多中学都进行预测。| 这个星期预测三个比赛项目。

4 **预定** yùdìng **memesan**

【动词】事先规定。‖ 我们要在预定期限内完成任务。| 这部电视剧预定明年播出。

5 **预期** yùqī **estimasi**

【动词】事先期待。‖ 这次试验已经达到了我们预期的目的。| 他们比我预期的优秀。

6 **预约** yùyuē **membuat janji**

【动词】事先约定。‖ 这个时间是医生和我预约的。| 我预约了明天晚上的餐厅位置。

4 **遇到** yùdào **menemui**

【动词】碰到。‖ 我在路上遇到了多年没有见面的老朋友。| 船要出发时，遇到了大雨。

4 **遇见** yùjiàn **bertemu**

【动词】碰到。‖ 我一天遇见了他们两次。| 我遇见她时，她正在打电话。

5 **元旦** yuándàn **tahun baru (masehi)**

【名词】新年的第一天。‖ 今天是元旦，放假一天。| 我们约好一起庆祝元旦。

6 **元素** yuánsù **unsur; faktor**

【名词】构成事物的基本因素，要素。‖ 水是人们生活不能缺少的元素。| 今年的服装融合了文化和艺术的元素，受到更多人欢迎。

6 **园** yuán **kebun**

Y

【名词】① 种蔬菜、种水果、种花、种树的地方。‖ 花园里的花都开了。| 我们从蔬菜园里摘了好多西红柿和黄瓜。② 让人游玩的地方。‖ 周六放假，我们

一起去公园散步吧。| 动物园里有大熊猫、大象等好多动物。

6 **园地** yuándì **kebun**

【名词】菜园、果园、花园等总的名称。‖ 这块园地种满了水果和蔬菜。| 爸爸到房子后面的园地里摘黄瓜。

5 **园林** yuánlín **taman**

【名词】种植植物给人欣赏休息的风景区。‖ 这片园林的风景很美。| 这个公园建筑具有高度的园林艺术。

6 **原** yuán **mula; asli**

【形容词】① 最初的;开始的。‖ 我们仍然按照原计划进行。| 这份原始资料很有价值。② 原来;本来。‖ 你站在原地不要动,我去买瓶水。| 下雪后,房屋已经看不出原样子了。③ 没有加工的。‖ 原油因为稀缺,价格不断上升。| 原始社会的人已经懂得使用工具了。

6 **原告** yuángào **penggugat**

【名词】首先向法院起诉,保护自己的权利和利益的人或机关、团体。‖ 原告向法院提起了赔偿请求。| 李先生是原告请的律师,帮助他赢得这场官司。

5 **原理** yuánlǐ **prinsip**

【名词】具有普遍意义的道理。‖ 电视机的工作原理并不复杂。| 这座桥的构造完全符合科学原理。

6 **原谅** yuánliàng **memaafkan**

【动词】对人的错误不指责。‖ 你就原谅他这一次吧,他下回一定会改的。| 我原谅过他好多次了。

4 **原料** yuánliào **bahan baku**

【名词】没有经过加工制造的材料。‖ 这些木头都是做家具的原料。| 这些服装原料都是从国外进口的。

5 **原始** yuánshǐ **awal**

【形容词】① 最初的。‖ 这份原始资料很有价值。| 请你把原始记录整理一下。② 最古老的,没有开发的。‖ 原始社会的人已经懂得使用工具了。| 原

始森林里的动物和植物资源非常丰富。

5 **原先** yuánxiān **sebelumnya; awalnya**

【形容词】以前。‖ 他原先是个运动员,现在已经成了作家。| 你们仍然按照原先的计划进行。

5 **原有** yuányǒu **awalnya memiliki/mempunyai**

【动词】原来有的。‖ 他原有一个儿子,在一场意外中去世了。| 公司原有的困难现在已经解决了。

4 **原则** yuánzé **prinsip**

【名词】说话或行动依靠的标准。‖ 他做人的基本原则是诚实。| 我们有自己处理问题的原则。

4 **圆** yuán **bundar; bulat; sempurna; memuaskan**

【形容词】① 形状像球。‖ 今天晚上的月亮很圆。| 你喜欢买圆盒子还是方盒子? ② 圆满;找不到缺点。‖ 这人做事很圆,各个方面都能照顾到。| 他很圆滑的,你找不出他的问题来。

【名词】一种形状,和方相反。‖ 圆在生活中到处都可以见到。| 他在纸上画了一个圆。

4 **圆满** yuánmǎn **memuaskan**

【形容词】没有缺少,让人满意。‖ 你的答案很圆满。| 他说的理由比你圆满多了。

6 **圆珠笔** yuánzhūbǐ **pulpen**

【名词】一种用油墨写字的一种笔,笔芯装有油墨,笔尖是小钢珠。‖ 圆珠笔使用起来比钢笔方便。| 这是一支红色的圆珠笔。

6 **援助** yuánzhù **membantu; menolong**

【动词】支援,帮助。‖ 对外经济援助的目的是发展友好合作关系。| 他们接受了一笔国际援助。

6 **缘故** yuángù **sebab; alasan**

【名词】原因。‖ 他突然改变主意,不知道什么缘故。| 由于比赛的缘故,两个人的关系变得亲密起来。

5 **远处** yuǎnchù **tempat jauh**

【名词】距离远的地方。‖ 他听到远处有人喊他。| 鸟向着远处飞去。

6 **远方** yuǎnfāng **tempat jauh**

【名词】远距离的地方。‖ 远方有一座很高的塔。| 家里来了一位远方的客人。

6 **远离** yuǎnlí **jauh meninggalkan**

【动词】远远地离开。‖ 这家工厂远离市区。| 这两个女人坐得尽量远离对方。

6 **远远** yuǎnyuǎn **sangat jauh**

【副词】很远。‖ 那个矮小的孩子远远落在后面。| 实际上,这一理论远远不够完善。

5 **怨** yuàn **menyalahkan; complain; protes**

【动词】指责。‖ 你不要什么事情都怨他。| 她怨我没有提前去车站接她。

5 **愿** yuàn **bersedia**

【动词】愿意。‖ 我愿参加篮球比赛。| 他不愿做这个工作。

6 **约定** yuēdìng **setuju**

【动词】经过商量而确定。‖ 大家约定明天在公园见面。| 我们已经约定,中午十二点到公司门口集合。

4 **约会** yuēhuì **kencan**

【动词】事先约好见面。‖ 他们已经去约会了,不可能再来这里了。| 大家约会后,再到这里见面。

【名词】约好的见面。‖ 我今天晚上有个约会。| 这是你和他两个人的约会。

5 **约束** yuēshù **membatasi**

【动词】加以限制,不使越出范围。‖ 你不要对孩子过分约束,孩子会没有自由。| 军人受纪律的约束。

5 **月饼** yuèbǐng **kue bulan**

【名词】一种在中秋节吃,形状是圆形,且里面一般带馅的点心。‖ 中秋节快

Y

到了，公司给大家发了月饼。| 这个月饼又香又甜，我很喜欢吃。

4 **月底** yuèdǐ **akhir bulan**

【名词】一个月的最后几天。‖ 快到月底了，任务还只完成了一半。| 月底的工作比较忙。

5 **月球** yuèqiú **bulan**

【名词】围绕地球转动的卫星，又叫月亮。‖ 月球是围着地球转动的一颗卫星。| 人类已经成功登上月球。

6 **乐曲** yuèqǔ **musik**

【名词】音乐作品。‖ 他一生创作了许多著名的乐曲。| 我喜欢听乐曲，因为这能使我心情愉快。

4 **阅读** yuèdú **membaca**

【动词】看并理解其中的内容。‖ 这本杂志我还没阅读完。| 他在很认真地阅读报纸上的文章。

5 **阅览室** yuèlǎnshì **ruang baca**

【名词】专门用来看书的地方。‖ 图书馆新开了两个报纸阅览室。| 这篇文章是我在阅览室里找到的。

6 **晕** yūn **pusing；pening**

【动词】头脑感觉周围物体在旋转，有倒下的感觉。‖ 他一坐汽车就晕。| 他因为晕船所以拒绝坐船。

6 **晕车** yūn//chē **mabuk kendaraan**

【动词】坐车时感到恶心，不舒服。‖ 有的人身体虚弱，坐车时就会晕车。| 我有点晕车，还是骑车走吧。

6 **允许** yǔnxǔ **mengizinkan；memperbolehkan**

【动词】许可，同意。‖ 学生们要求减少考试，校长允许了。| 家长允许孩子一天看两个小时电视。

5 **运** yùn **mengirim**

【动词】① 运输。‖ 我们从南方运来了五车苹果。| 这些食品是用飞机运来

的。② 不断转动;运动。‖ 工厂的机器白天一直运行着。| 他每天坚持运动。

4 **运动会** yùndònghuì **perlombaan olahraga**

【名词】多项体育运动的比赛。‖ 学校正在举办春季运动会。| 他在运动会上取得了两个第一名。

4 **运动员** yùndòngyuán **atlit**

【名词】参加体育比赛的人。‖ 他想当一名足球运动员。| 他有运动员一样健康的身体。

4 **运气** yùnqi **nasib**

【名词】命运。‖ 他运气好,找了个好对象。| 你真有运气,刚毕业就有了个好工作。

5 **运行** yùnxíng **bergerak**

【动词】定时定向地行驶;不断重复运转。‖ 地球绕太阳运行。| 科技的进步缩短了列车运行的时间。

4 **运用** yùnyòng **menggunakan; mengaplikasikan**

【动词】根据事物的特征来使用。‖ 他把学到的知识都运用到工作中去,很有效果。| 我们要运用科学的教育方法管理学生。

6 **运作** yùnzuò **mengoperasikan**

【动词】组织、机构等进行工作;开展活动。‖ 这家公司今年停止运作,宣布破产。| 好好吃饭才能让大脑更好地运作。

Y

Z

6 杂 zá **campur**

【形容词】多种多样的。‖ 车站什么样的人都有，很杂。| 我吃东西吃得太杂，胃有点儿不舒服。

5 灾 zāi **bencana**

【名词】灾害。‖ 自然灾害影响了人们的生活。| 尽管灾情严重，但大家的精神状态没有受影响。

5 灾害 zāihài **bencana**

【名词】给人造成的损害和痛苦。‖ 灾害发生在我国的西北地区。| 地震所带来的灾害损失太大了。

5 灾区 zāiqū **wilayah/area bencana**

【名词】受到灾害的地区。‖ 政府号召大家主动帮助灾区。| 灾区的景象很惨，大家都很难过。

5 再次 zàicì **sekali lagi；kedua kalinya**

【副词】又一次，第二次。‖ 他再次获得了冠军。| 由于下雨，活动再次取消。

4 再三 zàisān **berulang-ulang**

【副词】一次又一次。‖ 老师再三提醒明天上课要带尺子，他还是忘记了。| 他再三请求去灾区工作，想要帮助那些受灾群众。

6 再生 zàishēng **inkarnasi**

【动词】① 死了之后又活过来。‖ 死者不能再生。| 人没有再生的机会，只能活一次。② 器官或组织受到损害后重新生长。‖ 细胞可以再生。| 有的动物能使失去的器官重新再生出来。③ 把没用的物品加工，使成为新产品。‖ 我们要合理利用再生资源。| 利用旧瓶子可以再生玻璃。

6 **再说** zàishuō **lagipula**

【动词】表示留着以后处理。‖ 这件事以后再说，我现在没有时间。| 等校长回来再说，反正不着急。

【连词】进一步说明原因或理由。‖ 这家饭店的菜味道不好，再说价格也太贵，我们另找一家吧。| 这里的房子离市区不远，再说环境也很优美。

5 **再也** zàiyě **lagi**

【副词】① 表示到了最大程度。‖ 这列火车再也不能上人了，已经坐满了。| 这个箱子再也装不下衣服了。② 表示永远的意思。‖ 他再也没有去过那个院子。| 我再也不会相信你了。

5 **在场** zàichǎng **berada di tempat/lokasi**

【动词】自身在事情发生或进行的地方。‖ 在场的人都说没有看见这个包。| 事情发生的时候我不在场。

4 **在乎** zàihu **peduli**

【动词】① 在于。‖ 东西不在乎好看，而在于实用。| 朋友间的感情在乎相互的诚实对待。② 在意；介意。‖ 只要能学会，多学几天也不在乎。| 大卫非常大方，不在乎这点钱。

5 **在内** zàinèi **termasuk**

【动词】在某一范围里；包括。‖ 你把坐出租车的费用计算在内了吗？| 没有人赞成他的观点，包括我在内。

4 **在于** zàiyú **adalah**

【动词】① 就是；指出事物的本质或目的所在。‖ 诗人的高尚品质在于爱。| 你们工厂的问题在于质量不合格。② 决定于。‖ 读不读大学在于你自己。| 这件事的成功在于你的努力。

5 **暂时** zànshí **sementara**

【形容词】短时间之内。‖ 他那么聪明，找不到工作只是暂时的。| 这些困难是暂时的，很快就能解决。

5 **暂停** zàntíng **berhenti sementara**

【动词】暂时停止。‖ 有运动员受伤了，裁判暂停了比赛。| 这家店要装修，

Z

今天暂停营业。

4 **赞成** zànchéng　**setuju**

【动词】同意。‖ 他的意见是对的,我赞成。| 他很有能力,我赞成让他当组长。

4 **赞赏** zànshǎng　**mengapresiasi**

【动词】对人或事物称赞。‖ 领导赞赏这个小伙子的工作能力很强。| 张老师的教学能力得到了大家的赞赏。

4 **赞助** zànzhù　**setuju dan mendukung**

【动词】用财物支持、帮助。‖ 这家公司为这场演出赞助了三千元。| 十分幸运,老人赞助我出国。

6 **遭到** zāodào　**mendapat**

【动词】遇到;受到。‖ 我的建议遭到了他的反对。| 他的做法遭到了大家的批判。

6 **遭受** zāoshòu　**menderita**

【动词】受到不幸和损害。‖ 他家最近遭受了火灾。| 他的生活一直挺顺利的,没遭受过什么不幸的事情。

4 **遭遇** zāoyù　**menemui**

【动词】碰到。‖ 他在工作中遭遇了不少困难。| 她遭遇到这样的事,感觉很难过。

【名词】遇到的事情。‖ 爷爷经常讲起他童年的遭遇。| 大家十分同情他的遭遇。

5 **糟** zāo　**lapuk**

【形容词】事情或情况坏。‖ 他的身体很糟,经常生病。| 糟了,今天考试,我却忘了带笔。

5 **糟糕** zāogāo　**celaka; parah**

【形容词】形容情况很坏。‖ 这部电影很糟糕,没几个人喜欢。| 这么糟糕的情况,他还是第一次遇到。

5 **早期** zǎoqī **periode awal**

【名词】某个时代或阶段最初的时候。‖ 我们应该关心孩子的早期教育。| 他的早期作品大多是描写农村生活。

6 **早晚** zǎowǎn **cepat atau lambat**

【名词】早晨和晚上。‖ 他每天早晚都要读一个小时报纸。| 这个地方早晚气候变化很大。

【副词】表示情况总有一天要出现。‖ 这件事早晚都要做,不如现在就开始准备。| 不好好吃饭早晚会生病。

4 **造型** zàoxíng **model; bentuk**

【名词】把东西创造出来后的形象。‖ 这些玩具造型简单,但很有趣。| 这个书架的造型是老板设计出来的。

5 **增** zēng **menambahkan; meningkatkan**

【动词】增加。‖ 今年我们厂里的工人新增了五百人。| 和昨天相比,今天报名的人增了不少。

5 **增产** zēng//chǎn **meningkatkan produksi**

【动词】增加生产。‖ 粮食增产让农民的收入增加了。| 农民们努力增产蔬菜,保证城市蔬菜供应。

5 **增大** zēngdà **memperbesar**

【动词】由小变大。‖ 森林的面积增大,导致草地的面积减小。| 社会压力增大,人们的烦恼也增多。

5 **增多** zēngduō **memperbanyak**

【动词】数量比原来增加。‖ 由于这个地区的宣传,来这儿旅游的人增多了。| 随着爸爸的收入增多,我们家的条件也变得越来越好。

6 **增进** zēngjìn **meningkatkan**

【动词】增加并促进。‖ 这次访问的目的是增进交流,互相了解。| 两个公司打算用聚会的方式增进友谊。

5 **增强** zēngqiáng **menguatkan**

【动词】加强。‖ 老师的鼓励让他的信心增强。| 每日运动可以增强体力,促

进健康。

[6] **增值** zēngzhí **meningkatkan (nilai)**

【动词】资产价值增加。‖ 我们购买的资产有增值潜力。| 产品的增值让企业的收入增加了。

[5] **赠** zèng **memberi**

【动词】把东西送人。‖ 这支笔是买书赠的,不要钱。| 生日这天,妈妈赠我一个书包。

[5] **赠送** zèngsòng **memberi**

【动词】把东西无偿地送给别人。‖ 两国总统互相赠送礼品。| 新年到了,同学们把贺卡赠送给老师。

[6] **扎** zhā **menusuk**

【动词】① 刺。‖ 针把我的手扎破了。| 护士给他打针,扎了两次才扎进去。② 部队在某地住下。‖ 我们的部队就扎在村子东边。| 一支军队扎在山中。

[6] **扎实** zhāshi **kokoh; kuat**

【形容词】工作或做学问认真。‖ 张师傅干活挺扎实,大家都喜欢找他帮忙。| 王老师文学基础扎实,所以语文课上得好。

[6] **炸** zhà **meledak**

【动词】① 物体突然破裂。‖ 刚一装上开水,这杯子就炸了。| 装满热水的瓶子炸了,水流了一地。② 用炸药破坏。‖ 这座大楼被炸倒了。| 听到大使馆被炸的消息,同学们都很愤怒。

[6] **炸弹** zhàdàn **bom**

【名词】一种爆炸武器。‖ 飞机扔下几个炸弹就飞走了。| 炸弹爆炸的声音打破了周围的宁静。

[6] **炸药** zhàyào **mesiu; bahan peledak**

【名词】受热或撞击能够发生爆炸的物质。‖ 这个村子的农民用炸药开发山上的石头。| 炸药要小心保存,否则会发生爆炸。

[5] **摘** zhāi **memetik**

【动词】① 采取,拿下。‖ 女儿摘了一朵花送给了妈妈。| 天热了,把帽子摘

下来吧。② 挑选采用。‖ 我在本子上摘了几段优美的散文。| 这篇文章很好,我特地摘了几段。

6 **债** zhài **hutang**

【名词】欠别人的钱。‖ 他的公司破产了,欠了别人很多债。| 这笔债他已经还给别人了。

5 **展览** zhǎnlǎn **memamerkan; memajang**

【动词】把物品摆出来让人观看。‖ 动物园展览了许多动物,大家纷纷前来观看。| 这里展览的全部作品都是他一个人制作的。

【名词】把物品摆出来让人观看的展示形式。‖ 这个展览展出了很多最先进的手机。| 这个大型展览是由几个公司共同主办的。

5 **展示** zhǎnshì **menampilkan**

【动词】清楚地摆出来。‖ 这个商场的一角展示了北京服装的新潮流。| 他在这次比赛中充分展示了他的才能。

5 **展现** zhǎnxiàn **menunjukkan**

【动词】清楚明显地表现出来。‖ 作品展现了一幅农村生活图画。| 这部电影展现了当代青年的内心世界。

6 **占据** zhànjù **menduduki; menguasai**

【动词】用强迫的方式取得或保持。‖ 从目前的情况看,我们并不占据优势。| 这家商店的员工长期占据人行道摆放商品。

5 **占领** zhànlǐng **menduduki; menguasai**

【动词】用武器组织力量取得。‖ 敌人占领了我们的土地。| 他们占领了许多城市,老百姓没有家可以回。

5 **占有** zhànyǒu **memiliki**

【动词】① 拥有;拥有。‖ 这家企业占有大量土地。| 搞科学研究,必须占有一定数量的资料。② 处于某种地位。‖ 爸爸在我们这个大家庭中占有重要地位。| 必须认识到农业在国民经济中所占有的位置。

6 **战场** zhànchǎng **medan perang**

【名词】两军交战的地方。‖ 战场上爆发了激烈的战斗。| 他们在战场上表

现得很英勇。

4 **战斗** zhàndòu **pertandingan**

【动词】互为敌人的双方进行的武装冲突。‖ 这个班的战士战斗得十分英勇。| 战斗即将开始,必须立刻作好准备。

【名词】战争或紧张地工作。‖ 他指挥了那场战斗。| 有一千多万人在战斗中失去了生命。

6 **战略** zhànlüè **strategi perang**

【名词】① 指导战争的整个计划。‖ 士兵们都能理解首长提出的战略。| 战争的结局证明了我们采用的战略是正确的。② 决定整个局面的布局方法。‖ 为了企业的发展需要,我们应该调整战略。| 这次发表的经济战略意义重大。

4 **战胜** zhànshèng **mengalahkan**

【动词】在战争或比赛中取得胜利。‖ 我们怎样才能战胜新的对手,要再研究一下。| 他们战胜过的困难已经数不清了。

4 **战士** zhànshì **prajurit**

【名词】参加战争的成员。‖ 他是一位勇敢的战士。| 许多战士冲在最前面,激烈地战斗。

6 **战术** zhànshù **taktik perang**

【名词】进行战斗的原则和方法。‖ 第二场比赛我们改变了战术,终于赢得了比赛。| 作战要讲究战术,不能冲动。

6 **战友** zhànyǒu **koloni**

【名词】在一起战斗或一起在部队服役的人。泛指在一起奋斗过的人。‖ 战友牺牲了,他难过得吃不下饭。| 班长慰问了战友的母亲和妻子。

4 **战争** zhànzhēng **perang**

【名词】民族、国家等之间的战斗。‖ 我们国家正处于战争状态。| 没有人欢迎战争。

6 **站台** zhàntái **platform**

【名词】车站乘客上车下车或者搬货物的高于地面的平台。‖ 旅客都走完了,

站台上只剩下我一个人。| 站台上的货物很多,工人们正忙着搬运。

6 **章** zhāng **bab**

【量词】用于分节的文章、音乐作品等。‖ 这本小说一共有二十章。| 这首音乐作品共分四章,现在听到的是第一章。

6 **长** zhǎng **pimpinan; pemimpin/kepala**

【后缀】领导人(某些政党或政府机构中主要管理政权的人)。‖ 这项工作由秘书长亲自负责。| 开幕式上,秘书长发表讲话。

5 **涨** zhǎng **meningkat; naik**

【动词】升高。‖ 下了几天雨,河里的水涨上来了。| 每天下午四点多钟,海水就涨上来了。

5 **涨价** zhǎng//jià **naik harga**

【动词】提高价格。‖ 飞机票下个月要涨价。| 水果涨价的原因是今年水果比较少。

6 **掌声** zhǎngshēng **suara tepuk tangan**

【名词】鼓掌的声音。‖ 教室里传出了热烈的掌声。| 他的演讲被大家的掌声打断。

5 **掌握** zhǎngwò **menguasai**

【动词】① 了解事物,并且能充分加以利用。‖ 他已经掌握了汉语。| 他还没掌握开车的技术。② 主持,控制。‖ 这次会议是吴厂长掌握的。| 命运应该由自己掌握。

4 **丈夫** zhàngfu **suami**

【名词】男女两人结婚后,男子对女子的关系。‖ 她很爱她的丈夫。| 丈夫应该关心他的妻子。

6 **账** zhàng **keuangan**

【名词】① 关于钱、商品出入的记载。‖ 这家店的账很乱。| 商店会把采购的商品记账。② 记录账的本子。‖ 请把账给我看一看。| 为什么这笔钱没有在账上? ③ 债。‖ 看他的样子,像我欠了他的账。| 今天没带钱,明天我再来把账还上。

Z

6 **账户** zhànghù **akun/rekening**

【名词】与银行有资金业务往来的个人或团体。‖ 我想往我的账户上存一笔钱。| 公司不能从银行账户取现金。

6 **涨** zhàng **bengkak**

【动词】发生在身体上的现象。‖ 小明的脸涨红了。| 他感到头涨,身体又不舒服了。

6 **障碍** zhàng'ài **penghalang**

【名词】阻止前进的东西。‖ 这些障碍不克服,就会影响工作的开展。| 要发展事业,就一定要排除各种障碍。

6 **招** zhāo **melambaikan; merekrut; mengundang; mengaku**

【动词】① 举手上下摆动。‖ 张先生用手一招,出租车就马上停在他面前了。| 他向远处的父亲招了招手。② 用广告或通知的办法使人来。‖ 这家饭店招到两名服务员。| 这些都是招来的新生。③ 引来不好的事物。‖ 家里的不幸的事都是他招来的。| 西瓜切开来这样放着,不是招虫子吗? ④ 承认犯罪。‖ 他招出了和自己一起犯罪的人。| 在证据面前,他只能招了。

4 **招呼** zhāohu **menyapa**

【动词】① 叫;喊。‖ 你大声招呼,他们就听见了。| 你听,门外有人招呼你。② 用语言或行动表示问候。‖ 我每次来,他都招呼我。| 他一见到熟人就热情地打招呼。③ 告诉某人要做某事。‖ 你招呼他明天要提前上班。| 招呼他赶紧做好了送来。④ 照顾。‖ 这家饭店对顾客招呼得很热情。| 母亲上班的时候,都是邻居招呼弟弟吃午饭的。

6 **招聘** zhāopìn **lowongan kerja**

【动词】用公告的方式聘请。‖ 我们学校招聘了五名英语教师。| 招聘的人员明天将参加考试。

5 **招生** zhāo//shēng **merekrut murid**

【动词】招收新学生。‖ 我们学校到外地去招生。| 教育部门应该认真做好每年的招生宣传工作。

5 **招收** zhāoshōu **merekrut**

Z

【动词】用考试或其他办法接受学生等。‖ 这所大学今年招收了一百多个新

学生。| 这次招收到的学生水平都很高。

4 **着** zháo **membara**

【动词】① 燃烧。‖ 烟没点着,只好再点一回。| 几个孩子在树林里玩火,结果把树烧着了。② 用在表示动作词语后面,表示已经达到目的或者已经有了结果。‖ 我买着票了。| 我找了一上午,终于找着了这家饭店。

4 **着火** zháo∥huǒ **kebakaran**

【动词】烧起来了。‖ 昨天晚上一家超市着火了。| 着火的房子冒着很黑的烟。

4 **着急** zháo∥jí **panik**

【动词】心里感到不安。‖ 别着急,我帮你一起干。| 老刘找不到孩子,正在那着急呢!

4 **召开** zhàokāi **mengadakan rapat**

【动词】举行会议。| 明天将召开一个重要会议。| 下个月这里要召开一个国际会议。

6 **照样** zhàoyàng **sesuai sesuatu**

【副词】按照某一个模样。‖ 这条裙子很合适,你再给我照样做一条吧。| 我照样模仿了一个月,把这支舞蹈学会了。

6 **照耀** zhàoyào **menerangi**

【动词】发射出强烈的光。‖ 阳光照耀着大地。| 在灯光的照耀下,大伙尽情地跳着舞。

4 **折** zhé **patah**

【动词】① 断,弄断。‖ 他折断了一根木头。② 手工活动,使物体的一部分和另一部分靠在一起。‖ 他用纸折了一个飞机。| 我把信折好,寄了出去。

6 **哲学** zhéxué **filosofi**

【名词】对整个世界看法的学问。‖ 他的专业是哲学。| 这位教授专门研究哲学。

6 **这就是说** zhèjiùshìshuō **artinya**

【短语】指某件事情所表达的意思是。‖ 这就是说,你同意让我出去玩了? |

Z

他只喜欢一个人待着，这就是说，他不会和你去参加活动的。

4 **针** zhēn **jarum**

【名词】一种细长、一头尖利，一头有细空能穿线的缝衣服工具。‖ 我帮她找掉在地上的一根针。| 这件衣服破了，你去帮我拿针过来。

4 **针对** zhēnduì **terhadap**

【动词】对着。‖ 这些话都是针对这个问题说的。| 教师要针对学生的特点进行教育。

5 **珍贵** zhēnguì **berharga**

【形容词】价值大；意义深刻。‖ 这是一份珍贵的礼物，我一定好好保护。| 童年时代的友谊是很珍贵的。

5 **珍惜** zhēnxī **menjaga**

【动词】重视，爱护。‖ 母亲最珍惜外婆留下的那本书。| 我们应该珍惜青春的时光。

5 **珍珠** zhēnzhū **mutiara**

【名词】一种颜色一般是白色的圆东西，用来装饰。‖ 珍珠在阳光下闪着光。| 小女孩的眼睛像两颗黑色珍珠一样亮。

5 **真诚** zhēnchéng **tulus**

【形容词】真实诚信。‖ 这是位真诚的姑娘，大家都很喜欢她。| 我喜欢他的真诚，于是主动与他交朋友。

5 **真理** zhēnlǐ **kebenaran**

【名词】真实的道理；对客观事物的真实反映。‖ 我们要坚持真理，不能相信错误的观点。| 无论是谁都应该服从真理。

5 **真相** zhēnxiàng **fakta**

【名词】事情的真实情况。‖ 在知道真相之前，我很难发表意见。| 通过询问警察，他了解了真相。

5 **诊断** zhěnduàn **diagnosa**

【动词】检查病人情况之后做出判断。‖ 这种病初期很难诊断，到了后期才会

被检查出来。| 医生诊断他的病并不严重,让他回家好好休息。

4 **阵** zhèn **sebentar**

【量词】表示事情或动作持续的时间段。‖ 他等了一阵儿就走了。| 昨天下了一阵雨。

5 **振动** zhèndòng **bergetar**

【动词】物体以某位置为中心,反复运动。‖ 他用力推桌子,杯子振动了一下。| 物体振动产生声音。

5 **震惊** zhènjīng **terkejut**

【形容词】吃惊。‖ 我们听到朱老师生病的消息感到十分震惊。| 他们对男孩的无礼感到震惊。

【动词】使吃惊。‖ 那个女学生自杀的消息震惊了整个学校。| 这件震惊全国的新闻发生在北京。

6 **镇** zhèn **mendinginkan**

【动词】把食物、饮料等和冰的东西放在一起使其冰凉。‖ 夏天,奶奶总把西瓜放在井里镇一镇再吃。| 我喜欢喝冰镇过的汽水。

【名词】比县小一级的单位,由镇领导。‖ 火车停在一个小镇旁边。| 这个镇只有三万人居住。

6 **争夺** zhēngduó **mempertaruhkan**

【动词】争着夺取。‖ 两个国家在这个地区激烈地争夺资源。| 两只猫为了争夺一块饼干而打架。

4 **争论** zhēnglùn **berdebat**

【动词】辩论。‖ 他们大声地争论起来了。| 同学之间常常争论问题,直到分出谁对谁错。

5 **争议** zhēngyì **kontroversi**

【动词】讨论时意见不一致。‖ 如果不是因为有人离开,这场争议还会继续下去。| 这些有争议的问题,我们应该认真解决。

4 **征服** zhēngfú **menaklukkan**

【动词】用力量战胜。‖ 我们要努力征服困难,不能被困难打败。| 这个民族

坚持着,不愿意被敌人征服。

4 **征求** zhēngqiú **mencari**

【动词】公开寻找,希望得到。‖ 听说大家还有意见,我们应该再征求一下。| 征求房屋的广告吸引了很多人。

6 **整顿** zhěngdùn **konsolidasi**

【动词】使变得整齐;使变得健全。‖ 这种不良作风需要整顿。| 交警在路口整顿交通,确保行人的安全。

6 **整治** zhěngzhì **renovasi**

【动词】① 修理,治理。‖ 这架坏机器需要好好整治。| 会计正在忙着整治这些账本。② 为了打击,使经历痛苦。‖ 这匹马太调皮,你要好好整治它。| 这个坏人要整治一下,不能让他继续做坏事。

5 **正版** zhèngbǎn **asli**

【名词】出版单位正式出版的作品。‖ 我们应该自觉购买正版书。| 这几首正版歌曲可以免费听。

5 **正规** zhèngguī **standar**

【形容词】符合正式规定的或一般公认的标准的。‖ 她教钢琴的方法很正规。| 他接受过正规的课堂培训。

5 **正如** zhèngrú **seperti**

【动词】就像。‖ 正如大家说的,这场雨真的很大。| 正如我们知道的,只有付出才有回报。

5 **正义** zhèngyì **keadilan**

【名词】① 公正合理。‖ 人民支持这场正义的战争。| 我相信,他们做的这一切都是正义的。② 公正的道理。‖ 这位律师主持正义,大家都很尊敬他。| 那时在这个地方不存在正义。

【形容词】公正的,有利于人们的。‖ 为了守护人民他们发动了一场正义的战争。| 我们一定要支持一切正义的行动。

5 **证实** zhèngshí **mengkonfirmasi; memverifikasi**

【动词】证明其确实。‖ 这一传说至今还没有证实。| 无数事实证实了这一

条真理。

5 **证书** zhèngshū **sertifikat; ijazah**

【名词】由各种团体发布的具有证明作用的文件。‖ 班长通知我们今天去拿毕业证书。| 我把我的结婚证书装在盒子里。

6 **正当** zhèngdāng **adil**

【形容词】合理合法的。‖ 没有正当的理由你不能请假。| 我们支持你提出的正当要求。

6 **政策** zhèngcè **kebijakan**

【名词】国家或政党在一定背景下制定的方法、策略。‖ 这项政策让人民都很满意。| 国家的政策让我们的生活水平大大提高。

6 **政党** zhèngdǎng **partai politik**

【名词】代表某个集团等并为实现其利益而进行斗争的政治组织。‖ 他已经加入了那个政党,为他们做事。| 如果违反了法律,他们创立的政党将会被关闭。

4 **政府** zhèngfǔ **pemerintah**

【名词】国家进行管理的机构。‖ 我国政府很重视教育。| 两国政府对这件事的看法不同。

6 **政权** zhèngquán **hak politik**

【名词】① 政治上的治理权力。‖ 这个国家的人民建立了民主的政权。| 新政权一建立,就得到全国人民的支持。② 政治权力机构。‖ 地方政权应该落实国家的各项政策。| 国家政权拥有国家的最高权力。

4 **政治** zhèngzhì **politik**

【名词】指政府管理国家的行为。‖ 他很关心政治,经常看有关政治的书。| 他是研究政治问题的。

6 **症状** zhèngzhuàng **gejala**

【名词】生病而表现出来的异常状态。‖ 发烧是感冒的一个症状。| 医生让病人描述一下症状。

Z

5 **挣** zhèng **melepaskan；memperoleh**

【动词】① 使劲使自己摆脱约束。‖ 她挣开了绑住她的绳子。| 线被一阵强风挣断了。② 用劳动交换。‖ 他挣了很多钱,但仍然很节俭。| 她一个月能挣很多钱。

5 **挣钱** zhèng//qián **memperoleh uang**

【动词】用劳动交换钱。‖ 他挣钱很多,却很节俭。| 他挣钱资助妹妹上学。

4 **之后** zhīhòu **setelahnya**

【名词】① 表示在某个时间或地点的后面。‖ 三天之后她离开了这座城市。| 五分钟之后,他果然来了。② 单独用在句子开头。‖ 之后,我们又见了几次面。| 之后,他再也不去找他了。

4 **之间** zhījiān **di antara**

【名词】两个事物中间的部分。‖ 两个国家之间的友谊不断增强。| 同学之间要互相帮助。

6 **之类** zhīlèi **sejenis**

【名词】同一类的事物。‖ 我喜欢像茶和汽水之类的饮料。| 你要相信自己能行,不要说害怕之类的话。

5 **之内** zhīnèi **di dalaml termasuk**

【名词】一定的范围以内。‖ 我必须在今天之内到达。| 三个月之内,我一定看完这本书。

5 **之外** zhīwài **di luar；selain**

【名词】包含原来有的基础上、另外的东西。‖ 除了读书之外,他还喜欢看电影。| 桌子上除了有水果之外,还有蔬菜。

5 **之下** zhīxià **di bawah**

【名词】在某种情况下。‖ 无奈之下,他只好接受了。| 人们在不公平之下努力生存。

5 **之一** zhīyī **salah satu**

【名词】一定范围内的数量或事物中的一个。‖ 他是我的朋友之一。| 读书

是她最喜欢做的事之一。

5 **之中** zhīzhōng **di tengah/dalam**

【名词】表示在某一个范围里面。‖ 他消失在了人群之中。| 我要把精力投入学习之中。

4 **支** zhī **menopang; menegakkan; mendukung**

【动词】① 用手支着头。→意思是手顶着头使不倒。‖ 他用手支着头,坐在那里思考问题。| 下雨了,行人都支起了伞。② 伸出;竖起。‖ 小明支着耳朵认真听老师讲课。| 他的两颗牙朝两边支着。③ 支持。‖ 他肚子疼得实在支不住,去医院了。| 妈妈的病刚好,就支着身体去上班了。

6 **支撑** zhīchēng **menahan; menyangga**

【动词】① 顶住压力使不倒。‖ 阳台下有两根柱子支撑着。| 桌子由四根木头支撑着。② 艰难维持。‖ 一家人的生活全靠他支撑。| 这样苦的日子他一天也支撑不下去了。

5 **支出** zhīchū **membayar; bayaran**

【动词】付出;支付。‖ 这个单位上个月支出八千多元。| 这个月的支出很大,花了不少钱。

【名词】支付的钱。‖ 爸爸最近没有工作,我们要减少家庭支出。| 他的支出远远超过收入。

5 **支配** zhīpèi **mengatur**

【动词】① 安排。‖ 你应该合理支配你的时间。| 她总是把家里的一切支配得很好。② 对人或事物引导、控制。‖ 思想支配行动。| 这笔经费由厂长支配。

6 **支援** zhīyuán **mendukung; membantu**

【动词】用实际行动支持和帮助。‖ 各地人们热情支援灾区群众。| 哥哥支援我读完大学。

6 **枝** zhī **cabang**

【名词】从植物主要部分上分出来器官,长着叶子和果实。‖ 枝上的叶子落光了。| 这根细枝还结了一个很大的果实。

【量词】用于带枝子的花。‖ 花瓶里插着三枝梅花。| 这几枝桃花真香。

6 **知名** zhīmíng **terkenal; tersohor**

【形容词】著名;有名。‖ 他是一位知名的哲学教授。| 这个人虽然不知名,但在学术上很有成就。

6 **织** zhī **menganyam**

【动词】① 用线等制成布等材料。‖ 这家工厂织的布特别好。| 我的奶奶会织布。② 用针把线等制成毛衣等。‖ 母亲正在织毛衣。| 这张网是爸爸用针织的。

5 **执行** zhíxíng **melaksanakan**

【动词】实施;实行。‖ 这件事必须经过上级的批准,才能执行。| 等我执行完任务就回家。

6 **直升机** zhíshēngjī **helikopter**

【名词】一种能够停留在空中的飞机。‖ 一架直升机出现在山顶山。| 为了抢救灾民,他们使用了直升机。

5 **直线** zhíxiàn **garis lurus**

【名词】两个点之间最短的线。‖ 数学老师在黑板上画了两条直线。| 沿着这条直线走就能看到那家超市。

5 **值班** zhí//bān **piket**

【动词】在规定的时间担任工作。‖ 丈夫每个月都要在工厂值班。| 今天医院值班的是李医生。

5 **职能** zhínéng **fungsi**

【名词】人、事物、机构应该有的功能、作用。‖ 他充分发挥了自己作为经理的职能。| 政府的职能是管理好国家。

5 **职位** zhíwèi **posisi jabatan**

【名词】在机构或团体中执行一定职务的位置。‖ 他的职位虽然高,但是对每一个人都很尊重。| 不管职位的高低,大家都是好朋友。

6 **职责** zhízé **tanggung jawab profesi**

【名词】职务和责任。‖ 张师傅在给新工人讲解他们的职责。| 救援病人是医生的职责。

4 **植物** zhíwù　**tumbuhan；tanaman**

【名词】生命的主要表现形式之一。‖ 草和树都是植物。| 没有水植物就会死。

6 **止** zhǐ　**berhenti**

【动词】① 停止。‖ 我了解她，不达目的不止。| 请止步，这里只有学生才能进去。② 阻止。‖ 她鼻子里流出的血怎么也止不住。| 水止不住地往外流。③ 截止。‖ 展览从八月一日起至八月七日止。

5 **只不过** zhǐbúguò　**hanya saja**

【副词】仅仅是；只是。‖ 我只不过说说而已，不要当真。| 他一定会来的，只不过要晚点到。

6 **只得** zhǐdé　**hanya bisa/dapat；terpaksa**

【副词】不得不。‖ 明天下大雨，比赛只得推迟。| 他还不来，我只得自己去了。

6 **只顾** zhǐgù　**hanya mempedulikan/memikirkan**

【副词】表示专一不改变。‖ 他话也不说，只顾干他的事。| 儿子只顾学习，也不管家里的事。

6 **只管** zhǐguǎn　**hanya mepedulikan/memikirkan**

【副词】① 尽管。‖ 你有什么困难，只管说出来，我帮你想办法。| 有意见你只管提，不用客气。② 只顾。‖ 别人问他，他只管笑，也不说话。| 爸爸只管忙着干活，没有听到别人叫他。

5 **只见** zhǐjiàn　**hanya terlihat**

【动词】只是看见。‖ 只见他着急地跑出去，什么话也没说。| 只见天突然暗了下来，不久就下起了雨。

5 **指标** zhǐbiāo　**indeks**

【名词】计划中规定达到的目标。‖ 这个月工厂的指标没有完成。| 没有指标，没有目标的生产是不行的。

6 **指定** zhǐdìng　**menunjuk；menentukan**

【动词】确定。‖ 校长指定他做会议发言人。| 领导指定大家到公司门口

Z

集合。

4 **指挥** zhǐhuī **arahan; aba-aba**

【动词】下达命令；安排。‖ 他正在指挥大家唱歌。| 这次我们要找一个有经验的人来指挥。

【名词】下达命令的人，也指乐队等前面安排如何唱歌的人。‖ 今天的团体唱歌，我们班长当指挥。| 演出结束，大家向指挥献上鲜花。

5 **指甲** zhǐjiǎ **kuku jari**

【名词】手指前面、上面的部分，起到保护作用。‖ 你的指甲太长了，快剪一剪吧。| 咬指甲是个坏习惯，应该改掉。

5 **指示** zhǐshì **petunjuk**

【名词】指导的话或文字。‖ 我们是按照上级的指示处理这个问题的。| 谁的指示他都不听。

【动词】上级对某个问题处理原则和方法的说明。‖ 国家指示要严厉打击违法行为。| 上级指示我们必须在三天内完成任务。

6 **指数** zhǐshù **indeks; angka**

【名词】特定时间里，与当作一百的数量相比，表示数量变动的数字。‖ 今年的物价指数一直在迅速上升。| 从六月开始，美元指数持续下降。

6 **指头** zhǐtou **jari**

【名词】手指。‖ 他的指头上沾上了泥土。| 他伸出一个指头给对方指路。

5 **指责** zhǐzé **mengkritik**

【动词】指出缺点、错误后再批评。‖ 大家指责他不遵守纪律。| 你的指责不是没有道理，他的确犯错了。

6 **指着** zhǐzhe **menunjuk**

【动词】用指头对着。‖ 他指着书上的字一个一个读。| 路人指着那个方向，告诉他那有一个超市。

5 **至** zhì **sampai**

【动词】到。‖ 北京至上海的火车已经开走了。| 今年的六月至八月天气一直很热。

Z

6 **至于** zhìyú **sampai**

【动词】表示达到某种程度。‖ 她说要来的，也许晚一些，不至于不来吧？| 天气很好，以至于我们每天都能游泳。

【介词】表示另外提起一件事。‖ 这份工作你先干着，至于工资，我们以后再讨论。| 我明天要回家，至于你回不回家，那是你的事。

5 **制成** zhìchéng **memproduksi**

【动词】制作成可以直接使用的产品。‖ 这个包是由什么制成的？| 这件衣服是由动物的毛制成的。

4 **制订** zhìdìng **meracik**

【动词】制定但没有真正确定下来。‖ 这个方案是生产组制订的。| 大家经过初步讨论制订出一个计划。

5 **制约** zhìyuē **membatasi**

【动词】一种事物对另一种事物或者彼此相互产生影响。‖ 道德制约着人们的行为。| 科技制约着经济的发展。

4 **质量** zhìliàng **kualitas**

【名词】产品或工作的好坏程度。‖ 这项工程质量看来有些问题。| 学校要检查教师的教学质量。

4 **治** zhì **mengatur**

【动词】① 治理，管理。‖ 治好国家，人民才会生活得更幸福。| 一定要把这条河治好，不要让它再危害老百姓。② 医疗。‖ 我的病是在这家医院治的。| 小张的病治好了，可以出院了。③ 使消失。‖ 这种药可以治很多虫子。| 树上爬满了虫，需要用药治一下。

5 **治安** zhìān **solidaritas**

【名词】社会的良好状态。‖ 上火车的人很多，但是治安很好。| 这个城市的治安非常好。

6 **治病** zhìbìng **menyembuhkan penyakit**

【动词】治疗疾病。‖ 医生的工作是给病人治病。| 他的父亲是医生，天天为病人治病。

Z

5 治理 zhìlǐ **mengatur**

【动词】① 管理。‖ 这位总理治理国家很有办法。| 这家工厂被王厂长治理得很好。② 处理。‖ 治理这条河的计划已经基本实现。| 这里的环境再不治理,就会影响居民的生活。

4 治疗 zhìliáo **menyembuhkan**

【动词】通过药物、手术等方法使病消失。‖ 他已经在医院治疗了三个月。| 治疗这种病有很多办法,您别担心。

6 智慧 zhìhuì **bijaksana**

【名词】对事物的认识、判断处理和发明创造的能力。‖ 教师要善于发现孩子们的智慧。| 领导要善于集中群众的智慧。

4 智力 zhìlì **kecerdasan**

【名词】指人认识、理解客观事物并运用知识、经验等解决问题的能力。‖ 学校教学时要注意开发学生的智力。| 这个孩子的智力很高,要好好培养。

4 智能 zhìnéng **cerdas**

【名词】智力和能力。‖ 智能不足的孩子,需要社会更多的帮助。| 学校要开展特色教学,努力发展学生的智能。

6 中等 zhōngděng **tingkat menengah**

【形容词】① 位于中间的等级。‖ 他接受过中等教育。| 小李的收入在这个城市算得上是中等水平。② 不高不矮。‖ 妈妈中等身材,看起来很有精神。| 我的老师中等个子,留着长头发。

5 中断 zhōngduàn **putus**

【动词】中间停止。‖ 台风使电话联系中断了。| 我们和姑姑家的联系已经中断好多年了。

6 中华 zhōnghuá **Bangsa Tiongkok**

【名词】古代把黄河地区叫作中华,后来指中国。‖ 中华大地物产丰富。| 谦虚是中华民族的优秀品质。

4 中介 zhōngjiè **perantara**

【名词】能使人或事物两方面发生关系的人或事物。‖ 中介人只是起联系的

作用，事情关键在于你们双方。| 充分发挥好中介的作用可以更有效地解决问题。

6 **中期** zhōngqī **periode menengah**

【名词】中间的一段时期。‖ 这部伟大著作产生在十九世纪中期。| 他是七十年代中期，第一批出国的人。

5 **中秋节** zhōngqiūjié **Festival Kue Bulan**

【名词】中国传统节日，在八月十五日，这一天有吃月饼，欣赏月亮的风俗。‖ 中秋节是中国的传统节日。| 我来中国留学的时候，过的第一个节日就是中秋节。

6 **中外** zhōngwài **Tiongkok dan luar negeri (internasional)**

【名词】中国和外国。‖ 他是中外有名的作家。| 这次中外合作能促进双方的友谊。

5 **中央** zhōngyāng **pusat**

【名词】① 中心的地方。‖ 广场的中央有好多人在跳舞。| 湖的中央有一群鱼在游。② 特别指的是国家或政治团体的最高领导机构。‖ 中央电视台现在正在播放新闻。

5 **中药** zhōngyào **obat herbal Tiongkok**

【名词】中医用的药。‖ 中药在世界范围内的使用越来越普及。| 他经营着一家中药店。

6 **忠心** zhōngxīn **setia**

【名词】忠诚的心。‖ 无论受过多大的委屈，他对祖国的忠心从来没有动摇过。| 小狗总是对主人很忠心。

5 **终点** zhōngdiǎn **titik akhir**

【名词】① 一段路程结束的地方。‖ 这次旅行的终点是上海。| 终点站到了，我们应该下车了。② 特别指的是比赛中终止的地点。‖ 这次三千米跑步比赛，他第一个到达终点。| 志愿者在终点等着为比赛选手服务。

5 **终生** zhōngshēng **sepanjang hidup**

【名词】一生。‖ 他终生都在为教育事业奋斗。| 父亲对我的关怀，使我终生

Z

难忘。

[5] **终止** zhōngzhǐ **berhenti**

【动词】结束;停止。‖ 时间到了,同学们的辩论到此终止。| 昨天晚上,老人去世了,终止了不幸的一生。

[6] **钟头** zhōngtóu **jam**

【名词】小时。‖ 这场电影演了三个钟头。| 这段路很长,我走了两个钟头。

[6] **肿** zhǒng **bengkak**

【动词】身体某个部位由于故障体积变大。‖ 不小心扭了一下,脚肿了。| 他最近过敏,脸肿得很厉害。

[4] **种类** zhǒnglèi **jenis**

【名词】根据事物的性质或特点分的类。‖ 这家店里的花种类很多。| 书店的书种类很多。

[6] **种种** zhǒngzhǒng **masing-masing jenis**

【代词】各种各样。‖ 我们要努力克服种种困难。| 遇到的种种问题他都能解决。

[5] **中毒** zhòng//dú **keracunan**

【动词】医学上指人或动物由于毒进入身体内部造成坏的影响的现象。‖ 要注意饮食安全,防止食物中毒。| 这两个人中毒了,已经被送去了医院。

[4] **中奖** zhòng//jiǎng **mendapat hadiah undian**

【动词】意外获得奖金。‖ 这个单位的很多职工参加有奖活动,不少人都中奖了。| 老王中奖了,心里十分高兴。

[5] **众多** zhòngduō **sangat banyak**

【形容词】很多。‖ 我国人口众多,资源丰富。| 他在众多选手中赢得了比赛。

[4] **种** zhòng **menanam**

【动词】种植。‖ 农民正在种玉米。‖ 奶奶喜欢花,所以爷爷在院子里种了很多花。

4 **种植** zhòngzhí **bercocok tanam**

【动词】把种子放到土里再盖上。‖ 今天上午,我们上山种植小树。‖ 这两天,他们把玉米种植下去了。

4 **重量** zhòngliàng **ukuran berat**

【名词】事物由于地球的作用而具有向下的力,这个力的大小叫作重量。‖ 这个东西没有多大重量。| 这个苹果的重量比那个苹果大。

5 **周期** zhōuqī **periode; siklus**

【名词】① 事物在运动、变化的发展过程中,某些特征多次重复出现,连续两次出现所经过的时间叫周期。‖ 不久,西方经济危险的周期又有可能出现。| 地震具有周期性的特点。② 作重复运动时,重复一次所经过的时间。‖ 到明年这个时候,地球又围绕太阳运行了一个周期。| 月球运转一个周期大约是一个月。

6 **粥** zhōu **bubur**

【名词】用米等煮成的食物。‖ 今天早上我喝了一碗粥。| 这粥是用大米煮成的。

6 **珠宝** zhūbǎo **perhiasan**

【名词】珍珠宝石。‖ 美丽的珠宝在阳光下闪着光。| 商店里的珠宝类型很丰富。

6 **诸位** zhūwèi **Anda sekalian**

【代词】尊敬的说法,表示的人数不一定。‖ 诸位有什么意见,请尽量发表。| 有件事特地来请教诸位。

5 **竹子** zhúzi **bambu**

【名词】一种绿色的长而直、有节、中间空的植物。‖ 这一片竹子是去年种的。| 这些筷子是用竹子做的。

4 **逐步** zhúbù **bertahap**

【副词】一步一步地。‖ 他们的工作条件逐步改善了。| 我的收入一年比一年多了,生活水平也逐步提高了。

4 **逐渐** zhújiàn **bertahap**

【副词】渐渐。‖ 孩子大了,身体也逐渐长高了。| 过了春节,天气就逐渐暖

和起来了。

5 **主办** zhǔbàn **panitia**

【动词】主持办理;主持举办。‖ 这次展览由我们单位主办。| 他曾经主办过几个大型文艺晚会。

6 **主持人** zhǔchírén **pembawa acara**

【名词】主持并控制节目进行的人。‖ 他因为声音条件好,去做了主持人。| 节目中,主持人正在邀请几名观众上台。

5 **主导** zhǔdǎo **memandu; memimpin**

【动词】对事物发展起主要和引导作用。‖ 这项工作的主导思想还不明确。| 教师主导作用是启发学生。

【名词】起主要和引导作用的事物。‖ 我们应该把文化学习放在主导地位。| 小李是这场活动的主导。

5 **主观** zhǔguān **subjektif**

【形容词】不依据实际情况的。‖ 这个人办事有些主观,不考虑实际情况。| 根据我的主观看法,他这样做是不对的。

5 **主管** zhǔguǎn **penyelia (PIC)**

【名词】承担主要管理责任。‖ 这样一个大的单位怎么可以没有主管呢?| 主管部门要制定一个完美的计划出来。

6 **主角** zhǔjué **peran utama**

【名词】① 戏剧、电影等艺术表演中的主要演员。‖ 这部电影用了很多新人担任主角。| 他总是在电影中扮演主角。② 主要人物。‖ 他是整个事件的主角。| 今天是你的生日,你是主角。

6 **主流** zhǔliú **arus utama**

【名词】① 河的主要路线。‖ 这条河的主流又宽又深。| 这条河的主流会直接流入大海。② 事物发展的主要方面。‖ 你的观点不符合现在主流观点。| 我们必须认清事物的本质,抓住主流。

4 **主题** zhǔtí **tema**

【名词】文学、艺术作品中所表现的中心思想,是作品思想内容的最重要的部

分。‖ 文章的主题还不够明确。| 作者在文章的最后才点出了主题。

5 **主体** zhǔtǐ **tema**

【名词】事物的主要部分。‖ 市民和农民是国家的主体。| 主体建筑必须在年底完成。

4 **主席** zhǔxí **tuan rumah**

【名词】① 主持会议的人。‖ 会议主席要我向大家讲几句话。| 会议上，主席对先进个人提出表扬。② 国家、团体等最高领导地位的名称。‖ 我们的团队有一位主席，两位副主席。| 主席正在台上作报告。

6 **煮** zhǔ **rebus**

【动词】把食物放在有水的锅里烧。‖ 再等一会儿，饭就煮好了。| 锅里煮的是什么？闻起来真香。

5 **助力** zhùlì **membantu**

【动词】帮助。‖ 设备优势助力企业快速发展。| 风助力纸飞机飞得更远。

5 **助手** zhùshǒu **asisten**

【名词】不独立承担任务，只帮助别人工作的人。‖ 教授的这位助手是大学生。| 经理正在训练一名新助手。

6 **住宅** zhùzhái **tempat tinggal**

【名词】住房。‖ 这里到处都在建造新的住宅。| 因为工作的变动，他们不时地更换住宅。

5 **注册** zhù//cè **mendaftar**

【动词】向有关团体、学校等登记、备案。‖ 今年上学的学生从九月一日开始注册。| 这种产品的商标已经向相关部门注册了。

5 **注射** zhùshè **menyuntik**

【动词】一种治疗方法，把药输入到体内。‖ 护士正在给病人注射营养药。| 他经过几个月的训练，已经熟练掌握了注射技术。

5 **注视** zhùshì **memperhatikan**

【动词】注意地看。‖ 走路的时候，眼睛要注视前方。| 课堂上，我专心注视

着黑板。

5 **注重** zhùzhòng **memperhatikan**

【动词】重视。‖ 学习外语必须注重练习。| 学生应该注重礼貌。

6 **驻** zhù **menempati; bertempat**

【动词】住在;停留。‖ 部队驻在村子东面的院子里。| 这里曾经驻过敌人的部队。

6 **柱子** zhùzi **pilar**

【名词】建筑中,立着的起到支撑作用的物体。‖ 用这些木头做柱子,非常结实。| 广场上高大的柱子倒了。

4 **祝福** zhùfú **memberi ucapan selamat**

【动词】祝人平安、幸福。‖ 祝福你一路平安。| 祝福每一个人的明天会更好。

5 **祝贺** zhùhè **memberi ucapan selamat**

【动词】庆祝。‖ 祝贺你们顺利完成任务。| 观众向大会的开幕表示热烈祝贺。

6 **祝愿** zhùyuàn **memberi ucapan selamat**

【动词】表示良好愿望。‖ 祝愿大家身体健康,天天开心。| 我们祝愿爷爷健康长寿。

4 **著名** zhùmíng **terkenal; tersohor**

【形容词】有名。‖ 世界上著名的大学我都去访问过。| 几位著名的作家都出席了这次活动。

4 **著作** zhùzuò **karya tulis**

【名词】写出来的书或文章。‖ 他一生写了许多重要的著作。| 这本著作完成后,他还要写另外一本著作。

4 **抓紧** zhuā//jǐn **genggam erat**

【动词】抓住,不放松。‖ 安娜,抓紧这根绳子,我把你拉上来。| 抓紧他,别让他跑了。

5 **专辑** zhuānjí **album**

【名词】以某一特定内容为中心编辑而成的书等。‖ 这张专辑里面有十首歌。| 尽管我前两张专辑卖得还不错,但我的精力有限,没办法再出新专辑。

5 **专利** zhuānlì **paten**

【名词】创造发明者在一定时期内按照法律规定独自拥有的利益。‖ 他发明了一架机器,获得了专利。| 爸爸获得了发明专利,十分高兴。

4 **专心** zhuānxīn **memperhatikan; fokus**

【形容词】集中注意力。‖ 上课时候,要专心听讲。| 写作业要专心,不能一边看电视一边写。

6 **专用** zhuānyòng **khusus untuk**

【动词】专门提供某种需要或某个人使用。‖ 那辆汽车是校长的专用汽车。| 这部电话是救援专用电话。

4 **转动** zhuǎndòng **memutar**

【动词】转身活动;自由活动。‖ 伤好后,他的腰可以正常转动了。| 他向着太阳转动身子。

4 **转告** zhuǎngào **menyampaikan**

【动词】把一方的话告诉另一方。‖ 我今晚厂里开会,请你转告我妻子一下。| 我已经把你的话转告给对方了。

5 **转化** zhuǎnhuà **mengubah**

【动词】事物或矛盾发展过程中对立面交换位置;转变。‖ 好与坏都可以在一定条件下互相转化。| 口语无法直接转化为文字形式。

5 **转换** zhuǎnhuàn **berubah**

【动词】改变;变换。‖ 我看到有人过来了,就连忙转换了话题。| 只要你愿意,缺点也可以转换成优点。

5 **转让** zhuǎnràng **memindah tangankan pengalihan transfer**

【动词】把自己的东西让给别人。‖ 他把这支笔转让给我。| 因为移民,所以

Z

他的车子转让给我。

4 **转身** zhuǎn//shēn **memutar badan; berbalik badan**

【动词】转过身子。‖ 他说完话,就转身走了。| 他转身拿过一本书来读。

4 **转弯** zhuǎn//wān **belok**

【动词】转变方向。‖ 这商店很近,一转弯就到。| 车子转弯前,应该降低速度。

5 **转向** zhuǎnxiàng **putar arah; berubah arah**

【动词】① 转变方向。‖ 前面的路被封了,汽车只好转向行驶。| 上午是东风,下午转向了,成了南风。② 改变立场。‖ 我们对他做了不少工作,他终于转向我们这一边。| 现在人们不再使用短信,而是转向打电话。

4 **转移** zhuǎnyí **mengalihkan**

【动词】① 改变位置或方向。‖ 医生迅速将病人转移到安全地方。| 小孩的注意力很容易被转移。② 改变。‖ 客观规律不会因为人的想法而转移。| 因为讲不到一起,所以他转移了话题。

6 **转** zhuàn **berputar**

【动词】① 旋转。‖ 轮子转得很快。| 机器人的眼睛会转。② 绕着物体中心移动。‖ 地球绕着太阳转。| 他围着柱子转了几圈就晕了。

6 **转动** zhuàndòng **bergerak; berputar**

【动词】① 物体围绕某个中心点或某条线进行运动。‖ 地球围绕太阳转动。| 行驶中的车轮在不停转动。② 使物体围绕某个中心点或某条线进行运动。‖ 弟弟转动着大眼睛看着我。| 他转动机器,检查机器有没有故障。

6 **赚** zhuàn **untung; laba**

【动词】① 获得利润。‖ 这次买卖他赚了不少钱。| 这笔生意他亏了,没有赚钱。② 挣钱。‖ 姐姐是一家公司的经理,每月可以赚不少钱。| 他打工一天能赚一百块钱。

6 **赚钱** zhuàn//qián **mendapat keuntungan/laba**

【动词】获得利润,挣钱。‖ 我们赚钱不多,但足够我们生存。| 为了家人的生活,爸爸每天打工赚钱。

6 **装备** zhuāngbèi **perlengkapan**

【动词】装置配备。‖ 这几年来,部队装备了许多新武器。| 工厂正在努力把技术力量装备起来。

5 **装饰** zhuāngshì **dekorasi**

【动词】打扮物体表面,使漂亮。‖ 这座房子经过装饰更加好看了。| 彩色的灯把节日的夜晚装饰得十分美丽。

【名词】使物体漂亮的东西。‖ 每间屋子都很大,装饰也不同。| 商店的柜子里摆着许多漂亮的装饰。

4 **装修** zhuāngxiū **renovasi**

【动词】房屋工程的安装整理。‖ 大楼目前还在装修,不能进入。| 他们请工人装修他们的房屋。

【名词】指装置配备的武器、设备等。‖ 这个部队的装备优良。| 工厂逐步更新了技术装备。

4 **装置** zhuāngzhì **instalasi**

【动词】安装。‖ 他正在屋里装置电灯。| 降温设备已经装置好了。

【名词】机器上有独特作用的设备。‖ 每个工厂都必须配有安全装置。| 这部相机安装了录音装置。

6 **壮观** zhuàngguān **luar biasa**

【形容词】景象雄伟。‖ 这部电影的场面很壮观。| 远远望去,太阳升起的景象十分壮观。

【名词】雄伟的景象。‖ 这大自然的壮观,是我从来都没有见过的。| 节日里的天安门广场,经过装饰,更加显示出它的壮观来。

5 **撞** zhuàng **menabrak; membentur**

【动词】① 运动着的物体跟别的物体突然碰到。‖ 两辆汽车在路口撞了。| 她被车子撞伤了。② 碰见。‖ 我不想见他,却又撞上他了。| 他出门买东西撞上了他的同事。③ 粗心地行动。‖ 刚开门,外面撞进一个人来。| 做事要认真,不能乱撞。

6 **追究** zhuījiū **menyelidiki**

【动词】调查。‖ 对方既然已经承认错误,这件事不必再追究了。| 这次事故

Z

必须追究责任。

4 **追求** zhuīqiú **menuntut；mengejar**

【动词】① 用积极的行动努力争取达到目的。‖ 不能只追求数量，也要注意质量。| 他追求的不是钱，而是生命中有价值的东西。② 向女生或男生表达喜欢。‖ 他决定向林小姐展开热烈追求。| 那个男生早就在追求这个女生了。

4 **准时** zhǔnshí **tepat waktu**

【形容词】按规定时间。‖ 小李早上一到七点准时起床。| 请准时参加明天的会议。

6 **捉** zhuō **menangkap**

【动词】握；抓。‖ 猫能自己捉鱼吃。| 我们把这个小偷捉住了。

6 **咨询** zīxún **bertanya**

【动词】征求意见。‖ 有什么不懂的事情可以向专业人士咨询一下。| 妈妈昨天向律师咨询了几个有关法律方面的问题。

5 **资本** zīběn **kapital**

【名词】① 用来生产或经营然后获得利益的生产资料和钱。‖ 老板用这些资本又开了一个工厂。| 她将所有资本用于买设备。② 非法获得利益的手段。‖ 他正在为自己积累政治资本。| 他依靠资本当上了总统。

5 **资产** zīchǎn **asset；properti**

【名词】① 财产。‖ 他用父亲留下的资产购买了一家公司。| 他家非常富裕，有很多资产。② 企业资金。‖ 该公司拥有一千万元资产。| 这家工厂的资产非常充足。

4 **资料** zīliào **data；materi；sumber**

【名词】① 生产或生活中所不能缺少的东西。‖ 每个企业都要积累一定的生产资料进行再生产。| 住房是居民必需的生活资料。② 用来参考的材料。‖ 这些资料对教学很有参考价值。| 这些资料要好好保存，将来还有用。

4 **资源** zīyuán **sumber**

【名词】可用来利用的自然资料或人力。‖ 我国地下资源非常丰富。| 这些资源很多，但对它们的利用很差。

5 **资助** zīzhù **subsidi**

【动词】用财产帮助别人。‖ 这位老人很善良,经常资助别人。| 他得到了朋友的资助,经济状况好了起来。

5 **子弹** zǐdàn **peluru**

【名词】用枪发射出来的武器。‖ 一粒子弹结束了敌人的生命。| 部队给每个人都发了一箱子弹。

5 **仔细** zǐxì **teliti**

【形容词】① 细心。‖ 他做事很仔细,几乎不出错。| 考试的时候,做完题要仔细检查。② 小心。‖ 这是玻璃瓶子,你搬的时候仔细点。| 路很滑,仔细点儿。

5 **紫** zǐ **ungu**

【形容词】红和蓝合成的颜色。‖ 这姑娘穿了件紫衬衫。| 她有一件紫毛衣。

4 **自** zì **sejak**

【介词】表示地点、时间等。‖ 她自五岁起就学弹钢琴。| 他自小就爱画画,后来成了一位画家。

5 **自豪** zìháo **bangga**

【形容词】自己感到光荣。‖ 我为祖国有这样的英雄而自豪。| 弟弟自豪地说:"我已经是大人了。"

6 **自来水** zìláishuǐ **air kran**

【名词】① 供应居民生活、工业生产等方面的用水设备。‖ 这个城市新建了一个自来水公司。| 自来水设备完善能更好地保障居民生活。② 从自来水管道中流出来的水。‖ 自来水从管道中流了出来。| 把开关关好,不要浪费自来水。

5 **自杀** zìshā **bunuh diri**

【动词】自己杀死自己。‖ 他跳楼自杀了。| 知道她自杀的消息真让人吃惊。

6 **自我** zìwǒ **diri sendiri**

【代词】自己。‖ 我们要学习他的自我牺牲精神。| 请新同学自我介绍一下。

Z

4 **自信** zìxìn **percaya diri**

【动词】自己相信自己。‖ 小明自信能考上大学。| 他对这次考试十分自信，认为自己能考一百分。

6 **自学** zìxué **otodidak**

【动词】没有教师指导，自己学习。‖ 他自学完了本科汉语言文学专业的全部课程。| 他自学成功通过考试。

6 **自言自语** zìyánzìyǔ **bergumam**

【动词】自己对自己说话。‖ 杨大妈自言自语了半天，不知道在说什么。| 小明总是一个人在自言自语。

5 **自愿** zìyuàn **sukarela**

【动词】自己愿意。‖ 这次活动自愿参加，不会强迫大家。| 我自愿给周教授当助手，想要锻炼自己。

6 **自在** zìzai **bebas；nyaman**

【形容词】自由舒服。‖ 听了他的话，心里有些不自在。| 这几年，她的生活过得很自在。

4 **字母** zìmǔ **huruf**

【名词】表明文字的读音符号的最小书写单位。‖ 英语中有二十六个字母。| 老师让学生用铅字把字母从书上标出来。

6 **宗教** zōngjiào **agama**

【名词】一种社会意识形态，相信并崇拜神。‖ 人民有信仰宗教的自由。| 宗教往往具有某些独特的文化形式。

4 **综合** zōnghé **komprehensif**

【动词】① 把分析的对象的各个部分联合成一个统一的整体。‖ 他综合了大家的意见，写了这个报告。| 会议结束后我会把每个人的建议综合起来。② 不同种类、不同性质的事物组合在一起。‖ 既然有各方面的设备，那就应该综合利用。| 我们要把学到的知识综合利用起来。

6 **总部** zǒngbù **pusat**

【名词】① 军队或某些系统的最高领导机关。‖ 他成功与军队总部取得了联

系。| 这封信指示他立即向总部报告。② 企业或活动的管理中心。‖ 这家店的总部设在国外。| 我们安排优秀员工参观我们的总部。

5 **总裁** zǒngcái **presiden direktur**

【名词】某些政治组织或大型企业领导人的名称。‖ 我认为我们需要一位新总裁。| 我们的总裁是一位受人尊敬的人。

4 **总共** zǒnggòng **total**

【副词】一共。‖ 他总共有五个孩子。| 总共有三十个人参加了本次活动。

6 **总监** zǒngjiān **jenderal inspektur**

【名词】负责总的监督管理的人。‖ 有人建议请他担任艺术总监这个职务。| 当地的地区总监正在晚会上发言。

6 **总经理** zǒngjīnglǐ **jenderal manajer**

【名词】公司的最高领导人或该公司的创立者。‖ 这辆汽车是总经理专用的。| 总经理号召职工为公司而努力工作。

4 **总理** zǒnglǐ **perdana menteri**

【名词】① 中国领导人的名称。‖ 昨天,我国总理出访了美国。| 总理的这个报告我听过,讲得非常好。② 某些社会政治团体领导人的名称。‖ 他请求总理给他一次见面的机会。

6 **总量** zǒngliàng **total（kuantitas）**

【名词】总的数量。‖ 去年有几千家工厂倒闭,大概占总量的一半。| 中国经济总量是世界第二位。

5 **总数** zǒngshù **total**

【名词】加在一起的数目。‖ 今天参加会议人员总数不足一百。| 他的资产总数达到一百万元。

5 **总算** zǒngsuàn **pada akhirnya**

【副词】① 表示经过相当长的时间以后某种愿望终于实现。‖ 一连下了六七天的雨,今天总算晴了。| 他白天想,夜里想,最后总算想到了一个好办法。② 表示大概还过得去。‖ 小孩子的字能写成这样,总算还不错了。| 我一直很担心这次考试,现在总算通过了。

Z

5 **总体** zǒngtǐ **keseluruhan**

【名词】许多个体合成的事物;整体。‖ 对这个城市的道路,专家们正在进行总体上的规划。| 汽车的总体设计让人很满意。

4 **总统** zǒngtǒng **presiden**

【名词】某些国家领导的名称。‖ 上个月你们国家的总统访问了中国。| 他是世界上最年轻的一位总统。

4 **总之** zǒngzhī **tetap akan**

【连词】总结起来说。‖ 不管你怎么讲,总之我不同意这种办法。| 不要担心了,总之一切都会好起来的。

6 **走私** zǒu//sī **menyelundupkan**

【动词】违反法律,把物品拿到另一个地方卖,躲开海关检查。‖ 这人专门走私黄金,警察已经注意到了他。| 小朱因为走私被处罚了。

6 **奏** zòu **instrument (musik)**

【动词】演奏。‖ 他在奏贝多芬的曲子。| 乐队奏起了国歌。

6 **租金** zūjīn **uang sewa**

【名词】租房屋或物品的钱。‖ 一套家具每月租金就要很多。| 我没有足够的租金租这个房子。

6 **足** zú **cukup**

【形容词】充足;足够。‖ 工人们生产的积极性很足。| 他想过一种富足的生活。

【副词】够得上某些数量或程度。‖ 这棵菜足有十几斤。| 这些事三小时足能做完。

6 **足以** zúyǐ **cukup untuk**

【动词】完全可以。‖ 这些事实足以说明问题。| 你的这些话不足以说服他。

6 **族** zú **keluarga; suku**

【名词】① 同一个祖宗。‖ 我们这一族一直就住在这个地方。| 他是我们族的人。② 民族。‖ 我是汉族人。| 中国有五十六个民族,你是哪一族人?

6 **族** zú **golongan**

【后缀】事物有共同特征的一大类。(指在机关、企业、事业等单位工作需要按时上班下班的人。) ‖ 对于上班族来说,周末是放松和休息的好时机。| 部分上班族压力很大。

5 **阻碍** zǔ'ài

【动词】阻止,使不能顺利通过或发展。‖ 大雪阻碍了建筑工程的进展。| 持续的大雨阻碍了交通运行。

【名词】起阻止作用的事物。‖ 现在做这件事,最大的阻碍是大家不团结。| 由于群众的帮助,他的工作很少碰到阻碍。

4 **阻止** zǔzhǐ **menghentikan**

【动词】使不能前进或停止行动。‖ 他正要说话,我阻止了他。| 他坚持这样做,谁也阻止不了。

5 **组织** zǔzhī **mengadakan；menyelenggarakan**

【动词】有目的、有系统地组合起来。‖ 这个文艺晚会他组织得很好。| 校长正在组织人力,开展教学工作。

【名词】① 系统;配合关系。‖ 这篇文章组织紧密,语言也很优美。| 他们的努力让组织内部更加团结。② 按照一定的系统建立起来的集体。‖ 这是一个新单位,组织还不够健全。| 我加入了群众组织。③ 身体中构成器官的单位。‖ 当你做放松运动时,肌肉组织就会变松。| 喝太多的酒会损害你的神经组织。

6 **祖父** zǔfù **kakek**

【名词】父亲的父亲。‖ 祖父是个农村医生。| 父亲和祖父长得很像。

6 **祖国** zǔguó **tanah air**

【名词】自己的国家,一种尊敬的说法。‖ 我十八岁离开了祖国,到这儿来留学。| 学习结束后,我就回我的祖国。

6 **祖母** zǔmǔ **nenek**

【名词】父亲的母亲。‖ 我的祖母很爱我。| 祖母今年八十四岁了。

6 **钻** zuān **melubangi；masuk；meneliti**

【动词】① 用尖的物体在另一个物体上转动,造成洞。‖ 材料太硬,怎么也钻

不进去。| 在木头上钻小洞比较容易。② 进入。‖ 孩子钻到水里去了。| 太冷了,快钻到被里去。③ 研究。‖ 他一天到晚钻书本,别的什么事都不干。| 他边干边钻,边学边用。

4 **嘴巴** zuǐbā　**mulut**

【名词】嘴。‖ 这个人的嘴巴太大了。| 你嘴巴里含着什么东西?

4 **最初** zuìchū　**paling awal; pertama**

【名词】刚开始的时候。‖ 出国后,最初的几个月他特别想家。| 最初的计划有很多缺点,需要不断修改。

6 **最佳** zuìjiā　**paling bagus; terbaik**

【形容词】最好,最优秀。‖ 他们称赞他为当年的最佳作者。| 今天天气很好,是出去玩的最佳日子。

6 **最终** zuìzhōng　**terakhir**

【名词】最后。‖ 最终他承认了错误,向他道了歉。| 他们最终胜利了。

6 **罪** zuì　**dosa/kesalahan**

【名词】① 违法的行为。‖ 他犯了罪,被判了五年。| 法官判他有罪。② 痛苦。‖ 这个罪什么时候才能结束? | 他的日子简直是在受罪。

6 **罪恶** zuì'è　**dosa**

【名词】严重犯罪或危害严重的行为。‖ 罪恶的计划没有实现,因此他非常生气。| 我们要远离罪恶,做一个善良的人。

5 **醉** zuì　**mabuk**

【动词】① 喝酒喝太多,言行失态。‖ 别让他喝了,他已经醉了,说话都不清楚了。| 千万别喝醉了,一会儿还要做事呢。② 因为特别喜爱所以特别专注于某事物。‖ 泰山的美景让她看醉了,她玩儿了三天才回家。| 他醉心于画画。

5 **尊敬** zūnjìng　**menghormati**

【动词】重视而且尊重地对待。‖ 学生应该尊敬老师。| 我和妹妹都很尊敬父母。

5 **尊重** zūnzhòng　**menghormati**

【动词】① 尊敬。‖ 我尊重你的意见。| 我的父母教育我要尊重他人。② 重

视并严肃地对待。‖ 我们必须尊重历史。| 要尊重事实，尊重客观规律。

5 **遵守** zūnshǒu **mematuhi**

【动词】按照规定去做。‖ 交通规则人人都要遵守。| 每个人都要遵守国家的法律。

6 **作** zuò **membuat；mengadakan**

【动词】① 写作。‖ 这张画是一位著名的画家作的。| 请您为这部电影作一首歌曲。② 举行；进行。‖ 我们要和不良现象作斗争。| 他的检查作得很深刻。

4 **作出** zuòchū **membuat**

【动词】做。‖ 他们完全没有必要作出改变。| 你去或者是不去，请赶快作出决定。

6 **作废** zuòfèi **membatalkan；menggagalkan**

【动词】因为无效所以不再使用。‖ 这几张票已经作废，无法再使用了。| 这条法律已过时，于是作废了。

4 **作为** zuòwéi **menjadikan**

【介词】依据人的某种身份或事物的性质来说。‖ 作为一个学生，首先要提高学习成绩。| 作为一名父亲，要爱护自己的孩子。

【动词】成为。‖ 我把游泳作为锻炼身体的方法。| 他开始把读书作为放松的方式。

6 **作战** zuòzhàn **berperang**

【动词】进行战争。‖ 部队马上要出发作战。| 他因为作战英勇，受到了表扬。

6 **座谈会** zuòtánhuì **simposium**

【名词】比较随便地讨论的一种会议。‖ 座谈会上，发言的人非常积极。| 出席这次座谈会的都是知识水平较高的人。

4 **做梦** zuò//mèng **mimpi**

【动词】① 睡觉时梦中产生的形象。‖ 他夜里经常做梦。| 昨天晚上她又做梦了。② 不实际的想象。‖ 你别做梦了！她怎么会喜欢你呢？| 你不要做梦了，还是面对现实吧。

Z

中等汉语汉字书写笔顺表

啊 丨 ㄇ 口 叮 吖 吖 吖 呵 呵 啊

安 丶 丷 宀 宂 安 安

巴 ㇆ ㇆ 巴 巴

班 一 二 千 王 玎 玑 玔 玟 班 班

般 ノ 丿 凢 舟 舟 舟 舟 舨 般 般

板 一 十 才 木 朩 杤 板 板

办 ㇆ 力 办 办

宝 丶 丷 宀 宀 宇 宇 宝 宝

饱 ノ 𠂉 饣 饣 饣 饣 饱 饱

报 一 十 扌 扌 扌 报 报 报

抱 一 十 扌 扌 扚 抅 抱 抱

杯 一 十 才 木 朩 杉 杯 杯

贝 丨 冂 贝 贝

背 丨 十 ⺈ 北 北 背 背 背 背

被 丶 ㇇ 礻 礻 礻 衤 衤 衤 被 被

笔 ノ 𠂉 ⺮ ⺮ ⺮ ⺮ 笁 笁 笁 笔

必 丶 心 心 必 必

变 丶 亠 亣 亣 亦 亦 亦 变

便 ノ 亻 亻 仁 佰 佰 佰 便 便

遍 丶 ㇇ 彐 户 户 启 启 扁 扁 扁 遍 遍

标 一 十 才 木 朩 杧 标 标 标

表 一 二 丰 丰 丰 表 表 表

冰 丶 冫 冫 冰 冰 冰

兵 ノ 厂 斤 斤 丘 乒 兵

步 丨 ⺊ 𠂇 止 𣥂 𣥃 步

部 丶 亠 亠 立 立 产 咅 咅 咅阝 部

参 𠃋 厶 厽 叁 叁 参 参 参

餐 丨 ⺊ 𠂉 歹 歹 歺 歺 歺 𣦼 𣦼 𣦼 𣦼 𣦼 餐 餐 餐

草 一 十 艹 艹 节 苩 苩 荁 草

层 ㇆ コ 尸 尸 层 层 层

查 一 十 才 木 木 杏 杳 杳 查

产 丶 亠 亠 立 立 产

厂 一 厂

超 一 十 土 丰 丰 未 走 起 起 超 超 超

晨 丨 冂 日 日 旦 尸 尸 尸 晨 晨 晨

称 丿 二 千 禾 禾 利 利 称 称 称

成 一 厂 万 成 成 成

城 一 十 土 坂 坂 坂 城 城 城

虫 丨 口 口 中 虫 虫

除 阝 阝 阝 阶 阶 阶 除 除 除

楚 一 十 才 木 木 村 林 林 林 林 禁 楚 楚

处 丿 夕 夂 处 处

串 丨 口 口 口 吕 吕 串

床 丶 亠 广 广 庄 床 床

吹 丨 口 口 叫 吹 吹 吹

春 一 二 三 丰 夫 表 春 春 春

词 丶 讠 订 订 词 词 词

村 一 十 才 木 村 村 村

达 一 ナ 大 大 达 达

呆 丨 口 口 旦 早 呆 呆

带 一 十 廾 卅 卅 卅 带 带 带

单 丶 丷 丷 产 产 兰 单 单

旦 丨 冂 日 日 旦

刀 ㇆ 刀
倒 丿 亻 仁 仨 任 侄 侄 侄 倒 倒
灯 丶 丷 火 火 灯 灯
低 丿 亻 亻 仁 任 低 低
弟 丶 丷 当 当 弟 弟 弟
典 丨 冂 日 由 曲 曲 典 典
调 丶 讠 讠 训 训 训 讷 调 调 调
掉 一 丨 扌 扌 扌 扌 护 护 掉 掉 掉
定 丶 丶 宀 宀 宁 宁 宇 定
丢 一 二 千 王 丢 丢
冬 丿 夕 夂 冬 冬
懂 丶 丶 忄 忄 忄 忄 忄 忄 忄 懂 懂 懂 懂 懂 懂
读 丶 讠 讠 计 讨 读 读 读 读 读
度 丶 亠 广 广 庐 庐 庐 度 度
短 丿 亠 匕 乍 矢 矢 矢 知 知 知 短 短
段 丿 亻 丨 F 丰 阜 段 段 段
断 丶 丷 丬 半 米 米 断 断 断 断 断
队 阝 阝 队 队
耳 一 厂 丌 丌 耳 耳
发 乛 ナ 方 发 发
法 丶 冫 氵 汁 汁 注 法 法
烦 丶 丷 火 火 灯 灯 灯 炻 烦 烦
反 一 厂 万 反
份 丿 亻 亻 仆 份 份
风 丿 几 风 风
否 一 丆 不 不 不 否 否
夫 一 二 夫 夫
父 丿 八 父 父
妇 ㄑ 女 女 如 妇 妇
复 丿 亻 𠂉 乍 乍 旨 复 复 复

改 ㇇ ㇕ 己 己丿 己𠂉 攺 改

敢 ㇇ ㇕ 干 开 开 开 耳 耳丿 耳𠂉 敢 敢

感 一 厂 厂 尸 后 后 咸 咸 咸 咸 感 感 感

刚 丨 冂 冈 冈 冈丨 刚

搞 一 十 扌 扌丶 扌亠 扌亠 护 护 护 搞 搞 搞 搞

各 丿 ク 夂 夂 各 各

公 丿 八 公 公

共 一 十 廾 土 共 共

狗 丿 犭 犭 犭丿 犳 犳 狗 狗

够 丿 勹 勹 句 句 句 句 够 够 够 够

古 一 十 十 古 古

故 一 十 十 古 古 古丿 古𠂉 故 故

顾 一 厂 ⺁ 厄 厄 厄 厄 顾 顾 顾

瓜 一 厂 兀 瓜 瓜

挂 一 十 扌 扌 扌 扌 挂 挂 挂

观 ㇇ 又 又 观 观 观

馆 丿 𠂊 饣 饣丶 饣宀 饣宀 饣宀 饣宀 馆 馆 馆

管 丿 𠂉 𠂉 竹 竹 竹 竹 竹 竺 管 管 管 管 管

惯 丶 丶 忄 忄 忄 忄 惯 惯 惯 惯 惯

广 丶 亠 广

哈 丨 口 口 口丿 叭 叭 哈 哈 哈

海 丶 丶 氵 氵 氵 氵 海 海 海 海

喊 丨 口 口 口一 口厂 口厂 口厂 口厂 口厂 喊 喊 喊

合 丿 人 亼 亼 合 合

河 丶 丶 氵 汀 汀 河 河 河

红 ㇜ 纟 纟 纟 红 红

忽 丿 勹 勹 勿 勿 忽 忽 忽

湖 丶 丶 氵 氵 汁 汁 沽 沽 湖 湖 湖 湖

虎 丨 ⺊ 上 广 卢 虍 虎 虎

护 一 丁 扌 扌 扌 扩 护

划 一 七 戈 戈 戈 划

华 丿 亻 亻 化 化 华

化 丿 亻 亻 化

画 一 丆 丙 丙 而 亜 画 画

换 一 丁 扌 扌 扌 扌 扌 扌 换 换

黄 一 十 廾 丗 丗 昔 昔 黄 黄 黄 黄

活 丶 冫 氵 氵 氵 汗 汗 活 活

或 一 丆 丆 丆 丆 式 或 或

及 丿 乃 及

级 ㄥ 纟 纟 纟 级 级

急 丿 ㇇ 刍 刍 刍 刍 急 急 急

已 ㇕ コ 已

计 丶 讠 讠 计

际 阝 阝 阝 阝 阡 阡 际

寄 丶 丷 宀 宀 宀 宀 宀 宀 宀 宀 寄

绩 ㄥ 纟 纟 纟 纟 纟 纟 纟 绩 绩 绩

加 ㇆ 力 力 加 加

甲 丨 冂 日 日 甲

尖 丨 小 小 尖 尖 尖

检 一 十 木 木 木 杦 枀 枀 枀 检 检

件 丿 亻 亻 仁 仁 件

健 丿 亻 亻 亻 亻 亻 亻 亻 健 健

江 丶 冫 氵 氵 汀 江

讲 丶 讠 讠 讠 讲 讲

交 丶 亠 亠 六 交 交

角 丿 ⺈ 角 角 角 角 角

饺 丿 ⺈ 饣 饣 饣 饣 饣 饺 饺

脚 丿 月 月 月 月 月 月 月 月 脚 脚

接 一 丁 扌 扌 扌 扌 扌 扌 接 接 接

街 ノ 彡 彳 彳 彳 往 往 往 佳 徍 徍 街

节 一 十 艹 艿 节

结 𠃋 幺 纟 纟 纤 纤 纤 结 结

斤 ノ 厂 斤 斤

近 ノ 厂 斤 斤 䜣 䜣 近

京 丶 亠 亣 亩 古 亨 京 京

经 𠃋 幺 纟 纟 纤 经 经 经

晴 丨 冂 日 日 日 日 日 旹 旹 晴 晴 晴

静 一 二 丰 丰 丰 青 青 青 青 静 静 静 静 静

究 丶 丶 宀 宀 穴 穷 究

久 ノ 夕 久

举 丶 丷 丷 业 兴 兴 兴 举 举

句 ノ 勹 勹 句 句

卡 丨 卜 上 卡 卡

康 丶 亠 广 庐 庐 庐 康 康 康 康 康

靠 ノ 𠂉 牛 生 告 告 告 靠 靠 靠 靠 靠 靠 靠 靠

科 ノ 二 千 禾 禾 禾 禾 科 科

克 一 十 古 古 古 克 克

客 丶 丶 宀 宀 安 安 客 客 客

刻 丶 亠 亠 亥 亥 亥 亥 刻

空 丶 丶 宀 宀 穴 穴 空 空

哭 丨 口 口 口 吅 吅 吅 哭 哭 哭

筷 ノ 𠂉 竹 竹 竹 竹 竹 竹 竹 竹 筷 筷 筷

况 丶 冫 冫 冫 冫 冴 况

困 丨 冂 闩 用 闭 困 困

拉 一 十 扌 扌 扌 扌 拉 拉

蓝 一 十 艹 艹 艹 艹 苃 苃 苃 蓝 蓝 蓝 蓝

篮 ノ 𠂉 竹 竹 竹 竹 竹 竹 竹 竹 篮 篮 篮 篮 篮 篮

劳 一 十 艹 艹 芦 劳 劳

乐 ㇒ ㇗ 𠂉 乐 乐

离 丶 亠 𠅃 文 㐫 卤 声 离 离 离

礼 丶 ㇇ 礻 礻 礼

李 一 十 才 木 本 李 李

理 一 二 千 王 玎 玑 珂 珇 理 理 理

力 ㇆ 力

利 ㇒ 二 千 禾 禾 利 利

例 ㇒ 亻 亻 仂 伢 伢 例 例

俩 ㇒ 亻 亻 仃 伒 伆 俩 俩 俩

连 一 𠃋 车 车 连 连 连

脸 ㇓ 月 月 月 肞 肣 脍 脍 脸 脸 脸

练 ㇜ 纟 纟 纩 纩 纩 练 练

凉 丶 冫 冫 冫 冫 冫 冫 凉 凉 凉

亮 丶 亠 亡 古 市 亩 亭 亭 亮

辆 一 七 车 车 车 车 斩 斩 辆 辆 辆

量 丨 口 日 日 旦 早 昌 昌 昌 量 量 量

另 丨 口 口 号 另

令 ノ 人 亼 今 令

留 ㇒ 𠂆 匚 卯 卯 卯 罚 留 留 留

流 丶 丷 氵 氵 汇 注 注 济 济 流

龙 一 ナ 九 龙 龙

旅 丶 亠 方 方 方 方 方 旅 旅 旅

绿 ㇜ 纟 纟 纩 纩 纩 绿 绿 绿 绿 绿

论 丶 讠 讠 论 论 论

麻 丶 亠 广 广 庁 庁 床 床 府 府 麻

卖 一 十 土 土 土 壶 卖 卖

满 丶 丷 氵 汇 汁 汁 洪 洪 满 满 满 满 满

慢 ㇔ 忄 忄 忄 忄 忄 忄 忄 忄 忄 忄 忄 慢 慢

猫 ㇒ 犭 犭 犭 犭 犭 犭 猎 猎 猫 猫

毛 ノ 二 三 毛
美 丶 丷 䒑 兰 ⺷ 𦍌 𦍌 羊 美
妹 ㄑ 𡿨 女 女 女 妹 妹 妹
米 丶 丷 䒑 半 米 米
灭 一 丆 丆 𠀀 灭
民 乛 コ 巳 巳 民
目 丨 冂 冃 月 目
脑 丿 刀 月 月 月 肝 肪 肱 脑 脑
念 ノ 人 人 今 今 念 念 念
鸟 ノ 勹 勺 鸟 鸟
弄 一 二 干 王 王 弄 弄
努 ㄑ 女 女 如 奴 努 努
爬 ノ 厂 𠂆 爪 爬 爬 爬 爬
排 一 十 扌 扌 扌 扌 扌 排 排 排 排
牌 丿 丿 片 片 片 片 片 片 牌 牌 牌 牌
盘 ノ 丿 力 舟 舟 舟 舟 舟 盘 盘 盘
胖 丿 刀 月 月 月 月 月 月 胖
碰 一 丆 石 石 石 石 石 石 石 砬 碰 碰
篇 ノ 𠂉 ⺮ ⺮ ⺮ ⺮ ⺮ 笁 笁 笇 篇 篇 篇 篇 篇
片 丿 丿 片 片
漂 丶 冫 氵 氵 氵 沔 沔 洒 洒 洒 漂 漂 漂 漂
平 一 丆 丆 丆 平
苹 一 十 艹 艹 艹 艹 苹 苹
瓶 丶 丷 䒑 兰 并 并 并 瓶 瓶 瓶
普 丶 丷 䒑 并 并 并 并 並 普 普 普 普
妻 一 ㇇ 彐 彐 事 妻 妻 妻
其 一 十 卄 卄 甘 其 其 其
骑 ㇆ 马 马 马 马 马 马 骑 骑 骑 骑
千 ノ 二 千

欠 丿 𠂊 ⺈ 欠
且 丨 冂 冃 目 且
青 一 二 龶 龶 龶 青 青 青
轻 一 𠫓 车 车 轩 轩 轻 轻 轻
请 丶 讠 讠 讠 讠 讠 请 请 请 请
情 丶 丷 忄 忄 忄 忄 忄 忄 情 情 情
秋 丿 二 千 禾 禾 禾 秋 秋 秋
求 一 十 寸 才 求 求 求
区 一 フ 区 区
取 一 厂 耳 耳 耳 耳 取 取
全 丿 人 亼 全 全 全
确 一 ア 石 石 石 石 矿 矿 确 确 确 确
扔 一 扌 扌 扔 扔
如 ㄑ 女 女 如 如 如
人 丿 人
散 一 十 卄 卄 散 散 散 散 散 散 散 散
伞 丿 人 人 伞 伞 伞
色 丿 ⺈ 色 色 色 色
商 丶 亠 亠 商 商 商 商 商 商 商 商
烧 丶 丷 火 火 火 火 烧 烧 烧 烧
勺 丿 勹 勺
舌 丿 二 千 舌 舌 舌
社 丶 礻 礻 礻 社 社 社
深 丶 冫 氵 氵 深 深 深 深 深 深 深
声 一 十 士 声 声 声 声
省 丨 小 小 少 省 省 省 省 省
实 丶 宀 宀 宀 宀 实 实 实
食 丿 人 人 今 今 食 食 食 食
使 丿 亻 亻 亻 使 使 使 使

示 一 二 亍 亓 示
市 丶 亠 亣 市 市
适 丿 二 千 千 舌 舌 䛒 话 适
室 丶 丷 宀 宀 宀 宝 宝 室 室
收 丨 丩 丩 屮 收 收
受 丿 𠂊 爫 爫 爫 爫 舀 受
舒 丿 人 𠆢 亼 今 今 舍 舍 舍 舒 舒 舒
输 一 𠂇 车 车 车 轮 轮 轮 输 输 输 输 输
熟 丶 亠 亠 亨 亨 享 享 享 孰 孰 孰 孰 熟 熟 熟
数 丶 丷 丷 半 米 米 娄 娄 娄 娄 数 数 数
顺 丿 川 川 川 川 顺 顺 顺 顺
司 丁 司 司 司 司
思 丨 口 日 田 田 田 思 思 思
算 丿 𠂉 ⺮ ⺮ ⺮ ⺮ 竹 笞 笞 笞 笪 笪 算 算
虽 丨 口 口 吕 吕 吕 吊 虽 虽
随 阝 阝 阝 阹 阹 陏 陏 随 随 随 随
它 丶 丷 宀 宀 它
态 一 ナ 大 太 太 态 态 态
谈 丶 讠 讠 讠 讠 谈 谈 谈 谈 谈
汤 丶 冫 氵 沔 沔 汤
堂 丨 丨 丷 丷 尚 尚 尚 尚 堂 堂 堂
讨 丶 讠 讠 计 讨
套 一 ナ 大 太 本 本 奆 套 套 套
特 丿 𠂉 牛 牛 牛 牡 牡 牡 特 特
疼 丶 亠 广 疒 疒 疒 疒 疼 疼 疼
提 一 十 扌 扌 扣 扣 担 担 担 提 提 提
题 丨 口 日 日 旦 早 早 早 是 是 是 是 题 题 题
田 丨 冂 冃 田 田
条 丿 夕 夂 冬 条 条 条

庭 丶 亠 广 庁 庂 庄 庄 庭 庭

停 丿 亻 亻 亻 亻 亻 亻 亻 亻 亻 停

挺 一 扌 扌 扌 扌 扦 扦 挺 挺

通 乛 乛 龴 甬 甬 甬 甬 涌 诵 通

痛 丶 亠 广 疒 疒 疒 疒 疒 病 病 痛 痛

头 丶 丶 二 头 头

图 丨 冂 冂 冈 囟 囟 图 图

土 一 十 土

推 一 扌 扌 扌 扌 扌 扌 扌 推 推 推

腿 丿 月 月 月 月 月 月 肥 肥 服 服 腿 腿

碗 一 ア 不 石 石 石 石 矿 矿 矿 矿 砂 碗

万 一 丆 万

王 一 二 干 王

往 丿 彡 彳 彳 彳 彳 往 往

望 丶 亠 亡 刮 切 切 胡 胡 望 望 望

未 一 二 牛 未 未

位 丿 亻 亻 亻 亻 位 位

味 丨 口 口 口 口 咔 味 味

温 丶 丶 氵 氵 氵 氵 氵 氵 涓 湿 温 温

闻 丶 门 门 门 门 闩 闻 闻 闻

无 一 二 于 无

务 丿 夕 夂 务 务

物 丿 ノ 牛 牛 牛 物 物 物

误 丶 讠 讠 讠 讠 讠 误 误 误

夏 一 丆 了 百 百 百 百 亘 夏 夏

相 一 十 才 木 朩 机 相 相 相

香 一 二 千 禾 禾 禾 香 香 香

响 丨 口 口 口 口 响 响 响 响

像 丿 亻 亻 亻 亻 亻 亻 亻 亻 亻 像 像 像

象 丿 ク ク 各 各 争 争 争 象 象 象

校 一 十 才 木 木 木 杧 杧 桍 校

鞋 一 十 廾 廾 廿 芇 苩 苎 革 革 靯 鞋 鞋 鞋 鞋

血 丿 𠂆 白 冇 皿 血

心 丶 心 心 心

信 丿 亻 亻 仁 仁 仨 信 信 信

姓 𡿨 女 女 女 如 如 姓 姓

兄 丨 口 口 尸 兄

须 丿 彡 彡 纩 纩 纩 须 须 须

需 一 𠂉 冖 帀 帀 雨 雨 雨 雨 雫 雫 需 需 需

许 丶 讠 讠 讠 许 许

选 丿 𠂉 屮 生 步 先 冼 冼 选

雪 一 𠂉 冖 帀 帀 雨 雨 雨 雪 雪 雪

压 一 厂 𠂆 厈 压 压

牙 一 𠂇 于 牙

言 丶 亠 亡 言 言 言 言

研 一 丆 不 石 石 石 石 矸 研

颜 丶 亠 亠 立 立 产 产 彦 彦 彦 彦 彦 颜 颜 颜

眼 丨 冂 月 月 目 目 目 目 眼 眼 眼

验 乛 马 马 马 验 验 验 验 验 验

羊 丶 丷 䒑 兰 兰 羊

阳 阝 阝 阝 阳 阳 阳

养 丶 丷 䒑 兰 兰 美 美 养 养

药 一 十 廾 艾 芗 芗 芗 药 药

爷 丿 八 父 父 爷 爷

业 丨 丨丨 业 业 业

页 一 丆 丆 百 页 页

夜 丶 亠 广 广 疒 夜 夜 夜

宜 丶 丶 宀 宁 官 官 宜 宜

乙 乙

巳 乛 コ 巳

椅 一 十 才 木 木 杧 杧 枠 椅 椅 椅 椅

亿 丿 亻 亿

音 丶 亠 亠 立 立 产 音 音 音

银 丿 𠂉 𠂉 乍 钅 钌 钌 钌 铝 银 银

饮 丿 𠂉 饣 饣 饣 饮 饮

印 丿 𠂆 𠂎 印 印

影 丨 口 日 日 旦 早 早 昙 昙 亭 景 景 景 影 影

永 丶 亅 刁 永 永

由 丨 冂 曰 由 由

油 丶 丷 氵 氵 汩 泂 油 油

右 一 ナ 才 右 右

于 一 二 于

鱼 丿 ⺈ 𠂊 角 角 备 鱼 鱼

玉 一 二 干 王 玉

育 丶 亠 亡 云 育 育 育 育

元 一 二 亍 元

原 一 厂 厂 厂 厉 厉 盾 原 原 原

愿 一 厂 厂 厂 厉 厉 盾 原 原 原 原 愿 愿 愿

约 ㄥ 纟 纟 纟 约 约

越 一 十 土 丰 丰 走 走 走 走 越 越 越

云 一 二 云 云

运 一 二 云 云 运 运 运

咱 丨 口 口 口 叫 咱 咱 咱 咱

脏 丿 刀 月 月 月 月 肚 肚 脏 脏

澡 丶 丶 氵 氵 氵 氵 氵 氵 氵 氵 淠 渴 澡 澡 澡 澡

占 丨 卜 卜 占 占

张 乛 コ 弓 弓 弓 张 张

照 丨 冂 日 日 日 叨 昭 昭 昭 照 照 照 照

者 一 十 土 耂 耂 者 者 者

之 丶 ㇇ 之

支 一 十 圥 支
直 一 十 𠂇 冇 冇 有 育 直
止 丨 卜 𣥂 止
只 丨 冂 口 尸 只
纸 𠃋 纟 纟 纟 纸 纸 纸
志 一 十 士 士 志 志 志
种 丿 二 千 禾 禾 禾 和 和 种
重 丿 二 𠂉 亡 亩 亩 亩 重 重
周 丿 冂 冂 冃 冃 周 周 周
猪 丿 犭 犭 犭 犭 犭 狫 狫 猪 猪 猪
主 丶 亠 亠 丰 主
抓 一 十 扌 扌 扌 折 抓
转 一 𠂇 车 车 车 车 转 转
装 丶 丬 丬 丬 壮 壮 壮 壮 壮 装 装 装
桌 丨 卜 卢 卢 卢 卢 卓 卓 卓 桌
自 丿 亻 白 白 自 自
总 丶 丷 丷 丷 台 台 总 总 总
租 丿 二 千 禾 禾 利 和 和 和 租
足 丨 冂 口 口 早 足 足
组 𠃋 纟 纟 纟 纟 组 组 组
最 丨 冂 日 日 旦 早 早 早 早 早 最 最
左 一 ナ 左 左 左
座 丶 亠 广 广 广 广 广 座 座 座